TRATADO DE PROTEÇÃO DE DADOS PESSOAIS

O GEN | Grupo Editorial Nacional – maior plataforma editorial brasileira no segmento científico, técnico e profissional – publica conteúdos nas áreas de concursos, ciências jurídicas, humanas, exatas, da saúde e sociais aplicadas, além de prover serviços direcionados à educação continuada.

As editoras que integram o GEN, das mais respeitadas no mercado editorial, construíram catálogos inigualáveis, com obras decisivas para a formação acadêmica e o aperfeiçoamento de várias gerações de profissionais e estudantes, tendo se tornado sinônimo de qualidade e seriedade.

A missão do GEN e dos núcleos de conteúdo que o compõem é prover a melhor informação científica e distribuí-la de maneira flexível e conveniente, a preços justos, gerando benefícios e servindo a autores, docentes, livreiros, funcionários, colaboradores e acionistas.

Nosso comportamento ético incondicional e nossa responsabilidade social e ambiental são reforçados pela natureza educacional de nossa atividade e dão sustentabilidade ao crescimento contínuo e à rentabilidade do grupo.

Laura Schertel Mendes - Danilo Doneda -
Ingo Wolfgang Sarlet - Otavio Luiz Rodrigues Jr.
Coordenadores

Bruno Bioni
Coordenador Executivo

TRATADO DE PROTEÇÃO DE DADOS PESSOAIS

2ª edição, revista, atualizada e ampliada

- O autor deste livro e a editora empenharam seus melhores esforços para assegurar que as informações e os procedimentos apresentados no texto estejam em acordo com os padrões aceitos à época da publicação, e todos os dados foram atualizados pelo autor até a data de fechamento do livro. Entretanto, tendo em conta a evolução das ciências, as atualizações legislativas, as mudanças regulamentares governamentais e o constante fluxo de novas informações sobre os temas que constam do livro, recomendamos enfaticamente que os leitores consultem sempre outras fontes fidedignas, de modo a se certificarem de que as informações contidas no texto estão corretas e de que não houve alterações nas recomendações ou na legislação regulamentadora.

- Fechamento desta edição: *27.09.2022*

- O Autor e a editora se empenharam para citar adequadamente e dar o devido crédito a todos os detentores de direitos autorais de qualquer material utilizado neste livro, dispondo-se a possíveis acertos posteriores caso, inadvertida e involuntariamente, a identificação de algum deles tenha sido omitida.

- **Atendimento ao cliente: (11) 5080-0751 | faleconosco@grupogen.com.br**

- Direitos exclusivos para a língua portuguesa
  Copyright © 2023 by
  Editora Forense Ltda.
  Uma editora integrante do GEN | Grupo Editorial Nacional
  Travessa do Ouvidor, 11 – Térreo e 6º andar
  Rio de Janeiro – RJ – 20040-040
  www.grupogen.com.br

- Reservados todos os direitos. É proibida a duplicação ou reprodução deste volume, no todo ou em parte, em quaisquer formas ou por quaisquer meios (eletrônico, mecânico, gravação, fotocópia, distribuição pela Internet ou outros), sem permissão, por escrito, da Editora Forense Ltda.

- Capa: Fabricio Vale

- **CIP – BRASIL. CATALOGAÇÃO NA FONTE.**
  SINDICATO NACIONAL DOS EDITORES DE LIVROS, RJ.

T698

Tratado de proteção de dados pessoais / Adriana Espíndola Corrêa... [et al.]; coordenação Danilo Doneda... [et al.]. – 2. ed. – Rio de Janeiro: Forense, 2023.

Inclui bibliografia
ISBN 978-65-5964-208-3

1. Proteção de dados – Brasil. 2. Direito à privacidade – Brasil. 3. Brasil. [Lei geral de proteção de dados pessoais (2018)]. I. Corrêa, Adriana Espíndola. II. Doneda, Danilo. III. Título.

22-78206

CDU: 342.721:004(81)

Gabriela Faray Ferreira Lopes – Bibliotecária – CRB-7/6643

COORDENADORES

LAURA SCHERTEL MENDES
DANILO DONEDA
INGO WOLFGANG SARLET
OTAVIO LUIZ RODRIGUES JR.

COORDENADOR EXECUTIVO

BRUNO RICARDO BIONI

AUTORES

Adriana Espíndola Corrêa
Alexandre Sankievicz
Alexandre Veronese
Ana Frazão
Ana Luisa Tarter Nunes
Anderson Schreiber
Antonio Carlos Morato
Bethânia Almeida
Bruno Miragem
Bruno Ricardo Bioni
Carlos Affonso Souza
Chiara Spadaccini de Teffé
Christian Perrone
Claudia Lima Marques
Danilo Doneda
Eduardo Magrani
Fabiano Menke
Fernanda Mascarenhas Marques
Francisco Brito Cruz

Gabriel Campos Soares da Fonseca
Gabrielle Bezerra Sales Sarlet
Giovani Agostini Saavedra
Guilherme Damasio Goulart
Guilherme Pereira Pinheiro
Heloisa Massaro
Indra Spiecker gen. Döhmann
Ingo Wolfgang Sarlet
Isabella Henriques
Jacqueline de Souza Abreu
João Paulo Bachur
José Antônio Peres Gediel
Juliano Maranhão
Laura Schertel Mendes
Leonardo Roscoe Bessa
Luca Belli
Marcel Leonardi
Marcela Mattiuzzo
Márcia Santana Fernandes

Maria Luciano
Marina Pita
Mario Viola
Mauricio L. Barreto
Miriam Wimmer
Mônica Tiemy Fujimoto
Otavio Luiz Rodrigues Jr.
Paula Pedigoni Ponce
Pedro Hartung
Regina Linden Ruaro
Ricardo Campos
Ricardo Villas Bôas Cueva
Ronaldo Lemos
Sérgio Branco
Sérgio Garcia Alves
Silmara Juny de Abreu Chinellato
Theófilo Miguel de Aquino
Victor Oliveira Fernandes
Vinicius Marques de Carvalho

SOBRE OS AUTORES

Adriana Espíndola Corrêa
Professora Adjunta de Direito Civil da UFPR.

Alexandre Sankievicz
Professor do IDP, consultor legislativo na Câmara dos Deputados, Fulbright Fellow na American University.

Alexandre Veronese
Professor associado de Teoria Social e do Direito da Universidade de Brasília (UnB). Doutor em Sociologia pelo Instituto de Estudos Sociais e Políticos da Universidade do Estado do Rio de Janeiro (IESP-UERJ). Coordenador do Grupo de Estudos em Direito das Telecomunicações (GETEL) da UnB. Pesquisador associado do Centro de Estudos em Direito da União Europeia (CEDU), da Universidade do Minho (Portugal) e do Centro de Política, Direito, Economia e Tecnologias das Comunicações (CCOM) da UnB.

Ana Frazão
Advogada. Professora associada de Direito Civil, Comercial e Econômico da Universidade de Brasília – UnB. Ex-diretora da Faculdade de Direito da Universidade de Brasília – UnB e ex-conselheira do CADE.

Ana Luisa Tarter Nunes
Doutoranda em Direito na Universidade de Brasília – UnB. Mestre em Direito Constitucional pelo Instituto Brasiliense de Direito Público – IDP. Diretora adjunta de Apoio à Universidade, Pesquisa e Projetos do Instituto Brasileiro de Política e Direito do Consumidor – Brasilcon.

Anderson Schreiber
Professor titular de Direito Civil da UERJ. Professor da Fundação Getulio Vargas. Membro da Academia Internacional de Direito Comparado. Procurador do Estado do Rio de Janeiro. Advogado.

Antonio Carlos Morato
Professor associado do Departamento de Direito Civil da Faculdade de Direito da Universidade de São Paulo (USP).

Bethânia Almeida
Graduação e mestrado em Ciências Sociais pela Universidade Federal da Bahia e doutorado em Saúde Coletiva pela mesma instituição, com estágio na Science Policy Research Unit (Universidade de Sussex). Servidora da Fiocruz, atua no Centro de Integração de Dados e Conhecimentos para Saúde (CIDACS). Entre as suas áreas de interesse estão temas relacionados

à governança de dados para pesquisa em saúde pública e a sociologia da ciência intensiva no uso de dados.

Bruno Miragem

Professor associado da Universidade Federal do Rio Grande do Sul – UFRGS – nos cursos de graduação e no Programa de Pós-Graduação em Direito, onde ministra, dentre outras, as disciplinas de Teoria Geral do Direito Privado, Direito Comparado, Direito das Obrigações, Direito do Sistema Financeiro e Fundamentos Culturais do Direito Privado. Doutor e mestre em Direito pela Universidade Federal do Rio Grande do Sul, onde igualmente obteve os títulos de especialista em Direito Internacional. Coordenador do Núcleo de Estudos em Direito e Sistema Financeiro: Atividade bancária, de seguros e mercado de capitais da UFRGS. Membro da Academia Brasileira de Direito Civil, da Deutsche-Brasilianische Juristenvereinigung e do Comitê Brasileiro da Association Henri Capitant des amis de la culture juridique française. Integrou a delegação brasileira no processo de revisão das Diretrizes das Nações Unidas sobre Proteção internacional dos Consumidores (2015). Ex-presidente Nacional do Brasilcon. É advogado, parecerista e consultor jurídico.

Bruno Ricardo Bioni

Doutorando em Direito na Universidade de São Paulo. Cofundador e professor no Data Privacy Brasil.

Carlos Affonso Souza

Professor da Universidade do Estado do Rio de Janeiro e da Pontifícia Universidade Católica. Doutor em Direito Civil na UERJ. Diretor do Instituto de Tecnologia e Sociedade do Rio de Janeiro (ITS Rio). Professor visitante na Faculdade de Direito da Universidade de Ottawa (Canadá). Pesquisador afiliado ao Information Society Project, da Faculdade de Direito da Universidade de Yale (Estados Unidos).

Chiara Spadaccini de Teffé

Doutoranda e mestre em Direito Civil pela Universidade do Estado do Rio de Janeiro (UERJ). Atualmente, é professora de Direito Civil e de Direito e Tecnologia na Faculdade de Direito do IBMEC. Leciona em cursos de pós-graduação do CEPED-UERJ, na pós-graduação da PUC--Rio, na pós-graduação do Instituto New Law e na pós-graduação da EBRADI. É, também, professora da Escola da Magistratura do Estado do Rio de Janeiro (EMERJ) e do Instituto de Tecnologia e Sociedade do Rio (ITS Rio). Membro da Comissão de Proteção de Dados e Privacidade da OABRJ. Membro do Conselho Executivo da Revista Eletrônica *Civilistica.com*. Membro do Fórum Permanente de Mídia e Liberdade de Expressão da EMERJ. Foi professora de Direito Civil na UFRJ e pesquisadora do Instituto de Tecnologia e Sociedade do Rio (ITS Rio). Associada ao Instituto Brasileiro de Estudos em Responsabilidade Civil (IBERC). Advogada e consultora em proteção de dados pessoais.

Christian Perrone

Pesquisador Fulbright (Universidade de Georgetown, EUA), doutorando (UERJ) em Direito Internacional e Direito Digital. Mestre – LL.M. – em Direito Internacional (Universidade de Cambridge, Reino Unido). Diploma em Direito Internacional dos Direitos Humanos pelo Instituto Universitário Europeu (EUI, Itália). Ex-secretário da Comissão Jurídica Interamericana da OEA e especialista em Direitos Humanos da Comissão Interamericana de Direitos Humanos. Advogado, consultor de políticas públicas e pesquisador sênior no ITS Rio (Instituto de Tecnologia e Sociedade do Rio de Janeiro).

SOBRE OS AUTORES | IX

Claudia Lima Marques

Diretora e professora titular da Faculdade de Direito da Universidade Federal do Rio Grande do Sul e professora permanente do Programa de Pós-graduação em Direito da UFRGS e da UNINOVE. Pós-doutorado e doutorado em Direito pela Universidade de Heidelberg. Mestrado em Direito pela Universidade de Tübingen. Relatora-geral da Comissão de Juristas do Senado Federal para a atualização do Código de Defesa do Consumidor. Presidente do Comitê de Proteção Internacional do Consumidor da International Law Association.

Danilo Doneda

Doutor em Direito Civil pela Universidade do Estado do Rio de Janeiro (UERJ). Professor no Instituto Brasileiro de Ensino, Desenvolvimento e Pesquisa (IDP). Advogado. Membro indicado pela Câmara dos Deputados para o Conselho Nacional de Proteção de Dados e Privacidade. Membro da Comissão de Juristas da Câmara dos Deputados para redação de projeto de lei sobre proteção de dados nos setores de segurança pública e investigação criminal. Membro dos conselhos consultivos do Projeto Global Pulse (ONU), do Projeto Criança e Consumo (Instituto Alana) e da Open Knowledge Brasil.

Eduardo Magrani

Doutor e mestre em Direito Constitucional pela Pontifícia Universidade Católica do Rio de Janeiro (PUC-Rio). Senior Fellow Global do programa de cooperação internacional da Fundação Konrad Adenauer (EIZ-Fellowship für nachhaltige Entwicklung und internationale Zusammenarbeit von Konrad-Adenauer-Stiftung/KAS). Professor das disciplinas de Direito e Tecnologia e Propriedade Intelectual na FGV, no IBMEC e na PUC-Rio. Professor e consultor/colaborador do Instituto CESAR em Recife e do Programa de Pós-Graduação *Stricto Sensu* em Direito – Mestrado e Doutorado – da Universidade Regional Integrada do Alto Uruguai e das Missões (URI), no Rio Grande do Sul. Autor de diversos livros e artigos na área de Direito e Tecnologia e Propriedade Intelectual, dentre eles: *Democracia conectada* (2014), *Digital rights: Latin America and the Caribbean* (2017); *A internet das coisas* (2018); *Horizonte presente: tecnologia e sociedade em debate* (2019); e *Entre dados e robôs: ética e privacidade na era da hiperconectividade* (2019).

Fabiano Menke

Mestre em Direito pela UFRGS, doutor em Direito pela Universidade de Kassel, Alemanha. Professor de Direito Civil da graduação e do Programa de Pós-Graduação da Faculdade de Direito da UFRGS. Advogado em Porto Alegre. É membro titular do Conselho Nacional de Proteção de Dados Pessoais e da Privacidade, na condição de representante de instituições científicas, tecnológicas e de inovação.

Fernanda Mascarenhas Marques

Mestra em Direito e Desenvolvimento pela FGV Direito SP. Bacharela pela PUC-SP. Advogada em São Paulo.

Francisco Brito Cruz

Doutor e mestre em Filosofia e Teoria Geral do Direito pela Faculdade de Direito da Universidade de São Paulo. É diretor do InternetLab – centro independente de pesquisa em direito e tecnologia.

Gabriel Campos Soares da Fonseca

Mestrando em Direito Econômico, Financeiro e Tributário pela Universidade de São Paulo (USP). Bacharel em Direito pela Universidade de Brasília (UnB). Assessor de Ministro no Supremo Tribunal Federal (STF).

Gabrielle Bezerra Sales Sarlet

Advogada. Graduada e mestre em Direito pela Universidade Federal do Ceará (UFC). Doutora em Direito pela Universidade de Augsburg – UNIA (Alemanha), pós-doutora em Direito pela Pontifícia Universidade Católica do Rio Grande do Sul (PUC-RS) e pós-doutora em Direito pela Universidade de Hamburg (Alemanha). Professora do curso de graduação, mestrado e doutorado em Direito (PPGD) da Pontifícia Universidade Católica do Rio Grande do Sul (PUC-RS).

Giovani Agostini Saavedra

Professor de Direito Empresarial, *Compliance* e Proteção de Dados da Universidade Presbiteriana Mackenzie – SP (graduação, especialização, mestrado e doutorado), na qual ministra a disciplina *Governança Corporativa*, Compliance *e Proteção de Dados*, no âmbito do Programa de Pós-Graduação (mestrado e doutorado). Líder do grupo de pesquisas *Governança Corporativa*, Compliance *e Proteção de Dados* registrado no CNPq e homologado pela Universidade Presbiteriana Mackenzie – SP. Doutor em Direito e em Filosofia pela *Johann Wolfgang Goethe – Universität Frankfurt am Main*. Mestrado e graduação em Direito na *Pontifícia Universidade Católica do Rio Grande do Sul*. Coordenador das Especializações em *Compliance* da Universidade Presbiteriana Mackenzie e da Pontifícia Universidade Católica do Rio Grande do Sul. Membro da Comissão de *Compliance* do Conselho Federal da OAB. Presidente do Instituto Auditoria, Riscos e *Compliance* (ARC) e da Associação Brasileira de Auditoria, Riscos e *Compliance* (ABRARC). No ano de 2018, recebeu a distinção de Advogado Mais Admirado do Brasil – Segmento *Compliance* pela *Revista 500* e, no ano de 2019, recebeu duas homenagens pela sua contribuição para a área de *Compliance* no Brasil, respectivamente pelo Instituto Transdisciplinar de Estudos Criminais (iTEC) e pela organização do *II International Law Symposium Compliance and Technology* realizado na Berkeley Law School (USA).

Guilherme Damasio Goulart

Mestre e doutor em Direito pela UFRGS. Atua como advogado e consultor em Segurança da Informação e Direito da Tecnologia. Professor de Direito Civil no Cesuca.

Guilherme Pereira Pinheiro

Pós-doutor em Direito (Universidade de Coimbra). Doutor em Direito (UnB). Professor do mestrado e da graduação em Direito do IDP. Consultor legislativo na Câmara dos Deputados e Advogado.

Heloisa Massaro

Mestranda em Filosofia e Teoria Geral do Direito pela Faculdade de Direito da Universidade de São Paulo. É coordenadora de pesquisa na área de Informação e Política no InternetLab – centro independente de pesquisa em Direito e Tecnologia.

Indra Spiecker gen. Döhmann

Professora titular de Direito Administrativo, Direito da Informação, Direito Ambiental e Teoria do Direito na Goethe Universität em Frankfurt, Alemanha. Diretora do Centro de Pesquisa em Proteção de Dados. Codiretora do Instituto de Direito Ambiental e Codiretora do Instituto Europeu de Políticas de Saúde e Direito Social.

Ingo Wolfgang Sarlet

Doutor e pós-doutor em Direito, Universidade de Munique. Professor titular da Escola de Direito e dos Programas de Pós-Graduação em Direito e Ciências Criminais da PUCRS. Coordenador do PPGD da PUCRS. Desembargador aposentado do TJRS. Advogado.

SOBRE OS AUTORES | XI

Isabella Henriques

Advogada. Diretora executiva do Instituto Alana. Doutoranda em Direitos das Relações Sociais – Direitos Difusos e Coletivos – pela PUC-SP. Autora da obra *Publicidade abusiva dirigida à criança* (Juruá, 2006). Coautora e coorganizadora da obra *Publicidade de alimentos e crianças – regulação no Brasil e no mundo* (Saraiva, 2013). Coorganizadora da obra *Autorregulação da publicidade infantil no Brasil e no mundo* (Verbatim, 2017). Organizadora da obra *Primeira infância no sistema de garantia de direitos de crianças e adolescentes* (Instituto Alana, 2019). *Global Leader for Young Children* pela World Forum Foundation. Líder executiva em Primeira Infância pelo Center on the Developing Child da Harvard University. Membro do Conselho Consultivo da Ouvidoria da Defensoria Pública do Estado de São Paulo.

Jacqueline de Souza Abreu

Doutoranda em Direito na Universidade de São Paulo e advogada. Mestra em Direito pela University of California, Berkeley (EUA), com foco em direito e tecnologia, e pela Ludwig--Maximilians-Universität München (Alemanha), com foco em direitos fundamentais.

João Paulo Bachur

Advogado especializado em Direito da Educação. Mestre e doutor em Ciência Política pela USP, com pós-doutorado em Filosofia pela Universidade Livre de Berlim, como bolsista da Fundação Alexander von Humboldt. Professor do Insper/SP e coordenador do mestrado e doutorado em Direito Constitucional do IDP/Brasília.

José Antônio Peres Gediel

Professor titular de Direito Civil da UFPR.

Juliano Maranhão

Professor associado da Faculdade de Direito da USP.

Laura Schertel Mendes

Professora adjunta de Direito Civil da Universidade de Brasília (UnB) e do Instituto Brasileiro de Ensino, Desenvolvimento e Pesquisa (IDP). Doutora em Direito Privado pela Universidade Humboldt de Berlim. Mestre em Direito, Estado e Constituição pela Universidade de Brasília (UnB). Coordenadora do mestrado profissional em Direito do IDP e Diretora do Centro de Direito, Internet e sociedade (CEDIS). Foi uma das autoras do anteprojeto de lei de proteção de dados que resultou na Lei Geral de Proteção de Dados (Lei n. 13.709/2018) e relatora da Comissão de Juristas da Câmara dos Deputados responsável pela elaboração do anteprojeto de lei de proteção de dados na persecução penal. Autora do livro *Privacidade, proteção de dados e defesa do consumidor: linhas gerais de um novo direito fundamental* (Saraiva, 2014). Diretora da Associação Luso-Alemã de Juristas (DLJV-Berlim) e do Instituto Brasileiro de Política e Direito do Consumidor (Brasilcon). É membro titular do Conselho Nacional de Proteção de Dados Pessoais e da Privacidade (CNPD), na condição de representante de instituições científicas, tecnológicas e de inovação.

Leonardo Roscoe Bessa

Doutor em Direito Civil pela Universidade Estadual do Rio de Janeiro – UERJ. Mestre em Direito Público pela Universidade de Brasília – UNB. Procurador de Justiça do Ministério Público do Distrito Federal e Territórios – MPDFT. Procurador-Geral de Justiça do Ministério Público do Distrito Federal e Territórios – MPDFT (2014-2018). Professor do UNICEUB (graduação, mestrado e doutorado). Presidente do Instituto Brasileiro de Política e Direito do

Consumidor – BRASILCON (2006-2008 e 2006-2010). Integrante da Comissão de Juristas, instituída pelo Senado Federal, para atualizar o Código de Defesa do Consumidor.

Luca Belli
Professor de Governança e Regulação da Internet na Escola de Direito da Fundação Getulio Vargas, Rio de Janeiro, onde coordena o projeto CyberBRICS, e pesquisador associado no Centro de Direito Público Comparado da Universidade Paris 2. Membro do Board da Alliance for Affordable Internet e diretor da Conferência Latino-americana sobre Computers Privacy and Data Protection (cpdp.lat). Mestre (JD) em direito pela Università degli Studi di Torino e doutor (PhD) em Direito Público pela Université Panthéon-Assas, Paris 2.

Marcel Leonardi
Bacharel, mestre e doutor em Direito pela USP e Pós-Doutor pela Berkeley Law. Certificado pela International Association of Privacy Professionals (IAPP) em Privacidade Europeia (CIPP/E) e em Privacidade dos Estados Unidos (CIPP/US). Foi diretor de Políticas Públicas na Google Brasil (2011 a 2018), tendo colaborado intensamente na elaboração do Marco Civil da Internet e da Lei Geral de Proteção de Dados Pessoais. Também atuou em questões de políticas públicas nos mais variados assuntos do setor de tecnologia e Internet. Especializado em Direito Digital e em Proteção de Dados Pessoais. Professor da FGVLaw desde 2005. Advogado.

Marcela Mattiuzzo
Advogada, mestre em Direito Constitucional na Universidade de São Paulo e doutoranda em Direito Comercial pela mesma faculdade.

Márcia Santana Fernandes
Doutora em Direito (UFRGS) e pós-doutora pelo Programa de Pós-Graduação de Medicina em Ciências Médicas (UFRGS). Professora da Universidade Feevale. Professora do mestrado profissional em Pesquisa Clínica do Hospital de Clínicas de Porto Alegre (HCPA) e pesquisadora associada do Laboratório de Pesquisa em Bioética e Ética na Ciência (LAPEBEC/HCPA). Professora colaboradora do PPGD-PUCRS e Pesquisa de Pós-Doutorado (PUC-RS).

Maria Luciano
Mestra em Direito na Universidade de São Paulo.

Marina Pita
Jornalista. Diretora de relações institucionais do Intervozes – Coletivo Brasil de Comunicação Social em Brasília e pesquisadora em proteção de dados. Pós-graduada em Economia Urbana e Gestão Pública pela Pontifícia Universidade Católica de São Paulo (PUC-SP).

Mario Viola
Doutor em Direito pelo European University Institute (Florença, Itália). Mestre em Direito Civil pela Universidade do Estado do Rio de Janeiro. Certified Information Privacy Professional/Europe (CIPP/E). Advogado.

Mauricio L. Barreto
Médico. Mestre em Saúde Comunitária, ambos pela Universidade Federal da Bahia (UFBA). Doutor em Epidemiologia pela Universidade de Londres. Professor titular aposentado em Epidemiologia do Instituto de Saúde Coletiva/UFBA. Desde 2014, é pesquisador especialista da Fiocruz. Sua pesquisa abrange uma gama de diferentes tópicos, sempre explorando questões

relacionadas aos determinantes sociais e ambientais da saúde, desigualdades em saúde, impacto de intervenções sociais e de saúde e integração de conhecimento social e biológico para explicações causais na saúde. Fundou e coordena, desde 2016, o Centro de Integração de Dados e Conhecimentos para Saúde (CIDACS) na Fiocruz-Bahia.

Miriam Wimmer
Doutora em Políticas de Comunicação e Cultura pela Universidade de Brasília. Mestre em Direito Público pela Universidade do Estado do Rio de Janeiro. Bacharel em Direito pela mesma Instituição. Diretora da Autoridade Nacional de Proteção de Dados.

Mônica Tiemy Fujimoto
Graduada em Direito pela Universidade de São Paulo (USP). Mestra em Direito Empresarial e Econômico pela Universidade de Brasília (UnB). Foi coordenadora de Análise Antitruste no Conselho Administrativo de Defesa Econômica (CADE). Advogada do escritório MHBA Advogados e Consultora da Laura Schertel Mendes Advocacia e Consultoria.

Otavio Luiz Rodrigues Jr.
Professor associado (livre-docente) do Departamento de Direito Civil da Faculdade de Direito da Universidade de São Paulo. Coordenador da Área de Direito e membro do Conselho Superior da CAPES. Conselheiro do Conselho Nacional do Ministério Público (CNMP). Foi conselheiro da Agência Nacional de Telecomunicações – ANATEL e conselheiro do Comitê Gestor da Internet no Brasil – CGIbr. Advogado da União.

Paula Pedigoni Ponce
Advogada e doutoranda em Filosofia e Teoria Geral do Direito na Universidade de São Paulo.

Pedro Hartung
Advogado. Coordenador dos programas Prioridade Absoluta e Criança e Consumo do Instituto Alana. Docente e membro do Painel Técnico do Curso de Liderança Executiva do Center on the Developing Child do NCPI/Harvard University. Doutor em Direito pela USP com doutorado sanduíche, em 2017, pela Harvard Law School. Pesquisador visitante no Child Advocacy Program da Harvard Law School. Membro do grupo de trabalho da UNICEF sobre Governança de dados pessoais de crianças. Pesquisador visitante do Max-Planck-Institute de Direito Público Comparado e Internacional. Especialização pela Universidade Ludwig Maximilians (LMU) de Munique/Alemanha. Foi conselheiro do Conselho Nacional dos Direitos da Criança e do Adolescente – Conanda (2012-2016) e professor coordenador da Clínica de Direitos Humanos Luiz Gama da Faculdade de Direito da USP. Líder executivo para Primeira Infância NCPI/Harvard. Integrou, em 2017, a equipe do Legal Policy Office do Alto Comissário das Nações Unidas para Direitos Humanos (OHCHR/ONU), em Genebra.

Regina Linden Ruaro
Professora titular e decana associada da Escola de Direito da Pontifícia Universidade Católica do Rio Grande do Sul. Procuradora Federal/AGU aposentada. Doutora em Direito pela Universidad Complutense de Madrid (1993 com título revalidado pela UFRGS em 1994). Pós-doutora pela Universidade San Pablo – CEU de Madri (2006/2008). Estágio pós-doutoral na Universidade San Pablo – Ceu de Madri (2016). Compõe o Grupo Internacional de Pesquisa "Protección de Datos y Acceso a la Información". Professora convidada do master en Protección de datos, transparencia y acceso a la Información da Universidade San Pablo

de Madrid-CEU de Espanha. Membro honorário do Instituto Internacional de Estudos de Direito do Estado – IEDE. Lidera o Grupo de Pesquisa (cadastrado no CNPq): Proteção de Dados Pessoais e Direito Fundamental de Acesso à Informação no Estado Democrático de Direito. Advogada e consultora jurídica na Áres do Direito Administrativo e Pro-teção de Dados Pessoais.

Ricardo Campos

Doutor em Direito e assistente docente da Universidade de Frankfurt.

Ricardo Villas Bôas Cueva

Ministro do Superior Tribunal de Justiça. Mestre e doutor em Direito pela Universidade Harvard e pela Universidade de Frankfurt, respectivamente. Foi advogado, procurador do Estado de São Paulo, procurador da Fazenda Nacional e conselheiro do Conselho Administrativo de Defesa Econômica – CADE.

Ronaldo Lemos

Advogado, especialista em tecnologia, mídia e propriedade intelectual. É professor da Universidade Columbia (School for International Public Affairs – SIPA). Mestre em Direito pela Universidade de Harvard e doutor em Direito pela USP. Pesquisador do MIT Media Lab. Foi pesquisador visitante nas Universidades de Princeton e Oxford. Foi um dos criadores do Marco Civil da Internet. Foi apontado pelo Fórum Econômico Mundial como um dos "Jovens Líderes Globais". É membro do Conselho de Administração de várias organizações, como a Mozilla, criadora do navegador Firefox, Access Now e o Hospital alemão Oswaldo Cruz. É coautor do estudo do plano nacional de Internet das Coisas (IoT), em parceria com a Mckinsey. Foi vice-presidente do Conselho de Comunicação Social do Congresso Nacional. Escreve semanalmente para a *Folha de S. Paulo*. É fundador e diretor do Instituto de Tecnologia e Sociedade do Rio de Janeiro (ITSrio.org). Autor de vários livros, estudos e documentários, publicados no Brasil e no exterior.

Sérgio Branco

Doutor e mestre em Direito Civil pela Universidade do Estado do Rio de Janeiro (UERJ). Professor convidado da Universidade de Montréal. Cofundador e diretor do Instituto de Tecnologia e Sociedade do Rio de Janeiro (ITS Rio). Autor dos livros *Memória e esquecimento na Internet, Direitos autorais na Internet e o uso de obras alheias, O domínio público no direito autoral brasileiro – uma obra em domínio público* e *O que é creative commons – novos modelos de direito autoral em um mundo mais criativo*. Especialista em propriedade intelectual pela Pontifícia Universidade Católica do Rio de Janeiro (PUC-Rio). Pós-graduado em cinema documentário pela FGV. Graduado em Direito pela Universidade do Estado do Rio de Janeiro (UERJ). Advogado.

Sérgio Garcia Alves

Mestre em Direito e Tecnologia pela Universidade da Califórnia – Berkeley. Mestre em Regulação pela Universidade de Brasília. Sócio da área de Tecnologia, Jogos e Regulação de Abdala Advogados.

Silmara Juny de Abreu Chinellato

Professora titular e vice-chefe do Departamento de Direito Civil da Faculdade de Direito da Universidade de São Paulo (USP).

Theófilo Miguel de Aquino

Doutorando e mestre em Direito e Desenvolvimento pela FGV Direito SP. Bacharel pela Universidade de São Paulo. Advogado em São Paulo.

Victor Oliveira Fernandes

Professor de Direito Econômico e de Direito Digital do Instituto Brasileiro de Ensino, Desenvolvimento e Pesquisa (IDP). Doutorando em Direito Comercial pela Universidade de São Paulo (USP). Chefe de Gabinete de Ministro do Supremo Tribunal Federal (STF) e especialista em Regulação da Agência Nacional de Telecomunicações (Anatel).

Vinicius Marques de Carvalho

Advogado, professor de Direito Comercial da Faculdade de Direito da Universidade de São Paulo. Foi Presidente do Cade, Secretário de Direito Econômico e Yale Greenberg World Fellow.

NOTA À SEGUNDA EDIÇÃO

Nosso *Tratado*, lançado há 1 ano, rapidamente esgotou sua primeira edição, o que denota a relevância que a proteção de dados assumiu na sociedade e no Direito brasileiros, especialmente com a plena vigência da Lei Geral de Proteção de Dados no segundo semestre de 2021, bem como a qualidade dos textos contidos neste livro. Embora tenha sido uma das primeiras obras a cuidar da LGPD, o *Tratado* é muito provavelmente a única delas que lhe dedicou um verdadeiro exame sistemático e omnicompreensivo. O êxito de seu propósito editorial é aferível pela circunstância de já haver sido citado em relevante acórdão do STF como fonte doutrinária (STF – MC na ADIn n.6.529, Tribunal Pleno, j. 13/8/2020, rel. Min. Cármen Lúcia – *DJe* 15/10/2020).

Nesta segunda edição, os textos foram atualizados doutrinária e jurisprudencialmente, além da necessária revisão de alguns posicionamentos em razão das primeiras regulações da Autoridade Nacional de Proteção de Dados. Outra importante novidade diz respeito à aprovação da emenda constitucional que positiva o direito fundamental à proteção de dados. Além disso, o *Tratado* incorporou três novos capítulos. O primeiro de Victor Oliveira Fernandes aborda o debate sobre as restrições à privacidade à luz do direito antitruste. O segundo trata de inteligência Artificial, *credit scoring* e proteção de dados, de Juliano Maranhão e Ricardo Campos. Por fim, o texto de autoria de Claudia Lima Marques e Bruno Miragem analisa o necessário diálogo entre a LGPD e o Código de Defesa do Consumidor.

A proteção de dados é hoje um tema universal, que exige de todas as áreas do Direito uma conspícua mobilização para oferecer soluções a um dos maiores desafios jurídicos de nossa era. Os espaços de regulação (pública) convivem com amplos territórios entregues à autonomia privada, inclusive sob a óptica da regulação privada. Essa sutil superposição de camadas de produção normativa é uma das maiores riquezas da proteção de dados. O papel da doutrina como instrumento de crítica, de correção e de orientação aos tribunais, aos parlamentos e (agora) às agências reguladoras é cada vez mais relevante, assim como foi no século XIX e seguirá sendo neste desafiador século XXI.

Agradecemos à Cecília Alberton Coutinho Silva, advogada e mestranda em Direito na PUC-RS, e à Isabela de Araújo Santos, graduanda pela Universidade de Brasília e pesquisadora bolsista do CNPq, pelo seu competente auxílio na logística para a preparação da presente segunda edição do *Tratado*, assim como à Danielle Oliveira, da Editora Gen, pela sua sempre dedicada atenção e suporte. Por fim, e não menos importante, agradecemos imensamente aos leitores pela confiança no trabalho da coordenação do *Tratado* e aos colegas que ajudaram a construir este belo edifício doutrinário, que ora é reapresentado à comunidade jurídica em segunda edição.

Brasília, Rio de Janeiro, Porto Alegre, São Paulo, junho de 2022.

Coordenadores
Laura Schertel Mendes
Danilo Doneda
Ingo Wolfgang Sarlet
Otavio Luiz Rodrigues Jr.

Coordenador-Executivo
Bruno Ricardo Bioni

APRESENTAÇÃO DA PRIMEIRA EDIÇÃO

Nas últimas décadas, a disciplina da proteção de dados pessoais adentrou fortemente a agenda nacional e internacional, com debates multidisciplinares envolvendo, por exemplo, Direito, Ética, tecnologia, finanças, saúde, computação, Economia e Ciência Política. O desenvolvimento de paradigmas econômicos e sociais cada vez mais centrados no uso massivo de dados pessoais demonstrou a necessidade e a urgência de se equilibrar o seu potencial disruptivo e inovador com os direitos e as legítimas expectativas dos cidadãos quanto ao controle, à adequação e à segurança do fluxo de suas informações pessoais.

Note-se, nessa perspectiva, que a ampliação dos horizontes e as possibilidades que se vislumbram a partir do desenvolvimento de novas tecnologias também implicam novos riscos, complexidades e desafios para a regulação jurídica desses fenômenos. É necessário, assim, refletir sobre como se adaptar a esse novo cenário sem, contudo, deixar de lado todo um acervo de importantes ferramentas tornadas possíveis pelo tratamento de dados pessoais, dada sua utilidade em diversos âmbitos, desde a criação de novos modelos de negócios até a elaboração e o aperfeiçoamento de políticas públicas, bem como o uso de dados para fins humanitários.

A pauta da proteção de dados pessoais, que, para um observador menos atento, poderia soar como meramente incidental no debate jurídico brasileiro, foi, na verdade, desenvolvida ainda na fase do processo constituinte, do qual resultou a Constituição Federal de 1988, pioneira mundialmente ao contemplar a ação de *Habeas Data*. Posteriormente, a partir das longas e profundas discussões que antecederam a edição da Lei Geral de Proteção de Dados Pessoais (LGPD – Lei 13.709, de 14 de agosto de 2018), dialogando com outros marcos normativos, como o Código Civil, o Código de Defesa do Consumidor, o Marco Civil da Internet, a Lei do Cadastro Positivo, a Lei de Acesso à Informação e outras leis, o tema da proteção de dados ganhou espaço e autonomia no âmbito jurídico brasileiro.

O advento da LGPD é um marco no Brasil, por consolidar, em uma legislação única e harmônica, uma matéria que era tratada de forma fragmentada e assistemática. Nesse sentido, a LGPD tem como uma de suas principais contribuições introduzir no ordenamento um nível mais elevado de segurança jurídica, ao estabelecer balizas e regras mais claras sobre o tema.

Central no desenvolvimento da disciplina de proteção de dados no país foi o recente reconhecimento pelo Supremo Tribunal Federal de um direito fundamental à proteção de dados pessoais na ordem constitucional brasileira, no julgamento conjunto das ADIs 6.387, 6.388, 6.389, 6.390 e 6.393, realizado nos dias 6 e 7 de maio de 2020. Mediante tal evolução, é possível afirmar que o sistema jurídico brasileiro relativo à proteção de dados passou a contar com uma sólida base constitucional e legal, que açambarca princípios, direitos dos titulares, obrigações dos agentes de tratamento, estruturas de supervisão e responsabilização, além do próprio direito fundamental autônomo à proteção de dados pessoais.

O futuro, por sua vez, aponta para uma importância cada vez maior da definição de um estatuto da informação pessoal e de instrumentos e instituições capazes de garanti-los. Com essa evolução, será possível proporcionar a liberdade e autonomia do indivíduo em relação àquilo que já se chamou de seu "corpo eletrônico" – seus dados pessoais.

É certo que a evolução legislativa e jurisprudencial não dispensa (muito antes, pelo contrário, exigem!) um profundo debate acadêmico e um tratamento dogmático consistente por parte do jurista, de modo a assegurar uma aplicação constitucionalmente adequada da nova LGPD. Faz-se ainda necessária a promoção de uma cultura de proteção de dados, indispensável para a concretização desse novo marco normativo.

A proteção de dados, costumava recordar Stefano Rodotà, não se resume, porém, ao seu aspecto legislativo: a sua assimilação pela sociedade compreende um processo cultural, no qual, a partir de determinadas provocações, a consciência acerca da importância dos dados pessoais surge organicamente e, a partir desta, as soluções regulatórias se legitimam. No caso do Brasil, podemos verificar que esta provocação foi substantivamente realizada em ocasiões nas quais propostas legislativas foram veiculadas e, a partir daí, passaram a ser debatidas pela sociedade.

Esse debate, no formato atual, teve seu início em 2010, na propositura pelo Ministério da Justiça de um texto-base de Anteprojeto de Lei sobre proteção de dados para a sociedade, texto este que, após modificações sucessivas e seu respectivo *iter* legislativo, tornou-se a atual LGPD.

A matéria, antes praticamente ausente do debate público e mesmo acadêmico, ganhou escala e permitiu que a gramática e institutos de proteção de dados passassem a ser internalizados no debate social. Em 2015, foi realizado novo debate público sobre um texto aprimorado do Anteprojeto pelo Ministério da Justiça, que veio a ser enviado pela Presidência da República ao Congresso Nacional em 2016.

Após intenso debate sobre esse texto, a última batalha no âmbito legislativo foi travada em 2020. Após a sanção da LGPD, em agosto de 2018, ela veio a ser objeto de sucessivas tentativas de dilação da sua *vacatio legis* – primeiramente, a MP 869/2018, que veio a se converter na Lei 13.853/2019, modificou a sua entrada em vigor de fevereiro de 2020 para agosto de 2020. Ainda mais recentemente, a Lei 14.010/2020 dilatou a *vacatio legis* dos arts. 52 a 54 da LGPD (referentes às suas sanções) para 1º de agosto de 2021, sendo que, ainda durante a sua tramitação, foi editada a Medida Provisória 959/2020, pela qual o Governo Federal alterou a *vacatio* da LGPD, para 3 de maio de 2021. O Senado Federal suprimiu o dispositivo que assim o fazia, assegurando a imediata vigência da LGPD, com a ressalva das sanções administrativas, que serão exigíveis apenas em 2021.

No plano constitucional, a PEC 17/2019 teve sua tramitação concluída no âmbito do Congresso Nacional, sendo posteriormente promulgada a EC 115/2022 e, com isso, temos um direito fundamental autônomo à proteção e ao tratamento de dados no texto da Constituição Federal.

Os coordenadores deste *Tratado* exerceram papel de liderança continuamente durante todas as fases desse processo formativo da legislação e mesmo do amadurecimento da cultura de proteção de dados no país, o que confere à obra um caráter diferenciado também quanto a esse aspecto.

Para além disso, o Poder Executivo rompeu com uma longa inércia e, por meio do Decreto 10.474, de 26 de agosto de 2020, finalmente aprovou a estrutura de cargos e funções da Autoridade Nacional de Proteção de Dados. Com isso, o braço regulatório e fiscalizador da LGPD poderá finalmente sair do papel e possibilitar que a Lei alcance sua plena eficácia, tão logo sejam efetivamente nomeados os integrantes de seu Conselho Diretor. Tendo isso em mente, os coordenadores desta obra conceberam sua estrutura, metodologia e conteúdo para que o leitor – seja da área do Direito, seja de outros campos do conhecimento – possa encontrar fontes atualizadas e sólidas, com verticalidade teórica e aplicação prática açambarcando os principais tópicos e problemas vinculados à proteção de dados. Para tanto, foi reunido um número significativo e altamente qualificado de juristas, representando, além do meio acadêmico, todas as carreiras jurídicas.

O livro está dividido em três partes. Na *primeira*, são abordados os fundamentos históricos e teóricos do desenvolvimento da disciplina relacionada à proteção de dados pessoais tanto no Brasil quanto em ordenamentos estrangeiros, bem como seus fundamentos constitucionais.

Os artigos da *segunda parte* têm como foco a LGPD, contemplando contribuições sobre sua estrutura e sua criação. Nessa parte, comentam-se os respectivos capítulos e dispositivos, como é o caso dos princípios da legislação, requisitos de tratamento de dados, panorama do tratamento de dados pelo Poder Público e por empresas privadas, responsabilidade civil, diálogos normativos com outras leis, exercício de direitos pelos titulares, avaliação de impacto do tratamento de dados, segurança da informação, entre outros temas.

A *terceira parte*, por sua vez, contém textos sobre temas atuais, relevantes e desafiadores, que, para uma visão sistêmica e mais completa, não poderiam deixar de ser integrados à obra. É o caso do conceito de *privacy by design*, das decisões baseadas em algoritmos, das conexões entre proteção de dados e outros ramos do Direito – como o concorrencial e o trabalhista –, as aplicações da proteção de dados na pesquisa científica, a propriedade intelectual, a segurança pública, os processos migratórios, as campanhas políticas, a saúde, dentre outros.

Com isso, o leitor terá em mãos uma obra que proporciona uma análise integral da matéria, na medida em que fornece não só as raízes da proteção de dados pessoais, com suporte em um olhar histórico, dogmático e teórico, mas, também, seus desdobramentos práticos referentes à aplicação e interpretação de todo o conjunto normativo em questão.

A obra é editada com uma característica única: o projeto iniciou-se em 2018, com os convites aos autores, a quem se lhes conferiu um largo período para pesquisa, reflexão e escrita. E, de modo a combinar esse caráter de verticalidade investigativa, todos os textos foram submetidos a uma última revisão e atualização para que se contemplassem as anunciadas inovações legislativas de 2020, em especial a Lei 14.010/2020 e o Decreto 10.474, de 2020. Por derradeiro, há de se agradecer a todos os autores que enriqueceram e tornaram possível este *Tratado*, assegurando-lhe extrema atualidade e qualidade. Homenageia-se, ainda, o Congresso Nacional, que aprovou por unanimidade a LGPD e, mais do que isso, se manteve firme até o último momento na defesa de sua vigência em 2020, afastando-se o risco de uma lei cuja *vacatio* se eternizaria. O Deputado Federal Orlando Silva e o Senador Weverton Rocha Marques de Sousa, representando as duas casas legislativas nacionais, simbolizam essa luta e são merecedores do reconhecimento público por seu papel nessa histórica travessia. Finalmente, expressamos nossa gratidão com a equipe editorial Grupo Gen pela receptividade e competência.

Desejamos uma proveitosa leitura!

Brasília, Curitiba, Porto Alegre, São Paulo, setembro de 2020.

Coordenadores
Laura Schertel Mendes
Danilo Doneda
Ingo Wolfgang Sarlet
Otavio Luiz Rodrigues Jr.

Coordenador-Executivo
Bruno Ricardo Bioni

Sumário

PARTE I

FUNDAMENTOS TEÓRICOS E HISTÓRICOS DA PROTEÇÃO DE DADOS PESSOAIS

1. PANORAMA HISTÓRICO DA PROTEÇÃO DE DADOS PESSOAIS
Danilo Doneda.. 3

2. FUNDAMENTOS CONSTITUCIONAIS: O DIREITO FUNDAMENTAL À PROTEÇÃO DE DADOS
Ingo Wolfgang Sarlet.. 21

3. O SUPREMO TRIBUNAL FEDERAL, A PROTEÇÃO CONSTITUCIONAL DOS DADOS PESSOAIS E A POSITIVAÇÃO SUPERVENIENTE DE UM DIREITO FUNDAMENTAL AUTÔNOMO
Laura Schertel Mendes, Otavio Luiz Rodrigues Jr. e Gabriel Campos Soares da Fonseca... 61

4. PROTEÇÃO DE DADOS PARA ALÉM DO CONSENTIMENTO: TENDÊNCIAS DE MATERIALIZAÇÃO
Laura Schertel Mendes e Gabriel Campos Soares da Fonseca.................................. 73

5. A PROTEÇÃO DE DADOS PESSOAIS SOB O REGULAMENTO GERAL DE PROTEÇÃO DE DADOS DA UNIÃO EUROPEIA
Indra Spiecker gen. Döhmann 95

PARTE II

A LEI GERAL DE PROTEÇÃO DE DADOS: ANÁLISE DE SEUS CONCEITOS, PRINCÍPIOS E INSTITUTOS

6. TRATAMENTO DE DADOS PESSOAIS NA LGPD: ESTUDO SOBRE AS BASES LEGAIS DOS ARTIGOS 7.º E 11
Mario Viola e Chiara Spadaccini de Teffé 115

XXIV | TRATADO DE PROTEÇÃO DE DADOS PESSOAIS

7. O CONSENTIMENTO COMO PROCESSO: EM BUSCA DO CONSENTIMENTO VÁLIDO
Bruno Ricardo Bioni e Maria Luciano... 147

8. LEGÍTIMO INTERESSE: ASPECTOS GERAIS A PARTIR DE UMA VISÃO OBRIGACIONAL
Bruno Ricardo Bioni... 161

9. O DIREITO FUNDAMENTAL À PROTEÇÃO DE DADOS SENSÍVEIS NO SISTEMA NORMATIVO BRASILEIRO: UMA ANÁLISE ACERCA DAS HIPÓTESES DE TRATAMENTO E DA OBRIGATORIEDADE DO CONSENTIMENTO LIVRE, ESCLARECIDO E INFORMADO SOB O ENFOQUE DA LEI GERAL DE PROTEÇÃO DE DADOS (LGPD) – LEI 13.709/2018
Regina Linden Ruaro e Gabrielle Bezerra Sales Sarlet.. 175

10. A PROTEÇÃO DE DADOS PESSOAIS DE CRIANÇAS E ADOLESCENTES
Isabella Henriques, Marina Pita e Pedro Hartung... 201

11. FECHANDO UM CICLO: DO TÉRMINO DO TRATAMENTO DE DADOS PESSOAIS (ARTS. 15 E 16 DA LGPD)
Sérgio Garcia Alves... 229

12. O DIREITO À EXPLICAÇÃO ENTRE A EXPERIÊNCIA EUROPEIA E A SUA POSITIVAÇÃO NA LGPD
Carlos Affonso Souza, Christian Perrone e Eduardo Magrani................................ 245

13. O REGIME JURÍDICO DO TRATAMENTO DE DADOS PESSOAIS PELO PODER PÚBLICO
Miriam Wimmer... 273

14. TRANSFERÊNCIA INTERNACIONAL DE DADOS PESSOAIS
Marcel Leonardi... 293

15. O REGIME DE TRANSFERÊNCIA INTERNACIONAL DE DADOS DA LGPD: DELINEANDO AS OPÇÕES REGULATÓRIAS EM JOGO
Fernanda Mascarenhas Marques e Theófilo Miguel de Aquino.............................. 303

16. RESPONSABILIDADE CIVIL NA LEI GERAL DE PROTEÇÃO DE DADOS PESSOAIS
Anderson Schreiber... 321

17. SEGURANÇA DA INFORMAÇÃO E VAZAMENTO DE DADOS
Fabiano Menke e Guilherme Damasio Goulart... 341

18. BOAS PRÁTICAS E GOVERNANÇA NA LGPD
Vinicius Marques de Carvalho, Marcela Mattiuzzo e Paula Pedigoni Ponce.......... 363

19. OS DESAFIOS DO *ENFORCEMENT* NA LGPD: FISCALIZAÇÃO, APLICAÇÃO DE SANÇÕES ADMINISTRATIVAS E COORDENAÇÃO INTERGOVERNAMENTAL
Miriam Wimmer 379

20. COMO IMPLEMENTAR A LGPD POR MEIO DA AVALIAÇÃO DE IMPACTO SOBRE PRIVACIDADE E ÉTICA DE DADOS (AIPED)
Luca Belli 393

21. DISCRIMINAÇÃO ALGORÍTMICA À LUZ DA LEI GERAL DE PROTEÇÃO DE DADOS
Laura Schertel Mendes, Marcela Mattiuzzo e Mônica Tiemy Fujimoto 423

22. *PRIVACY BY DESIGN*: CONCEITO, FUNDAMENTOS E APLICABILIDADE NA LGPD
Ronaldo Lemos e Sérgio Branco 449

23. A AUTORIDADE NACIONAL DE PROTEÇÃO DE DADOS E O CONSELHO NACIONAL DE PROTEÇÃO DE DADOS
Danilo Doneda 461

PARTE III

PERSPECTIVAS SETORIAIS E DESAFIOS ATUAIS DA PROTEÇÃO DE DADOS

24. PROTEÇÃO DE DADOS PESSOAIS NA EDUCAÇÃO
João Paulo Bachur 475

25. A PROTEÇÃO DE DADOS NO SETOR DE SAÚDE EM FACE DO SISTEMA NORMATIVO BRASILEIRO ATUAL
Gabrielle Bezerra Sales Sarlet, Márcia Santana Fernandes e Regina Linden Ruaro 487

26. ASPECTOS DA PROTEÇÃO DE DADOS NAS RELAÇÕES DE TRABALHO
Alexandre Sankievicz e Guilherme Pereira Pinheiro 513

27. USO E PROTEÇÃO DE DADOS PESSOAIS NA PESQUISA CIENTÍFICA
Mauricio L. Barreto, Bethânia Almeida e Danilo Doneda 529

28. *BIG DATA* E ASPECTOS CONCORRENCIAIS DO TRATAMENTO DE DADOS PESSOAIS
Ana Frazão 541

29. DADOS PESSOAIS EM CAMPANHAS POLÍTICAS: A CONSTRUÇÃO DE UMA PONTE ENTRE PROTEÇÃO DE DADOS PESSOAIS E REGULAÇÃO ELEITORAL
Francisco Brito Cruz e Heloisa Massaro 559

XXVI TRATADO DE PROTEÇÃO DE DADOS PESSOAIS

30. TRATAMENTO DE DADOS PESSOAIS PARA SEGURANÇA PÚBLICA: CONTORNOS DO REGIME JURÍDICO PÓS-LGPD
Jacqueline de Souza Abreu 591

31. PROTEÇÃO DE DADOS PESSOAIS NOS PROCESSOS MIGRATÓRIOS
José Antônio Peres Gediel e Adriana Espíndola Corrêa 613

32. PROTEÇÃO DE DADOS PESSOAIS E DIREITO AO ESQUECIMENTO
Ricardo Villas Bôas Cueva 635

33. DIREITOS BÁSICOS DE PROTEÇÃO DE DADOS PESSOAIS, O PRINCÍPIO DA TRANSPARÊNCIA E A PROTEÇÃO DOS DIREITOS INTELECTUAIS
Silmara Juny de Abreu Chinellato e Antonio Carlos Morato 649

34. INSTRUMENTOS PROCESSUAIS DE TUTELA INDIVIDUAL E COLETIVA: ANÁLISE DO ART. 22 DA LGPD
Leonardo Roscoe Bessa e Ana Luisa Tarter Nunes 673

35. TRANSFERÊNCIAS INTERNACIONAIS DE DADOS PESSOAIS: O DEBATE TRANSATLÂNTICO NORTE E SUA REPERCUSSÃO NA AMÉRICA LATINA E NO BRASIL
Alexandre Veronese 699

36. *COMPLIANCE* DE DADOS
Giovani Agostini Saavedra 737

37. INTELIGÊNCIA ARTIFICIAL, *CREDIT SCORING* E PROTEÇÃO DE DADOS
Juliano Maranhão e Ricardo Campos 753

38. RESTRIÇÕES À PRIVACIDADE: UM PROBLEMA ANTITRUSTE?
Victor Oliveira Fernandes 775

39. O NECESSÁRIO DIÁLOGO ENTRE A LGPD E O CÓDIGO DE DEFESA DO CONSUMIDOR E OS NOVOS DIREITOS DO CONSUMIDOR-TITULAR DOS DADOS
Claudia Lima Marques e Bruno Miragem 795

PARTE I

Fundamentos teóricos e históricos da proteção de dados pessoais

1

PANORAMA HISTÓRICO DA PROTEÇÃO DE DADOS PESSOAIS

DANILO DONEDA
Doutor em Direito Civil pela Universidade do Estado do Rio de Janeiro (UERJ).
Professor no Instituto Brasileiro de Ensino, Desenvolvimento e Pesquisa (IDP).
Advogado. Membro indicado pela Câmara dos Deputados para o Conselho Nacional
de Proteção de Dados e Privacidade. Membro da Comissão de Juristas da Câmara
dos Deputados para redação de projeto de lei sobre proteção de dados nos setores
de segurança pública e investigação criminal. Membro dos conselhos consultivos
do Projeto Global Pulse (ONU), do Projeto Criança e Consumo (Instituto Alana) e da
Open Knowledge Brasil. www.doneda.net/.

A disciplina jurídica da proteção de dados pessoais vem sendo construída há, ao menos, cinco décadas. A Lei de Proteção de Dados do *Land* alemão de Hesse,[1] de 1970, é identificada como o primeiro diploma normativo que trata especificamente dessa matéria, e debates que tiveram lugar na segunda metade da década de 1960 foram extremamente ricos e fundamentais para definir o perfil dessa disciplina que, de acordo com estimativas, hoje está presente de forma concreta em mais de 140 países.[2]

Os contornos do se entende por proteção de dados pessoais, nesse período, tornaram-se mais concretos, como resultado direto do incremento no volume e na própria importância do tratamento de dados pessoais para a sociedade, que, desde então, procede em ritmo incessante com a adoção de tecnologias que tratam dados pessoais de forma intensiva. Ao mesmo tempo, a disciplina se desenvolveu e até mesmo alcançou certo grau de harmonização em diversos países, no sentido em que os seus principais institutos e ferramentas estão, hoje, presentes na enorme maioria das legislações de proteção de dados existentes,[3] proporcionando-lhes uma gramática comum e estruturas, no mais das vezes, assemelhadas.

---

[1]   A Lei de Proteção de Dados do *Land* alemão de Hesse foi promulgada em 30 de setembro de 1970. *Hessisches Datenschutzgesetz* (The Hesse Data Protection Act), Gesetz und Verordungsblatt I (1970), 625.

[2]   O Professor Graham Greenleaf contabilizou 142 países com legislações de proteção de dados em 2020. Note-se que a sua metodologia engloba também países que não são membros da Organização das Nações Unidas, bem como alguns países, como Nepal e Zimbabwe, cujas legislações aplicam-se somente ao setor público. GREENLEAF, Graham; COTTIER, Bertil. 2020 ends a decade of 62 new data privacy laws. *Privacy Laws & Business International Report*, v. 163, p. 24-26, 29 jan. 2020. Disponível em: https://ssrn.com/abstract=3572611. Assim, o número atual de países-membros da ONU que contam com legislações de proteção de dados é de 113.

[3]   Colin Bennett observa uma tendência à convergência das políticas públicas relacionadas à proteção de dados pessoais na sua obra *Regulating Privacy*, de 1992. Tal convergência não seria uma uniformização

Muito sinteticamente, esses marcos regulatórios reconhecem os dados pessoais e o seu tratamento como fenômenos juridicamente relevantes, estabelecendo direitos e garantias para os cidadãos, limites para a sua utilização por empresas e organizações e mecanismos que procuram reduzir o risco proporcionado pelo tratamento de dados. Esses elementos são organizados de forma a proporcionar maior controle e proteção ao cidadão sobre seus dados, indo além de uma abordagem vinculada meramente à proteção da privacidade e, ainda, têm como uma de suas consequências mais importantes a consolidação de espaços dentro dos quais os dados pessoais possam ser tratados licitamente, proporcionando garantias para utilizações legítimas de dados pessoais e fomentando espaços de tratamento e livre fluxo de dados.

A partir das suas raízes fortemente vinculadas a uma tradição referente ao direito à privacidade[4] e, de forma geral, ao fortalecimento dos direitos individuais, a proteção de dados pessoais começou a se estruturar com maior autonomia no momento em que o processamento automatizado de dados passou a representar, por si só, um fator de risco para o indivíduo.

De fato, o aumento exponencial no volume, na intensidade e mesmo na complexidade nos tratamentos de dados pessoais desde a fundação da disciplina fez com que ela fosse, constantemente, incorporando novos elementos para garantir a tutela integral da pessoa. Assim, desde um primeiro momento no qual a regulação e o controle direto dos então poucos bancos de dados pessoais foi viável, passou-se ao fortalecimento dos instrumentos de garantias individuais, necessárias diante da multiplicação desses bancos de dados, em um processo que pode ser entrevisto no célebre estudo por Viktor Mayer-Schöenberger acerca das gerações de legislações de proteção de dados que foram sucessivamente sobrepondo-se umas às outras.[5]

Hoje, assistimos a um desafio de escala e importância inauditas para essas legislações. Problemas relacionados ao tratamento de dados pessoais estão no cerne de diversas dinâmicas que dizem respeito à proteção da pessoa, mas também à higidez do Estado democrático, à liberdade de informação e expressão, à segurança jurídica para os mercados, entre tantas outras.

As mais recentes legislações na área já incorporam instrumentos que procuram responder a essas novas demandas. Nelas, percebe-se que a manutenção dos instrumentos individuais de garantia convive cada vez mais com uma abordagem regulatória baseada no risco; que elementos organizacionais que privilegiam a demonstração de cumprimento com os parâmetros

---

pura e simples, porém um processo que compreende a dialética e as diferenças de abordagens, e que não deixa de identificar uma base de conteúdo comum, pelos seguintes motivos: (i) o determinismo tecnológico, basicamente a adoção generalizada dos padrões induzidos pela tecnologia; (ii) a emulação, a tendência à adoção de padrões já presentes em outros países, já que a inovação nessa área não é necessária; (iii) a existência de um grupo de elite, ou um grupo de intelectuais especializados em proteção de dados que participam de forma razoavelmente coesa na formulação de propostas legislativas em diversos países; (iv) a harmonização, ou o reconhecimento do valor de uma política coesa na área; (v) a penetração, ou a possibilidade de uma jurisdição com sistema próprio influenciar outras por meio dos efeitos reflexos de seus procedimentos em outros países. O autor posteriormente atualizou sua posição, a partir dos mesmos parâmetros básicos, em obra de 1999 e, ainda mais recentemente, reconheceu que o processo continua plenamente perceptível (BENNETT, Colin. *Regulating privacy, Data protection and public policy in Europe and the United States*. Ithaca: Cornell University Press, 1992. esp. p. 116-152; Convergence revisited: toward a global policy for the protection of personal data?. *In*: BENNETT, Colin (org.). *Visions of privacy*: policy choices for the digital age. Toronto: University of Toronto Press, 1999. p. 99-124; tb. BENNETT, Colin; RAAB, Charles. Revisiting the governance of privacy: contemporary instruments in global perspective. *Regulation and Governance*, v. 12, n. 3, Sept. 2018. Disponível em: https://onlinelibrary.wiley.com/doi/pdf/10.1111/rego.12222.

[4] DONEDA, Danilo. *Da privacidade à proteção de dados pessoais*. 2. ed. São Paulo: RT, 2019.

[5] MAYER-SCHÖNBERGER, Viktor. General development of data protection in Europe. *In*: AGRE, Phillip; ROTENBERG, Marc. *Technology and* privacy: the new landscape. Cambridge: MIT Press, 1997. p. 224.

PARTE I · Cap. 1 · PANORAMA HISTÓRICO DA PROTEÇÃO DE DADOS PESSOAIS | 5

legais, em uma lógica de *accountability*, são sempre mais presentes; que alguns instrumentos que originalmente sequer pareceriam estar relacionados com a tutela da privacidade cada vez mais encontram um espaço natural para desenvolvimento nas legislações de proteção de dados, como é o caso das normas sobre transparência, os limites às decisões automatizadas ou aquelas referentes à portabilidade de dados pessoais.

Neste ensaio, procuramos lançar luz sobre os elementos mais importantes para o desenvolvimento da disciplina da proteção de dados, com ênfase nos fundamentos que foram diretamente relevantes para o estabelecimento de suas bases normativas, incluindo apontamentos sobre os aspectos principais do processo que levou à formulação e promulgação da Lei Geral de Proteção de Dados, a primeira legislação do gênero no Brasil.

PRECEDENTES E FUNDAMENTOS

O perfil atual da proteção de dados está fortemente ligado aos marcos regulatórios europeus e ao seu desenvolvimento, a ponto de o tema chegar a ser por vezes referido, coloquialmente, como tipicamente europeu. No entanto, o seu caráter global é amplamente verificável, além do que podemos verificar que a própria gênese de alguns de seus institutos mais característicos não se deu na Europa, porém, nos Estados Unidos. De fato, vários aspectos da sua formação deixam claro que o que podemos chamar de "núcleo duro" do seu corpo doutrinário é resultado de uma dinâmica de influências mútuas entre diversos sistemas jurídicos, principalmente na Europa e Estados Unidos.

Essa origem está ligada a uma série de fatores, desde o fato de que um desenvolvimento econômico e tecnológico mais cedo e mais intenso nessas regiões proporcionou condições para que problemas especificamente ligados à privacidade e a dados pessoais fossem levados em consideração antes e, a partir daí, fossem estabelecidos instrumentos regulatórios e jurídicos de tutela às liberdades individuais afetadas, incluindo o direito à privacidade.

Alguns dos institutos fundamentais de proteção de dados, hoje fortemente entrincheirados na Lei Geral de Proteção de Dados brasileira (LGPD) como no Regulamento Geral de Proteção de Dados europeu (GDPR) e em tantas outras, remontam, em última análise, a formulações regulatórias que tiveram lugar nos Estados Unidos. Nesse país, uma parcela considerável do conteúdo presente nos atuais marcos regulatórios sobre a matéria foi originariamente concebida, bem como tiveram lugar alguns dos primeiros e mais importantes debates sobre o tema.

Na verdade, há muito tempo, existe uma tradição consolidada com relação ao direito à privacidade no ordenamento norte-americano, cujo marco inicial é o célebre artigo "The right to privacy", de Samuel Warren e Louis Brandeis,[6] de 1890, e que já vinha desde antes ocupando os tribunais do país, conforme o próprio artigo constata, ao procurar fazer uma espécie de consolidação da jurisprudência sobre a matéria à época para, a partir dela, seguir para a enunciação do que chamou de *right to be let alone* – o direito a ser deixado só. O direito à privacidade passou a ser evocado com certa frequência desde então[7], passando em certo momento a, inclusive, ocupar lugar no *Restatement of Torts*,[8] obra de referência nos Estados Unidos na consolidação de princípios da *common law*.

---

[6]   WARREN, Samuel; BRANDEIS, Louis. The right to privacy. *Harvard Law Review*, v. 4, p. 193, 1890.

[7]   Uma narrativa da consolidação, de início de natureza jurisprudencial, do direito à privacidade no ordenamento norte-americano está em: GORMLEY, Ken. One hundred years of privacy. *Wisconsin Law Review*, p. 1335, 1992.

[8]   American Law Institute. *Restatement (Second) of Torts*, §§ 652A-652I (1977). O conteúdo é de autoria de William Prosser, que havia incluído em artigo de 1960 sua classificação clássica referente às quatro *privacy torts* (PROSSER, William. Privacy. *California Law Review*, v. 48, p. 383, 1960).

Um dos tópicos mais importantes e que garantem o interesse até hoje no artigo de Warren e Brandeis de 1890 é a constatação do vínculo da tutela da privacidade ao progresso tecnológico. Esse progresso torna possíveis novas formas de veiculação e obtenção de informações sobre as pessoas, sendo o vetor principal que proporcionou a demanda pela elaboração de um direito à privacidade, que veio a se consolidar em diversos ordenamentos jurídicos desde então.

O paralelismo entre o desenvolvimento tecnológico e o reconhecimento do direito à privacidade pode ser ilustrado brevemente em alguns passos posteriores do debate norte-americano – que, aliás, também contaram com a presença de Louis Brandeis, então já como juiz da Suprema Corte.

Na jurisprudência norte-americana, o caso *Olmstead v. United States*, de 1928, é emblemático da lenta, porém constante, consolidação do direito à privacidade. O caso tratava da aplicação da Quarta Emenda à Constituição norte-americana, referente ao direito contra a intromissão e buscas não autorizadas na residência, documentos e bens de uma pessoa, em um caso que envolvia a utilização de grampos telefônicos. No julgamento, teve destaque o voto de Brandeis, que chamou a atenção para a necessidade de atualizar a interpretação da Quarta Emenda conforme a realidade tecnológica:

> "Na aplicação da Constituição, nossa preocupação não deve ser somente sobre o que foi, porém o que será. O progresso da ciência, ao munir o governo de meios automatizados de espionagem, não irá parar com a escuta telefônica. Um dia, surgirão meios para que o governo, sem ter que remover papéis de uma gaveta, possa utilizá-los em juízo, tornando possível expor os fatos mais íntimos ocorridos dentro de uma casa. O progresso científico proporcionará meios para explorar crenças, pensamentos e emoções sequer expressas. [...]. Será possível que a Constituição não nos ofereça meios de proteção contra tais invasões da segurança individual?"[9]

O voto de Brandeis, ainda que vencido (*dissent*), constituiu-se em um poderoso argumento que fundamentou, posteriormente, o caso *Katz v. United States*, de 1967,[10] a partir do qual a Quarta Emenda passou a ser aplicada diante de ameaças tecnológicas. Até hoje, o voto continua sendo citado e referido em casos paradigmáticos, como o recente *Carpenter v. United States*,[11] no qual foi reconhecida a proteção constitucional para o conteúdo de telefones celulares, observando que a Suprema Corte é obrigada a garantir que o progresso da ciência não crie condições para a violação da Constituição à medida que meios mais intrusivos de violação da privacidade se tornem disponíveis.

Foi na década de 1960 que a tecnologia, que começava a ser determinante para a definição dos limites do direito à privacidade, passasse a ser a informática. Com a informática, veio também a mudança nos próprios postulados da matéria, com a concentração do seu objeto cada vez maior nos dados pessoais em si do que no caráter subjetivo das considerações quanto à violação da privacidade.

Desde meados da década de 1960, percebe-se uma preocupação concreta e cada vez mais forte com o crescimento do processamento automatizado de dados pessoais e bancos de dados informatizados nos Estados Unidos.[12] Um projeto de construção de uma base de

---

[9]   *Olmstead v. United States*, 277 U.S. 438 (1928).

[10] *Katz v. United States*, 389 U.S. 347 (1967).

[11] *Carpenter v. United States*, 16-402 U.S. 585 (2018).

[12] Como o atesta o surgimento de relevante e influente bibliografia, entre outros: PACKARD, Vance. *The naked society*. New York: IG Publishing, 1964; WESTIN, Alan. *Privacy and freedom*. New York: Atheneum, 1967; MILLER, Arthur. *The assault on privacy*. Ann Arbor: University of Michigan Press, 1971;

dados centralizada no país, o *National Data Center*, chamou a atenção e, por conta de riscos percebidos pela sociedade, deu início a um intenso debate no Congresso norte-americano sobre a sua viabilidade.

Em uma série de audiências perante o Congresso[13], percebeu-se que a instalação desse sistema de processamento computadorizado de dados pessoais trazia riscos para a privacidade e liberdade, para os quais, no entanto, ainda não havia medidas regulatórias capazes de proporcionar as salvaguardas devidas. Dentre os diversos especialistas ouvidos, estava o sociólogo Vance Packard, que, já na época, estava atento ao uso de informação pessoal para fins de controle social, tendo declarado:

> "O meu palpite é que Big Brother, caso ele venha algum dia aos Estados Unidos, não seja propriamente um monstro ávido por poder, porém um incansável burocrata estatal obcecado por eficiência".[14]

O relator das mencionadas audiências, Deputado Cornelius Gallagher, reconheceu ao final que, ainda que a proposta pudesse incrementar a eficiência da burocracia estatal, ela também representava uma série de ameaças à privacidade[15]. Como encaminhamento, decidiu-se por não proceder com a empreitada "até que a proteção da privacidade seja explorada e compreendida ao máximo e garantida na maior medida possível para os cidadãos cujos dados pessoais forem tratados".[16]

O debate sobre o *National Data Center* teve uma considerável ressonância na sociedade norte-americana[17] e foi o incentivo a partir do qual iniciativas tomaram forma, como a formulação do *Fair Credit Reporting Act* (FCRA), a legislação sobre informes de crédito e dados pessoais, em 1970, ou mesmo o *Privacy Act* de 1974.

Doutrinariamente, no entanto, a herança mais sistemática desse período é o relatório compilado em 1973 pelo Departamento de Saúde, Educação e Bem-Estar (*Department of Health, Education and Welfare* – HEW), denominado *Records, Computers and the Rights of Citizens. Report of the Secretary's Advisory Committee on Automated Personal Data Systems*,[18] no qual se propõe a observância dos *Fair Information Practice Principles*, algo como "princípios para o tratamento leal da informação" que, além de sugerir fortemente a adoção de uma normativa federal para a proteção de dados nos Estados Unidos, enunciou alguns dos princípios que, até hoje, formam a espinha dorsal da grande maioria dos marcos regulatórios de proteção de dados, como os princípios da finalidade, livre acesso, transparência, segurança e qualidade/correção.[19]

WESTIN, Alan; BAKER, Michael. *Databanks in a free society*. Computers, record-keeping and privacy. New York: Quadrangle, 1973.

[13] As audiências encontram-se transcritas em: *The Computer and Invasion of Privacy. Hearings before a Subcommittee of the Committee on Government Operations, House of Representatives*. 89th Congress, 26-28 Julho, 1966. Disponível em: https://archive.org/details/U.S.House1966TheComputerAndInvasionOfPrivacy.

[14] PACKARD, Vance. Don't tell it to the computer. *The New York Times Magazine*, 8 jan. 1967, p. 44 e segs.

[15] KRAUS, Rebecca S. Statistical Déjà Vu: The National Data Center Proposal of 1965 and Its Descendants. *Joint Statistical Meetings Miami Beach, FL*, august 1, 2011. Disponível em https://www.census.gov/history/pdf/kraus-natdatacenter.pdf.

[16] MILLER, Arthur. *The assault on privacy*, cit., p. 72-74.

[17] MILLER, Arthur. The National Data Center and Personal Privacy. *The Atlantic*, Nov. 1967.

[18] Disponível em: https://epic.org/privacy/hew1973report/.

[19] HOOFNAGLE, Chris Jay. The Origin of Fair Information Practices: Archive of the Meetings of the Secretary's Advisory Committee on Automated Personal Data Systems (SACAPDS) (July 15, 2014). Disponível em: https://ssrn.com/abstract=2466418 or http://dx.doi.org/10.2139/ssrn.2466418.

Com esse célere desenvolvimento inicial, a matéria passou a proporcionar debate em diversos outros países, com destaque à formação das bases do direito à proteção de dados pessoais em território europeu.

A mencionada lei de proteção de dados do Estado alemão de Hesse, de 1970, pode ser considerada a legislação pioneira nessa matéria, justamente por ter operado uma mudança de perspectiva que trouxe consigo o desenvolvimento de um modelo normativo autônomo, o da proteção de dados pessoais. Tal mudança, como costuma ocorrer, foi demanda de seu próprio tempo e evidencia-se em detalhes que vão desde a sua nomenclatura – utilizou-se pela primeira vez o termo "proteção de dados" (*Datenschutz*), em vez de optar por fórmulas já estabelecidas na legislação alemã como o da *Datensicherung* ou *Datensicherheit*, ambas referentes à segurança da informação[20] – até a verificação de que havia uma nova perspectiva concreta no direito à proteção de dados que ia além da segurança da informação da privacidade ou do sigilo. Conforme notou Herbert Burkert:

> "Na perspectiva anterior, a lei atendia aos receios de comunidades locais do que era visto como o poder inerentemente centralizador da máquina, que seria capaz de modificar o balanço de poderes a favor do Estado [...] A Lei de Hesse de 1970 era diferente porque, pela primeira vez, cláusulas de confidencialidade foram alçadas ao nível de lei, onde elas estavam par a par com outras cláusulas que abordavam outros conflitos de poder".[21]

A própria formulação desse novo direito à proteção de dados, portanto, não se deu propriamente pela contribuição relevante da doutrina, nem mesmo ocorreu no seio de uma área tradicional do direito. Disso dá mostra a própria heterogeneidade do desenvolvimento de seus principais institutos em ordenamentos jurídicos diversos – que, a depender do país, foram alicerçados a partir seja do direito constitucional, seja do direito civil, do direito administrativo ou mesmo em elementos de direito penal.

Assim, verifica-se uma notável característica da proteção de dados, perceptível em diversas das suas formulações, que é a de procurar responder a demandas concretas com os instrumentos disponíveis, sem se filiar diretamente a categorias prévias. Seus instrumentos encerram uma boa dose de pragmatismo e de busca de eficiência para tratar de um objeto que não se prestava a ser enquadrado nos institutos jurídicos tradicionais com facilidade. Como verificou oportunamente o filósofo Norberto Bobbio, "os direitos são produtos históricos, nascem de necessidades, quando emergem historicamente".[22]

A partir da experiência de Hesse, algumas legislações nacionais surgiram na Europa na década de 1970, desde a pioneira Lei sueca de proteção de dados – *Datalagen*,[23] a lei francesa

---

[20] FUSTER, Gloria González. *The Emergence of Personal Data Protection as a Fundamental Right of the EU*. Springer: Brussels, 2014. p. 56.

[21] "The former law addressed the fear of local communities of what they saw as the inherent centralizing power of the machine that would shift their traditional power and influence to the Land [state]. [...] The Hesse Law of 1970 was different because for the first time these confidentiality clauses were lifted to the level of a formal law, where they stood side by side with those clauses that addressed the other power conflicts mentioned above" (BURKERT, Herbert. Privacy-Data Protection: a German/European perspective. *In*: ENGEL, C.; KELLER, K. H. (ed.). *Governance of Global Networks in the Light of Differing Local Values*. Baden-Baden: Nomos, 2000. p. 46. Tradução livre).

[22] "I diritti sono prodotti storici, nascono da bisogni, quando storicamente emergono" (BOBBIO, Norberto. *L'età dei diritti*. Torino: Einaudi, 2014. p. 64).

[23] Datalag 1973:289, de 11 de maio de 1973.

PARTE I · Cap. 1 · PANORAMA HISTÓRICO DA PROTEÇÃO DE DADOS PESSOAIS | 9

de proteção de dados pessoais de 1978, intitulada *Informatique et Libertées*,[24] e outras legislações análogas em países como Espanha, Alemanha e outros.

Uma decisão de 1983 do Tribunal Constitucional alemão foi decisiva para o desenvolvimento desse direito, ao reconhecer uma garantia constitucional específica relacionada à proteção de dados pessoais. Significativamente, tratava-se também de um caso referente à atividade estatística: no caso, era contestada uma lei federal que regia o censo alemão de 1982.

Ao analisar o caso, o Tribunal reconheceu que avanços tecnológicos tornavam possível o processamento de dados em proporção jamais vista, o que demandava que fosse revisitada a interpretação de alguns direitos fundamentais, em razão do surgimento de ameaças e riscos até então impensáveis não somente à privacidade, mas também a diversas liberdades e garantias fundamentais. Assim, a Corte reconheceu a existência de um direito à autodeterminação informacional, formulado a partir do direito geral de personalidade e voltado a garantir ao cidadão o direito de controlar a amplitude da divulgação ou utilização de qualquer aspecto relacionado a sua personalidade por meio de seus dados pessoais. Nas palavras da Corte:

> "Hoje, com ajuda do processamento eletrônico de dados, informações detalhadas sobre relações pessoais ou objetivas de uma pessoa determinada ou determinável (dados relativos à pessoa [cf. § 2 I BDSG – Lei Federal sobre a Proteção de Dados Pessoais]) podem ser, do ponto de vista técnico, ilimitadamente armazenados e consultados a qualquer momento, a qualquer distância e em segundos. Além disso, podem ser combinados, sobretudo na estruturação de sistemas de informação integrados, com outros bancos de dados, formando um quadro da personalidade relativamente completo ou quase, sem que a pessoa atingida possa controlar suficientemente sua exatidão e seu uso".[25]

Ao reconhecer a centralidade do controle sobre as próprias informações para a proteção da personalidade no contexto do tratamento automatizado de dados, o Tribunal realizou notável trabalho de atualização das garantias fundamentais em vista das circunstâncias tecnológicas da época. Esse trabalho de atualização por conta da mudança de um contexto tecnológico pode ser observado em outras situações, com certas similaridades.

Em 1995, já no âmbito da consolidação da União Europeia, foi adotada a Diretiva 95/46/CE, "relativa à protecção das pessoas singulares no que diz respeito ao tratamento de dados pessoais e à livre circulação desses dados",[26] válida para todo o espaço jurídico europeu e que veio a ser substituída em 2016 pelo Regulamento Geral de Proteção de Dados (RGPD ou, no acrônimo anglófono pelo qual é mais conhecido, GDPR).[27]

Oriundos de um ambiente sociocultural razoavelmente semelhante, os institutos de proteção de dados tiveram desenvolvimento marcantemente diferenciados na Europa em

---

[24] Lei 78-17, de 6 de janeiro de 1978.

[25] BVERFGE 65, 1. p. 239 e 240. SCHWABE, Jürgen; MARTINS, Leonardo. *Cinquenta anos de jurisprudência do Tribunal Constitucional Federal Alemão*. Konrad-Adenauer-Stiftung, 2005. Disponível em http://www.mpf.mp.br/atuacao-tematica/sci/jurisprudencias-e-pareceres/jurisprudencias/docs-jurisprudencias/50_anos_dejurisprudencia_do_tribunal_constitucional_federal_alemao.pdf/view, p. 237. Para uma análise da decisão, v.: MENDES, Laura Schertel. *Privacidade, proteção de dados e defesa do consumidor: linhas gerais de um novo direito fundamental*. São Paulo: Saraiva, 2014.

[26] Disponível em: https://eur-lex.europa.eu/legal-content/PT/TXT/HTML/?uri=CELEX:31995L0046&-from=it.

[27] Disponível em: https://eur-lex.europa.eu/legal-content/PT/TXT/HTML/?uri=CELEX:32016R0679&-from=EN.

relação aos Estados Unidos, o que, para alguns autores, revela traços não somente culturais, mas também jurídicos e institucionais distintos.[28] Os anos mais recentes, no entanto, têm sido marcados por uma busca de maior convergência entre esses polos, seja pela necessidade de integração e tratamento isonômico de fluxos de dados internacionais, seja pela demanda por direitos referentes à proteção de dados ter se universalizado ou mesmo pelo fato de outras regiões estarem se integrando com normativas nessa matéria, perfazendo um ecossistema mais complexo e, ao mesmo tempo, que demanda maior convergência[29].

A FORMAÇÃO DA PROTEÇÃO DE DADOS PESSOAIS NO BRASIL

É muito recente a incorporação do termo "proteção de dados pessoais" ao glossário jurídico brasileiro, o que se deu principalmente na esteira do debate que antecedeu a promulgação da Lei Geral de Proteção de Dados. No entanto, questões que hoje associamos diretamente à proteção de dados não eram, de forma alguma, estranhas à práxis jurídica no País. Esses fenômenos foram, por muito tempo, associados a questões referentes seja à privacidade, ao direito do consumidor, a outras liberdades individuais, entre outras vinculações – o fato é que é muito recente no Brasil o elemento indutor que, finalmente, organizou em torno da proteção de dados toda uma verdadeira "fenomenologia" jurídica comportada por situações jurídicas nas quais o elemento principal ou determinante diz respeito a um tratamento de dados pessoais.

Entre esses diversos institutos e matérias entre os quais, por muito tempo, a proteção de dados no Brasil foi associada, a mais relevante é o direito à privacidade – como também pela forte ressonância entre os dois institutos. A bem da verdade, até hoje se observa, coloquialmente ou mesmo em literatura especializada, uma certa ambivalência na utilização dos conceitos de privacidade e proteção de dados. Para o que nos interessa, essa ambivalência faz inclusive as vezes de elemento de continuidade entre uma tradição jurídica que reconheceu, regulou e atualizou o direito à privacidade até chegar às portas de um marco regulatório específico para a proteção de dados pessoais. Dessa forma, uma parte dominante dos temas de proteção de dados no Brasil pode ser lida à luz dessa evolução do direito à privacidade e sua aplicação em situações específicas.

A assimilação da proteção à privacidade pelo direito brasileiro é, de modo geral, linear com a sua progressiva consolidação como um dos direitos da personalidade pela doutrina e jurisprudência, até a sua previsão constitucional[30] e sua menção específica no Código Civil de 2002, no art. 21. O efetivo desenvolvimento e aplicação desse direito, no entanto, não

---

[28]   WHITMAN, James Q. The two western cultures of privacy: dignity versus liberty. *Yale Law Journal*, v. 113, Apr. 2004. Disponível em: https://ssrn.com/abstract=476041; or http://dx.doi.org/10.2139/ssrn.476041.

[29]   Dentro deste mosaico de convergências e incompatibilidades, a busca por uma base que legitime a transferência de dados entre o espaço jurídico europeu e os Estados Unidos é tema de imensa relevância e que vem sendo objeto de alguns dos maiores (e recorrentes) embates que, além de explicitar as características destes sistemas, vem ajudando a definir o que são e qual o âmbito dos padrões dominantes para a transferência internacional de dados. Neste sentido, note-se que já houve dois acordos que formaram base para que tais transferências fossem legitimadas, o acordo *Safe Harbour*, de 2000 e julgado inválido pela Corte de Justiça da União Europeia em 2015, bem como o acordo *Privacy Shield*, de 2016, também julgado inválido pela mesma Corte em 2020. Ver: From Safe Harbour to Privacy Shield. *European Parliamentary Research Service*. Disponível em: https://www.europarl.europa.eu/RegData/etudes/IDAN/2017/595892/EPRS_IDA(2017)595892_EN.pdf, e The Court of Justice invalidates Decision 2016/1250 on the adequacy of the protection provided by the EU-US Data Protection Shield. Disponível em: https://curia.europa.eu/jcms/upload/docs/application/pdf/2020-07/cp200091en.pdf.

[30]   Art. 5.º, X, da Constituição Federal.

PARTE I · Cap. 1 · PANORAMA HISTÓRICO DA PROTEÇÃO DE DADOS PESSOAIS | 11

chegaram a formular um arcabouço capaz de fazer frente às novas situações e questões que surgiriam com a introdução de novas tecnologias.

Pode-se observar que, no Brasil, o direito à privacidade, mais do que proporcionar uma resposta efetiva aos problemas das novas tecnologias, de certa maneira restou entrincheirado em seu caráter individualista e subjetivo. Apesar de o direito à privacidade ter introduzido no ordenamento uma série de valores que estão fortemente presentes também na proteção de dados, a dinâmica do desenvolvimento desta última acaba dialogando relativamente pouco com o direito à privacidade e, quase sempre, de forma retórica.

Há alguns aspectos que confirmam a hipótese dessa "estraneidade". Um deles é o fato de que a dinâmica que inspirou, nos Estados Unidos e em vários países europeus, os debates que levaram às primeiras formulações regulatórias e normativas sobre proteção de dados também repercutiu no Brasil, sem que, de fato, tivesse influenciado doutrinária ou jurisprudencial-mente o direito à privacidade. Outro é que essas mesmas dinâmicas acabaram por encontrar ressonância em corpos normativos específicos, como o caso do direito do consumidor, o que, de certa forma, diminuiu a demanda pelo seu tratamento autônomo.

No Brasil, alguns elementos que funcionaram como centelha para a criação de uma sistemática própria para a proteção de dados, apesar de serem igualmente perceptíveis, não tiveram igual desenrolar. De fato, as discussões acerca de dados pessoais sobre cadastros únicos para os cidadãos como o *National Data Center,* na década de 1970, também se observaram no Brasil,[31] embora seu desdobramento não tenha levado ao desenvolvimento de um marco regulatório específico, como foi o caso, principalmente, de alguns países europeus.

No início da década de 1970, em continuidade a discussões sobre um sistema integrado de identificação civil que remonta à década de 1930, foi concebido no Brasil o projeto do Registro Nacional de Pessoas Naturais (RENAPE), que previa a criação de um órgão de abrangência nacional que integraria o Registro Civil de Pessoas Naturais e a Identificação Civil, além da criação de uma base de dados.[32] O projeto acabou arquivado em 1978, depois de ter suscitado um debate que deixou registros na imprensa[33] e também de certa forma inspirando um projeto de lei, de autoria do Deputado Faria Lima, que "Cria o Registro Nacional de Banco de Dados e estabelece normas de proteção da intimidade contra o uso indevido de dados arquivados em dispositivos eletrônicos de processamento de dados"[34].

O primeiro movimento legislativo no Brasil que fez referência direta às legislações sobre proteção de dados, que, na década de 1970, foram sendo implementadas na Europa e nos Estados Unidos, foi o Projeto de Lei 2.796 de 1980, de autoria da Deputada Cristina Tavares, que "assegura aos cidadãos acesso às suas informações constantes de bancos de dados e dá outras providências". O projeto foi arquivado ao final da legislatura, porém a demanda de que fosse dada maior concretude a alguns direitos relacionados à proteção de dados, em especial os direitos de acesso e retificação, foi se intensificando e ressoava com o movimento

---

[31] A inserção do tema no debate público brasileiro torna-se perceptível no início da década de 1970. Veja-se o editorial do *Jornal do Brasil*: Quem policia os computadores?. *Jornal do Brasil*, 27-28 fev. 1972, p. 6.

[32] VIANNA, Marcelo. Um novo "1984"? O projeto RENAPE e as discussões tecnopolíticas no campo da informática brasileira durante os governos militares na década de 1970. *Oficina do Historiador*, Porto Alegre, Suplemento especial, eISSN 21783748, I EPHIS/PUCRS, 27 a 29 maio 2014, p. 1148-11171. Disponível em: http://revistaseletronicas.pucrs.br/ojs/index.php/oficinadohistoriador/article/view/18998/12057.

[33] Entre outros, v. ABRANCHES, Carlos A. Dunshee de. Renape e proteção da intimidade. *Jornal do Brasil*, 19 jan. 1977, p. 11.

[34] Projeto de Lei 4.365 de 1977, de autoria do Deputado Faria Lima. *Diário do Congresso* Nacional, ano XXXII, n. 137, p. 79, 8 nov. 1977.

de redemocratização da década de 1980, vindo a resultar, entre outros, na presença da ação de *habeas data* na Constituição de 1988.

Antes mesmo de 1988, aliás, as legislações dos Estados do Rio de Janeiro e de São Paulo dispunham de leis sobre o direito de acesso e retificação de dados pessoais, apresentando elementos como o princípio da finalidade ou o consentimento informado,[35] que pavimentaram o caminho para o debate referente à ação de *habeas data* na Constituição de 1988.

O instituto do *habeas data* foi introduzido pela Constituição brasileira de 1988, em seu art. 5.º, LXXII. A sua previsão estava no Projeto de Constituição elaborado pela Comissão Provisória de Estudos Constitucionais (a Comissão Afonso Arinos), com a seguinte forma:

> "Art. 17. Todos têm direito de acesso às referências e informações a seu respeito, registradas por entidades públicas ou particulares, podendo exigir a retificação de dados, com sua atualização e supressão dos incorretos, mediante procedimento judicial sigiloso.
>
> § 1.º É vedado o registro informático sobre convicções pessoais, atividades políticas ou vida privada, ressalvado o processamento de dados não identificados para fins estatísticos.
>
> § 2.º A lesão decorrente do lançamento ou da utilização de registros falsos gera a responsabilidade civil, penal e administrativa".
>
> [...]
>
> "Art. 48. Dar-se-á *habeas data* ao legítimo interessado para assegurar os direitos tutelados no art. 17".[36]

A tradição jurídica que influenciou o constituinte apresenta como referência a noção de "liberdade informática", desenvolvida, entre outros, por Vittorio Frosini, que a identificava como uma extensão da liberdade pessoal, uma consequência necessária do desenvolvimento tecnológico, aludindo inclusive à importância do *habeas corpus*, estrutura na qual o *habeas data* foi inspirado, para a liberdade pessoal:

> "[...] poder-se-ia dizer, com uma paráfrase de caráter metafórico, que na legislação dos Estados modernos é necessário hoje um *habeas data*, um reconhecimento do direito do cidadão de dispor dos próprios dados pessoais, assim como ele tem o direito de dispor livremente do próprio corpo".[37]

Na Constituição Federal, o *habeas data*, ao cabo, assumiu a forma de uma ação constitucional, e não propriamente a de direito material, apesar de esse caráter poder ser dessumido de suas características. Assim, de forma algo oblíqua, essa opção legislativa acabou por suscitar a alguns intérpretes a oportunidade de ressaltar a efetiva existência de um direito material de

---

[35] Cf., no Rio de Janeiro, a Lei Estadual 824, de 28 de dezembro de 1984, que "Assegura o direito de obtenção de informações pessoais contidas em bancos de dados operando no Estado do Rio de Janeiro e dá outras providências"; e, em São Paulo, a Lei Estadual 5.702, de 5 de junho de 1987, que "Concede ao cidadão o direito de acesso às informações nominais sobre sua pessoa".

[36] Anteprojeto Constitucional elaborado pela Comissão de Estudos Constitucionais. *Diário Oficial da União*, Suplemento especial, 26 set. 1986, p. 5-6.

[37] FROSINI, Vittorio. La protezione della riservatezza nella società informatica. *Informatica e Diritto*, fascículo 1.º, p. 9-10, jan./abr. 1981.

PARTE I · Cap. 1 · PANORAMA HISTÓRICO DA PROTEÇÃO DE DADOS PESSOAIS | **13**

acesso e retificação com relação aos dados pessoais, ainda que não expresso na literalidade da lei. Nesse sentido, afirma Sepúlveda Pertence:

> "É preciso ver que o sentido da criação dessa consagração explícita do *habeas data* tem menos a utilidade de uma criação de instrumentos processuais, que a rigor seriam desnecessários, do que de dar ênfase ao direito substancial, assegurado o acesso de qualquer cidadão aos dados sobre a pessoa do impetrante, constantes de registros ou bancos de dados de entidades governamentais ou de caráter público, ou direito à retificação compulsória dos dados inexatos".[38]

A ação constitucional de *habeas data*, no entanto, mesmo após a sua regulamentação pela Lei 9.507/1997, não logrou enfrentar os desafios proporcionados pelo crescente tratamento de dados pessoais na Sociedade da Informação. Sua utilização não chegou a ser determinante na posterior discussão a respeito de um marco regulatório sobre proteção de dados, eventualmente pelo fato de a ideia de "liberdade informática" ter sido, de certa forma, enclausurada em uma estrutura processual, assumindo função que comentadores, como Luís Roberto Barroso, identificaram como "essencialmente simbólica",[39] por tratar de direitos passíveis de tutela por meio de remédio já existente, como o mandado de segurança. Outros, como Dalmo Dallari, realizaram diagnóstico de que o *habeas data* seria, mais que tudo, uma garantia para o passado, pelo fato de "[...] ter sido superada a situação política que inspirou sua criação".[40]

Vista em perspectiva, a Constituição de 1988, apesar de inovar com a ação de *habeas data* (art. 5.º, LXXII) e de prever os direitos à vida privada e intimidade (art. 5.º, X), bem como o segredo das comunicações telefônicas, telegráficas e de dados (art. 5.º, XII), não chegou a fazer que prosperasse entendimento majoritário no sentido de identificar, de imediato, um direito à proteção de dados pessoais. Até pelo contrário – o Supremo Tribunal Federal, em decisão de 2006, relatada pelo Ministro Sepúlveda Pertence,[41] que inclusive havia, como mencionado, opinado favoravelmente em doutrina sobre a materialidade de um direito material sobre os dados pessoais, não reconheceu a existência de uma garantia de inviolabilidade sobre dados armazenados em computador com base em garantias constitucionais, seguindo tese de Tércio Sampaio Ferraz Júnior para quem o ordenamento brasileiro tutela o sigilo das comunicações, e não dos dados[42].

---

[38] PERTENCE, Sepúlveda. Dos instrumentos de garantia de direitos: *habeas corpus*, ação popular, direito de petição, mandato de segurança individual e coletivo, mandato de injunção e *habeas data*. *In*: SEMINÁRIO SOBRE DIREITO CONSTITUCIONAL. *Série Cadernos do CEJ*. Brasília: Conselho da Justiça Federal, 1992. p. 54.

[39] BARROSO, Luís Roberto. A viagem redonda: *habeas data*, direitos constitucionais e provas ilícitas. *In*: WAMBIER, Teresa Arruda Alvim (coord.). *Habeas data*. São Paulo: RT, 1998. p. 212.

[40] DALLARI, Dalmo de Abreu. O *habeas data* no sistema jurídico brasileiro. O *habeas data* no sistema jurídico brasileiro. *Revista de la Facultad de Derecho de la Pontifícia Universidad Católica del Peru*, n. 51, p. 97, 1997.

[41] Recurso Extraordinário 418-416-8/SC, 04.04.2006.

[42] "Os dados aqui são os dados informáticos (v. incs. XIV e LXXII)." A interpretação faz sentido. O sigilo, no inciso XII do art. 5.º, está referido à comunicação, no interesse da defesa da privacidade. Isto é feito, no texto, em dois blocos: a Constituição fala em sigilo "da correspondência e das comunicações telegráficas, de dados e das comunicações telefônicas". Note-se, para a caracterização dos blocos, que a conjunção e uma correspondência com telegrafia, segue-se uma vírgula e, depois, a conjunção de dados com comunicações telefônicas. Há uma simetria nos dois blocos. Obviamente o que se regula é comunicação por correspondência e telegrafia, comunicação de dados e telefônica. O que fere a liberdade de omitir pensamento é, pois, entrar na comunicação alheia, fazendo com que o que devia ficar entre

A partir de então, o tema da proteção de dados foi, lenta e constantemente, se fazendo presente no debate político. É possível, por exemplo, encontrar uma menção ao caráter de direito fundamental da proteção de dados pessoais na Declaração de Santa Cruz de La Sierra, documento final da XIII Cumbre Ibero-Americana de Chefes de Estado e de Governo, assinada pelo governo brasileiro em 15 de novembro de 2003. No item 45 da Declaração, lê-se:

> "Estamos também conscientes de que a protecção de dados pessoais é um direito fundamental das pessoas e destacamos a importância das iniciativas reguladoras ibero-americanas para proteger a privacidade dos cidadãos, contidas na Declaração de Antígua, pela qual se cria a Rede Ibero-Americana de Protecção de Dados, aberta a todos os países da nossa Comunidade".

No direito interno, um marco normativo específico, desenvolvido na esteira da Constituição de 1988 foi se tornando central na delimitação dos direitos sobre dados pessoais. O Código de Defesa do Consumidor, ao estabelecer vetores e princípios de proteção ao consumidor adaptáveis a várias situações, bem como um sistema de tutela concreta com base no Sistema Nacional de Defesa do Consumidor, acabou por concentrar um volume considerável das demandas relacionadas a dados pessoais, que muitas vezes também se caracterizam como relações de consumo, em uma tendência que segue até hoje – a doutrina aponta, inclusive, a possibilidade de que vários dos princípios de proteção de dados possam ser observados a partir do próprio Código de Defesa do Consumidor.[43] Particularmente, o art. 43 do mencionado Código, que se aplica aos bancos de dados de proteção ao crédito, foi e é largamente utilizado de forma a consolidar o entendimento acerca da existência do direito do consumidor sobre seus dados pessoais,[44] de maneira, inclusive, a fomentar outro debate, acerca do registro de dados sobre operações financeiras do consumidor, que acabou canalizado para a edição de legislação específica, a Lei 12.414/2011, conhecida como a Lei do Cadastro Positivo.

A Lei do Cadastro Positivo foi a primeira normativa brasileira concebida a partir de conceitos e de uma sistemática comum à tradição de proteção de dados, que já estava consolidada em outros países. É possível observar a presença de conceitos como o de dados sensíveis

---

sujeitos que se comunicam privadamente passe ilegitimamente ao domínio de um terceiro. Se alguém elabora para si um cadastro sobre certas pessoas, com informações marcadas por avaliações negativas, e o torna público, poderá estar cometendo difamação, mas não quebra sigilo de dados. Se esses dados, armazenados eletronicamente, são transmitidos, privadamente, a um parceiro, em relações mercadológicas, para defesa do mercado, também não está havendo quebra de sigilo. Mas, se alguém entra nessa transmissão como um terceiro que nada tem a ver com a relação comunicativa, ou por ato próprio ou porque uma das partes lhe cede o acesso indevidamente, estará violado o sigilo de dados.

A distinção é decisiva: o objeto protegido no direito à inviolabilidade do sigilo não são os dados em si, mas a sua comunicação restringida (liberdade de negação). A troca de informações (comunicação) privativa é que não pode ser violada por sujeito estranho à comunicação. Doutro modo, se alguém, não por razões profissionais, ficasse sabendo legitimamente de dados incriminadores relativo a uma pessoa, ficaria impedido de cumprir o seu dever de denunciá-lo!" (FERRAZ JR., Tercio Sampaio. Sigilo de dados: o direito à privacidade e os limites à função fiscalizadora do Estado. *Revista da Faculdade de Direito da Universidade de São Paulo*, v. 88, p. 447, 1993).

[43] V. CARVALHO, Ana Paula Gambogi. O consumidor e o direito à autodeterminação informacional. *Revista de Direito do Consumidor*, n. 46, p. 77-119, abr./jun. 2003; MIRAGEM, Bruno. A Lei Geral de Proteção de Dados (Lei 13.709/2018) e o direito do consumidor. *Revista dos Tribunais*, ano 108, v. 1009, p. 173-222, 2018.

[44] MENDES, Laura Schertel. *Privacidade, proteção de dados e defesa do consumidor*. São Paulo: Saraiva, 2014. p. 200 e ss.

e outros, bem como de alguns dos princípios mais importantes de proteção de dados, entre os quais os da finalidade, transparência, minimização e segurança, entre outros. No entanto, por conta de a utilização dos serviços de cadastro positivo ter sido aquém da esperada, sua presença na jurisprudência e também sua importância para a formação de uma cultura jurídica de proteção de dados não se demonstraram determinantes.

Outras legislações relacionadas ao tema da proteção de dados datam desse período. A Lei de Acesso à Informação (Lei 12.527/2011), que regulamenta o princípio constitucional da transparência, além de definir o que é informação pessoal de forma análoga à que seria posteriormente referendada na própria LGPD, estabelece, em seu art. 31, um regramento específico para a proteção de dados pessoais detidos pelo poder público, reconhecendo a necessidade de que a proteção de dados esteja contemplada ainda que dentro de uma normativa destinada a regular o princípio da transparência, até como fator essencial para a sua legitimação.

Igualmente, o Marco Civil da Internet (Lei 12.965/2014), ao estabelecer um regime de direitos para o usuário da Internet, implementou uma série de direitos e procedimentos relacionados ao uso de seus dados pessoais, ainda que sua sistemática e sua gramática não sejam facilmente reconduzíveis aos institutos de proteção de dados nos moldes da LGPD e de outras normativas congêneres. De todo modo, não era a intenção do Marco Civil da Internet suprir a ausência de uma legislação geral acerca da proteção de dados pessoais, tanto o demonstra o disposto no seu art. 3.º, III, no qual elenca a proteção de dados pessoais como um dos princípios da disciplina do uso da Internet no Brasil, com o cuidado específico de que deva ser considerado, textualmente, "na forma da lei". Portanto, o Marco Civil da Internet já acenava para legislação própria sobre proteção de dados, que lhe seria posterior.

ELABORAÇÃO E TRAMITAÇÃO DA LEI GERAL DE PROTEÇÃO DE DADOS

Era, conforme observamos, cada vez mais frequente que dispositivos normativos sobre a utilização de dados pessoais fossem introduzidos em diversas situações. O ambiente para que houvesse uma sistematização e uniformização de uma normativa geral parecia cada vez mais consolidado. Nesse momento, cabe verificar qual o processo, já em andamento ao menos desde 2005, que resultaria na elaboração da LGPD.

O processo mais antigo que não sofreu maior solução de continuidade e que, efetivamente, deu origem à LGPD teve início no âmbito de negociações internas no Mercosul sobre uma regulamentação unificada em matéria de proteção de dados para os países do bloco.

No Mercosul, o Subgrupo de Trabalho de número 13 (SGT13), responsável pelo debate e encaminhamento de propostas sugeridas pelos países-membros em temas referentes ao Comércio Eletrônico, foi o espaço no qual este debate ocorreu. No âmbito desse subgrupo, a República Argentina apresentou, em 2004, uma proposta de regulamentação comum sobre proteção de dados pessoais para os países-membros do Mercosul.[45]

As discussões do tema de proteção de dados no Mercosul foram o estopim que deu origem a um discreto, porém crescente, debate sobre o tema pelo governo brasileiro. Alguns marcos desse processo são, por exemplo, a realização, em 2005, do "I Seminário Internacional sobre Proteção de Dados Pessoais", promovido pelo Ministério do Desenvolvimento, Indústria e Comércio Exterior, do qual participaram, entre diversas autoridades e juristas, três presidentes de autoridades estrangeiras de proteção de dados: Stefano Rodotà (Diretor do Garante

---

[45] Disponível em: https://documentos.mercosur.int/simfiles/docreuniones/23116_SGT13_2004_ACTA02_ES.pdf.

italiano), José Luiz Piñar Manas (presidente da autoridade espanhola) e Juan Antonio Travieso (presidente da autoridade argentina).[46]

O debate no Mercosul culminou com a aprovação, no âmbito do SGT13, de um documento normativo denominado "Medidas para a proteção de dados pessoais e sua livre circulação",[47] endossada pelos representantes dos países-membros do bloco em reunião realizada em Buenos Aires em 28 de maio de 2010. O documento foi remetido ao Grupo Mercado Comum, porém nunca chegou a ser deliberado para que viesse a se tornar uma normativa efetiva no Mercosul. Portanto, o Mercosul, ainda que até hoje não tenha implementado uma política comum para o bloco em matéria de proteção de dados pessoais, funcionou como fórum que induziu a discussão e harmonização dos marcos normativos internos dos países-membros, proporcionando que a matéria fosse pela primeira vez discutida pelo Poder Executivo brasileiro.

Como legado do debate realizado no âmbito do Mercosul, órgãos do Poder Executivo passaram a liderar iniciativas voltadas à internalização da disciplina da proteção de dados pessoais. Assim, o texto que serviu de base para um debate público e que é o primeiro antecedente direto do que hoje é a Lei Geral de Proteção de Dados, foi tornado público pelo Ministério da Justiça em 30 de novembro de 2010. O referido debate público foi promovido pelo Ministério da Justiça e realizado inteiramente pela Internet, contando com a colaboração da Fundação Getulio Vargas – Direito Rio e do Observatório da Internet, do Comitê Gestor da Internet do Brasil. A plataforma pela qual foi realizado o debate ainda se encontra parcialmente disponível, bem como uma consolidação das 794 contribuições apresentadas à época.[48]

Uma vez encerrado esse debate, procedeu-se à consolidação de um novo texto-base do Anteprojeto de Lei de Proteção de Dados pelo Ministério da Justiça. Dentro do Ministério, essa tarefa estava à época sob a responsabilidade do Departamento de Proteção e Defesa do Consumidor (DPDC), órgão inicialmente pertencente à Secretaria de Direito Econômico (SDE) e que, em 2013, seguindo uma reorganização do Ministério, passou a integrar a recém-criada Secretaria Nacional do Consumidor (Senacon).

Entre 2011 e 2015, o texto-base do Anteprojeto foi submetido a uma série de revisões e aperfeiçoamentos, ainda que não existam novas versões públicas do seu texto nesse período. Durante esse tempo, pode-se identificar que o debate em torno do referido Anteprojeto tenha ocorrido em duas dinâmicas, interdependentes, porém diversas: uma, interna, no governo federal, com a participação de diversos órgãos e ministérios interessados no tema sob a liderança do Ministério da Justiça; e outra que podemos denominar de "externa" com relação ao Anteprojeto em si, na qual o tema da proteção de dados passou, lenta porém constantemente, a interessar a um público maior e a uma variedade mais ampla de atores, motivados tanto pela intensificação da discussão do tema fora do país quanto pela crescente percepção da necessidade de adequar a ordem jurídica interna.

Em 2015, uma nova versão do Anteprojeto de Lei de Proteção de Dados Pessoais foi tornada pública pela Secretaria Nacional do Consumidor (Senacon), do Ministério da Justiça, que a submeteu a um novo debate público,[49] também realizado pela Internet. Neste, que foi o último

---

[46] O evento foi promovido pelo Ministério do Desenvolvimento, Indústria e Comércio Exterior (MDIC) com o apoio do Ministério da Justiça, foi promovido em São Paulo de 23 a 25 de novembro de 2005. Disponível em: http://www.doneda.net/2020/04/17/i-seminario-internacional-de-protecao-de-dados-pessoais/.

[47] Disponível em: https://documentos.mercosur.int/simfiles/proynormativas/24606_SGT13_2010_ACTA01_ANE04_PDecS-N_ES_Protección%20Datos%20Personales.pdf.

[48] Disponível em: http://culturadigital.br/dadospessoais/.

[49] Disponível em: http://pensando.mj.gov.br/dadospessoais/.

debate público, contabilizaram-se 1.127 contribuições enviadas diretamente na plataforma do debate, além de 67 contribuições e comentários encaminhados em formato documental.

Após o debate público, procedeu-se à consolidação de nova versão do Anteprojeto pelo Ministério da Justiça (MJ), com o Ministério do Planejamento, Orçamento e Gestão (MPOG) e posterior envio do seu texto à Casa Civil da Presidência da República, que, finalmente, em 2016, o encaminhou na noite de 13 de maio de 2016 ao Congresso Nacional, tendo sido protocolado na Câmara dos Deputados como o PL 5.276/2016, que "dispõe sobre o tratamento de dados pessoais para a garantia do livre desenvolvimento da personalidade e da dignidade da pessoa natural"[50].

À época do envio do texto ao Congresso Nacional, no entanto, o debate já havia ecoado na sociedade a ponto de haver outros projetos de lei sobre o tema em tramitação. Na Câmara dos Deputados, o PL 4.060/2012, de autoria do deputado Milton Monti (PR/SP), seguia uma tramitação sem muitos sobressaltos e se encontrava, em 2016, na Comissões de ciência e tecnologia, comunicação e informática, trabalho, bem como na de administração e serviço público, na qual havia teve designado como relator o deputado Orlando Silva (PC do B/SP).

Já no Senado Federal, a tramitação do Projeto de Lei do Senado 330, de 2013[51], de autoria do Senador Antônio Carlos Valadares (PSB/SE), seguia ritmo mais decidido. Nessa casa, ainda foram propostos outros dois projetos de lei sobre proteção de dados, o PLS 131/2014 e o PLS 181/2014. Ambos tramitaram em conjunto com o PLS 330/2013 e acabaram por ser integrados a este nos termos do Substitutivo do relator do PLS 330/2013, o senador Aloysio Nunes Ferreira (PSDB/SP), que aliás o relatou tanto na Comissão de Ciência e Tecnologia quanto na Comissão de Meio Ambiente.

Na Câmara dos Deputados, foi criada em agosto de 2016 uma Comissão Especial referente ao PL 4.060/2012, sob a presidência da deputada Bruna Furlan (PSDB/SP) e relatoria do deputado Orlado Silva (PCdoB/SP). Após um processo legislativo que incluiu, além de uma série de audiência públicas, uma participação intensa de vários atores da sociedade, foi aprovado, em 29 de maio de 2018, pelo Plenário da Câmara dos Deputados, por unanimidade, o parecer da referida Comissão Especial e a matéria seguiu para o Senado Federal, identificada como o PLC 53/2018.

No Senado Federal, o PL aprovado pela Câmara (PLC 53/2018) passou a tramitar em conjunto com o PLS 181/2014, PLS 131/2014 e PLS 330/2013, tendo sido a estes apensado e enviado à Comissão de Assuntos Econômicos (CAE), sob relatoria do senador Ricardo Ferraço (PSDB/ES) que, 14 de junho de 2018, apresentou relatório a favor do PLC 53/2018 com emendas e pela prejudicialidade dos demais, que foi aprovado pela Comissão em 3 de julho de 2018. Dois dias depois, e após aprovação de requerimento de urgência, o projeto foi aprovado, também por unanimidade, pelo Plenário do Senado Federal, após o que seguiu para sanção presidencial para ser promulgada, com vetos, a 14 de agosto de 2018.

Sua sanção, no entanto, foi acompanhada de vetos a alguns de seus dispositivos, inclusive da integralidade daqueles referentes à Autoridade Nacional de Proteção de Dados (ANPD) e do Conselho Nacional de Proteção de Dados e Privacidade. Posteriormente, foi editada a Medida Provisória 869/2018, que veio a se tornar a Lei 13.853/2019 que, além de modificar a LGPD em diversos pontos, finalmente definiu as características da ANPD e do seu Conselho, de acordo com os arts. 55-A a 55-M da LGPD. Outra das modificações foi a extensão de sua *vacatio legis,* que passou de fevereiro de 2020 para agosto de 2020, com exceção dos

---

[50] Disponível em: https://www.camara.leg.br/proposicoesWeb/fichadetramitacao?idProposicao=2084378.

[51] Disponível em: https://www25.senado.leg.br/web/atividade/materias/-/materia/113947.

referidos artigos sobre a ANPD e Conselho Nacional de Proteção de Dados e da Privacidade, cuja vigência é imediata.

Mais recentemente, a Lei 14.010, de 10 de junho de 2020, especificou que os arts. 52, 53 e 54 da LGPD (referentes às sanções administrativas) entrariam em vigor em 1.º de agosto de 2021, ao passo que um intrincado processo desencadeado pela edição da Medida Provisória 959/2020, posteriormente convertida na Lei 14.058/2020, que adiou a entrada em vigência do restante da LGPD para maio de 2021, ainda em meio ao íter legislativo do PL 1.179/2020 (que veio a se tornar a referida Lei 14.010/2020) acabou por se definir somente com a decisão do Senado Federal de não votar o dispositivo a este respeito, consolidando, portanto, a entrada em vigor da LGPD em 2020 nos termos especificados pela Lei 13.853/2019.

Registre-se, ainda, que o Decreto 10.474, de 26 de agosto de 2020, estabeleceu a estrutura regimental da ANPD e ainda especificou alguns elementos para o funcionamento do Conselho Nacional de Proteção de Dados Pessoais e da Privacidade, entre eles a forma de indicação dos conselheiros da sociedade civil, que serão escolhidos, a partir dos candidatos, pelo conselho diretor da ANPD e nomeados pelo Presidente da República, sem um processo de escolha pelos próprios pares. Em 13 de junho de 2022, foi adotada a MP 1.124/2022, que atribuiu a ANPD natureza de autarquia especial.

CONCLUSÃO

A LGPD, apesar de, como verificado, procurar sistematizar a problemática relacionada ao tratamento de dados pessoais e proporcionar um eixo em torno do qual a disciplina passa a se estruturar, não cumpre essa tarefa meramente com a absorção de elementos anteriormente presentes em nosso ordenamento.

Na verdade, a lei apresenta diversos elementos novos que, por si sós, causaram impacto, e o fato de consolidarem a matéria em uma normativa geral foi somente o primeiro deles: com a LGPD, passam a integrar o ordenamento toda uma nova série de institutos próprios da disciplina da proteção de dados, como conceitos e institutos próprios; uma série de princípios de proteção de dados; de direitos do titular; um enfoque novo de tutela dos titulares é proporcionado pelas regras de demonstração e prestação de contas (*accountability*); são considerados elementos que levam em conta o risco em atividades de tratamento de dados pessoais e muitas outras.

Há fortes motivos para essa opção da LGPD de se estruturar a partir de um instrumental jurídico que é, em boa parte, novo para o nosso ordenamento. Em primeiro lugar, constate-se que a LGPD, como norma geral, deve proporcionar respostas regulatórias isonômicas para todas as atividades e setores em que vier a ser aplicada – e, dentro desse arco, está compreendido um âmbito de aplicação deveras largo, abrangendo a grande maioria das atividades desenvolvidas tanto no setor privado quanto no público. Visando proporcionar a necessária efetividade em situações que tendem a ser muito diferentes entre si, procura a LGPD elaborar seu instrumental jurídico próprio, capaz de fazer valer os princípios da lei em ambientes bastante heterogêneos entre si.

Verifica-se, portanto, que o percurso formativo da LGPD foi capaz de garantir que um instrumental jurídico que, a princípio, poderia parecer exógeno em relação a uma determinada tradição jurídica pátria, acabou, em face da intensidade dos debates e iniciativas para obter o retorno da sociedade, por se amoldar ao perfil do nosso ordenamento jurídico. E, ainda, foi capaz de, ao mesmo tempo, introduzir salutar e necessário debate sobre a atualização de paradigmas relacionados à regulação da proteção de dados e, ao mesmo tempo, a proporcionar a assimilação pela sociedade de parâmetros globalmente aceitos para a disciplina.

REFERÊNCIAS BIBLIOGRÁFICAS

ABRANCHES, Carlos A. Dunshee de. Renape e proteção da intimidade. *Jornal do Brasil*, 19 jan. 1977, p. 11.

BARROSO, Luís Roberto. A viagem redonda: *habeas data*, direitos constitucionais e provas ilícitas. *In*: WAMBIER, Teresa Arruda Alvim (coord.). *Habeas data*. São Paulo: RT, 1998.

BENNETT, Colin. Convergence revisited: toward a global policy for the protection of personal data?. *In*: BENNETT, Colin (org.). *Visions of privacy*: policy choices for the digital age. Toronto: University of Toronto Press, 1999.

BENNETT, Colin. *Regulating privacy, Data protection and public policy in Europe and the United States*. Ithaca: Cornell University Press, 1992.

BENNETT, Colin; RAAB, Charles. "Revisiting the governance of privacy: contemporary instruments in global perspective". *Regulation and Governance*, v. 12, n. 3, Sept. 2018. Disponível em: https://onlinelibrary.wiley.com/doi/pdf/10.1111/rego.12222.

BOBBIO, Norberto. *L'età dei diritti*. Torino: Einaudi, 2014.

BURKERT, Herbert. "Privacy-Data Protection: a German/European perspective". *In*: ENGEL, C.; KELLER, K. H. (ed.). *Governance of Global Networks in the Light of Differing Local Values*. Baden-Baden: Nomos, 2000.

CARVALHO, Ana Paula Gambogi. O consumidor e o direito à autodeterminação informacional. *Revista de Direito do Consumidor*, n. 46, p. 77-119, abr./jun. 2003.

DALLARI, Dalmo de Abreu. O *habeas data* no sistema jurídico brasileiro. O *habeas data* no sistema jurídico brasileiro. *Revista de la Facultad de Derecho de la Pontificia Universidad Católica del Peru*, n. 51, p. 97, 1997.

DONEDA, Danilo. *Da privacidade* à proteção de dados pessoais. 2. ed. São Paulo: RT, 2019.

EUROPEAN PARLIAMENTARY RESEARCH SERVICE. From Safe Harbour to Privacy Shield. Disponível em: https://www.europarl.europa.eu/RegData/etudes/IDAN/2017/595892/EPRS_IDA(2017)595892_EN.pdf.

FERRAZ JR., Tércio Sampaio. Sigilo de dados: o direito à privacidade e os limites à função fiscalizadora do Estado. *Revista da Faculdade de Direito da Universidade de São Paulo*, v. 88, p. 447, 1993.

FROSINI, Vittorio. La protezione della riservatezza nella società informatica. *Informatica e Diritto*, fascículo 1.º, p. 9-10, jan./abr. 1981.

FUSTER, Gloria González. *The Emergence of Personal Data Protection as a Fundamental Right of the EU*. Springer: Brussels, 2014.

GORMLEY, Ken. One hundred years of privacy. *Wisconsin Law Review*, p. 1335, 1992.

GREENLEAF, Graham; COTTIER, Bertil. 2020 ends a decade of 62 new data privacy laws. *Privacy Laws & Business International Report*, v. 163, p. 24-26, 29 jan. 2020. Disponível em: https://ssrn.com/abstract=3572611.

HOOFNAGLE, Chris Jay. The Origin of Fair Information Practices: Archive of the Meetings of the Secretary's Advisory Committee on Automated Personal Data Systems (SACAPDS) (July 15, 2014). Disponível em: https://ssrn.com/abstract=2466418 or http://dx.doi.org/10.2139/ssrn.2466418.

JORNAL DO BRASIL. Quem policia os computadores?. 27-28 fev. 1972, p. 6.

KRAUS, Rebecca. Statistical Déjà Vu: The National Data Center Proposal of 1965 and Its Descendants. *Joint Statistical Meetings*. Miami Beach, FL, 10 ago. 2011. Disponível em: https://www.census.gov/history/pdf/kraus-natdatacenter.pdf.

MAYER-SCHÖNBERGER, Viktor. General development of data protection in Europe. In: AGRE, Phillip; ROTENBERG, Marc. *Technology and privacy*: the new landscape. Cambridge: MIT Press, 1997.

MILLER, Arthur. *The assault on privacy*. Ann Arbor: University of Michigan Press, 1971.

MILLER, Arthur. The National Data Center and Personal Privacy. *The Atlantic*, Nov. 1967.

MIRAGEM, Bruno. A Lei Geral de Proteção de Dados (Lei 13.709/2018) e o direito do consumidor. *Revista dos Tribunais*, ano 108, v. 1009, p. 173-222, 2018.

PACKARD, Vance. Don't tell it to the computer. *The New York Times Magazine*, 8 jan. 1967.

PACKARD, Vance. *The naked society*. New York: IG Publishing, 1964.

PERTENCE, Sepúlveda. Dos instrumentos de garantia de direitos: *habeas corpus*, ação popular, direito de petição, mandato de segurança individual e coletivo, mandato de injunção e *habeas data*. SEMINÁRIO SOBRE DIREITO CONSTITUCIONAL. *Série Cadernos do CEJ*. Brasília: Conselho da Justiça Federal, 1992. p. 45-47.

PROSSER, William. Privacy. *California Law Review*, v. 48, p. 383, 1960.

SCHERTEL MENDES, Laura. *Privacidade, proteção de dados e defesa do consumidor*. São Paulo: Saraiva, 2014.

SCHWABE, Jürgen; MARTINS, Leonardo. *Cinquenta anos de jurisprudência do Tribunal Constitucional Federal Alemão*. Konrad-Adenauer-Stiftung, 2005. Disponível em: http://www.mpf.mp.br/atuacao-tematica/sci/jurisprudencias-e-pareceres/jurisprudencias/docs-jurisprudencias/50_anos_dejurisprudencia_do_tribunal_constitucional_federal_alemao.pdf/view.

VIANNA, Marcelo. Um novo "1984"? O projeto RENAPE e as discussões tecnopolíticas no campo da informática brasileira durante os governos militares na década de 1970. *Oficina do Historiador*, Porto Alegre, Suplemento especial, eISSN 21783748, I EPHIS/PUCRS, 27 a 29 maio 2014, p. 1148-11171. Disponível em: http://revistaseletronicas.pucrs.br/ojs/index.php/oficinadohistoriador/article/view/18998/12057.

WARREN, Samuel; BRANDEIS, Louis. "The right to privacy. *Harvard Law Review*, v. 4, p. 193, 1890.

WESTIN, Alan. *Privacy and freedom*. New York: Atheneum, 1967.

WESTIN, Alan; BAKER, Michael. *Databanks in a free society*. Computers, record-keeping and privacy. New York: Quadrangle, 1973.

WHITMAN, James Q. The two western cultures of privacy: dignity versus liberty. *Yale Law Journal*, v. 113, Apr. 2004. Disponível em: https://ssrn.com/abstract=476041; or http://dx.doi.org/10.2139/ssrn.476041.

2

FUNDAMENTOS CONSTITUCIONAIS: O DIREITO FUNDAMENTAL À PROTEÇÃO DE DADOS[1]

INGO WOLFGANG SARLET
Doutor e pós-doutor em Direito, Universidade de Munique.
Professor Titular da Escola de Direito e do PPGD da PUCRS.
Desembargador aposentado do TJRS. Advogado.

INTRODUÇÃO

A proteção dos dados pessoais alcançou uma dimensão sem precedentes no âmbito da assim chamada sociedade tecnológica, notadamente a partir da introdução do uso da tecnologia da informática e da ampla digitalização que já assumiu um caráter onipresente e afeta todas as esferas da vida social, econômica, política, cultural contemporânea no Mundo, fenômeno comumente designado de *Ubiquituous Computing*[2].

O Direito, portanto, como estrutura organizacional e normativa regulatória de tais esferas e respectivas relações, não poderia deixar de ser convocado a lidar com o fenômeno, cuja dinamicidade e complexidade, contudo, colocam cada vez mais à prova a própria capacidade das ordens jurídicas convencionais (aqui compreendidas em sentido amplo, internacional e nacional) de alcançar resultados satisfatórios, particularmente quando se trata de assegurar um mínimo de proteção efetiva aos direitos humanos e fundamentais afetados.

O avanço da digitalização (que, todavia, não se restringe ao problema da proteção de dados, como sabido), de certo modo, tem impactado não apenas o direito positivo, ou seja, a produção legislativa e normativa em geral, mas também "contaminado" a dogmática e a metodologia jurídicas, além de estender os seus tentáculos para os domínios da administração pública e labor dos Tribunais, os quais, cada vez mais, são compelidos a achar soluções criativas e suficientes para dar conta dos problemas concretos que lhes são submetidos.

---

[1] Agradeço ao mestre e Professor Rodrigo Aguiar e à mestre e doutoranda Andressa de Bittencourt pelo auxílio na coleta de alguns dos dados legislativos e jurisprudenciais, bem como na revisão dos aspectos formais (formatação e notas de rodapé).

[2] Cf., por todos, KÜHLING, Jürgen. Datenschutz und die Rolle des Rechts. In: STIFTUNG FÜR DATENS-CHUTZ (ed.). *Die Zukunft der informationellen Selbstbestimmung.* Berlin: Erich Schmidt Verlag, 2016. p. 49.

Assim, não é à toa que já há tempos se fala em um processo de digitalização dos direitos fundamentais[3] (ou de uma dimensão digital dos direitos fundamentais)[4], bem como de uma digitalização do próprio Direito[5] (daí se falar também de um Direito Digital)[6], o que, à evidência, inclui – mas de longe não só isso! – o reconhecimento gradual, na esfera constitucional e no âmbito do direito internacional, de um direito humano e fundamental à proteção de dados, assim como de outros princípios, direitos (e deveres) conexos, mas também de uma releitura de direitos fundamentais "clássicos".

Outrossim, nada obstante o problema da proteção dos dados não se restrinja aos dados armazenados, processados e transmitidos na esfera da informática e por meios digitais, pois em princípio ela alcança a proteção de todo e qualquer dado pessoal independentemente do local (banco de dados) e do modo pelo qual é armazenado, cada vez mais os dados disponíveis são inseridos em bancos de dados informatizados. A facilidade de acesso aos dados pessoais, somada à velocidade do acesso, da transmissão e do cruzamento de tais dados, potencializa as possibilidades de afetação de direitos fundamentais das pessoas, mediante o conhecimento e o controle de informações sobre a sua vida pessoal, privada e social[7].

A instituição, bem como a ampliação em termos quantitativos e qualitativos da proteção jurídica de dados pessoais – considerando o foco do presente texto –, começou, mediante uma regulação legal (na esfera da legislação infraconstitucional) específica da matéria, no início da década de 1970, como foi o caso do estado de Hessen, de 1970, na Alemanha, aliás, a primeira legislação específica sobre o tema no mundo, embora naquela quadra não proje-tada para o mundo digital e não tendo caráter nacional[8]. O reconhecimento de um direito humano e fundamental à proteção dos dados pessoais, contudo, teve de esperar ainda um tempo considerável para ser incorporado à gramática jurídico-constitucional.

Note-se que, mesmo já no limiar da terceira década do século XXI, ainda existem Estados constitucionais onde um direito fundamental à proteção de dados não é reconhecido, pelo menos na condição de direito expressamente positivado na Constituição – como se dá, em caráter ilustrativo, com a Alemanha (a despeito da longeva tradição regulatória na área) e o Brasil –, muito embora tal direito seja, em vários casos, tido como implicitamente positivado e vinculado ao assim designado direito à autodeterminação informativa, sem prejuízo de uma mais ou menos ampla regulação legislativa e administrativa.

---

[3] Nesse sentido, já há três décadas, v. ROSSNAGEL, Alexander; WEDDE, Peter; HAMMER, Volker; POR-DESCH, Ulrich. *Digitalisierung der Grundrechte? Zur Verfassungsverträglichkeit der Informations-und Kommunikationstechnik.* Opladen: Westdeutscher Verlag, 1990.

[4] HOFFMANN, Christian; LUCH, Anika; SCHULZ, Sönke E.; BORCHERS, Kim Corinna. *Die digitale Dimension der Grundrechte.* Das Grundgesetz im digitalen Zeitalter. Baden-Baden: Nomos, 2015.

[5] Cf., dentre tantos, HILGENDORF, Eric; FELDLE, Jochen (ed.). *Digitalization and the Law.* Baden-Baden: Nomos, 2018.

[6] Note-se que, na literatura jurídica brasileira, a ideia de um Direito Digital, considerado inclusive como um autêntico novo ramo do Direito e da teoria e prática jurídicas, tem crescido em importância, existindo já um grande número de obras sobre o tema, seja em caráter geral, seja com foco em algum domínio específico (direito penal, civil etc.). À guisa de exemplo, v., dentre tantos, LEONARDI, Marcel. *Fundamentos de direito digital.* São Paulo: Revista dos Tribunais, 2019, bem como a excepcional obra de HOFFMANN-RIEM, Wolfgang. Teoria Geral do Direito Digital. Transformação Digital. Desafios para o Direito. Rio de Janeiro: GEN-FORENSE, 2020.

[7] Cf. lembram: MIRANDA, Jorge; MEDEIROS, Rui. *Constituição Portuguesa anotada.* Coimbra: Coimbra Editora, 2006. p. 379-380.

[8] Note-se que a primeira legislação federal (âmbito nacional) alemã foi editada em 1977, ainda assim, muito precoce.

Ainda nesse contexto, calha destacar que tem sido gradual a incorporação de um direito fundamental autônomo à proteção de dados pessoais nas constituições contemporâneas, existindo, ademais disso, projetos de emenda (revisão, a depender do caso) em diversos países nesse sentido. No caso brasileiro, destacam-se as recentes aprovação e promulgação da Emenda Constitucional (EC) 115/2022, que incorporou o direito à proteção dos dados pessoais, inclusive nos meios digitais, no rol do art. 5.º da Constituição Federal de 1988 (doravante CF).

No plano internacional, muito embora as linhas iniciais do direito à proteção de dados pessoais já pudessem ser deduzidas na Declaração Universal dos Direitos Humanos (1948)[9] e na Convenção Europeia dos Direitos do Homem (1950)[10], foi na Convenção 108 para a Proteção de Indivíduos com Respeito ao Processamento Automatizado de Dados Pessoais (1981)[11], comumente intitulada de Convenção de Estrasburgo, que o cuidado ao tratamento dos dados pessoais passou a ser regulado de forma expressa[12]. Todavia, foi somente no ano de 2000, nos termos da Carta de Direitos Fundamentais da União Europeia (doravante CDFUE)[13], que o direito à proteção de dados finalmente alçou a condição de direito fundamental de natureza autônoma, mas vinculando, como tal, apenas os estados integrantes da União Europeia[14].

Por outro lado – e é o que, ao fim e ao cabo, mais importa ao presente estudo –, independentemente de um mapeamento completo de quais países contemplam, nas suas ordens jurídicas, um direito fundamental à proteção de dados pessoais, é cogente pontuar que tal direito, como ocorre, em regra, com os demais direitos fundamentais, embora seja dotado de autonomia (âmbito de proteção próprio), sempre guarda conexão com outros direitos e princípios de matriz constitucional, e, numa visão alargada e característica dos estados constitucionais abertos, com o direito internacional dos direitos humanos.

É nesse sentido que aqui – embora o foco seja na perspectiva constitucional – se terá sempre em mente, e por isso um olhar voltado para tal realidade, a concepção de há muito difundida (mas nem sempre levada a sério, especialmente na prática) de um direito constitucional de múltiplos níveis, que, por sua vez, também não obedece a uma lógica totalmente linear e igual em todos os lugares.

Com efeito, relevância concreta de uma perspectiva multinível em matéria constitucional pode variar por diversas razões, que impactam diferentemente o "se" e o "como" e com que efetividade se dá o reconhecimento, respeito e proteção a direitos fundamentais, o que se revela tanto mais importante quanto mais se trata de direitos mais ou menos dependentes de

---

[9] ASSEMBLEIA GERAL DAS NAÇÕES UNIDAS. *Declaração Universal dos Direitos Humanos*, de 10 de dezembro de 1948. Disponível em: <https://nacoesunidas.org/wp-content/uploads/2018/10/DUDH.pdf>. Acesso em: 18 fev. 2022. Em especial no seu art. XII.

[10] CONSELHO DA EUROPA. *Convenção para a Proteção dos Direitos do Homem e das Liberdades Fundamentais*, de 4 de novembro de 1950. Disponível em: <https://www.echr.coe.int/Documents/Convention_POR.pdf>. Acesso em: 18 fev. 2022. Em especial no seu art. 8.º.

[11] CONSELHO DA EUROPA. *Convenção para a Proteção de Indivíduos com Respeito ao Processamento Automatizado de Dados Pessoais*, de 28 de janeiro de 1981. Disponível em: <https://www.cnpd.pt/bin/legis/internacional/Convencao108.htm>. Acesso em: 18 fev. 2022.

[12] Cumpre referir que na Convenção de Estrasburgo, em verdade, o cuidado relativo ao tratamento de dados pessoais tinha como objetivo central a proteção do direito à vida privada.

[13] PARLAMENTO EUROPEU. *Carta de Direitos Fundamentais da União Europeia*, de 7 de dezembro de 2000. Disponível em: <https://eur-lex.europa.eu/legal-content/PT/TXT/PDF/?uri=CELEX:12016P/TXT&from=EN>. Acesso em: 18 fev. 2022.

[14] DONEDA, Danilo. A proteção dos dados pessoais como um direito fundamental. *Espaço Jurídico Journal of Law*, Joaçaba, v. 12, n. 2, p. 91-108, jul.-dez. 2011. Disponível em: <https://portalperiodicos.unoesc.edu.br/espacojuridico/article/view/1315>. Acesso em: 18 fev. 2022.

uma regulação que transcenda as fronteiras territoriais (e regulatório-institucionais) estatais, o que, em searas como a tecnológica, a ambiental, a econômica e a comercial (mas também o combate ao crime organizado, ao terrorismo etc.), já está mais do que comprovado.

Aliás, como igualmente já se sabe há muito tempo, influenciando diretamente a própria regulação, é que os problemas e desafios relacionados à proteção de dados pessoais afetam e são afetados em todos esses ambientes, assumindo, de certo modo, um cunho transversal e mesmo, por assim dizer, onipresente.

Assim, à vista do fenômeno designado *cross fertilization* (talvez mais correto fosse falar de uma influência recíproca) entre as ordens jurídicas (aqui em sentido amplo, abarcando textos constitucionais, doutrina e jurisprudência), bem como da integração já referida entre a esfera jurídico-constitucional nacional (interna) dos estados e o direito constitucional internacional (aqui com destaque para os tratados de direitos humanos e jurisprudência das cortes internacionais) é que empreenderemos uma apresentação e análise focada nos fundamentos constitucionais da proteção de dados e de um direito fundamental à proteção de dados.

Já no tocante à proteção de dados pessoais na esfera da normativa infraconstitucional, esta será objeto de referência quando necessário à demonstração da concretização do discurso constitucional, como a definição do âmbito de proteção do direito fundamental à proteção de dados, sua titularidade e destinatários, aspectos organizacionais e procedimentais, limites (restrições), entre outros.

Outrossim, ainda que se cuide de uma perspectiva geral, não necessariamente centrada em um Estado em particular, é natural que, em se tratando de uma obra que tem como escopo o direito brasileiro, este será privilegiado na análise como referência concreta, tanto na dimensão constitucional quanto no concernente à seara infraconstitucional, esta, por sua vez, mais diretamente relacionada à atual Lei Geral de Proteção de Dados brasileira (LGPD).

Quanto ao caminho a ser percorrido, tendo em vista que nos capítulos precedentes da obra já se tratou da evolução histórica da proteção de dados no direito internacional e nacional, ademais de a perspectiva internacional atual (inclusive europeia) igualmente ser versada em segmento próprio, inicia-se com a caracterização do direito à proteção de dados como direito humano e fundamental (2), para, na sequência, discorrer sobre a sua relação com outros direitos fundamentais (3), passando a apresentar e analisar o seu objeto (4), titulares e destinatários (5), dimensão subjetiva e objetiva (6) e o problema dos seus limites e restrições (7), encerrando com algumas considerações à guisa de sistematização e apontando alguns desafios e perspectivas (8).

1. O DIREITO À PROTEÇÃO DE DADOS PESSOAIS E SUA QUALIFICAÇÃO COMO DIREITO HUMANO E FUNDAMENTAL

1.1 Considerações gerais introdutórias

Sem que se adentre – por desnecessário no contexto – em aspectos terminológicos e conceituais, é o caso de sublinhar a adesão à concepção de que, embora substanciais convergências, direitos humanos e direitos fundamentais não são a mesma coisa, ainda que – como se dá no caso do direito à proteção de dados pessoais – muitas vezes possa um direito, ao mesmo tempo, ser os dois, ou seja, um direito humano e um direito fundamental[15].

---

[15] Sobre o tópico, v., com maior desenvolvimento, SARLET, Ingo Wolfgang. *A eficácia dos direitos fundamentais*: uma teoria geral dos direitos fundamentais na perspectiva constitucional. 13. ed. Porto Alegre: Livraria do Advogado, 2018. p. 29.

PARTE I · **Cap. 2** · FUNDAMENTOS CONSTITUCIONAIS: O DIREITO FUNDAMENTAL À PROTEÇÃO DE DADOS | **25**

Nessa perspectiva, parte-se do pressuposto de que direitos humanos são aqueles reconhecidos e protegidos no âmbito do sistema internacional (universal e regional) dos tratados (convenções) de direitos humanos, editados pelos órgãos (organismos) competentes para tal efeito, ao passo que direitos fundamentais são aqueles (humanos ou não) consagrados – expressa ou implicitamente – na esfera do direito constitucional de cada Estado, mesmo que este não tenha ratificado, ou então aderido apenas em parte aos tratados internacionais[16].

No caso específico da proteção dos dados pessoais, como já adiantado, inexiste previsão expressa de um direito humano correspondente no sistema internacional da ONU, bem como nas Convenções Europeia e Interamericana, de tal sorte que, por ora, apenas mediante o labor dos órgãos judiciários que velam pela interpretação/aplicação dos tratados é possível deduzir tal direito na condição de direito implicitamente consagrado, o que, aliás, se dá, ainda em ampla medida, no caso das constituições.

Nesse contexto, não há como deixar de adentrar, ainda que sumariamente, o caso da CDFUE, que, nada obstante tenha aplicação em todos os países integrantes da União Europeia (UE), não consiste em um tratado de direitos humanos no sentido convencional do termo. Mesmo que se trate de um documento elaborado pelas autoridades competentes europeias e, portanto, tenha natureza de direito internacional público, a própria opção terminológica (Direitos Fundamentais, e não Direitos Humanos) guarda absoluta coerência com o projeto de uma constituição europeia.

Com efeito, a CDFUE, elaborada em Nice, França, no ano 2000, foi destinada a ocupar a condição de um catálogo de direitos fundamentais inserido em documento maior, o tratado de Lisboa, que, contudo, em virtude da resistência oposta por alguns países do bloco europeu, acabou não assumindo (embora exista controvérsia em torno do ponto) o *status* de uma constituição europeia em sentido formal, mas, sim (como sufragado por muitos), o papel de uma constituição em sentido material.

Outrossim, ainda que no direito europeu a proteção de dados pessoal já tenha sido objeto de regulação detalhada mediante atos normativos da UE (destacando-se a Diretiva 46/95 do CE), foi apenas em 2018 que entrou em vigor o novo Regulamento Geral de Proteção de Dados da Europa (RGPDE), que, ademais de reconhecer e concretizar o direito fundamental previsto na CDFUE, é, em grande medida, autoaplicável, vinculando direta e imediatamente todos os integrantes da União.

Seja como for, é objeto de elevado consenso que o direito à proteção de dados pessoais é, simultaneamente, um direito humano e um direito fundamental, o que, calha enfatizar, não afasta situações de tensão e conflitos normativos, de diversa natureza.

Ora, sabe-se – ainda com o olhar voltado à Europa – que o âmbito de aplicação da Convenção Europeia dos Direitos Humanos é distinto daquela do Tratado de Lisboa (portanto, da CDFUE), visto que este vincula apenas os Estados integrantes da UE, ao passo que a Convenção gera direitos e obrigações para um universo bem maior de Estados (uma Europa alargada, incluindo diversos países do antigo bloco oriental, como Rússia, Croácia, entre outros) que a ratificaram, parte dos quais não está submetida à CDFUE[17].

Por essa mesma razão, também a Jurisdição dos dois Tribunais Europeus, autônomos e independentes entre si, é distinta, seja quanto aos Estados jurisdicionados, seja no tocante

---

[16]   Cf., novamente, SARLET, Ingo Wolfgang. *A eficácia dos direitos fundamentais*: uma teoria geral dos direitos fundamentais na perspectiva constitucional, op. cit., p. 30-31.

[17]   Atualmente, o número de países que compõe a UE (já excluindo o Reino Unido, em virtude do BREXIT) é de 27, ao passo que o número de países sujeitos à Convenção Europeia é de 47.

à própria estrutura, competências, procedimento, número e recrutamento dos Juízes etc. Nessa perspectiva, pode acontecer (e acontece) que guardiões de catálogos distintos de direitos – humanos e fundamentais –, o Tribunal de Justiça da União Europeia (TJUE), com sede em Luxemburgo e guardião da CDFUE (mas também de todo o Direito da UE), e a Corte Europeia de Direitos Humanos (CEDH), radicada em Estrasburgo e responsável pela aplicação da Convenção Europeia, não decidam da mesma forma casos similares envolvendo, em tese, os mesmos direitos, muito embora a substancial – e crescente – aproximação nessa seara[18].

Para o Brasil, a situação é, em boa parte, diferente, visto que no espaço americano, onde vige a Convenção Americana de Direitos Humanos, inexiste outro documento similar e concorrente, tampouco se tem um segundo órgão jurisdicional competente para guarda dos direitos humanos nas três Américas (Norte, Central e Sul), concentrando-se tudo na Corte Interamericana de Direitos Humanos (CIDH), sediada em São José da Costa Rica.

Assim, quando se fala em um direito constitucional de múltiplos níveis, no que se aplica ao caso brasileiro, é possível falar em três estratos, quais sejam, as constituições dos Estados americanos, a Convenção Americana de Direitos Humanos (e outros tratados/convenções especiais) e o sistema universal de proteção dos direitos humanos da ONU, que abarca toda a comunidade internacional, como é o caso do já referido Pacto Internacional de Direitos Civis e Políticos, de 1966.

A integração entre tais esferas (níveis) num único bloco (formal e material) de constitucionalidade nunca foi de fácil compreensão e equacionamento prático, porquanto cada país é "soberano" e pode optar por ratificar, ou não, a Convenção, no todo ou em parte, sendo também distintas as formas de sua internalização, do valor normativo interno, bem como a existência de maior ou menor resistência quanto ao atendimento dos parâmetros normativos e mesmo das decisões judiciais emanadas das instâncias internacionais.

No caso da proteção de dados, considerando a sua interface com uma gama imensa de outras esferas, seja de outras áreas do conhecimento científico/tecnológico, além de aspectos econômicos, financeiros, comerciais, políticos, sociais, saúde, segurança pública e segurança nacional, entre outros, mas também com outras áreas do Direito e, em especial, com outros direitos humanos e sociais, o problema da relação entre a ordem jurídica interna, o direito internacional e o direito estrangeiro (*v.g.*, nos casos do direito comparado e do direito internacional privado) é particularmente complexa e dinâmica.

Uma boa forma de ilustrar o fenômeno referido, e, com isso, a relevância de se levar a sério a dimensão multinível também da proteção de dados, é a circunstância de que, tratando-se, em grande medida, de problemas e desafios comuns, como é o caso da proteção da privacidade, dos direitos do consumidor, da responsabilização por violações dos dados pessoais, entre outros, sejam necessários parâmetros substancialmente comuns (mas também com a ressalva de eventuais peculiaridades), normativos e dogmáticos, para a solução dos problemas concretos.

Aqui poder-se-ia colacionar o assim chamado direito à autodeterminação informativa, ou seja, o direito de cada indivíduo poder controlar e determinar (ainda não de modo absoluto) o acesso e o uso de seus dados pessoais. Da mesma forma, quando se trata de fiscalizar a legitimidade de restrições ao direito à proteção de dados, o manejo do instituto da ponderação e respectivas técnicas, como é o caso dos critérios da proporcionalidade.

---

[18] Cf., por todos, SZCZEKALLA, Peter. § 3 Das Verhältnis zwischen dem Grundrechtsschutz der EU und nach der EMRK. In: HESELHAUS, Sebastian M; NOWAK, Carsten (coord.). *Handbuch der Europäischen Grundrechte*. 2. ed. München: C.H. Beck, 2020. p. 45 e ss.

No que toca ao Brasil, é imperioso citar, ainda nessa quadra, a relevância do RGPDE para a elaboração da LGPD, que incorporou uma série de institutos, princípios e regras da normativa europeia. Além disso, muito embora o Brasil sequer esteja vinculado ao direito europeu em geral, nem no concernente aos direitos humanos e fundamentais, para efeitos da transferência de dados o Brasil deve atender aos parâmetros do regulamento europeu, o que por si só, dado o impacto sobre as relações comerciais entre os países europeus e o nosso, implica certa (no que importa ao ponto) simetria entre os marcos regulatórios.

À vista do exposto, para uma compreensão constitucionalmente adequada, é preciso recordar que a inter-relação entre o direito internacional dos direitos humanos (e um direito humano à proteção dos dados pessoais) e a ordem jurídico-constitucional doméstica brasileira guarda conexão com o problema da assim chamada expansividade (não taxatividade e exaustividade) do catálogo constitucional de direitos fundamentais, que, a teor do art. 5.º, § 2.º, da CF, não se limita aos direitos expressamente contemplados pelo constituinte, mas abarca outros direitos decorrentes do regime e dos princípios da Constituição, bem como constantes dos tratados internacionais (de direitos humanos) ratificados pelo Brasil.

Assim, no caso brasileiro (que, em maior ou menor medida, corresponde a outras experiências), existem direitos fundamentais sediados em outras partes do texto constitucional (fora do título próprio, ou seja, o catálogo de direitos em sentido estrito), mas também direitos não expressamente positivados, conquanto deduzidos, na condição de direitos implícitos, dos princípios fundamentais ou mesmo de outros direitos, consoante, aliás, demonstra o exemplo do direito à autodeterminação informativa e, mais recentemente, igualmente ligado ao tema da proteção de dados, o assim chamado direito ao esquecimento.

Já a abertura em relação aos tratados internacionais de direitos humanos apresenta contornos distintos e remete a outros problemas.

Não sendo o caso de aqui desenvolver o ponto, é de se destacar, contudo, o fato de que, uma vez incorporados ao ordenamento interno, o valor jurídico atribuído a tais tratados (e, portanto, aos direitos humanos neles consagrados) no Brasil tem sido objeto de longeva e sempre atual controvérsia.

Ao passo que, para o entendimento doutrinário dominante, os tratados de direitos humanos devem ter hierarquia normativa equivalente ao direito constitucional originário, situando-se no mesmo patamar[19], o Supremo Tribunal Federal brasileiro (doravante apenas STF), em que pesem os avanços a serem registrados, segue outorgando um *status* diferenciado aos direitos fundamentais da Constituição Federal em relação aos direitos constantes dos tratados internacionais, que, a depender do caso, têm hierarquia equivalente à das emendas constitucionais (quando observado o rito previsto no § 3.º do artigo 5.º da CF) ou, não sendo essa a hipótese – o que vale para a quase totalidade dos tratados, em particular os que interessam à proteção de dados –, hierarquia supralegal[20].

Isso significa, por seu turno, que, na perspectiva de um constitucionalismo multinível, pelo menos de acordo com o entendimento do STF, os tratados de direitos humanos do primeiro grupo integram o assim chamado bloco alargado de constitucionalidade brasileiro, operando, por essa razão, como parâmetros para a fiscalização judicial da legitimidade constitucional dos atos normativos infraconstitucionais, mas os tratados dotados de hierarquia supralegal,

---

[19] Cf., por todos, PIOVESAN, Flávia. *Direitos humanos e o direito constitucional internacional*. 19ª ed., São Paulo: Saraiva, 2021.

[20] Cf. a síntese de SARLET, Ingo Wolfgang. *A eficácia dos direitos fundamentais*: uma teoria geral dos direitos fundamentais na perspectiva constitucional, op. cit., p. 140.

embora prevaleçam em relação ao restante da normativa ordinária, cedem em face da Constituição Federal e podem, nessa medida, ser declarados inconstitucionais.

Com isso, fixados alguns pressupostos, é possível avançar no tocante à qualificação do direito à proteção de dados pessoais como direito humano e fundamental, com foco – levando em conta o objeto da obra e do presente capítulo – na perspectiva constitucional.

1.2 Proteção de dados pessoais como direito fundamental em sentido formal e material

Considerando que os direitos humanos são tidos como aqueles positivados no âmbito dos respectivos tratados internacionais, tendo como titulares todas as pessoas em todos os lugares, ou seja, titularidade universal, com vigência, validade e eficácia sempre condicionadas à ratificação dos tratados por um número significativo de Estados, portanto, uma aspiração de universalidade também nessa perspectiva, a existência de um direito humano à proteção dos dados pessoais, a depender de uma expressa previsão nos textos das convenções internacionais, poderia ser tida como afastada.

Todavia, tanto no âmbito do sistema universal de proteção da ONU quanto na esfera do direito europeu, um direito à proteção de dados tem sido deduzido em especial do direito à privacidade, embora com este não se confunda. Nesse sentido, a orientação adotada pela Comissão da ONU para Direitos Humanos, interpretando o alcance do art. 17 do Pacto Internacional de Direitos Civis e Políticos, assim como a jurisprudência da CEDH e do TJUE, é forte no art. 8.º da Convenção Europeia[21].

A condição de direito fundamental, por sua vez, atrelada ao direito constitucional positivo de determinado Estado (excetuada a situação da CDFUE, já referida), pode advir de sua previsão expressa na constituição ou do seu reconhecimento como direito implícito, deduzido interpretativamente, em regra, pelos órgãos (ou órgão) encarregados de exercer a jurisdição constitucional.

O marco distintivo principal, contudo, da condição de direito fundamental prende-se a dois elementos, ou, caso se prefira, está ancorado em dois esteios, quais sejam, a fundamentalidade em sentido material e a fundamentalidade em sentido formal. A fundamentalidade em sentido material (aqui a ponte para com os direitos humanos) guarda direta relação com a relevância do conteúdo das posições subjetivas atribuídas pela ordem jurídica a determinado sujeito de direitos, isto é, a determinado titular, visto que, no sentido formal, um direito é tido como fundamental de acordo com o nível de robustez das garantias estabelecidas pelo constituinte[22].

Dito de outro modo, é o regime jurídico-constitucional reforçado que qualifica um direito fundamental como tal, regime que pode variar de acordo com as peculiaridades de cada ordem constitucional. Esse regime jurídico (garantias), por sua vez, implica que os direitos fundamentais correspondam a posições jurídicas oponíveis pelo indivíduo contra o Estado, no sentido daquilo que se convencionou chamar de trunfos contra a maioria (Dworkin)[23], ou seja, posições jurídicas que, pela sua relevância na perspectiva do poder constituinte,

---

[21] Cf., por todos, SCHIEDERMAIR, Stephanie. Einleitung. In: SIMITIS, Spiros; HORNUNG, Gerrit; SPIECKER GENANNT DÖHMANN, Indra (coord.). *Datenschutzrecht.* Baden-Baden: Nomos, 2019. p. 201.

[22] Cf. SARLET, Ingo Wolfgang. *A eficácia dos direitos fundamentais:* uma teoria geral dos direitos fundamentais na perspectiva constitucional, op. cit., p. 75 e ss.

[23] Cf. DWORKIN, Ronald. *Levando os direitos a sério.* São Paulo: Martins Fontes, 2002.

encontram-se, por força da própria constituição originária, subtraídas à plena disposição pelos poderes públicos (Alexy)[24].

Iniciando pela perspectiva material, que, como adiantado, aproxima os direitos humanos dos direitos fundamentais, não acarreta maior dificuldade demonstrar a relevância, para a esfera individual de cada pessoa e para o interesse coletivo (da sociedade organizada e do Estado), dos valores, princípios e direitos fundamentais associados à proteção dos dados pessoais e por ela protegidos. Nesse sentido, merecem destaque, entre outros, o princípio da dignidade da pessoa humana, o direito ao livre desenvolvimento da personalidade e o direito à privacidade, que, contudo, serão desenvolvidos logo adiante, porquanto aqui apenas se trata de justificar que o direito à proteção dos dados pessoais é inequivocamente fundamental também no sentido material, pois – mesmo que se o considere como de natureza instrumental – ele serve justamente à proteção de tais valores, princípios e direitos.

No que toca à fundamentalidade em sentido formal, esta se traduz na circunstância de que, mesmo antes de ser expressamente inserido no texto constitucional mediante a EC 115/2022, o direito à proteção de dados pessoais desde então já possuía *status* equivalente em termos de hierarquia normativa, sendo igualmente parâmetro para o controle da legitimidade constitucional dos atos normativos infraconstitucionais e de atos (e omissões) do poder público em geral, ademais de sua projeção na esfera das relações privadas, o que também será objeto de maior desenvolvimento.

Além disso, precisamente por se tratarem de posições jurídicas subtraídas à plena disposição pelos poderes constituídos, incluindo o legislador, o regime jurídico-constitucional qualificado do direito à proteção de dados pessoais implica determinadas garantias expressa ou implicitamente asseguradas pela constituição formal, o que, todavia, não reclama um tratamento uniforme por cada ordem constitucional em particular, ainda que se possam identificar muitos elementos comuns.

Uma dessas garantias consiste na qualidade das normas de direitos fundamentais de serem imediatamente aplicáveis e vincularem diretamente, sem lacunas, todos os poderes/atores estatais, além de sua eficácia nas relações entre particulares, seja ela direta ou indireta. Tal prerrogativa foi expressamente prevista, pela primeira vez, na Lei Fundamental da Alemanha, de 1949, no art. 1, III, constando na maioria das constituições ocidentais contemporâneas, inclusive na Constituição Federal, na qual – embora com redação diversa da alemã – o art. 5.º, § 1.º, dispõe que as normas de direitos e garantias fundamentais são dotadas de aplicabilidade imediata.

Outra possível garantia é a de atribuir aos direitos fundamentais a condição de limites materiais ao poder de reforma constitucional (as assim chamadas cláusulas pétreas), como se dá também no caso brasileiro, a teor do prescrito no art. 60, § 4.º, IV, da CF, de tal sorte que, mediante emendas constitucionais, um direito fundamental (também a proteção de dados pessoais) não pode ser objeto de abolição (supressão) nem efetiva, tampouco tendencial, de modo a afetar o seu núcleo essencial, consoante, aliás, reiterado entendimento do STF.

Outrossim, aspecto por igual relevante, no contexto, é que, nos casos de medidas restritivas de direitos fundamentais, além da já referida blindagem contra emendas constitucionais, são acionados diversos mecanismos de controle da legitimidade constitucionais de tais intervenções, dentre as quais, *v.g.*, os critérios da proporcionalidade, exigências da segurança jurídica etc.

---

[24] Cf. ALEXY, Robert. *Theorie der Grundrechte*. 2. ed. Frankfurt a.M. Suhrkamp, 1994.

O que importa nesta quadra é, ao fim e ao cabo, deixar assente que o direito à proteção dos dados pessoais é, embora exista a evolução heterogênea nos planos internacional e nacional, tanto um direito humano quanto um direito fundamental, cujo conteúdo, multidimensionalidade, sujeitos ativos e passivos, limites etc. serão objeto de atenção nos próximos segmentos.

2. RELAÇÃO COM OUTROS PRINCÍPIOS E DIREITOS FUNDAMENTAIS

2.1 Notas introdutórias

Tento em conta que os fundamentos constitucionais da proteção dos dados pessoais não se limitam ao próprio direito individual e autonomamente considerado, pois existem princípios distintos (ainda que relacionados) informadores do direito à proteção de dados (de sua compreensão, interpretação e aplicação), para além do fato de que o conteúdo de um direito fundamental – o que também aqui se verifica – é definido em conjunto e contraste com o de outros direitos, é o caso de iniciar este tópico justamente com a apresentação de alguns dos principais princípios e direitos fundamentais que guardam expressiva, quando não íntima, relação com a proteção de dados pessoais.

Note-se, ainda, que não se trata de esgotar o rol de princípios e direitos (por sua vez, em regra, também com estrutura de princípios) relevantes para a proteção de dados pessoais, nem aprofundar cada um, mas, sim, de apresentar, em traços gerais, a natureza e a importância dessa articulação. Nesse sentido, nada melhor do que começar com o princípio da dignidade da pessoa humana e duas de suas principais – para a proteção de dados pessoais – expressões, designadamente, o direito ao livre desenvolvimento da personalidade e o direito à livre autodeterminação informativa.

2.2 Dignidade da pessoa humana, livre desenvolvimento da personalidade, autodeterminação informacional e livre consentimento

As conexões entre o princípio da dignidade da pessoa humana e o direito fundamental à proteção dos dados pessoais são intensas, embora nem sempre compreendidas do mesmo modo no âmbito das diferentes ordens jurídicas. Os dois principais pontos de contato, todavia, são o princípio autonômico (autodeterminação) e os direitos de personalidade, representados aqui, por sua vez, pelo direito (de natureza geral) ao livre desenvolvimento da personalidade e os direitos especiais à privacidade e à autodeterminação informativa, igualmente conectados entre si, mas que não esgotam o leque de alternativas.

Em que pese não se tratar de premissa válida para todos os direitos fundamentais, porquanto nem todo direito fundamental tenha um fundamento direto e um conteúdo em dignidade, no caso do direito à proteção dos dados pessoais, o princípio da dignidade da pessoa humana pode e deve ser acionado, seja para a justificação da fundamentalidade daquele direito, seja para a determinação de parte de seu conteúdo, com destaque para a identificação de alguns pontos de contato com outros princípios e direitos fundamentais.

Para a compreensão dessa relação e pela sua relevância para a proteção de dados pessoais, segue atual retornar à Alemanha, porquanto é lá que se costuma situar o reconhecimento, pela primeira vez, do assim chamado direito à autodeterminação informativa, não no texto constitucional, mas por conta de paradigmática decisão do Tribunal Constitucional Federal, de 15.12.1983, sobre a constitucionalidade de aspectos da lei do censo

PARTE I · Cap. 2 · FUNDAMENTOS CONSTITUCIONAIS: O DIREITO FUNDAMENTAL À PROTEÇÃO DE DADOS | 31

aprovado pelo Parlamento Federal, cuja realização foi suspensa liminarmente pela Corte em 13.04.1983, muito embora a existência de decisões anteriores envolvendo, ao fim e ao cabo, a proteção de dados pessoais[25].

Cuida-se de uma construção que tem sido tida como a "verdadeira chave" para a compreensão da concepção alemã relativamente à proteção de dados[26], tendo, além disso, influenciado um expressivo número de outras ordens jurídicas, inclusive o direito europeu.

Na sua multicitada decisão, o Tribunal Constitucional, contudo, não reconheceu diretamente um direito fundamental à proteção de dados pessoais, mas, deduziu, numa leitura conjugada do princípio da dignidade da pessoa humana e do direito ao livre desenvolvimento da personalidade, um direito fundamental implícito à autodeterminação informativa, que, consiste, em suma e de acordo com o Tribunal, na prerrogativa de cada indivíduo decidir, em princípio e substancialmente, sobre a divulgação e a utilização de seus dados pessoais[27].

O próprio Tribunal Constitucional, contudo, na mesma decisão, alertou para o fato de que o direito à autodeterminação informativa não assegura a cada cidadão um controle absoluto sobre os seus dados, visto que, dadas a inserção e a responsabilidade comunitária e social do ser humano, este deve tolerar eventuais limitações do direito quando em prol do interesse geral[28].

De acordo com Hans-Peter Bull, primeiro encarregado da agência federal de proteção de dados alemã, o cerne moral e político das preocupações do Tribunal Constitucional foi (e é) o da garantia da liberdade dos cidadãos em face da repressão por parte do Estado, de modo que a argumentação deduzida na decisão foi orientada de acordo com o objetivo da proteção da liberdade de ação do ser humano, sendo a transparência da coleta de informações um meio para alcançar tal finalidade[29].

Na condição de direito de defesa (direito à não intervenção arbitrária), o direito à autodeterminação informativa consiste em um direito individual de decisão, cujo objeto (da decisão) são dados e informações relacionados a determinada pessoa-indivíduo[30].

A relação do direito à autodeterminação informativa com o princípio da dignidade da pessoa humana, portanto, é, em certo sentido, dúplice, pois se manifesta, tanto pela sua vinculação com a noção de autonomia, quanto com a do livre desenvolvimento da personalidade e de direitos especiais de personalidade conexos, de tal sorte que a proteção dos dados pessoais envolve também a salvaguarda da possibilidade concreta de tal desenvolvimento, para o qual a garantia de uma esfera privada e íntima é indispensável.

---

[25]   Aqui costuma ser referida, dentre outras, decisão de 16.07.1969 ("Mikrozensus-Entscheidung"), na qual o Tribunal Constitucional assentou que a Lei Fundamental proíbe que o ser humano tenha sua inteira personalidade registrada e catalogada compulsoriamente (v. *BVerfGE* 27, p. 6).

[26]   Cf. apontam HORNUNG, Gerrit; SCHNABEL, Christoph. Data protection in Germany I: The populational census decision and the right to informational self-determination. *Computer Law & Security Report*, v. 25, n. 1, 2009. p. 84-85.

[27]   Cf., *BVerfG* 65, p. 42 e ss. No Brasil, dentre outros, vale conferir, sobre a origem e desenvolvimento de um direito à autodeterminação informacional, o contributo de MENKE, Fabiano. As origens alemãs e o significado da autodeterminação informativa, in: MENKE, Fabiano; DRESCH, Rafael de Freitas Valle (Coord.), Lei Geral de Proteção de Dados. Aspectos Relevantes. Indaiatuba: Editora Foco, 2021, p. 13-22.

[28]   Cf. *BVerfGE* 65, p. 44.

[29]   Sobre a dedução interpretativa do direito pelo Tribunal Constitucional, v., por todos, a síntese de BULL, Hans-Peter. *Informationelle Selbstbestimmung* – Vision oder Illusion? Tübingen: Mohr Siebeck, 2009. p. 29 e ss.

[30]   Cf. ALBERS, Marion. Umgang mit personenbezogenen Informationen und Daten. In: HOFFMANN--RIEM, Wolfgang; SCHMIDT-ASSMANN, Eberhard; VOSSKUHLE, Andrea (coord.). *Grundlagen des Verwaltungsrechts*. 2. ed. München: C.H. Beck, 2012. v. 2, p. 146-47.

De qualquer sorte, a ancoragem de um direito à proteção de dados pessoais no direito geral de personalidade, como se deu desde o início na tradição constitucional alemã, não quedou imune a críticas, sobrelevando o argumento de Spiros Simitis, no sentido de que se trata de uma moldura insuficiente para dar conta de todos os problemas, fragilidade que também se estende à conhecida teoria das três esferas da proteção da personalidade (íntima, privada ou individual e social ou pública), visto não dar conta e não considerar as diversas possibilidades de inter-relação e combinação prática entre as esferas[31].

Tal crítica, todavia, não é partilhada por todos, a exemplo do que novamente argumenta Hans-Peter Bull, para quem uma compreensão suficientemente flexível e na condição de critérios indicativos para uma diferenciação em concreto entre as esferas é possível e útil, inclusive quando se trata de avaliar a legitimidade constitucional de uma intervenção restritiva na própria autodeterminação informativa[32].

Outrossim, calha adiantar que o direito à autodeterminação informativa – que, no concernente à sua estrutura normativa, assume a condição de princípio – também não se sobrepõe ao direito à privacidade e mesmo outros direitos especiais de personalidade, o que se verá logo adiante. Isso já se dá – mas não exclusivamente – pelo fato de o direito à autodeterminação informativa apresentar dupla dimensão individual e coletiva, no sentido de que garantida constitucionalmente não é apenas (embora possa ser, como direito subjetivo individual, o mais importante) a possibilidade de cada um decidir sobre o acesso, uso e difusão de seus dados pessoais, mas também – e aqui a dimensão metaindividual (coletiva) – se trata de destacar que a autodeterminação informativa constitui precondição para uma ordem comunicacional livre e democrática, distanciando-se, nessa medida, de uma concepção de privacidade individualista e mesmo isolacionista à feição de um direito a estar só (*right to be alone*)[33]. Dito de outro modo, "a proteção de dados é, enquanto proteção de direitos fundamentais, espinha dorsal de uma democracia liberal"[34].

À vista do exposto, é possível afirmar que o direito à autodeterminação informativa, fundado na dignidade da pessoa humana e no direito ao livre desenvolvimento da personalidade, guarda, já em virtude de seus fundamentos, uma íntima e indissociável conexão com o princípio autonômico e, portanto, a noção de dignidade como autonomia, razão da cimeira importância do consentimento também no domínio da proteção dos dados pessoais.

O consentimento livre e informado é, nesse sentido e contexto, exigência constitucional estrita para o exercício da autodeterminação informacional, integrando, de tal sorte, o próprio conteúdo essencial do direito fundamental, sem que, todavia, se possa aqui adentrar os problemas dos limites da natureza jurídica do consentimento, do seu conteúdo e seus limites, dentre outros pontos altamente problemáticos e controversos, até mesmo em virtude da existência de capítulo específico sobre o tópico nesta obra, da lavra de uma das grandes autoridades brasileiras no tema – Bruno Ricardo Bioni –, ao qual remetemos[35].

---

[31] Cf. SCHIEDERMAIR, Stephanie. Einleitung, op. cit., p. 169 e ss.

[32] Cf. BULL, Hans Peter. *Informationelle Selbstbestimmung* – Vision oder Illusion?, op. cit., p. 41-42.

[33] Cf. HORNUNG, Gerrit; SCHNABEL, Christoph. Data protection in Germany I: The populational census decision and the right to informational self-determination, op. cit., p. 85-86.

[34] Cf. SPIECKER GENANNT DÖHMANN, Indra. Kontexte der Demokratie: Parteien, Medien und Sozialstrukturen (1. Referat). *VVDStRL*. Berlin: De Gruyter, 2018. v. 77, p. 55-56.

[35] Além do capítulo do autor integrante da obra, v., para maior desenvolvimento, BIONI, Bruno Ricardo. *Proteção de dados pessoais:* a função e os limites do consentimento. 2. ed. Rio de Janeiro: Forense, 2020, texto referencial sobre o tema.

PARTE I · Cap. 2 · FUNDAMENTOS CONSTITUCIONAIS: O DIREITO FUNDAMENTAL À PROTEÇÃO DE DADOS | 33

2.3 Relações com o direito à privacidade

Como adiantado, em que pese o direito fundamental à proteção de dados pessoais ter conexão relevante com o direito à privacidade, tal relação não se traduz numa superposição completa dos respectivos âmbitos de proteção. Proteção de dados pessoais e, da mesma forma, autodeterminação informativa vão além da privacidade e de sua proteção, ao menos no sentido tradicional do termo, caracterizado por uma lógica de "recolhimento" e "exposição"[36].

Uma primeira diferença que pode ser apontada reside no fato de que – na esteira das lições de Stefano Rodotà – a privacidade indica uma visão negativa e estática, em larga medida pautada na concepção de impossibilitar a interferência de terceiros. Em contrapartida, a proteção de dados confere ao titular poderes positivos e dinâmicos postos à sua disposição com vistas ao controle sobre a coleta e o processamento dos dados que lhe digam respeito. Assim – de acordo com Rodotà –, o bem jurídico tutelado na privacidade gira em torno da informação e do sigilo, enquanto no direito à proteção de dados abarca a informação, a circulação e o respectivo controle[37].

Importante é que se tenha presente, nesse contexto, que, embora a proteção de dados tenha sido deduzida (associada), em diversos casos, do direito à privacidade (*v.g.*, nos EUA, o conceito de *informational privacy*) ou, pelo menos, também do direito à privacidade, como no caso da Convenção Europeia de Direitos Humanos (nos termos da exegese do art. 8.º levada a efeito pela CEDH), o fato é que o objeto (âmbito de proteção) do direito à proteção de dados pessoais é mais amplo, porquanto, com base num conceito ampliado de informação, abarca todos os dados que dizem respeito a uma determinada pessoa natural, sendo irrelevante a qual esfera da vida pessoal se referem (íntima, privada, familiar, social), descabida qualquer tentativa de delimitação temática[38].

O que se pode afirmar, sem temor de incorrer em erro, é que, seja na literatura jurídica, seja na legislação e jurisprudência, o direito à proteção de dados vai além da tutela da privacidade, cuidando-se, de tal sorte, de um direito fundamental autônomo, diretamente vinculado à proteção da personalidade. Aliás, não é à toa que Bruno Ricardo Bioni alertou para o fato de que o entendimento, hoje amplamente superado, de que o direito fundamental à proteção de dados consiste em mera evolução do direito à privacidade é uma "construção dogmática falha"[39].

Outro ponto que aqui pode ser adiantado é que a proteção de dados pessoais não se limita aos dados sensíveis, de modo que os níveis de proteção (e o correspondente rigor do escrutínio em termos de controle da legitimidade constitucional de alguma intervenção restritiva) são maiores quanto mais estiver em causa a esfera mais interna da privacidade, designadamente, a intimidade.

2.4 Para além da autodeterminação informativa: proteção dos dados pessoais e salvaguarda da confidencialidade e da integridade dos sistemas técnico-informacionais (*Computergrundrecht*)

A dinâmica na esfera da evolução das tecnologias de informação e a necessidade de reações regulatórias adequadas para o efeito da proteção de direitos fundamentais, inclusive

---

[36] RUARO, Regina Linden; RODRIGUEZ, Daniel Piñeiro. O direito à proteção de dados pessoais na sociedade de informação. *Direito, Estado Sociedade*, n. 36, jan.-jun. 2010. p. 189.

[37] RODOTÀ, Stefano. *A vida na sociedade de vigilância*: a privacidade hoje. Organização, seleção e apresentação de Maria Celina Bodin de Moraes. Rio de Janeiro: Renovar, 2008. p. 17 e 36.

[38] Cf., por todos, KARG, Moritz. Artikel 4, Nr. 1. In: SIMITIS, Spiros; HORNUNG, Gerrit; SPIECKER GENANNT DÖHMANN, Indra. *Datenschutzgesetz*. Baden-Baden: Nomos, 2019. p. 287-290.

[39] Cf. BIONI, Bruno Ricardo. *Proteção de dados pessoais*: a função e os limites do consentimento, op. cit., p. 95.

na seara da proteção de dados pessoais, acabaram confirmando a insuficiência de um direito à autodeterminação informativa, que, de qualquer sorte, não substituiu pura e simplesmente outros direitos, como é o caso da privacidade.

Por essa razão, é de se trazer à colação, nesse contexto, uma outra contribuição (ainda que igualmente não imune a críticas) importante da jurisprudência constitucional alemã, designadamente, o reconhecimento, pelo Tribunal Constitucional Federal, de um direito fundamental à garantia da confiabilidade e integridade dos sistemas técnico-informacionais (*Grundrecht auf Gewährleistung der Vertraulichkeit und Integrität Informationstechnischer Systeme*), também conhecido como *Direito Fundamental-TI* (*IT-Grundrecht*), deduzido, a exemplo da autodeterminação informativa, como direito implícito especial de personalidade, a partir do direito geral de personalidade e do princípio da dignidade da pessoa humana[40].

No caso julgado pela Corte Constitucional alemã, estava em causa a legitimidade constitucional de lei do estado alemão de Nordrhein-Westfalen, que autorizava as autoridades policiais a adotar medidas sigilosas de vigilância e monitoramento remoto da internet (incluindo correspondência eletrônica – *e-mail*), bem como o acesso secreto e remoto a sistemas de tecnologias de informação (computadores), incluindo o monitoramento de todas as atividades de suspeitos da prática de ilícitos penais na internet, medidas que tinham por escopo a proteção da ordem constitucional estatal em face da crescente criminalidade, destaque para o crime organizado e o terrorismo[41].

Com o reconhecimento desse novo direito (a partir de proposta formulada pelo relator, Wolfgang Hoffmann-Riem, Professor de Direito Público na Universidade de Hamburgo), buscou-se colmatar as evidentes lacunas de proteção deixadas, em virtude de novas formas de ameaça e violação de direitos fundamentais, pelas garantias da inviolabilidade do domicílio, pelo sigilo das comunicações e mesmo pelo direito à autodeterminação informativa, assumindo, em relação a estes, a condição de uma espécie de cláusula geral, de aplicação subsidiária[42].

Uma das lacunas possivelmente mais importantes não cobertas pelo direito à autodeterminação informativa diz respeito ao fato de que terceiros que acabam tendo acesso a dados armazenados em algum sistema técnico-informático não se encontram sujeitos às regras sobre a coleta e tratamento de tais dados, de tal sorte que uma das diferenças entre os dois direitos reside na circunstância de que a autodeterminação informativa se refere a um dado ou a um conjunto de dados, ao passo que o direito à garantia da confiabilidade e integridade dos sistemas técnico-informacionais tem por objeto a proteção do sistema como um todo (e por isso a confiança na sua utilização) e os dados em sentido amplo, evitando que terceiros possam se apropriar até mesmo de um perfil da personalidade do usuário dos sistemas[43].

Seja como for, a intenção aqui é a de destacar que a proteção de dados, mesmo que se possa afirmar ter na autodeterminação informativa o seu eixo estruturante, tem um alcance mais alargado e multidimensional, o que mais adiante será objeto de atenção.

---

[40]   Cf. decisão de 27.02.2008, publicada em *BVerfGE* 120, 274 e ss.

[41]   Cf. a síntese de MENKE, Fabiano. A proteção de dados e o novo direito fundamental à garantia da confidencialidade e da integridade dos sistemas técnico-informacionais no direito alemão. In: MENDES, Gilmar Ferreira; SARLET, Ingo Wolfgang; COELHO, Alexandre Zavaglia P. (coord.). *Direito, inovação e tecnologia*. São Paulo: Saraiva, 2015. v. 1, p. 215 e ss.

[42]   Cf., por todos, ALBERS, Marion. Umgang mit personenbezogenen Informationen und Daten, op. cit., p. 153.

[43]   Cf. novamente MENKE, Fabiano. A proteção de dados e o novo direito fundamental à garantia da confidencialidade e da integridade dos sistemas técnico-informacionais no direito alemão, op. cit., p. 219.

3. A OPÇÃO TERMINOLÓGICA: DIREITO FUNDAMENTAL À PROTEÇÃO DE DADOS PESSOAIS

À vista das considerações precedentes, em especial tendo em conta o fato de que a proteção de dados pessoais, na condição de um direito fundamental, não se resume a um direito à autodeterminação informativa, e tampouco é equivalente – no que diz respeito aos respectivos âmbitos de proteção – ao direito à privacidade, e isso já pelo fato de ter objeto mais alargado, optou-se aqui por aderir ao *terminus* e ao direito fundamental propriamente dito à proteção de dados pessoais, considerado como direito autônomo.

Note-se que, especialmente onde já se deu o reconhecimento textual de tal direito na esfera do direito constitucional positivo, as preferências se voltaram para a proteção de dados, o que, aliás, já valia para o nível infraconstitucional, mas também – como no caso da União Europeia – para a antiga diretiva e o atual RGPD, além, no contexto brasileiro, da recentemente aprovada e promulgada EC 115/2022, no sentido de um olhar constitucionalmente adequado.

Contudo, é imperioso relembrar, tal opção terminológica radica numa viragem concepcional, visto que parte do pressuposto de que dados, para efeitos de sua proteção jurídico-constitucional, devem ser compreendidos em sentido amplo, no sentido da inexistência de dados pessoais irrelevantes em face do processamento eletrônico na sociedade de informação, notadamente pelo fato de que, sendo os dados projeções da personalidade, o seu tratamento, seja qual for, pode potencialmente violar direitos fundamentais[44].

4. O DIREITO À PROTEÇÃO DE DADOS PESSOAIS COMO DIREITO FUNDAMENTAL NA CONSTITUIÇÃO FEDERAL DE 1988 – A EVOLUÇÃO DE SUA CONDIÇÃO DE DIREITO IMPLICITAMENTE POSITIVADO PARA A INSERÇÃO NO TEXTO CONSTITUCIONAL PELA EMENDA CONSTITUCIONAL 115/2022

A Constituição Federal de 1988 (CF), embora faça referência, no art. 5.º, XII, ao sigilo das comunicações de dados (além do sigilo da correspondência, das comunicações telefônicas e telegráficas), passou a contemplar expressamente um direito fundamental à proteção de dados pessoais, inclusive em meios digitais, a partir da promulgação da EC 115, aprovada em fevereiro de 2022 pelo Congresso Nacional. Antes de sua inserção no texto constitucional, contudo, o direito à proteção de dados pessoais já havia sido reconhecido como direito fundamental autônomo implicitamente positivado, em maio de 2020, pelo STF, como mais adiante se verá com mais detalhes.

Note-se que, de acordo com a redação dada pela EC 115/2022, foi inserido o inciso LXXIX no art. 5.º, CF, dispondo que "é assegurado, nos termos da lei, o direito à proteção dos dados pessoais, inclusive nos meios digitais". Além disso, houve ajustes no sistema constitucional de repartição de competências, de modo que, de acordo com a atual redação do art. 21, compete à União: "XXVI – organizar e fiscalizar a proteção e o tratamento de dados pessoais, nos termos da lei", e, a teor do que prescreve o arti. 22, inciso XXX, igualmente na redação

---

[44] Cf., por todos, MENDES, Laura Schertel; DONEDA, Danilo. Comentário à Nova Lei de Proteção de Dados (Lei 23.709/2018): o novo paradigma da proteção de dados. *Revista de Direito do Consumidor*, v. 120, nov.-dez. 2018. p. 22. Para maior desenvolvimento, v., em especial. BIONI, Bruno Ricardo. *Proteção de dados pessoais*: a função e os limites do consentimento, op. cit., p. 59 e ss.

atribuída pela EC 115, "Compete privativamente à União legislar sobre: (...) XXX – proteção e tratamento de dados pessoais".

A proteção dos dados pessoais, por outro lado – para além do sigilo da comunicação de dados –, igualmente antes da elevação ao *status* de direito fundamental formalmente incorporado à ordem constitucional, já encontrava salvaguarda parcial e indireta mediante a previsão da ação de *habeas data* (art. 5.º, LXXII, da CF), ação constitucional, com *status* de direito-garantia fundamental autônomo, que precisamente busca assegurar ao indivíduo o conhecimento e mesmo a possibilidade de buscar a retificação de dados constantes de registros ou bancos de dados de entidades governamentais ou de caráter público.

Com relação ao sigilo da comunicação de dados, contudo, há que ter cautela e, por isso, impõe-se o registro, com base na lição de Danilo Doneda, de que não se trata, neste caso, do direito à proteção de dados pessoais em si, nem de seu fundamento direto. Para melhor compreensão da assertiva, valemo-nos aqui da própria fala do autor:

> "[Se,] por um lado, a privacidade é encarada como um direito fundamental, as informações pessoais em si parecem, a uma parte da doutrina, serem protegidas somente em relação à sua "comunicação", conforme art. 5.º, XII, que trata da inviolabilidade da comunicação de dados. Tal interpretação traz consigo o risco de sugerir uma grande permissividade em relação à utilização de informações pessoais. Nesse sentido, uma decisão do STF, relatada pelo Ministro Sepúlveda Pertence, reconheceu expressamente a inexistência de uma garantia de inviolabilidade sobre dados armazenados em computador com fulcro em garantias constitucionais... O sigilo, no inciso XII do art. 5.º, está referido à comunicação, no interesse da defesa da privacidade... Obviamente o que se regula é comunicação por correspondência e telegrafia, comunicação de dados e telefônica... A distinção é decisiva: o objeto protegido no direito à inviolabilidade do sigilo não são os dados em si, mas a sua comunicação restringida (liberdade de negação). A troca de informações (comunicação) privativa é que não pode ser violada por sujeito estranho... A decisão tem sido, desde então, constantemente mencionada como precedente em julgados nos quais o STF identifica que a natureza fundamental da proteção aos dados está restrita ao momento de sua comunicação[45]".

O fato é que mesmo à míngua de expressa previsão de tal direito (que, no caso brasileiro, é muito recente, como já assinalado), pelo menos na condição de direito fundamental explicitamente autônomo, no texto da CF, e a exemplo do que ocorreu em outras ordens constitucionais – v. aqui o emblemático caso da Alemanha, já referido –, o direito à proteção dos dados pessoais já podia ser associado e reconduzido a alguns princípios e direitos fundamentais de caráter geral e especial, como é o caso do princípio da dignidade da pessoa humana, do direito fundamental (também implicitamente positivado) ao livre desenvolvimento da personalidade, do direito geral de liberdade, bem como dos direitos especiais de personalidade mais relevantes no contexto, quais sejam – aqui nos termos da CF –, os direitos à privacidade e à intimidade[46], no sentido do que alguns também chamam de uma "intimidade informática"[47].

---

[45] DONEDA, Danilo. *Da privacidade à proteção dos dados pessoais*. Rio de Janeiro: Renovar, 2006. p. 262.

[46] Cf., por todos, DONEDA, Danilo. *Da privacidade à proteção de dados pessoais*: elementos da formação da Lei geral de proteção de dados. 2. ed. São Paulo: Thomson Reuters Brasil, 2019.

[47] Cf., por exemplo, entre nós, SAMPAIO, José Adércio Leite. A suprema inviolabilidade: a intimidade informática e o sigilo bancário. In: SARMENTO, Daniel; SARLET, Ingo Wolfgang (coord.). *Direitos*

PARTE I · Cap. 2 · FUNDAMENTOS CONSTITUCIONAIS: O DIREITO FUNDAMENTAL À PROTEÇÃO DE DADOS | **37**

Contudo, possivelmente – como já demonstrado –, o fundamento constitucional direto mais próximo de um direito fundamental à proteção de dados (expressa ou implicitamente positivado!) seja mesmo o direito ao livre desenvolvimento da personalidade, o qual também assume a condição de uma cláusula geral de proteção de todas as dimensões da personalidade humana, que, de acordo com tradição jurídica já consolidada no direito constitucional estrangeiro e no direito internacional (universal e regional) dos direitos humanos, inclui o direito à livre disposição sobre os dados pessoais, o assim designado e igualmente já apresentado e comentado direito à autodeterminação informativa.

À vista do exposto e como ponto de partida para os desenvolvimentos supervenientes, há, pois, como aderir ao entendimento – hoje consagrado na literatura jurídica brasileira – de que, mediante uma leitura harmônica e sistemática do texto constitucional, a CF já consagrava um direito fundamental implicitamente positivado à proteção de dados pessoais[48].

Pela sua subida relevância e atualidade, não se poderia deixar de referir, nesse contexto, o julgamento, pelo Plenário do STF, em 07.05.2020, que confirmou o deferimento, em sede de decisão monocrática proferida em 17.04.2020, pela relatora da ADI 6387, Ministra Rosa Weber, de medida liminar suspendendo a eficácia da Medida Provisória 954, que determinava às empresas de telefonia a fornecer ao IBGE os nomes, endereços e telefones de mais de cem milhões de brasileiros, mediante o argumento de que tal medida representaria uma restrição constitucionalmente ilegítima dos direitos à privacidade, intimidade e sigilo dos dados pessoais, porquanto inconsistente com as exigências da proporcionalidade e razoabilidade[49]. De acordo com a decisão, o direito fundamental à proteção de dados pessoais representa direito autônomo e com âmbito de proteção distinto ao do direito à privacidade[50].

Além disso, é de sublinhar que apenas em 2020, o Supremo Tribunal Federal proferiu quatro decisões relevantes relativas à proteção de dados pessoais. Para além do caso do IBGE, o tema foi tratado na ADPF 695 (Caso Abin/Denatran), na ADI 656 (Cadastros de dependentes químicos) e na ADI 6.529 (Caso Sisbin). Nesse último caso, a Corte decidiu que os órgãos componentes do Sistema Brasileiro de Inteligência (Sisbin) somente podem fornecer dados e conhecimentos específicos à Agência Brasileira de Inteligência (Abin) quando for comprovado o interesse público da medida, afastando qualquer possibilidade desses dados atenderem a interesses pessoais ou privados.

---

fundamentais no Supremo Tribunal Federal: balanço e crítica. Rio de Janeiro: Lumen Juris, 2011. p. 531 e ss.

[48] Cf., em especial, o já referido DONEDA, Danilo. Da privacidade à proteção dos dados pessoais, op. cit, 2006, mas também, na sequência, entre outros, LIMBERGER, Têmis. *O Direito à Intimidade na Era da Informática.* Porto Alegre: Livraria do Advogado, 2007; RUARO, Regina Linden; RODRIGUEZ, Daniel Piñeiro. O direito à proteção de dados pessoais na sociedade de informação. *Direito, Estado Sociedade,* n. 36, jan/jun. 2010, MENDES, Laura Schertel. *Privacidade, Proteção de Dados e Defesa do Consumidor.* São Paulo: Saraiva, 2013, BIONI, Bruno Ricardo. Proteção de Dados Pessoais: A Função e os Limites do Consentimento. Rio de Janeiro: Forense, 2019. p. 90 e ss. Por último, v. SARLET, Proteção de dados como direito fundamental na Constituição Federal Brasileira de 1988, Direitos Fundamentais & Justiça | Belo Horizonte, ano 14, n. 42, p. 175-214, jan./jun. 2020; Por último, v. RODRIGUEZ, Daniel Piñeiro. *O Direito Fundamental à Proteção de Dados. Vigilância, Privacidade, Regulação.* Rio de Janeiro: Lumen Juris, 2021.

[49] Sobre a decisão *v*, a nota crítica de Hartmann, *on-line.* Em termos mais abrangentes, sustentando a inconstitucionalidade da MP, ainda antes do julgamento, *v.*, entre outros, Mendes, *on-line.*

[50] O julgamento ocorreu em conjunto com o das Ações Diretas de Inconstitucionalidade 6.388, 6.389, 6.390 e 6.393.

Outrossim, independentemente aqui de se aprofundar a discussão sobre a conveniência, necessidade e bondade intrínseca da consagração textual de um direito fundamental autônomo à proteção de dados na CF, ou mesmo adentrar a querela sobre se tratar, ou não, de um direito "novo", o fato é que cerramos aqui fileiras com os que saúdam como benfazeja tal medida.

Mesmo que se possa, como já tem sido o caso, reconhecer a proteção de dados como um direito fundamental implícito, daí extraindo todas as consequências atinentes a tal condição, o fato é que sua positivação formal carrega consigo uma carga positiva adicional, ou seja, agrega (ou, ao menos, assim o deveria) valor positivo substancial em relação ao atual estado da arte no Brasil.

Dentre as razões que aqui poderiam ser colacionadas, destacam-se:

a) a despeito das interseções e articulações com outros direitos, fica assegurada à proteção de dados a condição de direito fundamental autônomo, com âmbito de proteção próprio;

b) ao direito à proteção de dados passa a ser atribuído de modo inquestionável o pleno regime jurídico-constitucional relativo ao seu perfil de direito fundamental em sentido material e formal já consagrado no texto da CF, bem como na doutrina e na jurisprudência constitucional brasileira, ou seja:

1) como parte integrante da constituição formal, os direitos fundamentais possuem *status* normativo superior em relação a todo o restante do ordenamento jurídico nacional;

2) na condição de direito fundamental, assume a condição de limite material à reforma constitucional, devendo, ademais disso, ser observados os assim chamados limites formais, circunstanciais e temporais, nos termos do art. 60, §§ 1.º a 4.º, da CF;

3) também as normas relativas ao direito à proteção de dados são – nos termos do art. 5.º, § 1.º, da CF – dotadas de aplicabilidade imediata (direta) e vinculam todos os atores públicos, bem como – sopesadas as devidas ressalvas, consoante será tratado em tópico específico – os atores privados.

Acrescente-se, outrossim, que, para além de sua condição de direito expressamente positivado no catálogo constitucional de direitos fundamentais, a teor do art. 5.º, §§ 2.º e 3.º, da CF, o marco normativo que concretiza e formata o âmbito de proteção e as funções e dimensões do direito (fundamental) à proteção de dados é também integrado – embora tal circunstância seja usualmente negligenciada – pelos tratados internacionais de direitos humanos ratificados pelo Brasil –, destacando-se, para efeito da compreensão adequada e manejo correto em nível doméstico – a Convenção Americana de São José da Costa Rica e o Pacto Internacional de Direitos Civis e Políticos, incluindo a sua interpretação pelas instâncias judiciárias e não judiciárias respectivas.

Tal fato assume uma dimensão particularmente relevante, à vista do atual posicionamento do STF sobre o tema, dada a atribuição, aos tratados de direitos humanos devidamente ratificados, de hierarquia normativa supralegal, de modo que, ao menos assim o deveria ser, o marco normativo nacional infraconstitucional não apenas deve guardar consistência formal e material com a CF, mas também estar de acordo com os parâmetros de tais documentos internacionais, sendo passível do que se tem designado como um controle jurisdicional de convencionalidade. Além disso, convém lembrar que, em se cuidando de

PARTE I · **Cap. 2** · FUNDAMENTOS CONSTITUCIONAIS: O DIREITO FUNDAMENTAL À PROTEÇÃO DE DADOS | **39**

tratados internacionais de direitos humanos aprovados pelo rito agravado previsto no § 3.º do art. 5.º da CF, o seu valor normativo na esfera nacional será equivalente ao das emendas constitucionais.

Nesse contexto, embora não exista (ainda) tratado internacional de direitos humanos específico sobre proteção de dados (ou mesmo tratado geral com referência direta e expressa a um direito humano correspondente) ratificado mediante tal procedimento, o fato é que tal circunstância não tem levado a um isolamento político-legislativo-jurídico do Brasil nessa matéria, do que dá conta, em caráter ilustrativo, a substancial recepção, pela nova LGPD, do Regulamento Geral Europeu, mas também, na esfera doutrinária e jurisprudencial, de parâmetros dogmáticos e interpretativos, como é o caso, já referido, de um direito à autodeterminação informativa, dentre tantos exemplos que poderiam ser colacionados.

Para encerrar essa primeira etapa do texto e dada a sua relevância não apenas para a compreensão do conteúdo e alcance do direito fundamental à proteção de dados na CF, mas também para efeitos de seu diálogo com a legislação, jurisprudência e mesmo doutrina sobre o tema, importa sublinhar que diversos diplomas legais em vigor já dispõem sobre aspectos relevantes da proteção de dados, destacando-se aqui a Lei de Acesso à Informação (Lei 12.527/2011) e o assim chamado Marco Civil da Internet (Lei 12.965/2014) e o respectivo Decreto que o regulamentou (Decreto 8.771/2016), mas especialmente a Lei Geral de Proteção de Dados (Lei 13.709/2018).

Assim, uma compreensão/interpretação/aplicação constitucionalmente adequada do direito fundamental à proteção de dados deverá ser sempre pautada por uma perspectiva sistemática, que, a despeito do caráter autônomo (sempre parcial) desse direito, não pode prescindir do diálogo e da interação (por vezes marcada por concorrências, tensões e colisões) com outros princípios e direitos fundamentais que, dentre outros pontos a considerar, auxiliam na determinação do seu âmbito de proteção, inclusive mediante o estabelecimento de limites diretos e indiretos.

Outrossim, o que é de particular relevância no caso brasileiro – justamente pela existência, além da nova LGPD, de outras leis que versam sobre o tema – é ter sempre presente a necessidade de não apenas zelar pela consistência constitucional do marco normativo infraconstitucional no tocante aos diplomas legais isoladamente considerados, mas também de promover sua integração e harmonização produtiva, de modo a superar eventuais contradições e assegurar ao direito fundamental à proteção de dados sua máxima eficácia e efetividade.

Encerrando esse segmento, calha sublinhar que, de modo a evitar superposições desnecessárias e mesmo improdutivas, não será aqui retomado e desenvolvido (salvo as indispensáveis referências gerais e especiais, adequadas ao caso brasileiro) o que foi objeto de atenção na parte geral da obra, inclusive quanto ao conteúdo, multidimensionalidade e eficácia do direito/dever de proteção de dados numa perspectiva constitucional multinível.

5. OBJETO DO DIREITO FUNDAMENTAL: DADOS PESSOAIS E SUA DEFINIÇÃO

Como todo direito fundamental, também o direito à proteção de dados tem um âmbito de proteção que, embora dialogue com o de outros direitos, cobre um espaço próprio e autônomo de incidência, o que se pode ilustrar mediante a referência ao fato de que a proteção de dados pessoais e o direito à privacidade e intimidade, embora zonas de convergência, são direitos fundamentais distintos. Tal âmbito de proteção é também sempre (em maior ou menor medida) – como igualmente já referido – delimitado e definido em conjunto com

40 | TRATADO DE PROTEÇÃO DE DADOS PESSOAIS

outros direitos e bens/interesses de hierarquia constitucional, mas também concretizado pelo legislador infraconstitucional e mesmo por decisões judiciais.

Deliberar acerca do conteúdo do direito à proteção de dados é tarefa difícil. Catarina Sarmento e Castro, em apertada síntese, indicam se tratar de uma liberdade de controle e proteção das informações pessoais em face de ofensas externas[51]. A presente definição – muito embora seja demasiadamente ampla – induz à necessidade de estabelecimento de definições mínimas acerca da matéria.

Nada obstante parte da doutrina cotidianamente desconsiderar tal circunstância, é, todavia, imperioso ter presente a diferença entre os termos (e conceitos) "informação" e "dados", ainda que, para efeitos da proteção de dados, as duas noções sejam interligadas.

Considerando que a definição corrente e legalmente consagrada de dados pessoais – cuja consistência constitucional não tem sido objeto de relevante contestação – seja a de "informação relacionada a pessoa natural identificada ou identificável" (art. 5.º, I, da LGPD), conceito praticado também pelo RGPDE (art. 4.º, n. 1), eventual distinção entre dados e informações parece não ser relevante do ponto de vista de sua proteção jurídico-constitucional, porquanto o que importa, ao fim e ao cabo, seria a configuração dos requisitos legais referidos, e não a forma mediante a qual se corporifica determinada informação[52].

Isso, contudo, não significa que dados e informações sejam a mesma coisa, inclusive pelo fato de nem todas as informações assumirem a condição de dados, até mesmo para a aplicação da respectiva legislação[53]. Aliás, há quem diga mesmo que não há como abrir mão de uma diferenciação entre informações e dados[54].

Apenas para não deixar de referir tal circunstância, sabe-se que o conceito (definição) de informação é altamente variável a depender do contexto (*v.g.*, Sociedade da Informação, Ciências da Informação, Tecnologias da Informação, liberdade de informação etc.), da área do conhecimento ao qual se refere, dentre outros fatores, existindo, ademais disso, diversos critérios para uma definição, inclusive possibilidades de definição legal não necessariamente uniformes[55].

Assim, sendo inviável explorar esse tópico, importa assumir uma posição em termos de acordo semântico sobre o que se entende por dados e por informações. Para tanto, iniciamos colacionando a definição de dados proposta por Wolfgang Hoffmann-Riem:

> "Os dados na literatura teórica são entendidos como sinais ou símbolos para mensagens que podem ser formalizadas e (aleatoriamente) reproduzidas e facilmente transportadas por meio de meios técnicos adequados. Os dados, enquanto tais, não têm significado. No entanto, podem ser portadores de informação, nomeadamente "informação codificada". O significado é-lhes atribuído quando estão envolvidos num processo de comunicação de informação por um remetente e de geração e informação pelo destinatário, ou seja, quando se tornam objeto de comunicação.

---

[51] CASTRO, Catarina Sarmento e. *Direito da informática, privacidade e dados pessoais*. Coimbra: Almedina, 2005.

[52] Cf. KARG, Moritz. Artikel 4, Nr. 1, op. cit., p. 286-287.

[53] Cf. v.f. VESTING, Thomas. § 20 Information und Kommunikation. In: HOFFMANN-RIEM, Wolfgang; SCHMIDT-ASSMANN, Eberhard; VOSSKUHLE, Andreas (coord.). *Grundlagen des Verwaltungsrechts*. München: C.H. Beck, 2012. v. 2, p. 9 e ss.

[54] Nesse sentido, ALBERS, Marion. Umgang mit personenbezogenen Informationen und Daten, op. cit., p. 114.

[55] Cf. INGOLD, Albert. *Desinformationsrecht*: Verfassungsrechtliche Vorgaben für Staatliche Desinformationstätigkeit. Berlin: Duncker & Humblot, 2011. p. 21-22.

PARTE I · **Cap. 2** · FUNDAMENTOS CONSTITUCIONAIS: O DIREITO FUNDAMENTAL À PROTEÇÃO DE DADOS | 41

Esta comunicação pode ocorrer entre humanos, mas também entre humanos e máquinas ou entre máquinas[56]".

De modo a deixar mais clara a diferença entre ambas as figuras, aciona-se a lição de Thomas Vesting (em parte também acolhida e referida por Hoffmann-Riem), no sentido de que dados são "sinais" ou "símbolos" não interpretados, que, assim como os números, têm natureza formalizada, podendo ser reproduzidos e transmitidos mediante determinados procedimentos – razão pela qual computadores leem dados –, de tal sorte que dados dependem de um meio técnico, portanto, físico, e não apenas assumem forma semântica, que se distingue da informação por eles processada[57].

Informações, por seu turno, de acordo com Marion Albers, são elementos de sentido obtidos em determinado contexto social, mediante observações, comunicações ou dados e para posterior utilização, sempre dependentes (ou associados) a um processo de interpretação, visto que envolvem uma atribuição de sentido. Assim, embora informações sejam contidas e veiculadas mediante dados, com estes não se confundem, porquanto dependem (daí não terem natureza puramente formal como os dados) do contexto de sua utilização[58].

Outrossim, ainda nessa quadra, importa sublinhar que, no que diz com informações que não se encontram materializadas na forma de dados (coletadas, processadas, transmitidas como tais), estas encontram proteção mediante associação ao âmbito de proteção de outros direitos fundamentais, como é o caso, em especial, dos direitos à privacidade e à imagem que, também por isso, possuem caráter autônomo[59].

De volta ao conceito de dados pessoais, que constituem o objeto dos deveres de proteção estatais e das posições subjetivas dos indivíduos, verificou-se que se trata de uma definição delegada, ainda que implicitamente, ao legislador infraconstitucional e, ao fim e ao cabo, também aos órgãos regulatórios em geral e ao Poder Judiciário. O que importa, portanto, é que a definição legal seja constitucionalmente consistente e não desborde de sua finalidade.

Como já adiantado, tanto a nova LGPD quanto o RGPDE (e, por via de consequência, nos ordenamentos jurídicos de todos os Estados da União Europeia) definem dados pessoais como "informação relacionada a pessoa natural identificada ou identificável" (art. 5.º, I, da LGPD e art. 4, n. 1, do RGPDE), o que aqui se retoma para o efeito de destacar a necessidade de avançar no detalhamento da definição e de seu alcance, visto que o texto legal também fornece dados para a delimitação do destinatário da proteção (sujeito ativo do direito à proteção de dados), ademais da relativa abertura – ainda que assim não o pareça, numa primeira mirada – das expressões "identificada", mas especialmente "identificável".

Além disso, a determinação de quais os dados que podem ser considerados dados pessoais e, portanto, serem objeto da proteção legal e jusfundamental, também é determinada pelo contexto concreto de sua coleta, tratamento e destinação, o que reforça a concepção de que não existem, *a priori*, dados pessoais irrelevantes[60].

---

[56] Cf. HOFFMANN-RIEM, Wolfgang. Rechtliche Rahmenbedingungen für und regulative Herausforderungen durch Big Data. In: HOFFMANN-RIEM, Wolfgang (coord.). *Big Data – Regulative Herausforderungen*. Baden-Baden: Nomos, 2018. p. 16.

[57] Cf. VESTING, Thomas. § 20 Information und Kommunikation, op. cit., p. 9-11.

[58] Cf. ALBERS, Marion. Umgang mit personenbezogenen Informationen und Daten, op. cit., p. 116-117.

[59] Cf. LORENZ, Dieter. Art. 2 Abs 1 GG. In: KAHL, Wolfgang; WALDHOFF, Christian; WALTER, Christian (coord.). *Bonner Kommentar zum Grundgesetz*. Heidelberg: C.F. Müller, 2008. v. 2, p. 141.

[60] BRETTHAUER, Sebastian. Verfassungsrechtliche Grundlagen, Europäisches und nationales Recht, in: SPECHT, Louisa; MANTZ, Reto (Ed.), *Handbuch Europäisches und deutsches Datenschutzrecht*, München: C.H. Beck, 2019, p. 13-14.

TRATADO DE PROTEÇÃO DE DADOS PESSOAIS

Todavia, ao passo que o problema relativo aos destinatários da proteção será abordado ainda no contexto do presente texto, na parte relativa aos titulares do direito à proteção de dados pessoais, o maior detalhamento relativo ao que se entende por pessoa natural identificada ou identificável será levado a efeito na segunda parte da obra. O mesmo, aliás, se dá com o caso especial dos dados pessoais sensíveis, que, dada a sua particular relevância – inclusive e em especial pela sua umbilical relação com a dignidade da pessoa humana e os direitos de personalidade –, também foram contemplados com capítulo próprio.

6. DIMENSÃO SUBJETIVA E OBJETIVA E MULTIFUNCIONALIDADE DO DIREITO À PROTEÇÃO DE DADOS PESSOAIS

6.1 O direito à proteção de dados pessoais como direito subjetivo

Assim como se dá com os direitos fundamentais em geral, também o direito à proteção de dados pessoais apresenta dupla dimensão – subjetiva e objetiva –, cumprindo uma multiplicidade de funções na ordem jurídico-constitucional. Na sua condição de direito subjetivo e considerado como um direito em sentido amplo, o direito à proteção de dados pessoais se decodifica em um conjunto heterogêneo de posições subjetivas de natureza defensiva (negativa), mas também assume a condição de direito a prestações, cujo objeto consiste em uma atuação do Estado mediante a disponibilização de prestações de natureza fática ou normativa[61].

Ainda em sede preliminar, é de se observar que, nada obstante a circunstância de que o direito à proteção de dados pessoais guarda relação direta (mas, como já adiantado, não se confunde) com um direito à autodeterminação informativa – que, de todo modo, é um dos esteios e elementos centrais da proteção de dados – na sua condição de direito subjetivo, o catálogo de posições jusfundamentais que encerra é bastante diversificado.

Nesse contexto, para melhor e mais rápida compreensão, calha lançar mão do rol de posições jurídicas subjetivas diretamente inspirado – mas não exatamente igual – em Gomes Canotilho e Vital Moreira, o qual, a despeito de eventuais diferenças de uma ordem jurídica para outra, se mostra perfeitamente compatível com o direito constitucional e infraconstitucional positivo brasileiro, assegurando uma proteção que dê conta de todas as dimensões que envolvem a coleta, o armazenamento, o tratamento, a utilização e a transmissão de dados pessoais:

a) o direito ao acesso e ao conhecimento dos dados pessoais existentes em registros (bancos de dados) públicos ou privados;

b) o direito ao não conhecimento, tratamento e utilização e difusão de determinados dados pessoais pelo Estado ou por terceiros, aqui incluído um direito de sigilo quanto aos dados pessoais;

c) o direito ao conhecimento da identidade dos responsáveis pela coleta, armazenamento, tratamento e utilização dos dados;

d) o direito ao conhecimento da finalidade da coleta e da eventual utilização dos dados;

e) o direito à retificação e, a depender do caso, à exclusão de dados pessoais armazenados em bancos de dados[62].

---

[61] Cf. SARLET, Ingo Wolfgang. *A eficácia dos direitos fundamentais*: uma teoria geral dos direitos fundamentais na perspectiva constitucional, op. cit., p. 288.

[62] Cf. CANOTILHO, José Joaquim Gomes; MOREIRA, Vital. *Constituição da República Portuguesa anotada*. 4. ed. Coimbra: Coimbra Editora, 2007. p. 551 e ss.

PARTE I · Cap. 2 · FUNDAMENTOS CONSTITUCIONAIS: O DIREITO FUNDAMENTAL À PROTEÇÃO DE DADOS | **43**

Note-se, ainda, que, embora o direito à proteção de dados pessoais, como direito fundamental que é, tenha esteio na Constituição, não há, no texto constitucional brasileiro (ao menos por ora), qualquer referência direta a posições jurídico-subjetivas específicas que possam estar albergadas por seu âmbito de proteção, o que, todavia, não quer dizer que não encontrem fundamento constitucional implícito.

De qualquer sorte, também no Brasil – e independentemente da incorporação de um direito à proteção de dados pessoais à CF –, é na legislação infraconstitucional que foram especificados os direitos do titular da proteção, como dá conta o leque contido nos arts. 17 e 18 da LGPD, que, contudo, deve ser compreendido e aplicado em sintonia e conformidade com a CF, a normativa internacional e outros diplomas legais, como é o caso, por exemplo (e em especial), da Lei de Acesso à Informação e da Lei do Marco Civil da Internet.

Já mediante uma simples leitura do catálogo que segue, enunciado nos arts. 17 e 18 da LGPD, é possível perceber que, em grande medida, as posições jurídicas subjetivas (direitos) atribuídas ao titular dos dados pessoais objeto da proteção legal, que concretiza e delimita, em parte, o próprio âmbito de proteção do direito fundamental à proteção de dados, coincidem com o rol de posições jurídico-constitucionais direta e habitualmente associadas à dupla função de tal direito como direito negativo (defesa) e positivo (a prestações).

Para tanto, segue a transcrição do catálogo legal referido, contido no Capítulo III da LGPD – "Dos Direitos do Titular"[63]:

> "Art. 17. Toda pessoa natural tem assegurada a titularidade de seus dados pessoais e garantidos os direitos fundamentais de liberdade, intimidade e de privacidade, nos termos desta lei.
>
> Art. 18. O titular dos dados pessoais tem direito a obter do controlador, em relação aos dados do titular por ele tratados, a qualquer momento e mediante requisição:
>
> I – confirmação da existência de tratamento;
>
> II – acesso aos dados;
>
> III – correção de dados incompletos, inexatos ou desatualizados;
>
> IV – anonimização, bloqueio ou eliminação de dados desnecessários, excessivos ou tratados em desconformidade com o disposto nesta Lei;
>
> V – portabilidade dos dados a outro fornecedor de serviço ou produto, mediante requisição expressa, de acordo com a regulamentação da autoridade nacional, observados os segredos comercial e industrial;
>
> VI – eliminação dos dados pessoais tratados com o consentimento do titular, exceto nas hipóteses previstas no art. 16 desta Lei;
>
> VII – informação das entidades públicas e privadas com as quais o controlador realizou uso compartilhado de dados;
>
> VIII – informação sobre a possibilidade de não fornecer consentimento e sobre as consequências da negativa;
>
> IX – revogação do consentimento, nos termos do § 5.º do art. 8.º desta Lei.
>
> (...)"
>
> "Art. 20. O titular dos dados tem direito a solicitar a revisão de decisões tomadas unicamente com base em tratamento automatizado de dados pessoais que afetem

---

[63]   Convém alertar que não se está a transcrever todos os dispositivos contidos no capítulo III da LGPD, mas, sim, os artigos que enunciam as posições jurídicas (direitos) propriamente ditos dos titulares dos dados pessoais.

seus interesses, incluídas as decisões destinadas a definir o seu perfil pessoal, profissional, de consumo e de crédito ou os aspectos de sua personalidade. (...)"

"Art. 21. Os dados pessoais referentes ao exercício regular de direitos pelo titular não podem ser utilizados em seu prejuízo".

"Art. 22. A defesa dos interesses e dos direitos dos titulares de dados poderá ser exercida em Juízo, individual ou coletivamente, na forma do disposto na legislação pertinente, acerca dos instrumentos de tutela individual e coletiva".

Note-se, ainda, que a lista de posições jurídicas *supra* não tem caráter taxativo, não excluindo, portanto, outras possibilidades, mesmo que não expressamente positivadas na Constituição ou em um diploma legal. Outrossim, é possível perceber uma substancial simetria entre os catálogos de direitos dos usuários da LGPD e do RGPDE (art. 17), de tal sorte que as diferenças, em regra, se limitam a variações terminológicas, no sentido de maior ou menor precisão da nomenclatura utilizada.

Todavia, existe, como já referido, espaço para o reconhecimento de outras posições jurídicas, como se dá, em caráter ilustrativo, com o assim chamado direito ao esquecimento. Nesse caso, embora algumas de suas expressões (no sentido de instrumentos de efetivação) se encontrem especificadas nos textos legais colacionados (*v.g.*, os direitos ao apagamento, retificação), outras carecem de acolhimento pelas instâncias legiferantes, pelo Poder Judiciário ou mesmo pelos próprios atores da internet, mediante autorregulação. Nesse contexto, o melhor exemplo talvez seja o de um direito à desindexação relativamente aos provedores de pesquisa na internet, que, a despeito da controvérsia que grassa em torno do tema, tem sido objeto de reconhecimento em diversas decisões judiciais, seja de tribunais nacionais, seja no plano supranacional, como é o caso do TJUE (caso "Google", 2014)[64].

De outra parte, calha referir, visto corresponder a uma espécie de "tradição" na esfera da prática legislativa brasileira, que também a LGPD, como se verifica mediante um breve olhar sobre o catálogo de direitos apresentado, acabou reproduzindo direitos já consagrados expressamente na CF e que, em virtude disso e por serem dotados de aplicabilidade imediata, não precisariam constar na esfera infraconstitucional, como é o caso dos direitos de liberdade, intimidade e privacidade (art. 17) e do direito de acesso à Justiça (art. 22).

6.2 A dimensão objetiva: deveres de proteção e de organização e procedimento

O "descobrimento" e o desenvolvimento da assim chamada dimensão objetiva dos direitos fundamentais – como já é de amplo conhecimento – podem ser reconduzidos ao labor da doutrina e da jurisprudência constitucional alemãs, notadamente a partir da década de 1950, ainda que as bases de tal concepção possam ser encontradas já no período de Weimar. Nesse contexto, sempre é recordada a paradigmática afirmação do Tribunal Constitucional Federal, no sentido de que os direitos fundamentais não se limitam à função precípua de serem direitos subjetivos de defesa do indivíduo contra atos do poder público, mas que, além disso, constituem decisões valorativas de natureza jurídico-objetiva da Constituição, com eficácia em todo o ordenamento jurídico e que fornecem diretrizes para os órgãos legislativos, judiciários e executivos[65].

---

[64] Sobre o direito ao esquecimento no Brasil e no direito estrangeiro e internacional, remetemos, em língua portuguesa, a SARLET, Ingo Wolfgang; FERREIRA NETO, Arthur M. *O direito ao "esquecimento" na sociedade de informação*. Porto Alegre: Livraria do Advogado, 2018.

[65] Cf. *BVerfGE* 7, 198/204 e ss., posteriormente objeto de ratificação em outras decisões (por ex., *BVerfGE* 49, 89/141 e ss.).

Em outras palavras, de acordo com o que consignou Pérez Luño, os direitos fundamentais passaram a apresentar-se no âmbito da ordem constitucional como um conjunto de valores objetivos básicos e fins diretivos da ação positiva dos poderes públicos, e não apenas garantias negativas dos interesses individuais[66].

Todavia, também convém relembrar que a perspectiva objetiva dos direitos fundamentais não representa mero "reverso da medalha" da perspectiva subjetiva, mas, sim, que às normas que preveem direitos subjetivos é outorgada função autônoma, que transcende essa perspectiva subjetiva[67] e que, além disso, desemboca no reconhecimento de conteúdos normativos e, portanto, de funções distintas aos direitos fundamentais[68].

Dentre tais funções e conteúdos normativos, três são particularmente relevantes em virtude do seu impacto no campo da proteção dos direitos fundamentais, inclusive e mesmo prioritariamente na sua condição de direitos subjetivos.

A primeira – apesar das críticas endereçadas especialmente à terminologia utilizada – diz com o assim chamado efeito (eficácia irradiante – *Ausstrahlungswirkung*) dos direitos fundamentais, no sentido de que estes, na sua condição de direito objetivo, fornecem impulsos e diretrizes para a aplicação e interpretação do direito infraconstitucional, o que, além disso, apontaria para a necessidade de uma interpretação conforme aos direitos fundamentais, que, ademais, pode ser considerada – ainda que com restrições – como modalidade semelhante à difundida técnica hermenêutica da interpretação conforme à Constituição[69].

Associado a tal efeito encontra-se o assim chamado fenômeno da constitucionalização do Direito, incluindo o direito privado, assim como a problemática da eficácia dos direitos fundamentais nas relações privadas, também abordada sob a denominação de eficácia horizontal, ou *Drittwirkung* (eficácia em relação a terceiros). Note-se que a ideia de os direitos fundamentais irradiarem efeitos também nas relações privadas e não constituírem apenas direitos oponíveis aos poderes públicos vem sendo considerada um dos mais relevantes desdobramentos da perspectiva objetiva dos direitos fundamentais e será abordada mais adiante, na parte relativa aos destinatários dos direitos fundamentais.

Outra importante função atribuída aos direitos fundamentais e desenvolvida com base na existência de um dever geral de efetivação atribuído ao Estado, por sua vez agregado à perspectiva objetiva dos direitos fundamentais, diz com o reconhecimento de deveres de proteção

---

[66] Cf. PÉREZ LUÑO, Antonio-Enrique. *Los derechos fundamentales*. 6. ed. Madrid: Tecnos, 1995. p. 20-21, que, nesse contexto, aponta para a função legitimadora do Estado de Direito decorrente dessa significação axiológica objetiva dos direitos fundamentais, na medida em que constituem os pressupostos do consenso sobre o qual se funda qualquer sociedade democrática, exercendo, nesse sentido, o papel de sistematizar o conteúdo axiológico objetivo do ordenamento democrático.

[67] Cf., dentre tantos, ANDRADE, José Carlos Vieira de. *Os direitos fundamentais na Constituição Portuguesa de 1976*. Coimbra: Almedina, 1987. p. 143.

[68] Nesse sentido, por exemplo, DREIER, Horst. Subjektiv-rechtliche und objektiv-rechtliche Grundrechtsgehalte. *JURA*, 1994. p. 509.

[69] V., dentre outros, PIEROTH, Bodo; SCHLINK, Bernhard. *Grundrechte*. Staatsrecht II. 11. ed. Heidelberg: C. F. Müller, 1995. p. 23. No direito lusitano, esses efeitos da dimensão objetiva encontram-se arrolados de forma clara e didática na obra de ANDRADE, José Carlos Vieira de. *Os direitos fundamentais na Constituição Portuguesa de 1976*, op. cit., p. 168-169, que, nesse contexto, além da necessidade de uma interpretação conforme os direitos fundamentais, aponta, ainda, para a existência de uma obrigação geral de respeito vigente também na esfera privada e que identifica como um efeito externo deles. Nesse sentido, entendemos que esse dever geral de respeito tanto diz respeito à necessidade de uma hermenêutica vinculada aos direitos fundamentais, quanto à problemática de sua eficácia privada.

(*Schutzpflichten*) do Estado, no sentido de que a este incumbe zelar, inclusive preventivamente, pela proteção dos direitos fundamentais dos indivíduos não somente contra os poderes públicos, mas também contra agressões provindas de particulares e até mesmo de outros Estados[70].

Nesse contexto, se é correto – como leciona Dieter Grimm – que os deveres de proteção, por exigirem intervenções por parte dos órgãos estatais, resultam em restrições de direitos, acarretando, nessa perspectiva, uma redução do âmbito de liberdade individual, tais restrições, vinculadas precisamente à necessidade de proteção de bens fundamentais (além de sujeitas, convém acrescentar, ao regime dos limites dos limites dos direitos fundamentais, nomeadamente, o respeito às exigências da proporcionalidade e da garantia do núcleo essencial), têm sempre por escopo a maximização dos direitos fundamentais, visto que as restrições objetivam, no plano geral, maior proteção da liberdade e dos direitos fundamentais das pessoas no âmbito da comunidade estatal[71]. Assim, os deveres de proteção não constituem – na dicção de Gomes Canotilho – "um simples dever de acção do Estado para proteger bens ou promover fins constitucionais, mas de um dever de acção para 'segurar' direitos consagrados e protegidos por normas constitucionais"[72].

Importa agregar, outrossim, que uma das peculiaridades dos deveres de proteção reside no fato de que são múltiplos os modos de sua realização, que pode se dar por meio de normas penais, do estabelecimento da responsabilidade civil, de normas procedimentais, de atos administrativos e até mesmo por uma atuação concreta dos poderes públicos[73]. Por outro lado, a forma como o Estado assume os seus deveres de proteção e os efetiva permanece, em primeira linha, no âmbito de seu próprio arbítrio, levando-se em conta, nesse contexto, a existência de diferentes alternativas de ação, a limitação dos meios disponíveis, a consideração de interesses colidentes e a necessidade de estabelecer prioridades, de tal sorte que não se poderia, em princípio, falar de um dever específico de agir por parte do Estado[74].

Como último importante desdobramento da perspectiva objetiva, a função outorgada aos direitos fundamentais sob o aspecto de parâmetros para a criação e constituição de organizações (ou instituições) estatais e para o procedimento[75]. Nesse contexto, há que se considerar a íntima vinculação entre direitos fundamentais, organização e procedimento, no sentido de que os

---

[70] A esse respeito, v., dentre outros, HESSE, Konrad. *Grundzüge des Verfassungsrechts der Bundesrepublik Deutschland*. 20. ed. Heidelberg: C. F. Müller, 1995. p. 155.

[71] Cf. GRIMM, Dieter. A função protetiva do Estado. In: SOUZA NETO, C. P.; SARMENTO, D. *A constitucionalização do direito*. Rio de Janeiro: Lumen Juris, 2007. p. 160.

[72] Cf. CANOTILHO, José Joaquim Gomes. Omissões normativas e deveres de proteção. In: DIAS, Jorge de Figueiredo (coord.). *Estudos em homenagem a Cunha Rodrigues* Coimbra: Coimbra Editora, 2001. v. II, p. 113.

[73] Cf., novamente, ALEXY, Robert. *Theorie der Grundrechte*. 2. ed. Frankfurt a.M. Suhrkamp, 1994. p. 410. Inobstante já tenha sido anunciada em decisões anteriores, a problemática do reconhecimento de deveres de proteção por parte do Estado foi objeto de formulação mais exaustiva na paradigmática decisão do Tribunal Constitucional Federal da Alemanha sobre a descriminação do aborto (Abtreibungsurteil: *BVerfGE* 39,1), na qual, com base no direito à vida (art. 2, inc. II, da Lei Fundamental), foi deduzida uma obrigação do Estado no sentido de proteger a vida humana em geral, incluindo a vida em formação, independentemente da possibilidade de o nascituro ser ele próprio titular de direitos fundamentais, revelando, nesse contexto, o desenvolvimento da teoria dos deveres de proteção com base na perspectiva objetiva dos direitos fundamentais. Nesse sentido, cf. STERN, Klaus. Idee und Elemente eines Systems der Grundrechte. In: KIRCHHOF, J. Isensee-P. (coord.). *Handbuch des Staatsrechts der Bundesrepublik Deutschland*. Heidelberg: C. F. Müller, 1992. v. 5, p. 80.

[74] Nesse sentido, representando a posição majoritária na doutrina, as lições de MANSSEN, Gerrit. *Staatsrecht I Grundrechtsdogmatik*. München: Verlag Franz Vahlen, 1995. p. 18; PIEROTH, Bodo; SCHLINK, Bernhard. *Grundrechte*. Staatsrecht II, op. cit., p. 27, bem como de HESSE, Konrad. *Grundzüge des Verfassungsrechts der Bundesrepublik Deutschland*, op. cit., p. 156.

[75] Nesse sentido, dentre tantos, JARASS, Hans; PIEROTH, Bodo. *Grundgezetz fur die Bundesrepublik Deutschland*: Kommentar. München: C. H. Beck. 13. Auf. 2014. p. 20.

PARTE I · **Cap. 2** · FUNDAMENTOS CONSTITUCIONAIS: O DIREITO FUNDAMENTAL À PROTEÇÃO DE DADOS | **47**

direitos fundamentais são, ao mesmo tempo e de certa forma, dependentes da organização e do procedimento (no mínimo, sofrem uma influência da parte destes), mas, simultaneamente, também atuam sobre o direito procedimental e as estruturas organizacionais[76].

Tendo em vista que os deveres de proteção do Estado podem, por vezes, concretizar-se por meio de normas dispondo sobre o procedimento administrativo ou judicial, bem como pela criação de órgãos, constata-se, desde já, a conexão que pode existir entre essas duas facetas da perspectiva jurídico-objetiva dos direitos fundamentais[77]. Para além dessa constatação, foi feita oportuna referência na doutrina para a necessidade de um procedimento ordenado e justo para a efetivação ou garantia eficaz dos direitos fundamentais[78].

Ainda no que diz com a perspectiva procedimental (de que a proteção dos direitos fundamentais depende de estruturas organizacionais e de procedimentos adequados), há que se sublinhar a necessidade de utilização e otimização de técnicas processuais que assegurem, com o maior nível possível de eficácia, a proteção dos direitos fundamentais, o que, dada a natureza/função dos direitos e das circunstâncias que envolvem a sua incidência em casos concretos, pode implicar técnicas distintas para direitos distintos, mas também técnicas diversas para a proteção do mesmo direito fundamental[79].

Que isso se revela particularmente importante para o caso do direito à proteção de dados pessoais não é difícil perceber desde logo, posto que – dado o desenvolvimento de novas tecnologias de informação e comunicação – o desafio da efetividade dos direitos, inclusive e em especial dos mecanismos convencionais para a sua realização (direito sancionatório, processo judicial e eficácia de suas decisões etc.), é imenso, questão que aqui não temos como desenvolver, bastando relembrar, em caráter ilustrativo, o fenômeno da onipresença da digitalização e de seu impacto sobre os direitos de personalidade, o problema da ausência real de fronteiras territoriais etc.

Ainda nessa quadra, é de se enfatizar que o Estado dispõe de várias alternativas para dar conta dos seus deveres de proteção, que vão desde a criminalização de ações e omissões, responsabilidade civil, instituição de mecanismos processuais, como é o caso, no Brasil, da ação de *habeas data*, até a criação de órgãos (organismos) públicos e/ou privados encarregados de levar a efeito os deveres de proteção, designadamente, no que interessa aqui, a criação e estruturação da Autoridade Nacional de Proteção de Dados – ANPD (arts. 55-A a 55-M), a exemplo do que se deu em outros lugares.[80]

7. TITULARES E DESTINATÁRIOS DO DIREITO (E CORRESPONDENTES DEVERES DE PROTEÇÃO) À PROTEÇÃO DE DADOS

7.1 Titularidade

A noção de direito subjetivo, também no tocante aos direitos fundamentais, envolve (além da exigibilidade) uma relação trilateral entre o titular (ou sujeito ativo), o objeto e o

---

[76] Cf. HESSE, Konrad. *Grundzüge des Verfassungsrechts der Bundesrepublik Deutschland*, op. cit., p. 160-161.

[77] Cf., por todos, PIEROTH, Bodo; SCHLINK, Bernhard. *Grundrechte*. Staatsrecht II, op. cit., p. 27.

[78] Na literatura brasileira, remetemos às formulações de SARLET, Ingo Wolfgang; MARINONI, Luiz Guilherme; MITIDIERO, Daniel. *Curso de direito constitucional*. 3. ed. São Paulo: Revista dos Tribunais, 2014.

[79] Sobre o tema, v., no Brasil, em especial, MARINONI, Luiz Guilherme. *Técnica processual e tutela dos direitos*. 4. ed. São Paulo: Revista dos Tribunais, 2013.

[80] Sobre o papel das Autoridades Nacionais, visualizada de acordo com a dimensão objetiva dos direitos fundamentais, v., por todos, RODRIGUEZ, Daniel Piñeiro. O Direito Fundamental à Proteção de Dados. Vigilância, Privacidade e Regulação, op. cit., p. 132 e ss.

destinatário (sujeito passivo) do direito – posição(ões) jurídica(s) – atribuída pelo direito objetivo[81].

No caso do direito à proteção de dados pessoais – acordo com a legislação respectiva (no caso brasileiro, o art. 5.º da LGPD) –, os titulares do direito são, em primeira linha, as pessoas naturais (identificadas e identificáveis, como visto anteriormente).

Isso, contudo, não significa, por si só, que todas as pessoas naturais sejam titulares de direitos fundamentais, o que também se dá com a proteção de dados, visto que a titularidade de posições jurídicas subjetivas por parte de pessoas naturais pode variar conforme alguns critérios, por exemplo, cidadania, idade, eventual incapacidade por força de alguma deficiência.

No caso da CF, a despeito do disposto no art. 5.º, *caput*, de que são titulares dos direitos fundamentais os brasileiros e estrangeiros residentes no país, doutrina e jurisprudência há muito têm ampliado o leque de sujeitos ativos em um número significativo de casos, incluindo os direitos de personalidade e, por conseguinte, o direito à proteção de dados pessoais, o que, por ser algo consolidado, aqui se deixa de desenvolver.

Nesse sentido – mas não por este –, como já lembrado, o direito à proteção de dados, sendo direito de todos e de qualquer um, é também um direito humano.

Em homenagem à clareza, calha reproduzir – de novo – o disposto no art. 1.º da LGPD, que, somando-se ao que prescreve o já citado art. 5.º da Lei, assim reza:

> "Art. 1.º Esta Lei *dispõe sobre o tratamento de dados pessoais*, inclusive nos meios digitais, por pessoa natural ou por pessoa jurídica de direito público ou privado, com o *objetivo de proteger os direitos fundamentais de liberdade e de privacidade e o livre desenvolvimento da personalidade da pessoa natural*". (grifos nossos)

É claro que a opção legal é passível de contestação, designadamente, se incompatível com o marco constitucional, mas, desde que assegurada – ainda que por outro fundamento – a proteção de dados das pessoas jurídicas e, ao mesmo tempo, garantida a proteção dos dados pessoais dos respectivos sócios, na condição de pessoas naturais (assim como dos dados pessoais de terceiros), não se vislumbra, salvo melhor juízo, razão suficientemente robusta para justificar a ilegitimidade jurídica de tal distinção.

Todavia, para não transmitir a ideia de que desconhecemos a existência de tal posição, calha referir linha de argumentação que tem tido já alguma representatividade, embora ainda mais embrionária, e que poderia dar sustentáculo à proteção de dados equivalente à dos dados de pessoas naturais, em virtude de se atribuir às pessoas jurídicas a titularidade do direito à privacidade, agregando-se o fato de que a proteção de dados tem um cunho instrumental, servindo, em primeira linha, à salvaguarda da própria privacidade[82].

---

[81]   CANOTILHO, José Joaquim Gomes. Omissões normativas e deveres de proteção. In: DIAS, Jorge de Figueiredo (coord.). *Estudos em homenagem a Cunha Rodrigues*. Coimbra: Coimbra Editora, 2001. v. II, p. 544; SARLET, Ingo Wolfgang; MARINONI, Luiz Guilherme; MITIDIERO, Daniel. *Curso de direito constitucional*. 3. ed. São Paulo: Revista dos Tribunais, 2014. p. 353.

[82]   Sobre o tema da atribuição da titularidade de direitos de personalidade às pessoas jurídicas, inclusive do direito à privacidade e em certa medida da proteção de dados, v., na literatura brasileira, a atual e excelente contribuição de ANDRADE, Fábio Siebeneichler de. Notas sobre a aplicabilidade dos direitos da personalidade à pessoa jurídica como evolução da dogmática civil. *RJLB*, a. 4, n. 5, p. 806-837, 2018, especialmente p. 817 e ss., sublinhando-se que o autor retrata a evolução da discussão no direito comparado, apresentando e sopesando argumentos favoráveis e contrários, à luz de exemplos extraídos da legislação e jurisprudência, além de atualizada e relevante revisão doutrinária.

PARTE I · Cap. 2 · FUNDAMENTOS CONSTITUCIONAIS: O DIREITO FUNDAMENTAL À PROTEÇÃO DE DADOS | **49**

Contudo, também as pessoas jurídicas e entes sem personalidade jurídica, desde que, nos dois últimos casos, o acesso, o conhecimento, a utilização e a difusão dos dados que tenham sido armazenados possam afetar direitos e interesses de terceiros, no caso, de pessoas naturais[83], mas há quem prefira proteger os dados da pessoa jurídica por conta do segredo empresarial[84].

De qualquer sorte, como já adiantado, entendemos que a opção legislativa guarda a harmonia e a simetria necessárias com os marcos normativos mais relevantes para o sistema brasileiro, em especial o RGPDE, que, de resto, foi em boa parte recepcionado pelo nosso legislador e já havia encontrado ressonância nos trabalhos preparatórios de elaboração do projeto de lei.

De todo modo, ainda que sejamos adeptos da posição, por ora dominante nos cenários doutrinário, legislativo e jurisprudencial, de que o direito à proteção de dados pessoais tem por titulares apenas pessoas naturais, não se está a negar – como, de resto, já adiantado e amplamente aceito na doutrina (inclusive de nossa lavra) e jurisprudência constitucional, mas também em diversos textos constitucionais – que as pessoas jurídicas e mesmo outros entes não sejam titulares de direitos fundamentais, compatíveis, é claro (como, aliás, também prescreve o art. 52 do Código Civil brasileiro), com a sua condição, o que, contudo, se verifica caso a caso.

Assim, não sendo o enfrentamento desse ponto central para a presente contribuição, cuida-se, de todo modo, de tema atual e que exige ser levado a sério. Especificamente no que concerne à proteção de dados e considerando que as pessoas jurídicas já são protegidas, inclusive na perspectiva jusfundamental, por outros direitos e garantias (sigilo industrial e comercial, propriedade imaterial etc.), é questionável que, com a inclusão das pessoas jurídicas no polo subjetivo ativo dos direitos à privacidade e intimidade, bem como do direito à proteção de dados pessoais, implique em ganho real qualitativo de proteção.

Além disso, é de se questionar se tal reconhecimento, caso venha a prevalecer, não poderia ensejar a diminuição dos níveis (já de fato não muito robustos) de proteção dos dados pessoais das pessoas naturais, o que aqui também não será desenvolvido.

Ainda sobre o ponto e como adiantado na parte geral introdutória da obra, ainda que a proteção de dados pessoais como tal seja assegurada apenas às pessoas naturais, o mesmo não ocorre com a titularidade do direito à autodeterminação informativa, que, embora aqui também se verifique controvérsia, tem sido, pelo menos em algumas ordens jurídicas – como é o caso, na Alemanha, por força de orientação fixada pelo Tribunal Constitucional Federal –, atribuído igualmente às pessoas jurídicas[85].

Isso, embora possa soar contraditório – e de fato o é se em questão estivesse a proteção apenas de dados pessoais sensíveis –, acaba sendo uma solução no limite coerente quando se reconhece ao direito à autodeterminação informativa um âmbito de proteção mais amplo do que ao da proteção de dados pessoais, no sentido de que qualquer um (pessoa jurídica

---

[83]   Cf., por todos, IPSEN, Jörn. *Staatsrecht II – Grundrechte*. 17. Auf. Vahlen, 2014. p. 78.

[84]   Cf. é o caso de KLOEPFER, Michael. *Verfassungsrecht II*. München: C. H. Beck. 13. Auf. 2010. p. 156.

[85]   Cf., por todos, DREIER, Horst. Art. 2 I – allgemeines Persönlichkeitsrecht. In: DREIER, Horst (coord.). *Grundgesetz Kommentar*. 3. Auf. Tübingen: Mohr Siebeck, 2013. p. 386-388, mediante referência ao julgado do Tribunal Constitucional Federal respectivo (*BVerfGE* 118, p. 202 e ss.), destacando-se. No mesmo sentido, igualmente destacando a existência de controvérsia sobre o tema e da mesma forma ressalvando que o Tribunal Constitucional Federal não admite, para efeito da titularidade de direitos de personalidade por parte de pessoas jurídicas seja invocada a dignidade humana, v., mais recentemente, MURSWIEK, Dietrich; RIXEN, Stephan. Persönliche Freiheitsrechte. In: SACHS, Michael. *Grundgesetz Kommentar*. 8. ed. München: C. H. Beck, 2018. p. 132.

50 | TRATADO DE PROTEÇÃO DE DADOS PESSOAIS

ou natural, e mesmo entes despersonalizados) é titular da liberdade de se autodeterminar em relação aos dados que lhe "pertencem", sejam, ou não, dados pessoais de acordo com a respectiva legislação protetiva. De todo modo, não é o caso aqui de avançar com a discussão.

7.2 Destinatários

Destinatários do direito (vinculados pelo direito) são tanto o Estado quanto os particulares, pois a devassa da vida privada, incluindo o acesso e a utilização de dados pessoais, é algo que atualmente decorre tanto de ações (ou, a depender do caso, de omissões) de órgãos e agentes estatais quanto das de entidades privadas ou pessoas físicas.

7.2.1 Órgãos estatais

No direito constitucional e na dogmática dos direitos fundamentais brasileira, a exemplo do que já foi consignado na parte geral da obra, também é absolutamente majoritário o entendimento de que os direitos fundamentais, o que, à evidência, se aplica ao direito à proteção de dados, vinculam diretamente, na condição de normas imediatamente aplicáveis, todos os atores (órgãos, funções, agentes, atos) estatais, aqui considerados em sentido amplo, de modo a assegurar uma proteção sem lacunas[86].

Isso significa, em síntese, que tais atores devem, no âmbito e limites de suas respectivas funções, competências e atribuições, aplicar e concretizar o direito à proteção de dados, assegurando-lhe a sua máxima eficácia e efetividade concreta, tanto na condição de direito subjetivo negativo (não intervenção arbitrária no seu âmbito de proteção), quanto, por força de sua dimensão objetiva, levando a sério os respectivos deveres de proteção e o critério da proibição de proteção insuficiente[87].

Muito embora não exista um meio específico a ser adotado para dar conta dos deveres de proteção do Estado, no tocante à proteção de dados e aos direitos de personalidade que lhe são correlatos, o mais atual e relevante exemplo no Brasil – levado a efeito pelo Poder Legislativo – é o da edição da LGPD e seu sistema de garantias materiais e processuais, incluindo a autoridade nacional de proteção de dados, sem deixar de considerar aqui diplomas anteriores em que a proteção de dados também foi objeto de previsão, tais como o *Código de Defesa do Consumidor*, o *Marco Civil da Internet*, a *Lei de Acesso à Informação* e a ação constitucional do *Habeas Data*.

Outrossim, assumem relevo como meios de concretização dos deveres de proteção pelo Poder Legislativo (e aqui também, nos limites de suas competências, do Poder Executivo) a eventual criminalização de violações dos direitos fundamentais relevantes em matéria de proteção de dados, a responsabilidade civil de particulares e do Estado, instrumentos processuais adequados, dotação orçamentária suficiente, entre outros.

O Poder Judiciário, a quem incumbe inclusive o controle do cumprimento dos deveres de proteção pelos demais órgãos estatais (tanto no nível da proibição do excesso de intervenção quanto no da insuficiência de proteção), já contribuiu e tem contribuído em diversos aspectos – mesmo antes da promulgação da EC 115 –, como, por exemplo, ao reconhecer um direito fundamental à proteção de dados e um direito à autodeterminação informativa, ainda que se

---

[86] Cf., por todos, SARLET, Ingo Wolfgang. *A eficácia dos direitos fundamentais*: uma teoria geral dos direitos fundamentais na perspectiva constitucional, op. cit., p. 272.

[87] SARLET, Ingo Wolfgang. *A eficácia dos direitos fundamentais*: uma teoria geral dos direitos fundamentais na perspectiva constitucional, op. cit., p. 414 e ss.

PARTE I · Cap. 2 · FUNDAMENTOS CONSTITUCIONAIS: O DIREITO FUNDAMENTAL À PROTEÇÃO DE DADOS | 51

possa afirmar que se trata de institutos (ainda – em parte) carentes de maior delimitação e desenvolvimento dogmático, em especial na própria seara jurisdicional, mas também doutrinário-acadêmica, nada obstante a existência já de relevantes estudos sobre o tema no Brasil[88].

7.2.2 Particulares

A partir do exame da assim chamada dimensão objetiva dos direitos fundamentais, verificou-se que uma de suas projeções e consequências jurídicas reside naquilo que foi chamado de eficácia irradiante dos direitos fundamentais, no sentido de que os valores por eles exprimidos devem iluminar toda a ordem jurídica, mediante a sua constitucionalização, que abarca também uma consideração de tais parâmetros na esfera das relações jurídicas entre atores privados.

Note-se, ainda nessa fase preliminar, que a existência de uma vinculação dos particulares aos direitos fundamentais foi, mediante processos nem sempre coincidentes nos diferentes sistemas jurídicos, reconhecida, de modo generalizado, pelo menos no direito continental europeu, sul-americano e mesmo em outras regiões, de tal sorte que é possível partir da premissa de que a pergunta sobre o "se" de uma eficácia dos direitos fundamentais nas relações privadas foi respondida positivamente, o que também é, como amplamente reconhecido, o caso do Brasil.

De outra parte, contudo, quanto ao modo (o "como") pelo qual se dá tal vinculação e eficácia, ainda não existe consenso, seja na literatura, seja em nível jurisprudencial, ademais da falta de consistência e de parâmetros seguros para o seu manejo que se verifica em um não raro número de casos.

Além disso, é de se adiantar que a eficácia dos direitos fundamentais na esfera das relações privadas se dá de modo diferenciado, poderíamos dizer, em perspectiva multinível, visto que se trata de algo que se passa no campo do direito internacional público (tendo em conta o reconhecimento, pela doutrina e jurisprudência dos tribunais internacionais, de uma vinculação dos particulares aos direitos humanos), bem como nas ordens jurídicas nacionais. Para o caso da proteção de dados, que envolve massivamente atores privados, não é preciso maior esforço para demonstrar que o problema se revela particularmente atual e relevante.

Nesse contexto, note-se que, a despeito da influência da doutrina e jurisprudência alemã no que diz com a dogmática dos direitos fundamentais, a doutrina predominante na Alemanha, de uma eficácia em regra mediata (indireta) dos direitos fundamentais nas relações privadas[89], tem sido mesmo lá parcialmente repensada e ajustada (inclusive pelo Tribunal Constitucional Federal)[90], além de não ter sido adotada (ainda que por vezes mais do ponto de vista teórico do que prático) em outros ambientes, como é o caso do Brasil, por exemplo, onde (ainda)

---

[88] Dentre as contribuições que se destacam sobre o tema, v. os já citados Danilo Doneda, Têmis Limberger, Regina Ruaro, Laura Schertel Mendes, Fabiano Menke e Bruno Ricardo Bioni.

[89] Cf., por todos, CANARIS, Claus-Wilhelm. *Grundrechte und Privatrecht*. Berlin-New York: Walter de Gruyter, 1999, embora se deva referir que o autor, em conferência realizada no Brasil, na Pontifícia Universidade Católica, Porto Alegre em 2012, publicada na Revista Direitos Fundamentais & Justiça (ano 07, vol. 22), tenha sustentado que, em se tratando de proibições de discriminação vinculadas à proteção da dignidade humana, uma eficácia direta se revela cogente. V. CANARIS, Claus-Wilhelm. Considerações a respeito da posição de proibições de discriminação no Sistema de Direito Privado. *Revista Direitos Fundamentais e Justiça*, a. 7, n. 22, jan.-mar. 2013. p. 15-20.

[90] Cf., por último, RUFFERT, Matthias. Privatrechtswirkung der Grundrechte. *Von Lüth zum Stadionverbot – und darüber hinaus?*, n. 1, Jus 2020. p. 1-12, apresentando os últimos desenvolvimentos e tendências, em especial na jurisprudência do Tribunal Constitucional Federal da Alemanha.

prevalece a tese de uma eficácia, em princípio, direta, ainda que se registrem importantes diferenças entre as concepções adotadas entre os autores que têm se dedicado ao tema[91].

De qualquer sorte, também os que advogam uma eficácia em princípio direta convergem quanto ao fato de que não se cuida de uma eficácia absoluta, mas que exige uma metódica diferenciada, que leve em conta em primeira linha as opções legislativas e a necessidade de cuidadosa ponderação no caso concreto, *v.g.*, avaliando a existência de uma assimetria entre os atores e as posições em choque, bem como atendendo aos critérios do teste de proporcionalidade, designadamente na solução de colisões entre direitos fundamentais, como ocorre também no caso do direito fundamental à proteção de dados pessoais.

No que diz com a jurisprudência do STF sobre o tema, este, por maioria de votos, reconheceu uma eficácia direta, entendendo que o direito ao devido processo legal, em especial a garantia do contraditório, se aplica também às relações privadas. No caso concreto, tratava-se de anular a exclusão de um integrante (associado) da União Brasileira de Compositores, que havia sido afastado sem que lhe tivesse sido assegurada a possibilidade de ser ouvido e se defender, inexistindo regulação legal específica. Chama atenção, no caso, que o STF também levou em conta elementos da *state action doctrine* norte-americana, ainda que naquele sistema jurídico a vinculação dos atores privados seja, em regra, refutada[92]. Nesse sentido, cabe sublinhar que um dos esteios da argumentação residiu no fato de que a União Brasileira de Compositores, embora tenha a natureza de uma pessoa jurídica de direito privado, exerce uma função de natureza pública e de interesse público, o que implica uma incidência mais forte dos direitos fundamentais[93].

Muito embora uma eficácia direta não tenha sido limitada às situações em que se verifica um desequilíbrio de condições e entre as partes envolvidas no conflito, em virtude da existência de atores privados poderosos (que tem maior capacidade de influir mesmo o processo legislativo ou a ação estatal em geral) ou que exercem atividades que podem ser em parte equiparadas ou reconduzidas ao Estado, no caso da proteção de dados e, da

---

[91] Representativos de uma eficácia direta, mas não absoluta, e respeitando em primeira linha as opções legislativas v., em ordem cronológica e dentre os autores de direito constitucional, em especial, SARLET, Ingo Wolfgang. Direitos fundamentais e direito privado, algumas considerações em torno da vinculação dos particulares aos direitos fundamentais. In: SARLET, Ingo Wolfgang (coord.). *A Constituição concretizada*: construindo pontes para o público e o privado. Porto Alegre: Livraria do Advogado, 2000. p. 107-163; STEINMETZ, Wilson. *A vinculação dos particulares a direitos fundamentais*. São Paulo: Malheiros, 2004; SARMENTO, Daniel. *Direitos fundamentais e relações privadas*. Rio de janeiro: Lumen Juris, 2003. Sugerindo modelo alternativo, v. SILVA, Virgílio Afonso da. *A constitucionalização do direito*. Os direitos fundamentais nas relações entre particulares. São Paulo: Malheiros, 2005. Mas há também quem refute categoricamente uma eficácia direta afirmando que a influência dos direitos fundamentais nas relações privadas se dá apenas de modo indireto, como é o caso, no Brasil, de DIMOULIS, Dimitri; MARTINS, Leonardo. *Teoria geral dos direitos fundamentais*. São Paulo: RT, 2007. p. 104 e ss. e DUQUE, Marcelo Schenk. *Direito privado e Constituição*. Drittwirkung dos Direitos Fundamentais. São Paulo: Revista dos Tribunais, 2013, assim como, mais recentemente, RODRIGUES JR., Otavio Luiz. *Direito civil contemporâneo*: estatuto epistemológico, Constituição e direitos fundamentais. 2. ed. São Paulo: Forense, 2019.

[92] Sobre a doutrina da *state action* nos EUA v., por todos, BILBAO UBILLOS, Juan Maria. *Los derechos fundamentales en la frontera entre lo público y lo privado*. La noción de "state action" en la jurisprudencia norteamericana. Madrid: McGraw-Hill, 1997.

[93] V. Recurso Extraordinário 201.819/RJ. BRASIL. Supremo Tribunal Federal. *Recurso Extraordinário: RE 201.819/RJ*. Relator Ministro para o Acórdão Gilmar Mendes. Julgado em: 11.10.2005. Disponível em: <http://stf.jus.br/portal/processo/verProcessoAndamento.asp?numero=201819&classe=RE&codigoClasse=0&origem=JUR&recurso=0&tipoJulgamento=M>. Acesso em: 18 fev. 2022.

PARTE I · Cap. 2 · FUNDAMENTOS CONSTITUCIONAIS: O DIREITO FUNDAMENTAL À PROTEÇÃO DE DADOS | 53

mesma forma, no ambiente digital, esse fato assume uma relevância peculiar e que deve pautar o entendimento com relação ao tema. Em especial, trata-se de aspecto a ser levado em conta quando da ponderação (balanceamento) que precisa ser levada a efeito pelo Juiz na solução dos conflitos.

No caso do direito fundamental à proteção de dados pessoais, isso é de especial relevância, em virtude do poder econômico e social, mas também político, exercido por grandes corporações, gerando um grande desequilíbrio entre as partes envolvidas na teia de relações jurídicas que se estabelecem. Além disso, não se deve desconsiderar que, quanto aos dados pessoais, ainda mais em se tratando do mundo digital, a exigência do consentimento do titular dos dados e usuário das tecnologias de informação (aplicativos de toda ordem, mídias sociais, compras pela internet etc.), embora cogente do ponto de vista constitucional e legal, esbarra de modo substancial – ainda que diferenciada – nas limitações à autonomia privada.

Isso se deve especialmente ao fato de a ampla maioria dos bens e serviços disponibilizados apenas ser acessível aos usuários mediante contratos de adesão, sem falar na circunstância de que, em virtude da necessidade gerada no sentido da utilização de diversos desses serviços, em muitos casos se estabelece praticamente uma obrigação (fática) de contratar que, por sua vez, literalmente esvazia a autonomia individual e o direito fundamental à livre autodeterminação informativa, ancorados na CF e também previstos na legislação ordinária, em especial – no que interessa ao presente texto – na legislação para a proteção dos dados pessoais[94].

Por tais razões, também no tocante à proteção dos dados pessoais, seja em que contexto for, mas em especial no ambiente digital, não se pode admitir uma esfera de atuação privada completamente livre dos direitos fundamentais[95], gerando uma espécie de imunidade, tanto mais perigosa – no que concerne a violações de direitos – quanto mais força tiverem os atores privados que operam nesse cenário. Por isso, um controle rigoroso das restrições a direitos fundamentais na esfera das relações privadas, inclusive em caráter preventivo, levando em conta os deveres de proteção estatais também em face de perigos e riscos, é de ser levado a efeito (inclusive!) pelos Tribunais[96]. Tal controle, contudo, deve levar a sério, em primeira linha, as opções legislativas, mas, ao mesmo tempo, não hesitar quando se trata de reconhecer e declarar eventual inconstitucionalidade, pois, do contrário, a proteção dos dados pessoais poderá estar comprometida.

Por sua vez – à vista da circunstância de que a aplicação dos direitos fundamentais às relações privadas envolve conflitos entre direitos –, é de se sublinhar que, na solução dos casos submetidos ao controle judicial, é imprescindível ser consistente com as exigências do teste de proporcionalidade, não apenas no sentido da proibição de uma intervenção (restrição) excessiva do âmbito de proteção do direito fundamental afetado, mas também – como

---

[94] V., dentre tantos, HOFFMANN-RIEM, Wolfgang. Reclaim Autonomy: Die Macht digitaler Konzerne. In: AUGSTEIN, Jakob (coord.). *Reclaim Autonomy. Selbstermächtigung in der digitalen Weltordnung.* Frankfurt am Main: Suhrkamp, 2017. p. 121-142.

[95] Cf., por todos, FACHIN, Luiz Edson; RUZYK, Carlos Eduardo Pianovski. Direitos fundamentais, dignidade da pessoa humana e o novo Código Civil: uma análise crítica. In: SARLET, Ingo Wolfgang (coord.). *Constituição, direitos fundamentais e direito privado.* Porto Alegre: Livraria do Advogado, 2003. p. 100 e ss., bem recordando que no Estado Democrático de Direito a função da Constituição não é mais apenas de operar como estatuto jurídico do político, mas, sim, como parâmetro material integrador das esferas pública e privada, tendo como esteio a dignidade da pessoa humana e os direitos fundamentais.

[96] Com isso, calha frisar, não se está a dizer que o papel principal deva ser exercido pelo Poder Judiciário, mas que existem casos que não podem (e não devem) ser subtraídos ao controle judicial.

54 | TRATADO DE PROTEÇÃO DE DADOS PESSOAIS

decorrência dos deveres de proteção – no sentido da proibição de uma proteção insuficiente de um ou alguns dos direitos fundamentais em causa[97].

8. LIMITES E RESTRIÇÕES

Como se dá com os direitos fundamentais em geral, também o direito à proteção de dados pessoais está submetido a limites e admite (e mesmo exige) intervenções restritivas de diversa natureza, sempre com o escopo – que opera como condição prévia de legitimação constitucional das restrições – de proteger outros direitos fundamentais ou bens jurídicos de estatura constitucional[98].

Quanto aos limites e restrições, toda e qualquer captação (levantamento), armazenamento, utilização e transmissão de dados pessoais, em princípio, constitui uma intervenção no âmbito de proteção do direito, que, portanto, como já adiantado, não prescinde de adequada justificação[99].

Embora não se trate de direito absoluto, revela-se como um direito bastante sensível, tanto mais sensível quanto mais se tratar de dados pessoais sensíveis, associados a dimensões da dignidade da pessoa humana, implicando, de tal sorte, exigências mais rigorosas – e controle mais intenso – de eventuais intervenções restritivas[100].

Em favor de níveis de proteção simétrica, aliás, posiciona-se, na literatura especializada brasileira, Danilo Doneda, cujas ponderações sobre o ponto aqui tomamos a liberdade de transcrever:

> "A leitura das garantias constitucionais para os dados somente sob o prisma de sua comunicação e de sua eventual interceptação lastreia-se em uma interpretação que não chega a abranger a complexidade do fenômeno da informação ao qual fizemos referência. Há um hiato que segrega a tutela da privacidade, esta constitucionalmente protegida, da tutela das informações pessoais em si – que, para a corrente mencionada, gozariam de uma proteção mais tênue. E esse hiato possibilita a perigosa interpretação que pode eximir o aplicador de levar em conta os casos nos quais uma pessoa é ofendida em sua privacidade – ou tem outros direitos fundamentais desrespeitados – não de forma direta, porém por meio da utilização abusiva de suas informações pessoais em bancos de dados. Não é necessário ressaltar, novamente, o quanto hoje em dia as pessoas são reconhecidas em diversos relacionamentos somente de forma indireta, pela representação de sua personalidade que é fornecida pelos seus dados pessoais, ressaltando, ainda mais, a importância da proteção de tais dados para a proteção da identidade e personalidade de cada um de nós. (...)

---

[97] Cf., por todos (mas com destaque para o ambiente da Internet), SCHLIESKY, Utz; HOFFMANN, Christian; LUCH, Anika D.; SCHULZ, Sönke E.; BORCHERS, Kim Corinna. *Schutzpflichten und Drittwirkung im Internet*. Das Grundgesetz im digitalen Zeitalter. Baden-Baden: Nomos, 2014. p. 119 e ss.

[98] Cf., por todos, SARLET, Ingo Wolfgang. *A eficácia dos direitos fundamentais*: uma teoria geral dos direitos fundamentais na perspectiva constitucional. 13. ed. Porto Alegre: Livraria do Advogado, 2018.

[99] Cf., por todos, WOLFF, Heinrich Amadeus. Schutz personenbezogener Daten. In: PECHSTEIN, Matthias; NOWAK, Carsten; HÄDE, Ulrich (coord.). *Frankfurter Kommentar EUV – GRC – AEUV*. Tübingen: Mohr Siebeck, 2017. v. 1, p. 1.117 e ss.

[100] Cf., por todos, STARCK, Christian. Art. 2 Abs. 1 – Schutz des Art. 2 Abs. 1 vor Eingriffen durch die öffentliche Gewalt. In: VON MANGOLDT; KLEIN; STARCK. *Grundgesetz Kommentar*, v. 1, 7. Auf. München: C. H. Beck, 2018. p. 217.

PARTE I · Cap. 2 · FUNDAMENTOS CONSTITUCIONAIS: O DIREITO FUNDAMENTAL À PROTEÇÃO DE DADOS | 55

A inserção de um direito à proteção de dados de forma explícita no rol de direitos fundamentais da Constituição da República proporcionaria, portanto, uma isonomia entre esses direitos que, formalmente, afigura-se fundamental para a proteção de liberdades fundamentais, servindo, inclusive. para proporcionar uma nova chave de leitura para a mencionada decisão do Ministro Sepúlveda Pertence que não se afigure anacrônica em relação à tutela constitucional dos dados pessoais e seus reflexos para o cidadão. Contando ou não com a previsão expressa na Constituição Federal, o esforço a ser empreendido pela doutrina e pela jurisprudência deve se consolidar pelo favorecimento de uma interpretação dos incisos X e XII do art. 5.º mais fiel ao nosso tempo, isto é, reconhecendo a íntima ligação que passam a ostentar os direitos relacionados à privacidade e à comunicação de dados. Dessa forma, seria dado o passo necessário à integração da personalidade em sua acepção mais completa nas vicissitudes da Sociedade da Informação. Um regime de proteção de dados pessoais evidencia a atuação da cláusula geral da personalidade de tal maneira, como vimos, que a referência ao direto à privacidade como seu maior fundamento não é nem uma operação automática..."[101].

Nesse contexto, calha recordar que, embora seja o direito à proteção de dados submetido a limites e passível de restrições, acionam-se, também nesse caso, os assim chamados limites aos limites dos direitos fundamentais, dentre os quais desponta a necessária observância dos critérios e a exigência da reserva legal simples, estabelecida pela EC 115/2022, da proporcionalidade e da salvaguarda do núcleo essencial, o que se aplica seja qual for a origem e natureza da intervenção estatal (judiciária, administrativa e legislativa) na esfera de proteção do direito à proteção de dados.

Ainda nessa quadra, para efeitos do controle da legitimidade constitucional das restrições ao direito à proteção dos dados pessoais, assume relevo – como já adiantado! – a distinção entre dados considerados sensíveis, que dizem mais de perto com aspectos da vida íntima (dados sobre a orientação sexual, religiosa, a opção política, vida familiar, entre outros) e dados mais "distantes" desse núcleo mais sensível, como é o caso de informações sobre nome, filiação, endereço, CPF etc.[102].

Cuidando-se de dados relativos ao sigilo profissional, ou mesmo dados fiscais e bancários, importa levar em conta as diretrizes existentes para tais situações, submetidas, como direitos fundamentais autônomos, a um regime próprio, em que pese um conjunto de aspectos comuns.

Por outro lado, os limites e as restrições ao direito à proteção de dados carecem de uma compreensão sistemática e que leve em conta, simultaneamente, sua dimensão subjetiva e objetiva, já que, por conta dos deveres de proteção estatal de outros direitos, podem ser necessárias restrições à proteção de dados na perspectiva subjetiva, ou seja, intervenções no plano das posições jurídicas atribuídas aos titulares do direito.

Um exemplo extraído da jurisprudência do STF bem ilustra a situação. É o que se deu em relação ao embate entre o direito de acesso a informações de caráter público e em poder de órgãos públicos (objeto de regulação, no Brasil, pela Lei 12.527/2011) e o direito à proteção de dados pessoais sensíveis (ligados à privacidade) dos servidores públicos. A conjugação do direito de acesso à informação com os princípios constitucionais da publicidade

---

[101] Cf. DONEDA, Danilo. *Da privacidade à proteção de dados pessoais*, op. cit., p. 263-264.

[102] Cf., por todos, SAMPAIO, José Adércio Leite. A suprema inviolabilidade: a intimidade informática e o sigilo bancário, op. cit., p. 543.

e da transparência levou o STF – embora não poucas as críticas endereçadas à decisão – a reconhecer que a proteção da privacidade dos servidores públicos é menor que a do cidadão comum, de modo a considerar constitucionalmente legítima (proporcional) a divulgação nominal e individualizada dos seus vencimentos e benefícios[103].

Da jurisprudência do STF, envolvendo precisamente os limites do direito fundamental à proteção de dados pessoais e o controle da legitimidade constitucional de intervenções restritivas, imprescindível lembrar o julgamento da ADI 6387-DF, Relatora Ministra Rosa Weber, onde foi discutida a constitucionalidade da Medida Provisória 954, de 17.04.2020, da Presidência da República, que atribuiu às empresas de telecomunicações (fixas e móveis) o dever de disponibilizar os nomes completos, endereços e números de telefone dos usuários PN e PJ para o IBGE durante a pandemia da Covid-19 para efeitos de uso direto e exclusivo de produção de estatísticas oficiais mediante entrevistas domiciliares. O STF, acolhendo a tese da inconstitucionalidade da exigência feita pela Medida Provisória impugnada, reconheceu a ocorrência de violação, pela desproporcionalidade da medida, do direito fundamental à proteção de dados pessoais, na condição de direito autônomo implicitamente positivado, seguindo, no que diz respeito à fundamentação, a orientação geral protagonizada pela doutrina jurídica referida.

Além disso, é de sublinhar que, apenas entre 2020 e 2021, o Supremo Tribunal Federal proferiu pelo menos três decisões relevantes relativas à proteção de dados pessoais.

Para além do caso do IBGE, o tema foi tratado na ADI 6561 (Cadastros de dependentes químicos)[104] e na ADI 6.529 (Caso Sisbin)[105]. Nesse último caso, cujo mérito foi decidido em 11.10.2021, a Corte deliberou que os órgãos componentes do Sistema Brasileiro de Inteligência (Sisbin) somente podem fornecer dados e conhecimentos específicos à Agência Brasileira de Inteligência (Abin) quando for comprovado o interesse público da medida, afastando qualquer possibilidade de esses dados atenderem a interesses pessoais ou privados.

Como contraponto, é possível citar a decisão proferida no RE 1.304.294/SP, relatoria da Ministra Cármen Lúcia, na qual se entendeu que a divulgação de dados pessoais de empregados de empresas terceirizadas prestadoras de serviços públicos ofende o direito à privacidade desses trabalhadores. O que chama a atenção no julgado é o fato de que, embora a proteção de dados pessoais tenha sido assegurada, o argumento central foi o da violação do direito à privacidade, o que, pelo menos, é o que acaba transparecendo do julgado, não guarda sintonia fina com a concepção de um direito fundamental autônomo à proteção de dados pessoais.

Note-se, ainda, que a própria LGPD prevê restrições de diversa natureza e para diversos efeitos, o mesmo se verificando em outros diplomas legislativos, os quais já se encontram em vigor, como é o caso das já referidas Lei de Acesso à Informação e Lei do Marco Civil da Internet, restrições, aliás, que, em alguns casos, suscitam dúvidas e mesmo apresentam fortes indícios de serem constitucionalmente ilegítimas, aspecto que, todavia, aqui não temos condições de desenvolver, ademais – e por essa razão mesmo – de serem, em sua grande maioria, objeto das contribuições específicas sobre todos os temas versados na nova legislação.

O que há de ser sublinhado, ainda nesse contexto, é que também as restrições ao direito fundamental à proteção de dados pessoais devem obediência à consagrada diretriz de que,

---

[103] Cf. julgamento na SS 3.902, Rel. Min. Teori Zavascki, j. 23.04.2015.

[104] ADI 6561/TO, Rel. Min. Edson Fachin, j. da medida cautelar em 13.10.2020.

[105] ADI 6529/DF, Rel. Min. Cármen Lúcia, j. da medida cautelar em 13.08.2020.

em se tratando de medidas excepcionais, devem ser utilizadas excepcionalmente[106] e interpretadas restritivamente.

REFERÊNCIAS BIBLIOGRÁFICAS

ALBERS, Marion. Umgang mit personenbezogenen Informationen und Daten. In: HOFFMANN-RIEM, Wolfgang; SCHMIDT-ASSMANN, Eberhard; VOSSKUHLE, Andrea (coord.). *Grundlagen des Verwaltungsrechts*. 2. ed. München: C.H. Beck, 2012. v. 2.

ALEXY, Robert. *Theorie der Grundrechte*. 2. ed. Frankfurt a.M. Suhrkamp, 1994.

ANDRADE, Fábio Siebeneichler de. Notas sobre a aplicabilidade dos direitos da personalidade à pessoa jurídica como evolução da dogmática civil. *RJLB*, a. 4, n. 5, p. 806-837, 2018.

ANDRADE, José Carlos Vieira de. *Os direitos fundamentais na Constituição Portuguesa de 1976*. Coimbra: Almedina, 1987.

ASSEMBLEIA GERAL DAS NAÇÕES UNIDAS. *Declaração Universal dos Direitos Humanos*, de 10 de dezembro de 1948. Disponível em: <https://nacoesunidas.org/wp-content/uploads/2018/10/DUDH.pdf>. Acesso em: 18 fev. 2022.

BILBAO UBILLOS, Juan Maria. *Los derechos fundamentales en la frontera entre lo público y lo privado*. La noción de "state action" en la jurisprudencia norteamericana. Madrid: McGraw-Hill, 1997.

BIONI, Bruno Ricardo. *Proteção de dados pessoais:* a função e os limites do consentimento. 2. ed. Rio de Janeiro: Forense, 2020.

BULL, Hans Peter. *Informationelle Selbstbestimmung* – Vision oder Illusion? Tübingen: Mohr Siebeck, 2009.

CANARIS, Claus-Wilhelm. Considerações a respeito da posição de proibições de discriminação no Sistema de Direito Privado. *Revista Direitos Fundamentais e Justiça*, a. 7, n. 22, jan.-mar. 2013.

CANARIS, Claus-Wilhelm. *Grundrechte und Privatrecht*. Berlin-New York: Walter de Gruyter, 1999.

CANOTILHO, José Joaquim Gomes. Omissões normativas e deveres de proteção. In: DIAS, Jorge de Figueiredo (coord.). *Estudos em homenagem a Cunha Rodrigues* Coimbra: Coimbra Editora, 2001. v. II.

CANOTILHO, José Joaquim Gomes; MOREIRA, Vital. *Constituição da República Portuguesa anotada*. 4. ed. Coimbra: Coimbra Editora, 2007.

CASTRO, Catarina Sarmento e. *Direito da informática, privacidade e dados pessoais*. Coimbra: Almedina, 2005.

CONSELHO DA EUROPA. *Convenção para a Proteção de Indivíduos com Respeito ao Processamento Automatizado de Dados Pessoais*, de 28 de janeiro de 1981. Disponível em: <https://www.cnpd.pt/bin/legis/internacional/Convencao108.htm>. Acesso em: 18 fev. 2022.

CONSELHO DA EUROPA. *Convenção para a Proteção dos Direitos do Homem e das Liberdades Fundamentais*, de 4 de novembro de 1950. Disponível em: <https://www.echr.coe.int/Documents/Convention_POR.pdf>. Acesso em: 18 fev. 2022.

---

[106] Cf., por todos, FACHINI NETO, Eugênio. Limites à Proteção de Dados: Dragnet Surveillance e o caso Marielle Franco, de acordo com recente julgamento da Terceira Seção do STJ, in: SARLET, Gabrielle Bezerra Sales; TRINDADE, Manoel Gustavo; MELGARÉ, Plínio (Coord.), Proteção de Dados. Temas Controvertidos, op. cit., em especial p. 144-146.

DIMOULIS, Dimitri; MARTINS, Leonardo. *Teoria geral dos direitos fundamentais*. São Paulo: RT, 2007.

DONEDA, Danilo. A proteção dos dados pessoais como um direito fundamental. *Espaço Jurídico Journal of Law*, Joaçaba, v. 12, n. 2, p. 91-108, jul.-dez. 2011. Disponível em: <https://portalperiodicos.unoesc.edu.br/espacojuridico/article/view/1315>. Acesso em: 18 fev. 2022.

DONEDA, Danilo. *Da privacidade à proteção de dados pessoais*: elementos da formação da Lei Geral de Proteção de Dados. 2. ed. São Paulo: Thomson Reuters Brasil, 2019.

DONEDA, Danilo. *Da privacidade à proteção dos dados pessoais*. Rio de Janeiro: Renovar, 2006.

DREIER, Horst. Art. 2 I – allgemeines Persönlichkeitsrecht. In: DREIER, Horst (coord.). *Grundgesetz Kommentar*. 3. Auf. Tübingen: Mohr Siebeck, 2013.

DREIER, Horst. Subjektiv-rechtliche und objektiv-rechtliche Grundrechtsgehalte. *JURA*, 1994.

DUQUE, Marcelo Schenk. *Direito privado e Constituição*. Drittwirkung dos Direitos Fundamentais. São Paulo: Revista dos Tribunais, 2013.

DWORKIN, Ronald. *Levando os direitos a sério*. São Paulo: Martins Fontes, 2002.

FACHIN, Luiz Edson; RUZYK, Carlos Eduardo Pianovski. Direitos fundamentais, dignidade da pessoa humana e o novo Código Civil: uma análise crítica. In: SARLET, Ingo Wolfgang (coord.). *Constituição, direitos fundamentais e direito privado*. Porto Alegre: Livraria do Advogado, 2003.

FACHINI NETO, Eugênio. Limites à Proteção de Dados: Dragnet Surveillance e o caso Marielle Franco, de acordo com recente julgamento da Terceira Seção do STJ, in: SARLET, Gabrielle Bezerra Sales; TRINDADE, Manoel Gustavo; MELGARÉ, Plínio (Coord.), *Proteção de Dados. Temas Controvertidos*, Indaiatuba: Editora FOCO, pp. 127-150

GRIMM, Dieter. A função protetiva do Estado. In: SOUZA NETO, C. P.; SARMENTO, D. *A constitucionalização do direito*. Rio de Janeiro: Lumen Juris, 2007.

HESSE, Konrad. *Grundzüge des Verfassungsrechts der Bundesrepublik Deutschland*. 20. ed. Heidelberg: C. F. Müller, 1995.

HILGENDORF, Eric; FELDLE, Jochen (ed.). *Digitalization and the Law*. Baden-Baden: Nomos, 2018.

HOFFMANN, Christian; LUCH, Anika; SCHULZ, Sönke E.; BORCHERS, Kim Corinna. *Die digitale Dimension der Grundrechte*. Das Grundgesetz im digitalen Zeitalter. Baden-Baden: Nomos, 2015.

HOFFMANN-RIEM, Wolfgang. Rechtliche Rahmenbedingungen für und regulative Herausforderungen durch Big Data. In: HOFFMANN-RIEM, Wolfgang (coord.). *Big Data – Regulative Herausforderungen*. Baden-Baden: Nomos, 2018.

HOFFMANN-RIEM, Wolfgang. Reclaim Autonomy: Die Macht digitaler Konzerne. In: AUGSTEIN, Jakob (coord.). *Reclaim Autonomy*. Selbstermächtigung in der digitalen Weltordnung. Frankfurt am Main: Suhrkamp, 2017.

HOFFMANN-RIEM, Wolfgang. Teoria Geral do Direito Digital. Transformação Digital. Desafios para o Direito. Rio de Janeiro: GEN-FORENSE, 2020.

HORNUNG, Gerrit; SCHNABEL, Christoph. Data protection in Germany I: The populational census decision and the right to informational self-determination. *Computer Law & Security Report*, v. 25, n. 1, 2009.

INGOLD, Albert. *Desinformationsrecht*: Verfassungsrechtliche Vorgaben für Staatliche Desinformationstätigkeit. Berlin: Duncker & Humblot, 2011.

IPSEN, Jörn. *Staatsrecht II – Grundrechte*. 17. Auf. Vahlen, 2014.

JARASS, Hans; PIEROTH, Bodo. *Grundgezetz fur die Bundesrepublik Deutschland*: Kommentar. München: C. H. Beck. 13. Auf. 2014.

KARG, Moritz. Artikel 4, Nr. 1. In: SIMITIS, Spiros; HORNUNG, Gerrit; SPIECKER GENANNT DÖHMANN, Indra. *Datenschutzgesetz*. Baden-Baden: Nomos, 2019.

KLOEPFER, Michael. *Verfassungsrecht II*. München: C. H. Beck. 13. Auf. 2010.

KÜHLING, Jürgen. Datenschutz und die Rolle des Rechts. In: STIFTUNG FÜR DATENSCHUTZ (ed.). *Die Zukunft der informationellen Selbstbestimmung*. Berlin: Erich Schmidt Verlag, 2016.

LEONARDI, Marcel. *Fundamentos de direito digital*. São Paulo: Revista dos Tribunais, 2019.

LIMA, Cíntia Rosa Pereira de. O Direito à Desindexação em uma Perspectiva Civil-Constitucional, in: SARLET, Gabrielle Bezerra Sales; TRINDADE, Manoel Gustavo Neubarth; MELGARÉ, Plínio (Coord.), Proteção de Dados. Temas Controvertidos, Indaiatuba: Editora FOCO, 2021, pp. 29-46.

LIMBERGER, Têmis. *O direito à intimidade na era da informática*. Porto Alegre: Livraria do Advogado, 2007.

LORENZ, Dieter. Art. 2 Abs 1 GG. In: KAHL, Wolfgang; WALDHOFF, Christian; WALTER, Christian (coord.). *Bonner Kommentar zum Grundgesetz*. Heidelberg: C.F. Müller, 2008. v. 2.

MANSSEN, Gerrit. *Staatsrecht I Grundrechtsdogmatik*. München: Verlag Franz Vahlen, 1995.

MARINONI, Luiz Guilherme. *Técnica processual e tutela dos direitos*. 4. ed. São Paulo: Revista dos Tribunais, 2013.

MENDES, Laura Schertel. *Privacidade, proteção de dados e defesa do consumidor*. São Paulo: Saraiva, 2013.

MENDES, Laura Schertel; DONEDA, Danilo. Comentário à Nova Lei de Proteção de Dados (Lei 23.709/2018): o novo paradigma da proteção de dados. *Revista de Direito do Consumidor*, v. 120, nov.-dez. 2018.

MENKE, Fabiano. A proteção de dados e o novo direito fundamental à garantia da confidencialidade e da integridade dos sistemas técnico-informacionais no direito alemão. In: MENDES, Gilmar Ferreira; SARLET, Ingo Wolfgang; COELHO, Alexandre Zavaglia P. (coord.). *Direito, inovação e tecnologia*. São Paulo: Saraiva, 2015. v. 1.

MENKE, Fabiano. As origens alemãs e o significado da autodeterminação informativa, in: MENKE, Fabiano; DRESCH, Rafael de Freitas Valle (Coord.), Lei Geral de Proteção de Dados. Aspectos Relevantes. Indaiatuba: Editora Foco, 2021, p. 13-22.

MIRANDA, Jorge; MEDEIROS, Rui. *Constituição Portuguesa anotada*. Coimbra: Coimbra Editora, 2006.

MURSWIEK, Dietrich; RIXEN, Stephan. Persönliche Freiheitsrechte. In: SACHS, Michael. *Grundgesetz Kommentar*. 8. ed. München: C.H.Beck, 2018.

PARLAMENTO EUROPEU. *Carta de Direitos Fundamentais da União Europeia*, de 7 de dezembro de 2000. Disponível em: <https://eur-lex.europa.eu/legal-content/PT/TXT/PDF/?uri=CELEX:12016P/TXT&from=EN>. Acesso em: 18 fev. 2022.

PÉREZ LUÑO, Antonio-Enrique. *Los derechos fundamentales*. 6. ed. Madrid: Tecnos, 1995.

PIEROTH, Bodo; SCHLINK, Bernhard. *Grundrechte*. Staatsrecht II. 11. ed. Heidelberg: C. F. Müller, 1995.

PIOVESAN, Flávia. *Direitos humanos e o direito constitucional internacional*. 19ª ed., São Paulo: Saraiva, 2021.

RODOTÀ, Stefano. *A vida na sociedade de vigilância*: a privacidade hoje. Organização, seleção e apresentação de Maria Celina Bodin de Moraes. Rio de Janeiro: Renovar, 2008.

RODRIGUES JR., Otavio Luiz. *Direito civil contemporâneo*: estatuto epistemológico, Constitui*ção e direitos funda*mentais. 2. ed. São Paulo: GEN, 2019.

RODRIGUEZ, Daniel Piñeiro. O Direito Fundamental à Proteção de Dados. Vigilância, Privacidade, Regulação. Rio de Janeiro: Lumen Juris, 2021.

ROSSNAGEL, Alexander; WEDDE, Peter; HAMMER, Volker; PORDESCH, Ulrich. *Digitalisierung der Grundrechte?* Zur Verfassungsverträglichkeit der Informations-und Kommunikationstechnik. Opladen: Westdeutscher Verlag, 1990.

RUARO, Regina Linden; RODRIGUEZ, Daniel Piñeiro. O direito à proteção de dados pessoais na sociedade de informação. *Direito, Estado Sociedade*, n. 36, jan.-jun. 2010.

RUFFERT, Matthias. Privatrechtswirkung der Grundrechte. *Von Lüth zum Stadionverbot – und darüber hinaus?*, n. 1, Jus 2020.

SAMPAIO, José Adércio Leite. A suprema inviolabilidade: a intimidade informática e o sigilo bancário. In: SARMENTO, Daniel; SARLET, Ingo Wolfgang (coord.). *Direitos fundamentais no Supremo Tribunal Federal*: balanço e crítica. Rio de Janeiro: Lumen Juris, 2011.

SARLET, Ingo Wolfgang. *A eficácia dos direitos fundamentais*: uma teoria geral dos direitos fundamentais na perspectiva constitucional. 13. ed. Porto Alegre: Livraria do Advogado, 2018.

SARLET, Ingo Wolfgang. Direitos fundamentais e direito privado, algumas considerações em torno da vinculação dos particulares aos direitos fundamentais. In: SARLET, Ingo Wolfgang (coord.). *A Constituição concretizada*: construindo pontes para o público e o privado. Porto Alegre: Livraria do Advogado, 2000.

SARLET, Ingo Wolfgang; FERREIRA NETO, Arthur M. *O direito ao "esquecimento" na sociedade de informação*. Porto Alegre: Livraria do Advogado, 2018.

SARLET, Ingo Wolfgang; MARINONI, Luiz Guilherme; MITIDIERO, Daniel. *Curso de direito constitucional*. 3. ed. São Paulo: Revista dos Tribunais, 2014.

SARMENTO, Daniel. *Direitos fundamentais e relações privadas*. Rio de Janeiro: Lumen Juris, 2003.

SCHIEDERMAIR, Stephanie. Einleitung. In: SIMITIS, Spiros; HORNUNG, Gerrit; SPIECKER GENANNT DÖHMANN, Indra (coord.). *Datenschutzrecht*. Baden-Baden: Nomos, 2019.

SCHLIESKY, Utz; HOFFMANN, Christian; LUCH, Anika D.; SCHULZ, Sönke E.; BORCHERS, Kim Corinna. *Schutzpflichten und Drittwirkung im Internet*. Das Grundgesetz im digitalen Zeitalter. Baden-Baden: Nomos, 2014.

SILVA, Virgílio Afonso da. *A constitucionalização do direito*. Os direitos fundamentais nas relações entre particulares. São Paulo: Malheiros, 2005.

SPIECKER GENANNT DÖHMANN, Indra. Kontexte der Demokratie: Parteien, Medien und Sozialstrukturen (1. Referat). *VVDStRL*. Berlin: De Gruyter, 2018. v. 77.

STARCK, Christian. Art. 2 Abs. 1 – Schutz des Art. 2 Abs. 1 vor Eingriffen durch die öffentliche Gewalt. In: VON MANGOLDT; KLEIN; STARCK. *Grundgesetz Kommentar*, v. 1, 7. Auf. München: C.H.Beck, 2018.

STEINMETZ, Wilson. *A vinculação dos particulares a direitos fundamentais*. São Paulo: Malheiros, 2004.

STERN, Klaus. Idee und Elemente eines Systems der Grundrechte. In: KIRCHHOF, J. Isensee-P. (coord.). *Handbuch des Staatsrechts der Bundesrepublik Deutschland*. Heidelberg: C. F. Müller, 1992. v. 5.

SZCZEKALLA, Peter. § 3 Das Verhältnis zwischen dem Grundrechtsschutz der EU und nach der EMRK. In: HESELHAUS, Sebastian M.; NOWAK, Carsten (coord.). *Handbuch der Europäischen Grundrechte*. 2. ed. München: C.H. Beck, 2020.

VESTING, Thomas. § 20 Information und Kommunikation. In: HOFFMANN-RIEM, Wolfgang; SCHMIDT-ASSMANN, Eberhard; VOSSKUHLE, Andreas (coord.). *Grundlagen des Verwaltungsrechts*. München: C.H. Beck, 2012. v. 2.

WOLFF, Heinrich Amadeus. Schutz personenbezogener Daten. In: PECHSTEIN, Matthias; NOWAK, Carsten; HÄDE, Ulrich (coord.). *Frankfurter Kommentar EUV – GRC – AEUV*. Tübingen: Mohr Siebeck, 2017. v. 1.

3

O SUPREMO TRIBUNAL FEDERAL, A PROTEÇÃO CONSTITUCIONAL DOS DADOS PESSOAIS E A POSITIVAÇÃO SUPERVENIENTE DE UM DIREITO FUNDAMENTAL AUTÔNOMO

LAURA SCHERTEL MENDES

Professora Adjunta de Direito Civil da Universidade de Brasília (UnB) e do Instituto Brasiliense de Direito Público (IDP). Doutora *summa cum laude* em Direito Privado pela Universidade Humboldt de Berlim, tendo publicado, na Alemanha, sua tese sobre proteção de dados no setor privado. Mestre em Direito, Estado e Constituição pela Universidade de Brasília (UnB). Bacharel em Direito pela Universidade de Brasília (UnB). Diretora da Associação Luso-Alemã de Juristas (DLJV-Berlim) e do Instituto Brasileiro de Política e Direito do Consumidor (Brasilcon). Foi uma das autoras do Anteprojeto de Lei de Proteção de Dados que resultou na Lei Geral de Proteção de Dados (Lei n. 13.709/2018). Autora do livro *Privacidade, proteção de dados e defesa do consumidor: linhas gerais de um novo direito fundamental.*

OTAVIO LUIZ RODRIGUES JR.

Professor-Associado (Livre-docente) do Departamento de Direito Civil da Faculdade de Direito da Universidade de São Paulo. Coordenador da Área de Direito e membro do Conselho Superior da CAPES. Conselheiro do Conselho Nacional do Ministério Público (CNMP). Advogado da União.

GABRIEL CAMPOS SOARES DA FONSECA

Mestrando em Direito Econômico, Financeiro e Tributário pela Universidade de São Paulo (USP). Bacharel em Direito pela Universidade de Brasília (UnB). Assessor de Ministro no Supremo Tribunal Federal (STF). *E-mail*: gabrielcsfonseca@gmail.com.

INTRODUÇÃO[1]

Nos dias 6 e 7 de maio de 2020, o Supremo Tribunal Federal (STF) proferiu uma decisão histórica para o desenvolvimento da disciplina jurídica relativa à proteção de dados pessoais

---

[1] O presente texto é uma versão atualizada e expandida, respectivamente, de comentário de jurisprudência e de texto informativo anteriores: MENDES, Laura Schertel; FONSECA, Gabriel Campos Soares da. STF reconhece direito fundamental à proteção de dados: comentários sobre o referendo da Medida Cautelar nas ADIs 6387, 6388, 6389, 6390 e 6393. *Revista de Direito do Consumidor*, v. 130/2020, p. 471-478, jul./ago., 2020; MENDES, Laura Schertel. A encruzilhada da proteção de dados no Brasil e o caso do IBGE. *Portal JOTA*, Brasília, 23.04.2020. Disponível em: www.jota.info/opiniao-e-analise/

no Brasil. Com a impressionante maioria de 10 votos favoráveis, o Plenário da Suprema Corte referendou a Medida Cautelar concedida pela Ministra Rosa Weber, relatora das Ações Diretas de Inconstitucionalidade (ADIs) n. 6.387, 6.388, 6.389, 6.390 e 6.393. Desse modo, o Tribunal suspendeu a eficácia da Medida Provisória n. 954/2020, que, em seu art. 2.º, *caput*, determinava que empresas de telecomunicações compartilhassem nome, número de telefone e endereço de seus consumidores de telefonia móvel e fixa com o Instituto Brasileiro de Geografia e Estatística (IBGE).

A decisão, entretanto, trouxe algo mais importante para o Direito brasileiro: o reconhecimento de um direito fundamental à proteção de dados como direito autônomo, extraído a partir de leitura sistemática do texto constitucional brasileiro.

Em meio a esse cenário, este artigo pretende analisar os contornos gerais desse marco jurisprudencial em quatro partes. Primeiramente, apresentando o caso concreto que deu ensejo a tal decisão, destacando as discussões existentes sobre a Medida Provisória n. 954/2020. Em seguida, evidenciando o significado histórico da decisão ao reconhecer um direito fundamental à proteção de dados pessoais, analisando-se os argumentos apresentados e os votos proferidos. Em um próximo passo, examinar-se-ão os possíveis elementos iniciais desse direito fundamental, bem como os efeitos oriundos de seu reconhecimento. Por fim, dedicar-se-á à análise dos critérios mínimos e necessários para uma eventual limitação desse direito fundamental.

1. O CASO CONCRETO: A MP N. 954/2020 NO CONTEXTO DA PANDEMIA

Em 17 de abril de 2020, o governo editou a Medida Provisória n. 954. Nos termos de seu art. 2.º, a Medida Provisória determinava que as *"empresas de telecomunicação prestadoras do STFC e do SMP deverão disponibilizar à Fundação IBGE, em meio eletrônico, a relação dos nomes, dos números de telefone e dos endereços de seus consumidores, pessoas físicas ou jurídicas."* Em seguida, o § 1.º desse dispositivo normativo afirmava que os dados pessoais coletados seriam utilizados *"direta e exclusivamente pela Fundação IBGE"* com a finalidade de construir *"a produção estatística oficial"*, por meio da realização de *"entrevistas em caráter não presencial no âmbito de pesquisas domiciliares"*.[2]

Quatro partidos políticos (PSB, PSDB, PSol e PCdoB) e o Conselho Federal da OAB ajuizaram cinco ADIs alegando a contrariedade da norma em face dos requisitos formais exigidos pela Constituição (art. 62, *caput*) e a alguns direitos fundamentais (dignidade da pessoa humana; inviolabilidade da intimidade e da vida privada), além da violação à *autodeterminação informativa*. A inicial acentuou a necessidade de se tutelar expressamente um direito fundamental à proteção de dados (arts. 1.º, III, e 5.º, X e XII, da Constituição de 1988).

Nesse sentido, em meio aos graves impactos trazidos pela pandemia de Covid-19, pode-se dizer que se formaram duas linhas antagônicas de argumentação nesta controvérsia jurídica. De um lado, alguns antigos membros do IBGE, por exemplo, defendiam que a norma era necessária, sob pena de ocorrer verdadeiro *"apagão estatístico, que tornaria muito mais difícil o controle"* da pandemia e a própria formulação de políticas *"fiscais, sociais e econômicas"* para seu combate e para futuras medidas de reconstrução do país.[3]

---

artigos/a-encruzilhada-daprotecao-de-dados-no-brasil-e-o-caso-do-ibge-23042020#sdfootnote2sym. Acesso: 17 maio 2020.

[2]   Medida Provisória n. 954, de 17 de abril de 2020.

[3]   Disponível em: http://www.schwartzman.org.br/sitesimon/?p=6488. Acesso: 17 maio 2020.

PARTE I · Cap. 3 · O SUPREMO TRIBUNAL FEDERAL, A PROTEÇÃO CONSTITUCIONAL DOS DADOS PESSOAIS | 63

De outro lado, as ADIs defendiam haver vícios de inconstitucionalidade na MPv. Os argumentos apresentados nas petições iniciais podem ser resumidos da forma que segue:

(a) Em primeiro lugar, o caráter extremamente genérico e vago da redação normativa empregada para medidas que poderiam restringir sensivelmente direitos fundamentais tutelados pela Constituição. Elementos como nome, número de telefone e endereço de milhões de brasileiros, somados às entrevistas, poderiam produzir um grau elevado de precisão na identificação dos cidadãos envolvidos. Tal situação implicaria reconhecer que, do abstrato termo *"produção estatística oficial"*, não só inexistiria uma descrição mínima de quais procedimentos seriam adotados para tal finalidade, bem como nem ao menos haveria clareza a respeito das finalidades específicas para o tratamento desses dados, o que comprometeria até mesmo o exame de proporcionalidade da norma.

(b) Em segundo lugar, a referida exigência da norma traria uma desproporcionalidade entre os dados necessários para a pesquisa (dados amostrais) e aqueles requisitados pela Medida Provisória (a totalidade dos dados pessoais dos clientes das operadoras de telefonia). A obrigação açambarcava centenas de milhões de brasileiros[4], quando, em verdade, o próprio IBGE conduz várias de suas pesquisas por meio de amostragens, ainda que por via remota[5], ao exemplo da Pesquisa Nacional por Amostra de Domicílios (PNAD).

Desse modo, colocar-se-ia em xeque a própria necessidade desse altíssimo número para alcançar o objetivo da norma, contrariando-se o próprio Regulamento Sanitário Internacional da OMS, incorporado ao ordenamento brasileiro pelo Decreto n. 10.212, de 30 de Janeiro de 2020. Tal norma determina que não devem existir *"processamentos* [de dados] *desnecessários e incompatíveis"* com o propósito de *"avaliação e manejo de um risco para a saúde pública"* (art. 45, 2, "a").

(c) Em terceiro lugar, chamava a atenção a ausência de regulação quanto aos mecanismos de segurança da informação que seriam utilizados no processo de comunicação entre IBGE e empresas de telecomunicação, as quais deveriam ser capazes de garantir a proteção das informações dos cidadãos envolvidos contra, por exemplo, vazamentos ou usos indevidos. Muito menos a Instrução Normativa n. 2/2020, do IBGE, trouxe regras de segurança da informação. Contando com seis artigos genéricos para regulamentar esse complexo procedimento, ficou estabelecido apenas que *"a Diretoria de Informática do IBGE"* responderia *"tecnicamente pela operacionalização da transmissão dos dados e"* atuaria *"como ponto focal (...) para tratativas técnicas juntos às empresas de telecomunicações".*[6]

Por fim, até mesmo a previsão sobre o relatório de impacto à proteção de dados pessoais (art. 3.º, § 2.º, da MP), que, em tese, visaria a expor e prevenir tais riscos, foi insuficiente, porquanto impunha sua elaboração *depois* do compartilhamento e processamento dos dados, e não antes disso, como previsto na Lei Geral de Proteção de Dados (Lei n. 13.709/2018). O relatório, nesse sentido, serviria para apresentar os riscos após a coleta e o compartilhamento dos dados, em vez de apresentar os procedimentos possivelmente adotados para prevenir ou mitigar os riscos envolvidos no tratamento, identificados previamente.

Não por acaso, a Agência Nacional de Telecomunicações (ANATEL) elaborou Nota Técnica, divulgada antes do julgamento, reconhecendo o *"grau de abstração"* das obrigações

---

[4] Disponível em: https://agenciadenoticias.ibge.gov.br/agencia-sala-de-imprensa/2013-agencia-de-noticias/releases/23445-pnad-continua-tic-2017-internet-chega-a-tres-em-cada-quatro-domicilios-do-pais. Acesso em: 17 maio 2020.

[5] Disponível em: https://respondendo.ibge.gov.br/coleta-por-telefone.html. Acesso em: 17 maio 2020.

[6] Disponível em: http://www.in.gov.br/web/dou/-/instrucao-normativa-n-2-de-17-de-abril-de-2020-253341223. Acesso: 17 maio 2020.

impostas e indicando que uma série de garantias seriam necessárias para que a coleta de dados pudesse ser realizada. Nos termos do relatório da agência, ter-se-iam as seguintes garantias prévias:

> (a) "sólida instrumentalização da relação jurídica que será estabelecida entre o IBGE e cada uma das" empresas de telecomunicações;
> (b) "a delimitação específica da finalidade do uso dos dados solicitados";
> (c) "a limitação das solicitações ao universo de dados estritamente necessários para o atingimento da finalidade";
> (d) "a delimitação do período de uso e da forma de descarte dos dados";
> (e) "a aplicação de boas práticas de segurança, de transparência e de controle".[7]

Por fim, argumentava-se que tais vícios de inconstitucionalidade, omissões e contradições se inseriam em um cenário ainda mais preocupante em razão do déficit institucional da proteção de dados no Brasil. Em não havendo autoridade de proteção de dados no país, muito menos a Lei Geral de Proteção de Dados encontrar-se em vigor, quem fiscalizaria o cumprimento das obrigações estabelecidas pela Medida Provisória, tais como a eliminação das informações obtidas após a pandemia (art. 4.º, *caput*, da MP)? Ou ainda: quem examinaria as conclusões e a metodologia do relatório de impacto à proteção de dados pessoais elaborado pelo IBGE (art. 3.º, § 2.º, da MP)? Quais seriam os parâmetros normativos utilizados?

2. A CONSTRUÇÃO DO DIREITO FUNDAMENTAL À PROTEÇÃO DE DADOS PELO SUPREMO TRIBUNAL FEDERAL: RUMO À AUTONOMIA

A segunda linha argumentativa ("b") prevaleceu no Supremo Tribunal Federal. No dia 24 de abril de 2020, a Ministra Relatora, Rosa Weber, suspendeu liminarmente a Medida Provisória com o seguinte fundamento:

> "Não se subestima a gravidade do cenário de urgência decorrente da crise sanitária nem a necessidade de formulação de políticas públicas que demandam dados específicos para o desenho dos diversos quadros de enfrentamento. O seu combate, todavia, não pode legitimar o atropelo de garantias fundamentais consagradas na Constituição."[8]

Em verdade, na decisão liminar, a Ministra Rosa Weber trouxe o conceito de "dado pessoal" e sua tutela constitucional de modo ampliado:

> "O art. 2.º da MP n. 954/2020 impõe às empresas prestadoras do Serviço Telefônico Fixo Comutado – STFC e do Serviço Móvel Pessoal – SMP o compartilhamento, com a Fundação Instituto Brasileiro de Geografia e Estatística – IBGE, da relação

---

[7] Anatel. *Voto n. 30/2020/PR. Processo n. 53500.017367/2020-40*. Disponível em: https://sei.anatel.gov.br/sei/modulos/pesquisa/md_pesq_documento_consulta_externa.php?eEP-wqk1skrd8hSlk5Z3rN4E-Vg9uLJqrLYJw_9INcO6weD-XJNJob8I6_k1pP 3LynKJXstCzaDkbWDYYWnV-59uZ8IFfBT0GnH-3XoLIQ0BlKOntZ-ytJ3ylFB08FWLl. Acesso em: 17 maio 2020.

[8] Supremo Tribunal Federal. *ADI n. 6387*. Rel. Min. Rosa Weber, Decisão Monocrática, j. 24.04.2020, *DJe* 28.04.2020, p. 12.

PARTE I · Cap. 3 · O SUPREMO TRIBUNAL FEDERAL, A PROTEÇÃO CONSTITUCIONAL DOS DADOS PESSOAIS | **65**

de nomes, números de telefone e endereços de seus consumidores, pessoas físicas ou jurídicas.

Tais informações, relacionadas à identificação – efetiva ou potencial – de pessoa natural, configuram dados pessoais e integram, nessa medida, o âmbito de proteção das cláusulas constitucionais assecuratórias da liberdade individual (art. 5.º, *caput*), da privacidade e do livre desenvolvimento da personalidade (art. 5.º, X e XII). Sua manipulação e tratamento, desse modo, hão de observar, sob pena de lesão a esses direitos, os limites delineados pela proteção constitucional.

(...)

Decorrências dos direitos da personalidade, o respeito à privacidade e à autodeterminação informativa foram positivados, no art. 2.º, I e II, da Lei n. 13.709/2018 (Lei Geral de Proteção de Dados Pessoais), como fundamentos específicos da disciplina da proteção de dados pessoais."[9]

Apesar de se tratar de decisão liminar pioneira, não é difícil afirmar que o acórdão representa uma verdadeira evolução em relação à jurisprudência anterior do STF, expressa em julgados como o RE n. 418.416-8/SC, Relator Min. Sepúlveda Pertence, 10.05.2006, e o HC n. 91.867/PA, Relator Min. Gilmar Mendes, 24.04.2012.

Da leitura do trecho citado, aparentemente, a interpretação constitucional conferida foi a de que qualquer dado que leve à identificação de uma pessoa pode ser usado para a formação de perfis informacionais de grande valia para o mercado e para o Estado e, portanto, merece proteção constitucional. Nesse sentido, tem-se maior flexibilidade e abertura dessa tutela constitucional, podendo-se aplicar tal direito fundamental a uma multiplicidade de casos envolvendo a coleta, o processamento ou a transmissão de dados pessoais, em razão de não se ter um conteúdo fixo de garantia, nem limitá-lo apenas às informações pertencentes à esfera privada.[10]

Nos dias 6 e 7 de maio, o Plenário do STF referendou a liminar concedida, a partir do largo placar de 10 votos favoráveis.

Como bem resumido pelo Ministro Roberto Barroso, o caso concreto demonstrava a necessidade de se estabelecer um delicado equilíbrio. De um lado, a importância da obtenção e do fluxo de dados pessoais para não apenas a customização de produtos e de serviços no mercado privado, como também para a formulação de políticas públicas empiricamente informadas. De outro, os potenciais lesivos que fluxos inadequados ou o vazamento desses dados poderiam trazer para a dignidade e a personalidade dos indivíduos:

"Portanto, a dualidade que se coloca, aqui, nesta ação é precisamente essa: uma tensão entre a importância dos dados no mundo contemporâneo e os riscos para a privacidade que a sua malversação representa para todos nós."[11]

Em meio aos votos proferidos na Corte, em primeiro lugar, como já antecipado na liminar proferida pela Ministra Relatora, pode-se destacar uma considerável ampliação da

---

[9] Supremo Tribunal Federal. *ADI n. 6387*. Rel. Min. Rosa Weber, Decisão Monocrática, j. 24.04.2020, *DJe* 28.04.2020, p. 8.

[10] ALBERS, Marion. *Informationelle Selbstbestimmung*. Baden-Baden: Nomos, 2005, p. 212; SCHLINK, Bernhard. *Die Amtshilfe: Ein Beitrag zu einer Lehre von der Gewaltenteilung in der Verwaltung*. Berlim, 1982, p. 192 ss.

[11] ADI 6387 MC-Ref, Rel. Min. Rosa Weber, Tribunal Pleno, julgado em 07.05.2020, DJe 12.11.2020.

proteção constitucional destinada aos dados pessoais, indo-se além dos ditos dados íntimos ou mais sensíveis. A Ministra Cármen Lúcia salientou que *"não existem dados insignificantes"* ou neutros. Dessa maneira, o Tribunal ultrapassou o discurso de que não haveria problema no compartilhamento de dados como nome, endereço e número de telefone, uma vez que esses teriam caráter insignificante, neutro, "público" ou, ao menos, não estariam abrangidos por informações da estrita vida íntima dos envolvidos.

> "É que, na linha do entendimento da Ministra Rosa Weber, com a atual capacidade de processamento de dados, desde que cruzados com outras informações e compartilhados com pessoas ou entidades distintas, esses dados podem ganhar novo valor no que se tem chamado de "sociedade da informação". Mais do que isso, a partir de técnicas de agregação e de tratamento, sua utilização pode-se dar para fins muito distintos dos expostos na coleta inicial, ainda sendo capazes de identificar seu titular por outras maneiras, formando, no plano virtual, perfis informacionais sobre sua personalidade. Muita vez, porém, isso se dá sem sua participação ou anuência".[12]

Em igual sentido, posicionou-se o Ministro Ricardo Lewandowski:

> "Aliás, todos nós sabemos que, nos dias que correm, o número de uma linha celular, por exemplo, tem a finalidade muito maior do que, singelamente, servir para que pessoas telefonem umas paras as outras. Na verdade, esse número serve como chave de identificação e de acesso a um universo de plataformas eletrônicas, como bancos, supermercados, serviços públicos e redes sociais, todos elas detentoras das mais variadas informações sobre o titular daquela linha telefônica.
> [...]
> É preciso ficar claro, portanto, que não se está a falar de informações insignificantes, mas da chave de acesso a dados de milhões de pessoas, com alto valor para execução de políticas públicas, é verdade, mas também com provável risco de adoção de expedientes, por vezes, dissimulados, obscuros, que possam causar desassossego na vida diária do indivíduo."[13]

A decisão do STF teve o mérito de reelaborar a proteção jurídica da personalidade, ao estilo do que o Ministro Gilmar Mendes deixou assentado:

> "O quadro fático contemporâneo deve ser internalizado na leitura e aplicação da Constituição Federal de 1988. [...] resta evidente que o avanço das técnicas de coleta e processamento de dados foi tomado como válvula de reconfiguração da proteção jurídica à personalidade. [...] O espírito hermenêutico que deve guiar esta Corte Constitucional no tratamento da matéria em exame deve ser o de renovar o

---

[12] "Certamente, há quem ainda se lembre de que há poucas décadas, antes da ubiquidade da telefonia móvel, era comum a edição de listas telefônicas impressas contendo nomes, telefones e endereços dos assinantes residenciais e comerciais dos serviços de telefonia em uma dada localidade. Além de ser facultado aos usuários dos serviços de telefonia optarem pela exclusão dos próprios dados dessas listas, é crucial ter presente que o que podia ser feito a partir da publicização de tais dados pessoais não se compara ao que pode ser feito no patamar tecnológico atual, em que poderosas tecnologias de processamento, cruzamento e filtragem de dados permitem a formação de perfis individuais extremamente detalhados" (Supremo Tribunal Federal. *ADI n. 6387*. Rel. Min. Rosa Weber, Plenário, j. 06 e 07.05.2020).

[13] Supremo Tribunal Federal. *ADI n. 6387*. Rel. Min. Rosa Weber, Plenário, j. 06 e 07.05.2020.

PARTE I · Cap. 3 · O SUPREMO TRIBUNAL FEDERAL, A PROTEÇÃO CONSTITUCIONAL DOS DADOS PESSOAIS | **67**

compromisso de manter viva a força normativa da Constituição Federal de 1988, nela encontrando caminhos e não entraves para a proteção jurídica da intimidade enquanto garantia básica da ordem democrática."[14]

A disciplina da proteção de dados é extremamente relevante para conferir segurança jurídica aos diversos setores da economia envolvidos e para o tratamento de dados pelo próprio Estado. Mais do que isso, porém, ela se tornou uma indispensável garantia fundamental para a manutenção da confiança dos cidadãos nas estruturas de comunicação e informação. Não por acaso, o Ministro Luiz Fux destacou a centralidade do tema da proteção de dados em face da manutenção da democracia, uma vez que dados aparentemente "insignificantes" podem ser utilizados até mesmo para distorcer processos eleitorais.

"[o] recente escândalo envolvendo a Cambridge Analytica revelou como modelos de negócios são rentabilizados pela análise de dados e alertou como seu uso indevido pode lesar (...) a própria democracia".[15]

O significado histórico da decisão do STF pode ser equiparado ao clássico julgamento do Tribunal Constitucional Federal alemão, em 1983, relativamente à Lei do Recenseamento.[16] Ao fazer referência ao julgado, o STF expressamente mencionou o conceito de *autodeterminação informativa*, já positivado na Lei n. 13.709/2018 (Lei Geral de Proteção de Dados), a fim de ressaltar o necessário protagonismo exercido pelo cidadão no controle do que é feito com seus dados. Assim, pôs-se em destaque a existência de finalidades legítimas para seu processamento, bem como da necessidade de implementação de medidas de segurança para tanto.

Segundo o Ministro Gilmar Mendes, o conteúdo desse direito fundamental exorbita àquele protegido pelo direito à privacidade, pois não se limita apenas aos dados íntimos ou privados. Ao contrário, refere-se a qualquer dado que identifique ou possa identificar um indivíduo. Esse direito fundamental autônomo e com contornos próprios, seria extraído de uma:

"[C]ompreensão integrada do texto constitucional lastreada (i) no direito fundamental à dignidade da pessoa humana, (ii) na concretização do compromisso permanente de renovação da força normativa da proteção constitucional à intimidade (art. 5.º, inciso X, da CF/88) diante do espraiamento de novos riscos derivados do avanço tecnológico e ainda (iii) no reconhecimento da centralidade do *habeas data* enquanto instrumento de tutela material do direito à autodeterminação informativa."[17]

3. CONTORNOS INICIAIS E ÂMBITO DE PROTEÇÃO DESSE DIREITO FUNDAMENTAL

O reconhecimento desse direito fundamental, o que se deu em vários dos votos desse julgamento do STF, é um passo importante em direção da tutela constitucional dos dados pessoais no ordenamento brasileiro. Será preciso, contudo, futuramente delinear melhor os seus contornos, o que poderá ser feito tanto pela doutrina quanto pela jurisprudência.

---

[14] VITAL, Danilo. *Gilmar: Pandemia não atenua, mas reforça necessidade de proteção de dados.* Disponível em: https://www.conjur.com.br/dl/pandemia-reforca-necessidade-protecao.pdf Acesso: 19 maio 2020.

[15] Supremo Tribunal Federal. *ADI n. 6387.* Rel. Min. Rosa Weber, Plenário, j. 06 e 07.05.2020.

[16] BVerfGE 65, 1, "Recenseamento" (Volkszählung).

[17] VITAL, Danilo. *Gilmar: Pandemia não atenua, mas reforça necessidade de proteção de dados.* Disponível em: https://www.conjur.com.br/dl/pandemia-reforca-necessidade-protecao.pdf Acesso: 19 maio 2020.

Para além disso, duas questões iniciais podem ser examinadas: (i) qual é seu âmbito de proteção e (ii) quais são os efeitos dessa proteção.

Inicialmente, apesar do nome sugestivo, é preciso destacar que o objeto de proteção desse direito fundamental não diz respeito exclusivamente aos dados em si, mas sim ao titular desses dados. Afinal, será o titular desse direito quem arcará com os riscos e com as eventuais consequências prejudiciais referentes aos usos de seus dados.[18]

Quanto aos efeitos gerados por essa proteção, amoldando-a ao conceito de *autodeterminação informativa*, é possível pensá-los a partir de uma dupla dimensão. De um lado, (a) essa proteção se desdobra como liberdade negativa do cidadão, oponível diante do Estado, demarcando seu espaço individual de não intervenção estatal (dimensão subjetiva). De outro lado, (b) ela estabelece um dever de *atuação* estatal protetiva no sentido de estabelecer condições e procedimentos aptos a garantir o exercício e a fruição desse direito fundamental (dimensão objetiva).

O voto proferido pelo Ministro Gilmar Mendes seguiu essa linha. Segundo ele, na dimensão subjetiva, o reconhecimento do direito fundamental à proteção de dados "*impõe que o legislador assuma o ônus de apresentar uma justificativa constitucional para qualquer intervenção que de algum modo afete a autodeterminação informacional*", a partir da "*identificação da finalidade*" e do "*estabelecimento de limites ao tratamento de dados em padrão suficientemente específico, preciso e claro para cada área*". Por sua vez, na dimensão objetiva, a afirmação desse direito fundamental "*impõe ao legislador um verdadeiro dever de proteção (Schutzpflicht)*", o qual deve ser materializado por meio da p*revisão de mecanismos institucionais de salvaguarda traduzidos em normas de organização e procedimento (Recht auf Organisation und Verfahren) e normas de proteção (Recht auf Schutz)*".[19]

Apesar de essa decisão histórica ter tratado, no caso concreto, sobre uma situação de risco de ingerência abusiva do Estado brasileiro, tal como no citado precedente alemão de 1983, não parece adequado enxergar a incidência do direito fundamental à proteção de dados somente no que diz respeito à atuação do Poder Público. Guardadas as devidas especificidades aplicáveis à esfera privada, há de se destacar a sua função protetiva também nas relações privadas. Ainda que os direitos fundamentais tenham como função clássica atuar na relação entre Estado e indivíduo, em sua dimensão objetiva e a partir do conceito de deveres de proteção, é possível conceber a sua influência também nas relações privadas, a partir da irradiação de preceitos constitucionais nas cláusulas gerais e princípios do direito privado, o que será ainda mais comprovável com a vigência da LGPD. Para tanto, a nova lei exercerá um importante papel, ao permitir que o direito fundamental à proteção de dados seja interpretado a partir de suas normas e princípios, de modo que as disputas entre privados seja mediada pela legislação. Nesse aspecto, a vigência da lei evitou que houvesse mais um caso de "sobreconstitucionalização" de uma área nova do Direito brasileiro, com todos os riscos do uso inadequado da ponderação e de outros métodos hermenêuticos dessa natureza em um país como o Brasil.[20] Não por acaso, em decisões mais recentes, o Tribunal Constitucional alemão vem "reinventando" seu precedente de 1983 e aplicando a noção de autodeterminação informativa também no âmbito de litígios envolvendo relações privadas.[21]

---

[18]   ALBERS, Marion. Realizing the Complexity of Data Protection. Chapter 11. *In:* GUTWIRTH, Serge et.al. (Eds.). *Reloading Data Protection*. Dordrecht: Springer, 2014, p. 222-224.

[19]   VITAL, Danilo. *Gilmar: Pandemia não atenua, mas reforça necessidade de proteção de dados*. Disponível em: https://www.conjur.com.br/dl/pandemia-reforca-necessidade-protecao.pdf Acesso: 19 maio 2020.

[20]   RODRIGUES JR., Otavio Luiz. *Direito Civil Contemporâneo*: estatuto epistemológico, constituição e direitos fundamentais. 2. ed. Rio de Janeiro: Forense, 2019. p. 260.

[21]   MENDES, Laura Schertel. *Habeas data* e autodeterminação informativa: os dois lados da mesma moeda. *Direitos Fundamentais & Justiça*, Belo Horizonte, ano 12, n. 39, p. 185-216, jul./dez. 2018, p. 211.

4. LIMITES AO DIREITO FUNDAMENTAL À PROTEÇÃO DE DADOS PESSOAIS

A despeito das construções desenvolvidas nas seções anteriores, não se pode conceber o direito à proteção de dados de forma absoluta. As informações pessoais não são apenas titularidades individuais. Elas integram a órbita de sua representação no corpo social, o que demanda escolhas feitas em lei ou na Constituição, que demandem seu processamento ou sua exposição.

A limitação desse direito fundamental, no caso concreto, exige, (i) uma base jurídica segura, (ii) com a clareza necessária sobre a finalidade do tratamento de dados, para que se avalie o nível de intervenção no direito fundamental, (iii) e que seja também proporcional, adequada e necessária à finalidade pretendida, adotando, ainda, (iv) as providências preventivas mínimas de cunho procedimental e organizacional, orientadas à segurança dos cidadãos envolvidos e à diminuição dos riscos de danos a seus direitos da personalidade. Em verdade, quanto mais grave for essa restrição, mais contundentes devem ser as justificativas, os critérios e as precauções para tal fim, sob pena de se legitimar intervenções na vida privada em nome de fins genéricos ou necessidades coletivas abstratas.[22]

O amplo acesso aos dados pessoais dos cidadãos brasileiros exige, no mínimo, balizas legislativas em relação a essa coleta ou transferência, a partir da previsão de medidas e de critérios de intervenção proporcionais à gravidade da restrição a esse direito fundamental.

CONCLUSÃO

A decisão do STF é histórica porque, pela primeira vez, encontrou-se consenso considerável em torno de um conceito amplo de dado pessoal e, por consequência, sobre sua necessária tutela constitucional para além dos ditos dados íntimos.

Com isso, a autonomia do direito fundamental à proteção de dados pessoais, também designado por alguns ministros como o direito à *autodeterminação informativa*, permite que se formule uma diferenciação entre a inviolabilidade da intimidade e da vida privada e a proteção de dados. Tem-se, portanto, um passo fundamental para a proteção da personalidade dos cidadãos na sociedade da informação.[23]

Essa decisão do Supremo Tribunal Federal emprestou urgência à tramitação do Projeto de Emenda à Constituição (PEC) n. 17/2019, que visa alterar o texto constitucional de modo a inserir *"a proteção de dados pessoais"* no rol dos *"direitos e garantias fundamentais"*[24]. Nisso, o Congresso Nacional foi extremamente sincrônico com a atuação do STF ao aprovar a PEC, no Senado Federal, em 20.10.2021.

Com a promulgação da EC n. 115/2022, o art. 5.º da Constituição Federal passou a contar com o inciso LXXIX, com a seguinte redação: "é assegurado, nos termos da lei, o direito à proteção dos dados pessoais, inclusive nos meios digitais"; enquanto se incorporou

---

[22] Para uma visão mais detalhada dessa discussão, vide MENDES, Laura Schertel. *Habeas data* e autodeterminação informativa: os dois lados da mesma moeda. *Direitos Fundamentais & Justiça*, Belo Horizonte, ano 12, n. 39, p. 185-216, jul./dez. 2018, p. 204-213.

[23] MENDES, Laura Schertel. *Privacidade, proteção de dados e defesa do consumidor*: linhas gerais de um novo direito fundamental. São Paulo: Saraiva, 2014.

[24] Disponível em: https://www.camara.leg.br/proposicoesWeb/fichadetramitacao?idProposicao=2210757. Acesso em: 7 set. 2020.

o inciso XXVI a seu art. 21, que atribui à União competência para "organizar e fiscalizar a proteção e o tratamento de dados pessoais, nos termos da lei", além da competência legislativa privativa sobre "proteção e tratamento de dados pessoais" (art.22, inciso XXX).

O julgamento do STF, por outro lado, já influencia casos posteriores no âmbito do STF, conforme se observa, por exemplo, no voto proferido pelo Ministro Edson Fachin na ADPF n. 403, quando ele destacou que o julgamento ora analisado:

> "(...) é notável não apenas pelo ineditismo, mas sobretudo por assentar (...) que mudanças políticas, sociais e econômicas demandam o reconhecimento de novos direitos, 'razão pela qual necessário, de tempos em tempos, redefinir a exata natureza e extensão da proteção à privacidade do indivíduo'".[25]

Para possibilitar a resposta adequada aos desafios sociais atuais, é imprescindível que se reconstruam e se reinterpretem direitos e garantias fundamentais a ponto de compreender, incorporar e solucionar os novos desafios, dilemas e problemas enfrentados pelo ser humano na era da informação[26]. Esse desafio apresenta-se de forma ainda mais urgente no âmbito constitucional. Afinal, a vitalidade e a continuidade da Constituição dependem de sua capacidade em se adaptar às transformações sociais e históricas, protegendo os direitos e as liberdades dos cidadãos em face de novas formas de restrição e de novos atores de poder.[27]

De um lado, é necessário que o texto constitucional expresse continuidade, permanência, segurança e estabilidade. De outro, é preciso que haja flexibilidade, abertura interpretativa e atualização dos direitos e dos princípios nele consagrados. Afinal, a continuidade da Constituição somente é possível se "nela o passado e o futuro se vincularem"[28].

Dessa forma, é importante reconhecer que a decisão do STF foi um passo relevante rumo ao fortalecimento da proteção de dados no Brasil. A posterior aprovação da Emenda Constitucional n. 115, de 10 de fevereiro de 2002, validou essa orientação jurisprudencial do STF. O acórdão antecipou a posterior concretização e positivação de um novo direito fundamental, o que demandará um processo de "aprimoramento jurisprudencial" (*richterliche Rechtsfortbindung*) – a ser empreendido pela doutrina e pelos tribunais.

REFERÊNCIAS

ALBERS, Marion. *Informationelle Selbstbestimmung*. Baden-Baden: Nomos, 2005.

ALBERS, Marion. Realizing the Complexity of Data Protection. Chapter 11. *In*: GUTWIRTH, Serge et.al. (Eds.). *Reloading Data Protection*. Dordrecht: Springer, 2014.

BVERFGE 65, 1, "Recenseamento" (Volkszählung). MARTINS, Leonardo. (Org.) *Cinquenta anos de Jurisprudência do Tribunal Constitucional Federal Alemão*. Montevidéu: Fundação Konrad Adenauer, 2005.

---

[25] Supremo Tribunal Federal. ADPF n. 403. Rel. Min. Edson Fachin, Plenário, Voto do Relator, j. em 27 e 28.05.2020.

[26] PEREZ-LUÑO, Antonio-Enrique. *Manual de informática e derecho*. Barcelona: Ariel, 1996, p. 10.

[27] Conforme afirma, Peter Häberle: "As Constituições surgiram essencialmente da experiência, segundo a qual o poder muitas vezes é utilizado contra os cidadãos. As formas de abusos de poder transformam-se; a Constituição deve também reagir por meio de novas formas que correspondam a essa mudança (...)" (*Verfassung als öffentlicher Prozeß: Materialien zu einer Verfassungstheorie der offenen Gesellschaft*. Berlin: Duncker & Humblot, 1978, p. 67, tradução livre).

[28] Idem, p. 61 e 62.

HÄBERLE, Peter. *Verfassung als öffentlicher Prozeß: Materialien zu einer Verfassungstheorie der offenen Gesellschaft.* Berlin: Duncker & Humblot, 1978.

MENDES, Laura Schertel. *Privacidade, proteção de dados e defesa do consumidor:* linhas gerais de um novo direito fundamental. São Paulo: Saraiva, 2014.

MENDES, Laura Schertel. *Habeas Data* e Autodeterminação Informativa: os dois lados da mesma moeda. *Direitos Fundamentais & Justiça*, Belo Horizonte, ano 12, n. 39, p. 185-216, jul./dez. 2018, p. 204-213.

MENDES, Laura Schertel; FONSECA, Gabriel Campos Soares da. STF reconhece direito fundamental à proteção de dados: comentários sobre o referendo da Medida Cautelar nas ADIs 6387, 6388, 6389, 6390 e 6393. *Revista de Direito do Consumidor,* v. 130/2020, p. 471-478, jul./ago, 2020.

MENDES, Laura Schertel. A encruzilhada da proteção de dados no Brasil e o caso do IBGE. *Portal JOTA*, Brasília, 23.04.2020. Disponível em: https://www.jota.info/opiniao-e-analise/artigos/a-encruzilhada-da-protecao-de-dados-no-brasil-e-o-caso-do-ibge-23042020. Acesso: 17 maio 2020.

PEREZ-LUÑO, Antonio-Enrique. *Manual de informática e derecho.* Barcelona: Ariel, 1996.

RODRIGUES JR., Otavio Luiz. *Direito Civil contemporâneo:* estatuto epistemológico, constituição e direitos fundamentais. 2. ed. Rio de Janeiro : Forense, 2019.

SCHLINK, Bernhard. *Die Amtshilfe: Ein Beitrag zu einer Lehre von der Gewaltenteilung in der Verwaltung.* Berlin: Duncker & Humblot Gmbh, 1982.

VITAL, Danilo. *Gilmar: Pandemia não atenua, mas reforça necessidade de proteção de dados.* Disponível em: https://www.conjur.com.br/dl/pandemia-reforca-necessidade-protecao.pdf Acesso: 19 maio 2020.

WIEDEMANN, Herbert. Richterliche Rechtsfortbildung. *NJW*, f. 33, p. 2.407-2.412, 2014.

4

PROTEÇÃO DE DADOS PARA ALÉM DO CONSENTIMENTO: TENDÊNCIAS DE MATERIALIZAÇÃO[1]

LAURA SCHERTEL MENDES

Professora Adjunta de Direito Civil da Universidade de Brasília (UnB)
e do Instituto Brasiliense de Direito Público (IDP). Doutora *summa cum laude*
em Direito Privado pela Universidade Humboldt de Berlim, tendo publicado, na
Alemanha, sua tese sobre proteção de dados no setor privado. Mestre em Direito,
Estado e Constituição pela Universidade de Brasília (UnB). Bacharel em Direito pela
Universidade de Brasília (UnB). Diretora da Associação Luso-Alemã de Juristas (DLJV-
Berlim) e do Instituto Brasileiro de Política e Direito do Consumidor (Brasilcon). Foi
uma das autoras do anteprojeto de lei de proteção de dados que resultou na Lei
Geral de Proteção de Dados (Lei n. 13.709/2018). Autora do livro
Privacidade, proteção de dados e defesa do consumidor:
linhas gerais de um novo direito fundamenta (Saraiva, 2014).

GABRIEL CAMPOS SOARES DA FONSECA

Mestrando em Direito Econômico, Financeiro e Tributário na Universidade de São
Paulo (USP). Bacharel em Direito pela Universidade de Brasília (UnB).
Assessor de Ministro no Supremo Tribunal Federal (STF).

INTRODUÇÃO

"Li e aceito os termos." Ao navegar pela Internet, é bastante comum se deparar com essa frase ao fim de um longo texto, com letras pequenas e linguagem técnica. Não por acaso, estudos têm indicado que muitos usuários não leem esses termos e, quando o fazem, acabam por não os entender ou levam um tempo significativo para tanto.[2] Mais do que isso, caso o usuário não concorde com os termos apresentados, é comum que sua única opção seja a de não desfrutar importantes produtos e serviços *on-line*.[3] Entretanto, assim fazendo, acaba enfrentando elevados custos sociais na medida em que esses produtos e serviços penetram,

---

[1] Uma primeira versão deste artigo pode ser encontrada em Dossiê coordenado pelo Professor Ingo Wolfgang Sarlet, na *REI – Revista Estudos Institucionais*, da Universidade Federal do Rio de Janeiro.

[2] Vide MCDONALD, Aleecia M.; CRANOR, Lorrie Faith. The Cost of Reading Privacy Policies. *Journal of Law and Policy for the Information Society*, v. 4, p. 543-568, 2008.

[3] CATE, Fred H.; MAYER-SCHÖNBERGER, Viktor. Notice and consent in a world of Big Data. *International Data Privacy Law*, v. 3, n. 2, p. 67, 2013.

cada vez mais, a vida social e as dinâmicas político-econômicas dos cidadãos com o Estado, com empresas privadas e com a comunidade na qual estão inseridos.[4]

Ao longo das últimas cinco décadas, muitas das discussões relacionadas à regulação da privacidade e da proteção de dados pessoais destinaram bastante foco em torno do consentimento[5] expressado pelo titular dos dados. Nesse sentido, não é exagero afirmar que o consentimento tem figurado como instrumento[6] regulatório central e núcleo de legitimidade prática desse regime protetivo. Ele é lido, ainda, como expressão da autonomia individual e do controle do titular dos dados em torno de seus direitos de personalidade,[7] contudo sem inviabilizar o livre fluxo desses dados, elemento relevante para uma série de atividades econômicas e até mesmo para a elaboração de políticas públicas.[8]

Não obstante, parcela significativa da literatura[9] tem ressaltado as insuficiências do consentimento na tarefa de tutelar a privacidade e de proteger os dados pessoais dos cidadãos diante dos desafios contemporâneos trazidos, por exemplo, pela ascensão do *Big Data*,[10] pela difusão da publicidade comportamental,[11] pela proliferação de tecnologias relacionadas ao rastreamento e ao monitoramento dos usuários na Internet, entre outros. Além disso, tendo em vista essas insuficiências, iniciativas normativas mais recentes, como a Lei Geral de Proteção de Dados (Lei 13.709/2018, doravante LGPD) e o Regulamento Geral de Proteção de Dados (RGPD) têm apresentado abordagens distintas e medidas complementares com o intuito de garantir maior efetividade e segurança ao consentimento do titular dos dados.[12]

---

[4] MENDES, Laura Schertel. *Privacidade, proteção de dados e defesa do consumidor*: linhas gerais de um novo direito fundamental. São Paulo: Saraiva, 2014. p. 22.

[5] Importante frisar que o termo "consentimento", na proteção de dados pessoais, não é isento de divergências conceituais. Entretanto, ao menos segundo o art. 5.º, XII, da Lei 13.709/2018, o consentimento representa uma "manifestação livre, informada e inequívoca pela qual o titular concorda com o tratamento de seus dados pessoais para uma finalidade determinada".

[6] Instrumentos regulatórios são meios para influenciar o comportamento social e alcançar os objetivos almejados. Por sua vez, as estratégias regulatórias integram funcionalmente esses instrumentos na busca por alcançar tal pretensão. Vide ARANHA, Marcio Iorio; LOPES, Othon. *Estudo sobre teorias jurídicas da regulação apoiadas em incentivos*. Pesquisa e Inovação Acadêmica sobre Regulação apoiada em Incentivos na Fiscalização Regulatória de Telecomunicações, ANATEL/UnB, 2019. p. 179-186.

[7] BIONI, Bruno Ricardo. *Proteção de dados pessoais*: a função e os limites do consentimento. Rio de Janeiro: Forense, 2019. p. 177.

[8] CATE, Fred H.; MAYER-SCHÖNBERGER, Viktor. Notice and consent in a world of Big Data. *International Data Privacy Law*, v. 3, n. 2, p. 67, 2013.

[9] Vide SOLOVE, Daniel J. Privacy self-management and the consent dilemma. *Harvard Law Review*, v. 126, p. 1880-1903, 2013; SOLOVE, Daniel J. The Myth of the Privacy Paradox. *GWU Legal Studies Research Paper*, n. 2020, p. 10, 2020; BAROCAS, Solon; NISSENBAUM, Helen. Big Data's end run around anonymity and consent. *In*: LANE, Julia; STODDEN, Victoria; BENDER, Stefan; NISSENBAUM, Helen (ed.). *Privacy, Big Data, and the public good*: frameworks for engagement. Cambridge: Cambridge University Press, 2014.

[10] O termo *Big Data* é de difícil definição precisa e taxativa. No entanto, em linhas gerais, segundo os autores, *Big Data* refere-se às técnicas de captação, armazenamento e processamento de dados em larga escala para extrair novos *insights* ou criar novas formas de valor, alterando sensivelmente mercados, organizações, as relações entre o Governo e seus cidadãos; vide MAYER-SCHÖNBERGER, Viktor; CUKIER, Kenneth. *Big Data*: a revolution that will transform how we live, work, and think. New York: Houghton Mifflin Harcourt, 2014. p. 6.

[11] A publicidade comportamental, também conhecida como *behavioral advertising*, está relacionada com a personalização da publicidade a partir do monitoramento das atividades *on-line* do consumidor (MENDES, Laura Schertel. *Privacidade, proteção de dados e defesa do consumidor*: linhas gerais de um novo direito fundamental. São Paulo: Saraiva, 2014).

[12] Por óbvio, não se defende aqui que essas legislações trouxeram inovações plenas ou medidas absolutamente eficazes, porém evoluíram em aspectos importantes que serão destacados ao longo do texto. Para

Em meio a esse cenário, o objetivo do presente artigo é justamente explorar e sistematizar essas tendências contemporâneas. Desde logo, é importante ressaltar que não se pretende defender a inutilidade do consentimento nos dias atuais, mas a necessidade de revisitar o seu protagonismo no regime da proteção de dados pessoais. Em face da complexidade[13] e das rápidas mudanças inerentes a esse âmbito, conclui-se ser imprescindível pensar o consentimento do titular dos dados ao lado do conjunto de instrumentos regulatórios disponíveis e do plexo de atores envolvidos.

O artigo está dividido em três partes, além desta introdução e das considerações finais. Na primeira parte do texto, a partir de revisão bibliográfica, apresentam-se os elementos gerais que constituem o paradigma do consentimento na proteção de dados, explorando sua formação e desenvolvimento. Em seguida, na segunda parte, igualmente a partir de revisão bibliográfica, expõem-se três insuficiências vivenciadas por esse paradigma. Primeiro, sua inobservância quanto às limitações cognitivas do titular dos dados capazes de afetar o seu processo decisório de consentir, ou não, com práticas e termos envolvendo dados pessoais. Segundo, a desconsideração das desigualdades de poder existentes entre o agente responsável pelo tratamento[14] de dados pessoais e o titular desses dados. Terceiro, sua menor capacidade de oferecer respostas mais efetivas aos desafios decorrentes, por exemplo, do advento do *Big Data*.

Por sua vez, na terceira parte, combinando revisão bibliográfica com análise documental de legislações como a LGPD, o RGPD e o Marco Civil da Internet,[15] são brevemente exploradas três abordagens que podem ser frutíferas no sentido de superar as referidas insuficiências. Em primeiro lugar, a inserção de princípios da proteção de dados na própria tecnologia. Em segundo lugar, a instauração de uma regulação pautada pelas ideias de risco e de *accountability*. Em terceiro lugar, o estabelecimento de limites materiais em torno do consentimento, responsivos ao contexto particular do tratamento de dados em questão.

Em síntese, o artigo perpassa brevemente pelas respectivas questões: *(i)* em que consiste o paradigma do consentimento? *(ii)* quais suas insuficiências para lidar com o cenário atual que permeia a proteção de dados pessoais? e *(iii)* quais instrumentos e estratégias regulatórias podem ser úteis para atenuar essas insuficiências vividas pelo foco excessivo no consentimento como núcleo da proteção de dados?

1. PRIVACIDADE E PROTEÇÃO DE DADOS: DESENVOLVIMENTO REGULATÓRIO E O PARADIGMA DO CONSENTIMENTO

Pode-se dizer que o sentido do direito à privacidade foi se transformando ao longo do tempo. O início desse debate acadêmico foi marcado fortemente pelo conceito de privacidade como barreira de acesso à vida privada do indivíduo, formando uma garantia de inviolabilidade e de imunidade quanto a certos aspectos da sua vida pessoal e da sua intimidade: uma liberdade individual negativa traduzida como o direito de ser deixado em paz/só (*the right to*

---

críticas quanto ao consentimento no RGPD e na LGPD. (CAROLAN, Eoin. The continuing problems with online consent under the EU's emerging data protection principles. *Computer Law & Security Review*, v. 32, n. 3, p. 462, Jun. 2016). BIONI, Bruno Ricardo. *Proteção de dados pessoais*: a função e os limites do consentimento. Rio de Janeiro: Forense, 2019.

[13] ALBERS, Marion. Realizing the complexity of data protection. Chapter 11. *In*: GUTWIRTH, Serge *et al.* (ed.). *Reloading data protection*. Dordrecht: Springer, 2014.

[14] Segundo o art. 5.º, X, da Lei 13.709/2018, tratamento de dados é toda "operação realizada com dados pessoais, como as que se referem a coleta, produção, recepção, classificação, utilização, acesso, reprodução, transmissão, distribuição, processamento, arquivamento, armazenamento, eliminação, avaliação ou controle da informação, modificação, comunicação, transferência, difusão ou extração".

[15] As referências completas relacionadas às respectivas leis se encontram ao fim deste trabalho.

be left alone).[16] Essa visão é marcada por uma divisão entre o que é público e o que é privado, conferindo-se proteção jurídica somente ao que é íntimo ou privado, e não a fatos considerados de "conhecimento público" (*v.g.*, nome, telefone, local de trabalho etc.).

Subjacente a essa perspectiva, portanto, é a existência de duas esferas dicotômicas ("público/privado") constituindo a própria razão de ser da privacidade.[17] De um lado, tem-se a "casa": a esfera privada como espaço íntimo – e por vezes até sigiloso – no qual o indivíduo se refugia do escrutínio público e da própria intervenção estatal. De outro, tem-se a "Ágora": a esfera pública como espaço no qual são desenvolvidas as virtudes cidadãs do indivíduo, que se posiciona na sociedade e se expõe.[18] Nesse cenário, o direito à privacidade atua como elemento delimitador dessas duas esferas dicotômicas, permitindo o controle da individualidade.

Não obstante, ao longo das últimas cinco décadas, as discussões jurídicas em torno do direito à privacidade perpassaram por transformações significativas, sobretudo em vista das mudanças tecnológicas que emergiram nesse período e alteraram substancialmente os riscos e as bases fáticas ao seu redor. Assim, a privacidade passou a ser considerada não só uma liberdade negativa que garante o "isolamento do indivíduo", mas também liberdade positiva: um poder "de *exigir*, por exemplo, conhecimento, controle e disposição de dados relativos à individualidade [...] capazes de afetar autonomia e liberdades".[19] Nas palavras de Stefano Rodotá,[20] ocorreu um verdadeiro "processo inexorável de reinvenção da privacidade" na medida em que novas tecnologias da informação e da comunicação (TICs) penetraram a vida social e as dinâmicas político-econômicas (público e privadas), alterando sensivelmente os fluxos de informação.[21]

Nesse contexto, muitas das discussões regulatórias começaram a se referir ao direito à proteção de dados pessoais,[22] concebido para além de uma mera decorrência da privacidade: um direito fundamental autônomo cujo âmbito de proteção está vinculado à tutela da dignidade e da personalidade dos cidadãos no seio da sociedade da informação.[23]

De um lado, esse desdobramento histórico se deu em razão da necessidade de expansão e de "atualização" das formas jurídicas de tutela da personalidade dos cidadãos perante as mudanças tecnológicas ocorridas. De outro, estabeleceu-se também enquanto vetor de integração econômica dos países envolvidos e das dinâmicas empresariais multinacionais, um cenário de fluxo massivo de dados pessoais no espaço virtual e de sofisticação do tratamento

---

[16] WARREN, Samuel D.; BRANDEIS, Louis D. The right to privacy. *Harvard Law Review*, v. 4, n. 5, p. 193-220, Dec. 1890; BIONI, Bruno Ricardo. *Proteção de dados pessoais*: a função e os limites do consentimento. Rio de Janeiro: Forense, 2019. p. 125.

[17] WHITLEY, Edgar A. Informational privacy, consent and the "control" of personal data. *Information Security Technical Report*, v. 14, n. 3, p. 155, 2009.

[18] PAIXÃO, Cristiano. Arqueologia de uma distinção: o público e o privado na experiência histórica do direito. *In*: OLIVEIRA PEREIRA, Claudia Fernanda (org.). *O novo direito administrativo brasileiro*. Belo Horizonte: Fórum, 2003.

[19] QUEIROZ, Rafael Mafei Rabelo; PONCE, Paula Pedigoni. Tercio Sampaio Ferraz Júnior e Sigilo de dados: o direito à privacidade e os limites à função fiscalizadora do Estado: o que permanece e o que deve ser reconsiderado. *Internet & Sociedade*, São Paulo, n. 1, v. 1, p. 78-79, 2020.

[20] RODOTÁ, Stefano. *A vida na sociedade da vigilância*: a privacidade hoje. Tradução Danilo Doneda e Luciana Cabral Doneda. Rio de Janeiro: Renovar, 2008. p. 15.

[21] VERONESE, Alexandre; FONSECA, Gabriel. Desinformação, *fake news* e mercado único digital: a potencial convergência das políticas públicas da União Europeia com os Estados Unidos para melhoria dos conteúdos comunicacionais. *Cadernos Adenauer*, São Paulo, v. 19, n. 4, p. 43, 2018.

[22] DONEDA, Danilo. *Da privacidade à proteção de dados*. São Paulo: Revista dos Tribunais, 2019, p. 27.

[23] MENDES, Laura Schertel. O direito fundamental à proteção de dados pessoais. *Revista de Direito do Consumidor*, São Paulo, v. 20, n. 79, p. 48-51, jul./set. 2011.

informatizado desses dados, tornando-os elemento relevantíssimo no sistema econômico mundial.[24]

Exemplo histórico dessa agenda de integração foi justamente a aprovação, em 1980, das "Diretrizes Gerais da OCDE (Organização para a Cooperação e Desenvolvimento Econômico) sobre Privacidade e o Fluxo Transfronteiriço de Dados Pessoais", revisadas em 2013. Com inspiração nas *Fair Information Practices* (FIPs),[25] o referido documento assentou as definições gerais, os princípios básicos e a cooperação internacional sobre o tema no bojo dos países-membros da OCDE.[26]

Para além desse exemplo, no entanto, Colin Bennett[27] destaca a existência de um fenômeno de *convergência regulatória* (*policy convergence*)[28] quanto aos dados pessoais, desde a década de 1970: um processo informal, porém relativamente coordenado, pelo qual legislações nacionais e instrumentos normativos internacionais foram se delineando em torno de princípios básicos e de diretrizes gerais para solucionar problemas comuns envolvendo o tratamento e o fluxo de dados pessoais em um mundo digitalmente conectado. Assim, não é exagero afirmar que paulatinamente foram construídos princípios básicos e diretrizes gerais sobre a proteção de dados, os quais influenciaram diferentes jurisdições ao redor do mundo.[29]

Sobretudo a partir da dita "terceira geração"[30] de leis regulando o tema,[31] essa convergência se deu em torno de bases teóricas e de fundamentos jurídicos calcados no consentimento: o paradigma do consentimento. Nesse contexto, o consentimento passou a ser utilizado para legitimar, justificar e alicerçar a proteção de dados pessoais. Sem se olvidar da variedade de importantes avanços relativizando a ênfase no consentimento como garantia de autonomia e

---

[24] MENDES, Laura Schertel; BIONI, Bruno R. O Regulamento Europeu de Proteção de Dados Pessoais e a Lei Geral de Proteção de Dados Brasileira: mapeando convergências na direção de um nível de equivalência. *In:* FRAZÃO, Ana; TEPEDINO, Gustavo; OLIVA, Milena Donato (coord.). *Lei Geral de Proteção de Dados e suas repercussões no direito brasileiro.* São Paulo: Thomson Reuters Brasil, 2019.

[25] GELLMAN, Robert. Fair information practices: a basic history. Oct. 7, 2019, p. 11. Disponível em: https://papers.ssrn.com/sol3/papers.cfm?abstract_id=2415020. Acesso em: 10 mar. 2020.

[26] Segundo o próprio documento, trata-se de uma representação do consenso alcançado entre os países-membros da OCDE sobre os princípios básicos a respeito do tema, que devem nortear as novas legislações domésticas, assim como as já existentes. Do original: "They represent a consensus on basic principles which can be built into existing national legislation, or serve as a basis for legislation in those countries which do not yet have it" (Disponível em: http://www.oecd.org/internet/ieconomy/oecdguidelinesontheprotectionofprivacyandtransborderflowsofpersonaldata.htm. Acesso em: 1.º mar. 2020).

[27] BENNETT, Colin J. *Regulating privacy*: data protection and public policy in Europe and the United States. Ithaca: Cornell University Press, 1992. p. 111-112.

[28] A análise comparada de Colin Bennett sobre essa convergência regulatória perfaz os seguintes países: Estados Unidos, Alemanha, Grã-Bretanha e Suécia (BENNETT, Colin J. *Regulating privacy*: data protection and public policy in Europe and the United States. Ithaca: Cornell University Press, 1992. p. 116-152).

[29] CATE, Fred H.; MAYER-SCHÖNBERGER, Viktor. Notice and consent in a world of Big Data. *International Data Privacy Law*, v. 3, n. 2, p. 68-69, 2013.

[30] Sobre o tema das quatro gerações das leis de proteção de dados, vide o "Capítulo 1" de MENDES, Laura Schertel. *Privacidade, proteção de dados e defesa do consumidor*: linhas gerais de um novo direito fundamental. São Paulo: Saraiva, 2014.

[31] Vide MAYER-SCHÖNBERGER, Viktor. Generational development of data protection in Europe. *In:* AGRE, Philip E.; ROTENBERG, Marc. *Technology and privacy*: the new landscape. Cambridge: The MIT Press, 2001.

de proteção do titular dos dados, não é forçoso afirmar que o seu protagonismo[32] permaneceu como "traço marcante da abordagem regulatória".[33]

Nesse paradigma, o indivíduo se encontra no centro do processo decisório acerca do que é feito com seus dados pessoais.[34] Entretanto, nos casos em que o tratamento não está explicitamente autorizado por alguma base normativa, na prática, o positivo ideal de empoderamento do titular resulta na obtenção de seu consentimento individual diante dos termos do tratamento, depois de previamente informado a respeito da finalidade da coleta (*notice and consent*). O instrumento do consentimento tornou-se, assim, vetor dominante na busca pela materialização dessa almejada autonomia do titular dos dados, sobretudo no âmbito da Internet.[35]

Na prática, então, o consentimento figurou por muito tempo como núcleo de legitimidade jurídica do regime protetivo dos dados pessoais, viabilizando vários tratamentos de dados por entidades públicas e privadas: o indivíduo foi *informado* das práticas? *Consentiu* com o tratamento de dados realizado? Caso positivo, essas práticas e esses tratamentos se tornam legítimos por terem passado pelo crivo individual do titular.[36]

2. INSUFICIÊNCIAS DO PARADIGMA DO CONSENTIMENTO

Não obstante sua importância para o florescimento e consolidação da disciplina normativa voltada à proteção de dados, os pressupostos que delineiam o paradigma do consentimento, atualmente, demonstram-se insuficientes para garantir um regime protetivo *efetivo* e *material*, em especial, para assegurar um *verdadeiro controle* sobre o fluxo de dados pessoais pelo seu titular. Nesta seção, serão destacados três pontos que elucidam as insuficiências do consentimento como foco regulatório: (i) as limitações cognitivas do titular dos dados pessoais para avaliar os custos e benefícios envolvidos quanto aos seus direitos de personalidade; (ii) as situações em que não há uma real liberdade de escolha do titular, por exemplo, em circunstâncias denominadas "take it or leave it"; e (iii) as modernas técnicas de tratamento e análise de dados a partir de *Big Data* que fazem com que a totalidade do valor e a possibilidade de uso desses dados não sejam completamente mensuráveis no momento em que o consentimento é requerido.[37]

---

[32] "[T]he basic approach to protecting privacy has remained largely unchanged since the 1970s. Under the current approach, the law provides people with a set of rights to enable them to make decisions about how to manage their data. I will refer to this approach to privacy regulation as 'privacy self-management'" (SOLOVE, Daniel J. Privacy self-management and the consent dilemma. *Harvard Law Review*, v. 126, p. 1880, 2013).

[33] BIONI, Bruno Ricardo. *Proteção de dados pessoais*: a função e os limites do consentimento. Rio de Janeiro: Forense, 2019. p. 177.

[34] "This liberal autonomy principle seeks to place the individual at the center of decision-making about personal information use. Privacy-control seeks to achieve information self-determination through individual stewardship of personal data, and by keeping information isolated from access. [...] The weight of the consensus about the centrality of privacy-control is staggering" (SCHWARTZ, Paul M. Internet Privacy and the State. *Connecticut Law Review*, v. 32, p. 820, 2000).

[35] CATE, Fred H.; MAYER-SCHÖNBERGER, Viktor. Notice and consent in a world of Big Data. *International Data Privacy Law*, v. 3, n. 2, p. 67-68, 2013.

[36] SOLOVE, Daniel J. Privacy self-management and the consent dilemma. *Harvard Law Review*, v. 126, p. 1880-1882, 2013; DONEDA, Danilo. *Da privacidade à proteção de dados*. São Paulo: RT, 2019. p. 198.

[37] "Equally challenging is the fact that in the age of 'Big Data', much of the value of personal information is not apparent at the time of collection, when notice and consent are normally given" (CATE, Fred H.; MAYER-SCHÖNBERGER, Viktor. Notice and consent in a world of Big Data. *International Data Privacy Law*, v. 3, n. 2, p. 67, 2013).

2.1 Limitações cognitivas

A *primeira* insuficiência enfrentada pelo paradigma do consentimento advém de sua abordagem quanto ao próprio titular dos dados e seu processo cognitivo-decisório.

É que, sob tal ótica, esse indivíduo é guiado pela maximização de seus interesses em face dos custos e benefícios envolvidos em consentir, ou não, com os termos que lhe são apresentados. Assim, caso esteja munido de amplo conhecimento acerca do que é feito com seus dados pessoais, poderá sopesar os custos envolvidos para sua personalidade e contrapô-los diante dos benefícios trazidos, por exemplo, pela utilização de um serviço *on-line*. Por conseguinte, tomará uma decisão sobre o que consentir e o que não consentir na Internet, em seu melhor interesse, após ler os termos de privacidade disponibilizados, por exemplo.

Partindo dessas premissas, o seguinte procedimento se tornou comum: *(i)* informar o titular dos dados pessoais acerca de quais dados estão sendo coletados e como eles serão usados (*notice*); em seguida, *(ii)* permitir com que ele detenha o poder de decidir se aceita, ou não, os referidos usos de seus dados pessoais (*consent*).[38] Com base nas informações disponibilizadas, portanto, pressupõe-se que o indivíduo está apto a tomar decisões racionais, embasadas e efetivamente autônomas.

Ocorre que importantes evidências empíricas trazidas pelas ciências comportamentais têm demonstrado que tais pressupostos nem sempre são adequados,[39] especialmente em face de *limitações cognitivas*,[40] como vieses e heurísticas,[41] que podem dificultar a avaliação dos elementos necessários "para racionalizar um processo de tomada de decisão genuíno a respeito do fluxo de seus dados pessoais".[42] Por óbvio, não se trata de simplesmente "infantilizar" o titular dos dados, tratando-o como incapaz de decidir por si mesmo ou simplesmente ignorar sua capacidade racional. No entanto, o foco excessivo na obtenção de seu consentimento (aparentemente) informado deixa de lado algo mais complexo: a real capacidade do titular dos dados pessoais de substancialmente compreender e avaliar os riscos e prejuízos que poderão advir de seu consentimento, sobretudo *on-line*.[43] No que diz respeito à privacidade e à prote-

---

[38] SOLOVE, Daniel J. Privacy self-management and the consent dilemma. *Harvard Law Review*, v. 126, p. 1883, 2013.

[39] "There is a great deal of evidence that few consumers read privacy policies or similar documents, for instance, and that even fewer understand them" (CALO, M. Ryan. Against notice skepticism in privacy (and elsewhere). *Notre Dame Law Review*, v. 87, issue 3, p. 1050, 2012). "In fact, the psychology and behavioural science research shows that website users are subject to a variety of specific situational influences that intuitively impel the giving of consent" (CAROLAN, Eoin. The continuing problems with online consent under the EU's emerging data protection principles. *Computer Law & Security Review*, v. 32, n. 3, p. 462, Jun. 2016).

[40] Limites oriundos da racionalidade limitada (*bounded rationality*) dos seres humanos e que são capazes de impactar seu processo decisório, a partir da restrição de sua capacidade em apurar e interpretar informações (FUX, Luiz; FONSECA, Gabriel Campos Soares da. Regulação e "Nudge": como a economia comportamental (*behavioral economics*) pode influenciar políticas regulatórias?. *In*: FONSECA, Reynaldo Soares da; COSTA, Daniel Castro Gomes da (coord.). *Direito regulatório*: desafios e perspectivas para a Administração Pública. Belo Horizonte: Fórum, 2020).

[41] Para um dos trabalhos seminais sobre a temática, vide SUNSTEIN, Cass R.; THALER, Richard H. *Nudge*: improving decisions about health, wealth, and happiness. New Haven: Yale University Press, 2008.

[42] BIONI, Bruno Ricardo. *Proteção de dados pessoais*: a função e os limites do consentimento. Rio de Janeiro: Forense, 2019. p. 224.

[43] "[T]he extent to which individuals can fully understand and meaningfully evaluate the various risks and harms that their personal data might be subject to" (WHITLEY, Edgar A. Informational privacy, consent and the "control" of personal data. *Information Security Technical Report*, v. 14, n. 3, p. 156, 2009).

ção de dados, essas limitações cognitivas podem minar substancialmente[44] os pressupostos do "notice and consent".[45]

Apesar da grande relevância dada à apresentação de informações pela entidade responsável pelo tratamento de dados,[46] estudos têm indicado que, ao tomar decisões sobre sua privacidade e sobre seus dados, o indivíduo muitas vezes sequer lê regularmente as "Políticas de Privacidade" ou "Informações sobre o Uso de Dados" que lhe são apresentadas,[47] o que pode tornar a medida inócua. Mais do que isso, as informações disponibilizadas costumam ser de difícil compreensão, haja vista a complexidade e sofisticação do tratamento de dados na espécie, envolvendo vários conceitos técnicos e jurídicos ou até mesmo o tamanho das letras e a extensão do texto. Em verdade, o próprio excesso de informações pode ser prejudicial, sobrecarregando a cognição do titular dos dados acerca dos efeitos atinentes às questões apresentadas.[48] Além disso, até mesmo a maneira com que essas regras e essas escolhas são disponibilizadas (*framed*)[49] pode influenciar sensivelmente o processo decisório de consentir ou não.[50]

Nessas situações, o próprio consentimento individual torna-se incapaz de corresponder à vontade real do titular dos dados, pois esse sequer compreende os efeitos que eventual decisão pode causar aos seus direitos de personalidade, tornando a valorização excessiva na obtenção do consentimento expresso dos titulares inadequada para alcançar o objetivo de conferir efetiva autonomia e proteção a eles.[51]

2.2 Desigualdade de poderes e dependência dos serviços da sociedade da informação

A *segunda* insuficiência vivenciada pelo paradigma do consentimento advém da desconsideração da assimetria de poderes existente na relação entre o titular dos dados pessoais e os

---

[44] Sobre as influências que outros elementos, como emoção e afeto, podem exercer sobre o processo decisório dos indivíduos de paulatinamente consentirem na concessão de seus dados pessoais, vide LI, Han; SARATHY, Rathindra; XU, Heng. The role of affect and cognition on online consumers' decision to disclose personal information to unfamiliar online vendors. *Decision Support Systems*, v. 51, issue 3, p. 434-445, Jun. 2011.

[45] SOLOVE, Daniel J. The Myth of the Privacy Paradox. *GWU Legal Studies Research Paper*, n. 2020, p. 12, 2020. Disponível em: https://papers.ssrn.com/sol3/papers.cfm?abstract_id=3536265. Acesso em: 10 mar. 2020.

[46] Para uma revisão pormenorizada da literatura a respeito do "notice" como ferramenta regulatória, formulando uma abordagem construtiva, vide CALO, M. Ryan. Against notice skepticism in privacy (and elsewhere). *Notre Dame Law Review*, v. 87, issue 3, p. 1027-1072, 2012.

[47] Vide: MILNE, George R.; CULNAN, Mary J. Strategies for reducing online privacy risks: why consumers read (or don't read) online privacy notices. *Journal of Interactive Marketing*, v. 18, issue 3, p. 15-29, 2004.

[48] MACEDO JÚNIOR, Ronaldo Porto. Privacidade, mercado e informação. *Justitia*, São Paulo, v. 61, n. 185/188, p. 247, jan./dez. 1999.

[49] ACQUISITI, Alessandro. Nudging privacy: the behavioral economics of personal information. *IEEE Security & Privacy*, v. 7, n. 6, p. 82-85, 2009, p. 83.

[50] Para uma análise, em língua portuguesa, sobre as limitações cognitivas no âmbito da proteção de dados, vide os tópicos 4.1.2 e 4.1.3 de BIONI, Bruno Ricardo. *Proteção de dados pessoais*: a função e os limites do consentimento. Rio de Janeiro: Forense, 2019.

[51] ACQUISITI, Alessandro; GROSSKLAGS, Jens. What can behavioral economics teach us about privacy? *In*: ACQUISITI, Alessandro; GRITZALIS, Stefano; LAMBRINOUDAKIS, Costos; VIMERCATI, Sabrina (ed.). *Digital privacy*: theory, technologies, and practices. Boca Raton: Auerbach Publications, 2007. p. 363. Sobre o tema, vide o "Capítulo IV" de BIONI, Bruno Ricardo. *Proteção de dados pessoais*: a função e os limites do consentimento. Rio de Janeiro: Forense, 2019.

agentes responsáveis pelo tratamento desses dados.[52] É que, sob essa perspectiva, o consentimento do indivíduo se apresenta como base legitimadora para praticamente toda a operação de tratamento de dados, independentemente das assimetrias existentes quanto ao poder de barganha das partes, o que poderia prejudicar a tomada de uma decisão realmente livre e autônoma.

Ocorre que, não raras vezes, o titular dos dados pessoais se encontra em situação de vulnerabilidade nessa relação contratual eletrônica.[53] Primeiro, pois, como já dito, os termos das políticas de privacidade podem ser demasiadamente complexos e abstratos, impossibilitando uma compreensão mais transparente a respeito do concreto emprego dos dados. Segundo, porque vários desses termos negociais se baseiam em uma lógica binária[54] "take it or leave it": consentir ou não consentir, sem outras opções. Entretanto, ao não consentir, o custo é o de não desfrutar o serviço almejado, *v.g.*, o uso de uma rede social ou de um aplicativo *on-line*.[55]

Dessa forma, mesmo estando exposto a tamanhos riscos, o titular dos dados pessoais pode acabar realizando seu consentimento com base em proveitos, tais como: a conexão com suas amizades, a disponibilidade de meios de comunicação em tempo real, a possibilidade de ouvir músicas e assistir a filmes etc. Assim, muitas vezes esse consentimento é meramente aparente,[56] sendo questionável sua contribuição para o objetivo de proteger o titular dos dados. Portanto, coloca-se em dúvida o grau concreto pelo qual ele reflete a *autonomia decisória* desse titular.

Trata-se do cenário retratado por Spiros Simitis[57] no qual o consentimento é meramente uma *ficção*, uma vez que o indivíduo carece de efetiva autonomia decisória para se proteger dos possíveis perigos e danos à sua personalidade. Nessas situações, a decisão individual de consentir não é livre e autônoma ou oriunda da avaliação dos ônus e dos bônus envolvidos. Ao revés, ela se origina de uma verdadeira imposição estabelecida por terceiro: consentir ou simplesmente não desfrutar de serviço/produto, que, muitas vezes, sob a perspectiva do indivíduo, é essencial para a sua sociabilidade ou acesso à informação na era digital.

2.3 Novas tecnologias e o potencial de agregação da informação: impossibilidade de gerenciamento individual dos riscos no momento da coleta dos dados

A *terceira* insuficiência de uma visão centrada no consentimento advém de sua menor capacidade de oferecer respostas aos desafios decorrentes da "massificação da produção, coleta, armazenamento, tratamento e compartilhamento de dados pessoais".[58]

---

[52] MENDES, Laura Schertel. A vulnerabilidade do consumidor quanto ao tratamento de dados pessoais. *Revista de Direito do Consumidor*, São Paulo, v. 24, n. 102, nov./dez. 2014.

[53] MARQUES, Claudia Lima; MIRAGEM, Bruno. *O novo direito privado e a proteção dos vulneráveis*. São Paulo: RT, 2012. p. 117.

[54] "That binary choice is not what the privacy architects envisioned four decades ago when they imagined empowered individuals making informed decisions about the processing of their personal data" (CATE, Fred H.; MAYER-SCHÖNBERGER, Viktor. Notice and consent in a world of Big Data. *International Data Privacy Law*, v. 3, n. 2, p. 67, 2013).

[55] BALKIN, Jack M. Fixing social media's grand bargain. *Hoover Working Group on National Security Technology, and Law*, Aegis Paper Series n. 1814, p. 3, Oct. 2018.

[56] SCHWENKE, Mathias. *Individualisierung und Datenschutz*. Wiesbaden: Deutscher Universitäts-Verlag, 2006. p. 58.

[57] SIMITIS, Spiros. Die informationelle Selbstbestimmung. Grundbedingung einer verfassungskonformen Informationsordnung. *Neue Juristische Wochenschrift*, v. 37, p. 401, 1984.

[58] QUEIROZ, Rafael Mafei Rabelo; PONCE, Paula Pedigoni. Tercio Sampaio Ferraz Júnior e Sigilo de dados: o direito à privacidade e os limites à função fiscalizadora do Estado: o que permanece e o que deve ser reconsiderado. *Internet & Sociedade*, São Paulo, n. 1, v. 1, p. 75, 2020.

Apesar do nome sugestivo, a proteção de dados não se volta exclusivamente aos dados em si. O seu enfoque protetivo está no *titular* desses dados: quem arcará com os riscos e com as eventuais consequências prejudiciais do uso de seus dados pessoais. Nesse sentido, o papel regulatório é mais amplo: disciplinar a *informação* gerada a partir do processamento e do tratamento dos dados pessoais, em um devido contexto.[59] São as informações extraídas a partir desses dados, que essencialmente formarão a representação virtual do indivíduo na sociedade. Os dados precisam ser processados e organizados para a extração dessas informações. A partir delas, por exemplo, são geradas decisões ou interpretações que podem ampliar ou reduzir as oportunidades do titular no mercado, formatar sua "imagem" perante os setores público e privado, bem como desenvolver sua personalidade dentro da comunidade digital.

Conforme bem elucidam Viktor Mayer-Schönberger e Kenneth Cukier,[60] em um cenário marcado pelo *Big Data*, o tratamento dos dados pessoais não pode ser visto como algo estático, cuja utilidade político-econômica se exaure no momento em que alcançada a finalidade para que foram coletados, como a realização de um censo pelo Governo ou uma operação de determinada empresa privada. Ao contrário, com tecnologias que se utilizam de *Big Data*, inteligência artificial e algoritmos, é possível extrair novas informações totalmente descoladas da finalidade original que ensejou a coleta desses dados. A partir do posterior processamento, cruzamento e análise de grandes bancos de dados, pode-se gerar novas formas de valor político-econômico com o condão de impactar difusamente toda a sociedade e afetar sensivelmente o próprio regime democrático,[61] tal como observado nos escândalos eleitorais envolvendo a *Cambridge Analytica*.

Dados considerados "irrelevantes" ou "públicos" como idade, altura, nacionalidade, os locais de moradia e de trabalho podem servir de insumo para correlações, predições e ranqueamentos acerca da personalidade do titular dos dados pessoais ou de determinados grupos sociais.[62] Essas decisões têm a capacidade prática de determinar "a vida das pessoas: desde a seleção de currículos para uma vaga de emprego, chegando até os seguros, acesso ao crédito e serviços do governo".[63]

Em suma, a criação de detalhados perfis a respeito dos cidadãos pode criar sérios riscos à sua personalidade na medida em que essas representações virtuais têm o condão de diminuir ou de aumentar oportunidades sociais "em aspectos centrais da vida humana", como "emprego, moradia, crédito, justiça criminal",[64] justamente de acordo com a classificação ou

---

[59] "The goal of data protection is not the protection of data but of the individuals to whom the data refer. The object of protection, then, is not the personal data per se. [...] Nonetheless, data are not meaningful per se, but rather as 'potential information'" (ALBERS, Marion. Realizing the complexity of data protection. Chapter 11. *In*: GUTWIRTH, Serge *et al.* (ed.). *Reloading data protection*. Dordrecht: Springer, 2014. p. 222).

[60] MAYER-SCHÖNBERGER, Viktor; CUKIER, Kenneth. *Big Data*: a revolution that will transform how we live, work, and think. New York: Houghton Mifflin Harcourt, 2014. p. 5-7.

[61] CARVALHO, Victor Miguel Barros de; GUIMARÃES, Patrícia Borba Vilar; OLIVEIRA, Adriana Carla Silva de. Monetização de dados pessoais na Internet: competência regulatória a partir do Decreto n.º 8.771/2016. *REI – Revista Estudos Institucionais*, Rio de Janeiro, v. 4, n. 1, p. 385, ago. 2018.

[62] O'NEIL, Cathy. *Weapons of math destruction*: how big data increases inequality and threatens democracy. London: Penguin Books, 2018.

[63] TEFFÉ, Chiara Spadaccini; MEDON, Filipe. Responsabilidade civil e regulação de novas tecnologias: questões acerca de inteligência artificial na tomada de decisões empresariais. *REI – Revista Estudos Institucionais*, Rio de Janeiro, v. 6, n. 1, p. 309-311, abr. 2020.

[64] QUEIROZ, Rafael Mafei Rabelo; PONCE, Paula Pedigoni. Tercio Sampaio Ferraz Júnior e Sigilo de dados: o direito à privacidade e os limites à função fiscalizadora do Estado: o que permanece e o que deve ser reconsiderado. *Internet & Sociedade*, São Paulo, n. 1, v. 1, p. 82, 2020.

o *score* conferido ao seu perfil. Dessa maneira, dados inexatos ou incompletos e vieses do programador do algoritmo, por exemplo, podem gerar predições, inferências e interpretações verdadeiramente discriminatórias acerca de um indivíduo ou de um segmento social.[65]

Ademais, o fluxo desses dados perpassa por uma complexa rede de atores que os utilizam por meio de práticas e de operações com fins diversos. É impossível que o titular de dados tenha conhecimento prévio de todos esses elementos não só por limitações de cognição, mas também por questões estruturais.[66] É dizer: seja pela escala em que a informação é processada, seja pela enorme capacidade de agregação da informação pelas novas tecnologias, é improvável que o indivíduo, no momento da coleta, gerencie plenamente algo que ocorrerá no futuro e que envolve inúmeras incertezas acerca de como todas as informações e dados acerca de um indivíduo serão agregados, cruzados ou utilizados.

Por conseguinte, apesar de o dado em si permanecer como importante ponto de referência regulatória para a disciplina da proteção de dados pessoais, é preciso observar essa cadeia mais ampla e pensar na regulação global dos seus usos, que vão muito além do processo de coleta inicial: as informações geradas a partir de seu processamento; as decisões tomadas considerando essas informações; e, sobretudo, os efeitos adversos oriundos dessas decisões, porque capazes de afetar a vida e a liberdade dos indivíduos envolvidos.[67]

Logo, não se trata de limitar todo e qualquer tipo de tratamento de dados ou de simplesmente abandonar o consentimento individual como instrumento protetivo. Ao contrário, cuida-se de avaliar sua capacidade para efetivar essa proteção a partir do contexto particular em que inserido. Em um mundo marcado pela tecnologia do *Big Data*, muitas inovações tecnológicas positivas decorrem justamente dessa habilidade de "reutilizar uma mesma base de dados para propósitos diferentes".[68] Entretanto, não se pode deixar de garantir a necessária proteção dos titulares dos dados. Helen Nissenbaum[69] bem elucida que, para esse objetivo, muito além da legitimação a partir do consentimento individual autorizando a coleta dos dados, a avaliação perpassa pelo respeito à *integridade contextual* (*contextual integrity*) do fluxo desses dados, observando a proteção de dados como vetor de garantia de um fluxo apropriado e esperado à luz das "normas informacionais" aplicáveis ao contexto em debate (*context-relative informational norms*).[70]

Apesar de não abordar diretamente o uso de *Big Data*, o exemplo oferecido pela autora esclarece bem essa visão contextual.[71] No caso de dados sobre a saúde de um paciente, por via de regra, espera-se maior zelo e até certa confidencialidade. Caso o profissional da saúde decida compartilhá-los com um especialista de outra área médica a fim de ampliar o diagnóstico

---

[65] MENDES, Laura Schertel; MATTIUZO, Marcela. Discriminação algorítmica: conceito, fundamento legal e tipologia. *Revista de Direito Público*, Porto Alegre, v. 16, n. 90, p. 40-41, nov./dez. 2019.

[66] SOLOVE, Daniel J. Privacy self-management and the consent dilemma. *Harvard Law Review*, v. 126, p. 1880-1903, 2013.

[67] ALBERS, Marion. Realizing the complexity of data protection. Chapter 11. *In*: GUTWIRTH, Serge *et al.* (ed.). *Reloading data protection*. Dordrecht: Springer, 2014. p. 222-224.

[68] BIONI, Bruno Ricardo. *Proteção de dados pessoais*: a função e os limites do consentimento. Rio de Janeiro: Forense, 2019. p. 317.

[69] Vide NISSENBAUM, Helen. *Privacy in context*: technology, policy, and the integrity of social life. Palo Alto: Stanford University Press, 2010.

[70] NISSENBAUM, Helen. A contextual approach to privacy online. *Daedalus, the Journal of the American Academy of Arts & Sciences*, v. 140, n. 4, p. 33, Fall 2011.

[71] NISSENBAUM, Helen. A contextual approach to privacy online. *Daedalus, the Journal of the American Academy of Arts & Sciences*, v. 140, n. 4, p. 33-34, Fall 2011.

ou tratamento necessário, não parece haver violação da integridade contextual: o fluxo foi esperado e apropriado. Todavia, caso haja compartilhamento desses mesmos dados a fim de vantagens econômicas, uma quebra dessa integridade contextual já se apresenta mais visível, se não ocorrer em benefício dos interesses do titular dos dados.

Novos riscos e maneiras de explorar os dados pessoais demonstram que a proteção de dados deve englobar parâmetros de legitimidade mais amplos do que a existência de um consentimento individual prévio,[72] levando em consideração a compatibilidade entre o contexto da relação e as características do tratamento. Não sendo mero "cheque em branco", o consentimento inicialmente expressado é analisado posteriormente de acordo com as "legítimas expectativas" para o contexto daquele tratamento.[73]

Essas "legítimas expectativas" passam a ser avaliadas a partir de elementos como: *(i)* o *contexto* em que a suposta violação ocorreu (qual era o ambiente social que estruturava o fluxo de informações analisado?); *(ii)* os *atores* envolvidos (quem eram os emissores, receptores e sujeitos do fluxo de informação?); *(iii)* os *atributos* da informação analisada (com que tipo de informação se estava lidando? Informações médicas, bancárias, preferências pessoais?); *(iv)* os *princípios de transmissão* aplicáveis (quais eram os constrangimentos aplicáveis ao fluxo de informações analisado, ele estava condicionado à confidencialidade, reciprocidade, necessidade?).[74]

3. TENDÊNCIAS CONTEMPORÂNEAS DE MATERIALIZAÇÃO DA PROTEÇÃO DE DADOS PESSOAIS

Como visto na seção anterior, existem diversas situações em que a efetividade do instrumento do consentimento se torna questionável para garantir a autonomia decisória do indivíduo quanto aos seus dados pessoais. Esse déficit, no entanto, não significa o abandono do consentimento como instrumento protetivo. Além disso, tampouco pode figurar como justificativa para a adoção de uma postura puramente paternalista, isto é, simplesmente diminuindo a liberdade do titular dos dados pessoais à sua revelia. Entre outros fatores, a adoção desse raciocínio pode inviabilizar todo um mercado personalizado e inovador, no âmbito digital, e até mesmo a construção de políticas públicas balizadas por evidências empíricas.

Ao contrário, o que parece mais adequado é a formulação de perspectivas mais complexas e sofisticadas de *autonomia* para além de uma acepção formal, rumando para uma *autodeterminação* do titular dos dados como expressão do livre desenvolvimento de sua personalidade e de sua própria dignidade.[75] Trata-se de concretizar uma *autonomia material* do indivíduo na proteção de dados pessoais, em linha com as tendências de materialização, expressadas por Claus-Wilhelm Canaris[76] como a marca do direito privado no século XX.

---

[72] NISSENBAUM, Helen. *Privacy in context*: technology, policy, and the integrity of social life. Palo Alto: Stanford University Press, 2010. p. 140.

[73] BIONI, Bruno Ricardo. *Proteção de dados pessoais*: a função e os limites do consentimento. Rio de Janeiro: Forense, 2019. p. 322.

[74] NISSENBAUM, Helen. *Privacy in context*: technology, policy, and the integrity of social life. Palo Alto: Stanford University Press, 2010. p. 182.

[75] MENDES, Laura Schertel. *Schutz vor Informationsrisiken und Gewährleistung einer gehaltvollen Zustimmung*: Eine Analyse der Rechtmäßigkeit der Datenverarbeitung im Privatrecht. Berlin: De Gruyter, 2015.

[76] CANARIS, Claus-Wilhelm. Wandlungen des Schuldvertragsrechts – Tendenzen zu seiner „Materialisierung". *Archiv für die civilistische Praxis*, v. 200, p. 273, 2000.

No entanto, mais especificamente para os fins deste trabalho, passo importante é levar em consideração instrumentos, conceitos e estratégias complementares para adequar a proteção de dados pessoais a esse novo cenário, buscando apaziguar as insuficiências mencionadas acerca do foco excessivo no consentimento[77] e tornando-o mais eficaz.[78]

Nesta seção, serão brevemente exploradas três abordagens, já adotadas por atuais legislações de proteção de dados e discutidas em alguns trabalhos acadêmicos, que podem ser importantes nesse sentido: (i) a proteção de dados por meio da tecnologia; (ii) a análise de risco e a instauração de uma regulação pautada pela ideia de *accountability*; e (iii) o estabelecimento de limites materiais em torno do consentimento.

3.1 Proteção de dados por meio da tecnologia e da arquitetura dos sistemas informacionais

Há muito, Lawrence Lessig[79] vem ressaltando o fato de que o direito não é o único vetor regulador da Internet. De outra sorte, ele convive com outras dimensões responsáveis para tanto: as constrições sociais, as dinâmicas do mercado privado e a própria tecnologia, a qual é capaz de estabelecer arquiteturas e *designs* que podem propiciar um espaço virtual tanto favorável quanto desfavorável à fruição de direitos fundamentais como liberdade, igualdade e privacidade. Novas tecnologias não têm apenas efeitos benéficos *ou* efeitos maléficos, elas são "um fardo *e* uma benção"[80] capazes de propagar ambos os efeitos, a depender da forma em que concebidas e utilizadas. Por um lado, é bem verdade que as inovações tecnológicas têm gerado grandes riscos à personalidade dos indivíduos. De outro, elas podem ser verdadeiras ferramentas em favor dessa proteção.

Nessa linha, Julie Cohen[81] esclarece a necessidade de se utilizar tecnologia e direito no estabelecimento de melhores condições para permitir escolhas substancialmente autônomas. Sozinho, o direito não consegue estruturar completamente um ambiente virtual favorável à proteção de dados. Entretanto, a tecnologia também não é exclusivamente capaz de "proteger os cidadãos de violações e ofensas a direitos fundamentais".[82] Assim, aliá-los de forma complementar é essencial para estruturar parâmetros regulatórios e institucionais compatíveis com os valores ético-sociais e os preceitos jurídicos de determinada sociedade. Nesse sentido, importante tarefa é, por exemplo, incentivar o desenho de sistemas tecnológicos seguros e assegurar a presença dos princípios que guiam a proteção de dados não só nas leis e/ou nos termos contratuais, mas também nos sistemas tecnológicos utilizados para tanto.[83]

---

[77] SCHERMER, Bart W.; CUSTERS, Bart; HOF, Simone van der. The crisis of consent: how stronger legal protection may lead to weaker consent in data protection. *Ethics and Information Technology*, v. 16, p. 171-182, 2014.

[78] CATE, Fred H.; MAYER-SCHÖNBERGER, Viktor. Notice and consent in a world of Big Data. *International Data Privacy Law*, v. 3, n. 2, p. 69, 2013.

[79] LESSIG, Lawrence. *Code*: and other laws of the cyberspace. New York: Basic Books, 1999.

[80] Tradução livre de "Every technology is both a burden and a blessing; not either-or, but this-and-that" (POSTMAN, Neil. *Technopoly*: the surrender of culture to technology. New York: Vintage Books, 1992. p. 4-5).

[81] COHEN, Julia. Examined lives: informational privacy and the subject as object. *Stanford Law Review*, v. 52, p. 1436-1437, 2000.

[82] ZANATTA, Rafael A. F. A proteção de dados entre leis, códigos e programação: os limites do Marco Civil da Internet. *In*: DE LUCCA, Newton; SIMÃO FILHO, Adalberto; PEREIRA DE LIMA, Cíntia Rosa. *Direito & Internet III*: Marco Civil da Internet. São Paulo: Quartier Latin, 2015. p. 465.

[83] Para uma visão geral do debate, vide: RUBINSTEIN, Ira S. Regulating privacy by design. *Berkeley Technology Law Journal*, v. 26, p. 1409-1456, 2011.

Trata-se de estimular a incorporação da ideia de *autodeterminação informativa*[84] nos sistemas, códigos, arquiteturas e procedimentos tecnológicos: aplicar o direito fundamental à proteção de dados na concepção e na aplicação das tecnologias que permeiam os serviços e produtos disponíveis aos usuários. É que, em ordem de se alcançar um consentimento material e efetivo, antes é preciso preencher diversas condições tecnológicas para tanto. Em especial, ao máximo quanto tecnologicamente possível, (i) aumentar a confiança dos indivíduos no sistema utilizado e no tratamento de dados realizado, assegurando que ambos serão livres e adequados, longe de manipulações, interceptações ou acessos indevidos, bem como (ii) permitir que o titular dos dados possa configurar e determinar suas preferências acerca do que é feito com os desdobramentos virtuais de sua personalidade.[85]

É o que suscitam, por exemplo, os princípios da segurança e da prevenção, respectivamente, art. 6.º, VII e VIII, da LGPD. O primeiro angariando a confiança dos indivíduos quanto aos sistemas de informação, por meio de medidas técnico-administrativas aptas a coibir acessos não autorizados aos dados pessoais, bem como efeitos adversos oriundos de "situações acidentais ou ilícitas de destruição, perda, alteração, comunicação ou difusão". Já o segundo incorporando, na própria tecnologia, medidas técnicas capazes de "prevenir a ocorrência de danos" à personalidade dos indivíduos em face de tratamentos de dados pessoais.

Esse é também o propósito das *Privacy Enhancing Technologies* (PETs), tecnologias que reforçam a proteção de dados pessoais e/ou simplesmente são facilitadoras da fruição desse direito. As PETs podem auxiliar nessa complexa tarefa de "regenerar a atrofiada estratégia regulatória" caracterizada pelo extenso uso do "consentimento do titular da proteção de dados pessoais".[86]

Alguns exemplos atuais merecem destaque, como a "criptografia de ponta a ponta" utilizada por aplicativos como o WhatsApp a fim de converter mensagens de texto, voz e vídeo em dados cifrados. Assim, apenas os participantes da comunicação (as "pontas" representadas pelo emissor e receptor ou o grupo envolvido) podem decifrá-los.[87] Nesse sentido, a medida é benéfica à proteção de dados ao aumentar a confiança dos seus usuários e a segurança do sistema tecnológico, impedindo ou dificultando acessos indevidos. Os mecanismos de gerenciamento de privacidade pelo usuário também constituem exemplo relevante. O *Google Dashboard* atua como uma "central de gerenciamento" que busca esclarecer, de forma mais acessível e concentrada, de que modo os serviços da empresa utilizados pelo titular dos dados têm efetivamente armazenado seus dados pessoais, permitindo assim a configuração personalizada de opções diversas de coleta e uso de dados.[88]

Enfim, as PETs e outras iniciativas envolvendo a própria tecnologia, embora estejam ainda em fase de desenvolvimento, representam inovações promissoras que muito podem contribuir

---

[84] Para as múltiplas interpretações acerca do conceito, vide MENDES, Laura Schertel. *Privacidade, proteção de dados e defesa do consumidor*: linhas gerais de um novo direito fundamental. São Paulo: Saraiva, 2014; BIONI, Bruno Ricardo. *Proteção de dados pessoais*: a função e os limites do consentimento. Rio de Janeiro: Forense, 2019.

[85] MENDES, Laura Schertel. Segurança da informação, proteção de dados pessoais e confiança. *Revista de Direito do Consumidor*, São Paulo, v. 22, n. 90, p. 246, nov./dez. 2013.

[86] BIONI, Bruno Ricardo. *Proteção de dados pessoais*: a função e os limites do consentimento. Rio de Janeiro: Forense, 2019. p. 204-207.

[87] Para as discussões envolvendo os argumentos a favor e contra esse tipo de criptografia, vide ABREU, Jacqueline de Souza. Passado, presente e futuro da criptografia forte: desenvolvimento tecnológico e regulação. *Revista Brasileira de Políticas Públicas*, Brasília, v. 7, n. 3, p. 24-42, 2017, p. 26.

[88] CALO, M. Ryan. Against notice skepticism in privacy (and elsewhere). *Notre Dame Law Review*, v. 87, issue 3, p. 1043-1044, 2012.

PARTE I · Cap. 4 · PROTEÇÃO DE DADOS PARA ALÉM DO CONSENTIMENTO | **87**

para aumentar a efetividade da proteção do titular dos dados pessoais e para melhor amparar o seu consentimento.[89] A ideia de que o próprio sistema deve concretizar o conceito de auto-determinação informativa é fundamental e deve continuar direcionando futuras iniciativas.

3.2 Análise de risco e *accountability*

Conforme elucidam Colin Bennett e Charles Raab,[90] uma grande tendência incorporada nas contemporâneas legislações de proteção de dados é a de se apegar aos conceitos de *risco* e de *accountability*. Trata-se da ideia de que a responsabilidade pela proteção de dados pessoais em um complexo ambiente digital deve ser compartilhada entre todos os atores, não podendo ficar restrita ao gerenciamento individual do titular por meio exclusivo do seu consentimento.

No atual contexto tecnológico e social de um complexo tratamento de dados por meio de *Big Data* e de algoritmos de seleção e predição, cresce a importância de se proceder a uma análise prévia dos riscos oferecidos pelo tratamento de dados em questão (*risk analysis*). Por meio dela, é possível adotar medidas de segurança compatíveis com o grau de probabilidade relacionado à ocorrência de "impactos, ameaças ou danos"[91] a direitos e a liberdades.[92] Para tanto, as legislações mais recentes têm buscado distribuir responsabilidade e deveres de transparência entre os atores envolvidos, com foco especial no agente responsável pelo tratamento dos dados, seja ele público ou privado.

No cenário europeu, o art. 18 da antiga Diretiva sobre proteção de dados (Diretiva 95/46/CE) estabelecia, aos agentes de tratamento, a obrigação de notificar todas as suas atividades para as autoridades de controle. De outra sorte, o novo Regulamento Geral de Proteção de Dados (RGPD) confere um "voto de confiança" a esses agentes e fixa o *risco* como crivo para essas notificações: elas são necessárias somente quando o tratamento puder gerar "alto risco para os direitos e liberdades fundamentais" (Considerando 89 do RGPD).

Outro exemplo da realidade europeia é a apresentação de relatórios de impacto à proteção de dados (*privacy impact assessments*) por parte desses agentes. No ponto, o art. 35, 1, do RGPD é claro: "quando um certo tipo de tratamento [...] for suscetível de implicar elevado risco para os direitos e liberdades das pessoas singulares, o responsável pelo tratamento", antes de iniciá-lo, deverá elaborar tal relatório de avaliação de impacto. Tendo o risco como fator central, esses relatórios são obrigatórios, *v.g.,* caso o tratamento envolva dados sensíveis do titular (art. 35, 3, "b"), tendo em vista a magnitude dos possíveis danos à personalidade dos indivíduos causados por usos indevidos de dados enquadrados nessa categoria.[93]

---

[89] CALO, M. Ryan. Against notice skepticism in privacy (and elsewhere). *Notre Dame Law Review*, v. 87, issue 3, p. 1044, 2012.

[90] "While the labels remain the same, however, the conceptual foundations for their legitimation and justification are shifting as a greater emphasis on accountability; risk; ethics and the social/political value of privacy have gained purchase in the policy community" (BENNETT, Colin; RAAB, Charles D. Revisiting "The Governance of Privacy": Contemporary Policy Instruments in Global Perspective. Aug. 2018. Disponível em: https://ssrn.com/abstract=2972086. Acesso em: 5 abr. 2020).

[91] CIPL – Centre for Information Policy Leadership. *Risk, High Risk, Risk Assessments and Data Protection Impact Assessments under the GDPR*. CIPL GDPR Interpretation and Implementation Project, 21 Dec. 2016, p. 14.

[92] Para uma análise da operacionalização dessa *análise de risco* na proteção de dados, vide GELLERT, Raphael. *Understading the risk-based approach to data protection*: an analysis of the links between law, regulation, and risk. Bruxelas: Vrije Universiteit Brussel, 2017.

[93] Segundo o art. 5.º, II, da LGPD, a categoria "dado sensível" engloba o "dado pessoal sobre origem racial ou étnica, convicção religiosa, opinião política, filiação a sindicato ou a organização de caráter religioso,

No Brasil, a LGPD também prevê a necessidade de elaborar os relatórios de impacto à proteção de dados, quando os "processos de tratamento de dados pessoais" possam "gerar riscos às liberdades civis e aos direitos fundamentais" (art. 5.º, XVII). Nesse diapasão, o controlador (agente competente para tomar as decisões atinentes ao tratamento de dados) deverá não só descrever esses processos, como também apresentar "medidas, salvaguardas e mecanismos de mitigação" dos riscos identificados.

Percebe-se, portanto, uma mentalidade regulatória pautada pela ideia de *accountability* na proteção de dados.[94] Mais do que prever direitos, são necessárias condições institucionais para garanti-los a partir da atuação dos múltiplos atores envolvidos. Essas obrigações relacionadas à implementação de medidas de segurança preventivas demandam participação ativa dos próprios agentes responsáveis pelo tratamento, tanto nas estratégias de combate e de mitigação dos riscos gerados por suas atividades quanto na maior transparência ao conduzir esses tratamentos. A ideia subjacente é a de construir um modelo regulatório híbrido e multifocal,[95] no qual os diversos atores envolvidos "compartilham responsabilidade pela elaboração e cumprimento"[96] dos parâmetros de proteção de dados pessoais por meio de instrumentos legislativos ou por via de iniciativas voluntárias, por exemplo.[97]

De um lado, confere-se maior liberdade a esses agentes, que deverão se reportar às autoridades somente quando houver um efetivo risco envolvido, bem como quando esse risco não puder ser mitigado por medidas tecnológicas empregadas por eles ou pelo desenvolvimento de cláusulas-padrão e normas corporativas globais validadas por selos, certificados e códigos de conduta (art. 33, II, LGPD). De outro, essa liberdade demanda também maior responsabilidade e transparência. Assim, esses agentes prestam conta aos titulares de dados e à autoridade independente, por exemplo, *(i)* demonstrando a "adoção de medidas eficazes e capazes de comprovar a observância e o cumprimento das normas de proteção de dados pessoais" (art. 6.º, X, LGPD), bem como *(ii)* apresentando-lhes "informações claras, precisas e facilmente acessíveis sobre a realização do tratamento e os respectivos agentes de tratamento" (art. 6.º, VI, LGPD).

3.3 Limites materiais e contextuais da proteção de dados

Abordagens preventivas e procedimentais, todavia, podem ser combinadas com considerações éticas e limites jurídicos[98] sobre as formas de coleta, uso e tratamento dos dados, bem como ao próprio consentimento.[99]

---

filosófico ou político, dado referente à saúde ou à vida sexual, dado genético ou biométrico, quando vinculado a uma pessoa natural".

[94] A *accountability* na proteção de dados tem sete elementos centrais: liderança e direção; análise de risco; políticas e procedimentos; transparência; treinamento e consciência; monitoramento e verificação; responsividade e *enforcement* (CIPL – Centre for Information Policy Leadership. *What Good and Effective Data Privacy Accountability Looks Like*: Mapping Organizations' Practices to the CIPL Accountability Framework. Report of the CIPL Accountability Mapping Project, May 2020).

[95] ARANHA, Marcio Iorio. *Manual de direito regulatório*. 5. ed. London: Laccademia Publishing, 2019. p. 99-147.

[96] ZANATTA, Rafael A. F. A proteção de dados entre leis, códigos e programação: os limites do Marco Civil da Internet. *In:* DE LUCCA, Newton; SIMÃO FILHO, Adalberto; PEREIRA DE LIMA, Cíntia Rosa. *Direito & Internet III*: Marco Civil da Internet. São Paulo: Quartier Latin, 2015. p. 448.

[97] CIPL – Centre for Information Policy Leadership. *The Case for Accountability*: How it Enables Effective Data Protection and Trust in the Digital Society. Discussion Paper 1, p. 4, 23 Jul. 2018.

[98] BENNETT, Colin; RAAB, Charles D. Revisiting "The Governance of Privacy": Contemporary Policy Instruments in Global Perspective. Aug. 2018, p. 29. Disponível em: https://ssrn.com/abstract=2972086. Acesso em: 5 abr. 2020.

[99] MENDES, Laura Schertel. *Schutz vor Informationsrisiken und Gewährleistung einer gehaltvollen Zustimmung*: Eine Analyse der Rechtmäßigkeit der Datenverarbeitung im Privatrecht. Berlin: De Gruyter, 2015. p. 92.

No paradigma do consentimento, os ideais de autonomia e de empoderamento individual assumem, diversas vezes, contornos meramente formais. Desconsideram-se questões envolvendo o contexto em torno do consentimento e do tratamento em questão, tais como os perigos acerca da *natureza* dos dados envolvidos. Nesse cenário, o consentimento se torna um modo conveniente de viabilizar a coleta e o uso de dados sem, contudo, "confrontá-los com os valores centrais em jogo".[100] Afinal, caso derive de uma decisão em que a livre vontade do titular dos dados é sensivelmente questionável, torna-se igualmente questionável a capacidade do consentimento em garantir esses ideais de autonomia e de empoderamento.

Nesse sentido, institutos civis já estabelecidos, relacionados aos vícios de vontade e aos abusos de poder ou a cláusulas gerais, como a boa-fé e a tutela da confiança, podem ser utilizados na busca pela materialização dessa autonomia e na análise do consentimento perante o contexto em que realizado.[101] O Marco Civil da Internet (Lei 12.965/2014), por exemplo, determina que serão nulas, de pleno direito, as cláusulas negociais que violem a privacidade e a liberdade de expressão (art. 8.º, *caput* e parágrafo único). De igual maneira, a LGPD condiciona a legitimidade e a legalidade do tratamento de dados à observância da boa-fé (art. 6.º, *caput*) vedando que ele ocorra "mediante vício de consentimento" (art. 8.º, § 3.º) ou que tenha "fins discriminatórios, ilícitos ou abusivos" (art. 6.º, IX).

O intuito é *adequar* o consentimento à finalidade do tratamento, porém não de forma rígida, mas sim de acordo com o contexto em que inseridos. Nesse equilíbrio, a própria natureza dos dados é levada em consideração. Caso enquadrados como sensíveis, a análise do consentimento e do tratamento ocorre a partir de parâmetros mais rígidos quanto à sua forma e à sua finalidade. Enseja-se, assim, maior cautela na própria formação de bancos de dados, pretendendo garantir qualidade, exatidão, clareza e atualização dos elementos que os compõem. Nas palavras de Solon Barocas e de Helen Nissenbaum:

> "Chegou a hora de contextualizar o consentimento, dando maior foco ao panorama [em que inserido]. Chegou a hora de explorar e de enriquecer o *background* dos direitos, obrigações e legítimas expectativas para que o consentimento possa cumprir com o seu papel adequado".[102]

A imposição de limites materiais não aponta para banir o consentimento ou inviabilizar importantes processos de tratamento de dados.[103] Trata-se, ao contrário, de revitalizar o consentimento como instrumento legítimo para o tratamento de dados, deslocando-o de um

---

[100] Tradução livre de "Consent often becomes a convenient way to reach outcomes without confronting the central values at stake" (SOLOVE, Daniel J. Privacy self-management and the consent dilemma. *Harvard Law Review*, v. 126, p. 1903, 2013).

[101] KOHTE, Wolfhard. Die Rechtfertigende Einwilligung. *Archiv für die civilistische Praxis*, v. 185, n. 2, p. 234, 1985; MENDES, Laura Schertel. *Schutz vor Informationsrisiken und Gewährleistung einer gehaltvollen Zustimmung*: Eine Analyse der Rechtmäßigkeit der Datenverarbeitung im Privatrecht. Berlin: De Gruyter, 2015. p. 84.

[102] Tradução livre de "It is time to contextualize consent by bringing the landscape into focus. It is time for the background of rights, obligations, and legitimate expectations to be explored and enriched so that notice and consent can do the work for which it is best suited" (BAROCAS, Solon; NISSENBAUM, Helen. Big Data's end run around anonymity and consent. *In:* LANE, Julia; STODDEN, Victoria; BENDER, Stefan; NISSENBAUM, Helen (ed.). *Privacy, Big Data, and the public good*: frameworks for engagement. Cambridge: Cambridge University Press, 2014. p. 66).

[103] "The law should develop and codify basic privacy norms. Such codification need not to be overly paternalistic" (SOLOVE, Daniel J. Privacy self-management and the consent dilemma. *Harvard Law Review*, v. 126, p. 1903, 2013).

mecanismo meramente formal para um instrumento imerso no contexto real. Vale lembrar que o próprio conceito de "legítimo interesse do controlador",[104] estabelecido como base legal na LGPD e no Regulamento europeu, busca considerar elementos materiais e concretos do tratamento de dados, ao prever o balanceamento entre os direitos do titular e os interesses do agente de tratamento.

Embora se possa argumentar uma maior abertura para conceitos subjetivos, trata-se de medida extremamente importante para a efetividade da proteção de dados contemporânea, pois permite que a intensidade dos critérios de avaliação do consentimento seja responsiva à realidade, uma vez que os seus contornos fático-tecnológicos se alteram com constância e vão muito além do que rígidos e fixos aspectos jurídicos podem captar.

CONSIDERAÇÕES FINAIS

Ao longo das últimas cinco décadas, o tema da proteção de dados pessoais ganhou considerável espaço nas discussões acadêmicas, bem como se tornou um assunto de grande relevância nas agendas regulatórias e empresariais. Nesse período, várias mudanças tecnológicas ocorreram e, por conseguinte, alteraram estruturalmente as dinâmicas relacionadas ao tratamento e ao fluxo de dados pessoais no mundo, assim como seus usos e finalidades. Em atenção a esse cenário, o presente artigo buscou reforçar a necessidade de revisitar os pressupostos e as bases que nortearam o desenvolvimento da disciplina normativa voltada à proteção de dados pessoais, com destaque para o enfoque no consentimento como seu núcleo prático essencial.

O objetivo foi explorar as insuficiências trazidas por um paradigma de proteção de dados com ênfase excessiva no consentimento para, em seguida, apresentar outros instrumentos e estratégias que podem auxiliar na tarefa de enfrentá-las.

No tocante às insuficiências, destacaram-se em primeiro lugar as limitações cognitivas do titular dos dados no ambiente *on-line*. Em segundo lugar, mencionou-se a assimetria de poderes existentes na relação entre o titular dos dados pessoais e os agentes responsáveis pelo tratamento desses dados. Nesse contexto, o consentimento pode ser meramente uma *ficção*: consentir ou simplesmente não desfrutar de serviço/produto, que, muitas vezes, é essencial para a sua sociabilidade, para o seu trabalho e até para o acesso à informação. Em terceiro lugar, ressaltou-se o potencial de novas tecnologias, sobretudo apoiadas em *Big Data*, que tornam improvável o gerenciamento pelo indivíduo, no momento da coleta, dos riscos futuros advindos do potencial de agregação da informação.

Para superar essas insuficiências, tendências contemporâneas de materialização da proteção de dados apresentam-se como soluções interessantes, tornando-a mais responsiva tanto aos riscos gerados pelo tratamento como aos obstáculos concretos a uma decisão livre e autônoma. Neste texto, exploraram-se três caminhos nesse sentido: (i) por meio da tecnologia e do desenho dos sistemas informacionais (*privacy by design*), que podem auxiliar o titular no controle de seus dados; (ii) por meio de um sistema robusto de prestação de contas pelos agentes de tratamento (*accountability*), apto a dimensionar os riscos prévios ao tratamento de dados pessoais; e (iii) por meio do controle substantivo e contextual do consentimento.

Nesse contexto, a garantia da autodeterminação informativa continua a ser importante objetivo da proteção de dados pessoais. Essa autodeterminação, contudo, somente pode ser concretizada quando considerados os limites resultantes do fenômeno da informação e de

---

[104] SOUZA, Carlos Affonso Pereira de; VIOLA, Mario; PADRÃO, Vinicius. Considerações iniciais sobre os interesses legítimos do controlador na Lei Geral de Proteção de Dados Pessoais. *Revista Direito Público*, Porto Alegre, v. 16, n. 90, 2019.

contextos sociais que muitas vezes impossibilitam a tomada de uma decisão livre pelo indivíduo.[105] Uma proteção de dados pessoais efetiva precisa ir além da garantia meramente formal do consentimento individual. É preciso assegurar os pressupostos materiais dessa proteção para se construir um espaço de liberdade no qual o indivíduo esteja apto a configurar as suas relações informacionais.

REFERÊNCIAS BIBLIOGRÁFICAS

ABREU, Jacqueline de Souza. Passado, presente e futuro da criptografia forte: desenvolvimento tecnológico e regulação. *Revista Brasileira de Políticas Públicas*, Brasília, v. 7, n. 3, p. 24-42, 2017.

ACQUISITI, Alessandro. Nudging privacy: the behavioral economics of personal information. *IEEE Security & Privacy*, v. 7, n. 6, p. 82-85, 2009.

ACQUISITI, Alessandro; GROSSKLAGS, Jens. What can behavioral economics teach us about privacy? *In:* ACQUISITI, Alessandro; GRITZALIS, Stefano; LAMBRINOUDAKIS, Costos; VIMERCATI, Sabrina (ed.). *Digital privacy*: theory, technologies, and practices. Boca Raton: Auerbach Publications, 2007.

ALBERS, Marion. Realizing the complexity of data protection. Chapter 11. *In:* GUTWIRTH, Serge *et al.* (ed.). *Reloading data protection*. Dordrecht: Springer, 2014.

ARANHA, Marcio Iorio. *Manual de direito regulatório*. 5. ed. London: Laccademia Publishing, 2019.

ARANHA, Marcio Iorio; LOPES, Othon. *Estudo sobre teorias jurídicas da regulação apoiadas em incentivos*. Pesquisa e Inovação Acadêmica sobre Regulação apoiada em Incentivos na Fiscalização Regulatória de Telecomunicações, ANATEL/UnB, 2019.

BALKIN, Jack M. Fixing social media's grand bargain. *Hoover Working Group on National Security Technology, and Law*, Aegis Paper Series n. 1814, p. 3, Oct. 2018.

BAROCAS, Solon; NISSENBAUM, Helen. Big Data's end run around anonymity and consent. *In:* LANE, Julia; STODDEN, Victoria; BENDER, Stefan; NISSENBAUM, Helen (ed.). *Privacy, Big Data, and the public good*: frameworks for engagement. Cambridge: Cambridge University Press, 2014.

BENNETT, Colin J. *Regulating privacy*: data protection and public policy in Europe and the United States. Ithaca: Cornell University Press, 1992.

BENNETT, Colin; RAAB, Charles D. Revisiting "The Governance of Privacy": Contemporary Policy Instruments in Global Perspective. Aug. 2018. Disponível em: https://ssrn.com/abstract=2972086. Acesso em: 5 abr. 2020.

BIONI, Bruno Ricardo. *Proteção de dados pessoais*: a função e os limites do consentimento. Rio de Janeiro: Forense, 2019.

BRASIL. Lei 12.965, de 23 de abril de 2014. Marco Civil da Internet. Estabelece princípios, garantias, direitos e deveres para o uso da Internet no Brasil. Disponível em: http://www.planalto.gov.br/ccivil_03/_ato2011-2014/2014/lei/l12965.htm. Acesso em: 10 mar. 2020.

BRASIL. Lei 13.709, de 14 de agosto de 2018. Lei Geral de Proteção de Dados Pessoais (LGPD). Disponível em: http://www.planalto.gov.br/ccivil_03/_ato2015-2018/2018/lei/L13709.htm. Acesso em: 10 mar. 2020.

---

[105] Essa ideia é trabalhada, de forma pormenorizada, em: MENDES, Laura Schertel. *Schutz vor Informationsrisiken und Gewährleistung einer gehaltvollen Zustimmung*: Eine Analyse der Rechtmäßigkeit der Datenverarbeitung im Privatrecht. Berlin: De Gruyter, 2015.

CALO, M. Ryan. Against notice skepticism in privacy (and elsewhere). *Notre Dame Law Review*, v. 87, issue 3, p. 1027-1072, 2012.

CANARIS, Claus-Wilhelm. Wandlungen des Schuldvertragsrechts – Tendenzen zu seiner „Materialisierung". *Archiv für die civilistische Praxis*, v. 200, p. 273, 2000.

CAROLAN, Eoin. The continuing problems with online consent under the EU's emerging data protection principles. *Computer Law & Security Review*, v. 32, n. 3, p. 462-473, Jun. 2016.

CARVALHO, Victor Miguel Barros de; GUIMARÃES, Patrícia Borba Vilar; OLIVEIRA, Adriana Carla Silva de. Monetização de dados pessoais na Internet: competência regulatória a partir do Decreto n.º 8.771/2016. *REI – Revista Estudos Institucionais*, Rio de Janeiro, v. 4, n. 1, p. 376-416, ago. 2018.

CATE, Fred H.; MAYER-SCHÖNBERGER, Viktor. Notice and consent in a world of Big Data. *International Data Privacy Law*, v. 3, n. 2, p. 67-73, 2013.

CIPL – Centre for Information Policy Leadership. *Risk, High Risk, Risk Assessments and Data Protection Impact Assessments under the GDPR*. CIPL GDPR Interpretation and Implementation Project, 21 Dec. 2016.

CIPL – Centre for Information Policy Leadership. *The Case for Accountability*: How it Enables Effective Data Protection and Trust in the Digital Society. Discussion Paper 1, 23 Jul. 2018.

CIPL – Centre for Information Policy Leadership. *What Good and Effective Data Privacy Accountability Looks Like*: Mapping Organizations' Practices to the CIPL Accountability Framework. Report of the CIPL Accountability Mapping Project, May 2020.

COHEN, Julia. Examined lives: informational privacy and the subject as object. *Stanford Law Review*, v. 52, p. 1373-1438, 2000.

DONEDA, Danilo. *Da privacidade à proteção de dados*. São Paulo: RT, 2019.

GELLERT, Raphael. *Understading the risk-based approach to data protection*: an analysis of the links between law, regulation, and risk. Bruxelas: Vrije Universiteit Brussel, 2017.

GELLMAN, Robert. Fair information practices: a basic history. Oct. 7, 2019, p. 11. Disponível em: https://papers.ssrn.com/sol3/papers.cfm?abstract_id=2415020. Acesso em: 10 mar. 2020.

KOHTE, Wolfhard. Die Rechtfertigende Einwilligung. *Archiv für die civilistische Praxis*, v. 185, n. 2, 1985.

LESSIG, Lawrence. *Code*: and other laws of the cyberspace. New York: Basic Books, 1999.

LI, Han; SARATHY, Rathindra; XU, Heng. The role of affect and cognition on online consumers' decision to disclose personal information to unfamiliar online vendors. *Decision Support Systems*, v. 51, issue 3, p. 434-445, Jun. 2011.

MACEDO JÚNIOR, Ronaldo Porto. Privacidade, mercado e informação. *Justitia*, São Paulo, v. 61, n. 185/188, p. 245-259, jan./dez. 1999.

MARQUES, Claudia Lima; MIRAGEM, Bruno. *O novo direito privado e a proteção dos vulneráveis*. São Paulo: RT, 2012.

MAYER-SCHÖNBERGER, Viktor. Generational development of data protection in Europe. *In*: AGRE, Philip E.; ROTENBERG, Marc. *Technology and privacy*: the new landscape. Cambridge: The MIT Press, 2001.

MAYER-SCHÖNBERGER, Viktor; CUKIER, Kenneth. *Big Data*: a revolution that will transform how we live, work, and think. New York: Houghton Mifflin Harcourt, 2014.

MCDONALD, Aleecia M.; CRANOR, Lorrie Faith. The Cost of Reading Privacy Policies. *Journal of Law and Policy for the Information Society*, v. 4, p. 543-568, 2008.

MENDES, Laura Schertel. A vulnerabilidade do consumidor quanto ao tratamento de dados pessoais. *Revista de Direito do Consumidor*, São Paulo, v. 24, n. 102, nov./dez. 2014.

MENDES, Laura Schertel. O direito fundamental à proteção de dados pessoais. *Revista de Direito do Consumidor*, São Paulo, v. 20, n. 79, jul./set. 2011.

MENDES, Laura Schertel. *Privacidade, proteção de dados e defesa do consumidor*: linhas gerais de um novo direito fundamental. São Paulo: Saraiva, 2014.

MENDES, Laura Schertel. *Schutz vor Informationsrisiken und Gewährleistung einer gehaltvollen Zustimmung*: Eine Analyse der Rechtmäßigkeit der Datenverarbeitung im Privatrecht. Berlin: De Gruyter, 2015.

MENDES, Laura Schertel. Segurança da informação, proteção de dados pessoais e confiança. *Revista de Direito do Consumidor*, São Paulo, v. 22, n. 90, nov./dez. 2013.

MENDES, Laura Schertel; BIONI, Bruno R. O Regulamento Europeu de Proteção de Dados Pessoais e a Lei Geral de Proteção de Dados Brasileira: mapeando convergências na direção de um nível de equivalência. *In*: FRAZÃO, Ana; TEPEDINO, Gustavo; OLIVA, Milena Donato (coord.). *Lei Geral de Proteção de Dados e suas repercussões no direito brasileiro*. São Paulo: Thomson Reuters Brasil, 2019.

MENDES, Laura Schertel; MATTIUZO, Marcela. Discriminação algorítmica: conceito, fundamento legal e tipologia. *Revista de Direito Público*, Porto Alegre, v. 16, n. 90, p. 39-64, nov./dez. 2019.

MILNE, George R.; CULNAN, Mary J. Strategies for reducing online privacy risks: why consumers read (or don't read) online privacy notices. *Journal of Interactive Marketing*, v. 18, issue 3, p. 15-29, 2004.

NISSENBAUM, Helen. A contextual approach to privacy online. *Daedalus, the Journal of the American Academy of Arts & Sciences*, v. 140, n. 4, p. 32-48, Fall 2011.

NISSENBAUM, Helen. *Privacy in context*: technology, policy, and the integrity of social life. Palo Alto: Stanford University Press, 2010.

O'NEIL, Cathy. *Weapons of math destruction*: how big data increases inequality and threatens democracy. London: Penguin Books, 2018.

PAIXÃO, Cristiano. Arqueologia de uma distinção: o público e o privado na experiência histórica do direito. *In*: OLIVEIRA PEREIRA, Claudia Fernanda (org.). *O novo direito administrativo brasileiro*. Belo Horizonte: Fórum, 2003.

POSTMAN, Neil. *Technopoly*: the surrender of culture to technology. New York: Vintage Books, 1992.

QUEIROZ, Rafael Mafei Rabelo; PONCE, Paula Pedigoni. Tercio Sampaio Ferraz Júnior e Sigilo de dados: o direito à privacidade e os limites à função fiscalizadora do Estado: o que permanece e o que deve ser reconsiderado. *Internet & Sociedade*, São Paulo, n. 1, v. 1, p. 64-90, 2020.

RODOTÁ, Stefano. *A vida na sociedade da vigilância*: a privacidade hoje. Tradução Danilo Doneda e Luciana Cabral Doneda. Rio de Janeiro: Renovar, 2008.

RUBINSTEIN, Ira S. Regulating privacy by design. *Berkeley Technology Law Journal*, v. 26, p. 1409-1456, 2011.

SCHERMER, Bart W.; CUSTERS, Bart; HOF, Simone van der. The crisis of consent: how stronger legal protection may lead to weaker consent in data protection. *Ethics and Information Technology*, v. 16, p. 171-182, 2014.

SCHWARTZ, Paul M. Internet Privacy and the State. *Connecticut Law Review*, v. 32, p. 815-859, 2000.

SCHWENKE, Mathias. *Individualisierung und Datenschutz*. Wiesbaden: Deutscher Universitäts-Verlag, 2006.

SIMITIS, Spiros. Die informationelle Selbstbestimmung. Grundbedingung einer verfassungskonformen Informationsordnung. *Neue Juristische Wochenschrift*, v. 37, p. 398-405, 1984.

SOLOVE, Daniel J. Privacy self-management and the consent dilemma. *Harvard Law Review*, v. 126, p. 1880-1903, 2013.

SOLOVE, Daniel J. The Myth of the Privacy Paradox. *GWU Legal Studies Research Paper*, n. 2020, 2020. Disponível em: https://papers.ssrn.com/sol3/papers.cfm?abstract_id=3536265> Acesso em: 10 mar. 2020.

SOUZA, Carlos Affonso Pereira de; VIOLA, Mario; PADRÃO, Vinicius. Considerações iniciais sobre os interesses legítimos do controlador na Lei Geral de Proteção de Dados Pessoais. *Revista Direito Público*, Porto Alegre, v. 16, n. 90, 2019.

SUNSTEIN, Cass R.; THALER, Richard H. *Nudge*: improving decisions about health, wealth, and happiness. New Haven: Yale University Press, 2008.

TEFFÉ, Chiara Spadaccini; MEDON, Filipe. Responsabilidade civil e regulação de novas tecnologias: questões acerca de inteligência artificial na tomada de decisões empresariais. *REI – Revista Estudos Institucionais*, Rio de Janeiro, v. 6, n. 1, p. 301-333, abr. 2020.

UNIÃO EUROPEIA. *Regulamento Geral sobre a Proteção de Dados*. Regulamento (UE) 2016/679 do Parlamento Europeu e do Conselho, de 27 de abril de 2016, relativo à proteção das pessoas singulares no que diz respeito ao tratamento de dados pessoais e à livre circulação desses dados e que revoga a Diretiva 95/46/CE Disponível em: https://eur-lex.europa.eu/legal-content/PT/ALL/?uri=celex%3A32016R0679. Acesso em: 10 mar. 2020.

WARREN, Samuel D.; BRANDEIS, Louis D. The right to privacy. *Harvard Law Review*, v. 4, n. 5, p. 193-220, Dec. 1890.

WHITLEY, Edgar A. Informational privacy, consent and the "control" of personal data. *Information Security Technical Report*, v. 14, n. 3, p. 154-159, 2009.

ZANATTA, Rafael A. F. A proteção de dados entre leis, códigos e programação: os limites do Marco Civil da Internet. *In*: DE LUCCA, Newton; SIMÃO FILHO, Adalberto; PEREIRA DE LIMA, Cíntia Rosa. *Direito & Internet III*: Marco Civil da Internet. São Paulo: Quartier Latin, 2015.

5

A PROTEÇÃO DE DADOS PESSOAIS SOB O REGULAMENTO GERAL DE PROTEÇÃO DE DADOS DA UNIÃO EUROPEIA

INDRA SPIECKER GEN. DÖHMANN
Professora titular de Direito Administrativo, Direito da Informação, Direito Ambiental
e Teoria do Direito na Goethe Universität em Frankfurt, Alemanha. Diretora do Centro
de Pesquisa em Proteção de Dados; Codiretora do Instituto de Direito Ambiental e
Codiretora do Instituto Europeu de Políticas de Saúde e Direito Social.

INTRODUÇÃO

Desde o dia 25 de maio de 2018, o tique-taque dos relógios na proteção de dados na Europa tem maior intensidade: com a entrada em vigor do Regulamento Geral de Proteção de Dados da União Europeia (RGPD-UE), o direito à proteção de dados é reposicionado mais uma vez, sendo dotado de maior efetividade e recebendo uma efetivação visível[1].

Paralelamente, foi aprovada em caráter complementar – ainda que tenha sido objeto de bem menos atenção – a chamada Diretiva sobre a Proteção de Dados na Polícia e no Judiciário (Diretiva [UE] 2016/680 – Diretiva JAI). Ela regula – em nível de diretiva – princípios comuns para tratamentos de dados dos Estados-membros na persecução penal e no Judiciário. Além disso, atualmente está sendo revisada a chamada Diretiva ePrivacy ([UE] 2002/58/CE), que regula o tratamento de dados pessoais e a proteção da esfera privada na área da telecomunicação. Originalmente, pretendia-se que ela entrasse em vigor paralelamente ao RGPD-UE e à Diretiva 2016/680; de fato, porém, sua aprovação ainda continua pendente. A mais recente decisão do Tribunal Europeu de Justiça (TEJ) sobre o consentimento efetivo com os chamados *cookies*[2] poderá exercer agora pressão sobre os parceiros de negociação da Comissão, do Conselho e do Parlamento da União Europeia.

A repercussão do RGPD-UE para além das fronteiras da Europa não deveria ser subestimada, pois ele oferece a possibilidade de estabelecer um *level playing field* em um mercado que já parece estar firmemente subdividido, com poucos fornecedores, e contrabalançar fenômenos de falha de mercado já existentes. Mencione-se apenas, a título de exemplo, que três das maiores democracias do mundo assumiram, por sua vez, elementos substanciais do

---

[1] No que se segue, são feitas, deliberadamente, apenas poucas indicações bibliográficas, particularmente de comentários e visões panorâmicas do assunto, para possibilitar ao leitor e à leitora um primeiro acesso; geralmente, essas indicações remetem a outros textos.

[2] EuGH [Tribunal Europeu de Justiça] Rs. C-673/17 (Planet49), ECLI:EU:C:2019:801.

RGPD-UE. O Japão reformou seu direito referente à proteção de dados em estreita sintonia com a UE, de modo que, no dia de sua aprovação por parte do Parlamento japonês, ocorreu a chamada resolução de adequação da Comissão Europeia e, com isso, pôde surgir o maior mercado europeu-asiático para dados – e isso sob condições de proteção de dados, privacidade e segurança[3]. Na Califórnia, o *Consumer Protection Act* (CCCPA)[4] estabeleceu direitos substanciais para usuários e obrigações para os agentes de tratamento de dados que guardam grande semelhança com as normas do RGPD-UE[5]. Além disso, em agosto de 2018, o Brasil aprovou uma lei geral de proteção de dados que, por sua vez, é moldada por muitos conceitos de proteção de dados também defendidos na Europa[6].

A contribuição que se segue apresenta um breve histórico do direito sobre proteção à dados na Europa com base nos princípios e traços fundamentais nele contidos (2), antes de apresentar os princípios essenciais do RGPD-UE (3). Como a efetivação foi tema de grande importância para a motivação do RGPD-UE, introduzem-se as estruturas da implementação, particularmente a importância das autoridades independentes de fiscalização, bem como o novo mecanismo de coerência mediante o qual atua o novo Comitê Europeu para a Proteção de Dados [*European Data Protection Board* [EDPB]) (4). Conclui-se a contribuição com uma perspectiva referente a novos desafios e novas abordagens de regulação (5).

1. BREVE HISTÓRICO DO DIREITO EUROPEU DE PROTEÇÃO DE DADOS

1.1 Antecedentes e primórdios

É difícil situar o início do direito europeu de proteção de dados. Certamente o ano de 1970 pode ser considerado um marco, pois foi quando, no estado de Hesse, na Alemanha, foi aprovada a primeira lei de proteção de dados do mundo. Com a decisão de estatuir regras vinculantes para a forma de lidar com dados pessoais, o legislador reagiu à mudança radical que ocorria na tecnologia da informação, impulsionada principalmente pelo tratamento automatizado de dados[7]; ele reagiu, com isso, a exigências que tinham sido manifestadas anteriormente na Alemanha e nos EUA referentes à forma de lidar com dados pessoais[8].

Além disso, uma grande importância para o desenvolvimento do direito europeu de proteção de dados cabe a uma decisão do Tribunal Constitucional Federal (TCF) alemão de 1983, em que se atribuiu pela primeira vez à proteção de dados uma dimensão relacionada ao direito constitucional e aos direitos humanos[9] e em que se fixaram pedras angulares da proteção de dados que desempenham um papel central também na legislação europeia atual.

---

[3]   Veja, quanto a isso, a resolução da Comissão Europeia 2019/419 de 23 de janeiro de 2019.

[4]   Disponível em: <https://leginfo.legislature.ca.gov/faces/billTextClient.xhtml?bill_id=201720180AB375>. Acesso em: 16 fev. 2022.

[5]   Veja, quanto a isso, por exemplo, Spies, ZD-Aktuell 2018, 06156 USA: Neues kalifornisches Datenschutzgesetz CCPA als Vorreiter.

[6]   Hornung; Spiecker gen. Döhmann, in: Simitis; Hornung; Spiecker gen. Döhmann (ed.), *Datenschutzrecht*, 2019, Introdução n.º 260, n. 614.

[7]   Simitis; Hornung; Spiecker gen. Döhmann, in: id. (ed.), 2019, Introdução n.º 1.

[8]   Ibid.; cf. também *Tinnefeld; Buchner; Petri, Einführung in das Datenschutzrecht*, 5. ed., 2012, p. 69.

[9]   BVerfGE [Decisões do Tribunal Constitucional Federal] 65, 1 – decisão sobre o censo populacional.

O Tribunal fundamentou seu procedimento com base em uma argumentação construída em múltiplos níveis interligados a que se pode, ainda hoje, recorrer no tocante aos princípios e que pode servir de fundamento para a proteção de dados. O ponto de partida foi a reflexão de que só pode avaliar de modo confiável as consequências de seu comportamento a pessoa que souber quem sabe o que e a que tempo sobre ela. Por conseguinte, um dos efeitos da proteção de dados consiste em assegurar a democracia: se esse conhecimento não existir, o cidadão possivelmente abriria mão, em face da insegurança a respeito do conhecimento de que disporia a outra parte, do exercício de liberdades protegidas por direitos fundamentais, particularmente, p. ex., a liberdade de reunião e de associação[10]. Portanto, o que atualmente se chama de *chilling effect*[11] foi, já naquela época, um motivo essencial para a fundamentação da proteção de dados por parte do TCF. A democracia necessita de uma implementação dos direitos fundamentais não sujeita a impedimentos e sem temor de sanções. Além disso, argumenta-se que um procedimento restritivo se faz imperativo em face dos efeitos imprevisíveis do tratamento automatizado[12]. Com isso, retoma-se um princípio do direito sobre a tecnologia segundo o qual uma tecnologia nova deve ser acompanhada regulatoriamente de acordo com o princípio da prevenção[13]. E, por fim, expressa-se – também em função da conexão dogmática da proteção da dignidade humana a partir do art. 1.º, par. 1, da Constituição alemã com o direito fundamental de proteção da personalidade a partir do art. 2.º, par. 1, da mesma Constituição – uma perspectiva individualista: a liberdade e a autonomia do indivíduo exigem uma proteção das condições informacionais gerais sob as quais possam se desenvolver. Um controle total do indivíduo que impeça seu desenvolvimento e sua autonomia deve ser rejeitado. Isso é assegurado pela autodeterminação informacional que se manifesta na proteção de dados. Em consonância com isso, o TCF alemão também não fala primordialmente em um direito fundamental à proteção de dados, e, sim, em um direito fundamental à autodeterminação informacional. Esta consiste em determinar por conta própria a respeito da entrega dos dados[14].

Em sua decisão, o Tribunal Constitucional Federal alemão fixou traços essenciais de um direito sobre proteção de dados que acabaram sendo assumidos no RGPD-EU. Com base em elementos centrais do direito fundamental, o TCF definiu que interferências necessitam de uma regulação legal (específica para a respectiva área), que a pessoa interessada pode dispor sobre seu direito mediante consentimento, que para justificar interferências no novo direito fundamental somente interesses gerais preponderantes seriam suficientes e que todo e qualquer uso de dados pessoais está vinculado à finalidade predeterminada para isso. Além disso, o Tribunal reconheceu, já em 1983, que uma implementação do direito à proteção de dados somente por parte do indivíduo não está garantida[15]. Por isso, haveria necessidade de medidas complementares do direito processual e organizacional, como o direito de receber informações da pessoa interessada, bem como de controle adicional por parte de autoridades de fiscalização independentes[16].

Todas essas garantias se encontram também na concepção europeia atual do direito referente à proteção de dados no marco do RGPD-UE e da Diretiva JAI.

---

[10] BVerfGE 65, 1 (43).

[11] Dix, in: Simitis; Hornung; Spiecker gen. Döhmann (ed.), 2019, artigo 23, n. 13.

[12] BVerfGE 65, 1 (46).

[13] Röthel, in: Schulte; Schröder (ed.), *Handbuch des Technikrechts*, 2011, p. 214s.

[14] BVerfGE 65, 1, (42).

[15] BVerfGE 65, 1 (46).

[16] BVerfGE 65, 1 (46).

1.2 Arts. 7.º e 8.º da Carta dos Direitos Fundamentais da União Europeia e art. 16.º, par. 2, do Tratado sobre o Funcionamento da União Europeia

Garantias centrais de direitos humanos no tocante à proteção de dados no nível do direito primário europeu se encontram, desde o Tratado de Lisboa, como autêntica vinculação aos direitos fundamentais[17] tanto nos arts. 7.º e 8.º da Carta dos Direitos Fundamentais da União Europeia (CDF) quanto no art. 16.º do Tratado sobre o Funcionamento da União Europeia (TFUE). Enquanto o art. 8.º da CDF trata da proteção de dados, o art. 7.º aborda o respeito pela vida privada e pela liberdade de comunicação. O art. 16.º, par. 2, do TFUE contém, ainda, um fundamento homogêneo de competências para regulações na área do direito sobre proteção de dados em favor da UE. Em consequência disso, o que se encontra em primeiro plano do direito secundário baseado nessas normas – como, p. ex., é possível depreender do art. 1.º, par. 2, do RGPD-UE – não é mais uma estruturação e harmonização do mercado interno, e, sim, de fato, a realização dos direitos fundamentais[18].

Até agora, a jurisprudência do TEJ não vem fazendo uma distinção substancial entre os dois direitos fundamentais. Em decisões anteriores se aceita a concorrência ideal[19], mas em decisões mais recentes a relação entre ambos também é deixada em aberto[20]. Não se deve esperar que num futuro próximo o Tribunal enxergue razões para tematizar mais de perto uma possível diferença de privacidade e proteção de dados.

Isso não altera o fato de haver uma distinção entre essas duas concepções: a privacidade pode ir além do direito à proteção de dados em sua exigência de proteção, e a proteção de dados também pode ir além da privacidade. Isso se mostra principalmente a partir do fato de que, segundo a compreensão europeia do direito, também existe uma proteção de dados pessoais na esfera pública, por exemplo, em praças públicas, ou na escola, ou no local de trabalho[21]. Inversamente, os obstáculos, por exemplo, para intervenções policiais na privacidade, na moradia ou em anotações pessoais, são claramente maiores do que os obstáculos para intervenções policiais em dados pessoais. Por conseguinte, a privacidade e a proteção de dados podem se fortalecer e complementar mutuamente; o direito protetivo que seja mais forte em cada caso define o padrão de proteção.

1.3 Diretiva de Proteção de Dados da União Europeia (95/46/CE)

Já antes da consagração da proteção de dados como direito fundamental na CDF ou no art. 16 do TFUE foi promulgada a Diretiva de Proteção de Dados da UE (DPD), que entrou em vigor em 1995. Ela ainda se baseava, por falta de uma norma sobre competências comparável ao art. 16.º, par. 2, do TFUE, nos antigos tratados sobre a Comunidade Europeia sob a chamada competência de mercado interno no art. 95.º do Tratado Constitutivo da Comunidade Europeia. A promulgação da DPD foi, aliás, para vários Estados-membros da UE, o ensejo

---

[17] Schiedermair, in: Simitis; Hornung; Spiecker gen. Döhmann (ed.), 2019, Introdução n.º 167, 177.

[18] Hornung; Spiecker gen. Döhmann, in: Simitis; Hornung; Spiecker gen. Döhmann (ed.), 2019, Art. 1, n.º 22.

[19] Cf. também Schiedermair, in: Simitis; Hornung; Spiecker gen. Döhmann (ed.), 2019, Introdução. n.º 167; EuGH, C-92/09 (Schecke), Slg 2010, I-11063 Rn 47, 52; EuGH, Rs. C-468/10 (ASNEF), Slg 2011, I-12181 Rn. 41 s.; EuGH, Rs. C-291/12 (Schwarz), ECLI:EU:C:2013:670 Rn 26.

[20] EuGH, Rs. C-131/12 (Google Spain), ECLI:EU:C:2014:317; EuGH, verb. Rs. C-203/15, C-698/15 (Conservação de dados II), ECLI:EU:C:2016:970.

[21] Karg, in: Simitis; Hornung; Spiecker gen. Döhmann (ed.), 2019, art. 4, n. 1, n. 31.

PARTE I · Cap. 5 · A PROTEÇÃO DE DADOS PESSOAIS SOB O REGULAMENTO GERAL | 99

para promulgar pela primeira vez regulações sobre a proteção de dados[22]. A DPD previa uma regulamentação abrangente dos tratamentos de dados pessoais tanto para a esfera privada quanto para a pública[23]. Ela já continha as estipulações essenciais em termos de conteúdo que também se encontram no RGPD-UE. Delas faz parte, por exemplo, a necessidade de justificar um tratamento de dados mediante o consentimento ou um fundamento jurídico; a vinculação do tratamento de dados a diversos princípios, como a vinculação à finalidade, a responsabilidade do agente de tratamento dos dados e a minimização de dados; a instituição de autoridades de fiscalização independentes, bem como a garantia da proteção de dados mediante diversos direitos da pessoa afetada, como informação, retificação, oposição e remoção.

Até a promulgação do RGPD-UE, a DPD só sofreu pequenas complementações; de modo algum se pode dizer que tenha havido uma legislação europeia que tenha acompanhado a digitalização. Como complementação cautelosa deve-se mencionar, primordialmente, a chamada Diretiva ePrivacy 2002/58/CE ou a Diretiva Complementar 2009/136/CE sobre o emprego de *cookies* para a área da telecomunicação. Ela continha regulações especiais ou específicas em comparação com o RGPD-UE, que continua sendo considerado *lex generalis*, como, por exemplo, elementos constitutivos de permissão e regras de tratamento para dados de tráfego e de localização, sobre medidas de segurança técnico-organizacionais das operadoras e obrigações de fornecer informações, bem como sobre *cookies*[24].

2. PRINCÍPIOS BÁSICOS DO REGULAMENTO GERAL DE PROTEÇÃO DE DADOS DA UNIÃO EUROPEIA

Desde 25 de maio de 2018, o RGPD-UE substitui a DPD pregressa; paralelamente a isso, a Diretiva ePrivacy também deveria ser transformada em um Regulamento ePrivacy modernizado. Sua aprovação, entretanto, continua pendente.

2.1 Classificação em abordagens de regulamentação

O RGPD-UE carrega a marca de várias abordagens de regulamentação. Elas estão sendo empregadas paralelamente, mas com isso também surgem, ocasionalmente, fricções. Em parte, elas já são provenientes dos primórdios do direito de proteção de dados, mas em alguns poucos casos também só se tornaram visíveis por causa do RGPD-UE. Todas reagem ao fato de que o tratamento automatizado do maior número possível de dados pessoais contém um considerável potencial de perigo – associado a ele – de um controle permanente e de um direcionamento – ao menos indireto – da conduta dos cidadãos interessados[25]. Pretende-se criar uma contraposição a desigualdades de poder que possam surgir por meio da informação e seu aproveitamento.

Um elemento central é a classificação do direito à proteção de dados como um direito referente à tecnologia[26]: visa-se acompanhar juridicamente um campo tecnológico repleto de inseguranças de tal modo que os riscos da tecnologia sejam percebidos em tempo hábil e juridicamente limitados. Dessa maneira, as oportunidades podem ser aproveitadas. Com isso, parafraseia-se o princípio da prevenção que permeia o direito referente

---

[22]   Simitis; Hornung; Spiecker gen. Döhmann, in: id. (ed.), 2019, Introdução, n.º 143.

[23]   Ibid., Introdução, n.º 138.

[24]   Cf. Hornung; Spiecker gen. Döhmann, in: ibid., Introdução, n.º 222.

[25]   Cf. Simitis; Hornung; Spiecker gen. Döhmann, in: ibid., Introdução, n.º 13.

[26]   Hornung; Spiecker gen. Döhmann, in: ibid., Art. 1, n. 4.

à tecnologia (e, em sua sequência, também o direito ambiental)[27]: não se conhecendo a evolução posterior, cabem ao Estado amplas competências para restringir e regular uma tecnologia nova[28].

Além disso, o direito à proteção de dados é um direito de proteção da personalidade[29]: ele pretende preservar a autonomia, a liberdade e a autodeterminação do indivíduo também sob condições de um amplo aproveitamento de informações sobre o indivíduo. Com isso, o direito referente à proteção de dados promove diretamente a democracia e a liberdade, como já destacou o Tribunal Constitucional Federal em 1983[30]: os direitos de liberdade só são implementados quando seu exercício não acarrete o temor de se sofrer desvantagens por causa disso[31]. Com esse direcionamento, o direito à proteção de dados do RGPD-UE se encontra em uma tradição individualista e liberal do iluminismo. Com isso, ele se contrapõe particularmente a esforços de, mediante uma ampla definição de perfis, classificar o indivíduo em agrupamentos e, com base nisso, avaliá-lo e lhe possibilitar participação e acesso tanto na área privada quanto na estatal.

O direito à proteção de dados é, além disso, um direito de regulamentação econômica[32]. Muitas das inovações possibilitadas pelo tratamento automatizado de dados têm um potencial econômico enorme. As maiores empresas do mundo têm seu núcleo preponderantemente na área de prestação de serviços informacionais ou, em todo caso, baseiam-se consideravelmente na disponibilização de serviços e bens digitalizados. Sua regulamentação é, muitas vezes, ao mesmo tempo uma regulamentação do mercado, porque elas se tornam necessárias em função de diversos efeitos que fazem com que mercados informacionais sofram falhas de mercado. Disso fazem parte as propriedades particulares das informações, como bens comunitários (*common goods*, nos termos da teoria econômica) e bens de experiência (*experience goods*). Além disso, normalmente o valor das informações não deriva delas mesmas, e, sim, das decisões subsequentes. A partir destas, porém, não se pode perceber em que informações elas estão baseadas.

Por fim, nos últimos anos o direito à proteção de dados também vem se transformando cada vez mais em um direito de defesa do consumidor[33]. Com isso, visa-se compensar desvantagens estruturais de consumidores na demanda de bens e serviços baseados na informação.

Um conhecimento dessas diversas abordagens de regulamentação permite, por um lado, explicar aparentes contradições nas regulações do RGPD-UE e compreendê-las de um ponto de vista integral. Por outro lado, isso possibilita argumentos e avaliações importantes que se devem à respectiva abordagem explicativa.

2.2 Esfera de aplicação

O RGPD-UE reivindica vigência essencialmente sob duas condições, a saber, que dados pessoais sejam tratados (1) e que o tratamento de dados afete interesses europeus e seja, por isso, territorialmente aplicável (2).

---

[27] Röthel, in: Schulte; Schröder (ed.), 2011, p. 214 ss.

[28] Veja, quanto a isso, também ibid., p. 205.

[29] Veja, quanto a isso, também Spiecker gen. Döhmann, in: Campos; Abboud; Nery Jr. (ed.), *Proteção de dados e regulação*, 2020.

[30] Veja, *supra*, seção 2.1.

[31] Cf. BVerfGE 65, 1 (43).

[32] Veja, quanto a isso, também Spiecker gen. Döhmann, 2020.

[33] Veja, quanto a isso, também ibid.

2.2.1 Dados pessoais

O conceito de dado pessoal, no art. 4.º, par. 1, do RGPD-UE, é substancialmente idêntico à regulação que o antecedeu, a Diretiva sobre Proteção de Dados (DPD). Basta a possibilidade de identificação de uma pessoa, isto é, uma informação que aparentemente se refira a um objeto também pode se enquadrar no RGPD-UE se ela puder ser relacionada a uma pessoa concreta[34].

O que se torna problemática é a questão de saber de quem depende o conhecimento adicional necessário para isso: o próprio agente de tratamento dos dados precisar dispor sobre isso, o tratamento deve ocorrer justamente com vistas à referência à pessoa ou basta que esse conhecimento adicional se encontre em um lugar qualquer e junto a um alguém qualquer? O Tribunal Europeu de Justiça (TEJ) achou uma solução conciliatória: segundo ela, para se supor a existência de uma informação objetiva como dado relacionável a uma pessoa é suficiente que se possa, com um esforço não injustificável e com meios legais – entre os quais também contam meios de terceiros –, produzir a ligação com uma pessoa[35]. Já se pode depreender de decisões anteriores do TEJ que dados pessoais que sequer são tratados por causa de sua referência a pessoas ainda assim se enquadram no RGPD-UE[36].

No raciocínio em contrário, isso significa que o RGPD-UE não é aplicável quando os dados não permitem a identificabilidade de uma pessoa[37]. Em especial, dados anonimizados ou dados estatísticos que não admitem uma desanonimização podem, portanto, ser tratados sem as vinculações do RGPD-UE.

2.2.2 Princípio do estabelecimento e princípio do local do mercado

A segunda grande condição a ser cumprida para se enquadrar no RGPD-UE se refere à sua aplicabilidade territorial: quando, afinal, o RGPD-UE é aplicável a um processo de tratamento de dados? A resposta a essa pergunta se encontra o no art. 3.º do RGPD-UE.

Como já era o caso da DPD, o RGPD-UE conhece o chamado princípio do estabelecimento segundo seu art. 3.º, par. 1: quem mantém um estabelecimento na UE e procede a tratamentos de dados "no contexto desse estabelecimento" deve aplicar o direito europeu de proteção de dados. Na decisão sobre *Google Spain*, o TEJ elucidou que uma conexão econômica é suficiente para a ligação do estabelecimento e do tratamento de dados: se um tratamento de dados só pode ocorrer porque uma filial – juridicamente independente – disponibiliza as fontes de financiamento para isso, por exemplo, por meio de *marketing* e contratos de publicidade, existe tal tratamento "no contexto" e, portanto, o direito da UE é aplicável[38].

Por outro lado, o que é novo é o chamado princípio do local do mercado segundo o art. 3.º, par. 2, do RGPD-UE. Ele substitui o chamado princípio da territorialidade[39], até agora vigente sob a DPD, segundo o qual o tratamento de dados tinha de ocorrer no território da UE. A partir de agora, uma de duas alternativas pode desencadear a aplicabilidade. Ou um agente de tratamento de dados oferece bens ou serviços na UE, ou então realiza uma análise de comportamento voltada para pessoas na UE. No primeiro caso, o que é decisivo para a

---

[34] Karg, in: Simitis; Hornung; Spiecker (ed.), 2019, Art. 4 Nr. 1, n.º 46.

[35] EuGH, Rs. C-582/14 (Breyer), ECLI:EU:C:2016:779.

[36] EuGH, Rs. C-131/12 (Google Spain), ECLI:EU:C:2014:317.

[37] Karg, in: Simitis; Hornung; Spiecker gen. Döhmann (ed.), 2019, Art. 4 Nr. 1, n.º 19 s.

[38] EuGH, Rs. C-131/12 (Google Spain), ECLI:EU:C:2014:317.

[39] Hornung, in: Simitis; Hornung; Spiecker gen. Döhmann, 2019, Art. 3, n.º 5.

102 | TRATADO DE PROTEÇÃO DE DADOS PESSOAIS

avaliação é a forma concreta da oferta, por exemplo, se existe um endereço de caixa postal do fornecedor na UE pelo qual se pode fazer contato, se são feitas ofertas em uma língua que só é essencialmente usual na UE, ou também se é oferecida uma expedição para a UE[40]. Não está previsto expressamente que o bem ou serviço implique pagamento (art. 3.º, par. 2, alínea "a", do RGPD-UE). A segunda alternativa, segundo o art. 3.º, par. 2, alínea "b", do RGPD-UE, vai mais longe: o Regulamento já encontra aplicação quando se pesquisa um comportamento na UE. Neste ponto, reconhecem-se as diferentes abordagens de regulamentação: a garantia de proteção da personalidade por parte da UE não termina em suas fronteiras, porque as condições do mercado são consideravelmente definidas pela disponibilidade de dados pessoais em um mundo globalizado. Ao mesmo tempo se apela, com isso, ao cânone de valores do direito da personalidade da UE: o efeito promotor da liberdade e da democracia do direito referente à proteção de dados tem uma vigência ampla. Por isso, essas normas também se aplicam aos estrangeiros na UE.

2.3 Princípio da proibição

Se o RGPD-UE é aplicável, seu princípio básico determinante é o chamado princípio da proibição já contido na DPD[41]: segundo ele, todo tratamento de dados carece de justificação[42]. Isso pode acontecer por meio de um consentimento do titular dos dados (art. 7.º, art. 4.º, n. 11, art. 6.º, par. 1, alínea "a", do RGPD-UE) ou com base em um fundamento jurídico (art. 6.º, par. 1, alíneas "a" a "e", do RGPD-UE). Com isso, pode perfeitamente haver interesses que se sobreponham à proteção de dados[43]. Esse princípio da proibição também deve ser sempre entendido no sentido de que o tratamento lícito para determinadas finalidades e de determinada maneira não significa necessariamente que qualquer outro tratamento segundo a vontade do agente de tratamento dos dados fosse admissível. O titular dos dados continua sendo o ponto de referência para todo e qualquer tratamento adicional. Por conseguinte, devem-se recusar concepções como a da "soberania sobre os dados", que considera suficiente uma justificação inicial para a primeira transmissão de dados por parte do titular deles, ou de uma transparência substitutiva referente a todos os outros tratamentos de dados sem outras restrições. Elas esvaziariam o direito da proteção de dados por transformarem o titular dos dados em joguete dos interesses do agente de tratamento de dados. Em contraposição a isso, o RGPD-UE visa a um equilíbrio adequado dos interesses, como já ilustra seu objetivo – elaborado de diversas formas – de mercado de dados e proteção de dados no art. 1.º, par. 1, do RGPD-UE.

2.3.1 *Consentimento*

Segundo a definição legal do art. 4.º, n. 11, do RGPD-UE, o consentimento é a "manifestação de vontade, livre, específica, informada e explícita, pela qual o titular dos dados aceita, mediante declaração ou ato positivo inequívoco, que os dados pessoais que lhe dizem respeito sejam objeto de tratamento". Exige-se, portanto, a presença cumulativa de todos os elementos constitutivos (voluntariedade, ato personalíssimo, informação, concreticidade,

---

[40] Ibid., Art. 3, n.º 53.

[41] Hornung; Spiecker gen. Döhmann, in: Simitis; Hornung; Spiecker gen. Döhmann (ed.), 2019, Introdução, n. 212.

[42] Ibid., Introdução, n. 236.

[43] Cf. Simitis; Hornung; Spiecker gen. Döhmann, in: id. (ed.), 2019, Introdução, n.º 34.

caráter inequívoco)[44]. Quando isso acontece concretamente, é uma questão controvertida e não pode ser esboçada aqui em detalhes[45]. Atualmente, é problemática, por exemplo, a forma como uma informação compreensível sobre os tratamentos previstos de dados pode ocorrer e se, para isso, é possível empregar símbolos, como um sistema de semáforos[46] ou um procedimento com vários níveis[47]. Além disso, é controvertido até que ponto existem situações em que uma voluntariedade não é possível por causa de uma desvantagem estrutural do titular dos dados, como no caso de contratos de aluguel ou de trabalho[48]. Por fim, ainda se disputou, até uma decisão bem recente do TEJ[49], se sob determinadas condições um *opt-out* deveria ser possível, ou seja, que o titular dos dados não precisaria consentir ativamente antes da utilização dos dados, só tendo a possibilidade de rejeitar *a posteriori* o consentimento "dado" por predefinição[50]. O Regulamento ePrivacy poderá criar para isso novas regulações para o consentimento *on-line*.

2.3.2   Fundamento jurídico

As normas contidas no art. 6.º, par. 1, alíneas "b" a "e", do RGPD-UE criam os demais fundamentos jurídicos para o tratamento de dados pessoais. Nisso se enquadram, na esfera do tratamento privado de dados, principalmente a necessidade desse tratamento de dados para a celebração ou o cumprimento de contrato (alínea "b"), bem como a cláusula de ponderação, segundo a qual o tratamento só é inadmissível em caso de preponderância dos interesses do titular dos dados (alínea "f"). Para o tratamento estatal de dados se aplicam principalmente os fundamentos jurídicos para o tratamento de dados com base em obrigação jurídica (alínea "c"), bem como para o tratamento de dados por interesse público (alínea "e"). Neste último caso, deve-se levar em conta que no art. 6.º, par. 2 e 3, do RGPD-UE está contida uma chamada cláusula de abertura. Nessas cláusulas de abertura existe – contrariando o caráter do RGPD-UE como decreto, segundo o art. 288.º, par. 2, do TFUE – para os Estados-membros a possibilidade de uma legislação divergente, especial ou, em todo caso, própria. Isso está expressamente previsto para o tratamento estatal de dados, de modo que sua justificação é objeto de regulações em Estados-membros. Por isso, neste caso – assim como no âmbito da Diretiva JAI –, as normas nacionais são vinculantes; na Alemanha, por exemplo, a Lei Federal de Proteção de Dados (LFPD) e as leis estaduais de proteção de dados como leis aplicáveis em casos omissos, bem como um grande número de regulações especiais e normas avulsas.

---

[44]   Klement, in: Simitis; Hornung; Spiecker gen. Döhmann (ed.), 2019, Art. 7, n. 5.

[45]   Detalhes, quanto a isso, em ibid., Art. 7, n.º 1 ss.

[46]   Nesse caso, por exemplo, atribui-se um serviço na internet que faça o tratamento de dados pessoais uma avaliação geral no tocante ao cumprimento do direito de proteção de dados, que – usando as cores "vermelho" ou "verde" – visa orientar o usuário na concessão de seu consentimento. Nesse caso, naturalmente, muitas informações sobre detalhes não são levadas em consideração, o usuário não tem uma noção individual do que acontece com seus dados e atitudes individuais para com a proteção de dados não podem ser expressas em imagens.

[47]   Nesse caso se dão ao usuário informações adicionais – por exemplo, por meio de *links* em que se pode clicar –, em caso de necessidade individual. Assim, no primeiro nível só se poderia comunicar que dados são transferidos para o exterior, no segundo nível se poderia indicar o país a que eles se destinam e no terceiro, então, concretamente o destinatário deles.

[48]   Klement, in: Simitis; Hornung; Spiecker gen. Döhmann (ed.), 2019, Art. 7, n.º 65; cf. Também o considerando 43 do RGPD-UE.

[49]   EuGH, Rs. C-673/17 (Planet49), ECLI:EU:C:2019:801.

[50]   Hansen, in: Simitis; Hornung; Spiecker gen. Döhmann (ed.), 2019, Art. 25, n.º 8.

104 | TRATADO DE PROTEÇÃO DE DADOS PESSOAIS

Deve-se observar, porém, que o emprego de cláusulas de abertura não invalida as demais normas do RGPD-UE; ou seja, elas continuam em vigor, sem alterações, e precisam ser levadas em conta pelo Poder Público.

2.4   Princípio da vinculação à finalidade

O art. 1.º, par. 1, alínea "b", do RGPD-UE contém um princípio básico essencial do direito referente à proteção de dados desde seus primórdios, que tem uma conexão estreita com o princípio da proibição: em princípio, dados só podem ser tratados e utilizados pela instância responsável para a finalidade para a qual foram captados[51]. Ou, em outras palavras, o tratamento de dados está vinculado a que ocorra para uma finalidade determinada, e isso se aplica a todos os seus passos. A finalidade define e limita o tratamento de dados a essa finalidade. Caso os dados sejam tratados em um passo adicional ou sejam, mais tarde, tratados para uma outra finalidade, faz-se necessária uma justificativa nova e à parte[52]. A vinculação à finalidade é um dos princípios centrais do direito de proteção de dados e adquire uma importância decisiva, levando em consideração a possibilidade de concatenação e recombinação aleatória de dados em tempos de *Big Data* e de uma captação quase ilimitada de dados[53].

Portanto, justamente não é possível inferir da presença – legal – de dados pessoais junto ao agente de tratamento de dados que, em consequência disso, qualquer tratamento adicional desses dados seja admissível, como o tentam formular, por exemplo, a concepção de soberania sobre os dados, de doação de dados ou, ainda, abordagens relacionadas ao direito de propriedade.

Nesse contexto, o art. 5.º, par. 1, alínea "b", do RGPD-UE, em associação com o art. 6.º, par. 4, do mesmo Regulamento, representa uma particularidade: dele se pode inferir que uma outra finalidade não exige uma nova justificativa e o tratamento de dados para uma nova finalidade ainda está coberto pela justificativa do tratamento original de dados se a nova finalidade for compatível (*compliant*) com a finalidade original[54]. Segundo o art. 6.º, par. 4, do RGPD-UE, para a avaliação se deve recorrer, entre outros, ao critério de quão estreita é a conexão entre a antiga e a nova finalidade, de quais consequências se devem esperar do tratamento ampliado de dados e outros semelhantes.

2.5   Princípio da minimização de dados

O princípio da parcimônia/minimização de dados do art. 5.º, par. 1, alínea "c", do RGPD-UE se encontra, por sua vez, em estreita conexão com a vinculação à finalidade do art. 5.º, par. 1, alínea "b", do mesmo Regulamento: justamente com referência à vinculação à finalidade, a captação e o tratamento dos dados devem ser limitados em termos quantitativos e qualitativos. Os dados só são adequados à finalidade quando forem necessários para alcançar a finalidade[55]. Em termos bem fundamentais, esse princípio obriga os agentes de

---

[51]   Hornung; Spiecker gen. Döhmann, in: Simitis; Hornung; Spiecker gen. Döhmann (ed.), 2019, Introdução, n.º 36 s.

[52]   Veja detalhes quanto a isso em Roßnagel, in: Simitis; Hornung; Spiecker gen. Döhmann (ed.), 2019, Art. 5, n. 96.

[53]   Simitis; Hornung; Spiecker gen. Döhmann, in: id. (ed.), 2019, Introdução, n.º 36; *Spiecker gen. Döhmann, Spektrum der Wissenschaft*, 2017, p. 56 ss; *Hornung, Spektrum der Wissenschaft*, 2017, p. 62 ss.

[54]   Roßnagel, 2019, Art. 5, n. 97.

[55]   Simitis; Hornung; Spiecker gen. Döhmann, 2019, Introdução, n.º 37.

PARTE I · Cap. 5 · A PROTEÇÃO DE DADOS PESSOAIS SOB O REGULAMENTO GERAL | 105

tratamento de dados a só captar e tratar dados quando outras possibilidades de consegui-los não são viáveis.

Por conseguinte, o princípio da minimização de dados estabelece um limite para tentativas de continuar guardando dados já tratados – de modo perfeitamente admissível – para além da finalidade original, porque eles poderiam eventualmente ser usados para finalidades posteriores, atualmente ainda não definíveis. Isso também inclui coletas abrangentes de dados para o tratamento em *Big Data* e métodos, como o armazenamento e a conservação de dados na persecução penal. Nesse tocante, o TEJ esclareceu repetidamente que a coleta de dados precisa ser limitada[56].

2.6 Princípio da transparência: deveres de prestar informações, direitos de acesso e dever de documentação

O princípio da transparência, contido em essência no art. 5.º, par. 1, alínea "a", do RGPD-UE, tem dois elementos que o concretizam e encontraram fundamentos próprios em diversas passagens do Regulamento para além da formulação genérica: por um lado, o titular dos dados deve ter condições de proceder a um controle próprio da forma como se lida com os dados. Para isso, são consagrados diversos direitos no RGPD-UE. Por outro lado, porém, o responsável pelo tratamento também deve ser obrigado a proceder a uma verificação prospectiva da licitude do tratamento de dados, acompanhada de um dever de documentação.

Os direitos do titular dos dados de ter acesso ou obter informações, já previstos na DPD, são regulamentados, por um lado, pelo art. 15.º do RGPD-UE e, por outro, os deveres de prestar informações por parte do responsável pelo tratamento o são pelos arts. 13.º e 14.º do mesmo Regulamento, que correspondem a um respectivo direito à informação. Por isso, as duas posições jurídicas se encontram em estreita conexão; o direito de acesso se estende ao menos às informações que precisam ser disponibilizadas de qualquer modo. Os arts. 13.º e 14.º do RGPD-UE exigem do responsável pelo tratamento dos dados que disponibilize ativamente uma série de informações quando os dados são levantados por ele mesmo ou por um terceiro. Isso compreende informações sobre o responsável, as finalidades e o fundamento jurídico do tratamento, eventualmente interesses legítimos do responsável ou de terceiros, destinatário, intenção de transferência para países terceiros e garantias previstas (par. 1 em cada caso). Além disso, o responsável pelo tratamento dos dados deve disponibilizar à pessoa interessada as informações necessárias para garantir a ela um tratamento equitativo e transparente (par. 2 em cada caso: por exemplo, duração do armazenamento, decisões automatizadas em casos avulsos, fonte dos dados, existência de um direito de reclamação junto a uma autoridade de fiscalização)[57]. Essas informações é que dão ao titular dos dados condições de avaliar a licitude do tratamento de dados e, eventualmente, recorrer a direitos contrários.

Inversamente, porém, o responsável pelo tratamento dos dados também tem o dever de assegurar – para além da mera prestação de informações e de acesso – transparência no sentido de que pode comprovar, de acordo com o art. 24.º, par. 1, alínea 1, do RGPD-UE, que o tratamento dos dados ocorreu de maneira lícita. Isso implica – o que vai claramente além do que previa a DPD – que o agente de tratamento dos dados está *de facto* sujeito a deveres de documentação e verificação, pois a comprovação só será bem-sucedida se os problemas jurídicos referentes à proteção de dados forem identificados, analisados e levados em

---

[56] EuGH, verb. Rs. C-293/12, C – 594/12 (Digital Rights Ireland), ECLI:EU:C:2014:238; EuGH, verb. Rs. C-203/15, C-698/15 (Tele2 Sverige), ECLI:EU:C:2016:970.

[57] Scholz, in: Simitis; Hornung; Spiecker gen. Döhmann (ed.), 2019, Art. 4, n.º 4, n.º 12.

106 | TRATADO DE PROTEÇÃO DE DADOS PESSOAIS

consideração. Medidas concomitantes, como a possibilidade ou até a obrigação de contratar um encarregado da proteção de dados na empresa (art. 37.º do RGPD-UE), apoiam essa preocupação do legislador europeu. Essa transparência diz respeito não apenas ao titular dos dados, mas também se aplica às autoridades que lidam com a proteção de dados: elas podem exigir o cumprimento da transparência e também exigir que a documentação seja entregue, por exemplo, para poder avaliar a gravidade de uma violação do RGPD-UE no marco de um processo que envolva uma multa.

2.7   Transferência de dados para o exterior fora da União Europeia: adequação

Há muito tempo o tráfego de dados ocorre de forma globalizada. Por isso, o RGPD-UE também regula – dando continuidade à DPD – de que maneira e sob que condições dados podem ser transferidos para países estrangeiros fora da UE. A reflexão básica é, inicialmente, que com o RGDP-UE se cria um mercado interno de dados, de modo que dentro da UE dados pessoais podem ser transferidos livremente – dentro dos limites do Regulamento. No entanto, um tratamento de dados feito na Lituânia, na Áustria ou em Portugal está sujeito a regras jurídicas idênticas. Essa era uma preocupação central do RGPD-UE com a uniformização, que vai claramente além da harmonização visada pela DPD.

A situação é outra no que diz respeito à transferência de dados para um país situado fora da UE. Nesse caso, vale, inicialmente, o princípio de que uma transferência de dados não é permitida. O livre mercado de dados termina na fronteira da UE para o exterior. Entretanto, em casos excepcionais, existe a possibilidade de uma transferência de dados. Para isso, é necessário que haja a chamada adequação em relação ao país destinatário (art. 44.º do RGPD-UE). Essa adequação pode concernir a todo o âmbito do direito no país destinatário, mas também a um setor da indústria ou a um âmbito parcial.

A adequação pode ser constatada de três formas: ou os envolvidos chegam a um acordo quanto a *corporate binding rules* (art. 47.º do RGDP-UE), ou se sujeitam a *standard contractual rules* (art. 46.º do RGPD-UE), ou a Comissão Europeia adota a chamada decisão de adequação (art. 45.º do RGPD-UE). Portanto, o Regulamento possibilitou um acesso diferenciado, que concede às partes de uma transferência de dados possibilidades de estruturação. Visto que também se pode lançar mão de condições contratuais, os agentes de tratamento de dados envolvidos podem prever regulações e garantias próprias independentemente da situação jurídica no país terceiro fora da UE.

Existe uma adequação quando no país destinatário um nível comparável de proteção de dados estiver garantido. Não obstante, o padrão de proteção não precisa ser idêntico. O que ainda não está claro, entretanto, é quais são as exigências mínimas para se poder supor que haja adequação. O TEJ formulou primeiras referências a esse respeito em sua decisão sobre a troca de dados com os EUA[58]: segundo ela, é necessário um acesso irrestrito e incondicionado aos tribunais, e mecanismos alternativos de resolução de litígios também podem estar incluídos; além disso, não pode haver garantia de acesso ilimitado – também não por parte de autoridades – aos dados; pelo contrário, a vinculação à finalidade precisa ser mantida, e precisa haver um controle eficaz. Mecanismos de autorregulamentação são perfeitamente possíveis. Em decisão mais recente, outras exigências foram identificadas, no julgado do TEJ[59] contra o fundamento para a troca de dados com os EUA, no âmbito do assim chamado *Privacy Shield*[60].

---

[58]   EuGH, C-362/14 (Schrems), ECLI:EU:C:2015:650.
[59]   EuGH, Rs. C-311/18 (Schrems II), ECLI:EU:C:2020:559.
[60]   Veja uma visão panorâmica dessa questão em Hornung; Spiecker, in: Simitis; Hornung; Spiecker gen. Döhmann (ed.), 2019, Introdução, n.º 261.

No caso em questão, o TEJ, em julho de 2020, invalidou o acordo até então firmado com EUA, com base nas potenciais práticas de vigilância viabilizadas pela legislação estado-unidense, caracterizando um nível inadequado de proteção. O Tribunal também se manifestou sobre as *standard contractual clauses*, reconhecendo a possibilidade de serem empregadas na prática, desde que conjuntamente sejam implementadas medidas que assegurem o cumprimento das normas da UE sobre proteção de dados no momento da implementação.

O procedimento adotado pelo Japão causou uma certa sensação: o direito japonês de proteção de dados foi desenvolvido com forte inspiração do RGPD-UE, de modo que a Comissão da UE constatou, pouco tempo depois da aprovação da nova lei japonesa sobre proteção de dados, a adequação para o país todo, inaugurando, com isso, o maior espaço geográfico e virtual para transferência de dados entre a Europa e a Ásia[61].

2.8 *Privacy by design* e *privacy by default*

O fato de o direito referente à proteção de dados ser um direito de regulamentação de tecnologia marcado pelo princípio da precaução acarreta uma estruturação e programação tecnológica orientada pela proteção de dados. O que se encontra por trás disso é a noção da chamada *privacy by design* e *privacy by default*, segundo o art. 25.º do RGPD-UE. O ponto de partida dessas concepções é que a melhor maneira de implementar as noções jurídicas sobre a proteção de dados se dá caso esta última já esteja integrada na programação e concepção arquitetônica dos processos de tratamento de dados e da tecnologia destes[62]. Por conseguinte, com essa norma, também o desenvolvedor e o programador são, ao menos indiretamente, incluídos nas obrigações previstas no RGPD-UE, pois o Regulamento não se dirige a eles, colocando a responsabilidade sobre o agente de tratamento de dados que utiliza o tratamento automatizado deles. Em última análise, essa norma possivelmente repercute sobre o direito contratual, pois deve-se refletir sobre a eventual existência de uma violação contratual no relacionamento entre o desenvolvedor do produto e o agente de tratamento de dados quando o produto informacional adquirido não cumprir as exigências do RGPD-UE.

3. ESTRUTURAS DE EFETIVAÇÃO DO RGPD-UE

Como já se mencionou, um dos ensejos para a reforma do direito europeu referente à proteção de dados por meio do RGPD-UE foi a existência de uma considerável deficiência em termos de efetivação[63]. O direito à proteção de dados existente sob a DPD não era implementado e cumprido ou não o era de modo eficaz. Faz-se frente a esse problema por meio de diversas estruturas de efetivação.

3.1 As pessoas interessadas e seus direitos

O ponto de partida da efetivação continua sendo o titular de dados. O RGPD-UE lhe concede uma série de posições jurídicas individuais. Elas visam servir para que as exigências jurídicas de proteção de dados sejam implementadas e a pessoa interessada mantenha o

---

[61] EU-Commission. Disponível em: https://ec.europa.eu/commission/presscorner/detail/de/IP_19_421. Acesso em: 16 fev. 2022.

[62] Hornung; Spiecker gen. Döhmann, in: Simitis; Hornung; Spiecker gen. Döhmann (ed.), 2019, Introdução, n.º 245; *Hartung*, in: Kühling; Buchner (ed.), *Datenschutz-Grundverordnung*, 2. ed., 2018, Art. 25, n. 11.

[63] Hornung; Spiecker gen. Döhmann, in: Simitis; Hornung; Spiecker gen. Döhmann (ed.), 2019, Introdução, n.º 209.

TRATADO DE PROTEÇÃO DE DADOS PESSOAIS

controle sobre os dados e as decisões neles baseadas. A maioria desses direitos se encontra nos arts. 12.º e seguintes do RGPD-UE.

Deles fazem parte os já mencionados deveres de prestar informações do responsável pelo tratamento dos dados a partir dos arts. 12.º, 13.º e 14.º do RGPD-UE, aos quais corresponde um respectivo direito à informação[64]. Central é, além disso, o direito de obter informações da pessoa interessada consoante o art. 15.º do RGPD-UE, segundo o qual ela pode pedir informações, por exemplo, sobre os dados tratados, as finalidades do tratamento, os destinatários aos quais os dados são revelados, bem como a duração prevista da armazenagem.

Visto que não pode bastar que o titular de dados tenha ciência das formas de tratamento, os direitos à informação são secundados por uma série de outros direitos, que podem restringir consideravelmente o agente de tratamento em sua utilização ulterior dos dados. O que tem maior alcance é o direito ao apagamento ou remoção dos dados a partir do art. 17.º, que, ocasionalmente, é chamado de maneira enganosa de "direito a ser esquecido"[65]. Ele é complementado por um dever de prestar informações a partir do art. 17.º, par. 2, do RGPD-UE: segundo ele, quem tornou públicos os dados sobre uma pessoa interessada precisa tomar medidas para informar outras instâncias responsáveis que essa pessoa está pedindo a remoção de todos os *links* para esses dados, bem como de cópias deles. Com isso, a posição da pessoa interessada é consideravelmente melhorada justamente no tocante a publicações na internet[66].

De menor alcance, mas ainda assim eficazes, são os direitos de retificação, segundo o art. 16.º do RGPD-UE, correspondente ao princípio da exatidão dos dados a partir do art. 5.º, par. 1, alínea "d", do mesmo Regulamento, bem como o direito de oposição, segundo o art. 21.º, para levar em consideração circunstâncias particulares. E os direitos à indenização, no art. 82.º do RGPD-UE – agora também por danos chamados imateriais no art. 82.º, par. 1, do mesmo Regulamento –, bem como à reclamação às autoridades de fiscalização independentes, segundo o art. 77.º, fortalecem a posição do titular dos dados. De modo geral, com isso, a probabilidade de implementação aumenta, os custos para os agentes de tratamento de dados que os processam contrariando o RGPD-UE se tornam mais altos e a probabilidade de que as normas sejam cumpridas fica maior.

3.2   As autoridades independentes para a proteção de dados

Desde os primórdios do direito referente à proteção de dados já estava claro que uma implementação desse direito unicamente por parte do titular de dados não seria suficiente por causa das propriedades específicas das informações e das estruturas específicas. Lembremos que, frequentemente, dados podem ser usados muitas vezes e que dados passam a fazer parte de decisões sem que se possa depreender isso das próprias decisões. Por isso, já na decisão do Tribunal Constitucional Federal alemão sobre o censo populacional a salvaguarda por meio de procedimentos e da organização foi elevada à condição de princípio[67].

Um elemento central dessa proteção concomitante por meio do direito procedimental e organizacional é a institucionalização de autoridades de fiscalização independentes nos Estados-membros (art. 51.º e seguintes do RGPD-UE). O RGPD-UE amplia e complementa as competências e os deveres pregressos (cf. arts. 57.º e 58.º do Regulamento) e, além disso, torna mais precisas as normas procedimentais. Com isso, ele retoma as diretrizes do art. 3.º, par. 3, da

---

[64]   Scholz, 2019, Art. 4, n.º 4, n.º 12.

[65]   Cf. Dix, in: Simitis; Hornung; Spiecker gen. Döhmann (ed.), 2019, Art. 17, n. 1.

[66]   Quanto a isso, veja ibid., Art. 17, n. 26 ss.

[67]   Cf. BVerfGE 65, 1, (44).

PARTE I · Cap. 5 · A PROTEÇÃO DE DADOS PESSOAIS SOB O REGULAMENTO GERAL | **109**

Carta dos Direitos Fundamentais, segundo o qual a instituição de instâncias independentes de controle está prescrita para o cumprimento das diretrizes do art. 8.º, par. 1 e 2, da Carta. Uma alteração substancial introduzida pelo RGPD-UE é a competência das autoridades de fiscalização para aplicar multas (art. 83.º do Regulamento).

O postulado de independência rigorosa é valorizado e tornado ainda mais preciso com base na jurisprudência pregressa e ainda em vigor[68] do TEJ[69]. Os Estados-membros devem garantir que essas autoridades sejam adequadamente equipadas (art. 52.º, par. 4, do RGPD--UE). Já agora se pode perceber que os esforços de efetivação por parte dos Estados-membros aumentaram consideravelmente.

3.3 O *European Data Protection Board* (EDPB) e o mecanismo de coerência na *One-Stop-Shop*

A efetivação do RGPD-UE por parte de autoridades de fiscalização dos *Estados-membros* acarreta fundamentalmente a problemática de decisões divergentes. Isso podia ser observado em grau considerável sob a SPD. O RGPD-UE faz frente a essa problemática mediante a introdução de um processo de colaboração que assegura uma coordenação uniforme e melhor entre as autoridades nacionais responsáveis pela implementação[70]. Isso acontece no chamado mecanismo de coerência, até agora desconhecido no direito da UE. Para isso, instituiu-se o Comitê Europeu de Proteção de Dados (*European Data Protection Board* [EDPB]), em que cada país-membro está representado por uma autoridade de fiscalização e que decide, majoritariamente, segundo o princípio *one-agency-one-vote* (art. 68.º e ss. do RGPD-UE). Com isso, garante-se que decisões importantes não possam ser tomadas pelas autoridades dos Estados-membros por conta própria, mas que agora se precise seguir um caminho conjunto. Isso é secundado pelo fato de que, de agora em diante, também para os agentes do tratamento de dados só existe um interlocutor na forma de uma autoridade de fiscalização chamada *lead authority* (art. 56.º do RGPD-UE), de modo que no marco dessa *One-Stop-Shop* haverá uma simplificação considerável para as empresas.

4. PERSPECTIVAS E CONCLUSÃO: DESAFIOS E NOVAS ABORDAGENS DE REGULAÇÃO

O RGPD-UE trata de uma série de problemas que estão surgindo para o direito e a sociedade em função da digitalização. Ele faz isso sob um ângulo específico, a saber, a proteção de dados pessoais. Com isso, forçosamente, não aborda determinadas áreas ou só o faz de maneira limitada. Ainda assim, o RGPD-UE, na qualidade de direito parcial[71] mais abrangente do direito informacional público e privado na atualidade, disponibiliza ao menos rudimentos de um tratamento normativo para algumas outras áreas de problemas.

---

[68] Cf., quanto a isso, Schiedermair, in: Simitis; Hornung; Spiecker gen. Döhmann (ed.), 2019, Introdução, n.º 169 ss.

[69] EuGH, Rs. C-288/12 (Kommission/Ungarn), ECLI:EU:C:2014:237; EuGH, Rs. C-614/10 (Kommission/Österreich), ECLI:EU:C:2012:631; EuGH, Rs C-518/07 (Kommission/Deutschland), Slg 2010, I-1885; EuGH, Rs. C-230/14 (Weltimmo), ECLI:EU:C:2015:639.

[70] Simitis; Hornung; Spiecker gen. Döhmann, in: id. (ed.), 2019, Introdução, n.º 90.

[71] O direito sobre telecomunicações e o direito da propriedade intelectual são, além de outras matérias jurídicas, áreas parciais importantes do direito da informação, mas são mais estreitas em seu âmbito de aplicação.

110 TRATADO DE PROTEÇÃO DE DADOS PESSOAIS

4.1 Decisão automatizada, algoritmos, inteligência artificial e aprendizado de máquina

Tratamos aqui de outros desdobramentos de tecnologias já existentes, sem que se possa entrar em detalhes técnicos. Eles colocam uma série de exigências em relação à sua utilização, principalmente quanto à transparência do tratamento de dados que realizam, à avaliação e às decisões neles baseadas.

Embora o direito referente à proteção de dados não tenha aplicação a muitas formas de tratamento de dados nesse âmbito, já que, em geral, ocorre uma dissolução da referência a pessoas por causa da anonimização ou da integração em dados massivos, o RGPD-UE se manifesta, no art. 22.º, sobre as decisões que os tomam por base: em princípio, ele exige que não se pode tomar uma decisão unicamente mediante um tratamento automatizado. As exceções a isso, que se encontram no art. 22.º, par. 2, do RGPD-UE permitem, ainda assim, que em muitos casos decisões possam ser tomadas de modo completamente automatizado. Além disso, a inclusão da definição de perfis (*profiling*), que usa muitas formas de inteligência artificial, é um dos casos previstos na legislação nos quais, devido à existência de um risco especialmente elevado para o titular de dados, é necessária uma avaliação dos riscos segundo o art. 35.º do RGPD-UE. Afinal, uma das finalidades inerentes ao direito à proteção de dados é evitar discriminações[72]. Consequentemente, deve ser mais aconselhável realizar simulações do que treinar inteligência artificial com dados reais.

4.2 A globalização e a luta pela internet

O RGPD-UE é um conjunto de regulações europeu. Entretanto, em face do fluxo ubíquo de dados que ultrapassa todas as fronteiras, principalmente por causa da forma de funcionamento da internet, ele deve ser levado em consideração em função do princípio do local do mercado (art. 3.º, par. 2, do RGPD-UE) e do princípio do estabelecimento (art. 3.º, par. 1). Ainda que, em última análise, o TEJ tenha restringido a efetividade de direitos contrários de pessoas interessadas ao espaço europeu[73], as repercussões do RGPD-UE são, não obstante, globais.

Por um lado, o princípio da adequação exige, quando da transferência de dados para o espaço jurídico fora da UE, uma harmonização em potencial. Por outro, não se deve subestimar o papel pioneiro desempenhado pela UE na regulamentação da utilização e do tratamento de dados pessoais, que até agora não têm sido objeto de uma regulamentação ampla. Com isso surge – passando ao largo das posições de supremacia ocupadas atualmente por algumas empresas – a possibilidade de um novo mercado para produtos e serviços que tenham uma atitude favorável para com a proteção de dados. Dessa maneira, um mercado supostamente já subdividido é redefinido de maneira nova e as regras de mercado são alteradas. Por conseguinte, as regulamentações do RGPD-UE[74] – caracterizadas por liberalidade e proteção do indivíduo – estabelecem um novo marco jurídico que também repercute em nível internacional.

CONCLUSÃO

Atualmente, ainda está em aberto qual é a direção que o direito de proteção de dados na Europa irá tomar. Não resta dúvida, porém, de que com isso a UE deu um passo considerável

---

[72] Hornung; Spiecker gen. Döhmann, 2019, Art. 1, n.º 31.

[73] EuGH, Rs. C-507/17 (Google LLC), ECLI:EU:C:2019:772.

[74] Hornung; Spiecker gen. Döhmann, 2019, Art. 1, n.º 36.

PARTE I · Cap. 5 · A PROTEÇÃO DE DADOS PESSOAIS SOB O REGULAMENTO GERAL | 111

para fortalecer a posição fática e jurídica do indivíduo, o chamado titular de direitos. Isso deve acontecer em uma relação de equilíbrio com outros direitos, como a liberdade de informação e de expressão. Mas, assim como essas liberdades, uma proteção de dados funcional é imprescindível para assegurar a democracia e a liberalidade[75]. Nesse sentido, o RGPD-UE está criando um marco jurídico importante.

REFERÊNCIAS BIBLIOGRÁFICAS

BVerfGE [*Decisão do Tribunal Constitucional Federal*] 65, 1 (44).

EuGH [Tribunal Europeu de Justiça] Rs. C-673/17 (Planet49), ECLI:EU:C:2019:801.

EuGH, C-362/14 (Schrems), ECLI:EU:C:2015:650.

EuGH, Rs. C-131/12 (Google Spain), ECLI:EU:C:2014:317.

EuGH, Rs. C-131/12 (Google Spain), ECLI:EU:C:2014:317; EuGH, verb. Rs. C-203/15, C-698/15 (Conservação de dados II), ECLI:EU:C:2016:970.

EuGH, Rs. C-288/12 (Kommission/Ungarn), ECLI:EU:C:2014:237; EuGH, Rs. C-614/10 (Kommission/Österreich), ECLI:EU:C:2012:631; EuGH, Rs C-518/07 (Kommission/ Deutschland), Slg 2010, I-1885; EuGH, Rs. C-230/14 (Weltimmo), ECLI:EU:C:2015:639.

EuGH, Rs. C-311/18 (Schrems II), ECLI:EU:C:2020:559.

EuGH, Rs. C-507/17 (*Google LLC*), ECLI:EU:C:2019:772.

EuGH, Rs. C-582/14 *(Breyer),* ECLI:EU:C:2016:779.

EuGH, Rs. C-673/17 *(Planet49),* ECLI:EU:C:2019:801.

EuGH, verb. Rs. C-293/12, C – 594/12 *(Digital Rights Ireland)*, ECLI:EU:C:2014:238; EuGH, verb. Rs. C-203/15, C-698/15 (Tele2 Sverige), ECLI:EU:C:2016:970.

HORNUNG, *Spektrum der Wissenschaft,* 2017.

KÜHLING; Buchner (ed.), *Datenschutz-Grundverordnung,* 2. ed., 2018.

ROßNAGEL, 2019.

SCHOLZ, 2019.

SCHULTE; Schröder (ed.), *Handbuch des Technikrechts,* 2011.

SIMITIS; Hornung; Spiecker gen. Döhmann (ed.), 2019, Introdução. n.º 167; EuGH, C-92/09 (Schecke), Slg 2010, I-11063 Rn 47, 52; EuGH, Rs. C-468/10 (ASNEF), Slg 2011, I-12181 Rn. 41 s.; EuGH, Rs. C-291/12 (Schwarz), ECLI:EU:C:2013:670 Rn 26.

SIMITIS; Hornung; Spiecker gen. Döhmann (ed.), *Datenschutzrecht,* 2019.

SPIECKER gen. Döhmann, in: Campos; Abboud; Nery Jr. (ed.), *Proteção de dados e regulação,* 2020.

SPIECKER gen. Döhmann, *Spektrum der Wissenschaft,* 2017.

SPIECKER gen. Döhmann, VVDStRL, 2018.

TINNEFELD; Buchner; Petri, *Einführung in das Datenschutzrecht,* 5. ed., 2012.

---

[75] Cf. Spiecker gen. Döhmann, VVDStRL, 2018, 9 (55).

PARTE II

A LEI GERAL DE PROTEÇÃO DE DADOS: ANÁLISE DE SEUS CONCEITOS, PRINCÍPIOS E INSTITUTOS

6

TRATAMENTO DE DADOS PESSOAIS NA LGPD: ESTUDO SOBRE AS BASES LEGAIS DOS ARTIGOS 7.º E 11

MARIO VIOLA

Doutor em Direito pelo *European University Institute* (Florença, Itália). Mestre em Direito Civil pela Universidade do Estado do Rio de Janeiro. É pesquisador associado do *Centre for Media Pluralism and Media Freedom* do *European University Institute*, *Certified Information Privacy Professional/Europe* (CIPP/E) e advogado.

CHIARA SPADACCINI DE TEFFÉ

Doutoranda e mestre em Direito Civil pela Universidade do Estado do Rio de Janeiro (UERJ). Atualmente, é professora de Direito Civil e de Direito e Tecnologia na Faculdade de Direito do IBMEC. Leciona em cursos de pós-graduação do CEPED-UERJ, na pós-graduação da PUC-Rio, na pós-graduação do Instituto New Law e na pós-graduação da EBRADI. É também professora da Escola da Magistratura do Estado do Rio de Janeiro (EMERJ) e do Instituto de Tecnologia e Sociedade do Rio (ITS Rio). Membro da Comissão de Proteção de Dados e Privacidade da OABRJ. Membro do conselho executivo da Revista Eletrônica *Civilistica.com*. Membro do Fórum permanente de mídia e liberdade de expressão da EMERJ. Foi professora de Direito Civil na UFRJ e pesquisadora do Instituto de Tecnologia e Sociedade do Rio (ITS Rio). Associada ao Instituto Brasileiro de Estudos em Responsabilidade Civil (IBERC). Advogada e consultora em proteção de dados pessoais.

1. HIPÓTESES LEGAIS PARA O TRATAMENTO DE DADOS: CONTROLE E GARANTIAS AO TITULAR

Na Lei Geral de Proteção de Dados, parte-se da ideia de que todo dado pessoal tem importância e valor. Por essa razão, adotou-se conceito amplo de dado pessoal, assim como estabelecido no Regulamento europeu 2016/679,[1] sendo ele definido como informação relacionada a pessoa natural identificada ou identificável. Dados que pareçam não relevantes em um momento ou que não façam referência a alguém diretamente, uma vez transferidos,

---

[1] A disposição brasileira segue o previsto no GDPR: "Artigo 4.o Definições. Para efeitos do presente regulamento, entende-se por: «Dados pessoais», informação relativa a uma pessoa singular identificada ou identificável («titular dos dados»); é considerada identificável uma pessoa singular que possa ser identificada, direta ou indiretamente, em especial por referência a um identificador, como por exemplo um nome, um número de identificação, dados de localização, identificadores por via eletrónica ou a um ou mais elementos específicos da identidade física, fisiológica, genética, mental, económica, cultural ou social dessa pessoa singular".

116 | TRATADO DE PROTEÇÃO DE DADOS PESSOAIS

cruzados ou organizados, podem resultar em dados bastante específicos sobre determinada pessoa, trazendo informações inclusive de caráter sensível sobre ela, conforme já observou o *Bundesverfassungsgericht* (Tribunal Constitucional Federal Alemão) no emblemático julgamento sobre a lei do censo de 1983.[2]

Diante do cuidado com o tema, foi estabelecido como regra geral (art. 1.º) que qualquer pessoa que trate[3] dados pessoais, seja ela natural ou jurídica, de direito público ou privado, inclusive na atividade realizada nos meios digitais, deverá ter uma base legal para fundamentar os tratamentos que realizar. Isso importa dizer que não haverá necessidade de identificação de uma base legal na LGPD apenas nos casos que se enquadrarem nas hipóteses de exclusão de aplicação da lei previstas no art. 4.º da LGPD.[4-5]

Portanto, não sendo uma hipótese de exclusão, deverá ocorrer o encaixe do tratamento realizado em pelo menos uma das hipóteses legais para que ele seja considerado legítimo e lícito. Deve o agente fundamentar a sua escolha e buscar a base mais segura e adequada para a relação, sendo possível inclusive – em certos casos – cumular as hipóteses, assim como no GDPR.[6]

---

[2] "Um dado em si insignificante pode adquirir um novo valor: desse modo, não existem mais dados insignificantes no contexto do processamento eletrônico de dados" (MARTINS, Leonardo (org.). *Cinquenta anos de Jurisprudência do Tribunal Constitucional federal Alemão*. Montevidéu: Fundação Konrad Adenauer, 2005, p. 244-245. Disponível em: <www.kas.de/wf/doc/26200-1442-1-30.pdf>. Acesso em: 01.08.19).

[3] Cabe recordar a noção de "tratamento" disposta na Lei: "toda operação realizada com dados pessoais, como as que se referem a coleta, produção, recepção, classificação, utilização, acesso, reprodução, transmissão, distribuição, processamento, arquivamento, armazenamento, eliminação, avaliação ou controle da informação, modificação, comunicação, transferência, difusão ou extração". Há, assim, um amplo rol de ações dispostas na lei   sob o guarda-chuva da ideia contida em tratamento de dados pessoais.

[4] Art. 4.º Esta Lei não se aplica ao tratamento de dados pessoais: I – realizado por pessoa natural para fins exclusivamente particulares e não econômicos; II – realizado para fins exclusivamente: a) jornalístico e artísticos; ou b) acadêmicos, aplicando-se a esta hipótese os arts. 7.º e 11 desta Lei; III – realizado para fins exclusivos de: a) segurança pública; b) defesa nacional; c) segurança do Estado; ou d) atividades de investigação e repressão de infrações penais; ou IV – provenientes de fora do território nacional e que não sejam objeto de comunicação, uso compartilhado de dados com agentes de tratamento brasileiros ou objeto de transferência internacional de dados com outro país que não o de proveniência, desde que o país de proveniência proporcione grau de proteção de dados pessoais adequado ao previsto nesta Lei. §1.º O tratamento de dados pessoais previsto no inciso III será regido por legislação específica, que deverá prever medidas proporcionais e estritamente necessárias ao atendimento do interesse público, observados o devido processo legal, os princípios gerais de proteção e os direitos do titular previstos nesta Lei. §2.º É vedado o tratamento dos dados a que se refere o inciso III do caput deste artigo por pessoa de direito privado, exceto em procedimentos sob tutela de pessoa jurídica de direito público, que serão objeto de informe específico à autoridade nacional e que deverão observar a limitação imposta no §4.º deste artigo. §3.º A autoridade nacional emitirá opiniões técnicas ou recomendações referentes às exceções previstas no inciso III do caput deste artigo e deverá solicitar aos responsáveis relatórios de impacto à proteção de dados pessoais. § 4.º Em nenhum caso a totalidade dos dados pessoais de banco de dados de que trata o inciso III do caput deste artigo poderá ser tratada por pessoa de direito privado, salvo por aquela que possua capital integralmente constituído pelo poder público (Redação dada pela Lei n.º 13.853, de 2019).

[5] Ainda assim, o tratamento de dados pessoais previsto no art.4.º, inciso III (para fins exclusivos de segurança pública; defesa nacional; segurança do Estado; ou atividades de investigação e repressão de infrações penais), "será regido por legislação específica, que deverá prever medidas proporcionais e estritamente necessárias ao atendimento do interesse público, observados o devido processo legal, os princípios gerais de proteção e os direitos do titular previstos nesta Lei". Até agosto de 2021, tinha sido apenas desenvolvido um anteprojeto de lei especial para o tema por parte de comissão designada.

[6] A possibilidade de identificação de mais de uma base legal para determinada operação de tratamento de dados tem encontrado respaldo tanto nas autoridades de proteção de dados quanto na doutrina

Essas bases foram estipuladas de forma geral e variada, devendo detalhes e adequações ser realizados especialmente pela Autoridade Nacional de Proteção de Dados (ANPD), pelo Legislativo e pelo Judiciário.

Entende-se que tanto o rol do art. 7.º quanto o do art. 11 são taxativos,[7] sendo dotados de algumas hipóteses mais abertas e com certo grau de subjetividade (como, por exemplo,

---

europeia. O ICO do Reino Unido, por exemplo, ao comentar a aplicação do GDPR, afirma de maneira clara que "You might consider that more than one basis applies, in which case you should identify and document all of them from the start" (ICO. Lawful basis for processing. Disponível em: <https://ico.org.uk/for-organisations/guide-to-data-protection/guide-to-the-general-data-protection-regulation-gdpr/lawful-basis-for-processing/>). No mesmo sentido parece ter se posicionado o Grupo de Trabalho do Artigo 29, ainda durante a vigência da Diretiva 95/46/CE, mas já após a aprovação do GDPR, em sua Opinion 03/2017 on Processing personal data in the context of Cooperative Intelligent Transport Systems (C-ITS), quando afirmou que "Processing shall be lawful only if and to the extent that at least one of the following cases applies: (a) the data subject has given consent to the processing of his or her personal data for one or more specific purposes; (b) processing is necessary for the performance of a contract to which the data subject is party; (c) processing is necessary for compliance with a legal obligation to which the controller is subject; (d) processing is necessary in order to protect the vital interests of the data subject or of another natural person; (e) processing is necessary for the performance of a task carried out in the public interest or in the exercise of official authority vested in the controller; (f) processing is necessary for the purposes of the legitimate interests pursued by the controller or by a third party, except where such interests are overridden by the interests or fundamental rights and freedoms of the data subject" (Article 29 Working Party. Opinion 03/2017 on Processing personal data in the context of Cooperative Intelligent Transport Systems (C-ITS). Adopted on 4 October 2017. Disponível em: https://www.bfdi.bund.de/SharedDocs/Publikationen/DokumenteArt29Gruppe_EDSA/Guidelines/WP249_EN.pdf?__blob=publicationFile&v=1). Esse posicionamento também vem sendo aceito pela doutrina na Europa, sob a condição que controladores consigam demonstrar que todos os requisitos para as distintas bases legais indicadas sejam preenchidos: "(...) in practice, entities often based their processing activities on several legal bases. For example, where an entity processed personal data based on their necessity for the performance of a contract, said entity would often also obtain the data subject's consent. This preventive approach aimed at securing the lawfulness of the processing operations in case one or several of the used legal bases would lose their legitimacy. This approach can be upheld under the GDPR. However, entities should choose a primary legal permission among the available options. This is advisable as, under the Regulation, the conditions for obtaining valid consent, as well as those regarding other legal bases for processing, have been specified and tightened. Therefore, entities should—prior to processing—evaluate which legal basis might be most suitable for their processing activities. Under the principle of accountability (see Sect. 3.1), entities must be able to prove that the legal bases they use are fulfilled, e.g., when processing personal data based on their prevailing legitimate interests, entities must be able to demonstrate their interests, as well as the legitimacy of the latter" (VOIGT, Paul; BUSSCHE, Axel von dem. The EU General Data Protection Regulation (GDPR). A Practical Guide. Springer, 2017, p. 101).

[7] No regulamento europeu de proteção de dados (GDPR), utiliza-se a mesma sistemática para a aplicação das bases legais para o tratamento de dados pessoais: "The principle of 'lawful processing', which is one of several data protection principles under Article 5 GDPR, requires that every processing operation involving personal data must have a legal basis. Article 6(1) stipulates what may constitute such a legal basis. At the same time, it must be kept in mind that legally sound processing of personal data will necessitate fulfilling also all other of the core principles for processing personal data set out by Article 5(1). The list of legal grounds for processing contained in Article 6(1) must be understood as exhaustive and final – it can neither be supplemented nor otherwise amended by interpretation. As far as Member States' legislators are, at all, allowed to act under Article 6(1),1 all legislative activities must keep within the strict boundaries it sets. The elements in the list must be seen to be legally equal. There is no ranking between Article 6(1)(a) to (f) in the sense that one ground has normative priority over the others.3 However, in the private sector, consent (Article 6(1)(a)) may in practice play a salient role as a potential substitute whenever there is no contractual context, no detailed legal rules about a fitting legal basis, or the scope of 'legitimate interests of the controller or of a third party' is particularly difficult to assess. This may

o legítimo interesse). Há, entretanto, autores que defendem a existência de uma outra base legal para o tratamento de dados pessoais no art. 23 da LGPD, para o exercício geral das competências ou o cumprimento de atribuições legais da Administração Pública.[8] Contudo, entendemos que o tratamento de dados pessoais para tais atividades já estaria contemplado, em muitos casos, nas hipóteses relativas ao cumprimento de uma obrigação legal (art. 7.º, II, e art. 11, II, "a"), já que a atuação da Administração Pública decorre de um mandamento legal, e ao tratamento e uso compartilhado de dados necessários à execução de políticas públicas (art. 7.º, III, e art. 11, II, "b").[9] A previsão contida no art. 23 traria apenas requisitos adicionais e específicos para o tratamento de dados pessoais realizado por parte da Administração Pública, complementando a base legal selecionada no art. 7.º ou 11 da lei.

De forma a se evitar abusos no tratamento de dados e garantir os direitos do titular, ele poderá revogar o seu consentimento, conforme será visto no item 2, ou pleitear o direito à oposição, que significa que o titular poderá se opor a tratamento realizado com fundamento em uma das hipóteses de dispensa de consentimento, em caso de descumprimento ao disposto na LGPD (art. 18, § 2º). Além disso, encontra-se positivado o direito à explicação (art. 20), que dispõe que o titular dos dados tem direito a solicitar a revisão de decisões tomadas unicamente com base em tratamento automatizado de dados pessoais que afetem seus interesses, incluídas as decisões destinadas a definir o seu perfil pessoal, profissional, de consumo e de crédito ou os aspectos de sua personalidade.[10-11]

O sistema legal desenvolvido para o tratamento de dados representa para o titular instrumento de controle sobre as suas informações pessoais e de garantia de direitos. Nesse sentido, no presente artigo, busca-se analisar em detalhe os requisitos para o tratamento de

---

also be the reason why it was deemed necessary in the GDPR to define valid consent more extensively than the other legal grounds for processing and – compared to the DPD – to add two articles (Articles 7 and 8) dealing with specific aspects of consenting" (KOTSCHY, Waltraut. Lawfulness of processing. *2018 Draft commentaries on 10 GDPR articles* (from Commentary on the EU General Data Protection Regulation, OUP 2019). Oxford University Press, 2018, p. 37. Disponível em: <https://works.bepress.com/christopher-kuner/1/>. Acesso em: 22 jul. 19).

[8] MENDES, Laura Schertel; DONEDA, Danilo. Comentário à nova Lei de Proteção de Dados (Lei 13.709/2018): o novo paradigma da proteção de dados no Brasil. *Revista de Direito do Consumidor*, v. 120, p. 555, 2018.

[9] A Administração Pública em determinados casos poderá utilizar outras bases, como, por exemplo, a proteção da vida ou da incolumidade física do titular ou de terceiro; o exercício regular de direitos em processo judicial, administrativo ou arbitral; e a tutela da saúde, exclusivamente, em procedimento realizado por profissionais de saúde, serviços de saúde ou autoridade sanitária. Há importantes questionamentos acerca da aplicação e do uso das bases legais do consentimento e do legítimo interesse por parte da Administração Pública. Essa questão certamente merece estudo específico.

[10] Debate-se, aqui, se deveria haver uma obrigatoriedade da revisão humana de decisões automatizadas. Sobre o assunto, conferir: MONTEIRO, Renato Leite. Existe um direito à explicação na Lei Geral de Proteção de Dados do Brasil? Artigo estratégico 39. Instituto Igarapé. Dezembro de 2018. FRAZÃO, Ana. O direito à explicação e à oposição diante de decisões totalmente automatizadas. Jota, publicado em 9 de julho de 2019. MULHOLLAND, Caitlin; FRAJHOF, I. Z. Inteligência Artificial e a Lei Geral de Proteção de Dados Pessoais: breves anotações sobre o direito à explicação frente à tomada de decisões por meio de machine learning. In: FRAZÃO, Ana; MULHOLLAND, Caitlin (Org.). *Inteligência Artificial e Direito: Ética, Regulação e Responsabilidade.* Rio de Janeiro: Revista dos Tribunais, 2019, v. 1, p. 265-287.

[11] Art. 20 (...) § 1.º O controlador deverá fornecer, sempre que solicitadas, informações claras e adequadas a respeito dos critérios e dos procedimentos utilizados para a decisão automatizada, observados os segredos comercial e industrial. § 2.º Em caso de não oferecimento de informações de que trata o § 1.º deste artigo baseado na observância de segredo comercial e industrial, a autoridade nacional poderá realizar auditoria para verificação de aspectos discriminatórios em tratamento automatizado de dados pessoais.

dados na LGPD, com ênfase nas bases legais relativas ao consentimento e ao legítimo interesse e nas diferenças de tratamento estabelecidas para dados que sejam considerados sensíveis.

2. O CONSENTIMENTO DO TITULAR

O consentimento do titular dos dados recebeu tutela destacada na LGPD, ainda que não seja, vale lembrar, a única hipótese legal para o tratamento de dados pessoais nem hierarquicamente superior às demais contidas no rol do art. 7.º. Aliás, em determinados casos, a obtenção do consentimento poderá ser até mesmo inadequada, tendo em vista a existência de outra base legal mais precisa para o tratamento em questão.

Uma análise minuciosa dos princípios – que têm grande parte de seu centro gravitacional baseado no ser humano – revela a preocupação do legislador com a participação do indivíduo no fluxo de suas informações. Como será exposto, no texto legal, a caracterização do consentimento segue a linha do Regulamento europeu e das normas mais atuais sobre o tema.[12] Há também uma série de disposições que oferecem regramento específico para concretizar, orientar e reforçar o controle dos dados por meio do consentimento.[13]

No que diz respeito ao tratamento dos dados, o consentimento deverá ocorrer, como regra, de acordo com a hipótese estabelecida no artigo 7.º, I, da LGPD, sendo certo que no caso de dados sensíveis foram positivadas normas mais rígidas para a mencionada base legal (art. 11, I), conforme se verá mais adiante. Além disso, em se tratando de criança, além de o consentimento ser reforçado,[14] foi acrescentada hipótese adicional de tratamento de dados sem o consentimento de um dos pais ou responsável legal (art. 14, § 3.º).[15-16-17]

---

[12] Cf. TEPEDINO, Gustavo; TEFFÉ, Chiara Spadaccini de. Consentimento e proteção de dados pessoais na LGPD. In: FRAZÃO, Ana; TEPEDINO, Gustavo; OLIVA, Milena Donato (coord.). *Lei Geral de Proteção de Dados Pessoais e suas repercussões no direito brasileiro*. 2. ed. São Paulo: Revista dos Tribunais, 2020.

[13] TEPEDINO, Gustavo; TEFFÉ, Chiara Spadaccini de. O consentimento na circulação de dados pessoais. *Revista Brasileira De Direito Civil*, v. 25, p. 83-116, 2020.

[14] "What is reasonable, both in terms of verifying that a user is old enough to provide their own consent, and in terms of verifying that a person providing consent on behalf of a child is a holder of parental responsibility, may depend upon the risks inherent in the processing as well as the available technology. In low-risk cases, verification of parental responsibility via email may be sufficient. Conversely, in high-risk cases, it may be appropriate to ask for more proof, so that the controller is able to verify and retain the information pursuant to Article 7(1) GDPR. Trusted third party verification services may offer solutions, which minimise the amount of personal data the controller has to process itself" (European Data Protection Board (EDPB). Guidelines 05/2020 on consent under Regulation 2016/679. Adotada em 04 de maio de 2020, p. 26-27).

[15] Art. 14. O tratamento de dados pessoais de crianças e de adolescentes deverá ser realizado em seu melhor interesse, nos termos deste artigo e da legislação pertinente. § 1.º O tratamento de dados pessoais de crianças deverá ser realizado com o consentimento específico e em destaque dado por pelo menos um dos pais ou pelo responsável legal (...) § 3.º Poderão ser coletados dados pessoais de crianças sem o consentimento a que se refere o § 1.º deste artigo quando a coleta for necessária para contatar os pais ou o responsável legal, utilizados uma única vez e sem armazenamento, ou para sua proteção, e em nenhum caso poderão ser repassados a terceiro sem o consentimento de que trata o § 1.º deste artigo.

[16] Cf. TEFFÉ, Chiara Spadaccini de. Tratamento de dados pessoais de crianças e adolescentes: proteção e consentimento. Pesquisa sobre o uso da internet por crianças e adolescentes no Brasil: TIC Kids online Brasil 2018. São Paulo: Comitê Gestor da Internet no Brasil, 2019. p. 47-54. TEFFÉ, Chiara Spadaccini de. Proteção de dados de crianças e de adolescentes. Revista do advogado, n. 144, nov. 2019, p. 54-59. "Como se depreende da Lei, o consentimento é uma das bases legais para o tratamento de dados, mas não a única. Acerca do tratamento de dados de menores de idade, não foi estabelecido rol especial para o tratamento de suas informações, devendo ser aplicadas, como regra, as disposições dos artigos 7.º e

O maior cuidado com o consentimento do titular mostra-se de grande relevância no cenário tecnológico atual, no qual se verifica a coleta em massa de dados pessoais, a mercantilização desses dados por parte de uma série de sujeitos e situações de pouca transparência e informação no que tange ao tratamento de dados pessoais de usuários de serviços online. Nesse sentido, defende-se que a interpretação do consentimento deverá ocorrer de forma restritiva, não podendo o agente estender a autorização concedida a ele para o tratamento de dados para outros meios além daqueles pactuados, para momento posterior ou para finalidade diversa.

O consentimento representa instrumento de manifestação individual no campo dos direitos da personalidade e tem o papel de legitimar que agentes tratem, em alguma medida, dados de terceiros.[18] Ele promove a personalidade, sendo meio para a construção e delimitação da esfera privada. Associa-se, portanto, à autodeterminação existencial e informacional do ser humano, mostrando-se imprescindível para a proteção do indivíduo e a circulação de informações.[19]

Segundo a LGPD, o consentimento é caracterizado como "manifestação livre, informada e inequívoca pela qual o titular concorda com o tratamento de seus dados pessoais para uma finalidade determinada" (art. 5.º, XII). Dialoga, portanto, com a definição positivada no GDPR: "manifestação de vontade, livre, específica, informada e explícita, pela qual o titular dos dados aceita, mediante declaração ou ato positivo inequívoco,[20] que os dados pessoais que lhe dizem respeito sejam objeto de tratamento".[21]

Livre significa que o titular pode escolher entre aceitar ou recusar o tratamento de seu bem, sem intervenções ou situações que viciem o seu consentimento. Nessa linha, estabeleceu-se de forma expressa a vedação ao tratamento de dados pessoais mediante vício de

---

11, que trazem as hipóteses previstas pela LGPD para o tratamento de dados pessoais. Entende-se que o art. 14 da LGPD traz em si especificidades quanto ao consentimento e mais algumas possibilidades legais de tratamento de dados. Dessa forma, como complemento às hipóteses de autorização legal para o tratamento de dados, afirma-se no parágrafo 3.º, do artigo 14, que poderão ser coletados dados pessoais de crianças sem o consentimento a que se refere o parágrafo 1.º do mencionado artigo quando: a) a coleta for necessária para contatar os pais ou o responsável legal, devendo os dados ser utilizados uma única vez e sem armazenamento; ou b) para a proteção da criança. Porém, em nenhum caso, esses dados poderão ser repassados a terceiro sem o consentimento de que trata § 1.º".

[17] Cf. TEFFÉ, Chiara Spadaccini de. Dados sensíveis de crianças e adolescentes: aplicação do melhor interesse e tutela integral. LATERÇA, Priscilla Silva; FERNANDES, Elora; TEFFÉ, Chiara Spadaccini de; BRANCO, Sérgio. *Privacidade e Proteção de Dados de Crianças e Adolescentes*. Rio de Janeiro: Instituto de Tecnologia e Sociedade do Rio de Janeiro, 2021. *E-book.*

[18] DONEDA, Danilo. Da privacidade à proteção de dados pessoais. Rio de Janeiro: Renovar, 2006, p. 377. Para o autor, "a fundamentação deste consentimento reside na possibilidade de autodeterminação em relação aos dados pessoais, e que esta autodeterminação deve ser o elemento principal a ser levado em conta para caracterizarmos tanto a natureza jurídica bem como os efeitos deste consentimento".

[19] DONEDA, Danilo, op. cit., p. 379.

[20] "The GDPR does not provide for formal requirements as to the consent. Whereas under the former legislative situation some EU Member States' legislation laid down such requirements, consent under the GDPR could be given by oral or written statement, including by electronic means. Nevertheless, written form is advisable regarding the controller's burden of proof. Given its practicability, a lot of entities might opt for obtaining consent by electronic means in the future. In order to be able to demonstrate that valid consent has been obtained, entities will have to protocol the declared electronic consent" (VOIGT, Paul; BUSSCHE, Axel von dem. *The EU General Data Protection Regulation (GDPR). A Practical Guide.* Springer, 2017, p. 94).

[21] Recomenda-se a leitura de: *European Data Protection Board. Guidelines 05/2020 on consent under Regulation 2016/679.* Adopted on 4 May 2020.

consentimento. A respeito dessa característica, mostra-se relevante que se analise a assimetria entre as partes e eventual vulnerabilidade de algum contratante,[22] para se garantir a efetiva validade do consentimento dado. Como observado em doutrina, "deve-se verificar qual é o "poder de barganha" do cidadão com relação ao tratamento de seus dados pessoais, o que implica considerar quais são as opções do titular com relação ao tipo de dado coletado até os seus possíveis usos".[23]

No sentido de fortalecer o indivíduo, a Lei também estabelece que (art. 9.º, § 3.º), se o tratamento dos dados pessoais for condição para o fornecimento de produto ou de serviço ou para o exercício de direito, o titular será informado com destaque sobre esse fato e sobre os meios pelos quais poderá exercer seus direitos enumerados no art. 18. Regula-se, assim, a lógica binária das chamadas políticas de tudo ou nada, em que o usuário ou aceita todas as disposições e termos do serviço ou não pode utilizá-lo.[24] Dessa forma, visa-se oxigenar processos de tomada de decisão, além de incentivar configurações de privacidade personalizáveis e a possibilidade da manifestação do consentimento de forma granular.[25]

---

[22] "Recital 43 clearly indicates that it is unlikely that *public authorities* can rely on consent for processing as whenever the controller is a public authority, there is often a clear imbalance of power in the relationship between the controller and the data subject. It is also clear in most cases that the data subject will have no realistic alternatives to accepting the processing (terms) of this controller. WP29 considers that there are other lawful bases that are, in principle, more appropriate to the activity of public authorities (…) An imbalance of power also occurs in the *employment* context. Given the dependency that results from the employer/employee relationship, it is unlikely that the data subject is able to deny his/her employer consent to data processing without experiencing the fear or real risk of detrimental effects as a result of a refusal. It is unlikely that an employee would be able to respond freely to a request for consent from his/ her employer to, for example, activate monitoring systems such as camera-observation in a workplace, or to fill out assessment forms, without feeling any pressure to consent. Therefore, WP29 deems it problematic for employers to process personal data of current or future employees on the basis of consent as it is unlikely to be freely given. For the majority of such data processing at work, the lawful basis cannot and should not be the consent of the employees (Article 6(1a)) due to the nature of the relationship between employer and employee" (*Guidelines on Consent under Regulation 2016/679*, p. 07-08).

[23] BIONI, Bruno. *Proteção de dados pessoais*: a função e os limites do consentimento. Rio de Janeiro: Forense, 2019, p. 197.

[24] "Pode-se adotar todos os argumentos historicamente adotados para criticar a "liberdade" do consentimento, na presença de contextos nos quais existem condicionamentos tais que excluem uma real possibilidade de escolha (…) o condicionamento deriva do fato de que a possibilidade de usufruir de determinados serviços, essenciais ou importantes, ou tidos como tais, depende não somente do fornecimento de determinadas informações por parte do usuário do serviço, mas também do fato de que tais informações (eventualmente com base no consentimento do interessado) podem posteriormente ser submetidas a outras elaborações. Este é o caso de todos os serviços obtidos através das novas mídias interativas, cujos gestores, por evidentes razões de ordem econômica, estão prontos a exercer forte pressão sobre os usuários para que estes autorizem a elaboração (e a eventual transmissão a terceiros) de "perfis" pessoais ou familiares baseados nas informações coletadas por ocasião do fornecimento dos serviços" (RODOTÀ, Stefano. *A vida na sociedade da vigilância – a privacidade hoje*. Coord. Maria Celina Bodin de Moraes. Trad. Danilo Doneda e Luciana Cabral Doneda. Rio de Janeiro: Renovar, 2008. p. 76)

[25] "When data processing is done in pursuit of several purposes, the solution to comply with the conditions for valid consent lies in granularity, i.e. the separation of these purposes and obtaining consent for each purpose. Example 7: Within the same consent request a retailer asks its customers for consent to use their data to send them marketing by email and also to share their details with other companies within their group. This consent is not granular as there is no separate consents for these two separate purposes, therefore the consent will not be valid. In this case, a specific consent should be collected to send the contact details to commercial partners. Such specific consent will be deemed valid for each partner (see also section 3.3.1), whose identity has been provided to the data subject at the time of the

122 | TRATADO DE PROTEÇÃO DE DADOS PESSOAIS

Na linguagem legislativa, o vocábulo *informado* significa que o titular do dado tem de ter ao seu dispor as informações necessárias e suficientes para avaliar corretamente a situação e a forma como seus dados serão tratados. A informação é fator determinante para a expressão de um consentimento livre e consciente, direcionado a tratamento específico, para determinado agente e sob determinadas condições. Destaca-se, aqui, a importância dos princípios da transparência, adequação e finalidade para restringir tanto a generalidade na utilização dos dados quanto tratamentos opacos. Para diminuir as assimetrias técnica e informacional existentes entre as partes, exige-se que ao cidadão sejam fornecidas informações transparentes, adequadas, claras e em quantidade satisfatória acerca dos riscos e implicações do tratamento de seus dados.[26]

Na lógica do consentimento informado, o artigo 9.º da LGPD dispõe que o titular tem direito ao acesso facilitado às informações sobre o tratamento de seus dados, que deverão ser disponibilizadas de forma clara, adequada e ostensiva acerca da: finalidade específica do tratamento (I); forma e duração do tratamento, observados os segredos comercial e industrial (II);[27] identificação do controlador (III); informações de contato do controlador (IV); informações acerca do uso compartilhado de dados pelo controlador e a finalidade (V); responsabilidades dos agentes que realizarão o tratamento (VI); e direitos do titular, com menção explícita aos direitos contidos no art. 18 (VII).[28-29]

Na hipótese em que o consentimento é requerido, ele será considerado nulo caso as informações fornecidas ao titular tenham conteúdo enganoso ou abusivo ou não tenham sido apresentadas previamente com transparência, de forma clara e inequívoca. Quando o consentimento for necessário, havendo mudanças em relação à finalidade para o tratamento dos dados não compatíveis com o consentimento original, o controlador deverá informar

---

collection of his or her consent, insofar as it is sent to them for the same purpose (in this example: a marketing purpose)" (European Data Protection Board (EDPB). Guidelines 05/2020 on consent under Regulation 2016/679. Adotada em 04 de maio de 2020, p. 26).

[26] "When seeking consent, controllers should ensure that they use clear and plain language in all cases. This means a message should be easily understandable for the average person and not only for lawyers. Controllers cannot use long privacy policies that are difficult to understand or statements full of legal jargon. Consent must be clear and distinguishable from other matters and provided in an intelligible and easily accessible form. This requirement essentially means that information relevant for making informed decisions on whether or not to consent may not be hidden in general terms and conditions" (European Data Protection Board (EDPB). Guidelines 05/2020 on consent under Regulation 2016/679. Adotada em 04 de maio de 2020, p. 15).

[27] "O que precisa ser esclarecido, por ora, é que, com exceção daquilo que possa ser considerado como segredo comercial e industrial, todas as demais informações sobre o tratamento de dados devem ser prestadas ao titular, sem o que não restará observado o requisito do consentimento informado" (FRAZÃO, Ana. Nova LGPD: a importância do consentimento para o tratamento dos dados pessoais. *Jota*, publicado em 12 de setembro de 2018).

[28] Art. 8.º, § 6.º Em caso de alteração de informação referida nos incisos I, II, III ou V do art. 9.º desta Lei, o controlador deverá informar ao titular, com destaque de forma específica do teor das alterações, podendo o titular, nos casos em que o seu consentimento é exigido, revogá-lo caso discorde da alteração.

[29] "Swiping a bar on a screen, waiving in front of a smart camera, turning a smartphone around clockwise, or in a figure eight motion may be options to indicate agreement, as long as clear information is provided, and it is clear that the motion in question signifies agreement to a specific request (e.g. if you swipe this bar to the left, you agree to the use of information X for purpose Y. Repeat the motion to confirm".). The controller must be able to demonstrate that consent was obtained this way and data subjects must be able to withdraw consent as easily as it was given" (European Data Protection Board (EDPB). Guidelines 05/2020 on consent under Regulation 2016/679. Adotada em 4 de maio de 2020, p. 18).

PARTE II · Cap. 6 · TRATAMENTO DE DADOS PESSOAIS NA LGPD | **123**

previamente o titular sobre as mudanças de finalidade, podendo este revogar o consentimento, caso discorde das alterações (art.9.º, § 2.º).

A manifestação de vontade deve ser também *inequívoca*, ou seja, não ambígua, evidente e ocorrer de forma clara. O consentimento do titular apresenta-se no art. 7.º como a primeira possibilidade para a realização do tratamento de dados, sendo que ele, nesse caso, deverá ser fornecido por escrito ou por outro meio que demonstre a manifestação de vontade do titular (art. 8.º). A lei não exige, portanto, o consentimento escrito, mas, caso assim ele seja colhido, deverá constar em cláusula destacada das demais cláusulas contratuais. Vale lembrar, porém, que, embora não precise necessariamente estar consubstanciado em declaração escrita, o consentimento não poderá ser extraído da omissão do titular, mas tão somente de atos que revelem claramente sua real vontade.[30]

Outro cuidado expresso na norma é a disposição que estabelece que caberá ao controlador o ônus da prova de que o consentimento foi obtido em conformidade com o disposto na Lei, observando-se o princípio da responsabilização e prestação de contas.[31]

A *finalidade* da coleta dos dados deve ser sempre previamente conhecida, seja qual for a base legal utilizada. Essa diretriz[32] diz respeito à relação entre os dados colhidos e a finalidade perseguida pelo agente. Apresenta relação também com o princípio da utilização não abusiva e com a recomendação de eliminação ou transformação em dados anônimos das informações que não sejam mais necessárias.[33] Defende-se que, a depender do tipo de informação, seria possível desmembrar o consentimento em algumas categorias, com requisitos menos ou mais rígidos, conforme a natureza dos interesses. Isso viria através da lógica do consentimento granular.

No caso de dispensa da exigência do consentimento previsto no art. 7.º, § 4.º, para os dados "tornados manifestamente públicos pelo titular",[34] os agentes de tratamento continuarão obrigados a observar os direitos do titular e os princípios previstos na Lei. Assim como na hipótese dos dados de acesso público,[35] aqui deve ser considerado o contexto em que a informação foi disponibilizada, bem como haver compatibilidade entre o seu uso e as circunstâncias pelas quais tal informação foi tornada pública, tendo em vista a ressalva disposta na lei, que não autoriza o uso indiscriminado desses dados. Esses tipos de dados, ainda que sejam considerados públicos, não deixam de ser pessoais, sendo necessário considerar sempre

---

[30] Como, por exemplo, por meio de click em botão, marcação de opção em caixa (que deve vir desmarcada) ou gravação confirmando a aceitação.

[31] Tomando como base o art. 224 do CC, recomenda-se que termos de uso, políticas de privacidade e demais informações sobre produtos e bens sejam sempre traduzidas para o português. Art. 224. Os documentos redigidos em língua estrangeira serão traduzidos para o português para ter efeitos legais no País.

[32] Art. 6.º As atividades de tratamento de dados pessoais deverão observar a boa-fé e os seguintes princípios: I – finalidade: realização do tratamento para propósitos legítimos, específicos, explícitos e informados ao titular, sem possibilidade de tratamento posterior de forma incompatível com essas finalidades; (...).

[33] RODOTÀ, Stefano, op. cit., p. 59.

[34] A doutrina oferece dois exemplos de utilização que esclarecem as possibilidades desses dados: "(...) a princípio, terceiros não poderiam usar dados de uma rede social, mesmo que de perfis públicos, para fins de *marketing*. As circunstâncias pelas quais tais dados foram tornados públicos pelo seu próprio titular deram-se para uma outra finalidade, que é a de se relacionar com quem integra o seu círculo social. Por outro lado, a princípio, seria compatível o uso de dados de perfis públicos de uma rede profissional (*e.g.*, Linkedin) por terceiros, como *headhunters*, para aproximar seus usuários às vagas profissionais de seu eventual interesse. Esse uso é compatível com a finalidade não só da plataforma em si, como, principalmente, a razão pela qual tais dados são públicos" (BIONI, Bruno, op. cit., p. 271).

[35] Art. 7º, § 3.º O tratamento de dados pessoais cujo acesso é público deve considerar a finalidade, a boa-fé e o interesse público que justificaram sua disponibilização.

a finalidade da circulação e o que justifica sua disponibilização.[36] Vale recordar, aqui, dados cuja divulgação pública é obrigatória: o fato de alguém ser proprietário de um imóvel, sócio de uma empresa ou casado. Outro exemplo é a consulta de CPFs no site da Receita Federal com o propósito de mera confirmação da titularidade para operações financeiras.

Nesse sentido, afirmou o legislador que o tratamento posterior dos dados pessoais (públicos) a que se referem os §§ 3.º e 4.º do art. 7.º poderá ser realizado para novas finalidades, desde que observados os propósitos legítimos e específicos para o novo tratamento e a preservação dos direitos do titular, assim como os fundamentos e os princípios previstos nesta Lei (§ 7.º). Vale fazer, porém, uma distinção entre as hipóteses do § 3.º e do § 4.º do art. 7.º da LGPD.

Na hipótese do § 4.º, uma interpretação possível seria entender que não haveria necessidade de uma nova base legal para o tratamento desses dados, já que se trataria de verdadeira hipótese autorizativa para o tratamento de dados sem o consentimento de seu titular.[37-38] Por outro lado, no caso do § 3.º (dados pessoais cujo acesso é público), o enquadramento em uma das bases legais autorizativas contidas no rol do art. 7.º ou do art. 11 se mostraria necessário. Entende-se não ser razoável admitir que dados disponíveis publicamente possam ser tratados sem uma base legal específica, pois isso seria o mesmo que autorizar que qualquer informação publicada, por exemplo, por força de uma obrigação legal, pudesse ser utilizada para uma finalidade distinta sem que o novo controlador precisasse demonstrar que existia uma base legal que autorizava o tratamento de tal dado, especialmente quando ele não foi tornado público por seu titular. Tanto é que o referido § 3.º não dispensa a exigência de consentimento como faz o § 4.º.[39]

---

[36] BIONI, Bruno, op. cit., p. 269-270.

[37] Essa previsão, aliás, encontra semelhança no art. 9.º, § 2.º, alínea 'e' do GDPR, que reconhece como possível base legal para o tratamento de dados pessoais – no caso do GDPR dados sensíveis – quando tiverem sido manifestamente tornados públicos pelo seu titular. Isso não quer dizer, contudo, que basta que o dado pessoal tenha sido, por exemplo, disponibilizado online por seu titular. Para que um dado seja considerado como tornado manifestamente público pelo seu titular, deve restar inequívoco que ele pretende e espera que seus dados pessoais sejam tratados ulteriormente. Além disso, como previsto no próprio § 4.º do art. 7.º da LGPD, devem ser observados os direitos do titular e os princípios previstos na LGPD.

[38] "On the other hand, such data would have to be made public by the data subject, and more than that, manifestly made public, so as to indicate that they wish and expect such data to be further processed. No need to mention that all other provisions, including the principles and the Article 6, still apply, and also the personal data may be processed only if the purpose of the processing could not reasonably be fulfilled by other means" (FOITZIK, Piotr. Publicly available data under the GDPR: Main considerations. Disponível em: <https://iapp.org/news/a/publicly-available-data-under-gdpr-main-considerations/>. Acesso em: 3 maio 2020). No mesmo sentido v. Information Commissioner's Office (ICO). What are the conditions for processing? Disponível em: <https://ico.org.uk/for-organisations/guide-to-data-protection/guide-to-the-general-data-protection-regulation-gdpr/special-category-data/what-are-the-conditions--for-processing/>. Acesso em: 3 maio 2020. O ICO apresenta algumas questões a serem respondidas para se verificar se determinado dado pessoal pode ser considerado como tendo sido tornado manifestamente público por seu titular: "So to use this condition, you should consider some specific questions: Is the special category data already in the public domain – can a member of the public realistically access it in practice? Who made the data public – was it the individual themselves or was it someone else? In what context was it made public – for example was it due to them giving an interview, standing for public office, or writing a book, blog or social media post? Did the individual deliberately take the steps which made this special category data public, or was it accidental or unintentional? Did they make a clear decision? Is the individual likely to have understood that their action means that their special category data is in the public domain?".

[39] Art. 7.º (...) § 3.º O tratamento de dados pessoais cujo acesso é público deve considerar a finalidade, a boa-fé e o interesse público que justificaram sua disponibilização. § 4.º É dispensada a exigência do

De forma geral, dispôs a Lei que eventual dispensa da exigência do consentimento não desobriga os agentes de tratamento das demais obrigações previstas na Lei, especialmente da observância dos princípios gerais e da garantia dos direitos do titular (art. 7.º, § 6.º).

Quanto à eficácia subjetiva, o consentimento está vinculado ao controlador para o qual foi dado. O controlador que obteve o consentimento referido no inciso I, do art. 7.º, que necessitar comunicar ou compartilhar dados pessoais com outros controladores deverá obter consentimento específico do titular para esse fim, ressalvadas as hipóteses de dispensa do consentimento previstas na Lei. A partir dessa disposição, afirma-se que existiria dever que não se restringiria apenas ao controlador originário, devendo ser observado por todos aqueles que tenham acesso aos dados, dos quais se exigiria o dever de verificar a licitude do procedimento de acesso ou compartilhamento, inclusive no que tange ao consentimento específico do titular.[40]

Outra disposição relevante afirma que o consentimento poderá ser revogado a qualquer momento, mediante manifestação expressa do titular, por procedimento gratuito e facilitado. Logo, o consentimento será temporário. Defende-se a possibilidade de revogação incondicional desse tipo de consentimento com base na autodeterminação em relação à construção da esfera privada e na proteção da personalidade, entre cujos atributos se encontra a indisponibilidade. Entretanto, não parece razoável que quem recebeu a autorização para o tratamento dos dados tenha que sofrer risco ilimitado nem que a revogação se dê em flagrante prejuízo ao interesse público. Em caso de abuso do titular do bem, caberá a devida reparação, podendo o intérprete guiar-se por mecanismos como o *venire contra factum proprium*. Dessa forma, dentro das hipóteses relativas ao término do tratamento dos dados, encontra-se a comunicação do titular, inclusive no exercício de seu direito de revogação do consentimento, conforme disposto no § 5.º, do art. 8.º, da LGPD,[41] resguardado o interesse público (art. 15, III).[42]

3. APLICAÇÃO DO LEGÍTIMO INTERESSE

O legítimo interesse é hipótese legal que visa a possibilitar tratamentos de dados importantes, vinculados ao escopo de atividades praticadas pelo controlador e que encontram

---

consentimento previsto no caput deste artigo para os dados tornados manifestamente públicos pelo titular, resguardados os direitos do titular e os princípios previstos nesta Lei.

[40] BIONI, Bruno, op. cit., p. 269-270.

[41] Art. 8.º O consentimento previsto no inciso I do art. 7.º desta Lei deverá ser fornecido por escrito ou por outro meio que demonstre a manifestação de vontade do titular. § 5.º O consentimento pode ser revogado a qualquer momento mediante manifestação expressa do titular, por procedimento gratuito e facilitado, ratificados os tratamentos realizados sob amparo do consentimento anteriormente manifestado enquanto não houver requerimento de eliminação, nos termos do inciso VI do caput do art. 18 desta Lei.

[42] "(...) in practice, entities often based their processing activities on several legal bases. For example, where an entity processed personal data based on their necessity for the performance of a contract, said entity would often also obtain the data subject's consent. This preventive approach aimed at securing the lawfulness of the processing operations in case one or several of the used legal bases would lose their legitimacy. This approach can be upheld under the GDPR. However, entities should choose a primary legal permission among the available options. This is advisable as, under the Regulation, the conditions for obtaining valid consent, as well as those regarding other legal bases for processing, have been specified and tightened. Therefore, entities should–prior to processing–evaluate which legal basis might be most suitable for their processing activities. Under the principle of accountability (see Sect. 3.1), entities must be able to prove that the legal bases they use are fulfilled, e.g., when processing personal data based on their prevailing legitimate interests, entities must be able to demonstrate their interests, as well as the legitimacy of the latter" (VOIGT, Paul; BUSSCHE, Axel von dem. The EU General Data Protection Regulation (GDPR). A Practical Guide. Springer, 2017, p. 101).

justificativa legítima. Diante da flexibilidade dessa base legal, as expectativas do titular[43] dos dados têm peso especialmente relevante para sua aplicação, devendo ser consideradas também a finalidade, a necessidade e a proporcionalidade da utilização dos dados. Quanto mais invasivo, inesperado ou genérico for o tratamento, menor será a probabilidade de que seja reconhecido o legítimo interesse.

Incluem-se, aqui, tratamentos de dados pessoais em que a obtenção do consentimento do titular poderia atrasar – ou mesmo inviabilizar – a exploração regular das informações, tratamentos que atendam a interesses legítimos do controlador ou de terceiros ou quando se constatar que outras bases legais não são adequadas para lidar com o tratamento em questão. Em muitas situações, pode ser desnecessário coletar novo consentimento para outros usos implícitos dentro de uma relação já preestabelecida. Além disso, quando o interesse for de terceiro, a base poderá ser aplicada em situações em que eles não tiverem meios para obter tal tipo de autorização ou se esse tipo de interação inviabilizar o próprio tratamento dos dados.[44]

Mostrar que há um interesse legítimo significa que o controlador (ou um terceiro) deve ter algum benefício ou resultado claro e específico em mente. Não basta afirmar a existência de interesses comerciais vagos ou genéricos. Deve-se pensar detalhadamente no que se está tentando alcançar com a operação de tratamento específica. Embora determinado objetivo possa ser potencialmente relevante, ele deverá ser "legítimo". Qualquer interesse ilegítimo, antiético ou ilegal não será um interesse legítimo para a LGPD.

Exemplos de aplicação da base legal do legítimo interesse são: a) o tratamento de dados pessoais estritamente necessário aos objetivos de prevenção e controle de fraudes[45] ou para

---

[43] Como exemplos de legítima expectativa de tratamento dados, vale trazer o seguinte exemplo: "An individual uploads their CV to a jobs board website. A recruitment agency accesses the CV and thinks that the individual may have the skills that two of its clients are looking for and wants to pass the CV to those companies. It is likely in this situation that the lawful basis for processing for the recruitment agency and their clients is legitimate interests. The individual has made their CV available on a job board website for the express reason of employers being able to access this data. They have not given specific consent for identified data controllers, but they would clearly expect that recruitment agencies would access the CV and share with it their clients, indeed, this is likely to be the individual's intention. As such, the legitimate interest of the recruitment agencies and their clients to fill vacancies would not be overridden by any interests or rights of the individual. In fact, those legitimate interests are likely to align with the interests of the individual in circulating their CV in order to find a job". Outro exemplo a se mencionar seria: "An individual creates a profile on a social networking website designed specifically for professional networking. There is a specific option to select a function to let recruiters know that the individual is open to job opportunities. If the individual chooses to select that option, they would clearly expect those who view their profile might use their contact details for recruitment purposes and legitimate interests may be available (subject to compliance with other legal requirements, and PECR in particular). However, if they choose not to select that option, it is not reasonable to assume such an expectation. The individual's interests in maintaining control over their data – particularly in the context of the PECR requirement for specific consent to receive unsolicited marketing messages – overrides any legitimate interests of a recruitment agency in promoting its services to potential candidates". Disponível em: <https:// ico.org. uk/for-organisations/guide-to-data-protection/guide-to-the-general-data-protection-regulation-gdpr/ legitimate-interests/what-is-the-legitimate-interests-basis/#three_part_test>. Acesso em: 10 fev. 2020.

[44] BIONI, Bruno. *Proteção de dados pessoais: a função e os limites do consentimento*. 2. ed. Rio de Janeiro: Forense, 2020, p. 232.

[45] "Algo bastante comum é a criação de perfis comportamentais dos consumidores para combater fraudes e incidentes de segurança, pelos quais se diagnosticam atividades que fogem do padrão para tratá-las como suspeitas. É por esse motivo que serviços de e-mail, rede social e instituições financeiras alertam seus clientes e, em muitos casos, bloqueiam automaticamente acessos e transações financeiras. Por exemplo, se o acesso a uma conta parte de um dispositivo diferente, se a compra supera valores e é realizada em

PARTE II · Cap. 6 · TRATAMENTO DE DADOS PESSOAIS NA LGPD | **127**

garantir a segurança da rede e da informação nos sistemas informáticos de determinada instituição; b) fornecimento de imagens de câmeras de segurança para fins de seguro;[46] c) segurança e melhoria de produtos e serviços ao consumidor; d) tratamentos de dados de empregados para programas de retenção de talentos e iniciativas de bem-estar; e) no caso de uso de dados por uma empresa para fazer ofertas mais adequadas e personalizadas a seus clientes, usando apenas os dados estritamente necessários para tal;[47] f) envio de e-mail com descontos específicos para os produtos buscados por determinado usuário ou com indicações de compras, tomando como base seu histórico de compras; g) lembrar ao usuário que ele deixou itens no carrinho online, mas não finalizou a compra; e h) reunião de informações sobre determinado candidato em processos seletivos. Por ser um conceito em construção, caberá principalmente à Autoridade Nacional de Proteção de Dados (ANPD) e ao Poder Judiciário preenchê-lo no caso concreto.[48]

Na LGPD, essa hipótese legal não foi disponibilizada para o tratamento de dados sensíveis, devendo a atividade ser encaixada nas demais bases legais dispostas no art. 11 da lei, que traz entre elas a possibilidade de tratamento para a garantia da prevenção à fraude e à segurança do titular, nos processos de identificação e autenticação de cadastro em sistemas eletrônicos, e o exercício regular de direitos em contrato.

Diante da necessidade de se trazer maior concretude para tal requisito, tanto a LGPD quanto a experiência internacional, notadamente a europeia, propõem alguns parâmetros interpretativos para sua aplicação. O antigo Grupo de Trabalho do Artigo 29 (*Working party 29*),[49] em seu parecer sobre o requisito do legítimo interesse, que serviu de base para o texto do GDPR, propôs a utilização de um teste: o *legitimate interest assessment* (LIA) ou teste da ponderação.[50] Busca-se, assim, balancear os direitos do titular dos dados e de quem faz uso das suas informações, verificando-se tanto se há um interesse legítimo de quem trata os dados quanto se estão sendo respeitadas as legítimas expectativas e os direitos e liberdades fundamentais dos titulares.

Destaca-se que o *legitimate interest assessment* apresenta quatro fases que devem ser cumpridas de modo a se verificar o preenchimento do requisito do legítimo interesse. São elas:

---

locais que não aqueles usuais. Todos esses dados informam ações de combate a fraudes e incidentes de segurança" (BIONI, Bruno. *Proteção de dados pessoais*: a função e os limites do consentimento. 2. ed. Rio de Janeiro: Forense, 2020, p. 241).

[46] Nesse exemplo, também, a finalidade é a prevenção e controle das fraudes, só que na esfera securitária.

[47] "*marketing* direto: há situações nas quais o titular do dado já mantém uma relação com o controlador, como no caso de ele já ter adquirido seus produtos e serviços. A partir desse histórico de compras, é possível lhe direcionar anúncios publicitários condizentes com o seu padrão de consumo. Por exemplo, é o que uma loja de vinhos faria com consumidores que gostassem mais de uma determinada uva, o que livrarias fariam com clientes que gostassem mais de um determinado autor, e assim por diante" (BIONI, Bruno. *Proteção de dados pessoais*: a função e os limites do consentimento. 2. ed. Rio de Janeiro: Forense, 2020. p. 250).

[48] Cf. BUCAR, Daniel; VIOLA, Mario. Tratamento de dados pessoais por "legítimo interesse do controlador": primeiras questões e apontamentos. In: FRAZÃO, Ana; TEPEDINO, Gustavo; OLIVA, Milena Donato (Coord.). *Lei Geral de Proteção de Dados Pessoais e suas repercussões no Direito Brasileiro*. Editora Revista dos Tribunais, 2019.

[49] No texto da GDPR (art. 68 e ss.), o colegiado foi transformado no *European Data Protection Board*.

[50] Grupo de trabalho do artigo 29.º para a proteção de dados. Parecer 06/2014 sobre o conceito de interesses legítimos do responsável pelo tratamento dos dados na aceção do artigo 7.º da Diretiva 95/46/CE. Adotado em 9 de abril de 2014. Disponível em: <https://ec.europa.eu/justice/article-29/documentation/opinion-recommendation/files/2014/wp217_pt.pdf>. Acesso em 14.08.19.

(i) a avaliação dos interesses legítimos; (ii) o impacto sobre o titular do dado; (iii) o equilíbrio entre os interesses legítimos do controlador e o impacto sobre o titular; e (iv) salvaguardas desenvolvidas para proteger o titular dos dados e evitar qualquer impacto indesejado.[51-52]

A LGPD igualmente estabelece parâmetros, em um rol exemplificativo, para a utilização do interesse legítimo como requisito autorizativo para o tratamento de dados sem o consentimento do titular, conforme se depreende de seu artigo 10:

> "Art. 10. O legítimo interesse do controlador somente poderá fundamentar tratamento de dados pessoais para finalidades legítimas, consideradas a partir de situações concretas, que incluem, mas não se limitam a:
>
> I – apoio e promoção de atividades do controlador; e
>
> II – proteção, em relação ao titular, do exercício regular de seus direitos ou prestação de serviços que o beneficiem, respeitadas as legítimas expectativas dele e os direitos e liberdades fundamentais, nos termos desta Lei.
>
> § 1.º Quando o tratamento for baseado no legítimo interesse do controlador, somente os dados pessoais estritamente necessários para a finalidade pretendida poderão ser tratados.
>
> § 2.º O controlador deverá adotar medidas para garantir a transparência do tratamento de dados baseado em seu legítimo interesse.
>
> § 3.º A autoridade nacional poderá solicitar ao controlador relatório de impacto à proteção de dados pessoais, quando o tratamento tiver como fundamento seu interesse legítimo, observados os segredos comercial e industrial".

Os dispositivos da LGPD que tratam dos interesses legítimos (arts. 7.º, IX, e 10) possibilitam a transposição de parte do mencionado teste para avaliar a existência de legítimo interesse no caso concreto.

O art. 10, em seu *caput* e inciso I, traz a necessidade de avaliação da existência de uma finalidade legítima e de uma situação concreta. O primeiro passo é verificar se o interesse do controlador é legítimo (finalidade legítima), ou seja, se ele não contraria, por exemplo, outros comandos legais. Deve-se observar se está presente algum benefício ou vantagem com o uso dos dados por parte do controlador. A partir disso, analisa-se se tal interesse está claramente articulado, para que não chancele um uso genérico de dados. É necessário também perquirir se há uma situação em concreto (bem definida e articulada) que lhe dê suporte.

---

[51] PEREIRA DE SOUZA, Carlos Affonso; VIOLA, Mario; PADRÃO, Vinicius. Considerações iniciais sobre os interesses legítimos do controlador na lei geral de proteção de dados pessoais. *Direito Público*, v. 16, n. 90, dez. 2019.

[52] Tratando da aplicação do legítimo interesse e do teste de ponderação, o Guide to the General Data Protection Regulation – desenvolvido pelo Information Commissioner's Office (ICO) do Reino Unido – afirma que: "It makes most sense to apply this as a test in the following order: Purpose test – is there a legitimate interest behind the processing? Necessity test – is the processing necessary for that purpose? Balancing test – is the legitimate interest overridden by the individual's interests, rights or freedoms? This concept of a three-part test for legitimate interests is not new. In fact the Court of Justice of the European Union confirmed this approach to legitimate interests in the Rigas case (C-13/16, 4 May 2017) in the context of the Data Protection Directive 95/46/EC, which contained a very similar provision. This means it is not sufficient for you to simply decide that it's in your legitimate interests and start processing the data. You must be able to satisfy all three parts of the test prior to commencing your processing". Disponível em: <https://ico.org. uk/for-organisations/guide-to-data-protection/guide-to-the-general-data-protection-regulation-gdpr/legitimate-interests/what-is-the-legitimate-interests-basis/#three_part_test>. Acesso em: 10.02.20.

Em seguida, o § 1.º do art. 10 traz a ideia do princípio da necessidade/minimização. Verifica-se, nessa etapa, se os dados coletados são realmente necessários para se atingir a finalidade pretendida e se o tratamento dos dados não seria coberto por outras bases legais da LGPD.

No inciso II do art. 10, há a ideia do balanceamento de interesses, trabalhando com a legítima expectativa do titular do dado e seus direitos e liberdades individuais. Essa é a principal fase do teste de proporcionalidade em que se realiza o balanceamento dos interesses do controlador e de terceiros diante dos do titular dos dados. Analisa-se, aqui, se o novo uso atribuído ao dado está dentro das legítimas expectativas do titular: "Isso é parametrizado pela noção de *compatibilidade* entre o uso adicional e aquele que originou a coleta dos dados. Eles devem ser próximos um do outro, demandando-se uma análise *contextual* para verificar se esse uso secundário seria esperado pelo titular dos dados".[53] Adicionalmente, deve-se verificar como os titulares serão impactados, principalmente se poderão sofrer discriminações ilícitas ou abusivas. No caso de ser o legítimo interesse de terceiro, isto é, de alguém que não mantém uma relação já preestabelecida com o titular dos dados, afirma-se que: "a noção de legítima expectativa mostra-se mais difícil de ser demonstrada e o risco da aplicação dessa base legal é ainda maior".[54]

Por fim, nos §§ 2.º e 3.º do art. 10 são encontradas as salvaguardas, como exigências de transparência e mecanismos de oposição (*opt out* – podendo o cidadão optar por estar fora do que considerar ser incompatível com as suas legítimas expectativas) e de mitigação de riscos aos titulares dos dados (por exemplo, pseudonimização).[55]

Vale destacar, contudo, que esse requisito apenas legitima o tratamento de dados pessoais no limite necessário para a finalidade à qual ele se propõe e que o agente de tratamento deverá manter registro das operações de tratamento de dados que realizar, especialmente quando baseado no legítimo interesse (art. 37). Justamente pela maleabilidade do legítimo interesse, recomenda-se a feitura de relatório de impacto à proteção de dados pessoais,[56] em determinados casos, de forma a se minimizar os riscos para os dois lados da relação.

Segundo Leonardi, o teste acima mencionado deverá ser documentado, com base no § 3.º do art. 10 da LGPD, já que o relatório "poderá" ser solicitado pela ANPD ao controlador, o que significa que ele já deverá ter sido preparado no momento da decisão pela utilização do legítimo interesse e antes que qualquer tratamento com base nessa hipótese ocorra.[57] Situação diversa encontra-se no art. 38 da lei, deixando claro o legislador que neste caso não se espera a prévia feitura do documento: "A autoridade nacional poderá determinar ao controlador que elabore relatório de impacto à proteção de dados pessoais, inclusive de dados sensíveis, referente a suas operações de tratamento de dados, nos termos de regulamento, observados os segredos comercial e industrial".

---

[53]   BIONI, Bruno, op. cit., p. 237.

[54]   BIONI, Bruno, op. cit., p. 238.

[55]   BIONI, Bruno, op. cit., p. 253 e ss.

[56]   LGPD, "Art. 5.º (...) XVII – relatório de impacto à proteção de dados pessoais: documentação do controlador que contém a descrição dos processos de tratamento de dados pessoais que podem gerar riscos às liberdades civis e aos direitos fundamentais, bem como medidas, salvaguardas e mecanismos de mitigação de risco".

"Art. 38 (...) Parágrafo único. Observado o disposto no caput deste artigo, o relatório deverá conter, no mínimo, a descrição dos tipos de dados coletados, a metodologia utilizada para a coleta e para a garantia da segurança das informações e a análise do controlador com relação a medidas, salvaguardas e mecanismos de mitigação de risco adotados".

[57]   LEONARDI, Marcel. Legítimo interesse. *Revista do Advogado*, v. 39, 2019, p. 70.

130 | TRATADO DE PROTEÇÃO DE DADOS PESSOAIS

É importante salientar que uma utilização adequada e inteligente dessa base legal proporciona e incrementa novos modelos de negócios e diversas estratégias comerciais, de segurança e inovação, sendo necessário realizar um balanço perfeito entre interesse legítimo e legítimas expectativas e direitos dos titulares.[58]

Conforme dispõe o art. 7.º, IX, os interesses legítimos poderão ser do controlador ou de terceiro, de forma que se pode incluir "interesses comerciais, individuais ou mesmo interesses da coletividade e da sociedade amplamente considerados".[59] Ponto interessante a se destacar é que o art. 10 da LGPD faz referência apenas ao controlador, devendo a doutrina e a ANPD esclarecerem se sua interpretação deverá ser ampliada. O termo "terceiro" não se refere apenas a outras organizações, podendo também ser um indivíduo não envolvido inicialmente de forma direta na relação ou o público em geral. Por exemplo, uma companhia de seguros deseja processar dados pessoais com base em interesses legítimos para identificar reivindicações fraudulentas. Em primeiro lugar, ela considera o teste de finalidade. É do interesse legítimo da empresa garantir que seus clientes não realizem fraudes contra ela. Adicionalmente, os clientes da empresa e o público em geral também têm interesse legítimo em garantir que a fraude seja evitada e detectada.[60]

Outro exemplo interessante de aplicação do legítimo interesse oferecido pela Autoridade de proteção de dados do Reino Unido (Information Commissioner's Office – ICO)[61] é o seguinte: uma empresa financeira não consegue localizar um cliente que parou de efetuar

---

[58] Nesse sentido, vale destacar os considerandos 47 e 48 do GDPR: "(47) Os interesses legítimos dos responsáveis pelo tratamento, incluindo os dos responsáveis a quem os dados pessoais possam ser comunicados, ou de terceiros, podem constituir um fundamento jurídico para o tratamento, desde que não prevaleçam os interesses ou os direitos e liberdades fundamentais do titular, tomando em conta as expectativas razoáveis dos titulares dos dados baseadas na relação com o responsável. Poderá haver um interesse legítimo, por exemplo, quando existir uma relação relevante e apropriada entre o titular dos dados e o responsável pelo tratamento, em situações como aquela em que o titular dos dados é cliente ou está ao serviço do responsável pelo tratamento. De qualquer modo, a existência de um interesse legítimo requer uma avaliação cuidada, nomeadamente da questão de saber se o titular dos dados pode razoavelmente prever, no momento e no contexto em que os dados pessoais são recolhidos, que esses poderão vir a ser tratados com essa finalidade. Os interesses e os direitos fundamentais do titular dos dados podem, em particular, sobrepor-se ao interesse do responsável pelo tratamento, quando que os dados pessoais sejam tratados em circunstâncias em que os seus titulares já não esperam um tratamento adicional. Dado que incumbe ao legislador prever por lei o fundamento jurídico para autorizar as autoridades a procederem ao tratamento de dados pessoais, esse fundamento jurídico não deverá ser aplicável aos tratamentos efetuados pelas autoridades públicas na prossecução das suas atribuições. O tratamento de dados pessoais estritamente necessário aos objetivos de prevenção e controlo da fraude constitui igualmente um interesse legítimo do responsável pelo seu tratamento. Poderá considerar-se de interesse legítimo o tratamento de dados pessoais efetuado para efeitos de comercialização direta (48) Os responsáveis pelo tratamento que façam parte de um grupo empresarial ou de uma instituição associada a um organismo central poderão ter um interesse legítimo em transmitir dados pessoais no âmbito do grupo de empresas para fins administrativos internos, incluindo o tratamento de dados pessoais de clientes ou funcionários. Os princípios gerais que regem a transmissão de dados pessoais, no âmbito de um grupo empresarial, para uma empresa localizada num país terceiro mantêm-se inalterados".

[59] LEONARDI, Marcel. Legítimo interesse. *Revista do Advogado*, v. 39, 2019, p. 70.

[60] Disponível em: <https://ico.org.uk/for-organisations/guide-to-data-protection/guide-to-the-general-data-protection-regulation-gdpr/legitimate-interests/what-is-the-legitimate-interests-basis/#three_part_test>. Acesso em: 10 fev. 2020.

[61] Disponível em: <https://ico.org.uk/for-organisations/guide-to-data-protection/guide-to-the-general-data-protection-regulation-gdpr/legitimate-interests/what-is-the-legitimate-interests-basis/#three_part_test>. Acesso em: 10 fev. 2020.

PARTE II · Cap. 6 · TRATAMENTO DE DADOS PESSOAIS NA LGPD | 131

pagamentos referentes a um contrato de compra e venda. O cliente mudou de residência sem notificar a empresa de seu novo endereço. Diante disso, a empresa deseja contratar uma agência de cobrança de dívidas para encontrar o cliente e solicitar o pagamento da dívida. Para tanto, deseja divulgar os dados pessoais do cliente à agência para essa finalidade. No caso, a empresa financeira tem interesse legítimo em recuperar a dívida que é devida e, para atingir esse objetivo, é necessário que ela use uma agência de cobrança de dívidas para rastrear o cliente. Na situação, mostra-se razoável que seus clientes esperem que ela tome medidas para buscar o pagamento de dívidas pendentes. Ainda que os interesses possam ser opostos entre cliente e empresa, sua atuação estaria dentro do razoavelmente esperado para a situação narrada, restando o saldo em favor da empresa financeira.

4. DEMAIS BASES LEGAIS PARA O TRATAMENTO DE DADOS PESSOAIS

Ao longo do artigo 7.º da LGPD são apresentadas outras hipóteses legais para o tratamento de dados pessoais, não havendo, aqui, nenhuma superior às demais, conforme destacado em tópico específico (item 2). Entende-se que, ainda que seja possível utilizar mais de uma base legal para determinado tratamento de dados, é preciso buscar a base mais *adequada* e *segura* para a situação concreta.

Logo após a previsão relativa ao consentimento, afirma-se que o tratamento de dados pessoais poderá ser realizado para o cumprimento de obrigação legal ou regulatória pelo controlador, como obrigações trabalhistas, deveres oriundos da lei anticorrupção e a guarda de registros por determinados provedores na forma do Marco Civil da Internet. Observa-se, por exemplo, que instituições da área de seguros, da saúde suplementar e do mercado financeiro estão submetidas a várias regras legais e regulatórias, devendo cumprir obrigações que eventualmente poderão exigir o tratamento de dados pessoais de seus clientes, usuários e, até mesmo, terceiros. Uma política de privacidade e tratamento de dados bem desenhada e transparente pode ajudar a melhor esclarecer o uso dessa base legal pela instituição.

Em seguida, aborda-se o tratamento de dados pessoais pela administração pública, para o tratamento e uso compartilhado[62] de dados necessários à execução de políticas públicas previstas em leis e regulamentos ou respaldadas em contratos, convênios ou instrumentos congêneres, observadas as disposições do Capítulo IV da lei, que regula o tratamento de dados pessoais pelo Poder Público. As políticas em questão podem envolver, por exemplo, a implementação de saneamento básico, de auxílios a cidadãos em situação de vulnerabilidade ou de projetos voltados à educação.

Execução de políticas públicas é uma das justificativas para que o setor público realize tratamentos de dados. Esse requisito encontra-se intimamente ligado à previsão estabelecida no artigo 23 da LGPD, que dispõe que o tratamento de dados pessoais pelas pessoas jurídicas de direito público referidas no parágrafo único do art. 1.º da Lei 12.527/2011 (Lei de Acesso à Informação)[63] deverá ser realizado para o atendimento de sua finalidade pública, na perse-

---

[62] Art. 5.º, XVI – uso compartilhado de dados: comunicação, difusão, transferência internacional, interconexão de dados pessoais ou tratamento compartilhado de bancos de dados pessoais por órgãos e entidades públicos no cumprimento de suas competências legais, ou entre esses e entes privados, reciprocamente, com autorização específica, para uma ou mais modalidades de tratamento permitidas por esses entes públicos, ou entre entes privados.

[63] Art. 1º Esta Lei dispõe sobre os procedimentos a serem observados pela União, Estados, Distrito Federal e Municípios, com o fim de garantir o acesso a informações previsto no inciso XXXIII do art. 5º, no

cução do interesse público, com o objetivo de executar as competências legais ou cumprir as atribuições legais do serviço público,[64] desde que: a) sejam informadas as hipóteses em que, no exercício de suas competências, realizam o tratamento de dados pessoais, fornecendo informações claras e atualizadas sobre a previsão legal, a finalidade, os procedimentos e as práticas utilizadas para a execução dessas atividades, em veículos de fácil acesso, preferencialmente em seus sítios eletrônicos; e b) seja indicado um encarregado quando realizarem operações de tratamento de dados pessoais.

Conforme destacamos no item 1, parece-nos que a previsão contida no art. 23 traz requisitos adicionais para o tratamento de dados pessoais por parte da Administração Pública, seja com base no art. 7.º, seja com base no art. 11 da LGPD. Como ressaltado, o tratamento de dados pela Administração será muitas vezes chancelado pelas bases relativas ao cumprimento de uma obrigação legal (art. 7.º, II, e art. 11, II, "a"), já que a atuação da Administração Pública decorre de um mandamento legal, e ao tratamento e uso compartilhado de dados necessários à execução de políticas públicas (art. 7.º, III, e art. 11, II, "b").

Pode-se também tratar dados para a realização de estudos por órgão de pesquisa, garantida, sempre que possível, a anonimização dos dados pessoais. Dispõe a lei, em seu art. 5.º, XVIII, que órgão de pesquisa representa "órgão ou entidade da administração pública direta ou indireta ou pessoa jurídica de direito privado sem fins lucrativos legalmente constituída sob as leis brasileiras, com sede e foro no País, que inclua em sua missão institucional ou em seu objetivo social ou estatutário a pesquisa básica ou aplicada de caráter histórico, científico, tecnológico ou estatístico".

Em relação à anonimização[65] – utilização de meios técnicos razoáveis e disponíveis no momento do tratamento, por meio dos quais um dado perde a possibilidade de associação,

---

inciso II do § 3.º do art. 37 e no § 2.º do art. 216 da Constituição Federal. Parágrafo único. Subordinam-se ao regime desta Lei: I – os órgãos públicos integrantes da administração direta dos Poderes Executivo, Legislativo, incluindo as Cortes de Contas, e Judiciário e do Ministério Público; II – as autarquias, as fundações públicas, as empresas públicas, as sociedades de economia mista e demais entidades controladas direta ou indiretamente pela União, Estados, Distrito Federal e Municípios.

[64] Doneda e Mendes defendem que o *caput* do art. 23 da LGPD traz uma base legal adicional para o tratamento de dados pela administração pública, além daquelas previstas no art. 7.º. Cf. MENDES, Laura Schertel; DONEDA, Danilo. Comentário à nova Lei de Proteção de Dados (Lei 13.709/2018): o novo paradigma da proteção de dados no Brasil. *Revista de Direito do Consumidor*, v. 120, p. 555, 2018.

[65] "Para proteger a privacidade dos indivíduos as bases de dados anonimizadas podem se valer de vários expedientes, como ocultar algumas informações, generalizar outras e assim por diante. Então ao invés de saber quem exatamente visitou o meu estabelecimento eu sei que essa pessoa é homem ou mulher e que tem uma idade entre 40-50 anos, só para continuar com o exemplo. Somando todas as entradas na base de dados eu consigo gerar uma visualização de quantos % do meu público é de cada faixa etária, gênero e assim por diante. Acontece que quanto mais informações eu jogo nessa base, mais fácil fica reidentificar a pessoa cujo dado foi anonimizado. Chegamos então em uma encruzilhada: como criar uma base de dados anonimizados que possa atingir o equilíbrio entre utilidade para quem se vale dela e ao mesmo tempo não saia por aí revelando a identidade de todo mundo? (...) para o dado ser considerado como anonimizado eu preciso olhar para dois fatores: um objetivo e outro subjetivo. Por fatores objetivos no conceito de "esforços razoáveis" a própria lei menciona "o custo e o tempo necessários para reverter o processo de anonimização, de acordo com as tecnologias disponíveis" (art. 12, §1.º). Já os fatores subjetivos olham para quem fez o processo de anonimização e para quem está tentando quebrá-lo (SOUZA, Carlos Affonso. Eles sabem quem é você? Entenda o monitoramento de celulares na quarentena. Disponível em: <https://tecfront. blogosfera.uol.com.br/2020/04/17/eles-sa-bem-quem-e-voce-entenda-o-monitoramento-de-celulares-na-quarentena/>. Acesso em: 03.05.20). Conferir também: Paul Ohm. Broken promises of privacy: responding to the surprising failure of anonymization. 57 *UCLA Law Review* 1701 (2010); BIONI, Bruno. Compreendendo o conceito de

direta ou indireta, a um indivíduo –, entende a Lei que essa situação seria mais protetiva para os titulares, uma vez que dado anonimizado é o dado relativo a um titular que não possa ser identificado, ou seja, uma vez anonimizado, o dado deixa de ser pessoal, segundo o art. 12 da LGPD.

Por exemplo, prática utilizada pelos órgãos de pesquisa com o intuito de anonimizar os dados é quando em uma pesquisa para apuração de intenção de votos em uma eleição as informações são alocadas levando em conta sexo, escolaridade, região geográfica e classe social dos indivíduos de maneira agregada. A partir dessas distinções, verifica-se a proporção de votação para cada candidato. O resultado da pesquisa é resumido a um ponto que se torna praticamente impossível saber quem foram as pessoas que expressaram aquelas intenções, devendo a instituição garantir a segurança desses dados e sua anonimização nos bancos de dados.

Vale lembrar também que, de acordo com o art. 13, na realização de estudos em saúde pública, os órgãos de pesquisa poderão ter acesso a bases de dados pessoais, que serão tratados exclusivamente dentro do órgão e estritamente para a finalidade de realização de estudos e pesquisas e mantidos em ambiente controlado e seguro, conforme práticas de segurança previstas em regulamento específico e que incluam, sempre que possível, a anonimização ou pseudonimização[66] dos dados, bem como considerem os devidos padrões éticos relacionados a estudos e pesquisas. Acrescenta-se que a divulgação dos resultados ou de qualquer excerto do estudo ou da pesquisa de que trata o *caput* deste artigo em nenhuma hipótese poderá revelar dados pessoais. O órgão de pesquisa será o responsável pela segurança da informação prevista no caput deste artigo, não permitida, em circunstância alguma, a transferência dos dados a terceiro. O acesso aos dados de que trata este artigo será objeto de regulamentação por parte da autoridade nacional e das autoridades da área de saúde e sanitárias, no âmbito de suas competências.

Outra hipótese autorizativa do tratamento de dados estará presente quando for necessário legitimar a execução de contrato ou de procedimentos preliminares relacionados a contrato do qual seja parte o titular, a pedido do titular dos dados. A disposição em questão é mais ampla do que aquela prevista no art. 11, II, "d",[67] da LGPD, podendo o agente tratar, sem consentimento, os dados que são necessários para a contratação, bastando que o titular seja parte ou esteja em tratativas para um contrato. É possível trabalhar, aqui, dois exemplos: a) nas situações em que o titular adquira produtos ou serviços para realizar a entrega deles, será preciso conhecer o nome completo, o endereço e outras informações de contato do consumidor;[68] e b) levantamentos realizados por instituições financeiras em relação a determinada

---

anonimização e dado anonimizado. Direito Digital e proteção de dados pessoais. *Cadernos Jurídicos*. Ano 21 – Número 53 – Janeiro-Março/2020, p. 191-201.

[66] Art. 13 § 4.º Para os efeitos deste artigo, a pseudonimização é o tratamento por meio do qual um dado perde a possibilidade de associação, direta ou indireta, a um indivíduo, senão pelo uso de informação adicional mantida separadamente pelo controlador em ambiente controlado e seguro.

[67] Art. 11, II, d) exercício regular de direitos, inclusive em contrato e em processo judicial, administrativo e arbitral, este último nos termos da Lei n.º 9.307, de 23 de setembro de 1996 (Lei de Arbitragem).

[68] No entanto, o *profiling* dos interesses e preferências de um indivíduo com base nos itens adquiridos não é necessário para a execução do contrato e o responsável pelo tratamento não pode confiar nessa base legal como referência para esse processamento. Mesmo que esse tipo de publicidade direcionada seja uma parte útil do relacionamento com o cliente e seja uma parte necessária do modelo de negócios desse fornecedor, não é necessário executar o contrato propriamente dito. Isso não significa que o processamento que não é necessário para o contrato seja automaticamente ilegal, mas que você precisa procurar uma base legal diferente e outras salvaguardas. Fonte: <https://ico.org.uk/for-organisations/

pessoa, anteriormente à concessão de crédito a ela. No campo dos seguros, essa base apresenta importância pois é necessário realizar análises preliminares para subsidiar a contratação (conhecimento do risco), como também para cumprir o contrato, como no caso de um sinistro, do fornecimento de assistência 24 horas, da inspeção de risco etc.[69] Questões que surgem a partir dessa base são: no caso, o termo "contrato" deve ser interpretado em sentido estrito? É possível usar a referida base legal se o contrato envolver um terceiro e consequentemente o tratamento de seus dados?

Essa hipótese se assemelha em alguma medida ao tratamento de dados via consentimento. Todavia, como traço distintivo marcante, ressalta-se que o titular dos dados não poderá revogar o seu fornecimento a qualquer momento, uma vez que a outra parte estará resguardada pela LGPD para poder manter os dados fornecidos pelo titular enquanto durar a execução do contrato. No mesmo sentido, foi estabelecida base legal no Regulamento europeu de proteção de dados em seu art. 6.º: se o tratamento for necessário para a execução de um contrato do qual o titular dos dados seja parte ou para diligências pré-contratuais a pedido do titular dos dados.[70-71] Nessa base legal fica clara a distinção entre "consentimento" para se tornar parte de um contrato e "consentimento" para fins de tratamento de seus dados pessoais.

O tratamento também pode ter como base o exercício regular de direitos em processo judicial, administrativo ou arbitral (nos termos da Lei 9.307/1996). Há, aqui, base legal ampla que autoriza o uso de dados pessoais em processos para garantir o direito de produção de provas de uma parte contra a outra. O exercício regular de direitos compreende ações do cidadão comum autorizadas pela existência de direito definido em lei e condicionadas à regularidade do exercício desse direito. Dentro dessa hipótese, não pode haver conduta abusiva

---

guide-to-data-protection/guide-to-the-general-data-protection-regulation-gdpr/lawful-basis-for-processing/contract/>. Acesso em: 29 abr. 2020.

[69] Guia de boas práticas do mercado segurador brasileiro sobre a proteção de dados pessoais. CNseg. p.26. Disponível em: <http://cnseg.org.br/data/files/AF/63/3B/7E/B8B6F610373532F63A8AA8A8/GBPMS_ONLINE_ok.pdf>. Acesso em: 29 abr. 2020.

[70] "When is the lawful basis for contracts likely to apply? You have a lawful basis for processing if: you have a contract with the individual and you need to process their personal data to comply with your obligations under the contract. you have a contract with the individual and you need to process their personal data so that they can comply with specific counter-obligations under the contract (eg you are processing payment details). you haven't yet got a contract with the individual, but they have asked you to do something as a first step (eg provide a quote) and you need to process their personal data to do what they ask. This applies even if they don't actually go on to enter into a contract with you, as long as the processing was in the context of a potential contract with that individual". Disponível em: <https://ico.org.uk/for-organisations/guide-to-data-protection/guide-to-the-general-data-protection-regulation--gdpr/lawful-basis-for-processing/contract/> Acesso em: 29 abr. 2020.

[71] Para esta hipótese, doutrina aponta o seguinte exemplo: "Entity X runs an online shop, and a customer purchases X's products. X is permitted to process the customer data based on Art. 6 Sec. 1 phrase 1 lit. b GDPR to the extent necessary for the performance of the contract with the customer. In this example, in order to deliver the products to the customer and, thus, fulfil its obligations under the purchase agreement, X has to process the name and address of the customer, the types and amount of articles purchased, the method of payment and shipping information. Based on the method of payment, X might have to process the bank account details of the customer. For example, if the customer will pay on a cash-on-delivery basis, X will not need the bank account details in order to make the delivery. Other personal data should not be necessary unless the purchased articles are subject to statutory distribution conditions (such as age restrictions, subsequent to which X has to process the customer's age)" (VOIGT, Paul; BUSSCHE, Axel von dem. *The EU General Data Protection Regulation (GDPR)*. A Practical Guide. Springer, 2017. p. 102)

ou o desempenho disfuncional de certa posição jurídica pela parte. Afirma a doutrina que, nos casos em que se entender que determinados dados poderão servir como elementos para o exercício de direitos em demandas, eles poderão ser armazenados, desde que havendo real necessidade e para essa finalidade.[72] Entende-se que não seria razoável que uma parte ficasse privada de legitimamente se defender, tendo que depender do consentimento da parte adversa para apresentar determinadas provas ou informações para a defesa de seus interesses. Protege-se, assim, a ampla defesa e o contraditório.[73]

No rol de possibilidades, tutela-se ainda a proteção da vida ou da incolumidade física do titular ou de terceiro. A aplicação da hipótese parece ser razoável em situações excepcionais e pontualmente, não sendo cabível para justificar ações genéricas. Recorda-se o seguinte exemplo: obtenção de dados de geolocalização de celulares visando a encontrar pessoas desaparecidas em desastres ou verificar áreas com aglomerações de pessoas durante pandemia, como o recente caso da Covid-19.

Em seguida, autoriza-se o tratamento para a tutela da saúde, exclusivamente, em procedimento realizado por profissionais de saúde, serviços de saúde ou autoridade sanitária. A saúde, enquanto direito fundamental, recebeu tutela específica na Lei, da qual se pode tirar alguns questionamentos: quem seriam os profissionais de saúde e quais serviços seriam considerados de saúde? Um plano de saúde, por exemplo, poderá utilizar de forma ampla tal base legal? Quais riscos à pessoa isso implicará? A tutela da saúde nesse dispositivo seria especificamente da pessoa a quem esses dados dizem respeito ou poderia envolver uma coletividade ou grupo específico? O cuidado com a mencionada base deve existir entre outras razões porque, a partir da solicitação de exames ou da análise de dados de saúde, é possível inferir inclusive situações sensíveis sobre determinada pessoa e, se utilizados de maneira inadequada, podem dar ensejo a discriminações ilícitas ou abusivas (art. 6.º, IX). Em relação à autoridade sanitária, recorda-se a Lei 9.782/1999, que define o Sistema Nacional de Vigilância Sanitária e cria a Agência Nacional de Vigilância Sanitária.

Como penúltima base, dispõe a Lei que o tratamento de dados poderá ser realizado quando necessário para atender aos interesses legítimos do controlador ou de terceiro, exceto no caso de prevalecerem direitos e liberdades fundamentais do titular que exijam a proteção dos dados pessoais, conforme tratado no item de número 3 do presente artigo.

Por fim, a última base legal para o tratamento de dados [não sensíveis] refere-se à proteção do crédito. Espera-se que, por meio dela, os tratamentos realizados busquem ampliar e facilitar a concessão de crédito, melhorar as análises de risco e impulsionar o mercado de consumo. Nesse caso, a base deverá restar em constante diálogo com normas como o Código de Defesa do Consumidor (Lei 8.078/1990), a Lei do Cadastro Positivo (Lei 12.414/2011) e portarias do Ministério da Justiça.[74]

Informação e transparência são direitos básicos do consumidor, devendo ele ter acesso de forma clara e objetiva a todos os aspectos da relação contratual e à forma como seus dados são tratados. Como mencionado no Recurso Especial 1.348.532, a partir da exposição de dados

---

[72] LIMA, Caio César C. Seção I – Dos requisitos para o tratamento de dados pessoais. In: MALDONADO, Viviane Nóbrega; BLUM, Renato (coord.). *LGPD – Lei Geral de Proteção de Dados*. São Paulo: RT, 2019, p. 184.

[73] O prazo prescricional de algumas ações costuma ser utilizado como paradigma para a guarda de certos dados pessoais.

[74] Como, por exemplo: Portaria SDE n.º 005, de 27 de agosto de 2002 (Complementa o elenco de cláusulas abusivas constante do art. 51 da Lei n.º 8.078, de 11 de setembro de 1990.). Disponível em: <https://www.justica.gov.br/seus-direitos/consumidor/legislacao> Acesso em: 21 abr. 2019.

financeiros do consumidor abre-se possibilidade para intromissões diversas em sua vida: "Conhecem-se seus hábitos, monitoram-se a maneira de viver e a forma de efetuar despesas".[75]

Tema que diretamente se relaciona com a base legal acima envolve o *credit scoring*, que pode ser compreendido como um sistema de pontuação utilizado pelas instituições que operam com relações comerciais ou creditícias, que tem como finalidade auxiliar na tomada de decisões relativas à concessão de crédito a determinado consumidor. Essa pontuação toma como base diversas variáveis, como idade, sexo, estado civil, profissão, renda, histórico de adimplemento de outras operações de crédito, entre outras. Essa prática comercial foi considerada lícita pelo STJ, estando autorizada pelo art. 5.º, IV, e pelo art. 7.º, I, da Lei 12.414/2011.

Todavia, no Recurso Especial 1.419.697[76] foi estabelecido que na avaliação do risco de crédito devem ser respeitados os limites estabelecidos pelo sistema de proteção do consumidor no sentido da tutela da privacidade e da máxima transparência nas relações negociais, como disposto no CDC e na Lei 12.414/11. Além disso, no tocante ao sistema *scoring* de pontuação, afirmou-se que, "Apesar de desnecessário o consentimento do consumidor consultado, devem ser a ele fornecidos esclarecimentos, caso solicitados, acerca das fontes dos dados considerados (histórico de crédito), bem como as informações pessoais valoradas".[77]

Segundo a Lei do Cadastro Positivo, ficam proibidas anotações de informações excessivas, assim consideradas aquelas que não estiverem vinculadas à análise de risco de crédito ao consumidor, e informações sensíveis, assim consideradas aquelas pertinentes à origem social e étnica, à saúde, à informação genética, à orientação sexual e às convicções políticas, religiosas e filosóficas (art. 3.º, § 3.º). A vedação do uso de dados sensíveis busca evitar a utilização discriminatória da informação e garantir o dever de respeito à privacidade do consumidor.

Como decidido no REsp 1.419.697, não podem ser valoradas pelo fornecedor do serviço de *credit scoring* informações sensíveis, ficando caracterizado abuso do direito a utilização de informações sensíveis, excessivas, incorretas ou desatualizadas. Destaque-se que, no referido Recurso, o STJ entendeu que entre as informações consideradas "excessivas" estão aquelas que dizem respeito aos gostos pessoais e, até mesmo, filiação a clube de futebol.[78]

Após a análise das dez bases que compõem o rol do art. 7.º, encerra-se esse item recordando as hipóteses estabelecidas no GDPR para a licitude do tratamento. Seu artigo 6.º ressalta que o tratamento só será lícito se e na medida em que se verifique pelo menos uma das seguintes situações: a) o titular dos dados tiver dado o seu consentimento para o tratamento dos seus dados pessoais para uma ou mais finalidades específicas; b) o tratamento for necessário para a execução de um contrato do qual o titular dos dados seja parte ou para diligências pré-contratuais a pedido do titular dos dados; c) o tratamento for necessário para o cumprimento de uma obrigação jurídica a que o responsável pelo tratamento esteja sujeito; d) o tratamento for necessário para a defesa de interesses vitais do titular dos dados ou de outra pessoa singular; e) o tratamento for necessário ao exercício de funções de interesse público ou ao exercício da

---

[75] STJ. REsp 1.348.532 – SP. Rel. Min. Luis Felipe Salomão. *DJe*: 30/11/2017.

[76] STJ. REsp 1.419.697/RS (submetido ao regime dos recursos repetitivos), Rel. Min. Paulo de Tarso Sanseverino. *DJe* 17/11/2014.

[77] Súmula 550 do STJ: "A utilização de escore de crédito, método estatístico de avaliação de risco que não constitui banco de dados, dispensa o consentimento do consumidor, que terá o direito de solicitar esclarecimentos sobre as informações pessoais valoradas e as fontes dos dados considerados no respectivo cálculo" (Segunda seção, julgado em 14/10/2015, *DJe* 19/10/2015).

[78] Veja-se, a esse título, *Transparência e Governança nos algoritmos: um estudo de caso sobre o setor de birôs de crédito*. Disponível em: <https://itsrio.org/wp-content/uploads/2017/05/algorithm-transparency – and-governance-pt-br.pdf>. Acesso em: 30 jul. 19.

autoridade pública de que está investido o responsável pelo tratamento; ou f) o tratamento for necessário para efeito dos interesses legítimos prosseguidos pelo responsável pelo tratamento ou por terceiros, exceto se prevalecerem os interesses ou direitos e liberdades fundamentais do titular que exijam a proteção dos dados pessoais, em especial se o titular for uma criança.

5. TRATAMENTO DE DADOS SENSÍVEIS

Os dados pessoais qualificados como sensíveis se encontram presentes em todos os conjuntos informacionais do ser humano. Na LGPD – assim como no GDPR –, entendeu o legislador que a melhor forma de os proteger seria trazendo exemplos claros de dados assim considerados.[79] Portanto, segundo o art. 5.º, inciso II, da LGPD, dados sensíveis versam sobre origem racial ou étnica, convicção religiosa, opinião política e filiação a sindicato ou a organização de caráter religioso, filosófico ou político. São também sensíveis aqueles referentes à saúde ou à vida sexual e dados genéticos[80] ou biométricos.[81]

Cuida-se de dados especialmente sensíveis do ponto de vista dos direitos e liberdades fundamentais, cujo contexto propicia riscos significativos para seu titular.[82] Eles integram o "núcleo duro" da privacidade, tendo em vista que, pelo tipo e natureza de informação que trazem, apresentam informações cujo tratamento pode ensejar uma discriminação ilícita ou abusiva de seu titular, devendo, por conseguinte, ser protegidos de forma mais rígida.[83] Tutelam de forma específica a liberdade e a igualdade material de seu titular e, até mesmo, de terceiros.[84]

A respeito dessa especificação, vale questionar: em se tratando de informações pessoais, não seria mais adequado se trabalhar com um rol exemplificativo de dados sensíveis? Tendo em vista as diversas possibilidades de utilização e cruzamento de dados pessoais, haverá algum

---

[79] "(...) deve-se ter em conta que o próprio conceito de dados sensíveis atende à uma necessidade de delimitar uma área na qual a probabilidade de utilização discriminatória da informação é potencialmente maior – sem deixarmos de reconhecer que há situações onde tal consequência pode advir sem que sejam utilizados dados sensíveis, ou então que a utilização destes dados se preste a fins legítimos e lícitos" (DONEDA, Danilo. *A proteção de dados pessoais nas relações de consumo*: para além da informação creditícia. Escola Nacional de Defesa do Consumidor. Brasília: SDE/DPDC, 2010, p. 27).

[80] Nesse sentido, dispõe o considerando 23 da Diretiva (UE) 2016/680 do Parlamento Europeu e do Conselho: "Os dados genéticos deverão ser definidos como todos os dados pessoais relacionados com as características genéticas, hereditárias ou adquiridas, de uma pessoa, e que dão informações únicas sobre a fisionomia ou a saúde do indivíduo, (...) Tendo em conta a complexidade e a natureza sensível das informações genéticas, existe um elevado risco de utilização injustificada e de reutilização para diversos fins não autorizados por parte do responsável pelo tratamento. As discriminações com base em características genéticas deverão ser proibidas".

[81] Importante salientar que a definição de "informação sensível" não era estranha ao legislador pátrio, visto que tal definição – à exceção da referência a dados biométricos – já constava na Lei do Cadastro Positivo (Lei n. 12.414/2011): Art. 3.º, § 3.º Ficam proibidas as anotações de: (...) II – informações sensíveis, assim consideradas aquelas pertinentes à origem social e étnica, à saúde, à informação genética, à orientação sexual e às convicções políticas, religiosas e filosóficas.

[82] No GDPR, em seu art. 9.º, esses dados foram considerados como dentro de uma categoria especial, restando como regra "proibido o tratamento de dados pessoais que revelem a origem racial ou étnica, as opiniões políticas, as convicções religiosas ou filosóficas, ou a filiação sindical, bem como o tratamento de dados genéticos, dados biométricos para identificar uma pessoa de forma inequívoca, dados relativos à saúde ou dados relativos à vida sexual ou orientação sexual de uma pessoa".

[83] RODOTÀ, Stefano, op. cit., p. 78 e 96.

[84] In. SCHREIBER, Anderson; MONTEIRO FILHO, Carlos Edison do Rêgo; OLIVA, Milena Donato (Orgs). Problemas de direito civil : homenagem aos 30 anos de cátedra do Professor Gustavo Tepedino por seus orientandos e ex-orientandos 1. ed.. Rio de Janeiro : Forense, 2021.

dado não potencialmente sensível?[85] Todos os dados considerados sensíveis pelo legislador se encontram na mesma esfera particular/íntima do seu titular? Em que medida a criação de novas categorias de dados beneficiaria a pessoa humana?

Nessa direção, entende-se que essencial para se determinar se um dado é sensível ou não é verificar o contexto de sua utilização, além das relações que podem ser estabelecidas com as demais informações disponíveis e a potencialidade de seu tratamento servir como instrumento de estigmatização ou discriminação.[86] Como destaca doutrina: "(...) deve-se admitir que certos dados, ainda que não tenham, a princípio, essa natureza especial, venham a ser considerados como tal, a depender do uso que deles é feito no tratamento de dados".[87]

Dispõe a LGPD que o tratamento de dados pessoais sensíveis somente poderá ocorrer nas seguintes hipóteses: I – quando o titular ou seu responsável legal consentir, de forma específica e destacada, para finalidades específicas; ou II – quando sem fornecimento de consentimento do titular, nas hipóteses em que for indispensável para determinadas situações expressas nas alíneas desse artigo: a) cumprimento de obrigação legal ou regulatória pelo controlador;[88] b) tratamento compartilhado de dados necessários à execução, pela administração pública, de políticas públicas previstas em leis ou regulamentos;[89] c) realização de estudos por órgão de pesquisa, garantida, sempre que possível, a anonimização dos dados pessoais sensíveis; d) exercício regular de direitos, inclusive em contrato e em processo judicial, administrativo e arbitral, este último nos termos da Lei de Arbitragem; e) proteção da vida ou da incolumidade física do titular ou de terceiro[90]; f) tutela da saúde,[91] exclusivamente, em procedimento

---

[85] "Por exemplo, ao fornecer o número do CPF para obter descontos nas farmácias, a lista de medicamentos associada a esse dado pode conter informações delicadas sobre nossa saúde. É possível que essas informações sejam utilizadas de maneira discriminatória por seguradoras de saúde, alterando o valor da franquia de acordo com o perfil. Da mesma forma, nosso histórico de compras *on-line* diz bastante sobre poder aquisitivo e preferências pessoais. Por meio dessas informações, é possível embasar o direcionamento de propagandas compatíveis com o nosso gosto, tentando-nos a comprar algo que não precisamos, bem como cobrar preços mais altos ou limitar o acesso ao crédito para determinados perfis. Dados sobre orientação sexual, em uma sociedade que ainda vive preconceitos contra a diversidade, também podem servir a práticas de segregação, restringindo, por exemplo, as oportunidades de trabalho" (VARON, Joana. Privacidade e dados pessoais. *Panorama setorial da Internet*, n. 2, junho, 2019, ano 11, p. 12).

[86] Cf. KONDER, Carlos Nelson. O tratamento de dados sensíveis à luz da Lei 13.709/2018. In: TEPEDINO, Gustavo; FRAZÃO, Ana; OLIVA, Milena Donato. *Lei Geral de Proteção de Dados Pessoais e suas repercussões no Direito Brasileiro*. São Paulo: Revista dos Tribunais, 2019, p. 460 e ss.

[87] MULHOLLAND, Caitlin. Dados pessoais sensíveis e consentimento na Lei geral de Proteção de Dados Pessoais. *Revista do Advogado*, n. 144, nov. 2019, p. 49.

[88] Exemplo: Os dados de prontuários médicos com até 20 anos devem ser mantidos pelo hospital, em razão de obrigação legal imposta pela Lei 13.787/2018: Art. 6.º Decorrido o prazo mínimo de 20 (vinte) anos a partir do último registro, os prontuários em suporte de papel e os digitalizados poderão ser eliminados.

[89] Art. 11, II, § 2.º Nos casos de aplicação do disposto nas alíneas "a" e "b" do inciso II do caput deste artigo pelos órgãos e pelas entidades públicas, será dada publicidade à referida dispensa de consentimento, nos termos do inciso I do *caput* do art. 23 desta Lei.

[90] Exemplo: pessoa inconsciente é levada para um hospital (onde nunca esteve), após sofrer grave acidente. Nesse caso, o novo hospital precisará do histórico médico do paciente para atendê-lo de forma adequada. A partir dessa base legal, entende-se que poderá o médico que irá atendê-lo requisitar documentação a outro hospital onde o paciente já esteve ou ao médico de confiança dessa pessoa (se essa informação estiver disponível).

[91] "O tratamento de dados sensíveis na área de saúde recebe regramento diferenciado em diversos países, observando-se regras rígidas para a segurança dos dados. Em 1997, diante do alargamento do National Health Service do Reino Unido, foram desenvolvidos os princípios para a segurança das informações e dados pessoais na área médica, estabelecidos no Relatório Caldicott, encomendado por Dame Fiona

realizado por profissionais de saúde, serviços de saúde ou autoridade sanitária; ou g) garantia da prevenção à fraude e à segurança do titular, nos processos de identificação e autenticação de cadastro em sistemas eletrônicos,[92] resguardados os direitos mencionados no art. 9.º desta Lei e exceto no caso de prevalecerem direitos e liberdades fundamentais do titular que exijam a proteção dos dados pessoais. Nessa situação, devem todos os cuidados já previstos para o tratamento dos dados ser aplicados de forma ainda mais intensa, já que para os dados sensíveis se espera um padrão ainda mais rigoroso de proteção.

Da leitura do dispositivo [art. 11 da LGPD], verifica-se que ele mantém várias das bases já previstas no art. 7.º para o tratamento de dados pessoais, deixando de fora do tratamento de dados sensíveis as hipóteses de atendimento aos interesses legítimos do controlador ou de terceiro (art. 7.º, IX) e de proteção do crédito (art. 7.º, X).

No lugar da hipótese relativa ao legítimo interesse, o art. 11, II, "g", trouxe base mais específica, que visa à prevenção de fraudes e garantir a segurança do titular, restando vinculada aos interesses dos titulares e determinadas entidades. Como exemplo de aplicação, aponta-se a seguinte situação: instituições bancárias e empregadores podem tratar dados biométricos para a prevenção de fraudes, sem o consentimento prévio dos titulares dos dados, a fim de confirmar que é o empregado autorizado que está entrando em área de acesso restrito da empresa ou que é determinado cliente que está realizando uma transação bancária por meio de um caixa eletrônico, por exemplo. Adicionalmente, pode-se mencionar a exigência para atendimento médico-hospitalar, com a utilização de seguro ou plano de assistência à saúde, que o segurado/beneficiário coloque seu polegar em um leitor biométrico para confirmar sua identidade, a fim de evitar que outra pessoa utilize a cobertura securitária em seu lugar.

Além disso, a norma acrescentou a possibilidade de exercício regular de direitos também em relação a um contrato (art. 11, II, "d"), mas não replicou a disposição do art. 7.º, V.[93] Nesse caso, como exemplo, recorda-se a situação de um seguro saúde ou seguro de vida necessitar coletar informações sensíveis, com base no exercício regular de direitos, pois, sem o tratamento de tais dados, poderá não ser possível entregar a prestação que lhe compete decorrente da relação contratual, como o ressarcimento de despesas médicas no seguro saúde ou o pagamento de indenização por algum tipo de invalidez decorrente de acidente ou

---

Caldicott, a National Data Guardian for health no Reino Unido. Os "Princípios Caldicott" são essenciais no desenho da governança da segurança da informação na área de saúde e, também, em todas as outras áreas que tratem dados sigilosos, haja vista que são extremamente objetivos. Em uma tradução livre, são os seguintes: 1) justifique o propósito para a utilização da informação confidencial; 2) não use o dado pessoal confidencial a não ser que seja absolutamente necessário; 3) utilize o dado pessoal confidencial o mínimo necessário; 4) o acesso ao dado pessoal confidencial deve ser restrito àquelas pessoas que necessitam conhecê-lo; 5) toda pessoa com acesso ao dado pessoal confidencial deve estar ciente de suas responsabilidades; 6) o acesso ao dado pessoal confidencial deve estar de acordo com a legislação; 7) a obrigação de compartilhamento do dado confidencial pode ser tão importante quanto a obrigação de proteger a confidencialidade dos dados do paciente. A LGPD traz estes princípios na sua essência. Na área de saúde terá de ser desenvolvido um eficiente programa de governança, de compliance e de treinamento de pessoas para proteção dos dados sensíveis do paciente e a eficiência passa antes de mais nada pela conscientização das responsabilidades de cada um que participar da intrincada relação que se forma para a prestação da assistência à saúde" (RAEFFRAY, Ana Paula Oriola de. *A proteção de dados pessoais na área de saúde*. Estadão. Publicado em 20 de abril de 2019).

[92] Exemplo: A utilização de dados biométricos para fins de validação de operações bancárias realizadas em caixas eletrônicos.

[93] Art. 7.º, V – quando necessário para a execução de contrato ou de procedimentos preliminares relacionados a contrato do qual seja parte o titular, a pedido do titular dos dados; (...).

doença.[94] Afirma-se que, aqui, a seguradora não teria apenas o dever de cumprir a obrigação contratual, mas também o direito de adimpli-la. Da mesma forma, a doutrina europeia tratando de dispositivo similar no GDPR reconhece a possibilidade de uma seguradora – com base no exercício regular de direitos decorrentes de um contrato – tratar dados de saúde de um segurado para verificar a regularidade de uma reclamação de indenização oriunda de um sinistro de seguros de pessoas.[95]

Retornando às hipóteses autorizativas para o tratamento de dados sensíveis, a primeira delas (art. 11, I) refere-se ao consentimento do titular ou seu responsável legal, que deverá ser dado de forma específica e destacada, para finalidades específicas. Oferece-se na Lei camada adicional de proteção para que tais dados não sejam utilizados contra seus titulares, o que poderia lhes causar restrições a bens e serviços ou mesmo ao exercício de direitos.[96] Parte da doutrina encontra, nesse dispositivo, a existência de certa preferência a tal hipótese legal, com base na técnica legislativa utilizada, qual seja, a inserção de dois incisos no art. 11, sendo o primeiro sobre o consentimento e o segundo dispondo que, sem o fornecimento de consentimento do titular, poderá ocorrer o tratamento de dados sensíveis (apenas) nas hipóteses em que for indispensável para as sete situações ali estabelecidas nas alíneas. Interpretação essa que encontra crítica na doutrina:

> "(...) tanto na hipótese de tratamento de dados sensíveis por meio do consentimento do titular quanto naquelas que se referem às demais situações que independem desta manifestação de autonomia, previstas nos incisos I e II do art. 11 da LGPD, reconhece-se na técnica legislativa utilizada uma posição de igualdade entre estas hipóteses, e não a de prevalência do consentimento".[97]

Um dos desafios será compreender a dimensão e o real significado do consentimento caracterizado como específico e destacado. Segundo doutrina, deve-se "enxergá-lo como um vetor para que haja mais *assertividade* do titular com relação a esses movimentos 'específicos' de seus dados".[98] A noção, no caso, aproxima-se da ideia de consentimento expresso, por

---

[94] Guia de boas práticas do mercado segurador brasileiro sobre a proteção de dados pessoais. CNseg. p.31. Disponível em: <http://cnseg.org.br/data/files/AF/63/3B/7E/B8B6F610373532F63A8AA8A8/GBPMS _ONLINE_ok.pdf>. Acesso em: 29 abr. 2020.

[95] "Using sensitive data may also be necessary for a controller to establish, exercise or defend legal claims. Reliance on this criterion requires the controller to establish necessity. That is, there must be a close and substantial connection between the processing and the purposes. One example of an activity that would fall under this criterion is processing medical data by an insurance company in order to determine whether a person's claim for medical insurance is valid. Processing such data would be necessary for the insurance company to consider the claim brought by the claimant under their insurance policy" (USTARAN, Eduardo. *European Data Protection Law and Practice*. Portsmouth: IAPP, 2018, p. 88).

[96] "Acresce que discussões mais recentes apontam para a ocorrência de fenômeno de publicidade comportamental voltado à formação de perfis de consumo, fato que se relaciona diretamente à regulação do tratamento de dados pessoais, em especial os dados sensíveis. Na verdade, na seara consumerista, assim como na seara trabalhista, são inúmeros os riscos da utilização de tais dados para praticar toda sorte de discriminações e violações a consumidores, empregados e candidatos a emprego em processos de seleção ou recrutamento" (FRAZÃO, Ana. Nova LGPD: o tratamento dos dados pessoais sensíveis. Jota, publicado em 26 de setembro de 2018).

[97] MULHOLLAND, Caitlin. Dados pessoais sensíveis e consentimento na Lei geral de Proteção de Dados Pessoais. *Revista do Advogado*, n. 144, nov. 2019, p. 52.

[98] BIONI, Bruno, op. cit., p. 202. O autor apresenta a seguinte crítica em relação à adjetivação inserida pelo legislador nacional ao consentimento para o tratamento de dados sensíveis: "(...) sob o ponto de vista

exigir maior atuação do titular dos dados, além de cuidado mais elevado com o tratamento da informação pelo agente.

Específico deve ser compreendido como um consentimento manifestado em relação a propósitos concretos e claramente determinados pelo controlador e antes do tratamento dos dados, havendo também aqui, e com mais ênfase, as obrigações de granularidade.

Destacado pode ser interpretado no sentido de que é importante que o titular tenha pleno acesso ao documento que informará todos os fatos relevantes sobre o tratamento, devendo tais disposições vir destacadas para que a expressão do consentimento também o seja. Além de se referir a dados determinados e haver declaração de vontade que esteja ligada a objetivo específico, a manifestação de vontade deverá vir em destaque no instrumento de declaração que autoriza o tratamento.

Segundo a LGPD, será aplicada a proteção disposta no artigo 11 a qualquer tratamento de dados pessoais que revele dados sensíveis e que possa causar danos ao titular, ressalvado o disposto em legislação específica. Mesmo os dados que, aprioristicamente, não sejam sensíveis podem assim se tornar quando, em determinado contexto fático, levarem a informações sensíveis a respeito dos titulares.[99] Um exemplo sempre recorrente na doutrina envolve a análise do histórico de compras de uma pessoa em um supermercado ou farmácia ou ainda o acesso à fatura do principal cartão de crédito dela, uma vez que, a partir disso, seria possível inferir dados sensíveis, como convicções religiosas ou políticas, estado de saúde[100] ou orientação sexual.

Sobre o ponto acima, é necessário contextualizá-lo com a problemática atual: a Covid-19.[101] Diante do avanço da pandemia, o debate em torno de medidas que utilizam dados pessoais e sistemas de vigilância e monitoramento para combater o vírus tornou-se ainda mais importante. Até onde o interesse coletivo pode avançar sobre o individual? Quais mecanismos de rastreamento e coleta de dados serão aplicados e por quanto tempo?[102] Quem terá acesso aos bancos de dados criados? Serão eles algum dia descartados? O que se mostra justificável

---

de técnica legislativa, teria sido melhor que a LGPD tivesse adotado o adjetivo *expresso*, tal como fez a GDPR (...). Esse qualificador é o que semanticamente representaria melhor esse nível de participação mais intenso do cidadão no fluxo dos dados. Apesar dessa diferença semântica, entre os qualificadores expresso e específico, a consequência normativa tende a ser a mesma. Isso porque o que está em jogo é reservar um tipo de autorização singular em situações igualmente singulares no que tange ao tratamento de dados, sendo esta a racionalidade que percorre a LGPD, a GDPR e parte das leis setoriais brasileiras de proteção de dados pessoais" (BIONI, Bruno, op. cit., p. 203).

[99] Sobre o ponto, anota Frazão: "a linha distintiva entre dados pessoais e dados pessoais sensíveis pode não ser tão nítida, até porque a perspectiva de análise deve ser dinâmica e não estática. Dessa maneira, há boas razões para sustentar que são sensíveis todos os dados que permitem que se chegue, como resultado final, a informações sensíveis a respeito das pessoas" (FRAZÃO, Ana. Nova LGPD: o tratamento dos dados pessoais sensíveis. *Jota*, publicado em 26 de setembro de 2018).

[100] Caso famoso envolve a empresa *Target* e o uso de dados para a realização de previsão de gravidez de clientes. Mais informações em: <http://revistagalileu.globo.com/Revista/Common/0,,EMI317687-17579,-00-A+CIENCIA+QUE+FAZ+VOCE+COMPRAR+MAIS.html> e <https://www.nytimes.com/2012/02/19/magazine/shopping-habits.html?pagewanted=1&_r=1&hp>. Acesso em: 11 abr. 2019.

[101] Trecho extraído de: TEFFÉ, Chiara Spadaccini de. A saúde na sociedade da vigilância: como proteger os dados sensíveis? Migalhas, publicado em 14 de abril de 2020. Disponível: <https://www.migalhas.com.br/ coluna/migalhas-de-vulnerabilidade/324485/a-saude-na-sociedade-da-vigilancia-como-proteger--os-dados-sensiveis>. Acesso em: 3 maio 2020.

[102] Acerca do reconhecimento facial e sua utilização, recomenda-se a leitura de: TEFFÉ, Chiara Spadaccini de; FERNANDES, Elora Raad. Reconhecimento Facial: laissez-faire, regular ou banir? Migalhas, 16 de julho de 2020. Disponível em: https://www.migalhas.com.br/coluna/migalhas-de-vulnerabilidade/330766/ reconhecimento-facial-laissez-faire-regular-ou-banir Acesso em: 29 jul. 2020.

142 | TRATADO DE PROTEÇÃO DE DADOS PESSOAIS

diante de um cenário de pandemia global e qual legado isso deixará para o tema da proteção de dados? Perguntas apresentadas globalmente, mas ainda sem respostas.

Stefano Rodotà em "A Vida na Sociedade da Vigilância: a Privacidade Hoje" nos lembra que, em relação aos dados de saúde, "a proteção especial atribuída a estes dados não se justifica somente por se referirem a fatos íntimos, mas também, e às vezes sobretudo, pelo risco que seu conhecimento possa provocar discriminações".[103] Não há dúvida de que o conhecimento por parte de empregadores, companhias seguradoras, planos de saúde ou mesmo governos de informações sobre pessoas que foram infectadas – se não observadas salvaguardas adequadas – poderá causar discriminações, além de prejudicar determinadas contratações. Nesse cenário, dados de geolocalização, mesmo a princípio não sensíveis, podem ser facilmente manipulados para usos lesivos a seu titular e para a verificação de informações íntimas.

Em momentos excepcionais que exigem maior acesso e tratamento de dados, a fim de se proteger interesse maior, a disciplina da proteção de dados (nas dimensões individual e coletiva) não deve ser compreendida como empecilho. É a partir dela, especialmente de seus princípios, que a utilização de informações pessoais poderá ter legitimidade e que limites e procedimentos específicos serão estabelecidos de acordo com o princípio da dignidade da pessoa humana e *standards* reconhecidos internacionalmente para a tutela de dados.

A adoção de medidas emergenciais, de forma proporcional e justificada, que restrinjam a liberdade individual para garantir a saúde pública pode ser necessária na conjuntura atual. Todavia, os agentes públicos e privados que tratarem informações pessoais deverão agir em conformidade com os limites fixados no ordenamento, evitando medidas arbitrárias que extrapolem a proporcionalidade na restrição de direitos, sob pena de responsabilidade.

Voltando para os parágrafos do art. 11 da LGPD, a comunicação ou o uso compartilhado de dados pessoais sensíveis entre controladores com o objetivo de obter vantagem econômica poderá ser objeto de vedação ou de regulamentação por parte da Autoridade Nacional, ouvidos os órgãos setoriais do Poder Público, no âmbito de suas competências. Segundo a Lei, é vedada a comunicação ou o uso compartilhado entre controladores de dados pessoais sensíveis referentes à saúde com o objetivo de obter vantagem econômica, exceto nas hipóteses relativas a prestação de serviços de saúde, de assistência farmacêutica e de assistência à saúde, desde que observado o § 5.º deste artigo, incluídos os serviços auxiliares de diagnose e terapia, em benefício dos interesses dos titulares de dados, e para permitir: I – a portabilidade de dados quando solicitada pelo titular; ou II – as transações financeiras e administrativas resultantes do uso e da prestação dos serviços de que trata este parágrafo.

Enfim, o § 5.º do art. 11 dispõe que é vedado às operadoras de planos privados de assistência à saúde o tratamento de dados de saúde para a prática de seleção de riscos na contratação de qualquer modalidade, assim como na contratação e exclusão de beneficiários. Esse dispositivo deve ser lido em consonância com o que dispõe a Lei 9.656/1998 (que versa sobre os planos e seguros privados de assistência à saúde) e seu art. 14, o qual estabelece que, em razão da idade do consumidor ou da condição de pessoa portadora de deficiência, ninguém pode ser impedido de participar de planos privados de assistência à saúde.[104]

---

[103] RODOTÀ, Stefano. *A vida na sociedade da vigilância:* a privacidade hoje. Coord. Maria Celina Bodin de Moraes. Trad. Danilo Doneda e Luciana Cabral Doneda. Rio de Janeiro: Renovar, 2008. p. 106.

[104] "Esse dispositivo, porém, deve ser lido em consonância com o que dispõe a Lei n.º 9.656/98 (que versa sobre os planos e seguros privados de assistência à saúde) e aqui merece ser feita uma distinção entre seleção de riscos e análise de risco para fins de subscrição e precificação. A Lei n.º 9.656/98 veda a seleção de riscos, ou seja, a possibilidade de recusa de oferecimento de cobertura a determinado proponente, porém a mesma lei reconhece a possibilidade de precificação e de análise de riscos para fins de subscrição

Os dados sensíveis necessitam, mais do que nunca, de uma tutela diferenciada e especial, de forma a se evitar que informações dessa natureza sejam vazadas, usadas indevidamente, comercializadas ou sirvam para embasar preconceitos e discriminações ilícitas em relação ao titular. Todavia, a mera proibição do tratamento de dados sensíveis é inviável, pois, em alguns momentos, o uso de tais dados será legítimo e necessário, além de existirem determinados organismos cuja própria razão de ser estaria comprometida caso não pudessem obter informações desse gênero, como, por exemplo, algumas entidades de caráter político, religioso ou filosófico.[105]

Dessa forma, entende-se que o tratamento de dados sensíveis é possível e, inclusive, pode ser necessário em determinadas circunstâncias. Contudo, deverá ser pautado estritamente nos ditames legais, pela relevância dos valores em questão, e legitimado apenas quando tal tratamento não servir para a realização de discriminações ilícitas ou abusivas. Esse entendimento restou reforçado com o princípio da não discriminação, previsto no inciso IX, do art. 6.º, da LGPD, que estabeleceu a impossibilidade de realização de tratamento de dados para fins discriminatórios ilícitos ou abusivos.[106-107]

CONSIDERAÇÕES FINAIS

A Lei Geral de Proteção de Dados representa o marco de uma nova cultura de tutela da privacidade e dos dados pessoais no Brasil. Caminhando ao encontro do Regulamento europeu, a norma institui modelo preventivo de proteção de dados, baseado na ideia de que todo dado pessoal possui relevância e valor, por representar projeção da pessoa humana.

Entende-se que o sistema desenvolvido tem como pilares centrais: a) amplo conceito de dado pessoal; b) necessidade de que qualquer tratamento de dados tenha uma base legal; c) rol de hipóteses legais para o tratamento de dados; d) caracterização detalhada do consentimento

---

ao admitir que, na presença de doença preexistente, deverá ser ofertada ao proponente a cobertura parcial temporária ou o agravo do prêmio durante o período no qual seria aplicável a cobertura parcial temporária. Portanto, é nessa linha que deve ser interpretado esse dispositivo da LGPD. Logo, é fundamental que se ponha em perspectiva que nem toda discriminação é prejudicial e ilícita, como não é, por exemplo, aquela diretamente relacionada a subsidiar a contratação de um seguro" (Guia de boas práticas do mercado segurador brasileiro sobre a proteção de dados pessoais. CNseg. p.14. Disponível em: <http://cnseg. org.br/data/files/AF/63/3B/7E/B8B6F610373532F63A8AA8A8/GBPMS_ONLINE_ok.pdf>. Acesso em: 29 abr. 2020). "Portanto, seleção de riscos para fins de não oferecimento de cobertura em seguro saúde é vedada pelo dispositivo em questão, mas não a análise de risco para fins de precificação (agravo do prêmio) ou para o estabelecimento de cobertura parcial temporária, no caso de identificação de preexistência de alguma doença, o que, como consequência, autoriza o tratamento de dados sensíveis referentes à saúde do beneficiário ou do segurado para essas finalidades" (p. 34).

[105] DONEDA, Danilo. A proteção de dados pessoais nas relações de consumo: para além da informação creditícia. Escola Nacional de Defesa do Consumidor. Brasília: SDE/DPDC, 2010, p. 27.

[106] Cf. O'NEIL, Cathy. Weapons of Math Destruction. New York: Crown Publishers, 2016. PASQUALE, Frank. The Black Box Society: The secret algorithms that control money and information. Massachusetts: Harvard University Press, 2015. Transparência e Governança nos algoritmos: um estudo de caso sobre o setor de birôs de crédito. Publicado em: ITS Rio, 2017, p. 13. Disponível em: <https://itsrio.org/wp-content/uploads/2017/05/algorithm-transparency-and-governance-pt-br.pdf>. Acesso em: 11 nov. 2019.

[107] Por outro lado, o tratamento de dados que gerar diferenciação de titulares para fins lícitos, como, por exemplo, para a segmentação de riscos de crédito ou securitários, poderá ser admitido, desde que presente alguma das hipóteses autorizativas previstas nos já citados arts. 7.º e 11 e havendo pleno respeito às normas da LGPD.

do titular e preocupação com sua manifestação; e) legítimo interesse como uma das hipóteses autorizativas para o tratamento de dados no art. 7.º e necessidade de realização de um teste de balanceamento de interesses para a sua regular aplicação; f) amplo rol de direitos do titular; e g) densa carga principiológica.

Busca-se implementar instrumentos para a proteção e garantia da dignidade humana. Para tanto, a LGPD facilita o controle dos dados tratados, impõe deveres e responsabilidades aos agentes de tratamento e proporciona segurança para que as informações circulem. Visa-se a antecipar os riscos de violação à privacidade, como também evitar tratamentos abusivos de informações e vazamentos de dados.[108]

REFERÊNCIAS BIBLIOGRÁFICAS

BIONI, Bruno. Compreendendo o conceito de anonimização e dado anonimizado. Direito Digital e proteção de dados pessoais. *Cadernos Jurídicos*, ano 21, n. 53, p. 191-201, jan./mar. 2020.

BIONI, Bruno. *Proteção de dados pessoais*: a função e os limites do consentimento. Rio de Janeiro: Forense, 2019.

BIONI, Bruno. *Proteção de dados pessoais*: a função e os limites do consentimento. 2. ed. Rio de Janeiro: Forense, 2020.

BUCAR, Daniel; VIOLA, Mario. Tratamento de dados pessoais por "legítimo interesse do controlador": primeiras questões e apontamentos. *In*: FRAZÃO, Ana; TEPEDINO, Gustavo; OLIVA, Milena Donato (coord.). *Lei Geral de Proteção de Dados Pessoais e suas repercussões no direito brasileiro*. São Paulo: RT, 2019.

CÂMARA DOS DEPUTADOS. Ato do Presidente de 26.11.2019. Disponível em: https:// www2. camara.leg.br/atividade-legislativa/comissoes/grupos-de-trabalho/56a-legislatura/comissao-de-juristas-dados-pessoais-seguranca-publica/conheca-a-comissao/criacao-e-constituicao/ato-de-criacao. Acesso em: 3 maio 2020.

DONEDA, Danilo. *A proteção de dados pessoais nas relações de consumo*: para além da informação creditícia. Escola Nacional de Defesa do Consumidor. Brasília: SDE/DPDC, 2010.

DONEDA, Danilo. *Da privacidade à proteção de dados pessoais*. Rio de Janeiro: Renovar, 2006.

EDPB – European Data Protection Board. Guidelines 05/2020 on consent under Regulation 2016/679. 4 maio 2020.

FOITZIK, Piotr. Publicly available data under the GDPR: main considerations. Disponível em: https://iapp.org/news/a/publicly-available-data-under-gdpr-main-considerations/. Acesso em: 3 maio 2020.

FRAZÃO, Ana. Nova LGPD: a importância do consentimento para o tratamento dos dados pessoais. *Jota*, 12 set. 2018.

FRAZÃO, Ana. Nova LGPD: o tratamento dos dados pessoais sensíveis. *Jota*, 26 set. 2018.

FRAZÃO, Ana. O direito à explicação e à oposição diante de decisões totalmente automatizadas. *Jota*, 9 jul. 2019.

---

[108] Uma versão desse capítulo foi publicada em formato de artigo com a seguinte referência: TEFFÉ, Chiara Spadaccini de; VIOLA, Mario. Tratamento de dados pessoais na LGPD: estudo sobre as bases legais. Civilistica.com. Rio de Janeiro, a. 9, n. 1, 2020. Disponível em: http://civilistica.com/tratamento-de-dados-pessoais-na-lgpd/.

GUIA de Boas Práticas do Mercado Segurador Brasileiro sobre a Proteção de Dados Pessoais. CNseg. Disponível em: http://cnseg.org.br/data/files/AF/63/3B/7E/B8B6F610373532F63A8AA8A8/ GBPMS_ ONLINE_ok.pdf. Acesso em: 29 abr. 2020.

GUIDELINES on consent under Regulation 2016/679. Disponível em: https://ec.europa.eu/ newsroom/article29/item-detail.cfm?item _id=623051. Acesso em: 29 abr. 2020.

ICO.UK – Information Commissioner's Office. What are the conditions for processing? Disponível em: https://ico.org.uk/for-organisations/guide-to-data-protection/guide-to-the-general-data-protection-regulation-gdpr/special-category-data/what-are-the-conditions-for-processing/>. Acesso em: 3 maio 2020.

KONDER, Carlos Nelson. O tratamento de dados sensíveis à luz da Lei 13.709/2018. *In*: TEPEDINO, Gustavo; FRAZÃO, Ana; OLIVA, Milena Donato. *Lei Geral de Proteção de Dados Pessoais e suas repercussões no direito brasileiro*. São Paulo: RT, 2019.

KOTSCHY, Waltraut. Lawfulness of processing. *2018 Draft commentaries on 10 GDPR articles* (from Commentary on the EU General Data Protection Regulation, OUP 2019). Oxford: Oxford University Press, 2018. p. 37. Disponível em: https://works.bepress.com/christopher-kuner/1/. Acesso em: 22 jul. 2019.

LEONARDI, Marcel. Legítimo interesse. *Revista do Advogado*, v. 39, 2019.

LIMA, Caio César C. Seção I – Dos Requisitos para o Tratamento de Dados Pessoais. *In*: MALDONADO, Viviane Nóbrega; BLUM, Renato (coord.). *LGPD – Lei Geral de Proteção de Dados*. São Paulo: RT, 2019.

MARTINS, Leonardo (org.). *Cinquenta anos de Jurisprudência do Tribunal Constitucional federal alemão*. Montevidéu: Fundação Konrad Adenauer, 2005. Disponível em: www.kas.de/wf/ doc/26200-1442-1-30.pdf. Acesso em: 1.º ago. 2019.

MENDES, Laura Schertel; DONEDA, Danilo. Comentário à nova Lei de Proteção de Dados (Lei 13.709/2018): o novo paradigma da proteção de dados no Brasil. *Revista de Direito do Consumidor*, v. 120, 2018.

MONTEIRO, Renato Leite. Existe um direito à explicação na Lei Geral de Proteção de Dados do Brasil? *Artigo Estratégico 39*, Instituto Igarapé, dez. 2018.

MULHOLLAND, Caitlin. Dados pessoais sensíveis e consentimento na Lei geral de Proteção de Dados Pessoais. *Revista do Advogado*, n. 144, p. 47-53, nov. 2019.

MULHOLLAND, Caitlin; FRAJHOF, Isabella Z. Inteligência Artificial e a Lei Geral de Proteção de Dados Pessoais: breves anotações sobre o direito à explicação frente à tomada de decisões por meio de *machine learning*. *In*: FRAZÃO, Ana; MULHOLLAND, Caitlin (org.). *Inteligência Artificial e direito*: ética, regulação e responsabilidade. Rio de Janeiro: RT, 2019. v. 1, p. 265-287.

OHM, Paul. Broken promises of privacy: responding to the surprising failure of anonymization. *UCLA Law Review*, v. 57, 2010.

O'NEIL, Cathy. *Weapons of Math Destruction*. New York: Crown Publishers, 2016.

PASQUALE, Frank. *The Black Box Society:* the secret algorithms that control money and information. Massachusetts: Harvard University Press, 2015.

PEREIRA DE SOUZA, Carlos Affonso; VIOLA, Mario; PADRÃO, Vinicius. Considerações iniciais sobre os interesses legítimos do controlador na lei geral de proteção de dados pessoais. *Direito Público*, v. 16, n. 90, dez. 2019.

RAEFFRAY, Ana Paula Oriola de. A proteção de dados pessoais na área de saúde. *Estadão*, 20 abr. 2019.

RODOTÀ, Stefano. *A vida na sociedade da vigilância*: a privacidade hoje. Coordenação Maria Celina Bodin de Moraes. Tradução Danilo Doneda e Luciana Cabral Doneda. Rio de Janeiro: Renovar, 2008.

SOUZA, Carlos Affonso. Eles sabem quem é você? Entenda o monitoramento de celulares na quarentena. Disponível em: https://tecfront. blogosfera.uol.com.br/2020/04/17/eles-sabem-quem-e-voce-entenda-o-monitoramento-de-celulares-na-quarentena/. Acesso em: 3 maio 2020.

TEFFÉ, Chiara Spadaccini de. A saúde na sociedade da vigilância: como proteger os dados sensíveis? *Migalhas*, 14 abr. 2020. Disponível: https://www.migalhas.com.br/ coluna/migalhas-de-vulnerabilidade/324485/a-saude-na-sociedade-da-vigilancia-como-proteger-os-dados-sensiveis. Acesso em: 3 maio 2020.

TEFFÉ, Chiara Spadaccini de. Proteção de dados de crianças e de adolescentes. *Revista do advogado*, n. 144, p. 54-59, nov. 2019.

TEFFÉ, Chiara Spadaccini de. Tratamento de dados pessoais de crianças e adolescentes: proteção e consentimento. *Pesquisa sobre o uso da internet por crianças e adolescentes no Brasil*: TIC Kids *online* Brasil 2018. São Paulo: Comitê Gestor da Internet no Brasil, 2019. p. 47-54.

TEFFÉ, Chiara Spadaccini de; FERNANDES, Elora Raad. Reconhecimento facial: *laissez-faire*, regular ou banir? *Migalhas*, 16 jul. 2020. Disponível em: https://www.migalhas.com.br/ coluna/migalhas-de-vulnerabilidade/330766/reconhecimento-facial-laissez-faire-regular-ou-banir. Acesso em: 29 jul. 2020.

TEFFÉ, Chiara Spadaccini de; VIOLA, Mario. Tratamento de dados pessoais na LGPD: estudo sobre as bases legais. *Civilistica.com*, Rio de Janeiro, ano 9, n. 1, 2020. Disponível em: http:// civilistica.com/tratamento-de-dados-pessoais-na-lgpd/. Acesso em: 11 nov. 2019.

TEPEDINO, Gustavo; TEFFÉ, Chiara Spadaccini de. Consentimento e proteção de dados pessoais na LGPD. *In*: FRAZÃO, Ana; TEPEDINO, Gustavo; OLIVA, Milena Donato (coord.). *Lei Geral de Proteção de Dados Pessoais e suas repercussões no direito brasileiro*. 2. ed. São Paulo: RT, 2020.

TRANSPARÊNCIA e governança nos algoritmos: um estudo de caso sobre o setor de birôs de crédito. *ITS Rio*, 2017. Disponível em: https://itsrio.org/wp-content/uploads/2017/05/ algorithm-transparency-and-governance-pt-br.pdf. Acesso em: 11 nov. 2019.

USTARAN, Eduardo. *European Data Protection Law and Practice*. Portsmouth: IAPP, 2018.

VARON, Joana. Privacidade e dados pessoais. *Panorama Setorial da Internet*, ano 11, n. 2, jun. 2019.

VOIGT, Paul; BUSSCHE, Axel von dem. *The EU General Data Protection Regulation (GDPR)*. A Practical Guide. Springer, 2017.

7

O CONSENTIMENTO COMO PROCESSO: EM BUSCA DO CONSENTIMENTO VÁLIDO

BRUNO RICARDO BIONI
Doutorando em Direito na Universidade de São Paulo. Cofundador e professor no Data Privacy Brasil.

MARIA LUCIANO
Mestra e bacharela em Direito pela Universidade de São Paulo.

INTRODUÇÃO

O termo "consentimento informado" surgiu nos anos 1950 e se estendeu para os campos da medicina, do direito e da filosofia na década de 1970. Questionamentos sobre a ineficiência da sua implementação, contudo, logo tomaram corpo: seria a mera assinatura de um documento capaz de corporificar o dever moral de autodeterminação por trás desse conceito?

Historicamente, delinearam-se duas abordagens à noção de "consentimento informado". A primeira delas compreende sua obtenção como um *processo*, um verdadeiro diálogo entre os atores capaz de assegurar a troca das informações necessárias para uma autorização qualificada – que pode, inclusive, se prolongar no tempo. Parte-se da premissa de que haveria um dever moral de garantir a autodeterminação do indivíduo.

Na segunda abordagem, construída pela jurisprudência norte-americana em matéria de responsabilidade civil de assistência médica, a obtenção do consentimento é percebida como um *ato* estático e delimitado no tempo, no qual há o dever pontual de informação e a coleta da autorização. Limitar-se-ia, portanto, à assinatura de um termo de consentimento.

No campo da proteção de dados pessoais, entendendo-os como extensão da personalidade e diretamente associados ao desenvolvimento do indivíduo, esse debate tem sido retomado. Se a segunda abordagem parece ter ditado as práticas iniciais de coleta do consentimento dos titulares, provavelmente, por seu histórico enraizamento nas agências reguladoras e políticas públicas de consumo norte-americanas, a primeira tem se mostrado necessária diante do crescente potencial de impacto de tratamentos de dados pessoais na vida das pessoas, no contexto de uma economia de dados. Seu marco foi o estabelecimento da autodeterminação informacional pelo Tribunal Constitucional alemão na década de 1980.[1]

---

[1] DONEDA, Danilo. *Da privacidade à proteção dos dados pessoais*. Rio de Janeiro: Renovar, 2006. p. 196-197. Em 1983, o Tribunal Constitucional alemão declarou a inconstitucionalidade parcial da Lei do Censo

As críticas feitas ao conceito no campo da medicina, contudo, também foram transpostas ao campo da proteção de dados. O crescente uso de longas e inteligíveis políticas de privacidade para a coleta do consentimento dos usuários tem sido considerado limitado na garantia de um consentimento válido.[2]

A partir da distinção entre ato e processo de coleta de consentimento, o presente artigo pretende apresentar, concretamente, as balizas necessárias à validade do consentimento, bem como apontar algumas ferramentas capazes de implementá-las. Se o primeiro (ato) pode ser entendido como uma *salvaguarda* em situações em que a base legal adotada seja outra que não o consentimento,[3] é o segundo (processo) que parece garantir a legitimidade pretendida com sua adoção como *base legal* autorizativa de tratamento de dados pessoais.

Na seção 2, a seguir, realizaremos uma breve narrativa histórica a respeito dos desdobramentos do delineamento do "consentimento informado" e seus paralelos específicos com o campo da proteção de dados pessoais.

Na seção 3, buscaremos apontar algumas balizas e ferramentas disponíveis ao processo de coleta do consentimento válido, a partir do caso da Lei Geral de Proteção de Dados/LGPD (Lei 13.709/2018). Apresentaremos, também, dados a respeito de como a jurisprudência tem aplicado essas balizas por meio do *enforcement* do Código de Defesa do Consumidor e do Marco Civil da Internet.

A quarta e última seção apresenta alguns apontamentos finais, bem como as questões ainda a serem respondidas por essa agenda de pesquisa. Argumenta-se que as qualificações ao consentimento impostas pela LGPD abrem espaço para inovação no desenho de ferramentas de coleta do consentimento, e tais lacunas se beneficiariam de um maior e mais crítico diálogo com outros campos a respeito do tema.

1. "CONSENTIMENTO INFORMADO": OLHANDO A HISTÓRIA PARA PENSAR O FUTURO

A noção de "consentimento informado" surgiu, historicamente, na medicina (e em suas respectivas pesquisas clínicas), tendo sido referenciada já por Hipócrates.[4] À época, a principal

---

alemã do mesmo ano. Na mesma decisão, reconheceu a proteção de dados pessoais como direito de personalidade autônomo e a autodeterminação informacional como transcendental ao consentimento.

[2] IAPP. How to avoid consent fatigue, 29.01.2019. Disponível em: https://iapp.org/news/a/how-to-avoid-consent-fatigue/. Acesso em: 25 maio 2020; HUFFPOST. 7, 500 Online Shoppers Accidentally Sold Their Souls To Gamestation, 17.06.2010. Disponível em: https://www.huffpostbrasil.com/entry/gamestation-grabs-souls-o_n_541549?ri18n=true. Acesso em: 25 maio 2020.

[3] EUROPEAN DATA PROTECTION SUPERVISOR. A preliminary opinion on data protection and scientific research, 2020, p. 19: "Consent serves not only as a possible legal basis for the activity, it is also a safeguard – a means for giving individuals more control and choice and thereby for upholding society's trust in science. There may be circumstances in which consent is not the most suitable legal basis for data processing, and other lawful grounds under both Articles 6 and 9 GDPR should be considered. However, even where consent is not appropriate as a legal basis under GDPR, informed consent as a human research participant could still serve as an 'appropriate safeguard' of the rights of the data subject. Under what conditions such informed consent might be deemed an appropriate safeguard is still unclear. Certainly, innovative forms of consent in research activities, like tiered and dynamic consent (see Section 5 above), are promising practices that should be further encouraged and developed". Disponível em: https://edps.europa.eu/sites/edp/files/publication/20-01-06_opinion_research_en.pdf. Acesso em: 10 maio 2020.

[4] BEAUCHAMP, Tom L. Informed consent: its history, meaning, and present challenges. *Cambridge Quaterly of Healthcare Ethics*, v. 20, p. 515, 2011.

PARTE II · Cap. 7 · O CONSENTIMENTO COMO PROCESSO: EM BUSCA DO CONSENTIMENTO VÁLIDO | 149

preocupação que se buscava endereçar com a coleta do consentimento era a divulgação de informações que causariam danos ou aborrecimentos aos pacientes.

Posteriormente, entre as décadas de 1950 e 1960, a jurisprudência norte-americana[5] fez evoluir tal noção, associando-a, ainda no campo da medicina, ao dever dos médicos de informar pacientes acerca de possíveis riscos e tratamentos alternativos, para além das já estabelecidas determinações de informar a natureza do tratamento e suas consequências.[6] Voltava-se, assim, o foco da discussão à qualidade e adequação das informações prestadas.

Seguiu-se então uma série de decisões judiciais nos anos seguintes voltadas a estabelecer padrões de divulgação de informações orientados pelas demandas e necessidades dos pacientes. O dever de informação passa a ser delineado pelo direito de autodeterminação do paciente, que só poderia ser exercido com o fornecimento das informações necessárias para tanto.[7]

Na década de 1970, passou-se a conceber um dever moral e uma obrigação legal de obtenção de consentimento informado para certos procedimentos de pesquisa, estabelecendo-se, para isso, balizas qualificadoras para sua coleta. A comunidade médica reagiu, argumentando serem as exigências de validação do consentimento quase impossíveis de ser atingidas, e, por vezes, até distantes do bem-estar dos pacientes.[8]

A preocupação em cumprir tais exigências e evitar as sanções pelo seu descumprimento transferiu o foco da discussão do consentimento informado da sua substância, *i.e.*, o oferecimento das informações necessárias à autodeterminação dos pacientes, para sua forma, a obtenção do consentimento dos pacientes como requisito meramente formal da prática médica. A teoria/doutrina jurídica construída sobre a noção do "consentimento informado" deixava, assim, de corresponder às práticas realizadas no plano concreto – o que teria sido apontado empiricamente como uma alteração no agente do médico, e não do paciente, de decidir a respeito do tratamento.

A trajetória histórica do "consentimento informado" brevemente supradescrita parece indicar dois significados históricos para o termo. O primeiro refere-se a uma autorização autônoma, dada pelo titular apenas quando este, com o necessário conhecimento e liberdade, intencionalmente autoriza algo (autodeterminação).

No âmbito judicial da responsabilidade civil médica, o consentimento acabou por ser reduzido a dois elementos: o dever de informar e de obter o consentimento por parte dos médicos. A obrigação judicial estabelecida por essa nova doutrina acabou afastando a noção de "consentimento informado" da autodeterminação dos pacientes enquanto detentores de papel decisivo no *processo* de decisão médica. Esse contexto teria estabelecido o segundo significado histórico do termo, o "consentimento informado" como prática social fundada em determinados contextos institucionais. É dizer, o consentimento será válido, nesse caso, se estiver em conformidade com as regras que regem determinado contexto social e institucional,

---

[5] A expressão "consentimento informado" surgiu no contexto do caso *Salgo v. Leland Stanford Jr University Board of Trustees*, em 1957, na Califórnia. Ao contrário das decisões sobre responsabilidade médica anteriores que focavam a averiguação da coleta do consentimento, nessa ocasião a corte debruçou-se em estabelecer se o consentimento dado pelo paciente havia sido informado. Assim, os tópicos pertinentes ao consentimento – natureza, consequências, potenciais danos, riscos e alternativas – seriam necessários para que o paciente soubesse, de fato, o que estava consentindo (FADEN, Ruth R.; BEAUCHAMP, Tom L. *A history and theory of informed consent.* New York: Oxford University Press, 1986. p. 126).

[6] BEAUCHAMP, Tom L. Informed consent: its history, meaning, and present challenges. *Cambridge Quaterly of Healthcare Ethics*, v. 20, p. 516, 2011.

[7] Ibidem, p. 516.

[8] Ibidem, p. 517-518.

independentemente da autonomia do titular. Esse tem sido, por exemplo, o sentido adotado por agências reguladoras norte-americanas.[9] E a ele se relacionam também as práticas iniciais de coleta de consentimento para tratamento de dados pessoais por aplicações de internet.

O campo da proteção de dados pessoais retomou o debate do consentimento em seu primeiro sentido histórico, como enquadramento teórico da extensão da personalidade do indivíduo que constitui esse tipo de dado. No contexto de uma economia de dados, o potencial conferido ao tratamento de dados pessoais de causar danos aos titulares, bem como seus complexos e diversos desdobramentos, reacendeu o debate em torno da coleta do consentimento como um processo. Um diálogo dinâmico em que as informações necessárias à autodeterminação informacional do titular são fornecidas e atualizadas, e o fornecimento do consentimento deste é garantido e sempre passível de revogação e revisão. Esses novos contornos parecem transcender, inclusive, o dever de informação, postulado principalmente após a entrada em vigor do Código de Defesa do Consumidor.[10]

Tendo em vista o aparente potencial analítico da aproximação do debate sobre consentimento nesses dois campos, buscaremos, na próxima seção, dar a ela maior concretude. A partir da formatação do consentimento estabelecida pela LGPD, aplicaremos a lente analítica da coleta de consentimento como processo para vislumbrar, operacionalmente, possíveis ferramentas úteis à obtenção de um consentimento válido nos termos da lei. Esse cenário apresenta terreno fértil para inovação, especialmente no contexto de entrada em vigor da lei.

2. RETOMANDO O CONSENTIMENTO NA ECONOMIA DE DADOS

O progresso geracional das leis de proteção de dados[11] é elucidativo sobre a jornada do consentimento no campo da proteção de dados pessoais.[12] Se na segunda geração era até então adjetivado apenas como informado, nas últimas ondas recebeu outra série de qualificadores: livre, inequívoco, específico e expresso. Um movimento combativo à realidade até então encarada de que a declaração de vontade do cidadão mostrava-se mais corrosiva do que habilitadora à autodeterminação informacional. Dito de outra forma, o consentimento do titular não era representativo de um *controle genuíno* por ele exercido sobre seus dados,[13] de modo que tal processo de adjetivação se apresenta como prognóstico desse drama então diagnosticado.[14]

---

[9] FADEN, Ruth R.; BEAUCHAMP, Tom L. *A history and theory of informed consent*. New York: Oxford University Press, 1986. p. 276.

[10] GUZ, Gabriela. O consentimento livre e esclarecido na jurisprudência dos tribunais brasileiros. *Revista de Direito Sanitário*, v. 11, n. 1, p. 107, mar./jun. 2010.

[11] MAYER-SCHÖNBERGER, Viktor. Generational development of data protection in Europe. *In*: AGRE, Phillip E.; ROTENBERG, Marc (org.). *Technology and privacy*: the new landscape. Cambridge: The MIT Press, 1997. p. 219-242. O autor traça tal linha evolutiva das leis de proteção de dados, posicionando o consentimento na segunda geração.

[12] O protagonismo do consentimento nas diversas gerações de leis de proteção de dados, bem como sua relação com leis setoriais e direito comparado, é discutido de maneira mais aprofundada em: BIONI, Bruno R. *Proteção de dados pessoais*: a função e os limites do consentimento. 2. ed. Rio de Janeiro: GEN-Forense, 2019.

[13] Diversos estudos apresentam evidências empíricas desse diagnóstico, por exemplo, MCDONALD, Aleecia M.; CRANOR, Lorrie Faith. The cost of reading privacy policies. *Journal of Law and Policy for Information Society*, v. 4, p. 565, 2008: "We estimate that reading privacy policies carries costs in time of approximately 201 hours a year, worth about $3,534 annually per American Internet user".

[14] Nesse sentido têm sido alguns estudos de economistas sobre racionalidade limitada: ACQUISTI, Alessandro; GROSSKLAGS, Jens. What can behavioral economics teach us about privacy? *Keynote Paper at*

PARTE II · Cap. 7 · O CONSENTIMENTO COMO PROCESSO: EM BUSCA DO CONSENTIMENTO VÁLIDO | **151**

Essa espécie de "hipertrofia do consentimento"[15] gera implicações normativas das mais importantes. Ao mesmo tempo que se procura programar um consentimento extremamente qualificado, corre-se o risco de, paradoxalmente, limitar o terreno por ele ocupado. Isso porque a barra pode vir a ser tão elevada a ponto de ser exponencial o risco de o consentimento ser considerado inválido e, assim, simplesmente haver uma fuga para as outras nove hipóteses de tratamento de dados. É uma cilada normativa que deve ser evitada e objeto de atenção ao longo do exercício hermenêutico da LGPD, que é o que se propõe a fazer em linhas gerais na segunda parte deste artigo.

2.1 A escalada de adjetivos como indicativo de um processo de tomada de decisão[16]

A multiplicidade de adjetivos atribuídos ao consentimento não detém outra finalidade senão a de apontar que deve haver um *processo de tomada de decisão*, o qual o titular do dado por si só é incapaz de atingir sem a cooperação da contraparte que processa seus dados. A partir dessa perspectiva obrigacional, emerge-se uma série de deveres para os agentes de tratamento de dados, em especial o controlador.

O primeiro deles é o dever de informação: consentimento "informado". Somente é possível racionalizar um processo de tomada de decisão se é dada "forma" ao fluxo informacional, valendo-se aqui da decomposição do termo informar: colocar em forma.[17] O dever-direito de informação deve propiciar, portanto, ao cidadão os elementos necessários para o *início* de um processo de tomada de decisão no que tange ao fluxo de seus dados.[18] A prestação de uma informação clara, adequada e suficiente é o *portal de entrada* para tanto.[19]

O modo pelo qual tal informação será prestada é de particular importância, devendo-se pensar em tecnologias, que não só o papel (contratualização do consentimento), habilitadoras para tanto. Nesse sentido, a adoção das chamadas *privacy enhancing technologies*/PETs será um indicativo do esforço do controlador de adimplir satisfatoriamente com tal dever de informação que lhe foi atribuído. Se, ao final, não houver transparência no tratamento dos dados, ocorrerá um consequente inadimplemento de tal obrigação.

Nesse sentido, é importante destacar que a LGPD: **a)** ao dispor a respeito do princípio da transparência, correlaciona-o diretamente à prestação de "informações claras, precisas e facilmente acessíveis";[20] e **b)** prevê ser o consentimento *nulo* caso não haja esse resultado ótimo

---

Etrics, 2006. Disponível em: https://www.heinz.cmu.edu/~acquisti/papers/Acquisti-Grossklags-Chapter--Etrics.pdf; ACQUISTI, Alessandro; GROSSKLAGS, Jens. Privacy and rationality in individual decision making. Disponível em: https://www.dtc.umn.edu/weis2004/acquisti.pdf.

[15] Esse termo é trabalhado com profundidade e, em perspectiva histórica, em: BIONI, Bruno R. *Proteção de dados pessoais*: a função e os limites do consentimento, cit., p. 162.

[16] Parte deste subcapítulo deriva dos subcapítulos relativos aos adjetivos do consentimento do livro: *Proteção de dados pessoais*: a função e os limites do consentimento. 2. ed. Rio de Janeiro: GEN-Forense, 2019.

[17] MARQUES, Claudia Lima; BENJAMIN, Antônio Herman V.; MIRAGEM, Bruno. *Comentários ao Código de Defesa do Consumidor*. 3. ed. São Paulo: RT, 2010. p. 249.

[18] BIONI, Bruno Ricardo. O dever de informar e a teoria do diálogo das fontes para a aplicação da autodeterminação informacional como sistematização para a proteção dos dados pessoais dos consumidores: convergências e divergências a partir da análise da ação coletiva promovida contra o *Facebook* e o aplicativo "Lulu". *Revista de Direito do Consumidor*, v. 94, 2014. p. 295.

[19] Ibidem, p. 305.

[20] Art. 6.º, VI, da LGPD.

esperado: a transparência.[21] Portanto, informação e transparência são elementos normativos imbricados em virtude da tamanha correspondência entre eles, havendo um teste de eficiência do primeiro para com o segundo, como o resultado ótimo do dever-direito de informar.

O objetivo final é a redução da assimetria[22] de informação que circunda todo o fluxo informacional. Visa-se estabelecer uma relação mais sincera e menos danosa, eliminando-se qualquer tipo de opacidade e obscuridade com relação ao trânsito dos dados pessoais.

O segundo adjetivo é o "livre", que remete à ideia de uma ação espontânea, que não seja objeto de pressão. Pelo contrário, de livre-arbítrio caracterizado pela tomada de uma escolha em meio a tantas outras que poderiam ser feitas por alguém.

Um exemplo claro dessa abordagem é o chamado consentimento *granular*,[23] por meio do qual o cidadão pode emitir autorizações fragmentadas no tocante ao fluxo de seus dados. Abre-se espaço, assim, para que o controle dos dados seja *fatiado* de acordo com cada uma das funcionalidades ofertadas e se deseja ter, e que demandam, respectivamente, tipos diferentes de dados.

Essa é, por exemplo, uma das tensões quanto aos modelos de negócios monetizados em dados. O direcionamento de publicidade tem cada vez mais se valido de técnicas de perfilamento bastante intrusivas (orientação sexual, estado emocional e de saúde, filiação político-partidária etc.). Além disso, esse mesmo perfil comportamental pode ser utilizado para o direcionamento de propaganda política. Hoje, portanto, o quão livre pode ser considerado o consentimento está diretamente ligado ao espaço dado ao titular para modular o quão profunda será a sua persona e sobre o que ela poderá influenciá-lo.

O terceiro adjetivo é o "inequívoco", que está diretamente ligado ao princípio da finalidade,[24] segundo o qual toda atividade de tratamento de dados deve se basear em um propósito "específico e explícito". Faz parte de toda a lógica do sistema da LGPD especificar a razão pela qual se faz uso de um dado, que é um ônus argumentativo por parte do controlador.

No caso do consentimento, esse princípio se torna ainda mais relevante. Qualquer declaração de vontade deve ter um direcionamento, já que não se consente no vazio e de forma genérica. Seria o equivalente a emitir uma espécie de "cheque em branco" que esvaziaria qualquer esfera de controle do cidadão sobre seus dados.[25] Em termos práticos, o famoso "para fins de melhorar a sua experiência", constante de inúmeras políticas de privacidade, deve ser abandonado.

---

[21] Art. 9.º, § 1.º, da LGPD.

[22] TOMASEVICIUS FILHO, Eduardo. *Informação assimétrica, custos de transação, princípio da boa-fé*. 2007. Tese (Doutorado) – Faculdade de Direito da Universidade de São Paulo, 2007, p. 308: "A doutrina em geral reconhece que uma das condições para que surja o dever de informar é a existência de informação assimétrica. Fabre-Magnan sustenta que o fundamento do dever de informar é a desigualdade entre as partes. Para Llobet, a obrigação de informação encontra sua razão de ser no desequilíbrio de conhecimentos entre os contratantes, que pode ter duas causas: a própria técnica da formação de contrato, ou pelas circunstâncias".

[23] Article 29. Data Protection Working Party. Opinion 8/2014 on the on Recent Developments on the Internet of Things, p. 22. Disponível em: http://ec.europa.eu/justice/data-protection/article-29/documentation/opinion-recommendation/files/2014/wp223_en.pdf. Acesso em: 25 maio 2020. E, também: Article 29. Data Protection Working Party. Opinion 02/2013 on apps on smart devices. Fev. 2013, p. 15 (nota de rodapé 34). Disponível em: http://ec.europa.eu/justice/data-protection/article-29/documentation/opinion-recommendation/files/2013/wp202_en.pdf. Acesso em: 25 maio 2020.

[24] Art. 6.º, I, da LGPD.

[25] Article 29. Data Protection Working Party. *Guidelines on consent under Regulation 2016/679*. Disponível em: https://iapp.org/media/pdf/resource_center/20180416_Article29WPGuidelinesonConsent_publishpdf.pdf. Acesso em: 25 maio 2020.

Além disso, a definição de uma finalidade é o que permitirá *analisar regressivamente* se o cidadão foi adequadamente informado para iniciar um processo de tomada de uma decisão livre. Dito de outra forma, os adjetivos "informado" e "livre" são calibrados pela locução "finalidades determinadas", ainda que sejam a ela antecedentes.

Trata-se, portanto, de um *processo* que deve desembocar em uma declaração de vontade *inequívoca* por parte do titular. As suas diferentes fases revelarão se há um comportamento concludente,[26] isto é, uma ação afirmativa que não deixe dúvidas sobre a intenção do titular.

Um grau de participação mais intenso se daria caso o consentimento exigido fosse específico ou expresso (*e.g.*, dados sensíveis,[27] transferência internacional[28] etc.). Tal como o Regulamento Geral de Proteção de Dados da União Europeia/GDPR,[29] a racional da LGPD é estabelecer uma "camada adicional"[30] de proteção por entender que tais cenários apresentam um risco anormal. O fiel dessa balança é a obtenção de um consentimento especial por parte do cidadão em que ele assente deliberadamente com tais riscos elevados.

Uma das maneiras de extrair essa *carga participativa maior* do titular dos dados seria adotar mecanismos que chamassem mais a sua atenção. Deve haver um alerta que *isole* não só o dever-direito de informação, como, também, a declaração de vontade, colando-a à situação na qual é exigido o consentimento específico.

Isso vai muito além de cláusulas contratuais destacadas que já são mencionadas como uma forma de obter o consentimento trivial e não específico.[31] Todo o processo de tomada de decisão é (com o perdão de ser prolixo) específico e deve ser *pontual*. Da informação até o aceite do titular do dado.

Mais uma vez, será necessário analisar o grau e a qualidade de interação de todo o processo que desengatilha a declaração de vontade. Isso pode variar de mensagens textuais e imagens até um sistema que combine ambos e seja de dupla verificação do consentimento, como seria o caso em que o titular dos dados dá o "concordo" em um *website* e, posteriormente, o confirma por *e-mail*.[32]

Não há uma fórmula mágica e, muito provavelmente, haverá variações de acordo com a particularidade dos riscos envolvidos em cada uma das situações em que se exige o consentimento específico.[33] O vetor principal é assegurar que esse processo de deliberação seja gritante (não apenas inequívoco).

---

[26] PASQUALOTTO, Alberto. *Os efeitos obrigacionais da publicidade no Código de Defesa do Consumidor.* São Paulo: RT, 1997. p. 43: A declaração de vontade é vista como ato de autodeterminação privada, capaz de produzir efeitos jurídicos. Esses efeitos, porém, podem ser atingidos igualmente por comportamentos concludentes segundo as concepções gerais, destituídos de consciência da declaração, mas animados por uma vontade natural. Tais comportamentos, objetivamente considerados, suscitam a proteção da confiança que para o declarante gera a sua própria declaração, correspondendo a uma vontade negocial.

[27] Art. 11, I, da LGPD.

[28] Art. 33, VIII, da LGPD.

[29] Veja, nesse sentido, a análise comparativa feita pelo: Article 29. Data Protection Working Party. *Guidelines on consent...* cit., p. 18-21.

[30] Veja, nesse sentido, o relatório do substitutivo apresentado pelo Deputado Orlando Silva (PCdoB/SP). Disponível em: http://www.camara.gov.br/proposicoesWeb/prop_mostrarintegra?codteor=1663305&-filename=SBT+1+PL406012+%3D%3E+PL+4060/2012. Acesso em: 25 maio 2020, p. 35.

[31] Art. 8.º, § 1.º, da LGPD.

[32] Veja, nesse sentido, a análise comparativa feita pelo: Article 29. Data Protection Working Party. *Guidelines on consent...* cit., p. 19.

[33] Por exemplo, a princípio, o mero compartilhamento de dados não implica o mesmo risco que a transferência internacional para um país sem um nível adequado de proteção. Parece-nos que eventual

Ao final e ao cabo, o grau e a qualidade da *interação* do usuário serão determinantes para qualificar o consentimento como inequívoco. Será necessário, sobretudo, checar a maneira pela qual o *design*[34] de um ambiente (*on-line* e *off-line*) deve incutir no cidadão um controle *visceral*[35] sobre seus dados, em vez de manipular as suas escolhas.

Portanto, é importante destacar que toda a extensiva carga de adjetivos do consentimento são desdobramentos dos princípios da LGPD, em especial da boa-fé e da transparência. Havendo a prestação de informações claras e adequadas, bem como de mecanismos de interação com o cidadão para que ele possa mergulhar no fluxo dos seus dados, há uma conduta proba, leal e transparente da contraparte que processa seus dados.

Nesse sentido, a hermenêutica dos adjetivos do consentimento deve ser fiel aos referidos princípios que balizam todas as demais bases legais para o tratamento de dados, pois toda essa carga participativa do indivíduo no fluxo dos seus dados independe de qual das dez hipóteses autorizativas está em jogo. Com isso, evita-se torná-lo um elemento de maior exigência normativa que as demais, mas, pelo contrário, simétrica. Ao final, tende a haver um horizonte mais positivo para o cidadão autodeterminar suas informações pessoais, em especial por meio da sua própria manifestação de vontade.

2.2 Projetando a resolução da difícil equação do consentimento: a experiência brasileira pré-LGPD

A fim de melhor ilustrar toda a jornada teórica mencionada, bem como com o objetivo de criar um termômetro acerca da interpretação dos adjetivos do consentimento e da sua própria acomodação no sistema brasileiro de proteção de dados pessoais, apresentamos a seguir uma tabela que projeta a discussão a partir de litígios administrativos e judiciais pré-LGPD:

Caso	Dispositivos	Eixos de análise	Apontamentos
Oi *vs.* Senacon (Nota Técnica 137/2014 da Senacon)[36]	Arts. 4.º, I e III, e 6.º II, III e IV, do CDC	Consentimento informado e livre	Em 2010, a Oi iniciou o mapeamento do tráfego de dados dos usuários do seu serviço de banda larga, Velox. O *software*, chamado de "Navegador", traçava perfis de navegação, que eram comercializados com anunciantes, agências de publicidade e portais. Muito embora a política e termos de privacidade previssem a instalação de *cookies* para coletas dos dados pessoais dos consumidores, considerou-se que a mensagem publicitária instando o consumidor sobre a instalação do navegador fizesse crer o contrário.

---

regulação por parte do órgão fiscalizador será de extrema relevância para fins de segurança jurídica e não vulgarização desse consentimento especial.

[34] Essa é uma das principais conclusões do recente livro de: HARTZOG, Woodrow. *Privacy's Blueprint*: the battle to control the design of new technologies. Cambridge: Harvard University Press, 2018.

[35] Essa é a conclusão do artigo de: CALO, Ryan. Against notice skepticism in privacy (and elsewhere). *Notre Dame Law Review*, v. 87, n. 3, p. 1027-1072, Mar. 2011.

[36] Disponível em: http://www.mpsp.mp.br/portal/page/portal/cao_consumidor/SENACON/SENACON_NOTA_TECNICA/Nota%20T%C3%A9cnica%20n%C2%BA%20137-14%20%20TNL%20PCS%20

Caso	Dispositivos	Eixos de análise	Apontamentos
MPF *vs*. Google (Ação Civil Pública 25463-45.2016.4.01.4000)[37]	Arts. 7.º, IX, do MCI; 14 do Decreto 8.771/2016; 54, §§ 3.º e 4.º, do CDC	Consentimento informado e expresso	O MPF alegou que o Google violou o art. 7.º, IX, do MCI ao realizar o escaneamento dos *e-mails* dos usuários do Gmail sem a obtenção do seu consentimento expresso de forma destacada. A empresa alegou que os usuários devem concordar com os Termos de Serviço e a Política de Privacidade do Google para a criação da conta Gmail, mas o MPF entendeu que a medida violava o MCI, o qual "não deixa dúvidas de que o consentimento deve ser destacado (separado, diferente, apartado) do consentimento geral através do qual o usuário concorda com os serviços de determinado provedor ou aplicativo". Segundo a instituição, "O legislador, ciente de que os usuários dificilmente leem os contratos de adesão aos serviços de aplicativos da internet, determinou que, além do consentimento geral, através do qual o usuário adere ao serviço de internet, haja um consentimento especial, específico, através do qual ele concorda que seus *e-mails* sejam analisados". Em primeira instância, considerou-se que o consentimento obtido, por meio de um "tópico próprio da Política de Privacidade" e de "uma janela específica", era expresso e, portanto, válido.
HSBC *vs*. Associação Nacional de Defesa da Cidadania e do Consumidor (REsp 1348532/ SP)[38]	Art. 51 do CDC	Consentimento livre	Em 2017, a 4.ª Turma do Superior Tribunal de Justiça decidiu em recurso especial ser abusiva cláusula prevista em contrato de prestação de serviços de administração de cartão de crédito que permite ao banco compartilhar dados dos consumidores com outras instituições financeiras e de serviços de proteção ao crédito. De acordo com a decisão, que cita o Regulamento Geral de Proteção de Dados da União Europeia (GDPR) como parâmetro

---

S.A.%20-%20OI-%20mapear%20a%20navega%C3%A7%C3%A3o%20e%20intercepta%C3%A7%-C3%A3o%20de%20comunica%C3%A7%C3%B5es-.pdf.

[37] Disponível em: http://www.mpf.mp.br/pi/sala-de-imprensa/docs/acp-google.

[38] Disponível em: https://ww2.stj.jus.br/processo/revista/documento/mediado/?componente=ITA&sequencial=1646430&num_registro=201202108054&data=20171130&formato=PDF.

Caso	Dispositivos	Eixos de análise	Apontamentos
			para a disciplina de proteção de dados pessoais, a cláusula impede o cliente de decidir o que a administradora do cartão pode fazer com seus dados pessoais (autodeterminação informacional).
MPF *vs*. Microsoft (Processo 5009507-78.2018.4.03.6100)[39]	Arts. 7.º e 8.º do MCI; 6.º, III, e 7.º do CDC	Consentimento livre	Em 2018, o Ministério Público Federal (MPF) ajuizou ação civil pública contra a Microsoft por violação ao MCI e ao CDC. Segundo a instituição, o sistema operacional Windows 10 coletava dados pessoais dos usuários sem o consentimento expresso e destacado deles, e sem apresentar informações claras sobre tal tratamento de dados – as informações aos usuários constavam apenas no Termo de Licença do Produto e na Política de Privacidade, "dois documentos extensos normalmente não acessados pelos consumidores". A Justiça Federal em São Paulo suspendeu o processo e determinou que a Microsoft promovesse adequações no sistema operacional Windows 10 para que o usuário pudesse, de forma simples e fácil, optar pelo não fornecimento de dados pessoais à empresa.
MPRJ vs. **Decolar**[40]	Arts. 4.º, III, 6.º, III, 51, IV, do CDC	Informação e dever de transparência	Em janeiro de 2018, o Ministério Público do Estado do Rio de Janeiro (MPRJ) ajuizou ação civil pública contra a Decolar.com pela precificação diferenciada de ofertas com base na geolocalização. Para a instituição, a conduta da empresa viola o CDC quanto à exigência de atribuir informação clara sobre os produtos e serviços, algo incompatível com a boa-fé objetiva. Em junho do mesmo ano, a empresa foi multada em 7,5 milhões pela Senacon com base no caráter discriminatório da prática.[41]

---

[39] Disponível em: http://www.jfsp.jus.br/documentos/administrativo/NUCS/decisoes/2018/2018-05-07-microsoft.pdf.

[40] Disponível em: https://www.migalhas.com.br/arquivos/2018/2/art20180207-05.pdf.

[41] Disponível em: http://www.internetlab.org.br/wp-content/uploads/2018/06/2018.06.21_PJ_Decolar.pdf.

Caso	Dispositivos	Eixos de análise	Apontamentos
IDEC *vs.* Via Quatro[42]	Art. 6.º, II e III, do CDC	Consentimento livre	Em 2018, o Instituto de Defesa do Consumidor (Idec) ajuizou ação civil pública contra a Via Quatro, concessionária responsável pela linha 4-amarela do metrô de São Paulo, pela coleta das "emoções" dos passageiros diante de anúncios publicitários nas "portas interativas digitais". Segundo a instituição, houve a coleta de dados pessoais sensíveis (dados biométricos) sem o consentimento informado dos usuários do metrô, especialmente quanto aos riscos da coleta e das características básicas de funcionamento da iniciativa – tratar-se-ia, inclusive, de uma pesquisa de opinião compulsória. No mês seguinte, o Tribunal de Justiça de São Paulo determinou, em liminar, que a Via Quatro cessasse a coleta sob risco de multa diária em caso de descumprimento.[43]
Senacon *vs.* Facebook (Processo 08012.000723 /2018-19)[44]	Arts. 2.º, 4.º, 6.º, 31, 37 e 43 do CDC	Consentimento inequívoco	A Senacon multou o Facebook em R$ 6,6 milhões após investigar, em processo administrativo, uma possível existência de violação dos dados pessoais dos usuários por ocasião do escândalo da Cambridge Analytica. A decisão menciona não apenas os usos "questionáveis" realizados com os dados dos usuários, mas também pouco "cuidado" com a gestão dos dados que aumentou o número de afetados – o compartilhamento automático de dados dos amigos dos usuários de certos aplicativos teria sido restringido com a adoção de um modelo *opt-in*.

Percebe-se, portanto, que a discussão em torno dos adjetivos do consentimento e, por conseguinte, acerca da sua validade no campo da proteção de dados pessoais não se iniciará com a vigência da LGPD. Leis setoriais (*e.g.*, Código de Defesa do Consumidor, Marco Civil da Internet), a partir de elementos já bastante adensados da dogmática privada brasileira (boa-fé, transparência, dever de informação, abusividade), já o fizeram. Em particular, é

---

[42] Disponível em: https://idec.org.br/noticia/idec-vai-justica-contra-coleta-de-emocoes-de-usuarios-do--metro-de-sp.

[43] Disponível em: https://www1.folha.uol.com.br/tec/2018/09/justica-determina-que-empresa-pare-de--coletar-dados-faciais-do-metro-em-sp.shtml.

[44] Disponível em: http://www.telesintese.com.br/caso-cambridge-analytica-gera-multa-de-r-66-milhoes--ao-facebook/.

TRATADO DE PROTEÇÃO DE DADOS PESSOAIS

importante observar que a racionalidade do debate está ancorada em princípios que foram repisados na LGPD.

CONSIDERAÇÕES FINAIS

A breve narrativa histórica apresentada a respeito do surgimento do "consentimento informado", que se deu no campo da medicina e da pesquisa, parece fornecer alguns ganhos analíticos à discussão do consentimento no campo da proteção de dados pessoais. O referencial analítico consentimento como *ato* e consentimento como *processo* parece valioso para distinguirmos o uso do consentimento como salvaguarda daquele como base legal autorizativa do processamento de dados pessoais – e dos requisitos e obrigações que este último coloca. Foca-se, assim, a autodeterminação informacional do indivíduo para pensar, então, nas informações e mecanismos necessários para garanti-la.

Essas complexificações, contudo, não são sinônimo de paralisia. Em termos operacionais, o cenário para a inovação é fértil. A jurisprudência já tem se posicionado sobre algumas práticas estabelecidas – avaliando, por exemplo, as limitações e as possibilidades do uso de políticas de privacidade e boxes *opt-in* à luz do Código de Defesa do Consumidor e da GDPR. Estudos empíricos comportamentais dos usuários também fornecem pistas. Painéis de controle de privacidade e a criação de jornadas com o usuário seriam algumas das possibilidades para endereçar a "fadiga do consentimento".

No âmbito teórico, permanece uma agenda de pesquisa para se pensar como endereçar o consentimento, no contexto de uma economia de dados, diante das dinâmicas de assimetria de poder (e até de conhecimento) e vulnerabilidade de determinados grupos.

REFERÊNCIAS BIBLIOGRÁFICAS

ACQUISTI, Alessandro; GROSSKLAGS, Jens. Privacy and rationality in individual decision making. Disponível em: https://www.dtc.umn.edu/weis2004/acquisti.pdf. Acesso em: 25 maio 2020.

ACQUISTI, Alessandro; GROSSKLAGS, Jens. What can behavioral economics teach us about privacy? *Keynote Paper at Etrics*, 2006. Disponível em: https://www.heinz.cmu.edu/~acquisti/papers/Acquisti-Grossklags-Chapter-Etrics.pdf. Acesso em: 25 maio 2020.

ARTICLE 29. Data Protection Working Party. *Guidelines on consent under Regulation 2016/679*. Disponível em: https://iapp.org/media/pdf/resource_center/20180416_Article29WPGuidelinesonConsent_publishpdf.pdf. Acesso em: 25 maio 2020.

ARTICLE 29. Data Protection Working Party. Opinion 02/2013 on apps on smart devices. Fev. 2013, p. 15 (nota de rodapé 34). Disponível em: http://ec.europa.eu/justice/data-protection/article-29/documentation/opinion-recommendation/files/2013/wp202_en.pdf. Acesso em: 25 maio 2020.

ARTICLE 29. Data Protection Working Party. Opinion 8/2014 on the on Recent Developments on the Internet of Things, p. 22. Disponível em: http://ec.europa.eu/justice/data-protection/article-29/documentation/opinion-recommendation/files/2014/wp223_en.pdf. Acesso em: 25 maio 2020.

BEAUCHAMP, Tom L. Informed consent: its history, meaning, and present challenges. *Cambridge Quaterly of Healthcare Ethics*, v. 20, p. 515-523, 2011.

BIONI, Bruno R. *Proteção de dados pessoais*: a função e os limites do consentimento. 2. ed. Rio de Janeiro: GEN-Forense, 2019.

BIONI, Bruno Ricardo. O dever de informar e a teoria do diálogo das fontes para a aplicação da autodeterminação informacional como sistematização para a proteção dos dados pessoais dos consumidores: convergências e divergências a partir da análise da ação coletiva promovida contra o *Facebook* e o aplicativo 'Lulu'. *Revista de Direito do Consumidor*, v. 94, p. 283-326, 2014.

CALO, Ryan. Against notice skepticism in privacy (and elsewhere). *Notre Dame Law Review*, v. 87, n. 3, p. 1027-1072, Mar. 2011.

DONEDA, Danilo. *Da privacidade à proteção dos dados pessoais*. Rio de Janeiro: Renovar, 2006.

EUROPEAN DATA PROTECTION SUPERVISOR. A preliminary opinion on data protection and scientific research, 2020. Disponível em: https://edps.europa.eu/sites/edp/files/publication/20-01-06_opinion_research_en.pdf. Acesso em: 25 maio 2020.

FADEN, Ruth R.; BEAUCHAMP, Tom L. *A history and theory of informed consent*. New York: Oxford University Press, 1986.

GUZ, Gabriela. O consentimento livre e esclarecido na jurisprudência dos tribunais brasileiros. *Revista de Direito Sanitário*, v. 11, n. 1, p. 95-122, mar./jun. 2010.

HARTZOG, Woodrow. *Privacy's Blueprint*: the battle to control the design of new technologies. Cambridge: Harvard University Press, 2018.

HUFFPOST. 7, 500 Online Shoppers Accidentally Sold Their Souls To Gamestation, 17.06.2010. Disponível em: https://www.huffpostbrasil.com/entry/gamestation-grabs-souls-o_n_541549?ri18n=true. Acesso em: 25 maio 2020.

IAPP. How to avoid consent fatigue, 29.01.2019. Disponível em: https://iapp.org/news/a/how-to-avoid-consent-fatigue/. Acesso em: 25 maio 2020.

MARQUES, Claudia Lima; BENJAMIN, Antônio Herman V.; MIRAGEM, Bruno. *Comentários ao Código de Defesa do Consumidor*. 3. ed. São Paulo: RT, 2010.

MAYER-SCHÖNBERGER, Viktor. Generational development of data protection in Europe. *In*: AGRE, Phillip E.; ROTENBERG, Marc (org.). *Technology and privacy*: the new landscape. Cambridge: The MIT Press, 1997. p. 219-242.

MCDONALD, Aleecia M.; CRANOR, Lorrie Faith. The cost of reading privacy policies. *Journal of Law and Policy for Information Society*, v. 4, p. 565, 2008.

PASQUALOTTO, Alberto. *Os efeitos obrigacionais da publicidade no Código de Defesa do Consumidor*. São Paulo: RT, 1997.

TOMASEVICIUS FILHO, Eduardo. *Informação assimétrica, custos de transação, princípio da boa-fé*. 2007. Tese (Doutorado) – Faculdade de Direito da Universidade de São Paulo, 2007.

8

LEGÍTIMO INTERESSE: ASPECTOS GERAIS A PARTIR DE UMA VISÃO OBRIGACIONAL[1]

BRUNO RICARDO BIONI
Doutorando em Direito Comercial e Mestre em Direito Civil pela Universidade de
São Paulo. Foi pesquisador visitante do Centro de Tecnologia, Sociedade, Direito
e Internet da Universidade de Ottawa, do Departamento de Proteção de Dados
Pessoais do Conselho da Europa e do European Data Protection Board/EDPB.
É professor e fundador do Data Privacy Brasil.

INTRODUÇÃO: NATUREZA JURÍDICA E CONTEXTO

Uma das principais inovações da Lei Geral de Proteção de Dados Pessoais/LGPD foi a ampliação do rol de bases legais para legitimar uma atividade de tratamento de dados pessoais, que antes estava bastante centrada na figura do consentimento em meio às diversas leis setoriais de proteção de dados brasileiras[2]. Ao todo e sob o mesmo nível hierárquico[3], encontram-se dez hipóteses[4] nas quais se pode escorar um processamento de dados.

---

[1] Este artigo é uma parte do subcapítulo relativo a legítimo interesse do livro deste autor: BIONI, Bruno Ricardo. *Proteção de dados pessoais*: a função e os limites do consentimento. 2. ed. Rio de Janeiro: Forense, 2019.

[2] No Marco Civil da Internet, no Código de Defesa do Consumidor e na versão anterior da Lei do Cadastro Positivo (anterior à Lei Complementar 166/2019) o consentimento era a única base legal autorizativa do tratamento de dados pessoais.

[3] Nas versões anteriores à redação final da LGPD, o consentimento constava no texto do *caput* do artigo acerca da legalidade do tratamento de dados pessoais, tendo sido posteriormente inserido como um dos incisos.

[4] LGPD: "Art. 7.º O tratamento de dados pessoais somente poderá ser realizado nas seguintes hipóteses: I – mediante o fornecimento de consentimento pelo titular; II – para o cumprimento de obrigação legal ou regulatória pelo controlador; III – pela administração pública, para o tratamento e uso compartilhado de dados necessários à execução de políticas públicas previstas em leis e regulamentos ou respaldadas em contratos, convênios ou instrumentos congêneres, observadas as disposições do Capítulo IV desta Lei; IV – para a realização de estudos por órgão de pesquisa, garantida, sempre que possível, a anonimização dos dados pessoais; V – quando necessário para a execução de contrato ou de procedimentos preliminares relacionados a contrato do qual seja parte o titular, a pedido do titular dos dados; VI – para o exercício regular de direitos em processo judicial, administrativo ou arbitral, esse último nos termos da Lei n.º 9.307, de 23 de setembro de 1996 (Lei de Arbitragem); VII – para a proteção da vida ou da incolumidade física do titular ou de terceiro; VIII – para a tutela da saúde, exclusivamente, em procedimento realizado por profissionais de saúde, serviços de saúde ou autoridade sanitária; IX – quando necessário para atender aos interesses legítimos do controlador ou de terceiro, exceto no caso de prevalecerem direitos

Com isso, cria-se uma *dinâmica obrigacional* pela qual não só o cidadão titulariza o direito em circular a sua informação pessoal, mas, também, outros o fazem, sem que devam necessariamente consultá-lo para tanto. Dito de outra forma, terceiros, que não o próprio titular da informação, detêm a *liberdade jurídica* para destravar o fluxo informacional desde que lastreiem a sua atividade em uma das outras nove bases legais.

A mais contenciosa delas é a do legítimo interesse. Nunca houve consenso em transplantar tal figura do quadro jurídico europeu[5]. Se analisado todo o processo de construção do texto da Lei Geral de Proteção de Dados Pessoais, nota-se que tal base legal somente foi esculpida após os dois processos de consulta pública e sob o temor de que tal conceito jurídico indeterminado fosse interpretado de forma inconsistente. A fim de evitar tal insegurança jurídica, a enunciação de tal termo de textura aberta[6] veio amarrada com a previsão de critérios norteadores para a sua aplicação.

Nesse sentido, o art. 7.º, IX, deve ser lido em conjunto com todo o art. 10 da LGPD[7]. Enquanto o primeiro prevê o legítimo interesse como uma base legal para o tratamento de dados, o segundo dispositivo detalha a sua operacionalização. Foi uma solução também emprestada da experiência europeia que, após sofrer com uma aplicação pouco uniforme[8], decidiu elencar fatores de avaliação em torno do que deveria ser considerado como um interesse legítimo – *legitimate interests assessment*/LIA.

1. TESTE MULTIFATORIAL DE AVALIAÇÃO DO LEGÍTIMO INTERESSE

O fio condutor de toda essa avaliação é "balancear"[9] os direitos em jogo. De um lado, do titular dos dados, e de outro lado, de quem faz uso das suas informações. Tão importante quanto aferir se há um *interesse legítimo* é verificar se as *legítimas expectativas* e os direitos e liberdades fundamentais do cidadão serão respeitados.

Ou seja, parte dos dois principais componentes dessa difícil equação são conceitos jurídicos indeterminados (legítimo interesse e legítima expectativa), o que a torna ainda

---

e liberdades fundamentais do titular que exijam a proteção dos dados pessoais; ou X – para a proteção do crédito, inclusive quanto ao disposto na legislação pertinente".

[5] Trata-se de uma base legal que já era prevista na *Diretiva 95/46/EC*, substituída pela GDPR. Art. 6 (1) (f) da GDPR: "1. Processing shall be lawful only if and to the extent that at least one of the following applies: (...) (f) processing is necessary for the purposes of the legitimate interests pursued by the controller or by a third party, except where such interests are overridden by the interests or fundamental rights and freedoms of the data subject which require protection of personal data, in particular where the data subject is a child".

[6] Trata-se das situações em que os padrões de comportamento previstos nas normas serão tidos como "indeterminados em certo ponto em que a sua aplicação esteja em questão; possuirão aquilo que foi designado como textura aberta" (HART, H. L. A. *O conceito de direito*. Trad. Armindo Ribeiro Mendes. 3. ed. Lisboa: Fundação Calouste Gulbenkian, 2001).

[7] Na Opinião 06/24 do Grupo de Trabalho do art. 29 havia a previsão de um teste multifatorial composto por quatro passos: a) avaliação do legítimo interesse; b) impacto sobre o titular do dado; c) equilíbrio entre "a" e "b"; e d) salvaguardas a cargo de quem processa dados para prevenir consequências negativas sobre o titular do dado (ARTICLE 29 DATA PROTECTION WORKING PARTY. *Opinion 06/2014 on the notion of legitimate interests of the data controller under Article 7 of Directive 95/46/EC*, p. 33).

[8] Há variações desse teste, ora composto por quatro fases, ora composto por três fases, como é o caso: INFORMATION COMMISSIONER'S OFFICE. *Guide to the general data protection (GDPR)*, p. 82. Disponível em: <https://ico.org.uk/media/for-organisations/guide-to-the-general-data--protection-regulation-gdpr-1-0.pdf>.

[9] ARTICLE 29 DATA PROTECTION WORKING PARTY. *Opinion 06/2014 on the notion of legitimate interests of the data controller under Article 7 of Directive 95/46/EC*, p. 12. Disponível em: <https://www.dataprotection.ro/servlet/ViewDocument?id=1086>.

PARTE II · Cap. 8 · LEGÍTIMO INTERESSE: ASPECTOS GERAIS A PARTIR DE UMA VISÃO OBRIGACIONAL | 163

mais complexa. Daí por que a importância em sistematizar um teste, que oriente a sua solução, a seguir:

1.1 Situação concreta e finalidade legítima (art. 10, *caput* e I, da LGPD)

O primeiro passo é verificar se **a.1)** o interesse do controlador é contornado por uma **finalidade legítima**, isto é, se não contraria, por exemplo, outros comandos legais (leis esparsas e legislação infralegal)[10]. Note-se, entretanto, que essa é somente a primeira parte da aferição da legitimidade do interesse do agente de tratamento de dados, a qual será intensificada principalmente na terceira fase, quando se verificará a compatibilidade do uso dos dados diante da legítima expectativa do titular.

Nesse pontapé da primeira fase de análise, o que importa é observar se está presente algum benefício ou vantagem com o uso dos dados por parte do controlador e não do titular dos dados – **apoio e promoção das atividades do controlador**. A partir disso, verificar se tal interesse está claramente **a.2)** articulado[11], para que não seja um cheque em branco[12]. Deve-se perquirir se há uma "**situação em concreto**" que lhe dê suporte. Quanto mais bem definida e articulada tal situação, mais fácil será analisar o legítimo interesse diante dos próximos três passos, diminuindo os riscos de ser considerado como algo meramente especulativo[13].

1.2 Princípio da necessidade: minimização (art. 10, § 1.º, da LGPD)

Uma vez bem articulado e identificado o interesse do controlador ou do terceiro, é necessário verificar se: **b.1)** os dados coletados são realmente aqueles **necessários** (**minimização**) para se atingir a finalidade pretendida. A reflexão a ser feita é se seria possível atingir o mesmo resultado por meio de uma quantidade menor de dados, sendo, em última análise, menos intrusivo[14] e impactando menos o indivíduo.

1.3 Balanceamento: impactos sobre o titular dos dados e legítimas expectativas (art. 10, II, da LGPD)

Essa é a principal fase do teste de proporcionalidade na qual efetivamente sopesam-se os interesses do controlador e de terceiros diante dos do titular dos dados. Deve-se perquirir: **c.1)** se o novo uso atribuído ao dado está dentro das **legítimas expectativas** do titular dos dados. Isso é parametrizado pela noção de *compatibilidade*[15-16] entre o uso adicional e

---

[10] É o caso, por exemplo, da vedação de coleta de dados, mesmo com o consentimento do seu titular, em relações de trabalho, relacionados a gravidez, AIDS/HIV e toxicológico (Portarias 1.246/2010 e 41/2007).

[11] ZANFIR-FORTUNA, Gabriela et al. Processing personal data on the basis of legitimate interests under the GDPR: practical cases. *Future of Privacy Forum*, 2018. p. 5.

[12] ARTICLE 29 DATA PROTECTION WORKING PARTY. *Opinion on 06/24...* op. cit., p. 5-6.

[13] ARTICLE 29 DATA PROTECTION WORKING PARTY. *Opinion on 06/24...* op. cit., p. 24.

[14] ARTICLE 29 DATA PROTECTION WORKING PARTY. *Opinion on 06/24...* op. cit., p. 39.

[15] ARTICLE 29 DATA PROTECTION WORKING PARTY. *Opinion 3/2013 on Purpose Limitation*, p. 21. Disponível em: <http://ec.europa.eu/justice/data-protection/article-29/documentation/opinion-recommendation/files/2013/wp203_en.pdf>: "Rather than imposing a requirement of compatibility, the legislator chose a double negation: it prohibited incompatibility. By providing that any further processing is authorised as long as it is not incompatible (and if the requirements of lawfulness are simultaneously also fulfilled), it would appear that the legislators intended to give some flexibility with regard to further use. Such further use may fit closely with the initial purpose or be different. The fact that the further processing is for a different purpose does not necessarily mean that it is automatically incompatible: this needs to be assessed on a case-by-case basis, as will be shown below".

[16] Art. 6.º, I, da LGPD: "finalidade: realização do tratamento para propósitos legítimos, específicos, explícitos e informados ao titular, sem possibilidade de tratamento posterior de forma incompatível com essas finalidades".

164 TRATADO DE PROTEÇÃO DE DADOS PESSOAIS

aquele que originou a coleta dos dados pessoais[17]. Eles devem ser próximos[18] um do outro[19], demandando-se uma análise *contextual* para verificar se esse uso secundário seria esperado pelo titular dos dados[20]. Aliás, não foi por outra razão a escolha do termo "legítimo", o qual qualifica não só a base legal em questão, mas também o princípio da finalidade; e **c.2)** de que forma os titulares dos dados serão impactados, especialmente repercussões negativas em termos de discriminação e sobre a sua autonomia (**liberdades e direitos fundamentais**)[21]. Caso, mas não necessariamente, o tratamento de dados também os "beneficie", a balança tende a estar equilibrada.

1.4 Salvaguardas: transparência e minimização dos riscos ao titular do dado (art. 10, §§ 2.º e 3.º, da LGPD)

Não é porque o legítimo interesse prescinde do consentimento do titular que a atividade de tratamento de dados deve ser opaca. Pelo contrário, reforça-se **d.1)** o dever de **transparência**. Objetiva-se, com isso, franquear ao cidadão **d.2)** poder de tomada de decisão para se opor a tal atividade de tratamento de dados (*opt-out*), podendo optar por estar fora do que considera ser incompatível com as suas legítimas expectativas. Isso porque a legítima expectativa é também dele titular e é nesse momento que pode levantar a sua voz para controlar seus dados *a posteriori*, **d.3)** o controlador deve adotar **ações que mitiguem os riscos** do titular dos dados (*v.g.*, anonimização dos dados), sendo este o sentido da previsão da eventual necessidade de elaboração de relatório de impacto à privacidade na LGPD.

2. UMA LÓGICA DE RISCO: PONTOS DE ATENÇÃO EM TORNO DO USO DA BASE LEGAL DO LEGÍTIMO INTERESSE A PARTIR DO EXEMPLO DO CAMPO DA PUBLICIDADE DIRECIONADA

Ao longo de tudo o que foi exposto, nota-se que a base legal do legítimo interesse é, em sua essência, recheada de incertezas. Para dela se valer, há a necessidade de se desvencilhar de um ônus argumentativo complexo, o qual ainda deve ser documentado. É nesse cenário que o LIA se apresenta e é capaz de fornecer algumas pistas sobre quais são os principais pontos de atenção para a mitigação dos riscos de eventual não conformidade acerca do uso dessa base legal.

Além de repisar parte do LIA, este subcapítulo se valerá das discussões travadas por alguns órgãos reguladores no campo da publicidade comportamental e marketing a fim de

---

[17] KUNER, Christopher. *European Data Protection Law*. New York: Oxford University Express, 2007. p. 100.

[18] Idem.

[19] ARTICLE 29 DATA PROTECTION WORKING PARTY. *Opinion 3...* op. cit., p. 24: "This may cover situations where the further processing was already more or less implied in the initial purposes, or assumed as a logical next step in the processing according to those purposes, as well as situations where there is only a partial or even non-existent link with the original purposes. In any case, the greater the distance between the purposes of collection and the purposes of further processing, the more problematic this would be for the compatibility assessment".

[20] ARTICLE 29 DATA PROTECTION WORKING PARTY. *Opinion 3...* op. cit., p. 24: "The second factor focuses on the *specific context* in which the data were collected and the reasonable expectations of the data subjects as to their further use based on that context. In other words, the issue here is what a reasonable person in the data subject's situation would *expect his or her data to be used for based on the context of the collection*".

[21] ARTICLE 29 DATA PROTECTION WORKING PARTY. *Opinion on 06/24...* op. cit., p. 36-37.

agregar maior pragmatismo em nossa análise. Até porque a principal engrenagem do formato atual de economia são os dados pessoais para personalizar a oferta e o próprio bem de consumo. E, em muitos casos, a receita publicitária é a própria base de sustentação de muitos modelos de negócios.

Dessa forma, seja quem já mantém uma relação previamente estabelecida com o titular dos dados, seja no caso de terceiros que compõem uma rede de publicidade comportamental, ambos têm, em princípio, o legítimo interesse em processar tais dados para otimizar e viabilizar as suas atividades comerciais. Não há dúvida em torno do benefício e da vantagem decorrente de tal atividade de tratamento de dados, ainda que puramente comercial. As três demais fases do teste do legítimo interesse é que atraem maiores controvérsias, sendo que, ao todo, listamos quatro variáveis para a composição de uma matriz de risco:

a) **relação preestabelecida e contexto na abordagem publicitária:** a ideia de legítima expectativa é muito mais aderente quando já há uma relação preestabelecida entre o titular do dado e o agente de tratamento de dados. E, nesse ponto, o tipo de abordagem e reunião de informações pode trazer mais ou menos riscos no uso da base legal do legítimo interesse **a.1)** *marketing* **direto**[22]: há situações nas quais o titular do dado já mantém uma relação com o controlador, como no caso de ele já ter adquirido seus produtos e serviços. A partir desse histórico de compras, é possível lhe direcionar anúncios publicitários condizentes com o seu padrão de consumo. Por exemplo, é o que uma loja de vinhos faria com consumidores que gostassem mais de uma determinada uva, ou o que livrarias fariam com clientes que gostassem mais de um determinado autor, e assim por diante; **a.1.1)** *first-party tracking*[23]: esse perfil poderia ser construído não só por meio das compras efetivadas pelo consumidor, mas, também, do que lhe despertou interesse em sentido amplo. Por exemplo, quais produtos foram por ele pesquisados, sobre quais deles buscou saber mais por meio da quantidade de cliques, e assim por diante, em um cenário no qual a própria plataforma monitoraria o comportamento dos seus usuários; **a.1.2) síntese:** nesses casos, há um contexto que favorece a aplicação do legítimo interesse, na medida em que essa relação preestabelecida é um indicativo de que tal uso de dados é compatível com o que originou a sua coleta e, em última análise, com a legítima expectativa do seu titular; **a.2)** *marketing* **indireto e** *targeted advertisement*: há uma rede de publicidade comportamental composta por uma série de atores que trocam dados entre si e exibem tais anúncios em diferentes plataformas. Essa é a razão pela qual, por exemplo, o mesmo anúncio publicitário percorre diferentes *websites* visitados ou aplicativos acessados. A dinâmica desse tipo de abordagem publicitária envolve: **a.2.1) terceiros:** uma multidão de atores que não mantêm nenhum tipo de relação com o titular dos dados, sendo, na maiorias das vezes, desconhecidos; e **a.2.2)** *third-party tracking*: a agregação de dados sobre o titular relativa a diferentes contextos nos quais tal rede opera cooperativamente para monitorá-lo (*cross-tracking*); **a.2.3)**

---

[22] A GDPR apontou o *marketing* direto como uma das possíveis aplicações do legítimo interesse na consideranda 27: "The processing of personal data for direct marketing purposes may be regarded as carried out for a legitimate interest".

[23] O rastreamento executado por terceiro é aquele realizado pela rede social que não mantém uma relação direta com o usuário e, portanto, não pode ser tomado como a primeira parte dessa lógica de rastreamento, que seria a aplicação ou website acessado pelo usuário. Nesse sentido, veja-se: GOMEZ, Joshua et al. *Know Privacy: Report of University of California*, Berkeley. p. 8. Disponível em: <http://knowprivacy.org/report/KnowPrivacy_Final_Report.pdf>.

síntese: nesses casos, há não só o ingresso de terceiros no fluxo informacional, mas também o acúmulo de dados de diferentes esferas da vida do titular do dado. É por esse motivo que o Grupo de Trabalho do Artigo 29 reafirmou o seu posicionamento de que o legítimo interesse não seria aplicável nesses casos[24], retomando a sua conclusão de que não estaria dentro das legítimas expectativas do titular dos dados e seria necessário recorrer à base legal do consentimento[25]. Por outro lado, alguns órgãos reguladores não têm fechado a porta de forma definitiva para a aplicação da base legal do legítimo interesse, devendo ser feita uma avaliação acerca do *grau de intrusão de perfilamento*, entre outros elementos[26];

b) **nível de intrusão (minimização):** a lógica da publicidade comportamental é reunir ao máximo informações sobre o consumidor em potencial, mediante a criação do retrato mais completo possível da sua personalidade. É o que tem prevalecido e a razão pela qual a publicidade comportamental tem se tornado mais efetiva do que outros tipos de publicidade direcionada, em especial no ambiente *on-line*. Nesse contexto, há diferentes vetores de análise, que levam a destinos completamente distintos para calibrar a aplicação do princípio da minimização: **b.1)** se a finalidade é a simples personalização da abordagem publicitária, que pode se dar com um maior ou menor nível, então a lógica de maximização não se chocaria com tanta força com o princípio da minimização. Em outros termos, é possível viabilizá-la sem que para isso seja necessário formar um perfil bastante intrusivo e intimista do titular do dado (*e.g.*, publicidade contextual e segmentada); **b.2)** se, por outro lado, a finalidade leva em consideração o grau de eficiência que se espera alcançar com o direcionamento da publicidade, então o que poderia ser considerado como dados necessários teria um espectro muito mais alargado (*e.g.*, publicidade comportamental); **b.3)** a esse respeito, é importante levar em consideração um dos "núcleos duros" da privacidade previstos no Marco Civil da Internet, qual seja, a proibição de que provedores de conexão pudessem armazenar *logs* de aplicação. Como visto, a racionalidade do legislador foi impedir um mapeamento completo da vida digital das pessoas, o que seria tecnicamente possível por quem é a porta de entrada e de saída da internet. Ainda que tal dispositivo não seja direcionado aos provedores de aplicação, tal previsão poderia orientar quais limites deveriam ser impostos a tais atores da camada de conteúdo da Internet a respeito de

---

[24] ARTICLE 29 DATA PROTECTION WORKING PARTY. *Guidelines on Automated individual decision- -making and profiling for the purposes of Regulation 2016/679*. p. 14.

[25] É o primeiro exemplo de uma série da referida opinião do WP sobre legítimo interesse, cuja consumidora fictícia tem o nome de Cláudia – o teste "Cláudia". ARTICLE 29 DATA PROTECTION WORKING PARTY. *Opinion on 06/24...* op. cit., p. 31.

[26] Em junho de 2019, a autoridade de proteção de dados francesa <https://www.cnil.fr/en/cookies-and-o- ther-tracking-devices-cnil-publishes-new-guidelines> e a autoridade do Reino Unido <https://ico.org. uk/media/about-the-ico/documents/2615156/adtech-real-time-bidding-report-201906.pdf> publicaram *guidelines* a respeito do tema. Ambas indicam que a utilização de termos de uso para coletar o consentimento do titular viola a exigência da GDPR de consentimento específico para cada tipo de tratamento e de dado coletado – recomendando o uso de uma segunda camada, além da coleta de um consentimento geral, permitindo o consentimento individual a cada propósito de tratamento separadamente. Além disso, as autoridades defendem que, para que o consentimento seja informado, o titular deve conseguir identificar todos os agentes que irão processar seus dados. A autoridade francesa, contudo, admite outras bases legais para além do consentimento para tratamentos posteriores, com base no cumprimento de obrigações contratuais e no teste de proporcionalidade (artigo 6(1) da GDPR). Veja, também, o comparativo realizado pela International Association Privacy Professionals/IAPP: <https://iapp.org/resources/ article/ico-and-cnil-revised-cookie-guidelines-convergence-and-divergence/>.

PARTE II · Cap. 8 · LEGÍTIMO INTERESSE: ASPECTOS GERAIS A PARTIR DE UMA VISÃO OBRIGACIONAL | **167**

como eles se organizam e cooperaram para direcionar publicidade. Uma interpretação que busca, acima de tudo, não gerar assimetrias diante da multiplicidade de agentes econômicos regulados e, com isso, verificar qual grau de capilaridade e pervasividade seria aceitável na agregação de informações para o direcionamento de publicidade[27];

c) **inferências e usos:** outro fato a ser considerado como fiel dessa balança são os tipos de inferência e usos desses dados. Como visto anteriormente, tornou-se possível mapear as emoções do consumidor em potencial e até mesmo precificá-lo de acordo com o seu perfil. Nesses casos, a balança tende a estar em desequilíbrio por ser algo que: **c.1)** foge das legítimas expectativas do titular dos dados, como no caso de uma precificação dinâmica; e, principalmente, **c.2)** impacta negativamente a sua própria autodeterminação de forma ampla. Nessa situação, por exemplo, o seu poder de tomada de decisão para a aquisição de um bem de consumo em termos volitivos e econômicos é impactado negativamente[28]. Nesse sentido, será útil estabelecer um diálogo entre a LGPD e o Código de Defesa do Consumidor[29], a fim de se verificar se tal tipo de prática também não seria abusiva[30];

d) **salvaguardas: d.1)** a principal salvaguarda nesses casos é a adoção de mecanismos de transparência que permitam ao titular dos dados se opor a tal tipo de tratamento (*opt-*

---

[27] INFORMATION COMMISSIONER'S OFFICE. *Update report into adtech and real time bidding*, 2019, p. 18: "Reliance on legitimate interests for marketing activities is possible only if organizations don't need consent under PECR and are also able to show that their use of personal data is proportionate, has a minimal privacy impact, and individuals would not be surprised or likely to object".

[28] Esse foi um dos aspectos por que o teste acima considerou ser inadequado o legítimo interesse como uma base legal para *cross-tracking*, já que Cláudia teria sido precificada diferentemente na compra de uma pizza com base em sua localização. Ibidem, p. 32: "Lack of transparency about the logic of the company's data processing that may have led to de facto price discrimination based on the location where an order is placed, and the significant potential financial impact on the customers ultimately tip the balance even in the relatively innocent context of take – away foods and grocery shopping".

[29] Além desse diálogo entre leis ordinárias, também será útil verificar uma combinação com normas infralegais. Por exemplo, o Decreto 6.523/2008, que regulamenta o serviço de atendimento ao consumidor/SAC.

[30] CDC: "Art. 39. É vedado ao fornecedor de produtos ou serviços, dentre outras práticas abusivas: I – condicionar o fornecimento de produto ou de serviço ao fornecimento de outro produto ou serviço, bem como, sem justa causa, a limites quantitativos; II – recusar atendimento às demandas dos consumidores, na exata medida de suas disponibilidades de estoque, e, ainda, de conformidade com os usos e costumes; III – enviar ou entregar ao consumidor, sem solicitação prévia, qualquer produto, ou fornecer qualquer serviço; IV – prevalecer-se da fraqueza ou ignorância do consumidor, tendo em vista sua idade, saúde, conhecimento ou condição social, para impingir-lhe seus produtos ou serviços; V – exigir do consumidor vantagem manifestamente excessiva; VI – executar serviços sem a prévia elaboração de orçamento e autorização expressa do consumidor, ressalvadas as decorrentes de práticas anteriores entre as partes; VII – repassar informação depreciativa, referente a ato praticado pelo consumidor no exercício de seus direitos; VIII – colocar, no mercado de consumo, qualquer produto ou serviço em desacordo com as normas expedidas pelos órgãos oficiais competentes ou, se normas específicas não existirem, pela Associação Brasileira de Normas Técnicas ou outra entidade credenciada pelo Conselho Nacional de Metrologia, Normalização e Qualidade Industrial (Conmetro); IX – recusar a venda de bens ou a prestação de serviços, diretamente a quem se disponha a adquiri-los mediante pronto pagamento, ressalvados os casos de intermediação regulados em leis especiais; X – elevar sem justa causa o preço de produtos ou serviços; XI – Dispositivo incluído pela MPV 1.890-67, de 22.10.1999, transformado em inciso XIII, quando da conversão na Lei 9.870, de 23.11.1999; XII – deixar de estipular prazo para o cumprimento de sua obrigação ou deixar a fixação de seu termo inicial a seu exclusivo critério; XIII – aplicar fórmula ou índice de reajuste diverso do legal ou contratualmente estabelecido; XIV – permitir o ingresso em estabelecimentos comerciais ou de serviços de um número maior de consumidores que o fixado pela autoridade administrativa como máximo".

-*out*). Quanto mais visível for tal prática e mais fácil for o exercício do *opt-out*, maiores serão as chances de a aplicação do legítimo interesse ser considerada como uma base legal válida; **d.2.**) a aplicação de PETs é um fator-chave, principalmente as que facilitam que o titular do dado barre ou personalize o seu monitoramento diante da multidão de atores que compõem uma rede de publicidade comportamental (caso essa prática passasse pela fase anterior do teste); **d.3**) havendo uma série de atores que cooperam para a entrega da publicidade comportamental, é importante verificar qual é o seu nível de cooperação para proteção de dados pessoais. Nesse sentido, o estabelecimento de contratos que definam a responsabilidade e os deveres de um dos agentes da cadeia de tratamento de dados pessoais é algo básico, o qual pode e deve ser complementado pela elaboração de relatórios de impacto à proteção de dados pessoais, códigos de boas condutas e outras iniciativas que reforcem o seu comprometimento a esse respeito[31].

Em conclusão, ainda será testado e validado, especialmente no cenário brasileiro, quais os limites de aplicação da base legal do legítimo interesse como medida de apoio e promoção das atividades no campo da publicidade. Contudo, de antemão, já é possível diagnosticar quais serão as hipóteses mais controversas e mais arriscadas e, por outro lado, as respectivas medidas de contenção dos riscos em questão. Toda a jornada percorrida pode ser sumarizada a partir da seguinte matriz de análise:

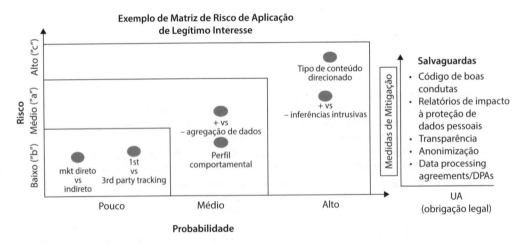

---

[31] A autoridade de proteção de dados do Reino Unido (*Information Commissioner's Office* – ICO) posiciona-se nesse exato sentido ao observar a insuficiência de salvaguardas baseada apenas em contratos e cláusulas contratuais. Essa abordagem deveria ser acompanhada por outras medidas, como relatórios de impacto, códigos de boas condutas e outros tipos de ferramentas para demonstrar *compliance* à legislação e promover *accountability* (INFORMATION COMMISSIONER'S OFFICE. *Update...* op. cit., p. 21): "Industry has looked to use contractual controls to provide a level of guarantees about data protection-compliant processing of personal data. In fact, some parties have asserted that they go 'beyond' contractual controls, a claim that has yet to be validated. However, this contract-only approach does not satisfy the requirements of data protection legislation. Organisations cannot rely on standard terms and conditions by themselves, without undertaking appropriate monitoring and ensuring technical and organisational controls back up those terms. For example, ICO guidance on controller/processor and contracts and liabilities states that controllers must: assess the processor is competent to process personal data in line with the GDPR; put in place a contract or other legal act meeting the requirements in Article 28(3); and ensure a processor's compliance on an ongoing basis, in order for the controller to comply with the accountability principle and demonstrate due diligence (such as audits and inspections)".

3. OBRIGATORIEDADE EM DOCUMENTAR O TESTE DO LEGÍTIMO INTERESSE (LIA): GDPR *VS.* LGPD

No âmbito da GDPR, ainda há discussão sobre se os agentes de tratamento de dados deveriam se valer e documentar o teste de ponderação do legítimo interesse sempre que as suas atividades de tratamento de dados estivessem apoiadas em tal base legal. Isso porque a própria estrutura do LIA não está esquematizada no "texto duro" da lei[32], mas, tão somente, nas diretrizes para a sua interpretação. E, além disso, o regulamento europeu apenas reforçou o dever de informação junto aos titulares dos dados (arts. 13[33] e 14[34] da GDPR), mas não o dever de documentação acerca das atividades de tratamento de dados lastreadas no legítimo interesse.

No entanto, doutrinariamente[35], uma parcela dos órgãos reguladores já tem se posicionado acerca da obrigatoriedade do LIA. A partir do princípio da *accountability*, argumenta-se que

---

[32] O Regulamento contém 99 artigos e 173 considerandas. Estas são definidas na GDPR como as razões para a adoção dos artigos da GDPR propriamente ditos – "considering the following reasons the articles of the GDPR have been adopted. These are the latest and final recitals of April 27th 2016". Assim, as consideradas apresentam a racionalidade do regulamento, mas não se confundem com ele.

[33] "1. Where personal data relating to a data subject are collected from the data subject, the controller shall, at the time when personal data are obtained, provide the data subject with all of the following information: a) the identity and the contact details of the controller and, where applicable, of the controller's representative; b) the contact details of the data protection officer, where applicable; c) the purposes of the processing for which the personal data are intended as well as the legal basis for the processing; d) *where the processing is based on point (f) of Article 6(1), the legitimate interests pursued by the controller or by a third party;* (...)" (grifos nossos).

[34] "1. Where personal data have not been obtained from the data subject, the controller shall provide the data subject with the following information: a) the identity and the contact details of the controller and, where applicable, of the controller's representative; b) the contact details of the data protection officer, where applicable; c) the purposes of the processing for which the personal data are intended as well as the legal basis for the processing; d) the categories of personal data concerned; e) the recipients or categories of recipients of the personal data, if any; f) where applicable, that the controller intends to transfer personal data to a recipient in a third country or international organisation and the existence or absence of an adequacy decision by the Commission, or in the case of transfers referred to in Article 46 or 47, or the second subparagraph of Article 49(1), reference to the appropriate or suitable safeguards and the means to obtain a copy of them or where they have been made available. 2. In addition to the information referred to in paragraph 1, the controller shall provide the data subject with the following information necessary to ensure fair and transparent processing in respect of the data subject: a) the period for which the personal data will be stored, or if that is not possible, the criteria used to determine that period; b) where the processing is *based on point (f) of Article 6(1), the legitimate interests pursued by the controller or by a third party;* (...)" (grifos nossos).

[35] FERRETTI, Frederico. Data Protection and the Legitimate Interest of Data Controllers: Much Ado or About Nothing or the Winter of Rights? *Common Market Law Review*, n. 51, p. 858: "The other novelty is that, following the introduction of an accountability principle, it appears that the data controller will be left with the determination of whether it has a legitimate interest to justify the processing, and whether its interest overrides the fundamental rights and freedoms of the data subject. This will correct the uncertainty of the current framework and the different provisions or practices in the Member States. The processing will be subject to supervision, enforcement and, generally, judiciary control". Sobre isso, ver também: CUIJPERS, Colette; PURTOVA, Nadezhda; KOSTA, Eleni. Data Protection Reform and the Internet: the Draft Data Protection Regulation. *Tilburg Law School Legal Studies Research Paper Series*, n. 03, 2014; KAMARA, Irene; DE HERT, Paul. Understanding the Balancing Act Behind the Legitimate Interest of the Controller Ground: a Pragmatic Approach. *Brussels Privacy Hub*, Working Paper, vol. 4, n. 12, 2018; INFORMATION COMMISSIONER'S OFFICE. *Update report into adtech and real time bidding*, 2019.

os controladores de dados deveriam demonstrar a sua responsabilidade em balancear seus interesses diante dos titulares por meio dessa documentação em específico.

No âmbito da LGPD, a moldura normativa é substancialmente distinta:

a) primeiro, porque as fases do LIA estão talhadas no próprio texto duro da lei, estando distribuídas ao longo dos incisos e parágrafos do art. 10. Ou seja, não se trata de uma diretriz interpretativa, mas, efetivamente, do próprio conteúdo normativo em torno da licitude de tal base legal;

b) segundo, porque não apenas o dever de informação é reforçado como corolário do princípio da transparência[36], mas, também e principalmente, o dever de registro das atividades de tratamento de dados[37]. Com isso, a racionalidade da LGPD aponta para uma documentação especial, que nos parece ser justamente o LIA.

Com isso, dada a peculiaridade do desenho normativo supradescrito da LGPD, somado ao princípio da *accountability*, há a obrigação de execução e de documentação do LIA no quadro jurídico brasileiro. Uma interpretação sistemática dos arts. 6.º, X, 10 e 37[38] da lei condiciona o uso responsável da base legal do legítimo interesse ao referido teste, sob pena de os agentes de tratamento de dados não demonstrarem a adoção de medidas eficazes para balancear os seus interesses aos do titular da informação.

Por essa razão, em comparação à GDPR, a LGPD possivelmente desengatilhará, se não uma aplicação mais restritiva em torno do legítimo interesse, ao menos em um cenário no qual se demanda um esforço argumentativo maior por parte dos agentes de tratamento de dados. Em poucas palavras, sob o ponto de vista teórico-normativo, o uso de tal base legal carrega consigo uma série de obrigações. O "bônus" do legítimo interesse deve estar sincronizado com o "ônus" decorrente da aplicação e documentação do referido teste de avaliação.

4. DIREITO DE OPOSIÇÃO: POSSIBILIDADES E LIMITES A PARTIR DAS LENTES DO ABUSO DE DIREITO E OS ASPECTOS OBJETIVOS E SUBJETIVOS DA LEGÍTIMA EXPECTATIVA

À semelhança da hipótese de revogação do consentimento[39], a LGPD também previu o chamado direito de oposição diante das outras (nove) bases legais como uma maneira do

---

[36] LGPD: "Art. 6.º As atividades de tratamento de dados pessoais deverão observar a boa-fé e os seguintes princípios: (...) VI – transparência: garantia, aos titulares, de informações claras, precisas e facilmente acessíveis sobre a realização do tratamento e os respectivos agentes de tratamento, observados os segredos comercial e industrial; (...)".

[37] LGPD: "Art. 37. O controlador e o operador devem manter registro das operações de tratamento de dados pessoais que realizarem, especialmente quando baseado no legítimo interesse".

[38] Em sentido contrário, defendendo que a obrigatoriedade do LIA derivaria do princípio da *accountability* e, por analogia, do ônus da prova por parte do controlador em comprovar a obtenção do consentimento: BUCAR, Daniel; VIOLA, Mario. Tratamento de dados pessoais por "legítimo interesse do controlador": primeiras questões e apontamentos. *Lei Geral de Proteção de Dados e suas repercussões no direito brasileiro.* São Paulo: Thomson Reuters, 2019. p. 477.

[39] LGPD: "Art. 8.º O consentimento previsto no inciso I do art. 7.º desta Lei deverá ser fornecido por escrito ou por outro meio que demonstre a manifestação de vontade do titular. (...) § 5.º O consentimento pode ser revogado a qualquer momento mediante manifestação expressa do titular, por procedimento gratuito e facilitado, ratificados os tratamentos realizados sob amparo do consentimento anteriormente manifestado enquanto não houver requerimento de eliminação, nos termos do inciso VI do *caput* do art. 18

PARTE II · Cap. 8 · LEGÍTIMO INTERESSE: ASPECTOS GERAIS A PARTIR DE UMA VISÃO OBRIGACIONAL | **171**

titular obstruir o tratamento de seus dados[40]. Com isso, procurou-se reforçar o direito do indivíduo controlar seus dados independentemente da base legal utilizada para processá-los.

Contudo, diferentemente da revogação do consentimento, que se apresenta como um direito potestativo[41] e sem limitações *a priori* estabelecidas, a LGPD condicionou o exercício do direito de oposição desde que haja violação a uma de suas normas. Uma primeira interpretação mais apressada levaria à conclusão de que o exercício desses dois direitos de objeção teria alcances distintos, já que o último não dependeria única e exclusivamente da vontade do titular em exercê-lo.

Se assim fosse, como resultado haveria uma indesejada assimetria normativa entre tais bases legais, a qual, como visto, procurou ser equalizada pelo legislador ao alocar sob o mesmo nível hierárquico todas as bases legais. Ao fim e ao cabo, deve-se buscar, sempre que possível, uma interpretação que busque colocar em pé de igualdade as hipóteses de legitimação para o tratamento de dados pessoais, especialmente o consentimento perante o legítimo interesse.

Como já apontado, de acordo com o art. 10, II, da LGPD, o legítimo interesse deve ser balanceado diante das legítimas expectativas do titular dos dados. Em um primeiro plano, tal análise é feita objetivamente de acordo com os padrões sociais e pelo próprio agente de tratamento de dados, o qual se coloca na posição do titular para avaliar se a sua conduta não frustraria a confiança nele depositada[42]. Ao final, contudo, a última fase do teste tem como um dos seus pilares a adoção de medidas de transparência, de modo que o cidadão possa, também, ter voz sobre o que considera ser um uso (in)adequado das suas informações pessoais[43].

Portanto, a forma pela qual foi costurado o legítimo interesse na LGPD também confere uma posição jurídica ao titular de objeção ao tratamento de seus dados lastreado em tal base legal. Nesse sentido, a expressão "legítima expectativa" tem igualmente uma *conotação subjetiva*, vinculada ao que o próprio titular deseja e espera que seja feito com seus dados. Caso contrário, a última fase do LIA, relativa ao dever de transparência, não funcionalizaria um dos fundamentos da lei, que é a autodeterminação informacional[44].

Em poucas palavras, se na medida em que é dada transparência acerca do tratamento de dados com base no legítimo interesse e o titular a ele se opõe, caso o agente de tratamento

---

desta Lei. § 6.º Em caso de alteração de informação referida nos incisos I, II, III ou V do art. 9.º desta Lei, o controlador deverá informar ao titular, com destaque de forma específica do teor das alterações, podendo o titular, nos casos em que o seu consentimento é exigido, revogá-lo caso discorde da alteração".

[40] LGPD: "Art. 18. O titular dos dados pessoais tem direito a obter do controlador, em relação aos dados do titular por ele tratados, a qualquer momento e mediante requisição: (...) § 2.º O titular pode opor-se a tratamento realizado com fundamento em uma das hipóteses de dispensa de consentimento, em caso de descumprimento ao disposto nesta Lei". Nesse ponto, houve atecnicidade na redação da lei, haja vista que as outras bases legais não são exceções ("dispensa") ao consentimento. Provavelmente, isso se deve em razão do fato de que, ao longo das diversas versões do anteprojeto da lei, o consentimento foi tratado como regra.

[41] Trata-se de um direito subjetivo que confere ao titular a possibilidade de constituir, modificar ou extinguir uma situação subjetiva com uma declaração de vontade, sem que a outra parte possa se opor. Ver: CHIOVENDA, Giuseppe. *Instituições de direito processual civil*. Campinas: Bookseller, 2000.

[42] Esse ponto é analisado em maior profundidade em: BIONI, Bruno R. *Proteção...* op. cit.

[43] LGPD: "Art. 6.º As atividades de tratamento de dados pessoais deverão observar a boa-fé e os seguintes princípios: (...) VI – transparência: garantia, aos titulares, de informações claras, precisas e facilmente acessíveis sobre a realização do tratamento e os respectivos agentes de tratamento, observados os segredos comercial e industrial".

[44] LGPD: "Art. 2.º A disciplina da proteção de dados pessoais tem como fundamentos: (...) II – a autodeterminação informativa".

de dados não o acate, estará violando uma das normas da Lei Geral de Proteção de Dados Pessoais. Trata-se de uma interpretação sistemática entre os arts. 10, II e § 2.º, e 18, § 2.º.

No entanto, deve-se observar que esse direito não é absoluto. Se por um lado a posição jurídica de processar dados sem o consentimento prévio não pode ser abusada a ponto de lhe retirar por completo a sua capacidade de autodeterminação informacional, por outro lado, tal direito de objeção também deve ser contornado pela figura do abuso de direito.

Nesse sentido, por exemplo, a hipótese na qual o tratamento de dados pessoais serve ao propósito de combate a incidentes de segurança na rede e processos de *due diligence* em operações societárias são cenários nos quais há uma finalidade econômico-social que suplanta o direito individual do próprio titular. Se tais atividades de tratamento de dados estão em linha com os princípios e demais normas de proteção de dados, em especial com aqueles que são reforçados nas quatro fases do teste de aplicação do legítimo interesse (necessidade, transparência e prevenção), o direito de oposição tende a ser relativizado diante de um interesse coletivo. É uma dialética normativa que coteja a autodeterminação informacional perante os demais fundamentos da LGPD[45].

Em conclusão, diferentemente da GDPR[46], a LGPD não procedimentalizou minimamente o direito de oposição especialmente diante da base legal do legítimo interesse. Com isso, abrem-se margens para disputas interpretativas. As considerações acima apontam que a aplicação e a interpretação do direito de oposição não devem ter como resultado um regime jurídico assimétrico, especialmente perante o direito correspondente de revogação do consentimento.

CONCLUSÃO

A arquitetura normativa do legítimo interesse na LGPD o denuncia. É, ao mesmo tempo, um bônus e um ônus. Se, por um lado, apresenta-se como uma nova e potencialmente mais flexível[47] base legal para o tratamento de dados, por outro lado, impõe ônus argumentativo por quem dele se vale. Há, sobretudo, uma hermenêutica complexa em torno dessa base legal que ainda será decantada ao longo do processo de maturação da Lei 13.709/2018 na cultura jurídica brasileira.

---

[45] LGPD: "Art. 2.º A disciplina da proteção de dados pessoais tem como fundamentos: I – o respeito à privacidade; II – a autodeterminação informativa; III – a liberdade de expressão, de informação, de comunicação e de opinião; IV – a inviolabilidade da intimidade, da honra e da imagem; V – o desenvolvimento econômico e tecnológico e a inovação; VI – a livre-iniciativa, a livre concorrência e a defesa do consumidor; e VII – os direitos humanos, o livre desenvolvimento da personalidade, a dignidade e o exercício da cidadania pelas pessoas naturais".

[46] O art. 21 da GDPR estabelece o direito à objeção do titular dos dados nos casos em que o processamento ocorra para a execução de uma tarefa de interesse público, no exercício de uma autoridade oficial investida ao controlador, ou para os propósitos de legítimo interesse do controlador ou de terceiros – incluindo casos de perfilamento. Nesse caso, o controlador deverá cessar o processamento a menos que demonstre justificativa legítima para continuá-lo ou o faça para o estabelecimento, exercício ou defesa de uma demanda jurídica. No caso de tratamento de dados para fins de publicidade direta, contudo, esse direito é absoluto (artigo 21 (3)).

[47] Essa base legal seria uma alternativa às demais por duas perspectivas. De um lado, quatro das bases legais previstas na LGPD seriam aplicáveis a situações específicas, como a execução de um contrato ou obrigação legal. De outro, o legítimo interesse dispensaria a coleta de novo consentimento para usos implícitos dentro de uma relação já estabelecida ou, em caso de terceiros, quando a obtenção de uma nova autorização não fosse possível ou inviabilizaria o próprio tratamento dos dados. Ver: BIONI, Bruno Ricardo. *Proteção...* op. cit.

REFERÊNCIAS BIBLIOGRÁFICAS

ARTICLE 29 DATA PROTECTION WORKING PARTY. *Opinion 06/2014 on the notion of legitimate interests of the data controller under Article 7 of Directive 95/46/EC.* Disponível em: <https://www.dataprotection.ro/servlet/ViewDocument?id=1086>. Acesso em 11 jan. 2020.

ARTICLE 29 DATA PROTECTION WORKING PARTY. *Guidelines on Automated individual decision-making and Profiling for the purposes of Regulation 2016/679.* Disponível em: <https://ec.europa.eu/newsroom/article29/item-detail.cfm?item_id=612053>. Acesso em 11 jan. 2020.

ARTICLE 29 DATA PROTECTION WORKING PARTY. *Opinion 3/2013 on Purpose Limitation.* Disponível em: <http://ec.europa.eu/justice/data-protection/article-29/documentation/opinionrecommendation/files/2013/wp203_en.pdf>. Acesso em 09 jan. 2020.

BIONI, Bruno Ricardo. *Proteção de dados pessoais*: a função e os limites do consentimento. 2. ed. Rio de Janeiro: Forense, 2019.

BUCAR, Daniel; VIOLA, Mario. Tratamento de dados pessoais por "legítimo interesse do controlador": primeiras questões e apontamentos. *Lei Geral de Proteção de Dados e suas repercussões no direito brasileiro.* São Paulo: Thomson Reuters, 2019.

CHIOVENDA, Giuseppe. *Instituições de direito processual civil.* Campinas: Bookseller, 2000.

CUIJPERS, Colette; PURTOVA, Nadezhda; KOSTA, Eleni. Data Protection Reform and the Internet: the Draft Data Protection Regulation. *Tilburg Law School Legal Studies Research Paper Series*, n. 03, 2014.

FERRETTI, Frederico. Data Protection and the Legitimate Interest of Data Controllers: Much Ado or About Nothing or the Winter of Rights? *Common Market Law Review*, n. 51.

GOMEZ, Joshua et al. *Know Privacy: Report of University of California, Berkeley.* Disponível em: <http://knowprivacy.org/report/KnowPrivacy_Final_Report.pdf>.

HART, H. L. A. *O conceito de direito.* Trad. Armindo Ribeiro Mendes. 3. ed. Lisboa: Fundação Calouste Gulbenkian, 2001.

INFORMATION COMMISSIONER'S OFFICE. *Update report into adtech and real time bidding.* Disponível em: <https://ico.org.uk/media/about-the-ico/documents/2615156/adtech-real-time-bidding-report-201906.pdf>. Acesso em 11 jan. 2020.

INFORMATION COMMISSIONER'S OFFICE. *Guide to the general data protection (GDPR).* Disponível em: <https://ico.org.uk/media/for-organisations/guide-to-the-general-data--protection-regulation-gdpr-1-0.pdf>. Acesso em 11 jan. 2020.

KAMARA, Irene; DE HERT, Paul. Understanding the Balancing Act Behind the Legitimate Interest of the Controller Ground: a Pragmatic Approach. *Brussels Privacy Hub*, Working Paper, vol. 4, n. 12, 2018.

KUNER, Christopher. *European Data Protection Law.* New York: Oxford University Express, 2007.

ZANFIR-FORTUNA, Gabriela et al. Processing personal data on the basis of legitimate interests under the GDPR: practical cases. *Future of Privacy Forum*, 2018. Disponível em: <https://info.nymity.com/hubfs/Landing%20Pages/Nymity%20FPF%20-%20Legitimate%20Interests%20Report/Deciphering_Legitimate_Interests_Under_the_GDPR.pdf?hsCtaTracking=9cf491f2-3ced-4f9c-9ffa-5d73a77a773e%7C7469b2ec-e91c-4887-b5db-68d407654e23>. Acesso em 11 jan. 2020.

9

O DIREITO FUNDAMENTAL À PROTEÇÃO DE DADOS SENSÍVEIS NO SISTEMA NORMATIVO BRASILEIRO: UMA ANÁLISE ACERCA DAS HIPÓTESES DE TRATAMENTO E DA OBRIGATORIEDADE DO CONSENTIMENTO LIVRE, ESCLARECIDO E INFORMADO SOB O ENFOQUE DA LEI GERAL DE PROTEÇÃO DE DADOS (LGPD) – LEI 13.709/2018

REGINA LINDEN RUARO

Professora titular e decana associada da Escola de Direito da Pontifícia Universidade Católica do Rio Grande do Sul. Procuradora Federal/AGU aposentada. Doutora em Direito pela Universidade Complutense de Madrid (1993 com título revalidado pela UFRGS em 1994) e pós-doutora pela Universidade San Pablo – CEU de Madri (2006/2008). Estágio Pós-doutoral na Universidade San Pablo – Ceu de Madri (2016). Compõe o Grupo Internacional de Pesquisa "Protección de Datos y Acceso a la Información". Professora convidada do master en Protecciòn de datos, transparencia y acceso a la Información da Universidade San Pablo de Madrid-CEU de Espanha. Membro honorário do Instituto Internacional de Estudos de Direito do Estado – IEDE. Lidera o Grupo de Pesquisa cadastrado no CNPq: Proteção de Dados Pessoais e Direito Fundamental de Acesso à Informação no Estado Democrático de Direito. Advogada e Consultora Jurídica na Áres do Direito Administrativo e Proteção de Dados Pessoais."

GABRIELLE BEZERRA SALES SARLET

Advogada. Graduada e mestre em Direito pela Universidade Federal do Ceará (UFC). Doutora em Direito pela Universidade de Augsburg – UNIA (Alemanha), pós-doutora em Direito pela Pontifícia Universidade Católica do Rio Grande do Sul (PUC-RS) e pós-doutora em Direito pela Universidade de Hamburg (Alemanha). Professora do curso de graduação, mestrado e doutorado em Direito (PPGD) da Pontifícia Universidade Católica do Rio Grande do Sul (PUC-RS). Coordenadora do curso de especialização em Direito Digital e Proteção de Dados (PUC-RS). Lidera, juntamente com a Profa. Regina Linden Ruaro, o Grupo de Pesquisa cadastrado no CNPq: Proteção de Dados Pessoais e Direito Fundamental de Acesso à Informação no Estado Democrático de Direito.

1. NOTAS INTRODUTÓRIAS

Atualmente, há uma inconteste hipertrofia[1] do ambiente digital/virtual[2]. Na sociedade informacional, *e.g.*, mediante o emprego sistemático das novas tecnologias, a compreensão

---

[1] HENNING, Klaus. *Smart und digital*: wie künstliche Intelligenz unser Leben verändert. Aachen: Springer, 2019. s. 137.

[2] SCHMIDT, Eric; COHEN, Jared. *The new digital age*: reshaping the future of people, nations, and business. London: John Murray, 2014.

176 | TRATADO DE PROTEÇÃO DE DADOS PESSOAIS

acerca dos limites da vida privada tem se fragilizado, sobretudo em razão da infinidade de dados pessoais postados nas redes sociais e da produção irreflexiva de pegadas/rastros digitais.

Esse ambiente se constitui como um espaço compartilhado[3], ou seja, implica em uma forma de participação instantânea; a segunda característica se refere à chamada "interface gráfica do usuário", pela qual se pode retratar o espaço visualmente a partir de vários estilos de imersão; a terceira é a imediatividade e, assim, as interações ocorrem em tempo real; como quarta característica apresenta-se a interatividade, que permite aos usuários alterar, desenvolver, construir ou tornar o conteúdo personalizado; a quinta é a persistência, uma vez que nesse ambiente, mesmo que o indivíduo não esteja conectado, suas informações seguem existindo; como sexta característica, apresenta-se a socialização participativa como estimulante do agrupamento de grupos sociais e de reivindicações comuns; por fim, agrega-se mais um atributo absolutamente indispensável que se refere ao armazenamento em espaços, o qual o mundo da computação chama de "nuvem"[4], e ao incremento no tratamento de dados fruto do alargado emprego de algoritmos e da Inteligência Artificial, bem como de *Big Data*.

É nesse ambiente[5], o qual também pode ser chamado de "meio ambiente digital/virtual", que se inserem os dados pessoais coletados, produzidos e transferidos pelos indivíduos[6]. Dito de outro modo, trata-se de um ecossistema permeado pela volatilidade, pela incerteza, pela complexidade e pela ambiguidade, devendo-se ressaltar que os dados pessoais, em suma, consubstanciam a vida das pessoas humanas atualmente.

Com efeito, a contemporaneidade aponta para uma tendência de sociedade estruturada sob a forma de rede, gerando infinitas oportunidades de controle e de vigilância em dependência radical das redes de informação; volumes excessivos de informação em proporção ao decréscimo da produção de conhecimento; hiperaceleração e hiperexposição[7]. A introdução desse modelo informacional alterou a gramática cultural da sociedade na medida em que suas estruturas foram transformadas e, assim, foram engendrados novos comportamentos, tornando mais complexos os outrora conhecidos e, simultaneamente, encetando novos conceitos, novas demandas e conflitos ainda isentos de exaustiva e de apropriada regulamentação jurídica em razão de seu vanguardismo.

---

[3] ZENNER, Florian. Algorithmenbasierte Straftatprognosen in der Eingriffsverwaltung – Zu den verfassungsrechtlichen Grenzen und einfachgesetzlichen Möglichkeiten von "Predictive Policing". *In*: WIECZOREK, Mirko Andreas (Hrsg.). *Digitalisierung*: Rechtsfragen rund um die digitale Transformation der Gesellschaft. Göttingen: Cuvillier, 2018. s. 117.

[4] "A 'nuvem' é um espaço de processamento e armazenamento de dados que não depende de nenhuma máquina específica para existir. Ela vai mudar a economia e o cotidiano – e permitir que qualquer objeto esteja ligado à internet". Cf. RYDLEWSKI, Carlos. Computação sem fronteiras. *Caldeirão de Ideias*, [*s.l.*], [201-]. Disponível em: https://caldeiraodeideias.wordpress.com/2010/07/02/computacao-sem-fronteiras/. Acesso em: 10 dez. 2019.

[5] "**O ciberespaço** (que também chamarei de 'rede') é o novo meio de comunicação que surge da interconexão mundial dos computadores. O termo especifica não apenas a infraestrutura material da comunicação digital, mas também o universo oceânico de informações que ela abriga, assim como os seres humanos que navegam e alimentam esse universo". [grifos do autor/nossos] Cf. LÉVY, Pierre. *Cibercultura*. Tradução de Carlos Irineu da Costa. São Paulo: Editora 34, 2008. p. 17.

[6] KROHM, Niclas. Der Schutz personenbezogener Daten in Zuge von Unternehmenstransaktionen. *In*: SIMITIS, Spiros Simitis (Hrsg.). *Veröffentlichungen der Forschungsstelle für Datenschutz an der Johann-Wolfang-Goethe-Universität*. Band 39. Frankfurt am Main: Nomos, 2012. s. 19-20.

[7] GRABOSCH, Jens. Analoges Recht in der digitalen Welt. Braucht das BGB ein update? Eine Untersuchung am Beispiel digitaler Inhalte. *Europäische Hochschulschriften Recht*, Berlin, Band 6065, s. 27-29, 2019.

A segurança e a proteção do indivíduo no âmbito digital, no que afeta aos inúmeros usos dos dados pessoais e, de modo especial, no contexto da internet, ainda carecem de maior atenção no Brasil, muito embora já se tenha desde 2014 um marco civil que, dentre outros pilares, expressamente previu como princípio estruturante a privacidade, delegando, no entanto, a proteção de dados pessoais a uma legislação específica que se concretizou por meio da promulgação da Lei Geral de Proteção de Dados – Lei 13.709/2018 (doravante LGPD), bem como merece destaque a entrada em vigor da EC 115.

Não se pode desconhecer que, curiosamente, o meio ambiente virtual apresenta facetas muito distintas, vez que as suas dimensões não se circunscrevem ao espaço, tampouco ao tempo. O espaço, como se infere, está nas "nuvens" que são grandes centros de computadores que armazenam os arquivos, geralmente a despeito da explícita obrigatoriedade do consentimento informado, esclarecido, específico e consciente de cada um dos titulares dos dados. Oferece-se em troca da perda de sentido de privacidade, diga-se de passagem, a facilidade de acesso a tais arquivos de dados em qualquer lugar do planeta que se esteja conectado à internet, perfazendo uma tendência mundial e inapelável a uma suposta praticidade.

Outro aspecto relevante encontra-se diretamente relacionado à capacidade de avanço e de incremento da tecnologia e, dessa maneira, deve ser considerada a impermanência desse ambiente, pois constantemente se altera o próprio conceito de dados pessoais, sobretudo quando se analisam as condições e os graus de identificabilidade que mudam rapidamente em razão de novos modos de armazenamento, de tratamento e de reidentificação dos dados.

Com efeito, as tecnologias de informação e de comunicação (vulgo TIC) estão em todas as áreas, forjando um panorama atual em que as corporações privadas se sobrepuseram em relação à atuação dos Estados. Desse modo, elas encetaram algumas situações que no cotidiano acabam se caracterizando como certos confortos, mas que, de fato, consistem em uma dinâmica de desobrigação do ser humano de decidir sobre sua vida cotidiana e, assim, quanto maior a desobrigação, mais afetada resta a capacidade de refletir, de anuir, de deliberar, ou seja, de uma atuação consciente e emancipada, sequer responsável.

Um dos principais desafios que se impõe, portanto, é a análise do giro copernicano imposto pela realidade aumentada, pela virtualização, pela personificação de robôs e de avatares, pela invenção de novas trocas simbólicas, pela superexposição da vida privada nas redes sociais, pelo excesso de informações, em particular de informações pessoais de caráter identitário e a consequente discriminação algorítmica[8], pela reestruturação das transações comerciais e pela necessidade de respostas rápidas e precisas que não encontram precedente algum na civilização ocidental e que determinam o apelo inclusive por uma nova modalidade de juridicização, ou seja, advindos inclusive dos reflexos da digitalização da identidade[9] e, consequentemente, demandam um redimensionamento da efetiva proteção da personalidade no ambiente digital. Emerge, nesses termos, uma nova qualidade de atenção voltada às exigências do campo da ética, da filosofia dos valores, e à garantia de *compliance*.

Para uma melhor apreciação do estado da arte, deve-se, todavia, realçar uma espécie de *algoritmização*[10] da realidade cotidiana e, consequentemente, do vasto potencial nocivo e

---

[8]   MENDES, Laura Schertel; MATTIUZZO, Marcela. Discriminação algorítmica: conceito, fundamento legal e tipologia. *Direito Público*, Porto Alegre; Brasília, n. 90, nov./dez. 2019. p. 39.

[9]   LE BRETON, David. *Desaparecer de si*: uma tentação contemporânea. Tradução de Francisco Morás. Petrópolis: Vozes, 2018. p. 65.

[10] Hoffman-Rien esclarece, a partir do conceito e do atual emprego dos algoritmos, um modelo de governança, inclusive orientando que se trata de uma prática de estabelecer políticas, procedimentos e padrões para o desenvolvimento da chamada infosfera, sobretudo levando em conta uma perspectiva ética. Cf.

discriminatório de sua utilização em conjunto com Inteligência Artificial e *Big Data*. Em rigor, os algoritmos são, de fato, imprescindíveis para a contemporaneidade, ou seja, se prestam para a tomada de decisões com base na produção de prognósticos produzidos a partir do cálculo de probabilidades, particularmente quando se refere ao grandioso volume das comunicações via internet. Quanto à ontologia dos algoritmos, deve-se advertir que consistem em discursos em linguagem digital, isto é, se expressam em uma estrutura definida e mecanicamente processável[11].

Na contemporaneidade, cada vez mais os algoritmos influenciam as decisões enquanto precarizam mais ainda o conhecimento da realidade mediante a filtragem de informações, atuando na manutenção ou na alteração do *status* quo na medida em que se prestam ao papel de postes/postos de vigilância e, em igual intensidade, têm sido empregados na criação de novos produtos, de serviços e na produção de *scores* amplamente aplicados, enquanto transmutam e afetam a efetivação das garantias elementares aos direitos humanos e fundamentais[12].

Relevante ainda mencionar o padrão atual de crescente emprego de *Big Data* que, em rigor, persiste ainda como uma espécie de ponto cego no sistema protetivo, ou seja, no mosaico legal brasileiro, apesar da nova legislação. *Big Data*, não custa rememorar, é um conceito primordial na atual conjuntura. Consiste, em suma, em um bloco algorítmico emulado para o tratamento de grandes quantidades de dados, que visa reconhecer padrões e obter novas percepções a partir deles, caracterizando-se pela abundância, pela diversidade de dados e pela rapidez com que são coletados, analisados e reintroduzidos no sistema[13].

Oportuno afirmar que, em razão dos riscos, da eventual irreversibilidade e, em particular, do grau da vulnerabilização das pessoas, torna-se imprescindível a proposição de parâmetros jurídicos com intuito de, sobretudo, garantir a coexistência da eficácia dos direitos humanos e fundamentais[14] constitucionalmente consagrados, compatibilizando-os entre si, uma vez que resultaram de um longo processo histórico para a sua afirmação. E, nesses termos, recai um enfoque redobrado sobre os dados pessoais sensíveis.

O presente artigo é, dessa maneira, fruto de uma análise científica e de natureza crítica, mediante emprego de pesquisa bibliográfica e exploratória, acerca dos institutos[15] jurídicos já existentes no ordenamento brasileiro que tocam ao direito à proteção de dados pessoais, em especial com a atenção voltada para os dados sensíveis e, nesse sentido, para o tratamento de informações imprescindíveis para a estruturação e para a proteção da identidade[16] e, de modo mais geral, do livre desenvolvimento da personalidade da pessoa humana no contexto informacional. Há, sem sombra de dúvidas, uma ênfase dirigida para compreender esse tema e as

---

HOFFMANN-RIEN, Wolfgang. Inteligência artificial como oportunidade para a regulação jurídica. *Direito Público*, Porto Alegre; Brasília, n. 90, nov./dez. 2019. p. 16-18.

[11] MENDES, Laura Schertel; MATTIUZZO, Marcela. Discriminação algorítmica: conceito, fundamento legal e tipologia. *Direito Público*, Porto Alegre; Brasília, n. 90, nov./dez. 2019. p. 42-43.

[12] OTTO Y PARDO, Ignacio de. *La regulación del ejercicio de los derechos y libertades*. Madrid: Cuadernos Civitas, 1988. p. 110.

[13] SALES, G. B.; MOLINARO, C. A. Questões tecnológicas éticas e normativas da proteção de dados pessoais na área da saúde em um contexto de big data. *Direitos Fundamentais & Justiça*, Porto Alegre, v. 13, p. 183-213, 2019. p. 188.

[14] SARLET, Ingo Wolfgang. *A eficácia dos direitos fundamentais*. 12. ed. Porto Alegre: Livraria do Advogado, 2017. p. 405-406.

[15] SILVA, Virgílio Afonso da. *Direitos fundamentais*: conteúdo essencial, restrições e eficácia. 2. ed. 3. tir. São Paulo: Malheiros, 2014. p. 130.

[16] ECHTTERHOFF, Gisele. *Direito à privacidade dos dados genéticos*. Curitiba: Juruá, 2010. p. 42.

suas principais implicações, sobretudo na perspectiva do marco regulatório de proteção de dados pessoais em vigor no Brasil, tendo em vista a sua efetiva concretização, particularmente após a entrada em vigor da EC 115/2022.

Reafirma-se a imprescindibilidade do princípio da responsabilidade quando se trata dessa temática, conjugando-o com o princípio da esperança para a devida adesão ao porvir e, em razão disso, à efetividade do direito à inovação e ao desenvolvimento. Com base na revisão literária realizada até o presente estágio da investigação, já se pode antever que, no meio ambiente digital/virtual, em específico no que afeta ao tratamento de dados sensíveis, torna-se igualmente elementar a aplicação dos princípios da precaução[17] e da prevenção como pilares de uma constelação jurídica que tem como vetor primordial a proteção da dignidade da pessoa humana, dentro e fora do ambiente digital.

De todo modo, pretende-se empreender uma reflexão tendo-os como base para analisar o sistema protetivo como um todo, mais especialmente, a LGPD e, em razão disso, tangenciar ainda a noção de privacidade, de governança algorítmica e das formas de anonimização de dados, para então revisitar o conceito de consentimento livre, informado e esclarecido no intuito de encetar uma percepção ampla e factível dos dispositivos legais no panorama atual[18]. Diante disso, urge relembrar que a proteção de dados pessoais é, em síntese, a proteção da pessoa humana, mormente quanto ao resguardo do livre desenvolvimento de sua personalidade e, em particular, por meio da centralidade da garantia da sua autodeterminação informacional, consoante o art. 1º da LGPD.

2. A LEI GERAL DE PROTEÇÃO DE DADOS (LGPD) E O DIREITO FUNDAMENTAL À PROTEÇÃO DE DADOS PESSOAIS SENSÍVEIS

A finalidade, a adequação, a necessidade, o livre acesso, a qualidade dos dados, a transparência, a segurança, a prevenção e a não discriminação, permeadas pelo princípio da boa-fé, perfazem a constelação principiológica da LGPD que, por óbvio, é emoldurada pelos princípios constitucionalmente previstos na Carta de 1988 e se ampara em instrumentos jurídicos previstos em outras searas, para além do direito digital, como a civil, a penal e a consumerista. Atualmente, em uma nova redação do texto constitucional, engendrado pela EC 115/2022, notabiliza-se as alterações inseridas nos arts. 5.º, 22 e 23 da CF/1988. Assim, em uma análise mais pormenorizada dos dispositivos desse instrumento legal, podem ser apontados como desdobramentos do direito à proteção de dados, dentre outros, os direitos: ao livre acesso, à qualidade dos dados, à transparência, à segurança, à prevenção, à explicação, à oposição e à não discriminação.

A promulgação dessa lei, bem como da EC 115/2022, colocou o Brasil no rol de países que hoje podem, em certa medida, ser considerados adequados para proteger a privacidade e o uso de dados, vez que possuem institutos voltados para essa área, sendo que, em regra, estão integrados aos demais países que atuam em rede, inclusive no que afeta às cautelas em relação à transferência de dados no contexto mundial. A LGPD perfaz uma regulamentação para o uso, para a proteção e, notadamente, para a transferência de dados pessoais no Brasil, nos âmbitos

---

[17] No que concerne ao princípio da precaução, ele está previsto no art. 1.º da Lei de Biossegurança – Lei 11.105/2005 –, no qual está expressa sua conexão com o meio ambiente. Vê-se que o princípio da precaução compõe o sistema jurídico no meio ambiente físico. O princípio da precaução vincula a ação humana não só com o presente, mas também com o futuro, atua prospectivamente.

[18] CASTELLS, Manuel. *A era da informação*: economia, sociedade e cultura. São Paulo: Paz e Terra, 1999, v. 3, p. 21.

180 | TRATADO DE PROTEÇÃO DE DADOS PESSOAIS

privado e público, e estabelece de modo claro quais são as figuras envolvidas e quais são as suas atribuições, as responsabilidades e as penalidades no âmbito civil – que podem chegar à multa de 50 milhões de reais por infração em decorrência de algum incidente ocorrido.

Em linhas gerais, a LGPD assegura a integralidade da proteção à pessoa humana na medida em que consagra a obrigatoriedade do gerenciamento seguro do início ao fim da operação que envolve os dados pessoais. Importa salientar que o resguardo dos dados pessoais, particularmente os dados sensíveis, embora inicialmente tomados como personalíssimos, nunca tem apenas uma dimensão individual, vez que estão intrinsecamente atrelados ou podem ser atrelados aos dados de outrem. Nesse sentido, interessa um olhar mais adensado na busca pela proteção dos interesses difusos, dos interesses coletivos e, de modo geral, dos interesses das futuras gerações na busca por uma sintonia fina com o princípio da responsabilidade. Nesse sentido, entende-se que o atual cenário exige uma perspectiva contextual no que toca ao uso de dados pessoais.

De acordo com o art. 5.º, I e II, da LGPD, os dados pessoais são, então, em princípio, todas as informações de caráter personalíssimo caracterizadas pela identificabilidade e pela determinabilidade do seu titular, enquanto os dados sensíveis são aqueles que, à guisa de exemplo, tratam sobre a origem racial e étnica, as convicções políticas, ideológicas, religiosas, as preferências sexuais, os dados sobre a saúde, os dados genéticos e os biométricos. Os dados sensíveis são, em vista disto, nucleares para a prefiguração e para a personificação do sujeito de direito no contexto atual.[19]

Pertinente destacar que, contrariando as expectativas, o legislador brasileiro se omitiu em produzir um conceito melhor elaborado para os dados sensíveis, restando uma espécie de arrolamento que, dentre outros aspectos, pode ser considerado dúbio, seja em relação à taxatividade do rol, seja em relação à forma de interpretação que se deve dar para garantir a devida proteção da pessoa humana no atual contexto.

A propósito, a ideia que parece se depreender da leitura do texto legal é a que se expande de tal sorte a abrigar o sujeito de direito em diversas modalidades de agravos que possam afetar de modo essencial a sua personalidade. Com efeito, entende-se que a própria definição de dados sensíveis ainda carece de amadurecimento e, para tanto, exige-se uma posição mais clara da Autoridade Nacional de Proteção de dados – ANPD, da doutrina e do Poder Judiciário, notadamente quando se contextualiza o atual emprego de *machine learning* e *Big data*.

De qualquer sorte, o conjunto dessas informações[20] compõe os perfis ou as identidades[21] digitais, possuindo valor político e, sobretudo, econômico, vez que podem ser a

---

[19] Segundo Castells, "no informacionalismo, as tecnologias assumem um papel de destaque em todos os segmentos sociais, permitindo o entendimento da nova estrutura social – sociedade em rede – e consequentemente, de uma nova economia, na qual a tecnologia da informação é considerada uma ferramenta indispensável na manipulação da informação e construção do conhecimento pelos indivíduos", pois "a geração, processamento e transmissão de informação torna-se a principal fonte de produtividade e poder". De sorte que a informação passou a ser a matéria prima mais valiosa. Cf. CASTELLS, Manuel. *A era da informação*: economia, sociedade e cultura. São Paulo: Paz e Terra, 1999, v. 3, p. 21.

[20] EXEMPLOS DE DADOS DISPONIBILIZADOS – desde os dados que perfazem o registro civil, resultados de exames médicos, dados fornecidos em consultas, regularidade de consultas médicas, frequência e especificidade de exames e de procedimentos clínicos, dados escolares, históricos universitários, histórico de compras em cadeias de lojas virtuais e não virtuais, consumo por meio de aplicativos, assinaturas de periódicos, dados bancários, dados fornecidos à receita federal, dados obtidos no departamento de trânsito, da polícia, dos cartões de crédito, histórico de páginas visitadas, participação em enquetes virtuais etc.

[21] MURAT, Pierre. L'identité imposée par le droit et le droit à connaître son identifié. *In*: MALLET-BRICOUT, Blandine; FRAVARIO, Thierry (Dir.). *L'identité, un singulier au pluriel*. Paris: Dalloz, 2015. p. 52.

matéria-prima[22] para as novas formas de controle e, assim, de poder social, especialmente mediante o uso de algoritmos, de inteligência artificial e de *Big Data*. Os perfis são composições, ou melhor dizendo, são mosaicos compostos pelas informações fornecidas ou não pelos usuários em uma formatação igualmente constituída e circunstanciada pelo que é consciente e livremente disponibilizado e pelo que advém das pegadas digitais, dos cruzamentos e dos vazamentos de dados. Importa relembrar que um dos aspectos, mas não o único, que caracteriza o dado como sensível é a possibilidade de ser utilizado de modo discriminatório e, dessa forma, há de se reconhecer que o manejo/tratamento desses dados pode expressar uma afetação direta à pessoa humana.

Assim, *e.g.,* em virtude do uso frenético de drones, de câmeras digitais, de senhas eletrônicas, torna-se praticamente impensável traçar um modelo fechado para as fronteiras de qualquer identidade digital e, nessa medida, torna-se muito imprecisa e, de certa maneira, anacrônica a forma atual de se pensar a proteção da pessoa humana em um panorama que tende a se alterar em virtude da implantação de novos paradigmas de rastreamento e de identificabilidade advindos com a internet 4.0 e com o acirramento do emprego de *Big Data* e, mais recentemente, do uso dos computadores quânticos[23] e dos diversificados empregos de IA.

No que toca aos dados sensíveis, reafirma-se a exigência de uma proteção especial[24] alicerçada no princípio da dignidade da pessoa humana, cuja fundamentalidade radica

---

[22] JÖNS, Johanna. *Daten als Handelsware*. Hamburg: Deutsches Institut für Vertrauen und Sicherheit im Internet (DIVSI), 2016. p. 18.

[23] Um **computador quântico** é um dispositivo que executa cálculos fazendo uso direto de propriedades da mecânica quântica, tais como sobreposição e interferência. Teoricamente, computadores quânticos podem ser implementados e o mais desenvolvido atualmente, o D-Wave Two, trabalha com 512 qubits de informação. Cf. VELASCO, Ariane. Saiba o que são computadores quânticos e por que eles são melhores. *CanalTech*, [*S.l.*], [201-]. Disponível em: https://canaltech.com.br/inovacao/computadores--quanticos-o-que-sao/. Acesso em: 1.º dez. 2019.

[24] Da aplicabilidade dos princípios da precaução e da prevenção em um esquadro de responsabilidade no meio ambiente virtual/digital. Destaque-se que a lógica no meio ambiente virtual/digital migra do indivíduo para o coletivo. Ademais, como o ciberespaço funciona com uma dinâmica diferente que lhe é característica, a cada dia o cotidiano se alarga em autonomia, desenvolvendo-se em diferenciações que se afastam do meio ambiente físico (mundo real). Observa-se que, em rigor, uma espécie de dialética se estabeleceu em dois universos paralelos baseados na exploração e na exposição e, assim, em uma composição que metamorfoseia o universo contemporâneo em algo híbrido, meio real e meio virtual. Não se pode olvidar nesta altura que a ideia de risco e de impacto advinda dessa nova composição implica em responsabilidade, ou seja, na responsabilidade enquanto obrigação de responder pelo dano produzido, tenha este como origem uma causa natural ou antrópica. Responsabilidade que, mesmo em situações como a atual, em que o contexto se encontra eminentemente permeado da atuação de grandes gigantes tecnológicos, reclama a decidida intervenção dos poderes públicos, não apenas restrita a uma orientação reparadora, mas de prevenção, de precaução, de redução e, no possível, de eliminação dos riscos. Nesse viés, torna-se cada vez mais imprescindível a qualidade da regulação e as suas possibilidades factíveis de efetividade social. Com efeito, estabelece-se como hipótese, oportunamente, o valor da aplicação dos princípios da precaução e da prevenção nesse domínio da sociedade informacional, disruptiva. Entende-se que esses devam ser a base da atuação e da estruturação de uma espécie de Governança algorítmica que, por sua vez, deve engendrar uma principiologia própria e especificamente voltada para os contornos do mundo virtual sem descuidar do elemento intrínseco à confiabilidade dos sistemas que é a responsabilidade. Relativamente ao princípio da prevenção, este se diferencia do princípio da precaução, uma vez que "reside no grau estimado de probabilidade de ocorrência do dano (certeza *versus* verossimilhança)". Conveniente é relembrar que o princípio da prevenção, ainda que não esteja expresso em nomenclatura, está previsto implicitamente na Declaração de Estocolmo sobre o Meio Ambiente Humano de 1972. Enquanto no princípio da precaução não se tem conhecimento completo sobre os efeitos que podem resultar de determinada técnica de pesquisa, de sua utilização, armazenamento e transferência de dados,

e sustenta a própria ideia contemporânea de democracia e o atual molde de Estado de Direito[25]. Esse reforço antropológico encontra amparo, *e.g.*, no artigo segundo do Tratado da União Europeia, no qual se consagram a dignidade humana, a liberdade, a democracia, a igualdade, o Estado de direito e o respeito pelos direitos humanos[26]. E foi da experiência europeia, mais especificamente, do protagonismo alemão nessa área que remonta aos anos 70 do século passado, que adveio o legado quanto à proteção de dados nos moldes atuais[27] e, nesse sentido, o seu reconhecimento como um direito humano e fundamental. Ainda merece grifo a experiência alemã que produziu uma das colunas mestras da proteção de dados, que é a autodeterminação informativa.

O emblemático caso Snowden, *e.g.*, culminou na edição da Resolução da ONU de 25 de novembro de 2013 – "Direito à privacidade na era digital"[28]". Assim, na 34ª sessão do Conselho de Direitos Humanos das Nações Unidas (CDH), em 21 de novembro de 2016, foi aprovada a resolução sobre o direito à privacidade na era digital, projeto apresentado pelo Brasil, em conjunto com a Alemanha, dentre outros Estados. A resolução reafirma o direito à privacidade, conforme previsto na Declaração Universal de Direitos Humanos e no Pacto Internacional de Direitos Civis e Políticos. O documento do CDH conclama os Estados a respeitar e proteger o direito à privacidade, a pôr fim às violações, a prover medidas efetivas de reparação e a assegurar que qualquer restrição ao direito à privacidade deverá respeitar os princípios da legalidade, da necessidade e da proporcionalidade. Restou ainda salientada naquele documento a paridade do alcance dos direitos humanos consagrados tanto na realidade física quanto na realidade virtual.

No sistema ONU de proteção, tem se extraído do art. 17 do Pacto Internacional de Direitos Civis e Políticos, um reconhecimento do direito à proteção de dados. No panorama latino-americano, deve ser mencionada a posição da Corte Interamericana de Direitos Humanos,

---

no princípio da prevenção já se pode antever o resultado. No princípio da prevenção tem-se a "verdade sabida" e o potencial lesivo já é conhecido. Não se vai longe. Diuturnamente vazam na internet dados pessoais, fotos, dados de saúde e outras informações de tratamento potencial lesivo a ponto de provocarem graves consequências para os afetados. Pelo princípio da precaução, não se tem como seguro que haverá impacto, mas se pode vislumbrar a existência de um problema dessa ordem, o que caracteriza um dos pressupostos para a aplicação do princípio da precaução. É claro que as medidas de precaução devem ser tomadas na presença de temores razoáveis sob pena de provocarem limitações desastrosas e, assim, produzir uma certa paralisia herética e absolutamente irrealizável em relação aos dados pessoais, em particular em relação aos dados sensíveis. Com efeito, as degradações do meio ambiente, incluindo sobremaneira as advindas do meio ambiente digital/virtual, atingem a sustentabilidade existencial, implicando em danos que podem afetar os seres humanos em sua essência psíquica, emocional etc., a dizer, em sua integralidade. E por isso são tão graves, uma vez que envolvem riscos e impactos legais, éticos, patrimoniais e, de modo geral, riscos sociais incalculáveis e ainda imprevisíveis.

[25] HABERMAS, Jürgen. *Um ensaio sobre a Constituição da Europa*. Tradução de Marian Toldy e Teresa Toldy. Lisboa: Edições 70, 2012. p. 37.

[26] UNIÃO EUROPEIA. *Carta dos Direitos Fundamentais da União Europeia*. [*S.l.*], 2000. Disponível em: http://www.direitoshumanos.usp.br/index.php/Documentos-não-Inseridos-nas-Deliberações-da-ONU/carta-dos-direitos-fundamentais.html. Acesso em: 12 dez. 2019.

[27] Doneda esclarece as diversas ondas em que se inscreveu a atual ideia de um sistema normativo de proteção de dados. Cf. DONEDA, Danilo. *Da privacidade à proteção de dados pessoais*: fundamentos da lei geral de proteção de dados. 2. ed. São Paulo: Thomson Reuters Brasil, 2019. p. 172.

[28] ORGANIZAÇÃO DAS NAÇÕES UNIDAS. *Assembleia Geral da ONU aprova resolução de Brasil e Alemanha sobre direito à privacidade*. [*S.l.*], 19 dez. 2013. Disponível em: https://nacoesunidas.org/assembleia-geral-da-onu-aprova-resolucao-de-brasil-e-alemanha-sobre-direito-a-privacidade/. Acesso em: 2 jan. 2020.

notadamente o teor da Declaração 1/2020, que tratou sobre a pandemia de Covid-19. Para tanto, alertou a necessidade de garantia de informações verídicas, alertando igualmente para as tendências de vigilantismo e para a urgência de impedir/regulamentar a utilização desproporcional de dados pessoais nas medidas sanitárias.

O Brasil avançou, devendo ser salientado, à guisa de ilustração, o julgamento do STF que, em sede de controle de constitucionalidade, reconheceu o direito autônomo à proteção de dados pessoais. Nessa medida, estabeleceu pressupostos de reconhecimento do âmbito de proteção que não se limitam à ideia de privacidade. Outro elemento na composição desse sistema protetivo que se destaca no âmbito nacional foi a implementação da Autoridade Nacional de Proteção de Dados (ANPD) e do Conselho Nacional de Proteção de Dados e Privacidade. Como se salientou outrora, merece destaque a EC 115, que incluiu no rol dos direitos fundamentais previstos no art. 5.º o direito à proteção de dados pessoais.

Em que pese as críticas à formatação da ANPD, interessa demonstrar a trajetória exitosa dessa autoridade em seu primeiro ano, notadamente quando se verifica a produção de diversas audiências públicas para a discussão sobre o tema. Cabe lembrar que, dentre outras atribuições, compete à ANPD: elaborar diretrizes para a Política Nacional de Proteção de Dados Pessoais e da Privacidade; fiscalizar e aplicar sanções em caso de tratamento de dados realizado em descumprimento à legislação, mediante processo administrativo que assegure o contraditório, a ampla defesa e o direito a recurso; promover o conhecimento das normas e das políticas públicas sobre proteção de dados pessoais e das medidas de segurança; estimular a adoção de padrões seguros para serviços e produtos que facilitem o exercício do controle dos dados pessoais pelos titulares de direitos.

2.1 Da identidade digital

Como outrora salientado, a internet coloca em xeque o tempo e o espaço, produzindo, inclusive, imortalidades no *cyberspace*, além de alterar de forma radical a vida das pessoas, seja individual ou coletivamente. Atualmente, os computadores e os sistemas de informação, de codificação e de tratamento de dados passaram a ser entendidos como extensão da pessoa humana, particularmente no sentido de forjar identidades[29] digitais[30].

Não custa relembrar que consistem em um conjunto de informações transformadas em *bits* ou em *pixels* que representam uma pessoa humana, podendo ser utilizadas na relação com as máquinas ou com os outros usuários, *e.g., passwords*, dados sobre reconhecimento da face, da voz, da íris, das impressões digitais. A identidade digital, todavia, não deve ser confundida com o Protocolo de Internet (IP) que, de fato, diz respeito à conexão e não à máquina, ou seja, por meio dele é possível rastrear uma conexão que se formou em um momento bem estrito, pois se encontra inserido na *Uniform Resource Locator* (URL).

Nesse sentido, enfatize-se que a adjetivação pessoal, inclusive quando se trata de dados, diz respeito à singularização da pessoa humana em face dos demais, sendo, pois, uma forma de diferenciação da pessoa que pode ser extensível aos bens. Os dados, nessa medida, assumem agora uma indiscutível proeminência em relação ao tema da identidade e, em decorrência, da proteção à personalidade. Interessa, nessa altura, advertir que o conjunto de dados que dizem

---

[29] FUKUYAMA, Francis. *Identität*: wie der Verlust der Würde unsere Demokratie gefährdet. Hamburg: Hoffmann und Campe, 2020. s. 131.

[30] "Der Mensch, nicht seine Daten, steht also im Mittelpunkt". Cf. KNOBLOCH, Hans-Heinrich. Der Schutz der Persönlichkeit im Internet. *In*: LEIBLE, Stefan; KUTSCHKE, Torsten (Hrsg.). *Der Schutz der Persönlichkeit im Internet*. Tübingen: Boorberg, 2013. s. 13.

respeito à composição da personalidade tem ganhado uma preponderância na atualidade, vez que se torna cada vez mais relevante a posição da pessoa humana no mundo digital, *locus* por excelência do desenvolvimento da personalidade. O grau de identificação, destarte, tem sido elevado na medida em que as técnicas de Inteligência Artificial (IA) partem para uma abordagem da granulagem e, por outro lado, passaram a ser vulgarmente utilizadas de modo frenético e irreflexivo durante e após a pandemia da Covid-19.

A propósito, esse mosaico identitário não consiste somente nos dados espontaneamente fornecidos, mas é igualmente extraído das pegadas e/ou das sombras digitais, a dizer, do histórico de todas as transações efetuadas pelo usuário que formam os registros dos sites e dos portais de acesso à Rede. Mais ou menos proporcionais ao uso que se faz dela, as sombras ou pegadas digitais incluem as imagens em câmeras de vigilância, os dados advindos das movimentações bancárias, das ligações telefônicas, das informações, dos diagnósticos e dos prontuários médicos, das cópias de scanners e de exames hospitalares, das informações de crédito, do histórico de compras e de condenações, sobretudo as penais. A identidade digital consiste, em síntese, na plêiade de todas as informações que podem ser acessadas nos *Datacenters*, sendo crucial apontar o aspecto contextual em que estamos inseridos/enredados. Daí, torna-se inconteste a ideia de proteção de dados em um sentido coletivo e implica uma conceituação mais precisa dos dados sensíveis, em especial em face das implicações que um dado pode vir a ter no cenário permeado por IA.

O sistema civil de tutela da pessoa humana, por sua vez, passa necessariamente pelo inadiável enfrentamento das transformações do conceito de identidade que, a princípio, era entendido em uma perspectiva individual e não como um bem ou um valor, ou seja, como uma síntese biográfica produzida em uma nova dimensão relacional que produz inclusive um patrimônio de natureza imaterial, seja ele intelectual, ideológico, ético, religioso, sexual ou profissional[31].

Desse modo, atualmente requer uma ampla reformulação no feixe de direitos e de garantias de forma que correspondam à proteção da personalidade no âmbito da sociedade informacional, mas que, com redobrada ênfase, atentem para os aspectos referentes ao uso dos dados pessoais, aos bens digitais[32] e aos inauditos aspectos sucessórios. Há, dessa maneira, uma elaboração que vai além dos contornos do direito à privacidade e à proteção de dados, que, por sua vez, toca em aspectos como o direito à revisão de decisões automatizadas, implicando necessariamente em uma relação, mais fidedigna quanto possível, entre os dados e a pessoa humana, isto é, em uma composição tanto clara quanto transparente em termos de garantia do direito de acesso, de revisão, de audibilidade dos sistemas e, se for o caso, de retificação.

---

[31]   O art. 5 da LGPD esclarece que dado pessoal é toda informação relacionada a pessoa natural identificada ou identificável, tendo por dado sensível aqueles que tratem sobre origem racial ou étnica, convicção religiosa, opinião política, filiação a sindicato ou a organização de caráter religioso, filosófico ou político, dado referente à saúde ou à vida sexual, dado genético ou biométrico, quando vinculado a uma pessoa natural.

[32]   E o que são bens digitais? São todos bens incorpóreos (imateriais), existentes no meio digital. Dentre os principais exemplos, destacam-se: acervos que incluem textos, base de dados, imagens, áudios, gráficos, planilhas, criptomoedas, softwares, páginas de internet, perfis em redes sociais, ideias, entre outros. Muitos desses recursos têm valor e significância, constituindo, assim, uma herança que deve ser protegida e preservada para presentes e futuras gerações. Inclusive, de acordo com a UNESCO, o patrimônio digital é tão importante que sua sucessão pode chegar a desconsiderar laços sanguíneos e/ou afetivos e se tornar um instituto autônomo, denominado de "patrimônio mundial", composto por sites de valor cultural e natural.

A tutela da identidade se desdobra, consequentemente, em, no mínimo, dois aspectos, ou seja, em uma proteção da identidade pessoal propriamente dita que visa ao livre desenvolvimento da personalidade, como honra, reputação, imagem, entre outras, e na necessária proteção em face das atuais técnicas de identificação do sujeito, ou seja, aos novos delineamentos da identidade advindos do tratamento dos dados pessoais. Não custa mencionar que, sendo parte da tessitura de direitos da personalidade, o direito à identidade é, em geral, premissa básica para a atual configuração do Estado Democrático de Direito e, portanto, garantido mundo afora por inúmeras cartas constitucionais e pela Constituição Federal de 1988. Notoriamente, tendo em vista o sistema legal brasileiro, deve ser adicionada a autodeterminação informativa como núcleo preponderante nesse novo sentido dado à proteção da identidade. Nesse sentido, adverte-se, em grande relevo, a premissa da atenção à separação informacional e ao devido processo informacional.

Nessa altura, importante esclarecer que, de acordo com a LGPD, o conceito de dado pessoal é entendido em uma perspectiva alargada na medida da identificabilidade, atrelando-a ao conceito de dados anônimos e, consequentemente, às técnicas de anonimização, uma vez que há um reforço no teor dessa lei quanto à ideia de que a informação é um fruto do processo de tratamento dos dados. De fato, o que caracteriza um dado como pessoal é, sem dúvida alguma, entendido a partir da relação entre o contexto, o uso e a qualidade da tecnologia empregada. Não há, dessa forma, uma radical metodologia de anonimização total, uma vez que toda parametrização pode ser alvo de engenharia reversa.

As principais técnicas são a supressão, a generalização, a randomização e a pseudoanonimização, tendo em vista sempre a noção de quebra da vinculação entre o dado e a pessoa. A ideia primordial é tornar o vínculo, na medida do possível, mediato, inexato e impreciso. Assim, o que se tem, na realidade, é uma espécie de gerenciamento contínuo da identificabilidade das bases de dados. Todo processo de anonimização, é conveniente reconhecer, é circunstancial e precarizado em face do desenvolvimento de novas técnicas, tratando-se de um mito que se impõe de uma maneira geral para o engendramento da proteção sistemática da pessoa na sociedade informacional e que exige uma atenção redobrada e contínua, em particular quando se tem em vista a criação exponencial de algoritmos para a desanonimização de bases de dados pessoais, inclusive de dados sensíveis.

Interessa salientar que, em face dos processos de agregação de bases de dados e, portanto, de reidentificação, qualquer dado anonimizado é, em regra, um dado pessoal e, assim, as formas de discriminação podem igualmente sofrer alterações profundas, inclusive por vezes se tornando sutis e imperceptíveis ao cidadão comum. Oportunamente, deve-se clarificar que o termo identificável é, em regra, superável, tendo sido recepcionado pela LGPD no que diz respeito às formas de expressão da razoabilidade, ou seja, ao nível de investimento de tempo e de dinheiro envolvidos no processo de anonimização. De toda sorte, a pseudoanonimização, não custa mencionar, constitui um meio-termo entre o dado pessoal e o dado anomizado. Aqui, entende-se apropriado relembrar que a distinção entre dado pessoal e dado sensível ainda carece de um aprofundamento, sendo inadiável uma discussão ampla que considere a possibilidade de um dado pessoal, a depender do contexto, ser tomado como sensível na medida em que torna a identificabilidade de elementos essenciais da personalidade cada vez mais plausível.

De mais a mais, entende-se, em concordância com o que a LGPD dispõe, que, em especial em situações como as que tocam ao âmbito da proteção de dados pessoais sensíveis, no processo de anuência as informações devem ser previamente esclarecidas em linguagem clara, precisa, apropriada e suficiente, mormente quanto à pertinência, à finalidade, à adequação, ao tempo da coleta, às modalidades de armazenamento, ao tratamento e à transmissão dos dados obtidos. Outro elemento fundamental que deve ser previamente esclarecido diz respeito ao tempo de vida dos dados e o processo de sua exclusão da base de dados. E, em princípio, devem possibilitar a renúncia, a alteração, o uso, a cessão e a disponibilidade ou a recusa daquele que consente.

Afirma-se, dessa maneira, o protagonismo do sujeito na condução e na construção de sua própria vida, importando, nesses termos, garantir, ainda, a proteção contra os riscos de danos materiais e imateriais, *e.g.*, em casos de criação de perfis falsos, de violação da privacidade de modo geral, de retenção e de manipulação de dados, de estigmatização, de discriminação[33], direta ou indireta, por meio de cadastros, de manipulação de dados, de emprego de algoritmos que forjam um cruzamento de dados e de *Big Data*.

Inadmite-se, portanto, limitação injustificada aos direitos da personalidade, mais especificamente quanto aos contornos do direito à identidade, na medida em que se trata de parte irrenunciável na composição do conceito de personalidade que, por sua vez, se encontra aferrado ao de dignidade. Com isso, entende-se pela necessidade de uma regulação apropriada ao meio virtual para a garantia do direito à proteção de dados sensíveis, impedindo que os sistemas de tratamento de dados e, consequentemente, os algoritmos sejam utilizados para enganar, manipular, condicionar ou agrupar as pessoas humanas em franca violação a sua condição de sujeitos de direito, bem como a atuação do Estado como unidade monolítica. Quanto às técnicas de anonimização, deve-se apontar para a estruturação clara de um pacote/programa de governança digital que vise efetivamente reduzir e, de fato, minimizar os riscos e os impactos de incidentes de segurança, em especial no que concerne ao compartilhamento e ao cruzamento de dados.

Assim, os algoritmos devem servir, em regra, para a emancipação e, assim, para aumentar, complementar e capacitar as habilidades cognitivas, sociais, éticas e culturais dos seres humanos. Nesse ponto, oportunamente, entra em cena o debate sobre os limites da governança digital relacionada à responsabilidade algorítmica, que, em rigor, não será tratado direta nem profundamente neste artigo, apesar de sua extrema significância[34].

Entende-se, de toda sorte, que o papel apropriado ao sujeito de direito no âmbito digital/virtual implica, por um lado, uma atitude responsável com relação à exposição de si e com a disponibilização de seus dados sensíveis na internet como parte de um exercício de cidadania e, por outro, implica, igualmente, uma ação conjunta de caráter interventivo partindo dos setores público e privado[35] para a garantia da democracia digital.

2.2 Da privacidade à proteção dos dados pessoais sensíveis em face da dignidade da pessoa humana

A princípio, pode-se esboçar a ideia do fim da privacidade, melhor dizendo, o fim da sua tradicional acepção. De todo modo, uma abordagem arqueológica desse direito inexoravelmente remete ao artigo publicado por Samuel D. Warren e Louis D. Brandeis, em dezembro

---

[33] ALMEIDA, Silvio Luiz de. *O que é racismo estrutural?* Belo Horizonte: Letramento, 2018. p. 56; ECO, Umberto. *Der ewige Faschismus*. Übersetzt von Burkhart Kroeber. München: Carl Hanser, 2020. s. 53-54.

[34] Preocupada com a questão, a União Europeia instituiu um Comitê Específico para estudo da matéria. Cf. EUROPEAN COMMISSION. European Group on Ethics in Science and New Technologies. *Statement of artificial intelligence, robotics, and 'autonomous' systems*. Brussels, 2018. Disponível em: http://ec.europa.eu/research/ege/pdf/ege_ai_statement_2018.pdf. Acesso em: 20 jan. 2020.

[35] DETERMANN, Lothar. *Determann's field guide to data privacy law – international corporate compliance*. 2. ed. Massachusetts: Edward Elgar, 2015. p. 12-13.

de 1890, na *Harvard Law Review*, intitulado *The Right to Privacy*, no qual os autores defendem que "o direito à vida passou a significar o direito de aproveitar a vida – o direito de ser deixado só"[36]".

O estudo é tido como um marco do surgimento desse direito no âmbito teórico-jurídico. Em outras palavras, os autores enfatizaram a necessidade de se proteger da constante ameaça à privacidade e, nesse sentido, afirmaram-na como um agravo à personalidade[37]. O grande avanço desse estudo foi o de ensejar a migração do direito à privacidade, que antes se encontrava no âmbito dos direitos reais, para o âmbito dos direitos pessoais. A propósito, deve-se salientar que o direito à privacidade, sobretudo na composição com o direito à identidade, está diretamente relacionado à dignidade da pessoa humana[38]. O direito à privacidade é tutelado no art. 5.º, X, da Constituição Federal brasileira, estando inserido no rol dos direitos de personalidade. Assim, a "esfera individual" é inerente à honra e diz respeito ao nome, à reputação e à imagem do titular. A esfera privada se refere à individualidade e, pois, à não intromissão externa na intimidade do titular, garantindo um certo isolamento do ser humano perante seus semelhantes[39].

Personalidade, destarte, inclui em sua estruturação um processo em que o indivíduo supera etapas com a intenção de reconhecer o ser humano em si e no outro. Em rigor, ser-pessoa é uma experiência integradora e deve, portanto, ser entendida além de uma síntese proteica, projetando-se em uma composição de essência (incluindo estrutura e relação) e de existência (autorrealização intersubjetiva mediada e possibilitada). Trata-se, portanto, de uma categoria que expressa tanto a interioridade (relação para dentro) quanto a exterioridade (relação para fora) da pessoa humana. Em suma, pode-se trabalhar com uma esfera social-individual e, em outra dimensão, com uma esfera privada. Os atos inerentes à primeira esfera (*Individualsphäre*) dizem respeito aos comportamentos abertos – aqueles facilmente perceptíveis e valorados – do indivíduo[40]. Com efeito, tal esfera confunde-se com o direito à honra propriamente dito, protegendo o titular contra diversos tipos de agravos e, consequentemente, de danos.

Em contraposto, a esfera privada abarca os chamados comportamentos encobertos que o indivíduo pretende manter a par do conhecimento e da interferência alheia[41], ou seja, diz respeito ao direito à privacidade[42]. E é justamente neste tópico, sem que se subsuma a ele,

---

[36] "[...] the right to life has come to mean the right to enjoy life, – – the right to be let alone". Cf. WARREN, Simon D.; BRANDEIS, Louis D. The right to privacy. *Harvard Law Review*, Boston, v. IV, n. 5, 15 Dec. 1890. Disponível em: http://groups.csail.mit.edu/mac/classes/6.805/articles/privacy/Privacy_brand_warr2.html. Acesso em: 13 mar. 2015.

[37] WARREN, Simon D.; BRANDEIS, Louis D. The right to privacy. *Harvard Law Review*, Boston, v. IV, n. 5, 15 Dec. 1890. Disponível em: http://groups.csail.mit.edu/mac/classes/6.805/articles/privacy/Privacy_brand_warr2.html. Acesso em: 13 mar. 2015.

[38] SARLET, Ingo Wolfgang. *A eficácia dos direitos fundamentais*. 12. ed. Porto Alegre: Livraria do Advogado, 2017.

[39] VIEIRA, Tatiana Malta. *O direito à privacidade na sociedade da informação*: efetividade desse direito fundamental diante dos avanços da tecnologia da informação. Porto Alegre: Fabris, 2007. p. 22.

[40] COSTA JR., Paulo José da. *O direito de estar só*: tutela penal da intimidade. São Paulo: Revista dos Tribunais, 1970. p. 24.

[41] HENKEL. Der Strafschutz des Privatlebens gegen Indiskretion, in Verhandlungen des 42. Deutschen Juristentages (Düsseldorf, 1957), Band II, Teil D, Erste Abteilung, Tübingen, 1958, p. 81 *apud* COSTA JR., Paulo José da. *O direito de estar só*: tutela penal da intimidade. São Paulo: Revista dos Tribunais, 1970. p. 24-25.

[42] "O direito à privacidade consistiria em um direito subjetivo de toda pessoa – brasileira ou estrangeira, residente ou transeunte, física ou jurídica – não apenas de constranger os outros a respeitaram sua esfera

que pode ser inserida a proteção aos dados pessoais, notadamente os dados sensíveis que, em regra, têm sido considerados como *commodities* no panorama contemporâneo a despeito de sua relevância, uma vez que são geralmente irrenunciáveis e se encontram atrelados de modo insuperável à identidade pessoal.

Importa salientar, de toda sorte, que a privacidade, ainda que em franca reconfiguração no sistema jurídico e na vida cotidiana, pode ser dividida em diferentes categorias: (a) privacidade física – proteção contra procedimentos invasivos não autorizados, como exames genéticos ou testes de drogas; (b) privacidade do domicílio – é aquela prevista no art. 5.º, XI, da Constituição Federal, que dispõe: "a casa é asilo inviolável do indivíduo, ninguém nela podendo penetrar sem consentimento do morador, salvo em caso de flagrante delito ou desastre, ou para prestar socorro, ou, durante o dia, por determinação judicial"; (c) privacidade das comunicações – também encontra respaldo constitucional (art. 5.º, XII); (d) privacidade decisional ou direito à autodeterminação – consiste no poder de decisão do indivíduo. E, por fim, (e) privacidade informacional ou autodeterminação informativa[43].

Partindo dessa noção, é que se pode abordar esse tema, acrescendo outras perspectivas, notadamente a partir da inclusão da EC 115/2022, e, portanto, atribuindo aos espaços de privacidade a esfera da autonomia, a esfera das informações pessoais, a esfera da propriedade pessoal e a esfera do espaço físico, isto é, em uma abordagem mais complexa. Isso posto, evidencia-se que a esfera da autonomia privada atrela a privacidade às questões de identidade e de liberdade pessoal, inclusive no que se refere aos aspectos da liberdade de expressão e religiosa, entre outras.

Ademais disso, salienta-se que a medida da garantia de proteção foi se delineando em função das possibilidades de agravos e de danos do uso da tecnologia. Interessante lembrar, todavia, que a proteção de dados pessoais não se confunde com a ideia de privacidade, sendo, portanto, um direito autônomo, previsto no catálogo constitucional, embasando-se diretamente na dignidade da pessoa humana, na autodeterminação informativa e no direito ao livre desenvolvimento da personalidade. E, nessa altura, impõe lembrar que se trata de um direito autônomo de caráter essencial e que assume um papel central para a subsistência e efetividade do catálogo de direitos e de garantias da pessoa humana na sociedade informacional.

Portanto, no que respeita à proteção de dados pessoais, mormente aos dados sensíveis, esse feixe de direitos vem consubstanciado na Constituição Federal em diversos dispositivos, mas, extrai-se mais especificamente, em seu art. 5.º, e está, embora em termos gerais, reforçado pela consagração do *habeas data*[44]. A delimitação de um direito fundamental autônomo no sistema normativo brasileiro implica uma compreensão que envolva o direito de acesso e de conhecimento dos dados pessoais existentes em registros (banco de dados) públicos e privados; o direito ao não conhecimento, bem como ao tratamento e à utilização e difusão

---

privada, mas também de controlar suas informações de caráter pessoal – sejam estas sensíveis ou não – resistindo às intromissões indevidas provenientes de terceiros". Cf. VIEIRA, Tatiana Malta. *O direito à privacidade na sociedade da informação*: efetividade desse direito fundamental diante dos avanços da tecnologia da informação. Porto Alegre: Fabris, 2007. p. 30.

[43] VIEIRA, Tatiana Malta. *O direito à privacidade na sociedade da informação*: efetividade desse direito fundamental diante dos avanços da tecnologia da informação. Porto Alegre: Fabris, 2007. p. 31-33.

[44] O *habeas data* é um dos mais importantes remédios constitucionais previstos na Constituição de 1988 por destinar-se a proteger a esfera íntima dos indivíduos. Por isso mesmo que tem *status* nas garantias fundamentais dispostas no art. 5.º. Dentre as suas finalidades, destacam-se as de proteger a intimidade das pessoas contra usos abusivos de registros de dados pessoais coletados por meios ilícitos e evitar a introdução dos já referidos dados sensíveis nestes arquivos. Visa também a desfazer a conservação de dados falsos ou com fins diversos dos previstos em lei.

de dados pessoais, particularmente no que concerne aos dados sensíveis pelo Estado ou por terceiros. Inclui-se, de toda maneira, um direito de sigilo quanto aos dados pessoais.

Contudo, reconhece-se um caráter extensivo ao englobar o direito ao conhecimento da identidade dos responsáveis pela coleta, pelo armazenamento, pelo tratamento e pela utilização dos dados. Deve-se igualmente relembrar o direito ao conhecimento da finalidade da coleta e da eventual utilização dos dados para arrolar o direito à retificação e, a depender do caso, de exclusão de dados pessoais armazenados em banco de dados. Dessa forma, pode-se afirmar que, embora não se trate de uma Carta propriamente digital, a Constituição brasileira se presta para basear e disciplinar essa temática, notadamente após os últimos esforços legislativos que culminaram na EC 115/2022. Se se tomar, *e.g.*, os direitos à liberdade científica (pesquisa), à intimidade e à privacidade, entende-se que são direitos fundamentais e, por sua vez, não sofrem limitações mediante legislações ordinárias[45], uma vez que o constituinte os imantou com uma proteção adicional, inclusive no que toca à vedação ao retrocesso.

Nessa altura, cumpre enfatizar a posição central da dignidade da pessoa humana que, de fato, é um princípio fundamental da Constituição brasileira (CF/88, art. 1.º, III), sendo inerente ao próprio Estado Democrático de Direito, integrando sua estrutura de modo essencial. E, assim, torna-se possível, a partir dele, inferir diversas constelações protetivas voltadas para a pessoa humana aplicáveis à contemporaneidade e, nesse sentido, apropriadas às atualizações e, inclusive, à regulação do emprego das tecnologias disruptivas, pautando-se em uma ideia de governança digital que, embora naturalmente flexível, possa garantir uma atuação adequada e, daí, segura à pessoa humana no âmbito informacional.

Não se torna despiciendo reafirmar que, ao dispor sobre os princípios fundamentais na parte inaugural da Constituição, o legislador constituinte deixou registrada de forma clara e inequívoca sua intenção de outorgar aqueles o caráter basilar e informativo de toda a ordem constitucional[46], integrando o que pode se chamar de núcleo essencial da Constituição material[47], que, portanto, deve ser tomado como suporte normativo último para a construção de sistemas e de padrões de segurança e de governança digital que sejam e atuem na qualidade de anteparos aos direitos humanos e fundamentais engendrados sob a égide dos princípios da prevenção e da precaução e, destarte, eficazes, inclusive contra as diversas formas de discriminação algorítmica.

Fato inconteste é que, no Brasil, se extrai tanto da Constituição quanto da legislação infraconstitucional, mais especificamente da LGPD, o direito à proteção de dados pessoais como um direito fundamental e, nessa medida, um dos pilares para a garantia dos direitos da personalidade, sendo um instrumental jurídico que supera a dicotomia entre direito público e direito privado[48], essencial à formação da pessoa humana e indispensável na construção da

---

[45] A respeito do tema, *vide* Ingo Sarlet, em sua obra *Eficácia dos Direitos Fundamentais*, no item 4.2.3 "Os limites dos direitos fundamentais". Cf. SARLET, Ingo Wolfgang. *A eficácia dos direitos fundamentais*. 12. ed. Porto Alegre: Livraria do Advogado, 2017.

[46] "Consideram-se princípios jurídicos fundamentais *os princípios historicamente objetivados e progressivamente introduzidos na consciência jurídica e que encontram recepção expressa ou implícita no texto constitucional*. Pertencem à ordem jurídica positiva e constituem um importante fundamento para a interpretação, integração, conhecimento e aplicação do direito positivo". Cf. CANOTILHO, J. J. Gomes. *Direto constitucional e teoria da Constituição*. 7. ed. Coimbra: Almedina, 2000. p. 1.165.

[47] SARLET, Ingo Wolfgang. *A eficácia dos direitos fundamentais*. 12. ed. Porto Alegre: Livraria do Advogado, 2017. p. 113.

[48] Torna-se perceptível que a proteção à dignidade da pessoa humana envolve um aspecto negativo, no sentido de impedir violações, mas também um aspecto positivo, isto é, de assegurar o pleno desenvolvimento da personalidade de cada um dos indivíduos. Em função disso, a Constituição Federal de 1988

identidade pessoal. Logo, é inegável a correspondência entre o princípio da dignidade[49] da pessoa humana com, de modo geral, os direitos fundamentais, observando-se com um destaque superior, em razão do tema dessa investigação, a garantia das esferas da liberdade, da intimidade, da privacidade e da proteção de dados pessoais sensíveis na sociedade informacional[50].

Nessa perspectiva é que se torna cada vez mais clara a proeminência da LGPD no ordenamento pátrio na medida em que ela se volta para a regulamentação do direito à proteção de dados pessoais, garantindo a privacidade e, de certa forma, a integralidade e a intimidade dos sujeitos em geral, particularmente quando se tem em mente a superprodução de dados sensíveis na realidade atual e as inomináveis possibilidades de danos advindos a partir de sua manipulação.

Com efeito, a LGPD dispõe, em seu art. 1.º, sobre o tratamento de dados pessoais, inclusive nos meios digitais, por pessoa natural ou por pessoa jurídica de direito público ou privado, com o objetivo de proteger os direitos fundamentais de liberdade e de privacidade, a autodeterminação informática e o livre desenvolvimento da personalidade da pessoa natural. Do teor do art. 3.º enfatiza-se, ainda, que se trata de uma proteção destinada aos dados que, independentemente do meio, se referem ao fornecimento de bens ou serviços, notadamente, mas não exclusivamente, dos dados de indivíduos localizados em território nacional.

De todo modo, deve-se alertar que, na medida em que essa legislação entrou em vigor e passou a ser manuseada pela academia e aplicada nas esferas pública e privada, mas, principalmente quando for plenamente assenhorada pela população e se tiver instituído os verdadeiros limites e contornos de ação da ANPD (Agência Nacional de Proteção de Dados), criada por meio da Medida Provisória 869, de 27 de dezembro de 2018 e convertida na Lei 13.853/2019, é que realmente ficarão mais nítidos o panorama e as balizas da proteção de dados no Brasil. Trata-se, sem dúvida, de uma construção em que todos os setores são instados a contribuir na formação de um sistema robusto e concretamente protetivo. Nessa altura, oportuno lembrar a posição preponderante do Poder público na condução desse processo.

De qualquer sorte, deve-se reafirmar que o âmbito de proteção do direito fundamental à proteção de dados pessoais foi afiançado em sede de controle de constitucionalidade pelo Supremo Tribunal Federal (STF) mediante julgamento histórico em que suspendeu a eficácia da Medida Provisória (MP) 954/2020. Importa salientar que naquela sessão emblemática foi engendrada uma mutação constitucional baseada na lógica de que não há dados irrelevantes, neutros ou insignificantes e, assim, restou reafirmada a proteção constitucional/fundamental ao dado pessoal, a qual, posteriormente, foi consagrada pelo teor da EC 115/2022. Houve, consequentemente, a afirmação de um direito fundamental autônomo e, na outra face, a afirmação de um duplo dever do Estado brasileiro; ou seja, de um lado a atribuição da tarefa de se abster de interferir negativamente no âmbito de proteção desse direito e, de outra banda, a de adotar as medidas apropriadas e que assegurem o seu devido cumprimento e, nessa linha,

---

não se restringiu a uma elaboração em que a dignidade da pessoa humana ficasse restrita a um mero enunciado, de fato, a considerou como fundamento que se reflete em todo o texto constitucional. Ainda digno de nota é enfatizar que a dignidade da pessoa humana é fonte primária que apresenta as diretrizes do ordenamento jurídico do Estado de Direito, representando vetor interpretativo e indicativo. E, em se tratando do direito brasileiro, apresenta-se como um dos fundamentos do próprio Estado Democrático de Direito.

[49] Sarlet destaca a complexidade inerente à conceituação jurídica da dignidade da pessoa humana. Cf. SARLET, Ingo Wolfgang. *A eficácia dos direitos fundamentais*. 12. ed. Porto Alegre: Livraria do Advogado, 2017. p. 70.

[50] SARLET, Ingo Wolfgang. *A eficácia dos direitos fundamentais*. 12. ed. Porto Alegre: Livraria do Advogado, 2017. p. 110.

sua concretização. Nesses termos, cabe ao Estado os deveres constitucionais de respeitar, proteger e promover esse feixe de direitos.

3. O CONSENTIMENTO LIVRE, INFORMADO E ESCLARECIDO E AS HIPÓTESES DE TRATAMENTO EM FACE DO DIREITO DE PROTEÇÃO DOS DADOS PESSOAIS SENSÍVEIS

Exsurge inegavelmente da atual ideia de vigilância e de tecnocontrole a tarefa de reforçar a importância do consentimento[51], em especial em uma forma escrita, resgatando-o como um dos pontos nucleares do legado do século XX no sentido de valorização da autonomia privada, dos direitos humanos e fundamentais e, mais especificamente, da autodeterminação informativa. Em especial, particulariza-se a sua natureza processual na medida em que devem ser garantidas todas as condições, inclusive temporais, circunstanciais e informacionais, para a tomada de decisão livre, esclarecida e autônoma em um cenário de liberdade, de solidariedade e de responsabilidade[52].

Oportuno enfatizar que a atual relação entre a proteção de dados pessoais e o processo de elaboração de consentimento na vida digital corresponde à observância tanto de um direito/dever de informação dos usuários quanto de um dever por parte dos agentes públicos e privados de garantir a deliberação livre e, consequentemente, a revisão e a possibilidade de retirada da anuência a qualquer momento sem prejuízo algum, mediante a garantia de que o tráfego desses dados não implicará em danos de espécie alguma.

Em outras palavras, o consentimento deve ser efetuado nos moldes de um ato jurídico pleno, respeitando-se a ampliação de uma perspectiva de validade e de perfectibilidade em um panorama em que novos atores, advindos da era informacional[53], passam a ser cada vez mais corresponsáveis pela criação de um ambiente livre, seguro, minimamente estável nas fronteiras estabelecidas por sistemas auditáveis, compreensíveis e acessíveis. Segundo o art. 5.º, XII, da LGPD, trata-se de uma manifestação livre, informada e inequívoca pela qual o titular concorda com o tratamento de seus dados pessoais para uma finalidade determinada. Destaque-se, por óbvio, a inexistência de consentimento para tratamento eterno, devendo ser circunstanciado o tempo/ciclo de vida dos dados à finalidade.

Trata-se, com isso, de uma construção em que as fronteiras do processo de anonimização em face da reconfiguração do direito à privacidade e, consequentemente, do direito à proteção dos dados sensíveis, devem se encontrar em um movimento de consonância e de adequação com um padrão protetivo para o resguardo da identidade digital, tendo como base a dignidade e a autodeterminação informativa em face da hiperaceleração da tecnologia.

Nesse aspecto, urge apontar para a dicção do art. 5.º, X, da LGPD sobre o tratamento de dados pessoais na medida em que esta institui que consiste em toda operação realizada com dados pessoais, como as que se referem à coleta, à produção, à recepção, à classificação, à utilização, ao acesso, à reprodução, à transmissão, à distribuição, ao processamento, ao

---

[51] RADLANSKI, Philip. *Das Konzept der Einwilligung in der datenschutzrechtlichen Realität*. Tübingen: Mohr Siebeck, 2015. s. 10-11.

[52] BRÜGGEMEIER, Gert. Protection of personality rights in the Law of delict/torts in Europe: mapping out paradigms. *In*: BRÜGGEMEIER, Gert; CIACCHI, Aurelia Colombia; O'CALLAGHAN, Patrick (Ed.). *Personality rights in European tort law*. Cambridge: Cambridge University Press, 2010.

[53] CUKIER, Kenneth; MAYER-SCHÖNBERGER, Viktor. *Big data*: a revolution that will transform how we live, work, and think. Boston, New York: Mariner Books, 2014. p. 176.

arquivamento, ao armazenamento, à eliminação, à avaliação ou ao controle da informação, à modificação, à comunicação, à transferência, à difusão ou à extração.

Um ponto determinante a ser levado em consideração sobre o tratamento dos dados pessoais é que, para que possam ser coletados, é, em regra, necessário o consentimento expresso do titular e, preferencialmente, sob a forma escrita. O consentimento, não custa reforçar, se aplica sempre em razão de uma finalidade explicitada e específica, impossibilitando-se o uso de uma aprovação genérica. Portanto, caso seja necessário usar os dados do titular para outros fins, em regra, é necessário que haja uma nova aprovação, um novo processo de anuência. Assim, apesar de uma grande maioria das bases já possuir inúmeros dados extremamente diversificados, os dados previamente existentes também deverão passar por uma revisão e devem receber a autorização dos titulares para serem mantidos, tratados e processados, em princípio. A hipótese de utilização secundária somente é possível em razão da compatibilização de finalidades.

Quando se tratar de menores de idade, é imprescindível obter o consentimento inequívoco de um dos pais ou responsáveis. Outro aspecto primordial é quanto ao uso estrito dos dados, ou seja, deve ser empregado apenas o conteúdo estritamente necessário para a atividade econômica ou governamental em questão, vedado o repasse a terceiros. Na ausência do consentimento, só podem serem coletados dados em situações de urgência, devendo-se imediatamente entrar em contato com os pais ou com os responsáveis para garantir a maior e mais adequada proteção à criança e ao adolescente. Nesse ponto, observa-se uma relação clara entre a LGPD, o ECA (Estatuto da Criança e do Adolescente) e a principiologia constitucional.

Daí a imprescindibilidade da garantia do *design* de sistemas maquínicos centrado no ser humano (*human centered design*) e, assim, pautado na ideia de responsabilidade algorítmica que, em outro giro, aponta para a produção de sistemas rastreáveis, auditáveis, interpretáveis e compreensíveis, os quais possibilitem um monitoramento contínuo não somente na medida de uma valorização da autodeterminação informativa, mas, sobretudo, por meio da oportunização diversificada, plena no caráter informativo, e acessível acerca das formas de manifestação, de oposição e de revisão das modalidades de anuência.

Em razão disso, pertinente é relembrar que, a despeito da extrema relevância do consentimento[54] como instrumental para a reafirmação da autonomia, atualmente há outros aspectos que emolduram o cotidiano e, consequentemente, o enfraquecem, tais como: o volume e o fluxo de informações que elevam a velocidade das transações a níveis exponenciais, comprometendo o processo de formação da vontade consciente; o excesso de pegadas/sombras digitais que são geradas por todas as pessoas, independentemente de sua anuência; e, por fim, a incapacidade do Estado em sua configuração atual para enfrentar a crise de soberania que o fenômeno da sociedade informacional revelou e, dessa forma, a incontestável precarização da garantia da dignidade da pessoa humana que se tem testemunhado. Aliado a esses aspectos, é interessante apontar os déficits educacionais da população brasileira que gera uma realidade desalentadora na qual esse novo instrumento legal se insere. Outro ponto que, embora não seja tratado diretamente nesse ensaio, é de suma relevância, diz respeito aos anteparos éticos, jurídicos e técnicos que inibam a atuação do Poder Público como uma unidade, ou seja, contrariando a premissa da separação de Poderes.

A propósito, o que se projeta quando se trata do ato de consentir, destarte, é uma espécie de ideal que deve ser sempre posto na condição de *standard* mínimo, vez que em sua totalidade

---

[54] MELE, Alfred R. *Willensfreiheit und Wissenschaft*: ein Dialog. Übersetzt von Guido Löhter. Berlin: Suhrkamp, 2017. s. 54-55.

se torna cada vez mais difícil de ser experienciado em sua plenitude, no que se refere tanto ao mundo real quanto ao mundo digital.

Em rigor, o que se pode inferir da relação do ser humano nessa clivagem da História é que, na medida em que se tornou seu único predador, tornou-se igualmente ansioso e amedrontado em relação a sua capacidade e engenhosidade[55]. Assim, carece de mais tempo para a interlocução com o momento atual e, dessa forma, carece do encetamento de uma processualística apta à realidade fendida em diversos mundos que interagem entre si. Outros aspectos problemáticos podem ser ainda apontados, *e.g.*, a questão da reversibilidade dos processos de anonimização e, em consequência, da impermanência do consentimento que, nesse ponto, passa a ser, necessariamente, sempre precário e, portanto, circunstanciado a um momento determinado. Portanto, não há eternidade quando se refere ao consentimento, uma vez que ele demanda sempre certa atualização do sujeito em relação ao uso dos seus dados pessoais, particularmente quando se trata de dados sensíveis.

De qualquer sorte, o processo de consentir permanece como um dos ícones nessa era digital, essência[56] da dignidade da pessoa humana, devendo ser valorizado e, na medida do possível, adequado às novas circunstâncias oriundas da velocidade, da fluidez e da flexibilização de fronteiras, ou seja, em relação ao potencial da *privacy by design*. Destaca-se, nessa altura, a fundamentalidade do ato de consentir, sobretudo no âmbito da internet, como fruto de uma relação gnoseológica, ou seja, como um processo de conhecimento.

Não custa relembrar que a LGPD evidenciou a transparência, a auditabilidade e a explicabilidade como elemento central e, dessa forma, tornou cristalina a ideia de que todos os procedimentos envolvendo dados pessoais, sobretudo os dados sensíveis, devam ser compatíveis com a finalidade da coleta e minimizados em uma política de uso racional, sobretudo em razão da sua perenidade. Outro aspecto notável foi o fortalecimento da proteção e a decorrente vedação de uso de dados sensíveis para fins discriminatórios independentemente do consentimento do usuário, especialmente em face dos riscos de destruição, de divulgação e de acesso indevido em razão da estrutura aberta da internet.

Há, em razão dos diversos riscos advindos com a sociedade informacional, sobretudo no que toca à submissão da pessoa humana às decisões irreflexivas, automatizadas, discriminatórias e irrenunciáveis, uma superior necessidade de um esforço global quanto ao reforço da relevância das expressões da autonomia privada no âmbito digital. Notória passou a ser a ideia de granulação quando se trata do processo decisório e, por outro lado, enfatiza-se o incremento de um debate acerca dos limites de regulação do emprego de algoritmos e da inteligência artificial, uma vez que podem impactar de maneira radical a vida dos indivíduos com especial atenção, *e.g.*, para a criação de perfis comportamentais de navegação que, por sua vez, podem, até mesmo, ter fins nocivos e discriminatórios. Torna-se inadiável a reflexão acerca dos relatórios de impacto de risco, sobretudo de risco algorítmico.

De fato, o legislador, assegurando a ideia de exceção e, desse modo, enaltecendo a anuência do titular dos dados, esclareceu no art. 11 da LGPD as hipóteses de tratamento de dados sensíveis sem nenhuma dicção hierárquica. Conferiu, ainda, as hipóteses de tratamento sem o fornecimento do consentimento quando se tratar de: a) cumprimento de obrigação legal ou regulatória pelo controlador; b) tratamento compartilhado de dados necessários à execução, pela administração pública, de políticas públicas previstas em leis ou regulamentos;

---

[55]   CROUCH, Colin. *Postdemokratie*. Übersetzt von Gius, Laterza und Figli. 13. Auf. Frankfurt am Main: Suhrkamp, 2017. s. 107-108

[56]   NIDA-RÜMELIN, Julian. *Philosophie und Lebensform*. 2 Auf. Frankfurt am Main: Suhrkamp, 2018. s. 235.

c) realização de estudos por órgão de pesquisa, garantida, sempre que possível, a anonimização dos dados pessoais sensíveis; d) exercício regular de direitos, inclusive em contrato e em processo judicial, administrativo e arbitral nos termos da Lei de Arbitragem; e) proteção da vida ou da incolumidade física do titular ou de terceiro; f) tutela da saúde, exclusivamente em procedimento realizado por profissionais de saúde, serviços de saúde ou autoridade sanitária; g) garantia de prevenção à fraude e à segurança do titular, nos processos de identificação e de autenticação de cadastro em sistemas eletrônicos, resguardados os direitos mencionados no art. 9.º da LGPD e exceto em caso de prevalecerem direitos e liberdades fundamentais do titular que exijam a proteção dos dados pessoais.

Nesse ponto, deve-se alertar que, embora preponderante, o consentimento não pode, portanto, ser entendido como a única base legal para o tratamento de dados. Deve-se, nessa medida, compreender a fundamentação por parte do controlador a partir de outras bases previstas na LGPD, devendo-se compreender uma necessária ponderação acerca do uso de bases conjugadas. Oportunamente, deve ser relembrado o dever, tanto do controlador quanto do operador, de manter registro das operações de dados pessoais em uma atitude proativa, condizente com a cidadania digital.

Ademais disso, torna-se evidente, a partir do teor da LGPD, a demonstração por parte do agente da adoção de medidas eficazes e capazes no intuito de comprovar a observância e o cumprimento das normas que perfazem o âmbito de proteção do direito à proteção de dados pessoais, em especial quando se trata de dados sensíveis. Assim, ganha em sentido pautar os elementos da coerência, lealdade, fidelidade e minimização no que toca ao tratamento dos dados sensíveis. Enfim, esse assunto exige uma particular atenção, pois vai demandar novos enunciados sobre o tema, explicitando inclusive novos parâmetros para a definição e o tratamento dos dados sensíveis, sobretudo para assegurar a confidencialidade e a estabilidade das relações jurídicas e proteção das pessoas envolvidas em um ecossistema de fidúcia.

Ainda convém apontar o teor do art. 17 da LGPD, na medida em que arrola os direitos dos titulares dos dados, e, nessa dimensão, oportunamente deve ser sublinhada a ação da ANPD que deve, em última instância, contribuir de modo decisivo, juntamente do Conselho Nacional de Proteção de Dados e Privacidade, para a criação de um cenário de governança e de democracia digital no Brasil.

De qualquer sorte, deve-se reafirmar que a fidúcia e a boa-fé passam cada vez mais a figurar como elementos primordiais nesse cenário e, dessa forma, a escolha da base legal mais adequada deve ser extraída de uma interpretação sistemática que envolva a Constituição Federal, a LGPD e os demais marcos infraconstitucionais em vigor, alinhavadas pelas diretrizes da Política Nacional a ser engendrada pela ANPD.

A proteção de dados sensíveis passa necessariamente pela implementação de uma cultura apropriada que, conjugada a um sistema robusto e eficaz, crie condições para a sua efetividade, designadamente atrelando esforços da sociedade civil e do poder público. E, para isso, deve ser enfatizado o papel e a centralidade da principiologia que envolve, dentre outros princípios, a adequação, a transparência, a responsabilização, a auditabilidade e a prestação de contas.

SÍNTESE CONCLUSIVA

Na sociedade informatizada, são trocados dados pessoais com elevada frequência. Esses dados representam um valioso instrumento, além de gerarem informações essenciais para as empresas privadas e para as autoridades públicas, já que permitem o desenvolvimento de políticas públicas mais eficientes e podem gerar lucro para o setor privado. No entanto, muitas vezes são tratados sem qualquer preocupação com a sua segurança, tornando o seu armazenamento, tratamento, transferência e manipulação como elementos ameaçadores aos direitos humanos e fundamentais, destacando-se o direito à proteção de dados que, como se depreende dessa investigação, deve ser entendido como um direito autônomo no sistema normativo brasileiro, sobretudo no que afeta aos dados sensíveis, em especial após a EC 115/2022.

Acerca dessa temática, foi preliminarmente editado o Marco Civil da Internet que, em termos gerais, implantou um novo patamar no que toca à internet, mas consistiu apenas em um estágio germinal quanto ao cuidado em relação aos riscos de discriminação algorítmica e, em especial, aos possíveis impactos de acidentes de vazamentos de dados na sociedade informacional. De fato, foi com a Lei 13.709/2018 – Lei Geral de Proteção de Dados Pessoais que o sistema normativo brasileiro passou a integrar um conjunto de países que adotaram medidas legais de segurança digital e, dessa maneira, garantiram sua presença no ambiente de transações internacionais que tem utilizado, direta ou indiretamente, os dados como mercadoria principal.

A LGPD instituiu um feixe de direitos referentes à proteção dos dados pessoais, enfatizando a necessidade de se proteger os dados sensíveis em razão, dentre outras, das possibilidades de uso discriminatório e em razão de sua ampla possibilidade de afetação à pessoa humana. Dado sensível, por sua vez, diz respeito aos aspectos mais nucleares da personalidade. Porém, ainda carece de uma melhor conceituação, sobretudo, tendo em vista a incontroversa necessidade de se estabelecer padrões para a sua apropriada proteção. Carece, pois, apurar se se tratou de um rol taxativo e se cabe ainda expandir para outros exemplos a ideia de dado sensível estabelecida na LGPD, mormente quando se considera as diversas modalidades de conjugação/tratamento dos dados pessoais em tempos de *Big Data*, *machine learning* etc.

Dessa maneira, pautando-se nos princípios da precaução e da prevenção, reconheceu-se a vinculação dos dados à pessoa humana e, de modo particular, destacou-se a relevância do consentimento livre, específico, atrelado a uma finalidade e fruto de um processo gnoseológico de emancipação e de informação nas operações envolvendo tráfego de dados pessoais, sobretudo quando se trata de dados sensíveis. Por sua vez, reforçou-se a ideia de que a anuência deve ser diretamente atrelada a uma finalidade, tratando-se de óbice às formas de consentimento abstratas e genéricas. A questão permanece, deve-se reafirmar, praticamente em aberto, todavia, quando se trata do uso de *Big Data*. Ponto que ainda permanece no vácuo legislativo, em certa medida, diz respeito às áreas da segurança publica, da inteligência e da persecução penal.

Outro aspecto central nesse debate diz respeito ao fato de que, embora os dados possam ser relacionados aos seus titulares, não se pode desconhecer que, em razão do uso de *Big Data* e de inteligência artificial, há sempre a relação com os dados de outrem, portanto, a proteção de dados pessoais sensíveis deve ir além da ideia de soberania de dados. Há, portanto, uma dimensão relacional no que toca à proteção de dados além dos inumeráveis aspectos referentes à esfera dos direitos da personalidade, particularmente em relação ao direito à identidade digital e aos desdobramentos que compõem o livre desenvolvimento da personalidade no âmbito digital/virtual.

No que concerne ao ambiente digital caracterizado pela volatilidade, ambiguidade, incerteza e complexidade, deve-se sublinhar a impermanência e a transitoriedade que devem ser relacionadas às técnicas de anonimização de dados que, com certeza, afetam a parametrização que, em um curto espaço de tempo, acabarão por colocar em xeque as fronteiras entre os modos *off-line* e *on-line* de atuação do sujeito de direito. Dados referentes aos hábitos alimentares, à saúde, à identidade genética, entre outros, podem vir a ser utilizados para a composição de perfis para fins discriminatórios, portanto, utilizados para fins de caráter inaceitável e injustificável em regimes democráticos e, dessa forma, a noção acerca dos dados sensíveis pode vir a ser radicalmente alterada, carecendo de maior proteção, que deve se manter sempre atualizada e em constante atualização.

A proteção dos dados pessoais sensíveis está, dentro desse quadro, diretamente relacionada à autodeterminação informativa, em especial quando se tem em mente que o controle e o compartilhamento destes se tornou essencial nos dias de hoje para o livre desenvolvimento da personalidade em uma sociedade assentada na economia de dados e em um contexto marcadamente voltado para a vigilância e para o tecnocontrole.

O protagonismo passou, então, a ser cada vez mais da pessoa humana que, em razão do seu empoderamento, pode e deve vir a participar mais ativamente na arena de poder contemporânea quanto à delimitação dos espaços de atuação e de exposição por meio do uso de seus dados. A privacidade, nesse sentido, continua sendo um direito fundamental elementar que, embora constitucionalmente consagrado desde 1998, passa agora a ter uma nova configuração em uma constelação que confere primazia ao direito autônomo à proteção dos dados pessoais.

Nesse ponto, deve ser redimensionada e realinhada a peculiar ideia de consentimento livre, esclarecido e informado em seu caráter instrumental, em um panorama de empoderamento da pessoa humana, particularmente no que tange à frenagem da opacidade do tratamento de dados pessoais, que se abre com a entrada em vigor da LGPD, mas que se encontra profundamente relacionado com o papel atribuído à ANPD, que tem atuado ativamente no cenário nacional, devendo ter uma atuação bastante promissora.

A proteção de dados, em suma, vem se tornando um grande desafio, uma vez que deve servir como um anteparo, uma garantia contra a assimetria relacional que caracteriza o atual cenário globalizado, hiperconectado em que os gigantes tecnológicos se tornaram hegemônicos e suplantaram a atuação dos Estados.

Fundamentalmente, ainda deve-se relembrar que a internet/rede é um fenômeno global que alterou a gramática cultural, implicando novos modos de comportamentos mais atentos à possibilidade de engendramento de novas formas ditatoriais e de aniquilamento da pessoa humana. Esse é, de todo modo, um grande desafio, sobretudo para a sociedade brasileira nos tempos atuais, na medida em que urge retirar a LGPD de seu estado de letargia e vivificá-la em um sentido cada vez mais pragmático e adequado ao padrão normativo nacional que, em síntese, parece ser ainda de certa alienação.

Deve-se encetar, desta forma, um conjunto de ações que fortaleçam a pessoa humana em consonância com um nascente movimento global de antagonismo ao processo de algoritmização da vida. E, a propósito, merece especial destaque a necessidade de manter um amplo e contínuo debate nacional acerca desse tema em virtude das novidades tecnológicas.

REFERÊNCIAS

ALMEIDA, Silvio Luiz de. *O que é racismo estrutural?* Belo Horizonte: Letramento, 2018.

BRÜGGEMEIER, Gert. Protection of personality rights in the Law of delict/torts in Europe: mapping out paradigms. *In*: BRÜGGEMEIER, Gert; CIACCHI, Aurelia Colombia; O'CALLAGHAN, Patrick (Ed.). *Personality rights in European tort law*. Cambridge: Cambridge University Press, 2010.

BRUINI, Eliane da Costa. Educação no Brasil. *Brasil Escola*, [*s.l.*], [201-]. Disponível em: https://brasilescola.uol.com.br/educacao/educacao-no-brasil.htm. Acesso em: 10 jan. 2020.

CANOTILHO, J. J. Gomes. *Direto constitucional e teoria da Constituição*. 7. ed. Coimbra: Almedina, 2000.

CASTELLS, Manuel. *A era da informação*: economia, sociedade e cultura. São Paulo: Paz e Terra, 1999, v. 3.

COSTA JR., Paulo José da. *O direito de estar só*: tutela penal da intimidade. São Paulo: Revista dos Tribunais, 1970.

CROUCH, Colin. *Postdemokratie*. Übersetzt von Gius, Laterza und Figli. 13. Auf. Frankfurt am Main: Suhrkamp, 2017.

CUKIER, Kenneth; MAYER-SCHÖNBERGER, Viktor. *Big data*: a revolution that will transform how we live, work, and think. Boston, New York: Mariner Books, 2014.

DETERMANN, Lothar. *Determann's field guide to data privacy law* – international corporate compliance. 2. ed. Massachusetts: Edward Elgar, 2015.

DONEDA, Danilo. *Da privacidade à proteção de dados pessoais*: fundamentos da Lei Geral de Proteção de Dados. 2. ed. São Paulo: Thomson Reuters Brasil, 2019.

ECHTTERHOFF, Gisele. *Direito à privacidade dos dados genéticos*. Curitiba: Juruá, 2010.

ECO, Umberto. *Der ewige Faschismus*. Übersetzt von Burkhart Kroeber. München: Carl Hanser, 2020.

EUROPEAN COMMISSION. European Group on Ethics in Science and New Technologies. *Statement of artificial intelligence, robotics and 'autonomous' systems*. Brussels, 2018. Disponível em: http://ec.europa.eu/research/ege/pdf/ege_ai_statement_2018.pdf. Acesso em: 20 jan. 2020.

FREITAS, Eduardo de. A qualidade da educação brasileira. *Brasil Escola*, [s.l.], [201-]. Disponível em: https://educador.brasilescola.uol.com.br/trabalho-docente/a-qualidade-educacao-brasileira.htm. Acesso em: 10 jan. 2020.

FUKUYAMA, Francis. *Identität*: wie der Verlust der Würde unsere Demokratie gefährdet. Hamburg: Hoffmann und Campe, 2020.

GRABOSCH, Jens. Analoges Recht in der digitalen Welt. Braucht das BGB ein update? Eine Untersuchung am Beispiel digitaler Inhalte. *Europäische Hochschulschriften Recht*, Berlin, Band 6065, s. 27-29, 2019.

HABERMAS, Jürgen. *Um ensaio sobre a Constituição da Europa*. Tradução de Marian Toldy e Teresa Toldy. Lisboa: Edições 70, 2012.

HENNING, Klaus. *Smart und digital*: wie künstliche Intelligenz unser Leben verändert. Aachen: Springer, 2019.

HOFFMANN-RIEN, Wolfgang. Inteligência artificial como oportunidade para a regulação jurídica. *Direito Público*, Porto Alegre; Brasília, n. 90, nov./dez. 2019.

JÖNS, Johanna. *Daten als Handelsware*. Hamburg: Deutsches Institut für Vertrauen und Sicherheit im Internet (DIVSI), 2016.

KNOBLOCH, Hans-Heinrich. Der Schutz der Persönlichkeit im Internet. *In*: LEIBLE, Stefan; KUTSCHKE, Torsten (Hrsg.). *Der Schutz der Persönlichkeit im Internet*. Tübingen: Boorberg, 2013.

KROHM, Niclas. Der Schutz personenbezogener Daten in Zuge von Unternehmenstransaktionen. *In*: SIMITIS, Spiros Simitis (Hrsg.). *Veröffentlichungen der Forshungsstelle für Datenschutz an der Johann-Wolfang-Goethe-Universität*. Band 39. Frankfurt am Main: Nomos, 2012.

LE BRETON, David. *Desaparecer de si*: uma tentação contemporânea. Tradução de Francisco Morás. Petrópolis: Vozes, 2018.

LÉVY, Pierre. *Cibercultura*. Tradução de Carlos Irineu da Costa. São Paulo: Editora 34, 2008.

MELE, Alfred R. *Willensfreiheit und Wissenschaft*: ein Dialog. Übersetzt von Guido Löhter. Berlin: Suhrkamp, 2017.

MENDES, Laura Schertel; MATTIUZZO, Marcela. Discriminação algorítmica: conceito, fundamento legal e tipologia. *Direito Público*, Porto Alegre; Brasília, n. 90, nov./dez. 2019.

MURAT, Pierre. L'identité imposée par le droit et le droit à connaître son identifié. *In*: MALLET-BRICOUT, Blandine; FRAVARIO, Thierry (Dir.). *L'identité, un singulier au pluriel*. Paris: Dalloz, 2015.

NIDA-RÜMELIN, Julian. *Philosophie und Lebensform*. 2. Auf. Frankfurt am Main: Suhrkamp, 2018.

ORGANIZAÇÃO DAS NAÇÕES UNIDAS. *Assembleia Geral da ONU aprova resolução de Brasil e Alemanha sobre direito à privacidade*. [S.l.], 19 dez. 2013. Disponível em: https://nacoesunidas. org/assembleia-geral-da-onu-aprova-resolucao-de-brasil-e-alemanha-sobre-direito-a-privacidade/. Acesso em: 2 jan. 2020.

OTTO Y PARDO, Ignacio de. *La regulación del ejercicio de los derechos y libertades*. Madrid: Cuadernos Civitas, 1988.

RADLANSKI, Philip. *Das Konzept der Einwilligung in der datenschutzrechtlichen Realität*. Tübingen: Mohr Siebeck, 2015.

RUARO, Regina Linden; RODRIGUEZ, Daniel Piñeiro; FINGER, Brunize (Colaboradora). O direito à proteção de dados pessoais e a privacidade. *Revista da Faculdade de Direito – UFPR*, Curitiba, n. 53, 2011. Disponível em: https://revistas.ufpr.br/direito/article/view/30768. Acesso em: 22 out. 2019.

RYDLEWSKI, Carlos. Computação sem fronteiras. *Caldeirão de Ideias*, [s.l.], [201-]. Disponível em: https://caldeiraodeideias.wordpress.com/2010/07/02/computacao-sem-fronteiras/. Acesso em: 10 dez. 2019.

SALES, G. B.; MOLINARO, C. A. Questões tecnológicas éticas e normativas da proteção de dados pessoais na área da saúde em um contexto de big data. *Direitos Fundamentais & Justiça*, Porto Alegre, v. 13, p. 183-213, 2019.

SARLET, Ingo Wolfgang. *A eficácia dos direitos fundamentais*. 12. ed. Porto Alegre: Livraria do Advogado, 2017.

SARLET, Ingo Wolfgang. *O princípio da dignidade da pessoa humana e os direitos fundamentais*. 10. ed. Porto Alegre: Livraria do Advogado, 2019.

SCHMIDT, Eric; COHEN, Jared. *The new digital age*: reshaping the future of people, nations, and business. London: John Murray, 2014.

SILVA, Virgílio Afonso da. *Direitos fundamentais*: conteúdo essencial, restrições e eficácia. 2. ed. 3. tir. São Paulo: Malheiros, 2014.

UNIÃO EUROPEIA. *Carta dos Direitos Fundamentais da União Europeia*. [S.l.], 2000. Disponível em: http://www.direitoshumanos.usp.br/index.php/Documentos-não-Inseridos-nas-Deliberações-da-ONU/carta-dos-direitos-fundamentais.html. Acesso em: 12 dez. 2019.

VELASCO, Ariane. Saiba o que são computadores quânticos e por que eles são melhores. *CanalTech*, [S.l.], [201-]. Disponível em: https://canaltech.com.br/inovacao/computadores-quanticos-o-que-sao/. Acesso em: 1.º dez. 2019.

VIEIRA, Tatiana Malta. *O direito à privacidade na sociedade da informação*: efetividade desse direito fundamental diante dos avanços da tecnologia da informação. Porto Alegre: Fabris, 2007.

WARREN, Simon D.; BRANDEIS, Louis D. The right to privacy. *Harvard Law Review*, Boston, v. IV, n. 5, 15 Dec. 1890. Disponível em: http://groups.csail.mit.edu/mac/classes/6.805/articles/privacy/Privacy_brand_warr2.html. Acesso em: 13 mar. 2015.

ZENNER, Florian. Algorithmenbasierte Straftatprognosen in der Eingriffsverwaltung – Zu den verfassungsrechtlichen Grenzen und einfachgesetzlichen Möglichkeiten von "Predictive Policing". *In*: WIECZOREK, Mirko Andreas (Hrsg.). *Digitalisierung*: Rechtsfragen rund um die digitale Transformation der Gesellschaft. Göttingen: Cuvillier, 2018.

10

A PROTEÇÃO DE DADOS PESSOAIS DE CRIANÇAS E ADOLESCENTES

ISABELLA HENRIQUES

Advogada. Diretora Executiva do Instituto Alana. Doutoranda em Direitos das Relações Sociais – Direitos Difusos e Coletivos – pela PUC-SP. Autora da obra *Publicidade abusiva dirigida à criança* (Juruá, 2006). Coautora e coorganizadora da obra *Publicidade de alimentos e crianças – regulação no Brasil e no mundo* (Saraiva, 2013). Coorganizadora da obra *Autorregulação da publicidade infantil no Brasil e no mundo* (Verbatim, 2017). Organizadora da obra *Primeira infância no sistema de garantia de direitos de crianças e adolescentes* (Instituto Alana, 2019). *Global Leader for Young Children* pela World Forum Foundation. Líder Executiva em Primeira Infância pelo Center on the Developing Child da Harvard University. Membro do Conselho Consultivo da Ouvidoria da Defensoria Pública do Estado de São Paulo.

MARINA PITA

Jornalista. Diretora de relações institucionais do Intervozes – Coletivo Brasil de Comunicação Social em Brasília e pesquisadora em proteção de dados. Pós-graduada em Economia Urbana e Gestão Pública pela Pontifícia Universidade Católica de São Paulo (PUC-SP).

PEDRO HARTUNG

Advogado. Coordenador dos programas Prioridade Absoluta e Criança e Consumo do Instituto Alana. Docente e membro do Painel Técnico do Curso de Liderança Executiva do *Center on the Developing Child* do NCPI/Harvard University. Doutor em Direito pela USP com doutorado sanduíche em 2017 pela Harvard Law School e Pesquisador Visitante no *Child Advocacy Program* da Harvard Law School. Membro do grupo de trabalho da UNICEF sobre Governança de dados pessoais de crianças. Pesquisador visitante do Max-Planck-Institute de Direito Público Comparado e Internacional. Especialização pela Universidade Ludwig Maximilians (LMU) de Munique/Alemanha. Foi Conselheiro do Conselho Nacional dos Direitos da Criança e do Adolescente – Conanda (2012-2016) e professor coordenador da Clínica de Direitos Humanos Luiz Gama da Faculdade de Direito da USP. Líder Executivo para Primeira Infância NCPI/Harvard. Integrou em 2017 a equipe do *Legal Policy Office* do Alto Comissário das Nações Unidas para Direitos Humanos (OHCHR/ONU), em Genebra.

INTRODUÇÃO: A IMPORTÂNCIA DE NORMAS ESPECÍFICAS PARA CRIANÇAS E ADOLESCENTES

A proteção de dados pessoais é um tema da agenda contemporânea não somente no Brasil, mas no mundo[1]. Isso porque o avanço tecnológico e a massificação do uso das tecnologias

---

[1] Disponível em: <https://www.dlapiperdataprotection.com/>. Acesso em: 5 jun. 2019; e <https://www.consumersinternational.org/media/155133/gdpr-briefing.pdf>. Acesso em: 20 maio 2019.

da informação e da comunicação geraram novas formas de relações sociais e de negócios[2], as quais, por sua vez, acabaram por acarretar, de início, o uso indiscriminado dos dados das pessoas usuárias, seja para fins contrários à ética e à moral, seja para fins comerciais[3].

Atualmente, as relações sociais e negociais são dominadas pela nova cultura digital. O uso das tecnologias da informação e da comunicação, em especial da Internet, mudou completamente a maneira como as pessoas relacionam-se entre si, fazem negócios e divertem-se nas horas de lazer. Fazer compras, trabalhar, saber as notícias, assistir a filmes, ouvir músicas, ir ao médico, viajar, brincar, comer, descansar, estudar e até mesmo namorar, nada é como antes, hoje tudo pode passar pela rede. E pelos dados pessoais tratados[4] em cada situação específica.

No mundo inteiro, as corporações processam uma quantidade infindável de dados de pessoas para personificarem seus produtos e serviços, bem como customizarem e microssegmentarem seu marketing e, com isso, aumentarem sua lucratividade. Não é apenas o setor privado que se vale do tratamento de dados pessoais para melhorar sua eficiência e diminuir seus riscos, também o setor público utiliza tais informações, seja para fins de segurança e monitoramento, seja para a realização de censos ou desenvolvimento de políticas públicas.

É por isso que os dados pessoais têm sido chamados de o novo petróleo[5], ainda que, diferentemente desse valiosíssimo recurso natural, não sejam nem um pouco escassos e só possam ser manipulados atingindo diretamente as pessoas às quais dizem respeito.

A importância da devida proteção normativa dos dados pessoais de todas as pessoas, inclusive para além das fronteiras nacionais, decorre da sua imensa valorização, mas, também, da sua própria essência, na medida em que dizem respeito à privacidade dos indivíduos e, por conseguinte, a um direito subjetivo fundamental. No século passado, o direito à privacidade transformou-se do "direito a ser deixado só" para uma garantia de controle do indivíduo a respeito de suas próprias informações, tendo sido alçado a pressuposto para qualquer regime democrático. Em julgamento histórico do Tribunal Constitucional alemão, o direito à proteção dos dados pessoais evoluiu para o conceito de um direito à autodeterminação da informação, reconhecendo-se, então, um direito subjetivo fundamental do indivíduo, que passou a ser o protagonista no processo de tratamento de seus dados pessoais[6].

São muitas as ameaças possíveis de serem derivadas do tratamento de dados pessoais. Vão da falta de conhecimento por parte das pessoas cujos dados foram tratados até consequências práticas negativas a esses indivíduos, decorrentes do uso ou da exposição de seus dados pessoais, tanto no âmbito social e comportamental, como na realização de negócios e contratos de consumo. A forma como hoje se dá o processamento de dados pessoais possibilita um ilimitado

---

[2] Disponível em: <https://seer.imed.edu.br/index.php/revistadedireito/article/view/919/935>. Acesso em: 20 maio 2019.

[3] Exemplo do mau uso da prática comercial de tratamento de dados pessoais sem a anuência dos seus detentores foi o recente caso que envolveu a empresa ViaQuatro do Metrô: <https://g1.globo.com/sp/sao-paulo/noticia/2018/09/14/justica-de-sp-proibe-uso-de-cameras-de-reconhecimento-facial-em-painel-do-metro-de-sp.ghtml>. Acesso em: 7 maio 2019.

[4] Para fins da Lei 13.709/2018, nos termos do art. 5.º, X, o conceito de tratamento de dados pessoais abarca "toda operação realizada com dados pessoais, como as que se referem a coleta, produção, recepção, classificação, utilização, acesso, reprodução, transmissão, distribuição, processamento, arquivamento, armazenamento, eliminação, avaliação ou controle da informação, modificação, comunicação, transferência, difusão ou extração".

[5] Disponível em: <https://www.economist.com/leaders/2017/05/06/the-worlds-most-valuable-resource-is-no-longer-oil-but-data>. Acesso em: 5 jun. 2019.

[6] MENDES, Laura Schertel. *Privacidade, proteção de dados e defesa do consumidor*. São Paulo: Saraiva, 2014. p. 27-31.

PARTE II · Cap. 10 · A PROTEÇÃO DE DADOS PESSOAIS DE CRIANÇAS E ADOLESCENTES | 203

armazenamento de informações, bem como o seu tratamento de maneira a permitir a rápida identificação do perfil de cada indivíduo de maneira bastante completa e aproximada, sem que a pessoa sequer tenha conhecimento ou participe ativamente dessa junção de peças que formam o quebra-cabeça com a sua imagem, preferências, talentos, doenças, fraquezas etc.

Nessa esteira, vale ressaltar que a intenção do direito à proteção de dados pessoais, nos diversos países e em suas respectivas legislações, não é proteger os dados em si, mas, sim, a pessoa titular dos dados – que, ao longo da evolução do Direito, passou a ter o inafastável poder de autonomia sobre seus dados. E, com isso, contribuir para a preservação das garantias fundamentais à igualdade, à liberdade, à personalidade e à democracia.

No caso da legislação brasileira, é bem certo que as normas que regem a sociedade de maneira geral são plenamente aplicáveis ao universo tecnológico onipresente nos dias atuais[7].

Contudo, haja vista os inúmeros desafios postos[8], como em diversas outras nações, também no Brasil fez-se necessária a existência de normas específicas a regularem esse novo campo social e negocial, iniciando-se com o Marco Civil da Internet – Lei 12.965/2014 – e, mais recentemente, com a Lei Geral de Proteção de Dados Pessoais – Lei 13.709/2018 –, que dispõe sobre o tratamento de dados pessoais nos meios analógicos e digitais[9].

Nesse cenário, crianças e adolescentes compõem o grupo mais vulnerável de pessoas cujos dados pessoais circulam na ubiquidade[10] dos meios informáticos.

Por estarem vivenciando um período peculiar de desenvolvimento, tanto físico quanto cognitivo, psicológico e social, de acordo com as respectivas idades, muitas vezes não têm

---

[7]   Constituição Federal, Estatuto da Criança e do Adolescente e Código de Defesa do Consumidor são normas essenciais no campo da proteção de dados pessoais de crianças e adolescentes.

[8]   "O desafio para o Direito não poderia ser maior: se, por um lado, as infraestruturas de comunicação adquiriram na sociedade contemporânea papel tão relevante quanto as clássicas infraestruturas econômicas, como o transporte, saneamento e energia, por outro, o papel do Estado mudou radicalmente, não sendo ele mais o responsável por fornecer, construir ou desenvolver essas infraestruturas. Também na sua função reguladora e garantidora, o Estado tem encontrado severas limitações. Como se observa no exemplo da internet, o papel estatal de garantir o funcionamento adequado dos serviços tem sido realizado de forma bastante limitada. Isso pode ser explicado por uma série de fatores sociais e tecnológicos, como a rasante evolução das tecnologias, as constantes variações nas suas formas de utilização e a circulação da informação para além das fronteiras dos Estados Nacionais, que tornam ainda mais complexa a atividade do sistema jurídico de compreender os seus efeitos e de regulá-los" (MENDES, Laura Schertel. *Privacidade, proteção de dados e defesa do consumidor*. São Paulo: Saraiva, 2014. p. 21).

[9]   "Art. 1.º Esta Lei dispõe sobre o tratamento de dados pessoais, inclusive nos meios digitais, por pessoa natural ou por pessoa jurídica de direito público ou privado, com o objetivo de proteger os direitos fundamentais de liberdade e de privacidade e o livre desenvolvimento da personalidade da pessoa natural".

[10] "*Ubique*, do latim, significa por toda parte. Esse termo é difundido pela primeira vez como título do romance de ficção científica de Philip K. Dick no final dos anos 1960. Em Ubik os personagens mortos são colocados num estado de 'semivida' ou um coma artificial, uma situação que lhes permitem construir uma rede de pensamentos que os unem aos personagens vivos. No domínio da informática, ubiquidade designa a capacidade de diversos sistemas em partilhar uma mesma informação. A 'ubiquidade da informação digital' corresponde então à expansão da rede de informação e comunicação digital na cidade, para além dos computadores portáteis (5). Esse fenômeno se constrói a partir de objetos portáteis e dos ambientes, estabelecendo uma relação entre os espaços físicos, o cotidiano social e a rede virtual por meio do telefone celular, do GPS (*Global Positioning System*), do computador de bolso ou PDA (*Personnal Digital Assistant*), dos *tags* (ou *flashcodes*), dos chips diversos e, invisivelmente, dos territórios servidos pela conexão sem fio – wifi ou bluetooth" (Disponível em: <file:///Users/isabella.henriques/Downloads/424-1712-1-PB%20(1).pdf>. Acesso em: 5 jun. 2019).

condições de compreender a complexidade da sociedade da informação[11] – ou do conhecimento[12] –, quanto menos defenderem-se dos abusos que nela são perpetrados. São, com efeito, menos conscientes tanto dos modelos quanto das consequências e ameaças do processamento de seus dados.

Não que não tenham acesso ou mesmo, conforme o caso e a idade, uma certa capacitação tecnológica de manuseio das ferramentas, o que, inclusive, gera a percepção de que crianças seriam supostas nativas digitais[13]. Entretanto, apesar de apresentarem habilidades de uso das novas tecnologias de informação e comunicação, não conseguem, muitas vezes, compreender as complexas dinâmicas de causa e consequência atreladas a essas ferramentas. A questão que se coloca diz respeito à capacidade de usufruírem plenamente dos recursos disponíveis nas novas tecnologias da informação e da comunicação, de maneira que possam se incluir na nova ordem social da tecnologia digital tendo o conhecimento e o repertório necessários.

São também mais vulneráveis pelo volume de utilização que fazem das tecnologias da informação e da comunicação. A esse respeito, vale observar que, no ambiente brasileiro, crianças e adolescentes são usuários frequentes e bastante entusiasmados das novas tecnologias da informação e da comunicação, ainda que sejam expostos a riscos diversos[14]. Vale dizer que, de acordo com a pesquisa TIC Kids Online Brasil 2019, divulgada pelo Comitê Gestor da Internet no Brasil (CGI.br)[15], 89% das crianças e adolescentes entre 9 e 17 anos têm acesso à Internet (acessaram a rede nos três meses que antecederam a pesquisa), sendo que, destes, 95% fizeram esse acesso por meio do telefone celular[16], enquanto 38% usaram computadores, 43% a televisão e 18% o videogame.

---

[11]   WERTHEIN, Jorge. A sociedade da informação e seus desafios. *Ci. Inf.*, Brasília, v. 29, n. 2, p. 71-77, maio-ago. 2000. Disponível em: http://www.scielo.br/pdf/ci/v29n2/a09v29n2.pdf>. Acesso em: 12 maio 2019.

[12]   DZJEKANIAK, Gisele; ROVER, Aires. Sociedade do conhecimento: características, demandas e requisitos. *Revista de Informação*, Santa Catarina, vol. 12, n. 5, 2011. Disponível em: <http://www.egov.ufsc.br/portal/conteudo/artigo-sociedade-do-conhecimento-caracter%C3%ADsticas-demandas-e-requisitos>. Acesso em: 12 maio 2019.

[13]   Cf. THOMAS, M. (ed.). *Deconstructing digital natives*: young people, technology and the new literacies. New York: Routledge, 2011.

[14]   De acordo com a pesquisa TIC Kids Online Brasil 2019, divulgada pelo Comitê Gestor da Internet no Brasil (CGI.br), das pessoas entre 9 e 17 anos que acessaram a Internet nos três meses anteriores à pesquisa, nos 12 meses que antecederam a data da pesquisa: (i) 43% já viram alguém ser discriminado na Internet; (i) 15% tiveram contato com conteúdo sensível de autodano sobre formas para ficar muito magro; (ii) 12% tiveram contato com conteúdo sensível de autodano sobre formas de machucar a si mesmo; (iii) 15% tiveram contato com conteúdo sensível de autodano sobre formas de cometer suicídio; e (iv) 10% tiveram contato com conteúdo sensível de autodano sobre experiência ou uso de drogas. https://cetic.br/media/analises/tic_kids_online_brasil_2019_coletiva_imprensa.pdf. Acesso em: 27 jul. 2020.

[15]   Disponível em: https://cetic.br/media/analises/tic_kids_online_brasil_2019_coletiva_imprensa.pdf. Acesso em: 27 jul. 2020.

[16]   "Não obstante o uso de tecnologias, como a televisão e o rádio analógicos, equipamentos de reprodução de vídeo e/ ou retroprojetores, as TICs que possibilitam inclusão digital são aquelas que compõem um conjunto de tecnologias de informação e comunicação, reunindo e conectando os processos de aquisição, produção, armazenamento e transmissão em redes informáticas e os mecanismos que interagem com seus recursos. Atualmente, o celular congrega todos esses requisitos" (VOSGERAU, Dilmeire Sant'anna Ramos; BERTONCELLO, Ludhiana. *Inclusão digital na infância*: o uso e a apropriação das TICs pelas crianças brasileiras. Pesquisa sobre o uso das Tecnologias da Informação e da Comunicação no Brasil 2005-2009. São Paulo: Comitê Gestor da Internet no Brasil (CGI.br), 2010. p. 25-36. Disponível em: <https://www.cetic.br/media/docs/publicacoes/2/tic-edicao-especial-5anos.pdf>. Acesso em: 5 jun. 2019).

Esse crescente acesso de crianças e adolescentes a novas tecnologias da informação e da comunicação não significa que sejam eles proficientes e competentes usuários[17]. Assim, a ideia de que crianças e adolescentes seriam "nativos digitais", já nascidos com certa qualificação para dominarem a complexidade do universo digital, é um exagero[18]. Há quem faça um paralelo do processo de aprendizado das habilidades de domínio das novas tecnologias da informação e da comunicação com a alfabetização, no sentido de que o uso acrítico da tecnologia poderia se assemelhar ao mero conhecimento das letras do alfabeto, mas não indicar uma capacidade de leitura crítica[19].

Ainda, os impactos e problemas sociais advindos do processamento de dados de crianças e adolescentes para seu bem-estar individual e social são múltiplos, como: (i) a ameaça à integridade física, psíquica e moral por contatos maliciosos de terceiros; (ii) a hiperexposição de dados pessoais e discriminação; (iii) a modulação e manipulação de comportamento; e (iv) a microssegmentação da prática abusiva e ilegal da publicidade infantil.

Pela coleta massiva de dados pessoais e seu armazenamento muitas vezes não seguro, crianças e adolescentes podem ser mais facilmente contatados por pessoas mal-intencionadas

---

[17] "A inclusão digital como um processo deve levar o indivíduo à aprendizagem no uso das TIC e ao acesso à informação disponível nas redes, especialmente aquela que fará diferença para a sua vida e para a comunidade na qual está inserido (SILVA et al., p. 32). Dessa forma, ter acesso e conhecimento técnico das TICs não é suficiente" (VOSGERAU, Dilmeire Sant'anna Ramos; BERTONCELLO, Ludhiana. *Inclusão digital na infância: o uso e a apropriação das TICs pelas crianças brasileiras*. Pesquisa sobre o uso das Tecnologias da Informação e da Comunicação no Brasil 2005-2009. São Paulo: Comitê Gestor da Internet no Brasil (CGI.br), 2010. p. 25-36. Disponível em: <https://www.cetic.br/media/docs/publicacoes/2/tic-edicao-especial-5anos.pdf>. Acesso em: 5 jun. 2019).

[18] "O desenvolvimento e a possibilidade de acesso crescente a essas tecnologias pelas crianças na América do Norte levaram, em 2001, ao nascimento de novos termos, como 'Imigrantes Digitais' e seu oposto 'Nativos Digitais', utilizados por Marc Prensky (2001, 2005), consultor de tecnologias voltadas para o desenvolvimento de jogos, que sugere que os nascidos após 1982, crescidos envoltos pela evolução da web e das tecnologias digitais, são os nativos digitais que necessitam de escolas, professores, recursos e estratégias de ensino distintas daqueles que nasceram no século precedente, pois aprendem, trabalham e se socializam de forma diferente. Já os imigrantes digitais são aqueles que, tendo nascido em período anterior, necessitam de muito esforço e investimento pessoal para se adaptarem à era digital. Essa classificação, não sustentada ainda em pesquisas, tem causado muita polêmica no meio acadêmico. Diferentes pesquisadores, como Bennett, Maton e Kervin (2008), após realizarem revisões teóricas sobre os impactos das tecnologias no contexto educacional, concluem que existem poucas evidências que suportem essa divisão, e que seriam necessárias pesquisas empíricas a longo prazo para que se pudesse efetivamente verificar o impacto dessas tecnologias na aprendizagem de adultos e crianças. Não obstante, o estudo realizado por Bullen et al. (2009), abarcando alunos de graduação de uma Escola Politécnica no Canadá, conclui que o conhecimento e a apropriação das tecnologias para aprendizagem não se associa a gerações ou idades, mas à importância acordada às tecnologias pelo professor ou organizadas para o curso" (VOSGERAU, Dilmeire Sant'anna Ramos; BERTONCELLO, Ludhiana. *Inclusão digital na infância*: o uso e a apropriação das TICs pelas crianças brasileiras. Pesquisa sobre o uso das Tecnologias da Informação e da Comunicação no Brasil 2005-2009. São Paulo: Comitê Gestor da Internet no Brasil (CGI.br), 2010. p. 25-36. Disponível em: <https://www.cetic.br/media/docs/publicacoes/2/tic-edicao-especial-5anos.pdf>. Acesso em: 5 jun. 2019).

[19] "Ter acesso à tecnologia de informação e comunicação e utilizar seus recursos com certa proficiência para obter informações tanto pode indicar ação de um usuário consumidor passivo como de um usuário crítico. Assim, ler telas, apertar teclas, utilizar programas computacionais com interfaces gráficas, dar ou obter respostas do computador, está para a inclusão digital de forma à alfabetização no sentido de identificação das letras" (ALMEIDA, M. E. B. Letramento digital e hipertexto: contribuições à educação. In: PELLANDA, N. M. C.; SCHLÜNZEN, E. T. M.; SCHLÜNZEN JUNIOR, K. (org.). *Inclusão digital*: tecendo redes afetivas/cognitivas. Rio de Janeiro: DP&A Editora, 2005).

por meio de seus dados pessoais expostos ou em tecnologias vulneráveis, apresentando perigo a sua integridade física, psíquica e moral.

Ainda, a hiperexposição indevida desses dados pessoais coletados e processados relativos a educação, saúde, comportamento, gostos e desejos – inclusive dados sensíveis ligados a biometria, genética, religião, opinião política, filosófica ou dados referentes à saúde ou à vida sexual – pode, inclusive, servir de base para discriminação em processos de admissão em trabalho, educação e contratação de planos de saúde. A hiperexposição indesejada de dados pessoais pode comprometer, assim, o desenvolvimento sadio desses indivíduos no presente, por gerar mais estresse e ansiedade no indivíduo e na família, mas também no futuro, em função do "rastro digital" dessas informações e do mau uso por empresas de saúde, contratação e seleção de profissionais, ou processos seletivos em educação, além do impacto em sua reputação.

Outro ponto objeto de necessária atenção é o uso de dados pessoais para modulação e manipulação dos comportamentos de crianças e adolescentes. O uso de dados para direcionamento de conteúdo, publicidade ou propaganda pode comprometer a diversidade das informações disponíveis às crianças e adolescentes e afetar o seu direito ao livre desenvolvimento da personalidade, criando a chamada bolha autorreferencial, limitando o acesso a diferentes oportunidades e contato com a diversidade de opiniões e ideias no seu desenvolvimento. Nesse sentido, crianças são mais vulneráveis a estratégias de uso de informações pessoais para segmentação das mensagens para persuasão para comportamentos ou decisões relativas a desejos de compra e, até mesmo, percepções sobre o mundo e as opiniões sobre ele. Ainda, é preciso compreender que o excesso de vigilantismo e rastreamento de desejos e comportamentos de crianças e adolescentes pode restringir suas práticas de pesquisa e buscas *on-line*, modificar práticas e interações sociais, com implicações na fruição de direitos diversos, como o direito ao livre desenvolvimento da personalidade, privacidade e autonomia.

Por fim, dados pessoais sensíveis e íntimos são coletados, utilizados e monetizados para realização de microssegmentação da publicidade infantil, já considerada prática considerada abusiva e, portanto, ilegal pela legislação brasileira e decisões em tribunais superiores. Contudo, o uso de dados pessoais na publicidade infantil deixa ainda mais evidente sua abusividade, uma vez que tal prática permite uma eficácia ainda maior de persuasão de crianças e manipulação dos seus desejos de consumo. Exemplo disso é o uso de informações sobre a saúde ou estado de humor de um indivíduo para a criação de estratégia ainda mais eficaz de convencimento para aquisição de produtos ou serviços.

Mesmo que crianças e adolescentes sejam educados e preparados para se apropriarem de todo o potencial que as novas tecnologias da informação e da comunicação possuem – por estratégias necessárias de educação para o uso de mídias –, ainda assim serão mais vulneráveis diante do massivo tratamento de dados pessoais que tem dominado as práticas comerciais e, por vezes, são atentatórias à ética e à moral, dada a condição peculiar de desenvolvimento que vivenciam – especialmente quanto mais novos forem.

Vale lembrar que o desenvolvimento cognitivo e mental do ser humano inicia-se na infância e é um processo identificável que se dá por várias etapas e superação de fases subsequentes na sequência correta, sem que seja possível pular estágios. Não se trata de algo que se adquire e transforma-se em um patrimônio do indivíduo, mas é uma evolução, uma construção paulatina, que demanda tempo e vivências, atreladas a uma interação complexa e multirreferencial entre a natureza da constituição genética (*nature*) e os estímulos dos meios de convivência e socialização da criança (*nurture*), inclusive os provenientes das novas tecnologias de informação e comunicação.

O sentimento de vergonha, por exemplo, não é identificado em bebês com menos de dois anos. Da mesma forma, a autonomia faz parte do desenvolvimento humano, seja do ponto de

PARTE II · Cap. 10 · A PROTEÇÃO DE DADOS PESSOAIS DE CRIANÇAS E ADOLESCENTES | 207

vista motor e corporal, seja do ponto de vista afetivo, moral e intelectual. A criança de cinco anos, por exemplo, é heterônoma no que diz respeito à moral (como deve agir). Não basta o querer e a motivação; para uma ação ser realizada, é preciso que o indivíduo saiba fazer, ou seja, tenha desenvolvido as competências intelectuais para tanto. E até os 12 anos de idade, em média, a criança precisa de ao menos uma figura significativa, geralmente um adulto, que lhe inspire confiança para só então adentrar no mundo social com certa autonomia[20].

De todas essas constatações, provenientes das teorias acerca do desenvolvimento humano, resulta a conclusão de que as fases de desenvolvimento humano devem ser guardadas e cuidadas também socialmente ou, em outras palavras, as crianças e os adolescentes devem ter seu direito a um sadio desenvolvimento preservado, também no que se trata das relações sociais no âmbito das tecnologias da informação e da comunicação.

No campo da privacidade, diversas são as pesquisas que comprovam a sua necessidade para o florescimento da subjetividade humana[21]. A individualidade não existe sem que se possa estabelecer limites à pervasiva modulação social. O processo de autodiferenciação não é, portanto, inato, mas se dá a partir da infância, passando pela adolescência até a idade adulta, sendo consequência do desenvolvimento de diversas e variadas estratégias – físicas, espaciais e informacionais – para gerenciar as fronteiras do "eu", dinamicamente e ao longo do tempo.

A privacidade e, mais especialmente, a proteção dos dados pessoais – que supõe mais do que a interdição de acesso a informações pessoais, mas sim o acesso condicionado e limitado à vontade do sujeito titular dos dados – são essenciais para a formação da personalidade e, portanto, é fundamental que sejam asseguradas, especialmente no período da infância e da adolescência, ao longo do desenvolvimento social, cognitivo e biológico. A proteção de dados pessoais, na perspectiva da autodeterminação informativa, é indispensável na infância e na adolescência para a configuração de sujeitos plenos, capazes de estabelecer vínculos sociais e culturais com a sociedade e o entorno, e igualmente aptos a desenvolver perspectivas críticas acerca do contexto em que vivem.

A garantia da proteção de dados pessoais de crianças e adolescentes, além de possuir uma relevância relativamente maior em relação aos demais entes da sociedade, é mais complexa porque, enquanto pessoas em estágio peculiar de desenvolvimento biopsíquico e social, crianças e adolescentes estão começando a desenvolver a compreensão da amplitude do tratamento de dados pessoais e a capacidade de tomar as decisões sobre autorizar, ou não, o uso de informações e dados pessoais.

Por outro lado, é sabido que a violação da proteção de dados pessoais de crianças e adolescentes, em nome de qualquer interesse que não o seu bem-estar, acarreta uma série de riscos, dentre os quais aqueles relacionados à sua segurança física, moral e psíquica, além de outros.

Assim, principalmente ao longo da última década, as legislações acerca da proteção de dados pessoais no mundo têm se afastado da perspectiva "adultocêntrica", indiferente à idade, que ignorava as necessidades especiais de indivíduos nessa fase específica da vida, e registrado, nas mais modernas normas que regem o uso de dados, regras distintas – mais restritas – para a gestão de dados pessoais de crianças e adolescentes.

Com isso, da mesma forma que as crianças e os adolescentes precisam de proteção especial em outras searas do Direito, também no que diz respeito à sua privacidade e proteção

---

[20] Yves de La Taille. Disponível em: <https://tvcultura.com.br/videos/51850_na-integra-yves-de-la-taille--a-psicologia-do-desenvolvimento.html>. Acesso em: 13 maio 2019.

[21] COHEN, Julian E. What Privacy is For. *Harvard Law Review*. Disponível em: <https://cdn.harvardlawreview.org/wp-content/uploads/pdfs/vol126_cohen.pdf>. Acesso em: 14 jun. 2019.

de dados pessoais merecem um olhar atento não só da legislação, mas de todo o Sistema de Justiça, a fim de terem sua garantia constitucional à absoluta prioridade devidamente efetivada.

Daí a necessidade de que crianças e adolescentes tenham a seu favor normas específicas, como sujeitos de direitos que são, também no ambiente regulatório da proteção de dados pessoais, com especial atenção à garantia de sua integridade física, psíquica e moral, abrangendo a preservação da sua imagem, identidade, autonomia, valores, ideias, crenças, espaços e objetos pessoais nesse novo contexto sociotécnico.

1. DOUTRINA DE PROTEÇÃO INTEGRAL DE CRIANÇAS E ADOLESCENTES NO BRASIL E NO MUNDO

O art. 227 da Constituição Federal de 1988 inaugurou, no Brasil, a doutrina da proteção integral da criança e do adolescente, reconhecendo-os como sujeitos de direito e titulares de direitos fundamentais, cuja condição de desenvolvimento peculiar deve ser respeitada, assegurando-se seu melhor interesse e a absoluta prioridade na garantia de todos os seus direitos.

Rompeu, assim, com a anterior doutrina menorista[22], que se dirigia tão somente à camada socioeconômica de crianças e adolescentes mais vulnerável, referindo-se a elas como estando em situação de perigo moral ou material ou em "situação irregular" e que, dessa forma, criminalizava a infância na pobreza, retirando do Estado a sua responsabilidade pela ampla desigualdade social e miséria da maioria da população brasileira. Os menores, como eram chamados as crianças e os adolescentes durante a vigência do malfadado Código de Menores, eram tratados como entes desprovidos de direitos e como se inaptos fossem para se expressar.

Com a redemocratização e a promulgação da vigente norma constitucional, o país fez a escolha de priorizar, entre todos os entes que compõem a sociedade, justamente as crianças e os adolescentes – e, mais recentemente, por força da Emenda Constitucional 65/2010, também os jovens –, de forma que o Brasil é, hoje, uma nação que tem as crianças, os adolescentes e os jovens que vivem em seu território no topo da importância nacional.

Por força do dever constitucional, os direitos fundamentais assegurados à infância e à adolescência gozam de absoluta prioridade, de modo que devem ser respeitados e efetivados em primeiro lugar. Vale destacar que o cumprimento de tais direitos é de responsabilidade compartilhada entre Estado, famílias e sociedade, inclusive empresas, os quais devem somar esforços e tomar as medidas necessárias para cumprir esse que é um dever constitucional.

No campo internacional, pode-se dizer que a Declaração Universal dos Direitos da Criança, aprovada pela Assembleia Geral da Organização das Nações Unidas (ONU), em 1959, inicia a mudança de paradigma na visão sobre a criança e o adolescente, começando a apresentar alguns elementos que, posteriormente, vieram a servir de base para a formação da doutrina da proteção integral, como as seguintes menções: "a criança, em virtude de sua falta de maturidade física e mental, necessita proteção e cuidados especiais, inclusive a devida proteção legal, tanto antes quanto após seu nascimento" e "todas as crianças, absolutamente sem qualquer exceção, serão credoras destes direitos".

É com a Convenção sobre os Direitos da Criança da ONU, de 1989, que a doutrina da proteção integral consagra-se no plano internacional, tendo sido ratificada pela quase totalidade

---

[22] QUEIROZ, Paulo Eduardo Cirino de. *Da doutrina "menorista" à proteção integral: mudança de paradigma e desafios na sua implementação.* Disponível em: <http://www.egov.ufsc.br/portal/conteudo/da-doutrina-menorista-%C3%A0-prote%C3%A7%C3%A3o-integral-mudan%C3%A7a-de-paradigma-e-desafios-na-sua-implementa>. Acesso em: 6 jun. 2019.

PARTE II · Cap. 10 · A PROTEÇÃO DE DADOS PESSOAIS DE CRIANÇAS E ADOLESCENTES | 209

dos países-membros da ONU (até hoje foram 196), com exceção apenas dos Estados Unidos. No Brasil, foi ratificada em 1990 e, posteriormente, promulgada pelo Decreto 99.710/1990.

1.1 A prioridade absoluta no art. 227 da Constituição Federal e os dispositivos do ECA e do Marco Legal da Primeira Infância

A mudança de paradigma expressada na nova Constituição Federal, fruto de intensa participação social[23], está especialmente descrita no art. 227, que prevê o seguinte:

> "É dever da família, da sociedade e do Estado assegurar à criança, ao adolescente e ao jovem, com *absoluta prioridade*, o direito à vida, à saúde, à alimentação, à educação, ao lazer, à profissionalização, à cultura, à dignidade, ao respeito, à liberdade e à convivência familiar e comunitária, além de colocá-los a salvo de toda forma de negligência, discriminação, exploração, violência, crueldade e opressão". (grifo nosso)

Para viabilizar a garantia da regra constitucional da absoluta prioridade, o Estatuto da Criança e do Adolescente (ECA), reconhecendo o estágio peculiar de desenvolvimento característico da infância e da adolescência, fato que coloca crianças e adolescentes em posição de vulnerabilidade presumida e justifica a proteção especial e integral que devem receber, fixou no seu art. 4.º:

> "A garantia de prioridade compreende:
>
> a) primazia de receber proteção e socorro em quaisquer circunstâncias;
> b) *precedência* de atendimento nos serviços públicos ou de relevância pública;
> c) *preferência* na formulação e na execução das políticas sociais públicas;
> d) *destinação privilegiada* de recursos públicos nas áreas relacionadas com a proteção à infância e à juventude". (grifos nossos)

Por esse artigo, entende-se o cerne da regra da prioridade absoluta: crianças e adolescentes devem estar em primeiro lugar nos serviços, políticas e orçamento públicos. Ao colocar crianças e adolescentes como absoluta prioridade no art. 227 da Constituição Federal, foi feita uma importante escolha política: infância e adolescência em primeiro lugar é um projeto da nação brasileira.

Haja vista que a previsão constitucional da prioridade absoluta da criança e do adolescente assegura a efetivação absolutamente prioritária de todos os direitos da criança e do adolescente em quaisquer circunstâncias, entende-se que tal norma apresenta-se como regra jurídica e não como princípio, não sendo sujeita, portanto, à mitigação ou atenuação em casos de colisão com os direitos fundamentais de outros indivíduos ou mesmo coletividades.

Nesse sentido, em todos os casos em que porventura houver conflito de interesses ou impossibilidade de atendimento comum de direitos fundamentais colidentes, a primazia do melhor interesse da criança e do adolescente e de seus direitos deve ser realizada de forma absoluta, ainda que o conteúdo desse interesse seja objeto de debate ou disputa. Ou seja, o melhor interesse da criança deve estar, por força constitucional, sempre em primeiro lugar.

Aqui, é importante ressaltar que a regra da prioridade absoluta dos direitos de crianças e adolescentes é limitadora e condicionante ao poder discricionário do administrador público, bem como ao poder familiar. O art. 227 da Constituição deve ser compreendido como uma

---

[23] Disponível em: <https://prioridadeabsoluta.org.br/entenda-a-prioridade/>. Acesso em: 1.º jun. 2019.

norma de eficácia plena e aplicabilidade imediata, ou então tal dispositivo, bem como o ECA, seria mera e vazia carta de intenções – o que desvirtuaria os objetivos pelos quais foram criadas. Assim, o não reconhecimento dessa eficácia da regra da prioridade absoluta significaria admitir o descaso à temática da infância e adolescência – sendo uma acomodação que em nada se adequa ao ímpeto transformador que levou à criação do art. 227 da Constituição Federal e do ECA.

Já o recente Marco Legal da Primeira Infância – Lei 13.257/2016 – veio para corroborar a doutrina da proteção integral e a regra constitucional da absoluta prioridade, trazendo o detalhamento dos direitos e garantias das crianças de até seis anos completos e prevendo que o art. 227 da Constituição Federal, no que tange à primeira infância, "implica o dever do Estado de estabelecer políticas, planos, programas e serviços para a primeira infância que atendam às especificidades dessa faixa etária, visando a garantir seu desenvolvimento integral".

1.2   Convenção sobre os Direitos da Criança da ONU

A Convenção sobre os Direitos da Criança da ONU considera crianças os indivíduos de até 18 anos de idade, ou seja, na definição da legislação brasileira, refere-se a crianças e adolescentes. É conhecida por ser o instrumento de direitos humanos mais aceito globalmente.

Consolida a doutrina da proteção integral, porquanto apresenta as seguintes inovações: (i) a participação da criança, como sujeito de direito, que pode e deve expressar suas opiniões nos temas de seu interesse; (ii) a preservação da vida e a qualidade de vida da criança como obrigação a ser observada pelos Estados-membros signatários, de maneira que garantam um desenvolvimento harmônico quanto aos aspectos físicos, morais, sociais, psicológicos e espirituais da criança; (iii) a não discriminação por qualquer motivo, seja por raça, credo, cor de pele, nacionalidade etc.; e (iv) o melhor interesse da criança a ser observado pelos Estados-membros e por agentes privados, como pessoas físicas ou jurídicas, incluindo empresas.

Em que pese o fato de ter sido adotada por um número expressivo de países ao redor do mundo, é certo que nem mesmo uma convenção internacional da ONU é capaz de implementar mudança de paradigma tamanha na comunidade global em tão pouco tempo. Se já difícil em um país, que dirá em quase duas centenas! De qualquer forma, é de suma importância a existência de pactos globais dessa natureza, que referendam e inovam legislações nas mais diferentes nações naquilo em que concordam – que, nesse caso, em resumo, é garantia do melhor interesse da criança.

2. A LEI GERAL DE PROTEÇÃO DE DADOS PESSOAIS E OS DIREITOS DA CRIANÇA E ADOLESCENTES

No Brasil, a privacidade e a proteção de dados decorrem do direito constitucional à intimidade e à vida privada previsto no art. 5.º, X, da Constituição Federal[24].

Especificamente em relação a crianças e adolescentes, o art. 17 do Estatuto da Criança e do Adolescente[25] assegura a inviolabilidade física, psíquica e moral, e o art. 71 do mesmo

---

[24]   "Art. 5.º Todos são iguais perante a lei, sem distinção de qualquer natureza, garantindo-se aos brasileiros e aos estrangeiros residentes no País a inviolabilidade do direito à vida, à liberdade, à igualdade, à segurança e à propriedade, nos termos seguintes: (...) X – *são invioláveis a intimidade, a vida privada, a honra e a imagem das pessoas*, assegurado o direito a indenização pelo dano material ou moral decorrente de sua violação". (grifo nosso)

[25]   "Art. 17. O direito ao respeito consiste na inviolabilidade da integridade física, psíquica e moral da criança e do adolescente, abrangendo a preservação da imagem, da identidade, da autonomia, dos valores, ideias e crenças, dos espaços e objetos pessoais".

PARTE II · Cap. 10 · A PROTEÇÃO DE DADOS PESSOAIS DE CRIANÇAS E ADOLESCENTES | **211**

diploma legal estabelece o direito a informação, cultura, lazer, esportes, diversões, espetáculos, produtos e serviços, os quais devem respeitar a condição de pessoa em desenvolvimento[26].

O Código Civil – Lei 10.406/2002 –, em capítulo específico acerca dos direitos de personalidade[27], por sua vez, configura-os como intransmissíveis e irrenunciáveis, assim como deixa claro que compreendem o direito à integridade física, psíquica e moral, ao corpo, ao nome e à imagem. Não se trata de um rol exaustivo, podendo a proteção dos dados pessoais ser entendida como um direito da personalidade autônomo[28], haja vista serem a extensão da pessoa. O uso dos dados pessoais, com efeito, é capaz de impactar o próprio desenvolvimento da personalidade, na medida em que podem identificá-la, manipulá-la e, até mesmo, estigmatizá-la, além de ganharem especial relevância em um contexto de crescente desenvolvimento da tecnologia.

Já a Lei 13.709/2018 – Lei Geral de Proteção de Dados Pessoais (LGPD) – estabeleceu os princípios básicos a nortearem o tratamento de dados pessoais para todas as pessoas: finalidade, adequação, necessidade, livre acesso, qualidade dos dados, transparência, segurança, prevenção, não discriminação e responsabilização e prestação de contas, conforme disposto no seu art. 6.º[29]. A norma veda o uso excessivo, inadequado e contrário à finalidade previamente estabelecida para o tratamento de dados pessoais, que somente poderá ser realizado tendo em vista a limitação do tratamento ao mínimo necessário[30], com abrangência dos dados pertinentes, proporcionais e não excessivos em relação às finalidades legítimas, específicas, explícitas e informadas ao titular dos dados, de acordo com o contexto do tratamento.

O que se verifica, portanto, é que já se reconhece que dados pessoais estão na esfera de direitos da personalidade e que o seu uso indiscriminado é capaz de objetificar pessoas, afetar o desenvolvimento da personalidade, promover manipulação e gerar discriminações. Quando essa realidade e os respectivos riscos são transpostos para a esfera infantil, a questão deve ser tratada considerando, também, a proteção jurídica especial que assiste a crianças e adolescentes, os quais, por força constitucional, devem ter seus direitos assegurados com absoluta prioridade.

Nesse sentido, vale ressaltar que, para além da regra geral das hipóteses do seu art. 7.º, a nova LGPD trouxe um dispositivo específico para disciplinar o tratamento de dados pessoais

---

[26] "Art. 71. A criança e o adolescente têm direito a informação, cultura, lazer, esportes, diversões, espetáculos e produtos e serviços que respeitem sua condição peculiar de pessoa em desenvolvimento".

[27] "Art. 11. Com exceção dos casos previstos em lei, os direitos da personalidade são intransmissíveis e irrenunciáveis, não podendo o seu exercício sofrer limitação voluntária".

[28] "Os direitos da personalidade não se limitam àquelas situações previstas no CC, sendo o seu rol *numerus apertus* (rol aberto). Eles não se exaurem naquelas espécies enumeradas nos artigos 11 a 21 do CC, o que abre caminho para o reconhecimento da proteção dos dados pessoais como um novo direito da personalidade".

[29] "Art. 6.º As atividades de tratamento de dados pessoais deverão observar a boa-fé e os seguintes princípios: I – finalidade: realização do tratamento para propósitos legítimos, específicos, explícitos e informados ao titular, sem possibilidade de tratamento posterior de forma incompatível com essas finalidades; II – adequação: compatibilidade do tratamento com as finalidades informadas ao titular, de acordo com o contexto do tratamento; III – necessidade: *limitação do tratamento ao mínimo necessário para a realização de suas finalidades, com abrangência dos dados pertinentes, proporcionais e não excessivos em relação às finalidades do tratamento de dados*".

[30] "Significa que os dados que são coletados por um produto, app ou plataforma não podem ser além do que a plataforma se propõe. Qual o sentido de se exigir a localização para um aplicativo de lanterna ou jogo, por exemplo?" Disponível em: <https://www.migalhas.com.br/Quentes/17,MI284209,81042-Protecao+de+dados+das+criancas+na+internet+exigira+responsabilizacao>. Acesso em: 11 jun. 2019.

212 | TRATADO DE PROTEÇÃO DE DADOS PESSOAIS

de crianças e adolescentes, que, de alguma maneira, caminha na mesma direção do ordenamento jurídico já positivado[31], colocando em destaque a imprescindibilidade de o "melhor interesse" de crianças e adolescentes ser observado em todo e qualquer caso de tratamento de seus dados pessoais:

> "Art. 14. O tratamento de dados pessoais de crianças e de adolescentes deverá ser realizado em seu *melhor interesse*, nos termos deste artigo e da legislação pertinente.
>
> § 1.º O tratamento de dados pessoais de crianças deverá ser realizado com o consentimento específico e em destaque dado por pelo menos um dos pais ou pelo responsável legal.
>
> § 2.º No tratamento de dados de que trata o § 1.º deste artigo, os controladores deverão manter pública a informação sobre os tipos de dados coletados, a forma de sua utilização e os procedimentos para o exercício dos direitos a que se refere o art. 18 desta Lei.
>
> § 3.º Poderão ser coletados dados pessoais de crianças sem o consentimento a que se refere o § 1.º deste artigo quando a coleta for necessária para contatar os pais ou o responsável legal, utilizados uma única vez e sem armazenamento, ou para sua proteção, e em nenhum caso poderão ser repassados a terceiro sem o consentimento de que trata o § 1.º deste artigo.
>
> § 4.º Os controladores não deverão condicionar a participação dos titulares de que trata o § 1.º deste artigo em jogos, aplicações de internet ou outras atividades ao fornecimento de informações pessoais além das estritamente necessárias à atividade.
>
> § 5.º O controlador deve realizar todos os esforços razoáveis para verificar que o consentimento a que se refere o § 1.º deste artigo foi dado pelo responsável pela criança, consideradas as tecnologias disponíveis.
>
> § 6.º As informações sobre o tratamento de dados referidas neste artigo deverão ser fornecidas de maneira simples, clara e acessível, consideradas as características físico-motoras, perceptivas, sensoriais, intelectuais e mentais do usuário, com uso de recursos audiovisuais quando adequado, de forma a proporcionar a informação necessária aos pais ou ao responsável legal e adequada ao entendimento da criança". (grifo nosso)

2.1 Melhor interesse da criança e do adolescente como fundamento

Da análise de todo o arcabouço legal sobre o tema, e especialmente por conta do previsto no *caput* do mencionado art. 14 da LGPD, o principal fundamento para o tratamento de dados pessoais de crianças e adolescentes, em quaisquer circunstâncias, sempre deverá ser o seu "melhor interesse"[32].

---

[31] Na União Europeia, o Regulamento Geral de Proteção de Dados na União Europeia (GDPR, na sigla em inglês), que entrou em vigor em 2018, explicitamente reconhece que crianças e adolescentes precisam de maior proteção em razão de sua peculiar fase de desenvolvimento. Seu Considerando 38 estabelece que "crianças merecem proteção especial quanto aos seus dados pessoais, uma vez que podem estar menos cientes dos riscos, consequências e garantias em questão e dos seus direitos relacionados com o tratamento dos dados pessoais". Como regra geral relacionada ao tratamento de dados pessoais de crianças e adolescentes, o regramento europeu condiciona ao consentimento parental o tratamento de dados pessoais de indivíduos de até 16 anos de idade, ainda que os Estados-membros da União Europeia, nacionalmente, possam prever uma idade inferior para tanto, desde que maior de 13 anos.

[32] "(...) Melhor interesse não é o que o Julgador entende que é o melhor para a criança, mas sim o que objetivamente atende à sua dignidade como criança, aos seus direitos fundamentais em maior grau

Isso significa que o tratamento de dados de crianças e adolescentes só pode se dar exclusivamente com base no seu melhor interesse, ou seja, somente por meio de práticas que promovam e protejam seus direitos previstos no sistema jurídico nacional e internacional com absoluta prioridade, abstendo-se de práticas violadoras e exploratórias da vulnerabilidade infantojuvenil, inclusive as comerciais. Será considerado nulo de pleno direito o contrato, mesmo que realizado com consentimento[33] parental – específico e em destaque, tal qual previsto no art. 14, § 1.º, da LGPD –, para o tratamento de dados pessoais de crianças e adolescentes, que não atenda ao melhor interesse das próprias crianças e adolescentes envolvidos[34].

O conceito do melhor interesse de crianças e adolescentes (*the best interests of the child*) – com origem no sistema jurisprudencial do *Common Law* – pode parecer indeterminado e muito dependente de cada caso concreto, tendo em vista as especificidades de cada criança, sua família e contexto.[35] Contudo, esse melhor interesse foi detalhado no Brasil pelas codificações e leis específicas sobre os direitos de crianças e adolescentes, tanto no próprio Estatuto da Criança e do Adolescente e também na Convenção sobre os Direitos da Criança da ONU e seus Comentários Gerais, como em leis temáticas que abordam o tema da criança, como o Código de Defesa do Consumidor.

Especificamente no tema dos direitos de crianças e adolescentes no ambiente digital, o detalhamento do melhor interesse é também encontrado no Comentário Geral n. 25 do Comitê dos Direitos de Crianças da ONU, responsável por aplicar a Convenção para assuntos específicos, editando normas interpretativas com eficácia legal para todo o sistema internacional de Direitos Humanos.[36]

Além disso, diante das rápidas transformações das tecnologias e novos formas de uso, importante o aplicador e interpretador das normas ficar atento às produções advindas dos órgãos específicos dos sistemas de proteção, como a Unicef, a qual publicou um documento com diversas recomendações para a governança de dados de crianças e adolescentes, orientando estados e empresas no sentido do melhor interesse deste público.[37]

Assim, para que o melhor interesse da criança no tratamento de dados pessoais seja sempre contemplado, os aplicadores e fiscalizadores do cumprimento da LGPD devem

---

possível" (ANDRADE MACIEL, Kátia Regina Ferreira Lobo (coord.). *Curso de direito da criança e do adolescente* – aspectos teóricos e práticos. 7. ed. São Paulo: Saraiva, 2014. p. 69).

[33] De acordo com a própria LGPD, o conceito de consentimento, para fins da lei, é o disposto no seu art. 5.º, XII: "manifestação livre, informada e inequívoca pela qual o titular concorda com o tratamento de seus dados pessoais para uma finalidade determinada".

[34] "Indispensável que todos os atores da área infantojuvenil tenham claro para si que o destinatário final de sua atuação é a criança e o adolescente. Para eles é que se tem que trabalhar. É o direito deles que goza de proteção constitucional em primazia, ainda que colidente com o direito da própria família" (ANDRADE MACIEL, Kátia Regina Ferreira Lobo (coord.). *Curso de direito da criança e do adolescente* – aspectos teóricos e práticos. 7. ed. São Paulo: Saraiva, 2014. p. 70).

[35] HARTUNG, Pedro Affonso Duarte; DALLARI, Dalmo de Abreu. *Levando os direitos das crianças a sério*: a absoluta prioridade dos direitos fundamentais e melhor interesse da criança. 2019.Universidade de São Paulo, São Paulo, 2019, p. 272. Disponível em: <https://www.teses.usp.br/teses/disponiveis/2/2134/tde-04092020-174138/pt-br.php >.

[36] UN/CRC/C/GC/25. General comment No. 25 (2021) on children's rights in relation to the digital environment. *Committee on the Rights of the Child*. Mar. 2021. Disponível em português em: <https://criancaeconsumo.org.br/noticias/onu-lanca-novo-comentario-geral-sobre-direitos-da-crianca-em-relacao-ao-ambiente-digital/>.

[37] UNICEF, *The Case for Better Governance of Children's Data*: A Manifesto. Maio 2021. Disponível em: <https://www.unicef.org/globalinsight/reports/better-governance-childrens-data-manifesto>.

214 | TRATADO DE PROTEÇÃO DE DADOS PESSOAIS

interpretar sistemicamente as normas existentes de proteção específica de crianças e adolescentes, permitindo um diálogo constante entre essas fontes para a melhor avaliação do caso concreto específico ou geral.

2.2 Consentimento parental e demais hipóteses legais para o tratamento de dados

É importante que se diga, logo de início, em relação ao consentimento parental, que, independentemente de ser realizado por mães, pais ou responsáveis legais, possui as mesmíssimas exigências legais de qualquer consentimento, consoante previsto no art. 5.º, XII, da LGPD. Deverá, assim, consubstanciar uma manifestação livre, informada e inequívoca para uma finalidade determinada.

A característica "livre" significa que a pessoa que for consentir com o tratamento de dados pessoais deverá, verdadeiramente, poder optar por fazê-lo ou não, sem que seja prejudicada no caso de recusa ou de retirada do consentimento. Ainda que, nos termos do art. 9.º, § 3.º, da LGPD, o tratamento de dados pessoais possa ser condição para o fornecimento de produto ou serviço ou para o exercício de direito, deverá a pessoa – nesse caso, responsável ou representante legal do titular criança ou adolescente – ter a oportunidade de dispor ou não dos dados pessoais solicitados, guardadas as situações previstas em lei nas quais não será necessário o consentimento.

A característica "informada" está relacionada à transparência em relação às reais consequências que o consentimento produzirá. É imprescindível que a pessoa que for consentir com o tratamento de dados pessoais o faça sabedora dos motivos pelos quais os dados pessoais serão tratados. Isso significa que tais informações devem ser prestadas às pessoas responsáveis pelo consentimento de forma clara, objetiva e de fácil compreensão. Inclusive, nos termos do art. 9.º da LGPD, o titular – no caso de crianças e adolescentes, seu responsável ou representante legal – tem "direito ao acesso facilitado" às informações sobre o tratamento de seus dados pessoais, que deverão ser disponibilizadas de forma clara, adequada e ostensiva acerca da finalidade, forma e duração do tratamento; identificação e contato do controlador; informações sobre eventual uso compartilhado dos dados pessoais tratados; responsabilidades dos agentes que farão o tratamento e direitos do titular "com menção explícita aos direitos contidos no art. 18" da LGPD.

A característica "inequívoca" significa que o ato da concordância com o tratamento de dados precisa ser passível de comprovação. A concordância deve ser clara e manifestada em um ato positivo, nos termos previstos no art. 8.º da LGPD, válidos, por analogia, também para o caso do consentimento parental. Não serão admitidos o silêncio, a omissão e opções pré-validadas[38].

Em relação à finalidade determinada, é importante considerar o princípio elencado pela LGPD no art. 6.º, I, o qual dispõe que é a "realização do tratamento para propósitos legítimos, específicos, explícitos e informados ao titular, sem possibilidade de tratamento posterior de forma incompatível com essas finalidades". Serão, pois, vedadas as autorizações genéricas ou universais para o tratamento de dados pessoais, assim como a utilização posterior para finalidades distintas daquela para a qual originalmente se obteve o consentimento. Isso tudo de modo a preservar a personalidade do titular, na medida em que dados pessoais são a própria expressão da pessoa e o seu uso pode impactar diretamente o indivíduo.

---

[38] VAINZOF, Rony *in* NÓBREGA MALDONADO, Viviane; OPICE BLUM, Renato (coord.). *LGPD* – Lei Geral de Proteção de Dados comentada. São Paulo: Revista dos Tribunais, 2019. p. 119.

No que diz respeito às crianças, assim compreendidas as pessoas de até 12 anos de idade incompletos[39], a LGPD é clara ao prever, no art. 14, § 1.º, que o tratamento de dados pessoais deve ser realizado com o expresso consentimento parental ou da pessoa responsável legal.

Nada menciona, contudo, a LGPD no tocante ao consentimento parental no caso dos adolescentes, o que traz a necessidade de esse dispositivo da lei especial ser interpretado conjuntamente com a doutrina da proteção integral e a regra da absoluta prioridade estabelecidas pelo art. 227 da Constituição Federal e pelo próprio *caput* do art. 14, que estabelece a necessidade de o tratamento de dados pessoais ser realizado com vistas a garantir o melhor interesse também dos adolescentes. Assim, ainda que o § 1.º não mencione os adolescentes, não faria sentido deixá-los desprovidos da igual e devida proteção, sob pena de se violar as garantias constitucionais dessas pessoas. Há que se defender, nesse caso, a aplicação do Código Civil[40], a fim de se promover a integralidade de seus direitos.

De fato, a proteção de dados pessoais, entendida enquanto parte do contrato civil, reforça a objeção à capacidade legal de crianças e de adolescentes consentirem quanto ao tratamento de seus dados, uma vez que, pelo exercício do poder familiar, compete a mães, pais e responsáveis representá-los até os 16 anos, nos atos da vida civil, e assisti-los, após essa idade, nos atos em que forem partes, suprindo-lhes o consentimento[41]. Não se coadunaria, com efeito, com as garantias legais ao melhor interesse e à absoluta prioridade do adolescente que lhe fosse facultada a outorga de consentimento autônomo ilimitado para o tratamento de seus dados pessoais[42-43].

Dessa forma, entende-se indispensável o consentimento parental ou de pessoa responsável legal para o tratamento de dados pessoais de crianças e de adolescentes de até 16 anos de idade, observando-se a forma prevista no referido 14, § 1.º, da LGPD, devendo, assim, o

---

[39] Estatuto da Criança e do Adolescente: "Art. 2.º Considera-se criança, para os efeitos desta Lei, a pessoa até doze anos de idade incompletos, e adolescente aquela entre doze e dezoito anos de idade".

[40] Disponível em: <https://politica.estadao.com.br/blogs/fausto-macedo/polemica-na-protecao-de-dados--de-criancas-e-adolescentes/>.

[41] Código Civil: "Art. 3.º São absolutamente incapazes de exercer pessoalmente os atos da vida civil os menores de 16 (dezesseis) anos. Art. 4.º São incapazes, relativamente a certos atos ou à maneira de os exercer: I – os maiores de dezesseis e menores de dezoito anos. (...) Art. 5.º A menoridade cessa aos dezoito anos completos, quando a pessoa fica habilitada à prática de todos os atos da vida civil. (...) Art. 1.634. *Compete a ambos os pais, qualquer que seja a sua situação conjugal, o pleno exercício do poder familiar, que consiste em, quanto aos filhos: (...) VII – representá-los judicial e extrajudicialmente até os 16 (dezesseis) anos, nos atos da vida civil, e assisti-los, após essa idade, nos atos em que forem partes, suprindo-lhes o consentimento; (...)".* (grifos nossos)

[42] Em sentido contrário: "Como se observa no texto deste parágrafo, há limitação da aplicação das suas disposições às crianças, ficando de fora dessas restrições o consentimento manifestado por adolescentes. Apesar de alguns entendimentos, no sentido de que isso se trataria de lapso do legislador e não seria suficiente para excluir a obrigação dos agentes de coletarem dos adolescentes o consentimento específico e em destaque, entendemos que essas obrigações mais restritivas não se aplicam a titulares a partir de 13 anos de idade, em relação aos quais será suficiente a obtenção do consentimento ordinário" (NÓBREGA MALDONADO, Viviane; OPICE BLUM, Renato (coord.). *LGPD* – Lei Geral de Proteção de Dados comentada. São Paulo: Revista dos Tribunais, 2019. p. 208).

[43] "Os dados relacionados a menores de idade estão classificados em uma categoria de dados especiais (pois exigem um tratamento diferenciado em termos de cuidados). As informações relativas a dados pessoais de crianças *e adolescentes* devem observar o consentimento de pelo menos um dos pais ou responsáveis legais. Da mesma maneira, devem obedecer ao princípio da finalidade e da transparência" (grifo nosso) (PINHEIRO, Patricia Peck. *Proteção de dados pessoais* – comentários à Lei n. 13.709/2018. São Paulo: Saraiva, 2018. p. 74-75).

consentimento ser específico e em destaque[44]. No caso de adolescentes entre 16 e 18 anos, será necessário o consentimento de ambos, não bastando o consentimento parental.

Vale observar, ademais, que a hipótese do art. 14, § 1.º, da LGPD, de consentimento parental, é semelhante à hipótese de consentimento de titular adulto prevista na regra para o tratamento de dados pessoais sensíveis do art. 11, I, da LGPD, no que diz respeito a suas características de ser específico[45] e destacado[46] – além, é claro, de livre, informado e inequívoco, como previsto no art. 5.º, XII, da LGPD. Há, com efeito, uma equivalência entre tais dispositivos legais.

Daí verifica-se que, no tocante às características do consentimento, o legislador optou por cuidar dos dados pessoais de crianças e adolescentes com tamanha preocupação com que cuidou dos dados pessoais sensíveis[47], entendendo as particularidades atinentes à infância e adolescência e a sua patente vulnerabilidade presumida[48], assim como o fato de que eventual incidente com a segurança dos dados, em ambos os casos, poderia gerar consequências igualmente mais severas aos direitos e liberdades dos respectivos titulares do que em relação a dados pessoais não sensíveis de adultos.

Diante dessa similitude de condições, é possível que se entenda que as outras hipóteses que dispõem sobre o tratamento de dados pessoais sensíveis, previstas no inciso II do art. 11

---

[44] Exceções a essa regra, em atendimento ao melhor interesse dos adolescentes, poderão eventualmente ser enumeradas pela Autoridade Nacional de Proteção de Dados, valendo-se do fato de que o § 1.º do art. 14 da LGPD não os menciona textualmente. Para tanto, entende-se que a Autoridade Nacional de Proteção de Dados poderá contar com o auxílio do Conselho Nacional dos Direitos da Criança e do Adolescente – Conanda e sempre levar em conta o melhor interesse dos adolescentes.

[45] "Aprofundando os conceitos trazidos no parágrafo, importante observar que o consentimento será entendido como 'específico' quando, antes da coleta dos dados, no contrato, na política de privacidade ou em outro documento relacionado, houver detalhamento sobre o ciclo de vida do tratamento dos dados pessoais, com referência objetiva e clara sobre todos os limites e as finalidades em relação aos quais os dados serão tratados, inclusive sendo granular, cabendo ao usuário a seleção sobre o tratamento que deseja efetivamente autorizar. O conceito de 'específico', pois, engloba, de certa forma, os consentimentos informado e livre, não sendo suficiente obter o consentimento do titular como uma 'carta em branco' (diante da obrigatoriedade de extenso detalhamento dessa operação) e sem dar ao titular o poder de escolha efetiva sobre o tratamento dos seus dados" (NÓBREGA MALDONADO, Viviane; OPICE BLUM, Renato (coord.). *LGPD – Lei Geral de Proteção de Dados comentada*. São Paulo: Revista dos Tribunais, 2019. p. 209).

[46] "Já o consentimento 'em destaque' será alcançado quando for clara a identificação do usuário em relação ao tratamento que será realizado com seus dados pessoais. Isso é especialmente relevante quando o consentimento estiver contemplado dentro de documento que contemple outras autorizações, situações em que o trecho relacionado ao tratamento de dados pessoais deve ser realçado, em relação às demais partes do texto, do vídeo ou do áudio" (NÓBREGA MALDONADO, Viviane; OPICE BLUM, Renato (coord.). *LGPD – Lei Geral de Proteção de Dados comentada*. São Paulo: Revista dos Tribunais, 2019. p. 209).

[47] "(...) quando o consentimento for utilizado para tratamento de dados pessoais sensíveis, de crianças ou para transferência internacional, além de livre, informado e inequívoco, para uma finalidade determinada, ele deverá também ser realizado de forma específica e em destaque" (VAINZOF, Rony in NÓBREGA MALDONADO, Viviane; OPICE BLUM, Renato (coord.). *LGPD – Lei Geral de Proteção de Dados comentada*. São Paulo: Revista dos Tribunais, 2019. p. 117).

[48] "(...) toda criança e adolescente são merecedores de direitos próprios e especiais que, em razão de sua condição específica de pessoas em desenvolvimento, estão a necessitar de uma proteção especializada, diferenciada e integral" (VERONESE, Josiane Rose Petry in VERONESE, Josiane Rose Petry; ROSSATO, Luciano Alves; LÉPORE, Paulo Eduardo (coord.). *Estatuto da Criança e do Adolescente* – 25 anos de desafios e conquistas. São Paulo: Saraiva, 2015. p. 33).

da LGPD – que não a do consentimento, que possui previsão específica no art. 14, § 1.º –, são válidas também para o tratamento de quaisquer dados pessoais de crianças e adolescentes, mesmo que não sejam considerados sensíveis nos termos da definição do art. 5.º, II, da LGPD, e contanto que haja observância ao melhor interesse dessas pessoas. Isso porque, no referido dispositivo, o legislador aumentou a proteção dos dados pessoais, por entender que dados pessoais sensíveis merecem maior cuidado, tal qual a criança e o adolescente por suas inerentes características.

Assim, a título de exemplo, se for do seu melhor interesse e de acordo com a sua absoluta prioridade, será possível que dados pessoais de crianças e adolescentes, sensíveis ou não, sejam tratados nas hipóteses de execução de políticas públicas previstas em leis ou regulamentos por parte da administração pública, observando-se o disposto na alínea *b* do art. 11, II, da LGPD, e nos casos de exercício regular de direitos em contratos, processo judicial, administrativo ou de arbitragem, previstos na sua alínea *d*.

Importante, ainda, ressaltar a disposição prevista no § 4.º do mesmo art. 14, segundo a qual os "controladores não deverão condicionar a participação dos titulares de que trata o § 1.º deste artigo em jogos, aplicações de internet ou outras atividades ao fornecimento de informações pessoais além das estritamente necessárias à atividade". Isso significa que, ainda que não haja consentimento parental para o tratamento de dados de crianças e adolescentes até 16 anos de idade incompletos, tais indivíduos não podem ser privados da participação em jogos ou aplicações. Tal dispositivo ressalta o fato de que o objetivo do consentimento parental não é privar crianças e adolescentes do uso das ferramentas digitais disponíveis, mas garantir que, ao utilizá-las, seus dados não sejam tratados ou processados sem o devido consentimento de seus responsáveis legais.

2.2.1   Dados pessoais sensíveis

Quanto à definição de dado pessoal, a LGPD acolheu o conceito expansivo do que configura dado pessoal, pelo qual não apenas dados identificados, mas igualmente os dados que tornem possível identificar seu titular, ou seja, identificáveis, devem ser tratados como pessoais. Não são quaisquer tipos de dados, mas aqueles que se referem a uma pessoa natural específica, identificada ou identificável[49].

Já os dados pessoais sensíveis, de acordo com o próprio texto legal, são aqueles sobre "origem racial ou étnica, convicção religiosa, opinião política, filiação a sindicato ou a organização de caráter religioso, filosófico ou político, dado referente à saúde ou à vida sexual, dado genético ou biométrico, quando vinculado a uma pessoa natural". São, em síntese, dados pessoais que podem gerar algum tipo de discriminação se e quando forem tratados.

Nesse contexto, existe considerável preocupação sobre as novas aplicações que tratam dados biométricos, indo além dos riscos preexistentes, relacionados ao roubo de identidade e uso indevido de informação, que permitiriam o acesso não autorizado a crianças e adolescentes, por exemplo. O uso de dados biométricos pode ser considerado invasivo, e erros e imprecisões no processo de sua autenticação podem restringir o acesso de indivíduos a serviços e produtos.

Tais riscos são elevados em virtude de os dados biométricos estarem permanentemente associados a um indivíduo – não se altera uma digital ou a retina porque houve exposição indevida de tais dados. Assim, se o tratamento do dado biométrico contém um erro ou

---

[49]   É importante distinguir dados gerais de dados pessoais, pois estes últimos possuem um vínculo objetivo com a pessoa, justamente por relevar aspectos que lhe dizem respeito (DONEDA, Danilo. *Da privacidade à proteção de dados pessoais*. Rio de Janeiro: Renovar, 2006. p. 157).

218 | TRATADO DE PROTEÇÃO DE DADOS PESSOAIS

imprecisão, ou se tais dados são perdidos ou roubados, é incrivelmente difícil modificá-los ou substituí-los. Não à toa, a legislação considera dados biométricos dados sensíveis, cujo tratamento deve ser restringido e as responsabilidades do controlador de tais dados estendidas.

Outro grave risco é o do processamento de dados pessoais sensíveis – ou dados de crianças e adolescentes – sem a devida observância aos preceitos legais respectivos quando resultante do tratamento de dados pessoais de forma automatizada e em grande escala. Por isso, todas as situações de tratamento de dados pessoais devem ser cuidadosamente avaliadas, mesmo que, a *priori*, não sejam relativas a dados pessoais sensíveis ou de titularidade de crianças e adolescentes[50].

Pode-se dizer, a propósito, tendo-se em vista o mencionado tratamento legal, que, para fins de direito, os dados pessoais de crianças e adolescentes serão sempre considerados sensíveis, uma vez que, por estarem em uma situação peculiar de desenvolvimento progressivo de suas capacidades, são mais vulneráveis e suscetíveis, inclusive às atividades de tratamento, coleta, processamento, manipulação e hiperexposição de dados pessoais.

2.2.2 *Legítimo interesse*

O legítimo interesse está previsto na regra geral de tratamento de dados pessoais do art. 7.º, IX, e no art. 10 da LGPD. Somente poderá ser utilizado como fundamento para o tratamento de dados pessoais para finalidades legítimas, consideradas a partir de situações concretas.

No caso de crianças e adolescentes, não há base legal para o tratamento de dados pessoais por legítimo interesse do controlador[51] ou de terceiros[52]. Primeiramente porque o art. 7.º da LGPD não se aplica, por completo, no que diz respeito a dados pessoais de crianças e adolescentes. Referido dispositivo apresenta a regra geral para o tratamento de dados pessoais, com menos proteção em comparação ao disposto no art. 14 da LGPD, específico para o tratamento de dados pessoais de crianças e adolescentes e que guarda semelhante nível de cuidado quanto ao disposto no art. 11, sobre a proteção de dados pessoais sensíveis – este, sim, passível de ser aplicado também no caso de dados pessoais de crianças e adolescentes e que, justamente por sua diferenciação quanto ao cuidado com os riscos envolvidos, não prevê a hipótese do legítimo interesse.

Por se tratar de pessoas em um peculiar estágio de desenvolvimento biológico, físico, cognitivo e social, crianças e adolescentes devem ter seus dados pessoais protegidos contra

---

[50] Nesse notório caso, o cruzamento de dados pessoais de padrões de consumo geraram o dado pessoal sensível a respeito da gravidez de uma adolescente antes mesmo de seu pai tomar conhecimento do fato (*How target figured out a teen girl was pregnant before her father did*. Disponível em: <https://www.forbes.com/sites/kashmirhill/2012/02/16/how-target-figured-out-a-teen-girl-was-pregnant-before-her-father--did/#a3397a766686>. Acesso em: 11 jun. 2019).

[51] Para fins da LGPD, é considerado controlador qualquer "pessoa natural ou jurídica, de direito público ou privado, a quem competem as decisões referentes ao tratamento de dados pessoais" (art. 5.º, VI).

[52] "Interpretações mais cautelosas tenderão a seguir no sentido de que a previsão deste inciso IX se trata de equívoco do legislador, e que deve prevalecer o disposto no artigo 10, não havendo possibilidade do uso dessa base por terceiros, ficando restrita diretamente ao controlador. Por outro lado, pode haver o entendimento de que, na verdade, as restrições previstas no artigo 10 não se aplicam aos terceiros, no que esses teriam ainda mais liberdade para tratamento dos dados com fundamento nessa base, do que os próprios controladores. Diante disso, deve ser observado com cautela o uso de interesses legítimos como base legal para o tratamento de dados a ser realizados por terceiros, que não diretamente o controlador, diante dessa indefinição que existe na legislação, a qual deve ser solucionada, com o tempo de aplicação prática da norma" (NÓBREGA MALDONADO, Viviane; OPICE BLUM, Renato (coord.). *LGPD* – Lei Geral de Proteção de Dados comentada. São Paulo: Revista dos Tribunais, 2019. p. 185).

PARTE II · Cap. 10 · A PROTEÇÃO DE DADOS PESSOAIS DE CRIANÇAS E ADOLESCENTES | **219**

qualquer tentativa de tratamento que se queira fazer com fundamento na hipótese de legítimo interesse que não seja o seu próprio. Seus direitos e liberdades fundamentais previstos nos arts. 5.º e 227 da Constituição Federal sempre prevalecerão em face de qualquer interesse – ainda que legítimo – de controladores ou terceiros. Mesmo que se concordasse com a genérica aplicação do art. 7.º da LGPD ao tratamento de dados pessoais de crianças e adolescentes, esse seria justamente o caso a se enquadrar na exceção do próprio inciso IX: "exceto no caso de prevalecerem direitos e liberdades fundamentais do titular que exijam a proteção dos dados pessoais"[53].

Dados pessoais de crianças e adolescentes devem ser tratados de forma semelhante aos dados pessoais sensíveis, em uma categoria de dados especiais e com o acréscimo da indispensável verificação de seu melhor interesse.

2.2.3 *Outras hipóteses de tratamento de dados de crianças e adolescentes e o balanceamento do melhor interesse da criança e do adolescente*

Além da hipótese de consentimento parental prevista no art. 14, § 1.º, da LGPD, como anteriormente detalhado, são também hipóteses legais para o tratamento de dados pessoais de crianças e adolescentes, independentemente de consentimento, aquelas arroladas no art. 11, II, da LGPD, que dispõe sobre o tratamento de dados pessoais sensíveis, prevendo hipóteses mais restritas em relação à norma geral do art. 7.º.

Assim, são hipóteses de tratamento de dados de crianças e adolescentes permitidas na LGPD as seguintes: (i) cumprimento de obrigação legal ou regulatória pelo controlador; (ii) tratamento compartilhado de dados necessários à execução, pela administração pública, de políticas públicas previstas em leis ou regulamentos; (iii) realização de estudos por órgão de pesquisa, garantida, sempre que possível, a anonimização dos dados pessoais sensíveis; (iv) exercício regular de direitos, inclusive em contrato e em processo judicial, administrativo e arbitral; (v) proteção da vida ou da incolumidade física do titular ou de terceiro; (vi) tutela da saúde, em procedimento realizado por profissionais da área da saúde ou por entidades sanitárias; (vii) garantia da prevenção à fraude e à segurança do titular, nos processos de identificação e autenticação de cadastro em sistemas eletrônicos, resguardados os direitos mencionados no art. 9.º desta Lei e exceto no caso de prevalecerem direitos e liberdades fundamentais do titular que exijam a proteção dos dados pessoais.

Em todos esses casos, será sempre indispensável o balanceamento com o melhor interesse das crianças e dos adolescentes[54], de modo que seus direitos fundamentais sejam plenamente garantidos[55].

---

[53] No âmbito internacional, também o Regulamento europeu, com relação a publicidade, perfilamento, direcionamento e processos de análise e categorização, firma que a regra do legítimo interesse do controlador para efetuar o tratamento dos dados pessoais não se aplica no caso de informações de crianças e adolescentes, vedando o seu uso para fins econômicos.

[54] "Princípio do melhor interesse é, pois, o norte que orienta todos aqueles que se defrontam com as exigências naturais da infância e juventude. Materializa-lo é o dever de todos" (ANDRADE MACIEL, Kátia Regina Ferreira Lobo (coord.). *Curso de direito da criança e do adolescente* – aspectos teóricos e práticos. 7. ed. São Paulo: Saraiva, 2014. p. 70).

[55] "(...) considerando-se que a dignidade da pessoa humana é um valor supremo do Estado Democrático de Direito, e sendo a criança e o adolescente pessoas merecedoras de maior atenção, em razão de se encontrarem em desenvolvimento, tem-se que todos os seus direitos, indicados na Constituição, são fundamentais, guardando-se coerência valorativa do ordenamento jurídico e de sua interpretação" (ROSSATO, Luciano Alves; LÉPORE, Paulo Eduardo in VERONESE, Josiane Rose Petry; ROSSATO,

3. LIMITAÇÃO DO USO DE DADOS PESSOAIS DE CRIANÇAS E ADOLESCENTES

Impulsionadoras das discussões que culminaram na criação da nova LGPD, as alegações de uso ilegítimo de dados pessoais para fins de manipulação política-eleitoral tomaram o noticiário global, desafiando o sistema de justiça e casas legislativas[56].

Ora, se adultos plenamente capazes para votar foram vítimas de um escândalo de manipulação em massa, decorrente do uso inadequado de seus dados pessoais, que dirá o que pode acontecer com crianças e adolescentes, em processo de desenvolvimento cognitivo e social. Indubitável, portanto, que o uso de dados pessoais de crianças e adolescentes precisa ser ainda mais parcimonioso.

É certo que a utilização das novas tecnologias da informação e da comunicação promove uma série de descobertas em crianças e adolescentes, podendo estimular diversas experiências comunicacionais, educativas e de entretenimento em uma profusão de possibilidades jamais vista na história da humanidade.

Por outro lado, é bem certo também que o monitoramento das atividades *on-line* de crianças e adolescentes[57] tem crescido sobremaneira, bem como as denúncias de coleta indevida de seus dados pessoais[58].

Por isso, é importante que novas formas de fiscalização e monitoramento do tratamento de dados pessoais de crianças e adolescentes sejam implementadas, a fim de que regulações já existentes no que concerne à proteção dos direitos de crianças e adolescentes tenham a devida efetividade[59].

Luciano Alves; LÉPORE, Paulo Eduardo (coord.). *Estatuto da Criança e do Adolescente* – 25 anos de desafios e conquistas. São Paulo: Saraiva, 2015. p. 141).

[56] O escândalo *Facebook-Cambridge Analytica* demonstrou o potencial de uso de dados acerca das preferências e gostos pessoais mais íntimos das pessoas, destronando o antigo modelo de direcionamento de conteúdo com base em dados sociodemográficos.

[57] "(...) Utilizando uma 'análise automática de comportamentos de privacidade de apps Android', uma equipe de pesquisadores e cientistas da computação dos EUA e do Canadá concluiu que dos 5.855 aplicativos incluídos no estudo, 281 coletaram dados de contato ou localização sem pedir permissão aos pais; outros 1.100 compartilhavam informações de identificação com terceiros para fins restritos, enquanto 2.281 deles pareciam violar os Termos de Serviço do Google que proibiam que os aplicativos compartilhassem esses identificadores para o mesmo destino que o ID de publicidade do Android (que oferece controle sobre o rastreamento). Certa de 40% dos aplicativos transmitiram informações sem usar 'medidas de segurança razóveis', e quase todos (92%) dos 1.280 aplicativos com conexões do Facebook não estavam usando corretamente os sinalizadores de código da rede social para limitar o uso de menor de 13 anos" (BORELLI, Alessandra. O tratamento de dados de crianças no âmbito do General Data Protection Regulation (GDPR). In: NÓBREGA MALDONADO, Viviane; OPICE BLUM, Renato (coord.). *Comentários ao GDPR – Regulamento Geral de Proteção de Dados da União Europeia*. São Paulo: Revista dos Tribunais, 2018. p. 141-142).

[58] Em 09.04.2018, o CCFC Campaign for a Commercial-Free Childhood e o Center for Digital Democracy, apoiados por uma coalizão de 23 grupos de consumidores e de privacidade, apresentaram uma denúncia junto à Federal Trade Commission para proteger a privacidade infantil, detalhando como a empresa Google violou a lei norte-americana ao coletar dados pessoais de crianças no YouTube sem o devido consentimento dos pais. Disponível em: <https://commercialfreechildhood.org/blog/google-and-you-tube-are-invading-childrens-privacy>. Acesso em: 10 jun. 2019.

[59] No sentido de que a regra europeia deveria considerar não só as crianças, mas também os adultos como pessoas vulneráveis perante a datatificação da vida, em um olhar cético sobre os efeitos práticos da GDPR para crianças e adolescentes, "it may work better for data controllers to protect the rights (and limit the commercial exploitation) of all users than to try to identify children (and other vulnerable users) so

PARTE II · Cap. 10 · A PROTEÇÃO DE DADOS PESSOAIS DE CRIANÇAS E ADOLESCENTES | 221

Nesse contexto, de suma importância é a absoluta proibição do direcionamento de publicidade a crianças[60-61] e, por conseguinte, a proibição do tratamento de seus dados pessoais com tal finalidade, ainda que haja consentimento parental expresso, por conta do melhor interesse das crianças.

3.1 A proibição do tratamento de dados pessoais para fins de direcionamento de publicidade a crianças

São incontáveis as evidências da hipervulnerabilidade infantil diante da publicidade, especialmente aquela que fala diretamente com crianças: o Conselho Federal de Psicologia entende que a publicidade tem maior possibilidade de induzir as crianças ao erro e à ilusão[62]. Isso porque até os 6-8 anos as crianças não possuem todas as ferramentas necessárias para distinguir o real da fantasia, e até os 8-12 anos não compreendem o caráter persuasivo da publicidade, nem estão em condições de enfrentar com igualdade de força a pressão exercida pela publicidade no que se refere à questão do consumo[63].

Assim como a Convenção sobre os Direitos da Criança e o Pacto Internacional sobre Direitos Econômicos, Culturais e Sociais, ambos ratificados pelo Estado brasileiro, também o Estatuto da Criança e do Adolescente veda qualquer tipo de exploração de crianças e adolescentes. Ao desrespeitar a condição peculiar de desenvolvimento das crianças, que não têm completamente formada a capacidade de pensamento abstrato, a publicidade que lhes é dirigida viola a regra da não exploração prevista em tais normas.

Cabe reforçar que é atualmente inconteste que a publicidade direcionada a crianças contribui e é fator relevante para o agravamento de problemas sociais como: consumismo, erotização precoce, transtornos alimentares e de comportamento, obesidade, delinquência infantojuvenil, estresse familiar, alcoolismo, violência, diminuição das brincadeiras criativas, insustentabilidade ambiental, entre outros[64].

Também no arcabouço legal consumerista brasileiro, a abusividade da exploração da criança pela publicidade está positivada. O Código de Defesa do Consumidor, em seu capítulo destinado à regulação da publicidade, fixa a necessidade de que qualquer publicidade seja fácil e imediatamente reconhecida por seu público-alvo, em seu art. 36, e proíbe publicidades enganosas e abusivas. Como exemplo de publicidade abusiva, o Código de Defesa do Consumidor ressalta, ao destacá-la, aquela que se aproveita da deficiência de julgamento e experiência da

---

as to treat them differently (not least because the very process of identifying children may undermine the principle of data minimisation which protects their privacy)" (LIVINGSTONE, Sonia. *Children: a special case for privacy?* Disponível em: <http://eprints.lse.ac.uk/89706/1/Livingstone_Children-a-special-case-for-privacy_Published.pdf>. Acesso em: 14 jun. 2019).

[60] "A hipótese dos autos caracteriza publicidade duplamente abusiva. Primeiro, por se tratar de anúncio ou promoção de venda de alimentos direcionada, direta ou indiretamente, às crianças. Segundo (...)" (Disponível em: <https://ww2.stj.jus.br/processo/pesquisa/> e <https://ww2.stj.jus.br/processo/revista/documento/mediado/?componente=ATC&sequencial=58798093&num_registro=201500615780&data=20160415&tipo=5&formato=PDF>. Acesso em: 13 jun. 2019).

[61] Disponível em: <http://criancaeconsumo.org.br/noticias/nova-decisao-do-stj-ratifica-que-publicidade--dirigida-para-crianca-e-ilegal/>. Acesso em: 13 jun. 2019.

[62] Disponível em: <https://site.cfp.org.br/wp-content/uploads/2008/10/cartilha_publicidade_infantil.pdf>. Acesso em: 13 jun. 2019.

[63] Disponível em: <http://criancaeconsumo.org.br/biblioteca/children-and-television-advertising/>. Acesso em: 13 jun. 2016.

[64] LINN, Susan. *Crianças do consumo* – a infância roubada. São Paulo: Instituto Alana, 2006.

criança, conforme o art. 37, § 2.º. Reforçando esse critério, a Resolução 163/2014 do Conselho Nacional dos Direitos da Criança e do Adolescente (CONANDA) detalha o conceito de abusividade da publicidade que se aproveita da deficiência de julgamento infantil. Ora, se é vedada a publicidade direcionada à criança[65], também o uso de informações das crianças para aperfeiçoamento da publicidade é vedado, posto que se aproveita do fato de a sua capacidade de análise estar em desenvolvimento, porquanto seu objetivo não se aproxima do melhor interesse do sujeito em desenvolvimento.

Ainda, o Marco Legal da Primeira Infância, em seu art. 5.º, estabelece como prioridade, na promoção de políticas públicas para a primeira infância, a proteção contra toda a forma de pressão consumista e a adoção de medidas que evitem a exposição precoce à comunicação mercadológica. Da mesma forma, pode-se depreender que é dever da política pública proteger a criança do tratamento de dados pessoais cuja finalidade seja justamente a customização de peças publicitárias.

Portanto, por meio de uma interpretação sistemática, que considera a Constituição Federal, o Estatuto da Criança e do Adolescente e o Código de Defesa do Consumidor, é necessário concluir que a publicidade dirigida a crianças[66], bem como, por conseguinte, as estratégias de aperfeiçoamento desta são abusivas, dado que representam um desrespeito às garantias asseguradas à infância.

Para além da abusividade da publicidade infantil, o Código de Defesa do Consumidor também estipula como prática abusiva a prevalência da fraqueza ou ignorância do consumidor, tendo em vista sua idade, saúde, conhecimento ou condição social, para impingir-lhe seus produtos ou serviços[67].

Da mesma forma, é inevitável reconhecer que o tratamento de dados pessoais de crianças para fins de realização de publicidade, bem como o seu direcionamento a elas, é prática condenada pelo ordenamento legal. Nesse sentido, o Código de Defesa do Consumidor, em seu art. 39, V, estabelece que é vedada a prática abusiva de exigir do consumidor vantagem manifestamente excessiva.

Vale dizer que, atualmente, o modelo mais reconhecido de uso de dados é justamente para o direcionamento de publicidade e conteúdo para grupos ou indivíduos específicos[68], em um modelo que se dá por minucioso processo de microssegmentação dos consumidores[69],

---

[65] "Como a criança é um ser em desenvolvimento e demandatária de especial proteção, não tendo condições de captar o conteúdo das mensagens publicitárias e, tampouco, defesas emocionais suficientemente formadas para perceber os influxos dos conteúdos persuasivos, praticamente em todas as situações, a publicidade comercial dirigida ao público infantil configurar-se-á abusiva e, portanto, ilegal" (NUNES JÚNIOR, Vidal Serrano; SOUZA, Adriana Cerqueira de. A discussão legal da publicidade comercial dirigida ao público infantil. *Criança e consumo* – 10 anos de transformação. São Paulo: Instituto Alana, 2016. p. 350).

[66] HENRIQUES, Isabella Vieira Machado. *Publicidade abusiva dirigida à criança*. Curitiba: Juruá, 2006.

[67] Art. 39, IV, do Código de Defesa do Consumidor.

[68] Pesquisa da americana Data & Marketing Association aponta que anunciantes gastaram US$15,5 bilhões em dados e serviços atrelados a dados em 2018, para personalizar publicidade (PITTA, Marina. *Brinquedos conectados e os riscos à infância*. Disponível em: <https://politics.org.br/edicoes/brinquedos-conectados-e-os-riscos-%C3%A0-inf%C3%A2ncia>. Acesso em: 13 jun. 2019).

[69] Pesquisa da empresa SalesForce com anunciantes indica que 90% usam ou planejam usar dados coletados *on-line*, em 2018. 50% usam ou pretendem usar dados adquiridos de terceiros, intenção que cresce em 30% quando questionados sobre o uso de dados adquiridos de terceiros, em dois anos. Disponível em: <https://c1.sfdcstatic.com/content/dam/web/en_us/www/assets/pdf/datasheets/digital-advertising-2020.pdf>. Acesso em: 13 jun. 2019.

PARTE II · Cap. 10 · A PROTEÇÃO DE DADOS PESSOAIS DE CRIANÇAS E ADOLESCENTES | 223

por meio do qual os anunciantes utilizam o conhecimento adquirido acerca das preferências de cada pessoa para personalizar ofertas comerciais e influenciar comportamento e opinião.

Dessa forma, os consumidores tornam-se alvos bastante fragilizados em uma relação desigual marcada pela assimetria informacional, fazendo com que sejam mais facilmente seduzidos, sem que tenham, efetivamente, conhecimento dos métodos psicológicos e comportamentais[70] que estão sendo usados para o tratamento dos seus dados pessoais com fins publicitários.

Daí a necessidade de a norma prevenir, como de fato previne, o tratamento de dados pessoais de crianças para fins de microssegmentação publicitária em anúncios abusiva e ilegalmente direcionados ao público infantil, bem como, com isso, evitar-se futuros usos inadequados dos mesmos dados pessoais[71].

Ainda, é importante ressaltar que a referida Resolução 163, em seu art. 3.º, também estabelece princípios para a publicidade dirigida a adolescentes, incluindo o "respeito à dignidade da pessoa humana, à intimidade, ao interesse social" (inciso I), a "atenção e cuidado especial às características psicológicas do adolescente e sua condição de pessoa em desenvolvimento" (inciso II), "não permitir que a influência do anúncio leve o adolescente a constranger seus responsáveis ou a conduzi-los a uma posição socialmente inferior" (inciso III) e "não favorecer ou estimular qualquer espécie de ofensa ou discriminação de gênero, orientação sexual e identidade de gênero, racial, social, política, religiosa ou de nacionalidade" (inciso IV). Nesse sentido, considerando que o uso de dados pessoais para finalidades de microssegmentação publicitária viola a intimidade de adolescentes, podendo gerar, inclusive, uma discriminação algorítmica pelo perfilhamento desses dados baseados em gênero, orientação sexual e identidade de gênero, racial, social, política, religiosa ou de nacionalidade, tal prática poder ser igualmente considerada como abusiva.

4. O DIREITO DA CRIANÇA E DO ADOLESCENTE À INFORMAÇÃO ADEQUADA

O art. 14 da LGPD, que trata do consentimento no âmbito do tratamento de dados de crianças e adolescentes, prevê que as informações a esse respeito, previstas especialmente nos termos de privacidade, devem ser fornecidas "de maneira simples, clara e acessível, consideradas as características físico-motoras, perceptivas, sensoriais, intelectuais e mentais do usuário", chegando a mencionar o uso de audiovisual quando for adequado, de forma a proporcionar a informação necessária a mães, pais e responsáveis e "adequada ao entendimento da criança".

---

[70] Disponível em: <https://www.nytimes.com/2018/03/20/technology/facebook-cambridge-behavior-model.html>. Acesso em: 13 jun. 2019.

[71] Além do mais: "O uso de informações coletadas em um dispositivo para oferta comercial em outros contextos e ambientes é dificilmente rastreável, até mesmo para especialistas, de forma que a capacidade de resposta a usos indevidos, por meio de atuação *ex post*, é prejudicada. Considerando o modelo de análise de risco *versus* oportunidade, comum na definição das práticas comerciais das empresas, agentes privados poderiam estar inclinados a ver aqui uma oportunidade de rentabilização dos dados sem que possam ser responsabilizados pela abusividade. Mas os dados de crianças não necessariamente precisam ser usados imediatamente para que tenham valor comercial e possam ser vendidos. Há toda uma indústria de compra e venda de dados no atacado, que opera sem conhecimento do público e cujas práticas são desconhecidas" (PITTA, Marina. *Brinquedos conectados e os riscos à infância*. Disponível em: <https://politics.org.br/edicoes/brinquedos-conectados-e-os-riscos-%C3%A0-inf%C3%A2ncia>. Acesso em: 13 jun. 2019).

224 | TRATADO DE PROTEÇÃO DE DADOS PESSOAIS

Isso significa que a criança e o adolescente terão papel relevante no consentimento parental ou de seus responsáveis legais – devendo-se interpretar extensivamente o § 6.º para abarcar também os adolescentes mencionados no *caput*. No caso dos adolescentes maiores de 16 anos, esse dispositivo igualmente se aplica no tocante ao seu próprio consentimento, considerando-se que são também pessoas que vivenciam processo de desenvolvimento e, por isso, merecem atenção e cuidado em relação às informações sobre o tratamento de seus dados pessoais.

4.1 Informação e esclarecimento para os responsáveis legais

A informação e o esclarecimento acerca das condições para o tratamento de dados pessoais de crianças e adolescentes são fundamentais também para as mães, pais e responsáveis legais, notadamente nos casos em que forem chamados a consentir em nome de seus filhos ou representados legais.

Faz parte da lógica da LGPD que os titulares dos dados pessoais – bem como seus responsáveis ou representantes legais – tenham acesso a informações e esclarecimentos previamente ao momento no qual lhes for solicitado o consentimento para o tratamento dos seus dados pessoais como requisito legal. Faz parte da principiologia da LGPD, que traz como princípios das atividades de tratamento de dados, previstos no art. 6.º, entre outros, a finalidade e a adequação.

Para que o controlador realize o tratamento de dados pessoais de crianças e adolescentes, de forma a cumprir a finalidade com a qual se comprometeu, é indispensável que os detentores do poder familiar ou representantes legais dessas pessoas tenham tido previamente informações acerca dos propósitos do tratamento.

Como dito anteriormente, essas informações devem ser facilmente compreendidas pelo seu destinatário. Ao longo de seu texto e para que não pairem quaisquer dúvidas a esse respeito, a LGPD vale-se de alguns adjetivos para essa informação, dentre os quais pode-se chamar a atenção para os seguintes: clara, adequada, ostensiva, simples e acessível.

4.2 Informação para crianças e adolescentes

O art. 14, § 6.º, da LGPD inova ao dispor textualmente que não só as mães, pais ou responsáveis legais, mas também a própria criança deverá ter proporcionada a informação necessária e adequada ao seu entendimento sobre o tratamento de seus dados pessoais – ainda que não seja ela, com menos de 12 anos de idade, a formalizar o consentimento nos casos em que isso for requerido.

É muito bem-vindo o dispositivo que não releva a importância da criança – e nessa esteira, do adolescente – saber o que está se passando ainda que formalmente seja representada por seus representantes ou responsáveis legais. É um dispositivo que contribui para a formação e educação da nova geração no que concerne ao cuidado com seus dados pessoais, possibilitando-lhe que aprenda a compreender serem seus dados pessoais a extensão da sua personalidade e, com isso, merecedores de redobrada atenção. Fundamental para garantir o acesso à informação e a ciência de direitos por parte de crianças e adolescentes, em linha com o desenvolvimento progressivo das suas capacidades e habilidades.

Assim, as informações sobre o tratamento de dados pessoais devem ser claras e adaptadas ao desenvolvimento intelectual também das crianças e dos adolescentes, seus titulares, até por meio de animações, por exemplo, caso entenda-se necessário, para que possam compreender essa complexa operação.

PARTE II · Cap. 10 · A PROTEÇÃO DE DADOS PESSOAIS DE CRIANÇAS E ADOLESCENTES | 225

Como o texto ainda menciona a adequação de tais informações "consideradas as características físico-motoras, perceptivas, sensoriais, intelectuais e mentais do usuário, com uso de recursos audiovisuais quando adequado", há que se entender a necessidade de serem implementadas soluções de acessibilidade também no âmbito da Lei 13.146/2015 – Lei Brasileira de Inclusão da Pessoa com Deficiência (Estatuto da Pessoa com Deficiência).

4.3 Medidas educacionais

As medidas trazidas pelo legislador no art. 14, § 6.º, da LGPD estão em absoluta consonância com todo o arcabouço normativo pátrio e com a Convenção sobre os Direitos da Criança da ONU, no que concerne aos direitos de crianças e adolescentes de receberem educação formal e não formal e de terem promovido o seu desenvolvimento; além de serem escutados e terem garantida a sua liberdade de expressão tanto no âmbito analógico quanto no digital.

Também estão especialmente alinhadas às mais recentes discussões sobre os direitos de crianças e adolescentes no campo das tecnologias da informação e comunicação na medida em que referida previsão levou para a lei a importância da educação para as mídias e da educomunicação[72], como um direito a ser observado em relação a crianças e adolescentes e um dever a ser cumprido pelos controladores.

A educação para as mídias digitais de crianças e adolescentes não se dá exclusivamente no ambiente escolar nem se constitui em um processo meramente mecânico, havendo de se valorizar as experiências e vivências e a intermediação dos adultos nesse aprendizado, que vai além do uso crítico das mídias no campo da segurança, mas extrapola para questões atinentes à cidadania[73].

Mesmo porque o tratamento de dados pessoais não afeta tão somente os direitos fundamentais relacionados à inviolabilidade da intimidade e da vida privada das pessoas, mas o sistema de direitos fundamentais como um todo, no que diz respeito à cidadania, à liberdade e à própria democracia[74].

---

[72] Sobre as diferenças e semelhanças entre a educação para as mídias e a educomunicação (entrevista com Ismar Soares e Regina de Assis): <http://www.abpeducom.org.br/professores-ismar-soares-e-regina-de--assis-participam-de-programa-da-tv-escola/>. Acesso em: 14 jun. 2019.

[73] "Assim o que acontece com crianças, adolescentes e as mídias digitais não é, apenas, um processo mecânico de identificar elementos das mesmas, como reconhecer as letras de uma palavra, mas muito mais do que isto, é aprender novas e dinâmicas linguagens, muitas vezes, modificando-as, inventando e acrescentando variados elementos simbólicos, semânticos e gramaticais, por meio de ações individuais ou compartilhadas.
(...) Portanto, exigem dos adultos a responsabilidade de intermediar questões de segurança no uso e alcance de possibilidades que constituam e ampliem conhecimentos e valores.
(...) As habilidades para o uso crítico da Internet são ainda bastante restritas às questões de segurança, o que é um avanço, mas há ainda questões de direitos, de cidadania, muito pouco exploradas, como as relativas às questões de gênero, etnias, modas e comportamento, entre outras" (ASSIS, Regina de. *O uso crítico, criativo e compartilhado das linguagens digitais*. São Paulo: Comitê Gestor da Internet no Brasil, 2016. p. 77 e ss.).

[74] "Afinal, há diversos exemplos que demonstram como a infraestrutura de comunicação e informação se tornou hoje indispensável para o exercício dos direitos fundamentais: a internet revolucionou a liberdade de expressão, a comunicação interpessoal e a comunicação social, assim como os sistemas informáticos transformaram o mundo do trabalho, da administração e do mercado, sem os quais hoje se tornou impensável o livre exercício de qualquer trabalho, ofício ou profissão, ou a livre expressão da atividade intelectual, artística, científica e de comunicação" (MENDES, Laura Schertel. *Privacidade, proteção de dados e defesa do consumidor*. São Paulo: Saraiva, 2014. p. 163).

CONCLUSÃO

Como conclusão de todo o apresentado, tem-se que:

- dados pessoais são extensões da personalidade e da própria pessoa, inclusive de crianças e adolescentes, as quais são protegidas pela legislação nacional e internacional com absoluta prioridade de seus direitos e melhor interesse;
- a proteção de dados pessoais interfere diretamente no direito à liberdade, à privacidade, à igualdade e à democracia, individual e coletivamente;
- a proteção dos dados pessoais possui guarida constitucional no art. 5.º, X, da Constituição Federal, que garante o direito à intimidade e à vida privada dos indivíduos;
- o tratamento de dados pessoais de crianças e adolescentes deve, impreterivelmente, coadunar-se com o direito fundamental da criança à absoluta prioridade de seus direitos e melhor interesse, cujo dever de ser assegurado é determinado de forma solidária ao Estado, sociedade – inclusive empresas – e famílias;
- nem a administração pública, a atividade comercial de empresas ou o poder familiar podem se sobrepor ao melhor interesse de crianças e adolescentes;
- o consentimento parental mencionado no art. 14, § 1.º, da LGPD é válido não só para o tratamento de dados pessoais de crianças de até 12 anos, mas também para o tratamento de dados pessoais de adolescentes de até 16 anos, com base no seu melhor interesse e no art. 3.º do Código Civil;
- dados pessoais de crianças e adolescentes são considerados, para fins da LGPD, dados pessoais sensíveis e, assim, especialmente protegidos;
- as hipóteses previstas no art. 11, II, da LGPD aplicam-se ao tratamento de dados de crianças e adolescentes, independentemente de seus dados serem sensíveis, nos termos da definição do art. 5.º, II, da LGPD;
- não há base legal para o tratamento de dados pessoais de crianças e adolescentes por legítimo interesse do controlador ou de terceiros, uma vez que é o melhor interesse da criança que deve sempre prevalecer;
- o tratamento de dados pessoais de crianças de até 12 anos para fins de direcionamento de mensagens publicitárias é proibido e o de adolescente também pode ser considerado uma prática abusiva com base no seu melhor interesse, na Constituição Federal, no Código de Defesa do Consumidor, no ECA e na LGPD.

REFERÊNCIAS BIBLIOGRÁFICAS

ALMEIDA, M. E. B. Letramento digital e hipertexto: contribuições à educação. In: PELLANDA, N. M. C.; SCHLÜNZEN, E. T. M.; SCHLÜNZEN JUNIOR, K. (org.). *Inclusão digital*: tecendo redes afetivas/cognitivas. Rio de Janeiro: DP&A Editora, 2005.

COHEN, Julian E. What Privacy is For. *Harvard Law Review*. Disponível em: <https://cdn.harvardlawreview.org/wp-content/uploads/pdfs/vol126_cohen.pdf>. Acesso em: 14 jun. 2019.

DONEDA, Danilo. Da privacidade à proteção de dados pessoais. Rio de Janeiro: Renovar, 2006.

DZJEKANIAK, Gisele; ROVER, Aires. Sociedade do conhecimento: características, demandas e requisitos. *Revista de Informação*, Santa Catarina, vol. 12, n. 5, 2011. Disponível em: <http://www.egov.ufsc.br/portal/conteudo/artigo-sociedade-do-conhecimento-caracter%C3%ADsticas-demandas-e-requisitos>. Acesso em: 12 maio 2019.

HENRIQUES, Isabella Vieira Machado. *Publicidade abusiva dirigida à criança*. Curitiba: Juruá, 2006.

LINN, Susan. *Crianças do consumo* – a infância roubada. São Paulo: Instituto Alana, 2006.

MENDES, Laura Schertel. *Privacidade, proteção de dados e defesa do consumidor*. São Paulo: Saraiva, 2014.

NÓBREGA MALDONADO, Viviane; OPICE BLUM, Renato (coord.). *LGPD* – Lei Geral de Proteção de Dados comentada. São Paulo: Revista dos Tribunais, 2019.

NUNES JÚNIOR, Vidal Serrano; SOUZA, Adriana Cerqueira de. A discussão legal da publicidade comercial dirigida ao público infantil. *Criança e consumo* – 10 anos de transformação. São Paulo: Instituto Alana, 2016.

PINHEIRO, Patricia Peck. *Proteção de dados pessoais* – comentários à Lei n. 13.709/2018. São Paulo: Saraiva, 2018.

PITTA, Marina. *Brinquedos conectados e os riscos à infância*. Disponível em: <https://politics.org. br/edicoes/brinquedos-conectados-e-os-riscos-%C3%A0-inf%C3%A2ncia>. Acesso em: 13 jun. 2019.

QUEIROZ, Paulo Eduardo Cirino de. *Da doutrina "menorista" à proteção integral: mudança de paradigma e desafios na sua implementação*. Disponível em: <http://www.egov.ufsc.br/ portal/conteudo/da-doutrina-menorista-%C3%A0-prote%C3%A7%C3%A3o-integral-mudan%C3%A7a-de-paradigma-e-desafios-na-sua-implementa>. Acesso em: 6 jun. 2019.

THOMAS, M. (ed.). *Deconstructing digital natives*: young people, technology and the new literacies. New York: Routledge, 2011.

VOSGERAU, Dilmeire Sant'anna Ramos; BERTONCELLO, Ludhiana. *Inclusão digital na infância*: o uso e a apropriação das TICs pelas crianças brasileiras. Pesquisa sobre o uso das Tecnologias da Informação e da Comunicação no Brasil 2005-2009. São Paulo: Comitê Gestor da Internet no Brasil (CGI.br), 2010. p. 25-36. Disponível em: <https://www.cetic.br/media/docs/ publicacoes/2/tic-edicao-especial-5anos.pdf>. Acesso em: 5 jun. 2019.

WERTHEIN, Jorge. A sociedade da informação e seus desafios. *Ci. Inf.*, Brasília, v. 29, n. 2, p. 71-77, maio-ago. 2000. Disponível em: http://www.scielo.br/pdf/ci/v29n2/a09v29n2.pdf>. Acesso em: 12 maio 2019.

11

FECHANDO UM CICLO: DO TÉRMINO DO TRATAMENTO DE DADOS PESSOAIS (ARTS. 15 E 16 DA LGPD)

SÉRGIO GARCIA ALVES[1]

Mestre em Direito & Tecnologia pela Universidade da Califórnia – Berkeley,
Mestre em Regulação pela Universidade de Brasília. Sócio da área de Tecnologia,
Jogos e Regulação de Abdala Advogados.

INTRODUÇÃO

Em um contexto de acelerada digitalização, os indivíduos têm pouca clareza sobre os significados de políticas de privacidade a que aderem (frequentemente escritas em termos jurídicos insossos ou incongruentes com as práticas de empresas e governo)[2] e desconhecem a extensão do tratamento de seus dados pessoais (por quanto tempo, para que finalidade, por quem)[3].

Com *big data* e inteligência artificial modelando "inferências e previsões não intuitivas e não verificáveis sobre os comportamentos, preferências e vidas privadas de indivíduos", a partir de dados de valor imprevisível, "aumentam-se as oportunidades de perfilamento e tomada de decisão discriminatória, enviesada e ofensivas à privacidade"[4]. Nos debates mais refinados, acadêmicos e especialistas disputam o eventual alcance da legislação de privacidade sobre inferências acerca de uma pessoa e se indivíduos têm direitos, controle e ferramental oponível sobre como são enxergados por terceiros.

---

[1] O autor agradece as sugestões de aprimoramento ao texto oferecidas por José Renato Laranjeira e Thiago Moraes.

[2] REIDENBERG, Joel R.; BREAUX, Travis; CARNOR, Lorrie Faith; FRECH, Brian. Disagreeable Privacy Policies: Mismatches Between Meaning and Users' Understanding. 30 *Berkeley Tech. L.J.* 39, 2015. Disponível em: <https://scholarship.law.berkeley.edu/cgi/viewcontent.cgi?article=2053&context=btlj>; POLLACH, I. A Typology of Communicative Strategies in Online Privacy Policies: Ethics, Power and Informed Consent. *Journal of Business Ethics*, 62, 2005. p. 221. Disponível em: <https://doi.org/10.1007/s10551-005-7898-3>.

[3] SIMMONS, Joshua L. Buying You: The Government's Use of Fourth-Parties to Launder Data about 'The People' (September 19, 2009). *Columbia Business Law Review*, vol. 2009, n. 3, p. 950. Disponível em: <https://ssrn.com/abstract=1475524>.

[4] WACHTER, Sandra; MITTELSTADT, Brent. A Right to Reasonable Inferences: Re-Thinking Data Protection Law in the Age of Big Data and AI (October 5, 2018). *Columbia Business Law Review*, 2019(2). Disponível em: <https://ssrn.com/abstract=3248829>.

No Brasil, a Lei Geral de Proteção de Dados Pessoais (LGPD) passa a impor aos agentes de tratamento de dados a implementação de boas práticas de gestão de dados pessoais outrora ignoradas pelo ordenamento jurídico, com o objetivo de proteger a pessoa natural.

Sistemas legados e nascentes de setores público e privado passam a ter que se adequar a uma nova política normativa de "ciclo de vida dos dados" que subjaz a estrutura da norma: sob tal paradigma, dados pessoais passam a ser coletados, processados, armazenados, utilizados, publicados, arquivados e *eliminados* ("ou forçados a serem eliminados, por decorrência de lei")[5].

Este texto discorre especificamente sobre a etapa final do ciclo de vida dos dados pessoais determinado pelos arts. 15 e 16 da LGPD: (i) as hipóteses de término do tratamento de dados pessoais e (ii) a consequente obrigação de eliminação desses dados, ressalvadas hipóteses excludentes.

Esses dispositivos encerram alguns dos trechos de execução mais sensíveis da norma: (i) pelo lado dos agentes de tratamento, são obrigações de considerável complexidade de ordem técnica e de gestão, mas que podem lhes reduzir os riscos inerentes ao tratamento de dados pessoais obsoletos ou desconformes; (ii) sob a ótica do titular dos dados pessoais, carregam a expectativa de exercício pleno de direitos fundamentais e princípios inspiradores da lei, mas que devem ser ponderados ante interesses de ordem pública.

1. O CICLO DE VIDA DOS DADOS PESSOAIS

Existem múltiplas formas de se esquematizar o ciclo de vida de dados pessoais[6], e, para fins deste texto, basta afirmar que a LGPD impõe que o tratamento de dados pessoais tenha início, meio e fim ou, colocado de outra forma, autoriza que os dados pessoais sejam coletados, processados, utilizados e eliminados. Essa autorização é condicionada às orientações da lei, como o respeito a princípios de finalidade, adequação e necessidade.

A digitalização da economia, a alta capacidade computacional e a redução de custos de processamento tornaram possível a coleta massiva de dados das mais diversas fontes com objetivos de inteligência, vigilância, controle, eficiência, prestação de serviços, antecipação de tendências e ganho econômico. Os incentivos para essa coleta massiva em ambientes pouco regulados foram bem documentados[7], e regramentos como a LGPD buscam alterar esse balanço impondo obrigações para empresas e governos[8].

A ausência de regras severas para o tratamento de dados pessoais parece ter tolerado ou promovido que os agentes coletassem informações de modo errático e experimental, muitas vezes mantendo-as em bases de dados com baixo controle e pouco planejamento. Uma máxima diria "colete agora, pergunte depois".

---

[5] "Data Lifecycle Management (DLM) is a policy-based approach to managing the flow of an information system's data throughout its lifecycle – from creation and initial storage, to the time it becomes obsolete and is deleted, or is forced to be deleted through legislation". Cf.: REID, Roger; FRASER-KING, Gareth; SCHWADERER, W. David. *Data Lifecycles: Managing Data for Strategic Advantage.*

[6] Para discussões sobre DLM, veja também: <https://ieeexplore.ieee.org/abstract/document/5676895>; <https://downloads.cloudsecurityalliance.org/assets/research/security-guidance/security-guidance-v-4-FINAL.pdf>; <https://static.tti.tamu.edu/tti.tamu.edu/documents/PRC-17-84-F.pdf>.

[7] RUBINSTEIN, Ira; LEE, Ronald D.; SCHWARTZ, Paul M. Data Mining and Internet Profiling: Emerging Regulatory and Technological Approaches. *University of Chicago Law Review*, 75, 2008, p. 262 e 276.

[8] LAUBE, Stefan; BÖHME, Rainer. The economics of mandatory security breach reporting to authorities. *Journal of Cybersecurity*, vol. 2, Issue 1, December 2016, p. 29-41. Disponível em: <https://doi.org/10.1093/cybsec/tyw002>.

PARTE II · Cap. 11 · FECHANDO UM CICLO: DO TÉRMINO DO TRATAMENTO DE DADOS PESSOAIS | **231**

Em 2016, o "Global Databerg Report"[9] expôs que apenas 15% dos dados armazenados por organizações ao redor do mundo seriam sabidamente críticos aos negócios; os outros 85% dos *databergs* seriam "dados redundantes, obsoletos ou triviais" (*rot data*) ou "dados escuros" (*dark data*, de valor e significado desconhecidos para quem os armazenava). Por extensão, empresas e governos estariam armazenando de modo irracional e acriterioso volumes crescentes de dados pessoais, expondo-se arriscadamente e deixando pouca margem para escusarem-se de modo razoável, na hipótese de investigações regulatórias ou criminais que avaliassem suas práticas de gestão de dados pessoais.

A implementação de um modelo de ciclo de vida de dados pessoais aderente à LGPD implica os agentes de tratamento conhecerem os dados que tratam e implementarem soluções que viabilizem satisfazer as regras de término do tratamento de dados pessoais. De um lado, um programa de governança em privacidade pressupõe investimentos em auditoria e mapeamento dos dados pessoais; de outro, pode aumentar a qualidade daquilo que os agentes tratam.

2. A RACIONALIDADE DE SE DETERMINAR O TÉRMINO DO TRATAMENTO DE DADOS

A abordagem de ciclo de vida de dados e o término do tratamento de dados pessoais impostos pela LGPD são inovações ao direito brasileiro, sob inspiração do marco regulatório europeu e com reduzida correspondência em modelos normativos estadunidenses.

Ao analisar a proposta da Comissão Europeia que daria origem ao Regulamento Geral sobre a Proteção de Dados (*General Data Protection Regulation* – GDPR), Paul Schwartz anunciou a emergência de um novo modelo de privacidade europeu que restringiria a autorização para tratamento de dados pessoais para apenas finalidades limitadas e específicas, condicionada também por limitações temporais sobre o uso dos dados (sob a marca acadêmica de Viktor Mayer-Schönberger). As novas políticas europeias, em rota de colisão com o direito americano e em franca expansão para outros países, teriam o condão de deslocar o equilíbrio das políticas de privacidade vigentes e obstruir a formulação de políticas públicas descentralizada até então experimentada globalmente[10].

Schwartz posteriormente atualizou sua avaliação sobre esse "modelo jurídico europeu altamente transplantável". Ao estudar como Japão e Estados Unidos se comportaram em negociações sobre transferência internacional de dados da União Europeia, concluiu que a Europa foi "colaborativa e inovadora" ao expandir sua política globalmente e está "sendo recompensada por seu sucesso no mercado de ideias regulatórias"[11].

---

[9]   O relatório indicou que (i) apenas 48% dos dados armazenados por organizações ao redor do mundo seriam conhecidos por elas próprias, (ii) desses, (ii.a) meros 15% seriam dados críticos para os negócios e (ii.b) 33% seriam *rot data*, (iii) os 52% restantes seriam *dark data* (podendo ser tanto *rot data* quanto informações críticas aos negócios). Entre as principais causas para o surgimento de *databergs* estariam: (i) estratégias baseadas em "volumes de dados" e não em "geração de valor para o negócio", (ii) confiança crescente no mito do armazenamento "gratuito" e acelerada adoção da nuvem e (iii) crescente desrespeito às políticas corporativas de dados por empregados. Cf. VERITAS TECHNOLOGIES. *The Databerg Report: See What Others Don't*. Identify the value, risk and cost of your data. 2016. Disponível em: <https://www.veritas.com/product/information-governance/global-databerg.html>.

[10]   SCHWARTZ, Paul M. The EU-U.S. Privacy Collision: A Turn to Institutions and Procedures (May 1, 2013). *126 Harvard Law Review 1966*, 2013; *UC Berkeley Public Law Research Paper*, n. 2290261. Disponível em: <https://ssrn.com/abstract=2290261>.

[11]   SCHWARTZ, Paul M. Global Data Privacy: The EU Way (October 10, 2019). *94 New York University Law Review 771*, 2019. Disponível em: <https://ssrn.com/abstract=3468554>.

232 | TRATADO DE PROTEÇÃO DE DADOS PESSOAIS

Alexander Tsesis, por seu turno, foi vocal ao argumentar que a proteção dos interesses titulares de dados pessoais demandaria regulação sobre o limite de tempo e finalidades que autorizam empresas a reterem informação eletrônica; e seria necessário definir em lei o período de expiração para se preservar os direitos dos titulares e fazer frente ao comércio desenfreado de dados pessoais com terceiros (na maioria dos casos, desconhecidos dos titulares)[12].

Embora os comentários dos professores americanos fossem voltados ao que viria a se tornar o "direito ao apagamento de dados" do art. 17 do GDPR[13] e guardem conexão com o princípio de limitação de armazenamento do GDPR, os efeitos conseguintes desse direito no regulamento europeu são muito próximos daqueles do "término de tratamento de dados" determinados pelos arts. 15 e 16 da LGPD.

Hipóteses que determinam o "apagamento" ou "eliminação de dados", como (i) satisfação de finalidade que autorizou o tratamento de dados, (ii) desnecessidade ou impertinência superveniente para a finalidade que motivou o tratamento, (iii) fim do período de tratamento, (iv) comunicação do titular e retirada de seu consentimento, (v) determinação de autoridade, estão arroladas em ambos os textos.

Por extensão, a racionalidade interna às normas (fundamentos, princípios, teleologia) para "apagamento" ou "eliminação" encontra correspondência em ambos: GDPR e LGPD.

3. ENCERRANDO UM CICLO

A LGPD é categórica em relação às hipóteses que autorizam o tratamento de dados pessoais, ainda que os arts. 7.º (tratamento de dados pessoais), 11 (tratamento de dados pessoais sensíveis) ou 14 (tratamento de dados pessoais de crianças e adolescentes) do diploma arrolem conceitos jurídicos indeterminados (como "legítimo interesse", nos termos do art. 7.º, IX, da LGPD) e confiram margem para inovações regulatórias ou contratuais (arts. 7.º, II, V, e 11, II, "a", da LGPD) não minudenciadas na lei.

Essas hipóteses para tratamento de dados pessoais são também condicionadas pela teleologia introdutória à lei geral (seus objetivos, fundamentos e princípios expressos nos arts. 1.º, 2.º e 6.º, respectivamente) e materializadas no exercício dos direitos do titular dos dados pessoais (delineados nos arts. 9.º, 17, 18 e seguintes da LGPD).

Por via de regra, a redação da LGPD é bastante objetiva: finda a condição que autorizou o tratamento de dados pessoais, deve-se terminá-lo e eliminar os dados pessoais.

O desafio que as organizações têm pela frente não é trivial, considerando a amplitude do conceito de "tratamento de dados pessoais" exposto no art. 5.º, X, da LGPD, que enuncia ao menos vinte exemplos de operações com dados pessoais que deverão ser terminadas (i)

---

[12] TSESIS, Alexander. The Right to be Forgotten and Erasure: Privacy, Data Brokers, and the Indefinite Retention of Data (June 4, 2014). *Wake Forest Law Review*, vol. 48, 2014; *Loyola University Chicago School of Law Research Paper*, n. 2013-11/30. Disponível em: <https://ssrn.com/abstract=2361669>.

[13] O GDPR ofereceu uma alcunha para seu art. 17; além de "direito ao apagamento de dados" ("*right to erasure*"), o artigo é também nominado "direito a ser esquecido" ("*right to be forgotten*"). Aparentemente, a confusão entre (i) "eliminação de dados" na LGPD brasileira e (ii) "apagamento de dados" no GDPR (na versão lusitana) decorre da (a) semelhança no léxico e (b) da distinção entre (b.i) o que a doutrina e tribunais entendem por "direito ao esquecimento" e (b.ii) o que o GDPR positivou como "direito ao apagamento de dados" ("direito a ser esquecido"). Observe-se que o GDPR não faz referências a outras possibilidades e facetas doutrinárias do "direito ao esquecimento", tais como "supressão de conteúdo", "desindexação", "*right to delist*". Sob a ótica dos efeitos gerados pelas duas normas, este autor discorda da afirmação categórica de que a LGPD não teria abarcado qualquer dimensão de um "direito ao esquecimento".

sob a ótica do alcance da finalidade do tratamento, (ii) ao fim do período de tratamento, (iii) a pedido do titular e (iv) por determinação da Autoridade Nacional de Proteção de Dados Pessoais (ANPD).

I) Término do tratamento sob a ótica da finalidade

A primeira hipótese de término materializa o princípio da finalidade exposto no art. 6.º, I, da LGPD, que condiciona a realização do tratamento de dados pessoais a "propósitos legítimos, específicos, explícitos e informados ao titular, sem possibilidade de tratamento posterior de forma incompatível com essas finalidades", e dialoga com os princípios de adequação (compatibilidade entre tratamento e finalidade) e necessidade (tratamento adstrito ao mínimo necessário para realizar as finalidades, com dados pertinentes, proporcionais e não excessivos) do art. 6.º, II e III, da LGPD.

Note-se que o art. 15, I, da LGPD modulou sub-hipóteses relacionadas ao princípio da finalidade que implicam o término do tratamento:

1. término porque a *finalidade foi alcançada*; ou
2. término porque os dados pessoais deixaram de ser *necessários* ou *pertinentes* ao alcance da finalidade específica.

A diferença parece sutil, mas encerra distintas condições de obrigação aos agentes. Como ilustração, vejamos trecho de "Política de Privacidade" do portal e do aplicativo do Banco do Brasil, banco estatal do governo brasileiro, constituído sob a forma de sociedade de economia mista[14]:

> **Política de Privacidade**
> **– Informações solicitadas no Aplicativo BB**
> O Banco do Brasil solicita a concordância dos usuários do aplicativo BB para ter acesso ao número do telefone em que o app está sendo utilizado, localização do dispositivo, autorização para envio de SMS, acesso à câmera do celular e e-mail cadastrado na loja de aplicativos. Estas informações são necessárias para validações de segurança no dispositivo utilizado pelos nossos clientes e gerar mais comodidade no atendimento.

Em sua estratégia de transparência com clientes e visitantes do site, o Banco do Brasil afirma que (i) solicita concordância dos usuários do aplicativo (ii) para ter acesso ao número do telefone, localização do dispositivo, autorização para envio de SMS, acesso à câmara do celular e e-mail cadastrado em loja de aplicativos, (iii) porque essas informações são necessárias (iv) para validações de segurança no dispositivo e geração de comodidade no atendimento.

A partir desse trecho de política de privacidade[15], observa-se que o Banco do Brasil (i) utiliza o consentimento ("solicita concordância do usuário") como base legal para o tratamento de (ii) certos dados pessoais listados, e (iii) atenderia ao princípio da necessidade ("informações

---

[14] BANCO DO BRASIL. *Política de Privacidade – Compromisso com a transparência e o respeito nas relações com clientes e visitantes do Portal BB e APP*. Disponível em: <https://www.bb.com.br/pbb/pagina-inicial/voce/politicas-de-uso-e-privacidade#/>. Acesso em: 13 out. 2019.

[15] O Banco do Brasil provavelmente se utiliza de algumas dessas informações também para outras finalidades, inclusive contratuais. Para esse estudo de caso, restaremos adstritos ao que está explícito nesse trecho de política de privacidade. De igual modo, para fins ilustrativos, o autor ignorará imperativos de tratamento de dados determinados por normas não citadas ao longo do texto.

são necessárias") para (iv) propósitos legítimos, específicos, explícitos e informados ao titular ("segurança" e "comodidade").

Sob a égide do art. 15, I, da LGPD e da redação exclusiva desse trecho de política de privacidade, podemos distinguir algumas situações que implicariam o término do tratamento de dados pessoais por parte do BB:

a) Término porque a *finalidade foi alcançada*

As finalidades explicitadas pelo banco encerram conceitos de difícil satisfação plena (segurança, comodidade); é pouco crível que a instituição financeira consiga implementar ferramentas estáticas e definitivas que alcancem nível total de segurança e comodidade no atendimento ao usuário. Sob a ótica de indeterminação desses conceitos, há maior margem para que o banco siga tratando os dados pessoais indicados enquanto persegue as finalidades como meta.

Digamos, porém, que o regulador do setor bancário implemente regulamentos que traduzam em critérios objetivos que (i) "'segurança' é saber que o cliente do BB não possui antecedentes criminais ao tempo da contratação" e (ii) "'comodidade' é saber que o cliente mora em unidade da federação que possua ao menos um caixa eletrônico ao tempo da contratação"[16]. Nesse exemplo, em havendo base legal pertinente, bastaria ao banco fazer conferências únicas ao tempo da contratação e, uma vez confirmada a satisfação das duas regras, a finalidade teria sido alcançada; por conseguinte, seria determinado o término do tratamento de dados pessoais.

b) Término porque os dados pessoais deixaram de ser *necessários* ou *pertinentes* ao alcance da finalidade específica

Em mais uma situação hipotética, vislumbre-se situação em que o regulador do setor bancário implemente regulamentos que parametrizem índices de razoabilidade para "segurança" e "comodidade", traduzidos, por exemplo, em regulamentos de "segurança cibernética" e "qualidade de prestação de serviço ao consumidor de serviços financeiros", e que esses regulamentos incluam os seguintes critérios objetivos, exclusiva e respectivamente: "contratação de seguros contra incidentes de segurança no valor de R$ 100 mil por cliente" e "instalação de no mínimo um posto de atendimento físico a cada 20 quilômetros quadrados em perímetro urbano".

Nessa situação, o banco cumpriria suas obrigações perante o regulador financeiro a partir da satisfação de critérios que praticamente independeriam do tratamento de dados pessoais dos usuários do aplicativo do banco, e que, se utilizados, ofenderiam os princípios de adequação e necessidade. Dessa maneira, os dados pessoais que outrora foram coletados e vinham sendo manipulados pelo banco passam a não ser mais *necessários* ou *pertinentes* às finalidades originalmente especificadas, impondo-se o término do tratamento.

II) Término do tratamento por decurso de tempo

O GDPR é bastante assertivo em relação às limitações temporais para o tratamento de dados pessoais. O regulamento europeu assevera[17]:

> "Considerando (39) (...) A fim de assegurar que os dados pessoais sejam conservados apenas durante o período considerado necessário, o responsável pelo tratamento deverá fixar os prazos para o apagamento ou a revisão periódica.
>
> Artigo 5.º Princípios relativos ao tratamento de dados pessoais
>
> 1. Os dados pessoais são:

---

[16] O exemplo é uma simplificação excessiva exclusivamente para fins didáticos.

[17] Os arts. 13 e 14 do GDPR também impõem obrigações de informar ao titular o "prazo de conservação dos dados pessoais ou, se não for possível, os critérios usados para fixar esse prazo".

PARTE II · Cap. 11 · FECHANDO UM CICLO: DO TÉRMINO DO TRATAMENTO DE DADOS PESSOAIS | 235

(...)

e) Conservados de uma forma que permita a identificação dos titulares dos dados apenas durante o período necessário para as finalidades para as quais são tratados; os dados pessoais podem ser conservados durante períodos mais longos, desde que sejam tratados exclusivamente para fins de arquivo de interesse público, ou para fins de investigação científica ou histórica ou para fins estatísticos, em conformidade com o artigo 89.º, n.º 1, sujeitos à aplicação das medidas técnicas e organizativas adequadas exigidas pelo presente regulamento, a fim de salvaguardar os direitos e liberdades do titular dos dados ("limitação da conservação")";

Não obstante a LGPD seja silente sobre prazos para limitação do tratamento de dados pessoais, a lei brasileira também impõe balizas de temporalidade, de igual modo ponderadas por princípios legais. Especificamente, o art. 15 determina o término do tratamento de dados ao fim do período de tratamento.

A redação é vaga, mas podemos buscar expandir seu significado para cobrir (i) situações em que o tratamento é esporádico ou ocasional e (ii) situações em que há expectativa razoável para o tratamento ser limitado no tempo.

No primeiro, cite-se o caso de uma empresa que promove um breve curso informal único de 4 horas, em uma tarde, e que solicita informações pessoais para acesso do aluno ao edifício onde será ministrada a aula; satisfeita a necessidade de identificação, não subsistiria razão para o condomínio reter esses dados em cadastro por longos períodos.

No segundo, uma instituição de ensino superior registra os dados de tipo sanguíneo de um aluno ao longo dos cinco anos de sua graduação, em razão de política de emergências e primeiros socorros em suas instalações prediais; ao cabo da relação contratual, não parece subsistir causa para armazenar esses dados sensíveis por outros cinco anos.

Como exercício, citem-se as "Políticas de Privacidade e Relacionamento com Usuários" da Catho, uma "empresa de tecnologia que funciona como um classificado *on-line* de currículos e vagas" de trabalho[18].

"Políticas de Privacidade e Relacionamento com Usuários
– Coleta e Utilização de Informações do Usuário
(i) Informações pessoais
Ao utilizar o site da Catho para quaisquer das finalidades mencionadas acima, serão coletadas informações pessoais que poderão incluir, entre outras, nome, endereço de e-mail, telefone para contato, sexo, data de nascimento, endereço, número de CPF, cargo, salário ou pretensão salarial. Os dados informados pelo Usuário são de sua exclusiva responsabilidade.
(...)
É possível que as informações dos Usuários permaneçam armazenadas mesmo após o encerramento de uma conta de Usuário. Este armazenamento poderá ocorrer caso seja mandatória ao cumprimento de obrigações de natureza judicial, legal ou regulatória, para evitar fraudes ou uso indevido, bem como para assegurar o estrito cumprimento desta Política de Privacidade e demais contratos que regulem a relação entre a Catho e os Usuários".

---

[18] CATHO. *Políticas de privacidade e relacionamento com usuários*. Disponível em: <https://www.catho.com.br/institucional/privacidade-relacionamento/>. Acesso em: 13 out. 2019.

Em sua política, a empresa comunica a seus usuários que suas informações pessoais poderão ser mantidas armazenadas (sob tratamento) mesmo após o encerramento de uma conta. Pode-se cogitar que uma empresa de recrutamento e classificados de empregos queira manter um histórico da empregabilidade de candidatos e de satisfação de critérios de anunciantes de vagas; suas estatísticas podem gerar relatórios úteis inclusive ao cenário macroeconômico brasileiro. Não é para essas finalidades, porém, que a empresa definiu as margens para a possibilidade de tratar dados dos usuários mesmo após o fim da relação contratual: ela afirma que poderia manter os dados para (i) satisfação de obrigações judiciais, legais ou regulatórias, (ii) evitar fraudes ou uso indevido ou (iii) satisfazer a política de privacidade e contratos.

Como veremos nos próximos parágrafos, há, de fato, hipóteses em que imposições judiciais, legais e regulatórias determinam a conservação de dados pessoais após o término do tratamento; em contrapartida, deve-se ponderar a legítima expectativa de razoabilidade do período de tratamento de dados de um indivíduo. Por isso, justificar a manutenção do armazenamento por prazo indeterminado após o encerramento da relação contratual para fins de (i) "evitar fraudes ou uso indevido" ou (ii) "satisfazer a política de privacidade e contratos" é hipótese menos aderente à norma.

Em seu site, a Comissão Europeia explica que dados devem ser conservados pelo mínimo de tempo possível, e que as organizações devem estabelecer prazos para apagamento ou revisão dos dados conservados. O texto traz ilustração fictícia que aparentaria infringir os ditames do GDPR[19] e que serve de roteiro para a interpretação da LGPD:

> **"Dados conservados durante demasiado tempo sem atualização**
>
> A sua empresa/organização é uma agência de recrutamento e, para esse efeito, recolhe CV de pessoas que se encontram à procura de emprego e que lhe pagam uma taxa pelos seus serviços de intermediação. Planeia conservar os dados durante 20 anos e não toma medidas que prevejam a atualização dos CV. O período de conservação não parece ser proporcional à finalidade de encontrar emprego para uma pessoa a curto/médio prazo. Além disso, o facto de não solicitar atualizações dos CV a intervalos regulares torna algumas das pesquisas inúteis para o candidato a emprego após um determinado período de tempo (por exemplo, porque a pessoa pode entretanto ter adquirido novas qualificações)".

III) Término do tratamento por manifestação do titular

Há trinta anos, o art. 43 do Código de Defesa do Consumidor (CDC) determina que o consumidor tenha acesso às informações e dados pessoais e de consumo arquivados sobre ele, bem como suas respectivas fontes. O CDC também obriga que os cadastros e dados de consumidores sejam claros, verdadeiros e não contenham informações negativas por período superior a cinco anos e que essas informações sejam acessíveis ao consumidor, inclusive para retificá-los, se inexatos.

Nas relações do cidadão com o Estado, a Constituição Federal de 1988 e a Lei 9.507/1997 preveem a concessão do *habeas data* e regulam o direito de acesso a informações relativas à pessoa do impetrante, "constantes de registro ou banco de dados de entidades governamentais ou de caráter público", para fins de conhecimento, retificação e contestação das informações.

---

[19] COMISSÃO EUROPEIA. *Durante quanto tempo podem os dados ser conservados? É necessário atualizá-los?* Disponível em: <https://ec.europa.eu/info/law/law-topic/data-protection/reform/rules-business-and-organisations/principles-gdpr/how-long-can-data-be-kept-and-it-necessary-update-it_pt#>.

PARTE II · Cap. 11 · FECHANDO UM CICLO: DO TÉRMINO DO TRATAMENTO DE DADOS PESSOAIS | 237

Depreende-se que o quadro normativo brasileiro já impõe que governo e empresas implementem alguns mecanismos de gestão de dados pessoais e tenham à disposição canais de comunicação com os consumidores e cidadãos para a realização de direitos.

Sob a égide da lei geral, emerge nova camada de sofisticação da relação entre agentes e titulares dos dados pessoais: a lei não apenas assegura que o titular dos dados pessoais tenha livre acesso a suas informações, como também prevê novas formas de interferência do titular sobre o tratamento de dados em curso. Notadamente, a LGPD obriga o término do tratamento conseguinte à comunicação do titular dos dados pessoais, ou seja, por solicitação direta da pessoa natural.

A adimplência ao inciso é desafiadora tanto sob o aspecto técnico quanto sob o aspecto jurídico.

Sob o viés técnico, empresas e governos terão que incrementar seus canais de contato com consumidores e cidadãos, certificar-se de que a auditoria e o mapeamento de dados estão adequados e atuais, e adotar tecnologias que confirmem o término do tratamento[20]. Essas soluções podem fazer parte de atualizações modulares de plataformas de *softwares* de sistemas integrados de gestão empresarial (*enterprise resource planning*) já contratados, por exemplo, ou demandar a implementação de algo absolutamente novo à organização, como uma plataforma específica para serviço de atendimento ao cliente e ao cidadão[21].

As implicações jurídicas do inciso merecem análise sistêmica.

De início, lê-se no art. 15, III, que o término do tratamento poderá decorrer de comunicação expressa do titular e de seu exercício de revogação do consentimento que previamente possibilitou o tratamento de seus dados pessoais.

O texto apresenta linguagem dúbia[22] acerca das consequências da revogação do consentimento, quanto à eventual necessidade de um segundo ato do titular para a efetiva eliminação dos dados pessoais.

> (i) O art. 8.º, § 5.º, permite a revogação do consentimento e ratifica os "tratamentos realizados sob amparo do consentimento manifestado *enquanto não houver requerimento de eliminação, nos termos do inciso VI do* caput *do art. 18 desta Lei*". Na mesma linha, o inciso VI e o § 3.º do art. 18 afirmam que o exercício do direito de eliminação dos dados pessoais dependerá de requisição, exceto nas hipóteses do art. 16. Ou seja, a eliminação dependeria tanto da "revogação do consentimento" quanto do "requerimento de eliminação"[23];

---

[20] MASSEY, Stephen. The Ultimate GDPR Practioner Guide. *Fox Red Risk Publishing*, 2017. p. 97 e 189.

[21] Esse vídeo apresenta exemplo de solução tecnológica implementada por uma empresa para a mapeamento e governança de um programa de privacidade adente ao GDPR (SAP TECHNOLOGY. *Addressing GDPR data discovery requirements with SAP Information Steward*. Disponível em: <https://www.youtube.com/watch?v=bvcQXS1ParU>).

[22] Caio César Carvalho Lima se associa à primeira interpretação possível: "Nesse ponto, expomos nosso entendimento de que a mera revogação do consentimento, se não for seguida de expressa solicitação de exclusão dos dados, autorizará a manutenção desses dados pessoais, ratificados os tratamentos até então realizados, conforme disposto no § 5.º do artigo 8.º. Assim, nos caso de revogação do consentimento, a eliminação dos dados pessoais somente será processada quando houver pedido direto para tanto, não se tratando de consequência direta e imediata do exercício do direito de revogação". Cf. MALDONADO, Viviane Nóbrega; BLUM, Renato Opice. *LGPD*: Lei Geral de Proteção de Dados comentada. São Paulo: Thomson Reuters Brasil, 2019. p. 212.

[23] O art. 60 da LGPD promoveu alterações no art. 7.º do Marco Civil da Internet para espelhar as regras de direito de término do tratamento e pertinente exclusão de dados pessoais de usuário de aplicação de internet, por requerimento.

(ii) Não obstante, a dicção do art. 15, I, combinado com o *caput* do art. 16, informa que (i) o término ocorrerá por comunicação do titular ("*inclusive no exercício de seu direito de revogação do consentimento* conforme disposto no § 5.º do art. 8.º desta Lei") e que, por consequência, (ii) os "dados pessoais serão eliminados após o término de seu tratamento". O art. 16 não faz menção a uma eventual segunda manifestação do titular ou condiciona a eliminação a requerimento.

Aparentemente, o problema da dubiedade é sistêmico à LGPD e não está adstrito à discussão sobre as manifestações necessárias à eliminação dos dados e decorrências do exercício do direito de revogação: isso decorre da polissemia do termo "tratamento" na lei.

Ao definir "tratamento" de dados pessoais em seu art. 5.º, X, a lei arrolou ao menos vinte exemplificações de operações realizadas com dados pessoais (incluindo operações de coleta, utilização, acesso, processamento, arquivamento, armazenamento de dados pessoais). Uma interpretação literal do *caput* do art. 15 indicaria que "terminar o tratamento de dados" significaria, no mínimo, "terminar a coleta", "terminar a utilização", "terminar o acesso", "terminar o processamento", "terminar o arquivamento" de dados pessoais e terminar todas as outras operações listadas no art. 5.º, X.

Essa digressão não só não contribui para a interpretação da lei, como também leva a conclusões ilógicas. Tome-se o caso de se considerar "tratamento de dados pessoais" como "operação referente à eliminação de dados pessoais", uma das acepções do art. 5.º, X, combinado às expressões dos arts. 15 e 16 da LGPD. Esse somatório nos conduziria à seguinte meta-regra: "Os dados pessoais serão eliminados após o término [da operação de eliminação] de dados pessoais"[24].

O afã do legislador por abarcar todas as operações passíveis de serem executadas com dados pessoais e assegurar a ampla abrangência da lei geral parece ter dado causa a inconsistências internas. Com sorte, essas situação serão esclarecidas com a vivência da LGPD[25].

Por fim, observe-se que o encerramento do tratamento dos dados por decorrência de revogação do consentimento é apenas *uma das possibilidades* de comunicação do titular que dá causa ao término e que o interesse público poderá se sobrepor ao interesse do titular. Essa hipótese está expressa, por exemplo, na política de privacidade do Nubank, uma *startup* brasileira de serviços financeiros[26]:

> "**Políticas de Privacidade**
> (...)
> Você poderá solicitar a revisão e correção de seus dados sem qualquer ônus e a qualquer tempo. Para isso, basta entrar em contato por meio de um dos canais de atendimento disponíveis. **Ao terminar sua relação com o Nubank, caso deseje excluir seus dados, lembre-se que o Nubank, com o fim de cumprir com obrigações legais, armazenará determinados dados pelo período e nos termos que a legislação vigente aplicável exigir**". (grifos nossos)

---

[24] "Art. 16. Os dados pessoais serão eliminados após o término de seu [tratamento], no âmbito e nos limites técnicos das atividades, autorizada a conservação para as seguintes finalidades...".

[25] "Art. 55-J. Compete à ANPD: (...) XX – deliberar, na esfera administrativa, em caráter terminativo, sobre a interpretação desta Lei, as suas competências e os casos omissos".

[26] NUBANK. *Política de privacidade*. Disponível em: <https://nubank.com.br/contrato/politica-privacidade/>. Acesso em: 13 out. 2019.

IV) Término do tratamento por determinação da Autoridade Nacional de Proteção de Dados

A última hipótese de término de tratamento de dados provém de determinação da ANPD, a quem compete fiscalizar e aplicar sanções em caso de descumprimento da legislação. Essas competências são exclusivas e deverão se sobrepor às de outros órgãos da administração, no que se refere à proteção de dados pessoais.

Nominalmente, o art. 52 da Lei Geral sujeita os agentes de tratamento de dados a um rol de sanções administrativas aplicáveis pela Autoridade Nacional de Proteção de Dados: advertência, multa simples, multa diária, publicização das infrações, bloqueio dos dados pessoais até a devida regularização e eliminação dos dados pessoais a que se refere a infração.

Da conjugação dos arts. 5.º, 15, 16 e 52 da LGPD depreende-se que a ANPD poderá impor a eliminação de dados ou de conjuntos de dados pessoais armazenados em bancos de dados, e isso implicará o término do tratamento dos dados pessoais correspondentes à infração.

A Lei Geral sugere, mas não obriga que a aplicação de sanções administrativas ocorra de modo gradativo; a ponderação sobre o caso concreto levará em consideração uma série de parâmetros e critérios que podem sugerir, por exemplo, que antes de decidir pela imposição da sanção de eliminação dos dados pessoais os agentes possam ter seus dados bloqueados. Isso significaria que qualquer operação de tratamento de dados estaria suspensa temporariamente, assegurada a guarda do dado[27].

A exclusão fatal de dados pessoais é certamente medida grave a ser imposta pela ANPD, por ser idealmente irreversível.

Nesse diapasão, cabe registrar que autoridades europeias têm recorrentemente determinado a limitação temporária ou definitiva ao tratamento de dados e também ordenado a retificação ou o apagamento de dados pessoais, em linha com o GDPR. Essas penalidades não impediram que as autoridades da Alemanha, Hungria e Letônia impusessem também multas pecuniárias, respectivamente, a uma empresa de entrega de alimentos que se absteve de deletar contas de antigos clientes, a uma instituição financeira que se negou a apagar o número de telefone de um cliente com dívida perante a empresa e a um vendedor *on-line* que se recusou a deletar todos os dados pessoais de um cliente e lhe enviava publicidade não desejada por mensagens de celular[28].

4. AS RESERVAS PARA CONSERVAÇÃO DE DADOS PESSOAIS

Como vimos, em regra, o término do tratamento impõe a eliminação dos dados pessoais, mas a norma pondera acerca de condicionantes para essa eliminação: (i) reconhece as limitações técnicas das atividades e (ii) estabelece exceções que determinam a conservação dos dados pessoais.

I) Questões de ordem técnica

De antemão, deve-se reconhecer que as tecnologias avançam rapidamente e há custos envolvidos no tratamento de dados. É possível que uma organização adote soluções modernas

---

[27] Fabrício da Mota Alves problematiza a operacionalização da sanção de bloqueio, levantando incertezas acerca de quem custodiaria os dados, como se daria o armazenamento (que é tratamento em si), quais os riscos e seguranças envolvidos na operação de custódia. Cf. MALDONADO, Viviane Nóbrega; BLUM, Renato Opice. *LGPD*: Lei Geral de Proteção de Dados comentada. São Paulo: Thomson Reuters Brasil, 2019. p. 372.

[28] GDPR Enforcement Tracker. Disponível em: <http://www.enforcementtracker.com/>.

240 | TRATADO DE PROTEÇÃO DE DADOS PESSOAIS

para satisfação de suas obrigações de governança de privacidade, incluindo aquelas atinentes ao respeito aos direitos do titular dos dados pessoais, mas que em um futuro breve venham a se tornar obsoletas.

Por essa razão, em diversos trechos, a LGPD leva em consideração que a análise de casos concretos dependerá de parâmetros e critérios, como boa-fé do infrator, condição econômica do infrator, adoção reiterada e demonstrada de mecanismos internos capazes de minimizar os danos, adoção de políticas de boas práticas e governança, as características específicas do tratamento e o estado atual da tecnologia.

Considerando o estado atual da tecnologia, é razoável esperar que as soluções de eliminação de dados pessoais envolvam *softwares* que sobrescrevam os *bits* e espaços ocupados pela informação original em que estava armazenada. Essa técnica é relativamente fácil de ser executada em um disco rígido que está sob gestão próxima de um operador e pode oferecer níveis aceitáveis de certeza de que uma informação foi excluída; essa solução é certamente bastante mais complexa de se operar em (i) nuvens providas por terceiros, que usualmente armazenam múltiplas cópias dos dados, em razão de políticas de redundância e disponibilidade, e (ii) *edge computing*, em que dados pessoais não chegam a ir para os servidores do controlador, porque estão contidos no dispositivo do titular, mas nem por isso deixam de ser tratados por aquele[29].

Para assegurar aderência de expectativas, sugere-se deferência a regras de boas práticas que podem ser apoiadas pelos setores interessados e pelo Conselho Nacional de Proteção de Dados Pessoais e da Privacidade.

Em resumo, a obrigação de término do tratamento demandará governança ativa e investimentos por parte das organizações, bem como demonstrações de razoabilidade na tomada de decisão dos dirigentes da Autoridade Nacional de Proteção de Dados.

II) Exceções que obrigam a conservação dos dados

A Lei Geral de Proteção de Dados Pessoais é marcada pela centralidade e autonomia da pessoa natural, ao objetivar proteger os direitos fundamentais de liberdade e de privacidade da pessoa humana. Os fundamentos da lei, seus princípios e todo o novo ferramental disponibilizado ao indivíduo não deixam dúvidas de que passa a imperar o paradigma do controle dos dados pessoais pelo indivíduo titular de suas informações.

Há, porém, situações que demandam a ponderação dos interesses da pessoa natural e outros de ordem pública ou relacionados a legítimas expectativas de terceiros. Por essa razão, a lei apresenta algumas exceções à obrigação de eliminação dos dados pessoais após o término do tratamento, autorizando sua conservação para finalidades específicas[30].

No setor de telecomunicações, várias normas ordenam a guarda de dados pessoais por prazos que transcendem a relação de consumo dos serviços de telecomunicações prestados pelas operadoras. Entre elas, destacam-se normas que obrigam operadoras a guardarem dados de ligações telefônicas por cinco anos, provedores de aplicações de internet a manterem os registros de acesso de aplicações por seis meses e prestadoras de serviços de comunicação multimídia a manterem dados cadastrais e registros de conexão por, no mínimo, um ano[31].

---

[29] RSHID, Fahmida. *InfoWorld*. Don't get bit by zombie cloud data. Disponível em: <https://www.infoworld.com/article/3190131/dont-get-bit-by-zombie-cloud-data.html>.

[30] Portal Valente Contabilidade. Tabela Resumida – Período obrigatório de guarda de documentos da pessoa jurídica e de pessoa física. Disponível em: <http://www.valentecontabil.com.br/portal/servicos/guardaDocs.html>.

[31] Respectivamente, Lei 12.850/2013 (Lei das Organizações Criminosas), Lei 12.965/2014 (Marco Civil da Internet) e Resolução 614/2013 da Agência Nacional de Telecomunicações (Anatel). Cf. ABREU, Jackeline

PARTE II · Cap. 11 · FECHANDO UM CICLO: DO TÉRMINO DO TRATAMENTO DE DADOS PESSOAIS | 241

O setor financeiro é também condicionado por regras próprias que exigem o armazenamento de dados pessoais por longos períodos. O art. 10, § 2.º, da Lei 9.613/1998, por exemplo, que dispõe sobre os crimes de lavagem de dinheiro, obriga um longo rol de pessoas físicas e jurídicas que desempenham atividades financeiras a conservarem cadastros de clientes e registros de certas transações financeiras durante o período mínimo de cinco anos, a partir do encerramento da conta ou da conclusão da transação[32].

A LGPD assegura também que órgãos de pesquisa públicos e privados poderão tratar dados pessoais, desde que se dedique a pesquisa de caráter histórico, científico, tecnológico ou estatístico, dispensando-os da obrigação de eliminação dos dados ao fim do tratamento. A lei favorece a garantia de anonimização dos dados, mas flexibiliza a utilização dessa técnica quando o dado pessoal for indispensável ao estudo, mesmo no caso de dados pessoais sensíveis (como em estudos de saúde pública).

A lei afasta, ainda, a obrigação de eliminação dos dados em certas ocasiões que envolvam (i) a transferência a terceiro ou (ii) para uso exclusivo do controlador de dados anonimizados, vedado o acesso por terceiros.

O reconhecimento de limitações técnicas para a eliminação de dados pessoais após o término do tratamento e a previsão de exceções à obrigação de eliminação devem oferecer alguma margem para que organizações se apresentem aderentes à LGPD ao "proceder[em] a juízo de valor sobre a pretensão, buscando encontrar base legal para conservação dos dados cujo apagamento é pretendido"[33]. Não obstante, isso não escusa as organizações de empreenderem os esforços necessários para eliminarem os dados pessoais, deixando-as expostas à interpretação da ANPD[34].

Em determinadas situações, comprovar que o tratamento de dados foi encerrado e que os dados pessoais foram eliminados pode se tornar um desafio à lógica e beirar o impossível, aproximando-se de uma prova diabólica em que se busca provar um fato negativo. Como remédio, sugere-se documentar os *logs* e todos os procedimentos adotados pelas organizações para que, no advento de uma auditoria ou investigação, seja possível inferir que os agentes tomaram as medidas proporcionais à obrigação de término do tratamento e eliminação dos dados[35].

CONCLUSÃO

A Lei Geral de Proteção de Dados Pessoais impele empresas e governos a se adequarem a um novo paradigma de relação com clientes e cidadãos. Os direitos expressos na norma

---

de Souza. Guarda obrigatória de registros de telecomunicações no Brasil: sobre as origens da retenção de dados e as perspectivas para direitos fundamentais. *IV Simpósio Internacional LAVITS*. Disponível em: <http://lavits.org/wp-content/uploads/2017/08/P5_De_Souza_Abreu.pdf>.

[32] É oportuno citar que operações de combate à corrupção e o direito penal têm testado e alargado as obrigações de armazenamento e disponibilização de dados pessoais por intermediários não relacionados aos crimes sob investigação. Cf. GLEIZER, Orlando. Busca estatal por informações digitais e intervenções em direitos fundamentais no processo penal. *Jota*. Disponível em: <https://www.jota.info/opiniao-e-analise/colunas/penal-em-foco/busca-estatal-por-informacoes-digitais-e-intervencoes-em-direitos-fundamentais-no-processo-penal-31072019>; MARCÃO, Renato. O STJ e a preservação da cadeia de custódia da prova. *Jus Navigandi*, 21 jul. 2015. Disponível em: <https://jus.com.br/artigos/40658>. Acesso em: 14 out. 2019.

[33] A citação se refere originalmente ao GDPR, mas encontra emprego no caso da LGPD. *Vide* MALDONADO, Viviane Nóbrega; BLUM, Renato Opice. *GDPR*: Regulamento Geral de Proteção de Dados da União Europeia. São Paulo: Revista dos Tribunais, 2018. p. 103.

[34] IT Governance Privacy Team. EU General Data Protection Regulation (GDPR). An Implementation and Compliance Guide. Second Edition. IT Governance Publishing, 2017. p. 196.

[35] O'KANE, Patrick. GDPR Fiz it fast. Apply GDPR to your company in ten simple steps. *Brentham House Publishing Company*, 2017. p. 107 e ss.

desafiam as práticas corriqueiras de agentes de tratamento e, simultaneamente, moldarão o desenvolvimento tecnológico e serão testados pelas inovações da economia digital.

O texto apresentou as regras e descreveu cenários relacionados à adimplência dos requisitos de término do tratamento de dados e a consequente obrigação de eliminação dos dados pessoais, ressalvadas as hipóteses que permitem sua conservação. Utilizaram-se exemplos concretos de políticas de privacidade disponíveis publicamente para orientar a análise e servir de reflexão sobre a lei, caso estivesse vigente ao tempo de sua divulgação.

O significado e a efetividade da LGPD dependerão do pleito dos titulares dos dados pessoais, da atitude dos agentes de tratamento, de orientações e decisões da Autoridade Nacional de Proteção de Dados e de manifestações do Judiciário.

Embora os arts. 15 e 16 da Lei orientem o fechamento do ciclo de tratamento de dados pessoais no Brasil, estamos apenas inaugurando o ciclo acadêmico, político e regulatório sobre a matéria no País.

REFERÊNCIAS BIBLIOGRÁFICAS

BANCO DO BRASIL. *Política de Privacidade – Compromisso com a transparência e o respeito nas relações com clientes e visitantes do Portal BB e APP*. Disponível em: <https://www.bb.com.br/pbb/pagina-inicial/voce/politicas-de-uso-e-privacidade#/>. Acesso em: 13 out. 2019.

CATHO. *Políticas de privacidade e relacionamento com usuários*. Disponível em: <https://www.catho.com.br/institucional/privacidade-relacionamento/>.

COMISSÃO EUROPEIA. *Durante quanto tempo podem os dados ser conservados? É necessário atualizá-los?* Disponível em: <https://ec.europa.eu/info/law/law-topic/data-protection/reform/rules-business-and-organisations/principles-gdpr/how-long-can-data-be-kept-and-it-necessary-update-it_pt#>.

GLEIZER, Orlando. Busca estatal por informações digitais e intervenções em direitos fundamentais no processo penal. *Jota*. Disponível em: <https://www.jota.info/opiniao-e-analise/colunas/penal-em-foco/busca-estatal-por-informacoes-digitais-e-intervencoes-em-direitos-fundamentais-no-processo-penal-31072019>.

LAUBE, Stefan; BÖHME, Rainer. The economics of mandatory security breach reporting to authorities. *Journal of Cybersecurity*, vol. 2, Issue 1, December 2016, p. 29-41. Disponível em: <https://doi.org/10.1093/cybsec/tyw002>.

MALDONADO, Viviane Nóbrega; BLUM, Renato Opice. *GDPR*: Regulamento Geral de Proteção de Dados da União Europeia. São Paulo: Revista dos Tribunais, 2018.

MALDONADO, Viviane Nóbrega; BLUM, Renato Opice. *LGPD*: Lei Geral de Proteção de Dados comentada. São Paulo: Thomson Reuters Brasil, 2019.

MARCÃO, Renato. O STJ e a preservação da cadeia de custódia da prova. *Jus Navigandi*, 21 jul. 2015. Disponível em: <https://jus.com.br/artigos/40658>. Acesso em: 14 out. 2019.

MASSEY, Stephen. The Ultimate GDPR Practioner Guide. *Fox Red Risk Publishing*, 2017.

O'KANE, Patrick. GDPR Fiz it fast. Apply GDPR to your company in ten simple steps. *Brentham House Publishing Company*, 2017.

POLLACH, I. A Typology of Communicative Strategies in Online Privacy Policies: Ethics, Power and Informed Consent. *Journal of Business Ethics*, 62, 2005. p. 221. Disponível em: <https://doi.org/10.1007/s10551-005-7898-3>.

REIDENBERG, Joel R.; BREAUX, Travis; CARNOR, Lorrie Faith; FRECH, Brian. Disagreeable Privacy Policies: Mismatches Between Meaning and Users' Understanding. 30 *Berkeley*

Tech. L.J. 39, 2015. Disponível em: <https://scholarship.law.berkeley.edu/cgi/viewcontent.cgi?article=2053&context=btlj>.

RSHID, Fahmida. *InfoWorld*. Don't get bit by zombie cloud data. Disponível em: <https://www.infoworld.com/article/3190131/dont-get-bit-by-zombie-cloud-data.html>.

RUBINSTEIN, Ira; LEE, Ronald D.; SCHWARTZ, Paul M. Data Mining and Internet Profiling: Emerging Regulatory and Technological Approaches. *University of Chicago Law Review*, 75, 2008.

SAP TECHNOLOGY. *Addressing GDPR data discovery requirements with SAP Information Steward.* Disponível em: <https://www.youtube.com/watch?v=bvcQXS1ParU>.

SCHWARTZ, Paul M. The EU-U.S. Privacy Collision: A Turn to Institutions and Procedures (May 1, 2013). *126 Harvard Law Review 1966*, 2013; *UC Berkeley Public Law Research Paper*, n. 2290261. Disponível em: <https://ssrn.com/abstract=2290261>.

SCHWARTZ, Paul M. Global Data Privacy: The EU Way (October 10, 2019). *94 New York University Law Review 771*, 2019. Disponível em: <https://ssrn.com/abstract=3468554>.

SIMMONS, Joshua L. Buying You: The Government's Use of Fourth-Parties to Launder Data about 'The People' (September 19, 2009). *Columbia Business Law Review*, vol. 2009, n. 3, p. 950. Disponível em: <https://ssrn.com/abstract=1475524>.

TSESIS, Alexander. The Right to be Forgotten and Erasure: Privacy, Data Brokers, and the Indefinite Retention of Data (June 4, 2014). *Wake Forest Law Review*, vol. 48, 2014; *Loyola University Chicago School of Law Research Paper*, n. 2013-11/30. Disponível em: <https://ssrn.com/abstract=2361669>.

VERITAS TECHNOLOGIES. *The Databerg Report: See What Others Don't*. Identify the value, risk and cost of your data. 2016. Disponível em: <https://www.veritas.com/product/information-governance/global-databerg.html>.

WACHTER, Sandra; MITTELSTADT, Brent. A Right to Reasonable Inferences: Re-Thinking Data Protection Law in the Age of Big Data and AI (October 5, 2018). *Columbia Business Law Review*, 2019(2). Disponível em: <https://ssrn.com/abstract=3248829>.

12

O DIREITO À EXPLICAÇÃO ENTRE A EXPERIÊNCIA EUROPEIA E A SUA POSITIVAÇÃO NA LGPD

CARLOS AFFONSO SOUZA

Professor da Universidade do Estado do Rio de Janeiro e da Pontifícia Universidade Católica. Doutor em Direito Civil na UERJ. Diretor do Instituto de Tecnologia e Sociedade do Rio de Janeiro (ITS Rio). Professor visitante na Faculdade de Direito da Universidade de Ottawa (Canadá). Pesquisador afiliado ao Information Society Project, da Faculdade de Direito da Universidade de Yale (Estados Unidos).

CHRISTIAN PERRONE

Pesquisador Fulbright (Universidade de Georgetown, EUA). Doutorando (UERJ) em Direito Internacional e Direito Digital. Mestre – LL.M. – em Direito Internacional (Universidade de Cambridge, Reino Unido). Diploma em Direito Internacional dos Direitos Humanos pelo Instituto Universitário Europeu (EUI, Itália). Ex-Secretário da Comissão Jurídica Interamericana da OEA e especialista em Direitos Humanos da Comissão Interamericana de Direitos Humanos. Advogado, consultor de Políticas Públicas e pesquisador sênior no ITS Rio (Instituto de Tecnologia e Sociedade do Rio de Janeiro).

EDUARDO MAGRANI

Doutor e mestre em Direito Constitucional pela Pontifícia Universidade Católica do Rio de Janeiro (PUC-Rio). *Senior* Fellow Global do programa de cooperação internacional da Fundação Konrad Adenauer (EIZ-Fellowship für nachhaltige Entwicklung und internationale Zusammenarbeit von Konrad-Adenauer-Stiftung/KAS). Professor das disciplinas de Direito e Tecnologia e Propriedade Intelectual na FGV, IBMEC e PUC-Rio. Professor e consultor/colaborador do Instituto CESAR em Recife e do programa de pós-graduação *stricto sensu* em Direito – Mestrado e Doutorado – da Universidade Regional Integrada do Alto Uruguai e das Missões (URI), no Rio Grande do Sul. Autor de diversos livros e artigos na área de Direito e Tecnologia e Propriedade Intelectual, dentre eles: *Democracia conectada* (2014), *Digital rights: Latin America and the Caribbean* (2017); *A internet das coisas* (2018); *Horizonte presente: tecnologia e sociedade em debate* (2019); e *Entre dados e robôs: ética e privacidade na era da hiperconectividade* (2019).

INTRODUÇÃO: OS DESAFIOS DAS DECISÕES AUTOMATIZADAS

Poucos temas no contexto da proteção de dados são tão essencialmente desafiantes quanto os contornos das decisões automatizadas e o chamado direito à explicação. Muito dessa constatação deriva do intenso grau de abstração do tema, especialmente quando se procura definir o que é um algoritmo, como ele foi desenvolvido e como o resultado de suas decisões é alcançado.

246 | TRATADO DE PROTEÇÃO DE DADOS PESSOAIS

O tema se torna ainda mais desafiador quando esse componente abstrato se torna ao mesmo tempo invisível e determinante em nosso dia a dia. A próxima música preferida, a publicação na rede social que será curtida, o melhor itinerário no trânsito agora e a escolha sobre as condições de renovação de um contrato: tudo pode ser alcançado por meio de um grau de automatização. Dessa forma, sequências lógicas de comandos predefinidos, assim como receitas culinárias, dominam o *backstage* de várias situações cotidianas, das triviais às vitais. A digitalização de nossas vidas se tornou possível com a automação dessas ferramentas.

Há enormes vantagens no seu uso. A automação gera eficiência, ganhos de tempo e consistência na aplicação de critérios[1]. No entanto, em muitos casos não há transparência quanto a como alcançaram os resultados a que chegaram. Essa opacidade se torna ainda mais expressiva em situações mais complexas, particularmente quando ocorre o uso de algoritmos de aprendizado de máquina (*machine learning*) ou outras formas de inteligência artificial. É da natureza dessas técnicas realizar associações e correlações inesperadas sem uma necessária vinculação com um raciocínio causal ou uma explicação. A busca é por padrões estatísticos presentes nos conjuntos de dados apresentados como base[2].

Dessa forma, ao usar algoritmos mais complexos, os resultados apresentados e as ações tomadas podem ser influenciados pelos fatores que vão além dos dados (pessoais ou não) que servem de *input*[3]. Tomemos o exemplo de um algoritmo para selecionar bons engenheiros. Se ele for treinado com conjuntos de dados que significantemente sugerem que a maioria dos engenheiros são homens, ele pode tender a excluir mulheres da seleção porque, estatisticamente, elas apareceriam como candidatas mais fracas[4].

Vale lembrar que o algoritmo não foi criado com o intuito de excluir candidatas. Também não necessariamente havia algo nos dados delas que informasse a exclusão. Menos ainda elas poderiam saber os fatores que motivaram a sua não seleção. Quem utiliza o aplicativo também pode não estar ciente, nem mesmo os engenheiros e programadores[5].

É nesse contexto de opacidade[6] que tomamos ou que somos afetados por decisões automatizadas. Se não sabemos quais fatores são determinantes para uma decisão, que controle

---

[1] ZALNIERIUTE, Monika; BENNETT MOSES, Lyria; WILLIAMS, George. The Rule of Law and Automation of Government Decision-making. *Modern Law Review*, 82(3), 2019.

[2] GOODMAN, Bryce; FLAXMAN, Seth. *European Union Regulations on Algorithmic Decision-Making and a "Right to Explanation"* (2016). ICML Workshop on Human Interpretability in Machine Learning, arXiv:1606.08813 (v3).

[3] HAO, Karen. This is how AI bias really happens – and why it's so hard to fix. *MIT Technology Review*, 4 de fevereiro de 2014. Disponível em: <https://www.technologyreview.com/s/612876/this-is-how-ai--bias-really-happensand-why-its-so-hard-to-fix/>.

[4] Inspirado em exemplos de Wachter-Biettecher (WACHTER-BOETTCHER, Sara. *Technically Wrong*: Sexist Apps, Biased Algorithms, and Other Threats of Toxic Tech. Londres: W. W. Norton & Company, 2017).

[5] Cathy O'Neil usa o exemplo de testes de personalidade usados para excluir um maior número de pessoas do modo mais rápido e barato possível. Ela sublinha que muitas vezes as respostas dos testes não permitem expressar nuances da personalidade da pessoa nem o modo como os dados serão levados em consideração. Como responder a uma pergunta se você é preguiçoso ou temperamental? Não é fácil saber qual pode te dar mais chances de conseguir um emprego e em muitos casos pode não retratar o quadro verdadeiro da personalidade de ninguém (O'NEIL, Cathy. *Weapons of Math Destruction*. Nova Iorque: Crown publishers, 2019. p. 222 e ss.).

[6] Para dar concretude a essa opacidade, Frank Pasquale se vale da expressão "black box society" (sociedade caixa-preta). Originalmente, o autor tinha a intenção de que a expressão tivesse um sentido duplo. Referia-se à capacidade da "caixa-preta" de aviões, por exemplo, de gravar tudo o que acontece no avião; além de explicitar as circunstância em que não temos acesso às informações porque justamente estão

podemos ter sobre ela? Estamos fadados a não mais poder intervir nas decisões que nos impactam? A automatização das decisões implica necessariamente a perda de autonomia, livre-arbítrio e capacidade de agência?[7]

Diante desse desafio, impõe-se a necessidade de buscar instrumentos que garantam o uso favorável dessas tecnologias para o titular de dados e não em detrimento de seus interesses e direitos. Há uma série de propostas para resguardar um âmbito de autonomia individual.

Nos Estados Unidos, por exemplo, a ênfase se dá numa visão de devido processo legal baseado em um regime de transparência para decisões automatizadas. Busca-se garantir que os indivíduos tenham oportunidades de se manifestar. Há um espaço para corrigir situações nas quais o uso de algoritmos automatizados e diversas de inteligência artificial gerem resultados parciais, desiguais ou errôneos[8].

Na Europa, a solução apresentada buscou âncora em maior acesso à informação, transparência para propiciar maior controle do titular por sobre o uso de seus dados. As discussões se centraram particularmente em um direito à explicação. O regime estabelecido visa resguardar a autonomia do indivíduo diante da opacidade das técnicas utilizadas para decisões automatizadas. O Regulamento Geral de Proteção de Dados (GDPR, em sua sigla inglesa) serve como indicativo normativo do estado da questão no continente[9]. Recentemente, no que tange especificamente a ferramentas de inteligência artificial, foi proposto um regulamento que especifica ainda mais obrigações de transparência, particularmente quando existirem riscos para indivíduos.[10]

No Brasil, a aprovação da Lei Geral de Proteção de Dados (LGPD), de inspiração europeia, para muitos promete dar luz à discussão sobre a regulação de decisões automatizadas, aliando-se à solução europeia. O presente artigo trata o direito à explicação a partir de uma abordagem comparativa entre o ordenamento europeu e o brasileiro – o GDPR e a LGPD[11].

---

guardadas e somente uns poucos podem ter acesso a elas (PASQUALE, Frank. *The Black Box Society – The Secret Algorithms That Control Money and Information*. Cambridge: Harvard University Press, 2016. p. 3).

[7] Harari, por exemplo, chama atenção para uma visão ideológica que ele chama de "dataísmo", que acredita que "given enough biometric data and computing power, this all-encompassing system could understand humans much better than we understand ourselves". Na visão dele, essa fé cega nos algoritmos pode fazer com que "humans will lose their authority, and humanist practices such as democratic elections will become as obsolete as rain dances and flint knives". Em outras palavras, autonomia, autodeterminação e livre-arbítrio estão em risco em um sistema que confia irrestritamente em algoritmos e decisões automatizadas (HARARI, Yuval Noah. Yuval Noah Harari on big data, Google and the end of free will. *Financial Times*, 26 de agosto de 2016. Disponível em: <https://www.ft.com/content/50bb4830-6a4c--11e6-ae5b-a7cc5dd5a28c>).

[8] CITRON, Danielle Keats; PASQUALE, Frank. The Scored Society: Due Process for Automated Predictions. *Wash. L. Rev.*, vol. 89, 1, 2014. Veja também: CRAWFORD, Kate; SCHULTZ, Jason. Big Data and Due Process: Toward a Framework to Redress Predictive Privacy Harms. *B. C. L. Rev.*, vol. 55, 2014, p. 55; PASQUALE, Frank. Restoring Transparency to Automated Authority. *J. on Telecomm. & Hightech. L.*, vol. 9, 2011, p. 235.

[9] HILDEBRANDT, M. The New Imbroglio: Living with Machine Algorithms. In: JANESSENS, L. (ed.). The Art of Ethics in the Information Society. Amsterdã: Amsterdam University Press, 2016.

[10] Proposta de Regulamento do Parlamento Europeu e do Conselho que Estabelece Regras Harmonizadas em Matéria de Inteligência Artificial (Regulamento Inteligência Artificial) e Altera Determinados Atos Legislativos da União. 21 de abril de 2021. Disponível em: <https://eur-lex.europa.eu/legal-content/EN/TXT/?qid=1623335154975&uri=CELEX%3A52021PC0206>.

[11] Há que se ter em mente que a Lei Geral de Proteção de Dados Pessoais (LGPD) é largamente inspirada no Regulamento Europeu de Proteção de Dados (GDPR, na abreviatura em inglês como ficou conhecido).

248 | TRATADO DE PROTEÇÃO DE DADOS PESSOAIS

A análise se enquadra na discussão sobre a existência e extensão do direito à explicação e o seu escopo. Buscar-se entender se no Brasil existe um direito à explicação, em que medida ele é similar ao estabelecido em sede de normativa europeia e em que ele se assemelha ou difere das normas nacionais dos países da Europa que implementaram esse direito[12].

O artigo está organizado em duas partes. A primeira explora o desenvolvimento e discussão do direito à explicação no contexto europeu. Trataremos, inicialmente, da controvérsia quanto à incorporação deste no GDPR. Posteriormente, versaremos sobre em que se funda o direito à explicação. Seguiremos, então, tratando sobre como foi implementado o regulamento nos contextos nacionais. Finalmente, trataremos do escopo, extensão, feixe de direitos e garantias que caracterizam o direito à explicação na Europa.

Em um segundo momento, passaremos a visualizar o direito à explicação do ponto de vista do Brasil. Lidaremos com o processo de aprovação desse direito no âmbito da LGPD. Posteriormente, trataremos da sua base jurídica e do seu enquadramento dentro da Lei Geral de Proteção de Dados. Por fim, exploraremos, comparativamente, escopo, extensão, feixe de direitos e garantias que caracterizam o direito no ordenamento nacional.

1. DIREITO À EXPLICAÇÃO NA EUROPA

O uso frequente de decisões automatizadas e a expansão de aplicações de inteligência artificial[13] demandaram uma regulação específica que tratasse de restringir possíveis consequências nocivas. Buscou-se, assim, garantir a proteção de dados, privacidade, autonomia, igualdade e não discriminação.

Nos anos 90, durante a primeira regulação da União Europeia sobre o assunto de proteção de dados pessoais – Diretiva de Proteção de Dados –, a discussão sobre a opacidade e "caixa-preta" das decisões completamente automatizadas resultou nas previsões dos arts. 12 e 15[14]. O art. 15 estabelecia que decisões "significativas" não podiam ser baseadas em processamentos completamente automatizados. Isso levou diversos países-membros a uma interpretação estrita da norma e internamente proibir decisões automatizadas. Outros entenderam prescrever a necessidade de sempre ter um "humano" no processo de tomada de decisão – "a human on the loop"[15]. Já quanto ao art. 12, compreenderam que era necessário informar quanto à *lógica* utilizada pelo sistema automatizado de tomada de decisão[16].

O GDPR (Regulamento Geral de Proteção de Dados Pessoais europeu) aparece, então, para dar mais clareza às prescrições relacionadas à tomada de decisões automatizadas. Tentou-se equilibrar os interesses dos titulares de dados e os de organizações que buscam maior

---

[12] Na Europa, ainda que os regulamentos, *in casu*, o GDPR, tenham aplicação direta, imediata e automática para todos os países-membros, gerando direito para os indivíduos perante a União Europeia e os Estados, há, sim, a possibilidade e, em alguns momentos, a necessidade de leis que implementem a normativa europeia. Pelo menos nove países possuem leis que implementam o GDPR e tratam especificamente de decisões automatizadas. Veremos mais a seguir.

[13] Entende-se aqui que o regulamento proposto na União Europeia ainda não foi aprovado e, em linhas gerais, meramente reforça o que já existe em termos de transparência e de um direito à explicação.

[14] Diretiva da União Europeia sobre Proteção de Dados Pessoais 46/95, arts. 12 e 15.

[15] EDWARDS, Lilian; VEALE, Michael. Enslaving the Algorithm: from a "Right to an Explanation" to a "Right to Better Decisions"? *IEEE Security & Privacy*, 16(3), p. 46-54, 2018. p. 47. Disponível em: doi:10.1109/MSP.2018.2701152.

[16] EDWARDS, Lilian; VEALE, Michael. Enslaving the Algorithm: from a "Right to an Explanation" to a "Right to Better Decisions"? *IEEE Security & Privacy*, 16(3), p. 46-54, 2018. p. 47. Disponível em: doi:10.1109/MSP.2018.2701152.

PARTE II · Cap. 12 · O DIREITO À EXPLICAÇÃO ENTRE A EXPERIÊNCIA EUROPEIA E A SUA POSITIVAÇÃO | **249**

eficiência de processos. Não há como negar que o uso de decisões automatizadas gera maior consistência e eficiência. O poder de processamento de dados de uma máquina atualmente é, para muitas funções, um múltiplo das capacidades humanas. Em uma analogia, *grosso modo*, pode-se comparar a capacidade de cruzar distâncias de um avião e de uma pessoa a pé. O avião seguramente consegue cruzar centenas de quilômetros, enquanto, no mesmo período, uma pessoa está na casa das dezenas.

Em um contexto como esse, a proibição do uso de mecanismos que automatizam decisões ou mesmo inteligência artificial, *machine learning* e afins, seria o mesmo que condenar os humanos ao uso de cavalos depois da invenção do motor a combustão. No entanto, devemos prestar atenção também às possíveis consequências. O GDPR efetivamente trata de encontrar um justo meio para permitir o uso dessas tecnologias e ao mesmo tempo salvaguardar os interesses, os direitos e a autonomia dos titulares de dados.

A discussão que levou à aprovação do GDPR tratou justamente de explicitar quais seriam esses direitos dos titulares de dados diante dos entes – privados e públicos – que utilizem decisões automatizadas. O regulamento estabeleceu um regime de responsabilidade e prestação de contas no que tange à utilização de algoritmos para decisões que impactem a esfera jurídica do titular de dados ou que o afetem significativamente de forma similar[17].

1.1   O escopo do art. 22: quando as decisões podem ser automatizadas

Antes de adentrarmos a discussão sobre a existência de um direito à explicação de decisões automatizadas, é importante entendermos o contexto em que estas podem ser tomadas no âmbito regional europeu. O ponto de partida do GDPR é similar ao da Diretiva sobre proteção de dados anterior. O art. 22 do GDPR, assim como o art. 15 da Diretiva[18], prescreve como regra uma proibição[19] de submeter os indivíduos a decisões automatizadas quando estas produzam efeitos na esfera jurídica ou que afetem significativamente de forma similar. *In verbis*:

> "Art. 22. Decisões individuais automatizadas, incluindo definição de perfis
> 1. O titular dos dados tem o direito de não ficar sujeito a nenhuma decisão tomada exclusivamente com base no tratamento automatizado, incluindo a definição de

---

[17]   KAMINSKI, Margot E. The Right to Explanation, Explained. *University of Colorado Law Legal Studies Research Paper*, n. 18-24, 15 de junho de 2018, p. 10.

[18]   Diretiva 95/46/CE sobre Proteção de Dados Pessoais, art. 15:
"Artigo 15.º Decisões individuais automatizadas
1. Os Estados-membros reconhecerão a qualquer pessoa o direito de não ficar sujeita a uma decisão que produza efeitos na sua esfera jurídica ou que a afecte de modo significativo, tomada exclusivamente com base num tratamento automatizado de dados destinado a avaliar determinados aspectos da sua personalidade, como por exemplo a sua capacidade profissional, o seu crédito, confiança de que é merecedora, comportamento".

[19]   Entende-se aqui que, ainda que se refira a um "direito", não depende de invocação por parte do seu titular. Gera automaticamente uma proibição para os interessados em utilizar as decisões automatizadas. *Vide*, por exemplo: Article 29 Working Party, Guidelines on Automated Individual Decision-Making and Profiling for the Purposes of Regulation 2016/679 (2017), WP251rev.01, p. 19. Disponível em: <http://ec.europa.eu/newsroom/just/document.cfm?doc_id=47963>. Veja também: Mendoza e Bygrave expõem que "Art. 22(1) is intended as a prohibition and not a right that the data subject has to exploit" (MENDOZA, Izak; BYGRAVE, Lee A. The Right Not to Be Subject to Automated Decisions Based on Profiling. In: SYNODINOU, Tatiani et al. (eds.). *EU Internet Law*: Regulation and Enforcement. Springer: 2017. p. 7).

perfis, que produza efeitos na sua esfera jurídica ou que o afete significativamente de forma similar"[20].

O uso de decisões automatizadas é uma exceção no contexto europeu. Ou melhor, está submetida a casos específicos permissivos. Há a possibilidade de utilizá-las quando não produzam efeitos na esfera jurídica nem afetem significativamente de forma similar, assim como explicita o *caput*, além das exceções previstas no art. 22(2):

> "2. O n.º 1 não se aplica se a decisão:
>
> a) for necessária para a celebração ou a execução de um contrato entre o titular dos dados e um responsável pelo tratamento;
>
> b) for autorizada pelo direito da União ou do Estado-Membro a que o responsável pelo tratamento estiver sujeito, e na qual estejam igualmente previstas medidas adequadas para salvaguardar os direitos e liberdades e os legítimos interesses do titular dos dados; ou
>
> c) for baseada no consentimento explícito do titular dos dados".

Entende-se, então, que são possíveis decisões automatizadas pelo menos nos quatro casos supramencionados. Além disso, há que se ter em mente que a proibição presente no *caput* se refere a decisões tomadas *"exclusivamente* com base no tratamento automatizado". A extensão do que se entende por essa exclusividade é importante para compreender o escopo real dessa proibição. O Article 29 Working Party[21] – órgão com caráter consultivo criado pela Diretiva para auxiliar na uniformização da sua aplicação – explana que deve existir envolvimento humano e que este deve ser substancial (*meaningful*)[22].

O Regulamento europeu busca restringir as possibilidades de uso de decisões automatizadas criando algumas válvulas de escape. Talvez a potencial maior delas seja que a própria UE e os Estados-membros podem legislar explicitamente autorizando o uso em casos específicos. Veremos mais adiante que poucos foram os que até o momento se valeram dessa possibilidade.

1.2 A discussão sobre a existência do direito à explicação

Nos casos em que está permitido o uso de decisões automatizadas, o GDPR instituiu uma série de salvaguardas para proteger os titulares de dados pessoais[23], além de estabelecer direitos para o titular ante o uso de decisões automatizadas[24]. A discussão se forma na

---

[20] GDPR, art. 22(1).

[21] Diretiva 95/46/CE sobre Proteção de Dados Pessoais, art. 29. Deve-se mencionar que o GDPR não repete a mesma estrutura organizacional, tendo criado um "Comité Europeu para a Proteção de Dados" também conhecido pela sigla inglesa (EDPB) (GDPR, art. 68). Contudo, o GDPR, no art. 94(2), estabelece que "referências ao Grupo de proteção das pessoas no que diz respeito ao tratamento de dados pessoais, criado pelo artigo 29 da Diretiva 95/46/CE, são consideradas referências ao Comité Europeu para a Proteção de Dados criado pelo presente regulamento".

[22] Article 29 Working Party, Guidelines on Automated Individual Decision-Making and Profiling for the Purposes of Regulation 2016/679 (2017), WP251rev.01, p. 21. Disponível em: <http://ec.europa.eu/newsroom/just/document.cfm?doc_id=47963>.

[23] Devemos explorá-las mais adiante. Por agora basta dizer que o art. 22(3) do GDPR já propõe três salvaguardas: (i) obter intervenção humana, (ii) manifestar o seu ponto de vista e (iii) contestar a decisão.

[24] GDPR, arts. 13(2)(f), 14(2)(g), 15(1)(h), 20(1)(b), 21 e 22.

PARTE II · Cap. 12 · O DIREITO À EXPLICAÇÃO ENTRE A EXPERIÊNCIA EUROPEIA E A SUA POSITIVAÇÃO | 251

Europa, haja a vista a retirada da asserção "direito à explicação" das cláusulas operativas. Isso gerou um debate interpretativo sobre a recepção e a existência do mencionado direito no quadro normativo.

Logo após o processo de aprovação do GDPR, Bryce Goodman e Seth Flaxman submeteram um artigo em que afirmavam a existência de um direito à explicação no contexto do Regulamento[25]. O argumento, em linhas gerais, explicita que o GDPR estabelece a necessidade de prover informações para o titular, quando do processamento de dados pessoais em decisões automatizadas, então, estaria aí implícita a necessidade de um direito à explicação. Mais especificamente, a norma obrigaria que prestassem "informações úteis relativas à lógica subjacente, bem como a importância e as consequências previstas de tal tratamento para o titular dos dados"[26].

Floridi, Mittelstadt e Wachter, por outro lado, propuseram que não existe um direito à explicação no GDPR, pelo menos em uma versão abrangente[27]. O seu argumento é em parte influenciado pela mencionada exclusão à referência à explicação no art. 22 do regulamento, que trata das "Decisões individuais automatizadas, incluindo definição de perfis".

Efetivamente, a expressão "explicação das decisões" acabou adstrita aos considerandos, mais especificamente ao 71, que restou com o seguinte texto:

> "(...) Em qualquer dos casos, tal tratamento deverá ser acompanhado das garantias adequadas, que deverão incluir a informação específica ao titular dos dados e o direito de obter a intervenção humana, de manifestar o seu ponto de vista, de *obter uma explicação sobre a decisão tomada na sequência dessa avaliação* e de contestar a decisão"[28].

Já o art. 22(3), que trata das salvaguardas, ficou com a seguinte redação:

> "(...) o responsável pelo tratamento aplica medidas adequadas para salvaguardar os direitos e liberdades e legítimos interesses do titular dos dados, designadamente o direito de, pelo menos, obter intervenção humana por parte do responsável, manifestar o seu ponto de vista e contestar a decisão"[29].

Percebe-se que o texto final suprimiu da parte operativa, ainda que não dos considerandos, a necessidade de explicação. É lógico imaginar que o legislador tenha, pois, querido eliminar esse obstáculo para a utilização dessa tecnologia.

Isso parece ser também um fator que poderia ter sido levado em consideração ao se analisar a própria proposta de Goodman e Flaxman, que indicam que "[s]tandard supervised machine-learning algorithms for regression or classification are inherently based on discovering reliable associations and correlations to aid in accurate out-of-sample

---

[25] GOODMAN, Bryce; FLAXMAN, Seth. *European Union Regulations on Algorithmic Decision-Making and a "Right to Explanation"*. ICML Workshop on Human Interpretability in Machine Learning, 2016. arXiv:1606.08813 (v3).

[26] GDPR, arts. 13(2)(f), 14(2)(g) e15(1)(h).

[27] FLORIDI, Luciano; MITTELSTADT, Brent; WACHTER, Sandra. Why a Right to Explanation of Automated Decision-Making Does Not Exist in the General Data Protection Regulation. *7 International Data Privacy Law*, 76, 2017.

[28] GDPR, Considerando (71) (grifo nosso).

[29] GDPR, art. 22(3).

prediction, with no concern for causal reasoning or explanation beyond the statistical sense"[30]. Ou seja, é inerente a certas tecnologias, particularmente, de aprendizado de máquina e outras formas de inteligência artificial, que seja muito difícil a explicação de como se chegou a determinada resposta ou se definiu determinada ação como a melhor para o contexto específico.

Dessa forma, a presença meramente nos considerandos pareceria não ter o condão de criar um direito à explicação. Há que se entender que no sistema europeu os considerandos não possuem força vinculativa, não têm obrigatoriedade. Eles meramente "cast light on the interpretation to be given to a legal rule [but] it cannot in itself constitute such a rule"[31]. Ainda que sejam extremamente importantes para a interpretação, eles não criam, por si sós, obrigações para os Estados nem direito para os cidadãos.

Na visão de Floridi et al., "[a] right to explanation is thus not currently legally mandated by the requirements set in Article 22(3)"[32]. Desse modo, o uso de decisões automatizadas não estaria circunscrito pela necessidade de explicação de uma decisão individualizada, pelo menos, não no sentido de uma salvaguarda.

Floridi et al. vão além dessa questão, no entanto[33]. Propõem um marco analítico para a compreensão de como tratar situações em que se utilizam decisões automatizadas. De um lado, distinguem uma explicação sobre a funcionalidade do sistema, da explicação sobre uma decisão específica, e, de outro, o momento em que a explicação é dada, se antes da decisão (*ex ante*) ou após, mediante um "pedido de explicação" (*ex post*)[34].

Sua visão é de que o GDPR não estabelece um direito de ser informado sobre os processos específicos relacionados à tomada de uma decisão individual, relativa a um indivíduo em particular, nem de ter uma explicação após a decisão ser tomada[35]. No entanto, entendem existir um direito à informação dentro de determinados moldes.

Nesse contexto, Selbst e Powles apresentam importantes oposições ao argumento apresentado por Floridi et al. O fato de o título do artigo negar a existência de um direito à explicação levaria a uma má compreensão da visão dos autores sobre o GDPR, já que eles não discordam que exista uma obrigação de prestar informações suficientes para a explicação dos sistema de

---

[30] GOODMAN, Bryce; FLAXMAN, Seth. *European Union Regulations on Algorithmic Decision-Making and a "Right to Explanation"* (2016). ICML Workshop on Human Interpretability in Machine Learning, arXiv:1606.08813 (v3).

[31] Tribunal de Justiça da União Europeia, *Caso 215/88 Casa Fleischhandels*, 1989. ECR 2789, para. 31. Para uma visão mais geral, veja também: BARATTA, Roberto. Complexity of EU Law in the Domestic Implementing Process. *The Theory and Practice of Legislation*, vol. 2, 2014. p. 293 e ss.

[32] FLORIDI, Luciano; MITTELSTADT, Brent; WACHTER, Sandra. Why a Right to Explanation of Automated Decision-Making Does Not Exist in the General Data Protection Regulation. *7 International Data Privacy Law*, vol. 7, 2017. p. 86.

[33] Nas palavras deles, a visão de Goodman e Flaxman "muddles the first and second legal bases[, i]t conflates (1) legally binding requirements of Article 22 and non-binding provisions of Recital 71" (FLORIDI, Luciano; MITTELSTADT, Brent; WACHTER, Sandra. Why a Right to Explanation of Automated Decision-Making Does Not Exist in the General Data Protection Regulation. *7 International Data Privacy Law*, 76, 2017. p. 81).

[34] FLORIDI, Luciano; MITTELSTADT, Brent; WACHTER, Sandra. Why a Right to Explanation of Automated Decision-Making Does Not Exist in the General Data Protection Regulation. *7 International Data Privacy Law*, 76, 2017.

[35] FLORIDI, Luciano; MITTELSTADT, Brent; WACHTER, Sandra. Why a Right to Explanation of Automated Decision-Making Does Not Exist in the General Data Protection Regulation. *7 International Data Privacy Law*, 76, 2017. p. 81.

tomada de decisão[36]. Pelo contrário, defendem que exista um "right to be informed", no que eles entendem como uma versão *limitada* do direito à explicação[37].

Selbst e Powels explicam, então, que a discussão sobre a existência de um direito à explicação não se limita a uma análise do texto do art. 22. Este trata meramente das salvaguardas necessárias. Na sua visão, "[a] right to explanation is therefore neither endorsed nor limited by the discussion of safeguards in the text"[38]. Explicam que um direito à explicação pode encontrar fundamento em outros artigos da normativa.

Margot Kaminski, igualmente, entende que seria um equívoco não compreender que existe um direito à explicação meramente por uma análise simples do texto do art. 22. O foco no mencionado artigo do GDPR não parece ser particularmente frutífero. Pode, no seu ponto de vista, gerar certa confusão e encobrir a existência de um sistema robusto de responsabilidade e prestação de contas relacionado ao uso de algoritmos para decisões automatizadas[39].

Os autores propõem que o direito à explicação seria um direito independente derivado do princípio da transparência, seria um direito derivado dos direitos de acesso à informação presentes nos arts. 13 a 15, ou seria um pressuposto para o exercício dos direitos e das salvaguardas presentes no art. 22(3)[40].

1.3 A natureza do direito à explicação

1.3.1 *Direito à explicação como um direito independente*

Transparência é um princípio basilar e norteador do sistema estabelecido pelo GDPR[41]. O art. 5.º do GDPR já prescreve que os dados devem ser objeto de tratamento transparente. Na visão de uma parte dos especialistas, o GDPR estabelece um sistema de transparência em que controladores de dados são obrigados a divulgar uma série de informações sobre os algoritmos e quais dados (pessoais) são utilizados, além dos processos e os pesos estabelecidos a cada elemento na tomada de decisão[42].

---

[36] SELBST, Andrew D.; POWELS, Julia. Meaningful Information and the Right to Explanation. 7(4) *International Data Privacy Law*, 233, 2017. p. 13.

[37] FLORIDI, Luciano; MITTELSTADT, Brent; WACHTER, Sandra. Why a Right to Explanation of Automated Decision-Making Does Not Exist in the General Data Protection Regulation. *7 International Data Privacy Law*, 76, 2017. p. 81.

[38] SELBST, Andrew D.; POWELS, Julia. Meaningful Information and the Right to Explanation. 7(4) *International Data Privacy Law* 233, 2017. p. 10.

[39] KAMINSKI, Margot E. The Right to Explanation, Explained. *U of Colorado Law Legal Studies Research Paper*, n. 18-24, 15 de junho de 18. p. 25.

[40] Um estudo da Universidade de Tilburg parece fundar o direito à explicação em todos os três elementos. (Universidade de TIlburg. *The right to explanation: means for 'white-boxing' the black-box?* Janeiro de 2019. Disponível em: <http://arno.uvt.nl/show.cgi?fid=147348>).

[41] Article 29 Working Party, Guidelines on Automated Individual Decision-Making and Profiling for the Purposes of Regulation 2016/679 (2017), WP251rev.01, p. 9. Disponível em: <http://ec.europa.eu/newsroom/just/document.cfm?doc_id=47963>. Veja também: Article 29 Data Protection Working Party. Guidelines on transparency under Regulation 2016/679 W P260, 2017. Disponível em: <http://ec.europa.eu/newsroom/just/document.cfm?doc_id=48850>. Kaminski, inclusive, chega a notar que "[t]ransparency is a basic principle of the GDPR" (KAMINSKI, Margot E. The Right to Explanation, Explained. *U of Colorado Law Legal Studies Research Paper*, n. 18-24, 15 de junho de 18. p. 17).

[42] KAMINSKI, Margot E. The Right to Explanation, Explained. *U of Colorado Law Legal Studies Research Paper*, n. 18-24, 15 de junho de 18. p. 19.

Alguns autores chamam a atenção para as dificuldades que pode trazer esse grau de transparência. Edwards e Veale notam que transparência acaba por gerar um ônus para o indivíduo e que este não está necessariamente preparado ou qualificado para poder atuar diante de decisões errôneas ou não claramente justificadas[43]. Frisam que aconteceria algo similar com o que ocorre com as políticas de privacidade, que dificilmente são lidas e, quando o são, poucos as entendem.

Por outro lado, ainda que estejam corretos, não é motivo para não existir o direito à explicação e muito menos para justificar que não está presente no GDPR. Partindo do fato de que o GDPR estabelece um sistema robusto de transparência, pode-se entender que há múltiplas dimensões de transparência.

Em um primeiro momento, o art. 12 do GDPR estipula a necessidade de transparência e facilitação do acesso à informação como um todo. Há uma obrigação geral de não só prestar informação, mas de que esta seja clara e acessível.

Logo após, o regulamento prescreve um "direito à informação". Determina a divulgação de informações "relativas à lógica subjacente, bem como a importância e as consequências previstas de tal tratamento para o titular dos dados"[44]. Controladores são obrigados, pois, a explicar de maneira clara e simples para a compreensão dos indivíduos como se dá o processo de tomada de decisão automatizada[45].

Posteriormente, constitui um direito de "acesso à informação". Os titulares de dados têm também o direito de requerer e obter informação sobre quais dados pessoais são utilizados e informações relativas ao seu tratamento[46].

Por fim, o GDPR prescreve uma série de salvaguardas no art. 22(3). Efetivamente, estas seriam os direitos de: obter intervenção humana, manifestar o seu ponto de vista e contestar a decisão. Kaminski chama a atenção para o fato de que não se pode falar em salvaguardas sem a possibilidade de exercê-las. Para tanto, retoma o conceito de "legibilidade" ("legibility")[47], a capacidade de autonomamente entender os métodos e processos além dos dados utilizados por um algoritmo. Na sua visão, a informação apresentada (transparência) deve estar ligada à possibilidade de o indivíduo exercer os seus outros direitos. Ou seja, o *quantum* e o modo de transmissão da informação devem permitir a ação autônoma do indivíduo. Nas suas palavras: "If I have a right of correction, I need to see errors. If I have a right against discrimination, I need to see what factors are used in a decision"[48].

---

[43]   EDWARDS, Lilian; VEALE, Michael. Enslaving the Algorithm: from a "Right to an Explanation" to a "Right to Better Decisions"? *IEEE Security & Privacy*, vol. 16(3), p. 46-54, 2018. p. 52. Disponível em: doi:10.1109/MSP.2018.2701152.

[44]   GDPR, arts. 13(2)(f) e 14(2)(g).

[45]   Article 29 Working Party, Guidelines on Automated Individual Decision-Making and Profiling for the Purposes of Regulation 2016/679 (2017), WP251rev.01, p. 16. Disponível em: <http://ec.europa.eu/newsroom/just/document.cfm?doc_id=47963>.

[46]   GDPR, art. 15(1)(h).

[47]   MALGIERI, Gianclaudio; COMANDÉ, Giovanni. Why a right to Legibility of Automated Decision-Making Exists in the General Data Protection Regulation. *International Data Privacy Law*, vol. 7, Issue 4, November 2017, p. 243-265. Disponível em: <https://doi.org/10.1093/idpl/ipx019>. Indicam que o conceito na realidade foi primeiramente utilizado por Richard Mortier (MORTIER, Richar et al. Human Data Interaction: The Human Face of the Data-Driven Society. *MIT Technology Review*, 2014. Disponível em: <https://www.technologyreview.com/s/533901/the-emerging-science-of-human – data-interaction/>).

[48]   KAMINSKI, Margot E. The Right to Explanation, Explained. *U of Colorado Law Legal Studies Research Paper*, n. 18-24, 15 de junho de 2018. p. 21.

PARTE II · Cap. 12 · O DIREITO À EXPLICAÇÃO ENTRE A EXPERIÊNCIA EUROPEIA E A SUA POSITIVAÇÃO | **255**

Nesse sentido, pode-se entender que o direito individual à explicação deriva do princípio da transparência e que ganha dimensões diferentes de acordo com o exercício dos direitos por parte do indivíduo[49]. Ele "empower[s] individuals to invoke their rights under the GDPR"[50].

Em uma segunda camada de proteção, deve-se ter em mente que a transparência e o direito à explicação não se restringem a um direito do titular de dados. O GDPR exige também diferentes formas de supervisão e monitoramento. Por um lado, os controladores devem ter estruturas de supervisão, além do encarregado de proteção de dados (o DPO, na sigla inglesa)[51]. Por outro lado, os reguladores, as autoridades de proteção de dados, também possuem capacidades para fiscalização e auditoria. Nesse sentido, a transparência e o direito à explicação podem ganhar contornos mais técnicos. Devem os controladores estar preparados para poder prestar mais informações para essas estruturas de supervisão do que com relação aos indivíduos.

1.3.2 Direito à explicação como derivado do direito de acesso a informações úteis

Como visto anteriormente, os arts. 13(2)(f), 14(2)(g) e 15(1)(h) prescrevem a necessidade de acesso a "informações úteis relativas à lógica subjacente, bem como a importância e as consequências previstas de tal tratamento para o titular dos dados".

Há uma simetria entre esses direitos, inclusive na linguagem. O legislador parece ter a intenção de deixar claro que as informações que devem ser prestadas são relevantes e devem ser "úteis". Nota-se que há uma certa discrepância nas traduções. Em inglês, por exemplo, a expressão utilizada é *meaningful information*. Em espanhol, *información significativa*. Em alemão, *aussagekräftige Informationen*.

Há quem defenda que essa discrepância é um indicativo de que os controladores devem ter certa flexibilidade na informação que devem divulgar para os indivíduos. Isso não é de todo incorreto. As expressões utilizadas têm, sim, um caráter aberto. No entanto, não devemos perder de vista dois fatores: todas possuem um coração comum no sentido de que devem ser informações passíveis de serem utilizadas e entendidas pelos indivíduos; além disso, essa foi uma adição para dar mais clareza a norma que já existia na diretiva (art. 12(1)(a)).

Selbst e Powels entendem que, se os arts. 13 a 15 requerem "informações úteis" sobre a lógica envolvida na tomada de decisões automatizadas, estamos diante de "a right to explanation, whether one uses the phrase or not"[52]. A discussão sobre a manutenção da expressão explicação no art. 22 pode servir somente para sugerir que um direito à explicação não poderia ser derivado das salvaguardas. Todavia, não limita, justo ao contrário, sugere que o "Article 22 nonetheless supports the existence of that right derived from Articles 13-15"[53].

1.3.3 Direito à explicação como pressuposto para outros direitos

Similar ao conceito de "legibilidade" supramencionado, há quem entenda que o direito à explicação se funda em um pressuposto para o exercício de todos os outros direitos e

---

[49] KAMINSKI, Margot E. The Right to Explanation, Explained. *U of Colorado Law Legal Studies Research Paper*, n. 18-24, 15 de junho de 2018. p. 19-21.

[50] KAMINSKI, Margot E. The Right to Explanation, Explained. *U of Colorado Law Legal Studies Research Paper*, n. 18-24, 15 de junho de 2018. p. 20.

[51] Nem todas as empresas são obrigadas a nomear um DPO. O GDPR prescreve faixas específicas.

[52] SELBST, Andrew D.; POWELS, Julia. Meaningful Information and the Right to Explanation. 7(4) *International Data Privacy Law*, 233, 2017. p. 1.

[53] SELBST, Andrew D.; POWELS, Julia. Meaningful Information and the Right to Explanation. 7(4) *International Data Privacy Law*, 233, 2017. p. 10.

salvaguardas presentes no GDPR. Essa parece, inclusive, ser a visão do *Working Party 29*. Ele justifica a existência do direito à explicação partindo do fato de que ele é um pressuposto para o direito de contestar a decisão automatizada: "the data subject will only be able to challenge a decision or express their view if they fully understand how it has been made and on what basis"[54].

1.4 Mapa de implementação nacional europeu

O sistema europeu, mesmo no caso de regulamentos da União Europeia, permite ou mesmo pressupõe a implementação das normas regionais por meio de instrumentos domésticos[55]. O próprio GDPR em diversos momentos faculta aos Estados utilizar seu poder legiferante e propor regulações domésticas que adaptem – onde for cabível – e operacionalizem – onde for necessário – as suas cláusulas.

Dessa forma, há um espaço para abordagens nacionais diferentes e que interpretem de maneira doméstica as regras da União Europeia. *In casu*, Malgieri propôs que as leis nacionais dos Estados-membros se enquadram em quatro grandes grupos de abordagem: as negativas ou neutras, as setoriais, as procedimentais e as proativas[56]. Passamos a analisar a seguir.

1.4.1 Abordagem negativa ou neutra: não implementa o art. 22

A grande maioria dos países não se utiliza da oportunidade dada pelo art. 22(2) para implementar um direito à explicação, nem facultar outras oportunidades de uso de decisões automatizadas, e menos ainda diferentes salvaguardas além das presentes no texto do GDPR (art. 22(3)). Das duas uma, ou não aprovam nenhuma normativa com relação a esse ponto (uso de decisões automatizadas), ou simplesmente se restringem a repetir o texto do art. 22 em uma norma de direito interno. Malgiere menciona os seguintes países como se enquadrando nesse grupo: Bulgária, Chipre, Croácia, Dinamarca, Eslováquia, Espanha, Estônia, Finlândia, Grécia, Itália, Letônia, Lituânia, Luxemburgo, Malta, Polônia, Portugal, República Checa, Romênia e Suécia.

1.4.2 Abordagem setorial: implementação somente em setores específicos

Um país europeu se utilizou da alínea "b" do art. 22(2) não para criar um caso geral, mas para gerar uma possibilidade de utilização de decisões automatizadas para um setor específico. A Alemanha implementou na sua lei sobre seguros[57] uma exceção particular que autoriza a

---

[54] Article 29 Working Party, Guidelines on Automated Individual Decision-Making and Profiling for the Purposes of Regulation 2016/679 (2017), WP251rev.01, p. 26. Disponível em: <http://ec.europa.eu/newsroom/just/document.cfm?doc_id=47963>. Veja também posição de Malgieri sobre o assunto: MALGIERI, Gianclaudio. *Automated Decision-Making in the EU Member States – The right to Explanation and other "suitable safeguards" for Algorithmic Decisions in the EU National Legislations*. p. 7.

[55] Mais sobre a relação entre normas da União Europeia e leis nacionais em: BERRY, Elspeth; HOMEWOOD, Matthew J.; BOGUSZ, Barbara. *Complete EU Law Text, Cases, and Materials*. 4. ed. Oxford: OUP, 2019. p. 75 e ss.; ou WEATHERILL, Stephen. *Cases & Materials on EU Law*. 12. ed. Oxford: OUP, 2016.

[56] MALGIERI, Gianclaudio. *Automated Decision-Making in the EU Member States – The right to Explanation and other "suitable safeguards" for Algorithmic Decisions in the EU National Legislations*. p. 8.

[57] Alemanha, *Bundesdatenschutzgesetz*, 30 de junho de 2017 (BGBl. I S. 2097). Disponível em: <https://www.gesetze-im-internet.de/bdsg_2018/BJNR209710017.html>.

utilização de decisões automatizadas[58]. A lei garante que possam ser utilizadas quando da prestação de serviços de seguro em sede de execução de um contrato de seguro.

Em tese, não haveria a necessidade de um caso especial, poder-se-ia dizer que essas situações se enquadram, na maioria das vezes, na exceção do art. 22(2)(a): "para a celebração ou a execução de um contrato entre o titular dos dados e um responsável pelo tratamento". No entanto, cabia limitar as circunstâncias de seu uso. A lei alemã restringe a (i) situações em que o resultado é favorável ao titular dos dados – não sendo, então, necessárias salvaguardas – ou, (ii) não sendo de todo favorável, desde que sejam respeitadas regras específicas[59] vinculantes (sobre o pagamento de tratamentos).

1.4.3 Abordagem procedimental

Alguns países decidiram proceder com uma implementação que estabelece claramente mecanismos procedimentais para o uso de decisões automatizadas. O Reino Unido, por exemplo, introduziu uma regra especial para incorporar as normas do GDPR[60]. O fato que chama atenção é que buscou regular procedimentalmente os possíveis pedidos dos titulares e as possíveis reações por parte dos controladores[61]. A lei estrutura a relação em três momentos: i) notificação, ii) requisição do titular, e iii) explanação dos passos dados e resultado do cumprimento da requisição do indivíduo[62].

Dessa forma, o controlador deve, logo que possível, notificar o titular dos dados de que se utiliza de uma ferramenta de decisão automatizada. O titular, por sua vez, tem trinta dias após receber a notificação para requerer do controlador que: ou reconsidere a decisão – presumivelmente com uma sugestão de novos dados ou novo peso aos mesmos dados apresentados – ou tome uma nova decisão, aí não somente automatizada, mas com participação humana[63].

Malgieri entende que, nesse sentido, a lei britânica diverge do GDPR. Ela cria o direito de pedir a reconsideração da decisão, o que absorveria o direito de "contestar" – restaria esse implícito. Igualmente, no caso do direito de requerer intervenção humana, teria sido englobado pelo direito de requerer uma decisão não meramente automatizada[64].

Por fim, o controlador tem o prazo de um mês, podendo estender por mais quinze dias para considerar os pedidos do titular e acatar, ou informar sobre os resultados e os passos tomados[65]. Não há referência na norma britânica ao Considerando 71 do GDPR, o que pode levar a uma conclusão de que não se recepcionou o direito à explicação no país, pelo menos em

---

[58] MALGIERI, Gianclaudio. *Automated Decision-Making in the EU Member States – The right to Explanation and other "suitable safeguards" for Algorithmic Decisions in the EU National Legislations*. p. 13.

[59] Nota-se aqui que com a saída do Reino Unido da União Europeia, existem indicações de que a normativa nacional quanto a proteção de dados pode mudar, mas por enquanto, ainda se mantêm as mesmas regras. Inclusive, a Comissão Europeia considerou o sistema do Reino Unido adequado, o que leva a crer que pelo menos no futuro próximo existirá uma convergência.

[60] Reino Unido, Data Protection Act 2018. Lei que implementa o GDPR para os países do Reino Unido.

[61] MALGIERI, Gianclaudio. *Automated Decision-Making in the EU Member States – The right to Explanation and other "suitable safeguards" for Algorithmic Decisions in the EU National Legislations*. p. 14.

[62] MALGIERI, Gianclaudio. *Automated Decision-Making in the EU Member States – The right to Explanation and other "suitable safeguards" for Algorithmic Decisions in the EU National Legislations*. p. 15.

[63] Reino Unido, *Data Protection Act* 2018, art. 14(4)(b)(i) e (ii).

[64] MALGIERI, Gianclaudio. *Automated Decision-Making in the EU Member States – The right to Explanation and other "suitable safeguards" for Algorithmic Decisions in the EU National Legislations*. p. 15.

[65] Reino Unido, *Data Protection Act* 2018, art. 14(4).

sua versão mais explícita[66]. Isso se reflete no site da ICO (*Information Commissioner's Office*), autoridade britânica de proteção de dados. Percebe-se que não há menção expressa ao direito à explicação, ainda que esteja muito claro que há um dever dos controladores de informar e considerar a posição do titular, inclusive no que tange a uma possível reconsideração ou nova decisão com intervenção humana[67].

A Irlanda também possui uma lei muito similar à do Reino Unido. Aclara e implementa os direitos dos titulares estabelecendo as seguintes opções: i) expressar sua visão (*make representations*); ii) requerer intervenção humana, ou iii) apelar da decisão[68]. Deve-se notar que nesse país se esclareceu que o direito de contestar ou desafiar a decisão é, na verdade, um direito de *apelar* desta. Não existe a especificação de que a apelação deva ser revisada por uma pessoa natural, ainda que se possa dizer que estaria implícito na normativa.

1.4.4 Abordagem proativa: especificações extras

Alguns países decidiram ser mais proativos e buscaram introduzir maiores especificações gerais sobre como lidar com decisões automatizadas. O caso da lei francesa é bastante ilustrativo[69]. A França introduziu alguns casos relevantes. Primeiro, uma proibição geral do uso de decisões automatizadas ou semiautomatizadas em decisões judiciais, sempre e quando elas se referirem à personalidade. No domínio administrativo, fez restrições ao uso de decisões automatizadas em grau de apelação[70].

No caso de decisões privadas, estabelece que são permitidas desde que atendidas as garantias presentes no art. 22(3) do GDPR e que o titular de dados receba uma explicação sobre as regras previstas para o processamento automatizado e as características principais de sua implementação. É um dos casos em que, explicitamente, se reconhece o direito à explicação. Ainda parece ser consistente com a ideia de receber uma explicação sobre a decisão individual, mesmo após a decisão já ter sido tomada (*ex post*)[71].

---

[66] Malgiere chega a mencionar que durante o processo legislativo do país se analisou a possibilidade de incluir um direito à explicação explícito, no entanto, não foi acatado (MALGIERI, Gianclaudio. *Automated Decision-Making in the EU Member States – The right to Explanation and other "suitable safeguards" for Algorithmic Decisions in the EU National Legislations*. p. 15).

[67] Information Commissioner's Office. *Rights related to automated decision making including profiling*. Disponível em: <https://ico.org.uk/for-organisations/guide-to-data-protection/guide-to-the-general--data-protection-regulation-gdpr/individual-rights/rights-related-to-automated-decision-making-in-cluding-profiling/?q=article+4>.

[68] Irlanda, Irish Data Protection Act 2018, 2018, numeral 7. Disponível em: <https://data.oireachtas.ie/ie/oireachtas/act/2018/7/eng/enacted/a0718.pdf>.

[69] França, Loi 2018-493, 20 de junho de 2018, emenda a Loi 78-17, de 6 de janeiro de 1978. *Loi informatique aux fichiers et aux libertés*.

[70] Também distingue entre decisões semiautomatizadas e automatizadas. As primeiras são cabíveis sempre que houver salvaguardas suficientes.

[71] França, *Loi* 2018-493, de 20 de junho de 2018, emenda a *Loi* 78-17, de 6 de janeiro de 1978, art. 10(2): "Aucune décision produisant des effets juridiques à l'égard d'une personne ou l'affectant de manière significative ne peut être prise sur le seul fondement d'un traitement automatisé de données à caractère personnel, y compris le profilage, à l'exception: 1.º Des cas mentionnés aux a et c du 2 de l'article 22 du règlement (UE) 2016/679 du Parlement européen et du Conseil du 27 avril 2016 précité, sous les réserves mentionnées au 3 du même article 22 et à condition que les *règles définissant le traitement ainsi que les principales caractéristiques de sa mise en œuvre soient communiquées*, à l'exception des secrets protégés par la loi, par le responsable de traitement à l'intéressé s'il en fait la demande" (grifo nosso).

1.5 Direitos e salvaguardas

1.5.1 Direito de acesso à informação

Os arts. 13 a 15 são o coração das obrigações de prestar informação existente no GDPR. Eles prescrevem e dão concretude ao princípio da transparência. Estabelecem as obrigações dos controladores de divulgar informações quanto aos dados pessoais que estão sendo coletados, o seu tratamento e a sua finalidade.

Especificamente nos arts. 13(2)(f), 14(2)(g) e 15(1)(h) aparecem as particularidades referentes a decisões automatizadas. De maneira sistemática, em cada um dos artigos o legislador estabeleceu a obrigação do controlador de prestar "informações úteis relativas à lógica subjacente, bem como a importância e as consequências previstas de tal tratamento para o titular dos dados"[72].

Como vimos na discussão sobre a existência do direito à explicação, a normativa parece não explicitar quando essa informação deve estar disponível, se antes ou depois de o sistema tomar uma decisão sobre um titular de dados específico[73]. Floridi et al. parecem crer que os arts. 13 e 14 se referem mais precisamente ao momento da coleta ou de que o terceiro tem acesso aos dados para o processamento. Dessa forma, relacionar-se-iam mais ao que deve ser comunicado prévio à tomada de decisão[74].

Os exemplos utilizados pelo *Article 29 Working Party* – explicação de como funciona um escore de crédito e o uso de gráficos para explicar como se calcula o prêmio de um seguro – fazem crer que a informação prestada deve estar disponível antes da tomada de decisão[75]. Além disso, denotam que os dados a serem apresentados devem ser gerais e não necessariamente se referir a situação específica do indivíduo.

Já quanto ao art. 15, este se relaciona ao direito do indivíduo de requerer a informação, então não há que se falar de que *a priori* devem se referir a informações abstratas gerais. Não há nada que fixe especificamente o momento em que o titular possa revisar. O *Article 29 Working Party* também não parece estender diretrizes nesse sentido. Aponta somente que o controlador "should provide the data subject with general information (notably, on factors taken into account for the decision-making process, and on their respective 'weight' on an aggregate level)"[76].

O *Article 29 Working Party* esclarece também que o controlador possui certa proteção quanto ao caráter das informações que está obrigado a divulgar. Não está obrigado a prestar informações que adversamente possam "prejudicar os direitos ou as liberdades de terceiros, incluindo o segredo comercial ou a propriedade intelectual". Contudo, ressalta que "essas

---

[72] GDPR, arts. 13(2)(f), 14(2)(g) e15(1)(h).

[73] Edwards e Veale retomam a discussão presente no artigo de Wachter et al. (EDWARDS, Lilian; VEALE, Michael. Enslaving the Algorithm: from a "Right to an Explanation" to a "Right to Better Decisions"? *IEEE Security & Privacy*, 16(3), p. 46-54, 2018. p. 49. Disponível em: doi:10.1109/MSP.2018.2701152).

[74] FLORIDI, Luciano; MITTELSTADT, Brent; WACHTER, Sandra. Why a Right to Explanation of Automated Decision-Making Does Not Exist in the General Data Protection Regulation. *7 International Data Privacy Law*, vol. 7, 76, 2017.

[75] Article 29 Working Party, Guidelines on Automated Individual Decision-Making and Profiling for the Purposes of Regulation 2016/679 (2017), WP251rev.01, p. 25-26. Disponível em: <http://ec.europa.eu/newsroom/just/document.cfm?doc_id=47963>.

[76] Article 29 Working Party, Guidelines on Automated Individual Decision-Making and Profiling for the Purposes of Regulation 2016/679 (2017), WP251rev.01, p. 27. Disponível em: <http://ec.europa.eu/newsroom/just/document.cfm?doc_id=47963>.

260 | TRATADO DE PROTEÇÃO DE DADOS PESSOAIS

considerações não deverão resultar na recusa de prestação de todas as informações ao titular dos dados"[77].

1.5.2   Direito de contestar

O art. 22(3) do GDPR estabelece como garantia o direito do titular de dados de *contestar* a decisão automatizada. Chama a atenção que nas versões em diferentes idiomas há uma diferenciação entre a linguagem utilizada no artigo e no Considerando 71 que trata justamente desse tema. Na parte operativa em inglês, por exemplo, a expressão utilizada é *contest* (contestar), já no considerando é *challenge* (questionar). Isso reflete nas diretrizes dadas pelo *Article 29 Working Party*, há, aparentemente, um uso intercambiado de ambas as expressões[78].

Essa distinção pode gerar uma dúvida interpretativa sobre a extensão do direito de contestar. Em uma interpretação sistemática, este direito não pode significar meramente a possibilidade de expressar a objeção por parte do titular, haja vista que há espaço específico para expressar a sua posição[79]. Contestar parece ir além, um direito de requerer uma ação por parte do controlador que se relacione especificamente quanto à decisão tomada.

As leis do Reino Unido e da Irlanda[80], como vimos anteriormente, justamente parecem reconhecer essa necessidade de uma ação do controlador. No caso do Reino Unido, resta reconhecido o direito de requerer que reconsidere (*reconsider*) a decisão tomada[81]. Já na Irlanda, claramente há a possibilidade de apelar (*request to appeal*)[82].

A recomendação do *Article 29 Working Party* é, inclusive, que a melhor prática é propor um procedimento de apelação:

> "[G]ood practice suggestions for controllers to consider when making solely automated decisions, including profiling (defined in Article 22(1)): (...)
> a mechanism for human intervention in defined cases, for example providing a link to an appeals process at the point the automated decision is delivered to the data subject, with agreed timescales for the review and a named contact point for any queries[83]".

---

[77]   Article 29 Working Party citando o considerando 63 do GDPR (Article 29 Working Party, Guidelines on Automated Individual Decision-Making and Profiling for the Purposes of Regulation 2016/679 (2017), WP251rev.01, p. 17. Disponível em: <http://ec.europa.eu/newsroom/just/document.cfm?doc_id=47963>).

[78]   Article 29 Working Party, Guidelines on Automated Individual Decision-Making and Profiling for the Purposes of Regulation 2016/679 (2017), WP251rev.01, p. 27. Disponível em: <http://ec.europa.eu/newsroom/just/document.cfm?doc_id=47963>.

[79]   Partindo do princípio de interpretação de que não há expressões inúteis em um texto legislativo, devemos entender que, se há a colocação de que existe um direito de apresentar o seu ponto de vista e um de contestar, não podem ter o mesmo significado, devem servir para funções diferentes.

[80]   Malgiere chama atenção para o fato de na Alemanha a implementação usar a palavra "contestar" ("contest") e na Holanda a palavra "questionar" ("challenge") (MALGIERI, Gianclaudio. *Automated Decision-Making in the EU Member States – The right to Explanation and other "suitable safeguards" for Algorithmic Decisions in the EU National Legislations*. p. 33).

[81]   Reino Unido, *Data Protection Act 2018*, Part 2, 14(4)(b)(i). Disponível em: <http://www.legislation.gov.uk/ukpga/2018/12/part/2/enacted>.

[82]   Irlanda, Irish Data Protection Act 2018, 2018, numeral 7, *Rights in relation to automated decision making*, 57 (1)(b)(ii)(III). Disponível em: <https://data.oireachtas.ie/ie/oireachtas/act/2018/7/eng/enacted/a0718.pdf>.

[83]   Article 29 Working Party, Guidelines on Automated Individual Decision-Making and Profiling for the Purposes of Regulation 2016/679 (2017), WP251rev.01, p. 32. Disponível em: <http://ec.europa.eu/newsroom/just/document.cfm?doc_id=47963>.

PARTE II · Cap. 12 · O DIREITO À EXPLICAÇÃO ENTRE A EXPERIÊNCIA EUROPEIA E A SUA POSITIVAÇÃO | 261

Há um certo espaço de disputa na interpretação dessa garantia e as autoridades de proteção de dados devem prover no futuro maiores guias sobre como interpretar a sua extensão. Contudo, levando em consideração os poucos países que a implementaram, pode-se dizer que prevaleceu uma interpretação que permite ao titular requerer uma "revisão" da decisão, seja na forma de reconsideração ou apelação.

1.5.3   Direito de manifestar o seu ponto de vista

Além do direito de contestar, o art. 22(3) prescreve também o direito de "manifestar o seu ponto de vista". Em uma primeira leitura, podemos entender que esse direito está absorvido pelo direito de contestar. Efetivamente, é possível que muitos Estados entendam justamente dessa forma[84]. Contudo, ainda que sejam próximos, servem a propósitos ligeiramente diferentes.

Em primeiro lugar, o direito de contestar, ou apelar, de uma decisão não está adstrito à necessidade de apresentação da opinião do titular. Igualmente, a possibilidade de apresentar a sua visão não se restringe a montar uma argumentação para requerer uma "revisão" da decisão automatizada que afete alguém individualmente – ainda que este seja o caso mais provável. Há sempre a possibilidade de alguém buscar manifestar o seu ponto de vista para apontar erros sistêmicos, inclusive discriminatórios. O que se busca nesses casos não seria contestar uma decisão, mas sim uma modificação do sistema como um todo.

O importante é deixar claro que no GDPR há o direito de manifestar o seu ponto de vista. Ele pode, sim, estar conectado à busca de uma modificação da decisão (contestar a ela), mas não necessariamente.

1.5.4   Direito de obter intervenção humana

Durante a vigência da diretiva, anterior ao GDPR, vários dos países implementaram o art. 15 como requerendo uma intervenção humana para a tomada de decisões que produzissem efeitos na esfera jurídica ou que a afetassem de modo significativo a algum titular de direitos[85]. A atualização trazida pelo regulamento serve para aclarar que essa não era a única salvaguarda, ainda que mantenha a necessidade de o titular poder obter dita intervenção.

O *Article 29 Working Party* caracteriza essa garantia como "a key element". E mais, indica que "[a]ny review must be carried out by someone who has the appropriate authority and capability to change the decision. The reviewer should undertake a thorough assessment of all the relevant data, including any additional information provided by the data subject"[86].

O modo como o *Article 29 Working Party* descreve essa garantia parece associá-la às anteriores. Não parece ser somente uma salvaguarda de que deve existir uma supervisão

---

[84]   MALGIERI, Gianclaudio. *Automated Decision-Making in the EU Member States – The right to Explanation and other "suitable safeguards" for Algorithmic Decisions in the EU National Legislations.* p. 33.

[85]   EDWARDS, Lilian; VEALE, Michael. Enslaving the Algorithm: from a "Right to an Explanation" to a "Right to Better Decisions"? *IEEE Security & Privacy*, 16(3), p. 46-54, 2018. p. 47. Disponível em: doi:10.1109/MSP.2018.2701152. Para uma visão comparativa entre Europa e EUA sobre a importância regulatória da intervenção humana em decisões automatizadas, veja: JONES, Meg Leta. Right to a Human in the Loop: Political Constructions of Computer Automation & Personhood from Data Banks to Algorithms. *Soc. Stud. of Sci.*, vol. 47, 2017, p. 216 e ss. Disponível em: <https://journals.sagepub.com/doi/10.1177/0306312717699716>.

[86]   Article 29 Working Party, Guidelines on Automated Individual Decision-Making and Profiling for the Purposes of Regulation 2016/679 (2017), WP251rev.01, p. 27. Disponível em: <http://ec.europa.eu/newsroom/just/document.cfm?doc_id=47963>.

humana, parece requerer que haja um espaço de "revisão" por parte de um humano, ou que possa se requerer que a decisão seja tomada *ad novo* com a participação de uma pessoa natural.

No entanto, como se percebe de algumas das leis que implementam as salvaguardas, a regra pode ser interpretada no sentido de o titular ter que escolher entre contestar ou pedir uma nova decisão, agora com o envolvimento de um ser humano.

Deve-se ter em mente que, nos casos em que as decisões tomem por base grandes quantidades de dados e aprendizado de máquina, a garantia de envolvimento não pode querer dizer uma decisão realizada completamente por um humano[87]. A presença individual deve servir para entender e participar do processo, mas não retraçar e replicar os passos da máquina[88].

Além disso, a principal função da intervenção humana em sistemas automatizados é reduzir o que se chama de "falsos positivos", os famosos casos de parece, mas não é[89]. Eles, todavia, nem sempre são capazes de dirimir problemas mais profundos, como discriminação incorporada no algoritmo[90]. Para estes, a intervenção humana serve para chamar atenção e sinalizar a existência de um problema.

2. DIREITO À EXPLICAÇÃO NO BRASIL

O ordenamento jurídico brasileiro não é de todo alheio à regulação das decisões automatizadas. Mesmo antes da entrada em vigor da Lei Geral de Proteção de Dados (LGPD), já existiam normas que protegiam aos indivíduos diante de decisões automatizadas. No entanto, estas tendem a ser setoriais e tratar de temas e grupos específicos. Um exemplo é a Lei do Cadastro Positivo, que no art. 5.º estipula um conjunto de direitos do cadastrado, dentre eles uma versão do direito à explicação[91]. Este artigo, no entanto, deve enfocar no direito à explicação à luz da LGPD.[92]

2.1 Desenvolvimento legislativo e o debate sobre a revisão humana

É interessante notar que houve certa tribulação durante e logo após a aprovação da LGPD referente, entre outras partes, ao direito à explicação. Pode-se dizer que existiram pelo menos quatro versões para o art. 20, que especificamente trata de decisões automatizadas na LGPD.

---

[87] ROIG, Antoni. Safeguards for the right not to be subject to a decision based solely on automated processing (Article 22 GDPR). *European Journal of Law and Technology*, vol. 8, n. 3, 2017. p. 6. Disponível em: <http://ejlt.org/article/view/570/772>.

[88] Claro está que os mecanismos de tomada de decisão por parte de um ser humano e de uma máquina não são os mesmos. A explicabilidade, como vimos anteriormente, não é a garantia de um paralelismo.

[89] Há inúmeros casos em que a utilização de decisões automatizadas leva a "falsos positivos". Os sistemas de decisão automatizadas levam em consideração uma série de fatores que são analisados com base em um elemento probabilístico. Há, usualmente, espaço para erro. O famoso caso de gêmeos idênticos, mas que possuem personalidades muito distintas. Se a análise se baseia somente em elementos externos, pode confundi-los.

[90] ROIG, Antoni. Safeguards for the right not to be subject to a decision based solely on automated processing (Article 22 GDPR). *European Journal of Law and Technology*, vol. 8, n. 3, 2017. p. 6. Disponível em: <http://ejlt.org/article/view/570/772>.

[91] Lei do Cadastro Positivo – Lei 12.414/2011: "Art. 5.º São direitos do cadastrado: (...) IV – conhecer os principais elementos e critérios considerados para a análise de risco, resguardado o segredo empresarial; (...) VI – solicitar ao consulente a revisão de decisão realizada exclusivamente por meios automatizados".

[92] Não se olvida que existem projetos de lei que buscam regular temas conexos, como a inteligência artificial. No entanto, até o momento, a regulação primordial quanto ao tema no país continua sendo a LGPD.

PARTE II · Cap. 12 · O DIREITO À EXPLICAÇÃO ENTRE A EXPERIÊNCIA EUROPEIA E A SUA POSITIVAÇÃO | 263

O texto original aprovado em 2018 previa que o titular dos dados teria direito a solicitar revisão, *por pessoa natural*, de decisões automatizadas (tomadas unicamente com base em tratamento automatizado). No dia 28 de dezembro de 2018, o Presidente da República à época expediu uma medida provisória (MP 869/2018) que, entre outras disposições, suprime a referência a "pessoa natural" na revisão de processos automatizados. Durante o procedimento de aprovação da medida provisória e sua conversão em lei, o Congresso emendou o artigo para incluir um § 3.º, que esclarece novamente que a revisão de que trata o *caput* deverá ser por *pessoa natural*. Durante a sanção presidencial da nova lei (Lei 13.853/2019), o Presidente vetou o mencionado § 3.º. Veja infográfico a seguir:

Texto original 2018	MP 869	Texto Aprovado Congresso	Aprovado com vetos
Art. 20. O titular dos dados tem direito a solicitar revisão, por pessoa natural, de decisões tomadas unicamente com base em tratamento automatizado de dados pessoais que afetem seus interesses, inclusive de decisões destinadas a definir o seu perfil pessoal, profissional, de consumo e de crédito ou os aspectos de sua personalidade.	Art. 20. O titular dos dados tem direito a solicitar a revisão de decisões tomadas unicamente com base em tratamento automatizado de dados pessoais que afetem seus interesses, incluídas as decisões destinadas a definir o seu perfil pessoal, profissional, de consumo e de crédito ou os aspectos de sua personalidade.	**Adição:** § 3º A revisão de que trata o *caput* deste artigo deverá ser realizada por pessoa natural, conforme previsto em regulamentação da autoridade nacional, que levará em consideração a natureza e o porte da entidade ou o volume de operações de tratamento de dados.	**VETADO** o § 3º.

Os questionamentos, no entanto, não pararam por aí. O Senador Styvenson Valentim (PODEMOS/RN) propôs um novo projeto de lei – PLS 4.496/2019 –, no qual requer a inclusão de uma definição de "decisão automatizada" no art. 5.º da LGPD[93]. De igual relevância, uma série de entidades da sociedade civil se reuniu para requerer a derrubada do veto ao § 3.º do art. 20 da LGPD.

Essas reviravoltas levam a uma aparente incerteza quanto ao escopo dos direitos dos titulares de dados ante o uso de decisões automatizadas. Em certa medida, parece fazer eco às discussões na Europa sobre o âmbito e aplicação do direito à explicação. Apesar disso, tanto lá quanto aqui existe um regime que protege o indivíduo e lhe garante uma explicação.

2.2 Escopo do direito: não estão proibidas decisões automatizadas

Assim como no GDPR, a LGPD está ancorada em um sistema de forte proteção aos direitos dos indivíduos. Entre os seus princípios estão o acesso à informação, transparência, prevenção de danos, não discriminação, e responsabilização e prestação de contas[94]. Vistos em conjunto, prescrevem um regime em que o titular de dados deve ter controle sobre quais dados são processados, de que forma e para quê. Ao mesmo tempo, estabelece obrigações para os controladores e operadores de prestar informações, ser transparentes, tomar os cuidados necessários e ser responsáveis.

---

[93] PLS 4.496/2019. Mais informações disponíveis em: <https://www25.senado.leg.br/web/atividade/materias/-/materia/138136>.

[94] LGPD, Lei 13.709, art. 5.º, IV, VI, VIII, IX e X.

TRATADO DE PROTEÇÃO DE DADOS PESSOAIS

Nesse contexto, a LGPD efetivamente propõe um arcabouço robusto para proteger os dados pessoais. Resta entender (i) se o sistema abrange decisões automatizadas e quais; (ii) se estabelece um direito à explicação; e (iii) se estabelece salvaguardas para o caso de seu uso.

Como ponto de partida, devemos entender que a LGPD se aplica para todos os tratamentos de dados pessoais. Se houver tratamento de dados pessoais para uma decisão automatizada, a LGPD será acionada[95]. Vimos anteriormente que no sistema europeu existe uma restrição ao uso de decisões automatizadas. As pessoas não podem ser submetidas a essa técnica a não ser que se enquadrem em alguma das exceções previstas na normativa (ou em lei nacional que a implementa).

O sistema brasileiro segue um caminho diferente. Em vez de proibir e criar salvaguardas para lidar com exceções, a LGPD cria um amplo direito de revisão de "decisões tomadas unicamente com base em tratamento automatizado de dados pessoais que afetem seus interesses, incluídas as decisões destinadas a definir o seu perfil pessoal, profissional, de consumo e de crédito ou os aspectos de sua personalidade"[96]. Nesse sentido, permite maior flexibilidade no uso dessas técnicas.

Isso não quer dizer que o direito à revisão seja a única garantia ou mesmo o único direito que se aplica a decisões automatizadas. O que efetivamente estabelece é que, nos casos de decisões tomadas *unicamente* com base em tratamento automatizado *e* que afetem interesses, o controlador deve ter estabelecido um sistema de revisão. O uso de decisões automatizadas resta, pois, submetido a um regime de salvaguardas, com direitos para os titulares de dados que incluem a revisão.

2.3 O direito à explicação e sua interpretação

Há que se entender que todos os princípios do art. 6.º, além dos direitos presentes na normativa, perpassam a todos os tratamentos de dados, inclusive, e talvez principalmente, os que resultam em uma decisão automatizada. A pergunta aqui é em que medida há uma um direito à explicação de como as decisões são tomadas, quais os dados que são levados em consideração, quais os pesos que são estabelecidos para cada um deles, qual a lógica por detrás da decisão.

Similarmente ao GDPR, na lei brasileira podemos fundar um direito à explicação a partir de três pontos principais: o princípio da transparência, o direito de acesso à informação e como um pressuposto para o exercício dos outros direitos e, particularmente, do direito a requerer revisão de decisões automatizadas.

Claramente, o princípio da transparência é norteador de toda a LGPD. Renato Leite, por exemplo, chama a atenção justamente para a transversalidade do princípio da transparência[97]. Entende, assim, similarmente a alguns autores europeus, em seu âmbito, que a transparência

---

[95] A lei define de maneira bastante ampla o que significa tratamento. Na íntegra, é o seguinte: "Art. 5.º Para os fins desta Lei, considera-se: (...) X – tratamento: toda operação realizada com dados pessoais, como as que se referem a coleta, produção, recepção, classificação, utilização, acesso, reprodução, transmissão, distribuição, processamento, arquivamento, armazenamento, eliminação, avaliação ou controle da informação, modificação, comunicação, transferência, difusão ou extração" (LGPD, art. 5.º, X).

[96] LGPD, art. 20, redação dada pela Lei 13.853/2019.

[97] LEITE, Renato. *Existe um direito à explicação na Lei Geral de Proteção de Dados Pessoais do Brasil?* Artigo Estratégico 24. Rio de Janeiro: Instituto Igarapé, dezembro de 2018, p. 9-10. Disponível em: <https://igarape.org.br/wp-content/uploads/2018/12/Existe-um-direito-a-explicacao-na-Lei-Geral-de-Protecao--de-Dados-no-Brasil.pdf>.

e o acesso à informação dão aso e garantem ao titular dos dados pessoais o acesso ao direito à explicação. O princípio fundamenta, ainda, a obrigação do controlador de apresentar a informação, independentemente da ação do indivíduo. Em suas palavras: "esse princípio [transparência] também pressupõe o dever de informar os critérios de tratamentos utilizados para finalidades informadas ao titular"[98].

Nesse contexto, o princípio da transparência, entendido na sua dimensão de explicação, permite o equilíbrio dos interesses econômicos e sociais. Por um lado, admite o uso de decisões automatizadas e, por outro, diminui a assimetria de informação entre os agentes públicos e privados e os indivíduos ao tornar obrigatória a prestação de informações para o titular.

A LGPD não seguiu o GDPR no sentido de explicitar no elenco do direito de acesso à informação quais informações o controlador deve prestar e em quais momentos. A lei brasileira não tem artigos similares aos arts. 13(2)(f), 14(2)(g) e 15(1)(h) do GDPR. No entanto, os arts. 9.º, I e II, 18, I e II, e 20, § 1.º, da LGPD criam uma teia de direitos e obrigações que devem facilitar o acesso à informação[99].

É de suma relevância, no contexto de explicação sobre decisões automatizadas, o § 1.º do art. 20, o qual estabelece que o titular tem o direito de requerer a qualquer tempo, do controlador, "informações claras e adequadas a respeito dos critérios e dos procedimentos utilizados"[100]. Funda-se, aqui, a necessidade de prestar informações para o titular, havendo a necessidade de explicar ao titular de dados sobre os critérios e procedimentos utilizados para que este possa entendê-los. A lei não chega a obrigar a divulgação de elementos técnicos para os indivíduos, mas sim o suficiente para que possam exercer os seus outros direitos.

É justamente porque a lei estabelece certos direitos, como o do pedido de revisão (art. 20, *caput*), que se torna necessário que em alguma medida os indivíduos sejam esclarecidos sobre os fatores relevantes para a tomada da decisão automatizada. Não diferente do sistema europeu, não pode existir um exercício efetivo do direito de revisão sem que o indivíduo possa apresentar a sua percepção de como os dados devem ser analisados e de onde podem existir erros, discrepâncias ou mesmo de por que determinado fator não se aplica diretamente a ele ou ela. O direito à explicação é, portanto, no mínimo, um pressuposto para o exercício dos outros direitos, particularmente o de requerer uma revisão.

---

[98] LEITE, Renato. *Existe um direito à explicação na Lei Geral de Proteção de Dados Pessoais do Brasil?* Artigo Estratégico 24. Rio de Janeiro: Instituto Igarapé, dezembro de 2018, p. 10. Disponível em: <https://igarape.org.br/wp-content/uploads/2018/12/Existe-um-direito-a-explicacao-na-Lei-Geral-de-Protecao-de-Dados-no-Brasil.pdf>.

[99] LGPD, arts. 9.º, I e II, 18, I e II, e 20, § 1.º: "Art. 9.º O titular tem direito ao acesso facilitado às informações sobre o tratamento de seus dados, que deverão ser disponibilizadas de forma clara, adequada e ostensiva acerca de, entre outras características previstas em regulamentação para o atendimento do princípio do livre acesso: I – finalidade específica do tratamento; II – forma e duração do tratamento, observados os segredos comercial e industrial; (...) Art. 18. O titular dos dados pessoais tem direito a obter do controlador, em relação aos dados do titular por ele tratados, a qualquer momento e mediante requisição: I – confirmação da existência de tratamento; II – acesso aos dados; (...) Art. 20. (...) § 1.º O controlador deverá fornecer, sempre que solicitadas, informações claras e adequadas a respeito dos critérios e dos procedimentos utilizados para a decisão automatizada, observados os segredos comercial e industrial".

[100] GDPR, Considerando 63: "(...) Esse direito [acesso à informação] não deverá prejudicar os direitos ou as liberdades de terceiros, incluindo o segredo comercial ou a propriedade intelectual e, particularmente, o direito de autor que protege o software".

2.4 Direitos relacionados

2.4.1 Acesso à informação

Os arts. 9.º, I e II, e 18, I e II, da LGPD são a base de um robusto regime de acesso à informação à disposição dos titulares de direito. No contexto de explicação sobre decisões automatizadas, soma-se ainda o § 1.º do art. 20[101]. O indivíduo deve, então, estar informado sobre o fato de estar havendo tratamento de seus dados, a finalidade, a base jurídica, além de uma série de outros elementos para que possa manter o controle e a autonomia sobre seus dados pessoais.

Especificamente quanto a decisões tomadas unicamente com base em tratamentos automatizados, o titular tem o direito não somente de ser informado, mas também de requerer, a qualquer tempo, do controlador "informações claras e adequadas a respeito dos critérios e dos procedimentos utilizados"[102]. Como vimos anteriormente, a norma explicita uma instância do princípio da transparência por meio da garantia à explicação quando da utilização de técnicas de tratamento automatizado.

Vale destacar que o legislador não explicitou o momento no qual devem ser fornecidas as informações, deixou a critério do titular dos dados. Este pode solicitar a qualquer tempo. Não resolve, mas pelo menos ameniza, a discussão proposta na Europa de se a informação deve ser compartilhada antes ou depois da tomada de decisão[103], dependendo de manifestação do titular[104]. Nesse ponto, a norma brasileira se assemelha às leis de implementação francesa e húngara que atrelam a prestação de uma explicação sobre o algoritmo a um pedido por parte do titular[105].

Quanto à natureza da informação que deve ser apresentada ao titular, a LGPD novamente é similar ao GDPR. Enquanto no GDPR, como vimos, há a menção à "informação útil" sobre a "lógica subjacente" e a "importância e as consequências previstas"; na LGPD, há referência a "informações claras e adequadas" e "critérios e procedimentos utilizados". É possível dizer que existem paralelos entre ambas as normas. "Informações úteis" parece implicar um possível uso para atingir um determinado resultado, que, no caso, seria permitir o exercício dos outros

---

[101] LGPD, arts. 9.º, I e II, 18, I e II, e 20, § 1.º: "Art. 9.º O titular tem direito ao acesso facilitado às informações sobre o tratamento de seus dados, que deverão ser disponibilizadas de forma clara, adequada e ostensiva acerca de, entre outras características previstas em regulamentação para o atendimento do princípio do livre acesso: I – finalidade específica do tratamento; II – forma e duração do tratamento, observados os segredos comercial e industrial; (...) Art. 18. O titular dos dados pessoais tem direito a obter do controlador, em relação aos dados do titular por ele tratados, a qualquer momento e mediante requisição: I – confirmação da existência de tratamento; II – acesso aos dados; (...) Art. 20. (...) § 1.º O controlador deverá fornecer, sempre que solicitadas, informações claras e adequadas a respeito dos critérios e dos procedimentos utilizados para a decisão automatizada, observados os segredos comercial e industrial".

[102] LGPD, art. 20, § 1.º.

[103] Lembrando que a discussão na Europa tinha um caráter mais aprofundado, haja vista que lidava com o fato de se as informações a serem dadas seriam sobre o modelo de tomada de decisão (em abstrato) ou sobre a decisão em si (em concreto, referente ao titular de dados específico) (WACHTER, Sandra; MITTELSTADT, Brent; FLORIDI, Luciano. Why a Right to Explanation of Automated Decision-Making Does Not Exist in the General Data Protection Regulation. *7 International Data Privacy Law* 76, 2017).

[104] Isso não exime o controlador de informar sobre o uso dessa técnica e da finalidade do tratamento na sua política de privacidade.

[105] Segundo Magiere: "in both these cases, such right is based on the request of the data subject" (MALGIERI, Giancludio. *Automated Decision-Making in the EU Member States – The right to Explanation and other "suitable safeguards" for Algorithmic Decisions in the EU National Legislations*. p. 35).

direitos, como de apresentar os seus pontos de vista ou contestar. Similarmente, a expressão "informação adequada" também passa a impressão de que a informação deve ser adequada para atingir um fim, que, no caso, é permitir ao titular exercer seus outros direitos, mormente solicitar a revisão da decisão.

Precisamente quanto ao tipo de informação a ser apresentada, a referência do GDPR a "lógica", "importância" e "consequências" não é perfeitamente indicativa das informações que efetivamente precisam ser entregues pelo controlador. As leis francesa e húngara parecem ter mais precisão. A primeira fala em "regras que definem o processamento de dados e as suas principais características"[106]. Já a segunda utiliza as expressões "métodos e critérios"[107]. Esta última se assemelha aos "critérios e procedimentos" presentes na LGPD, parecendo se referir aos parâmetros utilizados para a tomada de decisão, ainda que a alusão a procedimentos na regulação brasileira permita uma interpretação de que o controlador deve informar mais sobre o modo como o algoritmo opera e sua funcionalidade[108].

Por fim, a legislação nacional dá respaldo explícito a uma das preocupações principais do setor privado: a proteção dos segredos comerciais e industriais. As empresas tendem a argumentar que parte significativa de seus resultados depende da otimização dos algoritmos. Uma empresa conhecida por ter desenvolvido um algoritmo que lhe garante posição destacada em determinado segmento, por exemplo, não poderia, nesse sentido, ser obrigada a divulgar o segredo comercial que a torna tão bem sucedida.

Alguns autores entendem que as normas pátrias dão maior albergo que a europeia a esse respeito[109]. Contudo, como vimos anteriormente, essa visão opta por uma abordagem restrita do texto literal das normas operativas, sem uma interpretação mais global do GDPR. Nessa direção, não é dado destaque ao Considerando 63, por exemplo, que faz referência justamente à proteção do segredo comercial e industrial[110]. Certo está que é um considerando e que não deveria criar direitos, no entanto, deve ser tomado em conta para delimitar o caráter de "informações úteis" a serem apresentadas para os titulares. Não há que se falar em obrigatoriedade de divulgar segredos comerciais.

Dessa forma, os titulares de dados no Brasil possuem um direito de acesso à informação bastante amplo. Do outro lado, os controladores estão obrigados a prestar essa informação de

---

[106] França, Loi 78-17 du 6 janvier 1978 relative à l'informatique, aux fichiers et aux libertés emendada pela Loi 2018-493 du 20 juin 2018, art. 47: "les règles définissant le traitement ainsi que les principales caractéristiques de sa mise en œuvre soient communiquées" (Disponível em: <https://www.legifrance.gouv.fr/affichTexte.do?cidTexte=JORFTEXT000000886460>).

[107] Tomamos como ponto de comparação a tradução ao inglês apresentada por Malgieri (MALGIERI, Gianclaudio. *Automated Decision-Making in the EU Member States – The right to Explanation and other "suitable safeguards" for Algorithmic Decisions in the EU National Legislations.* p. 35).

[108] Malgieri chama atenção para a importância de saber sobre a funcionalidade do algoritmo para que seja possível ao titular de dados realmente compreender como as decisões lhe afetam são efetivamente tomadas (MALGIERI, Gianclaudio; COMANDÉ, Giovanni. Why a right to Legibility of Automated Decision-Making Exists in the General Data Protection Regulation. *International Data Privacy Law*, vol. 7, Issue 4, November 2017. p. 258-259).

[109] *Vide*, por exemplo: FRAZÃO, Ana. O direito à explicação e à oposição diante de decisões totalmente automatizadas. *Jota*, 05.12.2018. Disponível em: <https://www.jota.info/opiniao-e-analise/colunas/constituicao-empresa-e-mercado/o-direito-a-explicacao-e-a-oposicao-diante-de-decisoes-totalmente-automatizadas-05122018>.

[110] GDPR, Considerando 63: "(...) Esse direito [acesso à informação] não deverá prejudicar os direitos ou as liberdades de terceiros, incluindo o segredo comercial ou a propriedade intelectual e, particularmente, o direito de autor que protege o software".

268 | TRATADO DE PROTEÇÃO DE DADOS PESSOAIS

maneira clara e acessível, facilitando a compreensão por parte dos indivíduos, mesmo daqueles que não são experts ou técnicos, resguardados os segredos comerciais e industriais, que não podem servir de óbice absoluto para a prestação de informações.

2.4.2 Direito de revisão (humana ou automatizada)

O art. 20, *caput*, da LGPD consagra o direito de "solicitar a revisão de decisões tomadas unicamente com base em tratamento automatizado de dados pessoais que afetem seus interesses, incluídas as decisões destinadas a definir o seu perfil pessoal, profissional, de consumo e de crédito ou os aspectos de sua personalidade"[111].

Esse direito se refere a uma garantia de que os indivíduos possam se opor a práticas errôneas ou discriminatórias. É também uma oportunidade para o controlador reexaminar o seu sistema e avaliar se não há mesmo um preconceito implícito ou se o algoritmo pode resultar tendencioso. Usado com parcimônia, pode servir como uma forma de retroalimentação positiva para as empresas interessadas em aprimorar os seus algoritmos.

Há que se ter em mente que um dos objetivos do legislador foi preservar a possibilidade de uso de novas tecnologias e permitir inovação. Para tanto, buscou circunscrever o âmbito de aplicação dessa garantia às decisões que mais podem impactar os interesses dos titulares de dados. O direito de requerer revisão entra em ação quando as decisões: (a) são tomadas *unicamente* com base em tratamento automatizado, ou seja, as semiautomatizadas, em princípio, não poderiam ser objeto de pedido de revisão; e (b) se referem a perfis pessoais, profissionais, de consumo e de crédito, ou a aspectos da personalidade do indivíduo.

Quanto ao segundo aspecto, o rol apresentado parece ser amplo o suficiente para que sua aplicação possa se expandir na medida em que se compreende o que estaria coberto pela menção genérica a "aspecto da personalidade do indivíduo".

Deve-se frisar que a regulação brasileira explicitou que a garantia será de uma revisão. Isso parece aproximar o país dos sistemas implementados no Reino Unido e na Irlanda, que, como vimos, definiram o direito de contestar, respectivamente, como direito de requerer uma reconsideração e de apelar.

Em situação diversa está a garantia de intervenção humana. Do processo legislativo de aprovação da LGPD depreende-se que a intervenção de uma pessoa natural se tornou objeto de polêmica[112]. Depois do último veto[113] presidencial ao § 3.º do art. 20[114], desapareceu a referência a uma intervenção humana[115].

---

[111] LGPD, art. 20, *caput*.

[112] Veja a discussão acima sobre o processo legislativo de aprovação da LGPD.

[113] Nota-se que em votação no Congresso o veto foi mantido.

[114] Quando da conversão da Medida Provisória 869, de 2018, em lei (Lei 13.853, de 2019), os membros do Congresso adicionaram um § 3.º ao art. 20. A redação deste havia sido a seguinte: "§ 3.º A revisão de que trata o *caput* deverá ser realizada por pessoa natural, conforme previsto em regulamentação da autoridade nacional, que levará em consideração a natureza e o porte da entidade ou o volume de operações de tratamento de dados". No parecer da Comissão Mista que aprovou a Medida Provisória se justifica a inclusão do § 3.º por entender "que a inovação não pode ser inibida ou dificultada *a priori*. Esses motivos nos levam a acreditar que a melhor forma de obrigar à revisão de tratamentos automatizados por pessoa natural, deva ser cuidadosamente estudada pela Autoridade em regulamentação" (Relatório da Comissão Mista da Medida Provisória 869 de 2018. Sen. Orlando Silva, 7 de maio de 2019. Disponível em: <https://legis.senado.leg.br/sdleg-getter/documento?dm=7948833&ts=1568055761407&disposition=inline>).

[115] O Presidente justificou o veto com base no interesse público: "A propositura legislativa [art. 20 § 3.º] contraria o interesse público, tendo em vista que tal exigência inviabilizará os modelos atuais de planos

PARTE II · Cap. 12 · O DIREITO À EXPLICAÇÃO ENTRE A EXPERIÊNCIA EUROPEIA E A SUA POSITIVAÇÃO | **269**

Nota-se que, diferentemente da Europa, no Brasil, nas versões da LGPD que faziam referência à intervenção humana, a associavam à revisão. De duas garantias, tínhamos uma só.

O veto, por sua vez, acabou gerando controvérsia entre os especialistas. Alguns entendem que sem a presença da obrigação de uma pessoa natural para revisar as decisões automatizadas há a possibilidade de revisão de um algoritmo por outro. Uma máquina revisaria a decisão de outra máquina[116].

A redação atual da lei não demanda a revisão por pessoa natural. No entanto, deve-se entender que, para garantir o pleno exercício do direito de revisão, este deve ser efetivo e permitir que se possa chegar a conclusões diferentes das apresentadas pela decisão automatizada original. Desse modo, deve-se considerar que a revisão por uma pessoa natural é uma prática recomendável, sempre e quando seja possível e pertinente para os fins aqui debatidos.

A LGPD, então, criou um direito de revisão e nada no texto impede que seja estabelecido que a revisão com intervenção humana seja o padrão a ser utilizado em casos concretos. Justamente o contrário, nos casos em que caiba, o arcabouço geral de proteção da lei parece acomodar a visão de que a inserção de um humano na revisão pode tornar o processo mais plural e acessível. A intervenção humana reforçaria, assim, a confiança do usuário, que tenderia a acreditar ainda mais no processo, aumentando a percepção de transparência.

Igualmente, nada impede que a ANPD teça recomendações específicas sobre como deve se dar a revisão. O simples fato de não ser determinada legalmente a intervenção humana na revisão não impede que a autoridade de proteção estabeleça casos em que, para dar vazão aos objetivos gerais da lei e melhor concretude a seus princípios, dita intervenção (por pessoa natural) seja recomendada. Nesse sentido, a prática das organizações, somada à atuação da ANPD, determinará o grau de participação humana na revisão de decisões automatizadas.

2.4.3 Auditoria

A auditoria de mecanismos de tratamento de dados automatizados não é propriamente um direito individual. É, sim, uma competência da autoridade de proteção de dados. No entanto, ela serve para proteger direitos individuais, além de dimensões mais amplas de direitos, como direitos coletivos ou direitos individuais homogêneos.

A LGPD, assim como o GDPR, também tem essa dimensão sistêmica de proteção[117]. As empresas, por iniciativa própria, devem "ado[tar] medidas para prevenir a ocorrência de danos em virtude do tratamento de dados pessoais"[118]. Isso inclui a realização de estudos de impacto e alguma forma de auditoria de análise, dependendo das circunstâncias.

---

de negócios de muitas empresas, notadamente das startups, bem como impacta na análise de risco de crédito e de novos modelos de negócios de instituições financeiras" (Despacho do Presidente da República sanção e veto parcial à Lei 13.853 de 2019. 8 de julho de 2019. Disponível em: <http://www.in.gov. br/en/web/dou/-/despachos-do-presidente-da-republica-190107781>).

[116] Uma série de juristas se posicionou dessa forma. A título de exemplo: Agência Brasil. *Bolsonaro sanciona, com vetos, lei sobre proteção de dados.* 10 de julho de 2019. Disponível em: <http://agenciabrasil.ebc.com. br/geral/noticia/2019-07/bolsonaro-sanciona-com-vetos-lei-sobre-protecao-de-dados>.

[117] Vimos anteriormente a preponderância que Margot Kaminski dá a dimensão sistêmica da transparência como parte de um regime europeu de responsabilidade e prestação de contas em decisões automatizadas ("accountability"). Para uma visão mais direta, veja: KAMINSKI, Margot E. The Right to Explanation, Explained. *University of Colorado Law Legal Studies Research Paper*, n. 18-24, 15 de junho de 2018. p. 25.

[118] LGPD, art. 6.º, VIII.

A autoridade de proteção de dados também deve zelar pela proteção de dados por meio de mecanismos de controle e fiscalização. Entre as suas competências estão justamente a de fiscalizar e a de realizar auditorias[119]. É interessante notar, no entanto, que, com relação a decisões automatizadas, o legislador decidiu por bem criar a possibilidade de requerer uma auditoria sempre e quando um controlador se recusar a apresentar informações haja vista a proteção de segredo comercial ou industrial[120]. Não toma a forma de um direito subjetivo do titular, mas implica a existência de um procedimento para o titular manifestar o ocorrido para a autoridade que deve avaliar sobre a adequação de iniciar uma auditoria. É uma oportunidade de revisão sistêmica e tem o potencial de proteger de maneira ampla a população.

CONCLUSÃO

As vantagens de ter decisões automatizadas fazem com que sejam necessários mecanismos de convivência com a sua opacidade. Os dois ordenamentos jurídicos – europeu e brasileiro – buscaram criar regimes de transparência que permitam um maior controle por parte dos indivíduos, titulares de dados pessoais.

Apesar de em ambos a expressão "explicação" não fazer parte das cláusulas operativas, as normas aprovadas prescrevem um direito à explicação derivado dos princípios transversais de transparência e dos direitos de acesso à informação que lhe dão concretude. Além do mais, uma explicação adequada sobre o funcionamento dessas ferramentas é um pressuposto para que os indivíduos possam exercer seus direitos e ter autonomia sobre seus dados pessoais.

O direito à explicação está, então, intimamente ligado aos demais direitos dos titulares. Um verdadeiro direito de acesso à informação inclui a explicação sobre o modo como os dados pessoais serão utilizados em uma decisão automatizada; assim como do próprio mecanismo de tomada de decisão, incluindo os seus critérios. No mesmo sentido, o direito a objetar a um determinado tratamento de dados também leva à necessidade de saber qual e como os dados serão tratados. Identicamente, o direito à exclusão de dados tem por base o conhecimento de quais dados estão sendo utilizados e de que maneira. O direito à revisão, similarmente, não tem como ser exercido sem uma explicação sobre quais dados são utilizados, com que critérios e sob quais métodos e modos de tratamento.

Percebe-se que, ainda que a LGPD seja inspirada na normativa europeia, os contornos do direito à explicação no Brasil são diferentes. Enquanto na Europa há uma ênfase no acesso à informação e no conhecimento das possíveis consequências do uso das decisões automatizadas, no Brasil o destaque está com a possibilidade de requerer revisão.

O GDPR também garante claramente a intervenção humana como uma garantia para eliminação de erros, resultados inesperados e possíveis discriminações. No Brasil, com o veto presidencial – mantido pelo Congresso Nacional –, a exigência da revisão humana foi retirada,

---

[119] LGPD, art. 55-J (incluído pela Lei 13.853, de 2019): "Art. 55-J. Compete à ANPD: (...) IV – fiscalizar e aplicar sanções em caso de tratamento de dados realizado em descumprimento à legislação, mediante processo administrativo que assegure o contraditório, a ampla defesa e o direito de recurso; (...) XVI – realizar auditorias, ou determinar sua realização, no âmbito da atividade de fiscalização de que trata o inciso IV e com a devida observância do disposto no inciso II do *caput* deste artigo, sobre o tratamento de dados pessoais efetuado pelos agentes de tratamento, incluído o poder público".

[120] LGPD, art. 20, § 2.º: "Art. 20. (...) § 2.º Em caso de não oferecimento de informações de que trata o § 1.º deste artigo baseado na observância de segredo comercial e industrial, a autoridade nacional poderá realizar auditoria para verificação de aspectos discriminatórios em tratamento automatizado de dados pessoais".

mas isso não impede, por óbvio, a sua utilização. Inclusive, a autoridade de proteção de dados pode vir a recomendar casos em que deva existir a revisão humana.

Os limites e potencialidades desse direito à explicação dependerão, então, da atuação de muitos agentes. Em primeiro **lugar**, controladores de dados poderão desenvolver recomendações sobre quando e como a intervenção humana se torna desejável, até como medida de incremento da confiança por parte do titular de dados. De outro lado, a autoridade de proteção de dados também poderá se pronunciar sobre o tema, traçando diretrizes para a sua implementação. Esse quadro não estaria completo sem a menção à atuação de outras entidades, como os Procons, o Ministério Público e o próprio Poder Judiciário, que nas atividades que lhes são próprias ajudarão a definir os contornos do direto à explicação.

REFERÊNCIAS BIBLIOGRÁFICAS

BARATTA, Roberto. Complexity of EU Law in the Domestic Implementing Process. *The Theory and Practice of Legislation*, vol. 2, 2014.

BERRY, Elspeth; HOMEWOOD, Matthew J.; BOGUSZ, Barbara. *Complete EU Law Text, Cases, and Materials*. 4. ed. Oxford: OUP, 2019.

CITRON, Danielle Keats; PASQUALE, Frank. The Scored Society: Due Process for Automated Predictions. *Wash. L. Rev.*, vol. 89, 1, 2014.

CRAWFORD, Kate; SCHULTZ, Jason. Big Data and Due Process: Toward a Framework to Redress Predictive Privacy Harms. *B. C. L. Rev.*, vol. 55, 2014.

EDWARDS, Lilian; VEALE, Michael. Enslaving the Algorithm: from a "Right to an Explanation" to a "Right to Better Decisions"? *IEEE Security & Privacy*, 16(3), p. 46-54, 2018. p. 47. Disponível em: doi:10.1109/MSP.2018.2701152.

FLORIDI, Luciano; MITTELSTADT, Brent; WACHTER, Sandra. Why a Right to Explanation of Automated Decision-Making Does Not Exist in the General Data Protection Regulation. *7 International Data Privacy Law*, 76, 2017.

GOODMAN, Bryce; FLAXMAN, Seth. *European Union Regulations on Algorithmic Decision-Making and a "Right to Explanation"* (2016). ICML Workshop on Human Interpretability in Machine Learning, arXiv:1606.08813 (v3).

HAO, Karen. This is how AI bias really happens – and why it's so hard to fix. *MIT Technology Review*, 4 de fevereiro de 2014. Disponível em: https://www.technologyreview.com/s/612876/this-is-how-ai-bias-really-happensand-why-its-so-hard-to-fix/.

HARARI, Yuval Noah. Yuval Noah Harari on big data, Google and the end of free will. *Financial Times*, 26 de agosto de 2016. Disponível em: <https://www.ft.com/content/50bb4830-6a4c-11e6-ae5b-a7cc5dd5a28c>.

HILDEBRANDT, M. The New Imbroglio: Living with Machine Algorithms. In: JANESSENS, L. (ed.). *The Art of Ethics in the Information Society*. Amsterdã: Amsterdam University Press, 2016.

JONES, Meg Leta. Right to a Human in the Loop: Political Constructions of Computer Automation & Personhood from Data Banks to Algorithms. *Soc. Stud. of Sci.*, vol. 47, 2017, p. 216 e ss. Disponível em: <https://journals.sagepub.com/doi/10.1177/0306312717699716>.

KAMINSKI, Margot E. The Right to Explanation, Explained. *University of Colorado Law Legal Studies Research Paper*, n. 18-24, 15 de junho de 2018.

LEITE, Renato. *Existe um direito à explicação na Lei Geral de Proteção de Dados Pessoais do Brasil?* Artigo Estratégico 24. Rio de Janeiro: Instituto Igarapé, dezembro de 2018, p. 9-10. Disponível em: <https://igarape.org.br/wp-content/uploads/2018/12/Existe-um-direito-a-explicacao-na-Lei-Geral-de-Protecao-de-Dados-no-Brasil.pdf>.

MALGIERI, Gianclaudio. Automated Decision-Making in the EU Member States – The right to Explanation and other "suitable safeguards" for Algorithmic Decisions in the EU National Legislations. *Computer Law & Security Review* Vol. 35, edição 5, Out. 2019.

MALGIERI, Gianclaudio; COMANDÉ, Giovanni. Why a right to Legibility of Automated Decision-Making Exists in the General Data Protection Regulation. *International Data Privacy Law*, vol. 7, Issue 4, November 2017.

MENDOZA, Izak; BYGRAVE, Lee A. The Right Not to Be Subject to Automated Decisions Based on Profiling. In: SYNODINOU, Tatiani et al. (eds.). *EU Internet Law*: Regulation and Enforcement. Springer: 2017.

MORTIER, Richar et al. Human Data Interaction: The Human Face of the Data-Driven Society. *MIT Technology Review*, 2014. Disponível em: <https://www.technologyreview.com/s/533901/the-emerging-science-of-human – data-interaction/>.

O'NEIL, Cathy. *Weapons of Math Destruction*. Nova Iorque: Crown publishers, 2019.

PASQUALE, Frank. Restoring Transparency to Automated Authority. *J. on Telecomm. & Hightech. L.*, vol. 9, 2011.

PASQUALE, Frank. *The Black Box Society* – The Secret Algorithms That Control Money and Information. Cambridge: Harvard University Press, 2016.

ROIG, Antoni. Safeguards for the right not to be subject to a decision based solely on automated processing (Article 22 GDPR). *European Journal of Law and Technology*, vol. 8, n. 3, 2017. p. 6. Disponível em: <http://ejlt.org/article/view/570/772>.

SELBST, Andrew D.; POWELS, Julia. Meaningful Information and the Right to Explanation. 7(4) *International Data Privacy Law*, 233, 2017.

WACHTER-BOETTCHER, Sara. *Technically Wrong*: Sexist Apps, Biased Algorithms, and Other Threats of Toxic Tech. Londres: W. W. Norton & Company, 2017.

WACHTER, Sandra; MITTELSTADT, Brent; FLORIDI, Luciano. Why a Right to Explanation of Automated Decision-Making Does Not Exist in the General Data Protection Regulation. 7 *International Data Privacy Law* 76, 2017.

WEATHERILL, Stephen. *Cases & Materials on EU Law*. 12. ed. Oxford: OUP, 2016.

ZALNIERIUTE, Monika; BENNETT MOSES, Lyria; WILLIAMS, George. The Rule of Law and Automation of Government Decision-making. *Modern Law Review*, 82(3), 2019.

13

O REGIME JURÍDICO DO TRATAMENTO DE DADOS PESSOAIS PELO PODER PÚBLICO

MIRIAM WIMMER
Doutora em Políticas de Comunicação e Cultura pela Universidade de Brasília, Mestre em Direito Público pela Universidade do Estado do Rio de Janeiro e Bacharel em Direito pela mesma Instituição.

INTRODUÇÃO

A Lei Geral de Proteção de Dados Pessoais brasileira – LGPD, fortemente inspirada na tradição europeia, se propõe a proteger dados pessoais tanto no que se refere ao seu uso em ambientes de mercado como também no contexto do próprio Estado. Tal amplitude de escopo reflete a constatação de que a crescente digitalização da sociedade e da economia vem acompanhada da transformação digital do próprio Estado, que, com cada vez mais intensidade, tem adotado tecnologias digitais para prestar serviços e para formular, monitorar e implementar políticas públicas nas mais diversas searas.

O tratamento de dados pessoais pelo Estado não é novidade; seria possível mesmo afirmar que tal atividade está na essência das atividades do Poder Público e constitui condição indispensável para o cumprimento de suas missões. O ingrediente novo na discussão, entretanto, relaciona-se às mudanças quantitativas e qualitativas no tratamento de dados propiciadas pelos novos métodos, algoritmos e tecnologias. As possibilidades cada vez mais sofisticadas de coleta e cruzamento de dados, associadas à natural assimetria entre cidadãos e Poder Público, têm tornado mais relevante e urgente o debate acerca das condições de contorno para o uso e tratamento de dados de cidadãos pelo Estado.

1. CONTEXTUALIZAÇÃO HISTÓRICA DA PROTEÇÃO DE DADOS PESSOAIS NO SETOR PÚBLICO

A análise da legislação brasileira no tocante à proteção de dados pessoais custodiados pelo Estado não pode prescindir de uma adequada contextualização histórica. De fato, o desenvolvimento da disciplina de proteção de dados pessoais esteve desde o seu início associada à ideia de limitação do poder do Estado e suas raízes podem ser traçadas ao fenômeno mais amplo de formação do Estado moderno e de desenvolvimento do Estado Social.

É inquestionável que a coleta e o tratamento de dados pessoais pelo Estado expandiram-se dramaticamente a partir do crescimento das organizações militares, das cidades industriais, da burocracia governamental e de empreendimentos capitalistas nos Estados-nação europeus[1]. Se já há muitos séculos os Estados buscavam registrar e coletar dados acerca de seus cidadãos, especialmente para fins de arrecadação tributária, a mudança de concepção acerca do papel do Estado que se operou a partir do século XIX produziu impactos significativos sobre a quantidade de registros produzidos e detidos pelos governos[2].

Conforme esclarece Scott (1998:91), a nova concepção do papel do Estado – atribuindo-se a ele a responsabilidade por promover melhorias na qualidade de vida de todos os cidadãos – representou uma importante guinada com relação à sua concepção anterior, na qual as atividades estatais eram, em geral, restritas àquelas que contribuíam para a riqueza e para o poder do soberano. A ideia de que caberia ao Estado promover melhorias no campo da saúde e da educação, aumentar a longevidade da população e incentivar aumentos de produtividade era nova, mas conectava-se com a concepção antiga do Estado ao permitir também a ampliação da base de arrecadação tributária e a formação de exércitos mais eficientes. Assim, às atividades de recolhimento de tributos, de escrituração de propriedades e de registro de nascimentos, casamentos e mortes vieram a somar-se exigências de registros de eleitores, formação de bases de dados militares e sistemas de organização da burocracia, traduzindo a concepção de que políticas voltadas ao bem-estar da população serviam não apenas para fortalecer o Estado nacional, mas também constituíam um fim em si mesmo.

É preciso reconhecer, ademais, que o próprio desenvolvimento da democracia, com suas exigências de liberdade, igualdade perante a lei e inclusão política, foi responsável, em grande parte, pela enorme expansão de bases de dados de cidadãos sob a responsabilidade do Estado. De fato, a concretização do princípio da igualdade dos cidadãos perante o governo e a participação política dependem de sua identificação individual e do registro das inúmeras interações entre indivíduos e Poder Público. Esse ponto é salientado por Abercrombie, Hill e Turner (2015:154-155), que notam que lutas sociais por direitos e pelo acesso igualitário a recursos tendem a promover padrões universais de bem-estar social que, por sua vez, dão ensejo à necessidade de controle burocrático centralizado e regulação de tais direitos.

Desse modo, a expansão da chamada "sociedade do dossiê", com especial intensidade a partir do pós-guerra do século XX, pode ser compreendida sob duas óticas distintas e complementares: de um lado, é possível analisar tal fenômeno sob a perspectiva da vigilância, da repressão e do controle social; de outro, sob a perspectiva da participação social e da cidadania. Como nota Lyon (1994:33),

---

[1] Conforme Lyon (1994:27), desde os primeiros momentos da modernidade, administradores coletavam e registram detalhes pessoais de determinadas populações e organizações empresariais monitoravam e supervisionavam seus empregados de modo a aumentar a sua eficiência. Crescente ênfase era dada ao papel do conhecimento na geração e manutenção do poder. Assim, embora o termo "sociedade da informação" somente tenha entrado em voga na década de 1980, com a adoção disseminada das chamadas tecnologias da informação, pode-se afirmar que as sociedades modernas se configuraram como sociedades da informação desde sua formação.

[2] James C. Scott (1998:65) cita a instituição, pelo Estado, da adoção obrigatória de sobrenomes permanentes como um dos últimos passos necessários para a instituição do Estado moderno. Segundo o autor, em quase todos os casos, tratou-se de um projeto de Estado, concebido para permitir que as autoridades identificassem, de maneira unívoca, a maior parte de seus cidadãos. Registros tributários, títulos de propriedade, registros eleitorais e censos, por exemplo, seriam inconcebíveis sem alguma forma de fixar de maneira clara a identidade de um indivíduo e de conectá-lo ao seu grupo familiar. Como era de se esperar, campanhas para definir sobrenomes permanentes tipicamente se realizaram no contexto de esforços do Estado de reorganização de suas estruturas fiscais, razão pela qual era frequente que autoridades locais e a população de maneira geral oferecessem resistência a tais iniciativas.

PARTE II · Cap. 13 · O REGIME JURÍDICO DO TRATAMENTO DE DADOS PESSOAIS PELO PODER PÚBLICO | 275

"A ascensão da "Sociedade da Vigilância" se conecta, portanto, de maneira inextricável, com o crescimento do moderno Estado-nação. À medida que se ampliava o escopo das tarefas administrativas necessárias, a organização burocrática evoluía como mecanismo de coordenação de atividades. As vidas diárias das pessoas tornaram-se, assim, crescentemente sujeitas à documentação, dentro dos arquivos abrangentes do Estado burocrático. Tudo isso pode ser encarado a partir de duas perspectivas: como uma tentativa de impor novas formas de ordem, de controlar situações que ameaçavam ruir no caos com a formação do agora familiar mundo urbano-industrial, e como o resultado da busca por plena cidadania e participação democrática na nova ordem, que requeria, para o tratamento equitativo, que os indivíduos fossem identificados, registrados e documentados em dossiês que se multiplicavam[3]".

As tensões e ambiguidades que resultam dessa dualidade de perspectivas acerca do tratamento de dados pelo Poder Público têm influenciado profundamente os debates sobre o tema. A questão sobre o quão bem o Estado deve conhecer seus cidadãos já foi enfrentada em variados contextos e em diferentes momentos históricos, tendo por pano de fundo o reconhecimento de que, ao mesmo tempo que o tratamento de dados pessoais pelo Estado é pré-requisito para o exercício da cidadania, a expansão da quantidade e da variedade de dados pessoais custodiados pelo Estado suscita riscos de violações de direitos. Dito de outro modo, a visibilidade do Estado sobre seus cidadãos permite ampliar a sua capacidade de intervenção, tenha ela por objetivo atingir finalidade sociais justas (*e.g.*, viabilizar a distribuição de benefícios sociais) ou nefastas[4].

Nesse contexto, conforme mencionado anteriormente, o desenvolvimento da disciplina de proteção de dados pessoais indubitavelmente foi impulsionada pela ideia de limitação do Estado, que esteve presente nas primeiras legislações destinadas a tratar do tema[5].

---

[3] Tradução livre de: "The rise of the 'surveillance society', then, is inextricably bound up with the growth of the modern nation-state. As the range of necessary administrative tasks expanded, bureaucratic organization evolved as a means of coordinating activities. People's daily lives were thus increasingly subject to documentation within the all-encompassing files of the bureaucratic state. All this may be seen from two perspectives; as an attempt to impose new forms of order, to control situations that threatened to breakdown into chaos as the now-familiar urban-industrial world came into being, and as a result of the quest of full citizenship and democratic participation in the new order, which required for fair treatment that individuals be identified, registered and documented in proliferating dossiers".

[4] Um exemplo interessante trazido por Sarah Igo (2018:57) diz respeito à aprovação da Lei da Seguridade Social (*Social Security Act*), nos EUA, em 1935. A listagem de cidadãos, com a vinculação de dados pessoais à fruição de benefícios sociais, gerou críticas de diversos segmentos sociais, incluindo a oposição republicana, sindicatos, mulheres trabalhadoras, negros e grupos religiosos. Entretanto, naquele período de recessão econômica, o temor acerca da instituição de números de seguridade social competia com uma narrativa oposta, na qual os nove dígitos identificadores representavam a prova de participação em uma generosa política de benefícios sociais.

Outro exemplo particularmente dramático é recordado por James C. Scott (1998: 78), que relata que, em 1941, a unidade oficial de estatísticas da cidade de Amsterdam, então sob ocupação nazista, produziu, a partir do cruzamento de dados contidos nos registros populacionais e comerciais, um mapa com a distribuição de judeus na cidade. No mapa, cada ponto representava dez judeus, permitindo evidenciar de maneira extremamente detalhada os distritos com maior presença judaica. Sessenta e cinco mil judeus foram eventualmente deportados.

[5] Como esclarece Danilo Doneda (2006:205), "[a] disciplina de proteção dos dados pessoais foi, sem dúvida, incubada pelos impulsos tecnocráticos dentro da administração pública que seguiram o pós-guerra e

As primeiras normas de proteção de dados pessoais surgiram na década de 1970, com a preocupação central de proteger direitos e liberdades fundamentais em face da criação de grandes bases de dados centralizadas, atividade essa exercida predominantemente pelo Estado. Exemplos frequentemente citados no contexto dessa primeira geração de leis de proteção de dados pessoais[6] são a lei alemã de Hesse, de 1970, a lei sueca de proteção de dados, de 1973, e o Privacy Act de 1974, nos EUA. Interessa notar que essa primeira geração se preocupava não apenas em "domar" as novas tecnologias perante o surgimento de grandes bases de dados centralizadas, mas também tinha o objetivo de promover um reequilíbrio de forças dentro do próprio Poder Público[7].

Ao longo dos últimos cinquenta anos testemunhou-se significativa evolução na adoção de tecnologia pelos governos e, em paralelo, uma impressionante expansão de suas capacidades de tratamento, processamento e cruzamento de dados. Esse movimento foi acompanhado da evolução na compreensão do papel da tecnologia nos processos de governança pública, transitando-se do conceito de Governo Eletrônico para o conceito de Governo Digital, no qual as tecnologias digitais são concebidas como parte integrante das estratégias de modernização do Estado e de criação de valor público[8].

É nesse contexto que se insere a presente geração de leis de proteção de dados pessoais, dentre as quais é possível citar o Regulamento Geral de Proteção de Dados Pessoais europeu (GDPR) e também a LGPD brasileira.

O desafio de interpretação e aplicação da legislação de proteção de dados pessoais ao setor público é significativo, e deve partir do reconhecimento das tensões e dualidades anteriormente exploradas. Se a motivação e a legitimidade do governo ao tratar dados pessoais devem necessariamente ser compreendidas como distintas daquela dos agentes privados, sua responsabilidade é, também, maior, dado que eventual mau uso de dados pelo Estado produz impactos abrangentes não apenas sobre a esfera de direitos individuais, mas sobre a sociedade como um todo. É por essa razão que os mais importantes instrumentos internacionais de proteção de dados indicam que os princípios e regras referentes à proteção de dados pessoais se aplicam tanto ao setor público como ao setor privado[9].

---

que, na década de 1960, com a concorrência da informática, inspiraram projetos como os do National Data Center ou o SAFARI. O paradigma inicial para uma reflexão doutrinária partiu justamente da reação a estes projetos, para logo depois fundamentar as primeiras iniciativas legislativas na matéria".

[6] Adota-se aqui a organização proposta por Viktor Mayer Schönberger (1997), que identificou, ainda na década de 1990, quatro gerações de leis de proteção de dados pessoais.

[7] Viktor Mayer-Schönberger (1997:223) dá destaque a esse aspecto, comentando que a coleta de uma grande variedade de dados pelo Poder Executivo acaba por colocar-lhe nas mãos um instrumento de planejamento e controle de enorme poder. O Poder Legislativo, por sua vez, responsável pela produção normativa, carece do acesso direto a tais informações e dados. Consequentemente, algumas das primeiras normas de proteção de dados estabeleciam direitos funcionais para que o Poder Legislativo pudesse acessar os dados coletados e armazenados pelo Poder Executivo.

[8] A evolução dos conceitos e as condições de contorno do chamado Governo Digital constam da Recomendação adotada pelo Conselho da OCDE em 2014 sobre Estratégias de Governo Digital. Como se observa da recomendação, as ambições do Governo Digital são significativamente maiores que as do Governo Eletrônico, ancorando-se no conceito de "valor público", conceito que se refere a uma pluralidade de benefícios para a sociedade que podem incluir: 1) bens ou serviços que satisfaçam os desejos de cidadãos e clientes; 2) escolhas de produção que atendam às expectativas de justiça, equidade, eficiência e efetividade; 3) instituições públicas adequadamente ordenadas e produtivas, que reflitam os desejos e preferências dos cidadãos; 4) equidade e eficiência de distribuição; 5) uso legítimo de recursos para atingir finalidades públicas; e 6) inovação e capacidade de adaptação a preferências e demandas que se alteram".

[9] As diretrizes de privacidade da OCDE, adotadas em 1980 e revisadas em 2013 ("Recommendation of the Council concerning Guidelines Governing the Protection of Privacy and Transborder Flows of Personal

Convém, assim, que, antes de destrinchar as regras concretas previstas na LGPD para o tratamento de dados pessoais pelo Poder Público, se examine o conjunto de princípios que devem orientar essa atividade – tanto aqueles oriundos da LGPD, como também os que decorrem do arcabouço legal e constitucional mais amplo que orienta o Poder Público em todas as suas formas de expressão.

2. UMA ANÁLISE PRINCIPIOLÓGICA DA PROTEÇÃO DE DADOS PESSOAIS NO SETOR PÚBLICO

Conforme debatido na seção anterior, o uso e tratamento de dados pessoais pelo Poder Público tem sido historicamente polemizado a partir de dois horizontes de interpretação distintos: de um lado, a partir da ótica que destaca os riscos associados à vigilância e ao controle da sociedade; de outro, a partir da ótica da eficiência e da modernização do Estado.

Essa dualidade é aparente também quando são compaginados os diferentes princípios jurídicos em jogo no tratamento de dados pessoais pela Administração Pública: de um lado, aqueles previstos em especial no art. 6.º da LGPD, voltados fortemente para a proteção do indivíduo e relacionados à concretização da autodeterminação informativa; e, de outro, aqueles princípios gerais incidentes sobre a Administração Pública, enumerados pela Constituição, pela legislação infraconstitucional e pela própria doutrina[10]. Cabe ressaltar, a propósito, que o texto da LGPD não deixa dúvidas quanto à incidência integral de seus princípios sobre o Poder Público[11].

Enquanto princípios como o da legalidade e o da impessoalidade são claramente alinhados com a lógica da LGPD, que requer base legal para o tratamento de dados pelo Poder Público e veda a discriminação ilícita ou abusiva, os antagonismos e tensões existentes entre os conjuntos de princípios anteriormente citados são mais claramente evidenciados na análise de três princípios tradicionalmente associados à Administração Pública: o da publicidade, o da eficiência e o da supremacia do interesse público sobre o privado.

A aparente tensão entre publicidade e privacidade tem sido ocasionalmente suscitada no contexto da necessidade de conciliar regras que impõem ao Estado um elevado grau de transparência quanto às suas atividades e aquelas que exigem que dados pessoais de cidadãos sejam tratados de maneira a preservar a sua intimidade, vida privada, honra e imagem. Normas voltadas a ampliar a transparência do Estado – como a Lei de Acesso à Informação ("LAI")[12] e as políticas de dados abertos – muitas vezes são construídas a partir de uma lógica de

---

Data"), por exemplo, são explícitas ao indicar que se aplicam a dados pessoais tanto detidos pelo setor público quanto pelo setor privado (item 2). Também a Convenção para a Proteção de Indivíduos com Relação ao Processamento de Dados Pessoais, de 1981, conhecida como Convenção 108 – o primeiro instrumento internacional vinculante sobre proteção de dados pessoais –, obriga os seus signatários a aplicar as regras nela contidas ao processamento de dados tanto no setor público como no setor privado (art. 3).

[10] A Constituição Federal de 1988 enumera, em seu art. 37, cinco princípios aplicáveis à administração pública direta e indireta de qualquer dos Poderes da União, Estados, Distrito Federal e Municípios: legalidade, impessoalidade, moralidade, publicidade e eficiência, tendo este último sido incluído pela Emenda Constitucional 19, de 1998. A Lei 9.784/1999, que regula o processo administrativo no âmbito da Administração Pública Federal, acrescenta ainda outros princípios: finalidade, motivação, razoabilidade, proporcionalidade, ampla defesa, contraditório, segurança jurídica e interesse público.

[11] Tal constatação decorre da interpretação conjugada do art. 4.º, § 1.º; do art. 6.º; do art. 26; do art. 29; e do art. 55-J, § 2.º, entre outros.

[12] Lei 12.527, de 18 de novembro de 2011.

classificação das informações com base em seu grau de sigilo, que não necessariamente se alinha à lógica esposada por normas que tenham por objetivo a proteção de dados pessoais, como a LGPD. Enquanto a LGPD, por exemplo, utiliza a terminologia "dados pessoais" e define o princípio da transparência como "(...) a garantia, aos titulares, de informações claras, precisas e facilmente acessíveis sobre a realização do tratamento e os respectivos agentes de tratamento, observados os segredos comercial e industrial"[13], a LAI utiliza o termo "informações pessoais" e insere o termo transparência no contexto do fomento a uma cultura de transparência na Administração Pública.

Apesar de adotarem lógicas distintas e, inclusive, terminologias distintas, observa-se que tanto a LAI como a LGPD buscam materializar seus princípios orientadores de modo a construir uma narrativa que permita aliar a lógica de transparência e a lógica de proteção. A LAI, por exemplo, introduz a ideia de consentimento para viabilizar a divulgação de informações pessoais; a LGPD faz referência explícita à LAI para operacionalizar o exercício de direitos nela previstos perante o Poder Público; além disso, indica que o tratamento de dados pessoais cujo acesso é público deve considerar a finalidade, a boa-fé e o interesse público que justificaram sua disponibilização. A ideia de qualidade dos dados está presente em ambas as normas, assim como a preocupação com a segurança[14].

É evidente que a "amarração" desses marcos normativos poderia ser aperfeiçoada em diversos aspectos, por meio, por exemplo, da harmonização de linguagem e do detalhamento de medidas técnicas, como a anonimização de dados a serem publicados pelo Poder Público e a realização de relatórios de impacto à proteção de dados pessoais antes de sua abertura[15].

É importante que exercício semelhante de construção de narrativas interpretativas seja empreendido quando se trata de conciliar os princípios da eficiência e da supremacia do interesse público com os inúmeros princípios de proteção de dados pessoais contidos na LGPD, e em particular com os princípios da finalidade, da adequação e da necessidade, que

---

[13]   Art. 6.º, VI, da LGPD.

[14]   Reforçando a ideia de que não há incompatibilidade entre as normas em questão, o Enunciado n. 4 da Controladoria-Geral da União, publicado em 14 de março de 2022, afirma: "A LAI, a Lei nº 14.129/2021 (Lei de Governo Digital) e a Lei nº 13.709/2018 (Lei Geral de Proteção de Dados Pessoais – LGPD) são sistematicamente compatíveis entre si e harmonizam os direitos fundamentais do acesso à informação, da intimidade e da proteção aos dados pessoais, não havendo antinomia entre seus dispositivos".

[15]   Um interessante exemplo de discussão prática acerca da tensão entre os princípios da privacidade e da publicidade se deu quando da aprovação do Decreto 7.724, de 16 de maio de 2012, que determinou que dados de servidores públicos, inclusive a remuneração de cada servidor individualmente, deveriam ser divulgados na Internet por meio do Portal da Transparência. Em decisão do Plenário do STF, foi negado provimento ao agravo regimental interposto contra decisão monocrática do presidente do Tribunal, decidindo-se pela constitucionalidade da divulgação dos salários em razão da prevalência do princípio da publicidade administrativa. V. AgRg na SS 3902/SP, julgado em 09.06.2011, relator Ministro Ayres Britto, *DJe* 17.06.2011. Laura Schertel Mendes (2014:186-187) avalia que, para além da ponderação entre os direitos fundamentais colidentes, o Tribunal poderia ter estabelecido procedimentos para a proteção da privacidade dos servidores públicos, levando em consideração os riscos da divulgação pela internet de dados relativos aos seus vencimentos: "Uma forma de limitar esses riscos é exatamente por meio da adoção de medidas que assegurem o contexto da informação e reduzam o âmbito da divulgação. Para tanto, pode-se impedir a indexação da página por *sites* de buscas, limitando o acesso à página às pessoas que tenham realmente a intenção de buscar os dados relativos a esse assunto e digitem o endereço correspondente. É possível também adotar medidas de segurança do *site*, que impeçam a cópia dos dados ou o cruzamento dos dados dos vencimentos com outros dados pessoais, formando um dossiê completo do indivíduo e tornando-o ainda mais vulnerável".

PARTE II · Cap. 13 · O REGIME JURÍDICO DO TRATAMENTO DE DADOS PESSOAIS PELO PODER PÚBLICO | 279

estabelecem limitações objetivas quanto ao propósito e à extensão do tratamento a que podem ser submetidos dados pessoais[16].

O que tanto o princípio da eficiência como o da supremacia do interesse público têm em comum é o fato de remeterem a ideias como interesse geral e bem comum, conceitos jurídicos dotados de elevado grau de indeterminação e que por vezes são apresentados de maneira a confrontar direitos e princípios que tutelam de maneira mais direta o indivíduo. Essa crítica tem sido feita por parte da doutrina, de maneira bastante enfática, no tocante ao princípio da supremacia do interesse público, especialmente em face do amplo rol de direitos fundamentais plasmados na Constituição. Nos últimos anos, diversos autores têm vindo a problematizar a ideia de que o interesse público se beneficiaria de uma prevalência *a priori*, em abstrato, em face de direitos fundamentais dos particulares[17]. O mesmo argumento pode ser invocado com relação ao princípio da eficiência, que deve ser ponderado, nos casos concretos, com os princípios e direitos fundamentais eventualmente em jogo.

Tratando especificamente do tema da privacidade e da proteção de dados pessoais, diferentes autores têm discutido as dificuldades para o balanceamento entre a privacidade e outros interesses contrapostos, salientando que na raiz de tais dificuldades se encontra, de um lado, a dificuldade de quantificar um valor complexo como o da privacidade; e, de outro, a frequente caracterização de direitos associados à privacidade como sendo de natureza essencialmente individual, o que os coloca em situação desfavorável quando confrontados com o interesse público mais amplo[18].

O deslinde de tal questão deve necessariamente passar por uma compreensão mais alargada da privacidade e da proteção de dados pessoais, que leve em consideração o seu valor social para além de sua perspectiva individualista. Nessa linha, autores como Raab (2012:129) e Solove (2008:80-93) desenvolvem argumentos para que se abandone a formulação na qual privacidade individual e interesse público são apresentados como valores contrapostos,

---

[16] Com efeito, a finalidade e a adequação são princípios basilares da LGPD e criam uma associação profunda entre os propósitos informados ao titular no momento da coleta e as modalidades de tratamento a que os dados podem ser submetidos. O princípio da necessidade, por sua vez, limita o tratamento de dados ao mínimo necessário para a realização de suas finalidades. Em seu conjunto, tais princípios podem ser interpretados de modo a criar condições bastante restritivas para o tratamento de dados no âmbito do Estado, uma vez que impedem que dados coletados em determinado contexto sejam utilizados para finalidade incompatível com a original, salvo na hipótese de novo consentimento do titular. Nesse sentido, seriam consideradas problemáticas, à luz da LGPD, iniciativas que visassem a monetizar dados pessoais dos cidadãos detidos pelo governo, ou ainda iniciativas que utilizassem dados coletados em determinado contexto para finalidades inicialmente não previstas ou não informadas ao cidadão.

[17] Não se pretende aqui esgotar a discussão, mas apenas sinalizar para a impossibilidade de que se considere uma prevalência abstrata e *prima facie* em favor do interesse público, sem que sejam ponderados eventuais direitos fundamentais contrapostos. A esse respeito, v. Humberto Avila (2007), Daniel Sarmento (2008), Gustavo Binenbojm (2006) e Patricia Baptista (2003). Há que se reconhecer, entretanto, que diversos autores têm refutado as críticas à supremacia do interesse público, atribuindo-as a uma "mentalidade antiestatista" ou afirmando tratar-se de estratégia argumentativa conhecida como "falácia do espantalho". V. Gabardo (2009) e Oliveira e Oliveira (2014). Mesmo entre tais autores, entretanto, é consentâneo que a defesa do princípio da supremacia do interesse público não promove qualquer desconsideração da esfera de direitos fundamentais.

[18] Nesse sentido, v. Solove (2008:87). Também Black e Stevens (2013:113) jogam luz sobre essa questão, mencionando que, especialmente no caso de tratamentos de dados pelo Poder Público, é difícil imaginar situações em que a privacidade, se compreendida unicamente como um direito individual, poderia se sobrepor aos interesses mais amplos da sociedade de receber determinada prestação de serviço, inclusive no campo da segurança pública.

enfatizando o papel da privacidade e da proteção de dados pessoais para a própria democracia e para a vida em sociedade, ao encorajar a autonomia moral do cidadão e viabilizar direitos políticos, como a liberdade de associação e a criação de espaços de discussão cívica sem temor de represálias[19].

Tal compreensão permite colocar a proteção de dados pessoais e o interesse público em posições não contrapostas, mas como elementos que se reforçam mutuamente[20]. Como afirma Solove (2008:93):

> "A privacidade tem um valor social – ela molda as comunidades em que vivemos e fornece a necessária proteção de indivíduos contra vários tipos de danos e rupturas. A privacidade não é algo que indivíduos atomizados possuem no estado de natureza e que sacrificam para se unir ao compacto social. Estabelecemos proteções à privacidade por causa de seus profundos efeitos sobre a estrutura de poder e de liberdade na sociedade como um todo. A proteção da privacidade nos protege contra prejuízos a atividades que são importantes tanto para indivíduos quanto para a sociedade".[21]

A aplicação da legislação de proteção de dados ao tratamento de dados pelo Poder Público – tanto no caso de atos individuais e concretos como também na edição de atos normativos – traz, portanto, o desafio de conciliação entre os princípios tradicionalmente aplicáveis à Administração Pública e aqueles contidos na própria LGPD, sem que se determine a precedência *prima facie* de um interesse público abstratamente caracterizado e reconhecendo também a importância da proteção de dados pessoais para além de sua dimensão individual. A eficiência demandada da Administração Pública e o interesse público tutelado pelo Estado devem, portanto, ser compreendidos no contexto de um conjunto mais amplo de princípios e como elementos integrantes do compromisso que o Estado deve ter com a democracia e com a concretização de direitos fundamentais[22].

---

[19] No Brasil, argumento semelhante é desenvolvido por Bruno Bioni (2019:216): "Por isso, a privacidade é encarada como um bem comum, que detém particular importância para o estado democrático de direito, por garantir uma participação deliberativa e heterogênea entre os cidadãos em contraste às sociedades totalitárias. A privacidade não beneficia, portanto, somente o indivíduo, mas, colateralmente, a sociedade, revelando-se como um elemento constitutivo da própria vida em sociedade".

[20] Essa visão mais alargada da privacidade e da proteção de dados pessoais, compreendida não apenas em sua dimensão individual, mas também em suas dimensões coletivas e sociais, tem conduzido inclusive à construção da ideia de privacidade titularizada não por indivíduos, mas por grupos. Nesse sentido, v. Mantelero (2017:143).

[21] Tradução livre de: "Privacy, however, has a social value—it shapes the communities in which we live, and it provides necessary protection of individuals against various types of harms and disruptions. Privacy is not something that atomistic individuals possess in the state of nature and sacrifice in order to join the social compact. We establish privacy protections because of their profound effects on the structure of power and freedom within society as a whole. The protection of privacy shields us from disruptions to activities important to both individuals and society".

[22] Cabe registrar que, ainda que à época da aprovação da LGPD a Constituição ainda não incorporasse textualmente um direito fundamental à proteção de dados pessoais, já não restavam dúvidas quanto à conexão da proteção de dados pessoais com o princípio da dignidade da pessoa humana e o seu caráter instrumental na concretização de outros direitos e garantias fundamentais, como o direito à igualdade, a liberdade do exercício de trabalho, a liberdade de ir e vir e a liberdade de reunião em espaço público. A esse respeito, v. Laura Schertel Mendes (2014:162). Posteriormente à aprovação da LGPD, em fevereiro de 2022, foi promulgada a Emenda Constitucional 115/2022, incluindo explicitamente o direito à proteção dos dados pessoais no rol do art. 5.º da Constituição Federal.

PARTE II · Cap. 13 · O REGIME JURÍDICO DO TRATAMENTO DE DADOS PESSOAIS PELO PODER PÚBLICO | 281

Tal entendimento não desconsidera que a aplicação da LGPD ao Poder Público é desafiadora em diferentes aspectos. Suscita dúvidas a ideia de que um cidadão pudesse requerer ao Poder Público a portabilidade de seus dados constantes de determinada base de dados governamentais, ou que um indivíduo pudesse se dirigir a um cartório para solicitar a eliminação de seus dados pessoais, ou, ainda, que se pretendesse negar consentimento para que a Receita Federal processasse uma determinada declaração de imposto de renda. Dito de outro modo, ainda que esteja claro que a LGPD e seus princípios são plenamente aplicáveis ao Poder Público, também é evidente que a incidência das normas não se dará necessariamente de maneira idêntica sobre as pessoas jurídicas de direito público e de direito privado.

Com efeito, a natureza da relação entre cidadão e Poder Público, diferentemente da relação com atores privados, é compulsória e se configura como pré-condição para o exercício da cidadania. O tratamento de dados pessoais pelo Estado é imprescindível para o desempenho de seu mandato constitucional. A questão a ser enfrentada, portanto, é de assegurar que no desempenho de suas missões, inclusive na dimensão de normatização, a atuação do Poder Público se dê de maneira a buscar a concordância prática entre princípios como os da eficiência, do interesse público e da publicidade, e os princípios constantes da LGPD, como os da finalidade, da adequação e da necessidade, orientados pela ideia de autodeterminação informativa do cidadão.

As diferenças na racionalidade de tratamento de dados entre setor público e iniciativa privada não foram desconsideradas na LGPD, que estabeleceu bases legais próprias para o tratamento de dados pelo Poder Público e um capítulo específico para o tema, declarando, logo no primeiro artigo do capítulo, que tal tratamento deve ter por objetivo o atendimento de sua finalidade pública, na persecução do interesse público, com o objetivo de executar as competências legais ou cumprir as atribuições legais do serviço público.

É o que se examina a seguir.

3. BASES LEGAIS PARA O TRATAMENTO DE DADOS PESSOAIS PELO PODER PÚBLICO

A LGPD traz diferentes bases legais voltadas especificamente para o tratamento de dados pessoais pelo Poder Público.

De início, cabe registrar que o art. 7.º, III, voltado especificamente para a administração pública, fundamenta a possibilidade de "tratamento e uso compartilhado" de dados necessários à execução de **políticas públicas**, desde que previstas em leis e regulamentos ou respaldadas em contratos, convênios ou instrumentos congêneres. De forma análoga, o art. 11, II, "b", permite o "tratamento compartilhado" de dados sensíveis necessários à execução de **políticas públicas**, mas restringe tais políticas àquelas previstas em leis ou regulamentos, excluindo, assim, aquelas respaldadas em outros instrumentos infralegais ou contratuais[23]. Por fim, o art. 33, VII, prevê a possibilidade de transferência internacional de dados pessoais em diferentes hipóteses, inclusive quando tal transferência for necessária para a execução de política pública ou atribuição legal do serviço público.

A esse respeito, alguns pontos devem ser destacados.

Em primeiro lugar, é necessário chamar atenção para a confusão terminológica do legislador quanto ao uso da expressão "tratamento compartilhado" no art. 11 da LGPD. Com

---

[23] Portanto, o tratamento de dados biométricos, por exemplo, que são considerados dados pessoais sensíveis, somente poderá ocorrer com base em previsão em lei ou regulamentos, vedado seu tratamento com base somente em instrumentos de natureza contratual.

efeito, a partir da leitura da lei, é possível compreender que o "uso compartilhado de dados", previsto no art. 5.º, XVI, é uma modalidade de "tratamento" de dados, conforme definição do art. 5.º, X. Não faria sentido imaginar que a legislação tivesse pretendido limitar o tratamento de dados sensíveis pela Administração Pública à hipótese de uso compartilhado. Uma interpretação sistemática dos artigos em questão conduz, portanto, ao entendimento de que o art. 11 se refere tanto ao tratamento quanto ao uso compartilhado de dados sensíveis.

Uma segunda questão a ser avaliada concerne aos conceitos de "Administração Pública" e de "políticas públicas" utilizadas nos mencionados dispositivos que, pela sua relativa indeterminação, tornam-se passíveis de interpretações mais ou menos alargadas.

A esse respeito, cabe chamar atenção ao disposto no *Guia da ANPD sobre Tratamento de Dados Pessoais pelo Poder Público* (BRASIL, 2022), que afirma que o conceito de "Administração Pública" abrange tanto órgãos e entidades do Poder Executivo quanto dos Poderes Legislativo e Judiciário, inclusive das Cortes de Contas e do Ministério Público, "desde que estejam atuando no exercício de funções administrativas". O *Guia* recomenda, ademais, que o conceito de "políticas públicas" seja interpretado de maneira ampla, abrangendo programas ou ações governamentais formalmente definidos cujo conteúdo inclua, em regra, objetivos, metas, prazos e meios de execução.

Por outro lado, cabe também observar que o art. 7.º, inciso III, da LGPD, indica que a base legal nele prevista deve se dar com observância das disposições do Capítulo IV da Lei. Nesse sentido, chama atenção que o art. 23 da Lei possui linguagem mais ampla que aquela prevista na base legal que trata de políticas públicas, ao acrescentar às previsões dos arts. 7.º e 11 o objetivo de "executar as competências legais ou cumprir as atribuições legais do serviço público". Tal ampliação de escopo é compreensível: afinal, o Estado desempenha um amplo rol de atividades de tratamento de dados que nem sempre podem ser compreendidas como políticas públicas. Atividades relacionadas ao pagamento de salários e gestão de servidores públicos, por exemplo, são claramente necessárias ao funcionamento da máquina estatal, mas dificilmente classificáveis como políticas públicas. Também atividades de fiscalização e sancionamento poderiam ser compreendidas como execução de políticas públicas apenas numa compreensão mais dilatada do termo.

Nesse sentido, cabe observar que a LGPD apresenta ainda outra base legal que parece se amoldar a determinadas atividades do Poder Público, inclusive aquelas que não se dão no exercício da função administrativa e que não se enquadram no conceito de políticas públicas: o art. 7.º, II (ou no art. 11, inciso II, alínea "a", no caso de dados pessoais sensíveis), indica ser legítimo o tratamento para cumprimento de obrigação legal ou regulatória. A esse respeito, o anteriormente mencionado *Guia da ANPD* identifica que a aplicação desses dispositivos pode se dar não apenas no caso de "normas de conduta", que estabelecem obrigações de forma direta e expressa e que podem incidir tanto sobre atores privados como também, em certos casos, sobre entes públicos (por exemplo, a obrigação legal de divulgação da agenda de compromissos públicos de autoridades); mas também são aplicáveis, no caso de organizações públicas, as chamadas "normas de organização", que estabelecem competências e atribuições de órgãos públicos (BRASIL, 2022).

Compreende-se, assim, que, no que tange às bases legais especificamente desenhadas para o tratamento de dados pessoais pelo Poder Público, a LGPD contempla tanto (i) a execução de políticas públicas, como também (ii) a execução de competências legais ou atribuições legais do serviço público.

Feito tal esclarecimento, é preciso enfrentar uma questão adicional: para além das hipóteses autorizativas de tratamento de dados desenhadas especificamente para o Poder Público, haveria outras bases legais das quais o Estado poderia se valer para fundamentar o tratamento de dados pessoais? Em que medida pode o Poder Público se valer de hipóteses como o consentimento do titular ou o legítimo interesse para tratar dados pessoais?

Embora a Lei não traga respostas claras quanto a essa questão, é interessante notar que, na experiência europeia, tem-se entendido que o Estado deve atuar predominantemente com base em suas competências legais específicas, sendo explicitamente vedada, no GDPR, a possibilidade de processamento de dados pessoais por autoridades públicas, no desempenho de suas atribuições, com base na hipótese do legítimo interesse. Também o consentimento é uma hipótese normalmente tratada com desconfiança no contexto do tratamento de dados pessoais pelo Poder Público, dados o desbalanceamento na relação entre cidadão e Poder Público e a consequente dificuldade de se caracterizar tal consentimento como livre[24]. Sob uma perspectiva pragmática, a possibilidade de revogação do consentimento a qualquer tempo representa outro grande inconveniente para seu uso como base legal para o tratamento de dados pessoais pelo Poder Público. A depender do caso, o embasamento de uma política pública estruturante no consentimento individual traria uma instabilidade incompatível com os objetivos buscados.

Assim, entende-se que, em harmonia com o próprio princípio da legalidade, que limita a atuação do Estado àquelas competências que lhe são atribuídas pela lei, o tratamento de dados pessoais pelo Poder Público deve, em regra, se dar ao abrigo de suas competências legais, ficando as demais hipóteses legais relegadas à condição de exceções[25].

4. CONDIÇÕES PARA A TRANSFERÊNCIA E O COMPARTILHAMENTO DE DADOS CUSTODIADOS PELO PODER PÚBLICO

A aplicação dos princípios da finalidade, da adequação e da necessidade ao setor público é suscetível de gerar dúvidas, especialmente quando se considera a frequente demanda por compartilhamento de bases de dados entre diferentes órgãos. Tais iniciativas de compartilhamento,

---

[24] Na parte introdutória do GDPR, o parágrafo 43 explicitamente trata do tema, salientando que o consentimento não deve configurar uma base legal válida para o tratamento de dados pessoais em casos em que existe um claro desbalanceamento entre o titular e o controlador, em particular quando o controlador é uma autoridade pública, visto que em tais circunstâncias é pouco provável que o consentimento tenha sido livremente fornecido. V. também Black e Stevens (2013:97-98).

[25] Vale mencionar que a invocação de outras bases legais pelo Poder Público parece ser mais plausível nos casos em que o relacionamento entre cidadão e Poder Público se dá de maneira voluntária, por livre escolha do cidadão. A prestação de serviços comerciais por empresas públicas atuando em regime de concorrência, por exemplo, é um caso claro em que a relação entre cidadão e Estado se dá de maneira voluntária e, não por acaso, a própria LGPD determinou que em tais hipóteses aplicam-se as regras dispensadas às pessoas de direito privado (art. 24). Outra hipótese em que o consentimento poderia configurar base legal adequada para o tratamento de dados pelo Poder Público se dá nos casos em que ao cidadão é dada a opção de acessar determinado serviço por meios alternativos (por exemplo, optando por um aplicativo de Internet em vez do atendimento presencial em uma agência física). Nesse caso, ao dar ao cidadão a opção por uma via alternativa de fruição de determinado serviço, seria razoável entender que ele pudesse consentir com o uso de determinados dados que não seriam necessários em um atendimento presencial (por exemplo, dados técnicos relativos ao terminal utilizado e ao sistema operacional necessários para a prestação do serviço por meio de aplicativo eletrônico). Em síntese, quando determinada relação entre cidadão e Poder Público é verdadeiramente facultativa, poderia ser considerado legítimo o tratamento de dados fundamentado em outras bases legais, inclusive com base no consentimento livre e informado. Essa é também a linha adotada pela ANPD em seu *Guia Orientativo sobre o Tratamento de Dados Pessoais pelo Poder Público* (BRASIL, 2022).

muitas vezes motivadas pelo desejo de simplificação e desburocratização de serviços públicos, podem, em determinadas circunstâncias, fazer com que dados coletados para determinada finalidade passem a ser utilizados em contexto diverso daquele que justificou a coleta inicial[26].

Assim, a questão central, quando se discute a necessidade de compartilhamento de dados no âmbito da Administração Pública à luz do princípio da finalidade, diz respeito à definição de quais condições devem ser observadas para o *repurposing* de dados pessoais custodiados pelo Estado.

Nesse sentido, vale registrar que os princípios da finalidade e da adequação não correspondem a uma vedação absoluta à reutilização de dados, mas, sim, a uma restrição ao tratamento para novas finalidades incompatíveis com a finalidade original[27]. Em regra, novas finalidades de tratamento de dados pessoais devem ser previamente informadas ao titular, que tem a faculdade de revogar seu consentimento, quando esta tiver sido a base legal para o tratamento em questão. Tendo em mente, entretanto, que a maior parte das operações de tratamento de dados pessoais no setor público deve se apoiar em competências legais, e não no consentimento, as regras são menos claras.

No contexto nacional, o compartilhamento de bases de dados dentro da Administração Pública tem sido impulsionado, nos últimos anos, pelo objetivo de desburocratizar procedimentos e de combater fraudes[28], assim como pelo desejo de melhorar a qualidade e a efetividade das políticas públicas, baseando-as em evidências e indicadores concretos. O Decreto 9.094, de 17 de julho de 2017, que segue a mesma lógica da posteriormente editada Lei 13.726, de 8 de outubro de 2018, por exemplo, determina que, em regra, os órgãos e as entidades do Poder Executivo federal que necessitarem de documentos comprobatórios que constem em base de dados oficial da administração pública federal deverão obtê-los diretamente do órgão ou da entidade responsável pela base de dados, e não poderão exigi-los dos usuários dos serviços públicos. Ainda antes disso, o Decreto 8.789, de 29 de junho de 2016, já havia criado regras para promover o amplo compartilhamento de bases de dados na administração pública federal, tendo entre suas finalidades "a simplificação da oferta de serviços públicos"; "a formulação, a implementação, a avaliação e o monitoramento de políticas públicas"; "a análise da regularidade da concessão ou do pagamento de benefícios, ou da execução de políticas públicas"; e "a melhoria da qualidade e da fidedignidade dos dados constantes das bases" dos órgãos e das entidades públicas. Tal norma foi revogada, em 2019, pelo Decreto 10.046/2019, que

---

[26] As preocupações com a interconexão de bases de dados custodiadas pelo Poder Público têm sido objeto de discussão há anos, manifestando-se de maneira bastante reiterada em discussões entre autoridades de proteção de dados europeias. No âmbito do Grupo de Trabalho do Artigo 29, por exemplo, o Documento de Trabalho sobre Governo Eletrônico produzido em 2003 já explicitava preocupações com a ideia de que o desenvolvimento do governo eletrônico viesse a viabilizar a interconexão generalizada de bases de dados públicas, salientando os impactos nocivos de tal medida sobre o direito à autodeterminação informativa.

[27] Conforme se depreende da leitura do art. 6.º, I, combinado com o art. 9.º, § 2.º, da LGPD. A reforçar essa ideia, a Lei 13.853/2019 introduziu um novo § 7.º ao art. 7.º da LGPD, estabelecendo que o tratamento posterior de dados cujo acesso é público, ou que sejam tornados manifestamente públicos pelo titular, "poderá ser realizado para novas finalidades, desde que observados os propósitos legítimos e específicos para o novo tratamento e a preservação dos direitos do titular, assim como os fundamentos e os princípios previstos nesta Lei".

[28] No Brasil, uma vez que os documentos de identidade são expedidos pelos Estados, e não pelo governo federal, uma mesma pessoa poderia, em tese, ter vinte e sete identidades diferentes. Ademais, aceita-se habitualmente como formas válidas de identificação documentos das mais variadas naturezas, como registros profissionais e carteiras de motorista.

PARTE II · Cap. 13 · O REGIME JURÍDICO DO TRATAMENTO DE DADOS PESSOAIS PELO PODER PÚBLICO | 285

ampliou ainda mais as regras tendentes a promover o amplo compartilhamento de dados entre órgãos e entidades do poder público.[29] Também a Lei de Governo Digital (Lei 14.129, de 29 de março de 2021), editada já após a entrada em vigor da LGPD, traz entre seus princípios "a atuação integrada entre os órgãos e as entidades envolvidos na prestação e no controle dos serviços públicos, com o compartilhamento de dados pessoais em ambiente seguro quando for indispensável para a prestação do serviço, nos termos da (...) Lei Geral de Proteção de Dados Pessoais (...)".

Em linha com essa visão utilitária e pragmática do compartilhamento de dados, a LGPD claramente enuncia, em seu art. 25, que os dados deverão ser mantidos em formato interoperável e estruturado para o uso compartilhado, com vistas à execução de políticas públicas, à prestação de serviços públicos, à descentralização da atividade pública e à disseminação e ao acesso das informações pelo público em geral.

Por outro lado, cumpre registrar que a LGPD tratou de maneira pouco sistemática das condições objetivas para o compartilhamento de dados pessoais custodiados pelo Poder Público, a começar pela definição de "uso compartilhado". O art. 5.º, XVI[30], indica que o conceito pode ser utilizado para se referir ao compartilhamento de dados em três contextos: (i) entre órgãos e entidades públicos; (ii) entre órgãos e entidades públicos e entes privados, "com autorização específica"; ou (iii) entre entes privados.

A primeira questão a ser enfrentada, portanto, é de compreender o significado da expressão "com autorização específica", que consta da própria definição do uso compartilhado de dados entre poder público e setor privado, e como tal referência se conjuga com as regras específicas sobre uso compartilhado de dados que constam dos arts. 26 e 27 da Lei. Duas interpretações parecem possíveis: que a "autorização específica" se refira à autorização legal, ou, ainda, que se refira ao consentimento específico do titular dos dados em questão.

O compartilhamento público-público é disciplinado somente no *caput* do art. 26, que determinada que tal compartilhamento deve "atender a finalidades específicas de execução de políticas públicas e atribuição legal pelos órgãos e pelas entidades públicas", respeitados os princípios de proteção de dados pessoais elencados no art. 6.º da LGPD. Esse dispositivo, apesar de bastante principiológico, é, em sua essência, harmônico com os demais artigos da Lei, uma vez que faz referência à execução de políticas públicas (em linha com as bases legais dispostas nos arts. 7.º e 11) e às atribuições legais dos órgãos públicos (em sintonia com o disposto no *caput* do art. 23). O art. 26 traz, ainda, outro elemento de grande relevância, que é o reconhecimento explícito de que os princípios de proteção de dados pessoais previstos na Lei se aplicam ao compartilhamento de dados no setor público, atraindo, assim, a incidência de princípios, como o da finalidade, o da adequação, o da necessidade e o da não discriminação.

É preciso salientar, porém, que o dispositivo não avança no detalhamento de como seria possível interpretar tais princípios no contexto do compartilhamento público-público de dados pessoais, o que requererá elaboração adicional no campo da jurisprudência e da normatização

---

[29]   No momento de conclusão deste capítulo, encontrava-se pendente de julgamento, pelo Supremo Tribunal Federal, a Ação Direta de Inconstitucionalidade 6.649, movida pelo Conselho Federal da Ordem dos Advogados do Brasil contra o Decreto 10.046/2019. Em 30 de março de 2002, foi o processo excluído do calendário de julgamento do STF por seu presidente, o Min. Luiz Fux.

[30]   LGPD: "Art. 5.º (...) XVI – uso compartilhado de dados: comunicação, difusão, transferência internacional, interconexão de dados pessoais ou tratamento compartilhado de bancos de dados pessoais por órgãos e entidades públicos no cumprimento de suas competências legais, ou entre esses e entes privados, reciprocamente, com autorização específica, para uma ou mais modalidades de tratamento permitidas por esses entes públicos, ou entre entes privados".

infralegal[31]. Nesse sentido, é importante notar que as supramencionadas iniciativas de promoção do amplo compartilhamento de dados entre órgãos e entidades da Administração Pública têm sido objeto de severas críticas por parte da doutrina, principalmente a partir da ideia de que o princípio da finalidade representa um impeditivo a que o Estado seja considerado uma "unidade informacional" dentro da qual os dados pessoais podem circular de maneira desimpedida (CELLA e COPETTI, 2017; MARANHÃO e CAMPOS, 2019).

Ao abordar esse tema no contexto europeu, B. van Alsenoy e outros (2011:255) observam que, ao analisar a compatibilidade de diferentes operações de tratamento de dados pessoais, a avaliação não deveria se limitar à busca por uma base legal, mas deveria levar em consideração, também, as expectativas razoáveis do titular, a natureza dos dados processados e os possíveis prejuízos a serem suportados pelo titular em decorrência do compartilhamento.

Quando se trata do compartilhamento público-privado, por outro lado, verificam-se alguns problemas de inconsistência na lei. Colacionando-se o disposto nos arts. 26 e 27, verifica-se que o uso compartilhado de dados entre setor público e setor privado é possível em inúmeras hipóteses, dotadas de diferentes graus de robustez jurídica.

Dentre as hipóteses de compartilhamento público-privado de mais fácil compreensão e mais alinhadas com a lógica da LGPD, destacam-se as seguintes: (i) em casos de execução descentralizada de atividade pública que exija a transferência, exclusivamente para esse fim específico e determinado (art. 26, § 1.º, I); (ii) nos casos em que os dados forem acessíveis

---

[31] O STF já teve algumas oportunidades de se debruçar, ainda que de maneira preliminar e antes da entrada em vigor da LGPD, sobre os limites e possibilidades de compartilhamento de dados pessoais no âmbito da Administração Pública Federal.

Na decisão de Medida Cautelar na Suspensão de Liminar 1.103/SP, a Ministra Presidente do STF, Carmen Lúcia, suspendeu, em maio de 2017, decisão do TRF da 3ª Região que havia determinado que o Instituto Brasileiro de Geografia e Estatística – IBGE fornecesse ao Ministério Público Federal dados necessários à identificação de quarenta e cinco crianças que não haviam sido regularmente registradas nos cartórios de registro civil de Bauru. Em sua decisão, a Ministra Relatora deu razão ao IBGE, afirmando que o fornecimento de tais dados ao MPF, naquele caso concreto, representaria violação do sigilo estatístico com potencial abalo à confiança das pessoas que prestam informações ao instituto.

Em outro caso, no contexto do Mandado de Segurança 36.150/DF, com pedido de liminar, apreciado pelo Ministro Roberto Barroso em dezembro de 2018, a argumentação se baseou não apenas no dever de preservação do sigilo da informação, mas também na ideia de que a mudança de finalidade do tratamento violaria preceitos constitucionais. O Mandado de Segurança havia sido impetrado pelo Instituto Nacional de Estudos e Pesquisas Educacionais Anísio Teixeira – INEP contra acórdão do TCU que determinara a entrega de dados individualizados do Censo Escolar e do ENEM para auditoria do Programa Bolsa Família. Em sua decisão, o Ministro relator entendeu assistir razão ao INEP, afirmando que a mudança de finalidade do tratamento dos dados representaria violação ao dever de sigilo e da garantia de inviolabilidade da intimidade, nos seguintes termos: "[n]o caso, no entanto, as informações que se quer acessar foram prestadas para uma finalidade declarada no ato da coleta dos dados e sob a garantia de sigilo do INEP quanto às informações pessoais. Nesse aspecto, a transmissão a outro órgão do Estado dessas informações e para uma finalidade diversa daquela inicialmente declarada subverte a autorização daqueles que forneceram seus dados pessoais, em aparente violação do dever de sigilo e da garantia de inviolabilidade da intimidade".

Por fim, na decisão sobre a constitucionalidade da Medida Provisória 954/2020, que determinou o compartilhamento de dados entre empresas de telecomunicações e o Instituto Brasileiro de Geografia e Estatística – IBGE (ADI 6387, ADI 6388, ADI 6389, ADI 6390 e ADI 6393), o Tribunal acabou por reconhecer a existência de um direito autônomo à proteção de dados pessoais e a necessidade de observância dos princípios de proteção de dados nas operações de tratamento, inclusive no âmbito do Poder Público.

PARTE II · Cap. 13 · O REGIME JURÍDICO DO TRATAMENTO DE DADOS PESSOAIS PELO PODER PÚBLICO | 287

publicamente (art. 26, § 1.º, III); e (iii) quando houver respaldo legal (art. 26, § 1.º, IV[32]). O art. 26, § 1.º, V, acrescenta a possibilidade de compartilhamento público-privado quando "a transferência dos dados objetivar exclusivamente a prevenção de fraudes e irregularidades, ou proteger e resguardar a segurança e a integridade do titular dos dados, desde que vedado o tratamento para outras finalidades". Cabe mencionar que, embora esses conceitos sejam dotados de elevado grau de abertura e indeterminação, a introdução do termo "exclusivamente" e a vedação ao tratamento para outras finalidades acabam criando condições de contorno mais bem delimitadas para tal hipótese.

O art. 27, em seu *caput*, permite o compartilhamento de dados público-privado mediante o consentimento do titular. Conforme debatido anteriormente, em outras jurisdições, à luz da assimetria de forças entre o Estado e o cidadão, o consentimento tem sido considerado uma base jurídica problemática para fundamentar o tratamento de dados pessoais pelo Poder Público, o que inclui, naturalmente, o seu compartilhamento com terceiros. Ainda assim, pode-se compreender que a previsão de tratamento de dados pessoais mediante consentimento do titular é uma hipótese que segue a lógica geral da LGPD[33].

Outras hipóteses previstas na Lei para viabilizar o compartilhamento de dados entre o setor público e o setor privado parecem, entretanto, padecer de maior fragilidade jurídica. O art. 27, I, menciona a possibilidade de compartilhamento público-privado "nas hipóteses de dispensa de consentimento" previstas na Lei. Deduz-se que a referência seja à existência de outras bases legais para o tratamento de dados que não o consentimento, nos termos dos arts. 7.º e 11. Também em linha com o debatido anteriormente e considerando a experiência internacional, a invocação da base legal do legítimo interesse, pode ser considerada problemática no contexto do tratamento de dados pessoais pelo Estado, devendo ser tratada como hipótese excepcional. Cabe também chamar atenção para a dificuldade de interpretação do art. 27, II ("nos casos de uso compartilhado de dados, em que será dada publicidade nos termos do inciso I do *caput* do art. 23 desta Lei"). A previsão encerra uma tautologia sem acrescentar qualquer conteúdo aproveitável à lei, ao enunciar que "... o uso compartilhado de dados pessoais de pessoa jurídica de direito público a pessoa jurídica de direito privado" será possível "nos casos de uso compartilhado de dados".

Compreende-se, assim, que tais dispositivos não podem ser lidos de forma descontextualizada das demais disposições da LGPD, devendo, antes, ser compreendidos no contexto do princípio da legalidade e sob a égide das hipóteses previstas nos arts. 7.º, 11 e 23 da LGPD. De maneira simples: a invocação dos dispositivos que viabilizam o compartilhamento de

---

[32] O art. 26, § 1.º, IV, em sua segunda parte, permite o compartilhamento público-privado quando a "transferência for **respaldada em contratos, convênios ou instrumentos congêneres**"; nesses casos, a possível fragilidade decorreria da possibilidade de promover compartilhamento público-privado a partir de instrumentos juridicamente menos robustos e sujeitos a menor grau de escrutínio público. Há que se reconhecer, entretanto, que há inúmeros procedimentos rotineiros na Administração Pública envolvendo compartilhamento de dados entre o setor público e o setor privado, amparados apenas em atos infralegais. Exemplos são o processamento da folha de pagamento dos servidores públicos em instituições financeiras privadas e a arrecadação de taxas e tributos e o pagamento de benefícios previdenciários e sociais. Tal circunstância levou, inclusive, a que o inciso II do § 1.º do art. 26 da LGPD fosse vetado quando da aprovação da LGPD, visto que ele determinava a verificação cumulativa de duas condições: (i) previsão legal; *e* (ii) respaldo em contratos, convênios ou instrumentos congêneres. Posteriormente, a MP 869/2018 introduziu o inciso IV ao mesmo art. 26, definindo a possibilidade de compartilhamento público-privado desde que verificada, alternativamente, uma de tais condições.

[33] Ver também a discussão que consta da nota de rodapé 25 deste artigo.

dados entre setor público e setor privado deve se dar sempre tendo em vista as bases legais previstas nos mencionados artigos, respeitando-se os princípios de proteção de dados pessoais elencados na própria LGPD e dando cumprimento aos diversos comandos legais que impõem um elevado grau de transparência ao Poder Público no tratamento de dados pessoais de seus cidadãos.

5. SANÇÕES APLICÁVEIS AOS ÓRGÃOS E ENTIDADES PÚBLICOS E RESPONSABILIZAÇÃO DO AGENTE PÚBLICO

A simetria da incidência da LGPD sobre setores público e privado depende também da existência de um sistema de fiscalização e imposição de sanções sobre órgãos e entidades públicos e sobre agentes públicos que violarem a norma jurídica. Há que se reconhecer, porém, que o Poder Público já se encontra submetido a mecanismos próprios de controle interno e externo, e que também os agentes públicos possuem regramentos específicos para disciplinar sua atuação.

A LGPD atribuiu à autoridade nacional o papel de elaboração de informe com medidas cabíveis para fazer cessar a violação à Lei (art. 31) e previu a possibilidade de aplicação, a órgãos e entidades públicas, das sanções de advertência, publicização da infração, bloqueio e eliminação dos dados pessoais a que se refere a infração. Importa notar que a sanção de multa prevista na LGPD claramente não é aplicável ao Poder Público, mas que multas previstas em outras normas aplicáveis ao Estado poderão incidir sobre órgãos e entidades do setor público, no contexto de ações de controle e fiscalização. Nesse sentido, interessa ressaltar que o art. 55-J da LGPD, introduzido pela MP 869/2018, convertida na Lei 13.853/2019, incluiu entre as competências da Autoridade "comunicar aos órgãos de controle interno o descumprimento do disposto nesta Lei por órgãos e entidades da administração pública federal" (inc. XXII).

No caso de servidores públicos, permanecem aplicáveis as normas preexistentes previstas no Estatuto do Servidor Público Federal (Lei 8.112/1990), na Lei de Improbidade Administrativa (Lei 8.429/1992, alterada pela Lei 14.230/2021) e na própria Lei de Acesso à Informação (Lei 12.527/2011).

CONSIDERAÇÕES FINAIS

Como se viu ao longo deste capítulo, o tratamento de dados pessoais pelo Estado traz desafios específicos, especialmente em um contexto de crescente utilização de tecnologias digitais por governos, o que suscita questões recorrentes quanto à legitimidade do processamento, quanto à reutilização de dados pessoais em contextos distintos daqueles da coleta inicial e quanto a mecanismos para conferir transparência para o cidadão. A rapidez da evolução tecnológica, a sua crescente adoção em ambientes como os de cidades inteligentes[34], a busca pelo incremento da qualidade de vida dos cidadãos por meio da tecnologia e as novas formas de parceria público-privada na prestação de serviços públicos tornam mais complexas

---

[34] Bioni (2018), por exemplo, analisa as dificuldades de proteção de dados pessoais nas chamadas "Cidades Inteligentes", levantando questionamentos sobre o quanto o processamento massivo de dados pessoais, a partir do uso das TIC, acarretará de fato uma melhor qualidade de vida urbana; e, por outro lado, até que ponto tal atividade pode minar a capacidade de autodeterminação do cidadão, que, de maneira crescente, é mediada por processos de decisões automatizadas. Adotando o conceito de infoesfera, o autor afirma ser essencial que a infraestrutura informacional das cidades inteligentes esteja submetida ao escrutínio público dos seus habitantes, o que implica em pensar tecnologias sobre as tecnologias de (auto)monitoramento e (auto)gestão da cidade.

as cadeias de tratamento de dados e mais intenso o compartilhamento de dados entre agentes públicos e privados, impondo complexidade adicional à interpretação da legislação quanto às hipóteses em que o Poder Público pode legitimamente tratar e compartilhar dados pessoais.

Princípios constitucionais explícitos, como o da eficiência, ou implícitos, como o da supremacia do interesse público, frequentemente são postos em tensão com princípios de proteção de dados, como os da finalidade, da necessidade e da adequação. Nesse sentido, o reconhecimento da dimensão coletiva e social da proteção de dados pessoais é medida importante para que se promova a conciliação entre tais princípios, sem que se determine a precedência *prima facie* de um interesse público ou de uma eficiência abstratamente caracterizados.

Não há dúvidas de que a plena observância da LGPD pelo Poder Público requererá também mudanças de cultura e de procedimentos, incorporando-se, por exemplo, a prática de elaboração de relatórios de impacto à proteção de dados pessoais antes da adoção de novos procedimentos, métodos e tecnologias que possam suscitar riscos aos titulares, e levando-se em conta tais preocupações também quando da edição de atos normativos.

A relação entre Poder Público e cidadão não é facultativa. Ela se inicia no dia do nascimento de cada indivíduo e perdura até mesmo após sua morte, fazendo-se presente em quase todas as dimensões da vida humana. A compreensão do caráter contínuo, e não episódico, de tal relação conduz, necessariamente, ao entendimento de que a confiança de parte a parte deve ser conquistada e mantida continuamente, não se esgotando na simples existência de uma base legal para o tratamento de dados. A construção de uma relação de confiança entre Estado e cidadãos requer a clara percepção da responsabilidade do Estado de, com transparência e *accountability*, tratar e custodiar dados de seus cidadãos tendo em vista a sua proteção e o atingimento do interesse público em sua acepção mais ampla, considerado seu compromisso com a democracia e com a concretização de direitos fundamentais.

REFERÊNCIAS BIBLIOGRÁFICAS

ABERCROMBIE, N.; HILL, S.; TURNER, B. S. *Sovereign individuals of capitalism*. London: Routledge, 2015.

ABREU, J. D. S. O compartilhamento de dados pessoais no Decreto n. 8.789/16: um Frankenstein de dados brasileiro? *Portal Jota*, 8 julho 2016. Disponível em: <https://bit.ly/2Fsqwge>. Acesso em: 20 mar. 2019.

ALSENOY, B. V.; KINDT, E.; DUMORTIER, J. Privacy and Data Protection Aspects of e-Government Identity Management. In: HOF, S. V. D.; GROOTHIUS, M. M. *Innovating government*: normative, policy and technological dimensions of modern government. Haia: Springer, 2011.

ÁVILA, H. Repensando o "princípio da supremacia do interesse público sobre o particular". *Revista Eletrônica sobre a Reforma do Estado 11*, Salvador, p. 1-30, set.-out.-nov. 2007.

BAPTISTA, P. *Transformações do direito administrativo*. Rio de Janeiro: Renovar, 2003.

BINENBOJM, G. *Uma teoria do direito administrativo*: direitos fundamentais, democracia e constitucionalização. Rio de Janeiro: Renovar, 2006.

BIONI, B. *Proteção de dados pessoais*: a função e os limites do consentimento. Rio de Janeiro: Forense, 2019.

BIONI, B. Ecologia: uma narrativa inteligente para a proteção de dados pessoais nas cidades inteligentes. In: TIC GOVERNO ELETRÔNICO. *Pesquisa sobre o uso das tecnologias de informação e comunicação no setor público brasileiro*. São Paulo: Comitê Gestor da Internet no Brasil, 2018.

BLACK, G.; STEVENS, L. Enhancing Data Protection and Data Processing in the Public Sector: The Critical Role of Proportionality and the Public Interest. *Scripted*, 10, n. 1, p. 93-122, abr. 2013.

BRASIL. Autoridade Nacional de Proteção de Dados. *Guia Orientativo: Tratamento de Dados Pessoais pelo Poder Público.* Versão 1.0, janeiro de 2022. Disponível em: https://www.gov.br/anpd/pt-br/documentos-e-publicacoes/guia-poder-publico-anpd-versao-final.pdf>. Acesso em: 23 de maio de 2022.

CELLA, J. R. G.; COPETTI, R. Compartilhamento de dados pessoais e a administração pública brasileira. *Revista de Direito, Governança e Novas Tecnologias*, Maranhão, 3, p. 39-58, jul.-dez. 2017.

DONEDA, D. *Da privacidade à proteção de dados pessoais.* Rio de Janeiro: Renovar, 2006.

GABARDO, E. *O jardim e a praça para além do bem e do mal – uma antítese ao critério de subsidiariedade como determinante dos fins do Estado social.* Tese de doutorado. Curitiba: UFPR, 2009. Disponível em: <https://bit.ly/2TLGQh8>. Acesso em: 20 mar. 2019.

IGO, S. E. *The known citizen*: a history of privacy in modern America. Cambridge: Harvard University Press, 2018.

LYON, D. *The electronic eye.* The rise of surveillance society. Minneapolis: University of Minnesota Press, 1994.

MANTELERO, A. From group privacy to collective privacy: towards a new dimension of privacy and data protection in the Big Data Era. In: TAYLOR, L.; FLORIDI, L.; VAN DER SLOOT, B. *Group privacy*: new challenges of data technologies. Dordrecht: Springer, 2017.

MARANHÃO, J; CAMPOS, R. A divisão informacional de Poderes e o Cadastro Base do Cidadão. *Portal Jota*, 18 de outubro de 2019. Disponível em: <https://www.jota.info/opiniao-e-analise/artigos/a-divisao-informacional-de-poderes-e-o-cadastro-base-do-cidadao-18102019>. Acesso em: 1 jul. 2020.

MAYER-SCHÖNBERGER, V. Generational Development of Data Protection in Europe. In: AGRE, P.; ROTENBERG, M. *Technology and privacy*: the new landscape. Cambridge: MIT Press, 1997.

MENDES, L. S. *Privacidade, proteção de dados e defesa do consumidor*: linhas gerais de um novo direito fundamental. São Paulo: Saraiva, 2014.

NIKLAS, J.; SZTANDAR-SZTANDERSKA, K.; SZYMIELEWICZ, K. *Profiling the unemployed in Poland: Social and political implications of algorithmic decision making.* Disponível em: <https://panoptykon.org/sites/default/files/leadimage-biblioteka/panoptykon_profiling_report_final.pdf>. Acesso em: 10 jan. 2019.

OCDE. *Recommendation of the Council on Digital Government Strategies.* Paris: OCDE, 2014.

OLIVEIRA, F. C. S. D.; OLIVEIRA, L. P. Uma análise da tese desconstrutivista da supremacia do interesse público sobre o particular. In: COUTINHO et al. *Direito e administração pública.* Florianópolis: CONPEDI/UFPB, 2014. v. 1.

RAAB, C. D. Privacy, social values and the public interest. In: BUSCH, A.; HOFMANN, J. *Politik und die Regulierung von Information, Politische Vierteljahresschrift Sonderheft 46.* Baden-Baden: Nomos Verlagsgesellschaft, 2012.

SARMENTO, D. Supremacia do interesse público? As colisões entre direitos fundamentais e interesses da coletividade. In: ARAGÃO, A. S.; MARQUES NETO, F. A. *Direito administrativo e seus novos paradigmas.* Belo Horizonte: Fórum, 2008.

SCOTT, J. F. *Seeing like a State.* How certain schemes to improve the human condition have failed. New Haven, London: Yale University Press, 1998.

SOLOVE, D. J. *Understanding privacy*. Cambridge: Harvard University Press, 2008.

SUPREMO TRIBUNAL FEDERAL. *Decisão em Mandado de Segurança 36.150/DF 0083673-69.2018.1.00.0000*. Instituto Nacional de Estudos e Pesquisas Educacionais Anisio Teixeira – INEP e Tribunal de Contas da União. Relator: Ministro Luís Roberto Barroso. 10 de dezembro de 2018. *DJE* 267, divulgado em 12.12.2018.

SUPREMO TRIBUNAL FEDERAL. Medida Cautelar na Suspensão de Liminar 1.103-SP. Instituto Brasileiro de Geografia e Estatística – IBGE e Tribunal Regional Federal 3ª Região. Relatora: Ministra Presidente Cármen Lúcia. 2 de maio de 2017. *DJE* 95, divulgado em 05.05.2017.

SUPREMO TRIBUNAL FEDERAL. Decisão da ADI 6387, ADI 6399, ADI 6389, ADI 6390 e ADI 6393. Relatora: Ministra Rosa Weber. 7 de maio de 2020.

WP29 – WORKING PARTY ON THE PROTECTION OF INDIVIDUALS WITH REGARD TO THE PROCESSING OF PERSONAL DATA. *Working Document on E-Government*. Bruxelas: [s.n.], 2003.

14

TRANSFERÊNCIA INTERNACIONAL DE DADOS PESSOAIS

MARCEL LEONARDI

Bacharel, Mestre e Doutor em Direito pela USP e Pós-Doutor pela Berkeley Law. Certificado pela International Association of Privacy Professionals (IAPP) em Privacidade Europeia (CIPP/E) e em Privacidade dos Estados Unidos (CIPP/US). Foi Diretor de Políticas Públicas na Google Brasil (2011 a 2018), tendo colaborado intensamente na elaboração do Marco Civil da Internet e da Lei Geral de Proteção de Dados Pessoais. Também atuou em questões de políticas públicas nos mais variados assuntos do setor de tecnologia e Internet. Especializado em Direito Digital e em Proteção de Dados Pessoais. Professor da FGVLaw desde 2005. Advogado.

INTRODUÇÃO: CONCEITOS RELEVANTES

A Lei 13.709/2018, conhecida como Lei Geral de Proteção de Dados Pessoais (LGPD), estabelece regras específicas a respeito do tratamento de dados pessoais. Entre os principais deveres criados pela legislação, destaca-se a necessidade do cumprimento de normas e procedimentos específicos para a realização de transferência internacional de dados pessoais.

A LGPD define "transferência internacional" em seu art. 5.º, XV, como "a transferência de dados pessoais para país estrangeiro ou organismo internacional do qual o país seja membro". É importante compreender que o conceito de "transferência" não se limita ao envio de dados pessoais de um país para outro: o armazenamento de dados pessoais fora do País e o acesso remoto a dados pessoais a partir do exterior igualmente se caracterizam como uma "transferência internacional" para os fins da legislação.

Para uma melhor compreensão do tema, é importante relembrar alguns dos principais conceitos trazidos pela lei:

a) **Titular:** é a "pessoa natural a quem se referem os dados pessoais que são objeto de tratamento". Titulares de dados pessoais são, portanto, sempre pessoas físicas. Uma pessoa se caracteriza como "titular de dados pessoais" sempre que há uma atividade de tratamento de seus dados pessoais, o que inclui a transferência internacional desses dados.

b) **Dado pessoal:** é "toda informação relacionada a pessoa natural identificada ou identificável". O conceito é idêntico ao conceito de dado pessoal existente no art. 4.º, 1, do Regulamento Geral de Proteção de Dados ("GDPR") europeu. No entanto, a LGPD não define o que significa "identificável". O GDPR apresenta detalhes adicionais, afirmando que é identificável a pessoa natural "que possa ser identificada, direta ou indiretamente", em especial por referência a um identificador, que pode ser um nome, um número de identificação, dados de localização, identificadores eletrônicos ou outros elementos específicos relacionados a essa pessoa natural.

O Considerando 26 do GDPR também deixa claro que, para determinar se uma pessoa natural é identificável, devem ser levados em consideração todos os meios suscetíveis de serem razoavelmente utilizados, quer pelo responsável pelo tratamento, quer por outra pessoa, para identificar direta ou indiretamente a pessoa natural.

Ainda que a LGPD não tenha esclarecido diretamente em seu texto o que significa "pessoa natural identificada ou identificável", é razoável esperar que os intérpretes da norma (tanto a Autoridade Nacional de Proteção de Dados quanto outros órgãos administrativos e o Poder Judiciário) utilizem o GDPR como referência direta e adotem interpretação similar.

Nesse contexto, o conceito de dado pessoal é bastante amplo, podendo englobar tanto informações que claramente identificam uma pessoa natural (como seu nome completo, número de RG ou CPF) quanto informações a ela relacionadas, de diversas naturezas.

A lei também apresenta os conceitos de dado pessoal sensível, definido taxativamente como "dado pessoal sobre origem racial ou étnica, convicção religiosa, opinião política, filiação a sindicato ou a organização de caráter religioso, filosófico ou político, dado referente à saúde ou à vida sexual, dado genético ou biométrico, quando vinculado a uma pessoa natural", e de dado anonimizado, definido como "dado relativo a titular que não possa ser identificado, considerando a utilização de meios técnicos razoáveis e disponíveis na ocasião de seu tratamento".

É salutar que o conceito de dados sensíveis seja taxativo e não meramente exemplificativo, exatamente como se dá na União Europeia e em outros países. Em razão de sua especialidade e das diversas restrições impostas ao seu tratamento, é efetivamente recomendável que dados sensíveis sejam normalmente definidos de modo taxativo, em *numerus clausus*, tal como feito pela LGPD, e não de forma aberta e genérica, como previam projetos de lei anteriores.

A LGPD não traz regras distintas para a transferência internacional de dados pessoais sensíveis.

c) **Tratamento:** é "toda operação realizada com dados pessoais", o que torna o conceito extremamente abrangente e engloba praticamente tudo o que possa ser feito com dados pessoais, da coleta ao descarte dessas informações. A LGPD menciona diversas atividades a título de exemplo: coleta, produção, recepção, classificação, utilização, acesso, reprodução, transmissão, distribuição, processamento, arquivamento, armazenamento, eliminação, avaliação ou controle da informação, modificação, comunicação, *transferência*, difusão ou extração. Evidentemente, o conceito também engloba transferências internacionais.

d) **Agentes de tratamento:** são o controlador ou o operador. Controlador é a "pessoa natural ou jurídica, de direito público ou privado, a quem competem as decisões referentes ao tratamento de dados pessoais". Em outras palavras, o controlador (*data controller*) determina as finalidades e as maneiras de tratamento dos dados pessoais, ou seja, controla tanto os motivos quanto os métodos da atividade de tratamento. Já o operador (*data processor*) é definido pela LGPD como a "pessoa natural ou jurídica, de direito público ou privado, que realiza o tratamento de dados pessoais em nome do controlador". O operador normalmente realiza o tratamento de dados pessoais conforme as instruções recebidas do controlador.

Toda vez que uma empresa efetua o tratamento de dados pessoais decidindo as maneiras e as finalidades desse tratamento, ela se enquadra na definição de *controlador* prevista na LGPD, pois é a pessoa jurídica a quem competem as decisões referentes ao tratamento.

A caracterização como controlador é particularmente importante no contexto de transferências internacionais, pois, ao definir *como* e *por que* tratar dados pessoais, o controlador deve observar quais mecanismos de transferência internacional são os mais apropriados entre aqueles disponíveis na LGPD, bem como avaliar se os operadores que utiliza no contexto de suas atividades realizam o tratamento de dados pessoais fora do país.

e) **Autoridade Nacional:** é o órgão da Administração Pública responsável por zelar, implementar e fiscalizar o cumprimento da LGPD em todo o território nacional. Espera-se que o órgão funcione como as autoridades de proteção de dados europeias, conhecidas como DPAs (*data protection authorities*), de modo independente, tendo como principais atribuições: (i) fiscalizar o cumprimento da lei, recebendo petições apresentadas por titulares ou instaurando investigações de ofício; (ii) aplicar sanções contra controladores e operadores em casos de infração da legislação, observando as hipóteses e os critérios previstos no art. 52 e parágrafos; e (iii) educar os agentes de tratamento e os titulares, por meio de diálogo contínuo e da elaboração de guias de melhores práticas, diretrizes, opiniões e outros documentos voltados para auxiliar na conformidade com a legislação de proteção de dados pessoais.

Como se verá adiante, compete à Autoridade Nacional uma série de decisões e procedimentos relativos à transferência internacional de dados pessoais, principalmente pela necessidade, imposta pela LGPD, de elaborar cláusulas contratuais modelo e aprovar normas corporativas globais e outros documentos recebidos dos controladores.

Compreendidos esses conceitos, passa-se à análise dos principais pontos relevantes para a transferência internacional de dados pessoais.

1. PRINCIPAIS MECANISMOS DE TRANSFERÊNCIA INTERNACIONAL DE DADOS PESSOAIS

Em seu art. 33, a LGPD apresenta os mecanismos de transferência pelos quais um controlador está autorizado a transferir os dados pessoais para outro país ou organismo internacional:

"Art. 33. A transferência internacional de dados pessoais somente é permitida nos seguintes casos:

I – para países ou organismos internacionais que proporcionem grau de proteção de dados pessoais adequado ao previsto nesta Lei;

II – quando o controlador oferecer e comprovar garantias de cumprimento dos princípios, dos direitos do titular e do regime de proteção de dados previstos nesta Lei, na forma de:

a) cláusulas contratuais específicas para determinada transferência;

b) cláusulas-padrão contratuais;

c) normas corporativas globais;

d) selos, certificados e códigos de conduta regularmente emitidos;

III – quando a transferência for necessária para a cooperação jurídica internacional entre órgãos públicos de inteligência, de investigação e de persecução, de acordo com os instrumentos de direito internacional;

IV – quando a transferência for necessária para a proteção da vida ou da incolumidade física do titular ou de terceiro;

V – quando a autoridade nacional autorizar a transferência;

VI – quando a transferência resultar em compromisso assumido em acordo de cooperação internacional;

VII – quando a transferência for necessária para a execução de política pública ou atribuição legal do serviço público, sendo dada publicidade nos termos do inciso I do *caput* do art. 23 desta Lei;

VIII – quando o titular tiver fornecido o seu consentimento específico e em destaque para a transferência, com informação prévia sobre o caráter internacional da operação, distinguindo claramente esta de outras finalidades; ou

IX – quando necessário para atender as hipóteses previstas nos incisos II, V e VI do art. 7.º desta Lei".

Vale ressaltar que não existe relação hierárquica entre os mecanismos de transferência. Aquele escolhido dependerá da finalidade e do contexto da transferência e da natureza dos dados pessoais, sendo necessário avaliar cuidadosamente cada caso concreto para se definir qual o mecanismo de transferência mais apropriado.

(a) Nível de proteção adequado

O primeiro mecanismo de transferência refere-se ao nível de proteção de dados pessoais do país ou organismo internacional que irá receber os dados pessoais. Nesse sentido, nos termos do inciso I do art. 33, "a transferência internacional de dados pessoais somente é permitida (...) para países ou organismos internacionais que proporcionem grau de proteção de dados pessoais adequado ao previsto nesta Lei".

A avaliação do grau de proteção dos países será feita pela ANPD, que levará em consideração em sua análise: (i) as normas gerais e setoriais em vigor no país ou organismo internacional; (ii) a natureza dos dados; (iii) a observância de princípios gerais de proteção de dados e direitos dos titulares; (iv) a adoção de medidas de segurança; (v) a existência de garantias judiciais e institucionais para o respeito aos direitos de proteção de dados; e (vi) outras circunstâncias específicas que forem relevantes para a transferência.

Assim, uma vez declarada a adequação do nível de proteção de determinado país ou organismo internacional, os controladores poderão transferir dados pessoais livremente para tal território, sem a necessidade de anuência da ANPD ou dos titulares.

Dada a influência europeia, é de se esperar que a ANPD utilize como referência o conceito europeu de "nível adequado de proteção", por meio do qual se entende que um país não precisa assegurar nível de proteção idêntico, mas "substancialmente equivalente". Nesse sentido, seria importante avaliar não somente o texto da lei, mas também os meios para se assegurar a proteção – particularmente, a existência conjunta de uma Autoridade de Proteção de Dados Pessoais capaz de dar efetividade à tutela dos direitos dos titulares.

A título ilustrativo, ressalta-se que a Comissão Europeia, ainda à luz da Diretiva 95/46/EC, havia reconhecido a adequação do nível de proteção dos seguintes países: Andorra, Argentina, Canadá, Ilhas Faroé, Guernsey, Israel, Jersey, Ilha de Man, Japão, Nova Zelândia, Suíça, Uruguai e Estados Unidos. Essas decisões de adequação serão eventualmente revistas por conta da entrada em vigor do GDPR, em maio de 2018.

Com relação aos Estados Unidos, há acordos específicos para transferências internacionais com a União Europeia e com a Suíça, denominados *Privacy Shield (EU e Swiss)*, que substituíram o modelo anterior, chamado de *Safe Harbor*. Nesse caso específico, a transferência só pode ser realizada por empresas que tenham aderido ao *Privacy Shield Framework*, mantido pelo Departamento de Comércio dos Estados Unidos[1].

Não se sabe ainda se um modelo similar será criado para transferências internacionais realizadas entre Brasil e Estados Unidos, e tampouco se a adesão ao *Privacy Shield* poderá servir, por triangulação, como adequação às normas da LGPD, caso a ANPD reconheça a

---

[1]   Cf. https://www.privacyshield.gov/welcome, para detalhes e lista completa de empresas certificadas.

adequação do grau de proteção de dados pessoais dos países-membros da União Europeia, por estarem sujeitos ao GDPR.

Os demais mecanismos de transferência mencionados a seguir podem ser utilizados quando o nível de proteção do país estrangeiro envolvido na transferência de dados pessoais não é considerado adequado pela ANPD.

(b) Cláusulas contratuais específicas

O controlador poderá realizar a transferência internacional de dados pessoais mediante cláusulas contratuais específicas, desde que essas cláusulas sejam devidamente verificadas e aprovadas pela Autoridade.

A LGPD não fornece maiores detalhes com relação aos procedimentos para a verificação e a aprovação de cláusulas contratuais específicas para transferência internacional pela ANPD. Para os critérios de avaliação, a Lei dispõe que "deverão ser considerados os requisitos, as condições e as garantias mínimas para a transferência que observem os direitos, as garantias e os princípios [da LGPD]".

Vale destacar, ainda, que quaisquer alterações substanciais em referidas cláusulas deverão ser comunicadas à ANPD, para eventual reavaliação.

(c) Cláusulas-padrão contratuais

Outra hipótese prevista em lei para a transferência internacional de dados pessoais é a utilização de cláusulas-padrão contratuais. Trata-se de cláusulas-modelo elaboradas pela ANPD, contendo as obrigações das partes envolvidas na transferência e os direitos dos titulares dos dados a serem transferidos.

Dessa forma, caso o controlador adote as cláusulas-padrão contratuais elaboradas pela autoridade, vinculando-se a todos os requisitos e às obrigações estipuladas, poderá realizar a transferência dos dados pessoais sem a necessidade de anuência da ANPD ou dos respectivos titulares.

A LGPD não traz maiores orientações acerca das cláusulas-padrão contratuais. Não obstante, acredita-se que a União Europeia deva influenciar, mais uma vez, a atuação da ANPD. No direito europeu, tais cláusulas são chamadas de *Standard Contractual Clauses* (SCCs) e divulgadas *on-line* pela Comissão Europeia[2].

Outro exemplo é o *Information Commissioner's Office* (ICO), autoridade responsável pela proteção de dados no Reino Unido. Ao tratar da transferência internacional e, mais especificamente, das cláusulas-padrão, o ICO orienta que as SCCs devem ser adotadas de forma integral e sem alterações. Além disso, o ICO instrui que seria possível incluir outras cláusulas relacionadas a questões comerciais, desde que elas não estejam em conflito com as *Standard Contractual Clauses*.

É importante esclarecer que, embora as legislações (brasileira e europeia) falem em "cláusula", os termos elaborados pela autoridade constituem um contrato por si só, contendo definições, direitos e obrigações.

A mencionada Diretiva 95/46/EC, que antecedeu o GDPR no regime de proteção de dados no direito europeu, já previa o uso das *Standard Contractual Clauses*. Ainda no âmbito da Diretiva, a Comissão Europeia aprovou o texto de três cláusulas-padrão. Espera-se que o Comitê Europeu para a Proteção de Dados[3] elabore, em breve, novos modelos para serem adotados.

---

[2] Disponível em: https://ec.europa.eu/info/law/law-topic/data-protection/data-transfers-outside-eu/model-contracts-transfer-personal-data-third-countries_en.

[3] O Comitê Europeu para a Proteção de Dados (European Data Protection Board, em inglês) foi criado pelo GDPR em substituição ao Grupo de Trabalho do Artigo 29 (Article 29 Data Protection Working

(d) Normas corporativas globais

As chamadas "normas corporativas globais" são outra opção disponível para casos de transferência internacional de dados pessoais entre empresas do mesmo Grupo Econômico.

Elas são similares às *Binding Corporate Rules* (ou BCRs) do direito europeu. Nos termos do GDPR, uma das empresas do Grupo submete sua política interna de proteção de dados pessoais para avaliação. A análise é feita pela autoridade nacional competente, conforme a localização da empresa.

Em geral, as BCRs devem conter os princípios de proteção de dados pessoais, como transparência, qualidade e segurança, os meios que garantem a efetividade da política interna do grupo (auditoria, treinamento etc.) e mecanismos que comprovem que a política seja, de fato, vinculante para as empresas do grupo.

É importante compreender que o conteúdo das BCRs não é limitado a transferências internacionais, descrevendo quais são os principais procedimentos internos, políticas e outras medidas administrativas, organizacionais e técnicas adotadas por todo o grupo para a proteção de dados pessoais.

Caso o grupo tenha suas BCRs aprovadas, todas as transferências internacionais de dados pessoais intragrupo passam a estar em conformidade com o GDPR, não sendo necessário obter nova autorização da autoridade para realizá-las.

Embora a LGPD seja omissa a respeito, espera-se que a ANPD adote um modelo similar no Brasil, já que nossa legislação destaca que o controlador deve oferecer e comprovar garantias de cumprimento dos princípios, dos direitos do titular e do regime de proteção de dados pessoais.

Note-se que quaisquer alterações substanciais feitas nas normas corporativas globais devem ser comunicadas à ANPD, podendo ser necessária nova aprovação, como destacado pelo art. 36 da LGPD, pelo qual "as alterações nas garantias apresentadas como suficientes de observância dos princípios gerais de proteção e dos direitos do titular referidas no inciso II do art. 33 desta Lei deverão ser comunicadas à autoridade nacional".

(e) Selos, certificados e códigos de conduta

A transferência internacional de dados pessoais também pode ser autorizada quando as partes envolvidas na transferência possuam selo, certificado ou código de conduta reconhecidos pela ANPD.

Evidentemente, tais certificações ainda não existem e devem ser adotadas após a ANPD passar a funcionar. O procedimento de reconhecimento desses selos, certificados e códigos de conduta pela ANPD deverá, nos termos do art. 35, § 1.º, considerar os requisitos, as condições e as garantias mínimas para a observância de direitos, garantias e princípios da Lei.

Ainda de acordo com a LGPD, a ANPD poderá designar organismos de certificação para validar tais documentos, de modo que os atos desses organismos poderão ser sempre revistos e, eventualmente, anulados pela ANPD, se necessário, em casos de desconformidade com a lei.

(f) Cooperação jurídica internacional

O inciso III do art. 33 também autoriza a transferência internacional quando "necessária para a cooperação jurídica internacional entre órgãos públicos de inteligência, de investigação e de persecução, de acordo com os instrumentos de direito internacional".

Party). Sua principal atribuição é publicar opiniões e diretrizes para orientar a atuação das autoridades nacionais de proteção de dados. O Comitê é composto por representantes de cada uma das autoridades nacionais dos países-membros da União Europeia.

PARTE II · Cap. 14 · TRANSFERÊNCIA INTERNACIONAL DE DADOS PESSOAIS | 299

Trata-se de hipótese restrita, em que o interesse público se sobrepõe aos direitos dos titulares dos dados pessoais transferidos, sem aplicação direta para o setor privado.

(g) Proteção da vida ou incolumidade física

Também prevista como uma base legal para o tratamento de dados, a proteção da vida ou da incolumidade física do titular ou de terceiro pode justificar a transferência internacional de dados pessoais. Seria, inclusive, um contrassenso colocar em risco a vida ou a integridade física de alguém em nome da proteção de dados pessoais.

(h) Autorização da ANPD

Bastante genérico, o inciso V do art. 33 dispõe que a transferência internacional de dados pessoais pode ser realizada "quando autoridade nacional autorizar a transferência".

Considerando-se o silêncio da lei quanto aos procedimentos e critérios de avaliação, será necessário aguardar a edição de normas e diretrizes por parte da ANPD para que se possa ter melhor compreensão de que forma a autoridade pretende utilizar referida competência.

(i) Acordo de cooperação internacional

O inciso VI do art. 33 dispõe que "[a transferência internacional de dados pessoais somente é permitida] (...) quando a transferência resultar em compromisso assumido em acordo de cooperação internacional".

Referido dispositivo contém um erro material, de modo que onde se lê "resultar em", leia-se "resultar de" – obviamente, a transferência é o resultado do compromisso assumido, e não o fato gerador desse compromisso.

Assim, esse mecanismo se refere a transferências internacionais derivadas de compromissos assumidos em acordos de cooperação internacional.

(j) Execução de política pública

Mecanismo disponível apenas para a Administração Pública, a LGPD autoriza a transferência internacional de dados pessoais quando ela for necessária para a execução de alguma política pública ou atribuição legal do serviço público.

Nos termos da LGPD, é necessário garantir a devida publicidade de tal transferência, obedecendo-se aos termos do art. 23, I, que exige a prestação de "informações claras e atualizadas sobre a previsão legal, a finalidade, os procedimentos e as práticas utilizadas para a execução dessas atividades, em veículos de fácil acesso, preferencialmente em sítios eletrônicos".

(k) Consentimento

O consentimento do titular dos dados pessoais é outra opção disponível ao controlador para realizar a transferência internacional.

De acordo com a LGPD, o consentimento deve ser obtido especificamente para tal fim, recebendo o devido destaque. Além disso, o titular deve receber informação prévia sobre o caráter internacional da operação, distinguindo claramente a transferência internacional das demais finalidades.

Ao estabelecer tais requisitos, o objetivo do legislador foi garantir que o titular dos dados pessoais dê seu consentimento para a transferência internacional de maneira informada e consciente.

Não obstante os requisitos específicos relacionados ao consentimento aplicáveis à transferência internacional de dados, os demais requisitos da Lei também se aplicam.

Nos termos do art. 5.º, XII, consentimento é a "manifestação livre, informada e inequívoca pela qual o titular concorda com o tratamento de seus dados pessoais para uma finalidade determinada".

Para que a manifestação seja inequívoca, o consentimento deverá ser fornecido por escrito ou por outro meio que demonstre a manifestação de vontade do titular, conforme o *caput* do art. 8.º. Caso o consentimento seja fornecido por escrito, deverá constar de cláusula destacada das demais cláusulas contratuais.

O controlador deverá ser capaz de demonstrar que obteve o consentimento do titular. Isso porque é do controlador o ônus da prova de que o consentimento foi obtido em conformidade com a LGPD.

Outro ponto importante a ser destacado é o direito do titular de *revogar seu consentimento*, previsto no § 5.º do art. 8.º, em que se lê:

> "Art. 8.º (...)
> § 5.º O consentimento pode ser revogado a qualquer momento mediante manifestação expressa do titular, por procedimento gratuito e facilitado, ratificados os tratamentos realizados sob amparo do consentimento anteriormente manifestado enquanto não houver requerimento de eliminação, nos termos do inciso VI do *caput* do art. 18 desta Lei".

A revogação do consentimento pelo titular não afeta, portanto, as operações de tratamento realizadas anteriormente ao pedido de revogação. No entanto, a Lei chama atenção para o direito de um titular solicitar a eliminação de seus dados, inclusive daqueles que já teriam sidos transferidos para outros países ou organismos internacionais.

Em razão dessas múltiplas exigências, do ponto de vista operacional, não é recomendada a utilização de consentimento como mecanismo de transferência internacional, diante da complexidade de assegurar a continuidade das atividades de tratamento em caso de revogação desse consentimento e da própria obtenção de consentimento válido diante dos múltiplos requisitos legais. Com isso, o consentimento para transferências internacionais representa uma hipótese muito mais teórica do que prática, notadamente para o setor privado.

(l) Obrigação legal ou regulatória

A LGPD encerra o rol de mecanismos de transferência internacional fazendo referência a três das dez bases legais disponíveis para o tratamento de dados pessoais.

A primeira delas é o cumprimento de obrigação legal ou regulatória pelo controlador dos dados pessoais. Tal hipótese não exige que o controlador identifique na legislação ou regulação a realização de uma atividade específica de tratamento de dados: o ponto essencial é que a finalidade da transferência internacional seja necessária para o cumprimento de uma obrigação legal ou regulatória pelo controlador.

A LGPD não especifica se essa obrigação legal ou regulatória seria exclusivamente brasileira, ou seja, imposta pelo ordenamento jurídico nacional, ou se o cumprimento com normas jurídicas de outros países igualmente autorizaria a transferência internacional nessa hipótese. A ANPD deverá emitir opinião esclarecendo tal ponto.

(m) Execução de contrato

O controlador também poderá realizar a transferência internacional de dados pessoais caso: (i) tenha celebrado um contrato com o titular dos dados pessoais e a transferência seja necessária para cumprir com suas obrigações, nos termos do contrato; ou, (ii) muito embora um contrato ainda não tenha sido celebrado, o titular dos dados tenha solicitado a execução de procedimentos preliminares relacionados a esse contrato, e a transferência internacional seja necessária para tanto.

PARTE II · Cap. 14 · TRANSFERÊNCIA INTERNACIONAL DE DADOS PESSOAIS | 301

É importante notar que é requisito essencial de tal hipótese que o titular dos dados transferidos seja parte do contrato em questão. Da mesma forma, o pedido para a execução dos procedimentos preliminares também deve partir do próprio titular, e não de um terceiro.

Ressalte-se, ainda, que o uso do termo "contrato" pela LGPD não deve ser entendido apenas como um instrumento formal, na forma escrita, assinado pelas partes. O termo tem um sentido mais amplo, abarcando todo tipo de acordo e relação jurídica de natureza contratual existente entre as partes, bem como as providências necessárias no cotidiano de contratos de execução prolongada, tais como contratos de trabalho, desde que observados os requisitos mínimos legais.

Dessa forma, por meio desse mecanismo de transferência internacional de dados pessoais, é possível justificar todo tratamento de dados realizado no exterior que seja necessário para que o controlador possa cumprir com a relação jurídica contratual celebrada com o titular e/ou atender às solicitações feitas pelo titular na fase pré-contratual.

Em suma, caso o cumprimento de obrigações oriundas de contrato celebrado com o titular exija o tratamento dos dados pessoais fora do território nacional, o controlador poderá se valer desse mecanismo de transferência. Seria o caso, por exemplo, da contratação de serviços auxiliares à atividade do controlador, como *e-mail* corporativo gerenciado por terceiros, compartilhamento de dados pessoais de empregados com a matriz ou com filiais estrangeiras, utilização de *software* e recursos de computação em nuvem, entre diversos outros.

Cumpre ressaltar que no GDPR foram impostas limitações ao uso da execução de contrato como base legal para a transferência internacional. Na Europa, os controladores somente poderiam fundamentar a transferência internacional de dados em execução de contrato de forma eventual (*i.e.*, não recorrente). Tal limitação, porém, não se encontra presente na legislação brasileira, o que viabiliza o uso dessa base legal de forma mais abrangente.

(n) Exercício regular de direitos

A última hipótese legal para transferência internacional de dados pessoais mencionada na LGPD é o exercício regular de direitos em processo judicial, administrativo ou arbitral.

Assim, caso o controlador seja parte em um processo de natureza judicial, administrativa ou arbitral no Brasil ou no exterior, ele poderá realizar a transferência internacional para que possa exercer seus direitos integralmente.

Por meio desse mecanismo de transferência, o legislador quis garantir que não fossem impostas barreiras no exercício do direito de defesa do controlador, seja ele exercido no território nacional ou fora dele.

Nesse sentido, com base no exercício regular de direitos, um controlador poderia, por exemplo, transferir dados para fora do território nacional, quando necessário, para obter aprovação de uma operação em órgãos reguladores ou preparar sua defesa em uma investigação.

Note-se, ainda, que o exercício regular de direitos não se limita aos direitos do controlador, podendo ser aplicado também em cenários em que estão em jogo os direitos do próprio titular ou de terceiros.

CONSIDERAÇÕES FINAIS

A experiência internacional demonstra que o modelo de adequação (ou de acordos bilaterais, como o *Privacy Shield*) é demasiado lento e burocrático. Não é à toa que a maioria das empresas opta por adotar as cláusulas contratuais modelo (SCCs) estipuladas pela Comissão Europeia de forma a ganhar agilidade e viabilizar as transferências internacionais necessárias para suas atividades empresariais, sendo ainda muito baixo o volume de empresas que opta por implementar normas corporativas globais, de aprovação complexa e muito demorada.

Operacionalmente, espera-se que a ANPD adote modelos flexíveis para viabilizar, de modo prático, rápido e eficaz, a transferência internacional de dados pessoais. Um modelo restritivo cria barreiras comerciais que podem limitar a inovação, a produção de conhecimento e o acesso à informação no território brasileiro e contraria o estado da arte da economia, uma vez que a lógica de adequação não é mais aplicável à natureza global e atual dos fluxos de dados pessoais, principalmente em um país em desenvolvimento como o Brasil, que não tem o mesmo peso da União Europeia para impor esse modelo ao resto do mundo.

Nos dias de hoje, a economia global necessita e depende cada vez mais dos fluxos contínuos de informações. Produtos e serviços estão internacionalmente conectados, compartilhando, absorvendo e processando dados pessoais e contribuindo para um ecossistema abundante em informações e conteúdo, pluralista e inclusivo. Condutas corriqueiras do cotidiano das pessoas – comunicar-se por serviços de mensagens, compartilhar fotos em redes sociais, enviar mensagens de correio eletrônico, acessar websites, reservar passagens aéreas, utilizar serviços de mobilidade e de entrega, publicar textos e armazenar documentos em serviços *on-line* – quase sempre implicam em múltiplas transferências internacionais de dados pessoais.

Ou seja: produtos, serviços e até ações de usuários utilizam e geram dados pessoais que ultrapassam fronteiras, sendo este o atual estado da arte da economia. É preciso cautela e atenção na aplicação e interpretação da LGPD para a implementação dos mecanismos de transferência internacional de dados pessoais.

Do ponto de vista prático, empresas (sejam de pequeno, médio ou grande porte) efetuam o tratamento e a transferência internacional de dados de seus clientes, usuários e consumidores para poder oferecer bens e serviços no Brasil. Insistir em procedimentos burocráticos para que seja permitido efetuar essas transferências cotidianas pode implicar na interrupção, suspensão ou até mesmo no encerramento desses serviços.

Na economia moderna, o fluxo de comunicações, dados e informações ocorre continuamente e de modo instantâneo, de modo que a burocratização dessas transferências pode criar barreiras comerciais e até mesmo afastar investimentos estrangeiros em território nacional devido à insegurança jurídica e aos custos (aqui entendidos como tempo, dinheiro e oportunidades) inerentes ao atendimento de exigências exageradas.

Com relação ao titular de dados pessoais, é importante insistir que, no contexto atual, praticamente todo tipo de interação pode caracterizar, por si só, uma transferência internacional. Em nosso mundo interconectado, todo tipo de interação rotineiramente implica transferências internacionais de dados pessoais. Mesmo empresas brasileiras, que prestam serviços exclusivamente a brasileiros no território nacional, realizam constantemente transferências internacionais de dados pessoais dependendo da infraestrutura tecnológica que utilizam.

Em suma, interpretar de modo restritivo os dispositivos sobre transferência internacional de dados pessoais pode colocar a LGPD em completo descompasso com a dinâmica da economia moderna e do uso de serviços *on-line* pelos próprios titulares desses dados.

É por isso que se espera que a ANPD possa, de modo ágil: (i) definir quais países serão considerados adequados para a livre transferência internacional de dados pessoais; (ii) estabelecer cláusulas contratuais modelo com o mesmo objetivo; e (iii) estruturar-se adequadamente para aprovar normas corporativas globais em prazos razoáveis, tendo em vista que essas três hipóteses representam os mecanismos mais utilizados para transferências internacionais de dados pessoais e são urgentes para o funcionamento da economia baseada em dados em que vivemos.

15

O REGIME DE TRANSFERÊNCIA INTERNACIONAL DE DADOS DA LGPD: DELINEANDO AS OPÇÕES REGULATÓRIAS EM JOGO

FERNANDA MASCARENHAS MARQUES
Mestra em Direito e Desenvolvimento pela FGV Direito SP. Bacharela pela PUC-SP.
Advogada em São Paulo.

THEÓFILO MIGUEL DE AQUINO
Doutorando e Mestre em Direito e Desenvolvimento pela FGV Direito SP. Bacharel
pela Universidade de São Paulo. Advogado em São Paulo.

INTRODUÇÃO

O significado da operação de transferência de dados passou por mudanças ao longo das últimas décadas. Em um mundo exclusivamente analógico, transferir dados implica, em grande medida, reunir uma quantidade de documentos em pasta ou arquivos físicos e enviá--los de um lugar a outro. Transferir dados internacionalmente, por sua vez, implicaria que esses documentos, pastas e arquivos físicos atravessassem fronteiras que dividem e delimitam a jurisdição de cada país.

Atualmente, não se pode usar dessa mesma imagem para exemplificar em que consiste a transferência de dados: a lógica de que os dados saem de um lugar específico por meio de uma rota predeterminada para chegar a outro pouco ilustra a complexidade do que de fato ocorre. Considerando as formas e os modelos em que os dados podem ser tratados hoje em dia, mais precisa é a noção de que os dados podem já não estar mais dentro dos limites do Estado no mesmo instante em que são criados.

Há, inclusive, exemplos menos evidentes da centralidade da transferência internacional. Se uma empresa quer tornar sua gestão de recursos humanos mais eficiente ou ainda gerenciar sua estratégia de vendas de forma mais competitiva, há grandes chances de que essa empresa se valha da contratação de *software* – no modelo de contratação de *Software as a Service* (SaaS) – para gestão de funcionários ou de estratégia de vendas, não sendo baixa a probabilidade de que os servidores do *software* não estejam no mesmo país de operação da empresa contratante, bem como que o seu acesso possa ocorrer em mais de uma jurisdição concomitantemente[1].

---

[1]   "Cloud computing is another great example of privacy compliance uncertainty. When users decide to store their information in servers accessible worldwide, they are giving away their data to a company

Assim, não é apenas o usuário final desempenhando atividades do cotidiano que depende de serviços cuja operação depende do fluxo internacional de dados pessoais.[2] Mesmo pessoas jurídicas com atividades analógicas podem, hoje em dia, depender de produtos e serviços cuja operação se assenta na possibilidade de tratar dados em diferentes jurisdições[3].

A partir desses casos, é possível notar que a regulação da transferência internacional de dados pessoais possui forte relação com os limites – ou barreiras – de entrada de serviços, produtos e empresas em um país. Nessa linha, já no século passado, países demonstraram preocupações a respeito da potencialidade de regulamentações domésticas restringirem o fluxo de dados entre eles. Preocupados com o surgimento de possíveis barreiras ao comércio e às demais transações internacionais que uma regulação mais protecionista do fluxo de dados pessoais poderia causar, países passaram a se reunir para estabelecer regras convergentes de proteção de dados pessoais e evitar – por meio dessa harmonização – que justificativas regulatórias fundadas na proteção da privacidade e dos dados pessoais pudessem dar causa a barreiras ao comércio e às demais transações internacionais[4]. Alguns exemplos nesse sentido são as iniciativas que tiveram como resultado a Convenção para a Proteção das Pessoas em

---

which is usually not located in their home country. If their data is stored abroad, which national law should govern privacy matters: the one of the place where the server is hosted or the one of the country the user lives in? These are examples which demonstrate that this is a deadlocked debate. There is not only a tension between privacy and control but also a tension between the different national legal concepts of privacy and the necessity to comply with all of them at the same time" (ANTONIALLI, Dennys. *Privacy and international compliance: when differences become an issue*. 2010. Disponível em: <https://www.aaai.org/ocs/index.php/SSS/SSS10/paper/view/1165/1470>).

[2] Titulares de dados podem ter relação direta com controladores situados completamente fora do país. Nessas hipóteses, ainda pende de maiores esclarecimentos se a coleta direta entraria dentro do conceito de transferência internacional de dados e atrairia a aplicação do Capítulo V da LGPD ou se, apesar de caracterizar um fluxo com caráter internacional, por não haver dois agentes de tratamento nessa relação (como no caso de transferência indireta descrita na versão anterior deste artigo), atrairia-se a aplicabilidade extraterritorial da Lei, como previsto no art. 3º, III da LGPD. Sobre esse ponto, em novembro de 2021, o European Data Protection Board (EDPB) publicou Diretrizes quanto aos critérios atrelados à transferência internacional que atrairiam a aplicação do Capítulo V do GDPR. Em suas "Guidelines 05/2021 on the interplay between the application of Article 3 and the provisions on international transfers as per Chapter V of the GDPR", é necessária a junção de três fatores: (i) o controlador ou o operador estarem sujeitos ao GDPR para a atividade em questão; (ii) o controlador ou operador (exportador) divulgam ou disponibilizam esses dados ao importador (que pode assumir papel de controlador, cocontrolador ou operador); e (iii) o importador se encontra em um país terceiro ou organização internacional, independente da atividade estar ou não sujeita ao GDPR de acordo com o artigo 3º.

[3] "To allow a computing resource to be fully utilized in a time-efficient manner, cloud providers often locate their data centres in multiple jurisdictions to allow the same resource to be shared by customers operating in different time zones, with peak hours – and hence heavy demand – occurring at different times of the day. Another feature of cloud computing is that cloud providers can dynamically allocate their resources to customers in a flexible and optimized way to ensure that spare resources are efficiently utilized. The result is that customer data may be located in and/or moved to data centres in different jurisdictions rather rapidly. After all, cloud providers with data centres in more than one location often stress their superior ability to ensure data availability" (CHEUNG, Anne S. Y.; WEBER, Rolf H. (orgs.). *Privacy and Legal Issues in Cloud Computing*. Cheltenham: Edward Elgar Publishing, 2016. p. 36).

[4] "Producing an international legal framework for data protection based on agreed standards may be thought of as the 'harmonization' or 'unification' of data protection law, terms which will be referred to synonymously here as 'harmonization'. The primary motivation of the harmonization of laws has been described as 'to reduce the impact of national boundaries', which fits well with the motivation of many advocates of an international data protection framework to facilitate the flow of personal data around

PARTE II · Cap. 15 · O REGIME DE TRANSFERÊNCIA INTERNACIONAL DE DADOS DA LGPD | 305

relação ao Tratamento Automatizado de Dados Pessoais ("Convenção 108"), do Conselho da Europa, as Diretrizes para a Proteção da Privacidade e dos Fluxos Transfronteiriços de Dados Pessoais ("Diretrizes de 1980"), da Organização para a Cooperação e Desenvolvimento Econômico – OCDE, e, mais recentemente, a APEC Privacy Framework de 2005, da Cooperação Econômica Ásia-Pacífico – APEC.

Saber como se regula a transferência de dados em um determinado país, portanto, é essencial para as discussões de proteção de dados pessoais, fundada na proteção da privacidade e na autodeterminação do indivíduo, para as decisões mais cotidianas de gestão empresarial, bem como para uma perspectiva mais macro de relação entre regulação e fatores de desenvolvimento econômico de um determinado país ou região[5]. De forma simplificada, se uma lei estabelece que os dados coletados em seu território só podem ser tratados dentro de suas fronteiras, então, em última medida, a lei estaria afastando a operação das principais empresas da economia globalizada, que não poderão operar neste país ou deverão se adaptar para cumprir com as exigências locais, bem como afasta a possibilidade de contratação de diversas soluções digitais desenvolvidas e gerenciadas completamente no exterior.

Nesse sentido, as restrições ao fluxo de dados podem assumir variadas formas, inclusive em sua extensão. Em outras palavras, determinada regulação pode impor certos limites e requerer certas obrigações que variam desde a obrigatoriedade de cópia de armazenamento local até a obrigatoriedade de armazenamento exclusivo em território específico, processamento e acesso local[6].

A análise desse tipo de regulação ilumina características fundamentais do estágio de desenvolvimento do capitalismo que se propõe global e expansionista[7]. Nesse sentido, parece justo considerar que empresas não são criadas para estarem restritas às jurisdições nacionais, mas, sim, para serem operadas de forma a expandir suas atividades e ofertar seus produtos e serviços ao maior número possível de pessoas em qualquer localidade. Se a possibilidade de ignorar fronteiras nacionais for demasiadamente custosa, o modelo de se fazer negócio que tomou sua forma com o surgimento da internet e da computação em nuvem[8] passa a encontrar objeções para seu desenvolvimento[9].

---

the world" (KUNER, Christopher. An international Legal Framework for Data Protection: Issues and Prospects. *Computer Law & Security Review*, vol. 25, 2009. p. 12).

[5] "Data flows – both within countries and between them – reflect the activities of individuals and of businesses. Many people assume that the Internet is dominated by individuals viewing YouTube and other streaming videos, trading e-mails, and posting on social media. But a large share of Internet traffic is also driven by companies interacting with their foreign operations, suppliers, and customers. The business aspect of data flows is likely to take on a deeper dimension in the near future as more companies embed monitors, sensors, and tracking devices into their physical assets" (MANYIKA, J. et al. *Digital Globalization*: the new era of global flows. McKinsey & Company, 2016. p. 32. Disponível em: <https://www.mckinsey.com/business-functions/mckinsey-digital/our-insights/digital-globalization-the-new--era-of-global-flows>).

[6] Essa categorização é melhor desenvolvida em FERRACANE, Martina F. *Restrictions on cross-border data flows? A taxonomy. ECIPE Working Paper*, 2017.

[7] SCHWAB, Klaus. *A quarta Revolução Industrial*. Trad. Daniel Moreira Miranda. São Paulo: Edipro, 2016.

[8] "The cloud allow us to access our documents, photos, and video files from anywhere in the world. Many of us are customers of Dropbox and Google, amongst other cloud service providers. Be it online searching, media streaming or WhatsApping, we are all in the cloud. In addition, many businesses have purchased computing resources through cloud service providers rather than acquiring their own physical IT assets" (CHEUNG, Anne S. Y.; WEBER, Rolf H. (orgs.). *Privacy and Legal Issues in Cloud Computing*. Cheltenham: Edward Elgar Publishing, 2016. p. 1).

[9] "Data localization can be explicitly required by law or is the de facto result of a culmination of other restrictive policies that make it unfeasible to transfer data, such as requiring companies to store

Por outro lado, preocupações legítimas circunscrevem o tema, relacionando a regulação como medida necessária para a proteção dos dados pessoais e da privacidade de indivíduos sujeitos a uma determinada jurisdição estatal. Mais que isso, certas medidas de restrição do fluxo de dados entre fronteiras podem ainda ter respaldo na proteção contra espionagem de segurança e inteligência estrangeira, na busca pela garantia do *enforcement* de legislação nacional ou incentivo para desenvolvimento da indústria local[10]. De fato, pensar no melhor modelo regulatório que busque a proteção desses indivíduos, de um lado, e a livre circulação dos dados entre fronteiras, de outro, tem sido um desafio enfrentado por diversos países, blocos econômicos e organizações internacionais desde o final do século passado.

Na próxima seção, é feito o mapeamento de contribuições feitas à redação do Anteprojeto de Lei do Ministério da Justiça (APL), posto em Consulta Pública entre 28 de janeiro e 5 de julho de 2015. Importantes debates ocorreram sobre as opções regulatórias em torno do APL que envolviam três aspectos principais: (i) a oposição entre modelo geográfico e modelo de responsabilização; (ii) a possibilidade e limites do consentimento individual substituir a aferição do nível de proteção adequado proferido pela decisão de adequação; e (iii) a discricionariedade do órgão competente para autorizar a transferência internacional. É possível notar que essas discussões impactaram a redação final do APL, o qual deu origem ao então Projeto de Lei (PL) 5.276/2016, de iniciativa do Poder Executivo e apensado ao PL 4.060/2016, com relatoria do Deputado Orlando Silva.

Com isso exposto, o presente artigo entende pela relevância de revisitar o processo legislativo que originou a aprovação da Lei Geral de Proteção de Dados Pessoais brasileira (LGPD), com foco nas contribuições acerca do regime de transferência internacional de dados pessoais. Assim, busca-se mapear as opções regulatórias que estavam sobre a mesa e contribuir, em certa medida, para as discussões a respeito de como os modelos de negócio empresariais estão sujeitos a uma regulação menos ou mais protecionista no que toca à autorização do fluxo de dados entre fronteiras.

Conforme é possível observar no texto final da LGPD, este possui similaridades com o modelo contido no *General Data Protection Regulation* (GDPR) da União Europeia, bem como na então revogada Diretiva 95/46/CE. Por conta disso, estudos que pretendem compreender o modelo da União Europeia são importantes, visto que contribuem para um processo interno de reflexão sobre os limites de importação de modelos e regimes externos, ressaltando semelhanças e diferenças em relação ao regime inspirado. Ademais, esses estudos contribuem para o levantamento de desafios que já foram enfrentados em outras jurisdições, apontando para

---

a copy of the data locally, requiring companies to process data locally, and mandating individual or government consent for data transfers. These policies represent a new barrier to global digital trade. Cutting off data flows or making such flows harder or more expensive puts foreign firms at a disadvantage. This is especially the case for small and solely Internet-based firms and platforms that do not have the resources to deal with burdensome restrictions in every country in which they may have customers. In essence, these tactics constitute 'data protectionism' because they keep foreign competitors out of domestic markets" (CORY, Nigel. *Cross-Border Data Flows: Where Are the Barriers, and What Do They Cost?* Information Technology & Innovation Foundation, 2017. p. 2. Disponível em: <https://itif.org/publications/2017/05/01/cross-border-data-flows-where-are--barriers-and-what-do-they-cost>).

[10] A explicação dessas justificativas em relação às restrições ao fluxo de dados entre fronteiras pode ser encontrada em SELBY, John. Data localization laws: trade barriers or legitimate responses to cyber-security risks, or both? International Journal of Law and Information Technology. Oxford University Press, 2017.

PARTE II · Cap. 15 · O REGIME DE TRANSFERÊNCIA INTERNACIONAL DE DADOS DA LGPD | 307

possíveis soluções ou recomendações voltadas aos prós e contras de determinada escolha regulatória.

Por conta disso, a terceira seção do artigo tece algumas considerações a respeito da hipótese legal da decisão de adequação proferida pela Comissão Europeia, antecipando as possibilidades de atuação da futura Autoridade Nacional de Proteção de Dados (ANPD) na aferição do nível de proteção oferecido por outras jurisdições. Contudo, ressalta-se que o estudo dos demais mecanismos de "licenças" para a transferência internacional de dados pessoais também é valioso para a complementação deste artigo e de outros estudos que buscam situar o Brasil no debate internacional de regras de transferência de dados pessoais a países terceiros. Tais licenças, no entanto, não são objeto do presente artigo.

1. A LGPD E SEU PROCESSO LEGISLATIVO

O texto final do "Capítulo V – Da Transferência Internacional de Dados" possui três grandes categorias de hipóteses legais que autorizam a transferência internacional de dados pessoais. A primeira hipótese legal (inciso I do art. 33) estabelece o mecanismo da decisão de adequação, a qual compreende um processo de avaliação de um terceiro avaliado (países ou organismos internacionais) e se este apresenta um nível considerado adequado de proteção de dados pessoais. Com esse reconhecimento conferido pela ANPD, a transferência internacional de dados pessoais passa a ocorrer entre agentes importadores e exportadores de dados pessoais sem a necessidade de se valer de outra hipótese legal disposta nos demais incisos. Para tanto, o art. 34 da LGPD estabelece em seus incisos os critérios e balizas necessárias para essa avaliação, que variam desde uma análise de normas gerais e setoriais do terceiro avaliado, adoção de medidas de segurança contidas em regulamentos, a possibilidade de observância dos princípios de proteção de dados e direitos dos titulares, bem como as garantias existentes judiciais e institucionais para o respeito desses direitos. Adicionalmente, ainda há critérios que recaem sobre a natureza dos dados e outras circunstâncias específicas relativas à transferência.

A segunda categoria compreende a autorização da transferência por meio do oferecimento entre os agentes envolvidos na operação de comprovação de garantias de cumprimento dos princípios, direitos dos titulares e do regime de proteção dos dados previstos na LGPD (art. 33, II). A lógica desses mecanismos é conferir alternativas para os casos em que não há decisão de adequação avaliando o país em que o receptor dos dados está situado. As garantias estão apresentadas nas alíneas "a" a "d" do inciso II do art. 33 e consistem em adoção pelas partes de (a) cláusulas contratuais específicas para a transferência; (b) adoção de cláusulas-padrão contratuais entre agentes importadores e exportadores de dados; (c) adoção pela empresa de normas corporativas globais; ou (d) por meio de selos, certificados e códigos de conduta regularmente emitidos. Apesar de conferirem certo grau de autonomia para as partes envolvidas, que poderão optar pelos mecanismos que melhor atendem suas necessidades e a realidade de suas operações, a sua adoção não está imune da apreciação da ANPD, devendo esta se manifestar a respeito do conteúdo das cláusulas-padrão contratuais, bem como verificar, analisar e aprovar as cláusulas específicas para a transferência e as normas corporativas globais. Os organismos de certificação designados também estarão sob sua fiscalização e podem ter seus atos revistos ou anulados pela ANPD.

A terceira categoria abrange os incisos III a IX do art. 33, o qual prevê outras hipóteses em que os agentes de tratamento podem se fundamentar para justificar a transferência de dados pessoais, tais como nos casos em que a transferência seja necessária para a proteção da vida ou da incolumidade física do titular ou de terceiros, a autoridade nacional autorize a transferência ou, ainda, mediante obtenção de consentimento destacado e específico do titular para

TRATADO DE PROTEÇÃO DE DADOS PESSOAIS

a transferência, respeitada a obrigação de prestar informação prévia do caráter internacional da operação, distinguindo de forma clara a finalidade da transferência em relação às demais.

Com isso dito, é importante esclarecer que as bases legais para tratamento de dados pessoais (para dados contidos no art. 7.º da LGPD e para dados sensíveis contidos no art. 11 da LGPD) não implicam a obtenção automática de autorização para a transferência internacional de dados pessoais. Trata-se de etapas distintas que requerem avaliação separada para encontrar a hipótese legal que melhor se encaixe às necessidades da operação em questão. Todavia, convém destacar que, às vezes, as bases legais para o tratamento e as hipóteses que autorizam a transferência podem se sobrepor, como nos casos em que a atividade de tratamento se fundamenta no art. 7.º, II, V ou VI, e quando as atividades da transferência se valem dessas mesmas bases legais (visto que o inciso IX do art. 33 faz remissão à possibilidade de autorização da transferência nos casos dos incisos II, V e VI do art. 7.º)[11].

A partir da contextualização da redação final do art. 33 da LGPD, é importante destacar a discussão legislativa e proposições que contribuíram para a versão final do Capítulo V, que dispõe sobre a transferência internacional dos dados. Esse mapeamento foi feito com o objetivo de resgatar as opções e diferentes interesses regulatórios em jogo.

1.1 Breve contextualização do processo legislativo da LGPD

O APL do Ministério da Justiça foi protocolado na Câmara dos Deputados como PL 5.276/2016, de iniciativa do Poder Executivo. De acordo com os arts. 142, *caput*, e 143, II, do Regimento Interno da Câmara dos Deputados, projetos de lei com temática semelhante devem ser apensados para tramitar em conjunto, de forma que os mais recentes devem ser apensados aos mais antigos. Por conta disso, o PL 5.276/2016 foi apensado ao PL 4.060/2012 em 18 de julho de 2016[12].

Assim, a redação final do PL 4.060/2012 espelha, em certa medida, as contribuições que ocorreram na 2ª Consulta Pública aberta pelo Ministério da Justiça ao referido PL. Nessa Consulta, podem-se afirmar que foram três eixos de discussão quanto ao regime de transferência internacional de dados. Em primeiro lugar, discutiu-se a oposição entre modelo geográfico e modelo de responsabilização. Em segundo lugar, debateu-se a possibilidade de o consentimento individual substituir a aferição do nível de proteção adequado. Em terceiro lugar, foi colocada em questão a discricionariedade do órgão competente para autorizar a transferência internacional. Há uma diferença de redação entre a versão final do PL 4.060/2012 e o texto final da LGPD no que se refere ao "órgão competente" tanto no art. 33, V (que estabelecia a competência para autorizar transferência internacional), quanto no art. 35, *caput* (que estabelecia competência relacionadas às cláusulas contratuais aprovadas pelo órgão competente para uma transferência específica, cláusulas contratuais padrão ou em normas corporativas globais), ao passo que o texto final da lei aparece com a redação "autoridade nacional" em seu lugar.

Convém destacar, no entanto, que tal mudança aproxima a redação ao GDPR, bem como às suas exigências para a avaliação do nível adequado de proteção de dados pessoais, sendo

---

[11] O art. 7.º, II, V e VII, dispõe, respectivamente, sobre a base legal do cumprimento de obrigação legal ou regulatória pelo controlador (inciso II), quando necessário para a execução de contrato ou procedimentos preliminares relacionados a contrato do qual seja parte o titular, a pedido do titular dos dados (inciso V) e para o exercício regular de direitos em processo judicial, administrativo ou arbitral (inciso VI).

[12] Informação disponível em: <https://www.camara.leg.br/proposicoesWeb/fichadetramitacao?idProposicao=2084378>. Acesso em: 31 jan. 2020.

PARTE II · Cap. 15 · O REGIME DE TRANSFERÊNCIA INTERNACIONAL DE DADOS DA LGPD 309

critério relevante a presença de uma autoridade independente, com poderes de investigação e intervenção em relação às regras de proteção de dados pessoais e às atividades realizadas pelos agentes de tratamento.

1.2 Modelo geográfico *vs.* modelo de responsabilização

A escolha regulatória contida na redação do art. 33, I, da LGPD aplicada às transferências internacionais de dados reflete o chamado "modelo geográfico". No anteprojeto de lei, a redação do inciso permitia a transferência de dados apenas para países que possuíssem nível de proteção "ao menos equiparável" à Lei. Já na redação do PL, houve mudança para que a transferência fosse permitida a países com nível de proteção "adequado", substituindo a expressão "ao menos equiparável".

Essa expressão também foi utilizada quando do julgamento do caso *Schrems* pelo Tribunal de Justiça da União Europeia (TJUE)[13], que invalidou o Acordo Safe Harbor, celebrado entre Estados Unidos e União Europeia sobre regras de tratamento de dados pessoais aplicadas às empresas autocertificadas nos termos do Acordo. Apesar de usar o termo proteção equivalente, muito debateu-se que o termo previsto na Diretiva 95/46/CE, à época, previa redação de "nível adequado" de proteção[14]. Essa diferença seria especialmente importante considerando a dificuldade metodológica de se comparar regimes jurídicos distintos. A bem da verdade, a avaliação por trás de uma decisão de adequação pressupõe uma análise que vai além de uma abordagem meramente legalista do direito vigente, mas requer a compreensão da prática jurídica do país, englobando forma de aplicação e *enforcement* local de regras de uma pluralidade de áreas, como direito civil, direitos humanos, direito administrativo, penal e a sua relação e coexistência com demais formas de autorregulação[15]. Entender o contrário tornaria a decisão de adequação um mero *checklist* de verificação formal de regras.

---

[13] "In the Schrems judgment, the CJEU explained that the standard of protection that third countries must meet under Article 25 of the Directive is one that is 'essentially equivalent' to that under the Directive in light of the Charter. It did so despite the fact that when the Directive was adopted, the EU legislator specifically preferred the term 'adequate protection' over 'equivalent protection'" (KUNER, Christopher. Reality and Illusion in EU Data Transfer Regulation Post Schrems. *German Law Journal*, vol. 18, n. 4, 2017. p. 899).

[14] A Corte de Justiça da União Europeia (CJUE), ao analisar o caso *Schrems*, em que invalidou o acordo entre União Europeia e Estados Unidos (chamado de Safe Harbor), também faz referência ao termo "essencialmente equivalente", apesar da Diretiva 95/46/CE, vigente à época, expressamente prever o termo "proteção adequada". Kuner reflete: "The term 'essentially equivalent' seems to imply a comparison between third country data protection standards and EU standards, an undertaking that is fraught with difficulty. Data protection and privacy are 'context-bound and linked to culture', making them difficult areas for comparative analysis. There are numerous theories used to compare different systems and concepts of constitutional and public law, and selecting and refining the correct methodological approach in order to evaluate foreign legal systems of data protection is a lengthy and complex process. The European Commission has internal guidelines for evaluating the adequacy of the data protection law of third countries which have never been made public, and the process of reaching an adequacy finding can take several years and involve participation by outside academic experts in foreign law Comparison of legal systems is not a mechanical exercise—particularly in an area like data protection—and requires going beyond analysis of legal texts to consider factors such as constitutional protection, treaty protection, human rights institutions, civil law protection, criminal law, administrative law, and self-regulation" (KUNER, Christopher. Reality and Illusion in EU Data Transfer Regulation Post Schrems. *German Law Journal*, vol. 18, n. 4, 2017. p. 901).

[15] However, as the Advocate General has observed in point 141 of his Opinion, the term 'adequate level of protection' must be understood as requiring the third country in fact to ensure, by reason of its domestic

Esse modelo é definido como geográfico porque "concentra os critérios de equivalência e adequação que autorizam a transferência internacional no nível de proteção de cada país, em sua legislação doméstica e compromissos internacionais"[16]. Há argumentos que sustentam que esse modelo pode representar um processo custoso, pouco eficiente e de resultados não garantidos na aferição da legislação de países terceiros[17]. Nessa linha, nas discussões do anteprojeto vários atores se posicionaram no sentido de mudar a redação do texto para permitir *a priori* todo tipo de transferência e criar hipóteses específicas de limitação e responsabilização.

Nessa linha, o SindiTeleBrasil sugeriu redação cuja lógica normativa era a inversa: a transferência internacional seria permitida, ressalvadas as hipóteses em que órgão do sistema jurídico brasileiro determinasse o contrário, em casos de reconhecimento de que o terceiro avaliado não possui nível equiparável ao da Lei. O modelo geográfico estaria mantido, mas a inversão da lógica normativa visava diminuir o problema de eficiência da decisão burocrática de adequação. A proposta manteve ainda o termo "equiparável", o que pressupõe uma análise metodológica de comparação de sistemas jurídicos. Vejamos[18]:

> "A transferência internacional de dados pessoais é permitida, salvo quando houver manifestação expressa de órgão pertencente ao sistema jurídico brasileiro, que determinado país não proporciona nível de proteção de dados pessoais equiparável ao desta Lei".

Como se vê, a proposta acima do SindiTeleBrasil inverte o ônus do órgão competente a fim de que a proibição, e não a permissão, da transferência fosse condicionada à sua manifestação.

O segundo modelo que foi discutido em paralelo ao modelo geográfico foi o de responsabilização dos controladores e operadores de dados pessoais. Essa contribuição foi trazida pela ABEMD, Cisco, ITI, Gepi-FGV, entre outros atores. O exemplo por excelência desse modelo é a regulação canadense no *The Personal Information Protection and Electronic Documents Act* (PIPEDA). Ali, criou-se um modelo de responsabilização das empresas independentemente da localização do tratamento dos dados pessoais.

---

law or its international commitments, a level of protection of fundamental rights and freedoms that is essentially equivalent to that guaranteed within the European Union by virtue of Directive 95/46 read in the light of the Charter" (Tribunal de Justiça da União Europeia, Caso Schrems, 2015).

[16] INSTITUTO DE REFERÊNCIA EM INTERNET E SOCIEDADE (IRIS). *Transferência Internacional de Dados no PL 5276/16*. Policy Paper, 2017. p. 14. Disponível em: <http://irisbh.com.br/wp-content/uploads/2017/05/Transfer%C3%AAncia-Internacional-de-Dados-POR.pdf>.

[17] Nesse sentido, convém destacar que o próprio WP 29 reconheceu a necessidade de racionalizar o processo de tomada de decisão para evitar custos excessivos. "This does not of course mean that no cases will be examined in detail, but rather that mechanisms will need to be developed which rationalise the decision-making process for large numbers of cases, allowing decisions, or at least provisional decisions, to be made without undue difficulty or excessive resource implications" (WORKING PARTY ON THE PROTECTION OF INDIVIDUALS WITH REGARD TO THE PROCESSING OF PERSONAL DATA (WP24). *First Orientations on Transfers of Personal Data to Third Countries* – Possible Ways forward in Assessing Adequacy, 1997. Disponível em: <https://ec.europa.eu/justice/article-29/documentation/opinion-recommendation/files/1997/wp4_en.pdf>).

[18] INTERNETLAB. O que está em jogo no debate sobre dados pessoais no Brasil? *Relatório final sobre o debate público promovido pelo Ministério da Justiça sobre o Anteprojeto de Lei de Proteção de Dados Pessoais*. 2016. p. 215. Disponível em: <http://www.internetlab.org.br/wp-content/uploads/2016/05/reporta_apl_dados_pessoais_final.pdf>.

Trata-se de obrigação que decorre do princípio de *accountability* previsto na lei, em que a escolha regulatória não proíbe a transferência de dados pessoais, mas impõe responsabilidades de conformidade às partes em operação internacional[19]. Nesse sistema, a obrigação recai na necessidade de implementação e verificação pelos agentes de tratamento de medidas voltadas à adequação das práticas de tratamento de dados, como adoção de política de privacidade adequada, de treinamento aos empregados, de monitoramento interno da efetividade das medidas de proteção de dados, de programas de verificação de conformidade de parceiros, entre outros.

Logo, o ônus de verificação do tratamento adequado dos dados mesmo após a transferência se desloca do Poder Público para o ente privado: o que garante a adequação do tratamento não é uma decisão do órgão regulatório, mas sim medidas estruturais e condutas do ente privado. O argumento que sustenta esse modelo é o de que se trata de opção regulatória mais barata, mais flexível e que traz melhores resultados, porque a empresa passa a ser diretamente responsável sem onerar a administração pública, como nos casos dependentes de decisão de adequação[20].

Os documentos disponibilizados pela Câmara dos Deputados não explicam por que se considerou o modelo geográfico mais apropriado ao sistema jurídico brasileiro do que a escolha exclusiva pelo modelo de responsabilização. Contudo, é que o Deputado Orlando Silva justificou a redação do capítulo de transferência como uma opção para se adequar ao regime europeu de proteção. A mudança – da redação de "ao menos equiparável" para "adequado" – foi justificada como concessão de que a expressão inicial do anteprojeto poderia aumentar demais os custos e a burocracia, tornando o processo de avaliação do nível de proteção

---

[19] "For example, accountability is used under the Canadian Personal Information Protection and Electronic Documents Act (PIPEDA), and the concept is also contained in the Australian Government's draft Privacy Principles that were released for consultation in June 2010. Accountability does not specifically restrict transborder data flows, but imposes compliance responsibilities on parties that transfer personal data internationally. As the Office of the Privacy Commissioner of Canada has explained, 'PIPEDA does not prohibit organisations in Canada from transferring personal information to an organisation in another jurisdiction for processing. However under PIPEDA, organisations are held accountable for the protection of personal information transfers under each individual outsourcing arrangement'. On a practical level, accountability may require organisations to take steps such as implementing appropriate privacy policies which are approved by senior management and implemented by a sufficient number of staff; training employees to comply with these policies; adopting internal oversight and external verification programmes; providing transparency to individuals as to the policies and compliance with them; and adopting mechanisms to enforce compliance" (KUNER, Christopher. Reality and Illusion in EU Data Transfer Regulation Post Schrems. *German Law Journal*, vol. 18, n. 4, 2017. p. 17).

[20] "The procedure for having third countries declared 'adequate' by the European Commission is also a triumph of bureaucracy and formalism over substance, and has been criticized as inefficient, untransparent, and subject to political influence. The inefficiency of the process is demonstrated by the low number of adequacy decisions issued since the Directive came into effect in 1998. There are only thirteen data protection adequacy decisions currently in force, but by contrast the European Commission has made well over 100 decisions in the last few years finding third country legal regimes equivalent to EU rules in areas of financial services regulation such as accounting standards, statutory audits, and the operation of credit rating agencies. While the slow pace of adopting adequacy decisions in data protection may partly reflect the wide variety of approaches to data privacy around the world and the difficulty of comparing different systems of fundamental rights, it may also be caused, at least in part, by the opacity and poorly defined nature of the process" (KUNER, Christopher. Reality and Illusion in EU Data Transfer Regulation Post Schrems. *German Law Journal*, vol. 18, n. 4, 2017).

inviável[21]. A princípio, a pouca discussão de outros modelos regulatórios pode apontar para um cenário de pouca criticidade e reflexão que buscasse justificar por que esse modelo é o que melhor atende às necessidades brasileiras (considerando os modelos institucional, jurídico e econômico nos quais o Brasil se insere).

Consequentemente, restou positivado que a ANPD deverá proferir decisões de adequação sobre o grau de proteção oferecido por países terceiros. Caso o Brasil siga exemplos de países vizinhos da América Latina, há chances de que a ANPD venha a reconhecer a validade ao contexto brasileiro de todas as decisões de adequação proferidas pela Comissão Europeia.[22]

De todo modo, a fim de antecipar possíveis caminhos de atuação da ANPD, na terceira seção são feitas breves considerações a respeito desse instituto na União Europeia, a partir de documentos publicados sob a revogada Diretiva 95/46/CE e cujo objetivo foi trazer considerações e orientações no processo de tomada da decisão de adequação pela Comissão Europeia. Antes disso, porém, é preciso esclarecer os outros dois eixos de discussão no anteprojeto.

1.3 Consentimento individual *vs.* nível de proteção adequado

Ainda que não haja garantia de nível de proteção adequado, tanto o PL quanto a LGPD (art. 33, VIII) preveem a possibilidade de que o titular consinta com a transferência de seus dados, desde que de forma clara, específica e em destaque para com as demais finalidades. As discussões nesse tema se direcionaram para as limitações do consentimento como base legal para tratamento de dados e, consequentemente, como hipótese legal autorizadora para a transferência internacional.

O primeiro grupo de contribuições enxergou na previsão do consentimento uma diminuição da proteção conferida ao titular de dados, visto enxergarem neste último um agente na operação com capacidade reduzida de compreensão da complexidade do tratamento internacional. A Proteste afirmou, por exemplo, que não poderia haver qualquer possibilidade de transferência de dados para jurisdições com menor nível de proteção, ainda que o titular consentisse[23]. O Instituto de Referência Internet e Sociedade (IRIS) indicou que as informações são repassadas ao titular de dados por meio de textos longos, o que dificulta a real compreensão dos termos da transferência e impossibilita a autorização do usuário.[24]

---

[21] Parecer do relator à Comissão Especial do PL 4.060/2012, p. 39-40. Disponível em: <https://www.camara. leg.br/proposicoesWeb/prop_mostrarintegra?codteor=1663305&filename=PRL+1+PL406012+%- 3D%3E+PL+4060/2012>. Acesso em: 3 fev. 2020.

[22] Os autores tiveram a oportunidade de avaliar o modelo normativo vigente nos países vizinhos da América Latina. Constatamos que o Uruguai e o Paraguai reconheceram em sua jurisdição as decisões de adequação já proferidas pela União Europeia. Ver: AQUINO, Theófilo; MARQUES, Fernanda Mascarenhas. International Transfer of Data: a classification of regulatory instruments from the EU and MERCOSUR countries. In: THORSTENSEN, Vera Helena; NOGUEIRA, Thiago Rodrigues São Marcos (org.). *Anais da Conferência Anual de Comércio Internacional da Cátedra da OMC no Brasil.* São Paulo: VT Assessoria Consultoria e Treinamento Ltda, 2019. v. 2.

[23] INTERNETLAB. O que está em jogo no debate sobre dados pessoais no Brasil? *Relatório final sobre o debate público promovido pelo Ministério da Justiça sobre o Anteprojeto de Lei de Proteção de Dados Pessoais.* 2016. p. 224. Disponível em: <http://www.internetlab.org.br/wp-content/uploads/2016/05/ reporta_apl_dados_pessoais_final.pdf>.

[24] INSTITUTO DE REFERÊNCIA EM INTERNET E SOCIEDADE (IRIS). *Transferência Internacional de Dados no PL 5276/16.* Policy Paper, 2017. p. 21. Disponível em: <http://irisbh.com.br/wp-content/

PARTE II · Cap. 15 · O REGIME DE TRANSFERÊNCIA INTERNACIONAL DE DADOS DA LGPD | 313

Na mesma linha, o CTS-FGV considerou que a possibilidade do consentimento fragiliza a proteção ao indivíduo, porque a responsabilidade individual na gestão de seus dados seria excessiva e o papel educativo da legislação restaria enfraquecido[25]:

> "Pensando no papel educativo que uma legislação de proteção de dados pessoais pode assumir no contexto brasileiro, uma lei que se propõe a fortalecer o direito à autodeterminação dos cidadãos, mas que, na prática, dá margem para uma série de situações em que ele não será efetivado (as hipóteses em que os dados forem indispensáveis para o oferecimento de serviços ou produtos, por exemplo), pode fazer com que as pessoas deixem de acreditar na possibilidade de realização dos seus direitos fundamentais".

Posição diferente foi defendida por um segundo grupo de atores, que consideraram o consentimento individual como hipótese legal suficiente para autorizar a transferência internacional. Esse grupo se destaca pelo posicionamento a favor da inclusão do consentimento e pela previsão de hipóteses legais que pudessem excetuar a necessidade de sua obtenção. Se o primeiro grupo argumentava que o consentimento não poderia servir como hipótese de autorização de transferência em contexto algum, o segundo grupo se colocou a favor não só da sua previsão, como também da inclusão de hipóteses que autorizassem a transferência caso o consentimento não pudesse ser obtido. Por exemplo, Abranet e a Câmara BR concordaram com a previsão do consentimento como forma de autorização, mas apontaram a necessidade de que a lei dispusesse sobre a prescindibilidade de sua obtenção quando se tratar de transferência dentro do mesmo grupo empresarial.[26]

Por fim, um terceiro grupo de contribuições considerou desnecessária a previsão do consentimento individual como hipótese legal. Esses atores partiram da ideia de que a previsão seria prejudicial porque a transferência internacional de dados não poderia estar condicionada ao consentimento individual. Por exemplo, a Brasscom e a Vivo argumentaram que a obrigatoriedade do consentimento prejudica a liberdade empresarial para definir seu modelo de negócios[27]. Mesmo em caso de transferência para jurisdições com menor nível de proteção, o grupo se posicionou pela retirada da obrigação de consentimento individual.

Parece possível apontar que a LGPD adotou um meio-termo entre as posições indicadas. Se, de um lado, havia quem se opunha ao consentimento porque fragilizava o titular de dados, de outro, havia quem se opunha ao consentimento porque ele não deveria ser uma condição possível para a transferência. No meio-termo encontravam-se outras opções, como a dispensa de consentimento para transferências apenas dentro do mesmo grupo empresarial.

A redação do PL não se alongou na justificativa pela inclusão do inciso VIII que dispõe sobre o consentimento para a transferência internacional. O consentimento está previsto como

---

uploads/2017/05/Transfer%C3%AAncia-Internacional-de-Dados-POR.pdf>.

[25] CENTRO DE TECNOLOGIA E SOCIEDADE FGV RIO (CTS). *Contribuição ao debate público sobre o Anteprojeto de Lei de Proteção de Dados Pessoais*. Policy Paper, 2015. p. 24.

[26] INTERNETLAB. O que está em jogo no debate sobre dados pessoais no Brasil? *Relatório final sobre o debate público promovido pelo Ministério da Justiça sobre o Anteprojeto de Lei de Proteção de Dados Pessoais*. 2016. p. 223. Disponível em: <http://www.internetlab.org.br/wp-content/uploads/2016/05/reporta_apl_dados_pessoais_final.pdf>.

[27] INTERNETLAB. O que está em jogo no debate sobre dados pessoais no Brasil? *Relatório final sobre o debate público promovido pelo Ministério da Justiça sobre o Anteprojeto de Lei de Proteção de Dados Pessoais*. 2016, p. 213-214. Disponível em: <http://www.internetlab.org.br/wp-content/uploads/2016/05/reporta_apl_dados_pessoais_final.pdf>.

TRATADO DE PROTEÇÃO DE DADOS PESSOAIS

uma das hipóteses legais possíveis, ao lado de outras, como a própria decisão de adequação, cláusulas contratuais e normas corporativas globais. Contudo, ao contrário do que os outros mecanismos parecem ofertar, o consentimento sozinho não protege o titular na mesma medida em que as demais hipóteses legais pretenderam em seu formato criado pela LGPD. Apesar disso, parece legítimo que um titular possa optar – e, com isso, consentir – que seus dados possam ser enviados a outras jurisdições ainda que com nível menos adequado de proteção. Tal consentimento, entretanto, deve ser rigorosamente obtido (i) de forma específica; (ii) em destaque para o caráter da transferência; e (iii) informado, sobre o caráter internacional da operação e a finalidade atrelada à sua execução. A lógica aqui, de fato, é que o titular se encontra em posição menos favorável a respeito do conhecimento das atividades de tratamento atreladas à transferência e, portanto, para que possa consentir, deve-se garantir informação suficiente e adequada para que esse consentimento represente uma manifestação de vontade válida, desvinculada de qualquer alegação de vícios em sua obtenção.

1.4   Discricionariedade da autoridade nacional

A autorização pela autoridade nacional também funciona como hipótese legal para a transferência internacional de dados. Trata-se de competência para que a autoridade autorize a transferência de dados mesmo que o nível de proteção do país terceiro seja inferior e nenhuma das outras bases legais se faça presente (art. 33, V, da LGPD). A LGPD prevê essa competência sem determinar a partir de quais critérios a ANPD deve decidir. Por isso, é possível argumentar que a autoridade possui margem de discricionariedade maior do que quando em face do mecanismo de decisão de adequação, visto existir ausência de critérios balizadores previstos em lei no processo de decisão da autorização pela ANPD[28].

A maior parte das contribuições avaliou negativamente essa previsão, devido a objeções quanto à ampla discricionariedade conferida ao agente regulador[29]. Por exemplo, a ABEP argumentou que somente o consentimento do titular de dados poderia autorizar a transferência de dados a países com níveis de proteção não adequados. Adicionalmente, ADBTIC, ITI e MPA se manifestaram contra a delegação ampla de poderes à ANPD. Vale ler as manifestações, que deixam evidente o desconforto e os riscos associados à proposta[30]:

> "Este inciso consiste em delegação de poder vaga e genérica para um órgão cuja natureza jurídica sequer é prevista no anteprojeto. Desta forma, sugerimos a alterá-la para o texto previsto no *caput* do artigo 30, de forma que a exceção fique mais clara (MPA).
>
> O inciso dá poderes para que a autoridade competente determine quais transferências podem ser autorizadas independentemente dos países destino dos dados.

---

[28]   Os autores já tiveram a oportunidade de discorrer em mais detalhes sobre a ausência de critério para o art. 33, V, e seu paralelismo com outras legislações no Mercosul. Ver AQUINO, Theófilo; MARQUES, Fernanda Mascarenhas. International Transfer of Data: a classification of regulatory instruments from the EU and MERCOSUR countries. In: THORSTENSEN, Vera Helena; NOGUEIRA, Thiago Rodrigues São Marcos (org.). *Anais da Conferência Anual de Comércio Internacional da Cátedra da OMC no Brasil.* São Paulo: VT Assessoria Consultoria e Treinamento Ltda, 2019. v. 2.

[29]   INTERNETLAB. O que está em jogo no debate sobre dados pessoais no Brasil? *Relatório final sobre o debate público promovido pelo Ministério da Justiça sobre o Anteprojeto de Lei de Proteção de Dados Pessoais.* 2016. p. 219. Disponível em: <http://www.internetlab.org.br/wp-content/uploads/2016/05/reporta_apl_dados_pessoais_final.pdf>.

[30]   Ibidem.

PARTE II · Cap. 15 · O REGIME DE TRANSFERÊNCIA INTERNACIONAL DE DADOS DA LGPD | **315**

Diante da nebulosidade que cerca a autoridade competente, o inciso traz grande insegurança (ABDTIC)".

O parecer do Deputado Orlando Silva na Comissão Especial que acompanha o PL é silente sobre o inciso V do art. 33. Ele explica as disposições sobre transferência internacional, mas não faz qualquer menção sobre os motivos que poderiam justificar a delegação de poderes amplos e discricionários à ANPD[31]. Não se sabe explicar por que o deputado entendeu ser melhor omitir ou não a apresentação de justificativa para essa previsão legal segundo exigência e demandas do contexto brasileiro. Contudo, uma análise da revogada Diretiva 95/46/CE da União Europeia parece apontar para uma possível inspiração normativa, visto que seu art. 26 (2) previa a possibilidade de um Estado-membro autorizar transferência ou um conjunto de transferência a um país que não assegurasse proteção adequada, desde que o controlador oferecesse garantias suficientes de proteção da vida privada e das liberdades fundamentais das pessoais e o exercício dos direitos dos titulares, podendo resultar de cláusulas contratuais adequadas.

Importante destacar que o GDPR, em seu art. 46 (5), prevê que a autorização por Estado-membro ou autoridade nacional emitida sob o fundamento do art. 26 (2) da Diretiva permanece válida até que seja emendada, substituída ou revogada por aquela autoridade que emitiu a autorização. Convém apontar, todavia, que o grau de discricionariedade entre ambas as previsões ainda difere, sendo que a LGPD apresenta um dispositivo que não especifica qualquer tipo de critério balizador do processo de tomada de decisão.

Por fim, a redação original do PL atribuía ao "órgão competente" o poder de autorizar a transferência internacional sem especificar qual órgão. Caso essa redação fosse aprovada, a autorização poderia ficar dentro dos poderes de algum órgão sem a autonomia operacional e financeira necessária para realizar uma avaliação que efetivamente protegesse o titular de dados. Na redação da LGPD, essa previsão foi alterada para deixar claro que se trata de competência exclusiva da ANPD.

2. A DECISÃO DE ADEQUAÇÃO: DA DIRETIVA AO GDPR

Embora não se tenha argumentado ao longo do processo legislativo sobre as razões pelas quais o modelo europeu de transferência internacional de dados pessoais foi considerado o mais adequado às exigências do ambiente jurídico, institucional e econômico brasileiro, é possível perceber a forte influência do GDPR na redação do art. 33 da LGPD. Apesar das similaridades na redação de ambos os textos normativos, como a proximidade das hipóteses legais autorizadoras da atividade, os regimes de transferência de dados contidos no GDPR e na LGPD se diferenciam substancialmente no que se refere à subordinação existente entre as bases legais.

Em outras palavras, o modelo GDPR prevê hipóteses de autorização da transferência que estão condicionadas uma a outra. Assim, ao se ter uma decisão de adequação[32], garan-

---

[31] Parecer à Comissão Especial, p. 39-40. Disponível em: <https://www.camara.leg.br/proposicoesWeb/prop_mostrarintegra?codteor=1663305&filename=>.

[32] Já foram reconhecidos com decisão de adequação os seguintes países: Suíça (2000); Canadá, no que toca às organizações comerciais (2001); Guernsey (2003); Argentina (2003); Ilha de Man (2004); Jersey (2008); Andorra (2010); Faroe Islands (2010); Israel (2011); Nova Zelândia (2012); Uruguai (2012), Estados Unidos no âmbito do Privacy Shield (2016); Japão (2019). Disponível em: <https://ec.europa.eu/info/law/law-topic/data-protection/international-dimension-data-protection/adequacy-decisions_en>.

te-se o fluxo de dados entre União Europeia e o terceiro avaliado[33], e nenhuma salvaguarda adicional se faz necessária, visto que a Comissão Europeia atestou previamente que o terceiro avaliado – país, território ou organização internacional – garante a proteção adequada dos dados pessoais[34].

Contudo, na ausência de decisão de adequação, devem, então, os agentes de tratamento se valer de outros meios para assegurar o nível de proteção adequado a ser conferido aos dados após a transferência. Este é referenciado por meio das salvaguardas adicionais, sendo possível citar aqui as cláusulas padrão contratuais (SCCs) e as normas corporativas globais (BCRs). Por fim, na ausência de decisão de adequação e da adoção de salvaguardas adicionais, o GDPR prevê um modelo de hipóteses excepcionais[35], as quais devem observar os parâmetros de aplicação dispostos nas *Guidelines 2/2018 on derogations of Article 49 under Regulation 2016/679*, adotadas em 25 de maio de 2018, pelo atual *European Data Protection Board* (EDPB).

Em primeiro lugar, é importante esclarecer que, mesmo nas hipóteses excepcionais, o EDPB ressalta que o art. 44 do GDPR dispõe que todos os dispositivos do Capítulo V devem ser aplicados de maneira a assegurar que o nível de proteção garantido pelo GDPR não seja comprometido. Isso implica que, até mesmo mediante hipóteses excepcionais, os agentes devem se atentar para que a operação não leve a situações de tratamento de dados pessoais que violem os direitos fundamentais dos titulares[36]. No entanto, mesmo com essa disposição, o EDPB reconhece que as hipóteses excepcionais conferem maior risco às atividades e, portanto, passa a definir critérios específicos para que os agentes possam se valer dessas hipóteses legais, como, por exemplo, que a transferência ocorra de forma ocasional e não repetitiva, conforme também dispõe o Considerando 111 do GDPR em relação à base legal de contratos (art. 49, (1), (c), do GDPR) e ações judiciais (art. 49, (1), (e))[37].

---

[33] "Any processing in the cloud or storage in the cloud is therefore possible without restrictions as long as the data does not leave the EU and is processed in a server centre within the EU. The level of protection afforded by Swiss data protection standards is currently seen as being equivalent the the European level. Therefore, a transfer of such data to and from the EU is allowed without restriction" (STAIGER, Dominic. *Data Protection Compliance in the Cloud*. 2017. 482 f. Dissertação de Mestrado – Universidade de Zurique, Zurique, p. 106).

[34] "The legal concept of such 'adequacy decisions' corresponds to the one under the former legal situation. Data transfers to 'safe' third countries may take place without the need to obtain any further authorisation from the Supervisory Authority" (VOIGT, Paul; BUSSCHE, Axel von dem. *The EU General Data Protection Regulation (GDPR)* – a practical guide. Scham: Springer International Publishing, 2017).

[35] O art. 49 do GDPR dispõe que: "Na falta de uma decisão de adequação nos termos do artigo 45, n.º 3, ou de garantias adequadas nos termos do artigo 46, designadamente de regras vinculativas aplicáveis às empresas, as transferências ou conjunto de transferências de dados pessoais para países terceiros ou organizações internacionais só são efetuadas caso se verifique uma das seguintes condições".

[36] "Article 49 (1) states that in the absence of an adequacy decision or of appropriate safeguards, a transfer or a set of transfers of personal data to a third country or an international organization shall take place only under certain conditions. At the same time, Article 44 requires all provisions in Chapter V to be applied in such a way as to ensure that the level of protection of natural persons guaranteed by the GDPR is not undermined. This also implies that recourse to the derogations of Article 49 should never lead to a situation where fundamental rights might be breached". Disponível em <https://edpb.europa.eu/sites/edpb/files/files/file1/edpb_guidelines_2_2018_derogations_en.pdf>.

[37] "Where an organization has, for business purposes, outsourced activities such as payroll management to service providers outside the EU, this derogation will not provide a basis for data transfers for such purposes, since no close and substantial link between the transfer and a contract concluded in the data subject's interest can be established even if the end purpose of the transfer is the management of the pay of the employee. Other transfer tools provided in Chapter V may provide a more suitable basis for such

O regime contido na LGPD, conforme já exposto, se distancia do GDPR nesta parte porque não possui, ao menos na forma e estrutura do texto normativo, regime condicionado entre hipóteses legais. Uma leitura de seu texto demonstra que as hipóteses legais foram dispostas igualmente em incisos, sem nenhuma redação estabelecendo causas de subordinação entre as autorizações. Assim, caso não haja decisão de adequação, poderia o controlador optar igualmente pelas demais hipóteses autorizadoras da transferência. No entanto, visto que a adoção menos protetiva de um regime de transferência internacional de dados pessoais pelo Brasil poria objeções ao seu reconhecimento como adequado pela Comissão Europeia, esse assunto pode ainda se apresentar, futuramente, como objeto de disputa interpretativa.

Apesar dessa diferença principal entre ambos os textos analisados, podemos nos valer da já consolidada experiência europeia sobre a avaliação de países terceiros por meio do mecanismo de decisão de adequação. Com isso, conseguimos tecer algumas considerações a respeito da implementação dessa hipótese legal no Brasil, antecipando desafios às atividades da ANPD.

Os parâmetros a serem levados em consideração no processo de avaliação de um terceiro sofreram modificação em relação ao texto contido na revogada Diretiva 95/46/CE para o atual texto vigente no GDPR. De modo geral, nota-se que o GDPR expandiu os critérios subjetivos e objetivos de análise do terceiro avaliado. Em relação ao primeiro, este diz respeito aos sujeitos que podem estar sob avaliação: a redação expandiu a previsão no texto normativo de "países terceiros" para "território ou um ou mais setores de um país terceiro, bem como organizações internacionais".

O critério objetivo, por sua vez, passou a contar com maior grau de especificidade com a aprovação do GDPR e pode ser explicado em três grandes conjuntos de regras, essas aplicadas ao ambiente doméstico, à autoridade nacional e aos compromissos internacionais assumidos pelo terceiro avaliado.

O primeiro conjunto de regras recai sobre os critérios necessários ao ambiente jurídico doméstico do terceiro avaliado, podendo citar aqui o respeito a direitos humanos e liberdades fundamentais, o respeito de acesso a dados pessoais por autoridades públicas, legislação pertinente em vigor, geral e setorial[38]. O segundo recai sobre requisitos necessários para constituição e funcionamento da autoridade supervisora, a qual deve ser independente, assegurar o cumprimento das regras de proteção e dotadas de poderes coercitivos (segundo disposto no art. 45, (2), (b)). Cabe ressaltar que a autoridade de proteção de dados pessoais, segundo entendimento da Comissão Europeia nas decisões de adequação já proferidas até aqui, deve ter o poder de investigação e intervenção nas atividades de tratamento[39]. O terceiro recai sobre

---

transfers such as standard contractual clauses or binding corporate rules". Disponível em: <https://edpb. europa.eu/sites/edpb/files/files/file1/edpb_guidelines_2_2018_derogations_en.pdf>.

[38] O GDPR elenca os seguintes critérios necessários para essa categoria em seu art. 45, (2), (a): O primado do Estado de direito, o respeito pelos direitos humanos e liberdades fundamentais, a legislação pertinente em vigor, tanto a geral como a setorial, nomeadamente em matéria de segurança pública, defesa, segurança nacional e direito penal, e respeitante ao acesso das autoridades públicas a dados pessoais, bem como a aplicação dessa legislação e das regras de proteção de dados, das regras profissionais e das medidas de segurança, incluindo as regras para a transferência ulterior de dados pessoais para outro país terceiro ou organização internacional, que são cumpridas nesse país ou por essa organização internacional, e a jurisprudência, bem como os direitos dos titulares dos dados efetivos e oponíveis, e vias de recurso administrativo e judicial para os titulares de dados cujos dados pessoais sejam objeto de transferência.

[39] A mais recente decisão proferida pela União Europeia sobre o Japão, já sob a vigência do GDPR, dispõe que: "In order to ensure that an adequate level of data protection is guaranteed also in practice, an independent supervisory authority tasked with powers to monitor and enforce compliance with the data protection rules should be in place. This authority should act with complete independence and impartiality

os compromissos internacionais dos quais o terceiro avaliado faça parte, como a Convenção para a Proteção das Pessoas em relação ao Tratamento Automatizado de Dados Pessoais do Conselho da Europa (Convenção 108) e a Convenção Americana de Direitos Humanos (também conhecida como Pacto de San José da Costa Rica).

O documento emitido pelo *Article 29 Working Party* (WP29), denominado "First Orientations on Transfers of Personal Data to Third Countries – Possible Ways Forward in Assessing Adequacy" (WP4), ainda sob a vigência da Diretiva 95/46/CE, procurou delimitar parâmetros de análise no processo de avaliação dos países terceiros.

Conforme apontado no documento WP4, uma dificuldade própria do processo de avaliação do país terceiro estaria na validação de que qualquer transferência, independentemente do setor da economia, garante mesma proteção aos dados. Essa proteção uniforme seria de grande importância dado que a decisão de adequação de um país terceiro apresenta uma avaliação voltada a todo o sistema jurídico do país. Como exemplo dessa dificuldade, é citado o caso dos Estados Unidos, que possui abordagem setorial ao tema de proteção de dados e que apresenta um sistema em que há diferenças de proteção legislativa a depender do estado da federação. Assim, a primeira precaução a ser tomada é de a que a decisão de adequação seja capaz de assegurar que todas as transferências em todos os setores garantem um nível adequado de proteção aos titulares de dados (isso quando conferida a um país terceiro de modo geral). Por conta disso, o WP4 ressalta a necessidade de averiguar se as transferências avaliadas são de fato representativas de todo o país ou de somente um setor da economia ou de um estado da federação.

Em seguida, o WP4 cria dois grandes critérios de análise. O primeiro entendido como o critério material, em que se observa o conteúdo das regras e padrões de proteção de dados pessoais garantidos no terceiro avaliado. Trata-se de uma análise que recai majoritariamente na avaliação do conteúdo das leis em vigor de um determinado país. Sobre isso, o WP4 ressalta a necessidade de que certos padrões de proteção de dados pessoais estejam garantidos pelo terceiro avaliado. À época, sob a vigência da Diretiva 95/46/CE, o WP29 indicou como sendo: finalidade, qualidade e proporcionalidade, transparência, segurança, acesso, retificação e oposição, restrição a transferências subsequentes de dados a países não considerados adequados.

O segundo consiste no critério formal, que avalia a disponibilidade de procedimentos capazes de garantir a aplicação desses padrões, por meio de uma autoridade independente e pela existência de remédios judiciais e administrativos à disposição do titular. No critério formal, a preocupação está na efetividade das regras de um determinado sistema jurídico ou de um determinado setor avaliado. Trata-se de uma preocupação voltada a parâmetros de monitoramento da conformidade das atividades de tratamento vigente em determinado país ou setor, por exemplo. Sobre isso, o WP4 enfatiza a necessidade de uma supervisão externa das atividades de tratamento por meio de uma autoridade independente, de sanções efetivas e dissuasivas capazes de assegurar a conformidade com os padrões de proteção de dados pessoais, a possibilidade de verificação de conformidade das atividades de tratamento por autoridades, auditores ou oficiais independentes de proteção de dados pessoais, e, no que concerne ao titular, que este tenha meios apropriados para que possa contestar o tratamento e ir atrás de compensação em caso de danos.

Com esses guias e orientações, a Comissão Europeia proferiu, sob a vigência da Diretiva 95/46/CE, treze decisões de adequação a respeito dos seguintes países: Suíça (2000),

---

in performing its duties and exercising its powers" (Comissão Europeia, Decisão de Adequação, par. 95, 2019).

Canada (2001), Guernsey (2003) Argentina (2003), Ilha de Man (2004), Jersey (2008), Andorra (2010), Faroe Island (2010), Israel (2011) Nova Zelândia (2012), Uruguai (2012), Estados Unidos, no âmbito de proteção do Safe Harbor (2000) e, após sua invalidação pelo Tribunal de Justiça da União Europeia, no âmbito de proteção do Privacy Shield (2016). Recentemente, também foi objeto de nova invalidação os termos do Acordo do Privacy Shield pelo mesmo Tribunal. Nessa linha, já sob o novo GDPR, temos Decisões avaliando países como República da Coreia (2021), Reino Unido (2021) e Japão (2019), os quais apresentam perfil decisório que se destaca em relação às demais. Essas especificidades, contudo, abrem margem para novo artigo.

CONCLUSÃO

O artigo revisitou o processo legislativo da Lei Geral de Proteção de Dados brasileira com o intuito de iluminar os debates que tangenciaram as opções regulatórias para o regime de transferência internacional de dados pessoais. Com isso, mostrou-se que, guardadas as particularidades de cada legislação, a LGPD orientou o seu regime regulatório pelo modelo europeu do GDPR. Adicionalmente, considerando-se que a LGPD previu já no art. 33, I, a hipótese legal da decisão de adequação para autorização da transferência internacional e que esse modelo possui origem no regime europeu, entendeu-se relevante tecer considerações a respeito do instituto na União Europeia. Não se pretende com isso dizer que as decisões da ANPD devem copiar as decisões europeias. Desejou-se apenas jogar luz para o fato de que, da mesma forma que o GDPR inspirou a redação da LGPD, as decisões de adequação da Comissão Europeia podem, em alguma medida, antecipar os desafios da tomada de decisão pela ANPD no tema.

REFERÊNCIAS BIBLIOGRÁFICAS

ANTONIALLI, Dennys. *Privacy and international compliance: when differences become an issue.* 2010. Disponível em: <https://www.aaai.org/ocs/index.php/SSS/SSS10/paper/view/1165/1470>. Acesso em: 2 fev. 2020.

AQUINO, Theófilo; MARQUES, Fernanda Mascarenhas. International Transfer of Data: a classification of regulatory instruments from the EU and MERCOSUR countries. In: THORSTENSEN, Vera Helena; NOGUEIRA, Thiago Rodrigues São Marcos (org.). *Anais da Conferência Anual de Comércio Internacional da Cátedra da OMC no Brasil.* São Paulo: VT Assessoria Consultoria e Treinamento Ltda, 2019. v. 2.

CENTRO DE TECNOLOGIA E SOCIEDADE FGV RIO (CTS). *Contribuição ao debate público sobre o Anteprojeto de Lei de Proteção de Dados Pessoais.* Policy Paper, 2015.

CHEUNG, Anne S. Y.; WEBER, Rolf H. (orgs.). *Privacy and Legal Issues in Cloud Computing.* Cheltenham: Edward Elgar Publishing, 2016.

CORY, Nigel. *Cross-Border Data Flows: Where Are the Barriers, and What Do They Cost?* Information Technology & Innovation Foundation, 2017. Disponível em: <https://itif.org/ publications/2017/05/01/cross-border-data-flows-where-are-barriers-and-what-do-they-cost>. Acesso em: 2 fev. 2020.

DRAKE, William J. Background Paper. *Workshop on Data Localisation and Barriers to Transborder Data Flows.* Genebra: World Economic Forum, 2016.

EUROPEAN DATA PROTECTION BOARD. *Guidelines 02/2018 on derogations of Article 49 under Regulation 2016/679,* 2018.

FERRACANE, Martina F. *Restrictions on cross-border data flows? A taxonomy.* ECIPE Working Paper, 2017.

INSTITUTO DE REFERÊNCIA EM INTERNET E SOCIEDADE (IRIS). *Transferência Internacional de Dados no PL 5276/16.* Policy Paper, 2017. Disponível em: <http://irisbh.com.br/wp-content/uploads/2017/05/Transfer%C3%AAncia-Internacional-de-Dados-POR.pdf>. Acesso em: 2 fev. 2020.

INTERNETLAB. O que está em jogo no debate sobre dados pessoais no Brasil? *Relatório final sobre o debate público promovido pelo Ministério da Justiça sobre o Anteprojeto de Lei de Proteção de Dados Pessoais.* 2016. Disponível em: <http://www.internetlab.org.br/wp-content/uploads/2016/05/reporta_apl_dados_pessoais_final.pdf>. Acesso em: 2 fev. 2020.

KUNER, Christopher. An international Legal Framework for Data Protection: Issues and Prospects. *Computer Law & Security Review*, vol. 25, 2009.

KUNER, Christopher. Reality and Illusion in EU Data Transfer Regulation Post Schrems. *German Law Journal*, vol. 18, n. 4, 2017.

KUNER, Christopher. Regulation of Transborder Data Flows under Data Protection and Privacy Law: Past, Present and Future. *OCDE Digital Economy Papers*, Paris: OECD Publishing, n. 187, 2011.MANYIKA, J. et al. *Digital Globalization*: the new era of global flows. McKinsey & Company, 2016. Disponível em: <https://www.mckinsey.com/business-functions/mckinsey-digital/our-insights/digital-globalization-the-new-era-of-global-flows>. Acesso em: 2 fev. 2020.

MARQUES, Fernanda Mascarenhas. *Regulação do Fluxo de Dados Pessoais entre Fronteiras.* Os contornos e limites da decisão de adequação de países terceiros. 2020. 137 f. Dissertação de Mestrado – FGV Direito SP, São Paulo. Disponível em: <https://bibliotecadigital.fgv.br/dspace/bitstream/handle/10438/29278/FMM.pdf?sequence=5&isAllowed=y>. Acesso em: 2 fev. 2020.

SCHWAB, Klaus. *A quarta Revolução Industrial.* Trad. Daniel Moreira Miranda. São Paulo: Edipro, 2016.

SELBY, John. Data localization laws: trade barriers or legitimate responses to cybersecurity risks, or both? International Journal of Law and Information Technology. Oxford University Press, 2017.

STAIGER, Dominic. *Data Protection Compliance in the Cloud.* 2017. 482 f. Dissertação de Mestrado – Universidade de Zurique, Zurique.

VAN DER MAREL, Erik; LEE-MAKIYAMA, Hosuk; BAUER, Matthias; VERSCHELDE, Bert. The Costs of Data Localisation: a friendly fire on economic recovery. *ECIPE Occasional Paper*, n. 3, 2014.

VOIGT, Paul; BUSSCHE, Axel von dem. *The EU General Data Protection Regulation (GDPR)* – a practical guide. Scham: Springer International Publishing, 2017.

WORKING PARTY ON THE PROTECTION OF INDIVIDUALS WITH REGARD TO THE PROCESSING OF PERSONAL DATA (WP24). *First Orientations on Transfers of Personal Data to Third Countries* – Possible Ways forward in Assessing Adequacy, 1997.

16

RESPONSABILIDADE CIVIL NA LEI GERAL DE PROTEÇÃO DE DADOS PESSOAIS[1]

ANDERSON SCHREIBER
Professor Titular de Direito Civil da UERJ.
Professor da Fundação Getulio Vargas.
Membro da Academia Internacional de Direito Comparado.
Procurador do Estado do Rio de Janeiro.
Advogado.

INTRODUÇÃO

Em 2018, tornou-se pública a informação de que a empresa Cambridge Analytica, que atuava na área de processamento de dados para o desenvolvimento de estratégias políticas, teria utilizado dados pessoais de mais de 50 milhões de usuários do Facebook, coletados por meio de um aplicativo de teste psicológico, para fazer propaganda política[2]. A Cambridge Analytica havia participado de campanhas relevantes, como a campanha pelo *Brexit* no Reino Unido e a campanha eleitoral que conduziu Donald Trump à presidência dos Estados Unidos. A revelação suscitou um amplo debate internacional sobre a importância da proteção de dados pessoais e os riscos inerentes à sua má utilização na realidade atual.

A proteção dos dados pessoais consiste, de fato, em um dos mais sensíveis desafios que o direito contemporâneo enfrenta em decorrência do extraordinário avanço tecnológico verificado nas últimas décadas. No Brasil, a proteção de dados pessoais encontra seu fundamento normativo na Constituição da República, que proclama a inviolabilidade da intimidade e da vida privada (art. 5.º, X)[3]. Doutrina e jurisprudência reconhecem que o direito à privacidade abrange, hoje, não apenas a proteção à vida íntima do indivíduo, mas também a proteção

---

[1] O autor agradece ao doutorando em Direito Civil Felipe Ribas (UERJ) e ao mestre em Direito Civil Rafael Mansur (UERJ) pelo precioso auxílio nas pesquisas em torno do tema da responsabilidade civil no tratamento de dados pessoais na experiência jurídica da União Europeia. A comparação entre a LGPD e o GDPR Europeu ilustra diversos aspectos importantes do presente estudo.

[2] Confira-se, sobre o tema, a reportagem da BBC Brasil intitulada "Entenda o escândalo de uso político de dados que derrubou valor do Facebook e o colocou na mira de autoridades". Disponível em: <https://www.bbc.com/portuguese/internacional-43461751>. Acesso em: 30 maio 2019.

[3] Seja consentido remeter a SCHREIBER, Anderson. Direito à privacidade no Brasil: avanços e retrocessos em 25 anos de Constituição. In: CLÈVE, Clèmerson Merlim; FREIRE, Alexandre (orgs.). *Direitos fundamentais e jurisdição constitucional*. São Paulo: Revista dos Tribunais, 2014. v. 1, p. 183-201.

de seus dados pessoais, alcançando qualquer ambiente onde tais dados circulem[4]. Longe de representar "informações sem dono" livremente coletáveis na internet, os dados pessoais exprimem uma importante projeção da personalidade humana, exigindo firme proteção da ordem jurídica.

Até recentemente, o direito à proteção de dados pessoais encontrava uma tutela meramente reflexa no direito positivo brasileiro. O tema era tangenciado por leis esparsas, como (a) o chamado Marco Civil da Internet (Lei 12.965/2014, que prevê a proteção de dados pessoais como um de seus princípios no art. 3.º, III, mas poucos detalhes traz sobre o tema nos arts. 7.º, VII a X, e 10 a 12); (b) o Código de Defesa do Consumidor (Lei 8.078/1990, que traz regras específicas sobre bancos de dados e cadastros de consumidores nos arts. 43 e 44); e (c) a Lei do *Habeas Data* (Lei 9.507/1997). O art. 21 do Código Civil, embora também verse sobre a proteção da privacidade, representa, a rigor, uma duplicação inútil do que já afirma a própria Constituição e nada acrescenta para fins de proteção de dados pessoais.

Daí por que mereceu aplausos da comunidade jurídica a aprovação da Lei Geral de Proteção de Dados Pessoais (Lei 13.709/2018), que veio, enfim, inserir o Brasil entre os países que contam com instrumentos para a proteção desse importante aspecto do direito à privacidade. Referida lei assegura ao titular dos dados pessoais um amplo rol de direitos (art. 18), além de disciplinar diversos aspectos do processo de tratamento de dados pessoais. O inegável propósito do legislador foi garantir que o aludido tratamento aconteça de um modo que respeite os direitos fundamentais do titular dos dados pessoais. Entretanto, a possibilidade de violação aos preceitos legais e o risco de produção de danos não podem ser afastados por lei alguma, afigurando-se, de certo modo, como desdobramentos inevitáveis da própria circulação desses dados na sociedade – hoje, irreversível. Daí por que assume extrema relevância o regime de responsabilidade civil que será aplicado àqueles que, no tratamento de dados pessoais alheios, acabem por lhes gerar danos. Somente um regime suficientemente preciso de responsabilidade civil será capaz de assegurar tutela efetiva à proteção de dados pessoais em nosso país.

Como se verá adiante, a LGPD não foi extremamente feliz no desenho das normas atinentes à responsabilidade civil. Há falhas e omissões que podem e precisam ser sanadas pelo intérprete, em busca de um regime de responsabilidade civil que se afigure, a um só tempo, coerente e eficaz. As diferentes soluções interpretativas devem ser construídas a partir de elementos constantes não apenas da LGPD em si, mas também de outras normas que compõem o tecido normativo brasileiro, em especial as normas constitucionais.

1. A RESPONSABILIDADE CIVIL PELO TRATAMENTO DE DADOS PESSOAIS: DEFINIÇÃO A PARTIR DA ATIVIDADE LESIVA

A responsabilidade civil pode ser definida, sinteticamente, como o campo do direito civil que se ocupa dos danos sofridos na vida social. Historicamente erigida em torno da noção de ato ilícito[5] e, em especial, do seu elemento subjetivo (culpa)[6], a responsabilidade civil era

---

[4] Sobre o tema, no Brasil, confira-se a obra de DONEDA, Danilo. *Da privacidade à proteção de dados pessoais*. Rio de Janeiro: Renovar, 2006, passim. O desenvolvimento dos contornos do direito à proteção dos dados pessoais recebeu contribuição ímpar do saudoso professor RODOTÀ, Stefano. *A vida na sociedade de vigilância* – a privacidade hoje. Rio de Janeiro: Renovar, 2008.

[5] Código Civil: "Art. 186. Aquele que, por ação ou omissão voluntária, negligência ou imprudência, violar direito e causar dano a outrem, ainda que exclusivamente moral, comete ato ilícito".

[6] É o que fica claro na análise que a doutrina francesa mais atual faz do pensamento de Domat, que tanto influenciou o *Code Napoléon* e, por derivação, diversas codificações nacionais: "Cependant, il est certain

PARTE II · Cap. 16 · RESPONSABILIDADE CIVIL NA LEI GERAL DE PROTEÇÃO DE DADOS PESSOAIS | **323**

compreendida como um mecanismo de sanção àquilo que Paul Esmein chegou a definir como "péché juridique"[7] ("pecado jurídico"). Nesse contexto, liberdade era a regra e responsabilidade, a exceção. Gradativamente, contudo, o objeto de interesse dos estudiosos da responsabilidade civil deslocou-se da culpa para o dano, em virtude justamente da constatação de que novas tecnologias começavam a tornar insuficiente a aplicação de um regime de responsabilidade civil centrado sobre um juízo de reprovabilidade da conduta adotada pelo agente causador do dano. Com efeito, o advento do maquinário industrial e dos transportes de massa (ferrovias) – para ficar em apenas dois exemplos – ampliava os riscos de acidentes, mas trazia enormes benefícios sob a ótica do desenvolvimento econômico e social[8].

Nesse contexto, em que os danos vinham como uma espécie de efeito colateral inevitável de inovações bem-vindas, tornava-se necessário desenhar um novo regime de responsabilidade civil, calcado não já na culpa – cuja demonstração tornava-se cada vez mais difícil diante da impessoalidade inerente ao funcionamento das novas tecnologias –, mas sim no risco. Hoje, na maior parte dos ordenamentos jurídicos, ambos os regimes convivem, competindo ao legislador ou ao próprio juiz definir quais atividades se encontram sob a égide da responsabilidade subjetiva e quais se encontram, diversamente, sob a égide da responsabilidade objetiva (independentemente de culpa).

Em perfeita sintonia com essa trajetória histórica da responsabilidade civil, a LGPD determinou no *caput* do seu art. 42: "O controlador ou o operador que, em razão do exercício de atividade de tratamento de dados pessoais, causar a outrem dano patrimonial, moral, individual ou coletivo, em violação à legislação de proteção de dados pessoais, é obrigado a repará-lo". O dispositivo suscita diversas questões que merecem redobrada atenção do intérprete. Em primeiro lugar, salta aos olhos a pluralidade de espécies de danos expressamente apanhadas pela norma: "dano patrimonial, moral, individual ou coletivo". O dano, que constitui figura nuclear da responsabilidade civil, é tradicionalmente conceituado como a lesão a um interesse juridicamente protegido. O dano patrimonial é entendido como a lesão a um interesse jurídico passível de valoração econômica. O dano moral, por sua vez, deve ser compreendido como a lesão a um interesse jurídico atinente à personalidade humana[9]. Ambas as noções foram construídas a partir de uma perspectiva estritamente individual: lesão ao patrimônio ou à dignidade de uma pessoa específica.

---

que, dans son esprit, la faute est non seulement une condition de la responsabilité, mais même la mesure de la réparation. (...) Et l'auteur affirme plus loin que les crimes et délits comme le dol ou la mauvaise foi doivent entraîner une dette plus lourde incluant les suites directes ou indirectes de l'acte préjudiciable, alors que celles-ci ne doivent pas peser sur l'auteur d'une négligence ou d'une 'simple faute'" (VINEY, Geneviève. Introduction à la responsabilité. In: GHESTIN, Jacques (dir.). *Traité de droit civil*. Paris: LGDJ, 1995. p. 14). Na doutrina nacional, ver DIAS, José Aguiar. *Da responsabilidade civil*. 11. ed. Rio de Janeiro: Renovar, 2006. p. 57: "A teoria da culpa, resumida, com alguma arrogância, por Von Ihering, na fórmula 'sem culpa, nenhuma reparação', satisfez por dilatados anos à consciência jurídica, e é, ainda hoje, tão influente que inspira a extrema resistência oposta por autores insignes aos que ousam proclamar a sua insuficiência em face das necessidades criadas pela vida moderna, sem aludir ao defeito da concepção em si mesmo".

[7] ESMEIN, Paul. La faute et sa place dans la responsabilité civile. *Revue Trimestrielle de Droit Civil*, 1949, p. 482.

[8] Para mais detalhes sobre esse percurso histórico, seja permitido remeter a SCHREIBER, Anderson. *Novos paradigmas da responsabilidade civil*: da erosão dos filtros da reparação à diluição dos danos. 6. ed. São Paulo: Atlas, 2015. p. 83-86.

[9] Na doutrina brasileira, destaque-se o trabalho de MORAES, Maria Celina Bodin de. *Danos à pessoa humana*: uma leitura civil-constitucional dos danos morais. Rio de Janeiro: Renovar, 2003. p. 141-192.

Paulatinamente, porém, consolidou-se a compreensão de que também seriam merecedores de proteção interesses que transcendem a esfera individual[10], processo que, entre nós, atingiu seu ápice em 1988, com a expressa menção pelo Constituinte a diferentes interesses transindividuais, dos quais são exemplos o meio ambiente sadio e equilibrado, a moralidade administrativa e o patrimônio histórico e cultural. Sem prejuízo das inúmeras dificuldades técnicas que ainda grassam nesse campo, há, hoje, relativo consenso de que a lesão a interesses difusos ou coletivos expressamente protegidos pela ordem jurídica brasileira há de gerar como consequência o dever de reparar o dano sofrido – responsabilidade civil, portanto. Como não há, ainda, unanimidade nessa matéria, a LGPD andou bem ao mencionar expressamente as diferentes espécies de danos que podem resultar do tratamento de dados pessoais, evitando dúvidas quanto à ampla proteção reservada não apenas aos titulares de dados pessoais, mas também a terceiros – em última análise, à própria coletividade – que podem ser atingidos pelo tratamento de dados pessoais realizado sem a observância dos comandos legais pertinentes[11].

Em outras palavras, embora a primeira vítima de um tratamento ilegal de dados pessoais seja o seu próprio titular, ferido em sua privacidade – do que decorre seu direito à reparação do dano moral sofrido –, a LGPD amplia expressamente essa esfera de proteção, de modo a abranger não apenas interesses outros daquele mesmo titular (interesses econômicos, por exemplo), mas também interesses transindividuais que possam ter sido lesados pelo referido tratamento. Vale dizer: a esfera de incidência do regime de responsabilidade civil da LGPD não é demarcada pelo interesse lesado, ou por uma especial condição do sujeito que sofre a lesão (*e.g.*, titular dos dados pessoais), mas sim pela atividade lesiva: incide a LGPD sobre qualquer dano decorrente do exercício da atividade de tratamento de dados pessoais.

A própria LGPD define o que se deve entender por dado pessoal: "informação relacionada a pessoa natural identificada ou identificável" (art. 5.º, I). A vinculação do conceito às pessoas naturais revela o especial propósito de tutelar os dados pessoais como uma manifestação específica da ampla proteção assegurada à dimensão existencial da pessoa humana. Tratamento de dados pessoais, por sua vez, é "toda operação realizada com dados pessoais, como as que se referem a coleta, produção, recepção, classificação, utilização, acesso, reprodução, transmissão, distribuição, processamento, arquivamento, armazenamento, eliminação, avaliação ou controle da informação, modificação, comunicação, transferência, difusão ou extração" (art. 5.º, X). Nota-se, pelo extenso rol de hipóteses exemplificativas, a preocupação de se afirmar uma noção abrangente de tratamento, reconduzindo à LGPD a vasta maioria dos problemas envolvendo a categoria dos dados pessoais.

2. SUJEITOS RESPONSÁVEIS: CONTROLADOR E OPERADOR

O segundo aspecto que merece atenção no art. 42 é o seguinte: o dispositivo menciona como sujeito responsável "o controlador ou o operador". A própria LGPD define tais personagens. O controlador é a "pessoa natural ou jurídica, de direito público ou privado, a quem competem as decisões referentes ao tratamento de dados pessoais" (art. 5.º, VI). Já o operador seria a "pessoa natural ou jurídica, de direito público ou privado, que realiza o tratamento de

---

[10] Confira-se sobre o tema: BARBOSA MOREIRA, José Carlos. A proteção jurídica dos interesses coletivos. *Revista de Direito Administrativo*, v. 139, jan.-mar. 1980, p. 1-10.

[11] Neste ponto, a lei brasileira revelou-se, inclusive, mais abrangente que o Regulamento Geral de Proteção de Dados Europeu (GDPR), que se refere a "danos materiais ou imateriais" (art. 82.º, 1), sem abranger, ao menos expressamente, os danos a interesses transindividuais.

PARTE II · Cap. 16 · RESPONSABILIDADE CIVIL NA LEI GERAL DE PROTEÇÃO DE DADOS PESSOAIS | **325**

dados pessoais em nome do controlador" (art. 5.º, VII). Um exemplo ajuda a compreender tais conceitos:

> "(...) A empresa X, fabricante de artigos esportivos, deseja ter um *site* para venda de seus produtos diretamente aos consumidores, mas, como o comércio virtual não é sua atividade principal, deseja delegar algumas atividades do negócio a prestadores de serviço. Assim, contrata uma plataforma virtual completa com a empresa A, a gestão e meio de pagamento com a empresa B, a gestão logística com a empresa C e a gestão de *marketing* e propaganda com a empresa D. Ao receber um pedido, os dados pessoais do usuário primeiro são captados pela plataforma (empresa A), depois segue para o meio de pagamento (empresa B) ao mesmo tempo em que é incorporada ao banco de dados da empresa Y. Após, os dados pessoais seguem para a empresa D, com a determinação de que realize a entrega do produto, ao mesmo tempo em que são encaminhados à empresa E, para inclusão no *mailing* e demais atividade de divulgação. Todas as empresas do arranjo mencionadas terão acesso aos dados pessoais do usuário do *site*, mas apenas a empresa X se encaixa na figura do controlador. As demais seguem as orientações da empresa X para concretizar os pedidos e entregar o produto, não decidindo, por si, o que será feito dos dados recebidos, nem o que será feito posteriormente com eles. Assim, as empresas A, B, C e D são operadoras".[12]

A orientação adotada pelo legislador brasileiro espelha o disposto no Regulamento Geral de Proteção de Dados da União Europeia, mais conhecido como GDPR (*General Data Protection Regulation*), em vigor desde 2018, que disciplina o direito de indenização em face do responsável pelo tratamento e do subcontratante (figuras análogas ao controlador e ao operador, respectivamente)[13]. A doutrina europeia, contudo, tem sustentado que "essa circunscrição não impossibilita que os lesados interponham ações por violações do seu direito à identidade informacional contra outros, mas somente que não o poderão fazer por intermédio desse preceito. Poderão sempre recorrer à demais legislação europeia ou nacional"[14]. Nada impede que orientação similar seja seguida no direito brasileiro.

Estabelecidas essas noções fundamentais, torna-se possível uma análise mais detida do regime legal de responsabilidade civil da LGPD.

3. REGIME DE RESPONSABILIDADE CIVIL DA LGPD: RESPONSABILIDADE SUBJETIVA OU OBJETIVA?

Não é fácil identificar qual o regime de responsabilidade civil instituído pela LGPD. Por um lado, o art. 42 não alude, em sua literalidade, à culpa, o que poderia indicar a adoção de

---

12   COTS, Márcio; OLIVEIRA, Ricardo. *Lei Geral de Proteção de Dados Pessoais comentada*. São Paulo: Thomson Reuters, 2018. p. 212-213.

13   GDPR: "Art. 82.º (...) 2. Qualquer responsável pelo tratamento que esteja envolvido no tratamento é responsável pelos danos causados por um tratamento que viole o presente regulamento. O subcontratante é responsável pelos danos causados pelo tratamento apenas se não tiver cumprido as obrigações decorrentes do presente regulamento dirigidas especificamente aos subcontratantes ou se não tiver seguido as instruções lícitas do responsável pelo tratamento".

14   CORDEIROS, A. Barreto Menezes. Repercussões do RGPD sobre a responsabilidade civil. In: FRAZÃO, Ana; TEPEDINO, Gustavo; DONATO OLIVA, Milena (coords.). *Lei Geral de Proteção de Dados Pessoais e suas repercussões no direito brasileiro*. São Paulo: Thomson Reuters, 2019. p. 786.

um regime de responsabilidade objetiva. Por outro lado, o art. 42 não emprega a expressão "independentemente de culpa", como fizeram o Código Civil (arts. 927, parágrafo único, e 931)[15] e o Código de Defesa do Consumidor (arts. 12, *caput*, e 14, *caput*)[16], podendo-se extrair da omissão uma preferência pela responsabilidade subjetiva.

Em favor da tese de que a responsabilidade é subjetiva pesa, ainda, a parte final do art. 42, que alude a dano causado "em violação à legislação de proteção de dados pessoais", expressão que sugere uma responsabilidade fundada na violação de deveres jurídicos (culpa normativa) – responsabilidade subjetiva, portanto. Com efeito, no âmbito do GDPR Europeu, que emprega redação similar, reportando-se a danos devidos a "uma violação do presente regulamento" (art. 82.º, 1), tem-se defendido na Europa a filiação ao regime de responsabilidade subjetiva[17].

A técnica legislativa empregada pela LGPD não ajuda a solucionar o dilema: a própria ordem dos dispositivos não facilita a compreensão do regime de responsabilidade civil desenhado pelo legislador. Em matéria de perfil marcadamente técnico e de elevada relevância social, esperava-se do legislador que estabelecesse regras claras, proporcionando maior segurança tanto para as vítimas como para os agentes envolvidos no tratamento de dados pessoais. De todo modo, compete ao intérprete, diante do texto legal, extrair suas potencialidades, à luz dos valores constitucionais[18]. Esse é o esforço que se pretende empreender nas próximas linhas.

Como se sabe, denomina-se *responsabilidade subjetiva* aquela que se funda na culpa. A própria noção de culpa transformou-se, contudo, ao longo do tempo. Se, tradicionalmente, a culpa era vista como uma espécie de "pecado jurídico", a exigir a prova de uma falha psicológica do agente que pudesse ser considerada "reprovável" à luz das circunstâncias concretas, hoje a culpa é vista como a violação a um dever jurídico[19]. A passagem da noção psicológica de culpa para uma noção normativa de culpa reflete a necessidade de superar antigas dificuldades de aferição da culpa, que faziam com que se exigisse da vítima uma verdadeira *probatio diabolica*.

Se a culpa traduz, contemporaneamente, a violação a um dever jurídico, a referência do art. 42 da LGPD a uma responsabilidade pela violação da legislação de proteção de dados pessoais poderia mesmo sugerir, em uma primeira leitura, a consagração de uma hipótese de

---

[15] "Art. 927. (...) Parágrafo único. Haverá obrigação de reparar o dano, *independentemente de culpa*, nos casos especificados em lei, ou quando a atividade normalmente desenvolvida pelo autor do dano implicar, por sua natureza, risco para os direitos de outrem. (...) Art. 931. Ressalvados outros casos previstos em lei especial, os empresários individuais e as empresas respondem *independentemente de culpa* pelos danos causados pelos produtos postos em circulação".

[16] "Art. 12. O fabricante, o produtor, o construtor, nacional ou estrangeiro, e o importador respondem, independentemente da existência de culpa, pela reparação dos danos causados aos consumidores por defeitos decorrentes de projeto, fabricação, construção, montagem, fórmulas, manipulação, apresentação ou acondicionamento de seus produtos, bem como por informações insuficientes ou inadequadas sobre sua utilização e riscos. (...) Art. 14. O fornecedor de serviços responde, independentemente da existência de culpa, pela reparação dos danos causados aos consumidores por defeitos relativos à prestação dos serviços, bem como por informações insuficientes ou inadequadas sobre sua fruição e riscos".

[17] CORDEIROS, A. Barreto Menezes. Repercussões do RGPD sobre a responsabilidade civil. In: FRAZÃO, Ana; TEPEDINO, Gustavo; DONATO OLIVA, Milena (coords.). *Lei Geral de Proteção de Dados Pessoais e suas repercussões no direito brasileiro*. São Paulo: Thomson Reuters, 2019. p. 779-780, destacando a importância da ilicitude no regime delineado pelo GDPR.

[18] LEWICKI, Bruno. Metodologia do direito civil constitucional: futuros e possíveis armadilhas. *Revista Brasileira de Direito Civil*, v. 1, jul.-set. 2014, p. 274.

[19] "Dito isto, é possível formular o conceito de culpa nos seguintes termos: erro de conduta, imputável ao agente, consistente em não adotar o cuidado que teria sido adotado pelo ser humano prudente nas circunstâncias do caso concreto" (CALIXTO, Marcelo Junqueira. *A culpa na responsabilidade civil*: estrutura e função. Rio de Janeiro: Renovar, 2008. p. 31).

PARTE II · Cap. 16 · RESPONSABILIDADE CIVIL NA LEI GERAL DE PROTEÇÃO DE DADOS PESSOAIS | **327**

responsabilidade subjetiva. Muitos autores têm sustentado, de fato, que a LGPD institui um regime de responsabilidade civil subjetiva:

> "Em versões anteriores do Projeto de Lei que deu origem à Lei Geral de Proteção de Dados, chegou a se incluir disposições que conceituavam a atividade de tratamento de dados pessoais como atividade de risco, expressamente, as quais, no entanto, foram retiradas da proposição no decorrer do processo legislativo. Por conta disso, é possível sustentar que a regra geral da Lei é a da responsabilidade civil subjetiva, na qual o elemento da culpa deverá ser demonstrado, admitida, em algumas hipóteses específicas, a responsabilidade civil objetiva, de acordo com a natureza do tratamento de dados pessoais, que realmente possa se enquadrar como atividade de risco".[20]

Não se pode, contudo, interpretar os preceitos de lei isoladamente, ignorando suas conexões sistemáticas com outros dispositivos[21]. Assume extrema relevância, nessa esteira, o art. 44 da LGPD:

> "Art. 44. O tratamento de dados pessoais será irregular quando deixar de observar a legislação ou quando não fornecer a segurança que o titular dele pode esperar, consideradas as circunstâncias relevantes, entre as quais:
>
> I – o modo pelo qual é realizado;
>
> II – o resultado e os riscos que razoavelmente dele se esperam;
>
> III – as técnicas de tratamento de dados pessoais disponíveis à época em que foi realizado.
>
> Parágrafo único. Responde pelos danos decorrentes da violação da segurança dos dados o controlador ou o operador que, ao deixar de adotar as medidas de segurança previstas no art. 46 desta Lei, der causa ao dano".

Registre-se, em primeiro lugar, que se trata de artigo de difícil exegese. O *caput* traz a noção de "tratamento irregular de dados pessoais", que não encontra nenhuma outra menção no corpo da lei. Pior: nem o próprio art. 44, nem nenhum outro dispositivo da LGPD explicita qual seria o efeito da qualificação de um determinado tratamento de dados pessoais como *irregular*. O legislador parece simplesmente ter esquecido de enunciar uma consequência jurídica para essa categoria criada no artigo em questão, mas voltaremos a esse ponto mais adiante.

Segundo a dicção do art. 44, seriam duas as hipóteses de tratamento irregular de dados pessoais: (a) quando o referido tratamento deixar de observar a legislação; e (b) quando não fornecer a segurança que o titular dele pode esperar, "consideradas as circunstâncias relevantes", dentre as quais (b.1) o modo pelo qual o tratamento é realizado (se física ou digitalmente, por

---

[20]   BLUM, Renato Opice; MALDONADO, Viviane Nóbrega (coords.). *LGPD*: Lei Geral de Proteção de Dados comentada. São Paulo: Revista dos Tribunais, 2019. p. 323.

[21]   "Consiste o Processo Sistemático em comparar o dispositivo sujeito exegese, com outros do mesmo repositório ou de leis diversas, mas referentes ao mesmo objeto. Por umas normas se conhece o espírito das outras. Procura-se conciliar as palavras antecedentes com as consequentes, e do exame das regras em conjunto deduzir o sentido de cada uma" (MAXIMILIANO, Carlos. *Hermenêutica e aplicação do direito*. 2. ed. Rio de Janeiro: Forense, 2011. p. 104). Em igual direção, confira-se a lição de GRAU, Eros. *Ensaio e discurso sobre a interpretação/aplicação do direito*. São Paulo: Malheiros, 2006. p. 132: "Não se interpreta o direito em tiras. Por isso mesmo a interpretação do direito é interpretação do direito, e não textos isolados, desprendidos do direito. Não se interpretam textos de direito, isoladamente, mas sim o direito, no seu todo – marcado, na dicção de Ascarelli, pelas suas premissas implícitas".

exemplo), (b.2) o resultado e os riscos que razoavelmente dele se esperam, e (b.3) as técnicas de tratamento de dados pessoais disponíveis à época em que foi realizado.

Neste ponto, é impossível deixar de notar que o art. 44 da LGPD exprime uma versão adaptada da noção de *defeito do serviço*, constante do art. 14, § 1.º, do Código de Defesa do Consumidor[22]. Não seria absurdo cogitar aqui de um "tratamento defeituoso" dos dados pessoais, muito embora a LGPD não empregue explicitamente a noção de "defeito" – como talvez devesse ter feito, em benefício de alguma coerência sistêmica, sem prejuízo da circunstância evidente de que a proteção de dados pessoais não se restringe às relações de consumo. O importante para o tema ora enfrentado é verificar que a LGPD emprega construção análoga nesta matéria àquela empregada na legislação especial que se ocupa da responsabilidade do fornecedor de produtos ou serviços, que consiste, como se sabe, em exemplo de responsabilidade civil *objetiva*, cuja configuração prescinde da verificação de culpa do causador do dano[23].

Voltemos, contudo, ao ponto relativo às consequências do tratamento irregular de dados pessoais. A existência de um conceito de tratamento irregular sugere que algum efeito jurídico deve daí decorrer. A inobservância da legislação – primeira das hipóteses contempladas no art. 44 – parece corresponder ao previsto no art. 42 da própria LGPD, que, recorde-se, alude ao tratamento "em violação à legislação de proteção de dados pessoais", que dá ensejo, quando verificados os demais requisitos, à obrigação de reparar o dano, ou, em outras palavras, à responsabilidade civil do controlador ou operador (art. 42, *in fine*). Seria, assim, razoável esperar que o mesmo efeito fosse reservado à segunda hipótese constante do dispositivo, qual seja, o tratamento de dados pessoais que "não fornecer a segurança que o titular dele pode esperar, consideradas as circunstâncias relevantes", incluindo o resultado e os riscos envolvidos no tratamento. Nada obstante, o parágrafo único do art. 44 parece ignorar os incisos que indicam as circunstâncias relevantes, atribuindo responsabilidade ao controlador ou operador não quando o tratamento de dados pessoais deixe de fornecer a segurança esperada (nos termos do *caput* e dos incisos do próprio art. 44), mas sim quando o controlador ou operador deixar de adotar as medidas de segurança previstas no art. 46 da LGPD, ali definidas como aquelas "aptas a proteger os dados pessoais de acessos não autorizados e de situações acidentais ou ilícitas de destruição, perda, alteração, comunicação ou qualquer forma de tratamento inadequado ou ilícito". Assim, em uma interpretação literal, o parágrafo único do art. 44 restringiria a responsabilidade civil do controlador ou operador aos casos em que houvessem deixado de adotar as medidas constantes no art. 46 da lei.

---

[22] "Art. 14. (...) § 1.º O serviço é defeituoso quando não fornece a segurança que o consumidor dele pode esperar, levando-se em consideração as circunstâncias relevantes, entre as quais: I – o modo de seu fornecimento; II – o resultado e os riscos que razoavelmente dele se esperam; III – a época em que foi fornecido". Veja-se, na doutrina: "O § 1.º do art. 14 oferece critérios para aferição do vício de qualidade do serviço prestado, e o item mais importante, neste particular, é a segurança do usuário, que deve levar em conta: – o modo do fornecimento do serviço; o risco da fruição; e – a época em que foi prestado o serviço. (...) O serviço presume-se defeituoso quando é mal apresentado ao público (inc. I), quando sua fruição é capaz de suscitar riscos acima do nível de razoável expectativa (inc. II), bem como quando, em razão do decurso do tempo, desde sua prestação, é de se supor que não ostente sinais de envelhecimento" (GRINOVER, Ada Pellegrini et al. *Código Brasileiro de Defesa do Consumidor*: comentado pelos autores do Anteprojeto. Rio de Janeiro: Forense, 1999. p. 171).

[23] "Quanto aos acidentes de consumo, a Lei n. 8.078/90 adota claramente a responsabilidade objetiva, contrariando a tradicional dogmática da responsabilidade aquiliana adotada no Código Civil" (TEPEDINO, Gustavo. Os contratos de consumo no Brasil. In: TEPEDINO, Gustavo. *Temas de direito civil*. Rio de Janeiro: Renovar, 2006. t. II, p. 131).

PARTE II · Cap. 16 · RESPONSABILIDADE CIVIL NA LEI GERAL DE PROTEÇÃO DE DADOS PESSOAIS | 329

Não se afigura razoável, contudo, proceder a uma interpretação meramente literal do parágrafo único do art. 44. Se a "violação da segurança dos dados", referida no parágrafo único do art. 44, se limitasse aos casos de infringência ao art. 46, parte significativa do *caput* do art. 44 não teria qualquer utilidade, pois já restaria absorvida pela primeira hipótese de tratamento irregular, qual seja, aquela relativa ao tratamento de dados pessoais que "deixar de observar a legislação". A interpretação literal tornaria a segunda hipótese de tratamento irregular – o tratamento de dados pessoais que "não fornecer a segurança que o titular dele pode esperar" – desprovida de qualquer efeito jurídico, uma vez que o *caput* do art. 44 não chega a atribuir como resultado desse déficit de segurança a responsabilidade civil do controlador ou operador de dados pessoais.

A superação desse quadro normativo caótico exige do intérprete que recorra a outros elementos interpretativos que não simplesmente o elemento literal ou filológico. Afiguram-se especialmente úteis, aqui, os elementos teleológico e sistemático. Não há dúvida de que, sob perspectiva teleológica (*telos* = fim), o propósito da LGPD foi conferir ampla proteção à autodeterminação informacional, revestindo de segurança e previsibilidade o tratamento conferido aos dados pessoais na realidade brasileira. Além disso, não se pode ignorar a inevitável comunicabilidade entre a LGPD e outras normas que já se ocupam, em alguma medida ou setorialmente, do tratamento de dados pessoais, incluindo o próprio Código de Defesa do Consumidor.

Nessa esteira, o parágrafo único do art. 44 não deve ser visto como uma limitação ontológica à noção de tratamento irregular de dados pessoais. Tal noção assume papel amplo, tal como assume, no CDC, a noção de fornecimento defeituoso de serviços ou produtos. O que o parágrafo único institui é uma hipótese adicional de responsabilidade civil do controlador ou operador: a ausência de adoção das medidas protetivas indicadas no art. 46 constitui uma situação fática que atrai, por si só, a incidência da responsabilidade civil pelos danos causados (como, de resto, já decorreria da primeira parte do *caput* do art. 44, devendo-se assumir que o legislador procurou aqui, tão somente, reforçar a importância da adoção das medidas protetivas). Trata-se aí, a rigor, de responsabilidade subjetiva, porque resultante da violação de dever jurídico específico instituído pelo art. 46 da LGPD. Do parágrafo único do art. 44 não se pode extrair, contudo, que a mera adoção dessas medidas exime de responsabilidade o controlador ou operador de dados pessoais, encerrando em um dever procedimental todo o problema complexo e sofisticado da responsabilidade civil por danos decorrentes do tratamento de dados pessoais alheios.

Com efeito, subsistem, ao lado da hipótese específica contemplada no parágrafo único do art. 44, (a) as demais hipóteses de tratamento irregular de dados pessoais por inobservância da legislação (responsabilidade civil subjetiva, decorrente da violação de um dever jurídico); e (b) a hipótese de tratamento irregular de dados pessoais por fornecimento de segurança inferior àquela que o titular dos dados pessoais pode esperar, consideradas as circunstâncias elencadas nos incisos do art. 44 da LGPD. Esta última hipótese, estruturada à imagem e semelhança da responsabilidade civil do fornecedor de produtos ou serviços, consiste, a toda evidência, em hipótese de responsabilidade civil objetiva, fundada sobre o risco, como deixa claro a própria dicção do art. 44, II, da LGPD.

Pode-se afirmar, em outras palavras, que não há uma resposta unívoca à indagação sobre a espécie de responsabilidade civil que vigora no âmbito da LGPD. Tal como ocorre no Código Civil e, também, no Código de Defesa do Consumidor, ambos os regimes de responsabilidade civil – subjetivo e objetivo – convivem na legislação de proteção de dados pessoais. Dentre as hipóteses de responsabilidade subjetiva, o legislador destacou, por meio do parágrafo único do art. 44, a hipótese de ausência de adoção das medidas protetivas indicadas no art. 46, mas isso não afasta outros casos de responsabilidade civil subjetiva (por inobservância de deveres legalmente previstos para o agente que realiza o tratamento de dados pessoais alheios), e muito menos os casos de responsabilidade civil objetiva, decorrentes do tratamento de dados pessoais que não forneça a segurança que pode esperar o titular dos referidos dados, à luz das circunstâncias indicadas nos incisos do art. 44 da LGPD.

Nem poderia ser diferente. Cogite-se, a título meramente ilustrativo, do tratamento de dados pessoais por sociedade empresária gestora de redes sociais, que resulte no vazamento ao público de informações que o usuário declara pretender manter em sigilo, como sua orientação sexual ou imagens de sua infância. Ao usuário abre-se uma tríplice opção: (a) acionar a referida sociedade pela ausência de adoção de medidas protetivas com base no art. 44, parágrafo único, da LGPD; (b) acionar a referida sociedade com base no descumprimento de algum outro dever jurídico imposto pela LGPD; e (c) acionar a referida sociedade por um tratamento de dados pessoais que não oferece a segurança que pode ser esperada pelo titular dos referidos dados. Nesse último caso, será necessário perquirir, à luz das circunstâncias elencadas no art. 44 (modo como se deu o tratamento dos dados pessoais; o resultado e os riscos que razoavelmente dele se esperam; e as técnicas de tratamento de dados pessoais disponíveis à época em que foi realizado; entre outras circunstâncias), se o tratamento reservado aos dados em questão pode ser considerado efetivamente irregular, ensejando, em tal situação, a responsabilidade do agente pelos danos causados.

A instituição de uma hipótese de responsabilidade objetiva no âmbito da LGPD não deve causar espanto. De resto, a própria LGPD, ao reconhecer a aplicabilidade do CDC ao tratamento de dados pessoais nas relações de consumo, já abria as portas da matéria para a responsabilidade sem culpa. A própria cláusula geral de responsabilidade objetiva, prevista no parágrafo único do art. 927 do Código Civil, também poderia ser aplicada, em teoria, ao tratamento de dados pessoais, como atividade que, na realidade atual, caracterizada pela hiperconectividade e pela demanda insaciável por exposição, suscita risco excessivo. Nesse sentido, o parecer da Comissão Especial constituída pela Câmara dos Deputados em 25 de outubro de 2016 com o propósito de examinar o Projeto de Lei 4.060/2012 afirmava expressamente:

> "A atividade de tratamento de dados pessoais constitui atividade de risco, o que atrai a incidência da responsabilidade objetiva ao agente de tratamento, ou seja, aquela segundo a qual não há necessidade de perquirir a existência de culpa para obrigar o causador do dano a repará-lo. Esta já é a regra geral do direito brasileiro para toda e qualquer atividade de risco, conforme previsto no parágrafo único do artigo 927 do Código Civil, como também constitui a base da responsabilização dos fornecedores nas relações de consumo".[24]

Em suma, apesar da redação algo confusa, pode-se concluir que convivem na LGPD dois regimes distintos de responsabilidade civil: a responsabilidade subjetiva e a responsabilidade objetiva. É, de resto, o que ocorre no Código Civil, no qual convivem as cláusulas gerais de responsabilidade subjetiva (art. 186 c/c art. 927, *caput*) e objetiva (art. 927, parágrafo único), bem como no Código de Defesa do Consumidor (responsabilidade objetiva nos arts. 12, *caput*, e 14, *caput*, por exemplo; e responsabilidade subjetiva no art. 14, § 4.º), sendo certo que esses

---

[24] Relatório da Comissão Especial destinada a Proferir Parecer ao Projeto de Lei 4.060/2012, do Deputado Orlando Silva. Disponível em: <https://www.camara.leg.br/proposicoesWeb/prop_mostrarintegra?-codteor=1663305&filename=SBT+1+PL406012+%253D%253E+PL+4060/2012>.

PARTE II · Cap. 16 · RESPONSABILIDADE CIVIL NA LEI GERAL DE PROTEÇÃO DE DADOS PESSOAIS | 331

dois diplomas legislativos parecem ter guiado, acertadamente, as opções do legislador especial na disciplina do tratamento de dados pessoais.

Registre-se que a responsabilidade objetiva dispensa a culpa do agente, mas não dispensa a aferição do nexo de causalidade, matéria que assume especial importância no tema em análise.

4. NEXO CAUSAL

Entre a conduta do operador ou do controlador na atividade de tratamento de dados pessoais e o dano sofrido pelo titular deve-se, para que haja responsabilização, estabelecer uma relação de causalidade. Trata-se de noção indispensável à configuração do dever de indenizar[25], consubstanciada no liame que liga a conduta do agente ao dano sofrido pela vítima[26]. O nexo causal (relação de causa e consequência) é originariamente um conceito lógico, e não jurídico. Todavia, a fim de se evitar uma "super-responsabilização", a ciência jurídica tem historicamente procurado qualificar o nexo causal, restringindo a relação de causalidade que é aceita pelo direito como apta a produzir a obrigação de indenizar.

Nesse sentido, o Código Civil brasileiro afirma em seu art. 403 que, "ainda que a inexecução resulte de dolo do devedor, as perdas e danos só incluem os prejuízos efetivos e os lucros cessantes por efeito dela direto e imediato, sem prejuízo do disposto na lei processual". A norma tem sido vista como acolhimento legislativo da *teoria da causalidade direta e imediata* que limita o dever de indenizar às consequências direta e imediatamente derivadas da conduta culposa. Em sua acepção original, essa teoria acabava se revelando injusta, por afastar os danos que, embora não sendo diretamente resultantes da conduta culposa do agente, derivavam necessariamente do seu resultado imediato, sem intervenção de qualquer outra causa. Daí a melhor doutrina defender a leitura dos "danos diretos e imediatos" como "danos necessários", não se excluindo a ressarcibilidade excepcional de danos indiretos quando derivados necessariamente da causa em questão[27]. Outras teorias, contudo, têm sido também aplicadas pelos nossos tribunais, como a teoria da causalidade adequada e a teoria da causalidade eficiente, resultando em um cenário jurisprudencial um tanto eclético e relativamente flexível em relação ao tema do nexo causal no Brasil[28].

No que diz respeito especificamente ao tratamento da dados pessoais, a questão da causalidade pode se tornar especialmente complexa. O vazamento de dados pessoais em

---

[25] Nesse sentido, adverte Gustavo Tepedino: "(...) por mais louvável que seja a ampliação do dever de reparar, protegendo-se as vítimas de uma sociedade cada vez mais sujeita a riscos – decorrentes das novas tecnologias, dos bancos de dados pessoais, dos aparatos industriais, da engenharia genética, e assim por diante –, não se pode desnaturar a finalidade e os elementos da responsabilidade civil. O dever de reparar não há de ser admitido sem a presença do dano e do nexo de causalidade entre a atividade e evento danoso, tendo por escopo o ressarcimento da vítima. (...) Tão grave quanto a ausência de reparação por um dano injusto mostra-se a imputação do dever de reparar sem a configuração de seus elementos essenciais, fazendo-se do agente uma nova vítima" (TEPEDINO, Gustavo. O futuro da responsabilidade civil. *Temas de direito civil*. Rio de Janeiro: Renovar, 2009. t. III, p. 405).

[26] CRUZ, Gisela Sampaio da. *O problema do nexo causal na responsabilidade civil*. Rio de Janeiro: Renovar, 2005, passim.

[27] Na conhecida passagem de ALVIM, Agostinho. *Da inexecução das obrigações e suas consequências*. 5. ed. São Paulo: Saraiva, 1970. p. 370: "os danos indiretos ou remotos não se excluem, por isso; em regra, não são indenizáveis, porque deixam de ser efeito necessário, pelo aparecimento de concausas. Suposto não existam estas, aqueles danos são indenizáveis". Ver também: TEPEDINO, Gustavo. Notas sobre o nexo de causalidade. *Revista Trimestral de Direito Civil*, vol. 6, 2001, p. 5.

[28] Para mais detalhes, seja consentido remeter a SCHREIBER, Anderson. *Novos paradigmas da responsabilidade civil*. 6. ed. São Paulo: Atlas. p. 53-80.

TRATADO DE PROTEÇÃO DE DADOS PESSOAIS

uma sociedade de informação ocorre, muitas vezes, por meio de sucessivas transferências ou apropriações de dados que, mesmo em casos de investigação policial, se tem dificuldade em reconstituir. A fonte originária de dados pessoais expostos indevidamente nem sempre é passível de identificação (*trackable*) e o caminho percorrido pelos dados pessoais frequentemente restará demonstrado mais a título de efetiva probabilidade que de certeza matemática. Aqui, desempenha papel relevante o mecanismo de inversão do ônus da prova contemplado expressamente pela LGPD, como será detalhado mais adiante. É de se ressaltar, contudo, que nada disso significa dispensa da prova da causalidade, e tampouco convite a presunções de causalidade sem amparo na legislação brasileira.

5. AS EXCLUDENTES DE RESPONSABILIDADE NO TRATAMENTO DE DADOS PESSOAIS

O art. 43 da LGPD traz as chamadas causas de exclusão da responsabilidade civil no tratamento de dados pessoais:

> "Art. 43. Os agentes de tratamento só não serão responsabilizados quando provarem:
> I – que não realizaram o tratamento de dados pessoais que lhes é atribuído;
> II – que, embora tenham realizado o tratamento de dados pessoais que lhes é atribuído, não houve violação à legislação de proteção de dados; ou
> III – que o dano é decorrente de culpa exclusiva do titular dos dados ou de terceiro".

A primeira excludente arrolada no dispositivo é a circunstância de não terem os agentes realizado o tratamento de dados pessoais que lhes é atribuído. Com efeito, caso o tratamento de dados pessoais no âmbito do qual ocorreu o dano tenha sido realizado por terceiros, inexiste o nexo causal que autoriza a imputação da responsabilidade aos agentes[29].

Caso os agentes tenham efetivamente realizado o tratamento de dados pessoais, o legislador afasta sua responsabilidade se "não houve violação à legislação de proteção de dados" (art. 42, II). Essa regra deve ser compreendida à luz das considerações já realizadas acerca do regime de responsabilidade civil acolhido pela lei. Conforme sustentado, a referência à violação à legislação de proteção de dados pessoais, constante do art. 42 da LGPD, corresponde ao tratamento irregular disciplinado pelo art. 44 da mesma lei, que equivale à hipótese de responsabilidade civil subjetiva, apenas uma dentre as hipóteses contempladas pelo legislador. Pode-se afirmar, com efeito, que a exclusão da responsabilidade civil ocorrerá quando o tratamento observar a legislação da proteção de dados pessoais – exclusão da responsabilidade subjetiva – e quando o tratamento fornecer a segurança que dele se pode esperar – exclusão da responsabilidade objetiva.

Por fim, o art. 43 menciona, em seu inciso III, a "culpa exclusiva" do titular ou de terceiros, que também resulta na exclusão da responsabilidade civil. A referência à "culpa" de terceiro revela-se, a rigor, imprópria, pois a excludente não importa verificação da culpa da

---

[29] "O dano só pode gerar responsabilidade quando seja possível estabelecer um nexo causal entre ele e o seu autor (...). Casos há em que a inexecução da obrigação coincide com certo prejuízo sofrido pelo credor, sem que, entretanto, haja relação de causa e efeito. Suponha-se que em uma ponte, existente em estrada pública, parte-se quando por ela passa um auto-ônibus lotado, resultando daí danos aos passageiros. Ainda mesmo que a empresa não tivesse executado fielmente o contrato celebrado com os passageiros, como no caso de motorista não habilitado, nenhuma responsabilidade haveria para ela, desde que não é possível estabelecer que o dano derivou daquele abuso" (ALVIM, Agostinho. *Da inexecução das obrigações e suas consequências*. 3. ed. São Paulo: Saraiva, 1955. p. 363-364).

PARTE II · Cap. 16 · RESPONSABILIDADE CIVIL NA LEI GERAL DE PROTEÇÃO DE DADOS PESSOAIS | **333**

vítima, mas sim da sua contribuição causal exclusiva para o dano[30]. A compreensão dessa causa de exclusão no âmbito do requisito da causalidade, e não da culpa, possui a vantagem de permitir sua aplicação inclusive às hipóteses de responsabilidade objetiva. Se, contudo, a conduta do terceiro (inclusive da própria vítima) não for causa exclusiva do dano, mas sim concorrer com a conduta do agente de tratamento para a sua produção, o efeito será não o afastamento da responsabilidade do agente, mas sim a limitação do *quantum debeatur* à proporção correspondente à sua contribuição para o processo causal[31]. É de se notar que tais noções já decorreriam da disciplina geral da responsabilidade civil, não se tratando de uma inovação ou particularidade da LGPD.

Exemplo elucidativo tem-se na investigação promovida pelo Ministério Público do Distrito Federal e Territórios no âmbito do Inquérito Civil Público 08190.052296/18-50, instaurado em 2018, para apurar "supostos dados pessoais comprometidos pelo incidente de segurança" em determinado banco de dados. Segundo a promoção de arquivamento, a despeito de ter havido falha de segurança na manutenção de determinado banco de dados por um agente de tratamento, as investigações concluíram que "os dados pessoais supostamente obtidos durante o ataque são oriundos de outra fonte"[32], de modo a excluir a possibilidade de responsabilização do investigado ante a ausência de nexo causal. Tal conclusão foi alcançada antes da entrada em vigor da LGPD, justamente porque decorre das noções gerais da responsabilidade civil.

Na mesma direção, e de modo quiçá mais simples e direto, ainda que ligeiramente tautológico, o GDPR Europeu exclui a responsabilidade do agente "se provar que não é de modo algum responsável pelo evento que deu origem aos danos" (art. 82.º, 3), disposição que deve ser interpretada como se referindo à necessidade de prova de que "o facto que causou o dano não lhe é de modo algum imputável", como esclarece o Considerando 146 do próprio GDPR. O paralelo entre a LGPD e o GDPR mostra-se, também aqui, bastante evidente.

6. A RESPONSABILIDADE SOLIDÁRIA NO TRATAMENTO DE DADOS PESSOAIS

De acordo com o *caput* do art. 42 da LGPD, controlador e operador respondem, individualmente, pelos danos que efetivamente causarem em razão do tratamento de dados pessoais. Todavia, o § 1.º daquele artigo prevê hipóteses específicas de responsabilidade solidária, no claro intuito de assegurar às vítimas uma "efetiva indenização"[33]. O que poderia ser uma

---

[30] CRUZ, Gisela Sampaio da. *O problema do nexo causal na responsabilidade civil.* Rio de Janeiro: Renovar, 2005. p. 166-167, nota 309.

[31] O Código Civil possui regra expressa nesse sentido: "Art. 945. Se a vítima tiver concorrido culposamente para o evento danoso, a sua indenização será fixada tendo-se em conta a gravidade de sua culpa em confronto com a do autor do dano". Confira-se, ainda sobre esse tema, o Enunciado 630 aprovado na VIII Jornada de Direito Civil do CJF: "Culpas não se compensam. Para os efeitos do art. 945 do Código Civil, cabe observar os seguintes critérios: (i) há diminuição do *quantum* da reparação do dano causado quando, ao lado da conduta do lesante, verifica-se ação ou omissão do próprio lesado da qual resulta o dano, ou o seu agravamento, desde que (ii) reportadas ambas as condutas a um mesmo fato, ou ao mesmo fundamento de imputação, conquanto possam ser simultâneas ou sucessivas, devendo-se considerar o percentual causal do agir de cada um".

[32] Informações extraídas da Promoção de Arquivamento no âmbito do Inquérito Civil Público 01890.052296/18-50 do Ministério Público do Distrito Federal e Territórios. Disponível em: <http://www.mpdft.mp.br/portal/pdf/noticias/novembro_2018/Arquivamento_Boa_Vista.pdf>.

[33] Afirma-se, por conta disso, que a LGPD "não tem a solidariedade como regra" (DONEDA, Danilo; MENDES, Laura Schertel. Reflexões iniciais sobre a nova Lei Geral de Proteção de Dados. *Revista de*

importante garantia em prol das vítimas encontra, porém, obstáculos na própria redação do dispositivo, cuja técnica legislativa revela-se bastante falha. Ao afirmar, em seus incisos, que o operador e o controlador respondem solidariamente, não esclarece o art. 42 com que outro responsável se daria essa solidariedade. A resposta para esse problema talvez seja menos intuitiva do que se poderia esperar.

Conforme o inciso I, o operador responde solidariamente quando (a) "descumprir as obrigações da legislação de proteção de dados" ou (b) "não tiver seguido as instruções lícitas do controlador, hipótese em que o operador equipara-se ao controlador". Ambas as situações configuram, em última análise, hipóteses de "violação à legislação de proteção de dados pessoais", razão pela qual o operador já responderia diretamente pelos danos causados, por força do *caput* do art. 42 da LGPD. Nesses casos, sendo a conduta do operador, ao descumprir a lei ou deixar de seguir as instruções *lícitas* que lhe foram passadas, autônoma em relação à conduta do controlador, apenas o primeiro responderia pelos danos provocados. Assim, só se pode cogitar de responsabilidade solidária nas hipóteses referidas no inciso I se esta se referir ao *controlador*, e não ao operador. Portanto, mesmo quando a lesão for causada por fato imputável exclusivamente ao operador, o controlador, justamente em razão de sua posição de destaque na dinâmica do tratamento, poderá ser chamado a responder solidariamente, nas hipóteses previstas no art. 42, de modo a garantir a efetiva indenização da vítima. Essa é a melhor interpretação da norma.

Note-se, ainda, que ambas as hipóteses elencadas no inciso I do art. 42 da LGPD parecem se referir a situações de responsabilidade civil subjetiva, ou seja, pressupõem culpa por parte do operador. A responsabilidade civil objetiva do operador, por outro lado, não seria, em uma primeira leitura, abarcada pelo dispositivo. Vale dizer: caso o dano fosse causado por um defeito na segurança do tratamento realizado pelo operador (responsabilidade objetiva, portanto), restaria excluída a responsabilidade solidária do controlador, uma vez que a solidariedade tem fonte legal ou negocial, não podendo ser presumida (CC, art. 265)[34]. No plano sistemático, no entanto, tal solução não se sustenta, fazendo pouco ou nenhum sentido que a solidariedade imposta ao controlador como instrumento de garantia do ressarcimento das vítimas varie de acordo com o regime de responsabilidade atribuído ao operador. A solidariedade protege o efetivo ressarcimento da vítima; não "pune" o controlador pelo ilícito praticado pelo operador.

Observe-se, por fim, que a equiparação do operador ao controlador, na segunda hipótese de solidariedade mencionada no inciso I do art. 42, parece ociosa, tendo em vista que o regime de responsabilidade de ambos os agentes, por força do *caput* do art. 42, é rigorosamente o mesmo, o que, aliás, torna desnecessária também a ressalva feita no final do inciso quanto à aplicabilidade das causas excludentes.

Por sua vez, o inciso II do art. 42 da LGPD prevê a responsabilidade solidária dos controladores "que estiverem diretamente envolvidos no tratamento do qual decorreram danos ao titular dos dados". A referência a um envolvimento direto no tratamento de dados pessoais não se afigura muito reveladora, pois este parece ser inerente ao poder decisório que caracteriza a figura do controlador. Tal envolvimento não se tornaria "indireto" pela eventual participação de um operador, pois o operador, nos termos da LGPD, atua "em nome do controlador" (art. 5.º, VII). Interpretação razoável e que prestigia a opção legislativa de se referir aos controladores, no plural (em oposição à referência ao operador, no singular, constante do primeiro inciso), é a que identifica, neste inciso II, hipótese de responsabilidade solidária entre

---

Direito do Consumidor, v. 120, nov.-dez. 2018, p. 477).

[34] "Art. 265. A solidariedade não se presume; resulta da lei ou da vontade das partes".

PARTE II · Cap. 16 · RESPONSABILIDADE CIVIL NA LEI GERAL DE PROTEÇÃO DE DADOS PESSOAIS | **335**

diversos controladores, quando houver mais de um envolvido em um mesmo tratamento[35]. Todo esse esforço hermenêutico seria dispensável caso o legislador brasileiro tivesse adotado regra semelhante à prevista no art. 82.º, 4, do GDPR Europeu, que dispõe: "Quando mais do que um responsável pelo tratamento ou subcontratante, ou um responsável pelo tratamento e um subcontratante, estejam envolvidos no mesmo tratamento e sejam, nos termos dos nºs 2 e 3, responsáveis por eventuais danos causados pelo tratamento, cada responsável pelo tratamento ou subcontratante é responsável pela totalidade dos danos, a fim de assegurar a efetiva indemnização do titular dos dados".

7. DIREITO DE REGRESSO

Após disciplinar a solidariedade passiva, instituída como mecanismo de efetividade da tutela da vítima no âmbito do tratamento de dados pessoais, o legislador dispõe sobre o direito de regresso, buscando uma espécie de justo equilíbrio na relação entre os corresponsáveis solidários. O § 4.º do art. 42 da LGPD prevê, nessa direção, que "aquele que reparar o dano ao titular tem direito de regresso contra os demais responsáveis, na medida de sua participação no evento danoso"[36]. Conforme esclarece a doutrina, "aquele dos devedores solidários que satisfaça o direito do credor fica em relação aos outros com o chamado direito de regresso, isto é, com o direito de exigir de cada um dos seus codevedores a parte que lhe cabia na responsabilidade comum"[37].

Naturalmente, a determinação de que cada um dos devedores será responsável na medida de sua contribuição causal não impede que o titular dos dados pessoais possa pleitear, em juízo, a integralidade do dano perante qualquer dos responsáveis. O direito de regresso refere-se única e exclusivamente à *relação interna* entre os codevedores solidários.

Merece destaque a passagem final do § 4.º do art. 42, que acolhe a "participação no evento danoso" como critério de distribuição da responsabilidade entre os devedores solidários. Trata-se de passagem que evidencia, com bom apuro técnico, que a responsabilidade de cada um dos devedores, no momento do regresso, deverá ser quantificada com base na sua contribuição causal para o dano, tudo conforme já se pontuou no exame do nexo de causalidade e das excludentes de responsabilidade civil.

8. A INVERSÃO DO ÔNUS DA PROVA

Nas ações de reparação civil, não é raro que toda a discussão seja centrada na comprovação ou não dos pressupostos da responsabilidade civil (culpa, nexo causal e dano). Daí a importância de regras que atentem não apenas ao direito material, mas também aos aspectos processuais da responsabilização civil. Nessa direção, afigura-se precioso o § 2.º do art. 42 da LPGD, que permite ao juiz a inversão do ônus da prova quando: (i) "for verossímil a alegação";

---

[35] "Eventualmente, em caso de haver mais de um controlador ('controladores conjuntos'), ambos respondem solidariamente perante o titular a fim de assegurar a indenização (art. 42, § 1.º, II)" (DONEDA, Danilo; MENDES, Laura Schertel. Reflexões iniciais sobre a nova Lei Geral de Proteção de Dados. *Revista de Direito do Consumidor*, v. 120, nov.-dez. 2018, p. 477).

[36] Igual solução foi adotada pelo GDPR Europeu: "Art. 82.º (...) 5. Quando tenha pago, em conformidade com o n.º 4, uma indemnização integral pelos danos sofridos, um responsável pelo tratamento ou um subcontratante tem o direito de reclamar a outros responsáveis pelo tratamento ou subcontratantes envolvidos no mesmo tratamento a parte da indemnização correspondente à respetiva parte de responsabilidade pelo dano em conformidade com as condições previstas no n.º 2".

[37] ALMEIDA COSTA, Mário Júlio de. *Direito das obrigações*. 3. ed. Coimbra: Almedina, 1979. p. 442.

(ii) "houver hipossuficiência para fins de produção de provas"; ou, finalmente, (iii) "a produção da prova pelo titular resultar-lhe excessivamente onerosa". A disposição da LGPD encontra inequívoca inspiração no Código de Defesa do Consumidor, que admite a inversão do ônus da prova tanto nas hipóteses de hipossuficiência quanto nas situações de verossimilhança das alegações do consumidor[38].

Entende-se por verossimilhança a plausibilidade da narrativa fática apresentada pelo autor da demanda, muitas vezes confirmada pelas regras de experiência. Seu reconhecimento vincula-se, comumente, à produção, ao menos, de "prova indiciária, que possibilita ao juiz realizar uma associação entre dois fatos: um comprovado (o fato indiciário) e outro apenas alegado (o fato constitutivo do direito do consumidor)"[39].

A hipossuficiência, segundo a doutrina, impõe a inversão do ônus em qualquer situação de impotência da parte, "seja de ordem econômica, seja de qualquer outra natureza, para apurar e demonstrar a causa do dano"[40]. Note-se, portanto, que a inserção na LGPD da hipótese de inversão quando a produção da prova for excessivamente onerosa para o titular do dado pessoal não significa, na realidade, uma grande inovação. A introdução expressa dessa última hipótese confirma, de todo modo, que as possibilidades de inversão devem ser interpretadas de forma ampla, a abarcar qualquer tipo de dificuldade de produção probatória.

Deve-se atentar, por fim, à regra insculpida no § 2.º do art. 373 do Código de Processo Civil, segundo a qual a decisão que aplica a inversão do ônus da prova "não pode gerar situação em que a desincumbência do encargo pela parte seja impossível ou excessivamente difícil". Impõe-se ponderar, em suma, diante de cada litígio em concreto, sobre quem deverá recair o ônus da comprovação da (in)existência dos fatos narrados. Impõe-se, ainda em atenção ao art. 9.º do Código de Processo Civil[41], evitar a surpresa das partes com a inversão do ônus da prova.

Apesar da alocação da regra especificamente na seção dedicada à responsabilidade civil – diferentemente do que faz o CDC, que prevê a inversão como um direito básico do consumidor em qualquer tipo de processo –, a sua *ratio*, fundada na superioridade técnica dos agentes de tratamento sobre o titular dos dados pessoais, justifica a sua aplicação em qualquer litígio envolvendo o tratamento desses dados.

9. A RESPONSABILIDADE CIVIL NO TRATAMENTO DE DADOS PESSOAIS EM RELAÇÕES DE CONSUMO

O tratamento de dados pessoais não raramente se opera no contexto de uma relação de consumo. Atentando para isso, o art. 45 da LGPD dispõe: "As hipóteses de violação do direito do titular no âmbito das relações de consumo permanecem sujeitas às regras de responsabilidade previstas na legislação pertinente". Preserva-se, assim, para o consumidor titular dos

---

[38] Dispõe o Código de Defesa do Consumidor: "Art. 6.º São direitos básicos do consumidor: (...) VIII – a facilitação da defesa de seus direitos, inclusive com a inversão do ônus da prova, a seu favor, no processo civil, quando, a critério do juiz, for verossímil a alegação ou quando for ele hipossuficiente, segundo as regras ordinárias de experiências".

[39] ANDRADE, André Gustavo Correa de. A inversão do ônus da prova no Código de Defesa do Consumidor: o momento em que se opera e inversão e outras questões. In: MARQUES, Claudia Lima; MIRAGEM, Bruno. *Doutrinas essenciais*: direito do consumidor. São Paulo: Revista dos Tribunais, 2011. v. VI, p. 436.

[40] THEODORO JÚNIOR, Humberto. *Direitos do consumidor*. Rio de Janeiro: Forense, 2017. p. 445 (versão e-book). Em sentido próximo: BARBOSA MOREIRA, Carlos Roberto. Inversão do ônus da prova em benefício do consumidor. In: MARQUES, Claudia Lima; MIRAGEM, Bruno. *Doutrinas essenciais*: direito do consumidor. São Paulo: Revista dos Tribunais, 2011. v. VI, p. 501.

[41] "Art. 9.º Não se proferirá decisão contra uma das partes sem que ela seja previamente ouvida".

PARTE II · Cap. 16 · RESPONSABILIDADE CIVIL NA LEI GERAL DE PROTEÇÃO DE DADOS PESSOAIS | **337**

dados pessoais o regime de responsabilidade previsto no Código de Defesa do Consumidor, presumidamente mais protetivo.

A rigor, porém, as diferenças entre os regimes não se afiguram tão drásticas. O regramento do CDC sobre a responsabilidade pelo fato do produto e do serviço assenta sobre a noção de "defeito", essencial à deflagração da responsabilidade do fornecedor (arts. 12 e 14)[42]. Conforme destacado no exame feito anteriormente acerca da natureza da responsabilidade civil na LGPD, a nova lei de proteção de dados pessoais se vale de conceito análogo ao conceito de defeito na segunda parte do *caput* do art. 44 e em seus incisos, impondo a valoração da legítima expectativa do titular acerca da segurança do processo de tratamento de dados pessoais. Nesse particular, aproximam-se, intimamente, os regimes do CDC e da LGPD, ainda que não se deva equipará-los.

Talvez a diferença mais importante entre os dois regimes seja a amplitude das hipóteses de responsabilidade solidária. Enquanto na LGPD o reconhecimento da responsabilidade solidária submete-se ao confuso regramento instituído pelo § 1.º do seu art. 42, a responsabilidade nas relações de consumo afigura-se, em regra, solidária (CDC, art. 7.º, parágrafo único; art. 25, §§ 1.º e 2.º)[43], de modo a facilitar a reparação do dano sofrido pelo consumidor.

10. A AÇÃO DE REPARAÇÃO DE DANOS COLETIVOS

O tratamento de dados pessoais é atividade que não raramente envolve informações referentes a incontáveis titulares. As lesões, portanto, tendem a atingir simultaneamente diversas vítimas. Atentando para isso, o § 3.º do art. 42 da LGPD prevê que "as ações de reparação por danos coletivos que tenham por objeto a responsabilização nos termos do *caput* deste artigo podem ser exercidas coletivamente em juízo, observado o disposto na legislação pertinente"[44].

A ordem jurídica brasileira autoriza a propositura de ações judiciais coletivas voltadas à reparação de danos morais individuais, desde que resultantes da lesão a interesses individuais homogêneos, assim entendidos os "decorrentes de origem comum" (CDC, art. 81, III)[45]. Escla-

---

[42] "Art. 12. O fabricante, o produtor, o construtor, nacional ou estrangeiro, e o importador respondem, independentemente da existência de culpa, pela reparação dos danos causados aos consumidores por defeitos decorrentes de projeto, fabricação, construção, montagem, fórmulas, manipulação, apresentação ou acondicionamento de seus produtos, bem como por informações insuficientes ou inadequadas sobre sua utilização e riscos. (...) Art. 14. O fornecedor de serviços responde, independentemente da existência de culpa, pela reparação dos danos causados aos consumidores por defeitos relativos à prestação dos serviços, bem como por informações insuficientes ou inadequadas sobre sua fruição e riscos".

[43] "Art. 7.º (...) Parágrafo único. Tendo mais de um autor a ofensa, todos responderão solidariamente pela reparação dos danos previstos nas normas de consumo. (...) Art. 25. (...) § 1.º Havendo mais de um responsável pela causação do dano, todos responderão solidariamente pela reparação prevista nesta e nas seções anteriores. § 2.º Sendo o dano causado por componente ou peça incorporada ao produto ou serviço, são responsáveis solidários seu fabricante, construtor ou importador e o que realizou a incorporação".

[44] A regra, a rigor, já poderia ser extraída do art. 22 da LGPD, inserido no capítulo dedicado aos direitos do titular, que assim dispõe: "A defesa dos interesses e dos direitos dos titulares de dados poderá ser exercida em juízo, individual ou coletivamente, na forma do disposto na legislação pertinente, acerca dos instrumentos de tutela individual e coletiva".

[45] Conforme afirma Bruno Miragem, "o CDC estabelece as definições aplicáveis à tutela coletiva, tanto na proteção dos consumidores, quanto dos demais interesses difusos e coletivos previstos no ordenamento brasileiro. Não procedem assim, as interpretações restritivas da aplicação do regime da tutela coletiva previsto no CDC, confinando-o à aplicação para proteção apenas dos interesses de consumidores. A interação dos sistemas, firmado pelo artigo 21 da Lei da Ação Civil Pública, implica a aplicação comum

rece a doutrina que "origem comum não significa, necessariamente, uma unidade factual e temporal. As vítimas de uma publicidade enganosa veiculada por vários órgãos de imprensa e em repetidos dias ou de um produto nocivo a saúde adquirido por vários consumidores num largo espaço de tempo e em várias regiões têm, como causa de seus danos, fatos com homogeneidade tal que os tornam a origem comum de todos eles"[46].

Uma única ação coletiva pode, portanto, ser promovida para todos os titulares que tiverem seus dados pessoais expostos ao público por uma falha no sistema de determinada companhia. A ação judicial será, nessa hipótese, coletiva, mas os danos continuarão sendo individuais. É o que ocorre, por exemplo, em ação judicial proposta pelo Instituto Defesa Coletiva, pleiteando a condenação do Facebook pelos danos morais causados aos usuários que tiveram seus dados pessoais expostos em alguns episódios de vazamento de dados que atingiram vinte e nove milhões de usuários. Interessante notar que o referido instituto pleiteia, ali, que o valor da indenização por dano moral, se julgado procedente o pedido, seja creditado "no cartão de crédito vinculado a conta do usuário no Facebook ou por meio de ordem de pagamento nominal"[47].

Coisa inteiramente diversa são os danos coletivos. Aqui, não se trata mais de proteção coletiva dos interesses individuais das vítimas, mas sim da lesão a um interesse efetivamente supraindividual, ou seja, um interesse que não pertence a cada uma das vítimas (como a sua saúde), mas que pertence a toda uma coletividade (determinada ou indeterminada) de pessoas e que é, exatamente por essa razão, indivisível entre os seus titulares (CDC, art. 81, I e II)[48].

Embora, no campo do tratamento de dados pessoais, seja mais fácil visualizar a tutela coletiva de direitos individuais, a própria LGPD explicita, no *caput* do art. 42, a possibilidade de ocorrência de dano coletivo. Pode-se imaginar, por exemplo, que dados pessoais venham a ser utilizados não para o propósito informado ao titular no momento da obtenção do seu consentimento, mas sim para o direcionamento de *fake news* em período eleitoral, com inegável impacto sobre o direito supraindividual à informação adequada e, em última instância, à participação de um processo democrático transparente. Todos esses tipos de danos estão abarcados pelo regime instituído pela LGPD, que remete a disciplina processual das ações coletivas para a legislação pertinente. Inexistindo no Brasil lei que regule de modo geral as ações coletivas, esse papel vem sendo desempenhado pela Lei da Ação Civil Pública (Lei 7.347/1985) e pelo próprio Código de Defesa do Consumidor, que devem servir de referência ao intérprete nessa matéria.

---

das disposições do CDC às situações reguladas pela Ação Civil Pública, e no sentido inverso" (MIRAGEM, Bruno. *Curso de direito do consumidor*. 6. ed. São Paulo: Revista dos Tribunais, 2016. p. 729).

[46] WATANABE, Kazuo. *Código Brasileiro de Defesa do Consumidor comentado pelos autores do Anteprojeto*. Rio de Janeiro: Forense, 2001. p. 745. Sobre o tema é de se conferir, também, ARAÚJO FILHO, Luiz Paulo da Silva. *Ações coletivas*: a tutela jurisdicional dos direitos individuais homogêneos. Rio de Janeiro: Forense, 2000.

[47] Informações disponíveis em: <https://politica.estadao.com.br/blogs/fausto-macedo/acao-contra-face-book-pede-indenizacao-de-r-150-mi-por-vazamento-de-dados/>.

[48] "Art. 81. A defesa dos interesses e direitos dos consumidores e das vítimas poderá ser exercida em juízo individualmente, ou a título coletivo. Parágrafo único. A defesa coletiva será exercida quando se tratar de: I – interesses ou direitos difusos, assim entendidos, para efeitos deste código, os transindividuais, de natureza indivisível, de que sejam titulares pessoas indeterminadas e ligadas por circunstâncias de fato; II – interesses ou direitos coletivos, assim entendidos, para efeitos deste código, os transindividuais, de natureza indivisível de que seja titular grupo, categoria ou classe de pessoas ligadas entre si ou com a parte contrária por uma relação jurídica base".

CONCLUSÃO

O direito à privacidade encontrava-se, no Brasil, em uma espécie de hiato. Após o promissor tratamento dispensado ao tema pelo Constituição em 1988, fixando bases sólidas para sua proteção na realidade brasileira, a privacidade acabou sendo relegada a segundo plano pelo legislador ordinário. Paralelamente a isso, a extraordinária evolução tecnológica evidencia, de modo quase paradoxal, que a privacidade nunca esteve sob tanta ameaça. Merece aplausos, portanto, a aprovação da Lei de Proteção de Dados Pessoais, reafirmando o compromisso do Brasil com a realização do projeto constitucional e aproximando nosso país das melhores experiências internacionais em matéria de proteção de dados pessoais.

Em que pese a previsão de diversos institutos vocacionados à prevenção de danos, como a imposição de múltiplos deveres aos agentes de tratamento, a real efetividade da lei dependerá também dos instrumentos voltados à reparação dos danos eventualmente causados. Apesar da redação pouco clara dos preceitos da LGPD nesse campo, pode-se extrair da lei as orientações necessárias a propiciar adequada proteção aos direitos da pessoa humana no tocante à responsabilização civil por danos sofridos em decorrência do tratamento de seus dados pessoais.

REFERÊNCIAS BIBLIOGRÁFICAS

ALVIM, Agostinho. *Da inexecução das obrigações e suas consequências.* 3. ed. São Paulo: Saraiva, 1955.

ARAÚJO FILHO, Luiz Paulo da Silva. *Ações coletivas*: a tutela jurisdicional dos direitos individuais homogêneos. Rio de Janeiro: Forense, 2000.

BARBOSA MOREIRA, José Carlos. A proteção jurídica dos interesses coletivos. *Revista de Direito Administrativo,* v. 139, jan.-mar. 1980.

BLUM, Renato Opice; MALDONADO, Viviane Nóbrega (coords.). *LGPD*: Lei Geral de Proteção de Dados comentada. São Paulo: Revista dos Tribunais, 2019.

CALIXTO, Marcelo Junqueira. *A culpa na responsabilidade civil*: estrutura e função. Rio de Janeiro: Renovar, 2008.

CORDEIRO, A. Barreto Menezes. Repercussões do RGPD sobre a responsabilidade civil. In: FRAZÃO, Ana; TEPEDINO, Gustavo; DONATO OLIVA, Milena (coords.). *Lei Geral de Proteção de Dados Pessoais e suas repercussões no direito brasileiro.* São Paulo: Thomson Reuters, 2019.

COSTA, Mário Júlio de Almeida. *Direito das obrigações.* Coimbra: Almedina, 1979.

COTS, Márcio; OLIVEIRA, Ricardo. *Lei Geral de Proteção de Dados Pessoais comentada.* São Paulo: Thomson Reuters, 2018.

CRUZ, Gisela Sampaio da. *O problema do nexo causal na responsabilidade civil.* Rio de Janeiro: Renovar, 2005.

DIAS, José Aguiar. *Da responsabilidade civil.* 11. ed. Rio de Janeiro: Renovar, 2006.

DONEDA, Danilo. *Da privacidade à proteção de dados pessoais.* Rio de Janeiro: Renovar, 2006.

DONEDA, Danilo; MENDES, Laura Schertel. Reflexões iniciais sobre a nova Lei Geral de Proteção de Dados. *Revista de Direito do Consumidor,* v. 120, nov.-dez. 2018.

ENGISCH, Karl. *Introdução ao pensamento jurídico.* Lisboa: Fundação Calouste Gulbenkian, 1996.

ESMEIN, Paul. La Faute et sa Place dans la Responsabilité Civile. *Revue Trimestrielle de Droit Civile,* 1949.

GRAU, Eros. *Ensaio e discurso sobre a interpretação/aplicação do direito*. São Paulo: Malheiros, 2006.

GRINOVER, Ada Pellegrini et al. *Código Brasileiro de Defesa do Consumidor*: comentado pelos autores do Anteprojeto. Rio de Janeiro: Forense, 1999.

GRINOVER, Ada Pellegrini; MIRAGEM, Bruno. *Doutrinas essenciais*: direito do consumidor. São Paulo: Revista dos Tribunais, 2011. v. VI.

IRTI, Natalino. *L'età della decodificazione*. Milão: Dott. A. Giuffrè, 1999.

LEWICKI, Bruno. Metodologia do direito civil constitucional: futuros e possíveis armadilhas. *Revista Brasileira de Direito Civil*, v. 1, jul.-set. 2014.

MARTINS-COSTA, Judith. O direito privado como um "sistema em construção". *Revista de Informação Legislativa*, ano 35, n. 139, jul.-set. 1998.

MAXIMILIANO, Carlos. *Hermenêutica e aplicação do direito*. 2. ed. Rio de Janeiro: Forense, 2011.

MIRAGEM, Bruno. *Curso de direito do consumidor*. 6. ed. São Paulo: Revista dos Tribunais, 2016.

MORAES, Maria Celina Bodin de. *Danos à pessoa humana*: uma leitura civil-constitucional dos danos morais. Rio de Janeiro: Renovar, 2003.

MULHOLLAND, Caitlin Sampaio. Dados pessoais sensíveis e a tutela de direitos fundamentais: uma análise à luz da Lei Geral de Proteção de Dados (Lei 13.709/18). *Revista de Direitos e Garantias Fundamentais*, v. 19, n. 3, set.-dez. 2018.

PIETRO, Perlingieri. *O direito civil na legalidade constitucional*. Trad. Maria Cristina De Cicco. Rio de Janeiro: Renovar, 2008.

RODOTÀ, Stefano. *A vida na sociedade de vigilância* – a privacidade hoje. Rio de Janeiro: Renovar, 2008.

SCHREIBER, Anderson. Direito à privacidade no Brasil: avanços e retrocessos em 25 anos de Constituição. In: CLÈVE, Clèmerson Merlim; FREIRE, Alexandre (orgs.). *Direitos fundamentais e jurisdição constitucional*. São Paulo: Revista dos Tribunais, 2014. v. 1.

SCHREIBER, Anderson. *Novos paradigmas da responsabilidade civil*. 6. ed. São Paulo: Atlas, 2015.

SOUZA, Eduardo Nunes de. Nexo causal e culpa na responsabilidade civil: subsídios para uma necessária distinção conceitual. *civilistica.com*, v. 7, 2018.

TEPEDINO, Gustavo. O futuro da responsabilidade civil. *Temas de direito civil*. Rio de Janeiro: Renovar, 2009. t. III.

TEPEDINO, Gustavo. *Temas de direito civil*. Rio de Janeiro: Renovar, 2004. t. I.

TEPEDINO, Gustavo. *Temas de direito civil*. Rio de Janeiro: Renovar, 2006. T. II.

THEODORO JÚNIOR, Humberto. *Direitos do consumidor*. Rio de Janeiro: Forense, 2017.

VINEY, Geneviève. Introduction à la responsabilité. In: GHESTIN, Jacques (dir.). *Traité de droit civil*. Paris: LGDJ, 1995.

17

SEGURANÇA DA INFORMAÇÃO E VAZAMENTO DE DADOS

FABIANO MENKE
Mestre em Direito pela UFRGS, Doutor em Direito pela Universidade de Kassel,
Alemanha. Professor de Direito Civil da Graduação e do Programa de Pós-Graduação
da Faculdade de Direito da UFRGS. Advogado em Porto Alegre.

GUILHERME DAMASIO GOULART
Mestre e Doutor em Direito pela UFRGS. Atua como advogado e consultor em
Segurança da Informação e Direito da Tecnologia. Professor de Direito Civil no Cesuca.

INTRODUÇÃO

A essencialidade da segurança da informação nos dias atuais pode ser considerada evidência indiscutível. Numa sociedade em que as operações realizadas com dados pessoais não apenas crescem a cada dia, mas também se tornam mais necessárias, é fundamental que, além de se regular a atividade de tratamento de dados[1], sejam estabelecidos requisitos de segurança adequados a serem observados pelos agentes de tratamento, de modo a evitar que ocorram vazamentos e consequentes danos aos titulares.

O episódio Cambridge Analytica é apenas um entre vários exemplos[2] de vazamento, tendo ocorrido, nesse caso, a exposição dos dados de cerca de 87 milhões de pessoas, ocasião em que empresa de consultoria política coletou ilegalmente informações de usuários do Facebook, no âmbito de invasão de sistema relacionada à campanha presidencial dos Estados Unidos de 2016[3].

---

[1] Prevendo, assim, quem, em quais circunstâncias e mediante quais critérios poderá produzir, coletar e utilizar as informações relacionadas às pessoas naturais. Para que se vislumbre a abrangência do conceito de tratamento de dados pessoais, calha citar o seu conceito conforme o previsto no art. 5.º, X, da Lei Geral de Proteção de Dados – Lei 13.709, de 14.08.2018: "X – tratamento: toda operação realizada com dados pessoais, como as que se referem a coleta, produção, recepção, classificação, utilização, acesso, reprodução, transmissão, distribuição, processamento, arquivamento, armazenamento, eliminação, avaliação ou controle da informação, modificação, comunicação, transferência, difusão ou extração".

[2] Também merece menção o vazamento de dados de 223 milhões de brasileiros, incluindo números de CPF, nome, sexo e data de nascimento. Veja mais em: Megavazamento de dados de 223 milhões de brasileiros: o que se sabe e o que falta saber. G1. 28 de jan. 2021. Disponível em: <https://g1.globo.com/economia/tecnologia/noticia/2021/01/28/vazamento-de-dados-de-223-milhoes-de-brasileiros-o-que--se-sabe-e-o-que-falta-saber.ghtml>.

[3] Sobre o caso e suas repercussões no Brasil, GOMES, Helton Simões. Brasil quer multar Facebook por Cambridge Analytica e ação de hackers. *Tilt Uol*. 12 mar. 2019. Disponível em: <https://www.uol.com.

342 | TRATADO DE PROTEÇÃO DE DADOS PESSOAIS

Nesse contexto, a Lei Geral de Proteção de Dados – Lei Federal 13.709/2018 (LGPD) – estabelece uma disciplina específica que se inicia a partir do reconhecimento da segurança como um dos princípios a serem observados pelos que exercem as atividades de tratamento de dados pessoais. De acordo com o art. 6.º, VII, da LGPD, o princípio da segurança implica a "utilização de medidas técnicas e administrativas aptas a proteger os dados pessoais de acessos não autorizados e de situações acidentais ou ilícitas de destruição, perda, alteração, comunicação ou difusão".

Concretizando o princípio da segurança, a LGPD também estatui, no âmbito do Capítulo VI, que regula a atuação do controlador e do operador, seção específica (Seção III), que disciplina a sua responsabilidade e o correspondente ressarcimento de danos. Nesse contexto, conceitua, no art. 44[4], o tratamento de dados pessoais irregular, quando o agente de tratamento incide nos comportamentos de "deixar de observar a legislação ou quando não fornecer a segurança que o titular dele pode esperar". E, seguindo na disciplina do assunto, o parágrafo único do mesmo dispositivo estatui a consequência jurídica da violação da segurança, determinando que: "Responde pelos danos decorrentes da violação da segurança dos dados o controlador ou o operador que, ao deixar de adotar as medidas de segurança previstas no art. 46 desta Lei, der causa ao dano".

Diante dessas observações preliminares, o objetivo do presente artigo é o de abordar, em sua primeira parte, o dever de segurança da informação nas atividades de tratamento de dados a partir dos delineamentos básicos de seu conteúdo, e, na segunda parte, tratar das questões jurídicas envolvidas quando da ocorrência do vazamento de dados e dos incidentes de segurança, com foco no exame do dever de notificação a ser cumprido pelo agente de tratamento, abordando, assim, algumas observações sobre o regime de sanções aplicáveis nas hipóteses de vazamentos de dados. Para isso, além de concentrar-se na análise das regras pertinentes da LGPD, este capítulo se valerá do exame de disposições relativas ao tema no âmbito do Regulamento Geral de Proteção de Dados, ou General Data Protection Regulation (GDPR) da União Europeia, tendo em vista a similitude entre as regras e inegável fonte de inspiração da lei brasileira no modelo europeu.

PARTE I – O DEVER DE SEGURANÇA

1. ANTECEDENTES: O CÓDIGO DE DEFESA DO CONSUMIDOR E A BOA-FÉ

A LGPD inaugurou um regime específico voltado à proteção de dados, que abrange um regramento acerca da segurança. Há que se apontar, todavia, o Código de Defesa do Consumidor como antecedente da regra positivada no ordenamento jurídico brasileiro que dispõe sobre a segurança. Consoante determinação expressa do art. 4.º do CDC, é um dos objetivos da Política Nacional das Relações de Consumo a segurança do consumidor. Todo

---

br/tilt/noticias/redacao/2019/03/12/brasil-quer-multar-facebook-por-cambridge-analytica-e-acao-de--hackers.htm>.

4 "Art. 44. O tratamento de dados pessoais será irregular quando deixar de observar a legislação ou quando não fornecer a segurança que o titular dele pode esperar, consideradas as circunstâncias relevantes, entre as quais: I – o modo pelo qual é realizado; II – o resultado e os riscos que razoavelmente dele se esperam; III – as técnicas de tratamento de dados pessoais disponíveis à época em que foi realizado. Parágrafo único. Responde pelos danos decorrentes da violação da segurança dos dados o controlador ou o operador que, ao deixar de adotar as medidas de segurança previstas no art. 46 desta Lei, der causa ao dano".

consumidor tem, assim, um direito básico à segurança de acordo com esse diploma legal[5]. Sabe-se que a marca da proteção do consumidor é sua presunção de vulnerabilidade. Ocorre que, diante das frequentes situações de coleta de dados pessoais nas mais variadas atividades informáticas – desde o mero uso de aplicativos, passando pela navegação na internet e uso de e-mails –, o consumidor/usuário fica alheio aos detalhes técnicos envolvidos em tais atividades. A ele só resta confiar[6]. Igualmente, em tais contextos, sustenta-se não meramente a vulnerabilidade do consumidor, mas até mesmo sua hipervulnerabilidade[7], o que faz com que a informação a ser dada pelos fornecedores seja mais ampla e especializada, sobretudo acerca dos riscos envolvidos. Tal consideração é reforçada pelo Marco Civil da Internet (MCI) – Lei 12.965/2014 –, que prevê em seu art. 7.º, VI, a necessidade do fornecimento de "informações claras e completas" acerca do regime de proteção dos registros de conexão e acesso a aplicações.

O controle do risco também está relacionado com o provimento de informações pelo fornecedor do produto e do serviço[8]. A informação deve ser transmitida de forma clara e ostensiva, sob pena de o dever não ser cumprido, como ocorre no caso em que as informações de segurança dadas pelo banco estão escondidas em vários níveis de links em seu site ou, até mesmo, não foram fornecidas[9].

Ainda, nesse contexto, são comuns as situações em que o fornecedor dá instruções de uso de seus produtos ou serviços, visando evitar um comportamento descuidado do consumidor[10]. Como consequência, nas situações de descumprimento das orientações pelo consumidor, ocorre a configuração de sua culpa exclusiva diante da ocorrência do dano[11]. Isso significa que, além do dever de fornecer as informações, há, por outro lado, um dever de cuidado a

---

[5]   MIRAGEM, Bruno. Curso de direito do consumidor. 5. ed. São Paulo: Revista dos Tribunais, 2014. p. 198-199. O autor lembra que não se trata apenas da segurança envolvendo a integridade patrimonial, mas também a integridade moral, o que envolve, por certo, a segurança dos dados pessoais.

[6]   LORENZETTI, Ricardo Luis. Consumidores. Buenos Aires: Rubinzal y Asociados, 2003. p. 62-63. "No se trata de un problema de negligencia, sino de una necesidad: se tuviera que verificar razonablemente cada acto, sería imposible vivir, y los costos de transacción serían altísimos".

[7]   Cf. COLOMBO, Cristiano; GOULART, Guilherme Damasio. Hipervulnerabilidade do consumidor no ciberespaço e o tratamento dos dados pessoais à luz da Lei Geral de Proteção de Dados Pessoais brasileira (LGPD). 9.º Congreso Iberoamericano de Investigadores y Docentes de Derecho e Informática, Montevidéo, Mayo/2019. Disponível em: <http://www.aeu.org.uy/andocasociado.aspx?3785,10191>. Acesso em: 30 maio 2019. Também MENDES, Laura Schertel. A tutela da privacidade do consumidor na internet: uma análise à luz do Marco Civil da Internet e do Código de Defesa do Consumidor. In: LUCCA, Newton de; SIMÃO FILHO, Adalberto; LIMA, Cíntia Rosa Pereira de. Direito & Internet III: Marco Civil da Internet: Lei 12.965/2014. São Paulo: Quartier Latin, 2015. t. I, p. 477: "(...) Esse controle objetivo torna-se ainda mais relevante no mercado de consumo, em que a discrepância de poderes e de informação entre consumidores e fornecedores é tão grande, que dificulta ao consumidor a tomada de decisão livre e informada a respeito do fluxo de seus dados".

[8]   Cf. arts. 4.º, IV, 6.º, III, 8.º e 9.º do CDC.

[9]   Sobre o tema, ver AC/TJSP 2015.0000112722, j. 27.02.2015.

[10] Segundo LORENZETTI, Ricardo Luis. Consumidores. Buenos Aires: Rubinzal y Asociados, 2003. p. 171, a "informação é o antídoto do erro". Isso não deixa também de estar ligado ao princípio da prevenção, presente no art. 6.º, VIII, da LGPD e no art. 6.º, VI, do CDC.

[11] Cf. art. 14, § 3.º, do CDC. São conhecidas na jurisprudência as situações do consumidor que tem sua culpa exclusiva (ou fato exclusivo) determinada pelo descumprimento de orientações de segurança em sistemas informáticos. Nesse sentido, ver o caso de descumprimento das orientações de não utilizar computadores públicos para acesso ao *home banking* (AC/TJDFT 2004.01.1.014499-5, j. 09.05.2005); negociação direta com o vendedor por fora dos sistemas de intermediação disponibilizados pelo mercado livre (AC/TJRJ 2008.001.18648, j. 28.05.2008); fornecimento voluntário de dados de acesso pelo próprio correntista a terceiro (AC/TJRJ 42.633/2008, j. 21.10.2008).

344 | TRATADO DE PROTEÇÃO DE DADOS PESSOAIS

ser observado pelo próprio consumidor ao utilizar serviços e produtos que possuam algum tipo de risco[12].

Há que se ter presente esse aspecto, de modo a evitar paternalismo exacerbado, mesmo no âmbito de legislação protetiva, até mesmo porque um dos princípios da Política Nacional das Relações de Consumo, conforme o previsto no art. 4.º, III, do Código de Defesa do Consumidor, é o da "harmonização dos interesses dos participantes das relações de consumo e compatibilização da proteção do consumidor com a necessidade de desenvolvimento econômico e tecnológico, de modo a viabilizar os princípios nos quais se funda a ordem econômica (art. 170, da Constituição Federal), sempre com base na boa-fé e equilíbrio nas relações entre consumidores e fornecedores".

Além da relação entre a LGPD e o CDC no aspecto da segurança das relações, é necessário destacar o papel da boa-fé objetiva. É de se notar que a boa-fé objetiva tem cada vez mais sido localizada também no âmbito da disciplina da proteção de dados. Assim já o era quando da vigência da Diretiva Europeia de Proteção de Dados 1995/46, que referia expressamente a boa-fé e acentuava, em seus considerandos e em seu texto, a vinculação ao dever de informação[13], o que também ocorre no GDPR[14] e até mesmo na Carta Europeia de Direitos Fundamentais[15].

O princípio da boa-fé objetiva está previsto no art. 4.º, III, do CDC e também no *caput* do art. 6.º da LGPD, quando esta enumera os princípios de proteção de dados. É preciso lembrar também da importância do Código Civil para a delimitação[16] das funções da boa-fé objetiva, quando a utiliza como apoio de verificação de licitude, de acordo com o art. 187, cânone de interpretação, conforme o art. 113 e cláusula geral dos contratos, no art. 422[17]. Além disso, a boa-fé também é criadora de deveres, sobretudo com a consideração dos chamados deveres

---

[12] Sem que isso signifique, por óbvio, a transferência do risco da atividade do fornecedor para o consumidor, o que não é admitido.

[13] Observe-se que o Considerando 38 da Diretiva, na versão em alemão, continha a expressão "Treu und Glauben", que, como se sabe, significa boa-fé (objetiva): "(38) Datenverarbeitung nach Treu und Glauben setzt voraus, daß die betroffenen Personen in der Lage sind, das Vorhandensein einer Verarbeitung zu erfahren und ordnungsgemäß und umfassend über die Bedingungen der Erhebung informiert zu werden, wenn Daten bei ihnen erhoben werden". Na versão em português da Diretiva, todavia, a expressão empregada é de um tratamento de dados que deve ser realizado "de forma lícita e leal". A não utilização da expressão boa-fé ou boa-fé objetiva, mas sim de "tratamento leal", se repete na versão em língua portuguesa do GDPR e da Carta Europeia de Direitos Fundamentais.

[14] Cf. Considerandos 39 e 45, bem como art. 5.º, 1, "a", art. 6.º, 2, e art. 6.º, 3, "b", do GDPR na versão em língua alemã.

[15] Cf. art. 8, 2, da Carta de Direitos Fundamentais.

[16] Não se pode, todavia, como linha geral metodológica, amesquinhar a utilização da boa-fé objetiva. Ver, quanto ao ponto: "Há que se ter cuidado, na concreção da boa-fé, para que não se cometa o exagero de se valer dessa cláusula geral como um coringa que desempenhe a função de 'salvar', em qualquer situação, a parte que descumpra seus deveres, que eventualmente tenha feito um mal negócio ou que pretenda dela se valer sem maiores fundamentos concretos e robustos que demonstrem a sua violação. É necessário evitar também o vezo da concreção da boa-fé objetiva no âmbito do Código Civil, como se o aplicador estivesse diante de caso em que incide o Código de Defesa do Consumidor. E, mesmo no âmbito do Código de Defesa do Consumidor, há que se ter cuidado para que a decisão judicial não incorra em arbitrariedades. A extravasação desmedida das regras e dos princípios consumeristas, para além das relações de consumo, acaba por prejudicar a própria proteção do consumidor". Cf. MENKE, Fabiano. Comentário aos artigos 104 a 185 do Código Civil. In: NANNI, Giovanni Ettore (org.). *Comentários ao Código Civil*: direito privado contemporâneo. São Paulo: Saraiva, 2019. v. 1, p. 198.

[17] Cf. MARTINS-COSTA, Judith. *A boa-fé no direito privado*: critérios para a sua aplicação. 2. ed. São Paulo: Saraiva, 2018. p. 45.

anexos e de proteção[18]. É de se notar a importância do direito obrigacional em tais relações, pois, no mais das vezes, o tratamento de dados pessoais é acompanhado da prestação de um serviço ou fornecimento de produto, ou seja, não é o objeto principal da prestação. Assim, os deveres anexos e de proteção são plenamente aplicáveis às relações obrigacionais que envolvem tratamento de dados. Isso significa que há a possibilidade de a prestação principal ser perfeitamente adimplida, mas os deveres de proteção não. Essa relação, diante também do princípio da boa-fé objetiva, constitui um fundamento ético para a atividade, conforme um de seus aspectos. Trata-se de garantir a confiança na relação, no sentido de o sujeito confiar que seus dados serão adequadamente protegidos pelo responsável[19].

O dever de informação também pode ser derivado da boa-fé objetiva, entendido como um dever anexo. Por meio disso, é possível ver o dever de informar como um dever de proteção[20]. A informação-proteção se produziria na prática não somente pelo fornecimento de informações sobre os meios de proteção de dados utilizados, previsto pelo MCI, mas também pelas orientações dadas aos titulares de dados pessoais sobre os riscos envolvidos na atividade de tratamento. Lembrando que o tratamento é considerado irregular quando não fornecer a segurança que o titular dele pode esperar, de acordo com o art. 44, II, da LGPD. Essa visão da confiança esperada é construída, dentre outras formas, pelo fornecimento de informações, advertências e instruções qualificadas, visto que será por meio dela que o usuário pode, inclusive, escolher entre um e outro fornecedor[21].

Esses deveres, ainda, não estão diretamente relacionados com o objeto principal da prestação, mas, por outro lado, visam a impedir a ocorrência de danos ou prejuízos para a outra parte. Eles devem ser cumpridos mesmo quando não estiverem formalmente previstos nos contratos, sendo aplicados tanto na fase pré-contratual como nas fases de cumprimento do contrato e pós-contratual[22]. Isso significa que, mesmo após o término da relação em que os dados foram coletados, deve o responsável protegê-los se ainda houver justificativa legal para seu armazenamento[23].

Por fim, há a necessidade de realizar interpretação sistemática, visando a integração dos diplomas legais nas relações que visam o tratamento de dados pessoais, principalmente pela

---

[18] Idem, p. 240-243.

[19] MARTINS-COSTA, Judith; BRANCO, Gerson. *Diretrizes teóricas do novo Código Civil brasileiro*. São Paulo: Saraiva, 2002. p. 133. Ver também BRANCO, Gerson Luiz Carlos. A proteção das expectativas legítimas derivadas das situações de confiança: elementos formadores do princípio da confiança e seus efeitos. *Revista de Direito Privado*, São Paulo, n. 12, p. 169-225, out.-dez. 2002, p. 201: "O mercado promete oferecer ao consumidor a melhor técnica e a confiança que é forjada dessa promessa, posta na publicidade e no constante e reiterado estímulo para que se utilize cada vez mais de tais meios, impõe a respectiva obrigação de proteger o consumidor contra os riscos derivados do uso da tecnologia".

[20] Cf. BARBOSA, Fernanda Nunes. *Informação*: direito e dever nas relações de consumo. São Paulo: Revista dos Tribunais, 2009. p. 101-111.

[21] Ou seja, o usuário poderia selecionar os fornecedores que disponibilizam mais informações sobre as práticas de segurança adotadas. Sobre a relação entre confiança, segurança e informação, ver MARQUES, Claudia Lima. *Confiança no comércio eletrônico e a proteção do consumidor*: um estudo dos negócios jurídicos de consumo no comércio eletrônico. São Paulo: Revista dos Tribunais, 2004. p. 98-99. Sobre confiança contratual, ver a lição de Roberto Senise Lisboa, quando diz que as expectativas de esclarecimento podem ser de conselhos, advertência e de informação (LISBOA, Roberto Senise. *Confiança contratual*. São Paulo: Atlas, 2012. p. 162).

[22] MARTINS-COSTA, Judith. *A boa-fé no direito privado*: critérios para a sua aplicação. 2. ed. São Paulo: Saraiva, 2018. p. 245.

[23] A depender do caso, o alcance da finalidade pode significar o término de tratamento de dados, o que implica na sua eliminação, conforme arts. 15, I, e 16 da LGPD.

346 TRATADO DE PROTEÇÃO DE DADOS PESSOAIS

previsão expressa na LGPD da consideração do regime de responsabilidade previsto no CDC, conforme o art. 45 daquela legislação. O intérprete também deverá levar em consideração as disposições do MCI, a saber, acerca do dever de informar sobre as práticas de segurança utilizadas na provisão de serviços, conforme o § 4.º do art. 10, e também o dever de armazenar registros de conexão e do acesso a aplicações de maneira segura (ambos dados pessoais, podendo até ser dados sensíveis, no último caso), conforme a disposição dos arts. 13 e 15 do MCI, além dos direitos e garantias do seu art. 7.º.

2. CONTEÚDO DO DEVER DE SEGURANÇA DA INFORMAÇÃO NAS ATIVIDADES DE TRATAMENTO DE DADOS PESSOAIS

Com a informatização quase total das atividades que visam ao tratamento de dados pessoais, praticamente todos os dados tratados[24] são mantidos em sistemas informáticos[25]. Esses sistemas, como se sabe, possuem vulnerabilidades que, quando exploradas, podem permitir vazamentos ou a destruição de dados. É nesse sentido que se desenvolveu na área da ciência da computação uma série de práticas que compõem a disciplina da segurança da informação[26]. Em síntese, essa disciplina busca proteger os atributos de sistemas e dos dados, quais sejam, a confidencialidade, a integridade e a disponibilidade.

A confidencialidade é a característica da informação que precisa ser protegida contra um acesso ou uso não autorizado, e chegou a ser assegurada pelo Tribunal Constitucional Alemão (TCA) na decisão que reconheceu o "direito à garantia da confidencialidade e da integridade dos sistemas informáticos"[27]. A integridade é o atributo que visa a garantir que a informação não foi alterada no seu ciclo de vida (a não ser quando a alteração é autorizada) e a disponibilidade é o atributo que garante que a informação estará disponível quando for necessário ser acessada[28].

---

[24] Não se olvide do art. 1.º da LGPD , que não deixa dúvidas de que os seus comandos se aplicam ao tratamento de dados pessoais, "inclusive nos meios digitais", de onde se retira a compreensão de que os agentes de tratamento de dados pessoais também devem tomar cuidados com o manejo de dados pessoais no meio físico.

[25] MENDES, Laura Schertel. Segurança da informação, proteção de dados e confiança. *Revista de Direito do Consumidor*, São Paulo, v. 90, p. 245-260, nov.-dez. 2013, p. 249: "(...) não há como garantir a proteção da privacidade e dos dados pessoais sem uma política adequada de segurança da informação e uma gestão de riscos de incidentes de segurança".

[26] Na literatura especializada estrangeira de língua inglesa utiliza-se a expressão "security" no sentido de segurança contra ataques e a expressão "safety" no sentido de confiabilidade do sistema. Já na língua alemã, a expressão "Sicherheit" engloba ambos (HANSEN, Marit. Kommentar Art. 32 DSGV. In: SIMITIS, Spiros; HORNUNG, Gerrit; SPIECKER, Indra (org.). *Datenschutzrecht*: DSGVO mit BDSG. Nomos: Baden-Baden, 2019. p. 817).

[27] MENKE, Fabiano. A proteção de dados e o novo direito fundamental à garantia da confidencialidade e da integridade dos sistemas técnico-informacionais no direito alemão. In: MENDES, Gilmar Ferreira; SARLET, Ingo Wolfgang; COELHO, Alexandre Zavaglia P. *Direito, inovação e tecnologia*. São Paulo: Saraiva, 2015. v. 1.

[28] BEAL, Adriana. *Segurança da informação*: princípios e melhores práticas para a proteção dos ativos de informação nas organizações. São Paulo: Atlas, 2005. p. 1. A proteção dos atributos é crucial para a proteção de dados pessoais. Segundo Laura Schertel Mendes (Segurança da informação, proteção de dados pessoais e confiança. *Revista de Direito do Consumidor*, São Paulo, v. 90, p. 245-261, nov.-dez. 2013. p. 251), "não basta apenas garantir os direitos de acesso, correção e cancelamento de dados pelo titular; é preciso também garantir a confidencialidade, a integridade e a autenticidade dos sistemas informáticos".

PARTE II · Cap. 17 · SEGURANÇA DA INFORMAÇÃO E VAZAMENTO DE DADOS | 347

Um quarto atributo, desenvolvido mais recentemente, é o da resiliência. Ele está presente na GDPR, ao lado dos três atributos tradicionais[29]. No preenchimento do conteúdo do que vem a ser resiliência se inserem características como as de robustez, elasticidade ou aptidão de adaptação, significando dizer, como ponto de partida, que erros ou incidentes sempre poderão ocorrer, sendo essencial que os respectivos sistemas e processos possam ser recompostos em suas funções essenciais[30]. O cerne da resiliência está justamente neste ponto: o de que as funcionalidades sejam restabelecidas após o erro ou incidente[31], em vez de tudo voltar, necessariamente, a ser como era antes[32]. Após o infortúnio é preciso funcionar, ainda que o sistema e os processos tenham de ser adaptados ou modificados.

Os processos envolvendo a proteção dos atributos levam em consideração quatro conceitos: vulnerabilidade, ameaça, incidente e controle. Uma vulnerabilidade é uma fraqueza que atinge sistemas, ambientes, processos, protocolos etc. Já a ameaça é uma situação[33] que pode atingir uma vulnerabilidade. O incidente, por sua vez, é aquela situação que envolve a afetação de uma vulnerabilidade por uma ameaça. Os controles, por fim, são as medidas utilizadas para impedir que um incidente ocorra ou para diminuir a probabilidade de sua ocorrência[34]. Um exemplo de incidente pode ser uma situação em que um sistema que possui uma falha técnica (vulnerabilidade) tem essa falha explorada por um agente malicioso; ou, ainda, a referida falha técnica pode permitir que dados sejam inadvertidamente publicados em área pública do sistema que não deveria mostrar aqueles dados. No ano de 2017, a Equifax, um *credit bureau* americano, esteve envolvida no vazamento de dados pessoais de 143 milhões de clientes. Um agente malicioso explorou uma vulnerabilidade no servidor Web da instituição, o que permitiu o acesso não autorizado por meio da violação de um mecanismo de segurança. Nesse caso, uma correção técnica para a vulnerabilidade já estava disponível há meses e os técnicos da instituição não a aplicaram, permitindo, assim, que a vulnerabilidade permanecesse presente no ambiente[35].

Diante disso, é possível destacar que qualquer programa de segurança da informação deve adotar tanto medidas (ou controles) técnicas quanto administrativas (ou organizativas)[36].

---

[29] Na versão em língua portuguesa da GDPR, a resiliência está elencada como medida de segurança, no art. 32, 1, "b", ao lado da confidencialidade, integridade e disponibilidade.

[30] HANSEN, Marit. Kommentar Art. 32 DSGV. In: SIMITIS, Spiros; HORNUNG, Gerrit; SPIECKER, Indra (org.). *Datenschutzrecht*: DSGVO mit BDSG. Nomos: Baden-Baden, 2019. p. 824.

[31] Como exemplo, cita-se o caso ocorrido com o CNPq. Após um incidente de segurança, toda a base do Currículo Lattes ficou indisponível por 15 dias, o que representa um comprometimento evidente à resiliência dos sistemas. Ver: Após ficar fora do ar, CNPq diz que a plataforma Lattes está novamente acessível. *G1*. 8 ago. 2021. Disponível em: <https://g1.globo.com/educacao/noticia/2021/08/08/apos-ficar-fora-do-ar-cnpq-diz-que-plataforma-lattes-esta-novamente-acessivel.ghtml>.

[32] GONSCHEROWSKI, Susan; HANSEN, Marit; ROST, Martin. Resilienz: eine neue Anforderung aus der Datenschutz-Grundverordnung. *Datenschutz und Datensicherheit* (DuD), v. 7, p. 442-446, 2018.

[33] Uma ameaça pode ser física ou ambiental, técnica ou pessoal, cf. SMEDINGHOFF, Thomas J. *Information Security Law*: The Emerging Standard for Corporate Compliance. Cambridgeshire: ITGP, 2008. p. 15-16.

[34] Cf. a lição de PFLEEGER, Charles P.; PFLEEGER, Shari Lawrence; MARGULIES, Jonathan. *Security in computing*. 5. ed. Boston: Prentice Hall, 2015. p. XXV e XXVI.

[35] Tecnicamente, foi explorada uma vulnerabilidade no Apache Struts, um componente do servidor Web Apache. Mais informações podem ser obtidas em NEWMAN, Lily Hay. Equifax officially has no excuse. Wired. 14 de setembro de 2017. Disponível em: <https://www.wired.com/story/equifax-breach-no-excuse/>. Acesso em: 27 maio 2019.

[36] Também conhecidos como controles técnicos ou lógicos e controles administrativas, organizacionais ou procedimentais, cf. SMEDINGHOFF, Thomas J. *Information Security Law*: The Emerging Standard for Corporate Compliance. Cambridgeshire: ITGP, 2008. p. 20-21.

Essa diferenciação das medidas é importante e encontra eco tanto na LGPD quanto no GDPR. As medidas administrativas são aquelas que visam não somente a promoção da conformidade das ações com toda a LGPD, mas também aquelas que visam a organização da segurança da informação na instituição. Um possível exemplo poderia ser todas as políticas de segurança, *standards* e guias de procedimentos para controlar o comportamento dos agentes no sentido de "prover um nível aceitável de proteção para os recursos computacionais e para os dados"[37]. No âmbito do GDPR, o Considerando 78 indica que entre as medidas estão a minimização no tratamento, a pseudonimização e a transparência no tratamento. Já as medidas técnicas envolvem o uso de recursos, como firewalls, antimalware e antivírus, controles de acesso nos sistemas operacionais, tokens, criptografia etc.[38].

As medidas de segurança técnicas e administrativas também estão presentes no art. 46 da LGPD. Elas visam, conforme o artigo, a proteção não somente contra acessos não autorizados, o que compromete a confidencialidade dos dados, mas também situações de perda, alteração ou qualquer tratamento inadequado ou ilícito. Portanto, as medidas de segurança visam não somente evitar vazamentos, mas também evitar qualquer tipo de tratamento ilícito ou inadequado. Um exemplo básico é a criação de medidas internas de controle de acesso para impedir que os empregados que não tenham entre suas atribuições o contato com dados dos clientes acessem essas informações.

Nesse sentido, a segurança que se espera não é aplicada exatamente aos dados em si, mas sim aos sistemas que os mantêm (medidas técnicas) e ao ambiente geral da instituição (medidas organizativas). Isso significa que não bastam as medidas técnicas, como o uso de *firewalls*, métodos criptográficos[39] e controles de conteúdo, se elas não vierem acompanhadas de outras medidas, como treinamentos de segurança, criação de políticas de segurança da informação, inventários de ativos etc. Na linha de orientações dadas por autoridades de proteção de dados estrangeiras, é possível citar o guia de segurança criado pela *Commission Nationale de l'Informatique et des Libertés* (CNIL), a autoridade de proteção de dados francesa. Entre as recomendações dadas pelo órgão destacam-se: conscientização e autenticação dos utilizadores, limitação de acesso aos dados, auditabilidade do ambiente e gestão de incidentes, segurança dos postos de trabalho (incluindo dispositivos móveis), meios técnicos de proteção da rede interna, segurança em servidores e sites web, armazenamento seguro dos dados, segurança dos dados em todo seu ciclo de vida, integração da segurança da informação na gestão de projetos etc.[40].

A regulação da segurança em ambientes cibernéticos não é novidade no ordenamento brasileiro. O Decreto 9.936/2019, que revogou o Decreto 7.829/2012, que regulamenta a Lei

---

[37] SMEDINGHOFF, Thomas J. *Information Security Law*: The Emerging Standard for Corporate Compliance. Cambridgeshire: ITGP, 2008. p. 21.

[38] SMEDINGHOFF, Thomas J. *Information Security Law*: The Emerging Standard for Corporate Compliance. Cambridgeshire: ITGP, 2008. p. 21.

[39] Sobre o tema, ver o Considerando 17 do Regulamento 611/2013 da UE "relativo às medidas aplicáveis à notificação da violação de dados pessoais em conformidade com a Diretiva 2002/58/CE do Parlamento Europeu e do Conselho relativa à privacidade e às comunicações eletrónicas": "A aplicação de métodos de cifragem ou hashing não deve ser considerada, por si só, suficiente para os operadores poderem alegar, de um modo mais geral, que cumpriram o dever de segurança geral estabelecido no artigo 17 da Diretiva 95/46/CE. A este respeito, os operadores devem igualmente pôr em prática medidas organizativas e técnicas adequadas para prevenir, detetar e bloquear a violação de dados pessoais".

[40] COMMISSION NATIONALE DE L'INFORMATIQUE ET DES LIBERTÉS. *Guide de la sécurité des données personnelles*. Disponível em: <https://www.cnil.fr/fr/principes-cles/guide-de-la-securite-des-donnees-personnelles>. Acesso em: 15 maio 2019.

12.414/2011 – a Lei do Cadastro Positivo –, menciona a necessidade de observância de aspectos técnico-operacionais, utilização de certificações de adequação de segurança dos sistemas e também da política de segurança da informação. Além disso, o Decreto 8.771/2016, que regulamenta o MCI, estabelece algumas medidas de segurança, como "estabelecimento de controle estrito sobre o acesso aos dados", "previsão de mecanismos de autenticação", "criação de inventário detalhado dos acessos aos registros" e "uso de solução de gestão dos registros", conforme disposição do seu art. 13. No caso do decreto regulamentador do MCI, é possível dizer que ele pode ser utilizado ainda de forma supletiva no que tange às práticas de segurança relacionadas à proteção de dados pessoais.

A segurança no âmbito do tratamento de dados pessoais aparece pela primeira vez na LGPD, em seu art. 6.º, VII. Quando enuncia os princípios[41], a lei estabelece entre eles o dever geral de segurança, que se traduz na tomada de medidas técnicas e administrativas. O princípio da segurança, por sua vez, traz um conceito jurídico indeterminado quando afirma que as medidas a serem tomadas devem ser "aptas a proteger os dados pessoais de acessos não autorizados e de situações acidentais"[42]. Certamente, diante das múltiplas situações envolvidas nos sistemas utilizados, não parece simples indicar o que é uma medida *apta*. Uma das formas de preencher esse dever é encontrada no § 1.º do art. 46, ou seja, o estabelecimento de guias e parâmetros propostos pela autoridade nacional. O que se espera de uma autoridade atuante[43] é o estabelecimento de melhores práticas, sendo, inclusive, diferenciadas para setores distintos da atividade negocial (como se viu na recomendação do CNIL). Assim, uma instituição financeira tem possibilidades e necessidades de segurança distintas de uma pequena loja de comércio eletrônico, o que faz com que a autoridade deva se preocupar com a capacidade técnica de cada negócio. É um pouco do que se pode ler no § 1.º do art. 50 da LGPD, quando destaca que as melhores práticas devem levar em consideração a natureza e o escopo das atividades, além do § 2.º, que define necessidade de observar a estrutura, a escala e o volume das operações[44].

O art. 46 prevê a observância das medidas de segurança tanto na fase de concepção dos produtos quanto na fase de execução. A primeira situação envolve o que se convencionou chamar de *privacy by design*[45]. Mais adiante, o art. 50 da LGPD, ao enunciar a possibilidade

---

[41]   Não se deve ignorar a distinção entre regras e princípios. Sobre o tema, ver lição de ALEXY, Robert. *Teoría de los derechos fundamentales*. Madrid: Centro de Estudios Constitucionales, 1993. p. 83 e 86. Segundo o autor, regras e princípios são dois tipos de normas. Entre as muitas formas de distingui-los há o conhecido critério da "generalidade", segundo o qual "os princípios são normas de um grau de generalidade relativamente alto e as regras são normas com um nível relativamente baixo de generalidade". Nesse sentido, os princípios são entendidos como "mandados de otimização", no sentido de que devem ser realizados "na maior medida possível, dentro das possibilidades jurídicas e reais existentes".

[42]   Sobre os conceitos jurídicos indeterminados, ver MARTINS-COSTA, Judith. *A boa-fé no direito privado*: critérios para a sua aplicação. 2. ed. São Paulo: Saraiva, 2018. p. 156-157.

[43]   MENDES, Laura Schertel. Segurança da informação, proteção de dados pessoais e confiança. *Revista de Direito do Consumidor*, São Paulo, v. 90, p. 245-261, nov.-dez. 2013. p. 258. A autora aponta a necessidade da "intensificação da criação de standards para os serviços e produtos relativos à tecnologia da informação".

[44]   Atenta a essa questão, em agosto de 2021, a ANPD colocou em consulta pública as regras sobre a aplicação da LGPD para microempresas, empresas de pequeno porte, *startups* e pessoas jurídicas sem fins lucrativos. A minuta inicial prevê regras mais básicas de segurança, estabelecendo o critério do nível de risco à privacidade dos titulares de dados e a realidade do agente de tratamento. Prevê, ainda, a disponibilização de um guia orientativo de segurança da informação a ser criado pela própria ANPD.

[45]   Ver BIONI, Bruno Ricardo. *Proteção de dados pessoais*: a função e os limites do consentimento. Rio de Janeiro: Forense, 2019. p. 176: "É a ideia de que a proteção de dados pessoais deve orientar a concepção

de os controladores e operadores adotarem boas práticas de segurança, prevê a criação de um "programa de governança em privacidade" (art. 50, § 2.º, I). Esses programas deverão levar em consideração as chamadas medidas técnicas e administrativas anteriormente abordadas. Entre os itens apontados pelo programa destacam-se: a demonstração do comprometimento por meio de política internas (ou seja, o uso de meios organizativos); a aplicabilidade do programa a todos os dados coletados; a revisão e avaliação sistemáticas de impactos e riscos; o uso de um plano de resposta a incidentes e a realização de avaliações periódicas.

Nota-se que o conteúdo desse programa de governança encontra paralelo com alguns controles previstos em normas técnicas de segurança da informação, principalmente a ISO/IEC 27002:2013[46]. É possível citar, como exemplo, os seguintes controles da norma que possuem relação com o art. 50 da LGPD: 5 – Políticas de Segurança, que estabelece as regras gerais a serem observadas na criação de uma política de segurança; 5.1 – Orientação da direção para segurança da informação e 7.21 – Responsabilidade da direção; 6.1.1 – Responsabilidade e papéis pela segurança de informações; 6.1.2 – Segregação de funções; 7 – Segurança em recursos humanos; 8 – Gestão de ativos; 9 – Controle de acesso; 12.1.2 – Gestão de mudanças; 13 – Segurança nas comunicações; 16.1 – Gestão de incidentes de segurança da informação e melhorias, entre outros.

O GDPR, em seu art. 32, ao concretizar o dever de segurança, estabelece que as medidas a serem tomadas devem considerar "os custos de aplicação e a natureza, o âmbito, o contexto e as finalidades do tratamento, bem como os riscos, de probabilidade e gravidade variável", observando que tais medidas devam ser "adequadas para assegurar um nível de segurança adequado ao risco". De maneira semelhante, a LGPD, no art. 50, na seção que trata das Boas Práticas e da Governança, estabelece critérios para o preenchimento do dever de segurança. Quando do estabelecimento de boas práticas, o art. 50, § 1.º, indica que deverão ser considera- das "a natureza, o escopo, a finalidade e a probabilidade e a gravidade dos riscos", enquanto que o § 2.º estabelece a observância da "estrutura, escala e o volume de suas operações, bem como a sensibilidade dos dados tratados e a probabilidade e a gravidade de dados".

A questão relacionada ao controle do risco é fundamental para a segurança da infor- mação[47]. Um processo de gestão de risco informático passa sempre pela chamada análise de riscos, que visa a apurar, no caso concreto, a quais riscos o ambiente tecnológico está exposto e quais são as medidas necessárias para o seu controle. Conhecer o risco informático não

---

de um produto ou serviços, devendo eles ser embarcados com tecnologias que facilitem o controle e a proteção das informações pessoais". Sobre o mesmo tema, ver CAVOUKIAN, Ann. *Privacy by Design: The 7 Foundational Principles*. Disponível em: <https://www.ipc.on.ca/wp-content/uploads/Resources/7foun-dationalprinciples.pdf>. Acesso em: 29 maio 2019. Segundo a autora, os princípios são: "1. Proactive not Reactive, Preventative not Remedial; 2. Privacy as the Default Setting; 3. Privacy Embedded into Design; 4. Full Functionality – Positive-Sum, not Zero-Sum; 5. End-to-End Security – Full Lifecycle Protection; 6. Visibility and Transparency – Keep it Open; 7. Respect for User Privacy – Keep it User-Centric". Essa autora tem sido considerada o grande expoente do assunto *privacy by design*, após ter atuado durante diversos anos perante a Autoridade de Proteção de Dados na província de Ontário, Canadá.

46 ASSOCIAÇÃO BRASILEIRA DE NORMAS TÉCNICAS. NBR ISO/IEC 27002. Tecnologia da Informa- ção. Código de Prática para Gestão da Segurança da Informação. Rio de Janeiro, 2005. Além da norma ISO/IEC 27002:2013, também devem ser observadas a norma ISO/IEC 27001:2013, que traz detalhes sobre a implementação de um programa de gestão de segurança da informação, e a norma ISO/IEC 27005:2011, que traz técnicas sobre a gestão de riscos de segurança da informação. Esta última norma estabelece orientações para a análise, identificação, estimativa, avaliação, tratamento, redução, retenção e transferência de riscos.

47 Sobre o gerenciamento de risco no âmbito da segurança da informação, ver ANDERSON, Ross. *Security Engineering*. 2. ed. Indianapolis: Wiley, 2008. p. 818.

deixa de importar também no cumprimento do princípio da prevenção[48], previsto no art. 6.º, VII, da LGPD, e que consiste na "adoção de medidas para prevenir a ocorrência de danos em virtude do tratamento de dados pessoais". Só se pode prevenir aquilo que é previsto. Além disso, o conhecimento do risco e a previsão das medidas de controle e mitigação são requisitos estipulados na LGPD quando da elaboração do relatório de impacto à proteção de dados pessoais[49], nos termos do seu art. 38.

Pelo teor do *caput* da regra, "A autoridade nacional poderá determinar ao controlador que elabore relatório de impacto à proteção de dados pessoais, inclusive de dados sensíveis, referente a suas operações de tratamento de dados, nos termos de regulamento, observados os segredos comercial e industrial".

Importante referir que o parágrafo único do art. 38 da LGPD contempla o conteúdo mínimo, que deverá conter o relatório de impacto à proteção de dados, consistindo: 1) na descrição dos tipos de dados coletados; e 2) na metodologia utilizada para a coleta e para a garantia da segurança das informações e a análise do controlador com relação a medidas, salvaguardas e mecanismos de mitigação de risco adotados.

No ambiente europeu, o GDPR, em seu art. 35, estabelece um detalhado regramento acerca do que, na versão em português, se denominou de avaliação de impacto de proteção de dados[50], e que impõe ao responsável pelo tratamento de dados, antes de iniciar o tratamento, avaliar o impacto das operações de tratamento previstas, em particular as que utilizem novas tecnologias, e, consideradas sua natureza, âmbito, contexto e finalidade, forem suscetíveis de implicar em elevado risco para os direitos e liberdade das pessoas naturais.

Em resumo, o que se busca é compreender as vulnerabilidades presentes no ambiente analisado para conseguir projetar quais são as medidas de correção, levando em conta a probabilidade de ocorrência do risco. Essa ponderação pode ser realizada pela análise do art. 50, § 2.º, I, "c", da LGPD, quando estabelece que, na implementação do programa de governança em privacidade, este "seja adaptado à estrutura, à escala e ao volume de suas operações, bem como à sensibilidade dos dados tratados". É por meio desse cotejo que será possível apurar as medidas necessárias e eficazes diante do risco apurado[51]. Assim, ambientes que contem com menos setores e pessoas atuando, que não possuam dados sensíveis sendo tratados, em uma estrutura pequena e sem a utilização de computação em

---

[48] Lembrando que o princípio da prevenção de danos no CDC, de acordo com Bruno Miragem (*Curso de direito do consumidor*. 5. ed. São Paulo: Revista dos Tribunais, 2014. p. 212), "significa eliminar ou reduzir, antecipadamente, causas capazes de produzir um determinado resultado", consistindo no cumprimento de deveres positivos e negativos pelo fornecedor.

[49] De acordo com as definições do art. 5.º, XVII, da LGPD, consiste o relatório de impacto à proteção de dados na "documentação do controlador que contém a descrição dos processos de tratamento de dados pessoais que podem gerar riscos às liberdades civis e aos direitos fundamentais, bem como medidas, salvaguardas e mecanismos de mitigação de risco".

[50] A mesma expressão, na versão alemã da GDPR, é denominada Datenschutz-Folgenabschätzung, e reconhecida pelo acrônimo DSFA. Na literatura alemã, Friedwald, Schiering e Martin indicam que esse regramento é uma novidade no âmbito da regulamentação europeia, e que tem origens no mundo anglo-saxão, no final da década de 1990, no conceito de privacy impact assessment (FRIEDWALD, Michael; SCHIERING, Ina; MARTIN, Nicholas. Datenschutz-Folgenabschätzung in der Praxis: Herausforderungen bei der Implementierung eines innovativen Instruments der DSGVO. Datenschutz und Datensicherheit (DuD), v. 8, p. 473-477, 2019).

[51] Ver, sobre o assunto, o preciso trabalho de Maria Cecília Oliveira Gomes: GOMES, Maria Cecília Oliveira. Relatório de Impacto à proteção de dados pessoais: uma breve análise de sua definição e papel na LGPD. *Revista do Advogado*, nº 144, 2019, p. 174-183.

352 TRATADO DE PROTEÇÃO DE DADOS PESSOAIS

nuvem, por exemplo, tendem[52] a ser uma estrutura menos complexa e com menos riscos a serem controlados.

O art. 44 da LGPD indica que o tratamento de dados será considerado irregular quando não fornecer a segurança que o titular pode esperar, levando em conta, entre outras coisas, "o resultado e os riscos que razoavelmente dele se esperam", de acordo com o inc. II do mesmo artigo. Levando em consideração o que foi exposto até aqui, a interpretação do artigo deve levar em conta a boa-fé objetiva e o próprio princípio da confiança, sobretudo quando o responsável pelo tratamento dá informações ou demonstrações sobre as medidas de segurança tomadas em seu ambiente.

O que se busca, em linhas gerais, é que os controladores e operadores conheçam os dados pessoais que tratam[53], estejam preparados para gerir o risco de segurança da informação em um processo contínuo e repetitivo – seguindo as normas de segurança citadas anteriormente –, consigam organizar a atividade de segurança por meio de políticas organizacionais e, por fim, estejam preparados para agir no caso da ocorrência de incidentes.

PARTE II – VAZAMENTO DE DADOS E OS INCIDENTES DE SEGURANÇA

1. DEVER DE NOTIFICAÇÃO

A razão principal da tomada de medidas técnicas e administrativas de segurança na proteção de dados é evitar tratamentos inadequados, incidentes, vazamentos ou *data breaches*[54]. No entanto, há ocasiões em que o responsável pelo tratamento, mesmo a despeito das medidas tomadas, descobre uma situação de vazamento após ela ter ocorrido, sem que possa realizar ações para contê-lo. Em tais casos, o responsável pelo tratamento deve estar preparado para reagir ao incidente[55]. É nesse sentido que a LGPD prevê o dever de notificação à autoridade nacional e ao titular, de acordo com seu art. 48[56]. Além da comunicação à autoridade, que pode tomar medidas administrativas de controle posterior, alertas dessa natureza têm a função de comunicar o próprio titular para que ele possa tomar medidas particulares de proteção[57]. É

---

[52] Destaca-se o uso do termo "tende", visto que somente a análise de risco completa é capaz de apontar realmente a quais riscos o ambiente está exposto, o que leva em consideração, também, a natureza dos dados pessoais tratados.

[53] Com base no processo chamado de *information management*, cf. GOBEO, Antoni; FOLWER, Connor; BUCHANAN, William J. *GDPR and Cyber Security for Business Information Systems*. Gistrup: River, 2018. versão Kindle, p. 1666.

[54] GOBEO, Antoni; FOLWER, Connor; BUCHANAN, William J. *GDPR and Cyber Security for Business Information Systems*. Gistrup: River, 2018. versão Kindle, p. 2059. Um vazamento de dados pessoais é aquele tipo de incidente que afeta o atributo de confidencialidade dos dados.

[55] Cf. GRUPO DE TRABALHO DO ARTIGO 29.º PARA PROTEÇÃO DE DADOS. *Orientações sobre a notificação de uma violação de dados pessoais ao abrigo do Regulamento (UE) 2016/679*. Fev. 2018. Disponível em: <https://www.cnpd.pt/bin/rgpd/docs/wp250rev01_pt.pdf>. Acesso em: 26 maio 2019, p. 7.

[56] Destaca-se que, em fevereiro de 2021, a ANPD disponibilizou formulário específico para comunicação de incidentes em segurança. Todas as informações podem ser encontradas em: <https://www.gov.br/anpd/pt-br/assuntos/incidente-de-seguranca>.

[57] Cf. GRUPO DE TRABALHO DO ARTIGO 29.º PARA PROTEÇÃO DE DADOS. *Orientações sobre a notificação de uma violação de dados pessoais ao abrigo do Regulamento (UE) 2016/679*. Fev. 2018. Disponível em: <https://www.cnpd.pt/bin/rgpd/docs/wp250rev01_pt.pdf>. Acesso em: 26 maio 2019, p. 5.

por isso que uma das informações que devem ser comunicadas pelo controlador é a natureza dos dados afetados, conforme o inc. I, § 1.º, do art. 48.

O GDPR, em seu art. 4.º, item 12, traz a definição de violação de dados pessoais: "uma violação da segurança que provoque, de modo acidental ou ilícito, a destruição, a perda, a alteração, a divulgação ou o acesso, não autorizados, a dados pessoais transmitidos, conservados ou sujeitos a qualquer outro tipo de tratamento". A LGPD, por seu turno, ao estabelecer as definições conceituais do art. 5.º, não define vazamento, incidente ou violação de dados pessoais, mas adota, indiretamente, conceito semelhante ao do GDPR no *caput* do art. 46, ao determinar que "Os agentes de tratamento devem adotar medidas de segurança, técnicas e administrativas aptas a proteger os dados pessoais de acessos não autorizados e de situações acidentais ou ilícitas de destruição, perda, alteração, comunicação ou qualquer forma de tratamento inadequado ou ilícito". Em complementação, o art. 44 da LGPD indica que o tratamento será irregular "quando deixar de observar a legislação ou quando não fornecer a segurança que o titular dele pode esperar, consideradas as circunstâncias relevantes".

Dessa forma, a comunicação deve ser realizada em situações em que o incidente "possa acarretar risco ou dano relevante aos titulares", o que significa que não é todo incidente de segurança que deve ser comunicado[58]. Um apoio para a definição da seriedade é encontrado no § 3.º do art. 48 da LGPD, quando refere que no juízo de gravidade "será avaliada eventual comprovação de que foram adotadas medidas técnicas adequadas que tornem os dados pessoais afetados ininteligíveis, no âmbito e nos limites técnicos de seus serviços, para terceiros não autorizados a acessá-los". Isso significa que um incidente no qual os dados tenham vazado, mas estejam criptografados de tal forma que sua leitura fique impossibilitada[59], torna o incidente menos grave.

O incidente relevante para a comunicação é aquele que atinja os titulares dos dados por meio da divulgação (comprometimento de confidencialidade) ou alteração (comprometimento de integridade) não autorizadas de dados pessoais. Um incidente de segurança que deixe os sistemas informáticos fora do ar por algumas horas, mesmo que torne os sistemas indisponíveis, não precisa ser comunicado aos clientes se não houver comprometimento de dados pessoais[60]. No entanto, um incidente que tenha como efeito a perda irreversível de

---

[58] PINHEIRO, Alexandre Sousa (coord.). *Comentário ao Regulamento Geral de Proteção de Dados*. Coimbra: Almedina, 2018. p. 453: "Afigurar-se-á assaz problemático o preenchimento valorativo do conceito jurídico indeterminado de suscetibilidade de resultar num risco para os direitos e liberdade das pessoas singulares (...) Quanto a nós, bastará a existência de um risco mínimo para ser necessário o cumprimento da obrigação em causa".

[59] É necessário destacar que há diferentes tipos de criptografia que utilizam algoritmos mais ou menos seguros e, ainda, tamanhos de chaves variáveis. Assim, nem toda a criptografia é eficiente nos dias atuais e, dependendo do algoritmo utilizado, pode ser facilmente violada em minutos. Há algoritmos que são considerados inseguros e que não devem ser utilizados atualmente como, por exemplo, o MD5, cf. SCHNEIER, Bruce. *Applied Cryptography*: Protocols, Algorithms, and Source Code in C. 20th Anniversary Edition. Indianapolis: Wiley, 2015. p. 441. O mesmo autor ainda recomenda, por exemplo, o uso da técnica de "salt", que consiste no uso de informações randômicas que são adicionadas às senhas antes de serem armazenadas de forma criptografada, o que dificulta a sua violação, p. 52-53. Sobre a relação entre criptografia, segurança e anonimização, ver MACHADO, Diego; DONEDA, Danilo. Proteção de dados pessoais e criptografia: tecnologias criptográficas entre anonimização e pseudononimização de dados. *Caderno Especial – A regulação da Criptografia no Direito Brasileiro*, p. 99-128, dez. 2018. Versão Revista dos Tribunais On-line.

[60] GRUPO DE TRABALHO DO ARTIGO 29.º PARA PROTEÇÃO DE DADOS. *Orientações sobre a notificação de uma violação de dados pessoais ao abrigo do Regulamento (UE) 2016/679*. Fev. 2018. Disponível em: <https://www.cnpd.pt/bin/rgpd/docs/wp250rev01_pt.pdf>. Acesso em: 26 maio 2019, p. 7:

dados pessoais deve ser comunicado, eis que prejudica (ou impede o exercício) (d)os direitos do titular, conforme o art. 18 da LGPD.

O § 1.º do art. 48 especifica ainda questões relacionadas ao formato da notificação, inclusive com a indicação de medidas de controle para a mitigação dos efeitos do incidente; o inc. I do § 2.º do mesmo artigo prevê o dever ampliado de notificação, que pode ocorrer a pedido da autoridade nacional. No último caso, a autoridade poderá definir a "ampla divulgação do fato em meios de comunicação". A simples leitura dos artigos demonstra que nem sempre a divulgação deverá ser ampla, sendo obrigatória apenas para o titular e para a autoridade, nos casos em que o incidente seja sério o suficiente para motivar a notificação[61]. Há que se ter, portanto, sensibilidade e prudência na análise da questão. Nesse caso, por outro lado, nada impede que os atingidos, quando notificados, venham a divulgar para a imprensa e até em redes sociais, o que teria o efeito semelhante à ampla divulgação do art. 48, § 2.º, I[62]. É possível fazer um paralelo, ainda, do dever de notificação da LGPD com a notificação de periculosidade de produtos e serviços presente no art. 10, § 1.º, do CDC, artigo comumente usado nos casos de *recall*[63]. A notificação, portanto, é preenchida pelo dever de vigilância[64], visto que o referido artigo menciona a expressão "tiver conhecimento".

Acerca do tempo da comunicação, a lei refere apenas a figura do "prazo razoável"[65], levando em conta a definição a ser feita futuramente pela autoridade nacional, conforme o § 1.º do art. 48[66]. No caso de demora na comunicação, o inc. V do § 1.º do art. 48 da Lei indica que os motivos de tal demora devem ser indicados[67]. Uma possível justificativa para a demora pode ser a necessidade de realizar uma investigação técnica em situações de complexidade considerável. Nessas situações, é comum que a empresa atingida precise contratar especialistas na investigação de incidentes, analisar grandes massas de dados, entrevistar pessoas etc., o que pode acarretar a demora da comunicação. O fato é que a instituição precisa estar preparada para, inclusive, identificar os incidentes[68], considerando a possibilidade, a depender da

---

"em essência, enquanto todas as violações de dados pessoais são incidentes de segurança, nem todos os incidentes de segurança são necessariamente violações de dados pessoais".

[61] A GDPR trata a questão de maneira diferente, estabelecendo a possibilidade de o titular não ser comunicado, conforme o art. 34, ponto 3.

[62] Não é incomum, até mesmo, que a própria imprensa, antes mesmo do agente de tratamento de dados pessoais, anuncie o incidente, sobretudo em situações em que o agente esteja tentando escondê-lo.

[63] MENDES, Laura Schertel. A tutela da privacidade do consumidor na internet: uma análise à luz do Marco Civil da Internet e do Código de Defesa do Consumidor. In: LUCCA, Newton de; SIMÃO FILHO, Adalberto; LIMA, Cíntia Rosa Pereira de. *Direito & Internet III*: Marco Civil da Internet: Lei 12.965/2014. São Paulo: Quartier Latin, 2015. t. I, p. 489.

[64] Cf. MARQUES, Claudia Lima. *Contratos no Código de Defesa do Consumidor*: o novo regime das relações contratuais. 8. ed. São Paulo: Revista dos Tribunais, 2016. p. 1.419.

[65] No regime da GDPR, por sua vez, o prazo estabelecido é de 72 horas, "sempre que possível", cf. seu art. 33.

[66] O recente decreto regulamentador da Lei do Cadastro positivo (Decreto 9.936/2019) estabelece, por sua vez, um dever de comunicação nos casos de vazamento – nas situações de cadastro positivo – de dois dias úteis contados da data do incidente, conforme o § 1.º do art. 18. Inclusive, essa é a recomendação trazida na página da ANPD, até que haja uma definição posterior dos prazos, cf. disposição publicada em: <https://www.gov.br/anpd/pt-br/assuntos/incidente-de-seguranca>.

[67] O mesmo ocorrendo na GDPR, em que, conforme o art. 33, há a necessidade de apontar os motivos da demora caso o aviso não seja realizado em até 72 horas.

[68] Um dos passos fundamentais é a montagem de um CSIRT – Computer Security Incident Response Team, cf. GOBEO, Antoni; FOLWER, Connor; BUCHANAN, William J. *GDPR and Cyber Security for Business Information Systems*. Gistrup: River, 2018. versão Kindle, p. 4184.

complexidade do incidente, que ela sequer perceba ter ocorrido[69]. Nesse sentido, é possível, como prevê o formulário de notificação de incidentes sugerido pela ANPD, que, diante de determinada ocorrência, o agente de tratamento de dados pessoais tome a decisão de fazer uma notificação parcial dos eventos, por ainda não ter concluído a investigação interna acerca de suas causas e consequências.

Como se viu nos itens anteriores, um dos desdobramentos da boa-fé objetiva é o cumprimento dos deveres anexos, sendo que entre eles há o dever de informação. A relação obrigacional, como se sabe, é marcada pela colaboração, o que significa que as partes não são antagônicas, devendo cooperar entre si[70]. De maneira geral, essa pode ser uma das fundamentações do dever de notificação presente no art. 48 da LGPD. Como o princípio da boa-fé deve estar presente em todas as fases obrigacionais (antes, durante e depois da prestação)[71], é importante destacar que o dever de notificação persiste mesmo em situações em que o sujeito não seja mais cliente ativo do responsável, mas seus dados estejam envolvidos em um vazamento.

É possível encontrar, ainda, a relação do dever de notificação com a preparação dos chamados planos de resposta a incidentes, assim previstos no art. 50, § 2.º, I, "g", da LGPD. A criação de um plano de resposta a incidentes[72] consiste na preparação de uma equipe especial, dentro do setor de segurança da informação, que esteja preparada para agir em cenários de incidentes predefinidos. Essa preparação envolve a categorização e o registro de todo e qualquer incidente que ocorra na organização, com o escalonamento e a ativação de planos especiais para o caso de incidentes que afetem dados pessoais dos clientes. Isso significa que a empresa deve estar antecipadamente preparada para reagir nos mais variados cenários de incidentes de segurança relacionados aos dados pessoais[73].

A própria definição de como avaliar a seriedade dos incidentes passa não apenas pela criação de um processo sólido de gestão de incidentes, com a devida qualificação da gravidade, mas também pela já citada gestão de risco. Esse processo, que encontra referência nas normas de segurança citadas, prevê possíveis cenários envolvendo os incidentes e já aponta medidas predefinidas de ação. A qualificação contínua do risco, portanto, é um instrumento necessário de preparação da empresa para atuar em casos de incidentes.

---

[69] GRUPO DE TRABALHO DO ARTIGO 29.º PARA PROTEÇÃO DE DADOS. *Orientações sobre a notificação de uma violação de dados pessoais ao abrigo do Regulamento (UE) 2016/679*. Fev. 2018. Disponível em: <https://www.cnpd.pt/bin/rgpd/docs/wp250rev01_pt.pdf>. Acesso em: 26 maio 2019, p. 11: "Nalguns casos, será relativamente claro desde o início se ocorreu uma violação, ao passo que noutros poderá ser necessário algum tempo para apurar se foram afetados dados pessoais".

[70] SILVA, CLóvis do Couto e. *A obrigação como processo*. Rio de Janeiro: FGV, 2007, p. 19.

[71] Cf. art. 422 do CC.

[72] Informações organizacionais mais precisas sobre a composição de um plano de resposta a incidentes e as atribuições do grupo podem ser encontradas na ASSOCIAÇÃO BRASILEIRA DE NORMAS TÉCNICAS. NBR ISO/IEC 27002. Tecnologia da Informação. Código de Prática para Gestão da Segurança da Informação. Rio de Janeiro, 2005, no controle 16 – Gestão de Incidentes de segurança da informação. Entre os vários itens, é possível citar questões técnicas relacionadas à coleta de evidências, realização de análise forense, comunicações com grupos internos e externos, identificação e tratamento de vulnerabilidades, etc. No âmbito dos serviços bancários, ver a Resolução 4.658/2018 do BACEN que prevê a criação de uma política de segurança cibernética com orientações sobre um plano de resposta a incidentes.

[73] Cf. o item 16 – Gestão de incidentes de segurança da informação da norma ISO/IEC 27002. No mesmo sentido, sobre o "Personal Data Breach Management Procedure", ver EUROPEAN NETWORK AND INFORMATION SECURITY AGENCY. *Recommendations on technical implementation guidelines of Article 4*. Apr. 2012. Disponível em: <https://www.enisa.europa.eu/publications/art4_tech>. Acesso em: 29 maio 2019.

2. RESPONSABILIDADE E SANÇÕES ADMINISTRATIVAS

Embora o objetivo deste trabalho não seja a discussão sobre o reconhecimento dos danos causados por incidentes de segurança – e a natureza da responsabilidade do controlador e do operador –, o fato é que até hoje há uma certa dificuldade em qualificar adequadamente o dano pelo vazamento de dados[74]. A LGPD, acertadamente, reconhece a possibilidade de danos pelo tratamento irregular, no entanto, a atividade de delimitar o referido dano não é tarefa simples. A jurisprudência brasileira já reconheceu, antes da sanção da LGPD, que não há dano pelo vazamento de dados financeiros de estudantes de uma universidade vazados não intencionalmente por seus funcionários[75]. Em outra situação, o Banco Inter realizou acordo com o MPDFT[76], em ação civil pública, que resultou no pagamento de multa de R$ 1,5 milhão por uma situação de vazamento de dados de mais de 19 mil clientes.

Nota-se, de maneira geral, uma falta de critério para as avaliações, lacuna que deve ser preenchida pela jurisprudência e doutrina. A verdade é que um vazamento pode causar uma série de danos extrapatrimoniais, diante da sensação de medo e receio em face da divulgação ou, até mesmo, se se tratar de dados sensíveis, o vazamento pode constituir também uma violação da privacidade e intimidade dos titulares. Já os danos patrimoniais podem acontecer quando terceiros mal-intencionados utilizam os dados para cometimento das mais variadas fraudes[77], no que se costuma chamar de *identity theft*[78].

A própria identificação do vazamento, nas situações em que até mesmo o controlador não comunica ou nega a ocorrência do incidente, é tarefa complicada. Como é comum que os mesmos dados dos titulares estejam presentes em mais de um banco de dados, pode ser impossível apontar de qual organização aquelas informações vazaram. Trata-se da dificuldade de estabelecer o nexo causal entre o aparecimento das informações na internet e o eventual

---

[74] O que também é reconhecido no cenário americano por SOLOVE, Daniel J. The new vulnerability: data security and personal information. The George Washington University Law School. *Public Law and Legal Theory Working Paper.* Disponível em: <http://ssrn.com/abstract=583483>. Acesso em: 30 maio 2019, p. 6-7: "Nevertheless, many leaks do not result in immediate injury. A concrete injury may never materialize. Or it could happen years later, far beyond any statute of limitations".

[75] No julgamento das apelações que seguem, o TJRS indicou que "inexiste prova do dano moral" sofrido em face do vazamento dos dados, cf. AC/TJRS 70057245193, j. 28.11.2013; AC/TJRS 70054875216, j. 26.09.2013; AC/TJRS 70056070907, j. 26.09.2013; AC/TJRS 70052421955, j. 07.02.2013; AC/TJRS 70054985023, j. 14.08.2013.

[76] A ação foi movida pelo Comissão de Proteção de Dados Pessoais do MPDFT. Mais informações sobre os desdobramentos do caso podem ser obtidas em FOLHA DE SÃO PAULO. Banco Inter fecha acordo e pagará R$ 1,5 milhão por vazamento de dados. Disponível em: <https://www1.folha.uol.com.br/tec/2018/12/banco-inter-pagara-multa-de-r-15-milhao-por-vazamento-de-dados.shtml>. Acesso em: 12 maio 2019.

[77] Cf. GRUPO DE TRABALHO DO ARTIGO 29.º PARA PROTEÇÃO DE DADOS. *Orientações sobre a notificação de uma violação de dados pessoais ao abrigo do Regulamento (UE) 2016/679.* Fev. 2018. Disponível em: <https://www.cnpd.pt/bin/rgpd/docs/wp250rev01_pt.pdf>. Acesso em: 26 maio 2019, p. 9: "Uma violação pode potencialmente ter um leque de efeitos adversos significativos sobre as pessoas, que podem resultar em danos físicos, materiais ou imateriais. O RGPD explica que estes podem incluir a perda de controlo sobre os seus dados pessoais, a limitação dos seus direitos, a discriminação, o roubo ou usurpação da identidade, perdas financeiras, a inversão não autorizada da pseudonimização, danos para a reputação e a perda de confidencialidade de dados pessoais protegidos por sigilo profissional".

[78] Cf. EASTTOM, Chuck; TAYLOR, Jeff. *Computer Crime, Investigation, and the Law.* Boston: Course Technology, 2011. p. 5: "Identity theft is the process of obtaining personal information so that the perpetrator can pretend to be someone else. This is often done in order to obtain credit in the victim's name, leaving the victim with the debt".

vazamento ocorrido na infraestrutura do agente de tratamento de dados. Se, por exemplo, dados de diversas pessoas aparecerem na *deep web*, pode não ser possível fazer a ligação, *a priori*, com uma determinada empresa que trata aqueles dados se não houver nenhum identificador que permita a relação.

De toda forma, a responsabilidade e as sanções administrativas em caso de incidentes de segurança que promovam a violação de dados pessoais dependerá da gravidade do referido incidente. O § 3.º do art. 48, ao realizar o "juízo de gravidade", indica que "será avaliada eventual comprovação de que foram adotadas medidas técnicas adequadas que tornem os dados pessoais afetados ininteligíveis, no âmbito e nos limites técnicos de seus serviços, para terceiros não autorizados a acessá-los". A gravidade do incidente também se relaciona com os efeitos negativos que ele pode causar para o titular dos dados.

A Agência Europeia para Segurança de Redes e da Informação (ENISA) possui uma metodologia para avaliação da severidade de *personal data breaches*. Tal metodologia, em linhas gerais, leva em consideração três critérios: o contexto de tratamento de dados (DPC), a facilidade de identificação dos titulares (EI) e as circunstâncias do incidente (CB). Assim, a severidade do incidente (SE) leva em consideração a seguinte fórmula: $SE = DPC \times EI + CB$. O resultado dirá se a severidade do incidente é baixa, média, alta ou muito alta[79].

Dessa maneira, a autoridade nacional pode impor sanções administrativas de acordo com a gravidade da infração. Destaca-se que o art. 52 fala sobre infrações de maneira genérica, sem diferenciá-las. Assim, o artigo cobre tanto uma infração, como desvio de finalidade na atividade de tratamento, quanto uma infração mais grave, como, no caso aqui abordado, o vazamento de dados pessoais. Entre as possibilidades para o caso de vazamentos, há desde a advertência até a multa de até R$ 50 milhões por infração, multa diária e publicização da infração.

No que se refere aos critérios trazidos pela lei para a estipulação da sanção (incisos do § 1.º do art. 52), é necessário destacar os que mais se relacionam com situações de vazamento. No campo da gravidade do incidente, a depender da natureza dos dados – se forem sensíveis –, o vazamento é talvez o incidente mais grave que pode ocorrer. Os dados sensíveis são justamente aqueles que trazem mais danos aos seus titulares quando violados. O inc. II do § 1.º do art. 52 aborda a questão da boa-fé do infrator, o que deve ser analisado com cuidado. Estar de boa-fé[80] – aqui o legislador parece ter se referido à boa-fé subjetiva – não interfere na extensão do dano. Além disso, esse critério não se aplica nos casos de invasão maliciosa, ou seja, um vazamento causado pela invasão perpetrada por um *cracker*. Nesse caso, a lei não estabelece a diferença entre o vazamento passivo, em que a empresa, de maneira inadvertida, permite que os dados vazem por uma falha, e o vazamento ativo, em que um agente malicioso ativamente busca violar os sistemas de empresa para obter os dados. Nesse caso, o terceiro infrator está obviamente de má-fé[81].

---

[79]   O processo inteiro de avaliação é complexo e leva em consideração a leitura de todo o documento, que possui, inclusive, tabelas de apoio para as classificações. Cada um dos critérios possui níveis de pontuações predefinidas. EUROPEAN NETWORK AND INFORMATION SECURITY AGENCY. Recommendations for a methodology of the assessment of severity of personal data breaches. *Working Document*, v. 1, Dec./2013. Disponível em: <https://www.enisa.europa.eu/publications/dbn-severity>. Acesso em: 29 maio 2019.

[80]   Isso porque a referência à boa-fé objetiva se dá a partir de expressões como "conforme a boa-fé" (art. 113 do CC) ou "com base na boa-fé" (art. 4.º, III, do CDC). No caso da LGPD, o art. 52, § 1.º, II, faz menção à "boa-fé do infrator", do que se depreende que pretendeu falar da boa ou má intenção do infrator, portanto, na acepção subjetiva da boa-fé. Essa boa ou má intenção pode ser aquilatada pelo exame da intenção consubstanciada no desprezo do cumprimento das regras de proteção de dados ou uma intenção preconcebida de ignorá-las.

[81]   A GDPR, no seu art. 83, n. 2, "b", destaca a natureza "intencional ou negligente da infração".

358 | TRATADO DE PROTEÇÃO DE DADOS PESSOAIS

Eventuais situações de vantagens (do inc. III) também devem ser vistas com cuidado. Quando o vazamento se dá sem a ocorrência de uma invasão, por exemplo, uma publicação não intencional pelo controlador, ele não possuirá nenhuma vantagem, ao contrário. Esse requisito se aplicaria às situações menos graves de tratamento ilícito (como a violação do consentimento) com a finalidade específica de buscar vantagens financeiras. O grau do dano é um critério importante, já que, como se disse, a natureza dos dados pessoais vazados pode revelar, por si só, a extensão do dano.

O inc. VIII do artigo abordado é talvez o que mais se relacione com situações de vazamento. Tudo o que se disse no cumprimento de padrões, normas e adoção de medidas técnicas e organizacionais é crucial para avaliar a conduta do responsável pelo tratamento. Um agente de tratamento de dados que possui um sólido programa de segurança da informação não pode ser tratado da mesma forma que outro que absolutamente não se preocupe com a segurança. É nesse sentido que se deve levar em conta o grau de conformidade com as medidas técnicas de segurança. Essa previsão aproxima-se da regra geral, presente no parágrafo único do art. 944 do CC, que prevê a redução equitativa de indenização "se houver excessiva desproporção entre a gravidade da culpa e o dano", nos casos de responsabilidade civil. Trata-se de uma exceção ao princípio da reparação integral que poderia ser aplicada, por analogia – já que o art. 52 da LGPD aborda as sanções administrativas promovidas pela autoridade nacional – ao presente caso para justificar a redução de altas multas em situações de cumprimento adequado das normas e padrões de segurança[82].

É necessário notar que a notificação do responsável em caso de incidentes também é obrigatória, e sua não realização também constitui uma violação à lei. Isso significa que, no caso de um vazamento não notificado, há a ocorrência de duas violações à lei: o vazamento em si e a não notificação.

Por fim, é necessário notar que a Lei 13.853/2019, entre outras alterações, incluiu o § 7.º do art. 52, permitindo a "conciliação direta entre controlador e titular e, caso não haja acordo, o controlador estará sujeito à aplicação das penalidades de que trata este artigo" nas situações de vazamentos individuais ou acessos não autorizados, de acordo com o art. 46. O novo parágrafo também deve ser observado com cuidado. Nada impede que os envolvidos possam conciliar, isso é certo; contudo, é necessário verificar se essa possibilidade não será usada contra o titular de dados atingido, obrigando-o sempre a passar por essa fase conciliatória direta, o que parece ser um prejuízo para o envolvido, que poderia ser induzido ou forçado a aceitar acordos.

CONCLUSÃO

Diante do exposto ao longo deste capítulo, é possível verificar a relevância da matéria atinente à segurança da informação e ao vazamento dos dados pessoais, realidade esta que determinou tratamento legislativo específico tanto na GDPR quanto na LGPD.

As regras sobre segurança da informação, no caso brasileiro especialmente o art. 46 da LGPD, impõem, por um lado, o dever de que medidas de segurança técnicas e administrativas

---

[82] Sobre o tema, ver SANSEVERINO, Paulo de Tarso Vieira. *Princípio da reparação integral*: indenização no Código Civil. São Paulo: Saraiva, 2010. p. 99. É de se notar que, na sistemática da responsabilidade civil, o princípio poderia ser aplicável mais na lesão a interesses patrimoniais. A redução em casos de danos extrapatrimoniais deve ser observada com cuidado, sob pena de, segundo Sanseverino, violar o princípio da dignidade da pessoa humana (p. 107). Repete-se que a invocação desse instituto aqui deve ser utilizada de maneira analógica, visto se tratar de áreas distintas do direito.

sejam implementadas pelos agentes de tratamento de dados, visando a proteção contra acessos não autorizados, bem como contra as situações de perda, alteração ou qualquer tratamento inadequado ou ilícito. A segurança almejada volta-se aos sistemas que processam os dados (medidas técnicas) e ao ambiente geral da instituição (medidas organizacionais), de modo que se estabeleça uma efetiva conscientização que perpassa todas as hierarquias dos agentes de tratamento de dados.

O espírito da regra, portanto, concentra-se na prevenção. Mas, uma vez ocorrido o incidente de segurança ou ilicitude, caracterizados por destruição, perda, alteração, comunicação (divulgação) ou qualquer forma de tratamento inadequado, o agente de tratamento de dados deverá reagir, comunicando à autoridade nacional e ao titular sobre o evento, em prazo razoável, de modo que se tenha consciência dos fatos (dever de informação em desdobramento da boa-fé), possibilitando a tomada de medidas aptas a minimizar os prejuízos.

Também aqui emerge o caráter preventivo da atuação dos agentes de tratamento, uma vez que a existência de um plano de resposta a incidentes, implementado por uma equipe especialmente treinada da área de segurança da informação, possibilitará a reação antecipada para enfrentar os mais variados cenários de incidentes de segurança relacionados aos dados pessoais.

Há que se ter presente que, para a lógica da LGPD, não basta apenas afirmar que se atua conforme as regras e padrões em vigor, é preciso demonstrar que o conteúdo das regras foi incorporado pela organização e por ela é efetivamente praticado, pois não é sem razão que o art. 52, § 1.º, VIII, prevê como critério para a aplicação de sanções a verificação de se houve a "adoção reiterada e demonstrada de mecanismos e procedimentos internos capazes de minimizar o dano, voltados ao tratamento seguro e adequado de dados, em consonância com o disposto no inciso II do § 2.º do art. 48 desta Lei".

O processo de gestão de risco apontará, ainda, as medidas predefinidas de ação, prevendo a qualificação contínua do risco, de forma a consistir em instrumento necessário de preparação da organização para atuar em casos de incidentes.

É nesse equilíbrio entre a razoabilidade e o esforço na implementação das medidas preventivas em conjunto com a capacidade de mobilização da instituição no caso da ocorrência de acidentes de vazamento que se encontra a chave para o adequado cumprimento das regras atinentes à segurança da informação.

REFERÊNCIAS BIBLIOGRÁFICAS

ALEXY, Robert. *Teoria de los derechos fundamentales*. Madrid: Centro de Estudios Constitucionales, 1993.

ANDERSON, Ross. *Security Engineering*. 2. ed. Indianapolis: Wiley, 2008.

ASSOCIAÇÃO BRASILEIRA DE NORMAS TÉCNICAS. NBR ISO/IEC 27002. *Tecnologia da Informação*. Código de Prática para Gestão da Segurança da Informação. Rio de Janeiro, 2005.

BARBOSA, Fernanda Nunes. *Informação*: direito e dever nas relações de consumo. São Paulo: Revista dos Tribunais, 2009.

BEAL, Adriana. *Segurança da informação*: princípios e melhores práticas para a proteção dos ativos de informação nas organizações. São Paulo: Atlas, 2005.

BIONI, Bruno Ricardo. *Proteção de dados pessoais*: a função e os limites do consentimento. Rio de Janeiro: Forense, 2019.

BRANCO, Gerson Luiz Carlos. A proteção das expectativas legítimas derivadas das situações de confiança: elementos formadores do princípio da confiança e seus efeitos. *Revista de Direito Privado*, São Paulo, n. 12, p. 169-225, out.-dez. 2002.

CAVOUKIAN, Ann. *Privacy by Design: The 7 Foundational Principles.* Disponível em: <https://www.ipc.on.ca/wp-content/uploads/Resources/7foundationalprinciples.pdf>. Acesso em: 29 maio 2019.

COLOMBO, Cristiano; GOULART, Guilherme Damasio. Hipervulnerabilidade do consumidor no ciberespaço e o tratamento dos dados pessoais à luz da Lei Geral de Proteção de Dados Pessoais Brasileira (LGPD). *9.º Congreso Iberoamericano de Investigadores y Docentes de Derecho e Informática*, Montevidéo, Mayo/2019. Disponível em: <http://www.aeu.org.uy/andocasociado.aspx?3785,10191>. Acesso em: 30 Maio 2019.

COMMISSION NATIONALE DE L'INFORMATIQUE ET DES LIBERTÉS. *Guide de la sécurité des données personnelles.* Disponível em: <https://www.cnil.fr/fr/principes-cles/guide-de-la-securite-des-donnees-personnelles>. Acesso em: 15 maio 2019.

EASTTOM, Chuck; TAYLOR, Jeff. *Computer Crime, Investigation, and the Law.* Boston: Course Technology, 2011.

EUROPEAN NETWORK AND INFORMATION SECURITY AGENCY. *Recommendations on technical implementation guidelines of Article 4.* Apr./2012. Disponível em: <https://www.enisa.europa.eu/publications/art4_tech>. Acesso em: 29 maio 2019.

EUROPEAN NETWORK AND INFORMATION SECURITY AGENCY. Recommendations for a methodology of the assessment of severity of personal data breaches. *Working Document*, v. 1, Dec./2013. Disponível em: <https://www.enisa.europa.eu/publications/dbn-severity>. Acesso em: 29 maio 2019.

FRIEDWALD, Michael; SCHIERING, Ina; MARTIN, Nicholas. Datenschutz-Folgenabschätzung in der Praxis: Herausforderungen bei der Implementierung eines innovativen Instruments der DSGVO. *Datenschutz und Datensicherheit (DuD)*, v. 8, 2019, p. 473-477.

GOBEO, Antoni; FOLWER, Connor; BUCHANAN, William J. *GDPR and Cyber Security for Business Information Systems.* Gistrup: River, 2018, versão Kindle.

GOMES, Maria Cecília Oliveira. Relatório de Impacto à proteção de dados pessoais: uma breve análise de sua definição e papel na LGPD. *Revista do Advogado*, nº 144, 2019, p. 174-183.

GONSCHEROWSKI, Susan, HANSEN, Marit; ROST, Martin. Resilienz: eine neue Anforderung aus der Datenschutz-Grundverordnung. *Datenschutz und Datensicherheit* (DuD), v. 7, 2018, p. 442-446.

GRUPO DE TRABALHO DO ARTIGO 29.º PARA PROTEÇÃO DE DADOS. *Orientações sobre a notificação de uma violação de dados pessoais ao abrigo do Regulamento (UE) 2016/679.* Fev. 2018. Disponível em: <https://www.cnpd.pt/bin/rgpd/docs/wp250rev01_pt.pdf>. Acesso em: 26 maio 2019.

HANSEN, Marit. Kommentar Art. 32 DSGV. In: SIMITIS, S.; HORNUNG, G.; SPIECKER, I. (org.). *Datenschutzrecht*: DSGVO mit BDSG. Nomos: Baden-Baden, 2019.

LISBOA, Roberto Senise. *Confiança contratual.* São Paulo: Atlas, 2012.

LORENZETTI, Ricardo Luis. *Consumidores.* Buenos Aires: Rubinzal y Asociados, 2003.

MACHADO, Diego; DONEDA, Danilo. Proteção de dados pessoais e criptografia: tecnologias criptográficas entre anonimização e pseudononimização de dados. *Caderno Especial – A regulação da Criptografia no Direito Brasileiro*, p. 99-128, dez. 2018. Versão Revista dos Tribunais *On-line*.

MARQUES, Claudia Lima. *Confiança no comércio eletrônico e a proteção do consumidor*: um estudo dos negócios jurídicos de consumo no comércio eletrônico. São Paulo: Revista dos Tribunais, 2004.

MARQUES, Claudia Lima. O "diálogo das fontes" como método da nova teoria geral do direito: um tributo à Erik Jayme. In: MARQUES, Claudia Lima (coord.). *Diálogo das fontes*: do conflito à coordenação de normas no direito brasileiro. São Paulo: Revista dos Tribunais, 2012.

MARQUES, Claudia Lima. *Contratos no Código de Defesa do Consumidor*: o novo regime das relações contratuais. 8. ed. São Paulo: Revista dos Tribunais, 2016.

MARTINS-COSTA, Judith. *A boa-fé no direito privado*: critérios para a sua aplicação. 2. ed. São Paulo: Saraiva, 2018.

MARTINS-COSTA, Judith; BRANCO, Gerson. *Diretrizes teóricas do novo Código Civil brasileiro*. São Paulo: Saraiva, 2002.

MENDES, Laura Schertel. A tutela da privacidade do consumidor na internet: uma análise à luz do Marco Civil da Internet e do Código de Defesa do Consumidor. In: LUCCA, Newton de; SIMÃO FILHO, Adalberto; LIMA, Cíntia Rosa Pereira de. *Direito & Internet III*: Marco Civil da Internet: Lei 12.965/2014. São Paulo: Quartier Latin, 2015. t. I.

MENDES, Laura Schertel. Segurança da informação, proteção de dados pessoais e confiança. *Revista de Direito do Consumidor*, São Paulo, v. 90, p. 245-261, nov.-dez. 2013.

MENKE, Fabiano. A proteção de dados e o novo direito fundamental à garantia da confidencialidade e da integridade dos sistemas técnico-informacionais no direito alemão. In: MENDES, Gilmar Ferreira; SARLET, Ingo Wolfgang; COELHO, Alexandre Zavaglia P. *Direito, inovação e tecnologia*. São Paulo: Saraiva, 2015. v. 1.

MENKE, Fabiano. Comentário aos artigos 104 a 185 do Código Civil. In: NANNI, Giovanni Ettore (org.). *Comentários ao Código Civil*: direito privado contemporâneo. São Paulo: Saraiva, 2019. v. 1.

MIRAGEM, Bruno. *Curso de direito do consumidor*. 5. ed. São Paulo: Revista dos Tribunais, 2014.

PFLEEGER, Charles P.; PFLEEGER, Shari Lawrence; MARGULIES, Jonathan. *Security in computing*. 5. ed. Boston: Prentice Hall, 2015.

PINHEIRO, Alexandre Sousa (coord.). *Comentário ao Regulamento Geral de Proteção de Dados*. Coimbra: Almedina, 2018.

SCHNEIER, Bruce. *Applied Cryptography*: Protocols, Algorithms, and Source Code in C. 20th Anniversary Edition. Indianapolis: Wiley, 2015.

SILVA, CLóvis do Couto e. *A obrigação como processo*. Rio de Janeiro: FGV, 2007.

SMEDINGHOFF, Thomas J. *Information Security Law*: The Emerging Standard for Corporate Compliance. Cambridgeshire: ITGP, 2008.

SOLOVE, Daniel J. The new vulnerability: data security and personal information. The George Washington University Law School. *Public Law and Legal Theory Working Paper*. Disponível em: <http://ssrn.com/abstract=583483>. Acesso em: 30 maio 2019.

18

BOAS PRÁTICAS E GOVERNANÇA NA LGPD

VINICIUS MARQUES DE CARVALHO

Advogado, professor de Direito Comercial da Faculdade de Direito da Universidade de São Paulo, foi Presidente do Cade, Secretário de Direito Econômico e Yale Greenberg World Fellow.

MARCELA MATTIUZZO

Advogada, mestre em Direito Constitucional na Universidade de São Paulo e doutoranda em Direito Comercial pela mesma faculdade.

PAULA PEDIGONI PONCE

Advogada e doutoranda em Filosofia e Teoria Geral do Direito na Universidade de São Paulo.

INTRODUÇÃO

Mecanismos de boas práticas e governança ocupam lugar de destaque na Lei Geral de Proteção de Dados Pessoais (LGPD). Sendo a primeira norma geral sobre dados pessoais do país, a LGPD tem o considerável desafio de impulsionar o fortalecimento de uma cultura de proteção de dados pessoais; nesse sentido, as regras de boas práticas e governança assumem um papel central, pois têm o condão de facilitar o processo e consolidá-lo.

Em geral, o objetivo da LGPD com tais normas é estimular uma postura proativa por parte de agentes de tratamento de dados pessoais, em detrimento de uma postura reativa. Ainda que mecanismos sancionatórios sejam essenciais para que se garanta a efetividade de uma política pública, na medida em que o objetivo central da política é sempre gerar cumprimento e adequação comportamental, e não mera punição, a prevenção e a orientação são peças-chave do sistema que se pretende construir[1]. Não por outra razão, a prevenção é inclusive considerada um princípio geral de tratamento de dados pessoais (art. 6.º, VIII).

Nessa toada, a LGPD conta com uma seção destinada especialmente para regras de boas práticas e governança. O seu art. 50 menciona que os "controladores e operadores (...) poderão formular regras de boas práticas e de governança", estabelecendo a liberdade para

---

[1] Sem desconsiderar a relevância de regras punitivas, é notório na literatura que o desenvolvimento de estratégias regulatórias em que governança e repressão caminham juntas são mais efetivas. Ver: FRIEDMAN, Lawrence M. *Impact*. Harvard University Press, 2016. p. 139-153; ROBERTS, Robert. The rise of compliance-based ethics management: implications for organizational ethics. *Public Integrity*, v. 11, n. 3, p. 261-278, 2009.

que os agentes de tratamento desenhem eles mesmos normativas. O art. 52, § 1.º, IX, por sua vez, afirma que a aplicação de sanções administrativas por parte da Autoridade Nacional de Proteção de Dados (ANPD) considerará "a adoção de políticas de boas práticas e governança", deixando claro que a LGPD vai além da mera permissão e efetivamente busca incentivar a adoção dessas práticas.

A relevância desses mecanismos no regime da LGPD é tamanha que a lei indica que eles poderão desempenhar um papel inclusive no âmbito público: o art. 32 prevê que a ANPD poderá sugerir a adoção de padrões e de boas práticas para o tratamento de dados pessoais, quando esse tratamento for realizado pelo Poder Público. Além disso, as normas sobre boas práticas e governança devem ser vistas em conjunto com o art. 49, que incorpora a ideia de *privacy by design*: isto é, estimula que a estruturação de sistemas utilizados para o tratamento de dados pessoais seja realizada seguindo padrões de boas práticas e governança, os princípios de tratamento de dados pessoais e requisitos de segurança.

De fato, desde a criação da ANPD, vem-se destacando o seu objetivo de assumir papel educativo na implementação da norma, especialmente nesse momento inicial de adaptação.[2] Mais, a autoridade indicou que pretende adotar abordagem "responsiva" na condução das atividades de fiscalização.[3]

Vale, brevemente, destacar que os temas da governança e regulação responsiva se conectam na medida em que o último se refere a estratégia regulatória em que mecanismos de incentivo e de punição são combinados para evitar que a regulação seja apenas um "jogo de gato e rato" (isto é, uma corrida para penalização do agente por violações) e possibilitar espaços de cooperação entre regulados e regulador.

Nesse sentido, a proposta de atuação responsiva da ANPD dialoga com os mecanismos legais da LGPD de fomento de práticas de governança: os agentes de tratamento de dados pessoais são incentivados a buscarem a adequação à legislação, criando uma cultura de responsabilidade, cientes de que a autoridade não se valerá somente de mecanismos de punição. Isto é, a autoridade cria espaços para diálogo e orientação e valoriza iniciativas que demonstram compromisso com a implementação da norma – as sanções seriam medidas escaladas a depender do comportamento e disposição para cooperar do regulado.

Essas questões ficam, inclusive, muito evidentes na proposta de resolução colocada em consulta pública, com o intuito de regulamentar o processo fiscalizatório da ANPD. Por exemplo, a minuta de resolução propõe que a fiscalização compreenda, além de processos sancionadores, atividades de monitoramento, orientação e atuação preventiva. Existe, inclusive, previsão que a ANPD poderá adotar as seguintes medidas de orientação: guias de boas práticas, modelos de documentos, elaboração de ferramentas de autoavaliação de conformidade e de avaliação de riscos. Além disso, os regulados ou associações representativas podem sugerir as medidas de orientação a serem adotadas. Ainda, a proposta de resolução cria atividades preventivas que não constituem sanção ao administrado – como, por exemplo, divulgação, aviso, solicitação de regularização e plano de conformidade.

---

[2]   BRASIL. ANPD. Dia Internacional da Proteção de Dados: Com atuação da ANPD, Brasil ingressa em novo cenário de proteção de dados. 28 jan. 2021. Disponível em: <https://www.gov.br/anpd/pt-br/assuntos/noticias/com-atuacao-da-anpd-brasil-ingressa-em-novo-cenario-de-protecao-de-dados>. Acesso em: 4 set. 2021.

[3]   BRASIL. ANPD. Sanções Administrativas: o que muda após 1º de agosto de 2021? 30 jul. 2021. Disponível em: <https://www.gov.br/anpd/pt-br/assuntos/noticias/sancoes-administrativas-o-que-muda-apos-1o--de-agosto-de-2021>. Acesso em: 4 set. 2021.

PARTE II · Cap. 18 · BOAS PRÁTICAS E GOVERNANÇA NA LGPD | 365

Feita essa breve introdução, em que buscamos contextualizar a relevância de mecanismos de boas práticas e governança na implementação do novo marco regulatório geral e nacional de proteção de dados pessoais, passaremos, ao longo do artigo que segue, a apresentar com mais profundidade o assunto. Para tanto, faremos primeiro uma breve incursão na forma como a *General Data Protection Regulation* (GDPR) encara o tema, dado que essa norma europeia, como se sabe, é, em grande medida, inspiração para a LGPD. Além disso, adentraremos numa análise sobre os diferentes mecanismos de governança disponíveis para os agentes de tratamento de dados pessoais, os custos e benefícios associados a programas de governança e, por fim, os pontos essenciais para o desenvolvimento de programas de governança relacionados a dados pessoais, tendo em vista o ordenamento jurídico brasileiro.

1. A *GENERAL DATA PROTECTION REGULATION* (GDPR) E OS MECANISMOS DE GOVERNANÇA

Antes de nos debruçarmos sobre o que seriam mecanismos de boas práticas e governança robustos sob a ótica da LGPD, vale entendermos melhor a experiência internacional sobre o tema, especialmente tendo em vista que a lei brasileira é, em grande medida, fruto do desenvolvimento do debate em outras jurisdições e, no caso específico da União Europeia, fortemente inspirada no modelo centralizado sedimentado pela GDPR. Assim, faremos aqui uma brevíssima exposição sobre o tema.

Um primeiro ponto relevante de destaque é que a discussão sobre boas práticas e governança certamente não surge com a GPDR. Já em 1980 foi publicado o influente texto "OCDE Guidelines on the Protection of Privacy and Transborder Flows of Personal Data"[4], que mencionava o *accountability principle* – isto é, a ideia de que agentes de tratamento de dados pessoais devem se comprometer com a adoção de medidas que deem real efetividade às regras a eles aplicáveis.

Na mesma linha, a Diretiva de Proteção de Dados Pessoais Europeia[5], de 1995, se não chegava a mencionar tal princípio expressamente, trazia algumas obrigações que podiam ser interpretadas nesse sentido. Entre elas, a obrigação de notificação das autoridades nacionais anteriormente ao processamento de determinadas atividades de tratamento de dados pessoais (arts. 18 a 20). A intenção de tais provisões é criar um sistema em que agentes de tratamento estão em efetivo diálogo com as autoridades, de modo que os parâmetros de atuação da iniciativa privada são constantemente revisados e debatidos com os agentes públicos e segmentos da sociedade civil interessados. Já representava, ainda, medida de garantia de transparência nos procedimentos de tratamento de dados pessoais.

A GDPR, norma que substitui a Diretiva, formalmente incorpora o princípio de *accountability* em seu rol. Assim, além de estar registrado entre os princípios de processamento de dados pessoais [art. 5 (2)], *accountability* é consagrado como regra no art. 24, o qual estabelece a obrigação de que controladores implementem medidas técnicas e organizacionais para garantir

---

[4]   ORGANISATION FOR ECONOMIC CO-OPERATION AND DEVELOPMENT. OECD guidelines on the protection of privacy and transborder flows of personal data. *OECD Publishing*, 2002. Disponível em: <https://www.oecd.org/internet/ieconomy/oecdguidelinesontheprotectionofprivacyandtransborderflowsofpersonaldata.htm>.

[5]   COMISSÃO EUROPEIA. Diretiva 95/46/CE do Parlamento Europeu e do Conselho, de 24 de outubro de 1995, relativa à proteção das pessoas singulares no que diz respeito ao tratamento de dados pessoais e à livre circulação desses dados. *Jornal Oficial*, n. L 281, de 23.11.1995, p. 31-50. Disponível em: <https://eur-lex.europa.eu/legal-content/PT/ALL/?uri=CELEX%3A31995L0046>.

TRATADO DE PROTEÇÃO DE DADOS PESSOAIS

e demonstrar que o tratamento de dados pessoais por eles realizado está em conformidade com as normas. O artigo e o Considerando 74 também estabelecem que tais medidas devem levar em consideração a natureza, o escopo, o contexto e os propósitos dos tratamentos de dados pessoais, bem como os riscos que o tratamento representa para os direitos e liberdades das pessoas naturais. De forma similar, o art. 26 prevê a proteção de dados *by design* e *default*, isto é, a orientação de que a implementação de tais medidas passa pelo desenvolvimento de produtos e serviços, que devem ser concebidos desde o princípio de forma a permitir o mais completo atendimento às regras e orientações da lei.

Além disso, a GPDR afirma que a Comissão Europeia e todas as autoridades responsáveis pela aplicação da norma deverão encorajar a adoção de códigos de conduta relacionados à aplicação do Regulamento não só por entidades individualmente consideradas, mas também por associações e outros grupos de representantes de controladores e operadores de dados pessoais (art. 40). Segundo o Considerando 98 da norma, esses códigos deverão calibrar as obrigações de controladores e operadores, tendo em conta o risco aos direitos e liberdades das pessoas naturais diante das práticas de tratamento de dados pessoais. No mesmo sentido, o Regulamento europeu estimula que sejam adotados mecanismos de certificação, selos e marcos relacionados ao cumprimento da GDPR (art. 42 e Considerando 100).

Além de tais normas em âmbito supranacional, é válido mencionar que existem diversas iniciativas de autoridades nacionais europeias para estimular e detalhar as formas de concretização do princípio de *accountability*. Dentre estas, merecem menção o documento disponibilizado pela autoridade francesa, a CNIL (*Commission Nationale de l'Informatique et des Libertés*), o "Privacy Governance Procedures"[6] e o breve guia recentemente disponibilizado pelo ICO (*Information Commissioners' Office*), do Reino Unido, para a adequação de práticas de agentes de tratamento ao princípio do *accountability*[7]. Outro papel relevante das autoridades nacionais de proteção de dados pessoais é a disponibilização de modelos para documentos de conformidade – como, por exemplo, relatórios de impacto à proteção de dados pessoais e relatórios de testes de legítimo interesse.

2. MECANISMOS DE IMPLEMENTAÇÃO DE BOAS PRÁTICAS NO CONTEXTO BRASILEIRO: *COMPLIANCE* E AUTORREGULAÇÃO

Como já resta claro, mecanismos de boas práticas e governança têm como objetivo buscar o cumprimento da lei. Nesse sentido, são instrumentos de governança corporativa

---

[6] O documento é interessante porque cria uma série de exigências para a obtenção de um selo de privacidade, o qual sinaliza a implementação bem-sucedida de uma política de governança de proteção de dados pessoais. Por exemplo, o documento exige a existência de uma política interna de tratamento de dados pessoais que endereca um núcleo duro de princípios de tratamento de dados pessoais (EOR01), incluindo: propósito de tratamento explícito e legítimo, pertinência do dado coletado para tratamento, períodos de retenção limitadas de dados pessoais, acesso restrito aos dados, adoção de medidas de segurança, notificação de titulares de dados pessoais, bem como normas sobre a transferência de dados pessoais para países fora do bloco europeu. Além disso, cria a obrigação de designação de um Data Protection Officer, na norma, chamado de "CIL" (EOR04) (CNIL. *Privacy Seals on Privacy Governance Procedures*. 2014. Disponível em: <https://www.cnil.fr/en/cnil-privacy-seal-privacy-governance-procedures>).

[7] Comparado ao documento da autoridade francesa, esse guia do ICO é consideravelmente mais simples, adotando um formato de Q&A. Por exemplo, conta com as perguntas "o que é *accountability*?" e "devo implementar políticas de proteção de dados pessoais?" (ICO. Accountability and governance. *Guide to the General Data Protection Regulation*. 22 de maio de 2019. Disponível em: <https://ico.org.uk/media/for-organisations/guide-to-data-protection/guide-to-the-general-data-protection-regulation-gdpr-1-0.pdf>).

PARTE II · Cap. 18 · BOAS PRÁTICAS E GOVERNANÇA NA LGPD | **367**

que visam a estabelecer procedimentos que facilitem e viabilizem o cumprimento da legislação. Não pretendem eliminar completamente a chance de ocorrência de um ilícito, mas sim minimizar as possibilidades de que desvios de comportamento ocorram e criar mecanismos para que eventuais equívocos sejam devidamente identificados e combatidos de forma eficaz, rápida e adequada[8].

Nos últimos anos, observou-se uma progressiva valorização de mecanismos de boas práticas e governança em todo o mundo. À medida que aumenta a complexidade das atividades econômicas, a regulação estatal empenha-se em acompanhar essas mudanças. Inevitavelmente, chegamos a um cenário de maior complexidade da própria regulação econômica, em que crescem os riscos de descumprimento da legislação. Nesse sentido, o incentivo pelo Estado à adoção de mecanismos de boas práticas, governança ou *compliance* representa uma forma de compartilhar atividade própria do Poder Público (isto é, a garantia do cumprimento da legislação) com agentes privados, sempre tendo em mente que o principal objetivo da Administração na implementação de uma política pública é que a legislação seja efetivamente cumprida[9].

Trazendo esse movimento com concretude para o caso brasileiro, tivemos na última década normatizações relevantes no campo do direito da concorrência e também na esfera de combate à corrupção. A Lei 12.846/2013, também conhecida como Lei Anticorrupção, trouxe expressamente a previsão de redução de penalidades administrativas por conta da existência de programas de integridade, e foi seguida do Decreto 8.420/2015, que pormenorizou aquilo que se entende como programas efetivos nesse âmbito[10]. O Conselho Administrativo de Defesa Econômica (Cade), de outro lado, lançou guia tratando dos programas de *compliance* antitruste, além de ter passado a expressamente adotar a existência de tais programas como possível redução de contribuição pecuniária a ser paga em sede de Termo de Compromisso de Cessação (TCC)[11].

Nesse sentido, e uma vez que medidas de boas práticas e governança são uma modalidade de autorregulação da atividade empresarial, é que se insere o quanto aplicável à política de proteção de dados pessoais. Com o objetivo de ilustrar o escopo desses instrumentos no

---

[8] É importante destacar que o objetivo de qualquer mecanismo de boas práticas ou governança é minimizar riscos ao criar procedimentos claros que permitam tanto incentivar o cumprimento das regras quanto identificar com clareza o problema se ele vier a se verificar na prática. Não existe nem existirá um mecanismo capaz de eliminar por completo qualquer risco, como iniciativas em outros campos jurídicos demonstram. Por exemplo, em 2016, a empresa Akamai Technologies identificou fraude em registros contábeis por meio de seus controles internos. Considerando a existência de mecanismos de conformidade efetivos e sua colaboração com o Departamento de Justiça estadunidense, não foram aplicadas penalidades à organização.

[9] "Em todos esses campos, a centralidade da regulação pública tem sido compartilhada com iniciativas de governança corporativa, que atribuem às empresas e aos seus gestores uma responsabilidade ativa na identificação de condutas ilícitas e na reparação dos danos causados à coletividade" (SCHAPIRO, Mario Gomes; MARINHO, Sarah Morganna Matos. *Compliance* concorrencial: cooperação regulatória na defesa da concorrência? *Revista de Informação Legislativa*, v. 53, n. 211, p. 273-299, 2016. p. 274).

[10] O art. 7.º da Lei Anticorrupção estabelece que a existência de programas de integridade será levada em conta na aplicação de sanções da norma. Por sua vez, os arts. 41 e 42 do Decreto 8.420/2015 levantam os parâmetros de avaliação de existência e efetividade de programas de integridade.

[11] Por exemplo, podem-se citar os Termos de Compromisso de Cessação firmados entre o Cade e a Odebrecht decorrentes de investigações da Operação Lava Jato, no qual a Superintendência Geral do Cade concedeu desconto de 4% do valor da contribuição pecuniária em razão da implementação de programas de integridade. Vide: Requerimentos 08700.008159/2016-62, 08700.008158/2016-18, 08700.005078/2016-19, 08700.007077/2016-09, 08700.004337/2016-86 e 08700.004341/2016-44. Requerente: Construtora Norberto Odebrecht S.A.

368 | TRATADO DE PROTEÇÃO DE DADOS PESSOAIS

caso da legislação brasileira, o caput do art. 50 enumera uma série de atividades internas de controladores e operadores relacionadas às boas práticas e governança no tratamento de dados pessoais, que serão tratados de forma mais detalhada à frente:

- as condições de organização de fluxos de tratamento de dados pessoais;
- os regimes internos de funcionamento;
- os procedimentos, incluindo procedimentos para tratar de reclamações e petições de titulares de dados pessoais;
- as normas de segurança;
- os padrões técnicos;
- as obrigações específicas de tratamento;
- as ações educativas;
- os mecanismos internos de supervisão e mitigação de riscos; e
- outros aspectos relacionados ao tratamento de dados pessoais.

É de extrema importância ressaltar que mecanismos de boas práticas podem ser implementados de duas maneiras, ambas expressamente mencionadas pelo mesmo art. 50 da LGPD: (i) por meio de associações ou (ii) de forma individual pelo controlador ou operador de dados pessoais.

Os instrumentos de governança criados individualmente são usualmente chamados de programas de conformidade, integridade ou *compliance*. Como são idealizados para um determinado agente, possuem a vantagem de serem feitos sob medida – endereçando todas as atividades de tratamento de dados pessoais realizadas pelo controlador ou operador em questão e possuindo um elevado grau de detalhamento sobre a estrutura de governança interna da entidade.

Quando implementados no âmbito de associações, os mecanismos de boas práticas são por vezes chamados simplesmente de "autorregulação". Considerando que agentes que atuam em um determinado ramo de atividade possuem desafios similares de adequação à legislação de proteção de dados, as associações mostram-se um fórum relevante de debate entre diferentes agentes de tratamento para o estabelecimento de parâmetros adequados de tratamento de dados pessoais e cumprimento das normas – que por vezes extrapolam a própria LGPD, a depender do setor de atividade do grupo; por exemplo, agentes de tratamento de dados que operam no setor financeiro e realizam *credit scoring* estarão sujeitos não só à lei geral, mas também à Lei do Cadastro Positivo. Embora facilite o estabelecimento de normas e diretrizes, a efetiva implementação de regras e parâmetros debatidos em sede de associações sempre dependerá do compromisso de cada um dos agentes de tratamento associados e de medidas concretas tomadas por cada um deles dentro de cada entidade.

Ainda em relação às associações, vale destacar, por fim, que, como elas usualmente englobam agentes que desenvolvem uma determinada atividade-fim em comum, *i.e.*, a prestação de serviços de programas de fidelidade, atividades de propaganda e marketing etc., o escopo de sua regulamentação sobre as atividades de tratamento de dados pessoais provavelmente será exatamente essa atividade-fim. Ocorre que, como se sabe, as atividades de tratamento de dados pessoais de uma empresa estão distribuídas por diversas áreas, algumas das quais não estão necessariamente ligadas às atividades-fim – o exemplo seminal são as atividades de recursos humanos. Por essa razão, é particularmente importante que mecanismos de autorregulação sejam acompanhados de uma avaliação individualizada por parte do controlador ou operador a respeito dos riscos efetivamente enfrentados pela entidade no dia a dia, seguida da efetiva adaptação do ferramental interno para minimização de tais riscos.

PARTE II · Cap. 18 · BOAS PRÁTICAS E GOVERNANÇA NA LGPD | **369**

Por exemplo, pode-se mencionar a iniciativa da Confederação Nacional de Saúde que elaborou "Código de Boas Práticas: Proteção de Dados para Prestadores Privados em Saúde", disponibilizado em 2021, com análises sobre a conformidade com a LGPD para diferentes atividades de prestadores privados em saúde. Além disso, a ANPD divulgou que está conduzindo estudo sobre as práticas de proteção de dados pessoais em drogarias e farmácias, com o objetivo de promover boas práticas para os agentes – como parte do esforço, a autoridade afirmou que iniciou diálogo com entidades representativas do setor.[12]

3. DESENVOLVIMENTO DE MECANISMOS DE GOVERNANÇA DE DADOS PESSOAIS

A implementação de uma política de boas práticas está longe de ser uma lista de *checkboxes* que cada empresa preenche sem maiores reflexões – na realidade, uma política assim implementada é a receita para mecanismos pouco efetivos e para um programa que tem poucas chances de efetivamente incutir uma cultura de conformidade. Ainda que não exista um modelo rígido de orientação para a implementação de um programa de conformidade para fins de tratamento de dados pessoais no Brasil – a ANPD poderá expedir tais orientações –, o inciso I do § 2º do art. 50 estabelece requisitos mínimos para a implementação de um programa de governança em privacidade. É esperado que o programa:

- demonstre o comprometimento do controlador em adotar processos e políticas internas que assegurem o cumprimento, de forma abrangente, de normas e boas práticas relativas à proteção de dados pessoais;
- seja aplicável a todo o conjunto de dados pessoais que estejam sob seu controle, isto é, todos os dados coletados e tratados no âmbito das atividades da entidade – incluindo dados tratados por terceiros;
- seja adaptado à estrutura, à escala e ao volume de suas operações, bem como à sensibilidade dos dados tratados;
- estabeleça políticas e salvaguardas adequadas com base em processo de avaliação sistemática de impactos e riscos à privacidade;
- tenha o objetivo de estabelecer relação de confiança com o titular, por meio de atuação transparente e que assegure mecanismos de participação do titular;
- esteja integrado a estrutura geral de governança da entidade e estabeleça e aplique mecanismos de supervisão internos e externos;
- conte com planos de resposta a incidentes e remediação, por exemplo, como atuar em casos de incidentes de segurança; e
- seja atualizado constantemente com base em informações obtidas a partir de monitoramento contínuo e avaliações periódicas.

Tais parâmetros já indicam que é essencial que qualquer programa que pretenda implementar com seriedade mecanismos de governança e boas práticas reflita a estrutura, a escala e o volume das operações da empresa ou organização, bem como a sensibilidade dos dados tratados e a probabilidade e a gravidade dos danos para os seus titulares. A seguir, indicamos uma série de pontos que consideramos centrais no desenvolvimento de uma política de

---

[12] BRASIL. ANPD. ANPD estuda práticas de proteção de dados no setor farmacêutico. 8 set 2021. Disponível em: <https://www.gov.br/anpd/pt-br/assuntos/noticias/anpd-estuda-praticas-de-protecao-de-dados-no--setor-farmaceutico>. Acesso em: 10 set 2021.

370 │ TRATADO DE PROTEÇÃO DE DADOS PESSOAIS

governança de dados pessoais robusta, com base na experiência internacional sobre o tema e também na experiência coletada de outras áreas em que o assunto se encontra em maior grau de desenvolvimento no Brasil.

3.1 Mapeamento

Ainda que se possa debater quais são os aspectos centrais e fundamentais de políticas de *compliance* e adoção de boas práticas, alguns pontos são considerados incontroversos por autoridades e doutrina. Um deles é a necessidade de realização de um mapeamento de todos os processos de tratamento de dados pessoais da entidade para avaliação dos efetivos riscos. Isto é, é essencial identificar todos os processos, procedimentos e sistemas internos que estejam relacionados ao tratamento de dados pessoais. Uma forma possível de realizar esse levantamento é realizar entrevistas com os colaboradores de todos os setores da empresa. Além disso, pode ser necessário realizar auditorias diretas para confirmar as informações fornecidas por meio de entrevistas e eventualmente complementá-las.

O produto dessa fase de avaliação interna é a elaboração de um mapa dos fluxos internos de diferentes classes de dados pessoais tratados pela empresa. Nesse fluxo, é relevante que estejam identificados todos os dados pessoais tratados no âmbito da entidade; como cada dado pessoal é coletado; a finalidade do tratamento de cada dado pessoal; o setor interno responsável pelo tratamento de cada categoria; lista de eventuais receptores (internos ou externos) desses dados pessoais – incluindo a informação sobre se o dado é compartilhado com agentes localizados no exterior ou atividades de subcontratação de agentes de tratamento; o período de guarda de cada categoria de dado pessoal; eventuais medidas de segurança dos dados adotadas; e identificação de categorias especiais de dados pessoais tratadas (como dados sensíveis e dados de crianças e adolescentes).

Para cada "classe" de dado pessoal, desenha-se um fluxo dentro da empresa. Por exemplo, os dados de identificação dos funcionários de uma empresa podem ser considerados uma classe conjunta por serem semelhantes. O dado é coletado por meio do setor de Recursos Humanos, a finalidade é a contratação, o registro do funcionário e o cumprimento da legislação trabalhista para determinado funcionário; o setor interno que detém e trata tais dados é o setor de Recursos Humanos; o dado não é compartilhado com agentes externos; o servidor contratado pela empresa é localizado em outro país; os dados são guardados por determinado período de tempo; nenhuma categoria especial de dado pessoal é envolvida.

3.2 Identificação de riscos

Com esse mapa das atividades da empresa, é possível passar para um segundo aspecto, que visa analisar a adequação das práticas de tratamento de dados pessoais com relação à LGPD. Como explorado ao longo dos demais capítulos deste livro, a LGPD cria uma série de obrigações aos agentes de tratamento de dados pessoais. Por exemplo, cada uma das finalidades de tratamento de dados pessoais deve possuir uma base legal – conforme enumeradas pelo art. 7.º; além disso, é necessário respeitar e operacionalizar todos os direitos dos titulares de dados pessoais (arts. 17 a 20) e as entidades devem atender aos princípios de tratamento de dados pessoais (art. 6.º), bem como adotar medidas de segurança técnicas e administrativas aptas a proteger os dados pessoais (art. 46).

É comum, nesse momento, a elaboração de um relatório de diagnóstico que registra quais os riscos e desvios identificados a partir da LGPD, além de medidas recomendadas para conformidade. Muitas vezes, portanto, não serão poucas as medidas de adequação necessárias. Nesse cenário, desenhar uma matriz de riscos para criar um cronograma de adequação da empresa é uma medida comum e eficaz. A matriz de risco deverá ter em conta: se o dado pessoal é de uma categoria especial (considerando, por exemplo, a categoria de dados sensíveis da própria LGPD), as finalidades do tratamento, a existência de prazo de retenção legal de dados, eventual risco que o tratamento representa para os direitos e liberdades fundamentais do titular, bem como medidas de segurança ou minimização de riscos já adotadas.

A matriz também pode ser útil à medida que, quanto maior o nível de risco para os direitos fundamentais do indivíduo que determinada prática representar, maiores serão as medidas necessárias para proteção contra esses riscos. A LGPD não chega a realizar uma lista de formas de tratamento que podem ser consideradas mais danosas, mas indica "a probabilidade e gravidade dos riscos" como critério a ser considerado no desenvolvimento de medidas de governança (art. 50, § 1.º), e tal questão é fundamental no desenvolvimento de quaisquer medidas de boas práticas.

Para esclarecer a que a norma se refere, pode ser útil recorrer à GDPR. Em seu Considerando 75, ela lista uma série de formas de processamento de maior risco, as quais incluem as atividades que possam causar: (i) discriminação, (ii) roubo de identidade, fraude ou perda financeira, (iii) dano à reputação, (iv) perda de confidencialidade de dados protegidos pelo sigilo profissional, (v) reversão de processo de anonimização, (vi) qualquer outro prejuízo econômico ou social, (vii) processos que possam privar indivíduos de seus direitos e liberdades ou impedir que exerçam controle de seus dados pessoais, (viii) ou, por fim, tratamentos que envolvam categorias especiais de dados pessoais – como dados sensíveis ou dados de crianças e adolescentes.

3.3 Procedimentos de adequação

3.3.1 Adequação de sistemas

Algumas das exigências legais para o tratamento de dados pessoais estão relacionadas a controles internos de proteção, bem como a mecanismos de segurança e garantidores do sigilo. Nesse sentido, o processo de adequação da entidade passará pela adequação de sistemas, processos e procedimentos internos – fruto de colaboração das equipes responsáveis por tecnologia da informação e *compliance*. Trata-se de prescrição da própria LGPD, que, por meio do art. 49, estabelece que os sistemas utilizados para o tratamento de dados pessoais devem ser estruturados "de forma a atender aos requisitos de segurança, aos padrões de boas práticas e de governança e aos princípios gerais previstos nesta Lei e às demais normas regulamentares", isto é, o princípio do *privacy by design* em ação.

Um ponto tratado longamente na LGPD é a reação dos agentes de tratamento a eventuais incidentes de segurança. É essencial que a organização desenvolva sistemas que possibilitem rapidamente a identificação, a resposta e a remediação de incidentes de segurança. Além disso, como será tratado a seguir, o protocolo de reação a incidentes de segurança inclui a comunicação, o quanto antes, do ocorrido tanto à ANPD quanto aos titulares de dados pessoais afetados.

Além da criação de salvaguardas, é importante que os agentes de tratamento possuam sistemas que possibilitem o exercício dos direitos de titulares estabelecidos pelos arts. 17 a 20. Por exemplo, o titular do dado pessoal deve ter a possibilidade de ter acesso aos dados tratados pela entidade; de solicitar a correção de dados incompletos, inexatos ou desatualizados; de solicitar a anonimização, bloqueio ou eliminação de dados desnecessários, excessivos ou que estejam sendo tratados em desconformidade com a norma; de realizar portabilidade de dados para outra aplicação; de solicitar a revisão de decisões tomadas a partir de tratamento automatizado de dados pessoais; e, por fim, de revogar seu consentimento e solicitar a eliminação

TRATADO DE PROTEÇÃO DE DADOS PESSOAIS

dos dados pessoais tratados com o consentimento do titular. Isto é, além de ser interessante que exista uma interface para que os titulares apresentem tais requerimentos (embora não obrigatório, uma vez que é possível que tal requerimento seja realizado de outra forma, por exemplo, por algum meio de contato), é necessário que – no mínimo – seja possível, tecnicamente, atender a tais pedidos, além de confirmar que eles foram efetivamente processados e levados a cabo pela entidade.

3.3.2   Adequação de documentos

A implementação de boas práticas em uma entidade também passa pela criação e adequação de documentos internos aos princípios de tratamento de dados pessoais. Dentre esses documentos, ganham destaque os regulamentos ou documentos que regem a relação entre a organização e o titular de dados pessoais, assim como contratos assinados pela organização e terceiros, códigos de conduta interna, modelos de comunicação com titulares e autoridades, e, em geral, registros dos protocolos e procedimentos adotados pela organização.

Os registros, em especial, são ferramentas importantes na medida em que fazem prova positiva da existência de um programa, demonstrando a efetiva preocupação da entidade com o tema e a concretude das medidas adotadas. De fato, a LGPD exige que controladores e operadores mantenham registros de todas as atividades de tratamento de dados pessoais realizadas (art. 37).

Com relação aos documentos utilizados para reger a relação entre a entidade e os titulares de dados pessoais, é importante que a redação de qualquer material – por exemplo, uma política de privacidade – adote uma linguagem clara e conte com todas as informações de tratamento exigidas pelo art. 9.º, incluindo: (i) finalidade, forma e duração específica do tratamento; (ii) identificação e informações de contato do controlador; (iii) informações sobre o compartilhamento daqueles dados; e (iv) direitos do titular e responsabilidades dos agentes de tratamento.

Quanto aos códigos de conduta interna, do mesmo modo, é necessário que o documento seja de fácil acesso a todos os colaboradores internos e externos da organização e tenha linguagem clara – ou seja, que o conteúdo seja compreensível não apenas para um especialista no tema, mas para qualquer pessoa que queira e precise entender o funcionamento dos mecanismos. Assim, além de simplesmente apresentar a letra da lei, é importante que os códigos de conduta estabeleçam de forma clara as obrigações dos funcionários e colaboradores da organização e forneçam instruções sobre o exercício de suas funções para o tratamento de dados pessoais.

Por fim, é interessante que durante a implementação do programa de governança sejam desenvolvidas minutas de documentos para comunicação com titulares de dados e autoridades. Um desses documentos é o relatório de impacto à proteção de dados pessoais, que poderá ser solicitado pela ANPD a qualquer momento (art. 38, *caput*). O documento, em grande medida, será um produto do mapeamento e mensuração de riscos realizados na implementação do programa de governança – uma vez que deverá conter descrição dos tipos de dados coletados, a metodologia utilizada para a coleta e para a garantia da segurança das informações, bem como medidas, salvaguardas e mecanismos de mitigação de risco adotados pela organização (art. 38, parágrafo único).

O relatório é comumente comparado ao Data Protection Impact Assessment ("DPIA"), previsto na regulação europeia (art. 35 da GDPR). Ocorre que a GDPR detalhou consideravelmente as hipóteses de requisição do DPIA e o conteúdo mínimo desse documento. Além disso, o Grupo de Trabalho do Artigo 29 ("Working Party 29" ou "WP29") – voltado à interpretação das normas europeias de proteção de dados pessoais – conta com guia sobre a elaboração de DPIAs, disponibilizado ao público em outubro de 2017.

No caso brasileiro, a LGPD não chega a prever hipóteses específicas de requisição do documento, estabelecendo apenas a incumbência da ANPD para sua requisição, mencionando expressamente essa possibilidade no caso de dados pessoais sensíveis e dados tratados com base no legítimo interesse (art. 38, *caput* e art. 10, § 3.º). Existe, portanto, considerável espaço para posterior regulamentação por parte da ANPD acerca da exata operacionalização dos relatórios de impacto à proteção de dados pessoais.

Além disso, é fundamental que a entidade desenvolva documentação a ser utilizada em caso de incidentes de segurança. A LGPD indica uma série de informações mínimas que deverão ser tratadas na comunicação da organização para a ANPD e para os titulares de dados pessoais eventualmente afetados por incidentes (art. 48, § 1.º), incluindo: (i) a descrição da natureza dos dados pessoais afetados; (ii) as informações sobre os titulares envolvidos; (iii) a indicação das medidas técnicas e de segurança utilizadas para a proteção dos dados, observados os segredos comercial e industrial; (iv) os riscos relacionados ao incidente; e (v) as medidas que foram ou que serão adotadas para reverter ou mitigar os efeitos do prejuízo.

3.4 Compromisso da alta direção

Como apresentado, programas de *compliance* buscam garantir e demonstrar o compromisso das entidades com o efetivo cumprimento de normas legais. Nesse sentido, o compromisso explícito e genuíno de agentes da alta direção da organização é essencial para conferir credibilidade ao programa e influenciar a tomada de decisões dos agentes membros da organização em suas atividades diárias de forma positiva. Assim, no contexto da LGPD, é necessário incutir uma cultura organizacional que absorva valores e práticas consoantes com os princípios de tratamento de dados pessoais.

Conforme ressalta o já mencionado Guia do Conselho Administrativo de Defesa Econômica, o compromisso da alta direção se concretiza na medida em que o tema se torna parte das prioridades estratégicas da entidade, e mais especificamente quando há inclusão específica de orçamento destinado a essas atividades, monitoramento constante da evolução pela própria diretoria, além de atribuição de objetivos e metas. Um outro aspecto fundamental ressaltado pelo Guia e que deve ser sempre reiterado: na medida em que o *compliance* e as boas práticas trabalham com a prevenção de risco, é importantíssimo que aquilo que se exige no dia a dia dos funcionários e colaboradores esteja de acordo com tais práticas, e que a entidade não tenha uma cultura que valoriza apenas resultados financeiros acima de tudo. Evidentemente, quando falamos de uma empresa, a obtenção de lucro é o objetivo final do negócio, mas há uma linha clara que diferencia a valorização de resultados do incentivo à adoção de práticas fora de conformidade apenas para melhoria dos resultados[13].

Medidas complementares de criação e difusão da cultura de *compliance* nas empresas incluem também: elaboração de cartilhas e outros conteúdos mais interativos que reiteram as orientações do programa de *compliance*, com a finalidade de conscientizar os funcionários. Além disso, é válido utilizar exemplos da mídia sobre casos de violação de normas de proteção de dados pessoais e os danos que representam à reputação da empresa.

---

[13] CONSELHO ADMINISTRATIVO DE DEFESA ECONÔMICA. *Guia para Programas de* Compliance. 2016, p. 15-16. Disponível em: <http://www.cade.gov.br/acesso-a-informacao/publicacoes-institucionais/guias_do_Cade/guia-compliance-versao-oficial.pdf>.

3.4.1 Encarregado/supervisor de conformidade

Em termos de estrutura da organização, a literatura sobre *compliance* há muito orienta a implementação de um setor ou pessoa responsável por supervisionar a execução do programa. Trata-se do reconhecimento de que a organização precisa ter um agente capaz de centralizar – de forma estável, coerente e duradoura – as demandas relacionadas à política de conformidade, responsabilizando-se por sua implementação.

No tocante à governança de dados pessoais, a LGPD cria a obrigação de que organizações indiquem pessoa para ser o encarregado[14] pelo tratamento de dados pessoais (art. 41), que operaria como um supervisor de *compliance* para o tema. Vale destacar que a versão inicialmente aprovada da LGPD estabelecia que o encarregado deveria ser pessoa física, previsão que foi retirada do art. 5, VIII – de modo que o encarregado pode ser pessoa física ou jurídica, interna ou externa. Ainda que seja possível que a ANPD estabeleça hipóteses de dispensa da necessidade de indicação do encarregado – considerando a natureza ou o porte das entidades, bem como o volume das operações de tratamento de dados da organização –, é recomendado que, em termos de estruturação de programas de conformidade, exista um encarregado para a organização.

Embora o texto legal não demande *expertise* no tema[15], é interessante que o encarregado tenha formação específica no que tange à proteção de dados pessoais, para que possa orientar a implementação do programa de forma adequada. Não é de forma alguma necessário, porém, que o encarregado seja da área jurídica – pode perfeitamente tratar-se de um *expert* em tecnologia de informação que assume essas responsabilidades internamente. Além disso, caso o encarregado seja pessoa física interna à entidade, é relevante que seja um funcionário com independência e autonomia – incluindo um financiamento adequado para a realização de suas atividades de tomada de decisões[16].

Como a própria norma afirma, o encarregado é responsável por realizar a ponte de comunicação entre a organização, os titulares de dados pessoais e a ANPD (art. 5.º, VIII). Conforme o art. 41, § 2.º, as atribuições legais do encarregado são, fundamentalmente: (i) aceitar reclamações e comunicações dos titulares, bem como prestar esclarecimentos e adotar providências; (ii) receber comunicações da ANPD e adotar providências; (iii) orientar os funcionários, colaboradores e subcontratados sobre a proteção de dados pessoais; (iv) executar as demais atribuições estabelecidas pelo controlador. Para executar tais funções, é necessário

---

[14] Não é incomum a referência ao DPO, ou seja, o *Data Protection Officer*, nomenclatura utilizada pela GDPR e largamente reproduzida no Brasil.

[15] Vale ressaltar que o texto original da Lei 13.853/2019 – decorrente do Projeto de Lei de Conversão 07/2019 (Medida Provisória 869/2018) – contava com a exigência de que o encarregado fosse detentor de conhecimento jurídico-regulatório. Tal previsão foi um dos pontos vetados pela Presidência – por meio da Mensagem 288, de 8 de julho de 2019.

[16] Existe um debate sobre a inserção do setor de conformidade no departamento jurídico da entidade – onde se argumenta que existiriam conflitos entre ambas as atuações. Enquanto a função da diretoria jurídica é solucionar problemas e garantir menores prejuízos à empresa, a função do setor de conformidade é saneadora e de cumprimento da legislação. Nesse sentido, destaca-se que o Manual Prático de Avaliação de Programa de Integridade em PAR, elaborado pela CGU, estabelece como critério de avaliação de programas de integridade a subordinação do setor de conformidade ao departamento jurídico – indicando que ela é indesejável. De todo modo, a despeito de onde o setor de conformidade será alocado, o que garantirá seu bom funcionamento serão independência e autonomia da equipe (MINISTÉRIO DA TRANSPARÊNCIA E CONTROLADORIA-GERAL DA UNIÃO. *Manual prático de avaliação de programa de integridade em PAR*. Brasília, setembro de 2018. Disponível em: <https://www.cgu.gov.br/ Publicacoes/etica-e-integridade/arquivos/manual-pratico-integridade-par.pdf>).

que existam canais de comunicação com o encarregado, acessíveis tanto por titulares de dados pessoais, quanto por funcionários e a própria autoridade. Trata-se, inclusive, de obrigação legal: as informações de contato do encarregado devem ser divulgadas publicamente – de forma clara e objetiva (art. 41, § 1.º). Canais de comunicação com o encarregado são relevantes em dois principais sentidos: de um lado, eles possibilitam resolução de dúvidas de funcionários e colaboradores, bem como a orientação e solução de questões relacionadas a situações limítrofes de aplicação da LGPD; de outro, viabilizam a comunicação de possíveis ilícitos.

Novamente, vale ressaltar que existe obrigação semelhante na GDPR, que prevê que algumas organizações devem possuir Data Protection Officer ("DPO"). O WP29 também disponibilizou guia sobre as obrigações relacionadas a DPOs, incluindo sobre as atribuições e responsabilidades do DPO.

3.5   Treinamento

Após todo o processo de mapeamento de dados pessoais tratados, mensuração de riscos e adequação dos procedimentos internos a tais riscos, a entidade possuirá um código interno e documentos que refletirão, em grande medida, suas atividades de tratamento de dados pessoais e suas necessidades. É fundamental que todo esse conteúdo seja transmitido de forma adequada para os funcionários e colaboradores da entidade – incluindo-se, entre os últimos, eventuais terceiros subcontratados[17]. Por mais bem elaborado que seja o programa, se as suas diretivas não forem devidamente compreendidas por aqueles que devem segui-lo diariamente, ele tende a ser pouco eficiente.

As formas – por exemplo, *on-line* ou presencial, com grupos pequenos ou grandes –, o conteúdo e a profundidade dos treinamentos internos irão variar conforme a área de atuação do funcionário e seu nível de exposição a riscos. Em geral, é recomendado que os treinamentos sejam realizados com linguagem adequada e de fácil compreensão, focando em pontos associados à função e atuação do grupo de funcionários na empresa. Além disso, na medida em que é impossível preparar os funcionários e colaboradores para todos os desafios e dúvidas de implementação que surgirão no seu dia a dia, é importante que seja apresentado o setor de *compliance*/encarregado, para que eventuais dúvidas e sinalizações de inconformidades sejam prontamente reportadas e esclarecidas.

3.6   Revisão e implementação contínua

Um último, mas de forma alguma menos importante, aspecto a ser destacado para qualquer política de boas práticas diz respeito à sua constante revisão. É essencial que o programa de governança em dados pessoais tenha uma estrutura de automonitoramento e implementação contínua. Por exemplo, agentes de tratamento que atuam em mercados digitais usualmente alteram suas práticas, a partir do lançamento de novos produtos, funcionalidades ou contratação de novos parceiros.

---

[17]   É importante apontar aqui que a LGPD conta com hipóteses de responsabilização de operadores. Isto é, em casos de subcontratações que envolvam o tratamento de dados pessoais, a entidade contratante é considerada controladora (isto é, responsável pelas decisões relacionadas ao tratamento de dados pessoais) e o subcontratado, operador. Nos termos dos arts. 42 e 52, o operador também pode ser responsabilizado por violações da LGPD. Nesse sentido, é recomendado que contratações de terceiros contem com clara definição das atribuições e responsabilidades relacionadas ao tratamento de dados pessoais de cada um dos agentes de tratamento.

TRATADO DE PROTEÇÃO DE DADOS PESSOAIS

Além disso, é importante que sejam realizadas auditorias internas periódicas para avaliar o cumprimento de regras por parte de funcionários e colaboradores de todos os níveis hierárquico – e ainda mais importante que eventuais pontos fracos do programa identificados por meio de tais revisões sejam alterados e robustecidos. Tratamentos de dados pessoais considerados mais sensíveis, isto é, que representem maiores riscos aos direitos e liberdades fundamentais dos titulares, merecem ser acompanhados de forma ainda mais próxima.

Por conta da necessidade de revisão dos procedimentos, algumas medidas devem ser adotadas de forma permanente pela organização, seus funcionários e colaboradores. É necessário, por exemplo, manter registros de todas as atividades de tratamento de dados pessoais realizadas no âmbito da empresa (art. 37). Trata-se de medida que tanto viabiliza o efetivo cumprimento dos direitos dos titulares de dados pessoais (por exemplo, os direitos de acesso aos dados e à confirmação da existência de tratamento) quanto permite à entidade realizar os relatórios de impacto à proteção de dados pessoais.

Por fim, é interessante que o encarregado seja envolvido nos processos de criação e elaboração de todas essas estratégias – afinal, ele é quem estará no dia a dia acompanhando as dificuldades e os sucessos do programa. Assim, os produtos, serviços, processos e sistemas são desenvolvidos de forma coerente com os princípios de tratamento de dados pessoais e com a LGPD como um todo – em conformidade com a ideia de privacy by design – incorporada ao art. 49 da Norma.

CONCLUSÃO

À primeira vista, o desenvolvimento de mecanismos de *compliance* pode parecer uma tarefa custosa. Por vezes dependerá da contratação de assessoria jurídica especializada, realização de treinamentos internos e criação de cargos especializados. Entretanto, é importante apontar que o custo de implementação de medidas de governança não necessariamente será elevado. Em primeiro lugar, porque, como já ressaltado, um bom programa de integridade não necessariamente será o mais complexo, mas aquele que endereça os desafios específicos associados às atividades de tratamento de dados pessoais de determinado agente.

Deve-se desmistificar, nesse sentido, a ideia de que programas de conformidade são sempre instrumentos custosos e inacessíveis para agentes de menor porte. A própria LGPD expressamente reconhece que diferentes tipos de entidades farão tratamento de dados e diz com todas as palavras que pode, inclusive, haver flexibilização de certos critérios legais, dada essa realidade (art. 55-J, inc. XVIII) – como é o caso da possibilidade de estabelecimento de isenção à necessidade de indicação de encarregado (art. 41, § 3.º). O objetivo da lei não é nem nunca foi impedir negócios ou inovação no Brasil – é falsa a impressão de que a norma exige que empresas nascentes e de pequeno porte possuam sistemas tão sofisticados e complexos quanto aqueles de grandes transnacionais. Além disso, existem diversas medidas que podem ser realizadas sem incorrer em custos elevados e que já representam enorme avanço no nível de adequação da entidade aos princípios de proteção de dados pessoais. Por exemplo, medidas básicas de segurança da informação para funcionários, como exigência de uma senha de acesso rotativa, têm baixíssimo custo de implantação e podem resultar em mudança de cultura e trazer resultados relevantes.

Ainda nessa análise de custos e benefícios, deve-se considerar que as contrapartidas decorrentes de implantação de programas de compliance são consideráveis, uma vez que tais instrumentos são cruciais para endereçar os riscos concretos de violação da LGPD que as empresas enfrentam ao realizarem atividades de tratamentos de dados pessoais no país. Violações da norma podem representar desgastes jurídicos, financeiros e reputacionais para as organizações ou empresas – conforme dados divulgados pelo European Data Protection Board, em dezoito meses de vigência da GDPR, foram aplicadas 785 multas. Assim, investir em programas internos de integridade é evitar preocupações futuras decorrentes desses aspectos.

Nunca é tarde para iniciar a implementação de um programa de conformidade e espera-se que esse texto possa guiar agentes e entidades ao indicar que o processo começa a partir da identificação de riscos e de prioridades. As declarações da ANPD no sentido de que pretende exercer papel educativo e atuar de forma responsiva sinalizam espaço para os agentes de tratamento de dados pessoais estarem em diálogo com a autoridade para a elaboração de programas de governança e boas práticas.

REFERÊNCIAS BIBLIOGRÁFICAS

ANPD. *Resolução de Fiscalização: Versão para Consulta Pública*. Maio de 2021. Disponível em: <https://www.gov.br/anpd/pt-br/assuntos/noticias/anpd-abre-consulta-publica-sobre-norma-de-fiscalizacao/2021.05.29___Minuta_de_Resolucao_de_fiscalizacao_para_consultapblica.pdf>. Acesso em: 9 set. 2021.

ARTICLE 29 DATA PROTECTION WORKING PARTY. Guidelines on Data Protection Officers ('DPOs'). 2017. Disponível em: <https://ec.europa.eu/newsroom/article29/item-detail.cfm?item_id=611236>.

ARTICLE 29 DATA PROTECTION WORKING PARTY. *Guidelines on Data Protection Impact Assessment (DPIA) and determining whether processing is "likely to result in a high risk" for the purposes of Regulation 2016/679. 2017*. Disponível em: <https://ec.europa.eu/newsroom/article29/item-detail.cfm?item_id=611236>. Acesso em: 9 set. 2021.

AYRES, Ian; BRAITHWAITE, John. *Responsive regulation: Transcending the deregulation debate*. Oxford University Press, USA, 1992.

CNIL. *Privacy Seals on Privacy Governance Procedures*. 2014. Disponível em: <https://www.cnil.fr/sites/default/files/typo/document/CNIL_Privacy_Seal-Governance-EN.pdf>. Acesso em: 27 jul. 2020.

CNSAÚDE. *Código de Boas Práticas: Proteção de Dados de Prestadores Privados em Saúde*. 2021. Disponível em: <http://cnsaude.org.br/wp-content/uploads/2021/03/Boas-Praticas-Protecao-Dados-Prestadores-Privados-CNSaude_ED_2021.pdf>. Acesso em: 9 set. 2021.

COMISSÃO EUROPEIA. Diretiva 95/46/CE do Parlamento Europeu e do Conselho, de 24 de outubro de 1995, relativa à proteção das pessoas singulares no que diz respeito ao tratamento de dados pessoais e à livre circulação desses dados. *Jornal Oficial*, n. L 281, 23.11.1995, p. 31-50. Disponível em: <https://eur-lex.europa.eu/legal-content/PT/ALL/?uri=CELEX%3A31995L0046>. Acesso em: 7 de agosto de 2019.

CUEVA, Ricardo Villas Bôas. *Compliance* e defesa da concorrência. In: MENDES, Fernando Marcelo; ALVES, Clara da Mota Santos Pimenta; DOMINGUES, Paulo Sérgio (orgs.). *Poder Judiciário, concorrência e regulação* – estudos sobre o Fonacre. Brasília: AJUFE, 2019.

ICO. Accountability and governance. *Guide to the General Data Protection Regulation*. 22 de maio de 2019. Disponível em: <https://ico.org.uk/media/for-organisations/guide-to-data-protection/guide-to-the-general-data-protection-regulation-gdpr-1-0.pdf>. Acesso em: 8 de agosto de 2019.

MENDES, Francisco Schertel; CARVALHO, Vinicius Marques de. Compliance: concorrência e combate à corrupção. São Paulo: Trevisan, 2017.

MINISTÉRIO DA TRANSPARÊNCIA E CONTROLADORIA-GERAL DA UNIÃO. *Manual prático de avaliação de programa de integridade em PAR.* Brasília, setembro de 2018. Disponível em: <https://www.gov.br/cgu/pt-br/centrais-de-conteudo/publicacoes/integridade/arquivos/manual-pratico-integridade-par.pdf>. Acesso em: 27 de julho de 2020.

ORGANISATION FOR ECONOMIC CO-OPERATION AND DEVELOPMENT. OECD guidelines on the protection of privacy and transborder flows of personal data. *OECD Publishing*, 2002. Disponível em: <https://www.oecd.org/internet/ieconomy/oecdguidelinesontheprotectionofprivacyandtransborderflowsofpersonaldata.htm>. Acesso em: 7 de agosto de 2019.

SCHAPIRO, Mario Gomes; MARINHO, Sarah Morganna Matos. *Compliance* concorrencial: cooperação regulatória na defesa da concorrência? *Revista de Informação Legislativa*, v. 53, n. 211, p. 273-299, 2016.

WOLFF, Josephine. *How is the GDPR doing?* Slate, março 20, 2019. Disponível em: <https://slate.com/technology/2019/03/gdpr-one-year-anniversary-breach-notification-fines.html>. Acesso em: 7 de agosto de 2019.

19

Os desafios do *enforcement* na LGPD: fiscalização, aplicação de sanções administrativas e coordenação intergovernamental

Miriam Wimmer
Doutora em Políticas de Comunicação e Cultura pela Universidade de Brasília, Mestre em Direito Público pela Universidade do Estado do Rio de Janeiro e Bacharel em Direito pela mesma instituição.

INTRODUÇÃO

Globalmente, e com crescente intensidade a partir da década de 1990, a adoção de leis de proteção de dados pessoais tem sido acompanhada do estabelecimento de autoridades administrativas independentes responsáveis pelo *enforcement* da legislação, reconhecidas como elemento central do regime jurídico de tutela da privacidade e da proteção de dados. A importância do estabelecimento de um aparato institucional para assegurar a observância desse tipo de lei tem sido sinalizada em inúmeros instrumentos internacionais, como as Diretrizes e Recomendações da OCDE[1], a Convenção para a Proteção dos Indivíduos com relação ao Processamento de Dados Pessoais (Convenção 108)[2] e até mesmo a Carta dos Direitos Fundamentais da União Europeia[3].

No Brasil, a Lei Geral de Proteção de Dados Pessoais (Lei 13.709, de 14 de agosto de 2018 – LGPD) instituiu um complexo conjunto de princípios e regras cuja efetivação depende, em grande medida, de interpretação e de complementação por meio de um órgão competente no âmbito da administração pública federal.

---

[1] As mais recentes orientações sobre privacidade da OCDE (*Recommendation of the Council concerning Guidelines governing the Protection of Privacy and Transborder Flows of Personal Data*), de 2013, por exemplo, avançando com relação à Diretriz de 1980 e à Recomendação de 2007, explicitam a necessidade de que os países-membros estabeleçam e mantenham autoridades para *enforcement* da privacidade com a governança, com os recursos e com a *expertise* técnica necessários para exercer suas competências de maneira efetiva e para tomar decisões de maneira objetiva, imparcial e consistente.

[2] O art. 15 da Convenção 108 determina que os países signatários devem constituir uma ou mais autoridades responsáveis por assegurar a observância da convenção, com poderes de investigação e de sancionamento, atuando com completa independência e imparcialidade.

[3] O art. 8.º da Carta de Direitos define o direito fundamental à proteção dos dados de caráter pessoal, estabelecendo, em seu § 3.º, que o cumprimento das regras correspondentes fica sujeito a fiscalização por parte de uma autoridade independente.

Embora a legislação seja permeada por referências a uma autoridade nacional responsável por concretizar a lei, a ausência de sua constituição formal por ocasião da aprovação da Lei, em agosto de 2018, acabou por suscitar inúmeras dúvidas de ordem teórica e prática[4]. Tais questões foram parcialmente endereçadas pela Medida Provisória 869/2018, expedida poucos meses mais tarde, que alterou a LGPD para criar, como órgão da administração pública federal direta, a Autoridade Nacional de Proteção de Dados – ANPD, e para dar alguns delineamentos acerca das formas de interação dessa nova entidade com outros órgãos e entidades da Administração Pública. Por sua vez, também a MP 869/2018, convertida na Lei 13.853, de 8 de julho de 2019, suscitou inúmeras controvérsias, que se voltaram, em grande medida, para as características institucionais e natureza jurídica desejáveis para uma autoridade dessa natureza, com vistas a assegurar que sua atuação pudesse se dar com autonomia e independência, em linha com as melhores práticas internacionais, resultando na adoção da MP 1.124/2022.

O objetivo deste capítulo, entretanto, não é de discutir as características esperadas de uma tal autoridade no contexto brasileiro – discussão essa que se encontra ainda em curso no momento de conclusão deste trabalho[5] –, mas de debater aspectos relacionados a duas de suas competências centrais: as de fiscalização e de aplicação de sanções por condutas que violam a LGPD.

---

[4]   Como é sabido, o Projeto de Lei 5.276/2016, de autoria do Poder Executivo, não promoveu, de maneira explícita, a criação de uma autoridade nacional para assegurar sua implementação. Entretanto, uma rápida leitura do projeto e de sua exposição de motivos não deixa dúvidas quanto à importância desse ator institucional – chamado de "órgão competente" no Projeto de Lei – para a implementação das normas ali estabelecidas. O projeto original indicava, em seu art. 53, que seria designado tal órgão competente para zelar pela implementação e fiscalização da Lei, e atribuía a ele um conjunto extenso de competências normativas, fiscalizadoras, sancionadoras e educativas. No curso das discussões sobre o tema no Congresso Nacional, a importância dessa autoridade foi frisada em inúmeras oportunidades, com o resultado de que o próprio Poder Legislativo tomou para si a responsabilidade pela sua criação. Assim é que o texto final do PLC 53/2018 (como passou a ser intitulado o projeto após seu envio ao Senado Federal) enviado à sanção presidencial previu, em seu Capítulo IX, a criação da Autoridade Nacional de Proteção de Dados (ANPD), dotada de natureza de autarquia especial e caracterizada por independência administrativa, ausência de subordinação hierárquica, mandato fixo e estabilidade de seus dirigentes e autonomia financeira. Os dispositivos que criaram a ANPD vieram, entretanto, a ser vetados pelo Presidente da República, com base em argumento de inconstitucionalidade por vício de iniciativa.

É preciso registrar a existência de significativas controvérsias jurídicas acerca da existência, ou não, de vício de inconstitucionalidade formal nos dispositivos em questão, destacando-se a posição sustentada em parecer jurídico de Ilmar Galvão e Jorge Octavio Lavocat Galvão, de 21 de julho de 2018, no sentido de que (i) o Poder Executivo já havia previsto, no projeto de lei de sua autoria, um órgão público para fiscalizar a observância da Lei em questão e que (ii) a modificação, pelo Congresso Nacional, da natureza jurídica de tal órgão, sem aumento de despesas nem seu desvirtuamento, não teria o condão de macular a constitucionalidade da legislação. Apesar da intensa discussão jurídica que precedeu a sanção da LGPD, os dispositivos em questão acabaram sendo vetados, com o entendimento, exposto nas razões de veto, de que teria havido inconstitucionalidade do processo legislativo, por afronta ao art. 61, § 1.º, II, "e", cumulado com o art. 37, XIX, da Constituição. Posteriormente foi adotada a MP 1.124/2022, que atribui natureza de autarquia especial à ANPD.

[5]   Com efeito, a criação efetiva da ANPD veio a ocorrer somente em novembro de 2020, por meio do Decreto 10.474/2020, com a LGPD já em vigor. No momento de conclusão deste capítulo, a ANPD encontrava-se já em pleno funcionamento, na forma de um órgão da Administração Pública Federal, integrante da Presidência da República. A LGPD estabeleceu, ainda, que tal natureza jurídica seria transitória e que, em um prazo de até dois anos após a entrada em vigor da estrutura regimental da autoridade, deveria ocorrer uma avaliação com vistas à sua transformação em entidade da Administração Pública Federal indireta, submetida a regime autárquico especial e vinculada à Presidência da República.

A complexidade dessa discussão radica em diversos fatores.

De um lado, o capítulo de sanções da LGPD, inspirado em parte pela experiência de agências reguladoras brasileiras, traz ferramentas cujos desdobramentos ainda precisam ser mais bem avaliados. Chama atenção a incorporação, pela lei, de uma lógica de regulação responsiva, combinando mecanismos tradicionais com instrumentos não estatais de regulação, com amparo na ideia de *accountability*, responsabilização e prestação de contas.

De outro lado, deve-se considerar a complexidade advinda do próprio âmbito de incidência da LGPD. A norma produz efeitos horizontais sobre todas as áreas econômicas e sobre quase todos os campos de atuação do Poder Público[6], em seus diferentes níveis federativos. Como resultado, as competências dessa recém-criada autoridade se relacionam de maneira estreita com aquelas atribuídas a inúmeros outros órgãos e entidades da administração pública federal, estadual e municipal, direta e indireta. Tal complexidade suscita importantes desafios hermenêuticos e impõe às diversas instâncias do Poder Executivo, em nome da segurança jurídica, um gigantesco desafio de coordenação.

É o que se passa a examinar.

1. AS SANÇÕES ADMINISTRATIVAS NA LGPD: DO COMANDO E CONTROLE À IDEIA DE *ACCOUNTABILITY*

Importa notar, preliminarmente, que a lei brasileira acompanha tendência internacional nas legislações de proteção de dados pessoais de migrar de uma lógica regulatória de comando e controle para uma racionalidade mais voltada para a corregulação e *accountability*. Tal inclinação é perceptível, na LGPD, em diversos dispositivos, que indicam ser responsabilidade do agente de tratamento de dados adotar medidas eficazes e capazes de comprovar a observância e o cumprimento das normas de proteção de dados pessoais e a eficácia dessas medidas. Seguindo essa lógica, na aplicação das sanções pode ser considerada como critério de dosimetria a "adoção reiterada e demonstrada de mecanismos e procedimentos internos capazes de minimizar o dano, voltados ao tratamento seguro e adequado de dados"[7] e "a adoção de política de boas práticas e governança"[8].

A ideia de *accountability* em conexão com proteção de dados pessoais tem, de fato, se tornado corrente nos diálogos acadêmicos e governamentais sobre modelos de governança de privacidade[9], e encontra raízes em um dos primeiros instrumentos internacionais de proteção de dados pessoais: as Diretrizes da OCDE de 1980, que declaram que um controlador de dados deve ser *accountable* por dar cumprimento a medidas aptas a dar efetividade aos princípios contidos nas Diretrizes. Esforços posteriores têm sido realizados com vistas a

---

[6]   Nos termos do art. 4.º, III, da LGPD, a Lei somente não se aplica ao Poder Público no tocante ao tratamento de dados pessoais realizados para fins exclusivos de segurança pública, defesa nacional, segurança do Estado e atividades de investigação e repressão de infrações penais.

[7]   Art. 52, § 1.º, VIII, da LGPD.

[8]   Art. 52, § 1.º, IX, da LGPD.

[9]   Entretanto, conforme observa Colin J. Bennett (2012:34), embora ninguém possa ser contrário à ideia de *accountability* em abstrato, as discussões mais recentes têm carecido de precisão conceitual, com o resultado de que o conceito tem sido expandido e distorcido para servir a uma ampla gama de interesses políticos e econômicos.

trazer mais concretude ao conceito e traduzi-lo em medidas substantivas a serem adotadas por controladores e operadores de dados pessoais[10].

No Brasil, conforme mencionado, a legislação adotou sistemática regulatória bastante moderna, incorporando, para além das formas tradicionais de produção e implementação de normas jurídicas relativas à proteção de dados pessoais (*i.e.*, normas regulatórias emanadas da Autoridade Nacional de Proteção de Dados associadas a competências de fiscalização e aplicação de sanções), outros mecanismos regulatórios calcados em regras livremente pactuadas pelos interessados ou oriundos das potencialidades da própria tecnologia na configuração do regime de proteção de dados pessoais[11]. Assim, o art. 50 da LGPD indica a possibilidade de que controladores e operadores voluntariamente formulem regras de boas práticas e de governança que podem ser reconhecidas e divulgadas pela autoridade nacional, cuja existência e observância podem ser consideradas para mitigar eventuais sanções. Ademais, a Lei traz claros incentivos para a implementação de mecanismos de privacidade e segurança "by design", reconhecendo o papel crucial desempenhado pela arquitetura de *softwares* e de redes na conformação das expectativas e realidades da proteção de dados pessoais[12].

Trata-se, portanto, de estratégia regulatória que se apoia fortemente em elementos de negociação e em processos de consulta na elaboração e implementação de normas jurídicas, com flexibilidade para incorporar também elementos não jurídicos no arcabouço regulatório de proteção de dados pessoais.

---

[10] No contexto internacional, iniciativa interessante nesse sentido é o *Accountability Project*, secretariado pelo *Centre for Information Policy Leadership* – CIPL, iniciado em 2008, que reúne especialistas, reguladores e organizações privadas com o objetivo de promover a definição dos contornos do conceito e fornecer orientações para apoiar sua implementação. A dificuldade de definir e traduzir a ideia de *accountability* não deve, porém, ser subestimada, como se observa da Opinião produzida pela Working Party 29 sobre o assunto em 2010: "O termo 'accountability' deriva do mundo anglo-saxão, onde tem uso comum e há uma compreensão amplamente compartilhada sobre o seu significado – muito embora seja complexo definir o que, exatamente, 'accountability' significa na prática. Em termos gerais, entretanto, a ênfase está em demonstrar como a responsabilidade é exercida e em tornar tal fato demonstrável. Responsabilidade e 'accountability' são dois lados da mesma moeda e ambos constituem elementos essenciais de boa governança. Somente quando se pode demonstrar na prática o exercício da responsabilidade é que a confiança pode se desenvolver. Na maior parte dos outros idiomas europeus, devido principalmente a diferenças em sistemas jurídicos, o termo 'accountability' não é facilmente traduzido. Como consequência, o risco de interpretações divergentes do termo e, consequentemente, de falta de harmonização, é substantivo. Outras expressões que têm sido sugeridas para capturar o significado de 'accountability' são 'reinforced responsibility', 'assurance', 'reliability', 'trustworthiness' e, em francês, 'obligation de rendre comptes' etc. Pode-se também sugerir que 'accountability' se refere à 'implementação de princípios de proteção de dados'" (tradução livre).

[11] A LGPD introduz, por exemplo, a ideia de que, desde a fase de concepção do produto ou do serviço até a sua execução, os agentes de tratamento devem adotar medidas de segurança, técnicas e administrativas aptas a proteger os dados pessoais de acessos não autorizados e de situações acidentais ou ilícitas de destruição, perda, alteração, comunicação ou qualquer forma de tratamento inadequado ou ilícito.

[12] Hartzog (2018:51-52) salienta o papel essencialmente político do *design* e sua capacidade de alocar poder a pessoas e indústrias. Para o autor, embora na maior parte dos casos seja desejável que a lei não adentre as minúcias do *design* de tecnologias digitais, há que se reconhecer que tal decisão atribui às forças do mercado a liberdade de determinar os contextos em que as pessoas tomam decisões. Em sua visão, a lei pode assumir um papel responsivo ao poder do *design* ao articular fronteiras, dar orientações e estabelecer metas, reconhecendo o papel que o *design* desempenha ao moldar as expectativas e a realidade da privacidade dos cidadãos.

Passando-se à análise das sanções propriamente ditas, cabe frisar a preocupação do legislador com relação ao estabelecimento de mecanismos institucionais que assegurem transparência e participação dos interessados quanto à definição dos critérios de sancionamento. A previsão de edição de regulamento de sanções administrativas para definir as metodologias de cálculo do valor-base das multas, submetido a prévia consulta pública, possui clara inspiração na experiência de setores regulados[13], e busca assegurar previsibilidade e segurança jurídica para os agentes privados. Por outro lado, interessa notar que, para além das tradicionais sanções administrativas admoestativas (advertência), pecuniárias (multas) e restritivas de atividades (bloqueio ou eliminação dos dados pessoais a que se refere a infração), a lei introduz também sanção com impactos reputacionais, ao prever, no art. 52, IV, a possibilidade de "publicização da infração após devidamente apurada e confirmada a sua ocorrência".

Outro aspecto que merece cuidadosa consideração é o veto presidencial aposto aos incisos VII, VIII e IX do art. 52 da LGPD, que previam a possibilidade de suspensão parcial ou total do funcionamento do banco de dados, suspensão do exercício da atividade de tratamento dos dados pessoais a que se refere a infração e proibição parcial ou total do exercício de atividades relacionadas a tratamento de dados. Observa-se, assim, que, embora a LGPD permita o bloqueio ou eliminação dos dados pessoais a que se refira concretamente eventual infração, o veto presidencial teve por objetivo eliminar a possibilidade de suspensão (parcial ou total) do funcionamento do banco de dados como um todo, assim como de interrupção das atividades de tratamento de dados de maneira mais ampla[14]. Na tramitação da MP 869/2018 pelo Congresso Nacional, tais sanções foram reintroduzidas no texto legal e, mais uma vez, vetadas pelo Poder Executivo, com base em argumentos semelhantes aos utilizados anteriormente. Em clara demonstração de força, o Congresso Nacional logrou êxito em derrubar tais vetos, tendo as disposições, por fim, sido incorporadas ao ordenamento jurídico brasileiro nos incisos X, XI e XII no artigo 52 da LGPD, na redação dada pela Lei 13.853/2019.

A esse respeito, cabe chamar atenção para as dúvidas jurídicas decorrentes do fato de que, embora a LGPD tenha modificado o Marco Civil da Internet – MCI[15] em alguns aspectos, não houve revogação dos dispositivos daquela lei que estabelecem a possibilidade de aplicação de sanções por infração à legislação brasileira no tocante à privacidade, à proteção de dados pessoais e ao sigilo das comunicações privadas e registros de conexão e de acesso a aplicações de Internet. As sanções previstas no MCI são mais gravosas que aquelas previstas no texto original da LGPD, e incluem, além da imposição de advertência, a previsão de multa de até dez por cento do faturamento do grupo econômico no Brasil no seu último exercício, a suspensão temporária e a proibição de exercício das atividades em questão[16]. O Marco Civil da Internet, que precede a LGPD em quatro anos, não indica

---

[13] Em particular, no Regulamento de Sanções da Agência Nacional de Telecomunicações, aprovado pela Resolução Anatel 589, de 7 de maio de 2012.

[14] Nas razões de veto apresentadas pelo Poder Executivo, afirmou-se que tais sanções poderiam "... gerar insegurança aos responsáveis por essas informações, bem como impossibilitar a utilização e tratamento de bancos de dados essenciais a diversas atividades, a exemplo das aproveitadas pelas instituições financeiras, dentre outras, podendo acarretar prejuízo à estabilidade do sistema financeiro nacional".

[15] Lei 12.965, de 23 de abril de 2014 – MCI.

[16] Recorde-se que a LGPD estabelece um teto de multa simples de até dois por cento do faturamento da pessoa jurídica de direito privado, grupo ou conglomerado no Brasil no seu último exercício, excluídos os tributos, limitada, no total, a cinquenta milhões de reais por infração.

384 TRATADO DE PROTEÇÃO DE DADOS PESSOAIS

qual ou quais autoridades seriam responsáveis pela aplicação de tais sanções, o que levou, em alguns casos, à sua aplicação diretamente pelo Poder Judiciário[17].

A coexistência desses dispositivos suscita inúmeras dúvidas jurídicas, a começar pela dificuldade de aplicação dos tradicionais critérios de hierarquia, temporalidade e especialidade para a solução de conflitos normativos. Entretanto, uma vez que o próprio MCI aponta para legislação específica no tocante à proteção de dados pessoais, parece correto compreender que a LGPD assume primazia para o tema, ainda que o tratamento de dados em questão se dê no ambiente da Internet.

Por fim, dada a natureza global da chamada economia digital, um desafio importante a ser enfrentado pela ANPD diz respeito à cooperação internacional para *enforcement* quanto à proteção de dados pessoais e ao desenvolvimento de conceitos e *standards* comuns que permitam a interoperabilidade de marcos normativos em diferentes países. O estabelecimento de mecanismos de cooperação internacional quanto à proteção de dados pessoais é justificado não apenas em razão da necessidade de assegurar a proteção de direitos para além das fronteiras nacionais, mas também em vista da crescente importância econômica dos fluxos transnacionais de dados pessoais e da sua estreita relação com os fluxos globais de bens e serviços[18].

De fato, as dificuldades para a aplicação da lei em atividades envolvendo o fluxo transnacional de dados têm sido vivenciadas de maneira intensa no Brasil, especialmente em conexão com investigações criminais em que há necessidade de coleta de provas detidas por provedores de aplicações de Internet sediados em outros países. Os bloqueios de aplicativos de comunicação interpessoal por ordem judicial, ocorridos no Brasil em 2015 e 2016, tiveram como pano de fundo não apenas o debate acerca do uso de criptografia forte, mas também a discussão sobre o cumprimento de ordens judiciais brasileiras por empresas sediadas no exterior e, consequentemente, sobre a necessidade, ou não, de utilização de mecanismos de cooperação jurídica internacional para obtenção de elementos probatórios[19].

Assim, uma vez que a LGPD pode produzir efeitos extraterritoriais semelhantes aos do MCI, aplicando-se a pessoas naturais e jurídicas independentemente do país de sua sede ou do

---

[17] O Decreto 8.771, de 11 de maio de 2016, que regulamentou alguns aspectos do MCI, apontou, em seus arts. 17, 18 e 19, para três diferentes órgãos e entidades públicos como responsáveis pela fiscalização e apuração de infrações: a Anatel, a Secretaria Nacional do Consumidor e o Sistema Brasileiro de Defesa da Concorrência. Entretanto, ao fazê-lo, indicou que tais órgãos deveriam atuar nos termos de suas leis de regência – respectivamente, a Lei Geral de Telecomunicações, o Código de Defesa do Consumidor e a Lei Antitruste brasileira. Nesse sentido, não parece plausível considerar que as sanções previstas no MCI deveriam ser aplicadas exclusivamente por tais órgãos ou entidades, uma vez que (i) a proteção de dados pessoais não é competência atribuída explicitamente a nenhum deles por suas leis de regência; e (ii) a criação posterior da Autoridade Nacional de Proteção de Dados tenderia a deslocar para ela as competências sancionatórias afetas aos temas de sua responsabilidade.

[18] Já em 1980, as diretrizes de privacidade da OCDE destacavam a dimensão internacional da temática, salientando que o tremendo crescimento de fluxos de dados para além das fronteiras nacionais evidenciava a necessidade de ação concertada entre os países, de modo a apoiar o livre fluxo de informações, tendo em conta também as necessidades de proteção de dados e restrições quanto a sua coleta, processamento e disseminação. A recomendação de 2007 da OCDE sobre cooperação transfronteiriça no *enforcement* de leis sobre privacidade sinalizou o compromisso dos países-membros em estreitar sua cooperação nesse campo. Outros arranjos internacionais, como aquele existente entre os países da Cooperação Econômica Ásia-Pacífico (APEC Cross-border Privacy Enforcement Arrangement), de 2009, também caminham nessa direção.

[19] O tema se encontra em discussão no Supremo Tribunal Federal, no âmbito da ADI 5.527, sob relatoria da Ministra Rosa Weber; da ADPF 403, sob relatoria do Ministro Edson Fachin; e também da ADC 51, sob relatoria do Ministro Gilmar Mendes.

país onde estejam localizados os dados, uma condição crucial para que a legislação seja dotada de efetividade é que a ANPD se engaje ativamente em arranjos internacionais de cooperação para, ao mesmo tempo, simplificar os fluxos globais de dados e viabilizar o *enforcement* no caso de condutas ilícitas[20].

2. INTERFERÊNCIAS ENTRE MICROSSISTEMAS NORMATIVOS E A COMPLEXIDADE DO CENÁRIO DE *ENFORCEMENT* NO BRASIL

Quando se trata de discutir a implementação, a fiscalização e o sancionamento no contexto da LGPD, aspecto de grande relevância diz respeito ao fato de que a introdução de uma nova norma com características de transversalidade acarreta inúmeros desafios hermenêuticos decorrentes de sua interação com outras normas gerais e especiais preexistentes. Tais dificuldades hermenêuticas manifestam-se também no que tange ao arranjo institucional e à divisão de competências na Administração Pública.

Nesse sentido, vale recordar que um dos aspectos mais marcantes da Administração Pública contemporânea é o policentrismo, entendido como uma faceta do pluralismo jurídico, especificamente aquela relacionada à produção normativa[21]. A crescente pluralidade de fontes da legalidade administrativa, às vezes descrita como uma "fatalidade inultrapassável da sociedade neofeudalizada"[22], pode também ser atribuída ao fenômeno de descodificação, ou seja, o consumo cada vez mais amplo de normas especiais, organizadas em pequenos universos legislativos, dando origem a microssistemas unidos por princípios comuns de regulação[23]. A variedade de normas provenientes de diferentes microssistemas normativos e a diversidade de estruturas decisórias a regular uma mesma matéria fática geram a necessidade de arranjos institucionais e de ferramentas interpretativas capazes de resolver as colisões entre os múltiplos centros de poder que caracterizam a Administração Pública contemporânea.

No que tange especificamente ao tema da proteção de dados pessoais, é importante destacar que, mesmo antes do advento da LGPD, o ordenamento jurídico brasileiro já contava com diversas normas gerais e especiais que estabeleciam mecanismos protetivos para os cidadãos quanto ao tratamento de seus dados, a exemplo do Código de Defesa do Consumidor – CDC, da Lei do Cadastro Positivo, da Lei de Acesso à Informação – LAI, do Marco Civil

---

[20]   É interessante observar que a ANPD tem, desde a sua constituição, efetivamente buscado tal engajamento: em outubro de 2021, a autoridade ingressou como observadora no Global Privacy Assembly e como membro efetivo da Red Iberoamericana de Protección de Datos; e em novembro de 2021, a ANPD foi aceita como membro da Global Enforcement Privacy Network. A autoridade informa ainda que contribui para as discussões realizadas no âmbito da OCDE e que acompanha as reuniões do Comitê da Convenção 108 do Conselho da Europa. Já há, também, Acordo de Cooperação estabelecido com a autoridade espanhola de proteção de dados pessoais. Em maio de 2022, a autoridade iniciou processo de tomada de subsídios com vistas à regulação das transferências internacionais de dados pessoais.

[21]   O termo pluralismo jurídico, em sua acepção mais comum, busca reconhecer a existência de uma pluralidade de fontes de produção de direito, provenientes não apenas do Estado, mas também de outros sistemas jurídicos decorrentes das relações sociais. A esse respeito, v. Arnaud e Dulce (1998:65) e Arnaud (1998:76-77). Conforme Arnaud (1998:313), "[e]nquanto o pluralismo designa, em senso amplo, todas as manifestações de Direito, mesmo fora do sentido que atribui a essa palavra a teoria "moderna" ocidental da teoria do Direito e do Estado, e visa a coexistência de ordens jurídicas, falar em policentricidade reenvia à origem dessa situação. A policentricidade não é, portanto, levando tudo em conta, nada mais que uma faceta do pluralismo, aquela que toca mais precisamente às fontes da produção normativa de Direito" (tradução livre).

[22]   V. Paulo Otero (2003:441).

[23]   Cfr. Natalino Irti (1992:54).

da Internet – MCI, entre outras[24]. Tais exemplos ilustram não apenas a variedade de normas preexistentes acerca do assunto que veio a ser disciplinado de maneira transversal pela LGPD, como também permite vislumbrar a grande quantidade de órgãos e entidades públicos que potencialmente poderiam ser envolvidos em casos concretos envolvendo o mau uso de dados pessoais, dentre os quais têm destaque os órgãos de proteção e defesa do consumidor (em particular, os Procons e o Ministério Público), agências reguladoras e órgãos com competências normativas e sancionadoras em áreas como telecomunicações, saúde, mercado financeiro e educação. Ademais, observando-se a incipiente tendência de que também Estados e municípios adotem legislações referentes à proteção de dados pessoais, podem ainda existir órgãos que se julguem competentes quanto ao tema em níveis estadual e municipal[25].

A possibilidade de interferência entre normas oriundas de diferentes microssistemas normativos é bastante clara quando se trata de normas jurídicas e órgãos públicos orientados a objetivos relacionados à proteção de direitos de cidadãos ou consumidores. Assim, é possível conceber casos concretos em que uma mesma conduta envolvendo o uso de dados pessoais seja considerada ilícita à luz de duas ou três normas simultaneamente, atraindo a competência concorrente de uma pluralidade de órgãos públicos. A utilização indevida de dados de cobrança de clientes de uma prestadora de serviços de telecomunicações, por exemplo, poderia ser considerada problemática simultaneamente à luz da LGPD, da LGT e do CDC, atraindo as competências da ANPD, da Anatel e de Procons e ensejando, portanto, a necessidade de definição do papel a ser desempenhado por cada um desses atores no caso concreto[26].

---

[24] Os exemplos são inúmeros. O Código de Defesa do Consumidor (Lei 8.078, de 11 de setembro de 1990 – CDC) assegura o direito de acesso, pelos consumidores, a informações existentes em bases de dados e cadastros, estabelecendo, dentre outros direitos, o de retificação de informações inexatas. A Lei do Cadastro Positivo (Lei 12.414, de 9 de junho de 2011) dispõe de maneira detalhada sobre os direitos do cadastrado, incluindo os direitos de acesso a informações, de cancelamento do cadastro, de retificar informações errôneas, de ter seus dados pessoais utilizados somente para finalidade para a qual foram coletados, de revisão de decisão realizada exclusivamente por meios automatizadas e, ainda, de conhecer os principais elementos e critérios considerados para a análise de risco, resguardado o segredo empresarial. No campo da legislação setorial, a Lei Geral de Telecomunicações (Lei 9.472, de 16 de julho de 1997 – LGT) estabelece o direito do usuário de serviços de telecomunicações à inviolabilidade e ao segredo de sua comunicação, à não divulgação de seu código de acesso e ao respeito à sua privacidade nos documentos de cobrança e na utilização de seus dados pessoais pela prestadora do serviço. Na área da saúde, o Código de Ética Médica (Resolução 2.217/2018 do Conselho Federal de Medicina) regula o sigilo médico e assegura ao paciente o acesso ao seu prontuário e veda o seu fornecimento a terceiros, exceto mediante ordem judicial ou requisição pelos Conselhos Regionais de Medicina, autorização do paciente ou para a defesa do próprio médico. No que tange a dados custodiados pelo Poder Público, a Lei de Acesso à Informação (Lei 12.527, de 18 de novembro de 2011 – LAI) traz regras de proteção às informações pessoais, estabelecendo hipóteses de tratamento com e sem consentimento expresso do titular.

[25] A falta de clareza quanto aos limites das competências de Estados e Municípios foi um dos elemento que impulsionou a propositura e aprovação da Proposta de Emenda Constitucional 17, de 2019. A aprovação e promulgação de tal proposta, na forma da Emenda Constitucional 115/2022, teve por efeito trazer mais clareza quanto aos limites das competências de outros entes federados, ao (i) acrescentar, ao art. 5.º da Constituição, o direito fundamental à proteção de dados pessoais, inclusive em meios digitais; (ii) a fixação da competência da União de organizar e fiscalizar a proteção e o tratamento de dados pessoais, nos termos da lei; e (iii) estabelecer a competência privativa da União para legislar sobre proteção e tratamento de dados pessoais.

[26] A relação entre o CDC e leis setoriais e o papel de entidades de defesa do consumidor em face do papel de reguladores já foram, em diferentes circunstâncias, debatidos no contexto brasileiro. No caso do setor de telecomunicações, por exemplo, o Decreto 2.338, de 7 de outubro de 1997, preocupou-se em delimitar

A tensão entre normas pertencentes a diferentes microssistemas não se limita àqueles sistemas claramente orientados à proteção de direitos do cidadão ou do consumidor, mas pode se dar inclusive entre normas orientadas a objetivos distintos, ensejando, eventualmente, decisões conflitantes entre órgãos públicos competentes para analisar um mesmo objeto a partir de distintos vetores interpretativos. Trata-se de situação de competências complementares, em que órgãos sem qualquer relação de hierarquia possuem competências coincidentes quanto ao objeto, mas distintas quanto às tarefas ou fins públicos perseguidos[27]. Em situações como essa, faz-se imprescindível estabelecer relações permanentes entre tais órgãos, que se encontram submetidos a cadeias hierárquicas distintas, de modo a evitar que a ação de um deles obstacularize o desempenho das competências do outro (OCAÑA, 1988:107-109).

No caso específico da proteção de dados pessoais, exemplo de fácil visualização diz respeito ao campo do direito da concorrência, em que o crescimento da importância dos modelos de negócios baseados em dados tem suscitado o desenvolvimento de importante discussão acerca dos efeitos competitivos da concentração de grandes bases de dados nas mãos de determinados atores de mercado[28]. As diferenças de racionalidade entre órgãos antitruste e órgãos de proteção de dados pessoais são claras: embora ambos os sistemas possam, em última instância, ter seus objetivos reconduzidos à proteção do consumidor, a legislação de defesa da concorrência tem como foco principal o comportamento de indivíduos e organizações com relação a produtos, escolhas e preços, ao passo que as leis de proteção de dados pessoais buscam proteger direitos dos indivíduos. Um desafio adicional reside no fato de que algumas medidas ou sanções que seriam adequadas do ponto de vista concorrencial podem, simultaneamente, ter efeitos nocivos quanto à proteção de dados pessoais. Caso se viesse a considerar, por exemplo, que a detenção de uma grande quantidade de dados pessoais por uma plataforma dominante poderia ser equiparada a uma *essential facility*[29], a obrigação de conceder acesso a tal base aos concorrentes poderia ser considerada uma medida apta a reduzir barreiras à entrada e, consequentemente, a aumentar a competição; entretanto, tal medida seria seguramente passível de críticas sob a ótica da proteção de dados pessoais, uma vez que promoveria a disseminação de tais dados entre uma pluralidade de agentes à revelia de seus titulares[30].

---

as responsabilidades de cada um dos atores, determinando, em seu art. 19, que a competência da Agência reguladora prevalecerá sobre a de outras entidades ou órgãos destinados à defesa dos interesses e direitos do consumidor e estabelecendo que a atuação destes se dá de maneira supletiva. O Decreto vedou, ainda, a aplicação das sanções do art. 56, VI, VII, IX, X e XI, do CDC por órgãos de defesa do consumidor.

[27] É o caso, por exemplo, da análise de atos de concentração envolvendo atores atuantes no setor de telecomunicações e de conteúdo audiovisual, que atraem a competência da Agência Nacional de Telecomunicações, da Agência Nacional do Cinema e do Conselho Administrativo de Defesa Econômica.

[28] Em fevereiro de 2019, o órgão antitruste alemão (*Bundeskartellamt*) impôs importantes restrições à empresa Facebook quanto ao tratamento de dados pessoais. O órgão entendeu que a empresa havia abusado de sua posição dominante ao coletar, cruzar e utilizar dados pessoais sem o consentimento voluntário dos usuários, determinando a proibição de cruzamento de dados pessoais coletados de sua própria plataforma, de plataformas do mesmo grupo econômico, como WhatsApp e Instagram, e de sites de terceiros sem tal consentimento.

[29] Importa notar que a discussão sobre a aplicação da teoria de *essential facilities* a dados tem sido bastante controversa, inclusive em razão das peculiaridades dos dados em face de outros tipos de infraestrutura tradicionalmente classificados como tal. Sobre o tema, v. Graef (2016:245-273); e Colangelo e Maggiolino (2017).

[30] Para Kerber (2016:9-10), uma forma de mitigar tais preocupações competitivas seria o estabelecimento de um direito à portabilidade de dados, que, ao reduzir os custos de transação para a migração a outro prestador, poderia conduzir a mais competição entre plataformas, especialmente no tocante a redes sociais.

388 TRATADO DE PROTEÇÃO DE DADOS PESSOAIS

Esse cenário complexo e fragmentado de *enforcement* requer a busca ativa por ferramentas hermenêuticas e por mecanismos de coordenação e articulação de competências, que podem ser construídos a partir da definição de procedimentos e parâmetros para a fixação de competências primárias e secundárias no endereçamento de casos concretos.

Como se verá a seguir, a própria LGPD buscou endereçar essa situação, atribuindo à Autoridade Nacional de Proteção de Dados Pessoais um papel central na articulação de um sistema brasileiro de proteção de dados.

3. MECANISMOS DE COORDENAÇÃO INTERGOVERNAMENTAL E O PAPEL CENTRAL DA ANPD NO SISTEMA BRASILEIRO DE PROTEÇÃO DE DADOS PESSOAIS

Conforme explorado na seção anterior, a complexa interface entre a LGPD e outras normas preexistentes, que acarreta a existência de uma pluralidade de órgãos e entidades públicas potencialmente competentes para atuar em um mesmo caso concreto, requer o desenvolvimento de ferramentas hermenêuticas capazes de assegurar a aplicação coerente das normas em tensão, a partir de uma interpretação sistemática que privilegie a unidade do sistema jurídico e a supremacia da Constituição[31]. Tal interpretação deve considerar também as diferenças de racionalidade e a necessidade de complementariedade na atuação dos diferentes órgãos envolvidos, tendo como eixo central a ideia de unidade da Administração Pública[32].

Nesse contexto, a LGPD assume a relevante função de conferir sistematicidade e uma base conceitual unificada para a interpretação e aplicação das inúmeras normas preexistentes que, de maneira fragmentada, tutelavam diferentes aspectos da proteção de dados pessoais, conforme debatido anteriormente.

Reconhecendo o desafio de aplicação coerente das diferentes normas potencialmente em tensão – e, consequentemente, da necessidade de promover a atuação coerente dos diferentes órgãos e entidades da administração pública responsáveis por aplicá-las –, a legislação estabeleceu alguns critérios concretos para orientar a interação entre a ANPD e outros órgãos e entidades públicos com competências de normatização e sancionamento relacionadas ao tema da proteção de dados pessoais.

---

[31] Claudia Lima Marques (2004:43) trata do tema a partir da perspectiva da possibilidade de promover um diálogo entre as diferentes fontes do direito, promovendo a coordenação entre elas de modo a salvaguardar sua utilidade e restabelecer a sua coerência: "Aceite-se ou não a pós-modernidade, a verdade é que, na sociedade complexa atual, com a descodificação, a tópica e a microrecodificação (como a do CDC) trazendo uma forte pluralidade de leis ou fontes, a doutrina atualizada está à procura de uma harmonia ou coordenação entre estas diversas normas do ordenamento jurídico (concebido como sistema). É a denominada 'coerência derivada ou restaurada' ('cohérence dérivée ou restaurée'), que procura uma eficiência não só hierárquica, mas funcional do sistema plural e complexo de nosso direito contemporâneo".

[32] Esse ponto é salientado por Paulo Otero (2003:164), ao discutir especificamente as questões associadas à descentralização normativa e à partilha material de competências decisões entre diversas entidades: "A verdade, todavia, é que a neofeudalização da legalidade administrativa proveniente de um fenômeno de pluralidade de ordenamentos jurídicos infraestaduais nunca poderá envolver, segundo os quadros constitucionais vigentes, uma renúncia ou negação da soberania e da unidade do poder do Estado, verificando-se que a ideia de unidade da Administração encontra nestes dois elementos o seu próprio fundamento e serve de limite a um modelo de legalidade anárquica: o pluralismo normativo de uma legalidade administrativa infraestadual apenas se compreende dentro da unidade da Administração Pública e no contexto de um sistema jurídico ainda predominantemente alicerçado no estado".

Um primeiro e importante aspecto de sistematização do exercício das competências associadas à proteção de dados pessoais diz respeito ao fato de que a aplicação das sanções previstas na LGPD por infração às normas nela previstas cabe unicamente à autoridade nacional[33]. Fica clara a intenção da Lei de atribuir centralidade a um único órgão nacional para fazer valer as regras da LGPD, muito embora não seja afastada a atuação de órgãos de defesa do consumidor quanto ao tema[34]. Como é sabido, tais órgãos já tinham, antes da aprovação da LGPD, um papel relevante no *enforcement* das normas de proteção de dados existentes tanto no CDC como também na Lei do Cadastro Positivo[35].

A explícita sinalização da LGPD quanto à preservação do espaço de atuação dos órgãos de defesa do consumidor nessa temática indubitavelmente gera maior complexidade no cenário de *enforcement* e a necessidade de desenvolvimento de mecanismos de cooperação institucional entre a ANPD e o Sistema Nacional de Defesa do Consumidor, o que pode se dar por meio tanto de instrumentos formais de cooperação, como acordos técnicos, como também do diálogo em instâncias colegiadas de composição multissetorial, como o Conselho Nacional de Proteção de Dados Pessoais e da Privacidade, previsto na LGPD[36]. É relevante observar que o primeiro Acordo de Cooperação Técnica assinado pela ANPD em março de 2021 – apenas quatro meses após sua criação – foi justamente com a Secretaria Nacional do Consumidor do Ministério da Justiça e Segurança Pública – SENACON, prevendo, dentre outros objetivos, a uniformização de entendimentos e coordenação de ações, assim como a cooperação quanto a ações de fiscalização relacionadas à proteção de dados pessoais no âmbito das relações de consumo.

Outro aspecto importante a ser considerado é que, embora a MP 869/2018, convertida na Lei 13.853/2019, tenha atribuído à ANPD a competência de apreciar petições de titular contra controlador, estabelece também a possibilidade de implementação de mecanismos simplificados, inclusive por meio eletrônico, para o registro de reclamações, determinando

---

[33] Art. 52, *caput*, c/c art. 55-K da LGPD.

[34] Com efeito, os §§ 1.º e 8.º do art. 18 da LGPD estabelecem o direito do titular de dados pessoais de peticionar não apenas perante a autoridade nacional, mas também perante os organismos de defesa do consumidor; o art. 22 da LGPD acrescenta, ainda, a possibilidade de defesa dos interesses e dos direitos dos titulares de dados em juízo, individualmente ou por meio de instrumentos de tutela coletiva; e na Seção III da LGPD, a despeito do detalhamento de um regime próprio de responsabilização dos diferentes atores, a lei determina que as hipóteses de violação do direito do titular no âmbito das relações de consumo permanecem sujeitas às regras de responsabilidade previstas na legislação pertinente, atraindo assim o regime de responsabilidade solidária e objetiva previsto no CDC.

[35] Laura Schertel Mendes (2014:220-222), referindo-se ao contexto anterior à aprovação da LGPD, descreveu em detalhes o aparato administrativo estabelecido pelo CDC para atuar nos casos em que houvesse descumprimento do direito do consumidor à proteção de dados, salientando a possibilidade de aplicação de sanções administrativas, penais e, ainda, a possibilidade de reparação de dados patrimoniais e morais eventualmente sofridos.

[36] Algumas sugestões de mecanismos para o fortalecimento da cooperação institucional entre a ANPD e o Sistema Nacional de Defesa do Consumidor foram apresentadas por Zanatta, Simão e Oms (2018), pouco antes da sanção presidencial à LGPD. Por outro lado, deve-se reconhecer que a amplitude do conceito de relação de consumo adotada no Brasil resulta no fato de que proporção muito significativa das relações entre titulares de dados e controladores poderia ser abrangida pelo conceito, atraindo, assim, a incidência do Código de Defesa do Consumidor. Ilustrando a complexidade de se definir os limites do conceito de relação de consumo *vis à vis* normas especiais, encontrava-se em discussão no STF, no momento de conclusão deste artigo, o Recurso Extraordinário 1.037.396, discutindo a constitucionalidade do art. 19 do MCI, que estabelece regras próprias de responsabilidade civil de provedores de aplicações de Internet, em face do sistema protetivo do Código de Defesa do Consumidor e do art. 5.º, XXXII, da Constituição Federal.

que estas poderão ser analisadas de maneira agregada e endereçadas de forma padronizada[37]. Tais regras sugerem que a ANPD pode vir a assumir feições mais estratégicas no *enforcement* da LGPD, atuando mais fortemente "no atacado" e menos na resolução de demandas individuais.

Em linha com esse raciocínio, a LGPD atribuiu à ANPD o papel de órgão central na interpretação da LGPD e no estabelecimento de normas e diretrizes para sua implementação[38], definindo que suas competências prevalecerão, no que se refere à proteção de dados pessoais, sobre as competências correlatas de outras entidades ou órgãos da administração pública.

A Lei atribuiu, ainda, à ANPD um comando positivo de coordenação com outros órgãos e entidades da Administração Pública, destacando-se a responsabilidade por realizar articulação com as autoridades reguladoras públicas para exercer suas competências em setores específicos de atividades econômicas e governamentais sujeitas à regulação; e de manter fórum permanente de comunicação, inclusive por meio de cooperação técnica, com órgãos e entidades da administração pública que sejam responsáveis pela regulação de setores específicos da atividade econômica e governamental, a fim de facilitar as competências regulatória, fiscalizatória e punitiva da ANPD. Dando cumprimento a tais disposições legais, em maio de 2022, a ANPD já havia celebrado acordos formais de cooperação técnica com diversos órgãos e entidades públicas, como a SENACON, o Conselho Administrativo de Defesa Econômica – CADE e o Tribunal Superior Eleitoral – TSE.

Tais dispositivos permitem entrever os contornos de um sistema brasileiro de proteção de dados, no qual a ANPD exerce o papel de órgão central, cabendo-lhe não apenas a primazia na uniformização de conceitos, na interpretação e na aplicação da LGPD, mas também um papel ativo no engajamento construtivo com outros órgãos públicos com competências correlatas[39].

CONSIDERAÇÕES FINAIS

A aprovação da LGPD indubitavelmente introduziu diversos elementos inovadores no sistema jurídico brasileiro, estabelecendo uma base conceitual única a partir da qual podem ser compreendidas e interpretadas as diferentes normas jurídicas que anteriormente, de maneira fragmentada, tutelavam o uso e o tratamento de dados pessoais no país.

Tendo por elemento-chave a criação de uma autoridade nacional, a sistemática de *enforcement* da LGPD encontra-se alinhada às tendências mais atuais no cenário internacional, ao combinar mecanismos regulatórios tradicionais e elementos de corregulação com a compreensão das potencialidades da própria tecnologia e do *design* na conformação do regime de proteção de dados pessoais dos cidadãos.

A aprovação de lei com tamanhas características de transversalidade também impõe um desafio expressivo de coordenação no âmbito do governo, dada a necessidade de articular as competências da recém-criada ANPD com a atuação de uma pluralidade de outros órgãos públicos preexistentes, integrantes da administração direta e indireta, em todos os níveis

---

[37]   Art. 55-K, V e XXIV e § 6.º.

[38]   Art. 55-K, parágrafo único, da LGPD.

[39]   A ideia de "sistema" está presente em vários outros marcos legais de natureza transversal, em que há necessidade de atuação coordenada entre diferentes órgãos públicos não vinculados por relações de hierarquia. É o caso, por exemplo, do Sistema Nacional de Defesa do Consumidor, previsto no CDC; do Sistema Brasileiro de Defesa da Concorrência, previsto na Lei 12.529, de 30 de novembro de 2011; e também do Sistema Brasileiro de Inteligência, instituído pela Lei 9.883, de 7 de dezembro de 1999.

federativos, dotados de competências concorrentes, complementares e supletivas. Nesse sentido, a própria LGPD institui alguns critérios orientadores e procedimentais que permitem vislumbrar os contornos de um sistema nacional de proteção de dados pessoais, tendo como seu centro gravitacional a Autoridade Nacional, a quem devem competir, com primazia, a interpretação e a aplicação da legislação.

Assim, embora não se possa subestimar a complexidade da tarefa de coordenação intergovernamental, é possível compreender que dela depende a construção de um sistema harmônico de proteção de dados pessoais, que permita articular competências gerais e setoriais segundo um modelo de complementaridade, viabilizando, assim, que a LGPD seja implementada com a necessária coerência, consistência e segurança jurídica.

REFERÊNCIAS BIBLIOGRÁFICAS

ARNAUD, A. J. Introduction. In: CLAM, J.; MARTIN, G. (orgs.). *Les transformations de la régulation juridique*. Paris: LGDJ, 1998.

ARNAUD, A. J.; DULCE, M. J. F. *Introduction à l'analyse sociologique des systèmes juridiques*. Bruxelas: Bruylant, 1998.

BENNET, C. J. The Accountability Approach to Privacy and Data Protection: Assumptions and Caveats. In: GUAGNIN, D. et al. *Managing Privacy through Accountability*. Londres: Palgrave Macmillan UK, 2012.

BIONI, B. *Proteção de dados pessoais*: a função e os limites do consentimento. Rio de Janeiro: Forense, 2019.

COLANGELO, G.; MAGGIOLINO, M. Big Data as Misleading Facilities. *European Competition Journal*, v. 13, ed. 2-3, p. 249-281, 2017.

DONEDA, D. *Da privacidade à proteção de dados pessoais*. Rio de Janeiro: Renovar, 2006.

GALVÃO, I.; GALVÃO, J. L. *Parecer*. Brasília, 21 jul. 2018. Disponível em: <https://www.jota.info/docs/ex-ministro-diz-que-nao-ha-vicio-de-inconstitucionalidade-na-criacao-da-anpd-31072018>. Acesso em: 1.º jun. 2019.

GRAEF, I. *Data as Essential Facility Competition and Innovation on Online Platforms*. Tese (Doutorado em Direito) – KU Leuven Faculty of Law, Leuven, 2016.

HARTZOG, W. *Privacy's Blueprint*: The Battle to Control the Design of New Technologies. Cambridge, London: Harvard University Press, 2018.

IRTI, N. *La edad de la descodificación*. Barcelona: José Maria Bosch Editor, 1992.

KERBER, W. Digital Markets, Data, and Privacy: Competition Law, Consumer Law, and Data Protection. *Gewerblicher Rechtsschutz und Urheberrecht. Internationaler Teil (GRUR Int)*, 2016, p. 639-647. Disponível em: <https://ssrn.com/abstract=2770479>. Acesso em: 1.º jun. 2019.

MARQUES, C. L. Superação das antinomias pelo Diálogo das Fontes: o modelo brasileiro de coexistência entre o Código de Defesa do Consumidor e o Código Civil de 2002. *Revista da Esmese*, n. 07, p. 15-54, 2004.

MENDES, L. S. *Privacidade, proteção de dados e defesa do consumidor*: linhas gerais de um novo direito fundamental. São Paulo: Saraiva, 2014.

OCAÑA, L. M. *Derecho de la organización administrativa*. Madrid: Servicios Publicaciones Faculdad Derecho Universidade Complutense Madrid, 1988.

OHLHAUSEN, M. K.; OKULIAR, A. P. Competition, Consumer Protection, and the Right [Approach] to Privacy. *Antitrust Law Journal*, v. 80, p. 121-156, 2015.

OTERO, P. *Legalidade e Administração Pública*: o sentido da vinculação administrativa à juridicidade. Coimbra: Almedina, 2003.

RAAB, C. The Meaning of "Accountability" in the Information Privacy Context. In: GUAGNIN, D. et al. *Managing Privacy through Accountability*. Londres: Palgrave Macmillan UK, 2012.

ZANATTA, R. A. F.; SIMÃO, B.; OMS, J. *Proteção de Dados Pessoais e Sistema Nacional de Defesa do Consumidor: análise do PLC 53/2018*. Nota técnica produzida para o Departamento de Proteção e Defesa do Consumidor Secretaria Nacional do Consumidor, Ministério da Justiça. [S.l.], 2018. Disponível em: <https://idec.org.br/sites/default/files/nota_para_dpdc_-_lei_de_dados_pessoais.pdf>. Acesso em: 1.º jun. 2019.

20

COMO IMPLEMENTAR A LGPD POR MEIO DA AVALIAÇÃO DE IMPACTO SOBRE PRIVACIDADE E ÉTICA DE DADOS (AIPED)

LUCA BELLI

Professor de Governança e Regulação da Internet na Escola de Direito da Fundação Getulio Vargas, Rio de Janeiro, onde coordena o projeto CyberBRICS, e pesquisador associado no Centro de Direito Público Comparado da Universidade Paris 2. Luca Belli é membro do Board da Alliance for Affordable Internet e Diretor da Conferência latino-americana sobre Computers Privacy and Data Protection (cpdp.lat). Mestre (JD) em direito pela Università degli Studi di Torino e doutor (PhD) em direito público pela Université Panthéon-Assas, Paris 2.

Este trabalho visa destacar a importância de uma Avaliação de Impacto sobre Privacidade e Ética de Dados (AIPED) a fim de permitir aos controladores de dados a possibilidade de analisar as consequências do processamento de dados pessoais que se encontram nos bancos de dados sob sua responsabilidade e cumprir plenamente as obrigações decorrentes da Lei n.º 13.709, de 14 de agosto de 2018, chamada Lei Geral de Proteção de Dados Pessoais (LGPD).

Desde a notória fala do matemático britânico Clive Humby, que criou o lema "Os dados são o novo petróleo",[1] no final do ano 2006, as virtudes econômicas da exploração desse "novo ativo econômico" têm sido exaltadas por prestigiosas revistas e *think tanks*.[2] Todavia, como Humby já destacava na prossecução da sua fala, há quinze anos: "Os dados são como óleo bruto: são valiosos, mas, se não refinados, não podem realmente ser usados". Tal consideração faz-nos entender de maneira muito eloquente três pontos fundamentais para este capítulo.[3] Em primeiro lugar, o verdadeiro valor dos dados está nos potenciais tratamentos. Em segundo lugar, diferentemente do óleo bruto, os dados são bens imateriais e não rivais, ou seja, podem ser copiados, processados e reutilizados potencialmente *ad infinitum*. Em terceiro lugar, cada tipo de tratamento pode apresentar riscos, que precisam ser avaliados para garantir que a atividade desejada esteja em conformidade com a LGPD.

Tais considerações precisam ser contextualizadas levando em conta a coleta maciça e permanente de dados pessoais no âmbito de sistemas de Internet das Coisas (mais familiarmente conhecida como "IoT" no acrônimo inglês) e o processamento de tais dados por

---

[1]   Ver Humby (2006).

[2]   Particularmente, ver os trabalhos do Fórum Econômico Mundial (WEF 2011) e da revista britânica *The Economist* (2017).

[3]   Esses pontos são explorados de maneira mais detalhada em Belli, Schwartz e Louzada (2017).

meio de técnicas algorítmicas cada vez mais complexas, envolvendo o uso de análises de *Big Data* e Inteligência Artificial. Essas evoluções tecnológicas destacam alguns dos desafios que levam os legisladores a considerar a função preventiva das leis sobre proteção de dados, com destaque para a elaboração relatórios de impacto à proteção de dados pessoais. Nesse sentido, a avaliação de impacto deve ser considerada como uma medida instrumental a fim de estabelecer uma governança de dados sustentável, capaz de evitar ou mitigar riscos e de maximizar benefícios na gestão de dados.

Neste trabalho, a AIPED é considerada também como uma oportunidade para estimular a adoção de condutas eticamente desejáveis, a fim de proteger e fortalecer os objetivos constitucionais listados pelo art. 2.º da LGPD, que especifica os "fundamentos" da proteção de dados pessoais.[4] Assim, o intuito da AIPED será de estimular a identificação de condutas e medidas eticamente desejáveis ao longo da avaliação de impacto.

Este capítulo apresentará uma estrutura tripartite. A primeira seção fornecerá uma análise das normas da LGPD que sugerem a elaboração de relatórios de impacto à proteção de dados pessoais. Tal análise será introduzida por meio de uma digressão sobre o disposto normativo europeu no que diz respeito à obrigação de *Privacy and Data Protection Impact Assessment* (PIA e DPIA), para esclarecer as origens da normativa brasileira e oferecer elementos interpretativos que se consideram particularmente úteis para auxiliar o trabalho da Autoridade Nacional de Proteção de Dados (ANPD), no que diz respeito à regulamentação dos relatórios de impacto.

Sucessivamente, a segunda seção explorará algumas das tecnologias que permitem a coleta e o tratamento de conjuntos de dados extremamente amplos e que, portanto, são suscetíveis de determinar um nível elevado de riscos que precisam ser avaliados e mitigados por meio de AIPED. Como antecipado *supra*, essa segunda seção se referirá especialmente à Internet das Coisas, às análises ditas de *Big Data* e às tecnologias de Inteligência Artificial, com a intenção de contextualizar os desafios existentes.

Por fim, a última seção concluirá este texto oferecendo um modelo de boas práticas, voltado à identificação dos elementos essenciais para o desenvolvimento de relatórios de impacto de privacidade. Nessa perspectiva, o intuito deste capítulo será de propiciar um guia pela compreensão e elaboração de AIPED que possa auxiliar os responsáveis pelo tratamento de dados na ponderação dos riscos conectados aos tipos de tratamento desejados, tornando-se, portanto, capazes de implementar procedimentos de adequação (*compliance*) às normas definidas pela LGPD e estabelecer uma sólida governança de dados pessoais.

1. A ANÁLISE DE IMPACTO À PROTEÇÃO DE DADOS

A análise de impacto é um item que já se encontra no direito brasileiro há algumas décadas no que diz respeito ao direito ambiental. Assim, para assegurar a efetividade do direito fundamental ao ambiente ecologicamente equilibrado (art. 5.º, LXXIII, da CF), a Constituição Federal dispõe que o Poder Público pode exigir o Estudo do Impacto Ambiental (EIA) em caso de instalação de obra ou atividade potencialmente causadora

---

[4] Nomeadamente, nos termos do art. 2.º, tais fundamentos são: "I – o respeito à privacidade; II – a autodeterminação informativa; III – a liberdade de expressão, de informação, de comunicação e de opinião; IV – a inviolabilidade da intimidade, da honra e da imagem; V – o desenvolvimento econômico e tecnológico e a inovação; VI – a livre-iniciativa, a livre concorrência e a defesa do consumidor; e VII – os direitos humanos, o livre desenvolvimento da personalidade, a dignidade e o exercício da cidadania pelas pessoas naturais".

de significativa degradação ambiental (art. 225, § 1.º, IV, da CF). O intuito do legislador, no âmbito do direito ambiental, é, portanto, o estabelecimento do estudo prévio do impacto ambiental como medida preventiva apta a assegurar o pleno gozo de direito constitucionalmente garantido.

A função preventiva outorgada ao EIA pelo direito ambiental é, portanto, fundamentada na plena consciência da existência de riscos e da possibilidade de externalidades negativas que algumas atividades econômicas são suscetíveis de gerar. Na mesma perspectiva, a LGPD inclui a viabilidade de análise de risco à proteção de dados, admitindo, da mesma forma que o direito ambiental, a perspectiva de geração de efeitos externos negativos e riscos que podem comprometer a realização dos objetivos constitucionais protegidos pela LGPD. Como explicitado pelo art. 2.º da LGPD, o objetivo precípuo da lei é assegurar os princípios de caráter constitucional que representam os "fundamentos" supracitados da proteção de dados pessoais.

Todavia, cabe destacar que, apesar da presença do EIA no ordenamento brasileiro desde 1975,[5] a análise de impacto à proteção de dados pessoais é uma novidade no direito brasileiro. Como a maioria dos elementos constitutivos do novo marco regulatório da proteção de dados no Brasil, a análise de impacto tem sua origem na Europa e foi importada somente recentemente com a aprovação da LGPD. Nessa perspectiva, o art. 5.º, XVII, da LGPD define pela primeira vez o relatório de impacto à proteção de dados pessoais como a "documentação do controlador que contém a descrição dos processos de tratamento de dados pessoais que podem gerar riscos às liberdades civis e aos direitos fundamentais, bem como medidas, salvaguardas e mecanismos de mitigação de risco".

Cabe destacar que a definição do relatório de impacto à proteção de dados pessoais é diretamente inspirada pelo Regulamento Geral sobre a Proteção de Dados de União Europeia, Regulamento (UE) 2016/679, mais familiarmente conhecido sob o acrônimo inglês "GDPR". Esse último texto já se tornou o "padrão de ouro" da proteção de dados em nível global, em razão da grande especificidade dos detalhes incluídos pelo legislador europeu. Apesar de ter sido criticado pelo seu tamanho elevado e excessivo detalhamento e complexidade, cabe destacar que, no que diz respeito à análise de impacto sobre privacidade, o GDPR fornece uma ampla gama de elementos constitutivos e interpretativos, no art. 35 e nos Considerandos 84, 89, 90 e 91, que podem ser particularmente úteis para inspirar a Autoridade Nacional de Proteção de Dados (ANPD) em seu trabalho de edificação da arquitetura do AIPED no ordenamento brasileiro.

Sendo o GDPR uma evidente fonte de inspiração do legislador brasileiro, parece importante salientar, a título preliminar, como o *Data Protection Impact Assessment* (DPIA) é apresentado no Regulamento europeu e quais elementos interpretativos são oferecidos na normativa europeia, a fim de permitir uma correta implementação do relatório de impacto.

1.1 A origem europeia do Relatório de Impacto sobre Privacidade

O Regulamento europeu prescreve que as obrigações gerais de notificação do tratamento de dados pessoais às autoridades de controle, precedentemente estabelecidas pela Diretiva 95/46/CE (substituída pelo GDPR), deverão ser "substituídas por regras e procedimentos eficazes mais centrados nos tipos de operações de tratamento suscetíveis de resultar num

---

[5] O EIA foi contemplado, pela primeira vez, pelo Decreto-lei 1.413/1975 e sucessivamente elevado à condição de instrumento da Política Nacional do Meio Ambiente pela Lei 6.938/1981, que estabeleceu a Avaliação de Impacto Ambiental (AIA) no seu art. 9.º, III.

TRATADO DE PROTEÇÃO DE DADOS PESSOAIS

elevado risco para os direitos e liberdades das pessoas singulares, devido à sua natureza, âmbito, contexto e finalidades".[6] O art. 35 do GDPR prescreve que

> "[...] quando um certo tipo de tratamento, em particular que utilize novas tecnologias e tendo em conta a sua natureza, âmbito, contexto e finalidades, for suscetível de implicar um elevado risco para os direitos e liberdades das pessoas singulares, o responsável pelo tratamento procede, antes de iniciar o tratamento, a uma avaliação de impacto das operações de tratamento previstas sobre a proteção de dados pessoais".

Portanto, o GDPR introduz uma nova obrigação de elaborar uma DPIA antes de executar tipos de processamento que possam resultar em alto risco aos direitos e liberdades das pessoas. No marco regulatório europeu, o DPIA é considerado como uma parte essencial do novo foco em responsabilidade e proteção de dados desde a concepção, previsto no âmbito do princípio de segurança e de *privacy by design*, que no ordenamento brasileiro foram integrados nos incisos VII e VIII do art. 6.º da LGPD.

O DPIA almeja analisar sistematicamente e de forma abrangente o processamento de dados que um controlador está avaliando implementar ou já está implementado – considerando que muitas atividades suscetíveis de DPIA já eram executadas quando o GDPR entrou em vigor, exatamente como acontecerá com a LGPD –, a fim de auxiliar o controlador a identificar e minimizar os riscos de proteção de dados. Os DPIAs devem levar em conta riscos de conformidade com as normas estabelecidas pelo GDPR, mas também riscos mais amplos para os direitos e liberdades dos indivíduos, incluindo o potencial para qualquer desvantagem social ou econômica significativa. Portanto, o foco da análise está na avaliação da existência de potenciais danos não somente para os indivíduos titulares de dados, mas também para sociedade em geral.

Um DPIA pode cobrir uma única operação de processamento ou um grupo de operações de processamento semelhantes a fim de avaliar o nível de risco, considerando a probabilidade e a gravidade de qualquer impacto dos processamentos sobre os indivíduos. Nos termos do GDPR, um DPIA é necessário antes de iniciar qualquer tipo de processamento que "for suscetível de implicar um elevado risco para os direitos e liberdades das pessoas singulares".[7] Isso significa que, embora o controlador ainda não tenha avaliado o nível de risco real, é necessário rastrear os fatores que apontam para o potencial de um impacto generalizado ou sério sobre os indivíduos.

O GDPR indica três macrocategorias de tratamento de dados no âmbito das quais a avaliação de impacto se torna explicitamente necessária, devido à natureza das operações de tratamento:

a) a avaliação sistemática e completa dos aspectos pessoais relacionados com pessoas singulares que permitem a adoção de decisões que produzem efeitos jurídicos (como no caso da definição de perfis ou monitoramento);

b) as operações de tratamento em grande escala de categorias especiais de dados (como dados sensíveis ou relativos a indivíduos vulneráveis); e

c) o controle sistemático de zonas acessíveis ao público em grande escala (como no caso do reconhecimento facial por finalidade de segurança pública).

---

[6] Veja Considerando 89.

[7] Veja art. 35.1 do GDPR.

PARTE II · Cap. 20 · COMO IMPLEMENTAR A LGPD POR MEIO DA AVALIAÇÃO DE IMPACTO | 397

Nesses casos, o Considerando 90 do GDPR afirma que

"[...] o responsável pelo tratamento deverá proceder, antes do tratamento, a uma avaliação do impacto sobre a proteção de dados, a fim de avaliar a probabilidade ou gravidade particulares do elevado risco, tendo em conta a natureza, o âmbito, o contexto e as finalidades do tratamento e as fontes do risco. Essa avaliação do impacto deverá incluir, nomeadamente, as medidas, garantias e procedimentos previstos para atenuar esse risco, assegurar a proteção dos dados pessoais e comprovar a observância do presente regulamento".

Num tal contexto, torna-se evidente que, como destacado por Casey, Farhangi e Vogl (2019, p. 176), mesmo quando o responsável pelo tratamento for intencionado a pleitear a não necessidade de análise de impacto no que diz respeito ao tratamento sob sua responsabilidade, tal controlador deverá, paradoxalmente, efetuar uma análise de impacto para poder demonstrar que o processamento em questão não implica um elevado risco para os direitos e liberdades das pessoas.

"Enfim, cabe ressaltar a intenção do legislador europeu de delegar às autoridades reguladoras a possibilidade de identificar com um maior nível de especificidade quais atividades implicam de maneira taxativa o desenvolvimento de uma análise de impacto ou não precisam de tal analise. Nesse sentido, os parágrafos 4 e 5 do art. 35 do GDPR especificam que '4. A autoridade de controlo elabora e torna pública uma lista dos tipos de operações de tratamento sujeitos ao requisito de avaliação de impacto sobre a proteção de dados por força do n.º 1. A autoridade de controlo comunica essas listas ao Comité referido no artigo 68.º.

5. A autoridade de controlo pode também elaborar e tornar pública uma lista dos tipos de operações de tratamento em relação aos quais não é obrigatória uma análise de impacto sobre a proteção de dados. A autoridade de controlo comunica essas listas ao Comité".

1.2   A avaliação de impacto na LGPD

As considerações sobre o marco regulatório europeu, brevemente desenvolvidas *supra*, parecem relevantes para uma melhor compreensão do disposto normativo brasileiro e, igualmente, para poder sugerir pistas para a necessária atividade de detalhamento que a LGPD delega à ANPD. A autoridade é, portanto, um ator fundamental não somente pela especificação dos detalhes e do alcance da avaliação de impacto sobre dados pessoais, mas também pela verdadeira criação da arquitetura processual que permitirá a existência, na prática, de tal instituto. Assim, nos termos do art. 55-J, XIII, compete à ANPD

"[...] editar regulamentos e procedimentos sobre proteção de dados pessoais e privacidade, bem como sobre relatórios de impacto à proteção de dados pessoais para os casos em que o tratamento representar alto risco à garantia dos princípios gerais de proteção de dados pessoais previstos nesta Lei".

Cabe destacar que as operações de tratamentos de dados pessoais apresentam alguns riscos inerentes aos direitos dos indivíduos. É exatamente nessa perspectiva que as demais leis de proteção de dados são adotadas para favorecer um ambiente (juridicamente) seguro, no qual os titulares de dados pessoais podem ter a garantia de que todas as medidas necessárias sejam tomadas para evitar que seus dados sejam perdidos, divulgados a terceiros não autorizados ou processados de maneira ilegal. Ao mesmo tempo, as entidades que tratam dados pessoais beneficiam-se de tal ambiente (juridicamente) seguro para poder desenvolver suas atividades em um clima de confiança recíproca entre titulares de dados e responsáveis pelo tratamento.

Naturalmente, a tipologia e a amplitude do potencial impacto dos riscos variam de acordo com a natureza e o escopo de cada tratamento. Comparado ao legislador europeu, o legislador brasileiro foi relativamente conciso no detalhamento das circunstâncias nas quais uma análise de impacto seja necessária, bem como na definição de quais elementos deveriam ser considerados ao longo de tal análise, delegando à ANPD a definição de tais elementos por meio de regulamento.

Antes de analisar quais tipologias de tratamentos e quais tecnologias deveriam ser priorizadas pela ANPD, a fim de consagrar o relatório de impacto como instrumento essencial para mitigar riscos, parece importante verificar brevemente o sucinto disposto normativo determinado pela LGPD no que diz respeito a tal instituto. A primeira norma da LGPD que menciona os relatórios de impacto à proteção de dados pessoais é o art. 4.º, que impõe à ANPD o duplo ônus de emitir opiniões técnicas ou recomendações e solicitar relatórios de impacto à proteção de dados pessoais aos responsáveis pelos tratamentos realizados para fins exclusivos de:

a) segurança pública;
b) defesa nacional;
c) segurança do Estado; ou
d) atividades de investigação e repressão de infrações penais [...]

Cabe ressaltar que a previsão específica do art. 4.º soma-se ao poder geral de fiscalização das atividades da administração pública da ANPD, que "poderá solicitar a agentes do Poder Público a publicação de relatórios de impacto à proteção de dados pessoais e sugerir a adoção de padrões e de boas práticas para os tratamentos de dados pessoais pelo Poder Público", como estabelecido pelo art. 32 da LGPD.

O art. 38 da LGPD prevê também o poder – que, cabe ressaltar, não é uma obrigação – da ANPD de estabelecer um regulamento a fim de determinar as modalidades de elaboração de relatório de impacto à proteção de dados pessoais, que poderá ser exigido do controlador com relação a suas operações de tratamento de dados. O parágrafo único dessa norma apresenta também uma lista não exaustiva dos elementos essenciais que o relatório deverá conter:

a) a descrição dos tipos de dados coletados;
b) a metodologia utilizada para a coleta e para a garantia da segurança das informações e a análise do controlador com relação a medidas;
c) e as salvaguardas e mecanismos de mitigação de risco adotados.

A análise de impacto e o consequente relatório tornam-se, portanto, elementos instrumentais pela implementação dos princípios de segurança e prevenção, explicitamente protegidos pelo art. 6.º da LGPD e condição prévia pela implementação de boas práticas de governança de dados que podem ser formuladas pelos controladores e operadores, no âmbito de suas competências, pelo tratamento de dados pessoais. Nessa perspectiva, o art. 50, § 2.º, afirma que, na aplicação dos princípios de segurança e prevenção e para poder implementar programas de governança em privacidade, o controlador deverá observar "a estrutura, a escala

PARTE II · Cap. 20 · COMO IMPLEMENTAR A LGPD POR MEIO DA AVALIAÇÃO DE IMPACTO | 399

e o volume de suas operações, bem como a sensibilidade dos dados tratados e a probabilidade e a gravidade dos danos para os titulares dos dados".

Os imperativos de segurança e responsabilidade, com intuito de prevenção de riscos, devem, portanto, ser considerados como os fundamentos da disciplina brasileira, bem como europeia, da análise de impacto. Como destaca explicitamente o GDPR, tal análise é particularmente relevante em caso de tratamentos em larga escala que envolvem o processamento de dados sensíveis ou biométricos ou de segmentos da população que apresentam um risco maior, por exemplo, crianças. À medida que novas tecnologias surgem e se popularizam – como é caso, por exemplo, dos sensores implantados de maneira omnipresente nos sistemas de Internet das Coisas ou da recente difusão de sistemas de reconhecimento facial – e o processamento se torna cada vez mais complexo, os responsáveis devem lidar com esses riscos utilizando-se de uma análise de impacto como boa prática básica.

Nesse sentido, a análise do provável impacto do tratamento desejado deveria ser desenvolvida antes de iniciar a operação de tratamento. Tal boa prática, particularmente no âmbito de um país onde a cultura sobre proteção de dados está em uma fase embrionária – ou em muitos contextos é simplesmente inexistente –, permite as organizações interessadas no tratamento de dados a identificação e a mitigação de riscos com antecedência, limitando significativamente a probabilidade de um impacto negativo não somente sobre os indivíduos, mas também na sociedade.

Enfim, cabe assinalar que a análise de impacto sobre privacidade deveria ser imprescindível, cada vez que o controlador desejasse implementar um tratamento de dados pessoais com base no legítimo interesse. Tal hipótese, prevista no art. 7.º, IX, da LGPD, é particularmente abrangente e flexível, considerando que o legislador não detalhou as circunstâncias nas quais pode ser pleiteada a existência de um legítimo interesse para tratar dados pessoais. Ao contrário, cada situação merece uma avaliação *case by case* para verificar a existência de legítimo interesse, o que, certamente, pressupõe a elaboração de um relatório de impacto à proteção de dados pessoais que, como destacamos, pode ser solicitado pela ANPD.

Para facilitar a compreensão dos desafios subjacentes nos âmbitos tanto tecnológicos quanto jurídicos, a próxima seção oferecerá uma breve descrição das tecnologias que parecem mais suscetíveis a uma AIPED. A seção subsequente detalhará uma metodologia que pode ser utilizada para elaborar o relatório, considerando os processos de tratamento de dados pessoais que podem gerar riscos às liberdades e aos direitos dos titulares de dados e estimulando a proposição de práticas de tratamento consideráveis como "éticas" pela inclusão de medidas, salvaguardas e mecanismos de mitigação de risco.

2. TECNOLOGIAS COM ELEVADO POTENCIAL DE RISCO E EMINENTE NECESSIDADE DA AIPED: INTERNET DAS COISAS, ANÁLISES DE *BIG DATA* E INTELIGÊNCIA ARTIFICIAL

Três tecnologias, cuja utilização é intimamente interconectada, parecem particularmente relevantes sob a perspectiva da necessidade de uma análise de impacto sobre privacidade de dados pessoais: a dita Internet das Coisas, as análises de *Big Data* e a Inteligência Artificial. Esta seção apresentará rapidamente tais tecnologias e os desafios subjacentes ao seu uso e difusão, destacando as conexões existentes entre elas.[8]

---

[8] Uma elaboração mais detalhada do conteúdo desta seção, com particular atenção aos perfis de direitos humanos levantados pelo uso da Internet das Coisas, encontra-se em: Belli (2019).

2.1 A Internet das Coisas

O primeiro tipo de tecnologia que, inevitavelmente, deverá chamar a atenção da ANPD, por sua atual difusão[9] e em virtude da promoção ativa pelo legislador brasileiro, é a Internet das Coisas ou IoT.[10] O inc. I do art. 2.º do Decreto n.º 9.854, de 25 de junho de 2019, define a IoT como

> "[...] a infraestrutura que integra a prestação de serviços de valor adicionado com capacidades de conexão física ou virtual de coisas com dispositivos baseados em tecnologias da informação e comunicação existentes e nas suas evoluções, com interoperabilidade".[11]

A IoT pode, portanto, ser definida como uma rede que conecta objetos físicos identificados de forma exclusiva a redes eletrônicas e *software* que permitem a comunicação e o processamento de dados coletados por meio das "coisas".

Os fabricantes de dispositivos e provedores de serviços geralmente exaltam a evolução de tal interconexão como facilitadora do surgimento de "tecnologias inteligentes", que tornam possíveis e facilitam fenômenos – caracterizados para um intenso *marketing* – como as "Cidades Inteligentes", "Agricultura Inteligente" e "Indústria 4.0", baseados na coleta e processamento generalizado de dados possibilitado pela exploração de sistemas IoT.[12]

Na prática, a IoT já engloba bilhões[13] dos chamados dispositivos "inteligentes" que podem ser identificados de forma exclusiva e são capazes de coletar, armazenar, processar e compartilhar uma ampla gama de dados sobre o funcionamento das próprias coisas e sobre ambiente – e, portanto, também sobre os indivíduos – em torno delas. De fato, o objetivo da IoT é facilitar a conexão de todos os objetos e dispositivos do dia a dia a redes eletrônicas, que podem compor a Internet, mas também redes fechadas, como intranets privadas, para melhorar a coleta de dados e a eficiência por meio do processamento de dados.

Devido ao seu potencial, o desenvolvimento da IoT é observado com grande atenção por vários atores, tanto do setor privado, particularmente operadoras de telecomunicações, provedores de serviços e fabricantes de dispositivos, quanto de órgãos públicos ávidos por moldar um ambiente regulatório de IoT capaz de facilitar negócios e atrair investimentos, enquanto previne, evita – ou pelo menos mitiga – os riscos de privacidade e segurança que os sistemas de IoT são suscetíveis de determinar. Nessa perspectiva, a análise de impacto sobre

---

[9] De acordo com a Gartner, a IoT alcançará 26 bilhões de unidades até 2020, enquanto a Cisco prevê que 500 bilhões de dispositivos estejam conectados à Internet até 2030. Ver Gartner (2014); Cisco (2016).

[10] Já em 2010, refletindo sobre as diferentes dimensões da IoT, Atzori, Iera e Morabito (2017, p. 2787) argumentavam que: "A ideia básica desse conceito é a presença generalizada à nossa volta de uma variedade de coisas ou objetos – como *tags* de identificação por radiofrequência (RFID), sensores, atuadores, telefones celulares etc. – que, por meio de esquemas de endereçamento exclusivos, são capazes para interagir uns com os outros e cooperar com outros objetos para alcançar objetivos comuns".

[11] O decreto institui o Plano Nacional de IoT que pode ser considerado um dos pilares da Estratégia Brasileira de Transformação Digital (E-Digital), instituída pelo Decreto 9.319, de 21 de março de 2018, e dispõe sobre a *Câmara de Gestão e Acompanhamento do Desenvolvimento de Sistemas de Comunicação Máquina a Máquina e Internet das Coisas*, órgão colegiado cuja tarefa principal é supervisionar as ações no âmbito do Plano. A definição de IoT é fornecida pelo art. 2, I, do Decreto 9.854, de 25 de junho de 2019.

[12] Ver BNDES (2017).

[13] Ver IoT Analytics (2018).

PARTE II · **Cap. 20** · COMO IMPLEMENTAR A LGPD POR MEIO DA AVALIAÇÃO DE IMPACTO | **401**

dados pessoais torna-se um elemento essencial para o bom funcionamento da IoT em conformidade com a normativa sobre proteção de dados pessoais. De fato, os dispositivos conectados e, consequentemente, os sistemas de IoT são instrumentos para implantar serviços baseados em capacidades de coleta e processamento de dados cada vez mais refinados, onipresentes e volumosos, capazes de aumentar a eficiência em áreas como serviços de cidades inteligentes, segurança pública, saúde e sistemas de gerenciamento predial.

A IoT é, portanto, um conceito que compreende um crescente número de tecnologias capazes de expandir o alcance da Internet no mundo físico, permitindo monitorar – permanente e onipresentemente – o *status* dos objetos conectados e dos ambientes adjacentes. Nesse sentido, a interconexão de cada objeto também pode gerar riscos para a proteção da privacidade e dos dados pessoais dos indivíduos próximos às coisas conectadas, bem como para sua segurança pessoal e para a segurança pública, caso os dispositivos sejam *hackeados*. A consideração do elevado potencial de risco dos sistemas de IoT torna-se, portanto, essencial, e, para que os serviços permitidos pela IoT possam ser considerados compatíveis com a normativa estabelecida pela LGPD, faz-se necessário o desenvolvimento de uma análise de impacto *ex ante* para demostrar que todos os riscos foram avaliados e que todas as medidas de segurança, técnicas e organizacionais, foram tomadas conforme os princípios de segurança e responsabilidade.

Cabe destacar que, quando tais redes e dispositivos não são concebidos, mantidos e protegidos da maneira mais responsável, seus usuários, bem como todas as pessoas que se encontram nos arredores de aparelhos conectados *hackeados* ou que podem ser monitoradas pelos transmissores embutidos nas coisas "inteligentes", podem sofrer consequências nefastas em um amplo espectro de direitos. Assim, a propagação de dispositivos "inteligentes" conectados no âmbito da IoT não determina simplesmente ganhos em eficiência, mas traz também novos desafios sociais, jurídicos e econômicos que devem ser considerados ao longo da análise de impacto sobre dados pessoais.

2.2 Da IoT aos *Big Data* e à Inteligência Artificial

A integração entre o mundo físico e digital fomentada pela IoT e a capacidade de coleta de dados que seu sistema facilita provavelmente afetarão não apenas o desempenho dos serviços e dispositivos conectados, mas também poderão ter implicações diretas sobre os indivíduos. Notavelmente, o fato de objetos estarem permanentemente conectados a outros objetos, aplicações e redes de comunicação, e de que tais objetos podem ser controlados remotamente impacta diretamente os indivíduos e o pleno gozo de suas liberdades e direitos fundamentais. Esse impacto refere-se à forma como os indivíduos interagem com os objetos, bem como, crucialmente, às relações entre pessoas, entre pessoas e empresas e entre pessoas, empresas e órgãos públicos.

De fato, em razão do inquestionável potencial de coleta, compartilhamento e processamento de dados, os sistemas IoT são considerados um elemento indispensável para alimentar serviços que se baseiam na exploração das análises de *Big Data*[14] e das capacidades da Inteligência Artificial[15] (IA), que estão impulsionando a evolução tecnológica do setor público e

---

[14] O *Big Data* pode ser considerado "ativos de informação de alto volume, alta velocidade e alta variedade que exigem formas inovadoras e econômicas de processamento de informações para uma melhor percepção e tomada de decisão." Veja a entrada "Big Data" do glossário Gartner IT. http://www.gartner.com/it-glossary/big-data.

[15] O termo "inteligência artificial" tem fronteiras muito flexíveis e é muito amplo em escopo. Para Andrew Moore, decano de Ciência da Computação da Carnegie Mellon University: "A inteligência artificial é

privado.[16] Nesse sentido, o conceito de IoT pressupõe que qualquer tipo de objeto do nosso cotidiano possa ser conectado e conectável à Internet, "de modo a dotá-los da inteligência necessária para interagir e, de algum modo, auxiliar a vida das pessoas por meio da coleta de dados físicos, processamento e promoção de respostas através de atuadores eletromecânicos".[17]

No entanto, parece importante enfatizar que, apesar do *hype* em torno da IoT dentro dos círculos da tecnologia, a maioria das pessoas sem uma capacitação técnica pode não saber que seus dados pessoais são coletados e compartilhados – de forma mais ou menos segura – pelos objetos que podem ser encontrados nos ambientes em que vivem, trabalham ou brincam com os filhos.[18] Nesse contexto, a elaboração de uma análise de impacto sobre dados pessoais parece condição *sine qua non* para poder comprovar que todos os riscos foram avaliados e todas as medidas foram tomadas para minimizar tais riscos.

Portanto, o próprio BNDES, em seu Relatório do Plano de Ação de IoT de 2017, destaca que:

> "Para além dos desafios na regulamentação de telecomunicações, é essencial endereçar os atuais gargalos nos temas de privacidade e proteção de dados pessoais e de segurança da informação. Embora se trate de temas maiores do que IoT, eles são catalisadores para o seu desenvolvimento adequado, em especial em ambientes como o de cidades e de saúde".[19]

Essa consideração se torna ainda mais significativa levando em conta o íntimo entrelaçamento existente entre a IoT e os dois fenômenos relacionados, *Big Data* e IA, que a IoT pode nutrir com um fluxo contínuo de dados pessoais e não pessoais muito diversos. De um lado, as análises de *Big Data* examinam conjuntos maciços de dados muito heterogêneos em tempo real para criar modelos preditivos sobre algum aspecto do mundo. Assim, as inferências desses modelos são usadas para prever e antecipar possíveis eventos futuros. Por outro lado, os programas de IA não analisam "linearmente" os dados, ou seja, não precisam considerar os conjuntos de dados da maneira como foram originalmente programados. Em vez disso, eles aprendem com os dados para responder inteligentemente aos desafios determinados para novos dados e adaptar suas respostas adequadamente, conferindo aos computadores comportamentos que seriam reputados "inteligentes" nos seres humanos.[20]

Nesse contexto, os sensores embutidos nos objetos conectados representam uma fonte de dados extremamente relevante e valiosa, quantitativa e qualitativamente. Os dados coletados no âmbito da IoT podem ser utilizados para melhorar a modelagem preditiva oferecida pelos *Big Data*, mas também para treinar aplicativos de IA. Por exemplo, dados de transportes públicos, que podem ser pessoais, como dados sobre a localização dos passageiros, gerados

---

a ciência e a engenharia de fazer os computadores se comportarem de maneira que, até recentemente, pensávamos que era necessária inteligência humana". Ver High (2017).

[16] Ver, *e.g.*, GSMA (2015); Cisco (2016); IoT Analytics (2018).

[17] Ver Jesus Junior e Moreno (2015).

[18] Um exemplo notável é o caso da CloudPets, uma série de ursos de pelúcia conectados produzidos pela Spiral Toys, que utiliza reconhecimento de voz e um aplicativo que se conecta via *Bluetooth*, que pode ser facilmente *hackeado*, com consequências potencialmente nefastas para a privacidade das crianças e dos pais que interagiam com os brinquedos. Tais consequências foram expostas, em 2017, quando *hackers* acessaram o banco de dados da CloudPets, sequestrando informações sobre mais de 800.000 pessoas, incluindo endereços de *e-mail*, senhas e gravações de voz de crianças. Ver NG (2018).

[19] Ver BNDES (2017, p. 19).

[20] Ver ICO (2017, p. 7).

PARTE II · Cap. 20 · COMO IMPLEMENTAR A LGPD POR MEIO DA AVALIAÇÃO DE IMPACTO | 403

para bilhetes com etiquetas RFID, e não pessoais, como geolocalização por GPS de ônibus ou dados de semáforos, podem alimentar análises de *Big Data* voltadas a definir modelos preditivos do trânsito cidadão e, consequentemente, aprimorar a viabilidade.

O estabelecimento dos chamados serviços de Cidades Inteligentes ou *Smart Cities*, como no caso de mobilidade inteligente mencionado anteriormente, é um exemplo eloquente para entender a correlação entre o fenômeno da IoT e *Big Data*, em que dados oriundos de fontes variadas – como sensores instalados em transportes públicos e veículos policiais, luzes conectadas (semáforos), ou câmeras com reconhecimento facial[21] – e informações sobre eventos públicos podem ser combinados para prever e otimizar o fluxo de tráfego em tempo real e identificar as áreas que necessitam de atenção urgente das forças de ordem.

Todavia, parece evidente que a "inteligência" dos exemplos referidos é diretamente proporcional ao potencial de risco sobre dados pessoais, e a falta de avaliação e mitigação de tais riscos pode transformar tais tecnologias em ferramentas para vigilância massiva,[22] tomando decisões algoritmicamente em uma perspectiva de eficiência que, todavia, é suscetível de discriminar indivíduos ou populações específicas.[23]

Uma literatura crescente já demonstrou que a automatização da tomada de decisões pode levar à exclusão de grupos inteiros do acesso a direitos, serviços ou oportunidades específicas, com base em modelos preditivos – potencialmente enviesados –, elaborados por algoritmos opacos.[24] É importante ressaltar que os enormes conjuntos de dados que os sistemas de IoT prometem gerar e as capacidades sensoriais onipresentes que caracterizam os sistemas de IoT podem não apenas maximizar a inteligência preditiva, mas também capacidades de vigilância facilitadas pelas tecnologias de IA, levantando importantes questões de segurança, privacidade e responsabilidade que precisam ser avaliadas cuidadosamente para garantir conformidade com a LGPD.

Para que sistemas de IoT, análises de *Big Data*, IA e as demais tecnologias sejam desenvolvidos harmoniosamente com as disposições da LGPD, parece, portanto, necessário o desenvolvimento de uma análise voltada à produção de relatórios e impacto de dados, com particular atenção à privacidade, segurança, livre desenvolvimento da personalidade e não discriminação.

3. AVALIAÇÃO DE IMPACTO SOBRE PRIVACIDADE E ÉTICA DE DADOS (AIPED)

Como ressaltou a seção precedente, num contexto de uso maciço de tecnologias, tais quais a IoT, *Big Data* e IA, a perda de controle individual sobre dados pessoais torna-se um

---

[21] Um exemplo particularmente evidente, nesse sentido, é o crescente uso de câmeras conectadas no âmbito das ditas "Cidades Inteligentes" a fim de automatizar de serviços de segurança pública. Como recentemente comprovado para uma pesquisa do Carnegie Endowment for International Peace, pelo menos setenta e cinco países globalmente usam ativamente as tecnologias de IA para fins de vigilância, desenvolvendo sistemas de reconhecimento facial no âmbito de plataformas de cidades inteligentes. Ver Feldstein (2019).

[22] Nesse sentido, veja as análises desenvolvidas por Howard (2015) e Weber (2015).

[23] Um exemplo revelador foi fornecido pela análise da organização sem fins lucrativos ProPublica sobre o funcionamento de uma ferramenta algorítmica utilizada para calcular a pontuação criminal de indivíduos, empregada por vários escritórios do Ministério Público nos EUA para prever quem reincidiria. A análise identificou disparidades raciais significativas, demonstrando que o sistema "era particularmente suscetível a sinalizar falsamente os réus negros como futuros criminosos, erroneamente rotulando-os desse modo a quase o dobro da taxa dos réus brancos. Os réus brancos foram erroneamente rotulados como de baixo risco com mais frequência do que os réus negros." Ver Angwin *et al.* (2016).

[24] Ver O'Neil (2016) e Pasquale (2015).

cenário muito provável e os riscos para as liberdades e direitos individuais passam a ser muito mais elevados. Tal cenário parece totalmente antitético aos fundamentos da LGPD, explicitamente estabelecidos pelo art. 2.º da legislação brasileira, nomeadamente no que diz respeito ao princípio de autodeterminação informativa.

Tal cenário torna-se ainda mais complexo, considerando que não apenas os recursos de coleta de dados permanentes e automáticos de objetos conectados, mas também os dados coletados por dispositivos e sensores conectados são frequentemente "reaproveitados" a fim de serem tratados para diferentes finalidades, baseadas no legítimo interesse do controlador. Particularmente, a possibilidade de "reaproveitar" dados previamente coletados deve ser considerada como compatível com a LGPD somente na medida em que o princípio de finalidade, explicitado pelo art. 6.I da Lei, seja plenamente respeitado. Cabe reiterar que esse princípio prevê a realização de tratamentos de dados unicamente "para propósitos legítimos, específicos, explícitos e informados ao titular, sem possibilidade de tratamento posterior de forma incompatível com essas finalidades".

Os desdobramentos determinados pelas evoluções tecnológicas analisadas na seção precedente são ainda mais perniciosos, considerando que dispositivos conectados podem coletar dados automaticamente, em vez de solicitar que os indivíduos forneçam tais dados voluntariamente.

É o caso, por exemplo, de sensores em áreas públicas ou em transportes públicos – cada vez mais comuns em projetos de Cidades Inteligentes[25] – que capturam uma ampla gama de dados pessoais, como imagens de transeuntes ou identificadores exclusivos de telefones celulares das pessoas.[26] Não parece possível confirmar a conformidade de esse tipo de coleta e processamento com os princípios básicos de proteção de dados, como finalidade, necessidade, livre acesso, segurança transparência, prevenção e prestação de contas, que estão na base da arquitetura definida pela LGPD.

Para favorecer um desenvolvimento harmonioso entre tecnologia e direito e facilitar o trabalho dos responsáveis pelo tratamento de dados e, ao mesmo tempo, auxiliar a ANPD em sua tarefa de edição de regulamentos e procedimentos sobre relatórios de impacto à proteção de dados pessoais, este capítulo se conclui oferecendo um modelo de relatório de impacto, essencial pelo desenvolvimento da AIPED. O modelo é fortemente inspirado nos trabalhos liderados pela *Commission Nationale Informatique et Liberté*, o regulador francês pela proteção de dados pessoais.[27]

---

[25] Veja, *e.g.*, o exemplo de lixeiras conectadas em Londres, que coletavam ilegalmente identificadores de celular, e as portas conectadas das estações de metrô de São Paulo que coletavam ilegalmente imagens de passageiros, relatadas por Miller (2013) e Amigo (2018).

[26] Nesse sentido, a Privacy International relatou a compra de coletores de IMSI por várias forças policiais britânicas. IMSI é o acrônimo, em inglês, para "Identidade Internacional de Usuário Móvel", um número exclusivo para cada cartão SIM, e um receptor IMSI é uma "tecnologia altamente intrusiva que localiza e rastreia todos os telefones móveis ligados e conectados a uma rede em determinada área. Ele faz isso fingindo ser uma torre de telefone celular, enganando o telefone para se conectar a ele e revelando seus dados pessoais sem o seu conhecimento. Alguns coletores de IMSI podem até mesmo ser usados para monitorar suas chamadas e editar suas mensagens sem o seu conhecimento. [...] Assim que seu telefone é levado a se conectar a um receptor IMSI, ele revela esse número". Ver Privacy International (2019).

[27] Ver https://www.cnil.fr/en/privacy-impact-assessment-pia.

4. FORMULÁRIO DE AVALIAÇÃO DE IMPACTO SOBRE PRIVACIDADE E ÉTICA DE DADOS (AIPED)

4.1 Visão geral do tratamento

a. Síntese dos elementos essenciais sobre o tratamento em análise

Breve descrição do tratamento (natureza, escopo, contexto etc.)	
Finalidade do tratamento	
Nome, endereço e endereço eletrônico do controlador	
Nome, endereço e endereço eletrônico do(s) processador(es)	
Nome, endereço e endereço eletrônico do encarregado	

b. Existem normas setoriais específicas aplicáveis ao tratamento?

Normas aplicáveis ao tratamento	Consideração

4.2 Dados, tratamentos e instrumentos de suporte

a. Descrição dos dados, destinatários/beneficiários e duração do armazenamento

Tipos de dados	Destinatários/beneficiários	Duração do armazenamento

b. Descrição dos processos e dos instrumentos de suporte

Processos	Descrição detalhada dos processos	Dados sobre os instrumentos de suporte utilizados (p. ex., serviços de computação na nuvem etc.)

4.3 Análise dos princípios fundamentais

4.3.1 Avaliação dos controles que garantem a proporcionalidade e a necessidade do tratamento

a. Explicação e justificativa dos objetivos

Propósitos	Legitimidade

b. Explicação e justificativa da finalidade

Critérios de legalidade	Aplicável	Justificativa
O titular dos dados deu consentimento[28] ao processamento de seus dados pessoais para uma ou mais finalidades específicas		
O tratamento é necessário para o cumprimento de uma obrigação legal ou regulatória à qual o controlador está sujeito		
O tratamento de dados é necessário à execução de políticas públicas previstas em leis e regulamentos ou respaldadas em contratos, convênios ou instrumentos congêneres, pela administração pública		
O tratamento de dados é necessário para a realização de estudos por órgão de pesquisa		
O tratamento é necessário para a execução de um contrato do qual o titular dos dados é parte ou para executar etapas a pedido do titular dos dados antes de celebrar um contrato		
O tratamento é necessário para o exercício regular de direitos em processo judicial, administrativo ou arbitral		
O tratamento é necessário para proteção da vida ou da incolumidade física do titular ou de terceiro		
O tratamento é necessário para a tutela da saúde, exclusivamente, em procedimento realizado por profissionais de saúde, serviços de saúde ou autoridade sanitária		
O tratamento é necessário para fins dos interesses legítimos perseguidos pelo responsável pelo tratamento ou por terceiros, exceto quando tais interesses forem substituídos pelos interesses ou direitos e liberdades fundamentais do titular dos dados que exijam proteção de dados pessoais, em particular quando o titular dos dados for uma criança ou adolescente[29]		
O tratamento é necessário para a proteção do crédito		

c. Explicação e justificativa da necessidade dos dados

Detalhes sobre os dados processados	Categorias de dados	Justificativa da necessidade e relevância dos dados	Controles de minimização

---

[28] No que diz respeito à obtenção do consentimento do titular dos dados e à informação deste, consulte o item 4.3.2.

[29] Esse ponto não se aplica ao tratamento realizado pelas autoridades públicas no desempenho das suas tarefas.

PARTE II · Cap. 20 · COMO IMPLEMENTAR A LGPD POR MEIO DA AVALIAÇÃO DE IMPACTO · 407

d. Explicação e justificativa da qualidade dos dados

Controles de qualidade de dados	Justificativa

e. Explicação e justificativa das durações de armazenamento

Tipos de dados	Duração de armaze-namento	Justificativa da duração do armaze-namento	Mecanismo de apa-gamento no final da duração do armaze-namento
Dados comuns			
Dados arquivados			
Rastros funcionais			
Registros/*logs* técnicos			

f. Avaliação dos controles

Controles que garantem a proporciona-lidade e a necessidade do tratamento	Aceitável/pode ser melhorado?	Controles corretivos
Objetivos: específicos, explícitos e legítimos		
Base: legalidade do processamento, proibi-ção de uso indevido		
Minimização de dados: adequada, relevante e limitada		
Qualidade dos dados: precisa e atualizada		
Durações de armazenamento: limitadas		

4.3.2   *Avaliação dos controles que protegem os direitos dos titulares de dados*

a. Determinação e descrição dos controles para obter informações para os titulares dos dados

Exceção de informar os titulares dos dados	Justificativa

b. Controles para o direito à informação

Controles para o direito à informação:	Implementação	Justificativa de implementação ou justificativa do por que não
Apresentação dos termos e condições de uso/confidencialidade		
Possibilidade de acessar os termos e condições de uso/confidencialidade		
Termos legíveis e fáceis de entender		
Existência de cláusulas específicas para o dispositivo		
Apresentação detalhada dos objetivos do tratamento de dados (objetivos especificados, correspondência de dados, quando aplicável etc.)		
Apresentação detalhada dos dados pessoais coletados		
Apresentação de qualquer acesso aos identificadores do dispositivo, *smartphone/tablet* ou computador, especificando se esses identificadores são comunicados a terceiros		
Apresentação dos direitos do usuário (retirada de consentimento, apagamento de dados etc.)		
Informações sobre o método seguro de armazenamento de dados, particularmente no caso de fornecimento		
Arranjos para entrar em contato com a empresa (identidade e detalhes de contato) sobre questões de confidencialidade		
Onde aplicável, informações para o usuário sobre qualquer alteração relativa aos dados coletados, os objetivos e as cláusulas de confidencialidade		

c. Controles para o direito à informação com relação à transmissão de dados a terceiros

Controles para o direito à informação	Implementação	Justificativa de implementação ou justificativa do por que não
Apresentação detalhada dos objetivos da transmissão a terceiros		
Apresentação detalhada dos dados pessoais transmitidos		
Indicação da identidade de organismos terceiros		

d. Controles para obter consentimento[30]

Controles para obtenção de consentimento	Implementação	Justificativa de implementação ou justificativa do por que não
Consentimento expresso durante o registro		
Consentimento segmentado por categoria de dados ou tipo de processamento		
Consentimento expresso antes de compartilhar dados com outros usuários		
Consentimento apresentado de forma inteligível e facilmente acessível, usando linguagem simples e clara, adaptada ao usuário-alvo (principalmente para crianças)		
Obtenção do consentimento dos pais para menores de 13 anos		
Para um novo usuário, é necessário obter novamente o consentimento		
Após um longo período sem uso, o usuário deve ser solicitado a confirmar seu consentimento		
Nos casos em que o usuário consentiu no processamento de dados especiais (por exemplo, sua localização), a interface indica claramente que o processamento ocorre (ícone, luz)		
Quando o usuário altera o dispositivo, *smartphone* ou computador, reinstala o aplicativo móvel ou exclui seus *cookies*, as configurações associadas ao seu consentimento são mantidas		

---

[30] Onde a legalidade do tratamento se baseia no consentimento.

e. Controles para o direito de acesso a dados pessoais

Controles para o direito de acesso	Dados internos	Dados externos	Justificativa
Possibilidade de acessar todos os dados pessoais do usuário, por meio das interfaces comuns			
Possibilidade de consultar com segurança os rastros de uso associados ao usuário			
Possibilidade de baixar um arquivo com todos os dados pessoais associados ao usuário			

f. Exceção ao direito de acesso

Exceção ao direito de acesso	Justificativa	Planejamentos para responder aos titulares dos dados

g. Controles para o direito de portabilidade de dados pessoais

Controles para o direito à portabilidade de dados	Dados internos	Dados externos	Justificativa
Possibilidade de recuperar dados pessoais fornecidos pelo usuário, para transferi-los a outro serviço			

h. Controles para os direitos de correção e eliminação

Controles para o direito d e correção e eliminação	Dados internos	Dados externos	Justificativa
Possibilidade de corrigir dados pessoais			
Possibilidade de apagar dados pessoais			
Indicação dos dados pessoais que, no entanto, serão armazenados (requisitos técnicos, obrigações legais etc.)			
Implementação do direito ao esquecimento a menores			
Indicações claras e etapas simples para apagar dados antes de eliminar o dispositivo			
Conselhos sobre como redefinir o dispositivo antes de vendê-lo			
Possibilidade de apagar os dados no caso de roubo do dispositivo			

PARTE II · Cap. 20 · COMO IMPLEMENTAR A LGPD POR MEIO DA AVALIAÇÃO DE IMPACTO — 411

i. Exceção aos direitos de correção e eliminação

Exceção ao direito de correção e eliminação	Justificativa	Planejamentos para responder aos titulares dos dados

j. Controles dos direitos à restrição ao processamento e à objeção

Controles para o direito de restrição e objeção	Dados internos	Dados externos	Justificativa
Existência de configurações de "privacidade"			
Convite para alterar as configurações-padrão			
Configurações de "privacidade" acessíveis durante o registro			
Configurações de "privacidade" acessíveis após o registro			
Existência de um sistema de controle parental para crianças menores de 13 anos			
Conformidade em termos de rastreamento (*cookies*, publicidade etc.)			
Exclusão de crianças com menos de 13 anos de idade de perfilamento automatizado			
Exclusão efetiva do processamento dos dados do usuário no caso de o consentimento ser retirado			

k. Exceção aos direitos à restrição ao processamento e à objeção

Exceção ao direito de restrição e objeção	Justificativa	Planejamentos para responder aos titulares dos dados

l. Controles aplicáveis aos operadores

Nome do operador	Finalidade	Referência do contrato	Conformidade com o art. 39 da LGPD

m. Controles sobre transferência de dados para fora da Brasil

Conjuntos de dados e local de armazenamento	Brasil	País cujo marco de proteção de dados é reconhecido como adequado pelo Brasil	Outro país	Justificativa e supervisão (cláusulas contratuais-padrão, regulamentos corporativos internos)

412 | TRATADO DE PROTEÇÃO DE DADOS PESSOAIS

n. Avaliação dos controles

Controles para proteger os direitos dos titulares dos dados	Aceitável/pode ser melhorado?	Controles corretivos
Informações para os titulares dos dados (tratamento justo e transparente)		
Obtenção de consentimento		
Exercício dos direitos de acesso e portabilidade de dados		
Exercício dos direitos de correção e eliminação		
Exercício dos direitos de restrição ao processamento e à objeção		
Processadores: identificados e regidos por um contrato		
Transferências: cumprimento das obrigações decorrentes da transferência de dados para fora da União Europeia		

4.3.3 Estudo dos riscos de segurança de dados

a. Descrição e avaliação dos controles implementados para tratar os riscos relacionados à segurança de dados

Controles relacionados especificamente aos dados que estão sendo processados	Implementação ou justificativa do por que não	Aceitável/ pode ser melhorado?	Controles corretivos
Criptografia	[Descreva aqui os meios implementados para garantir a confidencialidade dos dados armazenados (no banco de dados, em arquivos simples, *backups* etc.), bem como o procedimento para gerenciar chaves de criptografia (criação, armazenamento, alteração no caso de suspeita de casos de comprometimento de dados etc.). Descreva os meios de criptografia empregados para os fluxos de dados (VPN, TLS etc.) implementados no tratamento.]		

PARTE II · Cap. 20 · COMO IMPLEMENTAR A LGPD POR MEIO DA AVALIAÇÃO DE IMPACTO | 413

Controles relacionados especificamente aos dados que estão sendo processados	Implementação ou justificativa do por que não	Aceitável/pode ser melhorado?	Controles corretivos
Anonimização	[Indique aqui se os mecanismos de anonimato são implementados, quais e com que finalidade.]		
Isolamento de dados (com relação ao restante do sistema de informação)	[Indique aqui se o isolamento de tratamento é planejado e como isso é realizado.]		
Controle de acesso lógico	[Indique aqui se os perfis dos usuários são definidos e atribuídos. Especifique os meios de autenticação implementados. Onde aplicável, especifique as regras aplicáveis às senhas (comprimento mínimo, caracteres necessários, duração da validade, número de tentativas com falha antes do bloqueio do acesso à conta etc.).]		
Rastreabilidade (registro)	[Indique aqui se os eventos são registrados e por quanto tempo esses rastreamentos são armazenados.]		
Monitoramento de integridade	[Indique aqui se os mecanismos são implementados para monitorar a integridade dos dados armazenados, quais e com qual finalidade. Especifique quais mecanismos de controle de integridade são implementados nos fluxos de dados.]		
Arquivamento	[Descreva aqui os processos de gerenciamento de arquivos (entrega, armazenamento, consulta etc.) sob sua responsabilidade. Especifique as funções de arquivamento (escritórios de origem, agências de transferência etc.) e a política de arquivamento. Declare se os dados podem estar no escopo de arquivos públicos.]		
Segurança de documentos em papel	[Onde documentos em papel que contêm dados são usados durante o processamento, indique aqui como eles são impressos, armazenados, destruídos e trocados.]		

b. Descrição e avaliação dos controles gerais de segurança

Controles gerais de segurança do sistema em que o tratamento é realizado	Implementação ou justificativa do por que não	Aceitável/ pode ser melhorado?	Controles corretivos
Segurança operacional	[Descreva aqui como as atualizações de *software* (sistemas operacionais, aplicativos etc.) e a aplicação dos controles corretivos de segurança são realizadas.]		
Repressão de *software* malicioso	[Indique aqui se um *software* antivírus está instalado e atualizado em intervalos regulares nas estações de trabalho.]		
Gerenciando estações de trabalho	[Descreva aqui os controles implementados nas estações de trabalho (bloqueio automático, firewall etc.).]		
Segurança do *site*	[Indique aqui se as "recomendações para proteção de *sites*" da ANSSI foram implementadas.]		
Backups	[Indique aqui como os *backups* são gerenciados. Esclareça se eles estão armazenados em um local seguro.]		
Manutenção	[Descreva aqui como a manutenção física do *hardware* é gerenciada e indique se isso foi contratado. Indique se a manutenção remota de aplicativos está autorizada e de acordo com as disposições. Especifique se o equipamento defeituoso é gerenciado de maneira específica.]		
Segurança de canais de computador (redes)	[Indique aqui o tipo de rede na qual o processamento é realizado (isolado, privado ou Internet). Especifique qual sistema de *firewall*, sistemas de detecção de intrusão ou outros dispositivos ativos ou passivos são responsáveis por garantir a segurança da rede.]		
Monitoramento	[Indique aqui se o monitoramento em tempo real da rede local está implementado e com que meios. Indique se o monitoramento das configurações de *hardware* e *software* é realizado e por quais meios.]		

Controles gerais de segurança do sistema em que o tratamento é realizado	Implementação ou justificativa do por que não	Aceitável/ pode ser melhorado?	Controles corretivos
Controle de acesso físico	[Indique aqui como é realizado o controle de acesso físico com relação às instalações que acomodam o processamento (zoneamento, escolta de visitantes, uso de passes, portas trancadas etc.). Indique se existem procedimentos de aviso em vigor no caso de uma invasão.]		
Segurança de *hardware*	Indique aqui os controles relacionados à segurança física dos servidores e estações de trabalho pertencentes aos clientes (armazenamento seguro, cabos de segurança, filtros de confidencialidade, apagamento seguro antes da *scrapping* etc.).]		
Evitando fontes de risco	[Indique aqui se a área de implantação está sujeita a desastres ambientais (zona de inundação, proximidade de indústrias químicas, terremoto ou zona vulcânica etc.). Especifique se produtos perigosos estão armazenados na mesma área.]		
Proteção contra fontes não humanas de riscos	[Descreva aqui os meios de prevenção, detecção e combate a incêndios. Onde aplicável, indique os meios de prevenção de danos causados pela água. Especifique também os meios de monitoramento e alívio da fonte de alimentação.]		

c. Descrição e avaliação dos controles organizacionais (governança)

Controles organizacionais (governança)	Implementação ou justificativa do por que não	Aceitável/ pode ser melhorado?	Controles corretivos
Organização	[Indique se as funções e responsabilidades da proteção de dados estão definidas. Especifique se uma pessoa é responsável pela aplicação das leis e regulamentos de privacidade. Especifique se existe um comitê de monitoramento (ou equivalente) responsável pela orientação e acompanhamento das ações relacionadas à proteção da privacidade.]		

416 | TRATADO DE PROTEÇÃO DE DADOS PESSOAIS

Controles organiza-cionais (governança)	Implementação ou justificativa do por que não	Aceitável/ pode ser melhorado?	Controles corretivos
Política (gerenciamen-to de regras)	[Indique se existe uma carta de TI (ou equivalente) sobre proteção de dados e o uso correto dos recursos de TI.]		
Gerenciamento de riscos	[Indique aqui se os riscos de privacidade apresentados por novos tratamentos so-bre os titulares de dados são avaliados, se é sistemático ou não e, se aplicável, de acordo com qual método. Especifique se um mapeamento de riscos à privacidade no nível da organização é estabelecido.]		
Gerenciamento de Projetos	[Indique aqui se os testes do dispositivo são executados em dados não reais/ anônimos.]		
Gerenciamento de incidentes e violações de dados	[Indique aqui se os incidentes de TI estão sujeitos a um procedimento de ge-renciamento documentado e testado.]		
Gestão de pessoal	[Indique aqui quais controles de cons-cientização são realizados em relação a um novo recruta. Indique quais con-troles são executados quando as pessoas que acessam dados deixam o emprego.]		
Relações com tercei-ros	[Indique aqui, para processadores que exigem acesso a dados, os controles e disposições de segurança executados com relação a esse acesso.]		
Supervisão	[Indique aqui se a eficácia e a adequa-ção dos controles de privacidade são monitoradas.]		

4.4 Avaliação de risco: possíveis violações da privacidade

a. Análise e avaliação de riscos

Risco	Principais fontes de risco	Principais ameaças	Principais impactos potenciais	Principais contro-les que reduzem a gravidade e a probabili-dade	Gravidade	Probabili-dade
Acesso ilegítimo aos dados						

Risco	Principais fontes de risco	Principais ameaças	Principais impactos potenciais	Principais controles que reduzem a gravidade e a probabilidade	Gravidade	Probabilidade
Alteração indesejada de dados						
Desaparecimento de dados						

b. Avaliação dos riscos

Riscos	Aceitável/pode ser melhorado?	Controles corretivos	Gravidade residual	Probabilidade residual
Acesso ilegítimo aos dados	[O avaliador deve determinar se os controles existentes ou planejados (já realizados) reduzem suficientemente esse risco para que seja considerado aceitável.]	[Onde aplicável, ele deve indicar aqui quaisquer controles adicionais que se mostrem necessários.]		
Alteração indesejada de dados	[O avaliador deve determinar se os controles existentes ou planejados (já realizados) reduzem suficientemente esse risco para que seja considerado aceitável.]	[Onde aplicável, ele deve indicar aqui quaisquer controles adicionais que se mostrem necessários.]		
Desaparecimento de dados	[O avaliador deve determinar se os controles existentes ou planejados (já realizados) reduzem suficientemente esse risco para que seja considerado aceitável.]	[Onde aplicável, ele deve indicar aqui quaisquer controles adicionais que se mostrem necessários.]		

4.5 Validação do AIPED

Símbolo:	N/A	NÃO	MP	OK
Significado	Não aplicável	Insatisfatório	Melhoria planejada	Aceitável

a. Conformidade aos princípios fundamentais

Controles selecionados para garantir a conformidade com os princípios fundamentais	Avaliação
Controles que garantem a proporcionalidade e a necessidade do trata-mento	
Finalidade(s): específica, expressa e legítima	○○○
Base: legalidade do processamento, proibição de uso indevido	○○○
Necessidade de dados: adequada, relevante e limitada	○○○
Qualidade dos dados: precisos e atualizados	○○○
Durações de armazenamento: limitadas	○○○
Controles para proteger os direitos pessoais dos titulares dos dados	
Informações para os titulares dos dados (tratamento justo e transparente)	○○○
Obtenção de consentimento	○○○
Exercício do direito de acesso e do direito à portabilidade de dados	○○○
Exercício dos direitos de correção e eliminação	○○○
Exercício dos direitos de restrição ao processamento e à objeção	○○○
Processadores: identificados e regidos por um contrato	○○○
Transferências: cumprimento das obrigações decorrentes da transferência de dados para fora da União Europeia	○○○

b. Cumprimento das boas práticas de segurança de dados

Controles implementados para tratar os riscos relacionados à segurança de dados	Avaliação
Controles relacionados especificamente aos dados que estão sendo tratados	
Criptografia	○○○
Anonimização	○○○
Isolamento de dados (em relação ao restante do sistema de informação)	○○○
Controle de acesso lógico	○○○
Rastreabilidade (registro)	○○○

Monitoramento de integridade	
Arquivamento	ООО
Segurança de documentos em papel	ООО
Controles gerais de segurança do sistema em que o tratamento é realizado	
Segurança operacional	ООО
Repressão de *software* malicioso	ООО
Gerenciando estações de trabalho	ООО
Segurança do *site*	ООО
Backups	ООО
Manutenção	ООО
Segurança de canais de computador (redes)	ООО
Monitoramento	ООО
Controle de acesso físico	ООО
Segurança de *hardware*	ООО
Evitando fontes de risco	ООО
Proteção contra fontes não humanas de riscos	ООО
Controles organizacionais (governança)	
Organização	ООО
Política (gerenciamento de regras)	ООО
Gerenciamento de riscos	ООО
Gerenciamento de projetos	ООО
Gerenciamento de incidentes e violações de dados	ООО
Gestão de pessoal	ООО
Relações com terceiros	ООО
Supervisão	ООО

c. Elaboração de plano de ação

Controles adicionais solicitados	Gerente	Frequência	Dificuldade	Custo	Progresso

4.6 Documentação da AIPED

a. Validação formal do Encarregado pelo Tratamento de Dados Pessoais

Em dd / mm / aaaa, o Encarregado pelo Tratamento de Dados Pessoais da empresa XXXX emitiu o seguinte parecer sobre a conformidade do estudo de tratamento e relatório de impacto à proteção de dados pessoais realizado:

[Assinatura]

b. Validação formal do Controlador

Em dd / mm / aaaa, o Controlador da empresa XXXX valida a AIPED para o processamento de dados nos termos descritos neste formulário, em sua capacidade de controlador de dados.

[Assinatura]

REFERÊNCIAS

AMIGO, I. The metro stations of São Paulo that read your face. *Citylab*, 8 May 2018. Disponível em: https://www.citylab.com/design/2018/05/the-metro-stations-of-sao-paulo-that-read-your-face/559811/.

ANGWIN, J.; LARSON, J.; MATTU S.; KIRCHNER, L. Machine Bias. *ProPublica*, 23 May 2016. Disponível em: https://www.propublica.org/article/machine-bias-risk-assessments-in-criminal-sentencing.

ATZORI, L.; IERA, A.; MORABITO, G. The internet of things: a survey. *Computer Networks*, v. 54, n. 15, 2010. Disponível em: https://doi.org/10.1016/j.comnet.2010.05.010.

BELLI, L. Uma perspectiva de direitos humanos para decriptar a ascensão da Internet das Coisas (IoT). *Revista Brasileira de Direitos Fundamentais e Justiça*, ano 13, n. 41, p. 157-181, jul./dez. 2019.

BELLI L.; SCHWARTZ M.; LOUZADA L. Selling your soul while negotiating the conditions: from notice and consent to data control by design. *The Health and Technology Journal*, v. 5, n. 4, 2017. Disponível em: https://link.springer.com/article/10.1007/s12553-017-0185-3.

BNDES. Relatório do Plano de Ação. Iniciativas e Projetos Mobilizadores, nov. 2017. Disponível em: https://www.bndes.gov.br/wps/portal/site/home/conhecimento/pesquisaedados/estudos/estudo-internet-das-coisas-iot/estudo-internet-das-coisas-um-plano-de-acao-para-o-brasil.

CASEY; BRYAN; ASHKON FARHANGI; ROLAND VOGL. Rethinking explainable machines: the GDPR's "right to explanation" debate and the rise of algorithmic audits in enterprise. *Berkeley Technology Law Journal*, v. 34, n. 2019, 19 Feb. 2018. Disponível em: https://papers.ssrn.com/abstract=3143325.

CISCO. At a glance: Internet of Things, 2016. Disponível em: https://www.cisco.com/c/dam/en/us/products/collateral/se/internet-of-things/at-a-glance-c45-731471.pdf.

FELDSTEIN, S. The global expansion of AI surveillance. *Carnegie Endowment for International Peace*, 2019. Disponível em: https://carnegieendowment.org/2019/09/17/global-expansion-of-ai-surveillance-pub-79847.

GARTNER. Gartner says the Internet of Things will transform the data center, 19 March 2014. Disponível em: http://www.gartner.com/newsroom/id/2684616.

GSMA. Unlocking the value of IoT through Big Data. Version 1.0, Dec. 2015. Disponível em: https://www.gsma.com/iot/wp-content/uploads/2015/12/cl_iot_bigdata_11_15-004.pdf.

HIGH, P. Carnegie mellon dean of computer science on the future of AI, 30 Oct. 2017. Disponível em: https://www.forbes.com/sites/peterhigh/2017/10/30/carnegie-mellon-dean-of-computer-science-on-the-future-of-ai/#4a8a2df32197.

HOWARD, P. N. *Pax technica*: how the Internet of Things may set us free or lock us up, by writer and professor of communication. London: Yale University Press, 2015.

HUMBY, C. Data is the new oil. ANA Senior marketer's summit, Kellogg School, 3 Nov. 2006. Disponível em: https://ana.blogs.com/maestros/2006/11/data_is_the_new.html.

ICO (Information Commissioner's Office). Big data, artificial intelligence, machine learning and data protection, 2017.

IOT ANALYTICS. State of the IoT 2018: number of IoT devices now at 7B – Market accelerating, 8 Aug. 2018. Disponível em: https://iot-analytics.com/state-of-the-iot-update-q1-q2-2018-number-of-iot-devices-now-7b/.

JESUS JUNIOR, Airton A. de; MORENO, E. D. Segurança em infraestrutura para Internet das Coisas. *Revista Gestão*, v. 13, Edição Especial, 2015.

MILLER, J. City of London calls halt to smartphone tracking bins, 12 Aug. 2013. Disponível em: https://www.bbc.com/news/technology-23665490.

NG, A. Amazon will stop selling connected toy filled with security issues. *Cnet*, 5 Jun. 2018. Disponível em: https://www.cnet.com/news/amazon-will-stop-selling-connected-toy-cloud-pets-filled-with-security-issues/.

O'NEIL, C. *Weapons of math destruction*: how Big Data increases inequality and threatens democracy. New York: Broadway Books, 2016.

PASQUALE, F. *The black box society*: the secret algorithms that control money and information. Cambridge and London: Harvard University Press, 2015.

PRIVACY INTERNATIONAL. The police can use IMSI catchers to track your phone, and even intercept your calls and messages, 15 Feb. 2019. Disponível em: https://privacyinternational.org/feature/2729/police-can-use-imsi-catchers-track-your-phone-and-even-intercept-your-calls-and.

THE ECONOMIST. The world's most valuable resource is no longer oil, but data, 6 May 2017. Disponível em: https://www.economist.com/news/leaders/21721656-data-economy-demands-new-approach-antitrust-rules-worlds-most-valuable-resource.

WEBER, R.H. Internet of things: privacy issues revisited. *Computer Law & Security Review*, v. 31, 2015.

WEF. Personal data: the emergence of a new asset class, Jan. 2011. Disponível em: http://www3.weforum.org/docs/WEF_ITTC_PersonalDataNewAsset_Report_2011.pdf.

21

DISCRIMINAÇÃO ALGORÍTMICA À LUZ DA LEI GERAL DE PROTEÇÃO DE DADOS

LAURA SCHERTEL MENDES
Professora adjunta de Direito Civil da Universidade de Brasília (UnB) e da Pós-Graduação em Direito Constitucional do Instituto Brasiliense de Direito Público (IDP), Doutora em Direito Privado pela Universidade Humboldt de Berlim, Mestre em Direito, Estado e Constituição pela UnB.

MARCELA MATTIUZZO
Mestra em Direito Constitucional pela Universidade de São Paulo. Foi Membro do Grupo Constituição, Política e Instituições na mesma universidade e é sócia de VMCA Advogados. Foi pesquisadora visitante na Yale Law School (2016-2017), Chefe de Gabinete e Assessora da Presidência do Conselho Administrativo de Defesa Econômica (2015-2016).

MÔNICA TIEMY FUJIMOTO
Graduada em Direito pela Universidade de São Paulo (USP) e mestra em Direito Empresarial e Econômico pela Universidade de Brasília (UnB), foi Coordenadora de Análise Antitruste no Conselho Administrativo de Defesa Econômica (CADE) e é advogada do escritório MHBA Advogados e Consultora da Laura Schertel Mendes Advocacia e Consultoria.

INTRODUÇÃO

Este capítulo tem como objetivo analisar a discriminação algorítmica à luz da Lei 13.709/2018, também conhecida como Lei Geral de Proteção de Dados (LGPD), um tema que tem rendido muitas pesquisas nacionais e estrangeiras, bem como discussões legislativas e jurisprudenciais, especialmente em jurisdições em que a proteção de dados pessoais vem sendo estudada há mais tempo.

A lei brasileira, diferentemente da legislação europeia, escolheu não fazer recomendações específicas para o tratamento de dados pessoais levado a cabo por meio do uso de algoritmos e assim também optou por claramente não vedar esse tipo de tratamento. No entanto, a LGPD traz regras que precisam ser observadas quando da automação de processos decisórios e que, portanto, devem ser debatidas para esclarecer precisamente aquilo que é autorizado pela legislação e sob quais parâmetros.

Assim, neste trabalho, procuramos contribuir para esse debate, focando, num primeiro momento, esclarecimentos a respeito do que são algoritmos e do que propriamente é a discriminação algorítmica, apresentando uma tipologia (já abordada em trabalhos anteriores), cujo objetivo é esclarecer de que forma a discriminação pode ser perpetrada em concreto. Num segundo momento, abordamos de que maneira o tema da discriminação algorítmica pode ser tratado à luz da LGPD, fazendo uma distinção principal entre uso ilícito e uso abusivo da discriminação algorítmica.

Para auxiliar nessa tarefa, buscamos identificar as hipóteses de aplicação da discriminação ilícita e abusiva vedadas pela LGPD, tendo em vista os quatro tipos principais de discriminação algorítmica, já defendidos por duas das autoras em outros trabalhos (MATTIUZZO; SCHERTEL, 2019): (i) *Discriminação por erro estatístico*; (ii) *Discriminação pelo uso de dados sensíveis*; (iii) *Discriminação por generalização injusta*; (iv) *Discriminação limitadora de direitos*.

1. ALGORITMOS E DISCRIMINAÇÃO ESTATÍSTICA – PERFILAMENTO, CLASSIFICAÇÃO E *SCORING*

1.1 Algoritmos na economia orientada por dados

Um algoritmo é comumente descrito como um conjunto de instruções, organizadas de forma sequencial, que determina como algo deve ser feito. De maneira alguma é um conceito dependente do uso do poder do computador moderno, pois é possível que alguém crie um algoritmo para auxiliá-lo a se vestir, um algoritmo para pegar o ônibus para o trabalho, para fazer uma receita de bolo, ou para inúmeras outras atividades, já que um algoritmo é nada mais do que uma fórmula na qual tarefas são colocadas em uma ordem específica para atingir determinado objetivo. Entretanto, apesar de esta ser uma descrição correta, ela não oferece informações suficientes para o propósito deste artigo. Assim, adotaremos a definição de Thomas Cormen, que é cuidadoso ao indicar que há uma diferença entre um algoritmo qualquer e aqueles – parte dos quais discutimos aqui – que operam em computadores. Computadores, diferentemente de seres humanos, não compreendem o significado de termos como "suficiente", "quase", "ruim" ou qualquer outra palavra que implique uma avaliação subjetiva do mundo ao seu redor. É por essa razão que um algoritmo que determine que um celular reduza a luz de sua tela sempre que "quase não haja mais bateria" é inútil. Um computador é capaz de interpretar porcentagens, mas não de determinar o que "quase sem bateria" significa, a não ser que alguém explicite como fazê-lo. De acordo com Cormen (2013, p. 1):

> "Você pode ser capaz de tolerar quando um algoritmo é descrito de maneira imprecisa, mas um computador, não. [...] Assim, um algoritmo computacional consiste em uma série de etapas para completar uma tarefa que é descrita de maneira precisa o bastante para que um computador possa realizá-la".

Também é importante notar que o objetivo dos algoritmos, da maneira como são utilizados hoje e discutida aqui, é, sobretudo, solucionar problemas e auxiliar na tomada de decisões. Por exemplo, ao pesquisar por voos de São Paulo para Berlim, busca-se resposta para uma pergunta. Mais ainda, o que se quer é encontrar a resposta *correta* para aquela questão. Aqui, novamente, deparamo-nos com uma particularidade dos algoritmos: o programa será tanto mais útil quanto mais precisa a informação (ou *input*) fornecida, e estará correto sempre que utilizar essa informação de acordo com suas especificações. Assim, ao buscar o "melhor" voo de São Paulo para Berlim, o algoritmo precisará saber se por "melhor" queremos dizer "mais curto" ou "mais barato". Se o algoritmo é programado para encontrar a rota mais curta, em matéria de quilômetros viajados, poderá considerar que o tempo gasto em um aeroporto

PARTE II · Cap. 21 · DISCRIMINAÇÃO ALGORÍTMICA À LUZ DA LEI GERAL DE PROTEÇÃO DE DADOS | 425

aguardando um voo de conexão é irrelevante, e poderia, assim, oferecer uma resposta que, apesar de incorreta com relação às nossas preferências (é razoável admitir que para a maior parte das pessoas tempo gasto em conexões é um fator relevante na decisão de rota de viagem), é correta do ponto de vista do programa. O problema, nesse caso, não é com o algoritmo em si, mas sim com as especificações a ele fornecidas.

Nesse sentido, um dos objetivos fundamentais dos algoritmos é fazer previsões utilizando probabilidades. Embora algoritmos não possam fornecer respostas precisas a todas as questões, eles podem analisar os dados fornecidos (*inputs*) e oferecer "palpites" coerentes. Quanto maior a quantidade e qualidade dos dados disponibilizados ao algoritmo, maior a chance de o resultado estar próximo do real.

Permita-nos utilizar o exemplo do lançamento de dados para sustentar nosso argumento. Para qualquer dado, é possível assumir que a probabilidade de que o número 5 seja o resultado da jogada é de uma em cada seis chances. Isso é verdade pois, se lançarmos um dado aleatoriamente por um número infinito de vezes, as chances de que cada uma das faces seja o resultado são as mesmas, e o número 5 está presente em apenas uma dessas faces. Apesar de isso se verificar para qualquer dado imaginário ideal, não é sempre verdade para um dado em particular, uma vez que os dados podem ser manipulados. Se um jogador engenhoso adiciona um dado viciado ao jogo, qual é a probabilidade de o número 5 ser o resultado? Para responder a essa questão é necessário observar jogadas sucessivas. Depois de analisar certo número de jogadas, teremos elementos suficientes para antecipar, com maior ou menor precisão, qual será o resultado das jogadas subsequentes do dado viciado.

É importante destacar que, quanto maiores os incentivos para o uso de processamento de dados por meio de algoritmos como base para tomadas de decisão e quanto mais prontamente disponíveis e baratas as tecnologias para tornar isso possível, mais urgente se torna a discussão acerca das consequências de tais procedimentos para os indivíduos e os riscos a eles associados.

Como visto, os algoritmos necessitam de um *input* básico para oferecer respostas relevantes: dados. Não por outra razão, a quantidade crescente de informações disponíveis levou ao crescimento exponencial de sua utilização e de seu impacto em nossas vidas. O termo *Big Data* foi cunhado para traduzir esse fenômeno.[1] Como apontam Mayer-Schönberger e Cukier (2014, p. 209 – tradução livre), *Big Data* não é somente sobre tamanho, mas especialmente sobre "a habilidade de transformar em dados muitos aspectos do mundo que nunca foram quantificados antes".

A função mais importante de *Big Data* é elaborar previsões baseadas em um grande número de dados e informações: desde desastres climáticos até crises econômicas, do surto de uma epidemia até o vencedor de um campeonato de esportes, do comportamento de um consumidor até a solvência dos clientes. Assim, as análises de *Big Data* podem ser utilizadas para desenvolver prognósticos, tanto com relação à economia, à natureza ou à política, como sobre comportamento individual. No que se refere ao assunto aqui discutido, a predição do comportamento individual é de grande interesse, na medida em que gerar informação e conhecimento sobre o comportamento de uma pessoa a partir de dados pessoais oferece

---

[1] Há uma grande discussão sobre se esse termo é apropriado e o que ele de fato significa. Boyd e Crawford (2011, p. 1-2 – tradução livre) apresentam uma boa síntese a respeito: "*Big Data* é relevante não devido ao seu tamanho, mas por causa de sua relação com outros dados. Devido a seus esforços para extrair e agregar dados, *Big Data* é fundamentalmente interconectado. Seu valor vem dos padrões que podem ser derivados a partir das conexões criadas entre dados, sobre um indivíduo, sobre indivíduos em relação a outros, sobre grupos de pessoas, ou simplesmente sobre a estrutura da informação em si".

426 | TRATADO DE PROTEÇÃO DE DADOS PESSOAIS

base para tomada de decisões. Uma análise de *Big Data* pode, portanto, afetar diretamente um indivíduo – e produzir resultados discriminatórios que impactem sua vida.

De acordo com Mayer-Schönberger e Cukier (2014), não há definição precisa para *Big Data*, mas o fenômeno pode ser caracterizado por três tendências. Em primeiro lugar, a quantidade de dados e informações coletada. As análises de *Big Data* não apenas reúnem mais dados do que nunca, mas buscam juntar todos os dados e informações referentes a uma situação em particular, não somente uma amostra deles – como colocam os autores, em *Big Data*, "*n = tudo*". Em segundo lugar, devido à grande quantidade de informações disponíveis, os dados podem ser imprecisos. Na medida em que a magnitude aumenta, do mesmo modo elevam-se as chances de equívocos. A terceira propriedade é a de buscar correlações, em vez de causalidades. Isso significa que a relação entre dois fatos ou características é determinada de acordo com uma análise estatística.

Particularmente relevante para nossos propósitos é a substituição de causalidades por correlações.[2] Durante muito tempo, a ciência e a descoberta científica funcionaram por meio da busca por causalidades. Esse é um aspecto desenvolvido e estimulado na pesquisa científica e geralmente é visto como o único modo pelo qual seria possível compreender o que ocorre ao nosso redor. Com *Big Data*, contudo, a causalidade perde espaço para as correlações. Uma correlação é a probabilidade de um evento ocorrer, caso outro evento também se realize. É uma relação estatística entre tais acontecimentos. Em vez de tentar assimilar os mecanismos internos de um fenômeno, as correlações permitem-nos compreender o mundo por meio de *proxies*:

> "Ao permitir que identifiquemos uma *proxy* útil para determinado fenômeno, correlações nos auxiliam a captar o presente e a prever o futuro: se A geralmente ocorre com B, é preciso ficar atento a B para podermos estimar que A ocorrerá. Utilizar B como *proxy* ajuda a compreender o que provavelmente está acontecendo com A, ainda que não seja possível mensurar ou observar A de maneira direta" (MAYER-SCHONBERGER; CUKIER, 2014, p. 53 – tradução livre).

Todos os temas aqui tratados adquirem maior complexidade considerando-se os desenvolvimentos recentes da ciência da computação no campo da Inteligência Artificial (IA). A IA volta-se ao desenvolvimento de máquinas "inteligentes", sejam elas robôs, carros ou computadores. Dentro da IA, há uma área de especial interesse para os cientistas da computação, que recebe o nome de *machine learning* (aprendizagem de máquinas – ou ML em sua sigla em inglês). Como Domingos (2015, p. 6 – tradução livre) esclarece, o *machine learning* muda as regras do jogo porque:

> "Todo algoritmo possui um *input* e um *output*: o dado ingressa no computador, o algoritmo faz o que seu código determina com esse dado, e, então, sai o resultado. O *Machine Learning* muda essa lógica: adentram na máquina tanto o dado como o resultado desejado, e o produto é algoritmo capaz de tornar a relação entre dado e resultado verdadeira. Algoritmos inteligentes – também conhecidos como *learners* – são algoritmos que criam outros algoritmos. Com *machine learning*, computadores escrevem seus próprios programas, para que nós não tenhamos que fazê-lo".

---

[2] Como afirmou corretamente Silver (2012), a busca por correlações está incorporada a um contexto complexo, no qual se refletem preconceitos e assunções subjetivas; isso significa que até mesmo métodos estatísticos não são completamente objetivos.

PARTE II · Cap. 21 · DISCRIMINAÇÃO ALGORÍTMICA À LUZ DA LEI GERAL DE PROTEÇÃO DE DADOS | **427**

Como a própria ascensão do uso de *machine learning* revela, outra questão decisiva com relação aos algoritmos é a obscuridade dos algoritmos em seus processos decisórios. O tema ganha maior relevância pois soluções algorítmicas vêm sendo amplamente adotadas tanto pelo setor privado como pelo setor público.

Talvez o caso mais famoso nesse sentido seja o do *Correctional Offender Management Profiling for Alternative Sanctions* (COMPAS). Trata-se de uma ferramenta pensada originalmente para o gerenciamento de penitenciárias a partir de "informações sobre gestão de detentos críticos", passando desde a triagem de saúde mental dos detentos até o rastreamento de gangues. Como afirma a *Equivant*,[3] desenvolvedora do COMPAS, a ferramenta funciona a partir de uma árvore decisória, que classifica os detentos em um espectro de risco que varia de um a nove, sendo nove o mais alto e um o mais baixo. Embora tenha sido projetado originalmente para o monitoramento de penitenciárias, o algoritmo tem sido usado para outros propósitos nos Estados Unidos, especialmente para avaliação do risco de reincidência (SUPREME COURT OF THE UNITED STATES, 2016). O caso de Eric Loomis, no estado de Wisconsin, é um exemplo. Em 2013, Loomis foi acusado de fugir da polícia na cidade de La Crosse ao dirigir um carro anteriormente utilizado em um tiroteio. Ele havia sido condenado previamente por agressão sexual e, após uma avaliação do COMPAS, considerou-se que havia alto risco de cometer outro crime, tendo sido condenado, assim, a uma sentença de seis anos.

Os advogados de Loomis recorreram da sentença, alegando que a defesa não teve acesso à avaliação de risco de reincidência realizada pelo COMPAS, dada sua natureza confidencial, mesmo tendo sido tal resultado instrumental na sentença judicial. O caso chegou à Suprema Corte de Wisconsin, que, por sua vez, manteve a decisão do juiz, alegando que esta não teria se baseado somente na avaliação do COMPAS. Um *writ of certiorari* foi posteriormente levado à Suprema Corte, mas negado.

Outro exemplo é o chamado *CrimeRadar*,[4] uma ferramenta criada no Brasil e voltada para a previsão de taxas e padrões de criminalidade na cidade do Rio de Janeiro. Até o presente momento, não há informações de que ela tenha sido utilizada pelas autoridades públicas no combate ao crime, mas certamente é uma tendência em outros locais. Algoritmos semelhantes, como o chamado *PredPol*,[5] estão em uso pela polícia em diversos estados estadunidenses e mudaram o modo pelo qual tais departamentos operam.

O uso de ferramentas similares no setor privado também é numeroso. Em especial, os algoritmos têm sido muito utilizados por empresas para recrutamento de pessoas. Como destacado pelo *Wall Street Journal* (GEE, 2017), empresas como a Unilever estão acabando com processos seletivos tradicionais e confiando em *softwares* para selecionar seus candidatos a ofertas de emprego. O objetivo, expressamente declarado pela empresa, é o de diversificar o grupo de candidatos. Danieli, Hillis e Luca (2016 – tradução livre) esclarecem a razão pela qual o uso de algoritmos nessa área é tão atrativo:

> "Para analisar a estreita relação existente entre algoritmos e contratação, considere o simples fato de que a contratação é, essencialmente, um problema de predição.

---

[3]   Como a *Court View Justice Solutions Inc.*, a *Constellation Justice Systems Inc.*, e a *Northpointe Inc.* renomearam para formar a *equivant*, em 9 de janeiro de 2017.

[4]   Um *pop-up* no *site* do CrimeRadar informa antes que a pessoa seja autorizada a utilizar a ferramenta: "As estimativas de probabilidade presentes na função FUTURO deste aplicativo são baseadas em um algoritmo preditivo. Como tal, a precisão de tal informação está sujeita a diversas incertezas e recomenda-se fortemente que os usuários não confiem somente nesta função para propósitos decisórios" (tradução livre).

[5]   Para mais informações a respeito do PredPol, ver: http://www.predpol.com. Acesso em: 29 abr. 2020.

Quando um supervisor analisa currículos de candidatos, ele está implicitamente tentando prever quais candidatos terão um bom desempenho e quais não. Organizações tentam prever quais indivíduos fecharão negócios com sucesso. Escolas tentam prever quais professores serão capazes de dar vida a uma sala de aula. Departamentos de polícia buscam prever quais policiais conseguirão manter um bairro seguro".

Além disso, o uso de algoritmos tem o potencial de levar a resultados consistentes e a ajudar as empresas a economizar – tendo em vista que os processos de contratação consomem muito tempo e dinheiro. De fato, os seres humanos são tendenciosos e é sabido que tais predisposições influenciam processos de recrutamento.[6] Nesse sentido, o uso de algoritmos para selecionar candidatos pode minimizar discriminações. O problema, porém, é que, quanto mais recorremos a ferramentas como essas, mais difícil se torna para os candidatos "fora dos padrões" a entrada no mercado de trabalho e mais difícil é entender o que exatamente faz com que sua candidatura seja menos atrativa do que as outras.

O caso de Kyle Behm é paradigmático. Ele teve problemas para encontrar um emprego depois de ser diagnosticado com transtorno bipolar, mesmo com resultados quase perfeitos em seus exames SAT (a versão estadunidense do vestibular). Behm entrou com um processo contra sete companhias pelo uso de um teste de personalidade desenvolvido pela *Kronos*, uma empresa de gerenciamento de força de trabalho, por entender que o responsável por sua dificuldade de ser recolocado no mercado era o algoritmo (O'NEIL, 2018).

Como veremos adiante, a falta de transparência é uma séria preocupação no que se refere às consequências legais da discriminação algorítmica. Isso ocorre, em primeiro lugar, porque, se o algoritmo é obscuro, é difícil afirmar que algum tipo de discriminação ocorreu; em segundo lugar, pois pode ser difícil prevenir que discriminações ocorram; em terceiro lugar, porque os algoritmos, se utilizados de maneira descuidada, podem acabar por reforçar resultados discriminatórios, em vez de combatê-los.

1.2 Discriminação algorítmica

Para esclarecer o que precisamente queremos dizer com discriminação algorítmica, utilizamos três fontes principais. Primeiro, os trabalhos de Schauer (2006), especialmente seu livro *Profiles, probabilities and stereotypes*; segundo, a teoria econômica de discriminação estatística; e, finalmente, a obra de Britz (2008). Nesta seção, com base nos conceitos desses autores e depois de analisar o conceito de discriminação estatística na literatura econômica, discutiremos quatro formas de discriminação algorítmica. Na seção seguinte, trataremos desse conceito no contexto específico da LGPD.

Ao pensar no conceito de discriminação, geralmente imaginamos um cenário no qual certa pessoa é excluída de um grupo pelo fato de ter determinada característica. Alguém é tido por menos merecedor de um emprego porque não frequentou uma universidade de primeira linha, ou não é chamado para uma festa por ser considerado antissocial. Embora essa seja uma forma comum de compreender a discriminação, o foco deste trabalho são os resultados discriminatórios que decorrem do fato de alguém pertencer a determinado grupo e ser julgado a partir das características desse grupo; um cenário no qual as características

---

[6] Para mencionar somente um exemplo, um estudo da *Northwestern University*, conduzido por Lincoln Quillian, demonstrou que entre 1990 e 2015 candidatos brancos receberam 36% mais telefonemas de retorno do que candidatos negros e 24% mais retorno do que latinos.

PARTE II · Cap. 21 · DISCRIMINAÇÃO ALGORÍTMICA À LUZ DA LEI GERAL DE PROTEÇÃO DE DADOS | **429**

individuais de uma pessoa são desconsideradas e aquela pessoa é vista somente como um membro de um dado conjunto de pessoas.

De acordo com Schauer (2006), um dos problemas do conceito de preconceito – e tomamos seu uso dessa palavra como sinônimo para nosso emprego do termo discriminação – é nossa utilização linguística do termo. Para ele, certa confusão é criada pelo fato de adotarmos a mesma expressão para descrever circunstâncias diferentes.

Schauer (2006) explica o problema ao examinar o conceito de generalização. De acordo com ele, há dois tipos principais de generalizações, as chamadas *sound* ("consistentes") e as *unsound* ("inconsistentes"). As generalizações consistentes podem ser (i) universais – o exemplo mais famoso é o utilizado por Aristóteles: "todos os humanos são mortais", o que significa que a totalidade da raça humana um dia, de fato, morre, de modo que a generalização se mostra verdadeira em 100% dos casos; e (ii) não universais – o que significa que a generalização não se presta a descrever a totalidade de um grupo, mas sim uma característica compartilhada pela maioria dos indivíduos daquele grupo. Quando alguém diz "os brasileiros possuem ascendência europeia", é evidente que a afirmação não se aplica a todos os brasileiros e que algumas das pessoas nascidas no Brasil podem não ter raízes europeias. Ainda assim, a generalização é consistente e útil, caso possa ser confirmada na maioria dos casos.[7]

Em razão de nosso uso linguístico, Schauer (2006) acrescenta uma terceira e última categoria a esse grupo de generalizações: aquela que não é universal nem descreve uma característica compartilhada pela maior parte dos membros de um grupo, mas que "retrata com precisão os membros de uma classe como possuindo uma maior prevalência de um traço do que a grande classe da qual o grupo é normalmente considerado parte, ainda que tal atributo não apareça na maioria dos membros de ambos os grupos" (SCHAUER, 2006, p. 11). Ele utiliza o seguinte exemplo para esclarecer o que quer dizer com essa categoria de generalização: quando alguém afirma que "buldogues têm quadris ruins", isso certamente não significa que todos os buldogues têm problemas nos quadris e também não quer dizer que a maioria dos buldogues tem problemas nos quadris, mas simplesmente que buldogues, em comparação à grande categoria de cachorros, tendem a ter problemas nos quadris mais frequentemente que outras raças. Esse uso de uma generalização se mostrará estatisticamente congruente enquanto buldogues apresentarem, de fato, quadris ruins em maior proporção do que a maioria dos cachorros. Em suma, essa terceira categoria de generalização depende fortemente de uma dimensão *comparativa*.

As generalizações inconsistentes, por sua vez, falham em preencher os parâmetros citados. Se alguém afirma que "arianos são impulsivos", por exemplo, é fácil verificar que (i) esta não é característica universal – nem todas as pessoas nascidas entre 21 de março e 20 de abril são impulsivas; (ii) não há evidências de que essas pessoas sejam mais impulsivas que aquelas nascidas em outros períodos do ano; e (iii) descrever alguém como impulsivo não é um indicativo de que aquela pessoa seja ariana ou vice-versa (SCHAUER, 2006).

Uma conhecida generalização desse tipo no campo jurídico são os estudos de Cesare Lombroso acerca do "homem delinquente". Lombroso foi um médico italiano, fundador da escola de Criminologia Positivista, cujos estudos se dedicaram a comprovar como criminosos teriam nascido dessa forma e como certas características físicas poderiam ajudar a identificar a criminalidade. Sua pesquisa concluiu que o homem criminoso reuniria determinados traços, como braços excessivamente longos, crânio e rosto assimétricos etc. Até hoje, não existem

---

[7] Dados mais detalhados sobre a origem dos cidadãos brasileiros. Disponível em: http://www.pnas.org/content/112/28/8696. Acesso em: 24 set. 2019.

evidências concretas de que Lombroso estava correto, de modo que o fato de uma pessoa possuir braços longos não é um indicativo de que aquela pessoa vai cometer ou já cometeu um crime.

Voltando à questão do preconceito, Schauer (2006) afirma que utilizamos o termo generalização para nos referirmos a dois cenários diferentes. Descrevemos algo como preconceituoso quando uma afirmação se baseia em generalizações estatísticas inconsistentes, mas também quando aludimos a generalizações estatisticamente consistentes, mas não universais. Nesse sentido, dizer que arianos são impulsivos é tão preconceituoso quanto afirmar que homens homossexuais têm HIV, ainda que não existam evidências para embasar a primeira afirmação, mas sim indícios de que possam sustentar a segunda.[8] Isso porque atribuímos à palavra "generalização" uma conotação negativa e, portanto, não nos sentimos confortáveis em aplicá-la ao segundo cenário enquanto não for verdade que todos os homens homossexuais têm HIV. Como Schauer (2006, p. 19) aponta, isso decorre de um entendimento de que "todos os seres humanos [...] merecem ser tratados como indivíduos, e não simplesmente como membros de um grupo, de modo que decisões atuariais sobre seres humanos são, na maioria das vezes, moralmente erradas".

O problema com esse raciocínio é o de que decisões (ou discriminações) ditas atuariais – ou seja, baseadas em estatísticas – a respeito de seres humanos são extremamente comuns em qualquer sistema jurídico e, em grande medida, indispensáveis. Sempre que a lei diz que somente pessoas acima de certa idade podem votar ou ingerir bebidas alcoólicas, está-se tomando uma decisão atuarial sobre seres humanos. Certamente, alguns indivíduos de 15 anos seriam aptos a votar ou a ingerir bebidas alcoólicas de maneira responsável, mas essas possibilidades são ignoradas em prol de outros valores.

O mesmo vale para a determinação do limite de velocidade em uma rodovia. Naturalmente, pessoas distintas são capazes de dirigir de maneira segura em diferentes velocidades, mas estabelecemos um limite – estatisticamente testado – de acordo com o qual o número de acidentes cai a níveis considerados aceitáveis. Vale destacar que algumas pessoas ainda assim talvez não sejam capazes de dirigir de maneira tão prudente quanto outras dentro dos limites existentes, mas nós, como sociedade, decidimos que esse risco é suportável.

Decisões atuariais não estão limitadas ao mundo jurídico, pelo contrário. Constantemente aplicamos a mesma lógica a inúmeras situações cotidianas: escolhemos dirigir ainda que saibamos que existem riscos associados a estar em um carro em alta velocidade, decidimos aplicar provas para que as pessoas entrem nas universidades, faculdades ou escolas, ainda que saibamos que essas provas não são capazes de contabilizar todas as habilidades cognitivas e acabem por deixar de fora muitos candidatos talentosos.

Além de compreender que a discriminação (nesse sentido utilizado por Schauer) é um aspecto corriqueiro de nossos sistemas legais – e da vida em geral –, outro esclarecimento importante está na melhor compreensão do que é, propriamente, a discriminação estatística para a teoria econômica. Trata-se de uma teoria cujas origens são atribuídas a Kenneth Arrow e Edmund Phelps, que tenta elucidar como a desigualdade pode ser um problema mesmo quando não se está buscando propositalmente qualquer tipo de resultado discriminatório (PHELPS, 1972; ARROW, 1973).[9] Isso porque, de acordo com os autores, por vezes – e, como

---

[8]   Disponível em: https://www.hiv.gov/hiv-basics/overview/data-and-trends/statistics. Acesso em: 29 abr. 2020.

[9]   Em oposição a tal forma de discriminação, a literatura econômica identifica o que é chamado de discriminação baseada em preferências (*taste discrimination*), como definido por Becker em *The Economics of Discrimination*. Nesse livro, ele afirma que alguns indivíduos têm um "gosto" por discriminação e, desse

PARTE II · Cap. 21 · DISCRIMINAÇÃO ALGORÍTMICA À LUZ DA LEI GERAL DE PROTEÇÃO DE DADOS | 431

veremos, algoritmos fazem-no com muita frequência – são utilizadas características de um grupo para avaliar a totalidade dos indivíduos a ele pertencentes de maneira inconsequente.

Vale a pena mencionar que a teoria supõe que tal forma de discriminação é racional e decorre do fato de que, num mundo de recursos escassos e racionalidade limitada, os agentes ainda assim precisam tomar um sem-número de decisões. Consequentemente, eles "tendem a utilizar características facilmente observáveis, como gênero, raça, educação etc., como *proxies* para características produtivas" (GOODMAN; BRYCE, 2016, p. 3). Em outras palavras, agentes oferecem opiniões sobre outros indivíduos baseadas em características observáveis, as quais, por sua vez, são utilizadas como substitutas de outras características não observáveis.

Tome-se o mercado de trabalho como um exemplo. Empregadores talvez sejam mais propensos a contratar homens, em vez de mulheres, porque acreditam que o grupo "mulher" tem chances de enfrentar uma trajetória profissional mais difícil – frequentemente, elas têm de escolher entre trabalho e família, e nem sempre escolhem o trabalho. O empregador não sabe nada sobre a situação da mulher em concreto que entrevistará, mas pode adotar essa generalização em seu processo decisório. A teoria econômica, diferentemente do direito, não discute se essa forma de categorização empregada é ou não justa, ela simplesmente analisa se seu uso é ou não racional – e, como dito, muitas vezes existe racionalidade na generalização.

Outro aspecto importante a ser observado é o de que a discriminação estatística pode ocorrer por diferenças exógenas ou endógenas entre grupos (MORO, 2009). No primeiro caso, a variável que distingue um grupo do outro é externa, ao passo que, no segundo, é interna e pode até mesmo integrar a diferenciação.[10] Utilizando o exemplo anterior do mercado de trabalho para esclarecer essa distinção, é possível afirmar que as mulheres foram, historicamente, mais envolvidas na criação dos filhos e em tarefas domésticas que os homens. No entanto, esse é um *resultado* do fato de que a elas foram dadas menos oportunidades profissionais, consideradas por muito tempo como incompatíveis com as tarefas domésticas, e não uma característica inerente do sexo feminino que torna as mulheres menos capacitadas ou menos interessadas em oportunidades profissionais. A consequência da discriminação, nesse caso, leva à confirmação da hipótese inicial, pois estamos analisando uma variável endógena.

Diferentemente, tomando-se o mercado de seguro de automóveis como exemplo, é fácil observar que o seguro para motoristas jovens do sexo masculino é mais caro do que o seguro para motoristas jovens do sexo feminino. O gênero guarda forte correlação com a taxa de acidentes de trânsito e, assim, é frequentemente utilizado para precificação. Neste segundo cenário, porém, o gênero não é uma variável endógena, mas sim exógena, pois nada no fato de que os homens pagam mais por seguros leva esse grupo a efetivamente se envolver em mais acidentes.

Economicamente, essas observações são importantes porque a discriminação estatística baseada em aspectos endógenos pode ser ineficiente. O resultado – por exemplo, ter um número menor de mulheres inseridas no mercado de trabalho – poderia ser modificado, levando a uma satisfação geral maior (maior número de mulheres qualificadas contratadas,

---

modo, inclui na função de utilidade de tais indivíduos um "coeficiente de discriminação", representando tal preferência.

[10] Esse resultado é o que geralmente se denomina *feedback loop*. Um *feedback* ocorre quando o *output* de um sistema – por exemplo, um algoritmo – é colocado de volta no sistema como um *input*. Em outras palavras, um dado efeito do sistema retorna como sua causa. O resultado de menos mulheres sendo contratadas retorna ao sistema decisório como um *input* para aquele que tomará a decisão e, assim, reforça a conclusão que ele mesmo cria.

432 | TRATADO DE PROTEÇÃO DE DADOS PESSOAIS

empregador satisfeito com o trabalho realizado, maiores níveis de produtividade etc.), se a hipótese inicial não estivesse presente.

Feitas essas observações, vale esclarecer que o termo "discriminação algorítmica" é utilizado, neste artigo, para englobar tanto cenários que envolvem afirmações estatisticamente inconsistentes quanto cenários em que as afirmações, embora estatisticamente lógicas, de alguma forma tomam os indivíduos que dela são objeto não de maneira efetivamente individualizada, mas apenas como parte de um grupo. Isto porque, a nosso ver, uma classificação, ainda que consistente sob o ponto de vista estatístico, pode em alguns casos se mostrar injusta. Com isso em mente, sistematizamos a seguir quatro tipos principais de discriminação algorítmica que auxiliam na compreensão do cenário:

(i) *Discriminação por erro estatístico* – todo e qualquer erro que seja genuinamente estatístico, abrangendo desde dados incorretamente coletados, até problemas no código do algoritmo, de modo que ele falhe em contabilizar parte dos dados disponíveis, contabilize-os de forma incorreta etc. Basicamente, é o tipo de discriminação que decorre de um erro cometido pelos engenheiros ou cientistas de dados responsáveis pelo desenho do algoritmo;

(ii) *Discriminação pelo uso de dados sensíveis* – a razão pela qual consideramos essa categoria como discriminatória, embora muitas vezes seja estatisticamente correta, é porque ela se baseia em dados ou *proxies* legalmente protegidos. É o que ocorre, por exemplo, quando um algoritmo utiliza informações sobre identificação religiosa de um indivíduo para designar seu *credit score* no Brasil – a Lei do Cadastro Positivo proíbe o uso desse tipo de informação para essa finalidade. Duas características são relevantes para se considerar um perfilamento como discriminatório nesse caso: além de utilizar dados sensíveis, a classificação deve se basear em características endógenas,[11] ou então deve destacar grupos historicamente discriminados;

(iii) *Discriminação por generalização injusta* (correlação abusiva) – embora o modelo funcione bem e seja estatisticamente correto, leva a uma situação na qual algumas pessoas são equivocadamente classificadas em certos grupos.[12] Por exemplo, se uma pessoa mora em uma vizinhança comumente associada à pobreza e o modelo não tem nenhuma outra informação além de seu endereço para decidir se ela é ou não uma boa candidata para um empréstimo, ele a classificará como pertencente a um grupo do qual ela talvez não seja parte, caso ela se apresente como um caso atípico. Isso poderia ocorrer na hipótese de essa pessoa ter uma renda superior ou inferior às pessoas de sua vizinhança, por exemplo. Desse modo, embora o algoritmo esteja correto e as informações também, ainda assim o resultado será uma generalização incorreta e injusta, na medida em que mesmo um resultado estatisticamente re-

---

[11] Como mencionado anteriormente, os atributos utilizados em processos decisórios podem ser endógenos ou exógenos. Nosso argumento é o de que, quando a característica sob consideração apresentar efeitos endógenos, sempre levará à discriminação. Se, no entanto, a propriedade for exógena, ainda que seja sensível, o resultado talvez não seja discriminatório. Um exemplo seria a já mencionada maior propensão de motoristas jovens do sexo masculino se envolverem em acidentes de carro quando comparados a motoristas jovens do sexo feminino. Gênero talvez seja uma característica sensível, mas, nesse caso, não é endógena nem distingue um grupo historicamente discriminado.

[12] Tais classificações incorretas podem ser o resultado de correlações espúrias, mas não necessariamente. Curiosamente, o problema também pode advir do fato de que o sistema algoritmo não detém informações suficientes a respeito do indivíduo, e, desse modo, classifica-o de acordo com as informações que possui, que são insuficientes para refletir a realidade.

PARTE II · Cap. 21 · DISCRIMINAÇÃO ALGORÍTMICA À LUZ DA LEI GERAL DE PROTEÇÃO DE DADOS | **433**

levante apresentará um percentual de pessoas que não se encaixam perfeitamente naquela média. Isso se dá pela própria natureza de qualquer exercício probabilístico;

(iv) *Discriminação limitadora do exercício de direitos* – novamente, aqui falamos de uma categoria que pode apresentar resultados estaticamente corretos e relevantes, mas que ainda assim consideramos discriminatória. Ao contrário das duas primeiras categorias, o problema advém não do tipo de dado utilizado, mas da relação entre a informação empregada pelo algoritmo e a realização de um direito. Se há uma conexão estrita entre ambos e se o direito em questão é demasiadamente afetado, provável que o uso seja discriminatório.[13]

É muito relevante termos em mente qual é a utilidade de tal tipologia, já que fornecer um parâmetro de análise para situações concretas é o principal objetivo de qualquer categorização. Nos termos de Kleinberg *et al.* (2019, p. 4 – tradução livre): "Os algoritmos mudam a paisagem – eles não eliminam o problema". É nesse sentido que entendemos que a tipologia desenvolvida poderá ser um instrumento para auxiliar na análise dos riscos discriminatórios nessa nova paisagem, qual seja, no contexto automatizado de tomada de decisões. Buscaremos na seção seguinte esclarecer como tal tipologia pode ser útil no debate de implementação e aplicação da LGPD.

2. DISCRIMINAÇÃO ALGORÍTMICA À LUZ DA LGPD

A LGPD formulou um princípio geral de não discriminação no art. 6.º, IX, especificando que a vedação abarca "o tratamento para fins discriminatórios ilícitos ou abusivos". Tendo em vista que a lei se limita a mencionar essas duas espécies de discriminação, sem conceituá-las, é esperado que a doutrina e a jurisprudência realizem essa função, de modo a auxiliar a aplicação da LGPD.

Cabe, assim, primeiramente esclarecer o que determina o princípio da não discriminação. Na medida em que a lei afirma que são vedadas práticas discriminatórias cujas finalidades sejam abusivas ou ilícitas, compreende-se que práticas discriminatórias que não tenham tais finalidades são consideradas permitidas. Esse entendimento é plenamente coerente com o que foi exposto anteriormente, e torna-se mais palatável na medida em que compreendemos que a natureza da discriminação é, na realidade, o estabelecimento de correlações, que geralmente incluem generalizações, algo absolutamente comum em nosso ordenamento jurídico. Ademais, é igualmente razoável supor que há uma diferença entre abusividade e ilicitude, caso contrário a lei não traria ambas as expressões. Necessário, portanto, definir cada um dos conceitos e buscar um caminho que possibilite a diferenciação dessas ideias. É o que se passa a fazer.

2.1 Ilicitude

A ideia de ilicitude remete a fatos que ocasionam danos e geram responsabilidades, seja no direito penal, civil, trabalhista, tributário ou administrativo (CRETELLA JÚNIOR, 1973).

---

[13] Na visão de Schauer (2006), o problema, nesse caso, não é a discriminação *per se*, mas a exclusão. O mesmo pode ser constatado se imaginarmos que o exemplo anteriormente utilizado sobre o mercado de seguros de automóveis refere-se à saúde, e não a seguros de carro. Seria menos evidente que homens jovens deveriam pagar mais do que jovens mulheres pela cobertura, ainda que o grupo de jovens do sexo masculino não seja um grupo historicamente discriminado. A razão, alega Schauer, não advém da discriminação, e sim de um sentimento de exclusão do acesso a uma ferramenta que auxilia a realização de um direito essencial: o direito à saúde.

O ilícito pode ser típico (quando considerado na esfera penal) ou atípico (se considerado o ilícito civil), podendo sua configuração estar prevista de forma taxativa no ordenamento jurídico ou depender da análise do seu potencial danoso. Nesse sentido, tendo em vista a distinção entre o tratamento para fins abusivos e ilícitos constatada no art. 6.º, IX, da LGPD, entende-se que a ilicitude à qual a lei faz referência é aquela advinda de vedações expressas ao tratamento discriminatório e sem margem para relativizações. Vale observar que essa proibição independe de um debate sobre a correção estatística do cálculo probabilístico realizado, ou seja, a proibição existe ainda que o cálculo seja correto e relevante estatisticamente. Isso se dá não em razão de uma particularidade do meio automatizado para atingimento do resultado, mas precisamente porque o ordenamento jurídico já tomou uma decisão pretérita de afastar aquele cenário, por considerar discriminatório se determinado elemento, dado ou informação for utilizado como base de uma decisão, mesmo que tomada por um ser humano, sem mediação de qualquer sistema algorítmico.

É nesse sentido que o ordenamento jurídico prevê de forma expressa a proteção de grupos que historicamente foram alvo de preconceito e são mais vulneráveis a tratamentos discriminatórios, nos termos dos princípios constitucionais da igualdade (art. 3.º, IV, da CF) e da proibição de discriminação que atente contra direitos e liberdades fundamentais (art. 5.º, XLI, da CF).

Nesse contexto e concretizando um dever de proteção constitucional, o direito material infraconstitucional determina a ilicitude da discriminação de determinados grupos com base em características raciais, étnicas, religiosas ou de nacionalidade. Tendo em vista que determinados grupos são, por fatores variados que geralmente se associam a contextos históricos, negativamente mais afetados do que outros, o legislador por vezes entende ser necessário conferir proteção aos indivíduos que compõem tais grupos em situações particulares. Um exemplo disso é a Lei 7.716/1989, que tipifica condutas discriminatórias como crimes quando praticadas "por motivo de discriminação de raça ou de cor ou práticas resultantes do preconceito de descendência ou origem nacional ou étnica".

A Lei 7.716/1989 constitui um marco no combate ao racismo ao tipificar as condutas discriminatórias passíveis de penalização, além de posteriormente ter incluído em seu teor a discriminação com relação à "etnia, religião ou procedência nacional". Interessante ressaltar que parte da importância da Lei 7.716/1989 reside justamente em especificar quais condutas discriminatórias são ilegais, e não por outra razão outras minorias como os homossexuais também lutam para serem incluídos no âmbito de aplicação da Lei (STF, 2019a; 2019b).

Vale destacar que a redação do art. 1.º da lei é clara e dispõe que "serão punidos, na forma desta Lei, os crimes resultantes de discriminação ou preconceito de raça, cor, etnia, religião ou procedência nacional", ou seja, o dispositivo é claro em afirmar que a penalização se dará por conta da discriminação, levada a cabo de qualquer maneira, desde que tal discriminação se origine de preconceito de um rol determinado de características, qual seja, raça, cor, etnia, religião ou procedência nacional.

Partindo dessa leitura, é possível afirmar que quaisquer decisões algorítmicas que se baseiem nas informações caracterizadas como ilícitas pela Lei 7.716/1989 (raça ou cor, descendência ou origem nacional ou étnica) e que sejam utilizadas para as finalidades vedadas pelo referido diploma também são passíveis de punição pela autoridade de proteção de dados na esfera administrativa:

    i.   impedir ou obstar o acesso de alguém, devidamente habilitado, a qualquer cargo da Administração Direta ou Indireta, bem como das concessionárias de serviços público (art. 3.º);

PARTE II · Cap. 21 · DISCRIMINAÇÃO ALGORÍTMICA À LUZ DA LEI GERAL DE PROTEÇÃO DE DADOS | 435

ii. negar ou obstar emprego em empresa privada (art. 4.º);

iii. recusar ou impedir acesso a estabelecimento comercial, negando-se a servir, atender ou receber cliente ou comprador (art. 5.º);

iv. recusar, negar ou impedir a inscrição ou ingresso de aluno em estabelecimento de ensino público ou privado de qualquer grau (art. 6.º);

v. impedir o acesso ou recusar hospedagem em hotel, pensão, estalagem, ou qualquer estabelecimento similar (art. 7.º);

vi. impedir o acesso ou recusar atendimento em restaurantes, bares, confeitarias, ou locais semelhantes abertos ao público, estabelecimentos esportivos, casas de diversões, ou clubes sociais abertos ao público, salões de cabeleireiros, barbearias, termas ou casas de massagem ou estabelecimento com as mesmas finalidades (arts. 8.º, 9.º, 10);

vii. impedir o acesso às entradas sociais em edifícios públicos ou residenciais e elevadores ou escada de acesso a eles (art. 11);

viii. impedir o acesso ou uso de transportes públicos, como aviões, navios barcas, barcos, ônibus, trens, metrô ou qualquer outro meio de transporte concedido (art. 12);

ix. impedir ou obstar o acesso de alguém ao serviço em qualquer ramo das Forças Armadas (art. 13);

x. impedir ou obstar, por qualquer meio ou forma, o casamento ou convivência familiar e social (art. 14).

Portanto, na medida em que existe determinação legal expressa que proíbe esse tipo de conduta (art. 5.º da Lei 7.716/1989), é irrelevante a eventual correção estatística da informação – ainda que seja altamente questionável qualquer análise estatística que atinja esse resultado, por variados motivos, entre eles por problemas de amostragem (LARSON *et al.*, 2016). Além da punição na esfera administrativa dos crimes previstos na Lei 7.716/1989, a LGPD inova ao colaborar para a prevenção de práticas discriminatórias preconceituosas. Isso porque, ao conectar o elemento material que constitui o crime em si com o dado que leva à prática preconceituosa, a lei impede que o dado seja processado para aquela finalidade antes mesmo que o tratamento diferenciado ocorra.

Um exemplo de discriminação ilícita revela-se pela análise da Lei Federal 12.414/2011, também conhecida como Lei do Cadastro Positivo. A pretensão dessa legislação, segundo ela própria, é tratar da "formação e consulta a bancos de dados com informações de adimplemento, de pessoas naturais ou de pessoas jurídicas, para formação de histórico de crédito". Em outras palavras, é uma lei que introduziu no Brasil a ideia de análise de crédito não apenas com base em informações negativas (ou seja, se alguém deixou de pagar um boleto, uma conta de telefone etc.), mas também em informações positivas (todas as obrigações de pagamento honradas por determinada pessoa). Seu art. 3.º fala em informações de adimplemento do indivíduo cadastrado e seu uso para formação de histórico de crédito, e o § 3.º proíbe expressamente

> "[...] anotações de: I – informações excessivas, assim consideradas aquelas que não estiverem vinculadas à análise de risco de crédito do consumidor; e II – informações sensíveis, assim consideradas aquelas pertinentes à origem social e étnica, à saúde, à informação genética, à orientação sexual e às convicções políticas, religiosas e filosóficas".

A vedação nesse caso não é da prática discriminatória em si, mas da utilização de dados de determinados grupos que podem levar a condutas discriminatórias. É absolutamente razoável admitir que tanto informações classificadas pela lei como excessivas quanto informações sensíveis permitam formar um histórico de crédito mais completo sobre um indivíduo, e inclusive forneçam correlações relevantes a respeito da capacidade de pagamento daquela pessoa. Por exemplo, se um algoritmo conseguisse desenhar uma correlação positiva relevante entre a religião de uma pessoa e o fato de ela pagar suas contas em dia, essa informação poderia ser útil para a formação do histórico de crédito dessa pessoa. A lei, porém, entende que esse é um tipo de informação que não deve ser usado para essa finalidade, ainda que a correlação estatística se revele verdadeira e relevante. Com a vedação legal, não se discute sequer sobre a exatidão da discriminação/generalização proposta.

No âmbito das práticas de RH, também são passíveis de análise da discriminação ilícita as práticas que determinam salários ou selecionam funcionários. Por exemplo, uma empresa pode constatar por meio de dados estatísticos que clientes têm maior probabilidade de comprar de vendedores brancos e, por esse motivo, decidir que somente vai contratar funcionários brancos (KLEINBERG et al., 2019, p. 209). Sob uma perspectiva utilitarista, talvez o raciocínio do empresário se fundamentasse em dados corretos, contudo, uma vez que essa correlação envolve um grupo protegido, o que acaba por acionar a proibição inequívoca e expressa no art. 4.º da Lei 7.716/1989, esse empresário estaria incorrendo em uma discriminação ilícita.[14]

Conforme mencionado anteriormente, tal utilização do tratamento de dados está sendo amplamente discutida no âmbito das atividades de Recursos Humanos, especialmente como uma forma de auxiliar a avaliação relativa à *performance* e à contratação de novos funcionários. O tratamento de dados pode ser usado, por exemplo, para identificar comportamentos de risco para o empregador, como fraudes, assédio, ou mesmo outros tipos de comportamentos indesejados, por meio dos dados dos empregados e candidatos (TAMBE *et al.*, 2019).

Outros exemplos nas atividades de gestão de recursos humanos ajudam a demonstrar como, a despeito da importância dos algoritmos para ampliar a eficiência administrativa, a sua utilização pode levar a práticas discriminatórias cuja vedação é expressa. Esse é o caso da vedação do uso de dados que possam indicar a gravidez no âmbito de contratações de funcionárias e continuidade de vínculos trabalhistas, previstas na Lei 9.025/1995:

> "Lei 9.029/95 – Proíbe a exigência de atestados de gravidez e esterilização, e outras práticas discriminatórias, para efeitos admissionais ou de permanência da relação jurídica de trabalho.
>
> Art. 1.º É proibida a adoção de qualquer prática discriminatória e limitativa para efeito de acesso à relação de trabalho, ou de sua manutenção, por motivo de sexo, origem, raça, cor, estado civil, situação familiar, deficiência, reabilitação profissional, idade, entre outros, ressalvadas, nesse caso, as hipóteses de proteção à criança e ao adolescente previstas no inciso XXXIII do art. 7.º da Constituição Federal.
>
> Art. 2.º Constituem crime as seguintes práticas discriminatórias:
>
> I – a exigência de teste, exame, perícia, laudo, atestado, declaração ou qualquer outro procedimento relativo à esterilização ou a estado de gravidez;
>
> II – a adoção de quaisquer medidas, de iniciativa do empregador, que configurem;
>
> a) indução ou instigamento à esterilização genética;

---

[14] O caso também se enquadraria como discriminação à luz do direito americano (KLEINBERG *et al.*, 2019, p. 209).

PARTE II · Cap. 21 · DISCRIMINAÇÃO ALGORÍTMICA À LUZ DA LEI GERAL DE PROTEÇÃO DE DADOS | 437

b) promoção do controle de natalidade, assim não considerado o oferecimento de serviços e de aconselhamento ou planejamento familiar, realizados através de instituições públicas ou privadas, submetidas às normas do Sistema Único de Saúde (SUS)".

No que se refere aos dados de saúde, estes são considerados de tamanha sensibilidade que, além da vedação da discriminação ilícita com base em dados relativos a deficiências e gravidez, a LGPD veda no art. 11, § 5.º, o seu tratamento para a seleção de riscos na contratação de planos privados de assistência à saúde. Nesse sentido, reforçando as proibições regulatórias já estabelecidas pela Agência Nacional de Saúde Suplementar (ANS), o referido dispositivo da LGPD proíbe que um plano de saúde trate dados para fins de seleção de riscos, seja para recusar a vender planos de saúde a portadores de doenças graves, seja para aumentar os preços com base nessa informação. Estamos diante, portanto, de mais uma discriminação ilícita, estando esta prevista no próprio diploma de proteção de dados.

Assim, observa-se que as hipóteses que constituem conduta discriminatória ilícita estão delimitadas nos respectivos diplomas legais, que por vezes já determinam também qual é o tipo de dado/característica que não pode ser utilizada na tomada de determinadas decisões. Como é possível verificar pelos exemplos supradelineados, a lógica de tal proteção é evitar que a discriminação limite direitos básicos como acesso ao trabalho, saúde, educação, transporte, convívio social e exercício da cidadania, exatamente por uma compreensão do legislador de que tais direitos são de particular relevância para todos os indivíduos e que determinados grupos são negativa e desproporcionalmente afetados quando comparado a outros grupos.

2.2 Abusividade

Após a análise das hipóteses de discriminação ilícita, em que há expressa vedação legal, passaremos ao exame dos casos de discriminação algorítmica abusiva. Exatamente por se tratar de conceito aberto, para melhor compreendê-lo, é importante entender primeiramente o que preceitua o princípio da igualdade.

Nas palavras de Bandeira de Mello (2008, p. 18), o princípio da igualdade previsto no ordenamento jurídico brasileiro busca compelir "desequiparações fortuitas ou injustificadas", de modo que nem todos os tratamentos desiguais são tidos como uma quebra da isonomia. O autor defende que para identificar a discriminação contrária ao princípio da igualdade é necessário (i) analisar o critério discriminatório; (ii) avaliar se existe uma justificativa racional para esse critério; e (iii) avaliar se a justificativa guarda harmonia com o sistema normativo constitucional (BANDEIRA DE MELLO, 2008, p. 21), ou seja, a avaliação sobre se a discriminação é possível ou não depende da utilização de um critério objetivo e de uma justificativa plausível do ponto de vista jurídico.

O referido conceito, embora tenha sido elaborado para tratar de situações que não envolviam a discriminação algorítmica, pode ser aplicado também a essas situações. Isso porque ele indica a necessidade de buscar identificar o critério discriminatório e analisar se existe uma justificativa racional e condizente com o ordenamento jurídico para o uso desse critério. É preciso reconhecer, contudo, que muitas vezes não é fácil realizar essa análise, dada a dificuldade, exacerbada no caso de algoritmos, na identificação do critério discriminatório. Ainda que por vezes esse critério para o algoritmo possa ser o seu *input* (por exemplo, o pertencimento de um dado indivíduo a um grupo étnico), em muitos outros cenários não haverá clareza sobre como precisamente o algoritmo chegou àquele resultado discriminatório – e nesse caso o critério poderá inclusive ser o *output* da tomada de decisão. De toda forma, será sempre necessário analisar se existe uma justificativa racional e condizente com o ordenamento jurídico para o uso desse critério.

Entendimento semelhante pode ser encontrado no ordenamento europeu e na legislação alemã, pois em ambos a vedação ao uso de determinados dados para algumas situações de forma *per se*, isto é, em que não se permite qualquer ponderação acerca da razoabilidade ou fundamento dos critérios – o que é paralelo à discriminação ilícita abordada no item anterior –, convive com tipos de informação e critérios que poderão ser usados a depender do contexto e da fundamentação, o que por sua vez muito se assemelha ao conceito de abusividade presente na legislação de proteção de dados brasileira.

Nesse contexto, destaca-se a Lei Geral sobre a Igualdade de Tratamento da Alemanha (*Das Allgemeine Gleichbehandlungsgesetz* – AGG), que, embora não aborde expressamente a proteção de dados (BRITZ, 2008), acaba por gerar regras que incidem diretamente sobre o tratamento de dados pessoais.

A lei alemã proíbe de forma absoluta a discriminação com base em características de raça e étnicas (BRITZ, 2008, p. 65), por considerar que a diferenciação com base nesses critérios prejudica determinados grupos já historicamente discriminados, reforçando tal discriminação. No que diz respeito à abusividade, são de grande importância os arts. 7 e 19 da AGG, que estipulam proibições de discriminação com base nos clássicos elementos discriminantes[15] no Direito Civil e Trabalhista. A forma como esses elementos poderão ser usados como base decisória em relações na esfera do Direito Civil dependerá das exceções estipuladas nos arts. 8 a 10 e 20 da AGG. Aqui valem como justificação critérios como um objetivo legítimo (art. 10 da AGG) ou um motivo objetivo (art. 20, § 1, da AGG) (BRITZ, 2008, p. 33; FEDERAL ANTI DISCRIMINATION AGENCY, 2019, p. 20).

De forma semelhante, a União Europeia também diferencia a aplicação do princípio da igualdade em relação a características de origem racial ou étnica de outros tipos de discriminação, os quais exigem a análise acerca do objetivo legítimo da discriminação por meio da edição de diretivas específicas para cada um dos assuntos, quais sejam a Diretiva 2000/43/CE, de 29 de junho de 2000 (igualdade de tratamento entre as pessoas sem distinção de origem racial ou étnica), e a Diretiva 2000/78/CE, de 27 de novembro de 2000 (igualdade de tratamento no emprego e na atividade profissional).

Wachter, Mittelstadt e Russell (2020), ao abordarem o direito da antidiscriminação europeu, ressaltam que o tema é regido especialmente por diretivas (em específico, eles destacam as Diretivas 2000/43/EC, 2006/54/EC, 2004/113/EC e 2000/78/EC), e não por regulamentações. Essa diferença é relevante porque diretivas dependem, para sua aplicação em concreto, de internalização nos países-membros por meio de legislação nacional. Consequentemente, há proteções diversas previstas por países distintos, o que gera fragmentação. De toda forma, os autores explicam que o direito europeu aborda a antidiscriminação de dois tipos, direta e indireta. Enquanto a primeira "refere-se ao tratamento adverso baseado em um atributo protegido, como orientação sexual ou gênero", a segunda concerne a situações em que critérios aparentemente neutros são utilizados de modo a "colocar um grupo em desvantagem desproporcional em comparação com outras pessoas" (FEDERAL ANTI DISCRIMINATION AGENCY, 2019, p. 15). Eles também destacam que o conceito de discriminação indireta é novo no direito europeu e, portanto, a jurisprudência que aborda o assunto não é muito vasta ou conclusiva.

---

[15] Os elementos previstos são raça, origem étnica, sexo, religião, visão de mundo, deficiência, idade e identidade sexual (art. 1 da AGG).

Para que a discriminação indireta se configure no cenário europeu é preciso que alguns aspectos sejam demonstrados, quais sejam: (i) que um dano específico tenha ocorrido ou tenha probabilidade de ocorrer; (ii) que o dano se manifeste ou tenha probabilidade de se manifestar de forma significativa com relação a um grupo protegido de pessoas; e (iii) que o dano seja desproporcional quando comparado com outras pessoas na mesma situação. A jurisprudência da Corte Europeia de Justiça e dos Estados-membros revela, segundo os autores, que há poucas regras claras e bem definidas para determinar tais conceitos, e também que há divergência entre jurisdições nessas determinações. Eles ressaltam que na maioria dos cenários a definição é fortemente baseada na situação concreta em análise, motivo pelo qual afirmam que a igualdade no direito europeu é sempre contextual, o que traz dificuldades intrínsecas para a automação das tomadas de decisão (FEDERAL ANTI DISCRIMINATION AGENCY, 2019, p. 16).

Nesse sentido, e voltando ao exemplo da condução de automóveis, um aplicativo de transporte que impede que deficientes visuais se habilitem como condutores dos veículos não está incorrendo em uma discriminação abusiva, tendo em vista que é razoável a justificativa de que o manejo de veículos por esse grupo de pessoas pode colocar em risco não só o próprio condutor, como também terceiros. Por outro lado, se o mesmo aplicativo determinasse um impedimento para que mulheres sejam motoristas, a decisão poderia ser considerada abusiva, tendo em vista que, não obstante a ausência de legislação que estabeleça expressamente que a atitude é ilícita, não existem fundamentos suficientes para embasar a determinação e esta, por sua vez, causa significativo prejuízo a um grupo.

A questão se torna mais complexa quando pensamos no caso citado por Britz (2008), segundo o qual algumas seguradoras de vida na Alemanha cobravam mais caro de acordo com o gênero do segurado, pois se baseavam no entendimento de que mulheres têm uma expectativa de vida maior e, portanto, entendiam que elas deveriam desembolsar valores maiores pelo mesmo serviço. A questão que se coloca é saber se esse uso seria ou não autorizado pela LGPD. Afinal, como dito, pode existir uma correlação estatística relevante encontrada pelo algoritmo, ou seja, há bons motivos para crer que as mulheres de fato vivem mais e, portanto, geram maiores custos para esses seguros.

Em uma análise preliminar, poder-se-ia dizer que o critério de gênero associado à expectativa de vida das mulheres, supramencionado, aparenta ser abusivo, na medida em que toma uma característica positiva (maior expectativa de vida) para lhe atribuir um efeito negativo (custos mais elevados). Nesse sentido, tende a punir as mulheres exatamente por terem hábitos saudáveis, que eventualmente levariam a essa maior expectativa de vida (BRITZ, 2008, p. 131).

Entender o significado do que constituiria abuso não é trivial, mas vale ressaltar que diversas legislações usam terminologia semelhante, como o abuso de direito no Código Civil e as cláusulas e práticas abusivas dos arts. 39 e 51 do Código de Defesa do Consumidor. De forma análoga à teoria do abuso de direito, trata-se aqui de compreender, no contexto da LGPD, como uma prática a princípio lícita se transforma em ilícita. Não é necessário, dessa forma, importar a figura civilista, na medida em que ela tem características específicas que não se aplicam ao contexto de proteção de dados, mas sim entender quais são os princípios da proteção de dados cuja violação caracteriza abusividade da discriminação.[16]

---

[16] A vedação ao abuso de direito foi consubstanciada no Código Civil nos termos do art. 187, que considera ato ilícito quando o titular de um direito, "ao exercê-lo, excede manifestamente os limites impostos pelo seu fim econômico ou social, pela boa-fé ou pelos bons costumes". Nos termos de Limongi França (1991, p. 889), "o abuso de direito consiste em um ato jurídico de objeto lícito, mas cujo exercício, levado a efeito sem a devida regularidade, acarreta um resultado que se considera ilícito".

TRATADO DE PROTEÇÃO DE DADOS PESSOAIS

Assim, para auxiliar na identificação das situações que podem ser consideradas abusivas, buscamos, por meio de tipologia desenvolvida em artigo anterior, aplicá-las ao contexto da LGPD. As categorias podem servir como importante ponto de partida para análise da conduta em questão, sendo fundamental para qualquer inferência conclusiva realizar a análise acerca do abuso, sem o qual a prática não pode ser considerada ilegal. Nesse sentido, entendemos que os critérios para definição da abusividade devem se basear primordialmente nos princípios da LGPD, além dos princípios constitucionais que regem a matéria.

a) Discriminação por erro estatístico

A discriminação por erro estatístico é o primeiro exemplo de discriminação abusiva, pois os resultados obtidos em razão do erro estatístico podem resultar na indevida restrição de direitos e no tratamento desigual em comparação com pessoas que deveriam ser tratadas de maneira isonômica. Isso porque, independentemente da característica do grupo analisado, ela é formada por um equívoco no tratamento do dado, seja ele relacionado à forma como os dados foram coletados, seja um erro técnico no código do algoritmo. Assim, pode ocorrer, seja em razão do erro nos *inputs* ou do cálculo estatístico, que ao grupo discriminado sejam atribuídas características que ele sequer possui e que não justificam a sua distinção dos outros titulares de dados.

Considere, por exemplo, o caso de dois titulares de dados que estão fazendo cotação *on-line* de um seguro de carro. O usuário A possui um carro com modificações que indicam uma origem duvidosa – chassi modificado, emplacamento fora do padrão e sinais de adulteração na numeração do motor – e também que o usuário A estaciona o carro em locais com alto índice de furtos. Por outro lado, o usuário B possui um carro novo, com todas as especificações dentro do padrão, que sempre fica estacionado dentro de garagens privativas e transita em regiões com baixa taxa de furtos. Se por um erro estatístico o programa de análise dos contratantes do seguro considera que as garagens privativas nas quais o carro do usuário B fica estacionado têm a mesma taxa de furto que o local em que o carro A fica estacionado, e aumenta os valores para a contratação de seguro de todos os usuários com tal característica, esse erro estatístico gera uma discriminação na seleção dos usuários.

Daí por que é importante considerarmos a possibilidade de que um erro estatístico no tratamento de dados possa levar a uma discriminação abusiva. Mesmo que se considere que não houve intenção abusiva no tratamento equivocado do dado dos usuários, esse tratamento, se comprovado, não poderia ser permitido no âmbito da LGPD.

b) Discriminação pelo uso de dados sensíveis

A LGPD caracteriza de forma diferenciada alguns dados pessoais, determinando serem dados pessoais sensíveis os dados pessoais sobre origem racial ou étnica, convicção religiosa, opinião política, filiação a sindicato ou a organização de caráter religioso, filosófico ou político, dado referente à saúde ou à vida sexual, dado genético ou biométrico, quando vinculado a uma pessoa natural (art. 5.º, II).

Não existe na lei qualquer tipo de vedação geral ao uso de tais dados sensíveis para atividades de automação ou perfilhamento, mas é natural que seu uso para tais finalidades apresente riscos majorados. Assim, é necessário ter cuidado para avaliar se o uso de determinado dado sensível é ilícito ou abusivo, pois a análise sob a perspectiva da abusividade é residual em relação ao enquadramento como discriminação ilícita. Aquilo que a lei determinar que deve ser protegido de forma categórica e expressa deve ser enquadrado como ilícito; por outro lado, os casos não considerados como tal comportam presunção relativa de ilicitude, devendo ser analisados sob o prisma da abusividade.

PARTE II · Cap. 21 · DISCRIMINAÇÃO ALGORÍTMICA À LUZ DA LEI GERAL DE PROTEÇÃO DE DADOS | 441

Isso porque os dados sensíveis são assim entendidos precisamente por ter considerado o legislador que dizem respeito a aspectos particularmente relevantes da personalidade do titular de dados, merecendo, portanto, proteção diferenciada. As consequências potencialmente discriminatórias que podem resultar do uso dessas informações são naturalmente majoradas e precisam ser analisadas com cautela, e é razoável que o ônus de demonstrar o correto uso dos dados receia principalmente sob o agente de tratamento de dados, e, quando tal correição não ficar comprovada, presume-se a abusividade da prática.

A demonstração da validade do tratamento passa fundamentalmente por dois passos. Primeiro, por demonstrar que estatisticamente a análise se sustenta, ou seja, que ela é relevante. Segundo, por esclarecer que o impacto ao grupo discriminado é razoável.

Um exemplo de tratamento auxilia a compreender a questão. Se uma pessoa é filiada a um determinado sindicato, e que por conta disso um algoritmo que direciona publicidade digital e que legitimamente possui essa informação passa a encaminhar a essa pessoa anúncios relacionados a vagas de emprego intimamente ligadas com o sindicato em questão, estamos diante de um cenário de discriminação algorítmica, que faz uso de dados sensíveis e que tanto é estatisticamente relevante quanto impõe um impacto razoável ao grupo discriminado. No entanto, se esse mesmo algoritmo passasse a limitar o acesso dessa pessoa a anúncios de emprego de outras naturezas, inclusive potencialmente vagas que resultariam em maior remuneração ao indivíduo, a questão seria menos simples. Seria ônus do agente de tratamento demonstrar que o impacto dessa medida ao grupo de pessoas parte do sindicato não é relevante – por exemplo, isso poderia ser demonstrado ao se constatar que o grupo teria acesso suficiente a essa informação por outros meios.

Outro exemplo de abusividade poderia se configurar no caso de uma seguradora passar a exigir que um homossexual pague mais por um seguro de saúde, sob o fundamento de pertencer a um grupo que tem, estatisticamente, maior probabilidade de contrair o vírus do HIV (ITS, 2017, p. 10). Para além de uma vedação à regulação setorial, trata-se de uma diferenciação não aceitável, enquadrando-se na categoria de discriminação abusiva pela utilização de dados sensíveis.[17]

Assim, tem-se que, quando dados sensíveis são utilizados como *inputs* de algoritmos, há uma presunção *iuris tantum* de abusividade, que, no entanto, pode ser afastada caso fique demonstrada a razoabilidade do tratamento.

c) Discriminação pela generalização injusta (ou correlação abusiva)

A discriminação por generalização em alguma medida é constatada em todo tipo de discriminação estatística. Isso porque o tratamento diferenciado de determinado grupo, sem que sejam levadas em conta as características e condições individuais, é a própria definição da discriminação algorítmica.

Enquadra-se no conceito de discriminação injusta aquela em que a correlação estatística traz grande prejuízo para o titular de dados, em razão da total aleatoriedade ou mesmo ausência completa de causalidade entre o *input* e o *output*. Trata-se aqui, sobretudo, de evitar uma seletividade arbitrária das informações, que passa a ser permitida pelo cálculo estatístico, mas que pode ser completamente desprovida de relação com situação fática analisada. Como se percebe, esse tipo só poderá ser constatado no caso concreto, observado o contexto em que a análise automatizada se realiza. Um exemplo que, a nosso ver, se enquadra no tipo de generalização injusta é o mencionado no voto do Ministro Sanseverino, no julgamento do

---

[17] Isso porque a orientação sexual pode ser compreendida como um elemento da vida sexual do indivíduo, que integra a definição de dado pessoal sensível nos termos do art. 5.º, II, da LGPD.

recurso repetitivo sobre *credit scoring*, segundo o qual técnicas de análise de dados permitiriam realizar uma análise do potencial de adimplemento de uma pessoa com base em seu time de futebol, em um caso hipotético em que fosse encontrada uma correlação estatística relevante entre esses dois elementos (STJ, 2014, p. 43). Como dito, o problema aqui é precisamente a completa ausência de causalidade entre o *input* (o time de futebol) e o *output* (a capacidade de adimplemento).

A discriminação por generalização, quando levada a cabo por algoritmos, tem grande potencial de gerar resultados lesivos; contudo, essa não é uma constante, pois nem toda discriminação algorítmica, ainda que selecione grupos específicos de pessoas e lhes atribua determinadas consequências negativas, será considerada proibida. Por exemplo, não obstante a proibição de discriminação de trabalhadores por motivos de idade e deficiência prevista na Constituição Federal,[18] o Estatuto do Deficiente[19] e o Estatuto do Idoso,[20] a diferenciação de candidatos com base nesse critério é possível quando a natureza do cargo assim o exigir. O ponto fica claro quando voltamos ao caso da seleção de um motorista de automóvel. Evidente que, nesse cenário, é razoável não selecionar candidatos que sejam deficientes visuais, ou que apresentem algum tipo de deficiência que os impeça de conduzir o automóvel de maneira adequada. Ainda que isso leve a uma consequência limitadora para esse grupo de pessoas, trata-se de um critério justificável.

A questão, portanto, que se coloca quando tratamos dessa categoria específica de discriminação algorítmica diz respeito propriamente a definir o conceito mesmo de correlação abusiva e estabelecer critérios para afirmar quando ela se verifica. Nesse sentido, é fundamental que a dogmática brasileira desenvolva critérios para auxiliar na distinção entre usos legítimos e abusivos da discriminação estatística.

Sabe-se que a exigência de uma causalidade estrita para toda e qualquer correlação estatística é arriscada, pois a demonstração de causalidade é sobremaneira complexa – e, segundo alguns, impossível de ser constatada. Contudo, em alguma medida, é necessário que se encontre uma causalidade plausível, conforme defende Junqueira (2020, p. 54). Tal causalidade seria constatada quando observada uma "persuasiva, consistente e relevante correlação" (JUNQUEIRA, 2020, p. 55).

Quanto aos critérios para verificação acerca da abusividade de uma discriminação, um importante ponto de partida são os princípios da proteção de dados, dos quais destacamos o princípio da finalidade. Afinal, se um dado coletado em um determinado contexto passa a ser utilizado em contexto completamente diverso e incompatível com o primeiro, tal fato poderia ser considerado um indício para a abusividade da discriminação.

---

[18]   Constituição Federal: "Art. 7.º São direitos dos trabalhadores urbanos e rurais, além de outros que visem à melhoria de sua condição social: [...] XXX – proibição de diferença de salários, de exercício de funções e de critério de admissão por motivo de sexo, idade, cor ou estado civil; XXXI – proibição de qualquer discriminação no tocante a salário e critérios de admissão do trabalhador portador de deficiência".

[19]   Lei 13.146/2015 (Estatuto do Deficiente): "Art. 34. A pessoa com deficiência tem direito ao trabalho de sua livre escolha e aceitação, em ambiente acessível e inclusivo, em igualdade de oportunidades com as demais pessoas. [...] § 3.º É vedada restrição ao trabalho da pessoa com deficiência e qualquer discriminação em razão de sua condição, inclusive nas etapas de recrutamento, seleção, contratação, admissão, exames admissional e periódico, permanência no emprego, ascensão profissional e reabilitação profissional, bem como exigência de aptidão plena".

[20]   Lei 10.741/2003 (Estatuto do Idoso): "Art. 27. Na admissão do idoso em qualquer trabalho ou emprego, é vedada a discriminação e a fixação de limite máximo de idade, inclusive para concursos, ressalvados os casos em que a natureza do cargo o exigir".

PARTE II · Cap. 21 · DISCRIMINAÇÃO ALGORÍTMICA À LUZ DA LEI GERAL DE PROTEÇÃO DE DADOS | 443

O que importa novamente ressaltar é que a categoria de discriminação injusta passa necessariamente por uma análise de mérito sobre o tema e pela elaboração de parâmetros que permitam definir quando ela se concretiza. Esse esforço analítico deverá ser empreendido por doutrina e jurisprudência no futuro, tendo o presente artigo buscado delinear alguns caminhos que poderiam auxiliar nessa empreitada.

d) Discriminação limitadora do exercício de direitos

A discriminação limitadora de exercício de direitos é uma espécie do tipo da discriminação injusta (correlação abusiva), uma vez que utiliza como *proxy* para determinada correlação ou generalização um dado referente ao exercício de um direito. A vedação de tal prática é expressa na LGPD em seu art. 21, na medida em que prevê que "[o]s dados pessoais referentes ao exercício regular de direitos pelo titular não podem ser utilizados em seu prejuízo".

Um exemplo desse tipo de abusividade é a utilização de registro de acesso ao *score* de crédito – que constitui o exercício do direito à informação garantido pelo ordenamento jurídico – para determinar o *score* de um indivíduo. Partindo de dados estatísticos que afirmavam que aqueles que acessavam mais o seu *score* tinham uma maior tendência ao inadimplemento, esse uso foi efetivamente implementado na Alemanha, antes de ser proibido pela legislação.[21] No Brasil, à luz do art. 21 da LGPD, o acesso à pontuação é um direito dos usuários e não pode ser restringido com base no próprio exercício de um direito.

Outro exemplo desse tipo de discriminação é a inclusão de ex-empregados em "listas negras", destinadas a compilar as informações daquelas pessoas que ajuizaram ações trabalhistas contra empregadores. O caso foi considerado uma prática discriminatória em processo julgado pelo Tribunal Superior do Trabalho (TST, 2013) e, buscando evitar a estigmatização de autores e réus de processos, o Conselho Nacional de Justiça emitiu a Resolução 121/2010, impedindo consultas públicas a processos com a utilização de dados básicos dos processos (como nomes das partes), quando estes se tratar de processos criminais após trânsito em julgado e processos sujeitos à apreciação da Justiça do Trabalho.

Se os empregadores tiverem acesso aos trabalhadores com histórico de ações trabalhistas contra os antigos patrões, e essa informação for utilizada para seleção de candidatos, preterindo aqueles que já ajuizaram litígios em face dos que não têm tal histórico, estamos diante de um caso claro de discriminação limitadora do exercício de direitos. Caso a prática de publicização das identidades dos trabalhadores que ajuízam ações trabalhistas se torne praxe no mercado, certamente existirá um desincentivo à ida ao Judiciário para reivindicação de direitos trabalhistas, tendo em vista a discriminação sofrida por esses trabalhadores. Utilizar o exercício desse direito em seu desfavor num processo futuro de contratação é abusivo.

CONSIDERAÇÕES FINAIS

A utilização de algoritmos para selecionar e categorizar impõe um duplo desafio ao princípio da isonomia (WACHTER; MITTELSTADT; RUSSELL, 2020). Por um lado, há um desafio para a proteção dos grupos tradicionalmente protegidos, diante da possibilidade de discriminação por associação, já que *proxies* podem ser usadas para representar os dados protegidos (etnia, por exemplo) e a detecção desse tipo de associação é complexa. Por outro, a discriminação algorítmica acaba por desafiar o próprio âmbito de proteção do direito

---

[21] Tratava-se da norma contida no art. 6, § 1, da antiga de lei de proteção de dados alemã, que determinava que os dados referentes ao exercício de direitos do titular não poderiam ser utilizados em seu prejuízo (BUNCHER, 2006, p. 122 e ss.).

antidiscriminação, ampliando-o, uma vez que cria desigualdades que vão além daquelas já identificadas para os grupos classicamente protegidos. Isso porque, a partir de dados aparentemente neutros, torna-se possível correlacionar tudo e todos, distinguindo, classificando e avaliando de forma anteriormente impensável. Podem assim surgir grupos de pessoas que, por conta dessas variadas associações, são impedidos de acessar oportunidades de determinadas ofertas, serviços ou empregos, sem sequer saberem qual característica fez com que fossem classificados como indivíduos não interessados ou não capacitados para aquele objetivo e, ainda mais grave, sem que aquele atributo utilizado para a decisão tenha alguma relação fática com o resultado almejado.

As discussões sobre os limites da utilização de algoritmos estão longe de encontrar uma resposta simples e universal que resolva todos os dilemas enfrentados com a sua inserção cada vez maior nos mais diversos setores. Ante a potencialidade que o uso de algoritmos reforce comportamentos discriminatórios, a questão é se o ordenamento jurídico brasileiro – e, mais especificamente, a LGPD – está apto para regular e coibir comportamentos discriminatórios que ocasionam ilegalidades, restrições de direitos e abusos.

Nesse sentido, entendemos que a regulação do tratamento de dados pela LGPD, com a sua vedação expressa à discriminação abusiva e ilícita e os princípios gerais da proteção de dados, apresenta-se como um primeiro passo relevante, que no entanto certamente precisará de desenvolvimentos dogmáticos para que possa ser corretamente aplicado e compreendido. Observa-se, ademais, que a regulação das decisões automatizadas iniciada pela LGPD, ao buscar ampliar a transparência e garantir informações ao titular acerca dos critérios utilizados pelo algoritmo, conforme determinado em seu art. 20, complementa de forma relevante o princípio da não discriminação.

Como se viu do exposto no presente texto, a previsão de ilicitude determinada pelo art. 6.º, IX da LGPD veda o tratamento de dados cuja finalidade é proibida de forma expressa pela legislação, como é o caso da Lei 7.716/1989, que tipifica condutas discriminatórias como crime quando praticadas "por motivo de discriminação de raça ou de cor ou práticas resultantes do preconceito de descendência ou origem nacional ou étnica". Com relação à discriminação abusiva, também vedada pelo mesmo artigo da LGPD, a ausência de previsão expressa quanto à sua configuração faz com que sejam maiores os desafios interpretativos. A proposta aqui exposta visa identificar a sua aplicação nos quatro tipos principais de discriminação algorítmica elencadas por Mattiuzzo e Schertel (2019) – *(i) Discriminação por erro estatístico; (ii) Discriminação pelo uso de dados sensíveis; (iii) Discriminação por generalização injusta; iv) Discriminação limitadora do exercício de direitos.*

Vale ressaltar que a tipologia desenvolvida não é em si uma resposta à existência de abusividade na prática discriminatória. Como antes esclarecido, as categorias auxiliam a entender hipóteses nas quais a discriminação algorítmica pode se configurar e evidenciam um caminho para identificá-la. Contudo, especialmente tratando-se de generalizações injustas, sua análise demanda especificamente a construção de um juízo de mérito sobre a conduta. Ademais, entendemos que o principal esforço que precisa ser levado a cabo pela doutrina e jurisprudência diz respeito ao desenho de tais critérios na legislação brasileira.

Em suma, no que concerne à discriminação algorítmica, é preciso reconhecer que, primeiramente, essa ferramenta já é uma realidade, seu uso se expande a cada dia, e, portanto seria pouco razoável e produtivo pensar na eliminação do uso de sistemas automatizados. Em segundo lugar, destaca-se que esses sistemas podem ser extremamente eficientes, trazendo inúmeros benefícios, se utilizados de forma estruturada e com base em parâmetros legais mínimos. Dessa forma, os esforços devem ser centrados em desenvolver mecanismos que garantam

PARTE II · Cap. 21 · DISCRIMINAÇÃO ALGORÍTMICA À LUZ DA LEI GERAL DE PROTEÇÃO DE DADOS | 445

segurança e um grau de controle dos resultados obtidos via automação, mitigando os riscos de discriminação inerentes à técnica estatística empregada (MATTIUZZO; SCHERTEL, 2019).

Em vez de se colocar na contramão do desenvolvimento tecnológico e desincentivar as decisões automatizadas por meio de algoritmos, a regulação, se bem aplicada e utilizada, pode permitir e ampliar decisões algorítmicas e ao mesmo tempo reduzir a discriminação na sua formulação (KLEINBERG *et al.*, 2019, p. 39). Como bem pontuado pelos autores: "A implantação do sistema regulatório adequado não limita simplesmente a possibilidade de discriminação de algoritmos; tem o potencial de transformar algoritmos em um poderoso contrapeso à discriminação humana e uma força positiva para o bem social de vários tipos" (KLEINBERG *et al.*, 2019, p. 6 – tradução livre).

REFERÊNCIAS BIBLIOGRÁFICAS

ARROW, K. The theory of discrimination. *In*: ASHENFELTER, O.; REES, A. (ed.). *Discrimination in labor markets*. Princeton: Princeton University Press, 1973.

BANDEIRA DE MELLO, Celso Antônio. *O conteúdo jurídico do princípio da igualdade*. 3. ed. São Paulo: Malheiros, 2008.

BAROCAS, S.; SELBST, A. Big Data's disparate impact. *California Law Review*, v. 104, p. 671-732, 2016.

BENJAMIN, A. H. *et al. Código brasileiro de Defesa do Consumidor comentado pelos autores do anteprojeto*. Rio de Janeiro: Forense Universitária, 2005.

BEWARE Spurious Correlations. *Harvard Business Review*, Jun. 2015. Disponível em: https://hbr.org/2015/06/beware-spurious-correlations. Acesso em: 17 abr.2010.

BOYD, D.; CRAWFORD, K. Six Provocations for Big Data. *A Decade in Internet Time: Symposium on the Dynamics of the Internet and Society*, 2011, 17p. Disponível em: https://ssrn.com/abstract=1926431. Acesso em: 17 abr. 2018.

BRITZ, G. *Einzelfallgerechtigkeit versus Generalisierung*: verfassungsrechtliche Grenzen statistischer Diskriminierung. Tübingen: Mohr Siebeck, 2008.

BRITZ, G. *Freie Entfaltung durch Selbstdarstellung*. Tübingen: Mohr Siebeck, 2007.

BUCHNER, B. *Informationelle Selbstbestimmung im Privatrecht*. Tübingen: Mohr Siebeck, 2006.

BURKELL *et al.* Facebook: public space, or private space? *Information, Communication & Society*, v. 17, p. 974-985, 2014.

BUTLER, D. When Google got flu wrong. *Nature*, 13 Feb. 2013. Disponível em: https://www.nature.com/news/when-google-got-flu-wrong-1.12413. Acesso em: 27 abr. 2018.

CARVALHO, J. J.; SEGATO, R. L. Uma proposta para estudantes negros na Universidade de Brasília (versão apresentada ao Conselho de Ensino, Pesquisa e Extensão da Universidade de Brasília. Disponível em: http://www.dan.unb.br/images/doc/Serie314empdf.pdf Acesso em: 16 abr. 2020.

CORMEN, T. H. *Algorithms Unlocked*. Cambridge: MIT Press, 2013.

CRETELLA JÚNIOR, J. Do ilícito administrativo. *Revista da Faculdade de Direito, Universidade de São Paulo*, v. 68, n. 1, p. 135-159, 1.º jan. 1973.

DANIELI, O.; HILLIS, A.; LUCA, M. How to hire with algorithms. *Harvard Business Review*, 17 Oct. 2016. Disponível em: https://hbr.org/2016/10/how-to-hire-with-algorithms. Acesso em: 25 abr. 2018.

DIAKOPOULOS, N.; FRIEDLER, S. How to hold algorithms accountable, 17 Nov. 2016. Disponível em: https://www.technologyreview.com/s/602933/how-to-hold-algorithms-accountable. Acesso em: 17 abr. 2018.

DOMINGOS, P. *The master algorithm*: how the quest for the ultimate learning machine will remake our world. New York: Basic Books, 2015.

DONEDA, D. *Da privacidade à proteção de dados pessoais*. Rio de Janeiro: Renovar, 2006.

DONEDA, D.; MENDES, L. Data protection in Brazil: new developments and current challenges. In: GURWIRTH, S.; LEENES, R.; DE HERT, P. (ed.). *Reloading data protection*: multidisciplinary insights and contemporary challenges. Springer, 2014.

DOSHI-VELEZ, F. *et al*. Accountability of AI under the law: the role of explanation. *Harvard Public Law*, n. 18-07, 2017.

EDWARDS, L.; VEALE, M. Slave to the algorithm? Why a "right to an explanation" is probably not the remedy you are looking for. *Duke Law and Technology Review*, v. 16, n. 1, p. 18-84, 2017.

FEDERAL ANTI DISCRIMINATION AGENCY. Annual Report 2018. Publicado em 2019. Disponível em: https://www.antidiskriminierungsstelle.de/SharedDocs/Downloads/EN/publikationen/annual_report_2018.pdf?__blob=publicationFile&v=3 Acesso em: 30 abr. 2020.

FEDERAL TRADE COMISSION. Report to Congress Under Section 319 of the Fair and Accurate Credit Transactions Act of 2003, Dec. 2012. Disponível em: https://www.ftc.gov/sites/default/files/documents/reports/section-319-fair-and-accurate-credit-transactions-act-2003-fifth-interim-federal-trade-commission/130211factareport.pdf. Acesso em: 14 maio 2018.

FINLEY, S. I didn't even meet my potential employers. *BBC News*, 6 Feb. 2018. Disponível em: http://www.bbc.com/news/business-42905515. Acesso em: 27 abr. 2018.

GEE, K. In unilever's radical hiring experiment, resumes are out, algorithms are in'. *The Wall Street Journal*, 26 Jun. 2017. Disponível em: https://www.wsj.com/articles/in-unilevers-radical-hiring-experiment-resumes-are-out-algorithms-are-in-1498478400. Acesso em: 25 abr. 2018.

GINSBERG, J. *et al*. Detecting influenza epidemics using search engine query data. *Nature*, v. 457, p. 1012-1014, 2009.

GOODMAN; BRYCE, W. Economic models of (algorithmic) discrimination. *In*: 29TH CONFERENCE ON NEURAL INFORMATION PROCESSING SYSTEMS. *Annals...* Barcelona, Spain, p. 3, 2016.

HURLEY, M.; ADEBAYO, J. Credit scoring in the Era of Big Data. *Yale Journal of Law and Technology*, v. 18, n. 1, p. 148-216, 2016.

ITS. Tranparência e governança nos altoritmos: um estudo de caso sobre o setor de birôs de crédito. 2017. Disponível em: https://itsrio.org/pt/publicacoes/transparencia-e-governanca-nos-algoritmos-um-estudo-de-caso/. Acesso em: 17 abr. 2020.

JUNQUEIRA, T. Tratamento de dados pessoais e discriminação algorítmica nos seguros. *Revista dos Tribunais*, São Paulo, 2020. No prelo.

KLEINBERG, J.; LUDWIG, J. MULLAINATHAN, S.; SUNSTEIN, C. R. Discrimination in the Age of Algorithms. *Journal of Legal Analysis*, v. 10, 2019. Disponível em: https://www.nber.org/papers/w25548. Acesso em: 17 abr. 2020.

KROLL, J. *et al*. Accountable algorithms. *University of Pennsylvania Law Review*, v. 165, p. 633-705, 2017.

LARSON, J.; MATTU, S.; KIRCHNER, L.; ANGWIN, J. How we analyzed the COMPAS recidivism algorithm. *ProPublica*, 2016. Disponível em: https://www.propublica.org/article/how-we-analyzed-the-compas-recidivism-algorithm. Acesso em: 7 mar. 2020.

LAZER, D. *et al*. The Parable of Google Flu: traps in Big Data analysis. *Science*, v. 343, p. 1203-1205, 2014.

LESSIG, L. Against transparency. *The New Republic*, 9 Oct. 2009. Disponível em: https://newrepublic.com/article/70097/against-transparency. Acesso em: 27 abr. 2018.

MARQUES, C. L. *Contratos no Código de Defesa do Consumidor*. O novo regime das relações contratuais. São Paulo: RT, 2011.

MATIUZZO, M.; SCHERTEL, L. Proteção e dados e Inteligência Artificial: perspectivas éticas e regulatórias. *RDU*, Porto Alegre, v. 16, n. 90, p. 39-64, nov./dez. 2019.

MAYER-SCHÖNBERGER, V.; CUKIER, K. *Big Data*: a revolution that will transform how we live, work, and think. New York: First Mariner Books, 2014.

MENDES, L. *Privacidade, proteção de dados e defesa do consumidor*. Linhas gerais de um novo direito fundamental. São Paulo: Saraiva, 2014.

MENDES, L. *Schutz vor Informationsrisiken und Gewährleistung einer gehaltvollen Zustimmung*. Eine Analyse der Rechtmäßigkeit der Datenverarbeitung im Privatrecht. Berlin: De Gruyter, 2015.

MORO, A. Statistical discrimination. *In*: DURLAUF, N. S.; LAWRENCE, E (ed.). *The New Palgrave Dictionary of Economics*. London: Palgrave Macmillan, 2009.

O'NEIL, C. Personality tests are failing American workers. *Bloomberg View*, 18 Jan. 2018. Disponível em: https://www.bloomberg.com/view/articles/2018-01-18/personality-tests-are-failing-american-workers. Acesso em: 27 abr. 2018.

PAPACHARISSI, Z. *A private sphere*: democracy in a digital age. Cambridge: Polity Press, 2010.

PASQUALE, F. The emperor's new codes: reputation and search algorithms in the finance sector. *NYU "Governing Algorithms" Conference*, 2013.

PASQUALE, F.; CITRON, D. The scored society: due process for automated predictions. *Washington Law Review*, v. 89, p. 1-33, 2014.

PHELPS, E. The statistical theory of racism and sexism. *American Economic Review*, v. 62, p. 659-661, 1972.

PINHO MELLO, J. M.; MENDES, M.; KANCZUK, F. Cadastro positivo e democratização do crédito. *Folha de S. Paulo*, mar. 2018. Disponível em: https://www1.folha.uol.com.br/opiniao/2018/03/joao-manoel-pinho-de-mello-marcos-mendes-e-fabio-kanczuk-cadastro-positivo-e-democratizacao-do-credito.shtml. Acesso em: 17 abr. 2018.

RIOS, R. R. O direito da antidiscriminação e a tensão entre o direito à diferença e o direito geral de igualdade. *Direitos Fundamentais & Justiça*, v. 18, 2012.

SANDVIG, C. *et al*. An algorithm audit. *In*: GANGADHARAN, S. P. (ed.). *Data and discrimination*: collected essays. Washington: Open Technology Institute, 2014.

SCHAUER, F. *Profiles, probabilities, and stereotypes*. Cambridge: Harvard University Press, 2006.

SILVA, V. A. *A constitucionalização do direito*: direitos fundamentais e relações entre particulares. São Paulo: Malheiros, 2005.

SILVER, N. The signal and the noise. *The Art and Science of Prediction*, London, 2012.

STJ. Recurso Especial 1.457.199, Relator Ministro Paulo de Tarso Sanseverino, Publicação Acórdão *DJe* 17.12.2014.

STF. Ação Direta de Inconstitucionalidade por Omissão 26/DF, Relator Ministro Celso de Mello, Publicação Acórdão *DJe* 13.06.2019a.

STF. Mandado de Injunção 4.733/DF, Relator Ministro Edson Fachin, Voto do Relator *DJe* 21.06.2019b.

SUPREME COURT OF THE UNITED STATES. State v. Loomis. 881 N.W.2d 749 (Wis. 2016). Disponível em: https://harvardlawreview.org/2017/03/state-v-loomis/. Acesso em: 28 jan. 2019.

TAMBE, P.; CAPPELLI, P.; YAKUBOVICH, V. Artificial Intelligence in human resources management: challenges and a path forward. *California Management Review*, Haas School of business, University of California Berkeley, p. 1-28, 2019.

TEPEDINO, G. As relações de consumo e a nova teoria contratual. *In*: TEPEDINO, G. *Temas de direito civil*. Rio de Janeiro: Renovar, 1999.

TST. Processo: RR 2123-66.2010.5.09.0091, Relatora Ministra Dora Maria da Costa, *DJe* 27.09.2013.

WACHTER, S.; MITTELSTADT, B.; RUSSELL, C. Why fairness cannot be automated: bridging the gap between EU non-discrimination law and AI, Mar. 3, 2020. Disponível em: https://ssrn.com/abstract=3547922 or http://dx.doi.org/10.2139/ssrn.3547922 Acesso em: 30 abr. 2020.

WANG, Y.; KOSISNKI, M. Deep neural networks are more accurate than humans at detecting sexual orientation from facial images. *Journal of Personality and Social Psychology*, Graduate School of Business, Stanford University, 2017.

ZARSKY, T. Transparent predictions. *University of Law Review*, v. 2013, n. 4, p. 1503-1570, 2013.

22

PRIVACY BY DESIGN: CONCEITO, FUNDAMENTOS E APLICABILIDADE NA LGPD

RONALDO LEMOS

Advogado, especialista em tecnologia, mídia e propriedade intelectual. É professor da Universidade Columbia (School for International Public Affairs – SIPA). É Mestre em Direito pela Universidade de Harvard e Doutor em Direito pela USP. Pesquisador do MIT Media Lab. Foi pesquisador visitante nas Universidades de Princeton e Oxford. Foi um dos criadores do Marco Civil da Internet. Foi apontado pelo Fórum Econômico Mundial como um dos "Jovens Líderes Globais". É membro do Conselho de Administração de várias organizações, como a Mozilla, criadora do navegador Firefox, Access Now e o Hospital alemão Oswaldo Cruz. É coautor do estudo do plano nacional de Internet das Coisas (IoT), em parceria com a Mckinsey. Foi vice-presidente do Conselho de Comunicação Social do Congresso Nacional. Escreve semanalmente para a Folha de São Paulo. É fundador e diretor do Instituto de Tecnologia e Sociedade do Rio de Janeiro (ITSrio.org). Autor de vários livros, estudos e documentários, publicados no Brasil e no exterior.

SÉRGIO BRANCO

Doutor e Mestre em Direito Civil pela Universidade do Estado do Rio de Janeiro (UERJ). Professor convidado da Universidade de Montréal. Cofundador e diretor do Instituto de Tecnologia e Sociedade do Rio de Janeiro (ITS Rio). Autor dos livros *Memória e esquecimento na Internet*, *Direitos autorais na Internet e o uso de obras alheias*, *O domínio público no direito autoral brasileiro – uma obra em domínio público* e *O que é creative commons – novos modelos de direito autoral em um mundo mais criativo*. Especialista em propriedade intelectual pela Pontifícia Universidade Católica do Rio de Janeiro (PUC-Rio). Pós-graduado em cinema documentário pela FGV. Graduado em Direito pela Universidade do Estado do Rio de Janeiro (UERJ). Advogado.

INTRODUÇÃO

A confiança é um valor indispensável no mundo em que vivemos. Do momento em que saímos de casa até o retorno a ela ao fim do dia, é a confiança que nos move. Confiamos que o elevador de nosso prédio está com a manutenção em dia, que os carros vão parar diante do sinal vermelho, que o motorista de ônibus tem condições físicas e psicológicas para dirigir, que a comida do restaurante está na validade, que as mercadorias compradas *on-line* serão entregues, que os contratos serão cumpridos, que a outra parte está de boa-fé. Sem confiança, fica difícil seguir adiante.

Em grande medida, o direito cumpre com o papel de impor consequências jurídicas à violação da confiança. Tanto o direito penal quanto o direito civil (por meio do dever de indenizar, por exemplo) contam com mecanismos que servem de desestímulo à quebra de confiança.

Contudo, não compete apenas ao direito exercer a função de controle. O mercado também é muito sensível à confiança, especialmente no mundo globalizado e conectado em que vivemos. Sempre que escândalos de vazamento de dados *on-line* são noticiados, usuários reagem de maneira bastante negativa. Afinal, a internet – que é historicamente recente em nossas vidas – apresenta por si só alguns desafios na construção de nossa ideia de confiança. Precisamos lidar com terceiros distantes de nossos olhos, muitas vezes temos que compartilhar informações sensíveis (como dados médicos) e ouvimos o tempo todo histórias de pessoas que foram vítimas de golpes. Há quem se recuse, até hoje, a fazer transações bancárias pela internet.

É nesse contexto que a proteção de dados pessoais é tema que não pode mais ser ignorado por empresas, governos e quaisquer outras instituições no mundo em que vivemos. Os dados pessoais são valiosos para a elaboração de políticas públicas, mas governo e empresas desejam acesso a eles por muitos outros motivos.

Sobre isso, há uma frase que ficou famosa e é sempre repetida: "Os dados pessoais são o novo petróleo". Essa comparação indica como os dados pessoais, isto é, as informações que são coletadas sobre nós, consumidores e usuários da internet, tornaram-se valiosas.

Esses dados movimentam boa parte da economia digital. Vale lembrar que muitos serviços da internet que são aparentemente "gratuitos" na verdade são pagos com nossos dados. Da mesma forma como o petróleo, dados pessoais podem vazar, e, quando isso acontece, pode causar danos muitas vezes irreversíveis, que lembram mesmo os desastres ambientais.

Entretanto, há outra frase que consideramos ainda mais interessante: "Seus dados pessoais são você!". A razão para nos preocuparmos com os dados pessoais é que eles são nossos avatares com relação a tudo o que acontece conosco no mundo digital. Em outras palavras, os dados pessoais são a representação do que nós somos. Por meio deles, nossa vida é decidida em múltiplas esferas: se teremos acesso a crédito, a um seguro, qual tipo de propaganda ou conteúdo veremos e, na medida em que o governo se digitaliza, qual tipo de política pública se aplicará a cada um de nós.

Nesse contexto, tratar de ética e proteção à privacidade tornou-se assunto de primeira necessidade. A razão é simples. Estamos caminhando rápido para um ciclo ainda mais profundo de digitalização das nossas vidas. Teremos em breve um número crescente de cidades com tecnologias inteligentes, que se conectam a serviços públicos essenciais, do transporte à segurança pública. Do ponto de vista do setor privado, teremos o digital ocupando cada vez mais espaço em nossas vidas. A inteligência artificial promete ser uma ferramenta importante para facilitar as tarefas do dia a dia, como mostram os assistentes de voz pessoais e os agentes inteligentes que hoje são capazes até de reservar uma mesa em um restaurante em nosso nome. Entretanto, o preço para isso, de novo, é compartilharmos nossa intimidade de forma ainda mais profunda com esses serviços.

Por isso, assegurar que os dados serão utilizados de forma ética, transparente e para finalidades benéficas para o usuário é medida fundamental. O Brasil deu um passo importante em 2018 ao aprovar a Lei 13.709/2018, conhecida como Lei Geral de Proteção aos Dados Pessoais (LDPG), a que empresas, e demais destinatários da lei, precisam se adaptar. No entanto, essa lei não deve ser vista como um custo, mas sim como uma *oportunidade*. Ela é o marco zero para a construção de uma nova relação de confiança em usuários e empresas. E no mundo em que vivemos hoje confiança é mercadoria que se torna gradualmente escassa. Quem souber construir relações de confiança com seus clientes, fornecedores, parceiros e com a sociedade

PARTE II · Cap. 22 · *PRIVACY BY DESIGN*: CONCEITO, FUNDAMENTOS E APLICABILIDADE NA LGPD | **451**

como um todo ocupará uma posição privilegiada, inclusive do ponto de vista de negócios e de promoção à inovação.

Além disso, é preciso olhar a questão da **cibersegurança**. Ainda são poucas as organizações no Brasil que atingiram um grau de maturidade desejado sobre esse assunto. Para se ter uma ideia, somente em 2020 ocorreram mais de 665 mil incidentes de cibersegurança no Brasil, de acordo com dados do Cert.br[1]. Esse número elevado mostra a importância do tema para as empresas. Nesse sentido, a Lei Geral de Proteção de Dados pessoais trouxe uma série de novas obrigações nesse sentido. Hoje passaram a ser obrigatórios a criação de sistemas de segurança para acesso aos dados, o uso de criptografia para sua proteção e a adoção de medidas de prevenção de ataques, incluindo manter atualizados *softwares* e sistemas.

Mais do que isso, é preciso lidar com o **fator humano**. Frequentemente, o principal vetor de ataques atualmente é exatamente o usuário ou funcionário da empresa, muitas vezes desavisado, que abre um *e-mail*, mensagem ou arquivo de procedência maliciosa. Esses ataques estão cada vez mais sofisticados, ao utilizarem a chamada "engenharia social". As mensagens muitas vezes se disfarçam de ofertas promocionais de serviços cobiçados, ou mesmo mensagens de amigos, conhecidos e parentes, cujo nome é utilizado para enganar o destinatário. Quando uma mensagem como essa é aberta, isso pode comprometer os sistemas da organização. Como se pode observar, cibersegurança e proteção à privacidade são temas que andam juntos.

Por isso, quando nos deparamos com qualquer lista dos grandes vazamentos de dados recentes não fica difícil entender por que privacidade e proteção de dados se tornaram pilares indispensáveis na concepção de qualquer empreendimento no mundo contemporâneo. Essa construção não veio do dia para a noite, mas se tornou mais e mais consistente ao longo dos últimos anos.

A privacidade é um direito construído há pouco mais de cem anos. Em sua concepção original, famosamente forjada por Warren e Bradeis em 1890, a privacidade era vista como "o direito de ser deixado só".[2] Atualmente, contudo, aproximamo-nos da ideia que prioriza a prevalência de definições mais funcionais do conceito, que fazem referência à "possibilidade de um sujeito conhecer, controlar, direcionar ou mesmo interromper o fluxo de informações que lhe dizem respeito".[3] Como menciona Danilo Doneda, em obra clássica sobre o tema, "o discurso sobre a privacidade cada vez mais concentra-se em questões relacionadas a dados pessoais e, portanto, informação".[4]

Em nosso ordenamento jurídico, a privacidade está incluída entre os direitos fundamentais previstos na Constituição Federal[5] e no Código Civil, no rol dos direitos de personalidade, expressamente tutelada pelo seu art. 21,[6] encerrando o capítulo destinado ao tema.

---

[1]   Disponível em: https://www.cert.br/stats/incidentes/.

[2]   WARREN, Samuel D.; BRANDEIS, L. D. The right to privacy. *Harvard Law Review*, v. IV, 1890.

[3]   Citação a Stefano Rodotà (BARBOZA, Heloisa Helena; MORAES, Maria Celina Bodin de; TEPEDINO, Gustavo (org.). *Código Civil interpretado conforme a Constituição da República*. Rio de Janeiro: Renovar, 2005. v. I, p. 58).

[4]   DONEDA, Danilo. *Da privacidade à proteção de dados*. Rio de Janeiro: Renovar, 2006. p. 151.

[5]   "Art. 5.º Todos são iguais perante a lei, sem distinção de qualquer natureza, garantindo-se aos brasileiros e aos estrangeiros residentes no País a inviolabilidade do direito à vida, à liberdade, à igualdade, à segurança e à propriedade, nos termos seguintes: [...] X – são invioláveis a intimidade, a vida privada, a honra e a imagem das pessoas, assegurado o direito a indenização pelo dano material ou moral decorrente de sua violação."

[6]   "Art. 21. A vida privada da pessoa natural é inviolável, e o juiz, a requerimento do interessado, adotará as providências necessárias para impedir ou fazer cessar ato contrário a esta norma."

A LGPD veio suprir lacuna importante na proteção de dados no Brasil, seguindo assim tendência mundial de criação de normas jurídicas sobre o tema. Em maio de 2018, entrou em vigor na Europa o Regulamento Geral de Proteção de Dados (GDPR), que em grande medida serviu de inspiração para nossa própria lei.

A LGPD vai além da simples proteção de dados dos usuários da internet. Em seu art. 46, a lei determina:

> "Os agentes de tratamento devem adotar medidas de segurança, técnicas e administrativas aptas a proteger os dados pessoais de acessos não autorizados e de situações acidentais ou ilícitas de destruição, perda, alteração, comunicação ou qualquer forma de tratamento inadequado ou ilícito".

A seguir, em seu § 2.º, estabelece que "as medidas de que trata o *caput* deste artigo deverão ser observadas desde a fase de concepção do produto ou do serviço até a sua execução", ou seja, incluiu-se na lei o conceito de *privacy by design*. Busca-se, assim, a criação de confiança não apenas no método, no procedimento de coleta e de tratamento de dados, mas também na própria arquitetura do sistema. Objetiva-se com a chamada *privacy by design* dar ao usuário mais ferramentas de confiança na rede.

I. AS DESVANTAGENS DE SER INVISÍVEL

Apesar de a privacidade ser um tema muito debatido, nem sempre é fácil convencer as pessoas de sua importância.

Um mito muito difundido é a concepção de que "quem não deve não teme". Afinal, se você não cometeu nenhum ato ilícito, por que deveria se incomodar com vigilância por parte do Estado ou de empresas ou, ainda, com vazamento de dados? É evidente que essa premissa já foi fartamente refutada de diversas maneiras. Mesmo que não haja nenhuma ilicitude a ser escondida, a privacidade merece ser preservada. Ninguém gostaria de ver suas transações bancárias ou suas mensagens de WhatsApp expostas na internet.

Claro que essa concepção binária (tudo a mostrar/tudo a esconder) é excessiva e certamente a maioria das pessoas não está disposta a se sujeitar a uma escolha tão radical. Contudo, o problema persiste. E trata-se de um problema invisível.

Quando o Orkut se tornou a primeira rede social popular no Brasil, no início dos anos 2000, houve um fenômeno interessante. Até então, os álbuns de fotografia eram bens essencialmente privados, exibidos a nossos amigos em reuniões íntimas e que jamais saíam de nossa esfera de controle. O Orkut, entretanto, promoveu o deslocamento dos álbuns de fotografia para o ambiente público. Nossas fotos (à época de sua criação havia um limite de 12 fotos por usuário, que precisavam ser cuidadosamente escolhidas) ficavam disponíveis a qualquer um que acessasse nosso perfil. Nós não sairíamos à rua mostrando nossas fotos a desconhecidos no metrô ou na fila do banco, mas foi isso o que fizemos nas redes sociais.

Lógica semelhante se passa com o uso de nossos dados pessoais. Muitas vezes, eles são indispensáveis para a utilização de determinadas plataformas *on-line*. Redes sociais (como Facebook), aplicativos de mensagens (como WhatsApp) e provedores de serviços fundamentais hoje em dia (como Google) demandam nossos dados e nós os damos sem muito questionamento. Uma provável razão é de que existe uma troca em cujo resultado estamos interessados: os dados pela conveniência de usar o *site*. E, se o serviço é gratuito, qual o problema de fornecer nossos dados, se a consequência disso é receber anúncio publicitário direcionado ou descontos na aquisição de um bem? O problema é que, claramente, essas não são as *únicas* consequências.

PARTE II · Cap. 22 · *PRIVACY BY DESIGN*: CONCEITO, FUNDAMENTOS E APLICABILIDADE NA LGPD | **453**

Por um lado, a partir dos dados fornecidos, os algoritmos podem trabalhar em nosso favor. Quanto mais a Amazon sabe sobre seu gosto de literatura, mais pode lhe oferecer livros adequados ao seu padrão de consumo. Quanto mais o Instagram entende quem você é pelas pessoas que segue, tanto melhor para lhe oferecer publicidade de produtos que lhe agradam. Ganha você, ganha quem lhe vende o produto, ganha a plataforma, que acertou no alvo. Aparentemente, todo mundo ganha.

Entretanto, dados podem ser usados com propósitos bem mais questionáveis sem a anuência de seus titulares. Em 2014, por exemplo, o Facebook foi acusado de fazer experimentos psicológicos com cerca de 700 mil usuários.[7] Também é conhecida a história da jovem cuja gravidez foi descoberta por uma loja por conta de seu padrão de consumo.[8] E, se quisermos adentrar em campo ainda mais espinhoso, questiona-se até que ponto dados pessoais podem ser usados para concessão de crédito.[9]

A respeito dessa invisibilidade no que tange à proteção de dados, Lawrence Lessig faz uma comparação bastante didática em seu artigo "Privacy as property", publicado em 2002.[10] Ele informa que a Amazon mudou, no ano 2000, sua política de privacidade, de modo que os dados pessoais dos usuários, que não seriam cedidos a terceiro até então, poderiam passar a sê-lo – inclusive com efeito retroativo. Em sua defesa, a Amazon alegou que estava escrito na política de privacidade que ela poderia ser alterada a qualquer momento. Assim foi feito, e os consumidores estavam avisados.

Então, Lessig compara essa situação à seguinte hipótese: imagina que você tenha deixado seu carro estacionado em um *shopping center* e recebeu um comprovante do estacionamento, em que se encontravam as garantias e as limitações de responsabilidade estabelecidas pela empresa. No final, você encontra ressalva idêntica àquela da Amazon: "A política de uso do *shopping* pode ser alterada a qualquer tempo".

Assim, ao voltar para buscar seu carro, e sendo incapaz de encontrá-lo, você é informado pelo funcionário do *shopping center* que, enquanto fazia compras, a política de uso do estacionamento havia de fato sido alterada. De acordo com a mudança, o administrador do estacionamento passava a ter o direito de vender o carro a terceiros, e essa era a razão por que ele não estava mais lá. Embora absurda, a história ilustra de modo claro como acabamos nos preocupando menos com nossos bens imateriais do que com os físicos.

Outra prova de que somos pouco diligentes com nossos dados *on-line* foi uma brincadeira de 1.º de abril (de 2010) realizada por uma empresa *on-line*. Nesse dia, os termos de uso diziam que, se você comprasse algum bem sem clicar em um determinado *link* (que levava a um cupom de desconto), o comprador renunciava a sua alma em caráter definitivo. Segundo a empresa, 7.500 pessoas fizeram compras *on-line* na data e nenhuma delas acessou o *link* com desconto – o que dá a entender que nem um único usuário leu os termos de uso.[11] Nesse caso, o assunto diz respeito também a questões relacionadas ao consentimento, conceito muito importante no âmbito da LGPD, mas que foge ao escopo deste trabalho.

---

7   Disponível em: https://gizmodo.uol.com.br/facebook-experimento-psicologico/.

8   Disponível em: https://www.forbes.com/sites/kashmirhill/2012/02/16/how-target-figured-out-a-teen--girl-was-pregnant-before-her-father-did/?sh=64ba44e76668.

9   Ver, sobre o assunto, o estudo Transparência e governança dos algoritmos: um estudo de caso. Disponível em: https://itsrio.org/pt/publicacoes/transparencia-e-governanca-nos-algoritmos-um-estudo-de-caso/.

10   LESSIG, Lawrence. Privacy as property. Disponível em: https://www.jstor.org/stable/40971547?seq=1#page_scan_tab_contents.

11   Disponível em: https://www.out-law.com/page-10929.

Por conta desse padrão de conduta pouco diligente que se iniciou o debate de *privacy by design*. Não bastam o debate público, o esclarecimento social e a lei. É necessário estimular que a regulação de comportamento esteja intrinsecamente conectada às ferramentas usadas na coleta, tratamento e utilização dos dados pessoais.

II. PROTEJA-ME DO QUE EU QUERO: O QUE É *PRIVACY BY DESIGN*

Seria a legislação suficiente para proteger a privacidade de maneira satisfatória "em um cenário de coleta de dados em tempo real por bilhões de sensores espalhados nos mais variados espaços de vivência das coletividades",[12] especialmente quando sabemos que existe uma forte tendência em disponibilizarmos nossos dados sempre que alguma suposta vantagem estiver presente? Aparentemente, não.

Bruno Bioni comenta que, se, por um lado, a tecnologia pode ser invasiva à privacidade informacional, por outro "pode ser uma ferramenta para a proteção dos dados pessoais, tal como propõem as denominadas *Privacy Enhancing Technologies/PETs*".[13] Segundo o autor, "a tradução literal – PETs como tecnologias que reforçam-melhoram a privacidade – denota abrangência do termo que, como um guarda-chuva, é capaz de abarcar toda e qualquer tecnologia que seja amigável e facilitadora à privacidade".[14]

Por isso, segundo Jonas Valente:[15]

> "A solução passaria pela consideração dessa preocupação como uma diretriz orientadora da elaboração de soluções tecnológicas, perspectiva que ganhou a denominação de *Privacy By Design* para autores em diversos campos, da ciência da computação ao direito. O conceito consiste na compreensão da necessidade de "information systems be designed in such a way that privacy and data protection rules are automatically enforced and that default settings restrict data processing to a necessary minimum" (KOOPS *et al.*, 2013, p. 678). Para D'Acquisto *et al.* (2015, p. 21)[16] "it is a process involving various technological and organizational components, which implement privacy and data protection principles". Hornung (2013, p. 182) define o conceito como "data protection through technology". Ele vê essa abordagem como um complemento necessário às regulações como forma de enfrentar os desafios de assegurar a privacidade um cenário de qualificação do processamento de dados e da computação invasiva".

Em outras palavras, seria necessário incluir na arquitetura da tecnologia ferramentas e instrumentos de proteção da privacidade. Esses componentes fariam parte do próprio *design* da tecnologia. Em síntese, a metodologia conhecida como *privacy by design* abrange a ideia

---

[12]   VALENTE, Jonas. Promovendo a privacidade e a proteção de dados pela tecnologia: *privacy by design* e *privacy enhancing-technologies*. *Privacidade em perspectivas*. Rio de Janeiro: Lumen Juris, 2018. p. 117.

[13]   BIONI, Bruno Ricardo. *Proteção de dados pessoais*: a função e os limites do consentimento. Rio de Janeiro: Forense, 2019. p. 176.

[14]   BIONI, Bruno Ricardo. *Proteção de dados pessoais*: a função e os limites do consentimento. Rio de Janeiro: Forense, 2019. p. 176.

[15]   VALENTE, Jonas. Promovendo a privacidade e a proteção de dados pela tecnologia: *privacy by design* e *privacy enhancing-technologies*. *Privacidade em perspectivas*. Rio de Janeiro: Lumen Juris, 2018. p. 117-118.

[16]   Equipe responsável por importante relatório da Agência Europeia para a Informação e Segurança de Dados (Enisa).

PARTE II · **Cap. 22** · *PRIVACY BY DESIGN*: CONCEITO, FUNDAMENTOS E APLICABILIDADE NA LGPD | **455**

"de que a proteção de dados pessoais deve orientar a concepção de um produto ou serviço, devendo eles ser embarcados com tecnologias que facilitem o controle e a proteção das informações pessoais".[17]

Ann Cavoukian, *information and privacy commissioner* de Ontario, no Canadá, em seu artigo "Privacy by Design: the 7 Foundational Principles", aponta os sete princípios norteadores dessa concepção de *privacy by design*.[18] São eles:

a) A adoção de medidas proativas e preventivas, não reativas, a fim de remediar as situações;

b) Privacidade como *default*, ou seja, como padrão;

c) Privacidade inserida no *design* e na arquitetura do sistema de tecnologia da informação e nas práticas de negócio;

d) Funcionalidade completa, de modo que o resultado seja benéfico, não nulo;

e) Segurança de ponta a ponta;

f) Visibilidade e transparência; e

g) Respeito pela privacidade do usuário.[19]

Fazendo referência ao relatório da *European Union Agency for Network and Information Security* (Enisa) sobre *privacy by design in big data*,[20] Jonas Valente identifica um conjunto de estratégias relacionadas ao conceito de *privacy by design*:[21]

a) Minimizar – os dados coletados devem ser reduzidos ao mínimo possível;

b) Esconder – os dados e sua inter-relação não devem ser publicizados;

c) Separar – o processamento dos dados deve se dar em compartimentos separados, sempre que possível;

d) Agregar – os dados devem ser processados com alto nível de agregação e com o mínimo de detalhes;

e) Informar (transparência) – os sujeitos dos dados devem ser sempre informados dos processamentos de suas informações;

f) Controlar – os sujeitos dos dados devem ter controle sobre a coleta e o processamento de seus dados;

g) Fiscalizar e aplicar as leis – as políticas de privacidade devem estar em conexão com as exigências legais e devem poder ser fiscalizadas;

h) Demonstrar – controladores de dados devem poder demonstrar o respeito às políticas de privacidade e aos requisitos legais.

---

[17] BIONI, Bruno Ricardo. *Proteção de dados pessoais*: a função e os limites do consentimento. Rio de Janeiro: Forense, 2019. p. 176.

[18] CAVOUKIAN, Ann. Privacy by design: the 7 foundational principles – implementation and mapping of fair information practices. Disponível em: https://www.ipc.on.ca/wp-content/uploads/resources/7foundationalprinciples.pdf.

[19] No original, os sete fundamentos são: (1) *Proactive* not Reactive; *Preventative* not Remedial; (2) Privacy as the *Default*; (3) Privacy *Embedded* into Design; (4) Full Functionality – Positive-Sum, not Zero-Sum; (5) End-to-End Security – Lifecycle Protection; (6) Visibility and Transparency; e (7) Respect for User Privacy.

[20] Disponível em: https://www.enisa.europa.eu/publications/big-data-protection/at_download/fullReport.

[21] VALENTE, Jonas. Promovendo a privacidade e a proteção de dados pela tecnologia: *privacy by design* e *privacy enhancing-technologies*. *Privacidade em perspectivas*. Rio de Janeiro: Lumen Juris, 2018. p. 119.

TRATADO DE PROTEÇÃO DE DADOS PESSOAIS

Como podemos observar, o conceito de *privacy by design* está associado não apenas à ingerência na arquitetura da rede, mas também a condutas preventivas de modo a se obter maior sucesso na proteção da privacidade de terceiros.

Ao lado do conceito de *privacy by design* (e, a bem da verdade, corolário de sua aplicação), temos o princípio de *privacy by default*. Significa que:

> "[...] trata-se da ideia de que o produto ou serviço seja lançado e recebido pelo usuário com todas as salvaguardas que foram concebidas durante o seu desenvolvimento. Ou seja, todas as medidas para proteger a privacidade que foram idealizadas desde o início do desenvolvimento do projeto, atendendo o princípio do *Privacy by Design*".[22]

Em outras palavras:

> "[...] a configuração de privacidade mais restritiva possível é estabelecida desde o momento zero. Apenas os dados essenciais para prestar o serviço ou entregar o produto devem ser coletados. Ainda assim, o usuário deverá ser informado de quais informações estão sendo coletadas e para qual propósito. Caberá ao usuário, caso deseje, desativar uma ou todas essas salvaguardas. A empresa não deve fornecer o produto ou serviço com essas proteções desativadas, dependendo de uma ação do usuário para serem ativadas".

Como se percebe, existe aqui uma grande mudança de paradigma. Sempre que diante de produtos tecnológicos e aplicativos, estamos acostumados a mexer em suas configurações para que haja maior precaução no que diz respeito ao tratamento de dados e à proteção da privacidade. Quando aplicados os princípios da *privacy by design* e *privacy by default*, exige-se do usuário uma conduta comissiva, ativa, no sentido de diminuir a proteção conferida à sua privacidade, e não o contrário.

Um exemplo disso é que ao usuário de uma rede social deve ser garantida a confidencialidade de seus dados desde a primeira conexão. Ele poderá naturalmente modificar os parâmetros de confidencialidade para compartilhar suas informações com terceiros, se ele assim desejar, mas isso deve partir de sua própria iniciativa.[23]

A imposição de padrões mais rígidos de privacidade e de proteção de dados pessoais certamente merece ser implementada em prol da garantia de direitos legalmente assegurados. Não faz muito tempo que a Samsung foi amplamente criticada em razão de seus aparelhos de televisão serem capazes de gravar a voz e, assim, haver potencial transmissão de dados sensíveis a terceiros.[24] A política de privacidade da companhia a respeito de suas Smart TVs não faz mais referência a essa possibilidade.[25]

---

[22] OLIVEIRA, Samanta. LGPD: as diferenças entre o *privacy by design* e o *privacy by default*. Disponível em: https://www.consumidormoderno.com.br/2019/05/27/lgpd-diferencas-privacy-design-privacy-default/.

[23] HAAS, Gérard. *Le RGPD expliqué à mon boss*. Paris: Editions Kawa, 2017. p. 125. Tradução livre do autor. No original, lê-se que: "l'utilisateur d'un réseau social doit être assuré de la confidentialité de ses données dès sa première connexion. Il pourra naturellement modifier les paramètres de confidentialité pour partager ses informations à d'autres utilisateurs s'il le souhaite mais cela doit venir de sa propre initiative".

[24] Disponível em: https://oglobo.globo.com/economia/samsung-adverte-cuidado-com-que-voce-diz-em--frente-sua-tv-inteligente-15286181.

[25] Disponível em: https://www.samsung.com/uk/info/privacy-SmartTV/?CID=AFL-hq--mul-0813-11000170.

A matéria disponível no *site* do jornal *O Globo* que fazia referência à Samsung informava ainda que:

> "[...] a Samsung não é a primeira companhia a enfrentar críticas por causa da coleta de dados dos usuários. Em 2013, consultores encontraram que televisores da LG estavam capturando informações sobre os hábitos dos espectadores. A companhia criou uma atualização que permitia aos usuários desligar a coleta, caso não quisessem compartilhar as informações".[26]

Como se percebe, a conduta atribuída à LG pela matéria jornalística é exatamente o oposto do que propõe o conceito de *privacy by design*. A opção dada ao usuário deve ser a de limitar sua privacidade, uma vez que o *default* deve ser sua proteção do modo mais completo possível.

III. *PRIVACY BY DESIGN* NO GDPR E NA LGPD

O Regulamento Geral para a Proteção de Dados (GDPR) é o regulamento europeu sobre proteção à privacidade e aos dados pessoais. Foi aprovado em 2016 e entrou em vigor na Europa no dia 25 de maio de 2018.

Apesar de se tratar de norma europeia, o GDPR tem enorme relevância em razão da extraterritorialidade de seus efeitos e da influência que exerceu no debate sobre privacidade e proteção de dados mundo afora, inclusive na criação da LGPD brasileira.

Em seu art. 25, o GDPR incorporou o conceito de *privacy by design* e de *privacy by default* (que, na tradução oficial para o português, aparecem como "proteção desde a concepção" e "por defeito"):[27]

> "Artigo 25.º
>
> **Proteção de dados desde a concepção e por defeito**
>
> 1. Tendo em conta as técnicas mais avançadas, os custos da sua aplicação, e a natureza, o âmbito, o contexto e as finalidades do tratamento dos dados, bem como os riscos decorrentes do tratamento para os direitos e liberdades das pessoas singulares, cuja probabilidade e gravidade podem ser variáveis, o responsável pelo tratamento aplica, tanto no momento de definição dos meios de tratamento como no momento do próprio tratamento, as medidas técnicas e organizativas adequadas, como a pseudonimização, destinadas a aplicar com eficácia os princípios da proteção de dados, tais como a minimização, e a incluir as garantias necessárias no tratamento, de uma forma que este cumpra os requisitos do presente regulamento e proteja os direitos dos titulares dos dados.
>
> 2. O responsável pelo tratamento aplica medidas técnicas e organizativas para assegurar que, por defeito, só sejam tratados os dados pessoais que forem necessários para cada finalidade específica do tratamento. Essa obrigação aplica-se à quantidade de dados pessoais recolhidos, à extensão do seu tratamento, ao seu prazo de conservação e à sua acessibilidade. Em especial, essas medidas asseguram que, por defeito, os dados pessoais não sejam disponibilizados sem intervenção humana a um número indeterminado de pessoas singulares.

---

[26] Disponível em: https://oglobo.globo.com/economia/samsung-adverte-cuidado-com-que-voce-diz-em--frente-sua-tv-inteligente-15286181.

[27] Disponível em: https://eur-lex.europa.eu/legal-content/PT/TXT/HTML/?uri=CELEX:32016R0679&-from=PT.

3. Pode ser utilizado como elemento para demonstrar o cumprimento das obrigações estabelecidas nos n.ºs 1 e 2 do presente artigo, um procedimento de certificação aprovado nos termos do artigo 42.º".

A LGPD também conta com dispositivo que trata de *privacy by design*. Na verdade, a LGPD prevê, em seu Capítulo VII, normas de segurança e de boas práticas. A primeira seção do capítulo, denominada "Da segurança e do sigilo de dados", inicia-se com o art. 46, aqui transcrito:

> **"Seção I**
> **Da Segurança e do Sigilo de Dados**
> Art. 46. Os agentes de tratamento devem adotar medidas de segurança, técnicas e administrativas aptas a proteger os dados pessoais de acessos não autorizados e de situações acidentais ou ilícitas de destruição, perda, alteração, comunicação ou qualquer forma de tratamento inadequado ou ilícito.
> § 1.º A autoridade nacional poderá dispor sobre padrões técnicos mínimos para tornar aplicável o disposto no *caput* deste artigo, considerados a natureza das informações tratadas, as características específicas do tratamento e o estado atual da tecnologia, especialmente no caso de dados pessoais sensíveis, assim como os princípios previstos no *caput* do art. 6.º desta Lei.
> § 2.º As medidas de que trata o *caput* deste artigo deverão ser observadas desde a fase de concepção do produto ou do serviço até a sua execução".

É importante compreendermos que a LGPD cumpre com múltiplas finalidades. Além de proteger a privacidade dos usuários, ela serve de orientação para aspectos negociais. Uma vez em vigor, assim como tem acontecido na Europa, o valor das empresas será impactado pelo cumprimento das normas relativas à proteção de dados. Haverá não apenas preocupação com o *compliance* diante do mercado, mas também a busca por uniformidade de padrões e de melhores práticas.

A LGPD, assim como o regulamento europeu, não identifica quais são essas medidas de segurança, técnicas e administrativas que devem ser adotadas desde a fase de concepção do produto ou do serviço até sua execução. E não poderia ser diferente. Afinal, quando a lei trata de tecnologia, o detalhamento técnico certamente levaria à obsolescência em pouco tempo.

Caberá, assim, à Autoridade Nacional de Proteção de Dados identificar quais são os padrões mínimos a serem observados por todos a quem a norma se destina. Isso permitirá, ao menos em tese, a atualização periódica desses padrões, deixando-os em conformidade com o estado da arte e alinhados às demandas mais recentes de proteção de dados pessoais dos indivíduos.

Por tudo isso, ainda é cedo para saber qual o verdadeiro impacto da *privacy by design* no cotidiano das operações relativas à proteção de dados. Ainda assim, a LGPD deu um passo muito importante e definitivo para atender de modo mais adequado a demanda por segurança de dados no tempo presente.

REFERÊNCIAS BIBLIOGRÁFICAS

BARBOZA, Heloisa Helena; MORAES, Maria Celina Bodin de; TEPEDINO, Gustavo (org.). *Código Civil interpretado conforme a Constituição da República*. Rio de Janeiro: Renovar, 2005. v. I.

BIONI, Bruno Ricardo. *Proteção de dados pessoais*: a função e os limites do consentimento. Rio de Janeiro: Forense, 2019.

CAVOUKIAN, Ann. Privacy by design: the 7 foundational principles – implementation and mapping of fair information practices. Disponível em: https://www.ipc.on.ca/wp-content/uploads/resources/7foundationalprinciples.pdf.

DONEDA, Danilo. *Da privacidade à proteção de dados*. Rio de Janeiro: Renovar, 2006.

HAAS, Gérard. *Le RGPD expliqué à mon boss*. Paris: Editions Kawa, 2017.

LESSIG, Lawrence. Privacy as property. Disponível em: https://www.jstor.org/stable/40971547?seq=1#page_scan_tab_contents.

OLIVEIRA, Samanta. LGPD: as diferenças entre o *privacy by design* e o *privacy by default*. Disponível em: https://www.consumidormoderno.com.br/2019/05/27/lgpd-diferencas-privacy-design-privacy-default/.

VALENTE, Jonas. Promovendo a privacidade e a proteção de dados pela tecnologia: *privacy by design* e *privacy enhancing-technologies*. *Privacidade em perspectivas*. Rio de Janeiro: Lumen Juris, 2018.

WARREN, Samuel D.; BRANDEIS, L. D. The right to privacy. *Harvard Law Review*, v. IV, 1890.

23

A Autoridade Nacional de Proteção de Dados e o Conselho Nacional de Proteção de Dados

Danilo Doneda

Doutor em Direito Civil pela Universidade do Estado do Rio de Janeiro (UERJ). Professor no Instituto Brasileiro de Ensino, Desenvolvimento e Pesquisa (IDP). Advogado. Membro indicado pela Câmara dos Deputados para o Conselho Nacional de Proteção de Dados e Privacidade. Membro da Comissão de Juristas da Câmara dos Deputados para redação de projeto de lei sobre proteção de dados nos setores de segurança pública e investigação criminal. Membro dos conselhos consultivos do Projeto Global Pulse (ONU), do Projeto Criança e Consumo (Instituto Alana) e da Open Knowledge Brasil. www.doneda.net/.

A Autoridade Nacional de Proteção de Dados é um elemento substancial para a garantia da eficácia da Lei Geral de Proteção de Dados. De fato, o emprego de autoridades administrativas para a tutela da proteção de dados tem sido um recurso, francamente majoritário na vasta maioria dos marcos normativos sobre a matéria.

No Brasil, desde as primeiras versões do Anteprojeto de Lei que, após debates e seu *iter* legislativo, veio a se tornar a atual LGPD, o formato de um marco regulatório acompanhado de uma autoridade para sua supervisão esteve sempre presente como modelo[1].

---

[1] Na primeira versão do Anteprojeto de Lei de Proteção de Dados, levado a debate público pelo Ministério da Justiça em 2010, observa-se a presença da Autoridade de Garantia, nesta ocasião denominada "Conselho Nacional de Proteção de Dados", denominação que hoje é semelhante à do conselho consultivo da ANPD porém que, no Anteprojeto, referia-se ao que hoje seria a própria ANPD: "Art. 38. É criado o Conselho Nacional de Proteção de Dados Pessoais, com autonomia administrativa, orçamentária e financeira, com a atribuição de atuar como Autoridade de Garantia quanto à proteção de dados pessoais, cuja estrutura e atribuições serão estabelecidas em legislação específica.

Art. 39. Compete ao Conselho Nacional de Proteção de Dados Pessoais:

I – zelar pela observância desta lei, de seu regulamento e do seu regimento interno;

II – planejar, elaborar, propor, coordenar e executar ações da política nacional de proteção de dados pessoais;

III – editar normas e provimentos sobre matérias de sua competência;

IV – aprovar seu regimento interno;

V – receber, analisar, avaliar e encaminhar consultas, denúncias, reclamações ou sugestões apresentadas por titulares de dados pessoais, entidades representativas ou pessoas jurídicas de direito público ou privado, referentes à proteção de dados pessoais, nos termos do regulamento;

VI – aplicar, de ofício ou a pedido de parte, conforme o caso, sanções, medidas corretivas e medidas preventivas que considere necessárias, na forma desta lei;

TRATADO DE PROTEÇÃO DE DADOS PESSOAIS

A implementação da ANPD, no entanto, é um dos pontos mais caudalosos das idas e vindas que marcam a formação do marco regulatório brasileiro sobre a matéria. Ainda, à medida que o debate em torno desta autoridade tornou-se mais intenso e passou a interessar de forma mais ampla a diversos setores da sociedade, decidiu-se por dotá-la, como órgão consultivo auxiliar, de um Conselho Nacional de Proteção de Dados e Privacidade, com composição multissetorial.

A modelagem institucional da Autoridade Nacional de Proteção de Dados, definida pelas modificações trazidas pela Lei 13.853/2019 à LGPD (Lei 13.709/2018) e pela MP 1.124/2022, é a de uma autarquia especial. A estrutura organizacional da ANPD foi definida pela MP 1.124/2022, que, ao momento do fechamento deste *Tratado*, se encontra em vigor.

No presente artigo, discorrer-se-á sobre a natureza e importância de autoridades de proteção de dados, da fundamentação de seu caráter autônomo, do processo que levou à formação da ANPD e da sua natureza.

A PRESENÇA DAS AUTORIDADES DE GARANTIA NA PROTEÇÃO DE DADOS

A existência de uma autoridade administrativa que supervisione a aplicação de marcos regulatórios de proteção dos dados pessoais é uma tendência fortemente enraizada nessa disciplina. Vários aspectos fundamentais da proteção de dados pessoais, como o fato de que os tratamentos de dados e os seus efeitos são dificilmente passíveis de serem acompanhados de forma eficaz pelo cidadão, a necessidade de constante atualização da disciplina em função do desenvolvimento tecnológico, entre outros, justificaram o recurso a órgãos dessa natureza. Hoje, tais órgãos estão presentes na grande maioria dos marcos regulatórios nessa matéria, quase sempre como um de seus sustentáculos.

A instituição dessas autoridades administrativas no contexto da proteção de dados data das primeiras leis sobre a matéria – a primeira normativa de proteção de dados, do *land* alemão de Hesse em 1970, já previa a estruturação de um Comissário para proteção de dados, o *Datenschutzbeauftrager*[2]. Na década de 1970, com a criação de autoridades como a francesa CNIL – *Commission National Informatique et Libertés*, consolida-se na Europa um modelo que possui a autoridade como elemento fundamental para a tutela de dados pessoais e a aplicação da respectiva legislação, o que finalmente resultou na obrigatoriedade de sua instituição

---

VII – criar, manter e publicar, para fins de transparência, um registro de bancos de dados pessoais de caráter de categorias e setores que considere relevantes, nos termos de regulamento;

VIII – verificar se os tratamentos respeitam as normas legais e os princípios gerais de proteção de dados;

IX – promover o conhecimento entre a população das normas que tratam da matéria e de suas finalidades, bem como das medidas de segurança de dados;

X – vetar, total ou parcialmente, o tratamento de dados ou prover seu bloqueio se o tratamento se torna ilícito ou inadequado, nos termos de regulamento;

XI – reconhecer o caráter adequado do nível de proteção de dados do país de destino no caso de transferência internacional de dados pessoais, bem como autorizar uma transferência ou série de transferências para países terceiros que não contem com este nível adequado;

XII – determinar ao responsável pelo tratamento de dados pessoais, quando necessário, a realização de estudo de impacto à privacidade, na forma de regulamento.

XIII – desenvolver outras atividades compatíveis com suas finalidades". Disponível em: < http://pensando. mj.gov.br/dadospessoais2011/files/2011/03/PL-Protecao-de-Dados_.pdf >. Acesso em: 14 set. 2020.

[2]   SIMITIS, Spiros. Privacy – An Endless Debate. *98 California Law Review* 1989 (2010).

PARTE II · Cap. 23 · A AUTORIDADE NACIONAL DE PROTEÇÃO DE DADOS | **463**

pela Diretiva 46/95/CE, a primeira regulamentação de proteção de dados de caráter geral e vinculante para os países-membros da União Europeia[3].

A Carta de Direitos Fundamentais da União Europeia de 2000 trouxe, posteriormente, a significativa previsão de que a constituição de uma autoridade de garantia é um ponto integral e orgânico do próprio direito fundamental à proteção de dados pessoais[4]. Essas autoridades foram plenamente recepcionadas pelo Regulamento Geral de Proteção de Dados (GDPR), que, tendo entrado em vigor em 2018, teve como uma de suas principais inovações justamente a sistematização de mecanismos de colaboração e de ação integrada dessas autoridades dentro do espaço jurídico europeu.

Hoje, apesar da forte presença desse modelo na Europa, pode-se dizer que a instituição de uma autoridade de proteção de dados (que muitas vezes é referida como "DPA", ou *Data Protection Authority*) não é em absoluto um fenômeno circunscrito ao espaço geográfico e político europeu. Organismos do gênero estão presentes na grande maioria dos 132 países que, de acordo com Graham Greenleaf, contavam com legislações gerais de proteção de dados em 2019. De acordo com o autor, "apenas 10% das leis nacionais de proteção de dados não criam uma autoridade especializadas em proteção de dados, e muito raramente as que o são estão submetidas a controle por parte do governo. Outras 10% são de leis cuja autoridade especializada não foi criada pelo governo em um tempo razoável (...). O resultado é que 80% dos 132 países com leis de proteção de dados possuem autoridades especializadas já criadas e em plena operação"[5].

É importante notar ainda que, mesmo nos Estados Unidos, onde não há uma lei geral de proteção de dados, a FTC (*Federal Trade Commission*), ainda que não possa ser considerada como uma autoridade de proteção de dados, possui entre suas competências a fiscalização da utilização de dados pessoais em relações de consumo[6], bem como a supervisão da aplicação de normas relacionadas à proteção de dados como o FCRA, HIPAA ou o COPPA[7].

---

[3] Sua obrigatoriedade era prevista na Diretiva 46/95/CE ("relativa à proteção das pessoas singulares no que diz respeito ao tratamento de dados pessoais e à livre circulação desses dados"), que, em seu art. 28, previa que cada Estado instituiria uma (ou mais) "autoridades de controle", independentes, responsáveis pela sua aplicação e fiscalização.

[4] "Art. 8º Proteção de dados pessoais

1. Todas as pessoas têm direito à proteção dos dados de caráter pessoal que lhes digam respeito.

2. Esses dados devem ser objeto de um tratamento leal, para fins específicos e com o consentimento da pessoa interessada ou com outro fundamento legítimo previsto por lei. Todas as pessoas têm o direito de aceder aos dados coligidos que lhes digam respeito e de obter a respetiva retificação.

3. O cumprimento destas regras fica sujeito a fiscalização por parte de uma autoridade independente." Disponível em: <https://eur-lex.europa.eu/legal-content/PT/TXT/HTML/?uri=CELEX:C2012/326/02&from=PT>. Acesso em: 14 set. 2020.

[5] GREENLEAF, Graham. Global Data Privacy 2019: DPAs, PEAs, and their Networks. *Privacy Laws & Business International Report*, p. 11-14, 2019. Disponível em: <https://papers.ssrn.com/sol3/papers.cfm?abstract_id=3434407 >. Acesso em: 14 set. 2020.

[6] Merece destaque a atuação da FTC no estabelecimento de patamares de conduta para os *web sites* que ofereciam produtos ao público, promovendo os *Fair Information Practice Principles* e procurando regular questões intrincadas relativas à privacidade como, por exemplo, a utilização dos *cookies* (HETCHER, Steven. The *de facto* Federal privacy commission. *The John Marshall Journal of Computer and Information Law* 130 [2000]).

[7] FCRA (*Fair Crédito Reporting Act*); HIPPA (*Health Insurance Portability and Accountability Act*); COPPA (*Children Online Privacy Protection Act*) .

FORMAÇÃO E JUSTIFICATIVA DAS AUTORIDADES DE GARANTIA DE PROTEÇÃO DE DADOS

As autoridades de proteção de dados são, hoje, parte fundamental dos principais modelos regulatórios de proteção de dados pessoais, cumprindo funções como a aproximação entre as esferas do mercado e do setor público com o cidadão em contextos que, diversas vezes, são por demais especializados para serem efetivamente abordados por instituições que não foram especificamente moldadas com este fim.

No atual Estado Democrático, é visível o recurso a órgãos administrativos independentes, em diversos graus e configurações e sob denominações variadas, como agências, autoridades independentes, comissariados, conselhos e outros mais[8]. Podemos identificá-los como "entes ou órgãos públicos dotados de substancial independência do governo, caracterizados pela sua autonomia de organização, financiamento e contabilidade; da falta de controle e sujeição ao poder Executivo, dotadas de garantias de autonomia através da nomeação de seus membros, dos requisitos para esta nomeação e da duração de seus mandatos; e tendo função de tutela de interesses constitucionais em campos socialmente relevantes"[9].

No caso do Brasil, organismos do gênero foram sistematicamente introduzidos na estrutura institucional do país basicamente para atender a demandas relacionadas à regulação de áreas do mercado das quais o Estado operava sua retirada como operador em caráter de monopólio, como a Agência Nacional do Telecomunicações (ANATEL) ou a Agência Nacional de Energia Elétrica (ANEEL); ou então com a busca de maior eficiência na regulação de aspectos críticos do mercado, como a defesa da livre concorrência (cuja tutela é função do Conselho Administrativo de Defesa Econômica – CADE)[10] bem como para a imposição de normativas técnicas em setores especializados para a garantia de valores como, entre outros, a saúde pública, como ocorre com a Anvisa (Agência Nacional de Vigilância Sanitária). O recurso a modelos do gênero, porém, não é propriamente uma novidade no Brasil, o que é perceptível quando verificamos instituições que desempenharam marcada função na regulação de setores do mercado e que gozaram de certa independência para atingir seus fins – como o Instituto Brasileiro do Café ou o Instituto do Açúcar e do Álcool, entre outros –, além de estruturas com importantes semelhanças, como a Comissão de Valores Mobiliários (CVM), o Conselho Monetário Nacional (CMN) ou o próprio Banco Central do Brasil.

Uma das principais razões de ser desses órgãos, desgarrados da estrutura administrativa tradicional e caracterizados pela sua independência, pela especificidade de sua atividade e pelo seu caráter eminentemente técnico, é a crescente complexidade das relações sociais, da

---

[8] O marco inicial da instituição de órgãos desta natureza é comumente mencionado como a *Interstate Commerce Commission*, criada em 1886 nos Estados Unidos; logo após, foi seguida por outra autoridade para o controle das ferrovias, dando início a uma sucessão de outros organismos similares (CAIANIELLO, Vicenzo; MERLUSI, Fabio. L'evoluzione storica. In: SCHIOPPA, Fiorella (org.). *Le autorità indipendenti e il buon funzionamento dei mercati*. Milano: Il Sole 24, 2002, p. 47). Não por acaso esse foi um período de redefinição no capitalismo norte-americano, que pouco depois veria a edição da primeira lei antitruste do mundo (o *Shermann Act*, de 1890). (ARAGÃO, Alexandre Santos de. As agências reguladoras independentes e a separação de poderes – uma contribuição da teoria dos ordenamentos setoriais. *Revista dos Tribunais*, v. 786, abril 2001, p. 17).

[9] CARINGELLA, Francesco; GAROFOLI, Roberto. *Le autorità indipendenti*. Napoli: Simoni, 2000, p. 10.

[10] Na União Europeia, a profusão das *Authorities*, bastante acentuada a partir da década de 1990, é reflexo de sua importância na nova estrutura administrativa que vem sendo construída. Estas *authorities* existem tanto no âmbito comunitário quanto em seus países-membros.

PARTE II · Cap. 23 · A AUTORIDADE NACIONAL DE PROTEÇÃO DE DADOS | 465

organização do Estado e das demandas que o aparato público é instado a abordar. Diante dessa necessidade, demonstrou-se necessário que a administração pública se especializasse para atender a cada uma das grandes demandas com o particularismo e a dinâmica necessários. Mais recentemente, verificou-se que diversas características desses órgãos, moldados para responder de forma mais direta e dinâmica a determinadas demandas de natureza econômica, poderiam ser igualmente relevantes no papel da defesa e da promoção de direitos do cidadão, proporcionando o surgimento da figura da autoridade de garantia.

A distinção que pode ser feita quanto ao âmbito de atuação dessas autoridades, portanto, comporta que em uma taxonomia básica possam ser divididas entre "autoridades de regulação" e "autoridades de garantia". Às autoridades de regulação, cuja competência costuma ser ligada a um determinado serviço público, são destinadas funções similares àquelas da própria administração pública, com vantagens quanto à dinamicidade de sua estrutura e outras. Por sua vez, as autoridades de garantia possuem a missão de proteção de direitos ou situações subjetivas específicos, para cuja defesa foram constituídas[11]. Um organismo com a proposta de proteção de um direito como o da proteção de dados pessoais (a ANPD, por exemplo), estaria enquadrada, portanto, como uma autoridade de garantia[12].

AUTORIDADE DE GARANTIA

O recurso às autoridades de garantia para a tutela de direitos fundamentais ocorre em um contexto no qual a atuação do Estado não somente é ampliada como também amplia-se a demanda por direitos. A administração pública unitária, com uma estrutura marcadamente vertical a partir de centros de poder hierarquizados e inseridos em sua estrutura orgânica, além de uma atuação discricionária em torno do que se considera o interesse público, foi modelo para o estado liberal do século XIX, porém possui limites intrínsecos.

Pode-se observar, mais recentemente, uma certa multiplicação de centros decisionais formais no Estado, o que ocorre em função, entre outros motivos, do crescimento de suas atribuições e da necessidade de maior apuro técnico em diversas áreas. Evidentemente, isto há de ser colocado nos seus devidos termos: a existência de uma autoridade de garantia não há de ser confundida com uma mudança da configuração política do Estado ou com a vulnerabilização de sua unidade, em especial em relação à sua personalidade jurídica; também como não é um conceito a ser colocado em plano idêntico ao da discussão sobre o pluralismo jurídico, muito embora dialogue com este. Certamente, o processo de multiplicação de centros decisionais não implica um arrefecimento do respeito e do papel de centralidade da lei – pode inclusive até reforçá-lo, na medida em que cria mecanismos intermediários capazes de dialogarem de forma mais direta e eficaz com os cidadãos.

A unidade da personalidade humana e a consequente busca de equilíbrio entre as diversas garantias e direitos de natureza constitucional decorrentes – todos merecedoras de tutela, visto referirem-se à personalidade humana – suscitou o problema da assim chamada colisão de direitos[13]. Nesse espaço, uma autoridade de garantia de direitos fundamentais encontra

---

[11]   LAZZARA, Paolo. *Autorità indipendenti e discrezionalità*. Padova: CEDAM, 2001, p. 80-81.

[12]   A divisão refere-se à sua finalidade e não à sua forma de atuação. Portanto, não implica que uma autoridade dita "de garantia" não tenha seu poder regulatório, ou então o inverso, que uma autoridade "de regulação" atue determinadas garantias, ou conforme a ressalva feita por Pippo Ranci à esta divisão (RANCI, Pippo. Fra tecnica e politica. In: SCHIOPPA, Fiorella (org.). *Le autorità indipendenti e il buon funzionamento dei mercati*, cit., p. 129-130).

[13]   Sobre o tema, v. FARIAS, Edilsom. *Colisão de Direitos*. Porto Alegre: Sérgio Fabris, 1996.

466 | TRATADO DE PROTEÇÃO DE DADOS PESSOAIS

sua razão de ser, na promoção de um "equilíbrio dinâmico" entre essas situações subjetivas – organizando uma "convivência plural" dos valores que se referem à pessoa[14].

A AUTORIDADE DE GARANTIA PARA A PROTEÇÃO DE DADOS

A atuação de uma autoridade de proteção de dados merece atenção dado que, nesse caso, a simples atuação do indivíduo para a proteção de seus interesses – o controle individual, que pode se materializar em algumas das concepções de proteção de dados pessoais – em muitas ocasiões não é capaz de proporcionar uma tutela adequada. A impossibilidade de que os direitos que hoje estão relacionados à proteção de dados sejam contemplados unicamente pela ação singular de seu interessado é patente em vista da desproporção entre as possibilidades do indivíduo e as estruturas hoje dedicadas ao tratamento de seus dados.

A evocação dos direitos relacionados à proteção de dados pela atuação específica do cidadão, além de não se configurar realista para grande parte dos casos de maior relevância, ressoa com uma tradição de certa maneira elitista do direito à privacidade, pelo qual este seria um direito efetivamente direcionado para aqueles que possuam meios para o seu exercício.

Para a efetiva proteção dos direitos em questão na amplitude necessária, seja esta individual ou coletiva, cabe a devida consideração das características da matéria de proteção de dados pessoais a partir dos desafios específicos para a implementação de um sistema adequado de tutela[15]. Conforme observamos, trata-se de seara na qual os danos de reduzidíssima monta são comuns, o que diminui a propensão para que se postule individualmente sua reparação a partir dos institutos tradicionais de responsabilidade civil. A utilização de uma tutela baseada na responsabilidade civil não é, por si só, um instrumento que tutele na medida necessária o direito fundamental à proteção de dados pessoais, podendo inclusive vir a incentivar a consolidação de práticas de utilização indevida de dados pessoais. A ação de uma autoridade para a proteção de dados pessoais representa, portanto, instrumento necessário para a efetivação de uma garantia fundamental[16].

ATRIBUTOS: INDEPENDÊNCIA E AUTONOMIA

A independência, atributo intrínseco à própria razão de ser de uma autoridade de proteção de dados, pode ser garantida por meio de mecanismos que busquem isolar sua atuação da influência dos poderes estatais constituídos na administração pública direta. Para tal, entre suas normas instituidoras costumam estar presentes mecanismos que lhes garantam, por exemplo, gerência sobre seu próprio orçamento e estrutura, a limitação da discricionariedade na escolha

---

[14] LAZZARA, Paolo. *Autorità indipendente e discrezionalità*, cit., p. 61-62.

[15] Sem se referir à hipótese de uma autoridade independente, Antonio Herman Benjamim acena à necessidade de um controle plural para os dados pessoais: "Os organismos, privados ou públicos, que armazenam informações sobre os consumidores clamam, pois, por controle rígido, seja administrativo, seja judicial, este ora penal, pra civil" (BENJAMIM, Antonio Herman. *Código brasileiro de defesa do consumidor comentado pelos autores do anteprojeto*. 6. ed. Rio de Janeiro: Forense Universitária, 1999, p. 328).

[16] As garantias institucionais são, para Fábio Konder Comparato, "formas de organização do Estado, ou institutos da vida social, cuja função é assegurar o respeito aos direitos subjetivos fundamentais, declarados na Constituição; não apenas das liberdades fundamentais (...), mas de todas as demais espécies de direitos humanos" (COMPARATO, Fábio Konder. As garantias institucionais dos direitos humanos. *ANPR Online*, 05.01.2004. Disponível em: www.anpr.org.br/bibliote/artigos/comparato2.html. Acesso em: 14 set. 2010).

PARTE II · Cap. 23 · A AUTORIDADE NACIONAL DE PROTEÇÃO DE DADOS | **467**

de seus membros (por meio, por exemplo, da exigência de determinada formação ou atuação profissional), a incompatibilidade de atuação destes membros com outras atividades, atuais ou mesmo futuras (quando se estabelece uma "quarentena" para os seus quadros diretores egressos antes de que iniciem novas atividades), entre outras. Igualmente fundamental para a sua independência é a ausência de ingerência governamental sobre seus atos, ao não colocar tais órgãos em uma posição de vinculação hierárquica em relação ao governo.

A independência destas autoridades é também causa de um aparente paradoxo, presente em seu próprio código genético: ela implica um afastamento hierárquico da administração pública direta, legitimada pelo voto. Torna-se necessário, portanto, definir a sua independência a partir do princípio democrático, e não somente através dos ditames da prática e da necessidade. O problema da legitimação pelas autoridades independentes é o desdobramento de um problema clássico da democracia, que é a existência de organismos de vultuosa importância institucional que eventualmente não são diretamente legitimados pelo voto popular[17].

Esta não é, no entanto, uma solução institucional arbitrária, visto que procura abordar demandas cuja crescente complexidade e conteúdo técnico exige ações que dificilmente obteriam resposta adequada e célere da administração direta, conforme já observado. Na verdade, o problema muitas vezes é menos a legitimidade democrática em si do que a forma de implementá-la, de modo que que existam mecanismos de controle como a estrita atribuição e delimitação de competências por lei, a constante referência central aos seus valores constitucionais e objetivos específicos, além de um correto equilíbrio entre a sua independência e os fundamentos de sua legitimidade.

A independência dessas autoridades é um atributo fundamental para que sua missão seja exitosa. Esta independência é importante não somente para a tutela do cidadão, porém para a estruturação de todo o sistema normativo de proteção de dados, que compreende aspectos da regulação do próprio fluxo de dados. Assim, também para o setor privado uma autoridade independente afigura-se útil por diversos motivos como a uniformização da aplicação da lei em um mesmo território e em circunstâncias nas quais eventualmente tribunais ou reguladores setoriais tendessem a produzir soluções heterogêneas quanto à interpretação da legislação de proteção de dados. Esta consistência, aliás, também é importante para impedir que empresas que eventualmente não cumpram com a LGPD acabem por ter vantagens competitivas em relação às demais, com prejuízo para os cidadãos.

Ainda, a autoridade possui um arsenal específico de medidas regulatórias à sua disposição do que os tribunais, inclusive com medidas que visam a incutir e fomentar boas práticas no tratamento de dados por meio das regras de *accountability*, além de possuir um regime sancionatório próprio, adaptado à natureza da matéria e com metodologia própria. Isto, somado ao fato de que a centralização da matéria em uma autoridade evita o risco da fragmentação da interpretação da lei entre tribunais e mesmo outros órgãos administrativos com competências eventualmente concorrentes, garante a uniformidade dos direitos do cidadão e a segurança jurídica na aplicação da LGPD.

Uma outra questão versa sobre a autonomia técnica para proferir opiniões e decisões dentro de competência da autoridade. Além da autoridade ser um ponto de referência e orientação para o cidadão, ocorre que o tratamento de dados pessoais é uma atividade complexa e que muitas vezes se dá de forma opaca, realizado por entidades cujas práticas podem não ser suficientemente transparentes. A existência de uma autoridade que atue de forma coordenada para prevenir e reprimir abusos, fiscalizando e tutelando tratamentos de dados

---

[17] Conforme observa Stefano Rodotà em prefácio à obra de Fiorella Schioppa (*Le autorità indipendenti e il buon funzionamento dei mercati*. Milano: Il Sole 24, 2002, p. 13-14).

de inteiras coletividades, é fundamental para diminuir a assimetria entre o cidadão e os entes que tratam seus dados.

Para que se caracterize esta necessária independência da autoridade, portanto, suas atividades fiscalizatória, sancionatória e decisional não devem se subordinar hierarquicamente a outros órgãos. A autoridade ainda deverá contar com as prerrogativas necessárias, como a existência de mandato fixo de seus dirigentes, para que execute suas funções de forma autônoma e isonômica para quaisquer setores e modalidades de tratamento de dados pessoais. Deste imperativo, aliás, deriva a opção de a LGPD estabelecer que, em até dois anos de sua estruturação, seja realizada revisão para que se atribua, eventualmente, natureza de autarquia especial à Autoridade Nacional de Proteção de Dados (art. 55-A, §§ 1º e 2º, da LGPD, que será posteriormente mencionado).

Outras características devem estar igualmente presentes em uma autoridade, como a presença de pessoal técnico capacitado tanto em assuntos jurídicos e regulatórios quanto nos aspectos técnicos do tratamento de dados pessoais é necessária para que diversas atividades da autoridade que não são de cunho repressivo, como as de caráter educativo, de orientação, o estabelecimento de parâmetros e outras possam ser implementadas, concretizando a aplicação do princípio da prevenção, previsto pela LGPD. A autoridade é um elemento indispensável para garantir a adaptação da lei a novas circunstâncias sem que se abra mão da segurança jurídica, ao proporcionar orientação sobre a interpretação e aplicação da lei, ao elaborar normas e regulamentos sobre temas específicos como segurança da informação ou outras situações, sem que haja necessidade de alteração da lei. Ela pode ainda estabelecer parâmetros para a aplicação da lei conforme as características de cada setor ou mercado, objetivando ações que sejam mais eficazes para a proteção de direitos do cidadão e garantindo a proporcionalidade na sua aplicação – considerando, por exemplo, o seu impacto em pequena e médias empresas. Para tanto, contar com pessoal técnico especializado é um elemento de primeira importância.

Uma autoridade independente, com autonomia técnica e dotada dos meios necessários para realizar suas funções, é, portanto, condição orgânica para que as garantias presentes na LGPD sejam eficazes. E, ainda, é uma peça indispensável para que o Brasil obtenha as vantagens econômicas e políticas derivadas da LGPD: por exemplo, a obtenção da adequação europeia, que garantiria o livre fluxo de dados pessoais entre o Brasil e os países do bloco, depende inexoravelmente do estabelecimento de uma autoridade independente[18]; o ingresso do Brasil na OCDE pode ser facilitado, entre outros. De forma geral, o comércio internacional vem apresentando requisitos mais concretos quanto à proteção de dados, sendo um destes a existência de uma autoridade independente como condição para que empresas ou órgãos brasileiros possam participar livremente de fluxos internacionais de dados, tão caros à nova economia da informação. Nesse sentido, destaque-se o acordo entre União Europeia e Japão[19], que consolidou a maior área de livre fluxo de dados do mundo, tornado possível principalmente com o estabelecimento de uma autoridade independente para a proteção de dados pelo Japão. Um acordo como este facilita o acesso de empresas japonesas a um mercado de mais de quinhentos milhões de consumidores.

---

[18] Uma breve descrição dos requisitos e do processo de adequação aos padrões de proteção de dados da legislação europeia pode ser consultada no "Adequacy referential", documento produzido pelo grupo de autoridades de proteção de dados europeias WP29 e posteriormente referendado pelo EDPB (*European Data Protection Board*). Disponível em: < https://ec.europa.eu/newsroom/article29/item-detail.cfm?item_id=614108 >. Acesso em: 14 set. 2020.

[19] Disponível em: <https://edpb.europa.eu/sites/edpb/files/files/file1/2018-12-05-opinion_2018-28_art.70_japan_adequacy_en.pdf>. Acesso em: 14 set. 2020.

FORMAÇÃO E CARACTERÍSTICAS DA ANPD

O processo de formulação da LGPD, cujo início remonta ao ano de 2010, compreendeu duas fases de debate público em torno de versões de um Anteprojeto de Lei de Proteção de Dados, a primeira em 2010-11 e a última em 2015. Em ambas as ocasiões, as propostas colocadas em discussão previam a existência de uma autoridade competente para a aplicação da legislação de proteção de dados.

O Anteprojeto, tendo sido elaborado sob a coordenação do Ministério da Justiça, foi encaminhado por este Ministério, conjuntamente com o Ministério do Planejamento, Orçamento e Gestão, à Casa Civil da Presidência da República que posteriormente o enviou para a Câmara dos Deputados, dando início formal ao seu *iter* legislativo como o Projeto de Lei 5.276, no dia 13 de maio de 2016.

O texto enviado pelo Poder Executivo ao parlamento, no entanto, não compreendia a criação de uma autoridade para supervisionar a aplicação da lei. A pertinência de sua criação, embora reconhecida e discutida amplamente nos debates públicos realizados pelo Ministério da Justiça, não resultou em um texto que compreendesse a criação do órgão, dado ao fato de não haver uniformidade de entendimento em relação à matéria à época no Executivo Federal. Ainda assim, pode-se afirmar que o texto enviado reconhecia de forma implícita a centralidade de um órgão especializado para a aplicação da legislação de proteção de dados, ao se referir por dezenas de vezes a um "órgão competente" para a funcionalização de muitos de seus ditames e garantias e propondo mecanismos de tutela que, para serem materialmente viáveis e factíveis, dependeriam da atuação deste órgão. Desse modo, pelos motivos mencionados, o texto não faz aceno a nenhum aspecto constitutivo deste órgão nem associa as suas funções a qualquer entidade então já existente.

A Comissão especial na Câmara dos Deputados criada para analisar o PL 5.276/2016, em relatório apresentado em 2018 e aprovado por unanimidade, incluiu no Projeto de Lei explicitamente a criação da autoridade sob o formato de uma *autarquia federal em regime especial*. Com essa natureza, o texto foi aprovado pelos plenários da Câmara dos Deputados e do Senado Federal para seguir à sanção presidencial, nos termos do art. 55 do PLC 53/2018.

Essa estrutura foi, no entanto, vetada pela Presidência da República com o fundamento de que sua inclusão por iniciativa parlamentar extrapolaria a competência do Poder Legislativo, ao adentrar em matéria de competência restrita do Presidente da República, qual seja, propor aumento de despesas em projeto de lei. A LGPD foi finalmente sancionada em 14 de agosto de 2018 com as disposições referentes à estruturação da ANPD vetadas – ainda que, novamente, o texto sancionado contasse com dezenas de menções expressas à autoridade, a ponto da sua ausência comprometer de forma cabal a própria materialidade da normativa em diversos pontos.

Com a sanção da LGPD, a Presidência da República, reconhecendo a necessidade do estabelecimento de um ente público para a efetividade da LGPD, anunciou sua intenção de elaborar ela própria a autoridade. Assim, em 27 de dezembro de 2018, o Poder Executivo publicou a Medida Provisória 869/2018, criando a Autoridade Nacional de Proteção de Dados (ANPD) e modificando uma série de outros pontos da lei. A estrutura proposta então era a da ANPD como um órgão público, formalmente localizado dentro da estrutura da Presidência da República – dessa forma, cumprindo os requisitos formais que, à época, impediam o próprio Poder Executivo de propor uma estrutura cuja implementação implicasse despesas para o Tesouro Nacional, dadas as limitações estabelecidas pela Lei de Responsabilidade Fiscal (Lei Complementar 101/2000). Depois de ter sofrido uma série de modificações pela Comissão Mista que a avaliou no Congresso Nacional, a MP 869/2019 foi finalmente convertida na Lei 13.853, no dia 8 de julho de 2019, sendo assim estabelecido o texto final da LGPD.

A LGPD, com as modificações introduzidas pela Lei 13.853/2019, possui ainda uma disposição muito relevante em relação à natureza da ANPD, que pode ser contextualizada a partir do atribulado processo de elaboração dos textos que serviram como base para a LGPD e das características do seu *iter* legislativo. Seu art. 55-A, §§ 1º e 2º, atestam uma natureza "transitória" para a ANPD e estabelecem uma espécie de "gatilho" ao estabelecer que se procederá, em até dois anos da entrada em vigor da sua estrutura regimental, a uma avaliação acerca da sua possível conversão em uma "entidade da administração pública federal e indireta, submetida a regime autárquico e especial e vinculada à Presidência da República".[20]

DECRETO 10.474/2020: A ESTRUTURA DA ANPD E O CNPDP

O Decreto 10.474, de 26 de agosto de 2020, define a estrutura organizacional da ANPD e estabelece parâmetros necessários para a instalação do Conselho Nacional de Proteção de Dados e da Privacidade (doravante CNPDP). A efetiva criação de ambos estava condicionada à nomeação do diretor-presidente da ANPD, que era inclusive condição suspensiva para a entrada em vigor do referido Decreto.

A estrutura definida pelo Decreto para a ANPD prevê, no art. 3º do Anexo I do Decreto, além do seu Conselho Diretor já previsto na LGPD como composto pelos seus cinco diretores, um deles Diretor-Presidente (figura esta introduzida pelo Decreto), que este será assistido por uma Secretaria-Geral, uma Coordenação-Geral de Administração e uma Coordenação-Geral de Relações Internacionais e Institucionais. Como órgãos seccionais, a ANPD terá uma Corregedoria, uma Ouvidoria e uma Assessoria Jurídica; finalmente, como órgãos específicos singulares, a ANPD terá três Coordenações-Gerais: a de Normalização, a de Fiscalização e a de Tecnologia e Pesquisa.

Entre outros aspectos cuja regulamentação será necessária na entrada em operação da ANPD, o Decreto esclareceu alguns aspectos referentes ao Conselho Nacional de Proteção de Dados e da Privacidade (CNPDP), indispensáveis para a sua efetividade. Dentre estes, destaque-se a previsão de que a presidência do CNPDP é fixada na pessoa do conselheiro indicado pela Casa Civil da Presidência da República (art. 15, I, do Anexo I do Decreto), ao qual incumbe, com exclusividade, convocar, coordenar e dirigir as reuniões do Conselho, além de convocar eventuais sessões extraordinárias para além das três sessões anuais previstas, também no Decreto.

Esta concentração de poderes quanto à operacionalização do CNPDP exclusivamente nas mãos da Casa Civil da Presidência da República, junto ao fato dos conselheiros setoriais que formarão o CNPDP devem ser escolhidos por ato discricionário do Conselho Diretor da ANPD e posteriormente referendados pela mesma Casa Civil da Presidência da República, abre a possibilidade de que a representatividade setorial no CNPDP possa ser diluída caso haja a eventual seleção e nomeação de conselheiros que não estejam plenamente identificados com as demandas de seu respectivo setor – possibilidade esta que é plausível, vista a inexistência de qualquer mecanismo que proporcione a cada setor indicar os representantes que julgar mais adequados por mecanismos de escolha próprios. Neste sentido, verifica-se que o Decreto torna possível um eventual esvaziamento do modelo multissetorial que, em última análise, seria extremamente bem-vindo para induzir as diferentes visões e abordagens dos vários setores da sociedade que estarão diretamente afetados com a normativa de proteção de dados pessoais – esta foi, aliás, a própria razão de ser da criação do CNPDP.

---

[20] A MP 1.124/2022 revogou os §§ 1º e 2º do art. 55-A, até o fechamento dessa edição não havia sido convertida em lei.

MP 1.124/2022: AUTARQUIA ESPECIAL

A MP 1.124/2022 alterou novamente a Lei 13.709/2018, dando à ANPD a natureza jurídica de "autarquia de natureza especial, dotada de autonomia técnica e decisória, com patrimônio próprio e com sede e foro no Distrito Federal". O prazo para a conversão da MP e sua vigência se encerram em 24/10/2022.

CONCLUSÃO

O processo de formação da ANPD chega ao fim de uma primeira etapa. A implementação da autoridade, sua atuação na regulamentação e promoção de diversas matérias já explicitamente requeridas na LGPD bem como outras demandas que naturalmente lhe sejam direcionadas estão sendo acompanhadas com extrema atenção. A abordagem que a autoridade virá a empregar vai definir pontos cruciais e pautar matérias, podendo inclusive vir a ser o maior fator de indução da implementação da LGPD e da das expectativas dos cidadãos a respeito de suas garantias relacionadas à proteção de dados. Para que esta complexa e importante missão seja levada a cabo com bom êxito, aguarda-se que a criação da autoridade seja pautada por critérios técnicos tendo em vista o direito fundamental à proteção de dados, pela consciência da relevância fundamental da matéria e pelo reconhecimento da necessidade imperiosa de prover-lhe dos indispensáveis efetivos atributos de independência e autonomia, bem como seja garantida a autonomia de seu órgão consultivo, o Conselho Nacional de Proteção de Dados e Privacidade com o cessamento de sua subordinação à Presidência da República, seja quanto à escolha dos seus integrantes representantes setoriais, seja quanto à sua autonomia.

REFERÊNCIAS BIBLIOGRÁFICAS

ARAGÃO, Alexandre Santos de. As agências reguladoras independentes e a separação de poderes – uma contribuição da teoria dos ordenamentos setoriais. *Revista dos Tribunais*, v. 786, abr. 2001.

BENJAMIM, Antonio Herman. *Código brasileiro de defesa do consumidor comentado pelos autores do anteprojeto.* 6. ed. Rio de Janeiro: Forense Universitária, 1999.

CAIANIELLO, Vicenzo; MERLUSI, Fabio. Laevoluzione storica. In: SCHIOPPA, Fiorella (org.). *Le autorità indipendenti e il buon funzionamento dei mercati.* Milano: Il Sole 24, 2002.

CARINGELLA, Francesco; GAROFOLI, Roberto. *Le autorità indipendenti.* Napoli: Simoni, 2000, p. 10.

COMPARATO, Fábio Konder. As garantias institucionais dos direitos humanos. *ANPR Online,* 05.01.2004. Disponível em: www.anpr.org.br/bibliote/artigos/comparato2.html. Acesso em: 14 set. 2010.

FARIAS, Edilsom. *Colisão de Direitos.* Porto Alegre: Sérgio Fabris, 1996.

GREENLEAF, Graham. Global Data Privacy 2019: DPAs, PEAs, and their Networks. *Privacy Laws & Business International Report,* p. 11-14, 2019. Disponível em: <https://papers.ssrn.com/sol3/papers.cfm?abstract_id=3434407 >. Acesso em: 14 set. 2020.

HETCHER, Steven. The *de facto* Federal privacy commission. *The John Marshall Journal of Computer and Information Law* 130 (2000).

LAZZARA, Paolo. *Autorità indipendenti e discrezionalità.* Padova: CEDAM, 2001, p. 80-81.

472 TRATADO DE PROTEÇÃO DE DADOS PESSOAIS

RANCI, Pippo. Fra tecnica e politica. In: SCHIOPPA, Fiorella (org.). *Le autorità indipendenti e il buon funzionamento dei mercati*. Milano: Il Sole 24, 2002.

RODOTÀ, Stefano. Prefácio. In: SCHIOPPA, Fiorella. *Le autorità indipendenti e il buon funzionamento dei mercati*. Milano: Il Sole 24, 2002.

SIMITIS, Spiros. Privacy – An Endless Debate. *California Law Review* 1989 (2010).

PARTE III

PERSPECTIVAS SETORIAIS E DESAFIOS ATUAIS DA PROTEÇÃO DE DADOS

24

PROTEÇÃO DE DADOS PESSOAIS NA EDUCAÇÃO

JOÃO PAULO BACHUR
Advogado especializado em Direito da Educação. Mestre e doutor em Ciência
Política pela USP, com pós-doutorado em Filosofia pela Universidade Livre de Berlim,
como bolsista da Fundação Alexander von Humboldt. Professor do Insper/SP e
coordenador do mestrado e doutorado em Direito Constitucional do IDP/Brasília.

INTRODUÇÃO

A recente publicação da Lei Geral de Proteção de Dados, Lei 13.709, de 14 de agosto de 2018 (LGPD), significa importante inovação no ordenamento jurídico brasileiro, pois introduziu entre nós a proteção jurídica de uma dimensão da personalidade que já vinha sendo objeto de tutela legal e jurisdicional nas democracias industrializadas maduras. A proteção de dados pessoais é, na verdade, um dos reflexos jurídicos do capitalismo da informação: se a economia cada vez mais se baseia em *profiling*, publicidade direcionada, internet das coisas e *big data* (ou seja, na classificação e padronização do comportamento), a informação pessoal parece ter substituído a força de trabalho como insumo central do capitalismo contemporâneo.[1]

Pareada com o Regulamento Geral de Proteção de Dados europeu, nossa LGPD estabeleceu as balizas centrais para o desenvolvimento de uma economia de dados apoiada na premissa de que o direito de propriedade, por si só, não permitiria a adequada proteção da personalidade ou a justa remuneração a seus titulares.[2]

Nesse primeiro momento, a LGPD experimenta mais ou menos a recepção costumeiramente dada tanto pelo mercado quanto pelos operadores do direito a inovações legislativas, cuja implementação não é plenamente visível com a simples publicação do diploma legal: um

---

[1] Cf. Viktor Mayer-Schönberger & Kenneth Cukier, *Big Data*: a revolution that will transform how we live, work, and think. New York: Publishing Company, 2013; e, entre nós, Bruno R. Bioni, *Proteção de dados pessoais*: a função e os limites do consentimento. Rio de Janeiro: Forense, 2019. Há autores que sugerem inclusive uma passagem do "modo de produção" para o "modo de informação" – cf. Mark Poster, *Foucault, Marxism, and History*: mode of production versus mode of information. Oxford: Polity Press, 1985.

[2] Cf. Colin J. Bennett & Charles D. Raab, Revisiting "The Governance of Privacy": contemporary policy instruments in global perspective. *Regulation and Governance*, 2018, para um balanço dos instrumentos globais de políticas de proteção de dados; e Laura Schertel Mendes & Bruno R. Bioni, O Regulamento Europeu de Proteção de Dados Pessoais e a Lei Geral de Proteção de Dados brasileira: mapeando convergências na direção de um nível de equivalência. *Revista de Direito do Consumidor*, ano 28, v. 124, p. 157-180, 2019.

misto de euforia e ceticismo. Tal parece ter sido o caso, por exemplo, do Código de Defesa do Consumidor (CDC): foi saudado por muitos como a panaceia para o equilíbrio de forças entre consumidores e fornecedores, mas ao mesmo tempo criticado à época por ter imposto exigências e maior regulamentação às empresas. O fato é que hoje, à distância de quase trinta anos, instrumentos jurídicos então inovadores como a desconsideração da personalidade jurídica e a inversão do ônus da prova estão incorporados e consolidados na dogmática consumerista. E nenhum setor da economia se aventura hoje a postular a inaplicabilidade do CDC às suas operações, como aconteceu nos primeiros anos desse diploma legal. O mesmo parece ter ocorrido com a legislação antitruste. E, da mesma forma, os ganhos institucionais proporcionados pelo controle de estruturas e por instrumentos como o termo de cessação de conduta ou os acordos de leniência são hoje inquestionáveis. Ao que tudo indica, tanto a euforia quanto o ceticismo em torno da LGPD tendem a se estabilizar a partir da sedimentação de procedimentos e diretrizes interpretativas que fixem o sentido da função estatal da proteção de dados enquanto inovação jurídico-institucional.

Este artigo procura colaborar com essa tarefa, ainda que de forma preliminar, apresentando algumas linhas interpretativas para a aplicação da LGPD no setor educacional, especificamente. O setor educacional oferece um desafio significativo, dado que poucas atividades humanas têm maior potencial para produção, coleta e sistematização de dados (assim como para *profiling* e discriminação algorítmica), muito embora essa circunstância nem sempre seja vista como óbvia.

Nesse sentido, este trabalho aborda o impacto da LGPD no setor educacional, discutindo ainda casos polêmicos em que o tratamento de dados foi empregado com finalidades discutíveis, tanto pelo Estado quanto por particulares. Para tanto, a partir de uma breve indicação dos aspectos mais relevantes da LGPD para a educação (seção 2), aplicaremos os principais conceitos e institutos trazidos pela LGPD na educação básica (seção 3) e na educação superior (seção 4), tanto no setor público quanto no setor privado. Ao final, apontaremos breves conclusões (seção 6).

1. A LGPD DO PONTO DE VISTA DA EDUCAÇÃO

Este artigo não pretende oferecer uma visão geral sobre a LGPD, nem discutir os principais desafios para sua implementação – o papel da Autoridade Nacional de Proteção de Dados, a suficiência (e o desgaste) do consentimento, os potenciais impactos concorrenciais e penais do compartilhamento de dados, ou ainda a potencial discriminação decorrente do uso intensivo de algoritmos, apenas para ficarmos com os exemplos mais emblemáticos.[3]

Neste artigo, nosso olhar destaca da nova LGPD brasileira aqueles aspectos em torno dos quais as principais discussões do tratamento e da proteção de dados no setor educacional deverão girar.

Em linhas muito gerais, nossa LGPD está estruturada em oito grandes eixos temáticos: (i) fundamentos, critérios, princípios e requisitos aplicáveis ao tratamento de dados (inclusive

---

[3]   Cf., apenas a título ilustrativo, a obra pioneira de Danilo Doneda, *Da privacidade à proteção de dados pessoais*. São Paulo: RT, 2019; bem como Laura Schertel Mendes, *Privacidade, proteção de dados e defesa do consumidor*: linhas gerais de um novo direito fundamental. São Paulo: Saraiva, 2014; Gustavo Tepedino & Ana Frazão et al. (org.). *Lei Geral de Proteção de Dados Pessoais e suas repercussões no direito brasileiro*. São Paulo: RT, 2019; Bruno R. Bioni, *Proteção de dados pessoais* cit.; bem como o dossiê Proteção de dados e inteligência artificial: perspectivas éticas e regulatórias, publicado pela revista *Direito Público*, v. 16, n. 90, 2019.

PARTE III · Cap. 24 · PROTEÇÃO DE DADOS PESSOAIS NA EDUCAÇÃO | 477

dados de crianças e adolescentes e dados sensíveis – arts. 1.º a 8.º e 10 a 16 da LGPD); (ii) os direitos do titular dos dados pessoais (arts. 9.º e 17 a 22); (iii) o tratamento de dados pessoais no setor público (arts. 23 a 32); (iv) a transferência internacional de dados pessoais (arts. 33 a 36); (v) os agentes de tratamento de dados pessoais – controlador, operador e encarregado (arts. 37 a 41); (vi) responsabilidade e ressarcimento de danos (arts. 42 a 45); (vii) governança e boas práticas (arts. 46 a 51); (viii) sanções administrativas e fiscalização (com a previsão de uma Autoridade Nacional de Proteção de Dados vinculada à Presidência da República e de um Conselho Nacional de caráter consultivo – arts. 52 a 58).

Para essa primeira aproximação entre a disciplina jurídica da proteção de dados e a legislação educacional parecem ser de especial interesse os aspectos principiológico da LGPD, uma vez que os aspectos fiscalizatórios-sancionatórios e procedimentais (tanto no setor privado quanto no setor público) ainda não estão completamente claros.[4]

Interessam-nos, portanto, especialmente os princípios previstos no art. 6.º da LGPD: eles nos ajudarão a entender como a disciplina jurídica da proteção de dados vai impactar profundamente a condução das políticas públicas de educação e redimensionar aspectos importantes da prestação privada de serviços educacionais.

A educação brasileira é basicamente regida pelos arts. 205 a 214 da Constituição Federal e pela Lei de Diretrizes e Bases da Educação Nacional (Lei 9.394, de 20 de dezembro de 1996 – LDB).[5] A educação se estrutura nas seguintes etapas: (i) educação infantil, compreendendo a creche (para crianças de 0 a 3 anos de idade) e a pré-escola (para crianças de 4 e 5 anos de idade), no ciclo de cuidados básicos e pré-alfabetização; (ii) ensino fundamental (para crianças de 6 a 14 anos de idade); (iii) ensino médio (para jovens de 15 a 17 anos); e educação superior. Há, ainda, modalidades específicas, como a educação especial, a educação profissional e a educação de jovens e adultos, bem como particularidades relacionadas ao local do ensino (educação indígena e do campo, por exemplo).[6]

Nota-se de saída, portanto, que a educação será o setor responsável por coletar e tratar dados pessoais desde a matrícula da criança na creche até a conclusão da formação em nível superior. O dado pessoal, definido na LGPD como a "informação relacionada a pessoa natural identificada ou identificável", tem sempre uma dimensão material, isto é, relacionada ao *registro* desse dado em uma base (física ou digital). O dado pessoal é uma marca, um vestígio deixado em registro pela pessoa natural. A vida escolar, portanto, nada mais é do que uma sequência de vestígios registrados pelas secretarias de educação de estados e municípios ou pelas escolas e universidades: notas, frequência, observações comportamentais (advertências, elogios etc.), ocorrências médicas e psicológicas, aptidões físicas, *score* financeiro da família (inadimplência

---

[4]　Ao tempo em que este artigo foi redigido, a Autoridade Nacional de Proteção de Dados ainda não havia sido criada. Ainda não se sabe, portanto, qual o corpo técnico da ANPD, da mesma forma como ainda não há decreto regulamentando aspectos importantes da LGPD, especialmente quanto aos procedimentos administrativos a serem conduzidos pela agência.

[5]　A legislação educacional é bem mais complexa que isso, mas por enquanto podemos nos ater a esses dois grandes marcos normativos.

[6]　Essas modalidades específicas oferecem desafios ainda maiores: na educação especial, por exemplo, o livro acessível (desenvolvido para alunos cegos ou de baixa visão) só é possível, tecnicamente, por meio da coleta ininterrupta de dados pessoais: o livro só "funciona" se a plataforma eletrônica souber qual aluno está acessando qual página de qual livro, em qual dispositivo eletrônico, por quanto tempo, e o que ele faz na página. Por outro lado, na educação profissional, a interface com o mercado de trabalho tem grande potencial para cruzamento de dados. A pesquisa acadêmica também tem peculiaridades consideráveis, notadamente no que diz respeito ao tratamento de dados de pesquisa primários. Neste artigo, abordaremos apenas a educação básica regular e a educação superior em nível de graduação.

no setor privado ou acesso a serviços conexos no setor público, tais como auxílios financeiros, frequência ao restaurante universitário ou moradia estudantil etc.); enfim, a educação pode ser a porta de entrada para inúmeras técnicas de *profiling*. E mais: se observarmos que as novas tecnologias da informação e da comunicação empregadas em sala de aula já permitem registrar o tempo que um determinado estudante levou para resolver uma equação, quanto tempo ele assistiu a uma videoaula, quais os erros e acertos cometidos em uma avaliação aplicada com recurso ao *computerized adaptive testing* e quais disciplinas ele escolheu cursar como optativas em um dado curso superior, por exemplo, veremos que a educação pode fornecer dados pessoais complexos e altamente sofisticados.[7] As potencialidades pedagógicas das novas tecnologias são proporcionais aos riscos intrínsecos ao tratamento de dados oriundos da vida escolar. Descartando-se a pós-graduação, as instituições educacionais coletarão dados pessoais de um único indivíduo, de maneira sistemática e metódica, por cerca de vinte anos.

Portanto, do ponto de vista da proteção de dados, escolas e universidades são máquinas de processamento de dados. Havendo tratamento de dados pessoais, é indispensável a existência de *fundamento legal* para tanto:

> "Se dados pessoais são então coletados e tratados por escolas e universidades, trata-se em qualquer caso de uma intervenção no direito fundamental [*Grundrechtseingriff*], o que exige autorização legal. Uma tal autorização legal deve circunscrever, tão clara e precisamente quanto possível, os pressupostos para o legítimo tratamento de dados pessoais".[8]

A proteção de dados pessoais, compreendida como direito fundamental,[9] está diretamente relacionada àquilo que o Tribunal Constitucional alemão definiu como direito à *autodeterminação informativa* (*informationelle Selbstbestimmung*), como projeção do direito geral à proteção da personalidade.[10] Em julgado paradigmático de 1983, o Tribunal julgou que o tratamento dos dados coletados pelo censo populacional ultrapassava os limites aceitáveis e invadia a esfera da personalidade. Essa esfera é constituída pela autodeterminação informativa: o postulado de que o titular dos dados pessoais deve estabelecer, de forma autônoma, o uso que se faz deles (e veremos que há um limite constitutivo a isso à luz das novas tecnologias).

Essa é, com efeito, a lógica da LGPD, profundamente inspirada pelo modelo europeu de proteção de dados: todo tratamento de dados significa, de saída, uma interferência no direito fundamental à autodeterminação informativa e, para que esse tratamento ocorra de forma legítima, é preciso fundamento legal, isto é, sem expressa autorização, não há tratamento de dados possível; a autodeterminação informativa é o direito fundamental a ter todos os aspectos da personalidade sob os auspícios de seu titular.

---

[7] Veja-se por exemplo Viktor Mayer-Schönberger & Kenneth Cukier, *Learning with Big Data*: the future of educacion. New York: Houghton Mifflin Harcourt, 2014. O *computerized adaptive testing* consiste em *software* que, a partir de um banco de questões calibradas (pré-testadas em salas de aula reais de forma a atribuir a cada uma delas uma ponderação de dificuldade), elabora uma prova personalizada para cada indivíduo, em uma progressão crescente de dificuldade: à medida que as questões mais fáceis são respondidas, o *software* vai subindo a dificuldade das questões, até identificar o ponto em que não é mais possível avançar. O *software* compõe a prova de forma que o conhecimento requerido para resolver uma questão seja o pressuposto da próxima, identificando assim o acerto no "chute".

[8] Alexander Roßnagel, *Handbuch Datenschutzrecht*: Die neuen Grundlagen für Wirtschaft und Verwaltung. München: Beck, 2003. p. 1.645.

[9] Em linha com Laura Schertel Mendes, *Privacidade, proteção de dados e defesa do consumidor* cit.

[10] Alexander Roßnagel, *Handbuch Datenschutzrecht* cit., p. 1.645.

PARTE III · Cap. 24 · PROTEÇÃO DE DADOS PESSOAIS NA EDUCAÇÃO | **479**

A afirmação pode soar alarmista, se considerarmos que estamos todos acostumados a clicar "sim" na caixa de diálogo *pop-up* em qualquer transação pela internet, manifestando nossa concordância com regras tarifárias e políticas de privacidade que sequer nos damos ao trabalho de ler. Não obstante, o *status* jurídico desse direito fundamental é equivalente ao da propriedade privada: toda restrição depende de expressa autorização legal, em nome da autonomia jurídica de seu titular.

Ao mesmo tempo, a proteção de dados não ignora a realidade: o art. 7.º da LGPD preceitua que o tratamento de dados será realizado "somente" para: cumprir obrigação legal ou regulamentar, implementar políticas públicas, cumprir contratos, defender o crédito, concretizar o legítimo interesse do controlador de dados ou, ainda, com o consentimento do titular. As exceções são múltiplas e amplas o suficiente para dar conta da complexidade da economia contemporânea.

Nesse contexto, a interpretação da boa-fé e dos princípios da finalidade, necessidade, transparência e não discriminação será essencial para delimitar o alcance da proteção (e do tratamento) de dados pessoais na educação.[11] Esses princípios poderão receber pesos e sentidos diferentes conforme estejamos observando o setor público ou privado, a educação básica ou superior.

2. PROTEÇÃO DE DADOS NA EDUCAÇÃO BÁSICA

Nosso sistema educacional admite, constitucionalmente (art. 209, *caput*), a convivência de instituições de ensino públicas e privadas, em qualquer nível de ensino. Em decorrência disso, a LGPD impactará o setor público e o setor privado da educação de maneiras diferentes.

A análise do impacto da LGPD na educação deve discriminar o uso que os setores *público* e *privado* fazem dos dados pessoais: no primeiro caso, está em pauta o incremento exponencial do poder do aparato estatal, notadamente no que diz respeito à capacidade de vigilância e monitoramento da esfera privada individual, retomando o tema clássico da doutrina constitucional dos direitos fundamentais. No segundo, estão em causa o uso econômico dos dados pessoais e o potencial discriminatório das novas tecnologias.

2.1 Tratamento de dados pessoais no setor público

Talvez a principal rotina de coleta e tratamento de dados na educação básica *pública* esteja relacionada ao censo anual da educação. Não por acaso, a doutrina alemã partiu justamente de um censo populacional para construir o conceito de autodeterminação informativa. Não é à toa, portanto, que o maior ponto de atenção para a proteção de dados na educação básica pública seja o censo anual da educação, disciplinado pelo Decreto 6.425, de 4 de abril de 2008.

O censo é o pilar da grande maioria das políticas educacionais conduzidas nacionalmente: o Fundo de Manutenção e Desenvolvimento da Educação Básica e de Valorização dos Profissionais da Educação (Fundeb, disciplinado pelo art. 212-A da Constituição), por exemplo, disciplina a repartição de mais de R$ 160 bilhões de reais, de forma a atender quase 48 milhões de alunos em toda a educação básica brasileira. A repartição é feita definindo-se um valor anual por aluno, levando-se em conta fatores de ponderação do custo. Portanto, para evitar a dupla notificação, o censo deve ser preciso em identificar qual aluno está matriculado em que ano e em que escola.

---

[11] No que segue, baseamo-nos essencialmente no capítulo "8.11. Datenschutz in Schulen und Universitäten" da obra de Roßnagel, *Handbuch Datenschutzrecht* cit., p. 1.644-1.660.

480 | TRATADO DE PROTEÇÃO DE DADOS PESSOAIS

Da mesma maneira, os recursos da arrecadação da contribuição social do salário-educação, bem como dos programas de apoio à alimentação escolar, ao transporte escolar e à manutenção das escolas são calculados pela mesma sistemática: definindo-se um valor *per capita* a ser repassado a Estados e Municípios, sempre com base no número de matrículas apurado pelo censo.

Diante disso, vale investigar se o tratamento desses dados pessoais, indispensável à política educacional, não conflita com a nova sistemática trazida pela LGPD. Por óbvio, não é razoável supor que a LGPD impediria a execução do censo: o ponto é aferir se o tratamento de dados realizado por essa política educacional é legítimo, necessário e proporcional.

Alguns diplomas legais legitimam a realização do censo da educação básica: o art. 9.º da Lei 11.494/2007[12], que previa a realização do censo para a repartição dos recursos do Fundeb; os arts. 5.º, § 4.º, e 22, § 1.º, da Lei 11.947/2009, que estipulam o uso do censo para a repartição dos recursos da alimentação escolar e de outros programas de apoio à educação básica; e, por fim, o Decreto 6.425/2008, que dispõe sobre a realização do censo. O art. 6.º do mencionado Decreto dispõe o seguinte: "Ficam assegurados o sigilo e a proteção de dados pessoais apurados no censo da educação, vedada sua utilização para fins estranhos ao previsto na legislação educacional aplicável".

De forma precursora, o Decreto 6.425/2008 já mencionava a proteção de dados pessoais e o princípio da finalidade do tratamento de dados: os dados coletados no censo não podem ser utilizados para outros fins.

Paralelamente, a Lei de Diretrizes e Bases da Educação (Lei 9.394/1996) prevê de maneira ampla que a União "terá acesso a todos os dados e informações necessários de todos os estabelecimentos e órgãos educacionais" (art. 9.º, § 2.º). Ora, esse comando provavelmente encontrará alguma limitação pela nova sistemática trazida pela LGPD.

Isso porque, mesmo contando com base legal para a realização do censo, o tratamento de dados deve ser realizado observando os princípios legais da finalidade, adequação e necessidade previstos no art. 6.º da LGPD. De acordo com o princípio da finalidade, o tratamento de dados deve ser realizado para propósitos legítimos, isto é, no caso da educação, condizentes com a finalidade pública da realização do censo – basicamente, produção de estatísticas educacionais que permitam mensurar o aprendizado. Dele depende a gestão de centenas de bilhões de reais. Será preciso assegurar igualmente que, na execução do censo, o tratamento de dados seja adequado e adstrito à necessidade específica da política educacional, limitado ao mínimo necessário para viabilizar a política educacional e proporcional à finalidade da política.

Portanto, o Ministério da Educação e Instituto Nacional de Estudos e Pesquisas Educacionais Anísio Teixeira (Inep), sua autarquia responsável pela execução do censo da educação básica, bem como pela elaboração de estatísticas educacionais, deverão, no futuro próximo, auditar os procedimentos de coleta e tratamento de dados pessoais presentes na realização do censo, de forma a atestar sua aderência aos princípios da LGPD.

O mesmo vale para os resultados das avaliações conduzidas pelo Inep na educação básica, especialmente o Exame Nacional do Ensino Médio (Enem) e o Sistema de Avaliação da Educação Básica (Saeb), base para o cálculo do Índice de Desenvolvimento da Educação Básica (Ideb). Por via de regra, tais procedimentos avaliativos são acompanhados da aplicação de questionários aferindo as condições socioeconômicas dos estudantes. Também esses procedimentos deverão estar adequados à nova LGPD, notadamente no que se refere à

---

[12] A Lei 11.494/2007 foi revogada pela Lei 14.113 de 2020, que mantém as referências ao censo para a distribuição de recursos do Fundeb.

anonimização dos dados dos estudantes, isto é, à adoção de medidas que tornem impossível reconstituir a identificação pessoal do estudante no questionário.

Haveria, ainda, uma série de hipóteses de tratamento de dados pessoais realizado pela escola pública, tais como os diários de classe, os históricos escolares e a vida funcional dos docentes e demais trabalhadores da educação. O caso dos diários de classe será abordado na seção seguinte; os demais são razoavelmente equivalentes ao tratamento de dados de quaisquer servidores públicos e não serão aqui analisados individualmente.

Por fim, vale mencionar tentativa recente do governo federal de se apropriar dos dados pessoais coletados pelo Inep para fins estranhos à avaliação educacional, à partilha de recursos públicos e ao desenvolvimento de estatísticas educacionais. A Medida Provisória 895, de 6 de setembro de 2019, criava a Carteira de Identificação Estudantil, que seria emitida pelo próprio Ministério da Educação. A Medida Provisória inseria o art. 1.º-A na Lei 12.933/2013, que dispõe sobre o benefício de meia-entrada a estudantes para espetáculos artísticos e culturais. O referido art. 1.º-A previa, em seu § 4.º, que o estudante deveria declarar seu consentimento para o compartilhamento de seus dados cadastrais ao solicitar a Carteira de Identificação Estudantil, para "a formulação, a implementação, a execução, a avaliação e o monitoramento de políticas públicas".

Em complemento, o § 6.º do art. 1.º-A dizia:

> "O Ministério da Educação poderá realizar o tratamento das informações de que trata o § 4.º apenas para a formulação, a implementação, a execução, a avaliação e o monitoramento de políticas públicas em sua área de competência, garantida a anonimização dos dados pessoais, sempre que possível".

Ora, nota-se, de saída, que tais dispositivos são excessivamente amplos para serem identificados como base legal suficiente para o tratamento de dados pessoais pelo MEC e pelo Inep, pois *não especificam a finalidade e o uso que o Poder Público fará dos dados*. Representam muito mais um "cheque em branco", por assim dizer, do que uma legítima base legal para o tratamento de dados. Como se soube na ocasião, o objetivo declarado do governo federal era rivalizar com a União Nacional dos Estudantes e a União Brasileira dos Estudantes Secundaristas, principais órgãos emissores de carteirinha estudantil e historicamente vinculados ao PC do B, partido localizado mais à esquerda no espectro ideológico. Com efeito, o MEC buscou ter acesso aos dados coletados no censo da educação básica e superior para emitir, *ex officio*, a referida Carteira de Identificação Estudantil. A negativa da procuradoria federal do Inep ocasionou a demissão da cúpula do Inep.[13]

A Medida Provisória 895/2019 caiu por decurso de prazo, sem ter sido aprovada. Entretanto, o episódio ilustra a importância da LGPD para frear impulsos autoritários, potencializados pelo acesso que o Poder Público tem a dados pessoais em escala nacional.

2.2 Tratamento de dados pessoais no setor privado

No setor privado, os problemas do setor educacional são em geral similares aos de outros segmentos econômicos, mas potencializados pela capacidade de gerar perfis (*profiling*), com usos ainda desconhecidos por ocasião da coleta dos dados. Se o censo da educação básica é o principal registro a despertar preocupações relativas à proteção de dados no setor público, na educação básica privada esse lugar é ocupado pelo diário de classe. O diário de classe e

---

[13] Veja-se: https://g1.globo.com/educacao/noticia/2019/05/17/disputa-sobre-acesso-a-dados-sigilosos-de--alunos-pesou-na-demissao-do-presidente-do-inep.ghtml.

o histórico registram a dinâmica escolar em sala de aula: frequência, desempenho (notas) e comportamento. Se, no setor público, o diário de classe ainda é físico na maioria dos casos e muitas vezes preenchido de forma concentrada ao final do bimestre, no setor privado já se empregam aplicativos e ferramentas *on-line* que disparam relatórios periódicos para os pais. Esses documentos, associados ao histórico financeiro das famílias, bem como ao registro de ocorrências (médicas e de outra ordem, por exemplo, maus-tratos e casos de violência), permitem recompor a trajetória escolar quase que dia por dia – e a forma como esses registros serão projetados por algoritmos para fins ainda não conhecidos constitui-se o principal risco.

Aqui é preciso resgatar a diferença entre o *dado pessoal* e a *informação*, crucial para a dogmática jurídica da proteção de dados:[14] o *dado pessoal* é o atributo de pessoa natural identificada ou identificável, isto é, é uma característica dada: nome, endereço, *scoring* financeiro, faltas por questões de saúde, notas em português e matemática etc. A *informação*, por sua vez, é o dado *interpretado*, ou seja, o *sentido* atribuído a uma característica pessoal: do endereço pessoal pode-se inferir maior ou menor nível de renda; do *scoring* financeiro pode-se depreender maior ou menor propensão ao risco de inadimplência; as faltas por questões de saúde podem significar maior ou menor risco para os planos de saúde; notas podem ser interpretadas por agências de colocação profissional para designar futuros profissionais; e assim por diante. Da frequência escolar podem-se deduzir o engajamento e a disposição para executar planos de longo prazo, por exemplo. Das ocorrências escolares pode-se perceber aptidão para o trabalho em grupo, por exemplo.

O principal problema reside, portanto, no cruzamento dos dados pessoais coletados na escola com outros dados coletados ao longo da vida do estudante, para usos que, no momento da coleta, são absolutamente intransparentes. Esses dados poderão ser convertidos em informações em cadeias técnicas de decisões automáticas (por exemplo, para informar entrevistas de emprego a partir de perfis escolares). Nessas hipóteses, o risco de discriminação parece intrínseco à própria utilização de perfis e decisões automatizadas.

Portanto, a garantia prevista pela LGPD parece ser aquela estabelecida no art. 20:

> "O titular dos dados tem direito a solicitar a revisão de decisões tomadas unicamente com base em tratamento automatizado de dados pessoais que afetem seus interesses, incluídas as decisões destinadas a definir o seu perfil pessoal, profissional, de consumo e de crédito ou os aspectos de sua personalidade".

Logo, caso os dados coletados na escola venham a ser utilizados para a composição de perfis pessoais por algoritmos, o único caminho disponível para aferir os critérios utilizados parece estar no pedido de revisão dessas decisões e, em última instância, em uma auditoria do próprio algoritmo, nos termos do § 2.º do art. 20.

O problema é que o § 3.º do art. 20, que previa a hipótese de revisão por pessoa natural, foi vetado, abrindo uma janela de insegurança jurídica: pode a revisão de decisão automatizada ser realizada por outro algoritmo? E nos casos em que for empregada a tecnologia de *machine learning*? Como resgatar a introdução de critérios discriminatórios? E, mais grave ainda, como desarmá-los? Talvez a principal dificuldade esteja no transcurso de prazo entre a coleta dos dados e a extensão do cruzamento com outros dados.

Aqui nem mesmo o consentimento parece ser adequado para legitimar o uso futuro de dados: podemos consentir com o tratamento dos dados de nossos filhos para utilizarmos o

---

[14] Para a distinção entre *dado* e *informação*, cf. Laura Schertel Mendes, *Privacidade, proteção de dados e defesa do consumidor* cit., p. 55.

aplicativo da escola, mas não sabemos que usos podem ser feitos no futuro se essas informações forem compartilhadas e cruzadas com variáveis que, no momento da coleta, não estão sequer postas para análise.

Este, em síntese, parece ser o maior risco na educação básica no setor privado: o potencial discriminatório intrínseco à elaboração de perfis pessoais a partir de dados pessoais. E, como mencionado, a escola coletará dados sistematicamente, por anos a fio. A regulamentação da LGPD e o comportamento da Autoridade Nacional serão definitivos para resguardar os direitos dos estudantes e procurar mitigar potenciais efeitos discriminatórios decorrentes da elaboração de perfis pessoais a partir de dados escolares.

3. PROTEÇÃO DE DADOS NA EDUCAÇÃO SUPERIOR

Parte dos problemas abordados na educação básica poderá ser reproduzida na educação superior: *profiling* e os procedimentos censitários estão presentes nas duas etapas da educação. Portanto, não reproduziremos aqui as considerações que, *mutatis mutandis*, podem ser derivadas das reflexões feitas na seção anterior. Enfocaremos apenas aspectos específicos da educação superior.

3.1 Tratamento de dados no setor público

O setor público da educação superior é basicamente constituído pelas universidades públicas (federais e estaduais) e pelos institutos federais de educação profissional e tecnológica. Nessas instituições, os principais dados pessoais dirão respeito aos estudantes, professores e funcionários, compreendendo o histórico (acadêmico e funcional), o perfil socioeconômico e o registro de incidentes (casos de assédio, procedimentos administrativos e disciplinares, ocorrências médicas, faltas etc.). Poderão incluir também a participação em greves e associações sindicais.

No caso das universidades públicas, o tratamento de dados deverá seguir à risca a aplicação da LGPD no setor público: os dados devem se limitar ao estritamente necessário para o cumprimento da função pública das universidades. O problema está em delimitar o estritamente necessário.

Especial atenção merece o compartilhamento de dados entre as universidades públicas e outros atores, públicos ou privados. Pelo art. 26 da LGPD, a transferência a entidades privadas é vedada, e a interoperabilidade entre órgãos do setor público deve seguir os princípios do art. 6.º, notadamente o da finalidade. Esse aspecto, já abordado por outros estudos neste *Tratado*, vale integralmente para as universidades públicas.

3.2 Tratamento de dados no setor privado

No setor privado da educação superior, discutiremos um aspecto bastante específico: o tratamento de dados para a proteção ao crédito. Também no setor privado podemos verificar riscos de *profiling* discriminatório, bem como de usos políticos dissonantes da proteção pretendida pela LGPD. No entanto, focaremos, neste estudo, uma prática que já vinha sendo utilizada pelo setor privado da educação superior e que, com a LGPD, talvez precise passar por alguma forma de revisão: as chamadas "listas negras" de estudantes inadimplentes.

A chamada Lei das Mensalidades escolares (Lei 9.870/1999) proíbe, em seu art. 6.º, a aplicação de penalidades, tais como suspensão de provas ou retenção de documentos por motivos de inadimplemento. Esse dispositivo foi motivo de grande contencioso, tendo sido solucionado pelo STJ, que autorizou a instituição de educação superior a não renovar a matrícula, se a inadimplência for superior a 90 dias (STJ, REsp 1.081.936, de 2008).

Pois bem. Antes da LGPD, as instituições de educação superior mantinham listas informais de cadastro de inadimplentes, com intuito de tentar refrear pedidos de transferência de estudantes inadimplentes.[15] É claro que a Lei 9.870/1999 está correta em preservar o acesso do estudante inadimplente, dado que a situação desse estudante tende a piorar, se ele se vê forçado a interromper os estudos, ao mesmo tempo que a inadimplência pode ser de fato conjuntural. Contudo, é inegável que ela incentivou práticas desleais por parte de alguns estudantes.[16] Essas listas desencadearam contenciosos administrativos às autoridades de proteção ao consumidor e judiciais, culminando com a mencionada decisão do STJ.

Com a LGPD, vemo-nos diante de uma situação inusitada: a prática dos cadastros negativos informais pode vir a ser legitimada (claro que não de forma automática) para a proteção ao crédito prevista no inciso X do art. 7.º da LGPD. A proteção ao crédito é uma hipótese autônoma a legitimar o tratamento de dados. A LGPD não restringe essa hipótese às instituições financeiras.

Portanto, em tese, o compartilhamento de dados financeiros dos estudantes do ensino superior privado pode ser respaldado pelo art. 7.º, X, da LGPD, respeitados, mais uma vez, os princípios da finalidade, adequação e necessidade, bem como a boa-fé contratual e todos os princípios da proteção de dados.

É claro que esse dispositivo não revoga a Lei 9.870/1999: sanções pedagógicas em casos de inadimplência permanecem vedadas pela legislação. Da mesma forma, a LGPD não altera o sentido da jurisprudência do STJ: só é possível negar a renovação de matrícula em casos de inadimplemento superior a 90 dias. Entretanto, a negativa para a renovação de matrícula – e aí reside a novidade – pode estar amparada no histórico financeiro do estudante, compartilhado entre as instituições de educação superior. O segmento privado pode elaborar, por exemplo, um código de conduta e autorregulação que preveja hipóteses de compartilhamento de dados financeiros, única e exclusivamente para fins de proteção do crédito dentro do setor educacional (não seria legítimo, por exemplo, usar o *scoring* financeiro para alimentar análises de risco para a concessão de crédito bancário).

Mais uma vez, os riscos advêm daquilo que não podemos ver no presente: o que significará a negativa em renovar a matrícula por histórico de inadimplência, quando esse estudante estiver pleiteando um financiamento habitacional ou uma vaga de emprego? O estudante inadimplente é, por definição (descartando-se casos de má-fé), sujeito a condições econômicas mais voláteis. Caso esse histórico venha a ser usado fora do setor educacional, ele poderá ampliar *handicaps* sociais e profissionais.

CONCLUSÕES

A educação, como os demais setores da economia, vem sendo profundamente transformada pela tecnologia. Talvez a definição sociológica do processo educacional que vê a relação professor-aluno como uma *interação*[17] venha mesmo a se alterar no médio prazo, substituída por protocolos autônomos de aprendizagem: as chamadas *sequências didáticas*, em que um

---

[15] Veja-se, por exemplo: https://oglobo.globo.com/economia/procon-sp-reafirma-posicao-contraria-lista-negra-dos-devedores-de-escolas-3818298.

[16] Vide: https://oglobo.globo.com/economia/inadimplencia-do-ensino-superior-privado-supera-de-pessoas-fisicas-22887888.

[17] Niklas Luhmann, *Das Erziehungssystem der Gesellschaft*. Frankfurt am Main: Suhrkamp, 2002.

conteúdo é apresentado ao estudante, acompanhado de exercícios e testes de aprendizagem que ele acessará de algum *gadget* privado.[18]

Com efeito, a tecnologia permite hoje mensurar quase que em tempo real o aprendizado dos alunos. E a questão central é: a escola é a fonte primária de *profiling*. Por exemplo, imaginemos que alguém consiga coletar o histórico escolar ou os diários de classe dos alunos do ensino médio de determinada rede pública de educação básica. Esses documentos registram não apenas o desempenho em disciplinas como português e matemática, mas também a assiduidade e a frequência escolar, advertências disciplinares e o comportamento individual de cada aluno. Imaginemos, ainda, que esses dados venham a ser cruzados com o perfil socioeconômico de cada um deles, o endereço e a profissão dos pais. Com isso, o dado pessoal ("o aluno X mora no endereço Y, obteve bom desempenho em português e matemática e frequência escolar de 95%") pode se tornar *informação* ao ser interpretado de acordo com um determinado padrão e generalizado como um enunciado de base estatística – por exemplo, "alunos do bairro Y demonstram bom desempenho escolar e alta frequência", contraposto ao enunciado "os alunos do bairro W são indisciplinados e demonstram baixo rendimento". A informação pode ser interpretada ainda como um bom preditor de determinadas habilidades profissionais, ampliando ainda mais desigualdades preexistentes.

A escola – e a educação em geral – é sempre saudada por seus potenciais emancipatórios. E, de fato, a formação escolar é fator inegável de mobilidade e ascensão social, especialmente em países profundamente desiguais como o Brasil. No entanto, a educação não é sempre igualitária: ela própria é um sistema estratificado que, se amplia potencialidades, de um lado, pode, de outro, estender de forma desproporcional para o ápice do sistema educacional. Não por outra razão, a sociologia já identificou no sistema escolar um mecanismo de reprodução e ampliação de desigualdades sociais.[19]

A tecnologia, em si mesma, não aumenta nem reduz desigualdades sociais. A sabedoria estará em regulamentar precisamente a interface entre proteção de dados e educação de modo a empregá-la como instrumento para fortalecer a inovação tecnológica no setor para melhorar o aprendizado de nossos estudantes, e não como ferramenta de ampliação de desigualdades sociais. Nisso reside o maior risco do tratamento de dados no setor educacional.

REFERÊNCIAS BIBLIOGRÁFICAS

BENNETT, Colin J.; RAAB, Charles D. Revisiting "The Governance of Privacy": contemporary policy instruments in global perspective. *Regulation and Governance*, 2018.

BIONI, Bruno R. *Proteção de dados pessoais*: a função e os limites do consentimento. Rio de Janeiro: Forense, 2019.

BOURDIEU, Pierre; PASSERON, Jean-Claude. *La reproduction*: éléments pour une théorie du systéme d'enseignement [1970]. Paris: Les Editions de Minuit, 2005.

BOURDIEU, Pierre; PASSERON, Jean-Claude. *Les héritiers*: les étudiants et la culture [1964]. Paris: Les Editions de Minuit, 2006.

DONEDA, Danilo. *Da privacidade à proteção de dados pessoais*. São Paulo: RT 2019.

LUHMANN, Niklas. *Das Erziehungssystem der Gesellschaft*. Frankfurt am Main: Suhrkamp, 2002.

---

[18] Viktor Mayer-Schönberger & Kenneth Cukier, *Learning with Big Data* cit.

[19] Cf. Pierre Bourdieu & Jean-Claude Passeron, *La reproduction*: éléments pour une théorie du systéme d'enseignement [1970]. Paris: Les Editions de Minuit, 2005; e *Les héritiers*: les étudiants et la culture [1964]. Paris: Les Editions de Minuit, 2006.

MAYER-SCHÖNBERGER, Viktor; CUKIER, Kenneth. *Big Data*: a revolution that will transform how we live, work, and think. New York: Publishing Company, 2013.

MAYER-SCHÖNBERGER, Viktor; CUKIER, Kenneth. *Learning with Big Data*: the future of educacion. New York: Houghton Mifflin Harcourt, 2014.

POSTER, Mark. *Foucault, Marxism, and History*: mode of production versus mode of information. Oxford: Polity Press, 1985.

ROßNAGEL, Alexander. *Handbuch Datenschutzrecht*: Die neuen Grundlagen für Wirtschaft und Verwaltung. München: Beck, 2003.

SCHERTEL MENDES, Laura. *Privacidade, proteção de dados e defesa do consumidor*: linhas gerais de um novo direito fundamental. São Paulo: Saraiva, 2014.

SCHERTEL MENDES, Laura; BIONI, Bruno R. O Regulamento Europeu de Proteção de Dados Pessoais e a Lei Geral de Proteção de Dados brasileira: mapeando convergências na direção de um nível de equivalência. *Revista de Direito do Consumidor*, ano 28, v. 124, p. 157-180, 2019.

TEPEDINO, Gustavo; FRAZÃO, Ana *et al.* (org.). *Lei Geral de Proteção de Dados Pessoais e suas repercussões no direito brasileiro*. São Paulo: RT, 2019.

VvAa. Proteção de dados e inteligência artificial: perspectivas éticas e regulatórias. Dossiê temático da revista *Direito Público*, v. 16, n. 90, 2019.

25

A PROTEÇÃO DE DADOS NO SETOR DE SAÚDE EM FACE DO SISTEMA NORMATIVO BRASILEIRO ATUAL

GABRIELLE BEZERRA SALES SARLET
Advogada. Graduada e mestre em Direito pela Universidade Federal do Ceará (UFC). Doutora em Direito pela Universidade de Augsburg – UNIA (Alemanha), pós-doutora em Direito pela Pontifícia Universidade Católica do Rio Grande do Sul (PUC-RS) e pós-doutora em Direito pela Universidade de Hamburg (Alemanha). Professora do curso de graduação, mestrado e doutorado em Direito (PPGD) da Pontifícia Universidade Católica do Rio Grande do Sul (PUC-RS).

MÁRCIA SANTANA FERNANDES
Doutora em Direito (UFRGS) e Pós-Doutora pelo Programa de Pós-Graduação de Medicina em Ciências Médicas (UFRGS). Professora do Mestrado Profissional em Pesquisa Clínica do Hospital de Clínicas de Porto Alegre (HCPA) e Pesquisadora Associada do Laboratório de Pesquisa em Bioética e Ética na Ciência (LAPEBEC/HCPA). Professora Colaboradora do PPGD-PUCRS. Research fellow no UZH Digital Society Initiative - Universidade de Zurique.

REGINA LINDEN RUARO
Doutora em Direito pela Universidad Complutense de Madrid (1993 com título revalidado pela UFRGS em 1993) e Pós-Doutora pela Universidad San Pablo (CEU) de Madri. É professora titular da Pontifícia Universidade Católica do Rio Grande do Sul (PUC-RS) e membro da Comissão Coordenadora do Programa de Pós-Graduação em Direito, Faculdade de Direito da PUC-RS. Procuradora Federal/AGU (aposentada). Compõe o Grupo Internacional de Pesquisa "Protección de datos, transparencia, seguridad y mercado".

PARTE I – CONTEXTO INTERNACIONAL E NACIONAL PARA A PROTEÇÃO DE DADOS PESSOAIS

INTRODUÇÃO: O CENÁRIO ATUAL E O LEGADO DO RGPD

A internet, especialmente a partir da versão 2.0 que modulou a subjetividade pela exterioridade, oportunizou o uso da biotecnologia de forma extremamente singular. Alcançou novos patamares para tratamentos na área da saúde, marcado pela genômica, incluindo a revolucionária inserção da tecnologia de informação e de comunicação (TIC) na relação do paciente com os profissionais de saúde.

Encetou, portanto, um novo panorama sociocultural em função da possibilidade de comunicação ubíqua entre as máquinas e os equipamentos derivada do acentuado uso dos bancos de dados e da inteligência artificial em diversas áreas, inclusive no campo da saúde. Em termos reais, houve a produção de novos fluxos subjetivos em função dos traços comportamentais em um alinhamento de novos sentidos para as esferas pública e privada, perfazendo um contexto global permeado por princípios panópticos a partir de uma discursividade de vigilância. Trata-se, de fato, da sedimentação daquilo que se convencionou chamar de *era do espetáculo* em que a cultura das massas produziu um novo individualismo atrelado à contínua exposição da imagem, ou seja, forjando uma era do *self*.

O presente trabalho está delimitado a essa problemática no que se refere à proteção de dados na área da saúde. Sendo assim, para fins de uma contextualização mais apropriada, merece destaque a amplitude do conceito de saúde que, segundo a Organização Mundial de Saúde (OMS), alcançou um sentido que vai além dos processos de cura e de adoecimento. A saúde, em face dessa nova abordagem, passou a ser entendida em uma complexa formatação, em especial a partir da ênfase na ideia de bem-estar em suas múltiplas dimensões.

Dessa conjugação, interessa sublinhar ainda as novas fissuras surgidas na área da saúde sob o ponto de vista da garantia da autodeterminação informativa, da proteção de dados, da privacidade e da confidencialidade em ambiente digital, inclusive gerando reflexos sobre a produção da diagnose, sobre a constelação de deveres e de direitos referentes ao prontuário e, por derivação, na redefinição de padrões éticos e, consequentemente, jurídicos.

De fato, alguns efeitos já são perceptíveis, enquanto outros ainda apontam de modo sutil no horizonte, em especial a partir da configuração 4.0, em razão dos obstáculos para um prognóstico dessa clivagem na história da humanidade na medida em que há efeitos sem precedentes e de imensa amplitude, ou seja, políticos, econômicos, patrimoniais, jurídicos e existenciais.

No tocante aos efeitos jurídicos advindos da configuração 4.0, evidenciam-se as questões em aberto referentes ao uso e suas formas de regulação, *e.g.*, de bancos de dados interoperáveis entre si, de inteligência artificial, de *data design*, de *Big Data*, ou seja, consequências diretas da considerável diminuição dos custos para o armazenamento de dados e da hiperatividade na sua produção. Com efeito desse contexto, há a necessidade do adensamento no uso da tecnologia para seu manejo, para a sua utilização e, portanto, para o encetamento de novas formas de regulação e de regulamentação.

De qualquer sorte, não se pode olvidar que, com o surgimento dessa nova dimensão tecnológica e, sobretudo, digital, há uma complementaridade com relação à mudança outrora introduzida pela popularização da internet, notadamente no que toca às redes sociais. Oportuno destacar que no panorama contemporâneo o que mais se observa é o exponencial aumento das pegadas digitais e de uma espécie de privacidade contextual ou relacional.

Tratando-se de dados sensíveis, em que se enquadram os dados de saúde, o tema assume maior relevância, pois assim como esses dados são essenciais para a adequada promoção de serviços, atividades e pesquisas na área da saúde, também podem servir como base para condutas de vigilantismo e para a implementação de políticas discriminatórias. Assim, reafirma-se a exigência de uma proteção especial alicerçada no princípio da dignidade da pessoa humana, que fundamenta a maioria dos Estados na atual conjuntura internacional e, dessa forma, radica e sustenta a democracia e o atual molde de Estado de Direito.

Merece ênfase, ainda nessa altura, inclusive o fato de que a definição de dados sensíveis tem sofrido uma modulação em face do uso contínuo de algoritmos e, modo geral, das técnicas de IA, sendo oportuno apontar como imprescindível a contextualização, assim como a definição dos critérios para o seu tratamento para que, enfim, se possa efetivamente caracterizá-lo como dado sensível. Ademais, torna-se oportuno lembrar que ainda cabe à Autoridade Nacional de Proteção de Dados Pessoais (ANPD) a última palavra acerca da taxatividade do art. 5º, II, da LGPD. Nesse sentido, de qualquer sorte, atualmente, verifica-se um alinhamento dos países, com destaque para os Estados-membros da União Europeia, com relação ao modo de enfrentamento do problema da proteção de dados, em especial no que diz respeito à segurança, às potencialidades de armazenamento e à transmissibilidade.

Intenta-se consignar que, na perspectiva geopolítica, o posicionamento europeu tem um valor primordial na medida em que se torna um parâmetro para as diversas formas transacionais desse contexto, ou seja, concretiza-se nele um padrão mínimo de exigências quanto à exigibilidade de critérios de segurança na medida em que é amadurecido o reconhecimento da fundamentalidade do Direito à proteção de dados pessoais. Dessarte, o cenário internacional da proteção de dados ganha em sentido, notadamente com a nova legislação californiana que, em regra, seguiu as disposições do regimento. Muito recentemente, a China aderiu igualmente a essa tendência.[1]

Assim, deve-se relembrar que o RGPD (Regimento Geral de Proteção de Dados) consiste em um instrumento jurídico de direito secundário europeu que entrou plenamente em vigor em maio de 2018, intentando uniformizar o regime de tratamento de dados no espaço da União Europeia, tornando-se um requisito essencial para o bom funcionamento do Mercado Único e com aplicação extraterritorial.

Esse novo instrumento jurídico se assenta em uma maior responsabilidade quanto à informação e à transparência e, ainda que não constitua uma completa ruptura com a legislação anterior, as consequências da sua aplicação geraram alterações paradigmáticas na forma como é realizado o tratamento de dados pessoais, ou seja, recoloca a pessoa, independente do meio em que se expresse, e a defesa dos seus direitos humanos e fundamentais já consagrados no centro do debate.

De fato, para mencionar a sua relevância, trata-se do primeiro instrumento internacional juridicamente vinculativo adotado no domínio da proteção de dados. O objetivo principal seria, portanto, garantir uma esfera de liberdade e de privacidade em face da contextualização caracterizada pelo tratamento automatizado dos dados pessoais.

O RPGD, em suma, gerou uma série de alterações no panorama mundial desde a sensibilização da população para a questão da proteção de dados na medida em que emulou pautas de discussão sobre esse tema até em razão do desencadeamento de iniciativas legislativas em países que, como o Brasil, intentavam manter inalterado o fluxo de trocas comerciais com a União Europeia e, consequentemente, alinharam seu sistema normativo.

De modo geral, observou-se em termos práticos, no entanto, um retardo na preparação das estruturas físicas e tecnológicas exigidas pelo Regimento, tanto por parte dos agentes públicos quanto dos privados, e, assim, uma improvisação em alguns países, no tocante à consecução das medidas e das providências adequadas para a observância dos seus dispositivos.

---

[1] Um dos objetivos do governo chinês quer conter principalmente gigantes digitais que trabalham com processamento de dados. A pena estabelece multas de até 10 milhões de yuans (US$ 1,55 milhão) por crimes de vazamento de informações privadas (PRIVACY TECH. Lei chinesa de proteção de dados entra em vigor e mira em líderes do gigantesco setor de tecnologia do país. Disponível em: https://www.privacytech.com.br/noticias/lei-chinesa-de-protecao-de-dados-entra-em-vigor-e-mira-em-lideres-do--gigantesco-setor-de-tecnologia-do-pais,403033.jhtml. Acesso em: 23 fev. 2022).

TRATADO DE PROTEÇÃO DE DADOS PESSOAIS

Outro aspecto interessante foi uma espécie de hipervalorização do ato de anuir em suas diversas modalidades de expressão. Em linhas gerais, o RPGD tornou-se uma pedra angular na estruturação de um sistema protetivo com repercussão global, tendo como princípio norteador o direito à disposição dos próprios dados (autodeterminação informativa) como um direito humano. Além disso, houve um movimento político-jurídico em que o usuário deixou de ser o único responsável no meio digital, tornando as regras de *compliance* e, consequentemente, de proteção de dados pessoais obrigatórias para todos os setores da economia com especial atenção, mas não de maneira exclusiva, à ideia de soberania dos mesmos por parte dos titulares.

Incontaste, contudo, é a presença de riscos significativos à pessoa humana, mormente para a garantia da autodeterminação informativa, do livre desenvolvimento da personalidade, da confidencialidade e da privacidade. Esses desafios ganham maior dimensão tendo como critério a inescusável circulação de dados pessoais, com origem e destino em países em desenvolvimento. Esses movimentos transfronteiriços colocam obstáculos à interoperabilidade dos dados e, em seguida, da informação em suas diversas modalidades, o que, por outro lado, traz consequências complexas, positivas e negativas. Nessa nova dimensão, torna-se imperioso realçar e, assim, enquadrar juridicamente a proteção de dados pessoais como um *direito fundamental global*, em outras palavras, direito humano, inclusive, com a sua recente inclusão no texto constitucional brasileiro, cujo âmbito de proteção tende a se expandir de forma cada vez mais acelerada, implicando atuação estatal condizente com a divisão informacional.

1. O CONSENTIMENTO LIVRE, INFORMADO E ESCLARECIDO

O consentimento é fruto de uma relação cognoscente em que as capacidades cognitivas são ativadas em menor ou menor grau em relação às informações disponibilizadas. Não custa reforçar que as informações devem guardar diferenciação quanto à pertinência, à finalidade, à adequação, ao tempo da coleta, às modalidades e a duração do armazenamento, ao tratamento e à transmissão dos dados obtidos no sentido de possibilitar a renúncia, a alteração, o uso, a cessão e a disponibilidade ou a recusa daquele que consente.

Afirma-se, em termos reais, o protagonismo do sujeito na dimensão linguística e discursiva aberta pela tecnologia para a condução e para a construção de sua própria vida, sobretudo tendo em vista a inexistência de dados irrelevantes em áreas estratégicas, como a da saúde. Interessante, nesse sentido, é a busca em garantir ainda a proteção apropriada contra os riscos de danos materiais e imateriais, *e.g.*, em casos de criação de perfis falsos, de violação da privacidade, de retenção e de manipulação de dados, sobretudo para fins de estigmatização, de discriminação, direta ou indireta e, em sentido mais atual, de influência preditiva comportamental.

O que não se pode perder de vista a essa altura é a necessidade de investir na composição de pautas de enfrentamento dessa nova modulação das esferas da privacidade, de modo geral, e no que toca mais diretamente à área da saúde, da confidencialidade, em que, à guisa de exemplo, o uso de processamento de linguagem natural possa ser aproveitado para a construção de uma radiografia de um Estado ou de uma região e, dessarte, de mapas de índices/indicadores referentes a um grupo ou a uma população, produzidos a partir de dados, anonimizados ou não. Portanto, tratar a respeito da proteção de dados na saúde admite uma perspectivação tanto coletiva quanto individual, uma vez que o indivíduo se insere em uma comunidade da qual faz parte.

Exsurge daí a atual ideia de vigilância e de tecnocontrole que, como anteriormente apontado, implica a urgência na tarefa de reforçar a importância do consentimento individual e dos grupos afetados, resgatando-o como um dos pontos nucleares da abordagem no âmbito da tecnologia, pautada pelos direitos humanos e fundamentais. Particulariza-se a natureza processual do ato de anuir, vez que devem ser garantidas todas as condições, inclusive temporais, circunstanciais e informacionais, para a tomada de decisão livre, esclarecida e autônoma em um cenário de responsabilidade.

Cumpre enfatizar que a atual relação entre a proteção de dados pessoais e o processo de elaboração de consentimento na vida digital corresponde à observância de um dever de proteção, para além do dever de abstinência quanto à prática de condutas estatais lesivas, atribuído aos Estados no sentido de garantir a deliberação livre e, isso posto, a revisão e a possibilidade de retirada da anuência a qualquer momento sem prejuízo algum, mediante a garantia de que o tráfego desses dados não implicará danos de qualquer espécie.

Em outras palavras, o consentimento deve ser efetuado nos moldes de um ato jurídico pleno, respeitando-se a ampliação de uma perspectiva de validade, de eficácia e de perfectibilidade em um panorama em que os novos atores, advindos da era informacional, passam a ser cada vez mais corresponsáveis e solidários, destacando-se a adequação dos protocolos, bem como das políticas públicas voltadas para a área da saúde.

Em razão disso, pertinente é relembrar que, a despeito da extrema relevância do consentimento como instrumental para a reafirmação da autonomia, atualmente há outros aspectos que emolduram o cotidiano e, assim, o enfraquecem, tais como: o volume e o fluxo de informações que elevam a velocidade das transações a níveis exponenciais, comprometendo o processo de formação da vontade consciente; o excesso de pegadas/sombras digitais que são geradas por todas as pessoas, independentemente de sua anuência; e, por fim, a incapacidade do Estado, em sua configuração atual, enfrentar a crise de soberania que o fenômeno da sociedade informacional revelou e, dessa forma, a incontestável precarização da garantia da dignidade da pessoa humana que se tem testemunhado. Alia-se ainda a hiperaceleração que condiciona o âmbito tecnológico e que se estende à sociedade de modo geral, gerando uma injustificada exaustão das capacidades cognitivas e, em outro giro, torna o pensamento livre e autêntico uma espécie de luxo.

O ato de consentir apresenta-se nesse contexto como um ato posto na condição de *standard* mínimo, uma vez que em sua totalidade, ou seja, em uma condição de autonomia absoluta, torna-se impossível de ser experienciado, tanto no que se refere ao mundo real quanto ao mundo digital. Com efeito, a ideia acerca de uma racionalidade absoluta, a despeito dos vieses cognitivos que eivam qualquer decisão humana, ainda ampara significativamente o conceito de sujeito de direito, em particular ao arrepio das contribuições científicas, destacando-se as advindas das pesquisas em neurociências.

Na área da saúde, o consentimento se apresenta como um processo, como o *ritual clínico moderno da confiança*, que embasa o exercício de deveres para proteção de direitos fundamentais e, dentre eles, os direitos de personalidade.[2] Esse processo é iniciado pelo dever de informar imputado aos profissionais da saúde e, por sua vez, o direito de ser informado cuja titularidade pertence aos pacientes e aos participantes de pesquisa.

No primeiro caso, na assistência à saúde, o processo de consentimento integra a relação contratual, em que o paciente é figurante, para promover as atividades e o tratamento em prol de sua saúde. No segundo caso, o processo integra uma série de atos jurídicos, para o

---

[2]   WOLPE, Paul Root. The triumph of autonomy in American Bioethics: a sociological view. *In*: DEVIRES, Raymond; SUBEDI, Janardan. *Bioethics and Society*: constructing the ethical enterprise. Englewood Cliffs: Prentice-Hall, 1998. p. 49.

desenvolvimento científico e tecnológico, em que o participante de pesquisa colabora e, em alguns casos, é igualmente beneficiado por uma tecnologia em saúde ainda em teste.[3]

No caso de pesquisa com seres humanos, os riscos são prévios e inerentes à realização da pesquisa, portanto, devem ser conhecidos e previstos pelo pesquisador responsável que, desta feita, deve manifestar o conhecimento da sua integralidade. De fato, custa advertir que esta deve estar autorizada, considerando parâmetros e diretrizes éticas, bioéticas e de boas práticas em pesquisa com seres humanos. Em ambos os casos, apesar de a finalidade do consentimento ser distinta, uma vez que distintos são os reflexos e efeitos jurídicos, o *ritual da confiança* se apresenta para a efetiva proteção e respeito à dignidade da pessoa humana. Em suma, trata-se de relação lastreada pela fidúcia.[4]

No que tange às pesquisas com seres humanos, cumpre assinalar que o TCLE (Termo de Consentimento Livre e Esclarecido, documento previsto na Resolução 510/2016 do Conselho Nacional de Saúde) é anuência do participante da pesquisa ou de seu representante legal, e ele pode se dar em qualquer meio que registre a concessão do consentimento. O consentimento constante na LGPD, por sua vez, é mais rígido, e a própria lei afirma que autorizações genéricas para tratamento de dados pessoais serão nulas. O pesquisador, como controlador e operador de dados, deverá ter conhecimento prévio da LGPD, já que, caso haja violação dos dados, poderá sofrer sanções administrativas e ser condenado ao pagamento de indenização por ressarcimento de danos. Assim, caberá à ANPD, juntamente com o sistema CEP/CONEP, realizar a interação entre a LGPD e a ética em pesquisa, a fim de que haja uma efetiva proteção dos dados sensíveis, sem que seja ceifada a pesquisa genética.

Em particular, o consentimento do titular de dados tem como finalidade o tratamento de seus dados pessoais. Por isso, o titular deve ser admoestado de modo claro e minudente acerca da complexidade imposta pela sociedade informacional, particularmente em razão da impossibilidade de uma prognose segura e definitiva em relação aos riscos futuros. E, em vista do que foi exposto, deve-se reafirmar que o processamento de dados, efetuado por atores públicos ou privados, na área da saúde está inolvidavelmente atrelado à observância da principiologia da LGPD, ou seja, à verificação a partir dos critérios da finalidade, da necessidade, da adequação, inclusive em consonância com a obrigatoriedade quanto à integralidade durante todo o ciclo de vida e a sua minimização.

Nesse cenário, entende-se que a idealização do ser humano racional enfraquece a possibilidade de uma atuação consciente, responsável e solidária no âmbito da tecnologia. De modo geral, há a necessidade do enfrentamento dos vieses como uma realidade inevitável e, em razão disso, o aprofundamento da investigação sobre o funcionamento cerebral vai propiciar e expor os aspectos relacionados com as modalidades de regulação factíveis e com os graus de amadurecimento e conscientização, seja do consumidor; do usuário do sistema de saúde público ou privado; do paciente e/ou do participante de pesquisas com seres humanos. Desta feita, a titularidade do direito à proteção de dados pessoais ganha em profundidade quando se trata do âmbito da saúde, mormente em tempos pandêmicos e em razão do afã em torno da sua modalidade preventiva.

De qualquer forma, o processo de consentir permanece como um dos ícones nessa era digital, essência da expressão da autonomia privada e, especialmente, da autodeterminação

---

[3] CEZAR, Denise O. *Pesquisa com medicamentos* – aspectos bioéticos. São Paulo: Saraiva, 2012.

[4] FERNANDES, Márcia S.; GOLDIM, J. R. Os diferentes processos de consentimento na pesquisa envolvendo seres humanos e na LGPD – Parte I. Publicado em 1 de outubro de 2021. Disponível em: https://www.migalhas.com.br/coluna/migalhas-de-protecao-de-dados/352528/processos-de-consentimento-na-pesquisa-envolvendo-seres-humanos.

PARTE III · Cap. 25 · A PROTEÇÃO DE DADOS NO SETOR DE SAÚDE | 493

informacional, do livre desenvolvimento da personalidade e da dignidade da pessoa humana, devendo ser valorizado e, na medida do possível, adequado às novas circunstâncias oriundas da velocidade, da fluidez e da flexibilização de fronteiras, ou seja, com relação ao potencial de empregabilidade inclusive da *privacy by design*.

2. A LEI GERAL DE PROTEÇÃO DE DADOS (LEI 13.709/2018)

A proteção de dados, de fato, ganhou um sentido novo na atualidade, especialmente se for conjugada como um exercício de cidadania em um panorama informacional. A garantia da efetiva proteção de dados parte da urgência de respeitar, proteger e promover tudo aquilo que favorece a emancipação da pessoa humana para que ela possa atuar livre, digna e autônoma na *dadosfera* de forma a retratar uma postura condizente com a normatividade do mundo real, ou seja, em uma espécie de coerência mínima.

Um dos maiores desafios para o Brasil, independentemente dos avanços tecnológicos, é ainda o *gap* educacional, ou seja, um déficit que somente poderá ser enfrentado a partir do amplo parcelamento das ferramentas de atualização em tecnologias por todos, em particular a partir de fontes variadas em razão da falta de consenso nessa área. Não custa reafirmar que a neutralidade e a irrelevância são mitos mais arraigados no que afeta à tecnologia e que o seu reverso será a maior quantidade e qualidade de transparência, de acurácia e, em decorrência disto, de audibitabilidade.

Dito isso, o enfoque recai sobre o sistema normativo brasileiro, mais especificamente sobre a Lei Geral de Proteção de Dados, doravante LGPD, na qual evidenciou-se a transparência, a autodeterminação informativa e o livre desenvolvimento da personalidade como elementos centrais e, portanto, tornou-se cristalina a ideia de que todos os procedimentos envolvendo dados pessoais devam ser compatíveis com a finalidade da coleta e do tratamento e, logo minimizados em uma política de uso racional azeitada pelo regime democrático em plena simetria com a Constituição Federal de 1988.

A LGPD considera em seu art. 2.º, VII, como fundamento *os direitos humanos, o livre desenvolvimento da personalidade, a dignidade e o exercício da cidadania pelas pessoas naturais.* Esse fundamento, em particular, está associado diretamente ao consentimento das pessoas naturais expresso como elemento transversal na Lei ao longo de seus 65 artigos, no que concerne tanto à sua exigência como à sua dispensa.

É exigência da LGPD o consentimento informado para o tratamento de dados pessoais (em especial quando se trata de dados sensíveis) normatizado no Capítulo II, art. 7.º, I, conjugado com o art. 8.º e seus parágrafos, que estabelecem a forma (§ 1.º), responsabilidades do controlador (§§ 2.º e 6.º), as vedações e os critérios de nulidade (§§ 3.º, 4.º e 5.º). Isto posto, o art. 9.º determina, com base no princípio do livre acesso, que os direitos do titular dos dados pessoais poderá obter informações sobre a finalidade, a forma, a identificação e informações do controlador, o compartilhamento realizado pelo controlador e suas respectivas responsabilidades, entre outras características, previstas do inciso I ao inciso VII, além dos direitos estabelecidos no art. 18.

As exceções previstas ao consentimento informado elencadas nos § 4.º do art. 7.º da LGPD – isto é, a dispensa *do consentimento para os dados tornados manifestamente públicos pelo titular,* resguardados os direitos do titular e os princípios legais, em especial a *finalidade, a boa-fé e o interesse público,* previstos no § 3.º – não esclarecem o que é tornar manifestamente públicos dados e informações. Por exemplo, poderíamos considerar o ato de publicar em rede social, em círculo de "amigos", *ato manifestamente público*?

O Capítulo III da Lei de Proteção de Dados deve ser destacado, pois nele são previstos os direitos dos titulares, estabelecidos nos arts. 17 a 22. O artigo introdutório do Capítulo,

494 | TRATADO DE PROTEÇÃO DE DADOS PESSOAIS

art. 17, determina as bases inerentes ao pleno desenvolvimento da personalidade – isto é, considerando *os direitos fundamentais de liberdade, de intimidade, de autodeterminação informacional e de privacidade –*, direitos estes que serão desdobrados e especificados *intra legis* ao longo da Lei, especificamente nos artigos seguintes, arts. 18 a 22. Entretanto, esses direitos devem ser, também, sistematicamente interpretados *extra legis*, particularmente considerando a Constituição Federal e os Códigos Civil e do Consumidor.

De modo mais preciso, impõe mencionar que o uso das diversas bases legais dispostas pela LGPD para o processo que envolve desde a coleta, o tratamento e o descarte dos dados, ainda carece de uma melhor elucidação que deve ser tarefa da Autoridade Nacional de Proteção de Dados (ANPD), bem como da atividade a ser desempenhada pelo conselho previsto no diploma legislativo. Outro aspecto interessante se refere aos níveis de responsabilização dos agentes que, uma vez sendo apreciados em razão de suas condutas, certamente farão parte da agenda do poder judiciário brasileiro nos próximos, sobretudo após a promulgação da EC 115, que, por meio da inclusão do inciso LXXIX ao art. 5.º da CF/88, inseriu a proteção de dados pessoais no catálogo de direitos fundamentais.

Cabe ainda o destaque ao princípio do melhor interesse das crianças e adolescentes previstos na Seção III, art. 14, que exige em seu § 1.º o consentimento de pelo menos um dos pais ou do representante legal e limitações para a coleta, armazenamento e tratamento postos nos parágrafos seguintes. Entretanto, a Lei ignora estudos, em particular da Bioética e da Psiquiatria, que reconhecem como boa prática no atendimento de saúde, assim como na realização de pesquisa clínica, o assentimento do menor para a coleta, armazenamento e tratamento de dados, informações, fotos, vídeos ou qualquer outra forma de dado e informação pessoal. Assim, quando se tratar de menores de idade, é imprescindível obter o consentimento inequívoco de um dos pais ou responsáveis. Na ausência do consentimento, só podem ser coletados dados em situações de urgência, devendo-se imediatamente entrar em contato com os pais ou os responsáveis para garantir a maior e mais adequada proteção à criança e ao adolescente. Nesse ponto, observa-se uma relação clara entre a LGPD, o ECA (Estatuto da Criança e do Adolescente) e a principiologia constitucional, bem como a proteção de dados inserida entre as garantias fundamentais no texto constitucional.[5]

Em contrapartida, um aspecto notável foi o fortalecimento da proteção e a decorrente vedação de uso de dados sensíveis, particularmente os dados referentes à saúde, para fins discriminatórios independentemente do consentimento do usuário, sobretudo em face dos riscos de destruição, de divulgação e de acesso indevido em razão da estrutura aberta da internet, previstos na Seção II, arts. 11, 12 e 13 da Lei 13.709/2018.

Infere-se, à vista disso, que, a despeito da voluntariedade do titular, cabe ao Estado os deveres de proteção referentes à fundamentalidade daquele direito. Ressalta-se que a LGPD prevê as situações específicas de tratamento de dados pessoais e dados pessoais sensíveis para assistência à saúde, conforme previsto no Capítulo II, art. 7.º, incisos VII e VIII, e art. 11, inciso II, alíneas *e* e *f*. No mesmo embalo, a pesquisa com seres humanos também está contemplada pela LGPD, com a autorização de tratamento de dados, conforme previsto no Capítulo II, art. 7.º, inciso IV, e art. 11, inciso II, alínea *c*. Em ambos os casos, o processo de consentimento inerente a essas áreas, conforme mencionado no item anterior – o consentimento livre, informado e esclarecido –, deve ser estritamente observado, independentemente de o consentimento informado específico para tratamento de dados

---

[5] Ver nesta obra o capítulo de Isabella Henriques, Mariana Pita e Pedro Hartung, intitulado "A proteção de dados pessoais de crianças e adolescentes", p. 199.

pessoais ser dispensado pela LGPD.[6] Tratando-se, em síntese, de anuência que se refere a atos e procedimentos distintos.

No que concerne aos dados de saúde, a ideia de consentimento foi, de certa forma, matizada na LGPD. Note-se que há dispensa do consentimento quando se tratar de tutela da saúde. Porém, ainda assim, *exclusivamente, em procedimento realizado por profissionais de saúde, serviços de saúde ou autoridade sanitária, conforme previsão* do art. 11, II, "a". Em sentido oposto, no RGPD, os dados de saúde tiveram a proteção reforçada e, para que possam ser colhidos e tratados sem consentimento, há necessidade de fazer uma interpretação sistemática dos considerandos e artigos, em conjunto com outras normas legais e infralegais do ordenamento jurídico voltadas para a área da saúde.

No cenário nacional, interessa mencionar que a MP 869/2018, convertida na Lei 13.853/2019, criou a Autoridade Nacional de Proteção de Dados (doravante ANPD) como um órgão submetido à Presidência da República, pertencente ao Executivo e formado por um conselho diretor de cinco membros indicados pelo Presidente para mandato de quatro anos[7]. Dentre outras, as principais atribuições da ANPD são: criação de uma política nacional de proteção de dados pessoais; garantir a privacidade desses dados; fiscalizar e aplicar sanções; promover campanhas de informação com a população sobre as normas e as políticas públicas de proteção de dados pessoais; promover ações de cooperação com autoridades estrangeiras sobre esse tema; propor diretrizes estratégicas; e elaborar relatórios anuais de avaliação da execução da política nacional de proteção de dados. De modo sintético, a missão da ANPD ultrapassa os limites da regulação propriamente dita e, consequentemente, da mera imputação de penalidades, devendo exercer um papel de vetor na consolidação de uma cultura de proteção de dados pessoais inserida em um sistema robusto e eficaz.

Deve-se ainda enfatizar que a MP 869/2018, convertida na Lei 13.853 alterou parcial, mas, não expressamente o Marco Civil da Internet, Lei 12.965/2014, na medida em que abriu a possibilidade de pessoas jurídicas de direito privado, controladas pelo poder político, tratarem bancos de dados ultrarrelevantes, como os dados sobre segurança pública, defesa nacional, segurança do Estado ou atividade de investigação e ou repressão penal. E, por essa banda, à guisa de ilustração, a doutrina/academia nacional tem envidado esforços incansáveis na propositura de uma Lei específica que já ganhou a alcunha de LGPD penal.

A LGPD, de todo modo, na Seção II, artigos 11, 12 e 13, não custa sublinhar, fez uma nítida reafirmação da importância do consentimento como elemento das relações no ambiente digital, muito embora tenha reconhecido outras bases legais. Pode-se, inclusive, apontar daí a complexidade do texto legislativo que, se por um lado, reforçou a soberania dos titulares, flexibilizou o tratamento de dados pessoais de modo mais amplo do que o apropriado, notadamente quando se trata de dados de saúde. Por óbvio, adicionalmente, deve-se advertir que não se reconhece no teor da LGPD nenhuma disposição hierárquica em relação às bases legais.

Em especial no que toca à proteção de dados sensíveis, consagrou, entre outros, os direitos de acesso, de retificação, de cancelamento, de exclusão, de oposição, de revogação da anuência. Além disso, reafirmou o direito à informação e de esclarecimento sobre a utilização de dados, corroborando a ideia de titularidade na medida em que consagrou o direito à portabilidade.

Impende relembrar a garantia do direito de pedido de revisão de decisão tomada com base em algoritmos e, nesse sentido, a teia de responsabilização que envolve a segurança dos

---

[6] Ver nesta obra o capítulo de autoria de Maurício Barreto, Bethânia Almeida e Danilo Doneda, intitulado "Uso e proteção de dados pessoais na pesquisa científica", p. 523, para estudo mais detalhado nessa área.

[7] A MP 1.124/2022 alterou a natureza jurídica da ANPD, transformando-a em uma autarquia especial.

dados, gerando, *e.g.*, a obrigação imediata de informar, por meio de relatórios de impacto, caso haja indícios de vazamento ou qualquer dano à estrutura de proteção, previsto Capítulo VII que trata da Segurança e Boas Práticas, Seção I, art. 48. Essa regra deve ser interpretada e observar o art. 11, § 1.º, que expressa o princípio geral de direito de não causar dano, limitando assim o tratamento de dados sensíveis.

Igualmente relevante é a obrigatoriedade de novo consentimento em razão da necessidade de alteração de finalidade no emprego dos dados pessoais, seja em virtude da coleta, do tratamento ou da finalidade art. 9.º, § 2.º, podendo afetar a área da saúde, quando estes já não estiverem contemplados no contrato de assistência à saúde ou mesmo não estiverem especificados nos protocolos de pesquisa com seres humanos. A bem da verdade, o propósito e a finalidade são balizadores, conforme a previsão nos arts. 8.º, § 4.º, e 9.º, I e V, para compreender as exceções ao objeto geral da LGPD, que é a proteção aos dados e, em vista disso, das informações pessoais.

De qualquer forma, o que se tem em mira é a implantação de um tipo de consentimento escalonado, isto é, compatível com a dinâmica imposta pela contemporaneidade, atendendo a finalidade e a proibição da comercialização e exploração econômica de qualquer ordem. Destaca-se a previsão do art. 11, § 4.º:

> "É vedada a comunicação ou o uso compartilhado entre controladores de dados pessoais sensíveis referentes à saúde com objetivo de obter vantagem econômica, exceto nas hipóteses relativas a prestação de serviços de saúde, de assistência farmacêutica e de assistência à saúde, desde que observado o § 5.º deste artigo, incluídos os serviços auxiliares de diagnose e terapia, em benefício dos interesses dos titulares de dados, e para permitir:
> [...]"

Interessa ainda enfatizar a promulgação da Emenda Constitucional n. 115/2022, que inseriu no art. 5.º do Texto Constitucional o inciso LXXIX, assegurando, nos termos da lei, o direito fundamental à proteção de dados pessoais, inclusive nos meios digitais. De qualquer sorte, outrora salientado, a relevante decisão do Supremo Tribunal Federal, em sede de controle de constitucionalidade, já havia declarado a fundamentalidade autônoma do direito à proteção de dados pessoais na medida em que discutia as medidas governamentais relativas ao enfrentamento e ao combate à pandemia da COVID-19 no Brasil.

No que se refere ao contexto internacional, urge ainda esclarecer que, no que toca ao sistema universal das Organização das Nações Unidas (ONU), tem se evidenciado um novo alcance na interpretação do artigo 17 do Pacto Internacional de Direitos Civis e Políticos. No plano Latino-Americano, deve ser mencionada a atuação da Corte Interamericana de Direitos Humanos (CIDH), notadamente o teor da Declaração n. 1/2020 que, ao realçar a essencialidade da internet e, então, do mundo digital, reafirmou a manutenção da veracidade e do direito à informação, acentuando que a garantia da saúde não pode escusar interferências desproporcionais e lesivas à privacidade, à proteção dos dados pessoais e, em decorrência, à garantia do direito de antidiscriminação.

3. PRONTUÁRIO MÉDICO NO CONTEXTO DE PROTEÇÃO DE DADOS E DAS INFORMAÇÕES EM SAÚDE

O prontuário médico é um documento essencial na assistência à saúde, visto que reúne três características fundamentais – o registro da história de saúde, as informações adicionais dos pacientes e a presunção de que as informações e os dados são acurados, verídicos e certos. Por isso, o prontuário médico está pautado pelo princípio da confiabilidade, bem como pelo dever dos médicos, profissionais de saúde e instituições de guardar e de dispensar o devido cuidado no registro de dados e de informações. Consequentemente, no resguardo da paleta de direitos e garantias fundamentais.

De fato, sobretudo em razão da minimização dos dados, deve, em regra, conter o registro da situação de saúde do paciente, a história da família, da saúde e de vida dos pacientes anotado pelos profissionais da saúde, particularmente pelo médico responsável pelas condutas e pela prescrição, além de reunir outros documentos, tais como os diagnósticos, sob a forma de laudos, imagens ou dados, prognósticos, planos de cuidado, resultados de exames, consultas realizadas por diferentes profissionais etc. Adicionalmente, deve-se lembrar que não consista de documento de única e exclusiva responsabilidade do médico, embora haja o reconhecimento do seu protagonismo nesse sentido.

Em suma, os dados e as informações registrados em prontuário são de natureza pessoal, pois esse registro, além de formalizar os registros de atividades de assistência, é constituído por dados, em geral sensíveis, e, dessa maneira, expressa as informações essenciais para garantir um adequado atendimento em saúde no presente, em situações futuras e após a morte. Nesse ponto, deve ser destacado que, em razão do recente reconhecimento efetuado pelo STF, observa-se aqui um elemento básico na consolidação do âmbito de proteção do direito à proteção de dados pessoais, inclusive pela própria afirmação do direito à proteção de dados pessoais, inclusive nos meios digitais no texto constitucional. Portanto, trata-se de uma sobreposição de direitos fundamentais, notadamente no que se refere à saúde, que devem efetivamente salvaguardar o paciente e as demais pessoas envolvidas em rede, inclusive na modalidade de tutela transgeracional.

O resguardo adequado de dados e das informações no prontuário médico poderá beneficiar gerações futuras, por exemplo, no caso de doenças genéticas. Os dados genéticos[8] na assistência, utilizados em aconselhamentos genéticos e na Medicina Personalizada, introduzem no prontuário médico a necessidade de incluir dados relacionados à família ou a outras pessoas a ele relacionadas. Assim, o conceito de privacidade pessoal amplia-se para o de privacidade relacional, o que aumenta a responsabilidade associada ao registro e ao uso futuro dessas informações.

Vale apostar que a própria sociedade pode ser beneficiada com o adequado registro da condição e da história de saúde dos pacientes para a realização de pesquisas clínicas ou epidemiológicas, adensando a complexidade desse tema. Em rigor, o conjunto das informações referentes à saúde de uma população deve ser entendido como parte do seu patrimônio imaterial, devendo receber a atenção e a proteção apropriada, admoestando-se que, para tanto, a anonimização é a base de qualquer forma de tratamento de dados efetuado. Ressalta-se que as pesquisas envolvendo a utilização de prontuários médicos devem ser previamente avaliadas por um Comitê de Ética em Pesquisa juntamente com o consentimento das pessoas às quais os dados e informações se referem – trataremos especificamente desse tema posteriormente.

---

[8] Há uma peculiaridade na utilização dos dados genéticos, porquanto fornecem informações sobre todos aqueles que pertencem ao seu grupo biológico, incluindo a descendência, projetando-se ao longo de várias gerações. O uso inadequado das informações genéticas dos indivíduos pode gerar diversas formas de discriminação, razão pela qual diversos documentos internacionais vedam sua utilização para esse fim. Para aprofundar o assunto, vide a obra de BERNASIUK, Helen Lentz Ribeiro. *Liberdade de pesquisa genética humana e a necessidade de proteção dos dados genéticos*.

A pesquisa clínica, na medida em que envolve a pesquisa com seres humanos, pacientes ou não, na área da saúde, pode proporcionar melhoramentos, alterações e ou inovações em diagnósticos, terapias ou tecnologias aplicadas à área da saúde para oferecer, por exemplo, melhores condições assistenciais e aumento na expectativa e na qualidade de vida. Esses estudos podem utilizar métodos diversificados, entre eles o estudo a partir de casos individuais ou de grupos de pessoas, em que os dados e as informações registrados em prontuário médico podem e, em verdade, devem ser referenciais importantes.

Por sua vez, as pesquisas de natureza epidemiológica buscam identificar determinantes de saúde e de doença; descrever estados de saúde em populações; investigar surtos de doenças de potencial pandêmico; comparar grupos; usar, com graus crescentes de complexidade, os conceitos de viés, de confusão e de interação e se familiarizar com as abordagens epidemiológicas para a inferência causal.

A primeira emergência global de saúde na era da tecnologia, pandemia de Sars-Cov-2, trouxe novos contornos para a seara da proteção de dados sensíveis de saúde. Por um lado, iniciativas como a da Google e da Apple, que criaram uma ferramenta que permite o rastreamento de possíveis infectados, podem ser úteis para o controle da pandemia desde que devidamente regulamentada a utilização e que sejam superadas as questões referentes à opacidade e, consequentemente, assegurados os direitos dos titulares. Isso porque o usuário pode ativar o sistema *bluetooth* do *smartphone*, que, através de aplicativos, armazenará dados anônimos dos donos de outros celulares que se aproximaram (se eles também estiverem com o serviço ativo). Desse modo, caso haja um diagnóstico positivo, poderá informá-lo, disparando a todos os demais usuários que estiveram próximos ao contaminado sobre um possível contactante da doença. O Ministério da Saúde, no Brasil, passou a oferecer essa possibilidade a usuários de aplicativo desenvolvido para esse fim. Nesse sentido, há um perigo a ser mencionado, uma vez que o uso dessa modalidade tecnológica pode gerar danos e agravos, em razão tanto da sutileza quanto da perversidade, tornando-se, quando utilizados arbitrariamente, mecanismos eficazes de vigilância e controle social.

O epidemiologista, por sua vez, deve ter a capacidade de adaptar e de aperfeiçoar esses métodos e conceitos para questões específicas de pesquisa e para encontrar novos tipos de problemas nesse cenário disruptivo, capacitando-se igualmente para detectar falhas dos sistemas que possam colocar em xeque a sua prática na medida em que podem ser empregados ao arrepio da LGPD. Essas pesquisas podem e devem colaborar com o planejamento e com a implantação de políticas públicas, de protocolos, de diretrizes ou de normas para a prevenção e o tratamento de doenças e/ou para promoção em saúde, pois podem estabelecer relações de causa-efeito. Oportuno advertir que, por outro lado, devem assegurar os direitos dos pacientes/titulares do direito fundamental à proteção de dados, tais como a integridade, a confidencialidade, a possibilidade de renúncia ao consentimento, a explicação, quando se tratar das hipóteses do art. 20 da LGPD, dentre outros, em todo o ciclo de vida dos mesmos. Ainda devem assegurar a vinculação do tratamento dos dados à finalidade para a qual houve a coleta ou, em razão da compatibilização comprovada, o uso secundário dos mesmos quando necessários à implementação de políticas públicas.

Não custa acentuar que os dados registrados em prontuários podem auxiliar nas intervenções relacionadas à pesquisa, sobretudo em um panorama totalmente voltado para o uso de dados. Esta pode envolver a utilização de medicamentos, de células e de outros produtos/materiais biológicos, a realização de procedimentos cirúrgicos ou diagnósticos, o uso de dispositivos, de mudanças no processo de prestação de assistência, cuidados preventivos, entre outras atividades. Em todas elas, o compartilhamento desses dados pode gerar novas e úteis informações de extremo valor nos dias atuais.

Portanto, a realização de pesquisas clínicas e, consequentemente, o desenvolvimento da medicina personalizada evidenciam que os cuidados com a proteção de dados pessoais na área da saúde devem ser intensificados, pois há nessas situações a necessidade de utilização de dados e de informações de pacientes, colhidos em ambiente protegido pelo princípio da confiança por meio de práticas transparentes. Atente-se que, na medida em que são dados que estão dispostos em rede, construídos a partir da arqueologia de narrativas de sintomas familiares e sociais, merecem uma proteção adicional que não se subsume meramente ao paciente, implicando em garantias que toquem igualmente aos demais estratos populacionais envolvidos, direta ou indiretamente. Em saúde, intensifica-se a percepção de que não há dados irrelevantes, implicando em adequações tanto do setor privado quanto do setor público.

É, de qualquer sorte, fundamental destacar que a proteção dos dados pessoais e das informações de paciente em um ambiente de pesquisa clínica e/ou de medicina personalizada encontra-se vinculada ao respeito aos direitos humanos e fundamentais, notadamente o direito à proteção de dados pessoais e à autodeterminação informacional, além das diretrizes nacionais e internacionais de boas práticas em pesquisa clínica. O projeto de pesquisa deve ser, previamente à sua condução, avaliado por um Comitê de Ética em Pesquisa (CEP),[9] em todos os níveis, nacional e internacional.

Assim, o prontuário do paciente deve ser protegido e pautado por uma relação de fidúcia, consolidada, *e.g.*, no respeito à pessoa e ao livre desenvolvimento de sua personalidade, à liberdade, à dignidade, à privacidade e à confidencialidade. As anotações em prontuário médico, assim, estão fundamentadas em alguns pilares: os direitos humanos e fundamentais com ênfase nos direitos de personalidade e, em especial no direito à proteção de dados pessoais; os deveres deontológicos; e os princípios bioéticos.

No Brasil, a pessoa humana goza da proteção de sua integridade física, moral e psicológica como diretriz do Princípio da Dignidade da Pessoa Humana, via proteção constitucional, notadamente no que se refere ao catálogo dos Direitos Fundamentais, e em especial aos Direitos da Personalidade consagrados no Código Civil, Lei 10.406/2002, arts. 11 a 21, e, dentre outros institutos, ressalta-se agora a central posição da LGPD, bem como a inclusão da proteção de dados pessoais no texto constitucional mediante a EC n. 115/2022.

No que concerne ao prontuário eletrônico, a Lei n. 13.787, de 27 de dezembro de 2018, dispõe sobre a digitalização, a guarda, o armazenamento e o seu manuseio. Importa ainda mencionar que esta área deve igualmente observar as Resoluções do Conselho Federal de Medicina (CFM). Com efeito, a Resolução n. 1.331/1989 foi a primeira a explicitamente tratar do tema, limitando-se a determinar que o prontuário médico deveria fazer parte de documentação permanente dos estabelecimentos de saúde – público ou privado –, e há ainda de se destacar a Resolução n. 1.821/2007, vigente, que expressamente determinou que o médico é o profissional que tem o dever de elaborar o prontuário para cada paciente a quem assiste.

---

[9] O Comitê de Ética em Pesquisa (CEP) é órgão vinculado ao Conselho Nacional de Saúde no Brasil e responsável pela avaliação e acompanhamento dos aspectos éticos de todas as pesquisas envolvendo seres humanos. Esse papel está bem estabelecido nas diversas diretrizes éticas internacionais (Declaração de Helsinque, Diretrizes Internacionais para as Pesquisas Biomédicas envolvendo Seres Humanos – CIOMS) e Brasileiras (Resoluções do Conselho Nacional de Saúde), diretrizes estas que ressaltam a necessidade de revisão ética e científica das pesquisas envolvendo seres humanos, visando a salvaguardar a dignidade, os direitos, a segurança e o bem-estar do sujeito da pesquisa (BRASIL. Conselho Nacional de Saúde. *Manual operacional para comitês de ética em pesquisa*. Disponível em: http://conselho.saude. gov.br/biblioteca/livros/Manual_Operacional_miolo.pdf. Acesso em: 23 fev. 2022.

500 | TRATADO DE PROTEÇÃO DE DADOS PESSOAIS

Os profissionais da saúde, em especial os médicos, que acessam e registram informações no prontuário, têm a responsabilidade de manter o registro adequado das informações e o cuidado com o sigilo, em respeito ao dever de privacidade e de confidencialidade, visando oferecer uma continuidade da assistência prestada aos pacientes, conforme enuncia o Código de Ética Médica. Aqui, deve-se alertar igualmente para as responsabilidades dos estabelecimentos de saúde que estão necessariamente encadeadas.

Importante destacar que, além de definir princípios e procedimentos para o tratamento dos dados, a LGPD também estabelece critérios de responsabilização dos agentes por eventuais danos ocorridos em virtude desse tratamento. O art. 42 e seguintes dispõem acerca da responsabilidade e do ressarcimento de danos. Assim, expressam que o controlador ou operador que, em razão do exercício de atividade de tratamento de dados pessoais, causar a outrem "dano patrimonial, moral, individual ou coletivo, em violação a legislação de proteção de dados, é obrigado a repará-lo".

De todo modo, cumpre advertir que os deveres deontológicos estão previstos nos Códigos de Ética relacionados aos profissionais da área da saúde, em particular os médicos, visto que o *paciente fornece as informações consideradas como relevantes com base na confiança depositada no profissional, assim desde o ponto de vista do profissional, estas informações são sempre consideradas privilegiadas.* Por sua vez, os princípios bioéticos da beneficência e da não maleficência afirmam as diretrizes nucleares dessa relação e apontam para o alinhamento em função de uma melhor atenção ao paciente, considerando e equacionando a finalidade central de assistência às necessidades específicas sem lhe causar danos ou prejuízos desproporcionais, ilegais ou ilegítimos.

Adicione-se a definição de prontuário médico, estabelecida pela Resolução CFM 1.638/2002, em seus *Considerandos*, como um documento sigiloso, que visa preservar a privacidade do indivíduo e deve estar sujeito às normas da legislação e do Código de Ética Médica, independentemente do meio utilizado para o armazenamento dos dados no prontuário, seja eletrônico ou em papel.

A questão é que o prontuário físico ou eletrônico deve ser acessível e disponível para consulta do paciente ou de seu representante legal, quando solicitado, inclusive com o fornecimento de cópias autenticadas das informações pertinentes. Entretanto, deve ser ressaltado que o prontuário pode conter informações e dados que não sejam adequados ao acesso do paciente, em prol de seu melhor interesse, como é o caso de dados e de informações em tratamentos psiquiátricos e psicológicos, ou em situações de abuso de crianças e adolescentes ou de idosos quando o representante legal é suspeito do abuso. Assim, configuram-se algumas áreas restritas de acesso pelo paciente ou seu representante legal, devendo ser limitadas em sua excepcionalidade e, dessa forma, previamente programadas e justificadas. Desse modo, a forma mais adequada de nominar, talvez, seja *o prontuário vinculado ao paciente e não de propriedade do paciente.*[10]

Até o início do século XXI, os prontuários, na sua maioria, eram registrados em papel, no formato físico, arquivados nas instituições de saúde públicas ou privadas. No Brasil, a Resolução 1.638/2002 orientou pela primeira vez a alteração do formato do prontuário – do físico para o meio digital –, assim como estabeleceu o prazo de 20 anos para as instituições armazenarem e guardarem os dados e informações. No entanto, foi a Resolução 1.821/2007 que encaminhou de modo inaugural as questões relacionadas à utilização preferencial dos

---

[10] FERNANDES, M. S. Prontuário eletrônico e a Lei Geral de Proteção de Dados. Disponível em: https://www.migalhas.com.br/coluna/migalhas-de-protecao-de-dados/340202/prontuario-eletronico-e-a-lei-geral-de-protecao-de-dados. Acesso em: 30 jul. 2021.

PARTE III · Cap. 25 · A PROTEÇÃO DE DADOS NO SETOR DE SAÚDE | **501**

prontuários eletrônicos, e agora a Lei 13.787, de 27 de dezembro de 2018, que dispõe sobre a digitalização, a guarda, o armazenamento e o manuseio dos prontuários eletrônicos (PE) de paciente.

A Resolução 1.821/2007 define "normas técnicas concernentes à digitalização e uso de sistemas informatizados para a guarda e manuseio dos documentos dos prontuários dos pacientes" e regula igualmente os critérios de segurança que devem ser observados na utilização dos Prontuários Eletrônicos do Paciente (PEP), estabelecendo inclusive os critérios para certificação dos sistemas de informação em saúde no Brasil.

Em seus doze artigos, institui nove critérios relacionados aos sistemas de prontuário eletrônico a serem observados e cumpridos para o uso autorizado dos dados e informações: 1) a garantia da integridade da informação e a qualidade do serviço; 2) realizar, na medida da possibilidade, cópia de segurança; 3) organizar bancos de dados seguros e confiáveis; 4) garantir a privacidade e a confidencialidade dos dados armazenados; 5) garantir, na medida da possibilidade, a autenticação; 6) ter um sistema de segurança disponível para ser auditado; 7) garantir a transmissão de dados em segurança; 8) utilizar *software* certificado; e 9) exigir digitalização de prontuários existentes em meio físico. Interessante alertar, nessa altura, quanto à medida de interoperabilidade que deve ser observada no que se refere aos processos de tratamento de dados na saúde, ressaltando, por óbvio, que não há uma zona livre para o compartilhamento na medida em que a proteção de dados pessoais adiciona deveres de defesa e de proteção que não podem ser negligenciados, em especial quando se trata de agentes públicos.

Igualmente, devem ser consideradas as orientações da Sociedade Brasileira de Informática em Saúde (SBIS) com a finalidade de definir um padrão de qualidade brasileiro para os Sistemas de Registro Eletrônico de Saúde (S-RES), que incluem os prontuários eletrônicos. Esse padrão permite a certificação desses sistemas, garantindo, especialmente, o seu nível de segurança, que é indispensável para o uso legal confiável. Os critérios de qualidade fixados incluem a certificação eletrônica dos usuários do sistema, a impossibilidade de alteração dos registros e o versionamento do sistema. Além da função primordial dos prontuários eletrônicos – a adequada assistência à saúde –, eles passaram a ser utilizados como fontes qualificadas de informação para o estabelecimento de políticas públicas.

No Brasil, o desenvolvimento social e a melhoria da assistência universal à saúde estão previstos sobretudo nos princípios do Sistema Único de Saúde (SUS), Lei 8.080/1990, assim como nas condições necessárias para incrementar pesquisas na área da saúde, com os dados epidemiológicos. Indiscutivelmente, uma das questões essenciais para uma melhor gestão e interpretação de conhecimentos, visando ao manejo e ao acesso à saúde, envolve a utilização de sistemas de informação e dos bancos de dados sobre saúde dos indivíduos, com a finalidade de elaborar ou aprimorar políticas públicas desde que sejam conformadas ao princípio da separação informacional. E esse é o desafio do milênio na medida em que se torna cada vez mais frequente e real o paradoxo entre a técnica e a ética em uma centralidade em que o ser humano está disposto em uma transparência/vitrificação compulsória em face da vigilância empreendida com avidez pela indústria farmacêutica, pelas *Big Techs* e pelo Poder público.

Essas políticas públicas, incontestavelmente, são essenciais para assegurar o acesso à saúde. Deve ser reforçado o caráter positivo relacionado ao acesso universal à saúde, garantido no Brasil a partir da Constituição Federal e regulamentado pela Lei 8.080/1990, como um direito fundamental constitucionalmente assegurado a todos os cidadãos brasileiros e estrangeiros. Em particular, merece atenção quando se observa como uma tendência a tomada de um direcionamento preventivo na concretização desse direito social.

De qualquer sorte, a proteção dos dados pessoais e, em consequente toada, das informações contidas nos prontuários deve considerar o novo contexto gerado no seio da Sociedade

TRATADO DE PROTEÇÃO DE DADOS PESSOAIS

Informacional, em que há o constante desenvolvimento e a incorporação de novas tecnologias de informação e de comunicação (TICs) estruturadas sobremaneira pela utilização de algoritmos, por exemplo, o uso de *text analyses*; aprendizado de máquina; tecnologias aparadas pela inteligência artificial; mídias sociais; interligação dos sistemas integrados de saúde; compartilhamento gerado em razão do ambiente de *Big Data*; e, conforme mencionamos no item relacionado ao consentimento informado, o *blockchain*. Trata-se de um tema profundamente complexo e em contínua expansão que, sem dúvida, vai continuar no centro do debate na medida em que se torna cada vez mais desafiador em razão dos tempos pandêmicos. Cenário em que a Bioética e o Direito têm muito a estudar e dizer.

4. ASPECTOS RELACIONADOS ÀS TECNOLOGIAS DE INFORMAÇÃO E DE COMUNICAÇÃO E SEU IMPACTO NA ÁREA DA SAÚDE: INTELIGÊNCIA ARTIFICIAL; *BUSINESS INTELLIGENCE; BIG DATA* E *ANALYTICS*

A utilização de sistemas de informação e de bancos de dados sobre a saúde dos indivíduos, grupos e/ou populações, indiscutivelmente, é uma questão que deve ser considerada no contexto das tecnologias de informação e comunicação, inteligência artificial, telemedicina e *Big Data*, *blockchain* na área da saúde etc. Essas tecnologias, como outras mencionadas, possibilitam o fluxo e a interconexão de dados e de informações da área da saúde gerados por diferentes fontes independentes, criando a necessidade de modelos regulatórios, nacionais e internacionais, que permitam garantir os direitos humanos e fundamentais de indivíduos e de grupos de indivíduos, em particular no que concerne aos direitos que afetam diretamente às esferas da personalidade.

Há, na área da saúde, alguns posicionamentos a favor do uso de tecnologias de informação e comunicação, inteligência artificial, robótica e *Big Data* para colaborar na organização, na agregação e no manuseio de dados disponíveis, genéticos ou não, que sejam originados por fontes confiáveis a despeito do receio de violações de direitos inerentes nesse contexto, entre eles o direito à proteção de dados pessoais, o direito à privacidade, o direito ao livre desenvolvimento da personalidade e, notoriamente, à autodeterminação informativa.

Evidencia-se, nessa altura, alguns pontos na estratégia de utilização algorítmica, no tocante à assistência ou à tomada de decisão no âmbito da saúde que se refere à tendência à granularidade e, inclusive, à popularização do uso desses sistemas tanto no que se refere à prevenção de enfermidades quanto no que toca às práticas terapêuticas propriamente ditas e na contenção e no enfrentamento de eventos pandêmicos.

Em vista de um acordo semântico que envolva a linguagem e os conceitos utilizados neste capítulo, pois não há uma harmonização conceitual na literatura, passa-se a algumas definições. Shillan, Sterne, Champneys e Gibbison, em recente publicação (agosto de 2019), para sistematizar e revisar a literatura relacionada à inteligência artificial e à saúde, definem a inteligência artificial, particularmente aprendizado de máquina, como:

> "O aprendizado de máquina é uma forma de inteligência artificial (IA), na qual um modelo aprende com exemplos, e não com regras pré-programadas. Entradas e saídas de exemplo para uma tarefa são fornecidas à "máquina" e, usando algoritmos de aprendizado, um modelo é criado para que novas informações possam ser interpretadas. As abordagens de aprendizado de máquina podem fornecer previsões precisas com base em conjuntos de dados grandes e estruturados extraídos de prontuários médicos eletrônicos (electronic health records – EHRs)".

Entende-se o *Big Data* como o conjunto de informações e dados individuais organizados em banco de dados, originado de fontes múltiplas, tais como sistemas de saúde, biobancos de pesquisa e biobancos populacionais, dados de projetos de pesquisa, especialmente aqueles com delineamento longitudinal, como os estudos de *coorte*; também fontes geradas por sistemas de telefonia móvel, sistemas bancários etc. Assim, *Big Data* é uma expressão utilizada genericamente para indicar o agrupamento de informações, bases de dados, redes abertas da internet e outros dados acessíveis que podem, dentre outros usos, servir para melhorar o planejamento estratégico, de *marketing* comercial e empresarial, bem como justificar o planejamento e a implementação de políticas públicas.

Mittelstadt e Floridi indicaram como situações de uso atual da *Big Data* na área da saúde, por exemplo, as atividades de Biobancos, de estudos em saúde pública e de testes de hipóteses na área da saúde. Ainda, entre as situações possíveis incluem-se a interligação de equipamentos e de aplicativos para saúde pessoal; a existência de perfis *on-line* conectados com prontuários médicos; a criação de mídia social na área da saúde; e as conexões *on-line e off-line* de perfis pessoais via *wifi*. Nesse cenário, os autores preveem e já advertem com relação às externalidades negativas da tendência ao uso desordenado e desregulado de conexões entre prontuários médicos com outras fontes de dados pessoais e oriundos de perfis pessoais para fins de vigilância sanitária e, em decorrência disso, política.

Em um ambiente de inteligência artificial e de *Big Data*, os dados pessoais e não pessoais podem ser ordenados por meio de algoritmos pré-selecionados por sistemas de informação e também podem estar disponíveis em banco de dados de acesso livre (exemplo Google, Facebook, Instagram etc.), ou dispersos na internet ou mesmo podem ser organizados em banco de dados específicos – como ocorre nos sistemas públicos de saúde e em sistemas de prontuários médicos eletrônicos.

Esse ambiente, por sua fluidez, incerteza, velocidade, perversidade, sutileza e fugacidade, pode fragilizar os controles quanto às garantias à privacidade, à não discriminação, ao controle das informações pessoais, ao respeito, à autodeterminação e, especialmente, no que concerne ao compartilhamento irrestrito, danoso, ilegal e lesivo dos dados pessoais e, consequentemente, à democracia e às instituições que perfazem o Estado de Direito. Também não se pode olvidar de que há muitas interrogações acerca do alcance e dos resultados maléficos que podem ser produzidos pela inteligência artificial, sobretudo na formação de perfis, na predição analítica e na influência positiva ou negativa que o tratamento dos dados possa exercer nos resultados. Em suma, a algoritimização da saúde é real e, diante disso, trata-se de enaltecer a urgência em definir parâmetros protetivos, seguros e factíveis para os dados nessa seara, uma vez que se trata da matéria-prima para o uso dessas tecnologias, seja em sua versão fraca ou forte.

Ao impacto do *Big Data* somam-se as possibilidades da utilização conjugada de tecnologias, como a denominada *blockchain*, uma alternativa positiva, talvez, de manter alguma privacidade dos pacientes e usuários do sistema de saúde. A tecnologia de *blockchain* caracteriza-se por permitir que haja um registro distribuído, tendo como medida de segurança o acesso de forma descentralizada, quando as bases e os registros de dados são compartilhados entre si e têm a função de criar um índice global, mas os blocos, contendo os dados e as informações, não são unificados. Assim, esses dados e as informações podem ser agregados de forma linear e cronológica, adicionando-se ao todo como um *lego*. Desse modo, vários novos nós vão sendo criados à medida que novos blocos vão sendo agregados.

A tecnologia de *blockchain* vem sendo testada – estando em nível experimental – em pesquisas na área da saúde para permitir a interoperabilidade dos sistemas de prontuários eletrônicos e, simultaneamente, o estabelecimento de um registro com índice único e acesso distribuído, garantindo a segurança, à proteção dos dados sensíveis e, dessa maneira, a multidimensional privacidade dos pacientes em um ecossistema adequado ao contexto informacional.

Da mesma forma, a tecnologia de *blockchain* tem sido pesquisada para estabelecer, em tempo real, sensores que se comunicam com um dispositivo inteligente, autorizados via contratos inteligentes (*smart contracts*), para gravar registros de todos os eventos ocorridos. A ideia desse sistema é criar uma forma de monitoramento de pacientes e de intervenções médicas, enviando notificações aos pacientes e aos médicos, além de manter um registro seguro de quem iniciou as atividades. A proposta desse sistema seria diminuir a insegurança associada ao monitoramento remoto de pacientes e automatizar a entrega de notificações a todas as partes envolvidas de modo apropriado. Por óbvio que outras tecnologias, estruturadas com base no conceito de *pricacy by design*, em medidas de prevenção contra vazamentos de dados e por um programa de segurança da informação e de cibernética, serão fundamentais para o tratamento de dados pessoais de saúde.

O tema relacionado ao processamento, de modo geral, e, mais especificamente, à organização, à padronização, à proteção e à integração de dados armazenados nos prontuários eletrônicos é fonte de proposição internacional. Podem-se destacar como exemplo as políticas que estão sendo estabelecidas e discutidas na União Europeia e nos Estados Unidos, bem como na Ásia.

A União Europeia, de modo exemplar, busca integrar prontuários eletrônicos dos cidadãos europeus, reconhecendo as fragilidades associadas aos diversos aspectos correlacionados ao uso dos dados, sejam eles em prol da segurança, da proteção da privacidade, da adequação ética para a utilização, o gerenciamento, o armazenamento, o descarte e a interoperabilidade entre os sistemas de informação dos Estados. Essas medidas integram o propósito de criar um Mercado Digital Comum (Digital Single Market).

Remover barreiras para estabelecer um Mercado Digital Comum para a União Europeia é uma das dez prioridades da Comissão Europeia. Nesse contexto, são formuladas as seguintes decisões: Decisão 922/2009/CE do Parlamento Europeu e do Conselho, de setembro de 2009, sobre soluções de interoperabilidade para as administrações públicas europeias (*e-Health European Interoperability Framework*) e a Decisão (UE) 2015/2240 do Parlamento Europeu e do Conselho, de 25 de novembro de 2015, que cria um programa sobre soluções de interoperabilidade e quadros comuns para as administrações públicas, as empresas e os cidadãos europeus (programa ISA), como meio de modernizar o setor público (Refined e-Health European Interoperability Framework – ReEIF).

A Decisão (UE) 2015/2240 do Parlamento Europeu e do Conselho, de 25 de novembro de 2015, estimulou a formação do grupo de trabalho sobre e-Health Network. O e-Health Network é uma rede voluntária, criada ao abrigo do art. 14.º da Diretiva 2011/24/UE, para ação conjunta e apoio do e-Heath Network e para proporcionar assistência científica e apoio. Estruturar a interoperabilidade em saúde significa:

> "Melhorar a capacidade das organizações, soluções de e-Saúde, sistemas ou entidades para trabalharem juntas (melhorando a sua interoperabilidade) permite aos profissionais de saúde trabalhar em conjunto no interesse dos seus pacientes, aumentando a qualidade e continuidade dos cuidados através do conhecimento partilhado e permitindo uma maior eficiência. utilização dessa informação no processo de cuidados de saúde".

O e-Health European Interoperability está organizado em um modelo, considerando princípios, governança, acordos e casos, em quatro níveis de interoperabilidade: o legal, o organizacional, o semântico e o técnico. O legal inclui a dimensão advinda dos marcos legais e regulatórios; o organizacional subdivide-se em políticas e em cuidados com os processos; o semântico pauta a informação e a linguagem e o técnico subdivide-se entre a aplicação e a infraestrutura com as tecnologias de informação.

Em 2017, foram fixadas novas diretrizes, denominado New European Interoperability Framework, para a administração pública melhorar e aperfeiçoar a governança relacionada às atividades concernentes à interoperabilidade e para estabelecer relacionamento interorganizacional, agilizar processos de suporte de ponta a ponta de serviços digitais e garantir que a legislação existente e a nova não comprometam os esforços de interoperabilidade.

As novas diretrizes conceituais a interoperabilidade como a capacidade das organizações de interagirem em prol de objetivos mutuamente benéficos, envolvendo a partilha de informação e conhecimento entre essas organizações, por meio dos processos empresariais que apoiam, pela troca de dados entre os seus sistemas de tecnologias de informação e comunicação (TIC).

Os Estados Unidos, por meio do Health Insurance Portability and Accountability Act of 1996 (HIPAA), foi criado para estabelecer regras e diretrizes para modernizar o fluxo de informações na área da saúde e, assim, determinar de que forma os dados pessoais deveriam ser mantidos pelos serviços de saúde e pelas seguradoras para fiscalizar atos fraudulentos. O HIPPA fixou padrões para o uso, a transmissão e o compartilhamento de dados e informações de assistência à saúde.

Particularmente, é importante pontuar que, em 2003, o HIPAA teve um documento anexo, o HIPAA Privacy Rule. Essas regras têm como finalidade proteger dados e informações pessoais de saúde, isto é, qualquer informação que seja mantida por uma entidade de saúde relacionada ao estado de saúde, prestação de cuidados ou pagamento de cuidados de saúde.

Atualmente, observa-se uma preocupação internacional na organização de normas, políticas preventivas e diretrizes especificamente relacionadas à garantia da proteção de dados pessoais em um ambiente de *Big Data*. Pode-se destacar como exemplo: o primeiro documento normativo nessa área, a Convenção 108 (*Convention for the Protection of Individuals with regard to Automatic Processing of Personal Data*), foi proposta pelo Conselho da Europa, em 1981 (*Directorate General of Human Rights and Rule of Law* do *Council of Europe*, 2017), e a recente diretriz, publicada em 23 de janeiro de 2017, para aplicação e interpretação da Convenção 108, de *Guidelines on the protection of individuals with regard to the processing of personal data in a world os Big Data*, elaborada pela *Directorate General of Human Rights and Rule of Law* do *Council of Europe*.

Os documentos da União Europeia, relacionados anteriormente, amparam-se na possibilidade da utilização de inteligência artificial e *Big Data* em geral em prol da sociedade e em particular para instrumentalizar decisões políticas públicas, de investimentos e ações comerciais, entretanto apontam as fragilidades e os riscos do ambiente de *Big Data*.

No Brasil, a interorabilidade na área da saúde é essencial, sendo o Sistema Único de Saúde (SUS) o maior sistema público de saúde do mundo, constitucionalmente garantido, de acesso universal a qualquer cidadão brasileiro ou estrangeiro que esteja no país, atendendo, portanto, mais de 190 milhões de pessoas. O projeto Interoperabilidade SOA-SUS, desenvolvido pelo Departamento de Informática do SUS (DATASUS), tem como objetivo:

> "(...) promover a utilização de uma arquitetura da informação em saúde que contemple a representação de conceitos para permitir o compartilhamento de dados em saúde, além da cooperação de todos os profissionais, estabelecimentos de saúde e

demais envolvidos na atenção à saúde prestada ao usuário do SUS, em meio seguro e com respeito ao direito de privacidade".[11]

Os desafios para estabelecer a interoperabilidade no SUS, considerando padrões de segurança da informação e de cibernética, assim como padrões normativos previstos na LGPD, são significativos, considerando o tamanho do país, suas diferenças regionais e os diferentes níveis de atendimento à saúde nas esferas municipais, estaduais e federais. Igualmente, somam-se a estes desafios a interface com o Sistema de Saúde Suplementar, organizado pela Agência de Saúde Suplementar (ANS) – tema que, certamente, merece estudo específico.

CONSIDERAÇÕES FINAIS

A articulação de políticas inovadoras na área da saúde deve ser realizada em respeito e para o fortalecimento dos direitos humanos e das garantias e direitos fundamentais. Inolvidável que a saúde em uma conjugação com a economia de dados passou a ter um lugar inegavelmente visceral para a Humanidade, em especial após a deflagração da pandemia de Covid-19.

Nesse sentido, pugna-se pela promoção do desenvolvimento tecnológico articulado aos sistemas de inovação e de bem-estar social no âmbito nacional para superar o atraso tecnológico e, em vista disso, o atraso social. O que se propõe, em verdade, é um equacionamento que respeite, proteja e sirva como alavanca na promoção dos direitos e garantias fundamentais.

De fato, a trajetória de promover o desenvolvimento nacional passa necessariamente pelo enfrentamento legítimo da situação caótica que emerge em razão do caos informativo que se depreende desse momento pandêmico permeado e agudizado pela exponencial utilização das TICs e que, por sua vez, gerou uma espécie de infodemia, ou seja, trata-se de um momento em que a fidúcia e a ética tomam igualmente um lugar central no debate mundial, sobretudo em função do fluxo desordenado de dados e de informações que afeta e erode a confiabilidade dos sistemas de modo geral e, nessa ordem, afeta as demais fontes outrora confiáveis que se relacionavam com áreas fulcrais, tais como a Organização Mundial de Saúde (OMS).

Não restam dúvidas que a saúde, em suas diversas modalidades, enquanto dever do Estado e direito fundamental, alcançou uma complexidade inimaginável e, desta feita, passou a ter um centralidade adicional na medida em que se infere do presente momento as novas aplicabilidades das tecnologias baseadas em dados e seus riscos inerentes e, assim, se expressa de modo nítido como uma área nomeadamente política e, portanto, devendo ser o palco da atuação cidadã consciente, livre, devida e apropriadamente informada.

Indissociável nesse contexto informacional passou a ser o direito a uma definição precisa, clara em termos de parâmetros de regulação e de regulamentação que, em certa medida, orientem e assegurem as conquistas advindas com a construção do atual traço civilizatório na seara da saúde, tanto no âmbito real quanto no digital/virtual, uma vez que se inadmite qualquer retrocesso, mormente colocando em risco desnecessário, desproporcional e ilegítimo a pessoa humana em sua integralidade.

Enfrentar as questões advindas com a emergência irrefreável dos usos das TICs na saúde, bem como das vulgarmente chamadas novas tecnologias, torna-se uma atribuição comum do Estado, em seu formato de federalismo colaborativo, e, em razão do binômio, solidariedade/ responsabilidade, da sociedade civil. Ocorre que o alcance deve ser abordado inclusive tanto na perspectivação transnacional quanto transgeracional face à extensão e à potencialidade

---

[11] BRASIL. Ministério da Saúde. Sistema Único de Saúde, DataSus, Inoperabilidade, 2022. Disponível em: https://datasus.saude.gov.br/catalogo-de-servicos/. Acesso em: 9 mar. 2022.

dos danos, tendo em vista que não se pode e tampouco se intenta deter o progresso/desenvolvimento e toda uma sorte de benefícios que podem advir.

São, nesses termos, essenciais à área da saúde a preservação e a proteção de dados pessoais de indivíduos, de grupos e de todos os estratos das populações, seguindo os moldes de aplicação/concretização do direito fundamental autônomo à proteção de dados pessoais, recentemente reconhecido pela Corte constitucional e consagrado constitucionalmente por meio da EC n. 115/2022. De fato, todos os sistemas de informação e de aplicação de tecnologias que coletem, armazenem e utilizem dados e, nesse sentido, formatem informações na área da saúde devem ser processados durante todo o ciclo de vida de modo a assegurar integralmente o catálogo de direitos e de garantias, implicando novas estruturas e atuação por parte do poder público.

O consentimento, sobretudo no que toca às suas características essenciais, isto é, no que se refere à liberdade e ao esclarecimento prévio, pressupõe a relevância da quantidade e da qualidade da informação que se torna disponível ao usuário/paciente, cuja titularidade de direitos deve ser a premissa básica. Ele consiste, em rigor, como um *standard* mínimo para as relações de saúde tanto no ambiente real quanto no digital, uma vez que se trata de um dos legados das conquistas civilizatórias que tornaram centrais a autonomia, a dignidade e as plúrimas dimensões da liberdade. Assim, importa salientar que a atual moldura tanto para a proteção dos dados pessoais quanto para a privacidade no ambiente digital tem necessariamente que conter o elemento relacional. E, para tanto, ainda sobram vácuos a serem preenchidos pela atuação da ANPD no que se refere aos agentes de tratamento de dados e, notadamente, aos limites de sua responsabilização. Notabiliza-se, como outrora já se afirmou, que o consentimento referente à proteção tem caráter específico, inadmitindo-se formulações genéricas.

Desvela-se, por esses argumentos, o problema/paradoxo que envolve o consentimento e seus matizes – autodeterminação e legitimação – no âmbito da proteção de dados pessoais, devendo ser buscado sempre um equilíbrio, particularmente em face do interesse público sem se deixar levar pelo radicalismo de uma supremacia absoluta. Ao reforçar o momento atual em que as diversas bases legais se encontram, de fato, alinhadas e, em razão desse alinhamento com os dispositivos da LGPD, urge um posicionamento firme que assuma que, em âmbito digital, virtual e, notadamente, no âmbito real/fático, deve ser dado à dignidade da pessoa humana o pódio do sistema jurídico/político. A inclusão da proteção de dados pessoais entre os direitos e garantias fundamentais na Constituição Federal reforça a implementação da LGPD no Brasil.

Importa lembrar que até mesmo quando se trate de situações que impliquem diretamente na supremacia e na indisponibilidade do interesse público, de qualquer modo, a alteração/flexibilização do conceito de privacidade não pode implicar uma espécie de renúncia a esse direito humano, que é fundamental e imprescindível para a estruturação da subjetividade. Portanto, a garantia da proteção do usuário/paciente é, em linhas gerais, a proteção da pessoa humana e, por isso, trata-se de um dever que alinha a ação responsável e solidária do Estado e dos particulares.

E aqui tem-se que alinhavar a posição do poder público na medida da promoção de uma atuação responsiva da ANPD que, juntamente com o Conselho Nacional de Proteção de dados e privacidade, tem a honrosa tarefa de ajudar a evidenciar os pontos ainda obscuros da LGPD e, em outro giro, tomar a dianteira na política educacional apropriada tanto aos tempos em curso quanto ao porvir, em especial na propositura de um diálogo amplo e multidisciplinar que envide esforços na elucidação dos conceitos de dados pessoais e dados sensíveis, mormente no contexto da área da saúde.

A propósito, a LGPD, em alinhamento ao RGPD, tratou de enfatizar a relevância do consentimento, erigindo-o como nuclear para o resguardo da autodeterminação informativa, embora tenha, como outrora salientado, trazido outras bases legais que ainda carecem de um minucioso trabalho da doutrina e, em especial, da ANPD e do próprio poder judiciário. Essa ação passa inclusive pela definição mais precisa e mais adequada à prática dos limites conceituais entre dados sensíveis e dados pessoais em um contexto de *Big Data*, por exemplo.

O caminho, no entanto, assim como na poética da vida, se faz caminhando. A pandemia de Covid-19 veio para mostrar a fragilidade da exponencial utilização de dados (pessoais, meta-dados e dados sensíveis) e a possibilidade iminente do mal uso pela indústria farmacêutica, pelas *Big Techs* e pelo Poder público.

E, no que se refere à proteção concreta dos dados na saúde, torna-se evidente que, uma vez sendo uma área estratégica e de extrema importância, cabe tomar um posicionamento contínuo de, na medida do possível, transpor a arena de poder, *locus* das decisões acerca da proteção dos dados sensíveis dos porões da academia, dos perfumosos escritórios das seguradoras e das entidades públicas, dos centros performáticos das *Big techs* e dos laboratórios da indústria farmacêutica para o desvelamento mediante o uso do escrutínio popular. Essa é uma área em que a conciliação entre a técnica e os parâmetros da ética se faz necessária, inadiável. Na saúde, assim como nas demais áreas centrais e, por isso mesmo, afetadas de modo decisivo pela sociedade informacional, pugna-se pela tessitura de novos arranjos que, engendrados na configuração de uma fidúcia adequada, alinha-se às práticas de *compliance*.

REFERÊNCIAS

ALMEIDA, Silvio Luiz de. *O que é racismo estrutural?* Belo Horizonte: Letramento, 2018.

BARRETO, Maurício; ALMEIDA, Bethânia; DONEDA, Danilo. Uso e proteção de dados pessoais na pesquisa científica. *In*: MENDES, Laura; DONEDA, Danilo; SARLET, Ingo W.; RODRIGUES JR., Otavio Luiz (coord.). *Tratado de Proteção de Dados Pessoais*. Rio de Janeiro: Forense, 2021.

BERNASIUK. Helen Lentz Ribeiro. *Liberdade de pesquisa genética humana e a necessidade de proteção dos dados genéticos*. Rio de Janeiro: Lumen Juris, 2021.

BRASIL. Conselho Nacional de Saúde. *Manual operacional para comitês de ética em pesquisa*. Disponível em: http://conselho.saude.gov.br/biblioteca/livros/Manual_Operacional_miolo.pdf. Acesso em: 23 fev. 2022.

BRASIL. *Lei n. 8.080, de 19 de setembro de 1990*. Dispõe sobre as condições para a promoção, proteção e recuperação da saúde, a organização e o funcionamento dos serviços correspondentes e dá outras providências. Brasília, 1990. Disponível em: http://www.planalto.gov.br/ccivil_03/leis/l8080.htm. Acesso em: 20 jul. 2020.

BRASIL, Emenda Constitucional nº 115, de 10 de fevereiro de 2022. Altera a Constituição Federal para incluir a proteção de dados pessoais entre os direitos e garantias fundamentais e para fixar a competência privativa da União para legislar sobre proteção e tratamento de dados pessoais. Disponível em: http://www.planalto.gov.br/ccivil_03/constituicao/Emendas/Emc/emc115.htm. Acesso em: 23 fev. 2022.

BRASIL. Ministério da Saúde. Sistema Único de Saúde, DataSus, Inoperabilidade, 2022. Disponível em: https://datasus.saude.gov.br/catalogo-de-servicos/. Acesso em: 9 mar. 2022.

BROWN, T. M.; CUETO M.; FEE, E. The World Health Organization and the transition from "international" to "global" public health. *Am J. Public Health*, v. 96, n. 1, p. 62-72, Jan. 20.

BRÜGGEMEIER, Gert. Protection of personality rights in the Law of delict/torts in Europe: mapping out paradigms. *In*: BRÜGGEMEIER, Gert; CIACCHI, Aurelia Colombia; O'CALLAGHAN,

Patrick (Ed.). *Personality rights in European tort law.* Cambridge: Cambridge University Press, 2010.

CANCELIER, Mikhail Vieira de Lorenzi. O direito à privacidade hoje: perspectiva histórica e o cenário brasileiro. *Sequencia*, Florianópolis, n. 76, p. 213-240, ago. 2017. Disponível em: https://periodicos.ufsc.br/index.php/sequencia/article/view/2177-7055.2017v38n76p213. Acesso em: 16 ago. 2018.

CEZAR, Denise O. *Pesquisa com medicamentos* – aspectos bioéticos. São Paulo: Saraiva, 2012.

CONSELHO FEDERAL DE MEDICINA; SOCIEDADE BRASILEIRA DE INFORMÁTICA EM SAÚDE. *Cartilha sobre Prontuário Eletrônico*: a certificação de sistemas de registro eletrônico de saúde. Brasília: CFM; SBIS; 2012.

CONSELHO FEDERAL DE MEDICINA. *Resolução n. 2.217/2018, de 1º de novembro de 2018.* Aprova o Código de Ética Médica. Disponível em: https://www.anamt.org.br/portal/wp-content/uploads/2018/11/resolucao_cfm_n_22172018.pdf. Acesso em: 20 jul. 2020.

CONSELHO FEDERAL DE MEDICINA. *Resolução n. 1.638/2002, de 9 de agosto de 2002.* Define prontuário médico e torna obrigatória a criação da Comissão de Revisão de Prontuários nas instituições de saúde. Disponível em: https://sistemas.cfm.org.br/normas/visualizar/resolucoes/BR/2002/1638. Acesso em: 20 jul. 2020.

CONSELHO FEDERAL DE MEDICINA. *Resolução n. 1.821/2007, de 23 de novembro de 2007.* Aprova as normas técnicas concernentes à digitalização e uso dos sistemas informatizados para a guarda e manuseio dos documentos dos prontuários dos pacientes, autorizando a eliminação do papel e a troca de informação identificada em saúde. Disponível em: http://www.portalmedico.org.br/resolucoes/cfm/2007/1821_2007.pdf. Acesso em: 20 jul. 2020.

COUNCIL OF EUROPE. Directorate General of Human Rights and Rule of Law do Council of Europe. *Headlines.* [S.l.], 2020. Disponível em: https://www.coe.int/en/web/human-rights-rule-of-law. Acesso em: 20 jul. 2020.

CUKIER, Kenneth; MAYER-SCHÖNBERGER, Viktor. *Big Data*: a revolution that will transform how we live, work and think. Boston, New York: Mariner Books, 2014.

DEBORD, Guy. *A sociedade do espetáculo.* Rio de Janeiro: Contraponto, 1997.

DONEDA, Danilo. *Da privacidade à proteção de dados pessoais.* Rio de Janeiro: Renovar, 2006.

EUROPEAN COMMISSION. *e-Health European Interoperability Framework.* Brussels, Brussels, Nov. 2015. Disponível em: https://ec.europa.eu/health/sites/health/files/ehealth/docs/ev_20151123_co03_en.pdf. Acesso em: 20 jul. 2020.

EUROPEAN COMMISSION. *New European interoperability framework*: promoting seamless services and data flows for European public administrations. Luxembourg, 2017. Disponível em: https://ec.europa.eu/isa2/sites/isa/files/eif_brochure_final.pdf. Acesso em: 20 jul. 2020.

EUROPEAN COMMISSION. *Policies, information and services.* [S.l.]: [2020]. Disponível em: https://ec.europa.eu/digital-single-market/en. Acesso em: 20 jul. 2020.

FERNANDES, M. S. Privacidade, sociedade da informação e big data. *In*: BENETTI, Giovana; CORRÊA, André Rodrigues; FERNANDES, Márcia Santana; NITSCHKE, Guilherme Monteiro; PARGENDLER, Mariana; VARELA, Laura Beck (Org.). *Direito, cultura e método*: leituras da obra de Judith Martins-Costa. Rio de Janeiro: GZ, 2019, v. 1. p. 182-210.

FERNANDES, M. S. Prontuário eletrônico e a Lei Geral de Proteção de Dados. Disponível em: https://www.migalhas.com.br/coluna/migalhas-de-protecao-de-dados/340202/prontuario-eletronico-e-a-lei-geral-de-protecao-de-dados. Acesso em: 30 jul. 2021.

FERNANDES, M. S.; GOLDIM, J. R. A sistematização de dados e informações em saúde em um contexto de big data e blockchain. *In*: LUCCA, N.; PEREIRA DE LIMA, C. R.; SIMÃO, A.; DEZEM, R. M. M. M. (Org.). *Direito e Internet IV*: sistema de proteção de dados pessoais. São Paulo: Quartier Latin, 2019.

FERNANDES, Márcia S.; GOLDIM, J. R. Os diferentes processos de consentimento na pesquisa envolvendo seres humanos e na LGPD – Parte I. Publicado em 1 de outubro de 2021. Disponível em: https://www.migalhas.com.br/coluna/migalhas-de-protecao-de-dados/352528/ processos-de-consentimento-na-pesquisa-envolvendo-seres-humanos.

GOLDIM, J. R. A bioética e os novos desafios ambientais. *In*: GOLDIM, J. R. *10 ensaios de bioética*. São Leopoldo: Unisinos, 2018.

GOLDIM, J. R. Diretrizes, normas e leis em pesquisa em saúde. *In*: BIOÉTICA. [*S.l.*]: UFRGS, 2017. Disponível em: https://www.ufrgs.br/bioetica/diraber.htm. Acesso em: 23 fev. 2022.

GOLDIM, J. R.; CLOTET, J.; RIBEIRO, J. P. Adequacy of informed consent in research carried out in Brazil. *Eubios Journal of Asian and International Bioethics (EJAIB)*, v. 17, n. 6, p. 177-181, Nov. 2007. Disponível em: https://www.eubios.info/EJAIB.htm. Acesso em: 20 jul. 2020.

GOLDIM, J. R.; GIBBON, S. Between personal and relational privacy: understanding the work of informed consent in cancer genetics in Brazil. *J. Community Genet.*, v. 6, p. 287-293, 2015.

GRIGGS, K. N.; OSSIPOVA, O.; KOHLIOS, C. P.; BACCARINI, A. N.; HOWSON, E. A.; HAYAJNEH, T. Healthcare blockchain system using smart contracts for secure automated remote patient monitoring. *J. Med. Syst.*, v. 42, n. 7, p. 130, Jun. 6th, 2018. DOI: 10.1007/ s10916-018-0982-x.

HABERMAS, Jürgen. *Um ensaio sobre a Constituição da Europa*. Tradução de Marian Toldy e Teresa Toldy. Lisboa: Edições 70, 2012. Título original: *Essay zur Verfassung Europus*, 2011.

HAUG, C. J. Whose data are they anyway? Can a patient perspective advance the data-sharing debate? *N. Engl. J. Med.*, v. 376, n. 23, p. 2.203-2.205, 2017.

HENRIQUES, Isabella; PITA, Mariana; HARTUNG, Pedro. A proteção de dados pessoais de crianças e adolescentes. *In*: MENDES, Laura; DONEDA, Danilo; SARLET, Ingo W.; RODRIGUES JR., Otavio (coord.). *Tratado de Proteção de Dados Pessoais*. Rio de Janeiro: Forense, 2021.

KULYNYCH, J.; GREELY, H. T. Clinical genomics, big data, and electronic medical records: reconciling patient rights research when privacy and science collide. *Journal of Law and the Biosciences*, p. 94-132, 2017. Disponível em: https://www.ncbi.nlm.nih.gov/pmc/articles/ PMC5570692/. Acesso em: 20 jul. 2020.

LEITE, Flávia Piva Almeida. O exercício da liberdade de expressão nas redes sociais e o Marco Civil da Internet. *Revista de Direito Brasileiro*, v. 13, n. 6, 2016.

LINKEDUP. *The Economist*, [*s.l.*], Jun. 18th 2016. Disponível em: https://www.economist.com/ business/2016/06/18/linkedup. Acesso em: 20 jul. 2020.

MELLO, Arler-Miltein; DING, Karen; SAVAGE, Lucia. Legal barriers to the growth of health information exchange – boulders or pebbles? *Milbank Q.*, v. 96, n. 1, p. 110-143, Mar. 2018. DOI: 10.1111/1468-0009.12313.

MITTELSTADT, B. D.; FLORIDI, L. The ethics of big data: current and foreseeable issues. *Biomedical Contexts*, v. 22, n. 2, p. 303-341, Apr. 2016.

MORABIA, A. *A history of epidemiologic methods and concepts*. Basel: Springer, 2004.

MORAIS, L. S.; FERNANDES, M. S.; ASHTON-PROLLA, P.; GOLDIM, J. R. Privacidade relacional no Ambulatório de Oncogenética do Hospital de Clínicas de Porto Alegre. *Revista Brasileira de Políticas Públicas*, v. 8, p. 146-174, 2018.

NISSEBAUM, Helen Fay. *Privacy in context*: technology, policy, and the integrity of social life. Stanford: Stanford University Press, 2010.

PRIVACY TECH. Lei chinesa de proteção de dados entra em vigor e mira em líderes do gigantesco setor de tecnologia do país. Disponível em: https://www.privacytech.com.br/noticias/lei-chinesa-de-protecao-de-dados-entra-em-vigor-e-mira-em-lideres-do-gigantesco-setor-de-tecnologia-do-pais,403033.jhtml. Acesso em: 23 fev. 2022.

RAMSAY, Iain. Consumer protection in the era of informational capitalism. *In*: WILHELMSSON, Thomas; TUOMINEM, Salla; TUOMOCA, Heli (Ed.). *Consumer law in the information society*. The Hague: Kluwer Law International, 2001.

ROEHRS, A.; COSTA, C. A.; ROSA RIGHIA, R.; SILVA, V. F.; GOLDIM, J. R.; SCHMIDT, D. C. Analyzing the performance of a blockchain-based personal health record implementation. *J. Biomed Inform.*, v. 92, p. 103-140, Apr. 2019. DOI: 10.1016/j.jbi.2019.103140.

RUARO, R. L. A tensão entre o direito fundamental à proteção de dados pessoais e o livre mercado. *Revista de Estudos e Pesquisas Avançadas do Terceiro Setor – REPATS*, Brasília, v. 4, n. 1, p. 389-423, jan.-jun. 2017. Disponível em: https://portalrevistas.ucb.br/index.php/REPATS/article/view/8212/pdf. Acesso em: 20 jul. 2020.

SARLET, I. W.; KEINERT, T. M. M. O direito fundamental à privacidade e as informações em saúde: alguns desafios. *In*: KEINERT, Tania Margarete Mezzomo *et al*. (Ed.). *Temas em saúde*. São Paulo: Instituto de Saúde, 2015.

SELF, J. C.; CODDINGTON, J. A.; FOLI, K. J.; BRASWELL, M. L. Assent in pediatric patients. *Nurs Forum*, v. 52, n. 4, p. 366-376, Oct. 2017. Disponível em: https://pubmed.ncbi.nlm.nih.gov/28419461/. Acesso em: 20 jul. 2020.

SHILLAN, Duncan; STERNE, Jonathan A. C.; CHAMPNEYS, Alan; GIBBISON, Ben. Use of machine learning to analyse routinely collected intensive care unit data: a systematic review. *Critical Care*, v. 23, p. 284, 2019. Disponível em: https://doi.org/10.1186/s13054-019-2564-9. Acesso em: 20 jul. 2020.

STATZEL, Sophie. Cybersupremacy: the new face and form of white supremacy activism. *In*: BOLER, Megan (Ed.). *Digital media and democracy*: tactics in hard times. Cambridge: MIT Press, 2008.

UNITED STATES OF AMERICA. National Center for Biotechnology Information. National Library of Medicine. *PubMed.gov*. Bethesda, Maryland, [2020]. Disponível em: https://www.ncbi.nlm.nih.gov/pubmed. Acesso em: 20 jul. 2020.

UNITED STATES OF AMERICA. *The HIPAA Privacy Rule*. [*S.l.*]: [2020]. Disponível em: https://www.hhs.gov/hipaa/for-professionals/privacy/index.html. Acesso em: 20 jul. 2020.

WOLPE, Paul Root. The triumph of autonomy in American Bioethics: a sociological view. *In*: DEVIRES, Raymond; SUBEDI, Janardan. *Bioethics and Society*: constructing the ethical enterprise. Englewood Cliffs: Prentice-Hall, 1998.

WORLD HEALTH ORGANIZATION. *Clinical trials*. [*S.l.*]: 2016. Disponível em: http://www.who.int/topics/clinical_trials/en/. Acesso em: 30 set. 2016.

26

Aspectos da Proteção de Dados nas Relações de Trabalho

Alexandre Sankievicz
Professor do IDP, Consultor Legislativo na Câmara dos Deputados,
Fulbright Fellow na American University.

Guilherme Pereira Pinheiro
Pós-Doutor em Direito (Universidade de Coimbra). Doutor em Direito (UnB).
Professor do Mestrado e da Graduação em Direito do IDP.
Consultor Legislativo na Câmara dos Deputados e Advogado.

CONSIDERAÇÕES INICIAIS

1. A PROTEÇÃO DE DADOS E O DIREITO TRABALHISTA

As relações de trabalho vêm sofrendo intensas modificações nos últimos anos. Novas tecnologias permitem a inspeção e o monitoramento constante e em tempo real das atividades laborais. Tecnologias da informação podem, pelo lado positivo, acarretar queda de fronteiras, aumento na produção econômica e ampliação de ofertas de trabalho e espaços profissionais. Por outro lado, há crescente especialização flexível[1] e demanda para incremento da produtividade e da eficiência, que podem ser mais precisamente medidas e avaliadas por meio das novas tecnologias.

Mecanismos de um capitalismo de vigilância[2] tornam-se cada vez mais comuns no ambiente de trabalho. Já no início dos anos 1990, com a integração em rede de computadores,

---

[1] A economia da especialização flexível é caracterizada pela diversificação da produção, cujo fim são diferentes produtos e diferentes clientes. Vide em: MENDES, Laura Schertel. *Privacidade, proteção de dados e defesa do consumidor*. Linhas gerais de um novo direito fundamental. São Paulo: Saraiva, 2014. p. 84-85.

[2] Segundo Shoshana Zuboff, o capitalismo de vigilância, como sucessor do capitalismo de produção, utiliza a experiência humana como matéria-prima gratuita a ser traduzida em dados comportamentais. Embora alguns desses dados sejam usados para melhorar produtos, o restante é manuseado como *surplus* comportamental que não apenas prevê nossos comportamentos futuros, mas os determina e condiciona. Para Zuboff, o capitalismo de vigilância significa uma reorientação do "conhecimento" para o "poder", criando assimetrias sem precedentes entre empresas e usuários. Vide em: ZUBOFF, Shoshana. *The age of surveillance capitalism*: the fight for a human future at the new frontier of power. New York: Public Affairs, 2019. p. 8-12.

e-mails e outras atividades computacionais, o monitoramento das atividades e o desempenho laboral passaram a outro patamar.[3] Em 2007, uma ampla pesquisa revelou que quase 80% das grandes empresas americanas monitoravam e gravavam telefones, *e-mails, logs* de internet e arquivos de computador.[4]

Hoje, além de telefones e *e-mails* vigiados, há *softwares* de segurança que podem monitorar o desempenho e apagar remotamente conteúdos acessados ou obtidos no trabalho por meio de terminais móveis dos empregados, como celulares e *tablets*.[5] Há meios de acompanhamento biométrico, como testes de drogas,[6] teste de polígrafos, análise de metadados,[7] pontos biométricos para controle de horários, tecnologias que colhem digitais, a íris, ou realizam reconhecimento facial dos empregados, existem mecanismos de vigilância disfarçada, há a possibilidade de uso de dados pessoais, inclusive sensíveis, para avaliar a contratação, manutenção ou dispensa de trabalhadores,[8] entre outras inúmeras possibilidades.

Mecanismos de inteligência artificial já são usados como instrumentos de recrutamento, planejamento de estratégias e gerenciamento de processos de desempenho dos empregados. Sensores sem fio são usados para detectar o nível de estresse no ambiente de trabalho,[9] e a Internet das Coisas (IoT) serve ao acúmulo de dados para monitoramento do movimento e desempenho dos empregados.

A utilização da tecnologia justificar-se-ia pela precisão da verificação da presença do empregado no local, pelo controle mais estrito da circulação de pessoas que transitam naquele local, pela redução dos custos de fiscalização e monitoramento em geral, pela facilitação no resguardo da propriedade intelectual de produtos e serviços da empresa, entre outras vantagens.[10] Vale notar que, algumas vezes, o uso de dados pessoais também é feito pelo empregado contra o empregador.

O uso de técnicas de monitoramento do trabalho, de processos seletivos que se valem do tratamento de dados de bancos curriculares, que utilizam dados biométricos dos empregados,

---

[3]   RODRIGUEZ, Alexander. All bark, no byte: employee e-mail privacy rights in the private sector workplace. *Emory Law Journal*, v. 47, p. 1439, Fall 1998.

[4]   SOLOVE, Daniel *et al. Information privacy law*. 5. ed. New York: Wolters Kluwer, 2015. p. 1018.

[5]   Trata-se de *softwares* de Mobile Device Management (MDM), que monitoram, gerenciam e fazem o rastreamento da segurança no ambiente de trabalho. Vide em: KOOHANG, Alex. Security policies and data protection of mobile devices in the workplace. *Issues in Information Systems*, v. 8, Issue 1, p. 12, 2017.

[6]   Em *National Treasury Employees Union v. Von Raab* (489 U.S. 656, 1989), a Suprema Corte americana decidiu pela constitucionalidade da exigência de testes de drogas em Von Raab, trabalhador do serviço alfandegário norte-americano. Em *Vernonia School District v. Acton* (515 U.S. 646, 1995), por sua vez, a mesma Suprema Corte entendeu serem constitucionais testes aleatórios feitos em jovens atletas de escola do distrito de Vernonia.

[7]   Os metadados têm potencial para revelar informações pessoais, o comportamento individual, as relações sociais, as preferências privadas e, mesmo em última instância, a própria identidade do indivíduo. Vide mais em: FORTES, Vinícius Borges. *Os direitos de privacidade e a proteção de dados pessoais na Internet*. Rio de Janeiro: Lumen Juris, 2016. p. 177.

[8]   ZULOVA, Jana *et al.* Personality aspects of the employee and their exploration form de GDPR perspective. *Central European Journal of Labour Law and Personnel Management*, v. 1, n. 1, p. 69, dez. 2018.

[9]   OLIVARES, Teresa *et al.* Experimental study of the stress level at the workplace using an smart testbed of wireless sensor networks and ambient intelligence techniques. *In:* FERRÁNDEZ, Vicente J. M. *et al.* (ed.). *Natural and artificial computation in engineering and medical applications*. IWINAC 2013. Lecture notes in computer science. Berlin: Springer, 2013. v. 7931, p. 200-209.

[10] BALL, Kirstie. Workplace surveillance: an overview. *Labor History*, Labor History in the Workplace, v. 51, n. 1, p. 87-106, 2010.

PARTE III · Cap. 26 · ASPECTOS DA PROTEÇÃO DE DADOS NAS RELAÇÕES DE TRABALHO | **515**

entre outros, traz muitas consequências que afetam o bem-estar, a cultura laboral, a produtividade, a criatividade e a motivação dos trabalhadores.[11]

Somem-se a isso as mutações ocorridas nos formatos da relação de emprego com o advento de tecnologias que dispensam uma estrutura hierárquica rígida. Aplicativos os mais variados, cujo exemplo por excelência é o Uber, permitem atividades fronteiriças entre a antiga relação de emprego e a não existência de qualquer vínculo empregatício. Elementos que compõem o vínculo empregatício são amenizados ou flexibilizados em várias situações, configurando nova espécie jurídica alcunhada de direito do colaborador.[12] Tais mutações são possíveis por meio da coleta, armazenamento, classificação, processamento e controle da informação de empregados ou colaboradores.

O poder diretivo[13] do empregador reúne os poderes de organização, de disciplina sobre o empregado e de controle sobre o trabalho.[14] A questão está em saber até que ponto a discricionariedade contemplada pelo poder diretivo confere liberdade ao empregador para recorrer a instrumentos de controle e monitoramento que não configurem violação da privacidade e da proteção aos dados pessoais dos trabalhadores.

O Regulamento Geral de Proteção de Dados da União Europeia (GDPR) aplica-se às relações de trabalho,[15] prevendo que os Estados-membros, por lei ou acordos coletivos, possam elaborar regras mais específicas para o tratamento de dados pessoais dos trabalhadores,[16] especialmente no que se refere a questões de recrutamento, execução do contrato de trabalho, de gestão, de proteção de bens do empregador, entre outras disposições. As normas europeias visam salvaguardar a dignidade, as expectativas legítimas e os direitos fundamentais do trabalhador.

No direito alemão, a nova lei de proteção de dados pessoais,[17] que entrou em vigor concomitantemente com o GDPR, mantém o atual arcabouço dispensado naquele país ao tratamento de dados nas relações de trabalho, permitindo-o nos contextos de recrutamento, execução ou término da relação contratual e nas ocasiões em que tenha havido consentimento do trabalhador, excetuando-se a existência de uma "razão documentada" para suspeitar que o empregado cometeu algum crime.[18]

A Lei 13.709/2018 (Lei Geral de Proteção de Dados Pessoais – LGPD) certamente se aplica às relações de trabalho e emprego e levantará questões fundamentais sobre os limites da atuação das empresas no tratamento dos dados pessoais. A prova sobre as adequações à LGPD cabe ao empregador, que é, para os fins da lei, o controlador do tratamento de dados pessoais. As preocupações dos empregadores devem se estender num espectro que engloba

---

[11] BALL, Kirstie. Workplace surveillance: an overview. Labor History, Labor History in the Workplace, v. 51, n. 1, p. 88, 2010, p. 88.

[12] CHAVES, Dagoberto. Direito das plataformas: as relações entre múltiplos agentes. *In*: VÉRAS, Rafael *et al.* (coord.). *Regulação e novas tecnologias*. Belo Horizonte: Fórum, 2017. p. 201.

[13] O Poder Diretivo do empregador emana do art. 2.º da CLT, que inclui na própria definição de empregador o ato de dirigir a prestação pessoal de serviço.

[14] NASCIMENTO, Amauri Mascaro. Curso de direito do trabalho. História e teoria geral do direito do trabalho: relações individuais e coletivas do trabalho. 26. ed. São Paulo: Saraiva, 2011.

[15] Vide art. 88 do GDPR.

[16] LAMBERT, Paul. *Understanding the New European Data Protection Rules*. Boca Raton: CRC Press, 2017. p. 430.

[17] *Federal Law Gazette*, n. 44, at 2097 et seqq., de 5 de julho de 2017.

[18] FEILER, Lukas *et al. The EU Data Protection Regulation (GDPR)*: a commentary. Surrey: German Law Publishers, 2018. p. 304-305.

516 | TRATADO DE PROTEÇÃO DE DADOS PESSOAIS

o período prévio ao contrato, o decurso do contrato laboral e o período posterior à rescisão contratual.

2. PRINCIPAIS ASPECTOS DA PROTEÇÃO DE DADOS NAS RELAÇÕES TRABALHISTAS

2.1 Processos seletivos e tratamento de bancos curriculares

O processo de recrutamento e seleção necessariamente envolve a coleta e o tratamento de dados pessoais dos candidatos. A LGPD permite a utilização desses dados pela empresa com base no art. 7.º, V, o qual faculta o tratamento quando necessário para a execução do contrato ou de procedimentos preliminares relacionados ao contrato do qual seja parte o titular, a pedido do titular dos dados.

Empresas devem solicitar o consentimento expresso do candidato e informá-lo de maneira clara que seus dados serão utilizados para recrutamento, avaliação e seleção. Se a empresa vier a fazer uso dos dados para outra finalidade, tal como *marketing*, ou quiser compartilhar os dados com outra empresa, ainda que do mesmo grupo econômico, isso deve ser claramente informado, bem como o consentimento do candidato solicitado.

Caso o candidato não seja contratado, a empresa deverá eliminar os dados pessoais obtidos, ressalvadas as hipóteses de obrigação legal de conservar tais documentos. A empresa deve anonimizar os dados dos candidatos se desejar usá-los posteriormente para fins estatísticos, de estudo ou de melhoria dos processos de seleção.[19] Agências de recrutamento eventualmente utilizadas pelas empresas para realizar o processo de seleção devem ser claramente identificadas aos candidatos e explicar a eles como os dados pessoais serão empregados.

Em atenção aos princípios da necessidade, da adequação e da finalidade,[20] empresas não devem solicitar informações irrelevantes nem excessivas, considerado o cargo ao qual se destina o processo de seleção. A exemplo, devem ser removidas de eventual formulário de recrutamento perguntas que somente serão importantes para quem for efetivamente contratado, tais como dados bancários.

Vale lembrar que, muito antes da LGPD, a Lei 9.029/1995 já proibia adoção de qualquer prática discriminatória e limitativa para efeito de acesso à relação de trabalho, ou de sua manutenção, por motivo de sexo, origem, raça, cor, estado civil, situação familiar, deficiência, reabilitação profissional, idade, entre outros, ressalvadas, nesse caso, as hipóteses de proteção à criança e ao adolescente previstas no inciso XXXIII do art. 7.º da Constituição Federal.

É preciso, então, estar atento e informar aos candidatos se algum algoritmo será usado no processo de seleção. O recrutamento de funcionários é uma das formas mais comuns pelas quais empregadores se utilizam de *big data* e aplicativos, seja para selecionar candidatos passivos, decidir quais candidatos entrevistar e, em última instância, até mesmo resolver quem contratar.

Sob o aspecto positivo, algoritmos têm o potencial para reduzir os riscos de que os candidatos aprovados sejam simplesmente decorrência de quem gerou a maior simpatia no examinador. Não obstante, informações equivocadas obtidas a partir de bancos de dados podem deturpar o processo de escolha e privar candidatos aptos de boas oportunidades. Vale dizer que fatores como a distância entre a residência do empregado e o local de trabalho, tempo

---

[19]   Vide art. 12 da LGPD.

[20]   Vide art. 6.º, I, II e III, da LGPD.

PARTE III · Cap. 26 · ASPECTOS DA PROTEÇÃO DE DADOS NAS RELAÇÕES DE TRABALHO | **517**

transcorrido desde o último emprego e qualidade do crédito do candidato podem comprometer a validade do processo e simplesmente impedir o acesso de candidatos qualificados.

Há, por sua vez, estudos indicando que aplicativos podem reproduzir processos discriminatórios, pois os modelos matemáticos utilizados como parâmetros de avaliação podem ser falhos ou simplesmente reproduzir os preconceitos e a ideologia de seus programadores.[21] A exemplo, empresas nos EUA já foram processadas porque os testes de personalidade preenchidos pelos candidatos e avaliados de maneira automatizada por aplicativos acabavam discriminando as pessoas com algum tipo de doença mental, o que contrariava o estabelecido no *Americans with Disabilities Act*.[22] Situação semelhante pode ocorrer no Brasil, tendo em vista as diversas normas de proteção contra tratamento discriminatório.

Por seu turno, de acordo com o art. 20 da LGPD, o candidato tem o direito de solicitar a revisão de decisões tomadas unicamente com base em tratamento automatizado de dados pessoais destinadas a definir o seu perfil pessoal e profissional, bem como aspectos da sua personalidade. A revisão deverá ser realizada por pessoa natural, nos casos e conforme previsto em regulamentação da autoridade nacional, que levará em consideração a natureza e o porte da entidade e o volume de operações de tratamento de dados.

O dispositivo é de extrema relevância, pois assegura ao titular dos dados uma participação mínima em processos decisórios que podem gerar impacto significativo nas respectivas oportunidades de emprego e de vida.

As empresas também devem assegurar que os dados pessoais sejam armazenados de maneira segura durante o processo de seleção, adotando medidas técnicas e administrativas aptas a proteger os dados pessoais de acessos não autorizados (art. 46). As informações enviadas pelos candidatos, assim, devem ser mantidas em servidores, cujo acesso seja restrito àqueles envolvidos no processo de recrutamento.

Cabe uma explicação adicional aos candidatos sobre o porquê da eventual coleta de dados sensíveis, devendo ser evitadas perguntas sobre informações dessa natureza num estágio inicial do recrutamento. Dados sensíveis eventualmente coletados dos candidatos visando a eventual adoção de políticas de ação afirmativa, tais como os relacionados à raça ou à ocorrência de deficiências de natureza física ou intelectual, devem ser usados estritamente para essa finalidade. Ao buscar informações sobre dados médicos de candidatos, deve-se ainda indagar sempre sobre a necessidade e utilidade desses dados para o cargo oferecido no processo de seleção, bem como o quão intrusiva será a obtenção desses dados para o próprio candidato ou eventualmente pessoas de sua família.

2.2 Alterações no contrato de trabalho

A Lei Geral de Proteção de Dados implicará necessariamente alterações nos contratos de trabalho, de modo a adequá-los às novas regras exigidas. Antigas disposições que solicitam o consentimento do empregado em relação a todas as cláusulas do contrato laboral não serão mais aceitas no tocante à coleta e ao tratamento de dados, pois a LGPD considera consentimento válido, no mínimo, aquele decorrente de "manifestação livre, informada e inequívoca pela qual o titular concorda com o tratamento de seus dados pessoais para uma finalidade determinada".[23]

---

[21] O'NEIL, Cathy. *Weapons of math destruction*: how big data increases inequality and threatens democracy. New York: Crown Publishers, 2016. Kindle edition.

[22] Idem, p. 109.

[23] Vide art. 5.º, XII, da LGPD.

518 | TRATADO DE PROTEÇÃO DE DADOS PESSOAIS

Assim, se o empregador deseja fundamentar a coleta e o tratamento dos dados no consentimento do empregado, uma cláusula ou capítulo destacados das demais disposições do contrato, informando ao empregado, a exemplo, se haverá transferência de dados para outros parceiros comerciais ou para alguém no exterior ou se há compartilhamento de dados médicos com empresas de seguro de saúde e a finalidade desse compartilhamento é o mínimo que se espera. Deve ficar claro ao empregado que as cláusulas relacionadas à coleta e tratamento são independentes das demais cláusulas do contrato, recomendando-se inclusive um local específico para a assinatura.

Entretanto, em verdade, considerado o contexto laboral, será sempre interessante se amparar em outras hipóteses legais capazes de justificar o tratamento de dados pessoais dos empregados, o qual, a exemplo, pode justificar-se no cumprimento de obrigação legal ou regulatória do empregador[24] ou mesmo em seu legítimo interesse,[25] salvo no tocante ao tratamento de dados pessoais sensíveis.[26]

Laura Shertel destaca que o legítimo interesse não deve ser lido como uma válvula de escape geral, a partir da qual qualquer tratamento de dados pessoais passa a ser autorizado. Cabe ao responsável, assim, sempre fazer uma ponderação de seus interesses e do direito à privacidade dos empregados. Nessa linha, vale ressaltar o inciso IX do art. 7.º da LGPD, segundo o qual o tratamento de dados pode ser realizado "quando necessário para atender aos interesses legítimos do controlador ou de terceiro, exceto no caso de prevalecerem direitos e liberdades fundamentais do titular que exijam a proteção dos dados pessoais".[27]

Sobre o legítimo interesse do empregador, a Corte Europeia de Direitos Humanos, em *Barbulescu v. Romania* (*Aplication 61.496/2008*), considerou ilegítimos a coleta e o monitoramento de dados do empregado pelo empregador, tendo em vista a ausência de comunicação prévia ao empregado e a ausência de informação sobre a extensão do monitoramento, que incluía acesso ao conteúdo das mensagens enviadas por *e-mail* pelo colaborador. Destacou ainda, no caso concreto, não ter havido justificativa sobre os motivos de não ser possível a adoção de outras medidas menos intrusivas à privacidade e ao sigilo de correspondência do empregado para aferir questões relacionadas à produtividade e à disciplina.[28]

A Corte não decidiu que o monitoramento e a coleta de dados do empregado não eram possíveis, mas considerou que, se o empregador deseja coletar dados para fins disciplinares ou de produtividade, deve haver regras que protejam o funcionário de arbitrariedades e abusos.

No mínimo, portanto, caberá ao empregador o cumprimento de obrigações relacionadas à transparência e à correção do tratamento, que já devem ser informadas no contrato laboral, de modo a assegurar que seu legítimo interesse esteja de acordo com as regras previstas no art. 10 da LGPD.

Os empregados devem ser informados sobre quem é o encarregado,[29] sobre o propósito e a base legal do tratamento de dados, quais são os legítimos interesses que fundamentam o

---

[24] Vide art. 7.º, II, da LGPD.

[25] Vide art. 10 da LGPD.

[26] Vide art. 11 da LGPD.

[27] MENDES, Laura Schertel. Entrevista sobre o que pode autorizar o tratamento de dados pessoais concedida ao internetlab. Disponível em: http://www.internetlab.org.br/pt/semana-especial-protecao-de-dados--pessoais/. Acesso em: 24 maio 2019.

[28] Grand Chamber judgment in the case of Bărbulescu v. Romania (application no. 61496/08). Disponível em: https://www.echr.coe.int/documents/press_q_a_barbulescu_eng.pdf. Acesso em: 24 maio 2019.

[29] Segundo o art. 5.º, VIII, da LGPD, encarregado é pessoa indicada pelo controlador e operador para atuar como canal de comunicação entre o controlador, os titulares dos dados e a Autoridade Nacional de Proteção de Dados.

PARTE III · Cap. 26 · ASPECTOS DA PROTEÇÃO DE DADOS NAS RELAÇÕES DE TRABALHO | **519**

processamento, sobre a extensão da coleta e do monitoramento, sobre quem serão os destinatários dos dados e sobre o período de tratamento. O empregador deve ainda esclarecer no contrato quais são os direitos do empregado, que incluem o de livre acesso aos dados,[30] o de retificação,[31] o de pedir esclarecimentos e fazer reclamações,[32] inclusive para a Autoridade Nacional de Proteção de Dados.[33]

O descumprimento dessas regras, vale dizer, pode gerar o crescimento das disputas laborais na empresa, mais ações judiciais e multas aplicadas pela Autoridade Nacional de Proteção de Dados, que podem chegar a até 2% do faturamento da pessoa jurídica de direito privado, grupo ou conglomerado no Brasil no seu último exercício, excluídos os tributos, limitada, no total, a R$ 50.000.000,00 por infração.[34]

2.3   Tratamento de dados biométricos dos empregados

É cada vez mais comum a utilização de dados biométricos[35] por empresas para controle de acesso, prevenção de fraudes e garantia da segurança de arquivos e colaboradores de maneira geral. Dados biométricos, no entanto, são qualificados como dados pessoais sensíveis e demandam atenção especial das organizações na coleta, tratamento e proteção.

Editada a Resolução Europeia de Proteção de Dados, alguns países estão tomando a iniciativa de regulamentar a coleta e o tratamento de dados biométricos nos locais de trabalho. Com base no art. 9.º(4) da GDPR, a autoridade francesa de proteção de dados pessoais – *La Commission Nationale de l'informatique et des Libertés (CNIL)* – publicou em março de 2019 a regulamentação sobre o uso de dados biométricos no ambiente laboral.[36] A norma busca trazer maior concretude e especificação aos princípios da finalidade, necessidade e adequação previstos na GDPR e pode ser útil para as empresas brasileiras, haja vista as semelhanças entre a legislação europeia e a LDPG.

Segundo a regulamentação editada pela CNIL, a coleta de dados biométricos somente será permitida para controle de acesso a instalações da empresa empregadora que estejam sujeitas à restrição de tráfego, bem como para controle de acesso a dispositivos e aplicativos de computação também considerados de acesso restrito pela empresa.

Para efetivar a coleta, por sua vez, a empresa empregadora deve demonstrar a necessidade de tratamento de dados biométricos, indicando as razões para o seu uso em substituição a outros sistemas de identificação, tais como a utilização de senhas ou de medidas organizacionais de segurança. A justificativa da empresa deve ainda detalhar o contexto específico que torna necessário esse alto nível de proteção, bem como especificar as razões para utilizar a biometria, em vez de outra espécie de tecnologia menos intrusiva.

O regramento veda ainda o uso de autenticação biométrica fundada em amostragem biológica, tal como a coleta de saliva e sangue, competindo ao empregador justificar um tipo de método biométrico – íris, impressão digital, rede venosa da mão – em detrimento do outro.

---

30   Vide arts. 6.º, IV, e 9.º da LGPD.

31   Vide art. 6.º, V, da LGPD.

32   Vide art. 41, § 2.º, I, da LGPD.

33   Vide art. 55-A da LGPD.

34   Nos termos do art. 52, II, da LGPD.

35   A Resolução Europeia sobre Proteção de Dados Pessoais define dados biométricos como aqueles relacionados às características físicas, fisiológicas ou comportamentais de uma pessoa natural que permitem ou confirmam de maneira inequívoca a sua identidade, tais como imagens faciais ou impressões digitais.

36   Disponível em: https://www.cnil.fr/sites/default/files/atoms/files/deliberation-2019-001-10-01-2019-re-glement-type-controle-dacces-biometrique.pdf. Acesso em: 23 maio 2019.

520 TRATADO DE PROTEÇÃO DE DADOS PESSOAIS

Chama a atenção o fato de que, no regramento proposto pela autoridade francesa de proteção de dados, o consentimento do empregado não está entre as possíveis justificativas a amparar a coleta de dados biométricos. Acreditamos que discussões semelhantes sobre a possibilidade de uso do consentimento no contexto laboral devem surgir no Brasil.

Isso porque, apesar de o art. 11 da LGPD prever a possibilidade de o responsável legal pelos dados sensíveis consentir com a coleta e o tratamento, de forma específica e destacada, para finalidades específicas, a questão que se coloca é, se no contexto laboral, esse consentimento efetivamente ocorrerá de maneira livre pelo empregado, em especial se considerados a relação hierárquica existente entre empregador e empregado e o grau de intrusão gerado à privacidade deste último no caso da coleta de dados sensíveis.

Desse modo, muito embora seja sempre interessante obter o consentimento do empregado para a coleta de seus dados biométricos, a mera obtenção desse consentimento não é algo a garantir, por si só, a segurança jurídica ao tratamento pelo empregador. Primeiro, porque o consentimento pode ser retirado a qualquer momento pelo empregado sem que, desse fato, possa haver qualquer prejuízo a outros direitos. Segundo, porque, tendo em vista o desequilíbrio de poder existente nas relações de trabalho, sempre se poderá questionar judicialmente a livre manifestação de vontade do subordinado no momento do consentimento para o fornecimento de dados biométricos.

É essencial, desse modo, que esteja presente uma das outras hipóteses legais para a coleta e tratamento de dados sensíveis, previstas no art. 11, II, "a" a "g", da LGPD.

Assim, em atenção aos princípios da necessidade, adequação e finalidade previstos na LGPD, a empresa deve ter ciência de que a coleta desse tipo de dado vem acompanhada do custo adicional de manter protegido um grande volume de informações que, em caso de vazamento, podem ser utilizadas para produzir danos irreparáveis aos titulares. Vale ressaltar ser sempre possível modificar a senha do cartão de crédito em caso de fraude, mas ninguém consegue modificar a íris ou a impressão digital.

Qualquer empresa, portanto, antes da coleta desse tipo de dado sensível, deve sempre se perguntar: (i) se a informação que se deseja proteger realmente demanda a coleta de dados biométricos; e (ii) se não é possível assegurar níveis de proteção semelhantes a partir de sistemas que não impliquem a coleta de dados sensíveis.

Passada a primeira fase, compete ao empregador deixar claros nos documentos que amparam a política da empresa os motivos da coleta, a finalidade do tratamento e a segurança voltada à proteção desses dados, bem como os casos de término do processamento. Medidas especiais de proteção, tais como a criptografia, devem sempre ser consideradas e, como regra geral, os dados biométricos devem ser eliminados assim que o direito de acesso a áreas restritas do empregado é retirado, ainda que ele continue na empresa exercendo outras funções.

2.4 Limites do monitoramento da atividade laboral

O monitoramento da atividade laboral é ferramenta que assegura ao empregador a eficiente utilização dos ativos da empresa e a proteção da informação. Escutas, câmeras, geolocalização, *softwares* de rastreamento, testes psicológicos,[37] tudo isso e mais é manuseado para fiscalizar o trabalho em seus aspectos quantitativos e qualitativos.

---

[37] Caso interessante é Greenawalt v. Indiana Departament of Corrections (397 F. 3d 587 (7th. Cir, 2005), em que Kristin Greenawalt foi requerida a se submeter a um teste psicológico para permanecer em seu trabalho. Ela se submeteu ao teste, mas processou o Estado de Indiana por conduzir uma busca sem mandato (*search without warrant under the 4th amendment*). A justiça americana entendeu que o teste

PARTE III · Cap. 26 · ASPECTOS DA PROTEÇÃO DE DADOS NAS RELAÇÕES DE TRABALHO | **521**

Na segunda metade dos anos 1990[38] e início dos anos 2000, a discussão revolveu em torno do monitoramento de *e-mails*,[39] com alguns autores entendendo pela vedação do monitoramento, exceto em casos de prévia notificação ao trabalhador.[40] No Brasil, em 2005, o Tribunal Superior do Trabalho (TST) firmou entendimento no sentido de que o *e-mail* corporativo não desfrutaria de razoável expectativa de privacidade, podendo o empregador monitorar amplamente o conteúdo das mensagens.[41]

Vale, contudo, relembrar que o Tribunal Europeu de Direitos Humanos, em 2017, já com suporte na aplicação de lei voltada à proteção de dados pessoais, entendeu pela impossibilidade de um controle monitorado indiscriminado, além do dever de a empresa cientificar os trabalhadores previamente acerca do monitoramento.[42] No mesmo ano, mas ainda antes da entrada em vigor da LGPD, o TST reiterou que o monitoramento do *e-mail* corporativo, por exemplo, não se enquadra nas hipóteses constitucionais de inviolabilidade da intimidade e do sigilo de correspondência por ser ferramenta de trabalho.[43]

A atual jurisprudência do TST, ainda não levando em conta a LGPD, inclina-se a considerar o monitoramento como "apêndice do poder diretivo do empregador",[44] pressupondo uma espécie de consentimento tácito do trabalhador pelo simples fato de estar no ambiente de trabalho. Extrapolando-se tal entendimento para outras espécies de monitoramento, é possível que ferramentas disponibilizadas pela empresa para uso do trabalhador estejam legalmente sujeitas a monitoramento, sem expectativa de privacidade do trabalhador.

Autores como Patrícia Peck entendem que cabe à empresa deixar clara sua propriedade sobre o meio monitorado, como o *e-mail*.[45] Caso não haja "publicidade inequívoca" nesse sentido, não haveria presunção de propriedade da empresa sobre o meio e, portanto, prevaleceria a presunção de privacidade do trabalhador.

Outra questão diz respeito à possibilidade de o monitoramento configurar interceptação do fluxo de comunicações em sistemas de informática e telemática,[46] o que requereria o preen-

---

psicológico não constitui busca sem mandato, uma vez que, *in casu*, inexiste contato físico. O voto vencedor do juiz Richard Posner, contudo, deixou assentado que os Estados poderiam prever medidas mais estritas à proteção de seus cidadãos.

[38] Aqui importa destacar o caso Smyth v. PillsBury Co. (914 F. Supp 97, 1996). No caso, Smyth, apesar de lhe ter sido assegurada a confidencialidade do *e-mail* de trabalho pela empresa PillsBury Co, foi mandado embora justamente em razão de *e-mail* insubordinado enviado ao chefe. A Corte entendeu que, não obstante o empregado tivesse uma razoável expectativa de privacidade, no caso concreto o uso do *e-mail* para a demissão não configurou uma ofensa substancial de invasão à sua privacidade.

[39] Para uma descrição aprofundada da discussão à época, vide: PAIVA, Mário Antônio Lobato de. O monitoramento do correio eletrônico no ambiente de trabalho. *Revista Centro de Estudos Judiciários*, n. 19, p. 24-39, out./dez. 2002.

[40] BLUM, Renato Opice *et al*. A guerra dos *e-mails*. Disponível em: http://www.egov.ufsc.br/portal/conteudo/guerra-dos-e-mails-empresas-podem-demitir-sem-infringir-lei . Acesso em: 7 mar. 2019.

[41] RR 613/2000-013-10-00, 1.ª Turma, Rel. Min. João Oreste Dalazen, *DJ* 10.06.2005.

[42] Barbulescu v. Romenia, *application* 61496/08, 05.09.2017.

[43] É o caso, por exemplo, do ARR-20584-95.2014.5.04.0023.

[44] CAVALCANTI, Ana Elizabeth Lapa Wanderley *et al*. O direito à privacidade dos dados pessoais sensíveis e os *e-mails* corporativos: uma visão sob o aspecto dos direitos da personalidade na sociedade da informação. *Revista de Direito, Governança e Novas Tecnologias*, v. 4, n. 1, p. 41, 2018.

[45] PINHEIRO, Patrícia Peck. *Direito digital*. São Paulo: Saraiva, 2016. p. 244.

[46] Lembramos que a existência de interceptação, consagrada na Lei 9.296/1996, exige, alternativamente: (i) indícios razoáveis da autoria ou participação em infração penal; ou (ii) impossibilidade de produção

chimento das condições da Lei de Interceptação Telefônica.[47] O risco aqui exsurge quando o provedor de *e-mail*, de serviços de nuvem, ou outro parecido, seja controlado por terceiro. O mesmo ocorre nos casos de *logs* ou históricos de pesquisa de navegação da Internet. De qualquer forma, há um forte componente subjetivo na definição do que seria a "estação de trabalho"[48] que estaria sujeita ao monitoramento pela empresa. Incluiria *e-mails*, aparelhos celulares, *tablets*? É sobre a estação de trabalho que o empregador teria poder diretivo e a presunção de privacidade do trabalhador seria afastada.

O monitoramento decorre diretamente do poder de direção do empregador, consagrado pela CLT, mas, se houver abuso, pode resultar no tratamento de dados pessoais em desacordo com o disposto na legislação.

Com a edição da LGPD, fica claro que o monitoramento em ambiente laboral não constitui exceção às regras de tratamento de dados pessoais.[49] A questão crucial está em saber se o poder diretivo do empregador dispensa o consentimento. Em princípio, para que o monitoramento seja lícito, alguma das hipóteses do art. 7.º da LGPD deverá ocorrer. O trabalhador deverá estar ciente da eventual coleta de seus dados por câmeras, sensores, instrumentos de geolocalização, tecnologias de reconhecimento facial, entre outras tecnologias de monitoramento. O consentimento pode ser colhido no próprio contrato de trabalho, em cláusula que caracterize manifestação inequívoca, devendo ter finalidade determinada. Se o acesso for a dados sensíveis, a referida cláusula deve ser destacada da demais e específica quanto ao objeto, tratando tão somente da manifestação concessória ao monitoramento.

Pode-se arguir eventual dispensa do consentimento do trabalhador, caso se interprete que o monitoramento é "necessário para a execução de contrato", nos termos do art. 7.º, V, da LGPD. Parece-nos, contudo, que a indispensabilidade do monitoramento para realização do objeto do contrato trabalhista, a partir da LGPD, precisará ser informada previamente e demonstrada pelo empregador, não bastando a mera alegação nesse sentido por parte da empresa.

2.5 Transferência de dados pessoais para terceiros

A transferência ou o uso compartilhado de dados pessoais também atinge as relações de trabalho. Hipóteses de comercialização e mercantilização dos dados pessoais, ou mera a transferência de dados pessoais de trabalhadores feita sem comunicação ao titular dos dados, podem configurar infração à LGPD.[50]

Como regra, os dados pessoais devem ser eliminados após o tratamento, podendo, no entanto, ser conservados para algumas finalidades, entre elas o cumprimento de obrigação legal[51] ou regulatória por parte do controlador e a transferência a terceiro, desde que respei-

---

[47]   da prova por outros meios disponíveis; ou (iii) não constituir o fato investigado infração penal punida, no máximo, com pena de detenção.

[47]   Lei 9.296/1996.

[48]   PINHEIRO, Patrícia Peck. *Direito digital*. São Paulo: Saraiva, 2016. p. 244.

[49]   As principais exceções legais, que constam do art. 4.º da LGPD, referem-se a tratamentos de dados pessoais: (i) realizado por pessoa natural para fins exclusivamente particulares e não econômicos; (ii) realizado para fins exclusivamente jornalístico, artísticos ou acadêmicos; ou (iii) para fins exclusivos de segurança pública, defesa nacional, segurança do Estado, ou atividades de investigação e repressão de infrações penais.

[50]   BLUM, Rita Peixoto Ferreira. *O direito à proteção dos dados e à proteção dos dados do consumidor*. São Paulo: Almedina, 2018. p. 155.

[51]   Exemplo de obrigação legal seria, por exemplo, a manutenção de dados pessoais para fins de defesa em eventual processo administrativo ou judicial.

PARTE III · Cap. 26 · ASPECTOS DA PROTEÇÃO DE DADOS NAS RELAÇÕES DE TRABALHO | **523**

tados os requisitos de tratamento da LGPD. Outra possibilidade de conservação dos dados pessoais é com o fim de sua posterior utilização em eventuais estudos por órgão de pesquisa, garantida se possível a anonimização. Alguns autores criticam essas exceções à impossibilidade de transferência de dados pessoais, alegando que esta só deveria ser possível caso houvesse prévio consentimento e observação dos princípios da necessidade, finalidade e transparência.[52]

Mesmo empregadores que só tratam de dados pessoais indispensáveis para o exercício de atribuições legais e regulatórias precisam enviar notificação aos empregados em casos de transferência, informando especificamente: (i) que dados serão transferidos; (ii) que obrigações serão atendidas pela conservação e transferência de tais dados; e (iii) com quais entidades públicas ou privadas serão os dados compartilhados. A transferência de dados pessoais transmitidos via e-Social ou por meio de CAGED ou Declaração do Imposto sobre a Renda Retido na Fonte (DIRF), por exemplo, não obstante se tratar de obrigação legal, dispensam consentimento dos empregados, nos termos do art. 7.º da LGPD.[53]

O Poder Público, um dos maiores empregadores do Brasil, recebe tratamento específico da LGPD no que se refere à transferência de dados de seus empregados e servidores públicos. Como regra, é vedada ao Poder Público a transferência a entidades privadas de dados pessoais constantes de bases de dados. Uma exceção que tem recebido muitas críticas é a que permite transferências na hipótese em que houver indicação de um encarregado.[54] Primeiro, porque a indicação de um encarregado é a regra para todos os controladores e, segundo, porque a simples indicação, por si só, não resguarda os direitos dos titulares.

Oportuno observar que, mesmo que a transferência independa de seu consentimento, o trabalhador retém o direito de demandar informações sobre seus dados pessoais, com base nos princípios do livre acesso e da transparência,[55] que conferem ao titular direito de consulta facilitada e gratuita sobre a forma e a duração do tratamento, bem como o acesso a informações claras e precisas a respeito da realização do tratamento.

Quando a transferência de dados pessoais ocorre para entidades sindicais, as empresas deverão verificar se realmente há obrigação legal ou previsão em norma coletiva de trabalho para a operação relativa ao dado pessoal específico, sob pena de ser necessária a obtenção de consentimento nos termos previstos na LGPD.

Nos casos em que a LGPD exige consentimento dos empregados para transferências de dados pessoais, importa ressaltar que o trabalhador, titular dos dados, poderá, a qualquer tempo, revogar esse consentimento com base na autodeterminação informativa e na previsão legal expressa do § 5.º do art. 8.º da LGPD.

Por fim, outro ponto que merece destaque refere-se à necessidade de proteção dos dados pessoais concernentes à saúde do colaborador, classificados como dados sensíveis. Nas relações

---

[52]   COTS, Márcio; OLIVEIRA, Ricardo. *Lei Geral de Proteção de Dados Pessoais comentada*. São Paulo: Thomson Reuters Brasil, 2018. p. 153.

[53]   Outro exemplo seria o e-Social – Sistema de Escrituração Digital das Obrigações Fiscais, Previdenciárias e Trabalhistas, cuja função é gerenciar o cumprimento dessas obrigações e garantir direitos trabalhistas e previdenciários, e cuja transferência de dados pessoais do trabalhador decorre de previsão legal, como o Decreto 8.373/2014.

[54]   Vide o inciso IV do § 1.º do art. 26.

[55]   A transparência deve ater-se à proporcionalidade do poder de tratamento dos dados e à capacidade de assimilação dos titulares, devendo as informações ser "concisas, de fácil acesso e compreensão, com uma linguagem clara e simples...". Vide em: VAINZOF, Rony. Dados pessoais, tratamento e princípios. *In*: MALDONADO, Viviane Nóbrega; BLUM, Renato Opice. *Comentários ao GDPR*: Regulamento Geral de Proteção de Dados Pessoais da União Europeia. São Paulo: Thomson Reuters, 2018. p. 53.

524 | TRATADO DE PROTEÇÃO DE DADOS PESSOAIS

de trabalho, documentos como exames admissionais, de atestados médicos, exames periódicos, exames demissionais, entre outros, deverão ser tratados como dados sensíveis protegidos pela LGPD. A exceção, por óbvio, diz respeito a dados pessoais ou sensíveis a serem transferidos ao Poder Público para fins de segurança pública, defesa nacional, segurança do Estado ou atividades de investigação e repressão de infrações penais.

3. *COMPLIANCE* E BOAS PRÁTICAS

3.1 Governança e boas práticas

No direito do trabalho, governança e boas práticas são relacionadas, historicamente, com a segurança do trabalho[56] e, mais recentemente, o *compliance* trabalhista tem sido usado para minimizar passivos trabalhistas e criar ambientes corporativos mais saudáveis.[57]

Com a LGPD, a segurança dos dados pessoais passa a ser incorporada ao tema da governança e *compliance*. De fato, um dos avanços da LGPD foi estipular, em seu desenho legislativo, a possibilidade de que controladores, em conjunto ou individualmente,[58] e operadores estabeleçam regras de boas práticas e um programa de governança em que determinem, entre outros temas, as condições de organização, o regime de funcionamento, os procedimentos, incluindo reclamações e petições de titulares, as normas de segurança, os padrões técnicos, as obrigações específicas para os diversos envolvidos no tratamento.

As boas práticas constituem sistema que institui mecanismos de educação e prevenção envolvendo a segurança da informação, organismos de certificação, treinamento de equipes para cumprimento de regras e atuação com a autoridade nacional.[59] Para tanto, o encarregado ou o *Data Protection Officer* deve, com relação a seus empregados, determinar: (i) os tipos de dados pessoais tratados; (ii) as categorias de titulares que terão seus dados tratados; (iii) o porquê de os dados estarem sendo tratados; (iv) como os dados são tratados; (v) para quem os dados serão tratados e para onde são transferidos; (vi) por qual período os dados serão guardados e armazenados; (vii) os detalhes da segurança para o tratamento dos dados pessoais.[60]

Vale notar que a adoção de uma política de boas práticas e governança serve como elemento redutor de eventual penalidade a ser imposta pela ANPD. Para isso, o programa a ser implementado pelo controlador deve demonstrar aplicabilidade a todo o conjunto de dados pessoais do trabalhador, estar adaptado à estrutura, salvaguardas e avaliação sistemática de impactos de riscos à privacidade, utilizar mecanismos de supervisão internos e externos e ser atualizado constantemente.

A LGPD faz menção, também, a códigos de conduta a serem adotados por controladores e que promovam o cumprimento do disposto na LGPD. Códigos de Conduta podem estabelecer importantes mecanismos de autorregulação, que permitem soluções mais

---

56 Vide, por exemplo: GUNNINGHAM, Neil *et al. Regulating workplace safety*: systems and sanctions. Oxford: Oxford University, 1999.

57 BLOK, Marcela. Compliance *e governança corporativa*. Rio de Janeiro: Freitas Bastos, 2017. p. 163-167.

58 COTS, Márcio; OLIVEIRA, Ricardo. *Lei Geral de Proteção de Dados Pessoais comentada*. São Paulo: Thomson Reuters Brasil, 2018. p. 252.

59 PINHEIRO, Patrícia Peck. *Proteção de dados pessoais*. Comentários à Lei n.º 13.709/2018. São Paulo: Saraiva, 2018. p. 104-105.

60 NISSIM, Jenai. Creating a data protection compliance programme. *Data protection*: a Practical Guide to UK and EU Law. 4. ed. Oxford: Oxford University Press, 2018. p. 242.

PARTE III · Cap. 26 · ASPECTOS DA PROTEÇÃO DE DADOS NAS RELAÇÕES DE TRABALHO | **525**

céleres e flexíveis para desafios de proteção de dados pessoais no ambiente de trabalho.[61] No âmbito do GDPR, Códigos de Conduta devem especificar como seus produtos e atividades de tratamento de dados vão atender aos requerimentos organizacionais e materiais exigidos pela legislação.

Ressalte-se, por fim, que, no Brasil, Códigos de Conduta que se destinem à transferência internacional de dados devem ter seu conteúdo definido pela autoridade nacional. É um regime de governança regulatória mista, em que se reconhece o desafio de se promover uma participação ativa, legítima e efetiva de entidades privadas na elaboração da regulação e, ao mesmo tempo, não incorrer em simples desregulação.[62]

3.2 Incentivos e proteção ao *whistleblower*

Um dos mecanismos mais relevantes do *compliance* consiste na possibilidade de controle interno da própria empresa, contando, inclusive, com delatores que denunciam eventuais desvios[63] e abusos dentro da empresa. O tratamento ilícito de dados pessoais de trabalhadores pode e deve também entrar nesse contexto. Estudos têm mostrado que, entre fiscalizações internas e externas sobre práticas abusivas das empresas, muitas vezes procedimentos internos se mostram mais eficazes.[64]

A melhor forma de reportar e combater ilicitudes é, primeiramente, de dentro da própria empresa e, apenas depois, escalar controles e mecanismos externos à corporação.[65] A denúncia deve percorrer os escalões e cadeias de comando da empresa, por meio de procedimentos e sistemas de monitoramento que favoreçam a autorregulamentação. Apenas quando tais sistemas se provarem não responsivos e falharem, é que o trabalhador deveria se voltar para os órgãos reguladores[66].

O que de certa forma faltou na legislação brasileira, e que deveria ser feito pelas empresas em seus Códigos de Conduta e programas de *compliance*, é a previsão de um canal de comunicação e o detalhamento de uma proteção maior ao *whistleblower* no que se refere às denúncias envolvendo infrações relacionadas ao tratamento de dados pessoais. Outras legislações, nas mais diferentes searas, já proveem nível de proteção adequado[67] ao *whistleblower*, emprestando nível de proteção e incentivos para que trabalhadores possam denunciar eventuais infrações.

---

[61]   VOIGT, Paul *et al. The EU General Data Protection Regulation*: a Practical Guide. Cham: Springer, 2017. p. 71.

[62]   Essa é a ideia da nova governança de Orly Lobel. Vide em: ORLY, Lobel. New Governance as Regulatory Governance. *In*: LEVI-FAUR, David (org.). *The Oxford Handbook of Governance*. Oxford: Oxford University Press, 2012.

[63]   O termo "delatores de desvios" que utilizamos é sinônimo de *whistleblowers*, e não se confunde com o delator premiado, que participou do malfeito e pode receber alguma compensação pela denúncia.

[64]   FELDMAN, Yuval *et al.* The incentives matrix: the comparative effectiveness of rewards, liabilities, duties and protections for reporting illegality. *Texas Law Review*, v. 87, n. 6, p. 1151, Jun. 2009.

[65]   ORLY, Lobel. New Governance as Regulatory Governance. *In*: LEVI-FAUR, David (org.). *The Oxford Handbook of Governance*. Oxford: Oxford University Press, 2012.

[66]   MILLER, Geoffrey. *The law of governance, risk and compliance*. Fredrick: Wolters Kluwer, 2014. p. 137.

[67]   Temos em mente o Sabarnes-Oxley Act – SOX, de 2002, nos Estados Unidos; a Lei 198, no Canadá, a Lei de Segurança Financeira, da França; o Financial Instruments and Exchange Law, no Japão. O SOX, por exemplo, protege o *whistleblower* quando ele reporta infrações de membros do governo ou de membros internos à empresa. Vide mais em: FELDMAN, Yuval *et al.* Individuals as enforcers: the design of employee reporting systems. *Explaining compliance*. Business response to regulation. Northampton: Edward Edgar, 2011. p. 266-267.

TRATADO DE PROTEÇÃO DE DADOS PESSOAIS

Um canal de comunicação adequado é adequado, primeiro, para a resolução de dúvidas, orientação e respostas a questões complexas enfrentadas pelos trabalhadores no ambiente laboral. Segundo, serve o canal para a comunicação de ilícitos, devendo ser preservadas a confidencialidade e a celeridade na tomada de providências,[68] até porque a LGPD exige expressamente que os programas de privacidade contenham planos de resposta a incidentes e remediação.

Os incentivos e a proteção para a atuação dos *whistleblowers* incluem: (i) o engajamento da alta administração;[69] (ii) o desenho institucional de proteção real ao denunciante, tanto de que suas denúncias serão ouvidas como de que serão tomadas providências para resolução do problema; (iii) estabelecimento de um sistema de recompensas ao trabalhador por eventuais denúncias; e (iv) regras que obriguem os trabalhadores que tomem conhecimento de violações às regras de *compliance* a comunicação do fato, sob pena de sofrer sanções internas.[70]

CONSIDERAÇÕES FINAIS

O desenvolvimento de sensores e outras tecnologias de vigilância permite a empregadores monitorar *e-mails* e telefonemas, ver funcionários em tempo real e até mesmo ouvir eventuais conversas com clientes e demais colaboradores. De um lado, o uso de tais tecnologias pode contribuir para o aumento da segurança e da produtividade. De outro, coloca os trabalhadores sob o risco de perderem qualquer expectativa de privacidade no local de trabalho.

A Lei Geral de Proteção de Dados instituiu um conjunto de princípios básicos e regras relacionadas à proteção da privacidade na era da informação, inclusive nas relações de trabalho. Cumpri-la torna-se importante não apensas para assegurar os direitos fundamentais dos empregados, mas também para garantir a própria lucratividade do empregador.

Afinal, como frequentemente a diferença entre o veneno e o remédio é a dose, o uso inadequado ou excessivo de tecnologias de monitoramento e coleta de dados dos funcionários pode gerar um ambiente laboral prejudicial à própria empresa. Estabelecer parâmetros claros e procedimentos adequados, fundamentar a coleta e o tratamento nas hipóteses legais e colher e tratar os dados com transparência são apenas algumas das boas práticas a permitirem que a tecnologia caminhe passo a passo com o Direito.

REFERÊNCIAS BIBLIOGRÁFICAS

BALL, Kirstie. Workplace surveillance: an overview. *Labor History*, Labor History in the Workplace, v. 51, n. 1, p. 87-106, 2010.

BLOK, Marcela. Compliance *e governança corporativa*. Rio de Janeiro: Freitas Bastos, 2017.

BLUM, Renato Opice *et al*. A guerra dos *e-mails*. Disponível em: http://www.egov.ufsc.br/portal/conteudo/guerra-dos-e-mails-empresas-podem-demitir-sem-infringir-lei . Acesso em: 7 mar. 2019.

---

[68] MENDES, Francisco Schertel *et al*. Compliance, *concorrência e combate à corrupção*. São Paulo: Trevisan, 2017. p. 140.

[69] A Controladoria-Geral da União, em Portaria 1.089/2018, que estabelece regras de *compliance* para a administração pública federal, considera que o "comprometimento da alta administração deverá estar refletido em elevados padrões de gestão, ética e conduta, bem como em estratégias e ações para disseminação da cultura de integridade no órgão ou entidade".

[70] MILLER, Geoffrey. *The law of governance, risk and compliance*. Fredrick: Wolters Kluwer, 2014. p. 276.

BLUM, Rita Peixoto Ferreira. *O direito à proteção dos dados e à proteção dos dados do consumidor*. São Paulo: Almedina, 2018.

CAVALCANTI, Ana Elizabeth Lapa Wanderley *et al*. O direito à privacidade dos dados pessoais sensíveis e os *e-mails* corporativos: uma visão sob o aspecto dos direitos da personalidade na sociedade da informação. *Revista de Direito, Governança e Novas Tecnologias*, v. 4, n. 1, 2018.

CHAVES, Dagoberto. Direito das plataformas: as relações entre múltiplos agentes. *In*: VÉRAS, Rafael *et al*. (coord.). *Regulação e novas tecnologias*. Belo Horizonte: Fórum, 2017.

COTS, Márcio; OLIVEIRA, Ricardo. *Lei Geral de Proteção de Dados Pessoais comentada*. São Paulo: Thomson Reuters Brasil, 2018.

FEILER, Lukas *et al*. *The EU Data Protection Regulation (GDPR)*: a commentary. Surrey: German Law Publishers, 2018.

FELDMAN, Yuval *et al*. Individuals as enforcers: the design of employee reporting systems. *Explaining compliance*. Business response to regulation. Northampton: Edward Edgar, 2011.

FELDMAN, Yuval *et al*. The incentives matrix: the comparative effectiveness of rewards, liabilities, duties and protections for reporting illegality. *Texas Law Review*, v. 87, n. 6, p. 1151, Jun. 2009.

FORTES, Vinícius Borges. *Os direitos de privacidade e a proteção de dados pessoais na Internet*. Rio de Janeiro: Lumen Juris, 2016.

GUNNINGHAM, Neil *et al*. *Regulating workplace safety*: systems and sanctions. Oxford: Oxford University, 1999.

KOOHANG, Alex. Security policies and data protection of mobile devices in the workplace. *Issues in Information Systems*, v. 8, Issue 1, p. 12, 2017.

LAMBERT, Paul. *Understanding the New European Data Protection Rules*. Boca Raton: CRC Press, 2017.

MENDES, Francisco Schertel *et al*. Compliance, *concorrência e combate à corrupção*. São Paulo: Trevisan, 2017.

MENDES, Laura Schertel. Entrevista sobre o que pode autorizar o tratamento de dados pessoais concedida ao internetlab. Disponível em: http://www.internetlab.org.br/pt/semana-especial-protecao-de-dados-pessoais/. Acesso em: 24 maio 2019.

MENDES, Laura Schertel. *Privacidade, proteção de dados e defesa do consumidor*. Linhas gerais de um novo direito fundamental. São Paulo: Saraiva, 2014.

MILLER, Geoffrey. *The law of governance, risk and compliance*. Fredrick: Wolters Kluwer, 2014.

NASCIMENTO, Amauri Mascaro. *Curso de direito do trabalho*. História e teoria geral do direito do trabalho: relações individuais e coletivas do trabalho. 26. ed. São Paulo: Saraiva, 2011.

NISSIM, Jenai. Creating a data protection compliance programme. *Data protection*: a Practical Guide to UK and EU Law. 4. ed. Oxford: Oxford University Press, 2018.

OLIVARES, Teresa *et al*. Experimental study of the stress level at the workplace using an smart testbed of wireless sensor networks and ambient intelligence techniques. *In*: FERRÁNDEZ, Vicente J. M. *et al*. (ed.). *Natural and artificial computation in engineering and medical applications*. IWINAC 2013. Lecture notes in computer science. Berlin: Springer, 2013. v. 7931.

O'NEIL, Cathy. *Weapons of math destruction*: how big data increases inequality and threatens democracy. New York: Crown Publishers, 2016. Kindle edition.

ORLY, Lobel. New Governance as Regulatory Governance. *In*: LEVI-FAUR, David (org.). *The Oxford Handbook of Governance*. Oxford: Oxford University Press, 2012.

PAIVA, Mário Antônio Lobato de. O monitoramento do correio eletrônico no ambiente de trabalho. *Revista Centro de Estudos Judiciários*, n. 19, p. 24-39, out./dez. 2002.

PINHEIRO, Patrícia Peck. *Direito digital.* São Paulo: Saraiva, 2016.

PINHEIRO, Patrícia Peck. *Proteção de dados pessoais.* Comentários à Lei n.º 13.709/2018. São Paulo: Saraiva, 2018.

RODRIGUEZ, Alexander. All bark, no byte: employee e-mail privacy rights in the private sector workplace. *Emory Law Journal*, v. 47, p. 1439, Fall 1998.

SOLOVE, Daniel *et al. Information privacy law.* 5. ed. New York: Wolters Kluwer, 2015.

VAINZOF, Rony. Dados pessoais, tratamento e princípios. *In*: MALDONADO, Viviane Nóbrega; BLUM, Renato Opice. *Comentários ao GDPR*: Regulamento Geral de Proteção de Dados Pessoais da União Europeia. São Paulo: Thomson Reuters, 2018.

VOIGT, Paul *et al. The EU General Data Protection Regulation*: a Practical Guide. Cham: Springer, 2017.

ZUBOFF, Shoshana. *The age of surveillance capitalism*: the fight for a human future at the new frontier of power. New York: Public Affairs, 2019.

ZULOVA, Jana *et al.* Personality aspects of the employee and their exploration form de GDPR perspective. *Central European Journal of Labour Law and Personnel Management*, v. 1, n. 1, p. 69, dez. 2018.

27

Uso e proteção de dados pessoais na pesquisa científica

Mauricio L. Barreto

Médico. Mestre em Saúde Comunitária, ambos pela Universidade Federal da Bahia (UFBA). Doutor em Epidemiologia pela Universidade de Londres. Professor titular aposentado em Epidemiologia do Instituto de Saúde Coletiva/UFBA. Desde 2014, é Pesquisador Especialista da Fiocruz. Sua pesquisa abrange uma gama de diferentes tópicos, sempre explorando questões relacionadas aos determinantes sociais e ambientais da saúde, desigualdades em saúde, impacto de intervenções sociais e de saúde e integração de conhecimento social e biológico para explicações causais na saúde. Fundou e coordena, desde 2016, o Centro de Integração de Dados e Conhecimentos para Saúde (CIDACS) na Fiocruz-Bahia.

Bethânia Almeida

Graduação e mestrado em Ciências Sociais pela Universidade Federal da Bahia e doutorado em Saúde Coletiva pela mesma instituição, com estágio na Science Policy Research Unit (Universidade de Sussex). Servidora da Fiocruz, atua no Centro de Integração de Dados e Conhecimentos para Saúde (CIDACS). Entre as suas áreas de interesse estão temas relacionados à governança de dados para pesquisa em saúde pública e a sociologia da ciência intensiva no uso de dados.

Danilo Doneda

Bacharel em Direito pela Universidade Federal do Paraná. Mestre e doutor em Direito pela Universidade do Estado do Rio de Janeiro, Professor visitante na Faculdade de Direito da Universidade do Estado do Rio de Janeiro. Foi Coordenador-Geral de Estudos e Monitoramento de Mercado na Secretaria Nacional do Consumidor do Ministério da Justiça. Foi pesquisador visitante na Università degli Studi di Camerino e na Autorità Garante per La Protezione dei Dati Personali, ambas na Itália.

INTRODUÇÃO

A ciência é um sistema social particular orientado por um conjunto institucionalizado de crenças, princípios e normas que conformam papéis sociais, formas de produção de conhecimento, sistemas de avaliação e recompensas, entre outros aspectos que têm bases históricas, sociais e culturais (MERTON, 2013; KHUN, 2009).

Entre as normas e valores que orientam a prática científica estão compromissos com a ética e a integridade na pesquisa, respectivamente relacionados a valores universais e a compromissos de conduta que devem ser respeitados perante os participantes das pesquisas, a comunidade científica e a sociedade em geral (ACADEMIA BRASILEIRA DE CIÊNCIAS, 2013).

TRATADO DE PROTEÇÃO DE DADOS PESSOAIS

A atribuição da qualidade de uma pesquisa ocorre a partir da avaliação dos referenciais teóricos e procedimentos metodológicos adotados, próprios das diferentes áreas de conhecimento e disciplinas. Estas, com frequência, envolvem a obtenção, o tratamento e a análise dos dados que subsidiam os achados e as interpretações do estudo. A atribuição do mérito é feita considerando a originalidade e o impacto dos resultados encontrados.

O *modus operandi* da ciência está em grande parte relacionado ao processo de coleta e análise de dados, componentes responsáveis por uma grande parte do tempo e dos recursos utilizados nas pesquisas. Uma parte das disciplinas científicas utiliza-se, em suas pesquisas científicas, de dados coletados no mundo natural, incluindo seres vivos não humanos. Enquanto outra parte, em especial as ciências da saúde e as ciências humanas e sociais, coletam dados diretamente ou relacionados aos seres humanos. Temos ainda que considerar que, do ponto de vista da pesquisa científica, os dados podem ser categorizados como primários, aqueles que foram coletados com a finalidade de atender à demanda de um projeto científico, e dados secundários (ou administrativos), aqueles coletados para fins diversos e que eventualmente poderão ser usados para a pesquisa científica (CONNELY *et al.*, 2016).

Quando a pesquisa envolve a coleta de dados diretamente em seres humanos, esta tem que ser autorizada por cada sujeito da pesquisa por meio de um instrumento particular estabelecido entre o investigador e o investigado – o Termo de Consentimento Livre e Esclarecido. Essa autorização não está presente no segundo grupo, ou seja, dados pessoais coletados para fins diversos e que eventualmente possam ser utilizados para pesquisa. Enquanto essa diferença não tenha importância do ponto de vista legal, tem imensa relevância no tocante à ética em pesquisa. A inexistência do consentimento do titular dos dados para o uso secundário, aspecto que tem sido razão de controvérsias envolvendo eticistas e órgãos responsáveis pela regulação ética da pesquisa em seres humanos (SILVA *et al.*, 2012).

As ciências que usam dados de seres humanos são heterogêneas no tocante à maior ou menor utilização de dados diretamente coletados ou à utilização de dados já coletados. Por exemplo, as ciências da saúde dominantemente valem-se de dados que são diretamente coletados pelos seus pesquisadores, enquanto outras, como a economia, privilegiam dados já coletados. A intensificação da digitalização, o aumento da quantidade de dados produzidos e a emergência de novos sistemas de produção e coleta de dados, a exemplo das redes sociais, vêm, de forma rápida e intensa, estimulando e abrindo novas possibilidades para o emprego desses dados para a pesquisa. Esse fenômeno, popularmente denominado *Big Data*, tem sido um dos pilares para a maior centralidade e intensividade no uso de dados observado em muitas ciências, com forte apoio de algoritmos e modelagens computacionais (LEONELLI, 2016; BLAZQUEZ; DOMENECH, 2018).

Para responder aos desafios em torno da procedência, tratamento, interpretação, proteção de direitos e compartilhamento de dados pessoais gerados por projetos de pesquisa, agências de suporte da pesquisa têm se apoiado na curadoria digital de dados (DIGITAL CURATION CENTRE, 2019) e em princípios internacionalmente aceitos, notadamente os princípios FAIR[1] (RESEARCH DATA ALLIANCE, 2019; FOSTERING FAIR DATA PRINCIPLES IN EUROPE, 2019). Esses princípios delineiam características, ferramentas, vocabulários e infraestruturas para descoberta e reutilização de dados por terceiros (GO FAIR, 2019). Também fazem a distinção entre dados e metadados, para apoiar uma ampla gama de circunstâncias especiais a exemplo de dados pessoais e sensíveis, visando conformidade ética e legal.

---

[1] Os princípios FAIR significam que os dados devem ser Encontráveis (*Findable*), Acessíveis (*Accessible*), Interoperáveis (*Interoperable*) e Reutilizáveis (*Reusable*).

PARTE III · Cap. 27 · USO E PROTEÇÃO DE DADOS PESSOAIS NA PESQUISA CIENTÍFICA 531

No entanto, não existem diretrizes harmonizadas em torno da utilização para pesquisa de dados provenientes de fontes externas à comunidade científica. Fazem-se particularmente necessárias reflexões acerca da privacidade de tais dados e das questões éticas e legais que possam ser articuladas ao estabelecimento de políticas, diretrizes, papéis e responsabilidades em torno da gestão de dados e que considere as especificidades da pesquisa científica na era do *Big Data* e dos sistemas informatizados.

Enquanto a identificação da pessoa à qual os dados se referem seja central na definição do que seja dado pessoal, a maioria dos programas científicos prescinde desse tipo de informação no seu processo de exploração dos dados ou testes de hipóteses. O objetivo de tais programas científicos está no encontro de padrões ou associações sobre grupos de pessoas, emanadas do conjunto de dados analisados. Os resultados são divulgados de maneira agregada, em forma de tabelas, gráficos, sem necessidade de fazer referência a qualquer indivíduo em particular. Nessa linhagem de pesquisa, os aspectos éticos a serem escrutinados dizem respeito à possibilidade de gerar danos ou discriminação, que poderão afetar não indivíduos particulares, mas de grupos, como resultado de informações relativas à saúde, *status* socioeconômico, etnia ou outros aspectos contidos nos conjuntos de dados e com potencial de gerar discriminações, com relação a esses grupos. Entretanto, mesmo nessa linhagem de pesquisa existe uma etapa em que a identificação pessoal é imprescindível, qual seja, para atender aos objetivos da pesquisa, é necessária a integração de diferentes bases de dados. Para essa etapa, os riscos precisam ser avaliados e as ações feitas para mitigá-los.

A INTEGRAÇÃO DE DADOS PARA PESQUISA

No mundo real, os dados pessoais existentes são, em geral, muito diversos e coletados por diferentes agentes e assim são acumuladas independentes. O uso isolado de bases de dados tem sido uma forma comum de utilização de dados pessoais de origem administrativa ou de outros registros como os do sistema de saúde. Esses dados são comumente usados na pesquisa desidentificados ou agregados em unidades administrativas (p. ex., municípios). Em ambas as situações perdem a condição de dados pessoais.

No entanto, a integração (*linkage*) de dados pessoais contidos em diferentes bases tem sido uma abordagem utilizada com crescente frequência, na medida em que, ao agregar um maior número de características dos indivíduos, permite-se que sejam exploradas questões científicas mais complexas. O processo de integração de dados pessoais pode ocorrer, basicamente, de duas maneiras. Na primeira, quando há uma identificação numérica única para cada indivíduo, situação que ocorre em alguns países e torna possível integrar as informações dos indivíduos existentes em diferentes bases de dados pelo uso desse número identificador (integração determinística). No segundo caso, quando não existe esse número identificador, a integração é possível pelo uso de identificadores comuns presentes nas bases a serem integradas, tais como: nome, idade, data e local do nascimento, nome da mãe etc. (integração probabilística).

Enquanto a vinculação determinística é bastante simples do ponto de vista operacional, a vinculação probabilística exige esforços muito maiores. No caso de bases de dados de grandes populações, somente pode ocorrer com a disponibilidade de *softwares* e recursos computacionais adequados. Após a vinculação entre as bases de dados, a base resultante poderá ser desidentificada e transferida para o investigador. Um processo eventualmente utilizado para integração de dados é a pseudoanonimização, definida na Lei Geral de Proteção de Dados (LGPD) como "o tratamento por meio do qual um dado perde a possibilidade de associação, direta ou indireta, a um indivíduo, senão através do uso de informação adicional mantida separadamente pelo responsável em ambiente controlado e seguro".

A vinculação de dados pessoais originários de registros administrativos para estudos de base populacional é uma ferramenta valiosa por combinar, no âmbito individual, dados diversificados e provenientes de distintas fontes. Embora, nem sempre, substitua os estudos clássicos baseados na coleta de dados primários, as análises dos dados pessoais vinculados vêm tendo o seu uso ampliado em diferentes ciências por ter várias vantagens, por exemplo: responder a questões científicas complexas, questões que exigem grandes tamanhos de amostra ou questões relacionadas a populações de difícil acesso. Os estudos gerados produzem evidências com alto nível de validade externa e, portanto, com maior aplicabilidade para elaboração de políticas públicas.

Existem desafios únicos no uso de dados pessoais de origem em registros administrativos vinculados para pesquisa, entre eles garantir a confidencialidade do processo. Produzir conjuntos de dados completamente anônimos (em que não é possível identificar qualquer indivíduo) seria protetor de confidencialidade. No entanto, é cada vez mais claro que o anonimato completo dos dados em nível individual é praticamente impossível, ao mesmo tempo que seja mantida granularidade suficiente para a pesquisa. Os riscos aumentam, dado que têm sido desenvolvidos algoritmos cada vez mais capazes de reidentificar indivíduos em bases desidentificadas (ROCHER *et al.* 2019). Assim, as alternativas para preservação da privacidade durante o processo de integração de bases de dados devem se dar pela combinação de vários procedimentos (HARRON *et al.*, 2017):

(i) Processos claros de acesso a dados pessoais. Isso inclui a existência de base legal, medidas de segurança apropriadas, uso dos dados apenas para finalidade especificada, credenciais da instituição solicitante, adequada aprovação ética do estudo.

(ii) Definir requisitos do pesquisador, incluindo treinamento e sanções. Os pesquisadores têm a responsabilidade, geralmente definida nos termos de uso, de usar os dados apenas para fins *bona fide*; devem receber treinamento regular em governança de dados; devem existir sanções legais quando os dados são usados de forma inadequada ou sem o devido cuidado.

(iii) Locais físicos ou virtuais estabelecidos para o processamento e vinculação de dados pessoais ou potencialmente identificáveis, que restringem a possibilidade de reidentificação de indivíduos ou mau uso ou deliberado dos dados, caracterizados por: acordos estritos de acesso, processos seguros de transferência de dados, rede restrita e/ou acesso à Internet, procedimentos rigorosos de controle de divulgação dos resultados.

Adicionalmente, para que o resultado da vinculação das bases de dados não se torne uma "caixa-preta", são necessários metadados com a descrição da proveniência dos dados originais, tratamento aplicado e qualidade das vinculações obtidas para que os pesquisadores julguem a confiabilidade e a adequação dos dados a seus propósitos.

DADOS PARA PESQUISA: DEBATES EPISTEMOLÓGICOS

Como a análise e a interpretação dos resultados oriundos dos dados se baseiam nas questões formuladas, na aplicação do método científico e nas técnicas próprias das diferentes áreas de conhecimento e disciplinas, a epistemologia, os desafios à privacidade e a ética tornam-se intimamente entrelaçados nesse novo modo de operar a ciência, apoiada no uso intensivo de grande volume de dados (*Big Data*) (LIPWORTHY *et al.*, 2017). Desde pelo menos a metade do século XX, o método científico tem sido dominado pela ideia de que o avanço do

PARTE III · **Cap. 27** · USO E PROTEÇÃO DE DADOS PESSOAIS NA PESQUISA CIENTÍFICA | **533**

conhecimento científico ocorre pela elaboração e teste de hipóteses (ou "hypothesis-driven"). Essa tem sido a estratégia mais frequentemente utilizada por cientistas e validada pelas agências de fomento que dão suporte à ciência. Esse modelo implica que o cientista criará ou buscará acesso a um conjunto de dados que o ajude a testar suas hipóteses. Nesse modelo é central a busca de explicações, muitas vezes causais, dos fenômenos estudados. Explicações estas que, em geral, explicam fenômenos ocorridos em nível de grupos populacionais e, portanto, sem pretender explicar o fenômeno em indivíduos particulares. Esse modelo continua a beneficiar-se do crescimento da disponibilidade de dados, no qual as mesmas hipóteses poderão ser testadas, porém agora sem limitações dos tamanhos amostrais e com maiores possibilidades de generalização dos resultados.

O novo modelo que emerge orientado por dados, que tem sido denominado de "data-driven", despojado de hipóteses prévias, tem por princípio básico a "mineração de dados". Enquanto esta deriva da crescente disponibilidade de dados, difere-se do modelo anterior orientado pela elaboração e testagem de hipóteses pelo fato de que já não busca mais as explicações dos fenômenos, e sim privilegia o desenvolvimento e a sofisticação de algoritmos preditivos. Apesar de sua crescente demonstração de utilidade e sua aplicação em diferentes campos da ciência e como ferramenta para resolver problemas operacionais no mundo, muitos têm alertado para a necessidade de riscos de privacidade, éticos e mesmo políticos, relacionados ao uso descontrolado dessa abordagem (MAZZOCCHI, 2015). A grande oferta de dados na World Wide Web (Internet) em geral, em especial aqueles provenientes de sistemas, aplicativos e plataformas de mídia e redes sociais, que captam dados, cada vez mais refinados, concernentes aos comportamentos humanos, quando associados a algoritmos cada vez mais eficientes na sua capacidade preditiva, aumenta a capacidade de prever agora não mais somente comportamentos genéricos de grupos, mas comportamentos de indivíduos específicos, com todos os seus riscos e dilemas (ZUBOFF, 2018). Esses algoritmos são a base do moderno *marketing* comercial que, ao ter maiores conhecimentos sobre o comportamento de indivíduos específicos, pode prever e direcionar suas necessidades. Contudo, essa capacidade tem mostrado que pode ir além, manipulando emoções e comportamentos para o alcance de determinados fins, como demonstrado no recente episódio da "Cambridge Analytics" (ANDRADE, 2018).

Esse famoso caso teve o seu início em uma pesquisa acadêmica de prestigiosa universidade, a qual utilizou o Facebook para recrutar participantes para uma investigação focada na tipificação de perfis de personalidade. Os voluntários baixavam o aplicativo a partir da rede social e esta estabelecia relações entre os dados do Facebook e de outras ferramentas *on-line*, visando o estabelecimento de métricas para composição do perfil de cada indivíduo que participava do experimento, a partir de suas preferências pessoais. A rede social viabilizou o acesso aos dados, sem consentimento, das respectivas redes de amigos dos respondentes da pesquisa, alcançando cerca de 87 milhões de pessoas, cujos dados passaram a ser manipulados com finalidade política em distintos países, sendo os casos mais conhecidos o uso em uma eleição presidencial nos Estados Unidos da América e em um plebiscito no Reino Unido, que buscava decidir a saída ou continuidade do país na Comunidade Europeia (ISAAK; HANNA, 2018). A despeito desse episódio ter ganhado grande visibilidade pública, possivelmente esse processo de manipulação em comportamentos políticos de indivíduos, próximo ao usado no campo comercial, em que os dados são utilizados para personalizar experiências e otimizar vendas, continua a ser empregado. Essa nova linha de utilização de dados pessoais associada a algoritmos preditivos para fins políticos começa a criar sérias preocupações pela possibilidade de manipular eleições, mesmo em democracias estabelecidas. Por esse motivo, têm crescido as demandas por formas de regulação para maior proteção e defesa dos direitos das pessoas sobre seus dados e que evitem a aplicação para fins não desejados.

PROTEGENDO A PRIVACIDADE DOS SUJEITOS NA PESQUISA CIENTÍFICA: ASPECTOS ÉTICOS

Ao fim da 2.ª Guerra Mundial, estabeleceu-se a necessidade de serem consolidados princípios éticos universais que protegessem os seres humanos quando participassem como sujeitos de pesquisas científicas. A inspiração nasce do esforço de renegar os experimentos realizados na Alemanha nazista com seres humanos. Os nazistas utilizaram judeus prisioneiros em campos de concentração para experimentos, nos quais a linha de separação entre tortura e interesse científico era muito débil. Marco importante nesse processo, cuja relevância continua na atualidade, é a Declaração de Helsinque,[2] de 1964, da Associação Médica Internacional, a qual estabeleceu princípios e procedimentos fundamentais e universais para a garantia da proteção e dignidade dos sujeitos da pesquisa.

No Brasil, toda pesquisa envolvendo seres humanos requer aprovação do Sistema CEP/ Conep, criado em 1996 com o objetivo de proteger o participante da pesquisa e assegurar que o estudo seja realizado de acordo com princípios éticos a partir de resoluções e normativas deliberadas pelo Conselho Nacional de Saúde. O Comitê de Ética em Pesquisa (CEP) é a instância institucional e local e a Comissão Nacional de Ética em Pesquisa (Conep) é a instância nacional. A Conep é uma instância colegiada cuja gestão e funcionamento são de responsabilidade do Conselho Nacional de Saúde e da Secretaria de Ciência, Tecnologia e Insumos Estratégicos, vinculada ao Ministério da Saúde.

A avaliação ética do Sistema CEP/Conep é regida por um conjunto de resoluções, destacando-se a Resolução CNS 466/2012, que trata de pesquisas envolvendo seres humanos[3] e normas complementares, a exemplo da Resolução CNS 580/2018, voltada a especificidades éticas das pesquisas de interesse estratégico para o Sistema Único de Saúde (SUS),[4] e da Resolução 510/2016, direcionada a especificidades éticas das pesquisas que utilizam metodologias próprias das Ciências Humanas e Sociais.[5]

O Sistema CEP/Conep reconhece o Termo de Consentimento e Assentimento Livre e Esclarecido do participante ou de seu responsável legal como o principal instrumento para garantir a ética de um projeto de pesquisa. Os termos visam demonstrar autonomia e liberdade de participação a partir de esclarecimentos sobre a natureza da pesquisa, seus objetivos, métodos, benefícios previstos, potenciais riscos e incômodos que a participação no estudo poderão acarretar, facultando a participação voluntária, a requisição de informações adicionais e a retirada do consentimento a qualquer tempo sem prejuízo algum ao participante. Além da manifestação de consentimento do participante, a avaliação ética de uma pesquisa baseia-se em um conjunto de fundamentos, entre os quais estão a relevância social da pesquisa e o compromisso com o máximo de benefícios e o mínimo de danos e riscos.

Na impossibilidade de obtenção de termo de consentimento, a dispensa poderá ser solicitada pelo pesquisador ao Sistema CEP/Conep, desde que seja justificada. O pedido de dispensa deve ser fundamentado e avaliado quanto às responsabilidades assumidas pelos

---

[2] Disponível em: https://www.wma.net/wp-content/uploads/2016/11/491535001395167888_DoHBrazilianPortugueseVersionRev.pdf.

[3] BRASIL. Conselho Nacional de Saúde. Resolução 466, de 12 de dezembro de 2012. Disponível em: http://conselho.saude.gov.br/resolucoes/2012/Reso466.pdf.

[4] BRASIL. Conselho Nacional de Saúde. Resolução 580/2018. Disponível em: https://conselho.saude.gov.br/resolucoes/2018/Reso580.pdf.

[5] BRASIL. Conselho Nacional de Saúde. Resolução 510/2016. Disponível em: http://bvsms.saude.gov.br/bvs/saudelegis/cns/2016/res0510_07_04_2016.html.

pesquisadores para mitigar riscos e assegurar os direitos dos participantes, incluindo procedimentos voltados à confidencialidade e à privacidade dos titulares dos dados, à proteção da imagem e à não estigmatização de indivíduos ou grupos.

No caso de dados pessoais que não são primariamente coletados para pesquisa e que não contam com TCLE, o uso secundário em pesquisa tem ocorrido intensamente em diferentes sociedades e, enquanto não sem algumas controvérsias (BREEN, 2001; SILVA *et al.*, 2012), de modo geral, os organismos de regulação ética têm aprovado o seu uso.

PROTEGENDO A PRIVACIDADE DOS SUJEITOS NA PESQUISA CIENTÍFICA: ASPECTOS LEGAIS

Nas recentes legislações sobre proteção de dados pessoais da União Europeia[6] e do Brasil,[7] a pesquisa científica é considerada uma hipótese legítima para o tratamento secundário de dados pessoais, devendo ser observados o respeito aos padrões éticos relevantes da área de conhecimento, o interesse legítimo do uso (relevância e benefício), a avaliação das necessidades e proporcionalidade das operações de tratamento de dados pessoais com relação à finalidade (princípio da minimização de danos), bem como avaliação de riscos aos direitos e liberdades das pessoas e as medidas previstas para controlar os riscos do acesso indevido e vazamento de dados.

Até 2018, o Brasil apresentava um quadro regulatório tímido e insuficiente sobre o tratamento de dados pessoais no território nacional. A despeito da Lei de Acesso à Informação (LAI), Lei 12.527 de 18 de novembro de 2011, regulamentada pelo Decreto 7.724/20128 e de outras leis setoriais, não existia normativa específica que assegurasse conformidade jurídica em torno do tratamento de dados pessoais no País (GUANAES et al., 2018). O marco da regulamentação da proteção de dados pessoais no País é a Lei Geral de Proteção de Dados Pessoais (LGPD), sancionada em agosto de 2018. A LGPD aplica-se a qualquer operação de tratamento de dados pessoais realizada por pessoa natural ou por pessoa jurídica de direito público ou privado no território nacional.

A lei prevê que dados pessoais e sensíveis precisam ser tratados de forma legal, justa e transparente com relação aos titulares dos dados, em decorrência dos potenciais riscos a respeito de seus direitos e liberdades. Portanto, a conformidade com a lei exige que os responsáveis pelo tratamento dos dados pessoais organizem e mantenham registros claros e seguros acerca de qualquer atividade relacionada ao processamento desses dados sob sua responsabilidade, pois os titulares devem ter acesso facilitado às informações sobre qualquer tratamento pelos quais seus dados passem.

A Lei Geral de Proteção de Dados Pessoais brasileira foi inspirada no Regulamento Geral de Proteção de Dados da União Europeia (GDPR). No seu art. 4.º, a Lei brasileira estabelece seu escopo e define que não se aplica ao tratamento de dados pessoais realizado para fins exclusivamente jornalístico ou artístico e também acadêmico. Para este último, remete aos arts. 7.º e 11. No art. 7.º, define as condições para uso dos dados pessoais entre as quais reza, no inc. IV, "para a realização de estudos por órgão de pesquisa", com a ressalva de que deve ser "garantida, sempre que possível, a anonimização". O art. 11 veda o uso de dados sensíveis (conforme definido na lei, são "dados pessoais sobre a origem racial ou étnica, as convicções religiosas, as opiniões políticas, a filiação a sindicatos ou a

---

[6]   Disponível em: https://eugdpr.org/.

[7]   BRASIL. Lei 13.709, de 14 de agosto de 2018. Disponível em: http://www.planalto.gov.br/ccivil_03/_ato2015-2018/2018/lei/L13709.htm.

organizações de caráter religioso, filosófico ou político, dados referentes à saúde ou à vida sexual, dados genéticos ou biométricos, quando vinculados a uma pessoa natural"), sendo possível apenas com o consentimento específico do titular. No entanto, também estabelece algumas exceções, entre as quais para a "realização de estudos por órgão de pesquisa, sendo garantida, sempre que possível, a anonimização". Por fim, o art. 13 dispõe sobre a pesquisa em saúde pública e determina que:

> "[...] os órgãos de pesquisa poderão ter acesso a bases de dados pessoais, que serão tratados exclusivamente dentro do órgão e estritamente para a finalidade de realização de estudos e pesquisas e mantidos em ambiente controlado e seguro, conforme práticas de segurança previstas em regulamento específico e que incluam, sempre que possível, a anonimização ou pseudoanonimização dos dados, bem como considerem os devidos padrões éticos relacionados a estudos e pesquisas".

Entendemos que, para a lei, as atividades de pesquisa são consideradas como um contexto específico de processamento de dados pessoais, que deve equilibrar os direitos individuais e a busca pelo interesse público a partir da aplicação de medidas técnicas e organizacionais suficientes e adequadas para garantir a proteção dos dados e o mínimo possível de processamento, possibilitando que sejam alcançados os objetivos das pesquisas, reduzindo os riscos relacionados a sua utilização. A despeito de prever a proibição geral do processamento de dados pessoais sensíveis, existem exceções para prática de cuidados de saúde, saúde pública e alguns setores de pesquisa em que o tratamento é autorizado sob condições específicas.

Destaca-se que a lei brasileira aborda o tratamento de dados para pesquisa em âmbito institucional, pois se refere exclusivamente a órgãos de pesquisa definidos como

> "[...] órgão ou entidade da administração pública direta ou indireta ou pessoa jurídica de direito privado sem fins lucrativos legalmente constituída sob as leis brasileiras, com sede e foro no País, que inclua em sua missão institucional ou em seu objetivo social ou estatutário a pesquisa básica ou aplicada de caráter histórico, científico, tecnológico ou estatístico (art. 5.º, XVIII)".

Além de ambiente controlado e seguro, a anonimização e a pseudoanonimização dos dados são tidas como as principais estratégias que deverão ser adotadas no tratamento dos dados para proteção da privacidade dos indivíduos.

A lei define anonimização como a *"utilização de meios técnicos razoáveis e disponíveis no momento do tratamento, por meio dos quais um dado perde a possibilidade de associação, direta ou indireta, a um indivíduo"* (art. 5.º, XI). A lei não se aplica aos dados anonimizados. Caso a anonimização seja revertida, os dados passam a ser considerados dados pessoais e as disposições da lei são aplicadas. Entende-se que o risco de reversão da anonimização se relaciona ao interesse e aos esforços de reidentificação das pessoas, que se configuram em contravenção.

Enquanto o conceito de pseudoanonimização é definido na lei *como "o tratamento por meio do qual um dado perde a possibilidade de associação, direta ou indireta, a um indivíduo, senão pelo uso de informação adicional mantida separadamente pelo controlador em ambiente controlado e seguro"* (art. 13, § 4.º). Na lei, dados pseudoanonimizados são considerados dados pessoais pela possibilidade de rastrear os dados de volta ao indivíduo por meio do código-chave.

OS CENTROS DE DADOS ORIENTADOS PARA PESQUISA

Na LGPD, as instituições de pesquisa são responsáveis por aplicação e zelo dos preceitos legais. Pela necessidade de infraestrutura adequada, pessoal especializado e governança de dados, chamamos atenção para existência de centros de dados pessoais criados em alguns países para prover acesso a dados de qualidade, de forma segura e controlada para pesquisa, avaliação, planejamento e elaboração de políticas.

Verifica-se que em geral os centros de dados são criados por meio de parcerias entre governos, universidades e instituições de pesquisa a exemplo do Manitoba Centre for Health Policy no Canadá,[8] Massive Data Institute nos Estados Unidos,[9] Centre for Big Data Research in Health na Australia,[10] Administrative Data Research Centres no Reino Unido,[11] Integrated Data Infrastructure na Nova Zelândia[12] e o Sail Databank no País de Gales, considerado a maior e mais acessível fonte de dados vinculados e anonimizados para pesquisa em escala populacional do mundo.[13] No Brasil, temos o exemplo do Centro de Integração de Dados e Conhecimentos para a Saúde (CIDACS), uma iniciativa da Fiocruz em colaboração com pesquisadores de diversas universidades[14] (BARRETO *et al.*, 2019), cuja missão central é realizar estudos e pesquisas, desenvolver novas metodologias investigativas e promover capacitação científica tendo por base projetos interdisciplinares, que envolvam a integração de grandes bases de dados (*big data)* com a finalidade de ampliar o entendimento dos problemas de saúde da população por meio de rede de cooperação científica interdisciplinar com parceiros nacionais e internacionais, favorecendo e estimulando a produção científica e tecnológica em aspectos relevantes e inovadores para a saúde da população brasileira e para o SUS.

Esses centros agregam grandes quantidades de dados pessoais, que têm origem em registros administrativos. Estes se originam em departamentos ou agências governamentais para prestação de serviços ou administração de programas governamentais, por exemplo, educação, programas de proteção social, habitação, censo populacional etc., ou outros registros eletrônicos, como os registros de saúde. Esses dados compreendem informações sobre indivíduos que não foram coletadas para fins de pesquisa, mas que podem ser preparadas e integradas para uso em projetos de pesquisa.

O estabelecimento de centros de dados a partir de parcerias entre o governo e órgãos de pesquisa, além de otimizar recursos e garantir sustentabilidade, viabiliza a colaboração entre agências governamentais no que concerne ao compartilhamento de dados, documentação associada, fixação de padrões de coleta, tratamento, armazenamento e preservação de dados que têm implicações diretas sobre a governança e qualidade de dados utilizados em pesquisas de base populacional. Centros de dados dessa natureza viabilizam acesso a dados integrados e desidentificados para pesquisa a partir de arranjos de segurança apropriados e definição de

---

[8] Manitoba Centre. About MCHP: http://umanitoba.ca/faculties/health_sciences/medicine/units/chs/departmental_units/mchp/about.html.

[9] Massive Data Institute. About MDI: https://mccourt.georgetown.edu/massive-data-institute/about.

[10] Centre for Big Data Research in Health. Disponível em: https://cbdrh.med.unsw.edu.au/.

[11] Administrative Data Research Centres no Reino Unido. Disponível em: https://www.ons.gov.uk/aboutus/whatwedo/programmesandprojects/theadministrativedataresearchnetworkcollaboration.

[12] Integrated Data Infrastructure. Disponível em: https://www.stats.govt.nz/integrated-data/integrated-data-infrastructure/.

[13] Disponível em: https://saildatabank.com/about-us/overview/.

[14] Disponível em: http://cidacs.bahia.fiocruz.br/.

requisitos para aprovação do usuário. Em geral, os resultados são disponibilizados aos pesquisadores após cuidadosa desidentificação com a retirada do máximo possível de potenciais identificadores, no sentido de evitar a reidentificação dos indivíduos.[15]

A partir de termos e condições estabelecidos pelos centros de dados, que incluem orientações acerca do acesso e utilização dos dados, os pesquisadores assumem a responsabilidade de usar os dados apenas para fins legítimos, com compromisso de uma prática científica *bona fide*, bem como estar cientes de que ações legais serão tomadas, se os dados forem aplicados inadequadamente ou sem o devido cuidado.

Além da necessidade de seguir preceitos éticos e legais, a proteção da privacidade dos indivíduos por meio de centros de dados é estratégica para boas práticas de gestão por parte do Estado e da comunidade científica, pois aumenta a confiança da sociedade na utilização de seus dados para obtenção de conhecimentos e evidência que visem responder perguntas e solucionar problemas de interesse da sociedade. Por exemplo, no Reino Unido, com o estabelecimento da Administrative Data Research Network, criou-se a possibilidade de utilizar dados administrativos como alternativa ao próximo Censo que ocorrerá em 2021. O Conselho de Pesquisa Econômica e Social (ESRC) e o Escritório de Estatísticas Nacionais (ONS) daquele país encomendou estudo com o objetivo de explorar questões acerca da visão da sociedade sobre o uso de dados administrativos contendo informações pessoais para pesquisa. O estudo aponta que a sociedade tende a aprovar o uso de conjuntos de dados administrativos para pesquisa que apresente potencial benefício para ela, desde que os dados sejam fornecidos desidentificados e que sejam tratados, acessados e mantidos em local adequado e seguro (CAMERON *et al.*, 2014).

Além da governança de dados que envolve medidas técnicas e administrativas para o provimento adequado de dados, chamamos atenção para a importância do rigor metodológico em torno do tratamento e vinculação de grande volume de dados administrativos.

CONSIDERAÇÕES FINAIS

A LGPD é uma lei geral voltada ao estabelecimento de princípios e conceitos norteadores para preservar o equilíbrio entre a necessidade de proteger efetivamente os direitos dos titulares dos dados, ao mesmo tempo que permite o processamento de dados pessoais e sensíveis para fins determinados, inclusive a pesquisa científica. O respeito a padrões éticos é parte da legalidade do processamento de dados pessoais e sensíveis em pesquisa, que deverá ser consistente com normatização específica do setor, que no caso será de responsabilidade do Sistema CEP/Conep e da Autoridade Nacional de Proteção de Dados em diálogo com a comunidade científica para definir o que precisará ser regulado e normatizado como desdobramento da LGPD.

Levando-se em consideração que a LGPD é recente, e que o País não tem experiência prévia em matéria de legislação voltada à proteção de dados pessoais, acreditamos ser necessário aprender com experiências mais maduras de outros países para adequá-las à nossa realidade e para buscar a interoperabilidade legal no nível internacional para que a lei brasileira seja protetiva, e não inviabilizadora da pesquisa científica.

Dados administrativos não são coletados com finalidade de pesquisa, e a sua transformação em fonte de informações apresenta um conjunto de desafios metodológicos relacionados a privacidade, ética, regulação do acesso, pré-processamento das bases originais (seleção, limpeza, padronização e harmonização das variáveis) e utilização de algoritmos adequados

---

[15] Disponível em: https://www.adruk.org/our-mission/ethics-responsibility/.

PARTE III · Cap. 27 · USO E PROTEÇÃO DE DADOS PESSOAIS NA PESQUISA CIENTÍFICA

aos tipos e tamanhos das bases de dados para serem adequadamente vinculadas. Todo esse processo é feito com o objetivo de contribuir com conhecimentos para a sociedade, garantindo altos níveis de privacidade e ética.

REFERÊNCIAS BIBLIOGRÁFICAS

ACADEMIA BRASILEIRA DE CIÊNCIAS. Rigor e integridade na condução da pesquisa científica. *Guia de Recomendação de Práticas Responsáveis*. Rio de Janeiro: Academia Brasileira de Ciências; 2013. Disponível em: http://www.abc.org.br/IMG/pdf/doc-4311.pdf. Acesso em: 25 ago. 2019.

ANDRADE, Diogo Queiroz de. Facebook. Cambridge Analytica, a empresa que manipula a democracia à escala global. Público, mar. 2018. Disponível em: https://www.publico. pt/2018/03/20/tecnologia/noticia/ca-a-empresa-que-manipula-a-democracia-a-escala-global-1807409.

BARRETO, M. L.; ICHIHARA, M. Y.; ALMEIDA, B. A.; BARRETO, M. E.; CABRAL, L.; FIACCONE, R. L.; CARREIRO, R. P.; TELES, C. A.; PITTA, R.; PENNA, G. O.; BARRAL-NETTO, B.; ALI, M. S.; DENAXAS, S.; RODRIGUES, L. C.; SMEETH, L. The Centre for Data and Knowledge Integration for Health (CIDACS): Linking Health and Social Data in Brazil. *International Journal of Population Data Science*, in press, 2019.

BLAZQUEZ, D.; DOMENECH, J. Big Data sources and methods for social and economic analyses. *Technological Forecasting & Social Change*, v. 130, p. 99-113, May 2018.

BREEN, K. J. Consent for the linkage of data for public health research: is it (or should it be) an absolute pre-requisite? *Aust N Z J Public Health*, v. 25, n. 5, p. 423-425, 2001.

CAMERON, D.; POPE, S.; CLEMENCE, M. Dialogue on data: wxploring the public's views on using administrative data for research purposes. *Office for National Statistics*; Economic & Social Research Council, 2014. Disponível em: https://esrc.ukri.org/files/public-engagement/public-dialogues/dialogue-on-data-exploring-the-public-s-views-on-using-linked-administrative-data-for-research-purposes/.

CONNELLY, R.; PLAYFORD, C. J.; GAYLE, V.; DIBBEN, C. The role of administrative data in the big data revolution in social science research. *Social Science Research*, v. 59, p. 1-12, 2016.

DIGITAL CURATION CENTRE. What is digital curation?. Disponível em: http://www.dcc.ac.uk/ digital-curation/what-digital-curation. Acesso em: 19 ago. 2019.

FOSTERING FAIR DATA PRACTICES IN EUROPE. Disponível em https://fairsfair.eu/news/ basics-eosc-and-fair. Acesso em: 25 ago. 2019.

GO FAIR. FAIR Principles, 2019. Disponível em: https://www.go-fair.org/fair-principles/. Acesso em: 25 ago. 2019.

GUANAES, P.; SOUZA, A. R.; DONEDA, D.; NASCIMENTO, F. J. T. *Marcos legais nacionais em face da abertura de dados para pesquisa em saúde; dados pessoais, sensíveis ou sigilosos e propriedade intelectual.* Rio de Janeiro: Fiocruz, 2018. Disponível em: https://www.arca.fiocruz.br/bitstream/ icict/28838/4/Guanaes_Paulo_Org_Marcos_Legais_Presid%C3%AAncia_2018.pdf.

HARRON, K.; DIBBEN, D.; BOYD, J.; HJERN, A.; AZIMAEE, M.; BARRETO, M.; GOLDSTEIN, H. Challenges in administrative data linkage for research. *Big Data & Society*, v. 4, n. 2, p. 1-12, Jul./Dec. 2017.

ISAAK, J.; HANNA, M. J. User Data Privacy: Facebook, Cambridge Analytica, and Privacy Protection. *The Policy Corner*, ago. 2018. Disponível em: https://ieeexplore.ieee.org/stamp/ stamp.jsp?arnumber=8436400&tag=1.

KUHN, T. S. *A estrutura das revoluções científicas*. 9. ed. São Paulo: Perspectiva, 2009.

LEONELLI, S. Data-centric biology: a philosophical study. London: The University Chicago Press, 2016.

LIPWORTH, W.; MASON, P. H.; KERRIDGE, I. *et al.* Ethics and Epistemology in Big Data Research. *Bioethical Inquiry*, v. 14, p. 489-500, 2017.

MAZZOCCHI, F. Could Big Data be the end of theory in science? A few remarks on the epistemology of data-driven science. *EMBO Rep.*, v. 16, n. 10, p. 1250-1255, 2015.

MERTON, R. K. A ciência e a estrutura social democrática. *Ensaios de sociologia da ciência*. São Paulo: Associação Filosófica Scientiae Studia/Editora 34, 2013. p.181-198.

RESEARCH DATA ALLIANCE. FAIR. Disponível em: https://www.rd-alliance.org/fair. Acesso em: 25 ago. 2019

ROCHER, L.; HENDRICKX, J. M.; DE MONTJOYE, Y. A. Estimating the success of re-identifications in incomplete datasets using generative models. *Nat Commun.*, v. 10, n. 1, p. 3069, 2019.

SILVA, M. E.; COELI, C. M.; VENTURA, M.; PALACIOS, M.; MAGNANINI, M. M.; CAMARGO, T. M.; CAMARGO JR., K. R. Informed consent for record linkage: a systematic review. *J Med Ethics*, v. 38, n. 10, p. 639-642, Oct. 2012.

ZUBOFF, S. *The age of surveillance capitalism*: the fight for a human future at the new frontier of power. New York: PublicAffairs, 2018.

28

Big Data e aspectos concorrenciais
do tratamento de dados pessoais

Ana Frazão

Advogada. Professora Associada de Direito Civil, Comercial e
Econômico da Universidade de Brasília – UnB. Ex-Diretora da Faculdade de Direito
da Universidade de Brasília – UnB e ex-Conselheira do CADE.

INTRODUÇÃO

Embora a importância crescente dos dados pessoais para a economia tenha repercussões sobre quase todas as searas jurídicas, o Direito da Concorrência é certamente uma das mais afetadas. Afinal, na era do *big data*, são os dados pessoais e a utilização deles os verdadeiros vetores das atividades econômicas e das condições concorrenciais.

Em que pesem as inúmeras eficiências e benefícios decorrentes da utilização massiva de dados pessoais para os mais distintos fins, são também grandes os riscos e ameaças que daí decorrem, entre os quais o agigantamento exponencial de agentes econômicos às custas de violações da privacidade, da autodeterminação informativa e da própria individualidade dos cidadãos, com evidentes impactos sobre a dinâmica concorrencial.

Nesse contexto, não é exagerada a conclusão de Yuval Harari[1] de que a regulação da propriedade de dados é talvez a questão política mais importante da nossa era e, se não formos capazes de dar respostas para esse problema, nosso sistema sociopolítico poderá entrar em colapso.

Ocorre que a regulação do tratamento de dados pessoais é tema de extrema complexidade e requer, para a sua solução satisfatória, várias iniciativas além das jurídicas. Mesmo no âmbito do direito, não há respostas lineares, pois, diante da existência de leis gerais de proteção de dados, como é o caso da LGPD brasileira, indaga-se em que medida tal regulação, sozinha, poderá ter plena eficácia ou se outras áreas, como o Direito da Concorrência, não deveriam também endereçar aspectos do problema, desde que estes, obviamente, sejam compatíveis com suas finalidades e com a harmonia e a unidade que se esperam do sistema como um todo.

Para muitos, o Direito da Concorrência deveria adotar postura retraída, já que não tem por finalidade a proteção dos cidadãos contra a utilização abusiva dos dados pessoais,

---

[1] HARARI, Yuval Noah. *21 lições para o século 21*. Tradução Paulo Geiger. São Paulo: Companhia das Letras, 2018. p. 110-111.

nem dispõe de metodologia adequada para assumir tais desafios, a não ser que sacrifique a segurança e a consistência que supostamente caracterizam a análise antitruste tradicional.[2]

Entretanto, ao contrário dessa posição, normalmente vinculada a forte ranço da Escola de Chicago, inclusive no que diz respeito à tentativa de reduzir drasticamente o escopo do Direito da Concorrência, o presente artigo parte da premissa contrária, ou seja, de que o Direito da Concorrência não somente pode, como deve enfrentar os problemas decorrentes do *big data*, até porque muitos deles têm como causas e/ou consequências distorções competitivas que apenas podem ser perfeitamente resolvidas pelos instrumentos próprios da seara concorrencial.

Por essa razão, o objetivo do artigo é, a partir da exposição dos principais riscos que o *big data* oferece ao ambiente concorrencial, mostrar quais são os cenários de intervenção que se abrem para o Direito da Concorrência, o que dependerá igualmente de uma reflexão sobre os seus propósitos e de uma adaptação de suas metodologias para compreender melhor a realidade atual.

1. A NECESSIDADE DE REGULAÇÃO JURÍDICA DOS DADOS PESSOAIS: A AQUISIÇÃO DE PODER ECONÔMICO, SOCIAL E POLÍTICO ÀS CUSTAS DOS CIDADÃOS

Para a compreensão da repercussão do *big data* sobre o Direito da Concorrência, é necessário inicialmente entender a importância dos dados pessoais. Nesse sentido, não é exagero dizer que os dados são o novo petróleo.[3] Mais do que um insumo ou uma moeda, os dados correspondem a grandes fontes de poder econômico, social e político, na medida em que podem ser convertidos em informações úteis para os mais diversos propósitos.

Como bem descreve Frank Pasquale,[4] os dados pessoais têm sido utilizados por governos e grandes *players* econômicos para a criação de um *one way mirror*, possibilitando que tais agentes saibam tudo dos cidadãos, enquanto estes nada sabem dos primeiros. E tudo isso acontece por meio de um monitoramento e vigília constantes sobre cada passo da vida das pessoas, o que leva a um verdadeiro capitalismo de vigilância, cuja principal consequência é a constituição de uma sociedade também de vigilância.[5]

Um dos principais e mais recentes estudos sobre o tema é o de Shoshana Zuboff,[6] para quem o capitalismo de vigilância utiliza-se de toda a experiência humana, incluindo vozes, personalidades e emoções, como matéria-prima gratuita para ser traduzida em dados comportamentais. Embora o que esteja em jogo seja a nossa própria autonomia individual, essas pretensões invasivas são alimentadas pela ausência de leis para conter o fenômeno, pela mutualidade de interesses entre os capitalistas e as agências de inteligência estatais e pela

---

[2] Ver, por todos, WRIGHT, Joshua; DORSEY, Elyse; RYBNICEK, Jan, KLICK, Jonathan. Requiem for a paradox: the dubious rise and inevitable fall of hipster antitrust. George Mason Law & Economics Research Paper, n. 18-29. Disponível em: file:///D:/Users/User/Downloads/SSRN-id3249524.pdf.

[3] THE ECONOMIST. The world's most valuable resource is no longer oil, but data. Disponível em: https://www.economist.com/leaders/2017/05/06/the-worlds-most-valuable-resource-is-no-longer-oil-but-data. Acesso em: 15 nov. 2018.

[4] Pasquale, Frank. *The black box society.* The secret algorithms that control money and information. Cambridge: Harvard University Press, 2015. p. 9.

[5] Idem, p. 42-45.

[6] ZUBOFF, Shoshana. *The age of surveillance capitalism.* The fight for a human future at the new frontier of power. New York: Public Affairs, 2019. p. 8.

PARTE III · Cap. 28 · *BIG DATA* E ASPECTOS CONCORRENCIAIS DO TRATAMENTO DE DADOS PESSOAIS | **543**

tenacidade com que as corporações defendem seus novos territórios.[7] Como tal vigilância é pulverizada e não centralizada, a autora caracteriza os nossos tempos a partir da expressão *big other*,[8] em contraposição a *big brother*.

Consequentemente, é possível verificar que a economia movida a dados e o capitalismo de vigilância são as duas faces da mesma moeda, pois, quanto maior a importância dos dados, mais incentivos haverá para o aumento da vigilância e, consequentemente, maior será a coleta de dados. Daí a conclusão de Bruno Bioni[9] de que, no cenário descrito, têm-se uma economia de vigilância e um verdadeiro varejo de dados pessoais.

Esse varejo de dados, como visto, tem como mola propulsora a extração ampla e sem controles de dados pessoais. E fala-se corretamente em "extração" porque, como explica Shoshana Zuboff,[10] essa expressão traduz, de forma mais fidedigna, a circunstância de que os dados são normalmente retirados dos titulares sem o seu consentimento, sem a sua ciência e sem a devida contrapartida.

A violação da privacidade e dos dados pessoais torna-se, portanto, um lucrativo negócio que, baseado na extração e na monetização de dados, possibilita a acumulação de um grande poder que se retroalimenta indefinidamente.

Apesar da indústria de dados ter se alicerçado em um ativo que não é dela – os dados pessoais – e que muitas vezes tem sido explorado de forma ilícita, tal forma de proceder sempre foi acompanhada de justificativas relacionadas às eficiências geradas e aos benefícios e vantagens que, de forma "gratuita" ou acessível, são disponibilizados aos usuários, os quais muitas vezes não percebem que, ao "pagarem" pelos serviços com seus dados pessoais, são o verdadeiro produto nesse tipo de negócio.

Da mesma forma, o mercado de dados cresce a partir da difusão de visões como a de que o modelo de negócios é justo, já que os usuários receberiam contrapartidas adequadas pelos seus dados, ou mesmo necessário, uma vez que haveria um verdadeiro *trade off* entre inovação e privacidade, de forma que a violação desta última seria o preço a pagar ou o mal necessário para o progresso tecnológico e os novos serviços que daí decorrem.

O excesso de otimismo das próprias pessoas com relação a muitos dos modelos de negócios da economia digital e os benefícios diretos que eles lhes proporcionam, aliado às próprias dificuldades de compreensão dos seus efetivos impactos, são também fatores que criam ônus adicionais para os reguladores que, premidos entre a assimetria informacional e os benefícios das inovações, muitas vezes não sabem o que fazer para conter esse processo e proteger minimamente os cidadãos. É esse o cenário que possibilitou que vários desses negócios evoluíssem em um ambiente no qual o suposto vácuo regulatório foi convenientemente preenchido pela autorregulação criada pelos próprios agentes em seu benefício.

Portanto, não se tem como compreender o advento da Lei Geral de Proteção de Dados brasileira senão no contexto já descrito, o que já evidencia o seu importante papel de reforçar a autonomia informativa dos titulares dos dados e o necessário e devido controle que estes precisam exercer sobre os seus dados, a fim de se colocar um freio nas vicissitudes que possibilitaram a consolidação do estágio atual da economia movida a dados.

---

[7]   Idem, p. 19.

[8]   Idem, p. 20.

[9]   BIONI, Bruno Ricardo. *Proteção de dados pessoais*. A função e os limites do consentimento. Rio de Janeiro: Forense, 2019. p. 48.

[10]   Idem.

544 | TRATADO DE PROTEÇÃO DE DADOS PESSOAIS

A grande questão é saber em que medida outras searas deverão assumir, de forma conjunta e harmônica com a LGPD, um papel mais incisivo no que diz respeito à regulação dos dados. Entretanto, no tocante ao Direito da Concorrência, nem mesmo deveria haver tal questionamento, considerando a constatação de que os dados são hoje fontes importantíssimas de poder econômico.

Dessa maneira, a pergunta a ser feita não deveria ser se caberia ao Direito da Concorrência intervir ou não na questão dos dados, mas sim em que medida e para que propósitos a análise antitruste deve endereçar a questão dos dados. Para responder a essa pergunta, a próxima seção procurará tratar dos principais impactos que o *big data* trouxe para o ambiente concorrencial.

2. O DIREITO DA CONCORRÊNCIA DIANTE DA ECONOMIA MOVIDA A DADOS

2.1 Desafio inicial: qual é o impacto dos dados para o ambiente concorrencial?

Dados precisam ser processados e trabalhados para que possam gerar valor. Se tal constatação não afasta a importância dos dados isolados ou "crus", tem o papel fundamental de realçar o fato de que o mero acesso a dados, sem a possibilidade efetiva e eficiente de transformá-los em informação, pode ser insuficiente para resolver diversos problemas competitivos.

Daí a progressiva relevância que se dá ao *big analytics*, ou seja, a possibilidade de extrair, a partir dos dados, correlações, diagnósticos, padrões, inferências e associações que possam ser consideradas informações. Para tal objetivo, é grande a importância dos algoritmos responsáveis por tal processamento, pois de nada adianta ter grande e diversificado volume de dados, se não é possível transformá-los rapidamente em informação útil.

Ainda que os dados pudessem ser vistos como ativos baratos e de fácil obtenção, até mesmo em razão da sua ubiquidade, o grande problema seria saber como os dados acessados por diferentes agentes econômicos poderiam ser convertidos em informação e, numa etapa posterior, em poder econômico. Logo, os dados, por um lado, e a capacidade de processá-los para convertê-los em informações úteis, por outro, guardam entre si uma relação dinâmica de interdependência, em que um só faz sentido diante do outro, já que a geração de valor depende do acesso simultâneo aos dois recursos.

Consequentemente, nem os dados nem a capacidade de processamento podem ser isolados na análise concorrencial. Esse ponto é essencial porque, embora muito se tenha falado recentemente sobre os dados como uma *essential facility*,[11] é forçoso reconhecer que de nada adianta ter acesso aos dados, se não há condições de transformá-los, de forma competitiva, em informações úteis.

Isso certamente causa e causará diversos problemas concorrenciais. Em primeiro lugar, porque o acesso a dados não é algo simples. Por se tratar de bens imateriais, o raciocínio a ser empregado, na hipótese de se considerá-los como *essential facilities*, não pode ser o mesmo que o utilizado em questões que dizem respeito a infraestruturas físicas. Assim, não é simples nem mesmo delimitar o que vem a ser o acesso a dados, pois isso depende de premissas prévias

---

[11] De acordo com a jurisprudência norte-americana, a doutrina da *essential facility* diz respeito às situações nas quais um monopolista que controle infraestrutura essencial a outros concorrentes deve fornecer, caso isso seja possível, acesso sob condições razoáveis, sendo exemplo clássico o das ferrovias. Ver: LIPSKY, Abbott; SIDAK, J. Gregory. Essential facilities. *Stanford Law Review*, v. 51, p. 1188-1248, 1998-1999.

PARTE III · Cap. 28 · *BIG DATA* E ASPECTOS CONCORRENCIAIS DO TRATAMENTO DE DADOS PESSOAIS | **545**

sobre os tipos de dados envolvidos, a forma como deveriam ser disponibilizados (agregados ou não, organizados ou não) ou atualizados.

Veja-se que tais aspectos são fundamentais para que se possa garantir eventual direito de acesso, inclusive para o fim de monitoramento pelas autoridades antitruste. Entretanto, já se viu que o mero acesso a dados pode ser insuficiente para resolver problemas concorrenciais, especialmente quando os agentes econômicos detêm diferentes capacidades de processamento, tanto em matéria de qualidade como de velocidade.

A depender do desnível entre os agentes econômicos, a capacidade de acesso e de processamento de dados pode se transformar em verdadeira barreira de acesso ou permanência em determinados mercados. Tal aspecto é ainda mais preocupante diante da falta de transparência e *accountability* com relação aos algoritmos, o que dificulta ou impede que se saiba como eles utilizam os dados e para que fins.[12]

Portanto, o impacto dos dados sobre o ambiente concorrencial depende claramente do que pode ser feito com tais dados, avaliação extremamente complexa e dinâmica que depende dos inúmeros tipos de poder que podem resultar do tratamento de dados, como se mostrará na próxima seção.

2.2 Desafios concorrenciais gerados pelas plataformas digitais e novos modelos de negócios baseados no *big data*

Os desafios que os dados e os algoritmos apresentam para o Direito da Concorrência são potencializados pelas plataformas digitais, que são os modelos de negócios adotados por vários dos principais coletores e processadores de dados, de que são exemplos Facebook e Google.

Tais modelos de negócio contêm diversas características que tornam a competição *nos mercados* muito difícil, tais como a dinâmica *the winner takes it all*, a existência de mercados de múltiplos lados em que os consumidores estão normalmente no lado gratuito,[13] os efeitos indiretos de rede e a vasta acumulação de dados por apenas um pequeno número de players.[14] Daí inclusive a tendência de serem monopólios virtuais.[15]

Como a utilização dos dados na atualidade vem ocorrendo com um grande protagonismo das plataformas digitais, a atuação destas apresenta um duplo efeito no plano concorrencial: (i) criação de dinâmica concorrencial própria sobre a utilização e processamento dos dados no seu âmbito, o que impossibilita ou torna consideravelmente difícil a concorrência no mercado de dados e processamento fora delas; e (ii) fomento de crescente dependência dos demais agentes econômicos com relação aos seus serviços.

A interação entre todos esses fatores é tão intensa que Ezrachi e Stucke[16] afirmam que algoritmos, *big data* e superplataformas acabarão com a concorrência, tal como nós a conhecemos hoje.

---

[12]   FRAZÃO, Ana. Dados, estatísticas e algoritmos. *Jota*. Disponível em: https://jota.info/colunas/constituicao-empresa-e-mercado/dados-estatisticas-e-algoritmos-28062017; FRAZÃO, Ana. Premissas para a reflexão sobre a regulação da tecnologia. *Jota*. Disponível em: https://jota.info/colunas/constituicao-empresa-e-mercado/premissas-para-a-reflexao-sobre-a-regulacao-da-tecnologia-16112017.

[13]   Fala-se em gratuito no sentido de que o usuário não precisa pagar pelos serviços em dinheiro, embora acabe pagando com os seus dados pessoais.

[14]   FRAZÃO, Ana. Plataformas digitais e os desafios para a regulação jurídica. *In*: PARENTONI, Leonardo. *Direito, tecnologia e inovação.* Belo Horizonte: D'Plácido, 2018.

[15]   FRAZÃO, Ana. Plataformas digitais e repercussões concorrenciais. *Jota*. Disponível em: https://jota.info/colunas/constituicao-empresa-e-mercado/plataformas-digitais-e-repercussoes-concorrenciais-09082017.

[16]   EZRACHI, Ariel; STUCKE, Maurice. *Virtual competition*: the promise and perils of the algorithm-driven economy. Cambridge: Harvard University Press, 2016. p. 233.

546 | TRATADO DE PROTEÇÃO DE DADOS PESSOAIS

Uma primeira manifestação do poder das plataformas[17] é o de **conexão** (*gatekeeper power*), uma vez que se propõem a colocar em contato agentes econômicos, consumidores e mesmo Estados, muitas vezes sendo a única real opção para tornar todas essas interações possíveis. Nesse sentido, as plataformas vêm ocupando progressivamente papel central na economia digital, exercendo sofisticada e complexa intermediação entre provedores de conteúdo, vendedores de produtos e serviços, provedores de infraestrutura de TI, consumidores e mesmo o governo.

As plataformas são, portanto, os centros de uma complexa teia de relações empresariais e não empresariais, cujo poder precisa ser adequadamente compreendido diante desse contexto de interconexão, bem como dos seus relevantes efeitos de rede. Dessa maneira, o número de conexões, bem como a sua variedade e sofisticação, precisam ser considerados pela autoridade antitruste, ainda mais diante do fato de que as plataformas são capazes de extrair vantagens de todos os usuários que dependam da sua infraestrutura, inclusive para efeitos de limitar a possibilidade de determinados agentes econômicos de buscar seus usuários de forma independente.

Uma segunda dimensão do poder das plataformas é a de **alavancagem** (*leveraging power*), uma vez que elas não servem apenas como infraestruturas de conexão. É normal que integrem os mesmos mercados de vários dos seus usuários, circunstância que pode dar ensejo a que privilegiem os interesses próprios sobre os dos usuários. Dessa maneira, o problema de conglomerado[18] passa a ganhar um novo contorno, uma vez que as plataformas potencializam tanto o poder de alavancagem como mesmo o poder de fechamento de mercado.

As plataformas têm também o poder de **exploração e extração de dados pessoais**, uma vez que podem monitorar cuidadosamente os seus usuários e, por meio das interações e pegadas digitais destes, podem inferir uma grande soma de informação sobre eles, compreendendo-os melhor do que eles próprios e ainda obter grandes vantagens desse conhecimento.

Outra importante dimensão de poder é a de **comunicação**, pois, como diz Herbert Simon,[19] a riqueza de informação cria uma pobreza de atenção. Nesse sentido, as plataformas podem filtrar, selecionar e ordenar a informação que será dirigida aos seus usuários. Mais do que isso, podem moldar a informação de acordo com os seus interesses, por meio de diversas alternativas, tais como *agenda setting, framing*, entre outras.[20]

Tal poder é potencializado diante de dois importantes fatores: (i) o número cada vez maior de usuários que se informam exclusiva ou principalmente por meio das plataformas;[21] e (ii) a possibilidade de ser canalizado para **influência e manipulação de pessoas**.

Por essa razão, a utilização maciça de dados pessoais coloca os titulares de dados sob um triplo risco: (i) a coleta em si dos dados, o que já seria preocupante; (ii) o uso dos dados para a construção de informações a seu respeito, que podem ser empregadas para os fins diversos, comerciais ou não; e (iii) a utilização dessas informações para manipular os próprios titulares, para diferentes propósitos, inclusive políticos.

---

[17] KAHN, Lina. The separation of platforms and commerce. *Columbia Law Review*, v. 119, 2019.

[18] FRAZÃO, Ana. *Direito da concorrência*: pressupostos e perspectivas. São Paulo: Saraiva, 2017. p. 120.

[19] SIMON, Herbert. Designing organizations for an information-rich world. *In*: GREENBERGER, M. *Computers, communications and the public interest*. Baltimore: The John Hopkins Press, 1971.

[20] CASTELLS, Manuel. *O poder da comunicação*. São Paulo: Paz e Terra, 2016.

[21] SHEARER, Elisa; GOTTFRIED, Jeffrey. News use across social media platforms 2017. *Pew research center*. Disponível em: http://www.journalism.org/2017/09/07/news-use-across-social-media-platforms-2017/. Acesso em: 18 nov. 2018.

PARTE III · Cap. 28 · *BIG DATA* E ASPECTOS CONCORRENCIAIS DO TRATAMENTO DE DADOS PESSOAIS | **547**

Com efeito, a posição de *gatekeepers* é central para a compreensão desse processo, pois tais agentes, como bem explica Karine Barzilai-Nahon,[22] em razão da sua centralidade, exercem todas as formas de controle de informação no *network* que criam – tais como como seleção, moldagem, *timing*, repetição, sonegação, entre outros – e ainda têm grandes poderes sobre os membros do *network*, na medida em que podem (i) "prender" usuários dentro da rede; (ii) proteger normas, informações, usuários e comunidades de entradas não desejadas; e (iii) ainda manter atividades em curso dentro da rede sem distúrbios.

O poder de controle da informação, ínsito aos *gatekeepers*, pode ser analisado a partir de diversas perspectivas que não apenas a econômica tradicional, tais como (i) no sentido weberiano mais positivista, referente à habilidade de fazer com que os outros façam o que você quer que eles façam, mesmo contra a sua vontade; (ii) no sentido de Bachrach e Baratz, que destacam a capacidade de determinado agente de devotar suas energias para criar ou reforçar valores sociais e políticos ou práticas institucionais que restringem o debate político, levando ao público apenas o que lhe interessa; e (iii) também no sentido de Lukes, Foucault e Gramsci, cujo foco é a capacidade de mobilizar, recriar e reforçar vieses do sistema, de forma que não sejam conscientemente escolhidos nem o resultado intencional da decisão das pessoas.[23]

Todo esse conhecimento ainda pode ser utilizado para, associado ao poder da comunicação, hoje também embasado nos estudos da biologia, neurociência e psicologia, manipular as pessoas, bem como tentar modificar suas crenças e opiniões.[24] Daí a afirmação de Tim Wu[25] de que o verdadeiro negócio de muitas plataformas é influenciar consciências. Têm-se aí todas as condições para exercer aquela que, segundo Castells,[26] é a forma mais fundamental de poder: a habilidade de moldar a mente humana.

No mesmo sentido, Noam Chomsky[27] mostra que moldar a ideologia é uma das principais formas de atuação da elite econômica para a manutenção do seu poder, o que envolve as estratégias de educação e doutrinação. Sob essa perspectiva, o *big data* simplesmente expandiu as formas pelas quais se pode moldar a opinião pública, bem como potencializou vários dos seus efeitos.

E não se trata de meras especulações ou receios injustificados. Entre as inúmeras pesquisas sobre o tema, com foco no papel dos motores de busca, vale ressaltar o importante trabalho de Robert Epstein[28] que, a partir de pesquisa empírica, demonstra os efeitos do que chama de *search engine manipulation effect (SEME)* e *search engine suggestion effect (SESE)*.

---

[22] BARZILAI-NAHON, Karine. Toward a theory of network gatekeeping: a framework for exploring informational control. *Journal of the American Society for Information Science and Technology*, v. 59, p. 1496, 2008.

[23] Idem, p. 1499-1500.

[24] FRAZÃO, Ana. Premissas para a reflexão sobre a regulação da tecnologia. *Jota*. Disponível em: https://jota.info/colunas/constituicao-empresa-e-mercado/premissas-para-a-reflexao-sobre-a-regulacao-da--tecnologia-16112017.

[25] WU, Tim. *The attention merchants*: the epic scramble to get inside our heads. New York: Knopf, 2016.

[26] CASTELLS, Manuel. *O poder da comunicação* cit.

[27] CHOMSKY, Noam. *Réquiem para o sonho americano*. Os 10 princípios de concentração de riqueza & poder. Tradução Milton Chaves de Almeida. Rio de Janeiro: Bertrand Brasil, 2017.

[28] EPSTEIN, Robert; ROBERTSON, Ronald E. The search engine manipulation effect (SEME) and its possible impact on the outcomes of elections. *PNAS*. Disponível em: https://papers-gamma.link/static/memory/pdfs/9-Epstein_Search_Engine_Manipulation_Effect_2015.pdf. Acesso em: 18 nov. 2018.

No que diz respeito ao fluxo informacional das redes sociais, Ronaldo Lemos[29] mostra como a esfera pública da internet brasileira está literalmente à venda, já que robôs, fantoches e *sock puppets* hoje disseminam qualquer conteúdo por parte de quem pretenda pagar por isso. Daí a sua preocupante conclusão de que, se antes era possível comprar políticos, agora é possível comprar a opinião pública ou pelo menos a aparência dela.

Esse último aspecto é de grande relevância por ressaltar que as plataformas conseguem acumular uma significativa dimensão de **poder político**, já que podem usar o seu poder de manipulação para interferir em processos políticos e mesmo no resultado de eleições. Em recente palestra proferida no Stigler Center, Luigi Zingales[30] resumiu essa dimensão de poder de uma maneira bem simples: ao contrário dos demais agentes econômicos, que sempre puderam oferecer dinheiro para os agentes políticos, as plataformas podem também ofertar diretamente votos.

As recentes suspeitas de manipulação do resultado de eleições, como no caso do Brexit, Donald Trump e mesmo Jair Bolsonaro no Brasil, ajudam a compreender a dimensão de poder político que pode ser exercida, direta ou indiretamente – por meio de seus parceiros comerciais – pelas plataformas digitais. Isso sem contar as inúmeras outras formas de influência política praticada por tais agentes, tais como *lobby*, captura de agências reguladoras e mesmo de pesquisas e resultados acadêmicos, entre outros.

Em recente livro, Yochai Benkler, Robert Faris e Hal Roberts[31] tratam do tema a partir do exame do que ocorreu com as eleições presidenciais norte-americanas de 2016. Os autores partem da premissa de que o debate a respeito das informações erradas e das desinformações (*misinformation* e *desinformation*) em plataformas digitais tem interseção com a crescente preocupação em torno do grau de concentração desses entes, pois, quando as plataformas falham ou se tornam maus atores, os efeitos negativos são imensos.[32]

Nesse contexto, alguns ecossistemas de comunicação têm sido caracterizados pela radicalização e pela desestabilização da habilidade de diferenciar ficção da verdade, com o resultado de minar a confiança nas instituições.[33] Daí por que os autores, embora reconheçam que não há evidências concretas de que a Cambridge Analytics ou mesmo o Facebook foram determinantes para os resultados das eleições norte-americanas de 2016, em razão das bem-sucedidas capacidades de *microtargeted advertising*, entendem que os pequenos efeitos documentados na trajetória do mercado de dados pessoais podem ter significativos efeitos no futuro próximo.[34]

Portanto, é inequívoco não apenas que as plataformas digitais detêm poder econômico, como o possuem em um sentido que vai muito além das definições mais tradicionais, normalmente centradas na capacidade de aumentar preços de produtos ou serviços ou reduzir

---

[29] LEMOS, Ronaldo. Redes sociais são opinião pública. Confundir *timeline* de rede social com opinião pública é um erro crasso. *Folha de S.Paulo*, Edição 4 mar. 2019. Disponível em: https://www1.folha.uol.com.br/colunas/ronaldolemos/2019/03/redes-sociais-nao-sao-opiniao-publica.shtml. Acesso em: 4 mar. 2019.

[30] ZINGALES, Luigi. Digital plataformas and concentration. *In*: STIGLER CENTER. *2018 antitrust and competition conference.* Disponível em: https://www.youtube.com/watch?v=O_pxLvKQBE8. Acesso em: 20 nov. 2018.

[31] BENKLER, Yochai, FARIS, Robert; ROBERTS, Hal. *Network Propaganda.* Manipulation, Disinformation and Radicalization in American Politics. New York: Oxford University Press, 2018.

[32] Idem, p. 360-361.

[33] Idem, p. 381-383.

[34] Idem, p. 385.

PARTE III · Cap. 28 · *BIG DATA* E ASPECTOS CONCORRENCIAIS DO TRATAMENTO DE DADOS PESSOAIS | **549**

ofertas. A variedade, a extensão e o impacto do poder econômico e político das plataformas é de tal grau que muitos já as colocam em patamar semelhante ao dos Estados (*net states*).[35]

Vale ressaltar que, não obstante as inúmeras inovações e benefícios que justificaram a expansão das plataformas, pelo menos parte do poder de muitas delas foi conquistada (i) de forma ilícita, como resultado da exploração indevida dos dados dos usuários, muitas vezes sem o consentimento ou até mesmo sem a ciência destes; ou (ii) aproveitando-se da ausência de regulação de dados, cujo vácuo foi preenchido por uma autorregulação abusiva e sem limites, estabelecida apenas em favor dos interesses das próprias plataformas.

Daí por que não há dúvidas de que, a partir do momento que se reconhece que tais agentes, a partir dos dados que têm e da posição que exercem na economia movida a dados, reúnem expressivo poder econômico, não se tem como afastar o Direito da Concorrência, cuja missão essencial é precisamente o controle do poder econômico, independentemente da sua origem ou da forma como se estruture.

2.3 *Big data* e riscos concorrenciais já mapeados

As preocupações concorrenciais decorrentes das plataformas digitais obviamente não são apenas meras especulações, mas já vêm sendo mapeadas há bastante tempo. Não é sem razão que, após um período de certa inação das autoridades antitruste, a multa de 2,7 bilhões de dólares aplicada contra o Google pela União Europeia em 2017,[36] que se seguiu de outras multas por distintas práticas anticompetitivas, pode ser o prenúncio de novos tempos.

Como bem resume a *The Economist*,[37] longe de apenas competirem em um mercado, as plataformas gigantes tornam-se crescentemente o próprio mercado. Daí o receio justificável de que usem o seu poder para proteger e aumentar ainda mais a sua dominância, mesmo em detrimento dos consumidores, especialmente diante do crescimento das barreiras para a entrada nos mercados.

Prossegue a reportagem mostrando a necessidade de ter muito cuidado com as concentrações e com o tratamento dos dados pessoais dos usuários, considerados a verdadeira moeda do ambiente digital. No que diz respeito à primeira questão, a preocupação é com atos de concentração que possam neutralizar ameaças competitivas de longo prazo, aspecto que, se tivesse sido considerado na época, provavelmente poderia ter evitado a aquisição do WhatsApp pelo Facebook ou do Waze pelo Google. No tocante ao tratamento de dados, a ideia é assegurar aos usuários maior controle sobre suas informações, inclusive para o fim de torná-las disponíveis em tempo real, caso assim desejarem, para outras empresas.

---

[35] WICHOWSKI, Alexis. Net states rule the world; we need to recognize their power. *Wired*. Disponível em: https://www.wired.com/story/net-states-rule-the-world-we-need-to-recognize-their-power/. Acesso em: 20 nov. 2018.

[36] Ver: SCOTT, Mark. Google fined record $2.7 billion in E.U. antitrust ruling. *The New York Times*, 27 jun. 2017. A primeira multa referiu-se ao fato de privilegiar o serviço Google Shopping. Em julho de 2018, o Google foi multado em mais 4,3 bilhões de euros por usar o Android para consolidar seu motor de busca, impossibilitando os seus rivais de competir (https://www.infomoney.com.br/negocios/grandes-empresas/noticia/7521295/google-recebe-maior-multa-sua-historia-tera-alterar-modelo-android). Mais recentemente, de 2019, o Google foi multado em mais 1,49 bilhão de euros por abusar de seu domínio de mercado ao impor cláusulas restritivas em contratos firmados com *sites* de terceiros, que impediam que rivais como Microsoft e Yahoo colocassem seus anúncios de busca nesses *sites* (https://noticias.uol.com.br/tecnologia/noticias/redacao/2019/03/20/multa-google-149-bilhao-de--euros-analise.htm).

[37] THE ECONOMIST. The new titans. And how to tame them. 20 jan. 2018.

É nesse contexto que ganha força o alerta de Roger McNamee[38] que, retomando as preocupações já endereçadas por Marc Andreessen em 2011, aponta para os dois principais tipos de riscos: (i) os relacionados aos usuários, considerando que plataformas como Facebook, Google, Amazon, Alibaba e Tencent usaram técnicas comuns em propaganda e cassinos para promover o vício psicológico; e (ii) os geopolíticos, levando em conta os danos que as informações falsas ou enviesadas podem causar na esfera política, de que os casos Brexit e eleição presidencial norte-americana de 2016 são exemplos.

Todas essas questões mostram como a ausência de uma regulação jurídica adequada para o *big data* e as plataformas digitais é preocupante. Embora a experiência mostre ser possível a existência de rivalidade entre plataformas em determinados segmentos –vendas de imóveis, atividades de turismo e *sites* de namoro, por exemplo –, não é essa a regra quando se trata das chamadas *big techs*. Na verdade, como explica Jean Tirole,[39] o modelo de negócios das plataformas é propenso à formação de monopólios naturais em razão dos efeitos de rede e das economias de escala.

Daí a necessidade de envidar esforços para saber qual é o ponto de equilíbrio entre os benefícios que decorrem do crescimento e agigantamento de tais plataformas – notadamente as economias de escala e os efeitos de rede indiretos[40] – e os riscos e danos à concorrência e aos consumidores, especialmente quando analisados no médio e no longo prazo. Nesse balanceamento, há que se considerar igualmente que os benefícios que os consumidores normalmente usufruem de várias plataformas a "preço zero" não são propriamente gratuitos, já que a moeda de pagamento são os dados pessoais.

Por mais que parte desses problemas possa ser devidamente resolvida com a eficácia da LGPD, certamente ainda haverá uma grande margem para a atuação do Direito da Concorrência, até porque, ao entrar em vigor, a LGPD encontrará um mercado já distorcido diante de inúmeras práticas que aconteciam anteriormente e que deram a vários agentes econômicos vantagens competitivas que dificilmente poderão ser neutralizadas ou atenuadas senão pelo Direito da Concorrência.

Por outro lado, há um campo de atuação do Direito da Concorrência que não pode ser endereçado diretamente pela LGPD: o controle de estruturas, que tem importante caráter preventivo. Essa deve ser uma questão prioritária, pois, tratando-se de mercados movidos ou influenciados pelo *big data*, mesmo aquisições pequenas podem ser concorrencialmente problemáticas, especialmente se realizadas por plataformas gigantes e tendo por objeto empresas que, a médio ou longo prazo, poderiam ser importantes rivais. Não se pode esquecer que os recursos do *big data* possibilitam àqueles que deles se utilizam mapear entradas e o crescimento de novos rivais com muita rapidez, a fim de criar estratégias anticompetitivas, seja para adquiri-los, seja para aniquilá-los.

Logo, especial atenção precisa ser dirigida à concorrência potencial e as estratégias das grandes plataformas diante de entrantes e *start-ups*, até porque a única alternativa provavelmente viável para contestar o seu poder vem de pequenos negócios que podem implementar destruições criativas[41] ou mesmo disrupções. É por essa razão que atos de concentração nesse setor precisam ser submetidos a um rígido escrutínio: os benefícios das complementaridades

---

[38] MCNAMEE, Roger. Viciados e traficantes nas mídias sociais. *Valor Econômico*, 29 jan. 2018.

[39] TIROLE, Jean. *Economics for the common good*. Princeton: Princeton University Press, 2017. p. 398.

[40] Segundo Evans and Schmalensee (Markets with two-sided platforms. *Issues in Competition Law and Policy*, v. 667, 2008), estes são os maiores benefícios decorrentes da concentração de poder adquirida pelas plataformas.

[41] SCHUMPETER, Joseph A. *Capitalism, socialism & democracy*. London: Routledge, 2003.

PARTE III · **Cap. 28** · *BIG DATA* E ASPECTOS CONCORRENCIAIS DO TRATAMENTO DE DADOS PESSOAIS | **551**

que são normalmente apontadas como as razões para tais operações precisam ser sopesados com os riscos de matar a concorrência potencial.

Obviamente que, para endereçar tais preocupações, adianta-se que o critério de notificação baseado no faturamento das duas partes é manifestamente inidôneo. Seria necessário, pois, buscar novos parâmetros, tais como o valor da operação ou a própria envergadura do adquirente, vista obviamente não apenas com base nos critérios tradicionais, mas sobretudo a partir do poder decorrente do *big data* e do *big analytics*.[42]

Uma vez sob o escrutínio das autoridades antitruste, a análise de operações nos *data--driven markets* deveria priorizar, além das entradas, a concorrência potencial, ou seja, a possibilidade e a probabilidade de rivalidade futura entre as partes. Diante da dinamicidade de tais mercados, as prognoses e os cenários futuros não podem ser limitados ao presente. Basta lembrarmos o exemplo do Instagram, que, de plataforma de compartilhamento de fotografias, logo se tornou rede social muito próxima ao Facebook.

No que diz respeito às condutas, as possibilidades de práticas unilaterais expropriatórias de consumidores são também grandes. Stucke e Grunes[43] mostram que a extração de riqueza dos consumidores pode ocorrer em diversos níveis, a saber: (i) coleta de dados; (ii) coleta de conteúdos; (iii) anúncios comportamentais e discriminação; (iv) extração de dados de outros *websites*. Daí a conclusão dos autores de que, enquanto para bens homogêneos um cenário provável é o de colusão, para bens diferenciados o cenário provável é de discriminação comportamental, a fim de extrair do consumidor, com base no que se conhece dele, tudo o que for possível.

Além disso, as grandes plataformas podem facilmente praticar vários atos abusivos contra os que dela dependem, assim como discriminação de concorrentes não integrados. Toda a celeuma relacionada às já mencionadas multas do Google referem-se ao último tipo de conduta, já que a plataforma vem sendo acusada de beneficiar seus próprios serviços em detrimento dos concorrentes.

No tocante a condutas colusivas, a precificação por algoritmos faz com que o cartel seja uma possibilidade de implementação viável. Isso traz repercussões não apenas sobre a necessidade de maior transparência e *accountability* dos algoritmos, como também sobre a revisão dos próprios parâmetros de constatação do cartel, readequando-os para a nova realidade.

O que se observa, portanto, é que os riscos que o *big data* gera para a concorrência são reais e extremamente graves, motivo pelo qual não se justifica a retração do Direito da Concorrência, mas, pelo contrário, o seu esforço de entender a nova realidade e de adaptar a sua metodologia para enfrentá-la.

3. O DIREITO DA CONCORRÊNCIA NA ERA DO *BIG DATA*

3.1 Superando o reducionismo da Escola de Chicago e os mitos sobre a inidoneidade do Direito da Concorrência para endereçar a questão dos dados

As seções anteriores procuraram mostrar que, diante dos efeitos concorrenciais dos dados, algoritmos e plataformas, não pode haver dúvidas sobre os riscos concorrenciais decorrentes

---

[42] No Brasil, enquanto não realizada uma reforma legislativa, o CADE poderia perfeitamente se valer da sua competência prevista no art. 88, § 7.º, da Lei 12.529/2011, já que a lei lhe confere considerável discricionariedade para conhecer de operações que não atendam aos requisitos legais.

[43] STUCKE, Maurice; GRUNES, Allen. *Big data and competition policy*. Oxford: Oxford University Press, 2016. p. 237-241.

do *big data*. Daí a necessidade de resistir aos movimentos de captura intelectual que procuram sustentar o contrário, com base muitas vezes em mitos, como alertam Stucke e Grunes.[44]

Por essa razão, torna-se inequívoca a necessidade de que o Direito da Concorrência possa avançar na regulação dos dados, compreendendo e captando, dentro do possível, as características dessa nova dinâmica competitiva, identificando as fontes e a extensão do poder econômico daí resultante e exercendo o seu papel no controle do abuso de poder econômico, tanto via condutas como via estruturas.

Todavia, para isso, o Direito da Concorrência precisará superar, definitivamente, o ranço da Escola de Chicago, que tanto confinou os seus propósitos a questões de eficiência econômica, vistas por ótica extremamente restritiva. Foi isso que levou a uma verdadeira despolitização ou mesmo desconstitucionalização do Direito da Concorrência, nas palavras, respectivamente, de Eleanor Fox[45] e Fernando Schuartz.[46]

Se é certo que a questão das dimensões da personalidade dos usuários – tais como privacidade, autodeterminação e identidade – pode e deve ser endereçada também por outras áreas jurídicas que não apenas o Direito da Concorrência – como o Direito do Consumidor e o Direito Civil –, é igualmente certo que não pode ser afastada do foco de preocupações do primeiro. Afinal, o bem-estar do consumidor não pode ficar restrito à sua proteção contra aumento de preços, mas certamente deve abranger outras esferas de proteção, entre as quais a preservação da sua individualidade, identidade e cidadania.

Ademais, nada justificaria a retração do Direito da Concorrência diante do *big data*, pois, se o seu foco é o controle do poder econômico, não poderá se desincumbir da sua tarefa sem identificar em que medida a utilização de dados pessoais dos usuários, decorrente ou não de violações aos seus direitos de personalidade – já que pode haver casos em que a coleta de dados seja lícita –, se converte em poder econômico.

Dessa maneira, não se trata de ampliar, de forma indesejável, o objeto do Direito da Concorrência ou de flexibilizar excessivamente as suas finalidades, mas tão somente de entender o quanto o manejo dos dados pode ser uma eficiente fonte de aquisição, consolidação e exercício do poder econômico. Afinal, não pode haver dúvida de que o objetivo do Direito da Concorrência é o controle do poder econômico, independentemente de sua origem e do modo pelo qual se manifeste, assim como não pode haver dúvida da relação visceral entre os objetivos do Direito da Concorrência e a proteção do consumidor.

Ademais, o Direito da Concorrência precisa resgatar o seu compromisso de proteger o processo competitivo em si. De fato, a economia movida a dados gera desafios que não podem ser devidamente compreendidos e solucionados por meio da análise concorrencial exclusiva ou prioritariamente focada no aumento de preços. Como bem aponta Lina Khan,[47] tal postura não é capaz de endereçar preocupações, tais como o bloqueio da competição potencial, a desaceleração da inovação, a perda de qualidade da concorrência, a estagnação da indústria, entre outros.

---

[44] STUCKE, Maurice; GRUNES, Allen. *Big data and competition policy* cit.

[45] FOX, Eleanor M. Post-Chicago, post-Seattle and the dilemma of globalization. *In*: CUCINOTTA, Antonio; PARDOLESI, Roberto; BERGH, Roger van dan. *Post-Chicago developments in antitrust law*. Cornwall: Edward Elgar, 2002. p. 76-77.

[46] SCHUARTZ, Luis Fernando. A desconstitucionalização do direito de defesa da concorrência. *Revista do IBRAC*, v. 16, n. 1, p. 327, 2009.

[47] KAHN, Lina. Amazon's Antitrust Paradox. *Yale Law Journal*. Disponível em: https://www.yalelawjournal.org/pdf/e.710.Khan.805_zuvfyyeh.pdf.

PARTE III · Cap. 28 · *BIG DATA* E ASPECTOS CONCORRENCIAIS DO TRATAMENTO DE DADOS PESSOAIS | **553**

Não é sem razão que, no seu estudo sobre a Amazon, Lina Khan[48] mostra como a estratégia de buscar crescimento sobre lucros e integrar negócios dificilmente poderia ser vista como prática anticompetitiva à luz da metodologia tradicional do antitruste, focada apenas nos benefícios que decorrem dos preços baixos para o consumidor. Já a mesma questão, vista sob a perspectiva da competição dinâmica, enseja importantes discussões sobre práticas predatórias e os efeitos a médio e a longo prazo de tais estratégias.

Dessa maneira, é fundamental que o Direito da Concorrência reafirme a sua finalidade maior de controle do abuso de poder econômico, por qualquer que seja o meio, inclusive – e principalmente –, quando o poder empresarial transcende a órbita econômica e acaba gerando consequências igualmente na vida social e política. Nesse sentido, precisará ver o poder econômico de forma mais integrada, inclusive no que diz respeito aos seus desdobramentos políticos.

3.2 Enfrentando os novos desafios: a necessária compreensão do poder econômico nos mercados digitais e o diálogo entre a lei geral de proteção de dados e o Direito da Concorrência

Sustentar que o Direito da Concorrência pode e deve assumir o seu papel no enfrentamento das questões decorrentes do *big data* não quer dizer que isso seja fácil. Pelo contrário, trata-se de tarefa que exigirá bastante das autoridades concorrenciais.

Verdade seja dita que a compreensão do poder econômico, sobretudo em termos quantitativos, sempre foi o maior desafio do Direito da Concorrência, independentemente do mercado, segmento ou atividade econômica sob exame. Mesmo os critérios tradicionais da análise antitruste, como o mercado relevante e o *market share*, não deixam de ser *proxies* ou tentativas parciais e imperfeitas de mensurar algo que, como o poder econômico, é uma questão essencialmente de fato, cuja natureza dinâmica e plástica é de difícil apreensão por meio de indicadores formais e objetivos.

Entretanto, na *data-driven economy*, as dificuldades para a identificação e estimação do poder econômico ficam ainda maiores. Uma das razões é o fato de que a ideia de substituibilidade entre produtos e serviços, tão importante para a identificação do mercado relevante, torna-se mais fluida. Em muitos casos, além das eventuais zonas de sobreposição, há fundadas dúvidas sobre que produtos ou serviços, apesar de não idênticos, são funcionalmente semelhantes a ponto de integrarem o mesmo mercado relevante.

Apenas a título de ilustração, vale mencionar a decisão da União Europeia que condenou o Google por abuso de posição dominante no mercado de buscas para favorecer o seu comparador de preços.[49] Uma discussão preliminar é saber se serviços semelhantes que, assim como é o caso do Facebook, também oferecem buscas poderiam ser considerados integrantes do mesmo mercado relevante.

Veja-se que a questão não é trivial e pode influenciar de forma drástica o resultado da análise concorrencial. Como a estimativa das participações de mercado depende da prévia identificação do mercado relevante, é inequívoco que as dificuldades para a delimitação deste comprometerão necessariamente o prosseguimento da análise antitruste pela metodologia tradicional.

Por outro lado, mesmo com a determinação do mercado relevante, a análise concorrencial terá que considerar que, diante da tecnologia e da crescente interconexão entre mercados,

---

[48] Idem.

[49] COMISSÃO EUROPEIA. Caso 39749. Disponível em: http://ec.europa.eu/competition/elojade/isef/case_details.cfm?proc_code=1_39740.

muitos dos quais apresentam vários lados, tão importante quanto segmentar esses mercados é compreendê-los a partir de suas ligações funcionais, sem o que não se entenderá adequadamente a dinâmica competitiva que surge a partir deles.[50] Logo, a análise concorrencial encontrará o desafio adicional de descobrir mecanismos para não isolar os mercados selecionados, integrando-os com os outros mercados interconectados em todas as etapas da sua análise.

Ademais, mesmo no âmbito de cada um dos mercados relevantes envolvidos, é de extrema complexidade a estimação do poder dos agentes. Critérios como o faturamento ou o volume de vendas, tradicionalmente utilizados para tais fins, podem não ser suficientes ou mesmo fidedignos na *data-driven economy*, principalmente diante da necessidade de avaliar o poder potencial dos agentes, cujo exercício deve ser objeto de prognoses em cenários de curto e longo prazo.

Assim, abrem-se discussões sobre que outros critérios poderiam ou deveriam ser considerados na análise concorrencial. A despeito das dificuldades, torna-se necessário saber o quanto as empresas investem em *lobby*, publicidade e *marketing*, bem como quais as suas estratégias de persuasão e influência de usuários. Afinal, Mises[51] já dizia que, em mercados competitivos, são os consumidores, e não as empresas, que devem ser supremos.

Apesar dos desafios já mapeados, o Direito da Concorrência tem instrumental para endereçar tais problemas. Tanto isso é verdade que recente decisão do *Bundeskartellamt*, a autoridade concorrencial alemã, impôs ao Facebook uma série de restrições no tratamento de dados de seus usuários.[52]

Para entender a polêmica, é preciso destacar que, de acordo com a política de uso do Facebook, os usuários apenas podem ingressar na rede sob a condição de que tenham seus dados coletados inclusive fora da plataforma, tanto em outros aplicativos integrados, como em *sites* de terceiros. Logo, do ponto de vista prático, a referida política possibilita que o Facebook tenha acesso vastíssimo aos dados dos seus usuários, inclusive para fins de agregação e combinação. Além dos dados dos usuários disponibilizados na própria plataforma, o Facebook também tem acesso aos (i) dados de usuários obtidos em diversos outros aplicativos do grupo, tais como WhatsApp e Instagram, (ii) bem como a quaisquer outros dados dos usuários que transitem na internet.

Logo, a compreensão da questão requer também a reflexão sobre os limites do consentimento do usuário com a política de privacidade do Facebook. Nesse ponto, a autoridade alemã faz uma distinção entre a coleta de dados disponibilizados no próprio Facebook e as demais coletas. No primeiro caso, atribui-se maior valor ao consentimento do usuário, uma vez que os dados são alocados a um serviço específico, de forma que os usuários teriam conhecimento de que seriam coletados e utilizados em certa extensão, até por se tratar de um componente da rede social e do seu próprio modelo de negócios baseado em dados (*data-based business model*).

Quanto aos demais dados, coletados fora da plataforma, a autoridade alemã parte da premissa de que não se pode cogitar de consentimento válido, até mesmo diante da incontestável posição que o Facebook goza no mercado de redes sociais. Daí a afirmação de Andreas Mundt, presidente do Bundeskartellamt, no sentido de que, como companhia dominante, o Facebook estaria sujeito a obrigações especiais sob a ótica do Direito da Concorrência.

Com efeito, o fato de não haver propriamente substitutos nem possibilidade de mudança para outros concorrentes tem repercussões na avaliação dos limites do consentimento do

---

50   FRAZÃO, Ana. *Direito da concorrência*: pressupostos e perspectivas cit., p. 59-61.

51   MISES, Ludwig von. *Human action*: a treatise on economics. Auburn: Ludwig von Mises Institute, 1998.

52   Disponível em: https://www.bundeskartellamt.de/SharedDocs/Meldung/EN/Pressemitteilungen/2019/07_02_2019_Facebook.html.

usuário, ainda mais quando este é feito por meio de mero *click*, imposto como condição *sine qua non* para ter acesso à rede. De fato, diante do cenário apresentado ao usuário – aceitar ou não poder entrar na rede (*take-it or leave-it*) –, a escolha não revela o consentimento qualificado exigido pelo GDPR europeu.

Sob essa perspectiva, não haveria dúvidas da existência de violações ao GDPR, especialmente na parte em que exige o consentimento inequívoco, claro e adstrito às finalidades específicas que justificam o tratamento de dados. A grande indagação é saber se o problema apresentaria igualmente uma dimensão concorrencial.

Para a autoridade alemã, trata-se, sim, de abuso de posição dominante, baseado em coleta e uso indevidos de dados, possibilitando ao Facebook não apenas ter acesso a perfis muito detalhados sobre os usuários e sobre o que estariam fazendo *online*, como também auxiliando a consolidar ainda mais a sua posição dominante.

Logo, sem prejuízo de violações às regras específicas de proteção de dados, entendeu a autoridade alemã que houve também abuso de posição dominante, na modalidade de exploração de usuários ou consumidores (*exploitative abuse*). Tal abordagem não seria propriamente nova, mas corresponderia à jurisprudência dos tribunais alemães no sentido de que não apenas preços excessivos, mas também termos e condições contratuais inapropriados, podem constituir esse tipo de prática.

É inequívoco que a decisão, que não impôs multa ao Facebook, mas exigiu mudanças nas suas políticas, foi objeto de muitas críticas, realizadas tanto a partir de uma perspectiva principiológica – como a de que não caberia ao Direito da Concorrência endereçar esse tipo de problema – como a partir de uma perspectiva pragmática, no sentido de que a decisão estaria impondo regras distintas apenas para o Facebook, e não para os seus demais concorrentes, causando, aí sim, distorções no mercado.

Não obstante, a decisão é uma excelente oportunidade para mostrar que, desde que presentes os pressupostos para a configuração do ilícito antitruste, é perfeitamente possível que determinada prática represente, simultaneamente, tanto uma violação à lei geral de proteção de dados quanto à legislação antitruste, caso em que deverá ser investigada e punida por ambas as autoridades.

Tal exemplo igualmente coloca em evidência a necessidade de que o Direito da Concorrência amplie o conceito de bem-estar do consumidor para além da eficiência econômica, resgatando a importância da proteção ampla do consumidor tanto direta – por meio da tutela da sua liberdade econômica, da sua individualidade e do controle sobre seus dados pessoais – como indiretamente – por meio da tutela do próprio processo competitivo.

Ao contrário do que se pensa, a ampliação do conceito de bem-estar do consumidor não necessariamente levará à insegurança jurídica ou a uma política antitruste inconsistente ou insuscetível de ser administrada pelas autoridades competentes. Na verdade, várias das propostas atuais preocupam-se com a sua implementação em observância aos mesmos patamares de coerência atualmente existentes ou em patamares até superiores.[53]

Daí por que a recente decisão da autoridade concorrencial alemã é um excelente exemplo para mostrar como é possível e desejável o diálogo entre a Lei Geral de Proteção de Dados e o Direito da Concorrência, assim como este último tem condições de assumir o desafio respectivo.

---

[53] Ver, sobre o tema, Tim Wu (After consumer welfare, now what? The protection of competition standard in practice. Disponível em: https://www.competitionpolicyinternational.com/wp-content/uploads/2018/04/CPI-Wu.pdf).

CONSIDERAÇÕES FINAIS

O presente artigo procurou demonstrar que os dados pessoais são hoje grandes fontes de poder econômico e, exatamente por isso, precisam ser levados em consideração pelo Direito da Concorrência, cujo objetivo essencial é o controle do poder econômico, independentemente de sua origem ou configuração.

Não se discute que as soluções previstas por leis gerais de proteção de dados, como é o caso da LGPD brasileira, podem, se eficazes, evitar ou reduzir problemas concorrenciais. O que se afirma é que tais soluções, isoladamente, dificilmente conseguirão resolver todas as distorções competitivas atualmente existentes em razão do *big data*, ainda mais diante de vantagens já adquiridas por vários dos agentes. Daí a necessidade de uma atuação complementar e harmônica não só entre a LGPD e o Direito da Concorrência, mas também entre todas as áreas que, assim como o Direito do Consumidor, também se preocupam com a proteção do consumidor em seus mais variados aspectos.

Acresce que, especialmente no que diz respeito ao controle de estruturas, tem-se uma seara que é naturalmente reservada ao Direito da Concorrência, motivo pelo qual é fundamental que ele exerça tal competência com cautela, a fim de evitar novas concentrações que possibilitem acumulação ainda maior de poder econômico decorrente dos dados. Entretanto, também no controle de condutas, há considerável espaço para a atuação das autoridades antitruste com relação a abusos de posição dominante na *data-driven economy*, sendo exemplos as multas já impostas ao Google pela Comissão Europeia e a decisão do *Bundeskartellamt* alemão relativamente ao Facebook.

Para enfrentar tais desafios, todavia, é necessário que o Direito da Concorrência rompa a camisa de força que lhe foi imposta pela Escola de Chicago, a fim de compreender melhor o poder econômico, inclusive no que diz respeito aos seus desdobramentos políticos, bem como a fim de ampliar a ideia de bem-estar do consumidor, nela incluindo não só a privacidade e a autodeterminação informacional, como também a tutela do próprio processo competitivo, que protege o consumidor a médio e a longo prazo, especialmente nos quesitos de inovação, qualidade e diversidade.

REFERÊNCIAS BIBLIOGRÁFICAS

BARZILAI-NAHON, Karine. Toward a theory of network gatekeeping: a framework for exploring informational control. *Journal of the American Society for Information Science and Technology*, v. 59, p. 1493-1512, 2008.

BENKLER, Yochai, FARIS, Robert; ROBERTS, Hal. *Network Propaganda*. Manipulation, Disinformation and Radicalization in American Politics. New York: Oxford University Press, 2018.

BIONI, Bruno Ricardo. *Proteção de dados pessoais.* A função e os limites do consentimento. Rio de Janeiro: Forense, 2019.

CASTELLS, Manuel. *O poder da comunicação.* São Paulo: Paz e Terra, 2016.

CHOMSKY, Noam. *Réquiem para o sonho americano.* Os 10 princípios de concentração de riqueza & poder. Tradução Milton Chaves de Almeida. Rio de Janeiro: Bertrand Brasil, 2017.

COMISSÃO EUROPEIA. Caso 39749. Disponível em: http://ec.europa.eu/competition/elojade/isef/case_details.cfm?proc_code=1_39740.

EPSTEIN, Robert; ROBERTSON, Ronald E. The search engine manipulation effect (SEME) and its possible impact on the outcomes of elections. *PNAS*. Disponível em: https://papers-gamma.

PARTE III · Cap. 28 · *BIG DATA* E ASPECTOS CONCORRENCIAIS DO TRATAMENTO DE DADOS PESSOAIS | **557**

link/static/memory/pdfs/9-Epstein_Search_Engine_Manipulation_Effect_2015.pdf. Acesso em: 18 nov. 2018.

EVANS, David; SCHMALENSEE, Richard. Markets with two-sided platforms. *Issues in Competition Law and Policy*, v. 667, 2008.

EZRACHI, Ariel; STUCKE, Maurice. *Virtual competition*: the promise and perils of the algorithm-driven economy. Cambridge: Harvard University Press, 2016.

FOX, Eleanor M. Post-Chicago, post-Seattle and the dilemma of globalization. *In*: CUCINOTTA, Antonio; PARDOLESI, Roberto; BERGH, Roger van dan. *Post-Chicago developments in antitrust law*. Cornwall: Edward Elgar, 2002.

FRAZÃO, Ana. Dados, estatísticas e algoritmos. *Jota*. Disponível em: https://jota.info/colunas/constituicao-empresa-e-mercado/dados-estatisticas-e-algoritmos-28062017.

FRAZÃO, Ana. *Direito da concorrência*: pressupostos e perspectivas. São Paulo: Saraiva, 2017.

FRAZÃO, Ana. Plataformas digitais e os desafios para a regulação jurídica. *In*: PARENTONI, Leonardo. *Direito, tecnologia e inovação*. Belo Horizonte: D'Plácido, 2018.

FRAZÃO, Ana. Plataformas digitais e repercussões concorrenciais. *Jota*. Disponível em: https://jota.info/colunas/constituicao-empresa-e-mercado/plataformas-digitais-e-repercussoes-concorrenciais-09082017.

FRAZÃO, Ana. Premissas para a reflexão sobre a regulação da tecnologia. *Jota*. Disponível em: https://jota.info/colunas/constituicao-empresa-e-mercado/premissas-para-a-reflexao-sobre-a-regulacao-da-tecnologia-16112017.

HARARI, Yuval Noah. *21 lições para o século 21*. Tradução Paulo Geiger. São Paulo: Companhia das Letras, 2018.

KAHN, Lina. Amazon's Antitrust Paradox. *Yale Law Journal*. Disponível em: https://www.yalelawjournal.org/pdf/e.710.Khan.805_zuvfyyeh.pdf.

KAHN, Lina. The separation of platforms and commerce. *Columbia Law Review*, v. 119, 2019.

LEMOS, Ronaldo. Redes sociais são opinião pública. Confundir *timeline* de rede social com opinião pública é um erro crasso. *Folha de S.Paulo*, Edição 4 mar. 2019. Disponível em: https://www1.folha.uol.com.br/colunas/ronaldolemos/2019/03/redes-sociais-nao-sao-opiniao-publica.shtml. Acesso em: 4 mar. 2019.

LIPSKY, Abbott; SIDAK, J. Gregory. Essential facilities. *Stanford Law Review*, v. 51, p. 1188-1248, 1998-1999.

MCNAMEE, Roger. Viciados e traficantes nas mídias sociais. *Valor Econômico*, 29 jan. 2018.

MISES, Ludwig von. *Human action*: a treatise on economics. Auburn: Ludwig von Mises Institute, 1998.

PASQUALE, Frank. *The black box society*. The secret algorithms that control money and information. Cambridge: Harvard University Press, 2015.

SCHUARTZ, Luis Fernando. A desconstitucionalização do direito de defesa da concorrência. *Revista do IBRAC*, v. 16, n. 1, p. 325-351, 2009.

SCHUMPETER, Joseph A. *Capitalism, socialism & democracy*. London: Routledge, 2003.

SCOTT, Mark. Google fined record $2.7 billion in E.U. antitrust ruling. *The New York Times*, 27 jun. 2017.

SHEARER, Elisa; GOTTFRIED, Jeffrey. News use across social media platforms 2017. *Pew research center*. Disponível em: http://www.journalism.org/2017/09/07/news-use-across-social-media-platforms-2017/. Acesso em: 18 nov. 2018.

SIMON, Herbert. Designing organizations for an information-rich world. *In*: GREENBERGER, M. *Computers, communications and the public interest*. Baltimore: The John Hopkins Press, 1971.

STUCKE, Maurice; GRUNES, Allen. *Big data and competition policy*. Oxford: Oxford University Press, 2016.

THE ECONOMIST. The new titans. And how to tame them. 20 jan. 2018.

THE ECONOMIST. The world's most valuable resource is no longer oil, but data. Disponível em: https://www.economist.com/leaders/2017/05/06/the-worlds-most-valuable-resource-is-no-longer-oil-but-data. Acesso em: 15 nov. 2018.

TIROLE, Jean. *Economics for the common good*. Princeton: Princeton University Press, 2017.

WICHOWSKI, Alexis. Net states rule the world; we need to recognize their power. *Wired*. Disponível em: https://www.wired.com/story/net-states-rule-the-world-we-need-to-recognize-their-power/. Acesso em: 20 nov. 2018.

WRIGHT, Joshua; DORSEY, Elyse; RYBNICEK, Jan, KLICK, Jonathan. Requiem for a paradox: the dubious rise and inevitable fall of hipster antitrust. ***George Mason Law & Economics Research Paper***, n. 18-29. Dipsonível em: file:///D:/Users/User/Downloads/SSRN-id3249524.pdf.

WU, Tim. *The attention merchants*: the epic scramble to get inside our heads. New York: Knopf, 2016.

WU, Tim. After consumer welfare, now what? The protection of competition standard in practice. Disponível em: https://www.competitionpolicyinternational.com/wp-content/uploads/2018/04/CPI-Wu.pdf

ZINGALES, Luigi. Digital plataformas and concentration. *In*: STIGLER CENTER. *2018 antitrust and competition conference*. Disponível em: https://www.youtube.com/watch?v=O_pxLvKQBE8. Acesso em: 20 nov. 2018.

ZUBOFF, Shoshana. *The age of surveillance capitalism*. The fight for a human future at the new frontier of power. New York: Public Affairs, 2019.

29

DADOS PESSOAIS EM CAMPANHAS POLÍTICAS: A CONSTRUÇÃO DE UMA PONTE ENTRE PROTEÇÃO DE DADOS PESSOAIS E REGULAÇÃO ELEITORAL[1]

FRANCISCO BRITO CRUZ

Doutor e mestre em Filosofia e Teoria Geral do Direito pela Faculdade de Direito da Universidade de São Paulo. É diretor do InternetLab – centro independente de pesquisa em direito e tecnologia.

HELOISA MASSARO

Mestranda em Filosofia e Teoria Geral do Direito pela Faculdade de Direito da Universidade de São Paulo. Coordenadora de pesquisa na área de Informação e Política no InternetLab – centro independente de pesquisa em direito e tecnologia.

INTRODUÇÃO

Aprovada no Congresso Nacional em julho de 2018, a poucos meses das eleições presidenciais daquele ano,[2] a Lei Geral de Proteção de Dados Pessoais (LGPD) estabelece uma série de regras, princípios, direitos e deveres, cujas implicações no âmbito de campanhas político-eleitorais ainda perfazem uma zona cinzenta, em razão da ausência de uma ponte consolidada entre a legislação eleitoral e o regime de proteção de dados pessoais no país.

Com a presença de um forte componente digital, as campanhas deixaram de ser marcadas somente por eventos de rua, peças audiovisuais na televisão e disputas por enquadramentos e narrativas na mídia de massa. Transformadas, elas adotaram novas ferramentas e estratégias de *marketing* digital, incorporando as crescentes capacidades de coleta, tratamento, armazenamento e análise de dados pessoais em grande escala. Essa incorporação e as suas primeiras consequências visíveis ao mundo jurídico perfazem o problema analisado neste artigo.

---

[1] Este capítulo foi inspirado em grande parte por dois trabalhos anteriores, entre os quais a pesquisa de doutorado de um dos autores do artigo: BRITO CRUZ, Francisco. *Definindo as regras do jogo*: a regulação de campanhas políticas e a internet. 2019. 380 f. Tese (Doutorado em Filosofia e Teoria Geral do Direito) – Faculdade de Direito, Universidade de São Paulo, São Paulo, 2019; BRITO CRUZ, Francisco (coord.); MASSARO, Heloisa; OLIVA, Thiago; BORGES, Ester. *Internet e eleições no Brasil*: diagnósticos e recomendações. São Paulo: InternetLab, 2019.

[2] Pleito este que contou com denúncias sobre supostas práticas de envio de mensagens em massa no WhatsApp para números de telefone oriundos de cadastros formados de maneira controversa, uma questão incontroversamente de proteção de dados pessoais.

Com efeito, a segunda década do século XXI observou a emergência de novas formas de se fazer campanha, erigidas a partir de um novo ambiente de comunicação política, com destaque para ciclos eleitorais nos quais o papel da internet e das redes sociais foi altamente comentado, como foi o caso da eleição de Barack Obama em 2012,[3] da campanha de Donald Trump para a presidência dos Estados Unidos em 2016,[4] da votação pela saída do Reino Unido da União Europeia em 2016, e das eleições presidenciais no Brasil em 2018.

Como já foi argumentado em maior detalhe,[5] o desenvolvimento da internet e das novas tecnologias de informação e comunicação criou condições para que o ambiente de comunicação se transformasse. Assim, na medida em que o ambiente de comunicação se modifica, as campanhas políticas também incorporam as capacidades trazidas por essas novas tecnologias de comunicação e informação, incluindo a crescente personalização da comunicação, a exemplo de propagandas políticas direcionadas a públicos específicos a partir de dados pessoais.

No Brasil, essa reprogramação já apareceu nas eleições 2018, colocando em xeque um modelo regulatório eleitoral que havia se consolidado na última década do século XX. No centro desse modelo, construído a partir da regulação das campanhas na televisão e nas ruas, figura o conceito de propaganda eleitoral, moldado para as peças publicitárias da TV e para o Horário de Propaganda Eleitoral Gratuito. A partir dessa ideia de propaganda, desenhou-se um sistema que tornava possível a remoção – ou suspensão da veiculação – do conteúdo tido como ilícito, a responsabilização de seus autores, o direito de resposta e, em um segundo momento, a investigação – e possível punição, como cassação – de abusos do poder econômico e do poder político e de uso indevido de meios de comunicação para favorecer candidatos.[6]

Esse modelo regulatório entra em crise no choque com novas campanhas digitais e, entre os problemas que surgem, identifica-se um déficit na tutela da privacidade e da proteção de dados pessoais do eleitor por parte do regramento eleitoral. De fato, na era das campanhas na televisão, as preocupações políticas e, portanto, regulatórias, orbitavam a proteção da igualdade de chances no pleito ou a proteção de direitos individuais dos cidadãos, mas não tocavam questões que envolviam a autonomia do cidadão sobre suas informações ou a proteção de sua privacidade. Os poucos dispositivos da Lei das Eleições (Lei n. 9.504/97) que conferiam alguma proteção aos dados pessoais do eleitor foram incluídos na legislação apenas em 2009. Completavam o quadro alguns dispositivos em leis de aplicação setorial, como no caso do Código de Defesa do Consumidor e do Marco Civil da Internet.

Mesmo diante de uma regulação eleitoral em crise, com limitações estruturais, conceituais e operacionais para lidar com um novo cenário de ferramentas de *marketing* político digital baseadas na coleta, tratamento, análise e uso de dados pessoais, um regime de proteção de dados pessoais pode alterar esse cenário. Contudo, por mais que existam elementos de

---

[3] GOMES, Wilson *et al.* "Politics 2.0": a campanha *on-line* de Barack Obama em 2008. *Revista de Sociologia e Política*, Curitiba, v. 17, n. 34, p. 29-43, out. 2009. Disponível em: http://www.scielo.br/scielo.php?script=sci_arttext&pid=S0104-44782009000300004&lng=en&nrm=iso. Acesso em: 13 dez. 2018.

[4] GRASSEGGER, Hannes; KROGERUS, Mikael. The data that turned the world upside down. *Motherboard*, 28 jan. 2017. Disponível em: https://motherboard.vice.com/en_us/article/mg9vvn/how-our-likes-helped-trump-win. Acesso em: 15 abr. 2017.

[5] BRITO CRUZ, Francisco. *Definindo as regras do jogo*: a regulação de campanhas políticas e a internet. 2019. 380 f. Tese (Doutorado em Filosofia e Teoria Geral do Direito) – Faculdade de Direito, Universidade de São Paulo, São Paulo, 2019; BRITO CRUZ, Francisco (coord.); MASSARO, Heloisa; OLIVA, Thiago; BORGES, Ester. *Internet e eleições no Brasil*: diagnósticos e recomendações. São Paulo: InternetLab, 2019.

[6] BRITO CRUZ, Francisco. *Definindo as regras do jogo*: a regulação de campanhas políticas e a internet. 2019. 380 f. Tese (Doutorado em Filosofia e Teoria Geral do Direito) – Faculdade de Direito, Universidade de São Paulo, São Paulo, 2019.

PARTE III · Cap. 29 · DADOS PESSOAIS EM CAMPANHAS POLÍTICAS | 561

interação entre a LGPD e a regulação eleitoral, o impacto desse novo marco regulatório para a tutela das campanhas eleitorais depende da construção de uma ponte que traduza as regras e garantias da LGPD para a lógica e espaço de atuação da justiça eleitoral.

Neste artigo, o objetivo é olhar para esse cenário e, a partir de um diagnóstico sobre as transformações pelas quais as campanhas políticas passaram nos últimos anos, analisar a interação entre o regime de proteção de dados da LGPD e a regulação eleitoral. Para isso, o artigo divide-se em três partes. Na primeira, buscamos identificar em que medida essas campanhas políticas reprogramadas incorporam estratégias que passam pelo uso de dados pessoais de eleitores e colocam essa tutela em questão para a regulação eleitoral. Na segunda, tendo como marco a LGPD, retomamos os dispositivos que incidiam até então sobre atividades de tratamento de dados no âmbito eleitoral, para, depois, analisar em que medida a nova lei traz novidades regulatórias para as campanhas eleitorais. Na terceira e por fim, elaboramos considerações a respeito da regulamentação da LGPD no âmbito eleitoral, chamando atenção para o que foi feito até agora pela justiça eleitoral.

1. DA TV À INTERNET: NOVAS FORMAS DE CAMPANHA DIGITAL E O USO DE DADOS PESSOAIS

As duas últimas décadas assistiram a transformações significativas na forma como as pessoas se comunicam sobre política. Com a internet, o cenário de mídia mudou, a radiodifusão perdeu o protagonismo, novos atores passaram a compor o ambiente de comunicação e novas dinâmicas de produção, circulação e consumo de informação política se desenharam. As campanhas políticas, que se delineiam em inter-relação direta com o ambiente de mídia de dada sociedade, reprogramaram-se, e, entre interatividade e personalização, elas incorporaram todo um novo repertório de técnicas de publicidade.

1.1 A mídia de massa e o espetáculo visual nas campanhas de televisão

Até o início do século XXI, o ambiente de comunicação era marcado pelo domínio dos meios de comunicação de massa, representados principalmente pela televisão. As condições necessárias e os altos custos envolvidos nessa atividade moldaram verdadeiras barreiras de acesso a esse ambiente de comunicação, que levou ao desenvolvimento de uma produção informacional de formato industrial[7] e consolidou o poder da mídia de massa sobre a seleção de tópicos, conteúdos e informações, e sobre a definição de formatos, narrativas e agenda. Organizadas a partir de fluxos de comunicação unidirecionais – emissor para o receptor –, as informações e mensagens elaboradas e definidas pelas organizações de rádio, TV e jornais eram comunicadas para o público em geral,[8] que não tomava parte nas dinâmicas de produção e circulação de informação em massa.

Inscritas nesse ambiente, as campanhas políticas no Brasil se estruturavam sobretudo a partir da radiodifusão. Orquestradas pelos políticos e profissionais de *marketing* que compunham o centro de coordenação, as campanhas se caracterizavam, em resumo: por um ambiente em que a informação política era produzida e circulava a partir da lógica da produção jornalística e do entretenimento e sob os imperativos da mídia de massa; por peças de *marketing* político que ocupavam um espaço definido; e por estratégias de propaganda

---

[7] BENKLER, Y. *The wealth of networks*. New Haven/London: Yale University Press, 2006. p. 2-7.

[8] CASTELLS, Manuel. Communication, power and counter-power in the network society. *International Journal of Communication*, v. 1, p. 240-248, 2007.

política articuladas por profissionais de *marketing* dentro dessa lógica de mediação. Foram os anos, no pós-1988, do Horário Político Eleitoral Gratuito (HPEG); das grandes peças publicitárias audiovisuais; da disputa por tópicos, narrativas e agenda nos veículos de comunicação de massa; e da articulação entre partidos políticos e mídia escrita na cobertura jornalística.[9]

Acessando essa conjuntura, Manuel Castells descreve três aspectos que caracterizavam a comunicação política contemporânea da mídia de massa e, consequentemente, as formas de se fazer campanha: a prevalência de moldes informativos baseados em crença e emoção em detrimento do debate racional, o que alimentava disputas sobre tópicos, enquadramentos, narrativas, agenda e imagens de apelo emocional; a dominância do infoentretenimento como forma de linguagem que estruturava a cobertura política pelos meios de massa; e o interesse das campanhas em conhecer seus interlocutores para finalidades estratégicas e de controle que envolviam o direcionamento de mensagens e narrativas que poderiam mobilizar crenças e emoções.[10] Este último aspecto ganha uma nova dimensão a partir dos ciclos eleitorais dos anos 2010 e se entrelaça com as crescentes capacidades de coleta e análise de dados pessoais, que não só passaram a possibilitar um conhecimento mais detalhado sobre o eleitor, como também contribuíram com transformações no setor de publicidade, possibilitando o direcionamento de mensagens e narrativas para públicos cada vez mais específicos e segmentados.

1.2 Interação e personalização: o "fator internet" e a emergência de um ambiente comunicacional transformado

Em quase 30 anos desde a sua abertura comercial,[11] a internet se consolidou como mídia, ao lado da televisão, do rádio e dos jornais e, atualmente, conta com mais de 4 bilhões de usuários no mundo[12] e já atrai mais publicidade que a televisão.[13] No Brasil, a entrada da rede data de 1991,[14] mas sua penetração e expansão comercial se intensificaram a partir da primeira década do século XXI. Em 2020, o número de usuários da rede no País chegava a 152 milhões, representando 81% da população do País.[15]

---

[9] ABRANCHES, Sérgio. *Presidencialismo de coalizão*: raízes e evolução do modelo político brasileiro. São Paulo: Companhia das Letras, 2018.

[10] CASTELLS, Manuel. *Communication power*. Oxford: Oxford University Press, 2013.

[11] Nos primórdios da internet, a Arpanet era uma rede que havia sido concebida, nos Estados Unidos, para conectar órgãos militares, departamentos de pesquisa e universidades. A partir dela foi se desenvolvendo uma rede de redes que viria a formar a internet. Nesse processo, um dos grandes marcos é o ano de 1991, quando a National Science Foundation (NSF) passou a permitir tráfego comercial na internet.

[12] Dados atualizados sobre a quantidade de usuários de internet no mundo e números sobre fluxos de comunicações e mensagens que passam pela rede podem ser consultados em: https://www.internetlivestats.com/. Acesso em 21 jan. 2020.

[13] De acordo com pesquisa da ZenithOptimedia, do grupo Publicis, uma das maiores agências de publicidade do mundo, em 2017 os gastos com publicidade em aplicações de internet superaram os gastos com publicidade na TV. ZENITHOPTIMEDIA. Advertising Expenditure Forecasts December 2016. Disponível em: https://www.publicismedia.de/wp-content/uploads/2016/12/2016-12-05-aef-executive-summary.pdf. Acesso em: 30 ago. 2019.

[14] NÚCLEO DE INFORMAÇÃO E COORDENAÇÃO DO PONTO BR. História do NIC.br. Disponível em: https://www.nic.br/historia/. Acesso em: 21 jan. 2020.

[15] CETIC.BR. Cresce o uso de Internet durante a pandemia e número de usuários no Brasil chega a 152 milhões, é o que aponta pesquisa do Cetic.br. *Cetic.br*, 18 ago. 2021. Disponível em: https://www.cetic.br/pt/noticia/cresce-o-uso-de-internet-durante-a-pandemia-e-numero-de-usuarios-no-brasil-chega-a--152-milhoes-e-o-que-aponta-pesquisa-do-cetic-br/. Acesso em: 18 ago. 2021. Os indicadores da pesquisa

PARTE III · Cap. 29 · DADOS PESSOAIS EM CAMPANHAS POLÍTICAS | 563

A chegada do "fator internet" modificou o cenário de mídia nacional, diversificando a dieta de mídia[16] do brasileiro, em um movimento no qual a radiodifusão perdeu o protagonismo e se transformou – sem perder, todavia, a importância –, ao mesmo tempo que a internet ganhou relevância. Em 2016, a rede já aparecia como o segundo meio de informação preferencial do brasileiro na pesquisa de mídia realizada pela Secretaria de Comunicação Social da Presidência da República e apresentava um tempo de consumo médio diário maior que o da televisão.[17] Radiodifusão e internet passaram, assim, a conviver e interagir em um cenário de mídia que até então era largamente dominado pela televisão.

Estruturada como uma rede de redes, a arquitetura mais aberta da internet proporcionou condições para que o ambiente de comunicação se transformasse, o que modificou as formas do brasileiro se informar e se comunicar sobre política. Por um lado, as barreiras e condições materiais necessárias para produção e circulação de informação e conteúdo se dissolveram, o que possibilitou a entrada de novos atores nesse ambiente de comunicação. Entre migrantes e nativos digitais, a internet trouxe condições tanto para a entrada de novos atores e negócios de mídia, como jornais e *blogs* de notícias independentes, quanto para o surgimento de novos serviços, páginas e aplicações, com destaque para as plataformas de conteúdo, a exemplo de Facebook, Twitter e YouTube.

Por outro, ao reduzir as barreiras para produção de conteúdo, a internet reformulou o papel da audiência na medida em que criou condições para que qualquer indivíduo conectado se tornasse emissor de comunicação em massa. Se, na era da mídia de massa, os fluxos de comunicação em massa eram unidirecionais e a mídia detinha o poder sobre a seleção de tópicos, narrativas e enquadramentos, com a emergência de um ambiente de comunicação digital mais horizontal e interativo, o que se observa é o surgimento de uma nova forma de comunicação que coexiste e interage com a comunicação da mídia de massa, a autocomunicação de massa, caracterizada por um sistema de comunicação em massa formado pelos próprios usuários da rede no qual qualquer um pode se comunicar com muitos, sem que as posições de emissor e receptor estejam claramente demarcadas.[18]

Completam esse ambiente de comunicação mais aberto e interativo as plataformas de conteúdo e comunicação na internet que, surgidas na primeira década do século XXI, acentuaram

---

também podem ser acessados em: https://cetic.br/pt/tics/domicilios/2020/individuos/C2/. Acesso em: 18 ago. 2021.

[16] O termo "dieta de mídia" refere-se aos hábitos de consumo de mídia de uma população ou de um indivíduo em um determinado espaço de tempo, o que envolve não apenas medidas de acesso à internet ou televisão, mas o quanto de atenção é direcionado para cada tipo de mídia – seja rádio, televisão, internet, veículos mais ou menos jornalísticos etc. – fornecendo um mapa geral sobre como e onde essa população ou esse indivíduo se informam, se comunicam, se entretêm, acessam cultura etc. Um guia com um compilado de indicadores sobre a dieta de mídia no Brasil pode ser acessado em: https://www.internetlab.org.br/pt/informacao-e-politica/um-guia-da-dieta-de-midia-digital-brasileira/.

[17] A internet era mencionada por 26% dos respondentes em 2016 como meio de comunicação preferencial para se informar, enquanto a televisão era citada por 63% – esses números eram, respectivamente, 14% e 76% em 2013. O consumo médio diário de televisão em 2016 era de 3h21min durante a semana e 3h39min aos finais de semana, enquanto a internet apresentava valores de 4h44min e 4h32, respectivamente. Esses dados da Pesquisa Brasileira de Mídia referentes ao ano de 2016 são os mais atualizados a que se tem acesso, uma vez que a pesquisa foi descontinuada em 2017 (SECRETARIA DE COMUNICAÇÃO SOCIAL DA PRESIDÊNCIA DA REPÚBLICA. Apresentação Pesquisa Brasileira de Mídia 2016. Disponível em: http://www.secom.gov.br/arquivos-capacitacao/apresentacao-pesquisa-brasileira-de-midia-2016.pdf/view. Acesso em: 21 jan. 2020).

[18] CASTELLS, Manuel. Communication, power and counter-power in the network society. *International Journal of Communication*, v. 1, p. 238-266, 2007.

as condições para fluxos de autocomunicação de massa, na medida em que facilitaram ainda mais o acesso e a participação nesse ambiente de comunicação, sendo necessário apenas um perfil nessas plataformas para que cada indivíduo se torne potencialmente um emissor de comunicação de massa.

O declínio do protagonismo da mídia de massa e a emergência da autocomunicação de massa não significaram, todavia, um ambiente de comunicação desintermediado. Pelo contrário, a emergência desse novo ator e seu crescente protagonismo passaram a representar a presença de um novo intermediário nesse ambiente de comunicação digital, que, diferentemente da mídia de massa, não produz conteúdo nem seleciona tópicos e narrativas, mas define a arquitetura e as condições sobre as quais esses fluxos de comunicação ocorrem e as regras que incidem sobre eles,[19] tudo isso atravessado pelos imperativos dos modelos de negócios de plataformas de internet.

Os modelos de negócios são baseados na venda de produtos publicitários direcionados a audiências segmentadas, o que favorece a emergência de um ambiente de comunicação não só mais interativo, mas, também, mais personalizado. Sem produção de conteúdo próprio, as plataformas se abrem para o conteúdo produzido por terceiros, dispondo de mecanismos de interatividade entre os usuários. O conteúdo produzido e a interação do usuário na plataforma fornecem a essas empresas informações sobre os indivíduos que permitem conhecer seus hábitos, preferências, afinidades e comportamentos. É a coleta e análise desses dados que, em um ciclo que se retroalimenta, permitem que essas empresas, por um lado, apresentem ao usuário conteúdos de sua preferência e que lhe possam parecer mais relevantes, por meio de ferramentas automatizadas de curadoria,[20] com o objetivo de mantê-lo engajado na plataforma; e, por outro, conheçam e produzam inferências sobre seus usuários, de modo a otimizar a venda de produtos publicitários por meio de anúncios cada vez mais direcionados e segmentados.[21]

O ambiente de comunicação política assume, portanto, tanto elementos de maior interatividade quanto elementos de maior personalização. Assim, ancoradas nesse cenário de mídia mais híbrido e aberto e nesse ambiente de comunicação em transformação, as campanhas políticas se reprogramam. Anteriormente estruturadas ao redor de um centro de coordenação e de elaboração de estratégias de comunicação e propaganda política formado por candidatos, partidos e pelos profissionais de *marketing* por eles contratados, e desenhadas a partir da lógica e da linguagem dos veículos de comunicação em massa, as campanhas vão se reestruturar, adquirindo contornos de uma estrutura em formato de rede e incorporando novas ferramentas de publicidade digital.

1.3   Campanhas reprogramadas: estruturas em rede e novas técnicas de *marketing* político digital

Entre vários, um importante marco na virada na forma de se fazer campanha política foi a campanha de Barack Obama para a Presidência dos Estados Unidos em 2008. Até então,

---

[19]   "These platforms are both the architecture for publishing new speech and the architects of the institutional design that governs it" (KLONICK, K. The new governors: the people, rules and process governing online speech. *Harvard Law Review*, v. 131, p. 1598-1670, 2018).

[20]   PARISIER, Eli. *The filter bubble*: what the internet is hiding from you. London: Penguin Group, 2011.

[21]   BRITO CRUZ, Francisco. *Definindo as regras do jogo*: a regulação de campanhas políticas e a internet. 2019. 380 f. Tese (Doutorado em Filosofia e Teoria Geral do Direito) – Faculdade de Direito, Universidade de São Paulo, São Paulo, 2019, p. 112-115.

estratégias de propaganda na internet eram apenas uma atividade acessória em campanhas eleitorais. Conforme mostram pesquisas de estudiosos sobre comunicação política, a campanha vitoriosa de Obama adotou estratégias de *marketing* digital como uma rota alternativa às tradicionais campanhas mediadas pela mídia de massa, com o uso de ferramentas interativas digitais e a veiculação de anúncios em mecanismos de buscas e outros suportes digitais, como jogos eletrônicos.[22]

Oito anos depois, as tendências de reprogramação se consolidaram no caso mais paradigmático de campanha política na internet da última década, a campanha de Donald Trump à Presidência dos EUA em 2016, que teve como um de seus atores mais polêmicos a consultoria política *Cambridge Analytica*. Contratada pela campanha de Trump e pela campanha a favor da saída do Reino Unido da União Europeia, a empresa oferecia serviços fundamentados em modelagem psicométrica para campanhas políticas, customizando mensagens a partir da personalidade dos eleitores-alvo das campanhas e adotando ferramentas de microdirecionamento de anúncios disponibilizadas por plataformas como Google e Facebook.[23]

No Brasil, um primeiro sinal sobre tendências de reprogramação de campanhas foi identificado por Bernardo Sorj no caso do referendo de 2005 sobre a proibição de comercialização de armas de fogo no Brasil. À época, ambas as campanhas pelo "sim" e pelo "não" adotaram estratégias digitais que envolviam o envio de mensagens em massa para listas de *e-mails*.[24] No entanto, foram as manifestações de junho de 2013 que marcaram um ponto de inflexão na percepção do poder da internet e de um novo ativismo político digital que surgia,[25] ainda que desencaixados da competição eleitoral. Seguidas por um processo eleitoral em 2014 que, embora tenha contado com uma maior apropriação de ferramentas digitais por todo o espectro político[26] e com a necessidade de candidatos e partidos se adaptarem à campanha feita pelos eleitores na internet[27], não apresentou um "uso estratégico das plataformas e ferramentas da web".[28]

Foram nas eleições de 2018, contudo, que as campanhas digitais reprogramadas se manifestaram de forma mais intensa e consolidada no Brasil, seguindo tendências observadas

---

[22]   GOMES, Wilson *et al.* "Politics 2.0": a campanha *on-line* de Barack Obama em 2008. *Revista de Sociologia e Política*, Curitiba, v. 17, n. 34, p. 29-43, out. 2009. Disponível em: http://www.scielo.br/scielo.php?script=sci_arttext&pid=S0104-44782009000300004&lng=en&nrm=iso. Acesso em: 21 jan. 2020.

[23]   THE GUARDIAN. The Cambridge Analytica Files. Disponível em: https://www.theguardian.com/news/series/cambridge-analytica-files. Acesso em: 22 jan. 2020.

[24]   SORJ, Bernardo. Internet, espaço público e *marketing* político: entre a promoção da comunicação e o solipsismo moralista. *Novos Estudos*, São Paulo, n. 76, p. 123-136, nov. 2006. Disponível em: http://www.scielo.br/scielo.php?script=sci_arttext&pid=S0101-33002006000300006&lng=en&nrm=iso. Acesso em: 22 jan. 2020.

[25]   BRUGNAGO, Fabrício; CHAIA, Vera. A nova polarização política nas eleições de 2014. *Aurora: Revista de Arte, Mídia e Política*, São Paulo, v. 7, n. 21, p. 99-129, out. 2014/jan. 2015. Disponível em: https://revistas.pucsp.br/aurora/article/viewFile/22032/16586. Acesso em: 23 jan. 2020.

[26]   BRAGA, Sérgio; CARLOMAGNO, Márcio. Eleições como de costume? Uma análise longitudinal das mudanças provocadas nas campanhas eleitorais brasileiras pelas tecnologias digitais (1998-2016). *Revista Brasileira de Ciência Política*, Brasília, n. 26, p. 7-62, ago. 2018. Disponível em: http://www.scielo.br/pdf/rbcpol/n26/2178-4884-rbcpol-26-7.pdf. Acesso em: 22 jan. 2020.

[27]   BRUGNAGO, Fabrício; CHAIA, Vera. A nova polarização política nas eleições de 2014. *Aurora: Revista de Arte, Mídia e Política*, São Paulo, v. 7, n. 21, p. 99-129, out. 2014/jan. 2015. Disponível em: https://revistas.pucsp.br/aurora/article/viewFile/22032/16586. Acesso em: 23 jan. 2020.

[28]   OLIVEIRA, Luiz Ademir; COIMBRA, Mayra Regina. Internet e eleições: as estratégias dos candidatos à Presidência em 2014 em suas *fanpages*. *Verso e Reverso*, v. 30, n. 75, p. 173-185, 2016.

nos processos eleitorais de 2016 nos EUA e na Europa. Os candidatos à Presidência com maior tempo no Horário Político Eleitoral Gratuito, fator relevante na era das campanhas na televisão, não foram os que se elegeram.[29] A campanha do Presidente eleito Jair Bolsonaro contou com uma infraestrutura de propaganda em rede, composta tanto por componentes mais espontâneos, a exemplo de uma militância que se tornou partícipe da política eleitoral de forma intensa e com escala – especialmente a militância de um emergente campo mais conservador –, quanto por componentes contratados e usos estratégicos de ferramentas de comunicação digital.[30] Das redes de grupos de WhatsApp administrados pela campanha do candidato às alegações sobre a disseminação de boatos e notícias falsas, a campanha de Jair Bolsonaro foi objeto de inúmeros debates e ficou marcada por denúncias envolvendo o envio de mensagens em massa por WhatsApp em benefício do candidato.[31]

Nessa reprogramação, em um ambiente de comunicação em rede bem mais aberto e mais interativo, novos atores, que interagem entre si em diversos graus de relacionamento e pelas mais variadas motivações, passam a compor novos formatos de campanha, articulando-se e trabalhando em sinergia, aliança ou controlados uns pelos outros. Atravessando plataformas de comunicação e de redes sociais, aplicações de *e-mail* e de mensagens instantâneas, mecanismos de busca, e a própria web, organizam-se redes que podem trabalhar em benefício de uma candidatura, sem estar necessariamente sob o controle de suas estruturas oficiais. Empresas de comunicação e jornalismo, veículos digitais de mídia hiperpartidária, páginas de notícias sensacionalistas e teorias da conspiração, *sites* caça-cliques, ativistas digitais, *digital influencers*,[32] redes de perfis automatizados e redes espontâneas de usuários associam-se à candidatura e a seu entorno, controladas pelas máquinas oficiais das campanhas ou apenas em relações de aliança ou sinergia com ela. Contando com novos componentes descentralizados, de tamanhos e capacidades diversos, as campanhas se reestruturam e assumem formatos que podem ser mais bem definidos como "estruturas de campanhas em rede".[33]

---

[29] EVANGELISTA, Rafael; BRUNO, Fernanda. WhatsApp and political instability in Brazil: targeted messages and political radicalisation. *Internet Policy Review*, vol. 8, n. 4, 2019. Disponível em: https://policyreview.info/articles/analysis/whatsapp-and-political-instability-brazil-targeted-messages-and-political. Acesso em: 22 jan. 2020, p. 4.

[30] BRITO CRUZ, Francisco; VALENTE, Mariana Giorgetti. É hora de se debruçar sobre a propaganda em rede de Bolsonaro. *El País*, 22 out. 2018. Disponível em: https://brasil.elpais.com/brasil/2018/10/18/opinion/1539892615_110015.html. Acesso em: 22 jan. 2018.

[31] MELLO, Patricia Campos. Empresários bancam campanha contra o PT pelo WhatsApp. *Folha de S. Paulo*, São Paulo, ano 98, n. 32.705, 18 out. 2018. Opinião A2. Disponível em: https://www1.folha.uol.com.br/poder/2018/10/empresarios-bancam-campanha-contra-o-pt-pelo-whatsapp.shtml. Acesso em: 22 jan. 2019.

[32] "Digital influencers" ou "influenciadores digitais" são indivíduos altos índices de engajamento e audiência nas redes sociais. A sua nomenclatura depende da plataforma de internet no qual atuem – como *youtubers*, *instagrammers*, *twitteiros* etc. Em razão dessas altas métricas de audiência e engajamento, eles detêm um poder comunicacional relevante nas redes que participam. Por um lado, isso possibilita que eles intervenham em ciclos de notícia, na definição da agenda de discussão política, e no enquadramento conferido às questões. Por outro, se abre um espaço para a profissionalização dessa atividade, com o estabelecimento de modelos de negócio baseados na oferta de sua visibilidade para anunciantes – conhecido como "marketing de influência" (BRITO CRUZ, Francisco. *Definindo as regras do jogo*: a regulação de campanhas políticas e a internet. 2019. 380 f. Tese (Doutorado em Filosofia e Teoria Geral do Direito) – Faculdade de Direito, Universidade de São Paulo, São Paulo, 2019, p. 112-115).

[33] O diagnóstico sobre a formação de estruturas de campanha em rede as eleições de 2018 foi inicialmente elaborado por Francisco Brito Cruz e Mariana Valente em um ensaio publicado no jornal *El País* e aprofundado por Brito Cruz em sua tese de doutorado. Ele mobiliza o conceito de "propaganda em

PARTE III · Cap. 29 · DADOS PESSOAIS EM CAMPANHAS POLÍTICAS | **567**

Simultaneamente à emergência desses novos componentes, surgem novas técnicas de *marketing* político digital, que podem se acoplar a tais estruturas de campanha em rede e estão disponíveis aos mais variados atores dessa rede. O *marketing* político, seguindo as tendências do mundo da publicidade comercial, incorporou rapidamente ferramentas tecnológicas e digitais.[34] Da veiculação de mensagens e narrativas polarizantes que mobilizam crenças e emoções de eleitores ao uso de contas automatizadas em redes sociais e ferramentas de automatização para distribuição de conteúdo em aplicativos de mensagens instantâneas e *e-mails*, a caixa de ferramentas da comunicação e da propaganda política se multiplicou. Nesse cenário, destacam-se as novas capacidades de coleta e análise de dados pessoais que ampliaram as possibilidades para as campanhas conhecerem seus interlocutores e direcionarem a eles anúncios cada vez mais específicos e segmentados alinhado às suas preferências, crenças e emoções.

Entre as campanhas de Donald Trump em 2016 e a de Jair Bolsonaro em 2018, revelaram-se diversas técnicas de *marketing* político digital acopladas a estruturas de campanhas em rede. Para conhecer seus interlocutores, desenhar estratégias, segmentar audiências e microdirecionar anúncios, ou apenas para construir listas de endereços para envio de mensagens, as campanhas incorporaram o uso de dados pessoais e as crescentes capacidades de coleta e análise desses dados, seja na forma de técnicas de microdirecionamento, seja pelo envio automatizado de mensagens em massa.

1.3.1 *Microdirecionamento de anúncios*

Não é novidade que campanhas buscam conhecer seus eleitores para melhor desenvolver estratégias para influenciá-los. Como visto anteriormente, observadores como Manuel Castells já identificavam o interesse das campanhas em conhecer seus interlocutores para finalidades estratégicas e de controle como um dos aspectos que caracterizavam as campanhas políticas mediadas pela mídia de massa.[35] Assim como não é novidade que campanhas sempre usaram dados pessoais, como no caso de listas de eleitores para envio de materiais físicos. Todavia, como afirmam Nickerson e Rodgers, as evoluções recentes dessas técnicas de coleta e análise

---

rede" elaborado por Benkler, Faris e Roberts no livro Network Propaganda. Segundo esses autores, "o que observamos em nossos amplos estudos em macroescala, bem como em nossos estudos de casos detalhados, é que um efeito geral sobre as crenças e atitudes [das pessoas] emerge da interação entre um conjunto diversificado e geralmente amplo de fontes distintas e *bits* narrativos. Os efeitos que definimos a seguir – induzir percepções equivocadas, desorientação e distração –, que contribuem para mudanças nas atitudes e crenças das populações, não vêm de uma única reportagem ou fonte, mas do fato de que uma ampla gama de veículos, alguns controlados pelo propagandista, a maioria não, repete várias versões das comunicações do propagandista, dando credibilidade e aprimorando a evocação da narrativa falsa, enganosa ou manipuladora na população-alvo e disseminando essa narrativa mais amplamente nessa população. Chamamos essa dinâmica de 'propaganda em rede'" (BRITO CRUZ, Francisco; VALENTE, Mariana Giorgetti. É hora de se debruçar sobre a propaganda em rede de Bolsonaro. *El País*, 22 out. 2018. Disponível em: https://brasil.elpais.com/brasil/2018/10/18/opinion/1539892615_110015.html. Acesso em: 22 jan. 2018; BENKLER, Yochai; FARIS, Robert; ROBERTS, Hal. *Network propaganda*: manipulation, disinformation, and radicalization in American politics. Oxford: Oxford University Press, 2018; BRITO CRUZ, Francisco. *Definindo as regras do jogo*: a regulação de campanhas políticas e a internet. 2019. 380 f. Tese (Doutorado em Filosofia e Teoria Geral do Direito) – Faculdade de Direito, Universidade de São Paulo, São Paulo, 2019, p. 112-115).

[34] GOMES, Wilson *et al.* "Politics 2.0": a campanha *on-line* de Barack Obama em 2008. *Revista de Sociologia e Política*, Curitiba, v. 17, n. 34, p. 29-43, out. 2009. Disponível em: http://www.scielo.br/scielo.php?script=sci_arttext&pid=S0104-44782009000300004&lng=en&nrm=iso. Acesso em: 21 jan. 2020.

[35] CASTELLS, Manuel. *Communication power*. Oxford: Oxford University Press, 2013.

de dados "fazem com que as técnicas para prever tendências nos cidadãos utilizadas a uma ou duas décadas pareçam extremamente rudimentares aos padrões atuais".[36]

A redução de custos de aquisição, armazenamento, gerenciamento e análise de dados incentivaram o desenvolvimento de "campanhas orientadas por dados". Constituindo ferramentas poderosas para traçar estratégias eleitorais, essas técnicas oferecem um meio de otimizar o emprego de recursos de campanhas.[37] A mais conhecida delas é o microdirecionamento de anúncios para públicos segmentados, estratégia adotada pela empresa de consultoria política Cambridge Analytica para a campanha de Donald Trump, em um dos casos mais famosos envolvendo o uso de dados pessoais em campanhas eleitorais.

Em termos gerais, microdirecionar anúncios envolve a entrega de conteúdos e mensagens específicas a audiências segmentadas por características demográficas, por interesses, por hábitos e por comportamentos ou por traços de personalidade. O microdirecionamento de anúncios normalmente vem acompanhado de ferramentas de inteligência baseadas na coleta e análise de dados pessoais de cidadãos que permitem identificar perfis e padrões que informam a definição das mensagens, tons e formatos de anúncios. A combinação desses dois processos esteve presente no caso da Cambridge Analytica.

Assim como outras companhias de análise de dados para *marketing* digital, a empresa Cambridge Analytica aproveitou aspectos de um estudo de psicometria desenvolvido por pesquisadores das Universidades de Cambridge e Stanford, o qual demonstrou que a análise de dados de curtidas no Facebook oferecia altos índices de precisão na inferência de características de personalidades dos indivíduos.[38] No caso da empresa, ela ofertava serviços de customização de mensagens de *marketing* fundamentados nessas técnicas de modelagem psicométrica, utilizando dados de milhões de usuários do Facebook.[39] Essa técnica permitia a segmentação de audiência, possibilitando atingir usuários com determinados perfis que seriam suscetíveis a tipos específicos de mensagens e conteúdos. A entrega desses anúncios, por sua vez, era feita por meio das ferramentas de impulsionamento de conteúdo, oferecidas por plataformas como Google e Facebook, que permitem microdirecionar anúncios.

Para além do uso de veículos tradicionais de radiodifusão e da disseminação orgânica de conteúdo, o uso de ferramentas de impulsionamento para microdirecionar anúncios é uma das formas de encontrar audiências para entregar mensagens elaboradas para públicos específicos. No caso do Facebook, por exemplo, o "direcionamento detalhado" de anúncios

---

[36] NICKERSON, David W.; ROGERS, Todd. Political campaigns and big data. *The Journal of Economic Perspectives*, v. 28, n. 2, p. 51-74, 2014.

[37] NICKERSON, David W.; ROGERS, Todd. Political campaigns and big data. *The Journal of Economic Perspectives*, v. 28, n. 2, p. 51-74, 2014.

[38] YOUYOUA, Wu; KOSINSKIB, Michal; STILLWELLA, David. Computer-based personality judgments are more accurate than those made by humans. *PNAS*, v. 112, n. 4, 2015.

[39] Em 2018, o The Guardian publicou uma série de reportagens revelando que a empresa teria tido acesso a dados de milhões de usuários do Facebook valendo-se de brechas nas políticas de privacidade da plataforma. Os dados foram coletados a partir de um aplicativo desenvolvido por um pesquisador da Universidade de Cambridge que funcionava como um teste de personalidade. A finalidade informada ao Facebook e seus usuários para a coleta desses dados era pesquisa acadêmica, no entanto os dados coletados em mais de 50 milhões de perfis no Facebook foram compartilhados pelo pesquisador com a empresa Cambridge Analytica (BRITO CRUZ, Francisco; SILVEIRA, Hélio Freitas de Carvalho da; ABREU, Jacqueline de Souza; ANDRADE, Marcelo Santiago de Pádua; VIEIRA, Rafael Sonda; OLIVA, Thiago Dias. *Direito eleitoral na era digital*. Belo Horizonte: Casa do Direito, 2018; THE GUARDIAN. The Cambridge Analytica Files. Disponível em: https://www.theguardian.com/news/series/cambridge--analytica-files. Acesso em: 22 jan. 2020).

PARTE III · Cap. 29 · DADOS PESSOAIS EM CAMPANHAS POLÍTICAS | **569**

permite segmentar audiências a partir de uma série de características demográficas e/ou grupos de interesses predefinidos pela empresa com base em páginas curtidas e interações dos usuários na plataforma. Outras opções oferecidas pela empresa são as funcionalidades "Customize Públicos Personalizados"[40] e "Encontre Públicos Semelhantes";[41] a primeira permite ao anunciante utilizar seu próprio banco de dados para direcionar anúncios, associando-o a perfis na plataforma, já a segunda possibilita direcionar anúncios a usuários com características, interesses e hábitos semelhantes aos de uma audiência já conhecida e previamente delimitada.

Essas funcionalidades do Facebook são apenas alguns exemplos que demonstram todo um novo grupo de técnicas e ferramentas de *marketing* digital baseadas no uso e análise de dados pessoais que estão disponíveis para campanhas políticas.[42] Ao microdirecionarem anúncios, os atores de uma campanha política podem não só direcionar anúncios distintos para audiências diferentes, mas também veicular propaganda em espaços digitais diversos, atingindo usuários a partir de características específicas, e em diferentes momentos de sua navegação e interação na internet – seja no *feed* do Facebook, em um vídeo do YouTube ou em um resultado patrocinado em mecanismos de busca.[43]

Com o custo cada vez mais reduzido e disponíveis aos mais variados atores que podem compor uma campanha estruturada em formato de rede – e não apenas ao núcleo dessa campanha –, essas técnicas incorporam uma camada de sofisticação aos esforços de atores políticos e econômicos articulados em torno de uma candidatura e permitem realizar campanhas de persuasão e engenharia social em dimensões nunca vistas.[44] É o caso de um grupo de apoiadores ferrenho de uma candidatura que decide investir recursos em uma estratégia apartada de comunicação, do esforço de uma agência de inteligência de um país estrangeiro para interferir em processos eleitorais de seus adversários, ou de grupos de microempresários da publicidade digital buscando cliques e tráfego a partir de manchetes sensacionalistas.

Por um lado, ao possibilitarem que campanhas com menos recursos veiculem suas mensagens para nichos específicos, essas ferramentas podem trazer oportunidades de reequilíbrio para a disputa política, além de tornar a comunicação mais porosa, diversa e relevante para os interesses dos eleitores.[45] Por outro, no entanto, elas colocam uma série de ameaças a direitos fundamentais e valores democráticos, entre os quais: riscos de manipulação de eleitores, falta de transparência envolvida na veiculação de mensagens distintas – e por vezes contraditórias – a

---

[40] Informações sobre esse produto publicitário estão disponíveis em: https://www.facebook.com/business/help/341425252616329?helpref=uf_permalink.

[41] Informações sobre esse produto publicitário estão disponíveis em: https://www.facebook.com/business/help/164749007013531?helpref=uf_permalink.

[42] CHESTER, Jeff; MONTGOMERY, Kathryn C. The role of digital marketing in political campaigns. *Internet Policy Review*, v. 6, n. 4, 2017.

[43] BRITO CRUZ, Francisco; SILVEIRA, Hélio Freitas de Carvalho da; ABREU, Jacqueline de Souza; ANDRADE, Marcelo Santiago de Pádua; VIEIRA, Rafael Sonda; OLIVA, Thiago Dias. *Direito eleitoral na era digital*. Belo Horizonte: Casa do Direito, 2018.

[44] PERSILY, Nathaniel. The 2016 US Election: can democracy survive the internet?. *Journal of Democracy*, v. 28, n. 2, p. 63-76, 2017; TUFEKCI, Zeynep. Engineering the public: big data, surveillance and computational politics. *First Monday*, v. 19, n. 7, 7 jul. 2014. Disponível em: http://firstmonday.org/ojs/index.php/fm/article/view/4901/4097. Acesso em: 23 jan. 2020.

[45] BODÓ, Balázs; HELBERGER, Natali; DE VREESE, Claes H. Political micro-targeting: a Manchurian candidate or just a dark horse? *Internet Policy Review*, v. 6, n. 4, 2017. Disponível em: https://policyreview.info/articles/analysis/political-micro-targeting-manchurian-candidate-or-justdark-horse. Acesso em: 23 jan. 2020; BORGESIUS, Frederik J. Zuiderveen *et al*. Online political microtargeting: promises and threats for democracy. *Utrecht Law Review*, v. 14, n. 1, p. 82-96, 2018.

público diferentes, e questões envolvendo garantia de privacidade e autonomia aos eleitores sobre suas informações e dados pessoais.[46]

No Brasil, quando passou a ser permitida a adoção de ferramentas de microdirecionamento de anúncios, não havia no País ainda uma legislação de proteção de dados pessoais em vigor. A permissão veio com a reforma eleitoral de 2017, que incluiu na Lei das Eleições o impulsionamento de conteúdo como única forma permitida de propaganda paga na internet.[47] As eleições de 2018 foram, portanto, a primeira ocasião em que era tecnicamente possível e legalmente autorizado às campanhas empregar técnicas de microdirecionamento de anúncios em plataformas de internet.

Um estudo sobre o uso de ferramentas de impulsionamento de conteúdo nas eleições de 2018 no Brasil revelou que não houve um investimento vertiginoso das máquinas oficiais de campanha na contratação desses produtos; pouco mais de 20% das candidaturas aptas declararam algum gasto com impulsionamento de conteúdo à justiça eleitoral, e, em valores absolutos, esses gastos representam R$ 77,2 milhões – 2,5% do total de R$ 3,10 bilhões em despesas declaradas pelas campanhas.[48] No caso do Facebook, uma série de pesquisas sobre os parâmetros utilizados para direcionar anúncios por meio das ferramentas de impulsionamento da plataforma demonstrou que, por um lado, parte dos anúncios foi direcionada para públicos não tão específicos: a partir de demografias de audiência abrangentes, com base em interesses político-ideológicos amplos, pela interação com perfis de candidatos e partidos políticos, ou pela interação com outras páginas do Facebook. Por outro, todavia, empregos mais sofisticados da ferramenta envolveram o uso das funcionalidades "Customize Públicos Personalizados" e "Encontre Públicos Semelhantes" ou, ainda, direcionamentos feitos para audiências criadas com base em informações fornecidas por grandes provedores de dados, como a Serasa Experian.[49] Nesses casos, o potencial uso de bancos de dados de eleitores ocorreu em um cenário regulatório nebuloso e carente de uma lei de proteção de dados em vigor.

---

[46] BORGESIUS, Frederik J. Zuiderveen *et al*. Online political microtargeting: promises and threats for democracy. *Utrecht Law Review*, v. 14, n. 1, p. 82-96, 2018.

[47] De acordo com o art. 57-C da Lei das Eleições (Lei 9.504/1997), "é vedada a veiculação de qualquer tipo de propaganda eleitoral paga na internet, excetuado o impulsionamento de conteúdos, desde que identificado de forma inequívoca como tal e contratado exclusivamente por partidos, coligações e candidatos e seus representantes". A Resolução 23.551/2017 do TSE definia impulsionamento de conteúdo como "o mecanismo ou serviço que, mediante contratação com os provedores de aplicação de internet, potencializem o alcance e a divulgação da informação para atingir usuários que, normalmente, não teriam acesso ao seu conteúdo".

[48] GOMES, Alessandra; BRITO CRUZ, Francisco; RONCOLATO, Murilo. Um balanço da propaganda eleitoral paga na internet em 2018. *InternetLab*, 9 set. 2019. Disponível em: http://www.internetlab.org. br/pt/informacao-e-politica/um-balanco-da-propaganda-eleitoral-paga-na-internet-em-2018/. Acesso em: 23 jan. 2020.

[49] BRITO CRUZ, Francisco; KIRA, Beatriz; MASSARO, Heloisa. *Você na mira Relatório #1*: o impulsionamento de conteúdo de pré-candidaturas na pré-campanha de 2018. São Paulo: InternetLab, 2018. Disponível em: http://www.internetlab.org.br/wp-content/uploads/2018/08/Relat%C3%B3rio-1-Voc%-C3%AA-na-Mira.pdf. Acesso em: 23 jan. 2020; BRITO CRUZ, Francisco; KIRA, Beatriz; MASSARO, Heloisa. *Você na mira Relatório #2*: um raio-X do *marketing* digital dos presidenciáveis. São Paulo: InternetLab, 2018. Disponível em: http://www.internetlab.org.br/wp-content/uploads/2018/09/Relat%C3%B3rio-Voc%C3%AA-naMira-2.pdf. Acesso em: 23 jan. 2020; BRITO CRUZ, Francisco; KIRA, Beatriz; MASSARO, Heloisa. *Você na mira Relatório #3*: a campanha política nas redes: um retrato do impulsionamento de conteúdo das candidaturas eleitas à Câmara dos Deputados. São Paulo: InternetLab, 2018. Disponível em: http://www.internetlab.org.br/wp-content/uploads/2018/11/Relatorio-Voce-Na-Mira-3-InternetLab.pdf. Acesso em: 23 jan. 2020; TACTICAL TECH. *Personal data*: political persuasion

No entanto, a campanha vitoriosa de Jair Bolsonaro à Presidência da República é um exemplo de como o microdirecionamento de conteúdo por meio de ferramentas de impulsionamento – ou seja, a venda de anúncios digitais pelas grandes plataformas de internet – não teve o mesmo papel de proeminência nas eleições brasileiras de 2018 que aquele ocupado nas eleições estadunidenses de 2016. Entretanto, isso não significa que ele tenha sido irrelevante; já que o impulsionamento é a única forma de propaganda paga na internet permitida pela Lei das Eleições. Além disso, técnicas de coleta e análise de dados para segmentação de audiências e formulação de mensagens vêm sendo cada vez mais incorporadas ao repertório das campanhas, podendo ser combinadas com ferramentas de impulsionamento, técnicas de simulação e automatização de comportamento nas redes sociais – a exemplo dos *bots* –, ou, ainda, com estratégias de envio automatizado de mensagens em massa em plataformas de comunicação privada.

1.3.2 Spam *e comunicações privadas*

Outra ferramenta disponível para campanhas políticas que passa pela coleta e uso de dados pessoais é a utilização de aplicativos de comunicação privada, como WhatsApp ou *e-mails*, para envio de mensagens e publicidade. Na ocasião do referendo sobre desarmamento no Brasil, Sorj já havia identificado práticas de envio de *spam* por meio de listas de *e-mail*.[50] Uma série de fatores contribuiu para que nos anos seguintes as ferramentas de comunicação privada, principalmente o WhatsApp, se consolidassem como uma forma de comunicação política,[51] possível de ser acoplada a redes de campanha política. Combinada com o surgimento do WhatsApp em 2009, a profusão de *smartphones* a preços mais acessíveis e práticas de *zero-rating*,[52] por exemplo, foram fatores que contribuíram para a popularização desse tipo de ferramenta de comunicação. Em 2016, 94,2% dos usuários de internet no Brasil afirmavam que sua atividade preferida na rede era "trocar mensagens por aplicativos"[53] e, em 2018, 65% dos eleitores afirmaram ter uma conta no aplicativo de mensagens instantâneas WhatsApp.[54]

---

inside the influence industry. How it works. Tactical Tech, 2019. Disponível em: https://cdn.ttc.io/s/tacticaltech.org/methods_guidebook_A4_spread_web_Ed2.pdf. Acesso em: 31 jan. 2020.

[50] SORJ, Bernardo. Internet, espaço público e *marketing* político: entre a promoção da comunicação e o solipsismo moralista. *Novos Estudos*, São Paulo, n. 76, p. 123-136, nov. 2006. Disponível em: http://www.scielo.br/scielo.php?script=sci_arttext&pid=S0101-33002006000300006&lng=en&nrm=iso. Acesso em: 22 jan. 2020.

[51] MACIEL, Marília. WhatsApp: a nova vedete das campanhas eleitorais. *In*: FALCÃO, Joaquim (org.). *Reforma Eleitoral no Brasil*: legislação, democracia e internet em debate. Rio de Janeiro: Civilização Brasileira, 2015. p. 195-203.

[52] SOPRANA, Paula. WhatsApp foi de alternativa a SMS a máquina de *fake news*. *Folha de S. Paulo*, 17 out. 2018. Disponível em: https://www1.folha.uol.com.br/poder/2018/10/whatsapp-foi-de-alternativa-a-s-ms-a-maquina-de-fakenews.shtml. Acesso em: 22 jan. 2020; CONVERGÊNCIA DIGITAL. Oi amplia zero rating para WhatsApp e Messenger no pré-pago. *Convergência Digital*, 19 out. 2018. Disponível em: http://www.convergenciadigital.com.br/cgi/cgilua.exe/sys/start.htm?UserActiveTemplate=site&UserActive Template=mobile&infoid=49259&sid=17#.XALqDuhKjIU. Acesso em: 22 jan. 2020; ESTADÃO. Claro retoma práticas de "zero rating" com WhatsApp; Facebook e Twitter. *Link Estadão*, 15 jun. 2015. Disponível em: https://link.estadao.com.br/noticias/geral,claro-retoma-praticas-de-zero-rating-com-whatsapp-facebooke-twitter,10000029247. Acesso em: 22 jan. 2020.

[53] INSTITUTO BRASILEIRO DE GEOGRAFIA E ESTATÍSTICA. Pesquisa Nacional por Amostra de Domicílios Contínua: acesso à Internet e à televisão e posse de telefone móvel celular para uso pessoal 2016. IBGE, 2018. Disponível em: https://biblioteca.ibge.gov.br/visualizacao/livros/liv101543.pdf. Acesso em: 23 jan. 2020.

[54] DATAFOLHA. *Eleições 2018*: uso de redes sociais. Relatório de pesquisa. Datafolha, 2018. Disponível em: http://media.folha.uol.com.br/datafolha/2018/10/27/44cc2204230d2fd45e18b039ee8c07a6.pdf. Acesso em: 17 dez. 2018.

572 | TRATADO DE PROTEÇÃO DE DADOS PESSOAIS

A penetração desse aplicativo no País e sua ampla disponibilidade aos eleitores não apenas consolidou o WhatsApp como um meio de troca de mensagens e informações sobre política,[55] como abriu uma série de possibilidades para que essa ferramenta fosse apropriada e se acoplasse a redes de campanha. Por um lado, aplicativos de mensagens instantâneas, a exemplo de grupos privados no Facebook e lista de *e-mail*,[56] podem ser adotados para construção de canais de comunicação internos à campanha, para que militantes se organizem, dividam tarefas e definam mensagens e narrativas. Por outro lado, eles podem ser mobilizados como ferramentas para entrega e disseminação de mensagens e propaganda política. Neste último caso, todavia, essa prática não depende da compra de anúncios, por exemplo, o microdirecionamento em plataformas como Facebook, até porque esses aplicativos contam com políticas *antispam* e não permitem, em geral, que anunciantes interfiram em ambientes de conversa "privada", nem oferecem produtos para o envio massivo de mensagens. Assim, o uso de ferramentas como o WhatsApp para disseminação de mensagens e envio de propaganda política depende do engajamento de eleitores e militantes para distribuir essas mensagens ou do uso de técnicas menos espontâneas que operam nas brechas técnicas da arquitetura desses aplicativos, como o envio de mensagens para listas de endereços eletrônicos, de forma automatizada ou não.

O uso do WhatsApp como ferramenta de comunicação política e o potencial de sua apropriação por redes de campanha em benefício de uma candidatura ficou em evidência nas eleições de 2018 no Brasil. Em outubro daquele ano, a *Folha de S. Paulo* divulgou uma reportagem investigativa na qual afirmou que empresas teriam contratado serviços de disparo em massa de mensagens no aplicativo em apoio a candidatos.[57] Em sequência, uma série de reportagens investigativas revelou todo um mercado de serviços de envio de *spam* e de administração de grupos no WhatsApp que operavam em favor de campanhas políticas. Um elemento central no oferecimento desses serviços envolvia a formação de bancos com dados pessoais e números de telefone de eleitores, a partir de informações fornecidas pelos candidatos e partidos, pelos contratantes dos serviços, ou pelas próprias empresas que ofereciam o serviço.[58] No caso mais emblemático, um dos candidatos à Presidência da República

---

[55]   INTERNETLAB; REDE CONHECIMENTO SOCIAL. Os vetores da comunicação política em aplicativos de mensagens: hábitos e percepções do brasileiro em 2020. São Paulo, 2021. Disponível em: https://www.internetlab.org.br/wp-content/uploads/2021/08/Investigando-os-vetores-de-disseminac%CC%A7a%C-C%83o-de-conteu%CC%81do-eleitoral-11.pdf. Acesso em: 18 ago. 2021.

[56]   MARICHAL, Jose. Political Facebook groups: micro-activism and the digital front stage. *First Monday*, v. 18, n. 12, 2013. Disponível em: https://ojphi.org/ojs/index.php/fm/article/view/4653/3800#p8. Acesso em: 24 jan. 2020; WOOLLEY, Julia K.; LIMPEROS, Anthony M.; OLIVER, Mary Beth. The 2008 presidential election, 2.0: a content analysis of user-generated political Facebook groups. *Mass Communication and Society*, v. 13, n. 5, p. 631-652, 2010.

[57]   MELLO, Patricia Campos. Empresários bancam campanha contra o PT pelo WhatsApp. *Folha de S. Paulo*, São Paulo, ano 98, n. 32.705, 18 out. 2018. Opinião A2. Disponível em: https://www1.folha.uol. com.br/poder/2018/10/empresarios-bancam-campanha-contra-o-pt-pelo-whatsapp.shtml. Acesso em: 22 jan. 2019.

[58]   RODRIGUES, Artur; MELLO, Patrícia Campos. Fraude com CPF viabilizou disparo de mensagens de WhatsApp na eleição. *Folha de S. Paulo*, 2 dez. 2018. Disponível em: https://www1.folha.uol.com.br/poder/2018/12/fraude-com-cpf-viabilizou-disparo-demensagens-de-whatsapp-na-eleicao.shtml. Acesso em: 24 jan. 2020; GASPAR, Malu. No submundo do *marketing* político. *Piauí*, 22 out. 2018. Disponível em: https://piaui.folha.uol.com.br/o-submundo-domarketing-politico-vem-tona/. Acesso em: 24 jan. 2020; AUDI, Amanda; DIAS, Tatiana. Vídeo: seu número de telefone vale 9 centavos no zap dos políticos. *The Intercept Brasil*, 22 out. 2018. Disponível em: https://theintercept.com/2018/10/22/whatsapp-politicos/. Acesso em: 24 jan. 2020; MAGENTA, Matheus; GRAGNANI, Juliana; SOUZA, Felipe. Eleições 2018: como telefones de usuários do Facebook foram usados por campanhas em "disparos em massa"

PARTE III · Cap. 29 · DADOS PESSOAIS EM CAMPANHAS POLÍTICAS | 573

chegou a usar um banco com dados de beneficiários do programa Bolsa Família para enviar mensagens prometendo estender o benefício.[59]

Um estudo exploratório sobre o envio de *spam* político no WhatsApp identificou que os usos dessa ferramenta durante o período eleitoral de 2018 foram variados, distribuídos por todo o espectro político, servindo à disseminação de santinhos virtuais, *memes*, mensagens polarizantes e até boatos. No entanto, uma característica comum à grande parte das mensagens analisadas foi a ausência de consentimento ou pedido por parte do destinatário para que a mensagem fosse enviada. A demonstração de surpresa por parte dos eleitores diante do recebimento dessas mensagens, inclusive, indica que seus dados pessoais foram usados para o envio de mensagens e propaganda política provavelmente à revelia de seu conhecimento e consentimento.[60]

No pleito de 2020, esse tipo de prática apareceu novamente. Uma pesquisa conduzida pelo InternetLab e pela Rede Conhecimento Social identificou que 21% dos usuários do aplicativo receberam conteúdos de número desconhecido sobre as eleições municipais, enquanto 24% foram inseridos por um número desconhecido em grupos de WhatsApp sobre o tema.[61] Esses dados revelam situações que trazem indício de práticas de *spam* político no aplicativo.

Junto com técnicas de segmentação de audiência, modelagem de mensagens e microdirecionamento de anúncios, o envio de mensagens por meio de aplicativos de mensagens privadas consiste em uma das principais formas em que capacidades de coleta e análise de dados pessoais são empregadas no âmbito de campanhas políticas em favor de candidatos, partidos e coligações.[62] Podendo ser combinadas e recombinadas com outras técnicas de simulação de comportamento *on-line*, criação de perfis inautênticos e distribuição de mensagens, elas compõem um repertório de ferramentas de *marketing* político digital disponíveis não só às máquinas oficiais de campanhas, mas a uma diversidade de atores políticos articulados em estruturas de campanhas em rede.

Compondo o cenário de campanhas reprogramadas, técnicas de tratamento de dados pessoais se chocaram com um modelo regulatório eleitoral pensado para campanhas de televisão, que carecia de regras para a tutela da privacidade e da proteção de dados pessoais do

---

no WhatsApp. *BBC*, 20 out. 2018. Disponível em: https://www.bbc.com/portuguese/brasil-45910249. Acesso em 24 jan. 2020; RAMOS, Marcella. Exclusão de perfil irregular no WhatsApp não bloqueia rede de desinformação. *Piauí*, 20 out. 2018. Disponível em: https://piaui.folha.uol.com.br/exclusao-de-perfil--irregular-no-whatsapp-nao-bloqueia-rede-dedesinformacao/. Acesso em: 24 jan. 2020.

[59] FOLHA DE S. PAULO. Campanha de Meirelles enviou WhatsApp a beneficiários do Bolsa Família. *Folha de S. Paulo*, 5 nov. 2018. Disponível em: https://www1.folha.uol.com.br/poder/2018/11/campanha-de--meirelles-enviou-whatsapp-abeneficiarios-do-bolsa-familia.shtml. Acesso em: 24 jan. 2020.

[60] BRITO CRUZ, Francisco; MASSARO, Heloisa; BORGES, Ester. *"Santinhos", memes e correntes*: um estudo sobre spam político no WhatsApp. São Paulo: InternetLab, 2019. Disponível em: http://www.internetlab.org.br/wp-content/uploads/2019/04/Relat%C3%B3rio-Spam-WhatsApp.pdf. Acesso em: 13 set. 2019.

[61] INTERNETLAB; REDE CONHECIMENTO SOCIAL. Os vetores da comunicação política em aplicativos de mensagens: hábitos e percepções do brasileiro em 2020. São Paulo, 2021. Disponível em: https://www.internetlab.org.br/wp-content/uploads/2021/08/Investigando-os-vetores-de-disseminac%CC%A7a%C-C%83o-de-conteu%CC%81do-eleitoral-11.pdf. Acesso em: 18 ago. 2021.

[62] AUDI, Amanda; DIAS, Tatiana. Vídeo: seu número de telefone vale 9 centavos no zap dos políticos. *The Intercept Brasil*, 22 out. 2018. Disponível em: https://theintercept.com/2018/10/22/whatsapp-politicos/. Acesso em: 24 jan. 2020. GASPAR, Malu. No submundo do *marketing* político. *Piauí*, 22 out. 2018. Disponível em: https://piaui.folha.uol.com.br/o-submundo-domarketing-politico-vem-tona/. Acesso em: 31 jan. 2020.

eleitor. Em 2018, esse choque resultou em ambiente de incerteza regulatória e de vulnerabilidades a abusos e riscos no uso de dados pessoais. O espaço para um mercado de serviços de marketing envolvendo o uso de bancos de dados formados de maneira controversa para envios de *spam* político nas eleições daquele ano esteve associado a essa confluência de fatores. Sem que a LGPD estivesse em vigor, os dispositivos que regulavam o uso de dados em contextos eleitorais foram escassos, o que se combinou com uma incerteza a respeito da legalidade, ou não, dessas técnicas de envio de mensagens em massa. No entanto, com a LGPD, o cenário regulatório que se desenha é outro: o país passa a ter um marco regulatório para proteção de dados, ao mesmo tempo que a inclusão de novas regras na legislação eleitoral para endereçar alguns aspectos dessas campanhas reprogramadas passa a ser debatida, seja no âmbito das resoluções do TSE ou, ainda, em uma ampla reforma eleitoral em andamento no Legislativo.

2. UMA REGULAMENTAÇÃO EM CONSTANTE EVOLUÇÃO: INSTRUMENTOS E REMÉDIOS JURÍDICOS

Leis para proteção de dados pessoais têm como um de seus escopos garantir ao cidadão poder e autonomia sobre a circulação de seus dados pessoais, visando protegê-lo de riscos advindos de operações de tratamento de dados que o vulnerabilizem.[63] Com as crescentes capacidades de coleta, análise e armazenamento de dados, torna-se mais fácil conhecer os indivíduos, suas preferências, hábitos e atividades. Assim, o poder de persuasão da publicidade digital cresce exponencialmente. Em contextos eleitorais, essas regras são especialmente importantes, pois elas garantem uma esfera de proteção ao eleitor contra estratégias de *marketing* que busquem construir conhecimento sobre esse eleitor para persuadi-lo, o que por vezes pode levar a riscos de manipulação, de fratura no debate político, de exclusão de população e de distorções no acesso à informação sobre o debate público. Com a reprogramação das campanhas eleitorais e a profusão de técnicas de *marketing* digital que envolvem análise e uso de dados pessoais, esse tipo de regulação se torna ainda mais relevante no âmbito eleitoral.

2.1 A Lei das Eleições e a proteção jurídica de dados pessoais de eleitores até a LGPD

Aprovada em 1997, quando os períodos eleitorais ainda eram protagonizados por campanhas com forte componente televisivo e atos de rua, a Lei das Eleições (Lei 9.504/1997) passou a ter na primeira década do século XXI uma seção sobre propaganda na internet composta por dispositivos incorporados principalmente pelas minirreformas eleitorais de 2009[64] e 2017.[65] Na última década do século anterior, quando a lei foi aprovada, consolidava-se no País um modelo regulatório eleitoral pensado para as campanhas de televisão. Fundamentado em premissas que envolviam a garantia de direitos políticos e da igualdade de chances e paridade de armas, por exemplo, esse modelo não tinha como força motriz a garantia normativa da tutela da privacidade e dos dados pessoais dos eleitores, pelo menos não nos termos contemporâneos. Os dispositivos de proibição ao *telemarketing* e vedação a venda, cessão, uso e

---

[63] BRITO CRUZ, Francisco; SILVEIRA, Hélio Freitas de Carvalho da; ABREU, Jacqueline de Souza; ANDRADE, Marcelo Santiago de Pádua; VIEIRA, Rafael Sonda; OLIVA, Thiago Dias. *Direito eleitoral na era digital.* Belo Horizonte: Casa do Direito, 2018.

[64] Lei 12.034/2009.

[65] Lei 13.488/2017.

PARTE III · Cap. 29 · DADOS PESSOAIS EM CAMPANHAS POLÍTICAS | 575

doação de cadastros eletrônicos foram incorporados mais de uma década depois, vinculados sobretudo à garantia da igualdade de chances e à proteção da ordem pública.[66]

Na minirreforma eleitoral de 2009, foi incluído na Lei das Eleições o art. 57-E, que, em seu § 1.º, passou a proibir de forma ampla a venda de cadastro de endereços eletrônicos e, na redação do *caput*, vedar que as pessoas relacionadas no art. 24 da lei usem, cedam ou doem cadastros eletrônicos de clientes em favor de candidatos, partidos ou coligações. Na hipótese de violação às vedações do artigo, o responsável pela veiculação da propaganda que se beneficiou desses cadastros e endereços ficaria sujeito à multa no valor de R$ 5 mil a R$ 30 mil, quando comprovado seu prévio conhecimento.[67]

Desde que foi aprovado, o artigo passou a ser a principal regra da legislação eleitoral que conferia algum grau de proteção aos dados pessoais de eleitores, restringindo algumas hipóteses de uso e compartilhamento de dados. Ele passou a estabelecer uma garantia mínima contra atividades de pessoas jurídicas que desvirtuassem a finalidade para a qual dados pessoais de seus clientes fossem coletados, explorando-os, cedendo-os ou vendendo-os para propósitos eleitorais sem o consentimento do titular.[68] No entanto, a incorporação dessa regra não parece ter se fundado em uma racionalidade de proteção de dados, mas em uma conexão entre igualdade de chances e garantia de direitos individuais. Ao vedar que certos atores doem, cedam, usem ou vendem dados em favor de certas candidaturas, a lei passou a estabelecer restrições para garantir a paridade de armas entre os candidatos, evitando que alguns tirassem benefícios de recursos não disponíveis a outros.[69] Sem garantir direitos ao titular de dados, fixar deveres àqueles que realizam atividades de tratamento de dados, nem definir mecanismos de fiscalização, o dispositivo não foi estruturado a partir de uma racionalidade de proteção de dados pessoais. A preocupação com a igualdade de chances foi, inclusive, reforçada pela referência ao art. 24 da Lei das Eleições,[70] que veda a uma série de órgãos, entidades e organizações realizar doações monetárias em favor de partidos e candidatos;[71] a essas mesmas

---

[66] BRITO CRUZ, Francisco. *Definindo as regras do jogo*: a regulação de campanhas políticas e a internet. 2019. 380 f. Tese (Doutorado em Filosofia e Teoria Geral do Direito) – Faculdade de Direito, Universidade de São Paulo, São Paulo, 2019.

[67] "Art. 57-E. São vedadas às pessoas relacionadas no art. 24 a utilização, doação ou cessão de cadastro eletrônico de seus clientes, em favor de candidatos, partidos ou coligações. § 1.º É proibida a venda de cadastro de endereços eletrônicos. § 2.º A violação do disposto neste artigo sujeita o responsável pela divulgação da propaganda e, quando comprovado seu prévio conhecimento, o beneficiário à multa no valor de R$ 5.000,00 (cinco mil reais) a R$ 30.000,00 (trinta mil reais)."

[68] BRITO CRUZ, Francisco; SILVEIRA, Hélio Freitas de Carvalho da; ABREU, Jacqueline de Souza; ANDRADE, Marcelo Santiago de Pádua; VIEIRA, Rafael Sonda; OLIVA, Thiago Dias. *Direito eleitoral na era digital*. Belo Horizonte: Casa do Direito, 2018.

[69] BRITO CRUZ, Francisco. *Definindo as regras do jogo*: a regulação de campanhas políticas e a internet. 2019. 380 f. Tese (Doutorado em Filosofia e Teoria Geral do Direito) – Faculdade de Direito, Universidade de São Paulo, São Paulo, 2019.

[70] "Art. 24. É vedado, a partido e candidato, receber direta ou indiretamente doação em dinheiro ou estimável em dinheiro, inclusive por meio de publicidade de qualquer espécie, procedente de: I – entidade ou governo estrangeiro; II – órgão da administração pública direta e indireta ou fundação mantida com recursos provenientes do Poder Público; III – concessionário ou permissionário de serviço público; IV – entidade de direito privado que receba, na condição de beneficiária, contribuição compulsória em virtude de disposição legal; V – entidade de utilidade pública; VI – entidade de classe ou sindical; VII – pessoa jurídica sem fins lucrativos que receba recursos do exterior; VIII – entidades beneficentes e religiosas; IX – entidades esportivas; X – organizações não governamentais que recebam recursos públicos; XI – organizações da sociedade civil de interesse público."

[71] Desde o julgamento da Ação Direta de Inconstitucionalidade 4650 pelo STF em 2015, as pessoas jurídicas de direito privado passaram a ser consideradas no rol do art. 24, estando também proibidas de realizar doações.

TRATADO DE PROTEÇÃO DE DADOS PESSOAIS

pessoas também passou a ser vedado ceder, doar ou usar cadastros de endereços eletrônicos em favor de candidatos, partidos ou coligações.

A autonomia do cidadão sobre seus dados, que informa a racionalidade de diversos regimes de proteção de dados, ficou protegida por tabela, e de forma limitada.[72] Apesar de ser o principal dispositivo que passou a abordar uma regulação mínima no uso de dados pessoais por campanhas, o art. 57-E não adotou a terminologia "dados pessoais", mas sim "cadastro de endereços eletrônicos" e "cadastro eletrônico", o que restringiu seu âmbito de incidência. Outros dados pessoais que não fossem endereços eletrônicos ou que não fizessem parte de cadastro eletrônico estariam excluídos da tutela eleitoral, assim como atividades diversas das de venda – no caso de endereços eletrônicos –, cessão, uso e doação.

Junto com o art. 57-E, a minirreforma eleitoral de 2009 também incluiu o art. 57-G na Lei das Eleições,[73] que passou a estabelecer um dever de descadastramento. A regra passou a complementar o art. 57-B, III, da mesma lei, que autoriza a realização de propaganda eleitoral na internet por meio de mensagem eletrônica enviada para endereços cadastrados gratuitamente pelo candidato, partido ou coligação. Assim, no caso de propaganda enviada por meio de mensagem eletrônica, não só o cadastro de endereços deveria ter sido formado pelo candidato, partido ou coligação de forma gratuita, como também deveria haver um mecanismo de descadastramento que permitisse ao destinatário optar por não receber mais as mensagens. Ao exigir um mecanismo que garantisse ao eleitor o direito de se descadastrar, a previsão também passou a conferir certa tutela à autonomia do titular dos dados, ainda que limitada.

Decisões da Justiça Eleitoral[74] revelam que o principal âmbito de aplicação desses dispositivos são casos de uso de listas de *e-mail* para envio de propaganda eleitoral.[75] Ainda que a Lei das Eleições preveja no art. 57-B, IV, a possibilidade de realização de propaganda eleitoral por meio de *blogs*, redes sociais, sítios de mensagens instantâneas e aplicações de internet assemelhadas, e, no art. 57-C, a contratação de impulsionamento de conteúdo como única forma permitida de propaganda eleitoral paga na internet,[76] a incidência da tutela dos arts. 57-E e 57-G sobre produtos de impulsionamento e no caso de envio de mensagens no WhatsApp é incerta e controversa.

---

[72] BRITO CRUZ, Francisco. *Definindo as regras do jogo*: a regulação de campanhas políticas e a internet. 2019. 380 f. Tese (Doutorado em Filosofia e Teoria Geral do Direito) – Faculdade de Direito, Universidade de São Paulo, São Paulo, 2019.

[73] "Art. 57-G. As mensagens eletrônicas enviadas por candidato, partido ou coligação, por qualquer meio, deverão dispor de mecanismo que permita seu descadastramento pelo destinatário, obrigado o remetente a providenciá-lo no prazo de quarenta e oito horas. Parágrafo único. Mensagens eletrônicas enviadas após o término do prazo previsto no caput sujeitam os responsáveis ao pagamento de multa no valor de R$ 100,00 (cem reais), por mensagem."

[74] TRIBUNAL SUPERIOR ELEITORAL. Recurso na Representação n.º 1157-14.2014.6.00.0000 Relator: Min. Herman Benjamin. Julgado em: 03.10.2014; TRIBUNAL REGIONAL ELEITORAL DO PARANÁ. Representação n.º 229948. Relator: Des. Luciano Carrasco Falavinha Souza. Julgado em: 14.12.2010.

[75] BRITO CRUZ, Francisco; SILVEIRA, Hélio Freitas de Carvalho da; ABREU, Jacqueline de Souza; ANDRADE, Marcelo Santiago de Pádua; VIEIRA, Rafael Sonda; OLIVA, Thiago Dias. *Direito eleitoral na era digital*. Belo Horizonte: Casa do Direito, 2018.

[76] O impulsionamento de conteúdo foi incluído na Lei das Eleições pela minirreforma eleitoral de 2017 (Lei 13.488/2017). De acordo com a Resolução do TSE 23.610/2019, o impulsionamento de conteúdo é o mecanismo ou serviço que, mediante contratação com os provedores de aplicação de internet, potencializem o alcance e a divulgação da informação para atingir usuários que, normalmente, não teriam acesso ao seu conteúdo, incluída entre as formas de impulsionamento a priorização paga de conteúdos resultantes de aplicações de busca na internet, nos termos do art. 26, § 2º, da Lei nº 9.504/1997.

PARTE III · Cap. 29 · DADOS PESSOAIS EM CAMPANHAS POLÍTICAS | **577**

Os conceitos de "cadastros de clientes" e "cadastros de endereços eletrônicos", por exemplo, são estranhos às práticas de venda de priorização de resultados em aplicativos de busca ou de direcionamentos para audiências segmentadas no Facebook. No caso dessas plataformas, a tutela dos dados pessoais de seus usuários era, na verdade, regulamentada pelo Marco Civil da Internet, que prevê uma série de direitos aos usuários de provedores de aplicação de internet, como: o direito a informações claras e completas sobre coleta, uso, armazenamento, tratamento e proteção de seus dados pessoais; a necessidade de que haja consentimento expresso do usuário para coleta, uso, armazenamento e tratamento de dados pessoais; e o direito à exclusão de dados pessoais.[77]

Na hipótese de envio de mensagens por WhatsApp, apesar de a técnica se assemelhar ao uso de listas de *e-mail*, em 2017 o TRE-CE decidiu que o encaminhamento de mensagens a contatos de grupo privado não violava a vedação de uso de cadastro eletrônico.[78] Essa decisão revelou, ainda, outro problema no alcance da tutela desses dispositivos que diz respeito à doação, cessão e uso de cadastros eletrônicos de pessoas físicas em favor de candidatos, partidos e coligações. Pessoas físicas não estão abrangidas pelo rol do art. 24 da Lei das Eleições, estando autorizadas a doar recursos para candidatos e partidos. Além disso, a Resolução 23.610/2019 do TSE passou a prever em seu art. 33, § 2.º, que mensagens eletrônicas enviadas consensualmente por pessoa natural em conversas ou grupos privados não se submeteriam ao dever de descadastramento. No entanto, essas mesmas pessoas físicas poderiam possuir cadastros com dados pessoais de terceiros, como listas de contatos de *e-mail* ou de WhatsApp, e utilizá-los, cedê-los ou doá-los em favor de candidatos, partidos e coligações à revelia do consentimento do titular e sem que houvesse nenhuma regulamentação presente na Lei Eleitoral, violando a autonomia do cidadão sobre como devem ser tratados seus dados pessoais.

2.2 LGPD e novas técnicas de marketing político digital: base legal, dados sensíveis e compartilhamento de dados

Durante o período eleitoral de 2018, enquanto candidatos usavam bancos de dados da Serasa Experian para direcionar anúncios no Facebook[79] e bases de dados com números de eleitores eram utilizadas em serviços de envio de *spam* no WhatsApp,[80] as únicas regras que

---

[77] "Art. 7.º O acesso à internet é essencial ao exercício da cidadania, e ao usuário são assegurados os seguintes direitos: [...] VIII – informações claras e completas sobre coleta, uso, armazenamento, tratamento e proteção de seus dados pessoais, que somente poderão ser utilizados para finalidades que: a) justifiquem sua coleta; b) não sejam vedadas pela legislação; e c) estejam especificadas nos contratos de prestação de serviços ou em termos de uso de aplicações de internet; IX – consentimento expresso sobre coleta, uso, armazenamento e tratamento de dados pessoais, que deverá ocorrer de forma destacada das demais cláusulas contratuais; X – exclusão definitiva dos dados pessoais que tiver fornecido a determinada aplicação de internet, a seu requerimento, ao término da relação entre as partes, ressalvadas as hipóteses de guarda obrigatória de registros previstas nesta Lei e na que dispõe sobre a proteção de dados pessoais."

[78] TRIBUNAL REGIONAL ELEITORAL DO CEARÁ. Recurso Eleitoral n.º 463-88.2016.6.06.0006. Relator: Juiz Francisco Mauro Ferreira Liberato. Julgado em: 07.02.2017.

[79] BRITO CRUZ, Francisco; KIRA, Beatriz; MASSARO, Heloisa. *Você na mira Relatório #1*: o impulsionamento de conteúdo de pré-candidaturas na pré-campanha de 2018. São Paulo: InternetLab, 2018. Disponível em: http://www.internetlab.org.br/wp-content/uploads/2018/08/Relat%C3%B3rio-1-Voc%C3%AA-na-Mira.pdf. Acesso em: 23 jan. 2020.

[80] MELLO, Patricia Campos. Empresários bancam campanha contra o PT pelo WhatsApp. *Folha de S. Paulo*, São Paulo, ano 98, n. 32.705, 18 out. 2018. Opinião A2. Disponível em: https://www1.folha.uol.com.br/poder/2018/10/empresarios-bancam-campanha-contra-o-pt-pelo-whatsapp.shtml. Acesso em: 22 jan. 2019.

garantiam algum nível de proteção para os dados pessoais de eleitores se encontravam em legislações setoriais, sobretudo na Lei das Eleições e no Marco Civil da Internet. A Lei Geral de Proteção de Dados Pessoais, aprovada em julho daquele ano, ainda não estava em vigor. Sem os efeitos regulatórios e fiscalizatórios de um marco legal que assegurasse direitos ao titular de dados pessoais, impusesse deveres àqueles que coletem e tratem esses dados e estabelecesse limites às atividades de coleta, uso, tratamento e compartilhamento de dados pessoais, os eleitores estavam mais vulneráveis a usos inesperados e manipuladores de suas informações.[81]

Aprovada pelo Congresso Nacional a três meses das eleições daquele ano, a LGPD representa um marco regulatório geral sobre proteção de dados no País. Inspirada no modelo europeu, a lei tem como uma de suas principais racionalidades regulatórias a proteção à autodeterminação informativa do indivíduo, estabelecendo direitos, deveres e mecanismos de controle e fiscalização. A partir de sua entrada em vigor, quaisquer operações de tratamentos de dados pessoais realizadas no âmbito de campanhas político-eleitorais passaram a estar submetidas não apenas aos termos da legislação eleitoral, mas também às regras da LGPD. Partidos, candidatos, consultorias de *marketing* político e plataformas de internet estão sujeitos a fiscalizações e sanções em caso de descumprimento da lei. Ainda que seus efeitos sobre as campanhas políticas não sejam completamente claros, é possível vislumbrar alguns pontos de incidência da lei sobre técnicas de *marketing* político digital que envolvem tratamento de dados pessoais.

A LGPD se aplica a quaisquer atividades de tratamento[82] de dados pessoais realizadas no território nacional,[83] estabelecendo uma série de princípios que incidem sobre essas operações. O princípio da finalidade, por exemplo, determina que o tratamento de dados pessoais deve ser realizado "para propósitos legítimos, específicos, explícitos e informados ao titular, sem possibilidade de tratamento posterior de forma incompatível com essas finalidades". No caso de tratamento de dados pessoais no âmbito de campanhas eleitorais, por exemplo, esse princípio limita o uso de dados que não foram coletados para essas finalidades político-eleitorais. No caso de técnicas de segmentação de audiências ou de envio de mensagens em massa, a aplicação desse princípio restringe as possibilidades de bancos de dados coletados para finalidades outras que não político-eleitorais serem usados para informar técnicas de *marketing* político digital. O uso de bancos de dados da Serasa Experian para direcionar anúncios no Facebook identificado nas eleições de 2018, por exemplo, poderia sofrer restrições pela incidência desse princípio, se a LGPD estivesse em vigor à época.

Além da finalidade, os princípios da necessidade, da transparência, da segurança, da prevenção, da não discriminação e da prestação de contas, entre outros, devem guiar o

---

[81]   BRITO CRUZ, Francisco; SILVEIRA, Hélio Freitas de Carvalho da; ABREU, Jacqueline de Souza; ANDRADE, Marcelo Santiago de Pádua; VIEIRA, Rafael Sonda; OLIVA, Thiago Dias. *Direito eleitoral na era digital*. Belo Horizonte: Casa do Direito, 2018.

[82]   O termo "tratamento" é empregado de forma ampla pela LGPD, referindo-se a "toda operação realizada com dados pessoais, como as que se referem a coleta, produção, recepção, classificação, utilização, acesso, reprodução, transmissão, distribuição, processamento, arquivamento, armazenamento, eliminação, avaliação ou controle da informação, modificação, comunicação, transferência, difusão ou extração" (art. 5.º, X).

[83]   "Art. 3.º Esta Lei aplica-se a qualquer operação de tratamento realizada por pessoa natural ou por pessoa jurídica de direito público ou privado, independentemente do meio, do país de sua sede ou do país onde estejam localizados os dados, desde que: I – a operação de tratamento seja realizada no território nacional; II – a atividade de tratamento tenha por objetivo a oferta ou o fornecimento de bens ou serviços ou o tratamento de dados de indivíduos localizados no território nacional; ou III – os dados pessoais objeto do tratamento tenham sido coletados no território nacional."

tratamento de dados pessoais em contextos político-eleitorais. O princípio da necessidade, por sua vez, busca garantir que o tratamento se limite ao mínimo necessário para atingir uma determinada finalidade, restringindo tratamentos excessivos, como seria o caso de uma coleta de dados para a criação de perfis psicométricos detalhados para microdirecionamento de mensagens político-eleitorais, a exemplo do caso Cambridge Analytica.[84] Já o princípio da transparência visa garantir ao eleitor a autonomia sobre seus dados, exigindo que candidatos e partidos forneçam informações sobre as atividades de tratamento realizadas, o que implica não só na divulgação de políticas de privacidade, mas também na entrega de programas de governança de dados e relatórios de prestação de contas.[85]

Os princípios, no entanto, não operam sozinhos, e sim em interações com diversas outras regras, direitos e deveres definidos pela lei. Eles informam e fazem parte de uma série de outros dispositivos que podem definir limites e parâmetros para o uso de dados pessoais por atores de campanhas políticas, entre os quais se destacam as regras que definem as hipóteses para tratamento de dados pessoais, as que regulamentam o tratamento de dados pessoais sensíveis e as que estabelecem os direitos dos titulares de dados.

Quanto ao primeiro caso, o art. 7.º da LGPD traz um rol taxativo de hipóteses nas quais poderá ocorrer tratamento de dados pessoais. Assim, qualquer atividade de tratamento de dados operacionalizada no âmbito de técnicas de *marketing* eleitoral deve se fundamentar em uma dessas bases legais. A primeira dessas hipóteses, o fornecimento do consentimento do titular, previsto no inciso I, é a hipótese mais comumente invocada quando se fala sobre a aplicação da LGPD em situações nas quais dados pessoais são tratados para finalidades de *marketing* político-eleitoral, como para segmentar audiências, direcionar anúncios e enviar propaganda político-eleitoral. No entanto, ela não é a única disponível, nem é hierarquicamente superior às demais bases legais. Além do consentimento, o legítimo interesse do controlador (inciso IX), a execução de contrato (inciso V) e a obrigação legal ou regulatória (inciso II) são bases legais que podem eventualmente vir a ser utilizadas em contextos de tratamento de dados pessoais por candidatos ou partidos para finalidades político-eleitorais.[86]

A opção por uma base legal deve ser avaliada contextualmente. O Grupo de Estudos em Proteção de Dados e Eleições lançou em 2021 um relatório sobre o tema no qual recomenda a elaboração de diretrizes interpretativas a respeito da aplicação das bases legais da LGPD no contexto eleitoral.[87] No caso do consentimento, por exemplo, a LGPD exige que ele seja livre, informado e inequívoco. O titular deve ter acesso a uma série de informações sobre o

---

[84] MASSARO, Heloisa; SANTOS, Bruna; BIONI, Bruno; BRITO CRUZ, Francisco; RIELLI, Mariana; VIEIRA, Rafael. Proteção de Dados nas Eleições: democracia e privacidade. Grupo de Estudos em Proteção de Dados e Eleições, 2020. Disponível em: https://www.internetlab.org.br/wp-content/uploads/2020/09/internetlab_protecao-de-dados-nas-eleicoes.pdf. Acesso em: 18 ago. 2021.

[85] GRUPO DE ESTUDOS EM PROTEÇÃO DE DADOS E ELEIÇÕES. Proteção de Dados Pessoais e Eleições: Relatório de Recomendações para o quadro brasileiro atual. Grupo de Estudos em Proteção de Dados e Eleições, 2021. Disponível em: https://www.internetlab.org.br/wp-content/uploads/2021/07/relatorio_recomendacoes_ok_23072021-1.pdf. Acesso em: 18 ago. 2021.

[86] GRUPO DE ESTUDOS EM PROTEÇÃO DE DADOS E ELEIÇÕES. Proteção de Dados Pessoais e Eleições: Relatório de Recomendações para o quadro brasileiro atual. Grupo de Estudos em Proteção de Dados e Eleições, 2021. Disponível em: https://www.internetlab.org.br/wp-content/uploads/2021/07/relatorio_recomendacoes_ok_23072021-1.pdf. Acesso em: 18 ago. 2021.

[87] GRUPO DE ESTUDOS EM PROTEÇÃO DE DADOS E ELEIÇÕES. Proteção de Dados Pessoais e Eleições: Relatório de Recomendações para o quadro brasileiro atual. Grupo de Estudos em Proteção de Dados e Eleições, 2021. Disponível em: https://www.internetlab.org.br/wp-content/uploads/2021/07/relatorio_recomendacoes_ok_23072021-1.pdf. Acesso em: 18 ago. 2021.

tratamento de seus dados para que o consentimento seja válido, incluindo a finalidade político-eleitoral daquele tratamento – arts. 8.º, § 4.º, e 9.º da LGPD. Qualquer alteração nessas informações ou na finalidade de tratamento dos dados deve ser devidamente informada ao titular, que poderá revogar seu consentimento – arts. 8.º, § 6.º, e 9.º, § 2.º. Assim, a opção por essa base legal deve ser feita apenas quando houver segurança e as condições necessárias para oferecer efetivamente essa escolha ao titular e para geri-la adequadamente.[88] Já no caso do legítimo interesse, a LGPD estabelece uma disciplina específica no art. 10. Assim, a opção por essa base legal em contextos político-eleitorais deve ser precedida de um teste no qual sejam balanceados o interesse do candidato ou do partido (que não deve ser contrário à lei) em tratar aqueles dados, com os direitos fundamentais do titular e sua legítima expectativa a respeito do uso de seus dados, e com a garantia de que o tratamento envolva apenas os dados estritamente necessários para se atingir aquela finalidade e com a máxima transparência.[89] A adequação de uma base legal a uma determinada atividade de tratamento de dados pessoais não pode ser definida *a priori*, em termos abstratos, mas deve levar em consideração os elementos contextuais de cada caso em concreto.

As bases legais do art. 7.º, no entanto, se aplicam apenas a dados pessoais não sensíveis. Quando os dados pessoais em questão envolvem informações sobre opinião política ou filiação a sindicatos ou organizações de caráter político, eles passam a ser considerados dados pessoais sensíveis, estando sujeitos a um regime específico mais protetivo ao titular dos dados. As hipóteses que justificam o tratamento desse tipo de dado, previstas no art. 11, são mais restritas: não abrangem o legítimo interesse, por exemplo, e, no caso do consentimento, é necessário um consentimento específico e destacado, para finalidades específicas. Cadastros de apoiadores e simpatizantes construídos ou controlados pelas campanhas, dados sobre interesses e opiniões políticas de eleitores e, até mesmo, informações sobre afinidades políticas inferidas a partir da análise de outros dados pessoais podem se enquadrar no conceito de dado pessoal sensível, sujeitando-se a esse regime mais restritivo.

Em ambos os casos, de tratamento de dados sensíveis ou não sensíveis, para além das hipóteses que justificam o tratamento, incidem também as regras que definem os direitos dos titulares. No art. 18, a LGPD elenca uma série de direitos que devem ser garantidos aos titulares dos dados pessoais, como acesso aos dados, correção, anonimização, confirmação do tratamento, portabilidade, revogação do consentimento, entre outros. Para o exercício desses direitos, o titular deve apresentar um requerimento ao agente de tratamento, que deverá atender ao pedido ou informar as razões que impedem a adoção imediata de providências – art. 18, §§ 3.º e 4.º.

Ao realizar tratamento de dados pessoais para finalidades político-eleitorais, candidaturas e partidos devem se submeter a essas regras e garantir aos titulares de dados o exercício dos seus direitos. No entanto, os termos e os prazos para que os requerimentos do titular sejam atendidos ainda dependem de regulamentação, conforme art. 18, § 5.º, a forma como candidatos e partidos devem garantir o exercício desses direitos ainda não é completamente clara e depende em certa medida de uma regulamentação mais específica.

---

[88]   GRUPO DE ESTUDOS EM PROTEÇÃO DE DADOS E ELEIÇÕES. Proteção de Dados Pessoais e Eleições: Relatório de Recomendações para o quadro brasileiro atual. Grupo de Estudos em Proteção de Dados e Eleições, 2021. Disponível em: https://www.internetlab.org.br/wp-content/uploads/2021/07/relatorio_recomendacoes_ok_23072021-1.pdf. Acesso em: 18 ago. 2021.

[89]   GRUPO DE ESTUDOS EM PROTEÇÃO DE DADOS E ELEIÇÕES. Proteção de Dados Pessoais e Eleições: Relatório de Recomendações para o quadro brasileiro atual. Grupo de Estudos em Proteção de Dados e Eleições, 2021. Disponível em: https://www.internetlab.org.br/wp-content/uploads/2021/07/relatorio_recomendacoes_ok_23072021-1.pdf. Acesso em: 18 ago. 2021.

Em um relatório de recomendações lançado em 2021, o Grupo de Estudos em Proteção de Dados e Eleições aponta a necessidade de que haja uma regulamentação dos direitos dos titulares para contextos político-eleitorais, que leve em consideração tanto a diversidade de campanhas, com tamanhos e capacidades variadas, quanto sensibilidades específicas do momento eleitoral, como o risco de que mecanismos para exercício de direitos sejam instrumentalizados para prejudicar adversários.[90]

Mas, muito além dos princípios, das bases legais e dos direitos dos titulares, a LGPD estabelece todo um novo regime jurídico de proteção de dados pessoais, com uma série de regras que garantem um âmbito de proteção à autonomia do cidadão sobre seus dados. Ao incidir sobre quaisquer atividades de tratamento de dados pessoais, essas regras também se aplicam a hipóteses de tratamento de dados de eleitores para finalidades político-eleitorais. Não se trata apenas dos casos exemplificados, mas de toda a regulamentação definida pela lei. No entanto, o que essa nova estrutura regulatória vai significar para as campanhas eleitorais ainda é uma questão permeada de incertezas, que depende da construção de uma ponte com a legislação eleitoral.

3. A IMPLEMENTAÇÃO DE UM SISTEMA DE PROTEÇÃO DE DADOS PESSOAIS NO CONTEXTO ELEITORAL: UMA PONTE EM CONSTRUÇÃO

O que a LGPD vai significar como regulação de todo um amplo e novo âmbito de atividades econômicas é um caminho em construção. No âmbito de campanhas políticas ele é ainda mais indefinido, de forma que a extensão dessa tutela é apenas uma miragem. Resolver essa questão não depende apenas da manifestação de vontade de uma autoridade, mas de uma construção política, social e técnica muito mais elaborada. Mas o que precisa ser construído? Uma metáfora que pode ser utilizada é a de uma ponte, ou seja, de uma estrutura perene de troca entre duas margens que hoje estão distantes. De um lado, o direito eleitoral, que é acompanhado de princípios jurídicos próprios e profundamente necessários para a manutenção da democracia representativa, e, de outro, o direito da proteção de dados pessoais, área nascente, de forte ancoragem técnica.

Por mais que existam fundações dessa conexão presentes em ambas as margens, a tutela dessas técnicas não acumula experiência institucional significativa, estando apenas em seus primeiros passos. Entre muitos possíveis, três comentários podem ser feitos sobre o atual estágio dessa construção. Em primeiro lugar sobre a regulamentação e aplicação desse novo conjunto de regras de proteção de dados, em especial levando em conta as competências da Justiça Eleitoral. Em segundo lugar, sobre como essa fiscalização depende, em parte, de uma regulamentação atenta às especificidades do processo eleitoral, podendo se traduzir em matéria normativa infralegal, em especial tendo em vista o vigoroso poder normativo do ramo judiciário eleitoral, que atualiza as regras válidas às eleições com periodicidade bianual e já abordou o assunto na resolução sobre propaganda válida para o pleito municipal de 2020. Em terceiro lugar, sobre como algumas estruturas dessa ponte podem ser fundadas pelo legislativo, que debate em 2021 uma ampla reforma da legislação eleitoral.

---

[90] GRUPO DE ESTUDOS EM PROTEÇÃO DE DADOS E ELEIÇÕES. Proteção de Dados Pessoais e Eleições: Relatório de Recomendações para o quadro brasileiro atual. Grupo de Estudos em Proteção de Dados e Eleições, 2021. Disponível em: https://www.internetlab.org.br/wp-content/uploads/2021/07/relatorio_recomendacoes_ok_23072021-1.pdf. Acesso em: 18 ago. 2021.

582 | TRATADO DE PROTEÇÃO DE DADOS PESSOAIS

3.1 Regulamentação e aplicação da LGPD

No tocante à regulação e aplicação da lei, o principal dilema é como equacionar funcionalmente as funções da ANPD e da Justiça Eleitoral. Como órgão de cúpula, o TSE tem competência para normatizar e uniformizar a aplicação das leis eleitorais,[91] mas não para regulamentar o que não seja lei eleitoral, ou seja, os dispositivos da LGPD. No entanto, é atribuído à Justiça Eleitoral a competência exclusiva para fiscalizar e regulamentar as atividades de propaganda eleitoral, afastando-se a ingerência de órgãos administrativos, do Executivo ou das polícias sobre a atividade eleitoral,[92] como forma de centralizar a governança do processo e garantir a lisura do pleito, evitando a interferência de poderes cujos cargos estão em disputa. No caso do direito autoral, por exemplo, em que a competência de atuação não é originalmente da justiça eleitoral, cabe a ela, no entanto, fiscalizar e coibir condutas ilegais no âmbito do seu exercício de poder de polícia, sem prejuízo de que uma eventual responsabilidade civil vir a ser apreciada posteriormente pela justiça comum.[93]

Por outro lado, do lado da atuação da ANPD, o problema é duplo em casos relacionados às eleições. Em primeiro lugar, na medida em que sua direção é fruto de indicação política, sua intervenção no processo eleitoral colide com a lógica da legislação eleitoral e cai em águas de difícil navegação. O que fazer se uma candidatura levar à Justiça Eleitoral que a candidatura apoiada pelo incumbente do Executivo Federal está sendo beneficiada pela atuação da ANPD? Em segundo lugar, como a ANPD lidará com regras emitidas pelo TSE que regulamentem dispositivos das leis eleitorais que também sejam casos envolvendo infrações à LGPD? Tais dificuldades institucionais refletem as dificuldades mais amplas de construção da "ponte" supracitada e, nesse sentido, o esforço por sua construção só poderia começar a partir de esforços estruturais.

Em trabalho anterior, Brito Cruz[94] resume parte desses esforços necessários ao analisar a interação entre a estrutura regulatória eleitoral e a LGPD:

> "Primeiramente, a ligação entre regulação de proteção de dados e direito eleitoral depende de uma base conceitual e doutrinária que produza o sentido de aplicação de regras de proteção de dados pessoais para campanhas, articulando as premissas normativas envolvidas. Nesse caso, é necessário fazer escolhas sobre como a garantia à privacidade será enquadrada. Por um lado, a privacidade pode ser vista como um meio de proteção da autonomia individual em face de processos de manipulação via publicidade comportamental, o que implicaria a incidência da ação estatal em situações nas quais o cidadão não estaria apto a proteger. Por outro, ela poderá ser encarada sob um prisma mais contratual, representando um ativo econômico dis-

---

[91] A competência do TSE de regulamentar as leis eleitorais vem de dois principais dispositivos, o art. 23, IX, do Código Eleitoral e o art. 105 da Lei das Eleições. Ambos os dispositivos estabelecem que compete ao TSE editar instruções normativas para a devida execução dos respectivos diplomas legais. No âmbito da propaganda eleitoral na internet, essa competência é reforçada pelo art. 57-J, que define a competência do TSE de regulamentação dos dispositivos 57-A a 57-I da Lei das Eleições, levando em consideração as ferramentas tecnológicas existentes.

[92] MOURA, Agra et al. *Comentários à Nova Lei Eleitoral* – Lei n. 12.034, de 29 de Setembro de 2009. Rio de Janeiro: Forense, 2010.

[93] Art. 111 da Resolução 23.610/2019 do Tribunal Superior Eleitoral.

[94] BRITO CRUZ, Francisco. *Definindo as regras do jogo*: a regulação de campanhas políticas e a internet. 2019. 380 f. Tese (Doutorado em Filosofia e Teoria Geral do Direito) – Faculdade de Direito, Universidade de São Paulo, São Paulo, 2019.

ponível por esse indivíduo e enquadrado por regras de contribuição em campanha, mas não passível de tutela para além do que foi bilateralmente acordado.

Em segundo, é necessária a inclusão de dispositivos que remetam e contemplem a LGPD nos regulamentos editados pelo TSE ou na própria Lei das Eleições, em processos de acomodação semelhante ao que ocorreu em face dos conflitos normativos com o Marco Civil da Internet, possivelmente contemplando as preocupações de interferência política descritas acima e transferindo poder à Justiça Eleitoral.

Por fim, em terceiro, emergem questões de capacidade e articulação institucional das agências envolvidas – da ANDP de lidar com temas eleitorais e da Justiça Eleitoral de compreender e se movimentar no tema da proteção de dados. Isso quer dizer que transferir poder à Justiça Eleitoral não pode vir desacompanhada de intensa capacitação institucional de sua estrutura de servidores e magistrados".

3.2 Regulamentação da LGPD e a resolução do TSE para as eleições de 2020

A importância de equacionar funcionalmente as funções da ANPD e da Justiça Eleitoral está diretamente ligada a um segundo ponto: a necessidade de uma regulamentação da lei atenta às especificidades do processo eleitoral. A LGPD, como se extrai de seu próprio nome, é uma lei geral, que abarca uma ampla gama de atividades que envolvem, em algum grau, o tratamento de dados pessoais. Na sua aplicação a situações concretas, a LGPD passa a interagir com diversas regulações setoriais, e precisa, assim, ser devidamente equacionada com esses diversos cenários, um caminho ainda em construção.

No contexto eleitoral, no entanto, esse equacionamento ganha outros contornos e se torna especialmente sensível na medida em que a proteção de dados pessoais passa a dialogar com regras que estabelecem as garantias e estruturas essenciais do regime democrático. A ausência de uma regulamentação específica e apropriada gera um cenário instável e de insegurança para partidos e candidatos, pois a lei pode acabar ganhando interpretações e aplicações diversas, afetando o equilíbrio da disputa eleitoral.

Assim, se revela essencial uma regulamentação da Lei Geral de Proteção de Dados Pessoais específica para contextos político-eleitorais que seja atenta às especificidades desse cenário. Em seu relatório de recomendações, o Grupo de Estudos em Proteção de Dados e Eleições apontou a importância de que haja, ao menos, regulamentações específicas sobre direitos do titular, transparência e prestação de contas, e indicação de encarregado, além de diretrizes para aplicação de bases legais por candidaturas e partidos.[95]

Em 2019, o TSE deu os primeiros passos, ainda que tímidos e controversos, para a construção dessa ponte, por ocasião da edição da resolução sobre propaganda eleitoral que regeu as eleições municipais de 2020.

O Código Eleitoral, em seu art. 23, IX, e a Lei das Eleições, no art. 105, definiram a competência geral do TSE para a edição de instruções normativas regulamentando as regras de ambos os diplomas normativos. No caso da propaganda na internet, a competência do TSE é um pouco mais ampla, definida pelo art. 57-J da Lei das Eleições.[96] Nesses casos, o TSE tem

---

[95] GRUPO DE ESTUDOS EM PROTEÇÃO DE DADOS E ELEIÇÕES. Proteção de Dados Pessoais e Eleições: Relatório de Recomendações para o quadro brasileiro atual. Grupo de Estudos em Proteção de Dados e Eleições, 2021. Disponível em: https://www.internetlab.org.br/wp-content/uploads/2021/07/relatorio_recomendacoes_ok_23072021-1.pdf. Acesso em: 18 ago. 2021.

[96] "Art. 57-J. O Tribunal Superior Eleitoral regulamentará o disposto nos arts. 57-A a 57-I desta Lei de acordo com o cenário e as ferramentas tecnológicas existentes em cada momento eleitoral e promoverá,

competência para regulamentar os arts. 57-A a 57-I da Lei das Eleições levando em consideração as ferramentas tecnológicas existentes em dado período eleitoral, além de ter competência para formular e divulgar regras de boas práticas sobre campanha política na internet. Essa competência específica para regulamentação das regras sobre propaganda eleitoral passou a conferir um grau mínimo de flexibilidade do Tribunal para a adaptação das regras eleitorais às novas ferramentas de *marketing* político digital que surgem continuamente, visando evitar que essas regras se tornem excessivamente obsoletas em face dos avanços tecnológicos.

Foi no exercício dessas atribuições que, no dia 18 de dezembro de 2019, o TSE aprovou a Resolução 23.610/2019 sobre propaganda eleitoral, após um processo de consulta pública que contou com contribuições de diversas entidades, organizações e empresas.[97] No âmbito de sua competência de regulamentação e levando em consideração o crescente uso de técnicas de *marketing* digital que envolvem o uso de dados pessoais, o TSE atualizou alguns dispositivos da resolução anterior, incorporando regras importantes para a garantia da proteção dos dados pessoais de eleitores. Na ausência de uma reforma legislativa, o tribunal deu os primeiros passos para construir uma ponte entre direito eleitoral e proteção de dados pessoais.

No art. 41, ao final do capítulo sobre propaganda eleitoral na internet, a Resolução passou a trazer uma disposição geral sobre a aplicação da LGPD no âmbito da resolução, traçando uma primeira ligação entre a LGPD e a regulação eleitoral, ao indicar que aquela se aplicaria no âmbito desta no que couber.[98] No entanto, para além da regra geral, a resolução incorporou algumas regras específicas endereçando a proteção de dados pessoais dos eleitores ao levar em consideração algumas das técnicas de *marketing* digital adotadas por campanhas políticas.

3.2.1 Envio de mensagens eletrônicas e disparos em massa

No que tange aos usos de listas de *e-mails* e aplicativos de mensagens instantâneas para envio de propaganda política, tendo por referência as denúncias envolvendo o disparo de mensagens em massa no WhatsApp durante as eleições de 2018, a resolução incorporou duas regras. No art. 28, a resolução regulamentou o art. 57-B da Lei das Eleições, que dispõe sobre as formas permitidas de propaganda eleitoral na internet. No inciso III, ao regulamentar a realização de propaganda eleitoral por meio de mensagem eletrônica enviada para endereços cadastrados gratuitamente, a resolução passou a trazer uma referência direta à LGPD, exigindo que fossem observadas as disposições da lei quanto ao consentimento do titular dos dados para a formação desses cadastros.[99] Assim, no caso de propaganda enviada por meio de mensagem eletrônica, para além do dever de que houvesse um mecanismo de descadastramento e de que esses endereços fossem cadastrados gratuitamente, passou a ser necessário o consentimento do titular para o tratamento desses dados, nos termos da LGPD.

---

para os veículos, partidos e demais entidades interessadas, a formulação e a ampla divulgação de regras de boas práticas relativas a campanhas eleitorais na internet."

[97] INTERNETLAB. Internetlab faz sugestões ao TSE para as novas regras sobre propaganda eleitoral em 2020. InternetLab, 4 dez. 2019. Disponível em: http://www.internetlab.org.br/pt/informacao-e-politica/internetlab-faz-sugestoes-ao-tse-para-as-novas-regras-sobre-propaganda-eleitoral-em-2020/. Acesso em: 31 jan. 2020.

[98] "Art. 41. Aplicam-se a esta Resolução, no que couber, as disposições previstas na Lei n.º 13.709/2018 (Lei Geral de Proteção de Dados)."

[99] "Art. 28. A propaganda eleitoral na internet poderá ser realizada nas seguintes formas: [...] III – por meio de mensagem eletrônica para endereços cadastrados gratuitamente pelo candidato, pelo partido político ou pela coligação, observadas as disposições da Lei Geral de Proteção de Dados quanto ao consentimento do titular."

Em paralelo, no inciso IV desse mesmo artigo, ao regulamentar a realização de propaganda eleitoral por meio de *blogs*, redes sociais, sítios de mensagens instantâneas e aplicações de internet assemelhadas, foi inserida uma previsão expressa vedando a contratação de disparo em massa de conteúdo.[100] Essa mesma vedação foi incluída também no art. 34 da Resolução, que proibia a realização de propaganda via *telemarketing*.[101] Em ambos os casos, disparo em massa foi definido como "o envio automatizado ou manual de um mesmo conteúdo para um grande volume de usuários, simultaneamente ou com intervalos de tempo, por meio de qualquer serviço de mensagem ou provedor de aplicação na internet".

Com isso, o uso de ferramentas de comunicação privada, como *e-mails* e aplicativos de mensagem instantânea, para envio de propaganda eleitoral, ganhou uma nova camada de regulamentação: o envio de mensagem eletrônica para endereços cadastrados pelos candidatos e partidos, de forma gratuita, passou a ser permitido apenas mediante o consentimento do titular nos termos da LGPD, desde que não houvesse a contratação de disparo em massa.

Apesar dos esforços em colocar a LGPD em diálogo com a legislação eleitoral, a regulamentação desses pontos pode ter gerado mais incertezas do que delineado caminhos seguros para candidatos e partidos. Ao indicar expressamente que no caso de envio de mensagem eletrônica os candidatos e partidos deveriam adotar a base legal do consentimento, a resolução acabou por restringir a avaliação contextual de qual base legal seria mais adequada a cada situação em concreto, podendo gerar confusões e incertezas para o pleito eleitoral. Além disso, a delimitação do que é disparo em massa ficou envolta em um campo de incerteza; hipóteses como as denunciadas nas eleições de 2018 envolvendo a contratação de empresas para envio de mensagens em massa se encaixariam mais claramente na definição, mas o envio manual de propaganda política via WhatsApp para números coletados pelos candidatos com o consentimento do eleitor, por exemplo, continuou a habitar uma zona cinzenta.

3.2.2 Bancos de dados e o art. 57-E

No tocante ao uso, cessão e doação de bancos de dados, a resolução do TSE incorporou uma alteração relevante na regulamentação do art. 57-E da Lei das Eleições, adequando a legislação eleitoral ao novo regime de proteção de dados pessoais. O art. 31 da Resolução incorporou o termo "dados pessoais" no lugar de "cadastros eletrônicos". Além disso, em referência à decisão do STF na Ação Direta de Inconstitucionalidade 4.650, que passou a considerar empresas no rol do art. 24 da Lei das Eleições, o art. 31 da Resolução passou a vedar expressamente que pessoas jurídicas de direito privado usem, doem ou cedam dados pessoais de seus clientes. Assim, passou a ser explicitamente proibido às pessoas relacionadas no art. 24 da Lei das Eleições e às pessoas jurídicas de direito privado o uso, cessão e doação de dados pessoais de seus clientes.

O novo texto da regulamentação amoldou o escopo de proteção do art. 57-E às novas dinâmicas de *marketing* digital e à LGPD ao adotar o termo "dados pessoais" e incluir as pessoas jurídicas de direito privado na vedação. A conexão com o novo regime de proteção de dados

---

[100] "A propaganda eleitoral na internet poderá ser realizada nas seguintes formas: [...] IV – por meio de *blogs*, redes sociais, sítios de mensagens instantâneas e aplicações de internet assemelhadas, dentre as quais aplicativos de mensagens instantâneas, cujo conteúdo seja gerado ou editado por: a) candidatos, partidos políticos ou coligações, desde que não contratem disparo em massa de conteúdo; ou b) qualquer pessoa natural, vedada a contratação de impulsionamento e de disparo em massa de conteúdo."

[101] "Art. 34. É vedada a realização de propaganda via *telemarketing* em qualquer horário, bem como por meio de disparo em massa de mensagens instantâneas sem anuência do destinatário."

foi reforçada por dois outros dispositivos. O § 4.º do art. 31, que indicava que atividades de tratamento de dados pessoais, incluindo uso, cessão e doação de dados, deveriam observar não só as vedações do art. 31, mas também as disposições da LGPD, que regulamenta essas atividades. Em complemento, ao se referir às penalidades aplicáveis na hipótese de violação dessa regra, o § 3.º do art. 31 fazia referência ao art. 41 da resolução, indicando que as sanções eleitorais não afastam a aplicação das sanções estabelecidas no âmbito da LGPD para as hipóteses de violação da lei.

3.3 A proteção de dados pessoais no debate da reforma eleitoral

Enquanto os primeiros passos para a construção dessa ponte passam pelo equacionamento das funções da ANPD e da Justiça Eleitoral e pela regulamentação de alguns pontos da LGPD atenta às especificidades do processo eleitoral, as estruturas e fundamentos para esses passos sejam dados e essa ponte sejam construída podem vir a ser estabelecidos na própria legislação eleitoral, como parte de uma ampla reforma eleitoral em discussão no legislativo.

CONCLUSÃO

Em um cenário de campanhas transformadas, com estruturas em rede e novas ferramentas de *marketing* digital, as capacidades de coleta e tratamento de dados pessoais são cada vez mais incorporadas nas estratégias de publicidade, chocando-se com uma estrutura regulatória eleitoral carente de regras de proteção de dados pessoais. Com a LGPD, esse cenário passou a contar com um novo componente, uma lei geral de proteção de dados que incide também sobre operações de tratamento de dados pessoais realizadas no âmbito das campanhas político-eleitorais.

Este artigo percorre esse cenário, buscando contribuir em partes com o estabelecimento dessa "ponte" entre proteção de dados e direito eleitoral. Longe de encerrar questões definitivamente, ele serve para mapear as questões regulatórias nascentes da reprogramação das campanhas eleitorais. Um olhar interdisciplinar revela que uma atualização das regras do jogo democrático passa por uma reformulação das premissas normativas – e, portanto, constitucionais – que as estruturam e por um reconhecimento sobre novas conexões que surgiram nessa reprogramação. Enfrentar as possíveis distorções na igualdade de chances entre candidaturas e proteger direitos políticos não deixou de ser tarefa premente, mas torna-se cada vez mais difícil deixar de fora a ideia de proteção da autonomia dos cidadãos sobre suas informações pessoais como meio indispensável.

REFERÊNCIAS BIBLIOGRÁFICAS

ABRANCHES, Sérgio. *Presidencialismo de coalizão*: raízes e evolução do modelo político brasileiro. São Paulo: Companhia das Letras, 2018.

AUDI, Amanda; DIAS, Tatiana. Vídeo: seu número de telefone vale 9 centavos no zap dos políticos. *The Intercept Brasil*, 22 out. 2018. Disponível em: https://theintercept.com/2018/10/22/whatsapp-politicos/. Acesso em: 24 jan. 2020.

BENKLER, Y. *The wealth of networks*. New Haven/London: Yale University Press, 2006.

BENKLER, Yochai; FARIS, Robert; ROBERTS, Hal. *Network propaganda*: manipulation, disinformation, and radicalization in American politics. Oxford: Oxford University Press, 2018.

BODÓ, Balázs; HELBERGER, Natali; DE VREESE, Claes H. Political micro-targeting: a Manchurian candidate or just a dark horse? *Internet Policy Review*, v. 6, n. 4, 2017. Disponível em: https://

policyreview.info/articles/analysis/political-micro-targeting-manchurian-candidate-or-justdark-horse. Acesso em: 23 jan. 2020.

BORGESIUS, Frederik J. Zuiderveen *et al*. Online political microtargeting: promises and threats for democracy. *Utrecht Law Review*, v. 14, n. 1, p. 82-96, 2018.

BRAGA, Sérgio; CARLOMAGNO, Márcio. Eleições como de costume? Uma análise longitudinal das mudanças provocadas nas campanhas eleitorais brasileiras pelas tecnologias digitais (1998-2016). *Revista Brasileira de Ciência Política*, Brasília, n. 26, p. 7-62, ago. 2018. Disponível em: http://www.scielo.br/pdf/rbcpol/n26/2178-4884-rbcpol-26-7.pdf. Acesso em: 22 jan. 2020.

BRITO CRUZ, Francisco. *Definindo as regras do jogo*: a regulação de campanhas políticas e a internet. 2019. 380 f. Tese (Doutorado em Filosofia e Teoria Geral do Direito) – Faculdade de Direito, Universidade de São Paulo, São Paulo, 2019.

BRITO CRUZ, Francisco; KIRA, Beatriz; MASSARO, Heloisa. *Você na mira Relatório #1*: o impulsionamento de conteúdo de pré-candidaturas na pré-campanha de 2018. São Paulo: InternetLab, 2018. Disponível em: http://www.internetlab.org.br/wp-content/uploads/2018/08/Relat%C3%B3rio-1-Voc%C3%AA-na-Mira.pdf. Acesso em: 23 jan. 2020.

BRITO CRUZ, Francisco; KIRA, Beatriz; MASSARO, Heloisa. *Você na mira Relatório #2*: um raio-X do *marketing* digital dos presidenciáveis. São Paulo: InternetLab, 2018. Disponível em: http://www.internetlab.org.br/wp-content/uploads/2018/09/Relat%C3%B3rio-Voc%C3%AA-naMira-2.pdf. Acesso em: 23 jan. 2020.

BRITO CRUZ, Francisco; KIRA, Beatriz; MASSARO, Heloisa. *Você na mira Relatório #3*: a campanha política nas redes: um retrato do impulsionamento de conteúdo das candidaturas eleitas à Câmara dos Deputados. São Paulo: InternetLab, 2018. Disponível em: http://www.internetlab.org.br/wp-content/uploads/2018/11/Relatorio-Voce-Na-Mira-3-InternetLab.pdf. Acesso em: 23 jan. 2020.

BRITO CRUZ, Francisco; MASSARO, Heloisa; BORGES, Ester. *"Santinhos", memes e correntes*: um estudo sobre spam político no WhatsApp. São Paulo: InternetLab, 2019. Disponível em: http://www.internetlab.org.br/wp-content/uploads/2019/04/Relat%C3%B3rio-Spam-WhatsApp.pdf. Acesso em: 13 set. 2019.

BRITO CRUZ, Francisco (coord.); MASSARO, Heloisa; OLIVA, Thiago; BORGES, Ester. *Internet e eleições no Brasil*: diagnósticos e recomendações. São Paulo: InternetLab, 2019.

BRITO CRUZ, Francisco; SILVEIRA, Hélio Freitas de Carvalho da Silveira; ABREU, Jacqueline de Souza; ANDRADE, Marcelo Santiago de Pádua; VIEIRA, Rafael Sonda; OLIVA, Thiago Dias. *Direito eleitoral na era digital*. Belo Horizonte: Casa do Direito, 2018.

BRITO CRUZ, Francisco; VALENTE, Mariana Giorgetti. É hora de se debruçar sobre a propaganda em rede de Bolsonaro. *El País*, 22 out. 2018. Disponível em: https://brasil.elpais.com/brasil/2018/10/18/opinion/1539892615_110015.html. Acesso em: 22 jan. 2018.

BRUGNAGO, Fabrício; CHAIA, Vera. A nova polarização política nas eleições de 2014. *Aurora: Revista de Arte, Mídia e Política*, São Paulo, v. 7, n. 21, p. 99-129, out. 2014/jan. 2015. Disponível em: https://revistas.pucsp.br/aurora/article/viewFile/22032/16586. Acesso em: 23 jan. 2020.

CASTELLS, Manuel. Communication, power and counter-power in the network society. *International Journal of Communication*, v. 1, p. 238-266, 2007.

CASTELLS, Manuel. *Communication power*. Oxford: Oxford University Press, 2013.

CETIC.BR. TIC Domicílios 2018. Disponível em: https://cetic.br/media/analises/tic_domicilios_2018_coletiva_de_imprensa.pdf. Acesso em: 21 jan. 2020.

CHESTER, Jeff; MONTGOMERY, Kathryn C. The role of digital marketing in political campaigns. *Internet Policy Review*, v. 6, n. 4, 2017.

CONVERGÊNCIA DIGITAL. Oi amplia zero rating para WhatsApp e Messenger no pré-pago. *Convergência Digital*, 19 out. 2018. Disponível em: http://www.convergenciadigital. com.br/cgi/cgilua.exe/sys/start.htm?UserActiveTemplate=site&UserActive Template =mobile&infoid=49259&sid=17#.XALqDuhKjIU. Acesso em: 22 jan. 2020.

DATAFOLHA. *Eleições 2018*: uso de redes sociais. Relatório de pesquisa. Datafolha, 2018. Disponível em: http://media.folha.uol.com.br/datafolha/2018/10/27/44cc2204230d2fd45e18b039ee8c07a6. pdf. Acesso em: 17 dez. 2018.

ESTADÃO. Claro retoma práticas de "zero rating" com WhatsApp; Facebook e Twitter. *Link Estadão*, 15 jun. 2015. Disponível em: https://link.estadao.com.br/noticias/geral,claro-retoma-praticas-de-zero-rating-com-whatsapp-facebooke-twitter,10000029247. Acesso em: 22 jan. 2020.

EVANGELISTA, Rafael; BRUNO, Fernanda. WhatsApp and political instability in Brazil: targeted messages and political radicalisation. *Internet Policy Review*, vol. 8, n. 4, 2019. Disponível em: https://policyreview.info/articles/analysis/whatsapp-and-political-instability-brazil-targeted-messages-and-political. Acesso em: 22 jan. 2020.

FOLHA DE S. PAULO. Campanha de Meirelles enviou WhatsApp a beneficiários do Bolsa Família. *Folha de S. Paulo*, 5 nov. 2018. Disponível em: https://www1.folha.uol.com.br/poder/2018/11/ campanha-de-meirelles-enviou-whatsapp-abeneficiarios-do-bolsa-familia.shtml. Acesso em: 24 jan. 2020.

GASPAR, Malu. No submundo do *marketing* político. *Piauí*, 22 out. 2018. Disponível em: https:// piaui.folha.uol.com.br/o-submundo-domarketing-politico-vem-tona/. Acesso em: 24 jan. 2020.

GOMES, Alessandra; BRITO CRUZ, Francisco; RONCOLATO, Murilo. Um balanço da propaganda eleitoral paga na internet em 2018. *InternetLab*, 9 set. 2019. Disponível em: http://www. internetlab.org.br/pt/informacao-e-politica/um-balanco-da-propaganda-eleitoral-paga-na-internet-em-2018/. Acesso em: 23 jan. 2020.

GOMES, Wilson *et al*. "Politics 2.0": a campanha *on-line* de Barack Obama em 2008. *Revista de Sociologia e Política*, Curitiba, v. 17, n. 34, p. 29-43, out. 2009. Disponível em: http://www. scielo.br/scielo.php?script=sci_arttext&pid=S0104-44782009000300004&lng=en&nrm=i so. Acesso em: 13 dez. 2018.

GRASSEGGER, Hannes; KROGERUS, Mikael. The data that turned the world upside down. *Motherboard*, 28 jan. 2017. Disponível em: https://motherboard.vice.com/en_us/article/ mg9vvn/how-our-likes-helped-trump-win. Acesso em: 31 jan. 2020.

GRUPO DE ESTUDOS EM PROTEÇÃO DE DADOS E ELEIÇÕES. Proteção de Dados Pessoais e Eleições: Relatório de Recomendações para o quadro brasileiro atual. Grupo de Estudos em Proteção de Dados e Eleições, 2021. Disponível em: https://www.internetlab.org.br/ wp-content/uploads/2021/07/relatorio_recomendacoes_ok_23072021-1.pdf. Acesso em: 18 ago. 2021.

GRUPO DE ESTUDOS EM PROTEÇÃO DE DADOS E ELEIÇÕES. Proteção de Dados Pessoais e Eleições: Relatório de Recomendações para o quadro brasileiro atual. Grupo de Estudos em Proteção de Dados e Eleições, 2021. Disponível em: https://www.internetlab.org.br/ wp-content/uploads/2021/07/relatorio_recomendacoes_ok_23072021-1.pdf. Acesso em: 18 ago. 2021.

INSTITUTO BRASILEIRO DE GEOGRAFIA E ESTATÍSTICA. Pesquisa Nacional por Amostra de Domicílios Contínua: acesso à Internet e à televisão e posse de telefone móvel celular para uso pessoal 2016. IBGE, 2018. Disponível em: https://biblioteca.ibge.gov.br/visualizacao/livros/liv101543.pdf. Acesso em: 23 jan. 2020.

INTERNETLAB. Internetlab faz sugestões ao TSE para as novas regras sobre propaganda eleitoral em 2020. InternetLab, 4 dez. 2019. Disponível em: http://www.internetlab.org.br/pt/informacao-e-politica/internetlab-faz-sugestoes-ao-tse-para-as-novas-regras-sobre-propaganda-eleitoral-em-2020/. Acesso em: 31 jan. 2020.

INTERNETLAB; REDE CONHECIMENTO SOCIAL. Os vetores da comunicação política em aplicativos de mensagens: hábitos e percepções do brasileiro em 2020. São Paulo, 2021. Disponível em: https://www.internetlab.org.br/wp-content/uploads/2021/08/Investigando-os-vetores-de-disseminac%CC%A7a%CC%83o-de-conteu%CC%81do-eleitoral-11.pdf. Acesso em: 18 ago. 2021.

KLONICK, K. The new governors: the people, rules and process governing online speech. *Harvard Law Review*, v. 131, p. 1598-1670, 2018.

MACIEL, Marília. WhatsApp: a nova vedete das campanhas eleitorais. *In*: FALCÃO, Joaquim (org.). *Reforma Eleitoral no Brasil*: legislação, democracia e internet em debate. Rio de Janeiro: Civilização Brasileira, 2015. p. 195-203.

MAGENTA, Matheus; GRAGNANI, Juliana; SOUZA, Felipe. Eleições 2018: como telefones de usuários do Facebook foram usados por campanhas em "disparos em massa" no WhatsApp. *BBC*, 20 out. 2018. Disponível em: https://www.bbc.com/portuguese/brasil-45910249. Acesso em 24 jan. 2020.

MARICHAL, Jose. Political Facebook groups: micro-activism and the digital front stage. *First Monday*, v. 18, n. 12, 2013. Disponível em: https://ojphi.org/ojs/index.php/fm/article/view/4653/3800#p8. Acesso em: 24 jan. 2020.

MASSARO, Heloisa; SANTOS, Bruna; BIONI, Bruno; BRITO CRUZ, Francisco; RIELLI, Mariana; VIEIRA, Rafael. Proteção de Dados nas Eleições: democracia e privacidade. Grupo de Estudos em Proteção de Dados e Eleições, 2020. Disponível em: https://www.internetlab.org.br/wp-content/uploads/2020/09/internetlab_protecao-de-dados-nas-eleicoes.pdf. Acesso em: 18 ago. 2021.

MELLO, Patricia Campos. Empresários bancam campanha contra o PT pelo WhatsApp. *Folha de S. Paulo*, São Paulo, ano 98, n. 32.705, 18 out. 2018. Opinião A2. Disponível em: https://www1.folha.uol.com.br/poder/2018/10/empresarios-bancam-campanha-contra-o-pt-pelo-whatsapp.shtml. Acesso em: 22 jan. 2019.

NICKERSON, David W.; ROGERS, Todd. Political campaigns and big data. *The Journal of Economic Perspectives*, v. 28, n. 2, p. 51-74, 2014.

NÚCLEO DE INFORMAÇÃO E COORDENAÇÃO DO PONTO BR. História do NIC.br. Disponível em: https://www.nic.br/historia/. Acesso em: 21 jan. 2020.

OLIVEIRA, Luiz Ademir; COIMBRA, Mayra Regina. Internet e eleições: as estratégias dos candidatos à Presidência em 2014 em suas *fanpages*. *Verso e Reverso*, v. 30, n. 75, p. 173-185, 2016.

PARISIER, Eli. *The filter bubble*: what the internet is hiding from you. London: Penguin Group, 2011.

PERSILY, Nathaniel. The 2016 US Election: can democracy survive the internet?. *Journal of Democracy*, v. 28, n. 2, p. 63-76, 2017.

RAMOS, Marcella. Exclusão de perfil irregular no WhatsApp não bloqueia rede de desinformação. *Piauí*, 20 out. 2018. Disponível em: https://piaui.folha.uol.com.br/exclusao-de-perfil-irregular-no-whatsapp-nao-bloqueia-rede-dedesinformacao/. Acesso em: 24 jan. 2020.

RODRIGUES, Artur; MELLO, Patrícia Campos. Fraude com CPF viabilizou disparo de mensagens de WhatsApp na eleição. *Folha de S. Paulo*, 2 dez. 2018. Disponível em: https://www1.folha.uol.com.br/poder/2018/12/fraude-com-cpf-viabilizou-disparo-demensagens-de-whatsapp-na-eleicao.shtml. Acesso em: 24 jan. 2020.

SECRETARIA DE COMUNICAÇÃO SOCIAL DA PRESIDÊNCIA DA REPÚBLICA. Apresentação Pesquisa Brasileira de Mídia 2016. Disponível em: http://www.secom.gov.br/arquivos-capacitacao/apresentacao-pesquisa-brasileira-de-midia-2016.pdf/view. Acesso em: 21 jan. 2020.

SOPRANA, Paula. WhatsApp foi de alternativa a SMS a máquina de *fake news*. *Folha de S. Paulo*, 17 out. 2018. Disponível em: https://www1.folha.uol.com.br/poder/2018/10/whatsapp-foi-de-alternativa-a-sms-a-maquina-de-fakenews.shtml. Acesso em: 22 jan. 2020.

SORJ, Bernardo. Internet, espaço público e *marketing* político: entre a promoção da comunicação e o solipsismo moralista. *Novos Estudos*, São Paulo, n. 76, p. 123-136, nov. 2006. Disponível em: http://www.scielo.br/scielo.php?script=sci_arttext&pid=S0101-33002006000300006&lng=en&nrm=iso. Acesso em: 22 jan. 2020.

TACTICAL TECH. *Personal data*: political persuasion inside the influence industry. How it works. Tactical Tech, 2019. Disponível em: https://cdn.ttc.io/s/tacticaltech.org/methods_guidebook_A4_spread_web_Ed2.pdf. Acesso em: 31 jan. 2020.

THE GUARDIAN. The Cambridge Analytica Files. Disponível em: https://www.theguardian.com/news/series/cambridge-analytica-files. Acesso em: 22 jan. 2020.

TUFEKCI, Zeynep. Engineering the public: big data, surveillance and computational politics. *First Monday*, v. 19, n. 7, 7 jul. 2014. Disponível em: http://firstmonday.org/ojs/index.php/fm/article/view/4901/4097. Acesso em: 23 jan. 2020.

WOOLLEY, Julia K.; LIMPEROS, Anthony M.; OLIVER, Mary Beth. The 2008 presidential election, 2.0: a content analysis of user-generated political Facebook groups. *Mass Communication and Society*, v. 13, n. 5, p. 631-652, 2010.

YOUYOUA, Wu; KOSINSKIB, Michal; STILLWELLA, David. Computer-based personality judgments are more accurate than those made by humans. *PNAS*, v. 112, n. 4, 2015.

ZENITHOPTIMEDIA. Advertising Expenditure Forecasts December 2016. Disponível em: https://www.publicismedia.de/wp-content/uploads/2016/12/2016-12-05-aef-executive-summary.pdf. Acesso em: 30 ago. 2019.

30

TRATAMENTO DE DADOS PESSOAIS PARA SEGURANÇA PÚBLICA: CONTORNOS DO REGIME JURÍDICO PÓS-LGPD

JACQUELINE DE SOUZA ABREU

Doutoranda em Direito na Universidade de São Paulo e advogada. Mestra em direito pela University of California, Berkeley (EUA), com foco em direito e tecnologia, e pela Ludwig-Maximilians-Universität München (Alemanha), com foco em direitos fundamentais.

O presente artigo se debruça sobre operações de tratamento de dados pessoais realizadas com a finalidade declarada de preservação ou incremento da segurança pública – que ficaram formalmente de fora do âmbito de aplicação da Lei Geral de Proteção de Dados (Lei 13.709/2018 ou LGPD) na forma do art. 4.º, III.[1] Meus objetivos são discutir os contornos do quadro jurídico pré e pós-LGPD nessa área e explorar o significado do recorte do art. 4.º, III, a partir da (i) preocupação conceitual com os fins nele elencados; (ii) comparação com o direito europeu; e (iii) análise das limitações e deveres presentes nos parágrafos do art. 4.º[2] da LGPD.

Ao me referir a "segurança pública" no título deste artigo, trato em sentido amplo do interesse público em que as pessoas de uma comunidade possam viver suas vidas com oportunidades de buscar seu bem-estar e exercer seus direitos fundamentais, seguras de danos causados por terceiros no âmbito de um Estado democrático de Direito livre de ameaças às instituições democráticas e à soberania. Quero assim a princípio englobar todas as finalidades

---

[1] LGPD, art. 4.º, III: "Esta Lei não se aplica ao tratamento de dados pessoais: [...] III – realizado para fins exclusivos de: a) segurança pública; b) defesa nacional; c) segurança do Estado; ou d) atividades de investigação e repressão de infrações penais".

[2] LGPD, art. 4.º: "§ 1.º O tratamento de dados pessoais previsto no inciso III será regido por legislação específica, que deverá prever medidas proporcionais e estritamente necessárias ao atendimento do interesse público, observados o devido processo legal, os princípios gerais de proteção e os direitos do titular previstos nesta Lei. § 2.º É vedado o tratamento dos dados a que se refere o inciso III do *caput* deste artigo por pessoa de direito privado, exceto em procedimentos sob tutela de pessoa jurídica de direito público, que serão objeto de informe específico à autoridade nacional e que deverão observar a limitação imposta no § 4.º deste artigo. § 3.º A autoridade nacional emitirá opiniões técnicas ou recomendações referentes às exceções previstas no inciso III do *caput* deste artigo e deverá solicitar aos responsáveis relatórios de impacto à proteção de dados pessoais. § 4.º Em nenhum caso a totalidade dos dados pessoais de banco de dados de que trata o inciso III do *caput* deste artigo poderá ser tratada por pessoa de direito privado, salvo por aquela que possua capital integralmente constituído pelo poder público."

592 | TRATADO DE PROTEÇÃO DE DADOS PESSOAIS

mencionadas no inciso III do art. 4.º. Nesse sentido, todas as medidas de tratamento de dados pessoais realizadas, pelo menos em tese, com a finalidade de contribuir para a concretização desse valor ou objetivo social estarão abarcadas pelas reflexões deste trabalho.[3]

1. A PROTEÇÃO DE DADOS "SIGILOSOS" E AS QUEBRAS DE SIGILO

No direito brasileiro, muito antes dos debates que resultaram na aprovação da Lei Geral de Proteção de Dados (Lei 13.709/2018 ou LGPD), existia e ainda existe uma série de resoluções, leis e entendimentos jurisprudenciais que conferem a *certos tipos* de dados pessoais – informações relacionadas a certa pessoa natural – a proteção do *sigilo*. É o caso de comunicações privadas, registros médicos e transações financeiras, por exemplo. Na prática, esse *status* sigiloso basicamente significa que em regra apenas os titulares dessas informações têm o direito de trazer essas informações a público voluntariamente. A "quebra" do sigilo por terceiro é crime ou, pelo menos, um ato ilícito.

A reconstrução desse histórico normativo pré-LGPD mereceria um trabalho de fôlego. Para os propósitos deste artigo, cumpre apenas notar que essa tradição jurídica que compreende certas categorias de "dados pessoais" como "dados sigilosos" remonta a uma noção do "direito à privacidade" que se estendeu longamente sob o paradigma "público *x* privado". Privacidade consistiria em manter informações, aspectos e áreas da vida em caráter "privado".[4] Por isso mesmo, informações e dados pessoais compartilhados com o público não poderiam ser protegidos com base nesse direito: nome, números de identificação, face, imagem não são privados nesse sentido, e por isso não poderiam ser protegidos tecnicamente pelo "direito à privacidade" (ainda que o possam ser por outro direito de personalidade, na tradição do direito civil).[5] Já as informações não disponíveis ao público em geral são consideradas "privadas" e em regra protegidas contra intrusões de terceiros. Sendo "privadas", quanto mais "íntimas" as informações, maior é a preocupação em protegê-las.

Um modo de interpretar essa característica de nossa tradição jurídica está na perspectiva de ver a proteção jurídica da "privacidade como sigilo" associada a certa proteção do valor da intimidade. Nessa compreensão, o caráter sigiloso de uma informação estaria ligado à qualidade *íntima* da informação ou da atividade que a gera, o que justificaria a proteção especial conferida pelo ordenamento jurídico a essas informações pessoais para que certas relações de intimidade possam existir. Nessa abordagem, a informação não é íntima e sigilosa apenas se a pessoa a guarda somente para si; ainda pode existir proteção para quem compartilha

---

[3] Não está integrada na discussão uma avaliação sobre o cumprimento real desse objetivo por parte dessas operações.

[4] Nesse sentido, ver por exemplo DOTTI, René Ariel. A liberdade e o direito à intimidade. *Revista de Informação Legislativa*, vol. 66, p. 125–152, 1980; e FERRAZ JÚNIOR, Tércio Sampaio. Sigilo de dados: o direito à privacidade e os limites à função fiscalizadora do Estado. *Revista Da Faculdade De Direito, Universidade De São Paulo*, vol. 88, p. 439-459, 1993. Sobre o paradigma, ver DONEDA, Danilo. *Da privacidade à proteção de dados pessoais*. Rio de Janeiro: Renovar, 2006. p. 101-147; e NISSENBAUM, Helen. Privacy as Contextual Integrity, *Washington Law Review*, vol. 79, p. 119-158, 2004.

[5] Confiram-se, por exemplo, os arts. 18 e 20 do Código Civil/2002, que revelam preocupação com exploração comercial: "Art. 18. Sem autorização, não se pode usar o nome alheio em propaganda comercial"; e "Art. 20. Salvo se autorizadas, ou se necessárias à administração da justiça ou à manutenção da ordem pública, a divulgação de escritos, a transmissão da palavra, ou a publicação, a exposição ou a utilização da imagem de uma pessoa poderão ser proibidas, a seu requerimento e sem prejuízo da indenização que couber, se lhe atingirem a honra, a boa fama ou a respeitabilidade, ou se se destinarem a fins comerciais".

PARTE III · Cap. 30 · TRATAMENTO DE DADOS PESSOAIS PARA SEGURANÇA PÚBLICA | 593

informações sobre o que faz, sente, pensa e é com certas pessoas de sua escolha e confiança, mas não as compartilha com outros. Afinal, é essa possibilidade que permite relações de intimidade.

Notadamente, a proteção legal dos "sigilos" de correspondência, médico e bancário envolveria justamente informações que em geral são compartilhadas com algum ator (voluntária ou involuntariamente), mas que se pode entender que devam permanecer sendo consideradas "privadas". Agentes que manejam essas informações privadas para prestar algum serviço ("intermediários") – como os correios, empresas de telecomunicações, hospitais, médicos e bancos e outras instituições financeiras – devem garantir a preservação do sigilo de informações "privadas". Nessa compreensão, a proteção do "sigilo" preserva o paradigma "público x privado" e permite a existência de "relações íntimas" ou "relações de confiança", ainda que certos "terceiros" venham a ter acesso a essas informações.

Para além dessa hipótese interpretativa, e ao mesmo tempo que historicamente se resguardou a proteção do sigilo a esses tipos de dados, sempre houve também no direito brasileiro certa tentativa de delimitação jurídica de situações que não se configurariam "quebra de sigilo" e de hipóteses excepcionais em que a "quebra" do sigilo desses dados pessoais seria justificada, notadamente no que diz respeito ao franqueamento de acesso a esses dados para autoridades estatais, inclusive policiais.

Para o caso de comunicações, por exemplo, a Constituição Federal de 1988, ao garantir o direito fundamental ao sigilo de diversas formas de comunicação – "sigilo da correspondência e das comunicações telegráficas, de dados e das comunicações telefônicas" –, logo autorizou excepcionalmente o afastamento do sigilo "nas hipóteses e na forma que a lei estabelecer para fins de investigação criminal ou instrução processual penal" (art. 5.º, XII).[6] A exceção constitucional foi regulamentada pela Lei das Interceptações (Lei 9.296/1996), que autoriza quebras de sigilo de comunicações por parte de autoridades de investigação sempre que atendidos certos requisitos materiais (como demonstração de existência de indícios concretos e necessidade da medida) e formais (obtenção de ordem judicial).[7] Persistem hoje controvérsias dos mais diversos tipos, principalmente em torno da extensão da proteção constitucional a conteúdo de comunicações armazenadas em um dispositivo eletrônico ou mesmo na "nuvem", isto é,

---

[6] Ainda hoje existem controvérsias acerca do escopo do direito constitucional, como a de se comunicações armazenadas ou apenas comunicações em fluxo estão protegidas por esse sigilo. Cf. ABREU, Jacqueline de Souza; ANTONIALLI, Dennys Marcelo. *Vigilância sobre as comunicações no Brasil*. São Paulo: InternetLab, 2017. Controvérsias à parte, vale observar que o formato sistemático de regra acompanhada de exceção regulamentada não existia nas Constituições anteriores: a de 1967 falava apenas que "São invioláveis a correspondência e o sigilo das comunicações telegráficas e telefônicas" (art. 150, § 9.º). Ivette Fereirra atribui a inclusão da exceção do texto a sugestão de processualistas a partir de trabalho de Ada Pellegrini Grinover. Cf. FERREIRA, Ivette S. A intimidade e o direito penal. *Revista Brasileira de Ciências Criminais*, vol. 5, pp. 96-106, 1994. Apesar da linguagem, já havia recortes em nível infraconstitucional que autorizavam intromissões de terceiros em comunicações de forma justificada. Na Lei dos Serviços Postais (Lei 6.538/1978), encontrava-se a mesma previsão genérica de que "o sigilo da correspondência é inviolável" (art. 5.º), seguida da observação de que "A ninguém é permitido intervir no serviço postal ou no serviço de telegrama, salvo nos casos e na forma previstos em lei" (art. 5.º, parágrafo único). Tanto assim que o Código de Processo Penal, já em 1941, autorizava, por exemplo, busca e apreensão de "cartas, abertas ou não, destinadas ao acusado ou em seu poder, quando haja suspeita de que o conhecimento do seu conteúdo possa ser útil à elucidação do fato" (art. 240, § 1.º, *f*, e § 2.º). Nesse sentido, a principal questão é saber em que condições materiais e formais comunicações deixam de ser invioláveis por autoridades do Estado.

[7] Cf. ABREU, Jacqueline de Souza; ANTONIALLI, Dennys Marcelo. *Vigilância sobre as comunicações no Brasil*. São Paulo: InternetLab, 2017.

em servidores de empresas prestadoras de serviços de comunicações: Em que condições pode haver acesso?[8] Há obrigação de ser capaz, tecnicamente, de fornecer acesso?[9]

Além do acesso a conteúdo de comunicações em si, há uma série de leis voltadas a regular o acesso de autoridades de investigação a "metadados" gerados na utilização de serviços de comunicação a distância, inclusive registros de localização, bem como "dados cadastrais".[10] Cada um deles governado por níveis de sigilo diferentes, sob a presunção de que quão mais "íntimos" os dados, maior deve ser a proteção (isto é, maior a exigência para que possa existir a "quebra de sigilo").

No caso de dados médicos, a proteção está resguardada pela Constituição Federal de 1988 (art. 5.º, X) na medida em que se entendam "íntimos", mas é o Código de Ética Médica que, na prática, exerce papel fundamental nos contornos e alcance do "sigilo" desses dados. A Resolução do Conselho Federal de Medicina 1.931/2009 vedava a médicos "liberar cópias do prontuário sob sua guarda, salvo quando autorizado, por escrito, pelo paciente, para atender ordem judicial ou para a sua própria defesa" (art. 89). Mais recentemente, essa resolução foi revogada e a redação do dispositivo foi alterada. O novo Código de Ética Médica aprovado pela Resolução CFM 2.217/2018 veda a "libera[ção de] cópias do prontuário sob sua guarda exceto para atender a ordem judicial ou para sua própria defesa, assim como quando autorizado por escrito pelo paciente" (art. 89). Desse modo, ficou dispensada a necessidade de autorização do paciente para disponibilização do prontuário sempre que exista ordem judicial.

Aqui vale observar que o afastamento do sigilo não foi abrandado no que se refere à prestação de informações diretamente por médicos acerca de pacientes. À luz de previsão do próprio Código Penal (art. 154, que criminaliza a violação de segredo profissional), o novo Código manteve dispositivo que veda ao médico "revelar fato de que tenha conhecimento em virtude do exercício de sua profissão, salvo por motivo justo, dever legal ou consentimento, por escrito, do paciente" (art. 73). Essa vedação permanece "mesmo que o fato seja de conhecimento público ou o paciente tenha falecido", "quando de seu depoimento como testemunha" e também "na investigação de suspeita de crime", caso em que o médico ainda estará impedido de revelar segredo que possa expor o paciente a processo penal (art. 73, parágrafo único). Nesse contexto, ainda que um juiz possa determinar a entrega de uma ficha médica (permitindo acesso a esses dados pessoais), não poderia obrigar médico a emitir declaração em desfavor de paciente nessas hipóteses.[11]

---

[8]   É necessária autorização judicial prévia para acesso a celulares? Em que contextos? Cf. ANTONIALLI, Dennys; ABREU, Jacqueline de Souza; MASSARO, Heloísa; LUCIANO, Maria. Acesso de autoridades a celulares em abordagens e flagrantes: retrato e análise da jurisprudência de tribunais estaduais. *Revista Brasileira de Ciências Criminais*, v. 154, p. 177-214, 2019.

[9]   A criptografia de ponta a ponta de aplicativos como o WhatsApp é compatível com a Constituição? Para referência, cf. ABREU, Jacqueline de Souza. Passado, presente e futuro da criptografia forte: desenvolvimento tecnológico e regulação. *Revista Brasileira de Políticas Públicas*, p. 24-42, 2017.

[10]   Refiro-me a dispositivos da Lei das Organizações Criminosas – Lei 12.850/2013 (arts. 15 a 17), a Lei dos Crimes de Lavagem de Dinheiro – Lei 9.613/1998 (art. 17-B) e do Código de Processo Penal (arts. 13-A e 13-B), por exemplo. Cf. ABREU, Jacqueline de Souza; ABREU, Jacqueline de Souza; ANTONIALLI, Dennys Marcelo. *Vigilância sobre as comunicações no Brasil*. São Paulo: InternetLab, 2017.

[11]   A diferenciação entre fornecer ficha médica e a revelação direta por médico pode ser relacionada a *habeas corpus* julgado pelo Supremo Tribunal Federal em 1962. O remédio foi impetrado por superintendente de hospital de São Paulo onde existiu notícia de que uma jovem teria abortado. A polícia iniciou investigações para apuração de crime e requisitou a ficha médica de seu atendimento ao hospital. O superintendente se recusou a fornecer as informações em razão do segredo profissional. Por 7 votos a 3, o *habeas corpus* foi concedido. A maioria entendeu que a ficha médica é protegida por sigilo e que a ordem expunha o

PARTE III · Cap. 30 · TRATAMENTO DE DADOS PESSOAIS PARA SEGURANÇA PÚBLICA | 595

O contorno do sigilo de informações financeiras é, por sua vez, delimitado principalmente pela Lei Complementar 105/2001. A referida lei determina que instituições financeiras devem conservar "operações ativas e passivas e serviços prestados" em sigilo. A "quebra do sigilo" é, entretanto, autorizada "quando necessária para apuração de ocorrência de qualquer ilícito, em qualquer fase do inquérito ou do processo judicial".[12] A decretação de quebra de sigilo para entidades não encarregadas de fiscalização do sistema financeiro nacional só pode ser realizada pelo Poder Judiciário (art. 3.º). Ademais, delimita uma série de atividades que não constituiriam "violação do dever de sigilo": troca de informações cadastrais com outras instituições financeiras, revelação de dados mediante consentimento, e "a comunicação, às autoridades competentes, da prática de ilícitos penais ou administrativos, abrangendo o fornecimento de informações sobre operações que envolvam recursos provenientes de qualquer prática criminosa", entre outras.

A jurisprudência do Supremo Tribunal Federal vem exercendo papel influente nas interpretações conferidas à lei e ao escopo de prerrogativas de diversas autoridades.[13] A controvérsia mais recente foi o quanto das e que qualidade de informações financeiras a que têm acesso autoridades de fiscalização administrativas (como a Receita Federal e a Unidade de Inteligência Financeira – antigo Conselho de Controle de Atividades Financeiras) poderiam ser repassados a autoridades de investigação criminal (como Ministério Público) sem autorização judicial prévia. Após longo debate, fixou-se a tese de que dados contidos em procedimentos fiscalizatórios e em relatórios de inteligência financeira poderiam ser compartilhados com órgãos de persecução criminal, desde que a comunicação fosse feita por escrito, estivesse sujeita a mecanismos de controle de desvios e fosse mantido o sigilo.[14]

Como se vê, ao mesmo tempo que confere a proteção do "sigilo" a certos tipos de dados, o direito brasileiro sempre cuidou de delinear as hipóteses em que a "quebra" do sigilo não existiria ou em que estaria justificada – e sobram discussões sobre o tema, quando essas hipóteses não estão claras. Na nossa prática, o contexto da segurança pública – na sua dimensão repressiva consubstanciada em investigações criminais – é um dos mais debatidos e, como visto, uma justificativa comum para ocasiões de afastamento do sigilo. Não por outra razão, o direito processual penal brasileiro tem uma longa tradição de preocupação com medidas investigativas que importam em "quebra de sigilo" e desenvolveu longo repertório sobre a "ilicitude de provas" obtidas sem observância dessas garantias.

Pouco a pouco, esse tipo de abordagem regulatória focada em certos tipos de dados e preocupada apenas com a "quebra" do sigilo em âmbito de atividades investigativas repressivas vai se mostrando insuficiente: operações de tratamento – que vão além do *fornecimento* de acesso – dos mais diversos tipos de dados pessoais são realizadas para variadas finalidades

---

paciente (superintendente) a violação de segredo profissional e de sua consciência, sem justa causa. A divergência, liderada pelo relator Min. Ary Franco, entendeu que existia a justa causa para fornecimento, pois a polícia estaria tentando "habilitar a justiça" e que, se a polícia possuísse mandado para apreender a ficha diretamente no hospital, o superintendente não poderia impedir (portanto, tampouco poderia se recusar a entregar) (STF, HC 39.308, Rel. Min. Pedro Chaves, voto vencedor, j. 19.09.1962).

[12] Especialmente nos seguintes crimes de terrorismo, tráfico ilícito de substâncias entorpecentes, contrabando ou tráfico de armas, munições ou material destinado a sua produção, extorsão mediante sequestro, contra o sistema financeiro nacional, contra a Administração Pública, contra a ordem tributária e a previdência social, lavagem de dinheiro ou ocultação de bens, direitos e valores, e praticados por organização criminosa.

[13] Cf. NIGRI, Tânia. *O sigilo bancário e a jurisprudência do Supremo Tribunal Federal – STF*. São Paulo: Editora do IASP, 2017.

[14] STF, RE 1055941, Rel. Min. Dias Toffoli, j. 28.11.2019.

TRATADO DE PROTEÇÃO DE DADOS PESSOAIS

de "segurança pública" (em sentido amplo) que extrapolam esse quadro jurídico. A próxima seção discute o ingresso da LGPD nesse cenário e o que ela importa para agentes envolvidos em atividades de tratamento de dados pessoais para segurança pública.

2. A CHEGADA DA LGPD E A PROTEÇÃO DE DADOS PESSOAIS

A aprovação da Lei Geral de Proteção de Dados (Lei 13.709/2018 ou LGPD) representa uma mudança paradigmática na lógica da proteção conferida a dados pessoais no Brasil. Como se viu, a tradição jurídica brasileira foi construída sobre a identificação de certos tipos específicos de dados pessoais "privados" (enquanto não compartilhados com o público em geral e/ou de cunho "íntimo") que foram protegidos por "sigilo". Dados que não são "sigilosos" nesse sentido não são protegidos. Com a LGPD, todo dado pessoal (na definição legal) passa a ser, *prima facie*, protegido, e toda operação de "tratamento"[15] de dados pessoais deve ser justificada por uma das hipóteses legais (arts. 7.º e 11). Isso vale para dados pessoais que não sejam íntimos ou mesmo aos que são públicos. Trata-se de um regime jurídico voltado a regular toda e qualquer fase do fluxo e da circulação de dados pessoais na era da sociedade da informação – e não apenas a exposição ao público ou fornecimento a terceiro de um dado antes "privado".

No contexto europeu, que inspirou a LGPD, alguns comentadores conceberam o direito da proteção de dados pessoais como uma ferramenta de *transparência*, no sentido de ser um mecanismo que canaliza práticas, especifica as circunstâncias e delineia as condições em que pode ocorrer o tratamento de dados pessoais.[16] De um lado, esse caráter é bem diferente da lógica que governa a proteção dos dados "sigilosos" vista no item anterior, baseada em um "direito à privacidade": as regras jurídicas da privacidade como sigilo sobre certas informações servem como ferramentas de "opacidade" – isto é, criam espécies de zonas de não interferência alheia e assim impõem limites substantivos aos poderes público e privado. Existe, de outro lado, certa continuidade com o que foi apresentado: de modo semelhante às normas que regulam o acesso excepcional por autoridades estatais a dados por meio de delimitação procedimental de condições e requisitos de acesso, a LGPD governa de forma abrangente todas as operações de tratamento de dados pessoais, nos setores público e privado, pela imposição de determinados procedimentos que tornariam operações de tratamento de dados legítimas.

Se o direito à privacidade servia à proteção de escolhas e espaços individuais para realização de intimidade, o direito à proteção de dados pessoais emerge como uma ampla estrutura de proteção regulatória, em atenção a novas formas de danos e riscos a que cidadãos estão expostos. Está assentado na constatação de que a sociedade da informação expõe o indivíduo a diversos riscos de dano físico, material ou moral[17] que comprometem o exercício de sua

---

[15] LGPD, art. 5.º, X – "tratamento: toda operação realizada com dados pessoais, como as que se referem a coleta, produção, recepção, classificação, utilização, acesso, reprodução, transmissão, distribuição, processamento, arquivamento, armazenamento, eliminação, avaliação ou controle da informação, modificação, comunicação, transferência, difusão ou extração".

[16] DE HERT, Paul; GUTWIRTH, Serge. Privacy, data protection and law enforcement: opacity of the individual and transparency of the power. *In*: CLAES; DUFF; GUTWIRTH (ed.). *Privacy and the criminal law*. Oxford: Intersentia, 2006. p. 61-104.

[17] O considerando n.º 51 da Diretiva UE 2016/680 elenca exemplos: "Os riscos para os direitos e liberdades das pessoas singulares, cuja probabilidade e gravidade podem ser variáveis, poderão resultar de operações de tratamento de dados suscetíveis de causar danos físicos, materiais ou morais, em especial caso o tratamento possa dar origem à discriminação, à usurpação ou roubo da identidade, a perdas financeiras, prejuízos para a reputação, perdas de confidencialidade de dados protegidos por sigilo profissional, à

PARTE III · Cap. 30 · TRATAMENTO DE DADOS PESSOAIS PARA SEGURANÇA PÚBLICA | 597

autonomia, a níveis individual e coletivo. Tais riscos são decorrentes de práticas e/ou estruturas institucionais que se desviam de noções básicas de justiça: ter uma expectativa legítima de respeito e consideração frustrada em suas relações sociais com empresas e com o Estado (pelo uso inesperado de suas informações, pela falta de segurança razoável dispensada a suas informações, pelo uso discriminatório, para dar alguns exemplos), e não possuir instrumentos de remediação, por exemplo.[18] A LGPD é uma tentativa de criação de um arcabouço regulatório sistêmico para responder a essa constatação.

Nesse sentido, operadores e controladores de dados pessoais devem observar uma série de princípios e regras, sob um amplo espectro de temas, para garantir a legalidade do tratamento. Para destacar alguns exemplos do rol de princípios do art. 6.º da LGPD: titulares das informações tratadas devem ter acesso a informações claras e precisas sobre a coleta e o uso de seus dados (princípio da transparência); o tratamento deve sempre ser realizado para propósitos legítimos, específicos e explícitos, sem que posteriormente tais dados possam ser utilizados de forma incompatível com as finalidades originais (princípio da finalidade); o tratamento deve ser limitado ao mínimo de dados pertinentes à finalidade (princípio da necessidade); não podem ser realizadas operações de tratamento para finalidades discriminatórias ilícitas ou abusivas (princípio da não discriminação); os dados devem ser guardados contra acessos não autorizados e outros incidentes de segurança (princípio da segurança), entre outros.

Ao mesmo tempo, entidades responsáveis pelo tratamento devem também adotar medidas de caráter organizacional para garantir o cumprimento da lei: instalação de mecanismos internos de registro, controle e auditoria sobre todas as atividades que envolvam dados pessoais e observância a parâmetros legais; realização de relatórios de impacto à proteção de dados pessoais; implementação de procedimentos que permitam exercício de direitos por parte de titulares de dados (como sistemas que viabilizem formas de acesso a dados, portabilidade de dados e revisão de decisões automatizadas); indicação de um funcionário encarregado de proteção de dados para atuar como ponto de contato e comunicação com titulares e autoridades; adoção de planos de comunicação e resposta sobre incidentes de segurança, entre outras.

Cheia de novidades, a LGPD estendeu o seu âmbito geográfico de aplicação a operações de tratamento de dados que ocorram no Brasil, estejam comercialmente voltadas ao Brasil ou tenham tido origem (momento da coleta) no Brasil (art. 3.º). Entretanto, como o leitor

---

inversão não autorizada da pseudonimização, ou a outros prejuízos importantes de natureza económica ou social; ou caso os titulares dos dados possam ficar privados dos seus direitos e liberdades ou do exercício do controlo sobre os respetivos dados pessoais; caso sejam tratados dados pessoais que revelem a origem racial ou étnica, as opiniões políticas, as convicções religiosas ou filosóficas e a filiação sindical; caso sejam tratados dados genéticos ou dados biométricos a fim de identificar uma pessoa de forma inequívoca ou caso sejam tratados dados relativos à saúde ou à vida sexual ou orientação sexual ou, ainda, a condenações e infrações penais ou medidas de segurança conexas; caso sejam avaliados aspetos de natureza pessoal, nomeadamente análises e previsões de aspetos que digam respeito ao desempenho no trabalho, à situação económica, à saúde, às preferências ou interesses pessoais, à fiabilidade ou comportamento e à localização ou às deslocações das pessoas, a fim de definir ou fazer uso de perfis; ou caso sejam tratados dados pessoais de pessoas singulares vulneráveis, em particular crianças; ou caso o tratamento incida sobre uma grande quantidade de dados pessoais e afetar um grande número de titulares de dados".

[18] Tento desenvolver o ponto no meu trabalho de doutoramento, ainda em andamento. Para referência, ver MACEDO JUNIOR, Ronaldo. *Contratos relacionais e defesa do consumidor*. São Paulo: RT, 2006. p. 206-239; BIONI, Bruno. *Proteção de dados pessoais*: a função e os limites do consentimento. Rio de Janeiro: Forense, 2019. p. 92-110; MENDES, Laura Schertel. *Privacidade, proteção de dados e defesa do consumidor*. São Paulo: Saraiva, 2014. p. 161-185; DONEDA, Danilo. *Da privacidade à proteção de dados pessoais*. Rio de Janeiro: Renovar, 2006. p. 203-221.

TRATADO DE PROTEÇÃO DE DADOS PESSOAIS

mais familiarizado já sabe e adiantei na introdução, no que se refere aos limites materiais, as operações de tratamento de dados para fins exclusivos de segurança pública, defesa nacional, segurança do Estado e atividades de investigação e repressão de infrações penais foram excluídas do âmbito de aplicação da LGPD (art. 4.º, III). O § 1.º do art. 4.º limita-se a afirmar que:

> "O tratamento de dados pessoais previsto no inciso III será regido por legislação específica, que deverá prever medidas proporcionais e estritamente necessárias ao atendimento do interesse público, observados o devido processo legal, os princípios gerais de proteção e os direitos do titular previstos nesta Lei".

O que isso significa? É esse o objeto do restante do artigo. Antes de prosseguir, entretanto, cabe um breve retrato de operações de tratamento de dados pessoais voltadas à segurança pública.

3. PROTEÇÃO DE DADOS PESSOAIS NO ÂMBITO DA SEGURANÇA PÚBLICA: NOTAS SOBRE TIPOS DE OPERAÇÕES E FINALIDADES

3.1 Exemplos de operações

Não faltam exemplos contemporâneos de operações de tratamento de dados pessoais para fins de segurança pública (em sentido amplo, englobando todas as atividades listadas no art. 4º, III). Nesta seção, são identificadas categorias dessas operações, sem pretensão exaustiva, com o objetivo de chamar atenção para aspectos contextuais que podem influenciar a análise jurídica do tratamento – ponto que será retomado nas partes seguintes. Naturalmente, haverá casos que não se encaixam em nenhuma ou se encaixam em mais de uma categoria aqui destacada. A diferenciação feita aqui é voltada para propósitos didáticos e analíticos.

A hipótese mais clara e "pura" é a de (i) operações de tratamento de dados pessoais realizadas *por órgãos estatais* encarregados de garantir a segurança pública *desde a coleta original*. Nessa categoria se incluem as atividades de identificação criminal executadas por Secretarias de Segurança Pública e conduzidas por autoridades policiais de todo o País, que envolvem a coleta de informações básicas para identificação de pessoas envolvidas no sistema de justiça criminal, bem como a respectiva criação de bases de dados com essas informações, por exemplo. As propostas para a criação de um banco de dados de material genético (DNA) de toda a população[19] e de ampliação de bancos de dados de condenados já existente[20] também se inserem aqui. É esse também o caso dos dados gerados pela utilização de tornozeleiras eletrônicas.[21]

---

[19]   Ver, por exemplo, o Projeto de Lei 1.781/2019 proposto pelo Deputado David Soares (DEM-SP), que prevê coleta e armazenamento de material genético de todos os residentes do País. O projeto foi apensado ao PL 6.025/2013, de autoria do Deputado Rogério Peninha Mendonça (PMDB/SC), que prevê a criação de cadastro nacional de DNA para identificação civil.

[20]   Atualmente, condenados por crimes hediondos ou crimes praticados com violência grave contra a pessoa, quando cometidos com dolo, já estão sujeitos a coleta e armazenamento nos termos da Lei de Execução Penal (art. 9.º-A) e da Lei 12.037/2009 (art. 5.º-A). Sobre expansão, refiro-me a ponto do Projeto Anticrime, proposto em 2019 pelo Ministério da Justiça. Cf. ANTONIALLI, Dennys; FRAGOSO, Nathalie; MASSARO, Heloísa. Da investigação ao encarceramento: as propostas de incremento do uso da tecnologia no Projeto de Lei Anticrime. *Boletim IBCCRIM*, n. 318, maio 2019. Disponível em: https://www.ibccrim.org.br/boletim_artigo/6337-Da-investigacao-ao-encarceramento-as-propostas-de-incremento-do-uso-da-tecnologia-no-Projeto-de-Lei-Anticrime.

[21]   Para uma perspectiva crítica da prática, ver PIMENTA, Victor M.; PIMENTA, Izabella L.; DONEDA, Danilo. "Onde eles estavam na hora do crime?": ilegalidades do tratamento de dados pessoais na

PARTE III · Cap. 30 · TRATAMENTO DE DADOS PESSOAIS PARA SEGURANÇA PÚBLICA | **599**

Dentro dessa categoria, também podem ser colocadas as operações de tratamento de dados vinculadas à coleta e análise de imagens de ambientes públicos por meio da instalação de câmeras de monitoramento em áreas de centros urbanos nas grandes cidades do Brasil. A utilização de *drones* para obtenção dessas informações é mais um exemplo.[22] Grande parte das vezes, essas câmeras são operadas e visualizadas em centros integrados de controle e comando[23] vinculados a secretarias estaduais de segurança pública. Também podem ser inseridas aqui as operações associadas a áreas de fronteira – como os controles de passaporte e coleta de imagens e informações biométricas em aeroportos, ligadas a atividades da Polícia Federal.

A utilização de programas de reconhecimento facial acoplados e aplicados às imagens coletadas adiciona mais uma camada de tratamento de dados pessoais abrangida por essa categoria: além da captura da imagem em si, é possível a direta atribuição de elementos identificadores – a pessoa natural identificável passa a ser identificada. A base de dados usada para promover a identificação pode ser desde a origem voltada para segurança pública (como a de pessoas "procuradas") ou repropositada (criada originariamente para finalidades diversas, como uma que se fizesse uso de imagens coletadas para cadastramento de motoristas ou mesmo a partir de imagens obtidas na internet).[24]

Essa observação leva à categorização da existência de **(ii)** operações de tratamento de dados pessoais realizadas *por órgãos estatais* encarregados de garantir a segurança pública *com dados coletados originariamente para finalidades diversas da segurança pública*. Por vezes, as operações de tratamento de dados para segurança pública por autoridades estatais não envolvem bases de dados originariamente criadas para esse fim. Essa categoria pode ser subdividida em outras duas, que olham para a entidade responsável pela coleta inicial:

(ii.a) tratamento a partir de dados coletados originariamente por órgãos estatais para fins diversos de segurança pública. É o caso de bases de dados criadas para finalidades genéricas de administração do Estado – como as de documentação civil, registro de condutores, usuários de transporte público e registro escolar –, mas que passam a ser utilizadas por autoridades estatais com a finalidade de segurança pública;

(ii.b) tratamento a partir de dados coletados originariamente por entidades privadas para fins diversos de segurança pública. É o caso de bases de dados pessoais obtidas pela exploração comercial de serviços que envolvem coleta, transmissão, uso e análise de dados. Essa categoria abrange desde operações de empresas tradicionais do mercado de serviços – anteriores à internet (como operadoras de telefonia e bancos), passa por empresas de intermediação de serviços (de transporte individual, de entrega de comida ou documentos) e chega até empresas cujo próprio modelo

---

monitoração eletrônica. *Revista Brasileira de Segurança Pública*, v. 13, n. 1, p. 59-75, fev./mar. 2019.

[22] PREFEITURA DE SÃO PAULO. Drones auxiliam Guarda Civil Metropolitana no monitoramento da cidade de São Paulo, 2017. Disponível em: http://govit.prefeitura.sp.gov.br/noticias/drones-auxiliam--guarda-civil-metropolitana-no-monitoramento-da-cidade-de-sp.

[23] Estruturas caracterizadas pelo aparato tecnológico criadas para viabilizar a integração entre forças de segurança, principalmente na época dos grandes eventos no Brasil. Ver SOARES, Philipp Augusto Krammer; BATITUCCI, Eduardo Cerqueira. O Centro Integrado de Comando e Controle: ferramenta de coordenação, interação e planejamento na defesa social. *Revista Brasileira de Segurança Pública*, v. 11, n. 2, p. 216-232, 2017.

[24] HILL, Kashmir. The Secretive company that might end privacy as we know it. *The New York Times*, 18 jan. 2020. Disponível em: https://www.nytimes.com/2020/01/18/technology/clearview-privacy-facial--recognition.html.

de negócio está completamente relacionado ao processamento de dados (como redes sociais). Com frequência essas informações são requisitadas por autoridades para serem utilizadas para fins de segurança pública (sobretudo para atividades de investigação). Por essa razão, aliás, há inclusive no Brasil diversas imposições legais de que tais empresas *guardem* dados pessoais por certo período de tempo, mais um tipo de operação de tratamento justamente efetuada para viabilizar eventual utilização por autoridades estatais.[25] Quando, por outro lado, informações pessoais estão publicamente disponíveis em redes sociais, não existe essa necessidade: há notícia de que autoridades como a ABIN fazem análises de conversas e perfis de pessoas no Twitter, por exemplo.[26]

Por fim, há também **(iii)** operações de tratamento de dados pessoais realizados por *entidades privadas* com a finalidade de garantia da segurança privada – e pública. Há pelo menos dois exemplos que vêm se tornando comuns no Brasil que se inserem aqui. Primeiro, a reutilização de câmeras privadas – como as que são instaladas por proprietários na frente de imóveis – por forças de segurança. No Município de São Paulo, por exemplo, o ex-prefeito João Doria lançou o programa City Câmeras que consiste em plataforma pela qual entidades do setor privado podem disponibilizar imagens obtidas por câmeras privadas com o Poder Público.[27] Segundo, a utilização de controle biométrico de acesso e aplicação de reconhecimento facial em estádios de clubes de futebol brasileiro. Nesse caso, a parceria com o Poder Público é ainda mais próxima, já que as bases de dados de informações biométricas são fornecidas pelo Estado por meio de convênios.[28]

Para todas essas operações, cabe a observação de que se inserem em um contexto de emergente adoção de técnicas de *big data* para a área de policiamento preventivo e repressivo e expansão da *dragnet surveillance*. *Big data* refere-se a um grande volume de dados, de variadas origens, produzidos e compartilhados com velocidade, a partir dos quais é possível extrair informações, tendências e padrões. No *big data policing*, a promessa é que a área de policiamento possa ser revolucionada de diversas maneiras, trazendo mudanças na forma como é

---

[25] ABREU, Jacqueline de Souza. Guarda obrigatória de registros de telecomunicações no Brasil: sobre as origens da retenção de dados e as perspectivas para direitos fundamentais. *In*: ROZO, Camilo Rios (ed.). *¿Nuevos paradigmas de vigilancia? miradas desde América Latina*: Memorias del IV Simposio Internacional Lavits. Buenos Aires, 2016. Córdoba: Fundación Vía Libre, 2017. p. 295-306.

[26] *Época Negócios*. Abin monta rede para monitorar a internet. 20 jun. 2013. Disponível em: https://epoca-negocios.globo.com/Informacao/Acao/noticia/2013/06/abin-monta-rede-para-monitorar-internet.html. PORTINARI, Natália. Planalto usa dados de agência para monitorar política em redes sociais. *Folha de S. Paulo*, 11 abr. 2017. Disponível em: https://www1.folha.uol.com.br/poder/2017/04/1874399-planalto-usa-dados-de-agencia-de-sp-para-monitorar-redes-sociais.shtml.

[27] RIBEIRO, Bruno. Doria quer serviço de assinatura na vigilância pública. *O Estado de S. Paulo*, 26 jul. 2017. Disponível em: https://sao-paulo.estadao.com.br/noticias/geral,doria-quer-servico-de-assinatura-na-vigilancia-publica,70001904990; https://www.citycameras.prefeitura.sp.gov.br.

[28] O Atlético-PR, por exemplo, possui convênio com o TJPR, Detran-PR, Secretaria de Segurança Pública e Companhia de Tecnologia da Informação e Comunicação do Paraná. Ver CACIONLI, Renan. Atlético-PR usa biometria para combater violência. *O Estado de S. Paulo*, 1.º set. 2018. Disponível em: https://esportes.estadao.com.br/noticias/futebol,atletico-pr-usa-biometria-para-combater-violencia,70002482464. O tema é particularmente complexo principalmente porque a Lei 10.671/2003 (Estatuto de Defesa do Torcedor) estabelece responsabilidades de segurança de eventos esportivos ao poder público. A análise mais aprofundada não cabe aqui.

PARTE III · Cap. 30 · TRATAMENTO DE DADOS PESSOAIS PARA SEGURANÇA PÚBLICA | **601**

feito policiamento, em quem é alvo de policiamento, e em que áreas há policiamento.[29] Esse discurso encontra-se subjacente a alguns dos exemplos *supra*, como na lógica da criação dos centros de comando e controle.

Já o conceito de *dragnet surveillance* refere-se a como parte da literatura tem nomeado um conjunto de técnicas de investigação que envolvem a coleta de dados e informações sobre um número elevado de pessoas (a maioria inocentes), e não apenas sobre aquelas pessoas contra as quais há indícios de envolvimento em atividades criminosas, ou seja, uma suspeita – algo como "vigilância por arrastão".[30] É isso que acontece com a instalação de câmeras de monitoramento nas ruas, da utilização de *drones* também com a mesma finalidade e também em novos formatos de pedidos de quebra de sigilo, em que dados de um universo indeterminado de pessoas são requisitados, para daí tentar achar a agulha no palheiro[31] ou para simplesmente ter essas informações preventivamente. Isso significa que um grande número de pessoas pode parar em bancos de dados de autoridades policiais sem nunca ter tido contato com a polícia nem qualquer envolvimento com atividade criminosa.

Nesse contexto, muitas das preocupações que existem no âmbito comercial quanto à proteção de dados reaparecem aqui: como as possibilidades de usos inadvertidos e abusivos de dados e exposição a vazamentos, além de uma preocupação anterior com a própria expansão da vigilância.

3.2   Os fins: as hipóteses do art. 4.º, III, da LGPD

Feita essa primeira aproximação com exemplos, podemos voltar ao recorte do art. 4.º, III. Essa seção será dedicada a uma sucinta nota conceitual relevante para análises do que fica dentro e do que fica fora da LGPD. O dispositivo é separado em quatro itens: "segurança pública"; "defesa nacional"; "segurança do Estado"; ou "atividades de investigação e repressão de infrações penais". Até aqui, a "segurança pública" foi tratada indistintamente em sentido amplo. Para fins analíticos, vale notar que cada um dos itens especificados no artigo se refere a uma frente de atividades de segurança presentes em Estados modernos e a papéis dispensados por diferentes agências e órgãos estatais. Também se referem a atividades inseridas em diferentes ramos de direito – Direito Administrativo; Direito Militar, Inteligência e Direito Processual Penal, que reportam a premissas e exigências particulares de cada contexto.

As atividades de "defesa nacional" são aquelas de cunho militar em situações de conflito armado principalmente contra ameaças externas. Nos termos da Política de Defesa Nacional (Decreto 5.484/2005), o termo diz respeito ao "conjunto de medidas e ações do Estado, com ênfase na expressão militar, para a defesa do território, da soberania e dos interesses nacionais contra ameaças preponderantemente externas, potenciais ou manifestas". "Segurança" é nela vista como a "condição que permite ao País a preservação da soberania e da integridade territorial, a realização dos seus interesses nacionais, livre de pressões e ameaças de qualquer

---

[29]   FERGUSON, Andrew Guthrie. *the rise of big data policing*. Surveillance, race, and the future of law enforcement. New York: New York University Press, 2017. p. 272.

[30]   Cf. BRAYNE, Sarah. The criminal law and law enforcement implications of big data. *Annual Review of Law and Social Science*, v. 14, n. 1, p. 293-308, 2018; e WOLTER, Jürgen. *O inviolável e o intocável no direito processual penal*: reflexões sobre dignidade humana, proibições de prova, proteção de dados (e separação informacional de poderes) diante da persecução penal. São Paulo: Marcial Pons, 2018. p. 159-209.

[31]   Ver, por exemplo, LEORATTI, Alexandre; KOURA, Kalleo. Juízes determinam a quebra de sigilo coletiva de sigilo de dados com base em localização. *Jota*, 27 maio 2019. Disponível em: https://www.jota.info/especiais/juizes-ordenam-quebra-coletiva-de-sigilo-de-dados-com-base-em-localizacao-27052019.

natureza, e a garantia aos cidadãos do exercício dos direitos e deveres constitucionais". Assim, compõem os objetivos da defesa nacional:

I – a garantia da soberania, do patrimônio nacional e da integridade territorial;

II – a defesa dos interesses nacionais e das pessoas, dos bens e dos recursos brasileiros no exterior;

III – a contribuição para a preservação da coesão e unidade nacionais;

IV – a promoção da estabilidade regional;

V – a contribuição para a manutenção da paz e da segurança internacionais; e

VI – a projeção do Brasil no concerto das nações e sua maior inserção em processos decisórios internacionais.

Nesse contexto, todo tipo de tratamento de dados pessoais realizado pelas Forças Armadas, tendo em vista a consecução desses objetivos, parece estar fora do âmbito de aplicação da LGPD.

Considerando a diferenciação de papéis assumida no art. 4.º, III, pode-se dizer que as atividades de "segurança do Estado" estão relacionadas a ações de inteligência. Nos termos da Estratégia Nacional de Inteligência – ENI (Decreto de 15 de dezembro de 2017), trata-se de "exercício permanente de ações especializadas, voltadas para a produção e difusão de conhecimentos, com vistas ao assessoramento das autoridades governamentais nos respectivos níveis e áreas de atribuição, para o planejamento, a execução, o acompanhamento e a avaliação das políticas de Estado". As ações se dão em dois grandes ramos:

"I – Inteligência: atividade que objetiva produzir e difundir conhecimentos às autoridades competentes, relativos a fatos e situações que ocorram dentro e fora do território nacional, de imediata ou potencial influência sobre o processo decisório, a ação governamental e a salvaguarda da sociedade e do Estado;

II – Contrainteligência: atividade que objetiva prevenir, detectar, obstruir e neutralizar a Inteligência adversa e as ações que constituam ameaça à salvaguarda de dados, conhecimentos, pessoas, áreas e instalações de interesse da sociedade e do Estado".

A ENI registra textualmente as potencialidades do uso de dados para a atividade.[32] Nesse contexto, estão excluídas as atividades que se dão no âmbito do Gabinete de Segurança Institucional e da Agência Brasileira de Inteligência – no que se insere em tais finalidades.

Na esfera da "segurança pública", entendida aqui no "sentido estrito", inserem-se atividades policiais que interferem diretamente na vida cotidiana de cidadãos. Nos termos da Constituição Federal, trata-se de "dever do Estado, direito e responsabilidade de todos", sendo "exercida para a preservação da ordem pública e da incolumidade das pessoas e do patrimônio", por meio da polícia federal; da polícia rodoviária federal; polícia ferroviária federal; das polícias civis; polícias militares e corpos de bombeiros militares; e polícias penais federal, estaduais e distrital (art. 144 da CF). Considerando que o inciso III do art. 4.º da LGPD a diferencia de "atividades

---

[32] "O cenário de evolução tecnológica implica também a crescente produção e armazenamento de grandes volumes de dados nos meios digitais (*big data*). A obtenção e a análise dessas quantidades massivas de dados ensejam oportunidades para a atividade de Inteligência, seja ela brasileira ou adversa. São os casos da utilização de aplicações para análise de vínculos, entendimento de contextos, localização de pessoas e de lugares e uso de inteligência artificial e de técnicas analíticas para grandes conjuntos de dados (*analytics*)."

PARTE III · Cap. 30 · TRATAMENTO DE DADOS PESSOAIS PARA SEGURANÇA PÚBLICA | 603

de investigação e repressão de infrações penais", pode-se dizer que existe aqui uma separação entre as vertentes *preventiva* e *repressiva* de atuação policial. Nesse sentido, o último item do inciso III estaria relacionado a atividades da polícia judiciária para investigação de atividades criminosas com intuito de instruir inquéritos policiais e processos penais e para cumprimento de determinações do Poder Judiciário, ao passo que, no âmbito da "segurança pública", estaria a atuação da polícia administrativa, com foco em prevenção a atividades criminosas, como policiamento ostensivo (sobretudo de polícias militares e das guardas civis metropolitanas) e outras atividades de monitoramento geral que façam parte de políticas públicas de segurança (inclusive atividades da Unidade de Inteligência Financeira, por exemplo, voltada à prevenção à lavagem de dinheiro e ao combate ao financiamento do terrorismo).[33]

Essas observações conceituais aproximativas, que mereceriam uma elaboração muito mais rigorosa em outros estudos, servem apenas para registrar o amplo espectro de atividades deixadas de fora da aplicação da LGPD a depender da abrangência da interpretação dada a esses conceitos. Com efeito, os próprios conceitos podem ser fator de disputa: se determinada atividade de tratamento de dados pessoais realizada pelo Estado ou para o Estado estão inseridas nessas finalidades ou não.

Dois exemplos podem ilustrar a questão. Primeiro: as atividades de órgãos de Defesa Civil, que atuam principalmente na prevenção e enfrentamento de desastres e outras situações de emergência, inserem-se em algum desses itens? Sabe-se que tais entidades processam informações e inclusive emitem alertas a celulares, o que envolve manejo de dados pessoais, por exemplo.[34] Pelo sentido de "segurança pública" indicado *supra*, parece que não e, portanto, que ainda teriam de se adequar. Assim, a medida do rigor com que desenvolvermos a interpretação desses conceitos influirá diretamente no âmbito de aplicação da lei e, caso venha a ser aprovada uma legislação específica, a definição de qual lei se aplica. Segundo: as Forças Armadas promovem anualmente alistamento militar de jovens de todo o Brasil: essa atividade de tratamento de dados pessoais está abrangida pela exceção da "defesa nacional" ou não, por servi-lo apenas indiretamente? Qual o grau da conexão com o fim para que possa atrair a exceção? De novo, o sentido e força atribuídos à exceção poderão ser determinantes para a aplicação da LGPD – e, no futuro, para distinguir entre atividades em que se aplica a LGPD e outras em que se aplica legislação específica.

De forma significativa, cabe ainda observar que o dispositivo recorta do âmbito de aplicação tratamento de dados "para fins exclusivos de". Isso significa que, sempre que certa atividade de tratamento de dados pessoais for realizada para finalidades outras que não um tratamento de dados pessoais ali listadas, deixará de ser exclusivo e, portanto, deve observar o regramento da LGPD e estará sujeito à responsabilização no âmbito de uso para essas outras finalidades. Isso significa que órgãos públicos, sempre que extrapolarem o âmbito dos fins delineados, terão sim de se preocupar com a adequação à LGPD.

Dois exemplos mencionados, complementares aos já citados casos dos estádios de futebol e do programa City Cameras, ilustram o ponto. Em São Paulo, há implementação de *drones* para atividades de segurança pública, mas também para controle de doenças que

---

[33] Acerca da distinção entre tipos de polícia, cf. TÁCITO, Caio O poder de polícia e seus limites. *Revista de Direito Administrativo*, v. 27, p. 1-11, 1952; e LAZZARINI, Álvaro. A ordem constitucional de 1988 e a ordem pública, *Revista de Informação Legislativa*, v. 115, p. 275-294, 1992.

[34] Para o serviço de alerta disponível no Estado de São Paulo, ver, por exemplo, http://www.defesacivil. sp.gov.br/duvidas-sobre-sms/.

comprometem a saúde pública (como a dengue):[35] o uso de *drones* pela Guarda Civil Metropolitana em parceria com a secretaria de saúde para essa segunda finalidade naturalmente deve observar todos os deveres e garantias previstos na LGPD. Também quando o Metrô de São Paulo anuncia que passará a utilizar programas de reconhecimento facial em estações[36] é questionável imediatamente associar as medidas a uma política de "segurança pública" – essa não é uma responsabilidade precípua nem uma atividade-fim do Metrô. De todo modo, ainda que se enxergue atuação a esse fim, não há finalidade exclusiva de segurança pública (em sentido largo) –, mas também de segurança privada e operacional do Metrô, atraindo-se a aplicação da LGPD.

4. A LGPD E A PROMESSA DE UMA LEGISLAÇÃO ESPECÍFICA

4.1 Nota de direito comparado: os recortes da LGPD e do Regulamento Europeu

Não há nada de particularmente *brasileiro* na previsão do art. 4.º, III, da LGPD de excluir essas atividades de seu âmbito de aplicação: essa previsão se assemelha ao Regulamento Geral de Proteção de Dados (a "GDPR" e a Diretiva que a antecedeu) ao deixar o tema para ser tratado em uma legislação específica.[37] Trata-se de reconhecimento de que o contexto é especial e merece regramento próprio. Há, entretanto, algumas diferenças marcantes entre os recortes.

Em primeiro lugar, muito embora discussões[38] tenham sido iniciadas, o Brasil não aprovou, até aqui, tal legislação específica. De modo notável, a GDPR foi sancionada em 2016 uma semana depois da Diretiva (UE) 2016/680 do Parlamento Europeu e do Conselho de 26 de abril de 2016 relativa à proteção das pessoas singulares no que diz respeito ao tratamento de dados pessoais pelas autoridades competentes para efeitos de prevenção, investigação, deteção ou repressão de infrações penais ou execução de sanções penais, e à livre circulação desses dados. Há, portanto, ainda um significativo atraso regulatório.

Em segundo lugar, o recorte da legislação europeia é claro ao dizer respeito a atividades de processamento de dados realizadas por "autoridades competentes", de modo que a legislação específica governa apenas essas entidades, sendo os demais agentes regulados pela GDPR. Na LGPD, a abordagem preferida foi pela exclusão de operações do âmbito material da lei segundo as finalidades: segurança pública, defesa nacional, segurança do Estado e atividades de investigação e repressão de infrações penais. Esse modelo traz certa complexidade ao que poderia alcançar também agentes privados eventualmente envolvidos em atividades de

---

[35] *Época Negócios*. Drones auxiliam no combate à dengue em São Paulo. 26 mar. 2019. Disponível em: https://epocanegocios.globo.com/Tecnologia/noticia/2019/03/drones-auxiliam-no-combate-dengue--em-cidades-de-sao-paulo.html.

[36] LOBEL, Fabrício. Metrô de São Paulo terá vigilância com reconhecimento facial, 17 jul. 2019. Disponível em: https://www1.folha.uol.com.br/cotidiano/2019/07/metro-de-sp-tera-vigilancia-com-reconhecimen-to-facial.shtml.

[37] Regulamento Geral de Proteção de Dados (Regulamento EU 2016/679): "Artigo 2. Âmbito de aplicação material. 2. O presente regulamento não se aplica ao tratamento de dados pessoais: [...] d) *Efetuado pelas autoridades competentes para efeitos de prevenção, investigação, deteção e repressão de infrações penais ou da execução de sanções penais, incluindo a salvaguarda e a prevenção de ameaças à segurança pública*".

[38] PRATA, Pedro. Maia cria comissão de juristas para projeto sobre dados pessoais na segurança pública. *O Estado de S. Paulo*, 27 nov. 2019. Disponível em: https://politica.estadao.com.br/blogs/fausto-macedo/maia-cria-comissao-de-juristas-para-projeto-sobre-dados-pessoais-na-seguranca-publica/.

PARTE III · Cap. 30 · TRATAMENTO DE DADOS PESSOAIS PARA SEGURANÇA PÚBLICA | 605

tratamento destinados para esses fins.[39] Como comento mais a frente à luz dos §§ 2.º e 4.º do art. 4.º, a exclusão abrange agentes privados em circunstâncias muito específicas em que atuam como operadores de atividades de tratamento sob tutela do Poder Público e quando bases de dados envolvidos não sejam de total controle do agente privado. No mais, agentes privados devem observar e ser capazes de justificar operações de tratamento de dados à luz da LGPD, inclusive quando colaboram em questões de segurança – como produção de dados para quebras de sigilo, por exemplo. Sem legislação específica, essas particularidades podem ainda gerar confusões.

Em terceiro lugar, em termos principiológicos e estruturais, a lei específica europeia imita a lei geral, mantendo, por exemplo, as obrigações de cunho e impacto organizacional supramencionadas. Curiosamente, justamente os pontos que a LGPD determina que eventual legislação específica observe (os "princípios gerais" e "direitos") são aqueles em que a legislação europeia (Diretiva UE 2016/680) contém algumas mudanças consideráveis comparadas à GDPR. Alguns exemplos podem ser destacados: na legislação específica europeia, (i) o princípio da qualidade dos dados leva em conta diferentes "categorias" de dados pessoais – aqueles baseados em fatos e aqueles pautados por avaliações pessoais ou testemunhos, admitindo que os segundos não estão submetidos ao mesmo nível de exatidão; (ii) o princípio da necessidade passa a conviver com usos "não excessivos" de dados (em vez de limitar ao "estritamente necessário");[40] (iii) o princípio da finalidade admite que dados coletados para certa finalidade original podem encontrar utilizações inesperadas no futuro; e (iv) os direitos de acesso às informações sobre tratamento de dados podem estar sujeitos a maiores limitações com o objetivo de prejudicar as próprias atividades de segurança.[41] Sem uma lei específica brasileira, não está claro o que a referência a princípios e direitos da LGPD no âmbito de atividades de segurança vai significar na prática.

Tais observações reforçam a necessidade de avançar a aprovação de uma lei específica no Brasil.

4.2   O significado das limitações a princípios, direitos e o devido processo legal

Qual é o significado jurídico do § 1.º do art. 4.º?[42] Em uma interpretação estrita, quer dizer que nada da LGPD pode ser utilizado para impor deveres e obrigações a agentes que se engajam em operações de tratamento de dados exclusivamente para finalidades de segurança do inciso III; apenas uma legislação específica teria efeitos vinculantes. Assim, tais atividades não estariam sujeitas aos requisitos dos arts. 7.º, 11 e 14 nem ao regime de responsabilidade dos

---

[39]   Exemplo: JULIÃO, Henrique. Reconhecimento facial no Carnaval do Rio identificou 8 mil pessoas de interesse. *Teletime*, 9 maio 2019. Disponível em: https://teletime.com.br/09/05/2019/reconhecimento--facial-no-carnaval-do-rio-identificou-8-mil-pessoas-de-interesse/; *Convergência Digital*. Governo do Rio contrata reconhecimento facial da Oi para o Maracanã. 5 jul. 2019. Disponível em: https://www.convergenciadigital.com.br/cgi/cgilua.exe/sys/start.htm?UserActiveTemplate=site&UserActiveTemplate=mobile&infoid=51139&sid=18.

[40]   SAJFERT, Juraj; QUINTAL, Teresa. Data Protection Directive (EU) 2016/680 for Police and Criminal Justice Authorities. *Cole/Boehm GDPR Commentary*. Forthcoming Edward Elgar Publishing, 2019.

[41]   DE HERT, Paul; PAPAKONSTANTINOU, Vagelis. The new police and criminal justice data protection directive: a first analysys. *New Journal of European Criminal Law*, v. 7, issue 1, p. 7-19, 2016, p. 9.

[42]   Já mencionado. Para fluidez da leitura: "§ 1.º O tratamento de dados pessoais previsto no inciso III será regido por legislação específica, que deverá prever medidas proporcionais e estritamente necessárias ao atendimento do interesse público, observados o devido processo legal, os princípios gerais de proteção e os direitos do titular previstos nesta Lei".

arts. 42 a 45, por exemplo. Naturalmente, permanecem as normativas de guarda[43] e condições de acesso vinculadas à categoria de "dados sigilosos", tal como sempre existiram, mas nada do novo regime trazido pela LGPD seria exigível na ausência de uma legislação específica.

Como interpretação alternativa, coloca-se a noção de que operações executadas para esses fins, mesmo não estando sujeitas aos mesmos requisitos e responsabilidades da LGPD, devem ainda assim observar o "espírito" da lei geral, antes mesmo da aprovação de uma legislação específica. A ideia encampada aqui é a de que princípios e direitos se aplicam desde já, pois inevitavelmente terão de ser observados no futuro, na eventual lei específica. Já o respeito ao devido processo legal é imperativo da própria Constituição e de aplicação inafastável. A discussão é relevante, portanto, para entender os contornos do regime jurídico aplicável até que uma legislação específica seja aprovada.

Não há dúvidas de que o propósito do art. 4.º, III, foi mesmo recortar do âmbito de aplicação da LGPD atividades com fins de segurança. Mesmo que a futura lei específica tenha de inevitavelmente ser compatível com os "princípios e direitos" da LGPD, o recorte material coloca uma dificuldade textual para se extrair do § 1.º do art. 4.º desde logo o poder de *enforcement* de direitos específicos da LGPD – de acesso, explicação, retificação, eliminação, explicação – e de princípios particulares da Lei – transparência, segurança, *accountability* – em face de entidades engajadas em atividades de tratamento para fins de segurança. Isso também significa um obstáculo para convencer e exigir que os órgãos e entidades dedicados a tratamento de dados a esses fins se preocupem, nesse momento, com a implementação de medidas organizacionais estruturantes com impacto sistêmico no nível de proteção contra riscos de injustiça (exceto no que concerne à elaboração de relatórios de impacto – ponto retomado à frente).

Ao mesmo tempo, seria paradoxal atribuir a ele o sentido de que tais atividades podem operar sem lei, de modo desregrado e completamente discricionário. Ainda que a LGPD não coloque exigências já vinculantes às atividades do art. 4.º, III, é de esperar que ela sirva de parâmetro desde logo, inclusive nessas atividades, em tudo quanto possível. Uma atividade em direção evidentemente contrária à lógica da lei, incompatível mesmo em face de uma tentativa razoável de compreensão das necessidades de segurança pública em sentido amplo, não poderia ser admitida. No final das contas, a LGPD manifesta um compromisso claro do Estado brasileiro com a proteção a garantias fundamentais diante de riscos da sociedade da informação, os quais devem ser levados em conta mesmo quando o tratamento é feito em nome da segurança pública.

Ademais, naturalmente, mesmo na ausência de lei específica, há que se observar o quadro regulatório que já existia pré-LGPD, considerando os direitos e garantias previstos na Constituição, como o remédio do *habeas data* (art. 5.º, LXXII), e na legislação infraconstitucional, como na forma da Lei de Acesso à Informação (Lei 12.527/2011) e no Marco Civil da Internet (Lei 12.965/2014), por exemplo.[44] Tais dispositivos garantem direitos de acesso e a retificação de dados pessoais em órgãos públicos – mesmo àqueles a que se atribui a preservação da segurança pública – e podem oferecer suporte para litígio estratégico nessa seara. Na

---

[43] ABREU, Jacqueline de Souza. Guarda obrigatória de registros de telecomunicações no Brasil: sobre as origens da retenção de dados e as perspectivas para direitos fundamentais. *In*: ROZO, Camilo Rios (ed.). *¿Nuevos paradigmas de vigilancia? miradas desde América Latina*: Memorias del IV Simposio Internacional Lavits. Buenos Aires, 2016. Córdoba: Fundación Vía Libre, 2017. p. 295-306.

[44] Para visão geral, cf. MENDES, Laura Schertel. *Privacidade, proteção de dados e defesa do consumidor*. São Paulo: Saraiva, 2014. p. 127-160; e BIONI, Bruno. *Proteção de dados pessoais*: a função e os limites do consentimento. Rio de Janeiro: Forense, 2019. p. 126-132.

PARTE III · Cap. 30 · TRATAMENTO DE DADOS PESSOAIS PARA SEGURANÇA PÚBLICA | **607**

prática, isso significa que disputas por reconhecimento de direitos e remédios jurídicos em face de atividades de tratamento de dados pessoais para fins de segurança, até a existência da lei específica, se darão no Judiciário, com o ônus argumentativo (e insegurança jurídica) que não existiria, se os direitos já estivessem positivados de modo claro em lei.

Também nesse sentido, atividades de tratamento de dados pessoais para fins de segurança pública (em sentido amplo, englobando os quatro itens do inciso III do art. 4.º) seguem plenamente sujeitas às regras e princípios que regram a atuação do Estado nos respectivos contextos: Direito Militar ("defesa nacional"), Inteligência ("segurança do Estado"), Direito Processual Penal ("atividades de investigação e repressão de infrações penais") e Direito Administrativo ("segurança pública", no sentido estrito e com a ênfase preventiva de que tratei anteriormente). Sem prejuízo das particularidades de cada área, por força dos princípios que norteiam a Administração Pública (art. 37, CF), operações estão submetidas em geral a questionamentos relacionados à existência de interesse público, base legal e proibição do excesso, por exemplo: (a) *Propósito*: o tratamento ocorre mesmo para o interesse público e é compatível com deveres do Estado de tratamento dos cidadãos com igual consideração e respeito?[45] (b) *Legalidade*: o tratamento é previsto em lei/baseado em previsão legal?[46] (c) *Adequação*: o tratamento é adequado para atender ao interesse público? (d) *Necessidade*: o tratamento é necessário para atender ao interesse público, de modo que há situações concretas que o justifiquem ou é apenas experimental e alternativo? Os dados tratados limitam-se ao estritamente necessário? (e) *Proporcionalidade*: o interesse público (em segurança) promovido pelo tratamento de dados pessoais supera eventual prejuízo a outro interesse público (em autonomia, por exemplo)?

Apesar de serem questionamentos disponíveis, necessitarão de esforço argumentativo e de acionamento do Judiciário para que resultem em qualquer efeito prático – o que denota o impacto da ausência de proteção regulatória dedicada a essas finalidades. À medida que a cultura de proteção de dados pessoais avance no Judiciário nacional, pode ser que cresçam as chances de que a jurisprudência se sensibilize perante esses pedidos, e não simplesmente os dispensem sob a justificativa de que são dados de "exclusivo interesse" do órgão. O melhor, entretanto, é esperar e avançar discussões para que a lei específica seja finalmente aprovada.

4.3 Os demais parágrafos do art. 4.º: sujeição à ANPD e aos agentes de tratamento

Apesar de postergar a regulação completa a uma legislação específica, a LGPD contém três dispositivos específicos a operações aplicáveis a operações de tratamento para as finalidades de segurança do inciso III do art. 4.º. O § 3.º do art. 4.º, por exemplo, dispõe que "A autoridade nacional emitirá opiniões técnicas ou recomendações referentes às exceções previstas no inciso III do *caput* deste artigo e deverá solicitar aos responsáveis relatórios de impacto à proteção de dados pessoais". O dispositivo havia sido retirado pela Medida Provisória 869/2018, que criou a Autoridade Nacional de Proteção de Dados, mas a remoção não

---

[45]   O artigo de Miriam Wimmer sobre tratamento de dados no setor público neste livro também reafirma a necessidade de analisar operações por esse ângulo. Faço a referência pelo endereçamento mais encorpado que a questão recebeu lá.

[46]   Recentíssima decisão do Min. Gilmar Mendes sobre a possibilidade de acesso da ABIN a dados do Serviço Federal de processamento de Dados (SERPRO) relativos a carteiras de habilitação (CNH), entre diversas outras considerações, entendeu que esse compartilhamento não encontrava lastro nas competências da ABIN – não teria, portanto, base legal. Cf. STF, MC na ADPF 695, Rel. Min. Gilmar Mendes, decisão monocrática de 24 de junho de 2020.

foi mantida na versão final da Lei de Conversão 13.853/2019. Existe, portanto, desde logo e ao menos em tese, a abertura para supervisão da ANPD sobre as atividades de tratamento de dados realizadas para fins de segurança. E mais: a LGPD impõe um dever à ANPD de requerer relatórios de impacto à proteção de dados pessoais em face dos agentes públicos e privados envolvidos em tratamentos para fins de segurança pública em sentido amplo, de modo que poderão e deverão ser preparados independentemente de legislação específica.

Na versão final da lei, foi também mantido o § 2.º do art. 4.º, segundo o qual:

> "É vedado o tratamento dos dados a que se refere o inciso III do *caput* deste artigo por pessoa de direito privado, exceto em procedimentos sob tutela de pessoa jurídica de direito público, que serão objeto de informe específico à autoridade nacional e que deverão observar a limitação imposta no § 4.º deste artigo".

O referido § 4.º dispõe, por sua vez, que: "Em nenhum caso a totalidade dos dados pessoais de banco de dados de que trata o inciso III do *caput* deste artigo poderá ser tratada por pessoa de direito privado, salvo por aquela que possua capital integralmente constituído pelo poder público". Nesses dispositivos, são impostas limitações aos agentes que podem estar envolvidos em atividades de tratamento para fins de segurança: em regra, somente podem ser realizadas por pessoas de direito público; pessoas de direito privado só podem ter envolvimento quando (i) sob tutela de pessoa de direito público, mediante informe à autoridade, e mais uma de duas alternativas: (ii.a) não abranja a "totalidade dos dados pessoais das bases de dados" em questão; ou (ii.b), se abranger a totalidade de bases de dados para operações do inciso III, a integralidade de seu capital for constituído pelo poder público. Portanto, há aqui uma limitação formal a operações de tratamento de dados pessoais para finalidades de segurança pública, na forma listada no inciso III do art. 4.º e que pode constituir uma barreira para usos de algumas "soluções" e alguns produtos oferecidos por agentes privados a agentes públicos nessa área.

CONCLUSÃO

Neste artigo, tentei mapear as operações de tratamento de dados pessoais realizadas para propósitos de segurança elencados no art. 4.º, III, da Lei e discutir o cenário jurídico em que se encontram. Como procurei mostrar, as práticas relacionadas ao clássico direito à privacidade e às tradicionais "quebras de sigilo" preocupavam-se apenas com operações de fornecimento de dados entendidos como "sigilosos" por sua natureza privada. No âmbito do emergente direito da proteção de dados pessoais, todo tipo de operação que envolve dados relacionados a pessoa natural identificada ou identificável torna-se objeto de proteção jurídica que demanda justificação. Os objetivos de segurança pública que apareciam para justificar restrições à privacidade (desde que observadas as condições legais) também ressurgem na abordagem diferenciada em matéria de proteção de dados pessoais.

Como o artigo demonstrou, o recorte encontrado na LGPD não significa carta branca até que a lei específica seja aprovada: além de a própria LGPD já conter certos parâmetros, operações de tratamento de dados pessoais para fins de segurança pública ainda podem ser objeto de questionamento, se não observarem princípios e regras básicas de justiça e devido processo legal presentes na Constituição Federal e na legislação infraconstitucional. Ainda assim, certo é que a aprovação da legislação específica é imprescindível para atender o nível de proteção e respeito a dados pessoais devidos na sociedade da informação. Nesse sentido, o artigo também já sinaliza que as operações de tratamento de dados para segurança pública variam conforme as finalidades concretas da coleta original e do uso pretendido e os fluxos a que foram submetidos, o que deve influenciar a análise jurídica a que estarão submetidas e também o desenho regulatório. Também a finalidade a nível mais abstrato, entre as especificadas nos itens do art. 4.º, III, será relevante para a fixação de um escopo material para a legislação específica e posterior definição da lei aplicável. Há, portanto, campo para diversas pesquisas e análises para atender às necessidades de avanço e amadurecimento da temática.

REFERÊNCIAS BIBLIOGRÁFICAS

ABREU, Jacqueline de Souza. Guarda obrigatória de registros de telecomunicações no Brasil: sobre as origens da retenção de dados e as perspectivas para direitos fundamentais. *In*: ROZO, Camilo Rios (ed.). *¿Nuevos paradigmas de vigilancia? miradas desde América Latina*: Memorias del IV Simposio Internacional Lavits. Buenos Aires, 2016. Córdoba: Fundación Vía Libre, 2017. p. 295-306.

ABREU, Jacqueline de Souza. Passado, presente e futuro da criptografia forte: desenvolvimento tecnológico e regulação. *Revista Brasileira de Políticas Públicas*, p. 24-42, 2017.

ABREU, Jacqueline de Souza; ANTONIALLI, Dennys Marcelo. *Vigilância sobre as comunicações no Brasil*. São Paulo: InternetLab, 2017.

ANTONIALLI, Dennys; ABREU, Jacqueline de Souza; MASSARO, Heloísa; LUCIANO, Maria. Acesso de autoridades a celulares em abordagens e flagrantes: retrato e análise da jurisprudência de tribunais estaduais. *Revista Brasileira de Ciências Criminais*, v. 154, p. 177-214, 2019.

ANTONIALLI, Dennys; FRAGOSO, Nathalie; MASSARO, Heloísa. Da investigação ao encarceramento: as propostas de incremento do uso da tecnologia no Projeto de Lei Anticrime. *Boletim IBCCRIM*, n. 318, maio 2019. Disponível em: https://www.ibccrim.org.br/boletim_artigo/6337-Da-investigacao-ao-encarceramento-as-propostas-de-incremento-do-uso-da-tecnologia-no-Projeto-de-Lei-Anticrime.

BIONI, Bruno. *Proteção de dados pessoais*: a função e os limites do consentimento. Rio de Janeiro: Forense, 2019.

BRAYNE, Sarah. The criminal law and law enforcement implications of big data. *Annual Review of Law and Social Science*, v. 14, n. 1, p. 293-308, 2018.

CACIONLI, Renan. Atlético-PR usa biometria para combater violência. *O Estado de S. Paulo*, 1.º set. 2018. Disponível em: https://esportes.estadao.com.br/noticias/futebol,atletico-pr-usa-biometria-para-combater-violencia,70002482464.

CONVERGÊNCIA DIGITAL. Governo do Rio contrata reconhecimento facial da Oi para o Maracanã. 5 jul. 2019. Disponível em: https://www.convergenciadigital.com.br/cgi/cgilua.exe/sys/start.htm?UserActiveTemplate=site&UserActiveTemplate=mobile&infoid=51139&sid=18.

DE HERT, Paul; GUTWIRTH, Serge. Privacy, data protection and law enforcement: opacity of the individual and transparency of the power. *In*: CLAES; DUFF; GUTWIRTH (ed.). *Privacy and the criminal law*. Oxford: Intersentia, 2006. p. 61-104.

DE HERT, Paul; PAPAKONSTANTINOU, Vagelis. The new police and criminal justice data protection directive: a first analysys. *New Journal of European Criminal Law*, v. 7, issue 1, p. 7-19, 2016.

DONEDA, Danilo. *Da privacidade à proteção de dados pessoais*. Rio de Janeiro: Renovar, 2006.

DOTTI, René Ariel. A Liberdade e o direito à intimidade. *Revista de Informação Legislativa*, vol. 66, p. 125-152, 1980.

ÉPOCA NEGÓCIOS. Abin monta rede para monitorar a internet. 20 jun. 2013. Disponível em: https://epocanegocios.globo.com/Informacao/Acao/noticia/2013/06/abin-monta-rede-para-monitorar-internet.html.

ÉPOCA NEGÓCIOS. Drones auxiliam no combate à dengue em São Paulo. 26 mar. 2019. Disponível em: https://epocanegocios.globo.com/Tecnologia/noticia/2019/03/drones-auxiliam-no-combate-dengue-em-cidades-de-sao-paulo.html.

FERGUSON, Andrew Guthrie. *The rise of big data policing.* Surveillance, race, and the future of law enforcement. New York: New York University Press, 2017.

FERRAZ JÚNIOR, Tércio Sampaio. Sigilo de dados: o direito à privacidade e os limites à função fiscalizadora do Estado. *Revista Da Faculdade De Direito, Universidade De São Paulo*, vol. 88, 439-459, 1993.

FERREIRA, Ivette S. A intimidade e o direito penal. *Revista Brasileira de Ciências Criminais*, vol. 5, pp. 96-106, 1994.

HILL, Kashmir. The Secretive company that might end privacy as we know it. *The New York Times*, 18 jan. 2020. Disponível em: https://www.nytimes.com/2020/01/18/technology/clearview-privacy-facial-recognition.html.

JULIÃO, Henrique. Reconhecimento facial no Carnaval do Rio identificou 8 mil pessoas de interesse. *Teletime*, 9 maio 2019. Disponível em: https://teletime.com.br/09/05/2019/reconhecimento-facial-no-carnaval-do-rio-identificou-8-mil-pessoas-de-interesse/.

LAZZARINI, Álvaro. A ordem constitucional de 1988 e a ordem pública, *Revista de Informação Legislativa*, v. 115, p. 275-294, 1992.

LEORATTI, Alexandre; KOURA, Kalleo. Juízes determinam a quebra de sigilo coletiva de sigilo de dados com base em localização. *Jota*, 27 maio 2019. Disponível em: https://www.jota.info/especiais/juizes-ordenam-quebra-coletiva-de-sigilo-de-dados-com-base-em-localizacao-27052019.

LOBEL, Fabrício. Metrô de São Paulo terá vigilância com reconhecimento facial, 17 jul. 2019. Disponível em: https://www1.folha.uol.com.br/cotidiano/2019/07/metro-de-sp-tera-vigilancia-com-reconhecimento-facial.shtml.

MACEDO JUNIOR, Ronaldo. *Contratos relacionais e defesa do consumidor.* São Paulo: RT, 2006.

MENDES, Laura Schertel. *Privacidade, proteção de dados e defesa do consumidor.* São Paulo: Saraiva, 2014.

NISSENBAUM, Helen. Privacy as Contextual Integrity, *Washington Law Review,* vol. 79, pp. 119-158, 2004.

NIGRI, Tânia. *O sigilo bancário e a jurisprudência do Supremo Tribunal Federal – STF.* São Paulo: Editora do IASP, 2017.

PIMENTA, Victor M.; PIMENTA, Izabella L.; DONEDA, Danilo. "Onde eles estavam na hora do crime?": ilegalidades do tratamento de dados pessoais na monitoração eletrônica. *Revista Brasileira de Segurança Pública*, v. 13, n. 1, p. 59-75, fev./mar. 2019.

PORTINARI, Natália. Planalto usa dados de agência para monitorar política em redes sociais. *Folha de S. Paulo*, 11 abr. 2017. Disponível em: https://www1.folha.uol.com.br/poder/2017/04/1874399-planalto-usa-dados-de-agencia-de-sp-para-monitorar-redes-sociais.shtml.

PRATA, Pedro. Maia cria comissão de juristas para projeto sobre dados pessoais na segurança pública. *O Estado de S. Paulo*, 27 nov. 2019. Disponível em: https://politica.estadao.com.br/blogs/fausto-macedo/maia-cria-comissao-de-juristas-para-projeto-sobre-dados-pessoais-na-seguranca-publica.

PREFEITURA DE SÃO PAULO. Drones auxiliam Guarda Civil Metropolitana no monitoramento da cidade de São Paulo, 2017. Disponível em: http://govit.prefeitura.sp.gov.br/noticias/drones-auxiliam-guarda-civil-metropolitana-no-monitoramento-da-cidade-de-sp.

RIBEIRO, Bruno. Doria quer serviço de assinatura na vigilância pública. *O Estado de S. Paulo*, 26 jul. 2017. Disponível em: https://sao-paulo.estadao.com.br/noticias/geral,doria-quer-servico-de-assinatura-na-vigilancia-publica,70001904990; https://www.citycameras.prefeitura.sp.gov.br.

SAJFERT, Juraj; QUINTAL, Teresa. Data Protection Directive (EU) 2016/680 for Police and Criminal Justice Authorities. *Cole/Boehm GDPR Commentary*. Forthcoming Edward Elgar Publishing, 2019.

SOARES, Philipp Augusto Krammer; BATITUCCI, Eduardo Cerqueira. O Centro Integrado de Comando e Controle: ferramenta de coordenação, interação e planejamento na defesa social. *Revista Brasileira de Segurança Pública*, v. 11, n. 2, p. 216-232, 2017.

TÁCITO, Caio. O poder de polícia e seus limites. *Revista de Direito Administrativo*, v. 27, p. 1-11, 1952.

WOLTER, Jürgen. *O inviolável e o intocável no direito processual penal*: reflexões sobre dignidade humana, proibições de prova, proteção de dados (e separação informacional de poderes) diante da persecução penal. São Paulo: Marcial Pons, 2018.

31

PROTEÇÃO DE DADOS PESSOAIS NOS PROCESSOS MIGRATÓRIOS

JOSÉ ANTÔNIO PERES GEDIEL
Professor Titular de Direito Civil da UFPR.

ADRIANA ESPÍNDOLA CORRÊA
Professora Adjunta de Direito Civil da UFPR.

1. AÇÕES HUMANITÁRIAS, MIGRAÇÃO E REFÚGIO: PRECISÕES TERMINOLÓGICAS

A análise da proteção de dados pessoais em ações humanitárias passa, necessariamente, pela compreensão do significado desses fenômenos, da natureza das normas que lhes são aplicáveis, da qualificação jurídica dos sujeitos destinatários e da peculiar espacialidade em que se realizam.

As ações humanitárias resultam de esforços políticos de Estados e requerem a mobilização da sociedade civil e de cidadãos para minorar os efeitos negativos de conflitos e desastres naturais, que põem em risco a vida, a saúde e os direitos de pessoas em determinados países e regiões. Na maioria das vezes, as ações humanitárias intervêm em processos migratórios e ocorrem internamente no território de um ou mais Estados, em que se verificam os conflitos ou desastres naturais, nas fronteiras desses territórios, ou na recepção de indivíduos que deixam seus países de origem em busca de segurança e de melhores condições de vida.

Nos países que oferecem riscos iminentes à vida, ou violam direitos, essas ações podem ser realizadas em seu território, em campos de refugiados, espaços protegidos em zonas de conflitos, zonas de transição, ou até mesmo no transporte para retirada de pessoas. Nas fronteiras, as ações humanitárias buscam oferecer acolhimento com o fornecimento de condições materiais mínimas e apoio básico à saúde física e psicológica. As normas jurídicas que incidem sobre todas essas ações estabelecem diretrizes para os ordenamentos jurídicos nacionais aplicáveis a situações em que Estados e organizações internacionais atuam para garantir a proteção à vida e aos Direitos Humanos de cidadãos de outros países.

Os sujeitos destinatários podem deixar seus países de origem e solicitar o reconhecimento da condição jurídica de migrante ou de refugiado, segundo a natureza e gravidade da ameaça à sua vida ou à vida da sua família. No Brasil, a migração é regulada pela Lei n.º 13.445, de 24 de maio de 2017, e o refúgio é concedido nos termos da Lei n.º 9.474, de 22 de julho de 1997, que define o *status* jurídico de refugiado, com base no artigo 1.º da Convenção Relativa ao Estatuto dos Refugiados de 1951,[1] da qual o Brasil é signatário.

Em 1984, o Brasil firmou a Declaração de Cartagena[2] que ampliou as hipóteses de concessão de refúgio, adequando-as à realidade regional da América Latina e levando em conta o aumento das solicitações de refúgio nos países latino-americanos. Acolheu, ainda, as contribuições da Convenção da Organização de Unidade Africana (OUA),[3] elaborada em 1969 e vigente nos países signatários a partir de 1974. Ressalte-se que a Declaração de Cartagena resulta de compromisso firmado entre países latino-americanos, mas não tem caráter vinculante. No caso brasileiro, a definição ampliada da Declaração de Cartagena foi adotada no art. 1.º, III, da Lei n.º 9.474/1997, Lei de Refúgio.

A partir da especificidade legislativa brasileira incidente sobre os processos migratórios, percebe-se que a regulação jurídica do ingresso de estrangeiros no Brasil não é unitária. Assim, a simples solicitação de refúgio já coloca o solicitante sob a proteção do Estado que não lhe pode recusar a concessão, nem devolvê-lo ao seu país de origem, por força do princípio do *non refoulement*, de cumprimento obrigatório por todos os signatários da Convenção de 1951. A aplicação do princípio do *non refoulement* é de extrema importância nesses processos, porque o refúgio deve ser solicitado seguindo a exigência de extraterritorialidade, ou seja, o solicitante de refúgio deve ter atravessado a fronteira do país de origem ou em que se encontrava para realizar tal solicitação.

O refugiado goza de um *status* jurídico específico, que formalmente lhe coloca em uma posição mais vantajosa do que os demais migrantes, no que se refere à proteção estatal. É possível afirmar que a proteção jurídica aos refugiados se dá ao mesmo tempo pelo Direito Humanitário e pelo Direito do país que lhes concede o refúgio. Os migrantes, que não se enquadrem na definição ampliada de refugiado poderão ser admitidos, ou não, no território brasileiro, segundo as disposições da Lei n.º 13.445/2017, inclusive com visto temporário para acolhida humanitária.[4]

Em ambas as situações, com diferente intensidade, a legislação nacional promove o exame das causas e das finalidades do ingresso de cidadãos estrangeiros integrantes dos processos migratórios, exigindo deles elementos comprobatórios de suas alegações ao formularem o pedido, tais como documentos, fornecimento de dados, inclusive aqueles classificados como sensíveis e que podem ser captados por meios técnicos, *e.g.*, biometria e *scanner* para leitura facial e de retina.

---

[1] Convenção Relativa ao Estatuto dos Refugiados de 1951. "Art. 1.º Definição do termo 'refugiado' A. Para os fins da presente Convenção, o termo 'refugiado' se aplicará a qualquer pessoa: [...] 2) Que, em consequência dos acontecimentos ocorridos antes de 1.º de janeiro de 1951 e temendo ser perseguida por motivos de raça, religião, nacionalidade, grupo social ou opiniões políticas, se encontra fora do país de sua nacionalidade e que não pode ou, em virtude desse temor, não quer valer-se da proteção desse país, ou que, se não tem nacionalidade e se encontra fora do país no qual tinha sua residência habitual em consequência de tais acontecimentos, não pode ou, devido ao referido temor, não quer voltar a ele" (Disponível em: https://www.acnur.org/fileadmin/Documentos/portugues/BDL/Convencao_relativa_ao_Estatuto_dos_Refugiados.pdf. Acesso em: 24 jun. 2019).

[2] ACNUR. Declaração de Cartagena, 1984. Disponível em: https://www.acnur.org/fileadmin/Documentos/portugues/BD_Legal/Instrumentos_Internacionais/Declaracao_de_Cartagena.pdf. Acesso em: 24 jun. 2019.

[3] Ibidem.

[4] "Art. 14 [...] § 3.º O visto temporário para acolhida humanitária poderá ser concedido ao apátrida ou ao nacional de qualquer país em situação de grave ou iminente instabilidade institucional, de conflito armado, de calamidade de grande proporção, de desastre ambiental ou de grave violação de Direitos Humanos ou de direito internacional humanitário, ou em outras hipóteses, na forma de regulamento."

PARTE III · Cap. 31 · PROTEÇÃO DE DADOS PESSOAIS NOS PROCESSOS MIGRATÓRIOS | 615

É necessário lembrar que todos esses procedimentos decorrentes do exercício da soberania estatal estão submetidos aos limites estabelecidos pelos princípios dos Direitos Humanos, que orientam as Declarações do Direito Internacional Humanitário, pelos Direitos Fundamentais constitucionais e pela legislação específica de cada país aplicável aos processos migratórios, com especial destaque ao tratamento de dados pessoais, ao direito à privacidade e à proteção desses dados.

Apesar da generosidade e aplicabilidade desse amplo quadro normativo, a proteção aos dados pessoais, nos ambientes em que se realizam as ações humanitárias, é sempre complexa e frágil, porque os sujeitos destinatários dessas ações se encontram em situação de extrema vulnerabilidade, uma vez que tiveram seus direitos negados em seus países de origem, nos países em que transitaram, além de, frequentemente, não disporem de formas de comprovação documental da sua identidade nacional ou qualificação civil.

Muitos riscos podem surgir à proteção de dados pessoais ao se coletarem as provas para a determinação de estatuto de refugiado, como destaca Martin Lettieri, ao dizer que nesses procedimentos existe "uma particular opacidade dentro da opacidade própria do discurso do Direito". Para, em seguida, afirmar que:

> "[...] a confidencialidade que rege esses procedimentos como proteção para pessoa solicitante da condição de refugiado e sua família gerou um tipo de políticas e práticas em matéria de refugiados que excede este objetivo para derivar em decisões públicas carentes de suficiente controle [...]."[5]

As fronteiras, os campos de refugiados, as zonas de transição, as rotas migratórias são espaços em que esses sujeitos fragilizados sofrem a intervenção das autoridades de um ou mais Estados e também de organizações internacionais de várias naturezas, que operam na lógica estatal orientada por composições geopolíticas e interesses que variam segundo fatores conjunturais.

A vulnerabilidade dos sujeitos a serem protegidos pelas ações humanitárias é agravada pelo estranhamento cultural e, sobretudo, linguístico nos contatos com promotores da proteção. Soma-se a essas dificuldades a rigidez dos protocolos internacionais elaborados à luz dos interesses dos Estados nacionais. Há que se considerar, ainda, que essas ações não afastam o risco de aproveitamento econômico e político por Estados e grupos que podem se beneficiar dos resultados negativos de conflitos determinantes das intervenções humanitárias.

Nessas circunstâncias, observa-se que as categorias clássicas do Direito Humanitário não têm sido trabalhadas para assegurar a proteção adequada dos dados pessoais dos sujeitos nos processos migratórios, de modo a superar as peculiaridades normativas nacionais, diminuir as desigualdades e atenuar a opacidade dos procedimentos burocráticos oficiais. Da mesma forma, as leis nacionais de proteção de dados não levam em consideração as particularidades dos sujeitos envolvidos nesses processos.

---

[5] Tradução nossa: "[...] una particular opacidad dentro de la opacidade propia del discurso del derecho. [...] La confidencialidad que rige estos procedimientos como protección para la persona solicitante de la condición de refugiada y su familia, ha generado un tipo de políticas y prácticas en matéria de refugiados que excede ese objetivo para derivar en decisiones públicas carentes de suficiente control [...]" (LETTIERI, Martin. Procedimientos de determinación del estatuto de refugiado y cuestiones de prueba. *Protección Internacional de Refugiados en nel Sur de Sudamérica*. Buenos Aires: De la UNla – Universidad Nacional de Lanús, 2012. p. 110-111).

2. NORMAS INTERNACIONAIS DE PROTEÇÃO DE DADOS PESSOAIS DE REFUGIADOS: PAPEL DO ACNUR E DAS DECLARAÇÕES DE DIREITOS

No plano internacional, a preocupação com a proteção de dados pessoais e da privacidade dos migrantes, refugiados e apátridas, nos processos migratórios contemporâneos, está expressa em uma série de declarações de direitos e diretivas de agências internacionais.[6]

O aumento exponencial dos fluxos migratórios e a utilização crescente do uso massivo das tecnologias digitais, para incrementar o controle nas fronteiras, trazem à tona o debate sobre a proteção dos dados pessoais e da privacidade, especialmente das pessoas que buscam refúgio.

O Pacto Global para Refugiados (PGR), aprovado recentemente, em dezembro de 2018, na Assembleia Geral da ONU, parte do reconhecimento da necessidade de parâmetros internacionais para a proteção dos Direitos Humanos dos refugiados, com o estabelecimento de medidas para os Estados e outras partes interessadas assumirem responsabilidades e cooperarem, com maior efetividade, em resposta aos movimentos de refúgio em larga escala.[7]

Nos termos do Marco Compreensivo de Resposta a Fluxo de Refugiados (CCRF),[8] essas medidas têm quatro objetivos principais: a) facilitar as pressões sobre os países anfitriões; b) melhorar a autossuficiência dos refugiados; c) ampliar o acesso a soluções de países terceiros; e d) apoiar melhoria de condições nos países de origem para retorno em segurança e dignidade.

O programa de ação do PGR enuncia uma das questões fundamentais para a compreensão da complexidade da proteção de dados pessoais de refugiados: a necessidade de coleta de dados para formulação de políticas e soluções para as situações de refúgio e para atingir os objetivos adotados pelo próprio Pacto.

No acolhimento e processamento dos pedidos de refúgio, a coleta de dados, inclusive os biométricos para identificação, é compreendida como fator de melhoria das condições de atendimento dos refugiados nas fronteiras. A identificação individual daqueles em busca de refúgio é, nessa perspectiva, fator essencial para mapear as necessidades e fornecer auxílio específico a grupos especialmente vulneráveis, como crianças, mulheres e meninas, vítimas de abuso sexual ou tráfico de pessoas.[9]

Nesse sentido, consta do PGR que dados confiáveis, comparáveis e datados são essenciais para o planejamento de medidas para melhorar a situação econômica e social

---

[6] Essas normas não são vinculantes, em um sentido técnico-jurídico, integrando o conjunto do que se convencionou chamar de *soft law*. Embora não sejam de natureza obrigatória, elas são dotadas de efetividade social e produzem efeitos jurídicos, por seu alto grau de observância espontânea, garantindo a regulação de determinadas práticas, influenciado tanto a produção como a interpretação de normas jurídicas vinculantes (Cf. GUZMAN, Andrew T.; MEYER, Timothy L. Meyer. International soft law. *Journal of Legal Analysis Spring*, v. 2, n. 1, 2010. Disponível em: https://academic.oup.com/jla/article--abstract/2/1/171/846831).

[7] Cf. ACNUR. Rumo a um pacto global sobre refugiados. Disponível em: https://www.acnur.org/portugues/rumo-a-um-pacto-global-sobre-refugiados/. Acesso em: 20 abr. 2019). Na Declaração de Nova Iorque para Refugiados e Migrantes, da Assembleia Geral da ONU, de 2016, a ONU assumiu o compromisso de aprovar um Pacto Global para Refugiados, a partir dos princípios consagrados no *Comprehensive Refugee Response Framework* (CCRF), adotado nessa Declaração (Disponível em: https://www.unhcr.org/new-york-declaration-for-refugees-and-migrants.html. Acesso em: 20 abr. 2019).

[8] Sigla do título em inglês do documento: *Comprehensive Refugee Response Framework*.

[9] Idem, p. 45.

dos refugiados e nos países anfitriões.[10] E ressalva, logo em seguida, que se aplicam os princípios internacionais da proteção de dados pessoais e da privacidade em toda coleta e transmissão de dados.[11]

Essa lógica de busca de equilíbrio entre a proteção de dados pessoais e a necessidade de obter informações para a elaboração de políticas e tomada de medidas no enfrentamento das graves questões, envolvendo a mobilidade em massa de refugiados, está presente, também, na Política de Proteção de Dados Pessoais de Pessoas relacionadas ao ACNUR (PPD).[12]

Essas diretivas norteiam a atuação do ACNUR em todo e qualquer tratamento de dados realizado em um ou mais escritórios ou operações do ACNUR, e inclusive em ações humanitárias e transmissão de dados a terceiros. A PPD é elaborada a partir do reconhecimento de que o tratamento de dados é essencial para o bom desenvolvimento de sua missão e que esses dados são, em geral, sensíveis e relativos a pessoas em situação de grave vulnerabilidade.[13]

Adotam-se os princípios internacionais da proteção de dados como o tratamento legítimo e justo, a limitação de finalidade,[14] a necessidade e a proporcionalidade do tratamento, a exatidão, a segurança e a confidencialidade.[15] Do mesmo modo, reconhecem-se direitos ao sujeito titular dos dados, tais como direito à informação, de acesso aos dados pessoais, de requerer correção ou supressão de dados e de se opor ao tratamento de dados.[16]

---

[10] ONU. Global Compact on Refugees – Booklet, Nova Iorque, 2018, p. 23. Disponível em: https://www.unhcr.org/5c658aed4. Acesso em 20 abr. 2019.

[11] Ibidem.

[12] ACNUR. Policy on the Protection of Personal Data of Persons of Concern to UNHCR. 2015. Disponível em: https://www.refworld.org/pdfid/55643c1d4.pdf. Acesso em: 20 abr. 2019. A política de proteção de dados do ACNUR é, expressamente, inspirada nas normas europeias que tratam dessa matéria (ACNUR. Guidance on the Protection of Personal Data of Persons of Concern to UNHCR, Genebra, 2018, p. 9).

[13] Idem, p. 4.

[14] Idem, p. 11 e ss. Como consta da Política de Proteção de Dados (PPD): "O tratamento de dados pessoais só pode ser efetuado numa base legítima e de forma justa e transparente. O ACNUR só pode processar dados pessoais com base em uma ou mais das seguintes bases legítimas: (i) Com o consentimento da pessoa em causa; (ii) No interesse vital ou superior da pessoa em causa; (iii) A fim de permitir ao ACNUR o exercício de seu mandato; (iv) Para além das atribuições do ACNUR, garantir a segurança das pessoas em causa ou de outros indivíduos". Tradução nossa: "[...] processing of personal data may only be carried out on a legitimate basis and in a fair and transparent manner. UNHCR may only process personal data based on one or more of the following legitimate bases: (i) With the consent of the data subject; (ii) In the vital or best interests of the data subject; (iii) To enable UNHCR to carry out its mandate; (iv) Beyond UNHCR's mandate, to ensure the safety and security of persons of concern or other individuals" (ACNUR. Policy on the Protection of Personal Data... cit., p. 15).

[15] ACNUR. Guidance on the protection of personal data... cit., p. 18 e ss.

[16] A PPD prevê ainda a nomeação de um Oficial de Proteção de Dados (DPO – Data Protection Officer), em cada escritório ou operação do ACNUR, para garantir o cumprimento dessas diretivas e fazer valer os direitos dos sujeitos titulares dos dados pessoais, entre os quais o direito de formular reclamações e pedido de informações ao DPO, que pode recusá-las apenas nas seguintes hipóteses: "(i) Constituiria uma medida necessária e proporcional para salvaguardar ou assegurar um ou mais dos seguintes elementos: (a) A segurança do ACNUR, do seu pessoal ou dos parceiros implementadores; ou (b) As necessidades e prioridades operacionais primordiais do ACNUR no exercício de seu mandato; (ii) A existência de motivos para crer que o pedido é manifestamente abusivo, fraudulento ou obstrutivo à finalidade do tratamento". Tradução nossa: "(i) It would constitute a necessary and proportionate measure to safeguard or ensure one or more of the following: (a) The safety and security of UNHCR, its personnel or the personnel of Implementing Partners; or (b) The overriding operational needs and priorities of UNHCR in pursuing its mandate; (ii) There are grounds for believing that the request is manifestly abusive, fraudulent or

618 | TRATADO DE PROTEÇÃO DE DADOS PESSOAIS

A PPD também regula as condições de transferência de dados para órgãos estatais de segurança ou para cortes judiciais, para fins de investigação criminal, quando for "[...] necessária para a finalidade de detecção, prevenção, investigação ou persecução de um crime grave e, em especial, para evitar um risco imediato e substancial para a segurança e proteção de indivíduos ou da população",[17] e desde que a autoridade administrativa ou policial ou a corte solicitante seja competente para essas atividades.[18]

Além disso, a transferência só pode se operar se for "assistir substancialmente à autoridade policial ou à corte judicial na busca desses objetivos em que os dados pessoais não possam ser obtidos de outras fontes [...]",[19] e que a transferência "[...] não interfira de modo desproporcional com o direito à privacidade, ou outros Direitos Humanos, do titular dos dados ou de outra pessoa".[20] Na hipótese em que os dados forem de vítimas ou testemunhas, requer-se o consentimento da pessoa para a transferência dos dados a ela relativos.[21]

Na Carta de Princípios de Proteção de Direitos Humanos de Migrantes em Situação de Vulnerabilidade do ACNUR, está prevista, igualmente, a proteção de dados ao lado da previsão da necessidade de sua coleta e tratamento para pesquisas qualitativas e quantitativas das experiências de migrantes, que possam embasar as políticas migratórias e avaliar riscos, prevenir e sancionar violações de Direitos Humanos.[22]

Nesse documento, está previsto o direito de todos os migrantes à privacidade e a proteção contra usos arbitrários dos dados, especialmente os biométricos, que facilitem a discriminação ou aumentem sua vulnerabilidade à vigilância ou a riscos individuais ou de sua família.[23]

Os parâmetros para proteção de dados pessoais e do direito à privacidade, adotados por esses organismos internacionais, relacionados ao refúgio, foram fortemente influenciados pela experiência jurídica europeia nessa matéria. Importa, por isso, examinar como, no âmbito do direito europeu, tem se regulado a tutela dos dados pessoais com relação a refugiados, tendo em conta as crises humanitárias que atingem as fronteiras da União Europeia.

3. NORMAS EUROPEIAS DE PROTEÇÃO DE DADOS PESSOAIS COMO MODELO REGULATÓRIO

Na Carta de Direitos Fundamentais da União Europeia (arts. 7.º e 8.º), o direito à proteção de dados pessoais foi consagrado, ao lado do direito à privacidade, como direito fundamental. Embora esses direitos guardem uma profunda conexão, o direito à proteção de dados extrapola

---

obstructive to the purpose of processing" (ACNUR. Policy on the Protection of Personal Data... cit., p. 23).

[17] Tradução nossa: "[...] necessary for the purposes of the detection, prevention, investigation, or prosecution of a serious criminal offence, in particular in order to avoid an immediate and substantial risk to the safety and security of an individual or the public" (ACNUR. Policy on the Protection of Personal Data... cit., p. 38).

[18] Ibidem.

[19] Tradução nossa: "[...] substantially assist the law enforcement agency or court in the pursuit of these purposes and that the personal data cannot otherwise be obtained from other sources [...]" (Ibidem).

[20] Tradução nossa: "[...] does not disproportionately interfere with a data subject's or another person of concern's right to privacy or other human rights" (Ibidem).

[21] Ibidem.

[22] OHCHR; GLOBAL MIGRATION GROUP. Principles and Guidelines, supported by practical guidance, on the human rights protection of migrants in vulnerable situations, 2017, p. 60-61. Disponível em: https://www.ohchr.org/Documents/Issues/Migration/PrinciplesAndGuidelines.pdf. Acesso em: 15 maio 2019.

[23] Ibidem.

PARTE III · Cap. 31 · PROTEÇÃO DE DADOS PESSOAIS NOS PROCESSOS MIGRATÓRIOS | **619**

a esfera de proteção da privacidade, ao incluir na sua tutela jurídica as possíveis consequências sociais, políticas e jurídicas decorrentes da representação social que se faz da pessoa, a partir do tratamento desses dados.[24]

Isso porque o direito à proteção dos dados pessoais compreende um caráter multifacetado do controle das informações, de modo garantir não apenas a privacidade, pensada como direito individual, mas também a igualdade de tratamento (não discriminação) e a liberdade na esfera pública.[25]

Essas múltiplas dimensões do direito à proteção dos dados pessoais podem ser identificadas nos princípios que regem a sua regulação jurídica na União Europeia. O art. 5.º do Regulamento (UE) 2016/679 do Parlamento Europeu e do Conselho da União Europeia, conhecido como Regulamento Geral sobre a Proteção de Dados (GPDR), elenca os seguintes princípios: o princípio da licitude, que orienta um tratamento de dados pessoais precedido pelo consentimento do titular ou por hipóteses expressamente previstas na normativa, e pautado pela lealdade e transparência; o princípio da exatidão, que determina a correção e atualização dos dados pessoais armazenados; os princípios da finalidade, adequação e limitação de conservação, que vinculam o tratamento de dados a finalidades específicas e exigem que seu tratamento e conservação sejam proporcionais e adequados a essas finalidades; e, por fim, o princípio da integridade e segurança voltado à garantia jurídica e técnica de um tratamento e armazenamento seguros e com garantia de confidencialidade.

Desse modo, para além de assegurar o direito de decidir sobre o acesso imediato e usos futuros desses dados, o GDPR, assim como a Diretiva anterior que regulava a matéria,[26] garante o direito a receber informações claras e transparentes sobre a recolha, uso e circulação desses dados, o direito de acesso, de retificação e de apagamento dos dados pessoais.

A proteção dos dados pessoais é, especialmente, reforçada com relação a uma categoria especial de dados, denominados "dados sensíveis" na Diretiva 95/46/EC. Conforme o art. 9.º do GDPR,[27] esses dados são os que revelam a "origem racial ou étnica, as opiniões políticas, as convicções religiosas ou filosóficas, ou a filiação sindical" do titular, bem como seus "dados genéticos, dados biométricos para identificar uma pessoa de forma inequívoca, os dados relativos à saúde, os dados relativos à sua vida sexual, ou sua orientação sexual".

O tratamento dessa categoria de dados deve ser excepcional ou contar com consentimento expresso de seu titular, salvo se este os tiver tornado previamente públicos (art. 9.º, 2, "a" e "e"). Em outras hipóteses, casos de interesse público ou social relevante podem justificar o tratamento desse tipo de dados, independentemente de autorização do titular (art. 9.º, 2, "b", "f", "g", "h", "i" e "j").

As exceções previstas na norma que autorizam o tratamento de dados, sem o consentimento do titular, inclusive de dados ditos sensíveis, visam alcançar um dos objetivos gerais do Regulamento, qual seja compatibilizar o direito individual com a crescente utilidade e conveniência de tratamento desses dados, no setor público e privado.[28]

---

[24] CASTRO, Catarina Sarmento e. *Direito da informática, privacidade e dados pessoais.* Coimbra: Almedina, 2005. p. 28.

[25] Cf.: RODOTÀ, Stefano. *A vida na sociedade da vigilância:* a privacidade hoje. Rio de Janeiro: Renovar, 2008. p. 25; DONEDA, Danilo. A proteção de dados pessoais como um direito fundamental. *Revista Espaço Jurídico,* Joaçaba, v. 12, n. 2, p. 91-108, jul./dez. 2011, p. 93.

[26] UNIÃO EUROPEIA. Diretiva 95/46/EC, 1995. Disponível em: https://eur-lex.europa.eu/legal-content/PT/ALL/?uri=CELEX%3A31995L0046. Acesso em: 25 jun. 2019.

[27] UNIÃO EUROPEIA. Regulamento (UE) 2016/679. Regulamento Geral de Proteção de Dados (GPDR), 2016. Disponível em: https://eugdpr.org/. Acesso em: 25 jun. 2019.

[28] Como está expresso nos *Considerandos* do GDPR, especialmente nos números 5 e 6.

620 | TRATADO DE PROTEÇÃO DE DADOS PESSOAIS

Essas hipóteses de tratamento legítimo de dados pessoais, sem a exigência do consentimento do titular, têm especial aplicação na esfera estatal, em que o tratamento dos dados corresponda a um interesse público. Isso não exime, contudo, o responsável do cumprimento das demais normas protetivas previstas no Regulamento e do respeito aos demais direitos assegurados aos titulares, como o de acesso e informação, da restrição do uso às finalidades para os quais se destinam, de retificação, de segurança e de confidencialidade.[29]

Para alcançar um equilíbrio entre a proteção aos direitos individuais e a realização dos interesses da segurança pública, o art. 23 do GDPR excetua certas obrigações do responsável pelo armazenamento de dados e limita os direitos de acesso à informação, em prol da segurança do Estado e pública, bem como para viabilizar a investigação criminal, ou outras hipóteses em que se verifique algum "interesse público".

O Regulamento procura estabelecer limites ao tratamento de dados pessoais pelo Poder Público, sem autorização do titular, que está condicionado à existência de previsões legais, no âmbito do direito interno de cada Estado-membro, e "[...] que constituam uma medida necessária e proporcionada numa sociedade democrática para salvaguardar os objetivos referidos no artigo 23.º, n.º 1", entre os quais a "[...] segurança do Estado e a segurança pública [...]".[30]

O GDPR previu a adaptação da norma europeia sobre tratamento de dados por instituições e órgãos da União, com a finalidade de garantir um regime coerente e sólido de proteção de dados pessoais, no território europeu, de modo que esse Regulamento possa ser visto como equivalente ao aplicado pelo GDPR ao setor privado.[31]

Essa questão é fundamental para a proteção de dados pessoais de migrantes e refugiados, visto que o tratamento de dados é parte essencial do controle dos fluxos migratórios nas fronteiras e para o recebimento e processamento dos pedidos de refúgio.

Assim como o GDPR, o Regulamento Europeu (UE) 2018/1725, que regula o tratamento de dados pessoais pelas instituições, órgãos, organismos e agências da União Europeia, tem por objetivo harmonizar o direito à privacidade e à proteção de dados pessoais com a necessidade de livre circulação desses dados, de modo a adaptar as normas dirigidas aos órgãos públicos da UE aos mesmos padrões de exigência previstos, para o setor privado, no GDPR.[32] Esse mesmo Regulamento atribui à Agência Europeia de Proteção de Dados (EDPS – *European*

---

[29]   Isso porque o Regulamento assegura ao titular instrumentos de controle sobre seus dados pessoais, independentemente de seu consentimento ser ou não condição de licitude do tratamento. Nesse sentido, está previsto o direito de oposição do titular ao tratamento de dados (art. 21), fundado no interesse público ou interesse legítimo do responsável (art. 6.º, 1, "e" e "f"), assim como em caso de ampliação das finalidades originais, sem consentimento do titular (art. 6.º, 4). O art. 18 do Regulamento garante, ainda, o direito à limitação de tratamento, que confere ao titular o poder de obstá-lo, verificada a inexatidão de dados, ou o tratamento ilícito, ou, ainda, de os dados não serem mais úteis ao responsável pelo tratamento, mas necessários ao próprio titular, e, por fim, se o titular tiver exercido seu direito de oposição, previsto no art. 21.º, durante o período de verificação da legitimidade dos interesses do responsável pelo tratamento.

[30]   O GDPR determina que, nesses casos, as normas do Direito interno dos Estados-membros prevejam regras sobre: a) as finalidades do tratamento ou as diferentes categorias de tratamento; b) as categorias de dados pessoais; c) o alcance das limitações impostas; d) as garantias para evitar o abuso ou o acesso ou transferência ilícita; e) a especificação do responsável pelo tratamento ou as categorias de responsáveis pelo tratamento; f) os prazos de conservação e as garantias aplicáveis, tendo em conta a natureza, o âmbito e os objetivos do tratamento ou das categorias de tratamento; g) os riscos específicos para os direitos e liberdades dos titulares dos dados; e h) o direito dos titulares dos dados a serem informados da limitação, a menos que tal possa prejudicar o objetivo da limitação (art. 23, 2).

[31]   Cf. Considerando (17) do GRDP.

[32]   Considerando (5) do Regulamento (EU) 2018/1725.

Data Protection Supervisor) a competência para supervisionar o tratamento de dados pelos órgãos da UE e servir como instância para reclamações, informações e denúncias.

Esse Regulamento Europeu (UE) 2018/1725 consagra princípios e direitos aos titulares dos dados pessoais idênticos ao do GDPR (art. 4.º e arts. 14 a 24), mas, com intuito de acomodar essas normas a certas especificidades do setor público, cria uma nova categoria de dados pessoais, os chamados "dados pessoais operacionais", concernentes a questões de investigação criminal, cooperação judiciária e policial.[33]

O tratamento de dados pessoais operacionais "[...] que revelem a origem racial ou étnica, as opiniões políticas, as convicções religiosas ou filosóficas ou a filiação sindical, e o tratamento de dados genéticos, de dados biométricos destinados a identificar uma pessoa singular de forma inequívoca, de dados pessoais operacionais relativos à saúde ou relativos à vida sexual ou à orientação sexual de uma pessoa", não obstante dispensado o consentimento, só podem ser tratados em casos de necessidade estrita e com "[...] garantias adequadas dos direitos e das liberdades do titular dos dados". O Regulamento proíbe, ainda, expressamente "[...] a discriminação de pessoas singulares com base nesses dados pessoais" (art. 76).

No tocante aos dados operacionais, permanecem aplicáveis todos os princípios e reconhecidos todos os direitos a seus titulares dos dados, que podem, no entanto, ser excepcionados, "[...] se e enquanto essas medidas constituírem medidas necessárias e proporcionadas numa sociedade democrática" e com a devida consideração pelos "[...] os direitos fundamentais e os interesses legítimos das pessoas [...]", nos casos especificados no art. 79.[34]

Esse conjunto de normas relativas à proteção de dados pessoais, embora não se dirija especificamente aos direitos de migrantes e refugiados, tem especial relevância na proteção jurídica dessas pessoas nos limites da Europa e em suas fronteiras.

É exemplar o debate em torno da regulação da *European Asylum Dactyloscopy* (EURODAC), uma base de dados biométricos criada em 2000 com o objetivo de auxiliar a aplicação do Regulamento de Dublin, que disciplina o exame de admissibilidade de solicitação de refúgio, mais especificamente os critérios e mecanismos para estabelecer qual Estado-membro deverá examinar um pedido de refúgio.[35]

---

[33] Os dados operacionais são assim definidos no art. 3.º (2) do Regulamento: "[...] todos os dados pessoais tratados por órgãos e organismos da União no exercício de atividades abrangidas pelo âmbito de aplicação da parte III, título V, capítulos 4 ou 5, do TFUE, a fim de cumprir os objetivos e de exercer as funções estabelecidas nos atos normativos que criam esses órgãos ou organismos". Os capítulos 4 e 5 do título V do TFUE (Tratado de Funcionamento sobre a União Europeia) disciplinam, respectivamente, a "cooperação judiciária em matéria penal" e a "cooperação policial". Embora haja um capítulo próprio para a regulação do tratamento desse tipo de dados, o Regulamento não se aplica à EUROPOL e à Procuradoria Europeia, até as adaptações dos atos normativos que os constituem sejam alterados (Cf. Considerando (12) do Regulamento (UE) 2018/1725).

[34] Especialmente, para: "a) evitar prejudicar os inquéritos, as investigações ou os procedimentos oficiais ou judiciais; b) evitar prejudicar a prevenção, detecção, investigação ou repressão de infrações penais, ou a execução de sanções penais; c) proteger a segurança pública dos Estados-Membros; d) proteger a segurança nacional dos Estados-Membros; e) proteger os direitos e as liberdades de terceiros, nomeadamente as vítimas e as testemunhas" (art. 79).

[35] UNIÃO EUROPEIA. The Dublin Regulation. Regulamento (UE) n.º 604/2013. Disponível em: https://eur-lex.europa.eu/legal-content/EN/ALL/;jsessionid=jHNlTp3HLjqw8mqGbQSpZh1VWpjCyVQ-q14Hgcztw4pbfSQZffnrn!557467765?uri=CELEX:32013R0604. Acesso em: 16 abr. 2019. Essa base de dados é gerida pela Agência Europeia para a Gestão de Sistemas Informáticos de Grande Escala no Espaço de Liberdade, Segurança e Justiça (EU-LISA), e submete-se às normas da Convenção Europeia de Direitos Humanos, à Convenção sobre o Direito das Crianças e também ao GDPR e o Regulamento

622 | TRATADO DE PROTEÇÃO DE DADOS PESSOAIS

Em 2013, seus objetivos foram ampliados para permitir que as autoridades nacionais de persecução criminal também possam acessá-la.[36] Atualmente, a legislação europeia prevê que os países-membros da UE recolham as digitais de todas as pessoas com mais de 14 anos que estejam pedindo proteção internacional (refúgio) ou sejam encontradas nas fronteiras em situação irregular (migrantes irregulares).[37] Os países-membros podem, também, conquanto isso não seja obrigatório, registrar as digitais de pessoas estrangeiras ou apátridas que sejam encontradas em seu território de modo irregular.

Segundo informa o Parlamento Europeu, o Regulamento de Dublin foi alterado em 2013, em resposta aos receios ocasionados pela chegada de um grande número de pessoas sem registro. A partir daí, permitiu-se o acesso pela polícia dos Estados-membros[38] e da Europol para investigação, prevenção e detenção de crimes graves ou terrorismo.[39]

Em 2015, foram também publicadas diretivas para que os Estados integrantes da UE seguissem uma abordagem comum sobre a identificação biométrica, incluindo a informação às pessoas que solicitam refúgio sobre seus direitos e obrigações, bem como autorizando o uso limitado da detenção e coerção como último recurso.[40]

Com a proposta para reformulação do EURODAC, ainda em trâmite no Parlamento Europeu,[41] pretende-se tornar obrigatória a coleta não só das digitais, mas o armazenamento, por dez anos, de dados como o nome, nacionalidade, lugar e data de nascimento e as informações do documento de identidade.[42]

EU 2018/1725. O tratamento de dados pela EURODAC é, também, supervisionado pela Autoridade Europeia para Proteção de Dados (EDPS) e pelas autoridades nacionais em cada país-membro.

[36] EUROPEAN PARLIAMENT. *Recast Eurodac Regulation*, fev. 2017. Disponível em: http://www.europarl. europa.eu/RegData/etudes/BRIE/2016/589808/EPRS_BRI(2016)589808_EN.pdf. Acesso em: 15 abr. 2019.

[37] Ibidem. Isso inclui, também, os países associados Islândia, Noruega, Suíça e Liechtenstein.

[38] Não inclui a Dinamarca que participa do Dublin Regulation apenas mediante um acordo específico e os países associados como Noruega, Islândia, Suíça e Liechtenstein (Ibidem).

[39] Ibidem. Em julho de 2015, em razão do aumento exponencial do fluxo migratório nas fronteiras europeias e da incapacidade dos Estados-membros de registrarem a entrada de todos os imigrantes e pessoas que buscavam asilo ou refúgio, a União Europeia decidiu adotar medidas específicas para as áreas de maior concentração de demanda migratória (*hotspot approach*). Nessa abordagem, em especial nas fronteiras externas da Grécia e da Itália, as Agências europeias, especificamente a Frontex, EASO e a EUROPOL, comprometeram-se a prestar apoio técnico e operacional nas fronteiras, para lidar com o fluxo migratório intenso nessas áreas. A participação dessas agências permitiu que, em setembro de 2016, se alcançasse quase 100% de coleta de digitais de pessoas pedindo refúgio nas fronteiras das *hotspots*. Segundo esse relatório, produzido pelo Parlamento Europeu, em 2015 a taxa de identificação biométrica na Grécia era de 8% e na Itália, de 36% (Ibidem). Sobre o tema: Cf. MAHAMUT, Rosario García. La ductilidad del derecho a la protección internacional (refugio y protección subsidiaria) ante las crisis humanitarias: un desafio para Europa y para el Sistema Europeo Común de Asilo. *Teoría y Realidad Constitucional*, Madrid, n. 38, p. 212 e ss., 2016.

[40] Ibidem.

[41] MACOVEI, Monica. European Parliament Legislative Train Schedule. *Towards a new policy on migration: JD Recast Eurodac Regulation*, maio 2019. Disponível em: http://www.europarl.europa.eu/legislative-train/ theme-towards-a-new-policy-on-migration/file-jd-recast-eurodac-regulation. Acesso em: 27 jun. 2019.

[42] EDPS. Opinion of the European Data Protection Supervisor on the amended proposal for a Regulation of the European Parliament and of the Council on the establishment of "EURODAC" for the comparison of fingerprints for the effective application of Regulation (EU) No [.../...] [...] (Recast version). Disponível em: https://edps.europa.eu/sites/edp/files/publication/12-09-05_eurodac_en.pdf. Acesso em: 20 abr. 2019. Cf. também: CORREIA, Pedro Miguel Alves Ribeiro; JESUS, Inês Oliveira Andrade

PARTE III · Cap. 31 · PROTEÇÃO DE DADOS PESSOAIS NOS PROCESSOS MIGRATÓRIOS | 623

Para os solicitantes de refúgio devem ser armazenados, ainda, dados sobre o número do pedido e o Estado responsável por seu processamento. A idade mínima para a coleta de digitais passaria de 14 para 6 anos e pretende-se, também, a coleta de imagens faciais para a identificação biométrica.

Por fim, a proposta de reformulação prevê o acesso parcial, em determinadas circunstâncias, para países terceiros, não integrantes da UE. Esses países não teriam acesso direto, mas poderiam ser informados sobre a identidade de determinadas pessoas para fins de regresso.[43]

Nos debates sobre a reforma de 2013, várias críticas foram dirigidas a EURODAC pela Autoridade Europeia de Proteção de Dados (EDPS), no que se refere a potenciais violações das normas de proteção de dados pessoais, em especial do princípio da finalidade.[44] Em sua avaliação, o alargamento da finalidade da base de dados, criada, inicialmente, apenas para determinar qual Estado da UE deveria examinar a solicitação de refúgio, torna difícil a conciliação com o princípio da limitação de finalidade. Isso porque, para excepcionar a aplicação do princípio, seria preciso justificar a necessidade e proporcionalidade do desvio da finalidade inicial da coleta e tratamento dos dados, e, segundo a Autoridade Europeia, isso não foi feito de forma adequada pela EURODAC.[45]

---

de. A proteção de dados pessoais no espaço de liberdade, de segurança e de justiça da União Europeia. *Revista Brasileira de Segurança Pública*, São Paulo v. 8, n. 2, 18-30, ago./set. 2014.

[43] Essa proposta de 2016 foi emendada em setembro de 2020, com vistas a enquadrar essa reforma do Eurodac no Novo Pacto de Migração e Asilo da Comissão Europeia (2020). Como explica Vavoula, essas emendas caminham na mesma direção já desenhada pela proposta de 2016, de transformar o Eurodac em uma ferramenta multiuso para fins amplos em matéria de imigração e asilo, mas também de segurança pública e nacional e geração de dados estatísticos para elaboração de políticas públicas (Transforming Eurodac from 2016 to the New Pact: From the Dublin System's Sidekick to a Data-base in Support of EU Policies on Asylum, Resettlement and Irregular Migration. 2020. Disponível em: https://www.ecre. org/wp-content/uploads/2021/01/ECRE-Working-Paper-Transforming-Eurodac-from-2016-to-the- -New-Pact-January-2021.pdf. Acesso em: 4 ago. 2021).

[44] EDPS. Opinion of the European Data Protection... cit.. O Conselho Europeu para Refugiados, uma rede de ONGs europeia, também manifestou sua preocupação com a violação dos direitos fundamentais à privacidade e à proteção de dados pessoais, com a ampliação das finalidades e dos dados coletados pela EURODAC, bem como pela facilitação de acesso e transferência de dados a autoridades nacionais e países terceiros (CERE. ECRE Comments on the Commission Proposal to recast the Eurodac Regulation COM(2016) 272. Disponível em: https://www.ecre.org/wp-content/uploads/2016/07/ECRE-Comment- s-Eurodac-proposal.pdf. Acesso em: 23 abr. 2019). Como observa Niovi Vavoula, também a Proposta de Alteração da Regulação do Eurodac, apresentada em 2020, não foi objeto de relatórios de análise de impactos à proteção de dados pessoais e à privacidade (Transforming Eurodac from 2016 to the New Pact: From the Dublin System's Sidekick to a Database in Support of EU Policies on Asylum, Resettlement and Irregular Migration. 2020. Disponível em: https://www.ecre.org/wp-content/uploads/2021/01/ ECRE-Working-Paper-Transforming-Eurodac-from-2016-to-the-New-Pact-January-2021.pdf. Acesso em: 4 ago. 2021).

[45] Ibidem. No estudo feito pelo Departamento de Políticas para os direitos dos cidadãos e questões constitucionais do Parlamento Europeu, em maio de 2016, igualmente foi questionada a ampliação de objetivos e de dados coletados/armazenados pela EURODAC, na reformulação proposta, em face da limitação imposta pelo princípio da finalidade (PARLAMENTO EUROPEU. The implementation of European Common Asylum System. *Policy Department for Citizen's Rights and Constitutional Affairs*, Bruxelas, p. 52 e p. 101, 2016. Disponível em: http://www.europarl.europa.eu/supporting-analyses. Acesso em: 23 abr. 2019). O ACNUR, em estudo sobre a proposta de alteração do regulamento da EURODAC, igualmente manifestou sua preocupação, em especial com a possibilidade genérica, prevista nessa proposta, do uso meios coercitivos, pelos Estados-membros, em caso de recusa do fornecimento de dados biométricos (digitais e imagens faciais). Por isso, recomenda que a norma europeia vede, expressamente, o uso da detenção, força ou qualquer coerção física ou mental, para obtenção desses

624 | TRATADO DE PROTEÇÃO DE DADOS PESSOAIS

As objeções levantadas acerca das alterações na EURODAC expõem a fragilidade do sistema de proteção de dados ante situações de crise como a dos refugiados, aliada a questões que envolvem segurança nacional e combate ao terrorismo.

Nesse contexto, crescem os mecanismos de controle de refugiados e migrantes, tais como a previsão de acesso para fins de persecução criminal, prevenção e repressão ao terrorismo, com base em dados biométricos de solicitantes de refúgio, coletados e armazenados para outros fins.

As pretensões e os riscos envolvidos nessa reforma da EURODAC (*Eurocast*) adquirem outras dimensões com a recente aprovação, em abril de 2019, pelo Parlamento Europeu da criação de uma base de dados comum (CIR – *Common Identity Repository*), que reúne todas essas bases de dados contendo dados biográficos e biométricos de cidadãos não europeus que cruzam as fronteiras da UE: SIS II (Second Generation Schengen Information System), VIS (Visa Information System) e o EURODAC.[46] Além das já citadas bases de dados, serão integradas no sistema: o European Criminal Records System for Third Country Nationals (ECRIS-TCN), o Entry/Exit System (EES) e o European Travel Information and Authorisation System (ETIAS).[47]

A fusão das bases de dados e a interoperabilidade com outros sistemas foram aprovadas mesmo com parecer contrário da Autoridade Europeia de Proteção de Dados (EDPS). Em seu parecer, a EDPS sustenta que a implementação da interoperabilidade desses sistemas aliada à garantia de acesso, rotineira, às autoridades policiais nas bases de dados de imigração subverte os princípios legais da proteção de dados na Europa e aumenta de forma injustificada o uso abusivo e o desvio de finalidade.[48]

---

dados nos procedimentos de pedido de asilo ou refúgio (ACNUR. UNHCR comments on the European Commission proposal for a Regulation of the European Parliament and of the Council establishing the criteria and mechanisms for determining the member state responsible for examining an application for international protection lodged in one of the Member States by a third-country national or a stateless person (recast). 2016, p. 12. Disponível em: https://www.refworld.org/pdfid/585cdb094.pdf. Acesso em: 23 abr. 2019).

[46] Cf.: MONROY, Mattias. EU merges biometric data pots: now the query tsunami is coming. Disponível em: https://digit.site36.net/2019/02/06/eu-merges-biometric-data-pots-now-the-query-tsunami-is-coming/#more-1172. Acesso em: 28 maio 2019; CIMPANU, Catalin. EU votes to create gigantic biometrics database, 22 abr. 2019. Disponível em: https://www.zdnet.com/article/eu-votes-to-create-gigantic-biometrics-database/. Acesso em: 27 maio 2019. A íntegra do texto aprovado pelo Parlamento Europeu está disponível em: http://www.europarl.europa.eu/doceo/document/TA-8-2019-0388_EN.html?redirect#title2. A interoperabilidade já havia sido proposta pela Comissão Europeia, em 2016, em conjunto com a proposta de criar um sistema centralizado de informações sobre pessoas que viajam sem a exigência de visto. O objetivo era melhorar as funcionalidades desses sistemas e incrementar a detecção de imigração ilegal (EU-FRA; EDPS; ECHR; COUNSIL OF EUROPE. *Handbook on European data protection law*, Luxembourg, 2018, p. 324).

[47] E, por meio do Portal de Busca Europeu (*European Search Portal*), criado pelo mesmo Regulamento, assegura-se a interoperabilidade dos sistemas, com uma ferramenta que permite a busca simultânea em todos os sistemas (Para uma comparação entre os conteúdos, requisitos de acesso e finalidades dessas bases, bem como sobre os recursos para a interoperabilidade, conferir: VAVOULA, Niovi. Consultation of EU Immigration Databases for Law Enforcement Purposes: a Privacy and Data Protection Assessment. In: European Journal of Migration and Law. Nijmegen, Volume 22, Issue 2. Jun 2020).

[48] BUNYAN, Tony. The point of no return: inteorperability morphs into the creation of a Big Brother centralized EU state database including all exiting and Future Justice and Home Affair databases. Disponível em: http://www.statewatch.org/analyses/eu-interop-morphs-into-central-database.pdf. Acesso em: 27 maio 2019.

PARTE III · Cap. 31 · PROTEÇÃO DE DADOS PESSOAIS NOS PROCESSOS MIGRATÓRIOS | 625

O exame da regulação europeia e a reflexão sobre a EURODAC e de sua integração com outras bases de dados, destinada ao cadastramento biométrico de refugiados, são relevantes para a compreensão dos sentidos e amplitude das normas de proteção de dados pessoais, em especial de migrantes e refugiados, no ordenamento jurídico nacional, sobretudo em razão da forte influência do direito europeu na formulação das normas brasileiras nessa matéria.

4. TUTELA DE DADOS PESSOAIS DE REFUGIADOS E MIGRANTES NO BRASIL

A tutela do direito à proteção de dados e à privacidade dos solicitantes de refúgio explicita uma questão latente na regulação jurídica do tema que é a da composição e tensão entre os direitos do titular dos dados e o interesse público ou estatal. Isso se manifesta de forma especial em matéria de refúgio, porquanto o exercício do direito internacional de proteção, reconhecido na Convenção Relativa ao Estatuto dos Refugiados de 1951, é condicionado ao fornecimento de dados pessoais, sem os quais o pedido de refúgio sequer é processado.

No ordenamento jurídico brasileiro, a proteção de dados pessoais só recebeu uma regulação sistemática com a recente Lei n.º 13.709/2018 (Lei Geral de Proteção de Dados – LGPD),[49] que se aplica aos setores público e privado, com exceção das matérias de segurança pública, segurança nacional e investigação criminal (arts. 3.º e 4.º).

Até a promulgação da LGPD, a proteção de dados pessoais encontrava-se em diplomas diversos, ora dirigidos aos órgãos públicos, ora aos sujeitos privados.[50] Como a questão mais sensível para a proteção dos direitos dos solicitantes de refúgio e para os refugiados diz respeito ao tratamento de dados pessoais pelo setor público, serão examinadas com maior minúcia as regras aplicáveis a esses casos.

A Lei de Migração (Lei n.º 13.445/2017) faz referência expressa ao direito de proteção de dados pessoais do migrante e lhe assegura, em seu art. 4.º, XIII, direito à informação e à confidencialidade, com remissão ao disposto na Lei de Acesso à Informação (Lei n.º 12.527/2011).[51]

Esse diploma legislativo estabeleceu as regras para o tratamento dos dados pessoais pelo poder público, que fica submetido ao dever de transparência e de respeito à "[...] à intimidade, vida privada, honra e imagem das pessoas, bem como às liberdades e garantias individuais" (art. 31 da Lei n.º 12.527/2011).

A tutela de tais direitos deve ser pensada na sua vinculação aos princípios da Lei de Migração, previsto em seu art. 3.º, sobretudo na vedação à xenofobia, à discriminação e à criminalização da migração.

O § 3.º do art. 31 da Lei de Informação estabelece as hipóteses de dispensa do consentimento para tratamento de dados pessoais por órgãos públicos, com a finalidade de: a) prevenção e diagnóstico médico, quando a pessoa estiver física ou legalmente incapaz, e para utilização única e exclusivamente para o tratamento médico; b) realização de estatísticas e pesquisas

---

[49]   Os artigos 52, 53 e 54 da LGPD, que tratam das sanções administrativas, entraram em vigor em 1º.08.2021 (Lei 14.010/2020). Os demais artigos entraram em vigor em setembro de 2020.

[50]   Sobre a influência do GDPR na formulação da lei brasileira cf.: VERONESE, A.; MELO, N. O Projeto de Lei 5.276/2016 em contraste com o novo Regulamento Europeu (2016/679 UE). *Revista de Direito Civil Contemporâneo*, São Paulo, ano 5, v. 14, p. 71-99, jan./mar. 2018; MENDES, Laura Schertel; DONEDA, Danilo. Marco jurídico para a cidadania digital: uma análise do Projeto de Lei 5.276/2016. *Revista de Direito Civil Contemporâneo*, São Paulo, ano 3, v. 9, p. 38, out.-dez. 2016.

[51]   BRASIL. Lei de Acesso à Informação. Lei n.º 12.527/2011. Disponível em: http://www.planalto.gov.br/ccivil_03/_ato2011-2014/2011/lei/l12527.htm. Acesso em: 25 jun. 2019.

científicas de evidente interesse público ou geral, previstos em lei, sendo vedada a identificação da pessoa a que as informações se referirem; c) dar cumprimento a ordem judicial; d) defesa de Direitos Humanos; ou e) proteção do interesse público e geral preponderante.[52]

A Lei Geral de Proteção de Dados assegura, de forma mais sistemática, uma série de garantias e deveres para o titular dos dados pessoais, com correspectivos deveres para o responsável por seu tratamento, seja ele público ou privado.

Sob o influxo da regulação europeia, a LGPD tem por objetivo a composição entre os direitos individuais de proteção de dados pessoais e a necessidade, nas sociedades atuais de circulação e uso de informações, para a consecução do interesse público estatal e para incrementar o desenvolvimento econômico e tecnológico do País.[53]

Em consonância com seus objetivos, a LGPD enuncia como fundamentos da proteção de dados pessoais o respeito à privacidade, a autodeterminação informativa, a liberdade de expressão, de informação, de comunicação e de opinião, a inviolabilidade da intimidade, da honra e da imagem, o direito ao livre desenvolvimento da personalidade, o desenvolvimento econômico e tecnológico, a livre-iniciativa, a livre concorrência e a defesa do consumidor (art. 2.º).

Os princípios orientadores do tratamento de dados mais uma vez expressam a influência das normas europeias: princípio da finalidade, da adequação, da necessidade, do livre acesso aos dados por parte dos titulares, da qualidade dos dados, da transparência e da não discriminação (art. 6.º da Lei n.º 13.709/2018).[54]

A LGPD prevê, igualmente, uma proteção distinta para os chamados "dados sensíveis" (art. 5.º, II), cuja tutela leva em conta seu risco significativo para privacidade ou potencial discriminação. Seguindo a inspiração das normas europeias, proíbe o tratamento desses dados (art. 11, *caput*), exceto as hipóteses expressas em lei.[55]

O regime de proteção de dados pessoais, instituído pela LGPD, aplica-se ao tratamento de dados tanto por pessoas jurídicas de direito público como de direito privado. No entanto, o tratamento de dados por pessoa jurídica de direito público "[...] realizado para fins exclusivos de segurança pública, de defesa nacional, de segurança do Estado ou de atividades de investigação e repressão de infrações penais [...]" é excluído do seu campo de incidência (art. 4.º).[56]

Um exame mais atento do tratamento de dados de migrantes, e em específico de solicitantes de refúgio, levanta uma série de preocupações. Na Lei de Migração, está prevista a coleta de "dados biográficos e biométricos", de modo obrigatório, para todos os imigrantes. E no Decreto n.º 9.199/2017, que regula essa lei, atribui-se à Polícia Federal a competência de

---

[52]   Está prevista, ainda, no art. 31, § 4.º, que não poderá ser vedado o acesso às informações pessoais, quando isso "[...] prejudicar processo de apuração de irregularidades em que o titular das informações estiver envolvido, bem como em ações voltadas para a recuperação de fatos históricos de maior relevância".

[53]   Cf.: GDPR, Considerando n.º 7.

[54]   Esses princípios foram inspirados na regulação europeia de direito de proteção de dados. Sobre o sentido dos princípios do tratamento de dados, no direito europeu: CASTRO, Catarina Sarmento e. *Direito da informática, privacidade e dados pessoais* cit., p. 229 e ss.

[55]   Entre as quais: "consentimento específico e em destaque, pelo titular, para finalidades específicas" (art. 11, I); quando seu tratamento for indispensável para cumprir obrigação legal do controlador dos dados, ou para execução de políticas públicas, realização de estudos e pesquisas, o exercício regular de um direito, proteção da vida ou da incolumidade física do titular dos dados, ou de sua saúde e a segurança (art. 11, II).

[56]   A LGPD prevê, no seu art. 4.º, a edição de lei especial para a proteção de dados pessoais nesses casos.

PARTE III · Cap. 31 · PROTEÇÃO DE DADOS PESSOAIS NOS PROCESSOS MIGRATÓRIOS | **627**

organizar, manter e gerir os processos de identificação civil, produzir a Carteira de Registro Nacional Migratório e administrar a base de dados relativa a esse registro (art. 58).

A Lei de Refúgio (Lei n.º 9.474/1997) prevê o procedimento para solicitação de condição de refugiado e determina a prestação de declaração e informações sobre as circunstâncias que justificam o pedido (arts. 17 a 19). Na solicitação de refúgio, deverão ser informadas, ainda, a identificação completa, a qualificação profissional, o grau de escolaridade do solicitante e membros do seu grupo familiar. Como esses documentos contêm dados pessoais e informações relativas à privacidade dessas pessoas, a Lei prevê sejam guardados seu sigilo e sua confidencialidade (art. 20).

Uma vez solicitado o refúgio, a Polícia Federal emite uma certidão que dá direito ao solicitante, e seu grupo familiar, de receber o Documento Provisório de Registro Nacional Migratório (Decreto n.º 9.277/2018, art. 2.º, parágrafo único). Nesse documento, devem constar, necessariamente, dados biográficos e biométricos do solicitante (art. 4.º, II, do Decreto n.º 9.277/2018).

Um elemento que indica uma tendência de discriminação e estigmatização de migrantes e refugiados consta no Decreto n.º 9.489/2018, que regula o Plano Nacional de Segurança Pública. Esse decreto regulamenta o Sistema Nacional de Informações de Segurança Pública, Prisionais, de Rastreabilidade de Armas e Munições, de Material Genético, de Digitais e de Drogas, criado pelo art. 35 da Lei n.º 13.675/2018, e prevê que ele incluirá, entre outras, informações de "entrada e saída de estrangeiros" (art. 18, III, do Decreto n.º 9.489/2018).

Embora o decreto imponha o dever de garantia de confidencialidade e segurança dos dados, é, no mínimo, curioso que dados de entrada e saída de estrangeiros estejam, entre outras informações destinadas ao incremento da segurança pública no País, ao lado de informações sobre "ocorrências criminais", "execução penal e sistema prisional", "índice de elucidação de crimes", voltadas ao planejamento de políticas de segurança pública (art. 19 do Decreto n.º 9.489/2018).

Dessas normas aplicáveis tanto à migração quanto ao refúgio pode-se concluir que há coleta de dados biométricos para identificação civil, que são armazenados e geridos pela Polícia Federal, sem um maior regramento sobre quais as finalidades e medidas de proteção e segurança se aplicam a essas bases de dados.

A questão é ainda mais preocupante se levarmos em conta a Lei de Identificação Civil Nacional (Lei n.º 13.444/2017), que cria uma base nacional de dados de Identificação Civil Nacional (ICN). Essa base, cuja gestão foi atribuída ao Tribunal Superior Eleitoral (TSE), será formada a partir da integração de dados biométricos da Justiça Eleitoral e outras bases de dados de registro civil e outros órgãos públicos.

Está previsto na lei, ainda, o compartilhamento dos dados com os Poderes Executivos e Legislativos das três esferas federativas (art. 3.º), sem previsão de qualquer restrição de uso ou vinculação a finalidades. Com isso, franqueia-se aos órgãos de segurança pública acesso irrestrito aos dados pessoais, entre eles os biométricos, coletados, de toda a população, para fins de identificação civil.[57]

---

[57] É de notar que o art. 5.º, LVIII, da Constituição Federal restringe a identificação criminal, mediante registro fotográfico e recolha de dados dactiloscópicos, apenas às hipóteses previstas em lei, especialmente em caso de ausência ou imprecisão da identificação civil e da necessidade justificada, e autorizada por decisão judicial fundamentada (Lei n.º 12.037/2009). Por sua vez, a Lei n.º 12.654/2012, que criou a base de perfis genéticos para fins de investigação criminal, prevê a inclusão compulsória desses dados apenas de pessoas condenadas pela prática de crimes hediondos ou dolosos e violentos contra a pessoa

628 | TRATADO DE PROTEÇÃO DE DADOS PESSOAIS

Com praticamente uma carta em branco conferida às autoridades públicas, para fins de persecução penal, de acessar dados biométricos de nacionais, não há por que imaginar que a Polícia Federal restringiria o acesso aos dados de migrantes e refugiados.

Note-se que, no sistema brasileiro, é a própria Polícia Federal a autoridade competente para receber e processar os pedidos de refúgio. Os dados coletados para esse fim ficam, assim, sob sua custódia e responsabilidade. Ao contrário do que ocorre na UE, portanto, em que se debate a legitimidade de acesso aos dados pessoais por outras autoridades, na seara criminal, no Brasil é a própria Polícia Federal quem detém os dados. A discussão, portanto, teria que se dar não em matéria de acesso, mas sim da possibilidade de utilização desses dados para outros fins diversos dos previstos no momento de sua coleta.

Levando em consideração o direito à privacidade e à proteção de dados, reconhecida no direito brasileiro, em diversos diplomas legais e, de forma sistemática, na LGPD, o tratamento de dados (coleta, acesso e utilizações secundárias) desses dados deve encontrar justificativa e base legítimas.

Conforme a Lei de Acesso à Informação, os dados pessoais em poder de órgãos públicos só podem ser tratados "[...] de forma transparente e com respeito à intimidade, vida privada, honra e imagem das pessoas, bem como às liberdades e garantias individuais" (art. 31), e a dispensa do consentimento deve vir embasada em "interesse público e geral preponderante" (inc. V do art. 31).

Com a entrada em vigor da LGPD, essas exigências vêm ainda mais detalhadas na legislação e estão vinculadas aos princípios da necessidade, proporcionalidade e finalidade do tratamento de dados. Note-se que dados biométricos e de identificação pessoal dos migrantes e solicitantes de refúgio são coletados, independentemente de seu consentimento, para a finalidade específica de identificação civil e processamento do pedido de refúgio.

Na LGPD, a utilização secundária pelo próprio Poder Público está prevista no art. 26, que estabelece como regra o amplo compartilhamento de dados entre órgãos públicos, atendidas as "[...] finalidades específicas de execução de políticas públicas e atribuição legal pelos órgãos e pelas entidades públicas [...]", ressalvados os direitos dos titulares dos dados, previstos na lei (art. 26). Entre eles, o art. 23 destaca o direito de ser informado, de forma clara e acessível, sobre o tratamento de dados pessoais pelas autoridades públicas responsáveis, especificamente quanto a sua "[...] previsão legal, a finalidade, os procedimentos e as práticas utilizadas para a execução dessas atividades".

É de observar que a exigência de consentimento ou de motivos legítimos para sua dispensa, em caso de alteração da finalidade original da coleta dos dados, só está prevista na LGPD com relação ao tratamento de dados no setor privado (art. 9.º, § 2.º). No tocante à esfera estatal, consagra-se a regra do compartilhamento de dados (art. 26), sujeita ao controle e à regulação da Autoridade Nacional de Proteção de Dados (arts. 29 e 30).[58]

A LGPD, entretanto, excepciona a sua aplicação nos tratamentos de dados para fins de segurança pública, defesa nacional, segurança do Estado ou atividades de investigação e repressão de infrações penais (art. 4.º). Esse diploma legislativo remete a disciplina do tratamento de dados nesses casos à legislação específica, com a ressalva de que deverão ser previstas "medidas proporcionais e estritamente necessárias ao atendimento do interesse

---

(art. 9.º-A da Lei nº 7.210/1984). Ademais, essas informações estão protegidas pelo sigilo e pelo dever de observância do princípio da finalidade (art. 5.º-A da Lei 12.037/2009).

[58] A lei estabelece, ainda, restrições à transferência de dados de pessoas jurídicas de direito público para pessoas jurídicas de direito privado, cujas condições e hipóteses permitidas estão elencadas nos arts. 26, § 1.º, e 27.

PARTE III · Cap. 31 · PROTEÇÃO DE DADOS PESSOAIS NOS PROCESSOS MIGRATÓRIOS | **629**

público, observados o devido processo legal, os princípios gerais de proteção e os direitos do titular previstos nesta Lei" (art. 4.º, § 1.º).

Ainda que se entenda que o princípio da finalidade[59] seja atendido nas hipóteses de compartilhamento para tratamento de dados pessoais em poder das autoridades públicas, por sua destinação à execução de políticas públicas e cumprimento das competências legais, é preciso observar, concomitantemente, os princípios da adequação e da necessidade (art. 6.º, II e III).

Isso significa que, ainda que para atender a um interesse público, o tratamento de dados precisa ser compatível "[...] com as finalidades informadas ao titular, de acordo com o contexto do tratamento" (art. 6.º, II). Deve, ainda, ser limitado "[...] ao mínimo necessário para a realização de suas finalidades, com abrangência dos dados pertinentes, proporcionais e não excessivos em relação às finalidades do tratamento de dados" (art. 6.º, III).

Importante ressaltar, ainda, proibição de discriminação, prevista no art. 6.º, IX, da LGPD, que deve orientar todo e qualquer tratamento de dados pessoais e tem grande relevância no que se refere à proteção de grupos especialmente vulneráveis como os refugiados e solicitantes de refúgio.

Apesar dos princípios enunciados nesses textos legais, a ausência de normas específicas que regulem o acesso e utilização de dados biométricos, de nacionais e estrangeiros, na seara criminal, incluindo segurança pública e defesa nacional, deve ser fator de preocupação, ainda mais tratando-se de grupos com alto grau de vulnerabilidade como os refugiados.

O debate em torno da expansão de finalidades e dados coletados na EURODAC é, nesse sentido, relevante para a discussão da regulamentação da matéria no Brasil. Entre as críticas levantadas a essa proposta de reformulação da base de dados, sustenta-se que há risco de violações não apenas contra o direito à proteção de dados, mas também de aprofundar a vulnerabilidade desse grupo de pessoas, que demanda um alto nível de proteção. Isso porque a disponibilidade para acesso às autoridades de persecução criminal e à Europol contribui tanto para a discriminação quanto para estigmatização de refugiados e solicitantes de refúgio.[60]

Nesse debate, vale mencionar que o recente Regulamento da UE dessa matéria, datado de 2018, reforça os limites ao tratamento de dados feito com base no interesse público, que requer mais do que uma referência genérica a esse conceito, impondo aos ordenamentos jurídicos nacionais que especifiquem, "pelo menos, os objetivos do tratamento, os dados pessoais operacionais a tratar, as finalidades do tratamento e os prazos aplicáveis à conservação dos dados pessoais operacionais e à revisão periódica da necessidade de prolongar a conservação dos dados pessoais operacionais" (art. 72).

Ainda que se possa questionar a eficácia desses limites, a incorporação dessas cautelas seria interessante para regulação jurídica da matéria em território nacional, a fim de estabelecer alguns parâmetros para o tratamento de dados pessoais de migrantes, refugiados e solicitantes de refúgio coletados, compulsoriamente, pelas autoridades públicas, diante de eventuais riscos.

---

[59] O princípio da finalidade é assim definido na LGPD: "finalidade: realização do tratamento para propósitos legítimos, específicos, explícitos e informados ao titular, sem possibilidade de tratamento posterior de forma incompatível com essas finalidades" (art. 6.º, I).

[60] VAVOULA, N. The Recast Eurodac Regulation: are asylum seekers treated as suspected criminals?. *In*: BAULOZ, C.; INELI-CIGER, M.; SINGER, S.; STOYANOVA, V. (ed.). *Seeking asylum in the European Union*. Leiden, The Netherlands: Brill Nijhoff, 2015. p. 260-261.

5. EXCEPCIONALIDADE NORMATIVA: TECNOLOGIA DA INFORMAÇÃO, RELATIVIZAÇÃO DE DIREITOS E PROCESSOS MIGRATÓRIOS

A análise das normas nacionais e internacionais sobre a proteção de dados pessoais nas ações humanitárias, compreendendo migrações, refúgio e apatridia, aponta para algumas tendências já verificáveis no presente e que podem se acentuar com as alterações da geopolítica relativas às acomodações da economia e com o amplo aproveitamento das novas tecnologias de informação.

Em primeiro lugar, percebe-se um movimento pendular de adoção e redução dos efeitos protetivos dos Direitos Humanos, pelos Estados nacionais, com relação aos direitos de refugiados, migrantes e apátridas, no que se refere à proteção de seus dados pessoais.

Identifica-se, por um lado, a gradativa recepção de normas protetivas formuladas na União Europeia, por diversos países ocidentais, como é o caso do Brasil. Por outro lado, observa-se um recuo dessas normas protetivas, sob a alegação de que é necessário proteger as sociedades nacionais e, por via de consequência, excepcionar tais regras protetivas com relação a migrantes, refugiados, como foi proposto pelo *Data Protection Act* 2018,[61] no Reino Unido.

Esse movimento de recuo na proteção de dados no Reino Unido foi inicialmente direcionado aos refugiados e migrantes e teve como alvo preferencial os alicerces da proteção conferida pela GDPR da União Europeia, sobretudo no que diz às restrições no processamento, no objeto de processamento, no apagamento desses dados e também na restrição da informação a respeito de quais dados serão usados por quem os coleta.

O argumento dos defensores dessa redução na proteção situa-se no plano do reforço ao controle das imigrações, à segurança dos países e ao combate à criminalidade. No entanto, há uma imprecisão de sentido da expressão "controle da imigração", que autoriza a retirada das proteções constantes da GDPR e acaba abrindo possibilidades de coleta, armazenamento, processamento, disponibilização de dados colhidos para órgãos públicos e serviços particulares, que não participam diretamente do controle migratório.

Segundo o *Data Protection Act* de 2018, os dados podem ser utilizados pelo sistema de saúde, pelo sistema escolar, pelos locadores e construtores de imóveis e instituições bancárias, com base na exceção prevista, que reduz, inclusive, as responsabilidades no compartilhamento de dados.

Os críticos que se opõem a essa legislação britânica alertam que, tão logo se complete o processo de saída do Reino Unido da União Europeia (Brexit), essas restrições à proteção dos dados pessoais serão aplicadas a cidadãos de outros países europeus, que até o presente momento circulam livremente sob a proteção das normas da GDPR.

A tensão entre proteção individual e política de segurança, em todos os países e também em organizações de países, como a União Europeia, aumentou com a aprovação do Regulamento (UE) 2019/817 do Parlamento Europeu e do Conselho, publicado em 20 de maio de 2019, relativo à criação de um regime de interoperabilidade entre os sistemas de informação da UE no domínio das fronteiras e vistos.[62]

---

[61] REINO UNIDO. Data Protection Act 2018. Disponível em: http://www.legislation.gov.uk/ukpga/2018/12/contents/enacted. Acesso em: 24 jun. 2019.

[62] UNIÃO EUROPEIA. Regulamento (UE) 2019/817 do Parlamento Europeu e do Conselho de 20 de maio de 2019. Disponível em: https://eur-lex.europa.eu/legal-content/PT/TXT/PDF/?uri=CELEX:32019R0817&-from=EN. Acesso em: 24 jun. 2019; e UNIÃO EUROPEIA. Regulamento (UE) 2019/818 do Parlamento Europeu e do Conselho de 20 de maio de 2019. Disponível em: https://eur-lex.europa.eu/legal-content/

PARTE III · **Cap. 31** · PROTEÇÃO DE DADOS PESSOAIS NOS PROCESSOS MIGRATÓRIOS | 631

A aplicação da tecnologia voltada à interoperabilidade de sistemas, que contém dados e registros pessoais colhidos com diferentes finalidades, resultará na criação de um banco de dados único na União Europeia, uma vez que esses sistemas se complementam, a fim de facilitar a correta identificação de pessoas, fragilizando a posição dos refugiados e migrantes, uma vez que tanto nos *consideranda* quanto nos artigos previstos no Regulamento (UE) 2019/817 os principais objetivos desse processo de coleta, tratamento, armazenamento e disponibilidade de dados têm como alvo os controles de fronteiras e os indivíduos não europeus, que ingressam ou transitam no interior dos países da União Europeia.

Essa racionalidade de enfraquecimento da proteção dos dados pessoais é claramente verificável nesse Regulamento, embora em suas formulações iniciais tenha se destacado a questão da segurança e do combate à criminalidade, para depois deixar evidente, na versão recentemente aprovada, no *Considerando* (1), que o foco do processo de interoperabilidade é aumentar a segurança e a gestão de fronteiras e da migração, assegurando que os guardas de fronteira, as autoridades aduaneiras, os agentes de polícia e autoridades judiciárias tenham as informações necessárias à sua disposição.[63]

A interoperabilidade interliga quatro ferramentas: Portal Europeu de Pesquisa; Biometric Matching Service (BMS); Common Identify Repository (CIR); e Multiple Identity Detector (MID).

O Biometric Matching Service (BMS) é um sistema compartilhado que permite a busca e o cruzamento de dados biométricos armazenados em sistemas nos quais vários agentes de diversos países teriam acesso autorizado. O Common Identify Repository (CIR) contém dados biográficos e identidade biométrica de cidadãos de países do Terceiro Mundo disponível em vários sistemas de informação da União Europeia. Essa ferramenta complementa o Multiple Identity Detector (MID) que permite verificar as múltiplas identidades registradas em vários sistemas para assegurar a identificação correta das pessoas de boa-fé e combater as identidades fraudulentas.

A interoperabilidade que permite o acesso a esses dados coletados e disponíveis em diferentes bases resulta na possibilidade de ter em vários organismos, de diversas naturezas, todos os dados de um mesmo cidadão, o que significa, em última análise, a criação de um banco de dados único não mais por um Estado, mas por vários Estados e organismos internacionais. Esse resultado ultrapassa os limites da proteção mínima de dados pessoais consolidados a partir das Constituições Europeias do pós-guerra que orientaram a construção do GDPR.

O Regulamento (UE) 2019/817, ao definir as atribuições do CIR referentes ao armazenamento de dados de todos os cidadãos oriundos de países de Terceiro Mundo que cruzaram ou poderão cruzar as fronteiras da União Europeia, tem, claramente, a finalidade de restringir

---

PT/TXT/PDF/?uri=CELEX:32019R0818&from=EN. Acesso em: 31 jul 2020. Esses Regulamentos alteram os Regulamentos (CE) 767/2008, (UE) 2016/399, (UE) 2017/2226, (UE) 2018/1240, (UE) 2018/1726 e (UE) 2018/1861, (UE) 2018/1862, 2019/816 do Parlamento Europeu e do Conselho, e as Decisões 2004/512/CE e 2008/633/JAI do Conselho da Europa.

[63] "(1) Na comunicação, de 6 de abril de 2016, intitulada *Sistemas de informação mais sólidos e inteligentes para controlar as fronteiras e garantir a segurança*, a Comissão sublinhou a necessidade de melhorar a arquitetura de gestão de dados da União para fins de controlo das fronteiras e de segurança. A comunicação deu início a um processo no sentido de alcançar a interoperabilidade entre os sistemas de informação da UE para a segurança e a gestão de fronteiras e da migração, a fim de enfrentar as deficiências estruturais relacionadas com estes sistemas que dificultam o trabalho das autoridades nacionais, e assegurar que os guardas de fronteira, as autoridades aduaneiras, os agentes de polícia e as autoridades judiciárias têm as informações necessárias à sua disposição" (UNIÃO EUROPEIA. Regulamento (UE) 2019/817 do Parlamento Europeu e do Conselho de 20 de maio de 2019 cit.).

632 | TRATADO DE PROTEÇÃO DE DADOS PESSOAIS

a migração de cidadãos para aquele Continente. Além de, potencialmente, se tornar uma ferramenta perigosa contra os Direitos Fundamentais.

A invocação do respeito aos Direitos Fundamentais e aos Direitos Humanos não significa que, na prática, esses usos não resultem em violações de direitos, pois a circulação ampla desses dados e sua complementação entre banco de dados levarão também a uma fragmentação da responsabilidade entre órgãos de países, inclusive de organizações privadas que atuam na administração pública.

REFERÊNCIAS BIBLIOGRÁFICAS

ACNUR. Declaração de Cartagena, 1984. Disponível em: https://www.acnur.org/fileadmin/Documentos/portugues/BD_Legal/Instrumentos_Internacionais/Declaracao_de_Cartagena.pdf. Acesso em: 24 jun. 2019.

ACNUR. Guidance on the Protection of Personal Data of Persons of Concern to UNHCR, Genebra, 2018.

ACNUR. Policy on the Protection of Personal Data of Persons of Concern to UNHCR. 2015. Disponível em: https://www.refworld.org/pdfid/55643c1d4.pdf. Acesso em: 20 abr. 2019.

ACNUR. Rumo a um pacto global sobre refugiados. Disponível em: https://www.acnur.org/portugues/rumo-a-um-pacto-global-sobre-refugiados/. Acesso em: 20 abr. 2019.

ACNUR. UNHCR comments on the European Commission proposal for a Regulation of the European Parliament and of the Council establishing the criteria and mechanisms for determining the member state responsible for examining an application for international protection lodged in one of the Member States by a third-country national or a stateless person (recast). 2016. Disponível em: https://www.refworld.org/pdfid/585cdb094.pdf. Acesso em: 23 abr. 2019.

BUNYAN, Tony. The point of no return: inteorperability morphs into the creation of a Big Brother centralized EU state database including all exiting and Future Justice and Home Affair databases. Disponível em: http://www.statewatch.org/analyses/eu-interop-morphs-into-central-database.pdf. Acesso em: 27 maio 2019.

CASTRO, Catarina Sarmento e. *Direito da informática, privacidade e dados pessoais*. Coimbra: Almedina, 2005.

CERE. ECRE Comments on the Commission Proposal to recast the Eurodac Regulation COM(2016) 272. Disponível em: https://www.ecre.org/wp-content/uploads/2016/07/ECRE-Comments-Eurodac-proposal.pdf. Acesso em: 23 abr. 2019.

CIMPANU, Catalin. EU votes to create gigantic biometrics database, 22 abr. 2019. Disponível em: https://www.zdnet.com/article/eu-votes-to-create-gigantic-biometrics-database/. Acesso em: 27 maio 2019.

COELHO, Margarete de Castro; NUNES, Geórgia Ferreira Martins; VILLA, Eugênia N. R. M. Identificação eleitoral biométrica no Brasil: o retorno ao mecanismo panóptico. *Revista Ballot*, v. 1, n. 2, p. 162-177, set./dez. 2015.

CORREIA, Pedro Miguel Alves Ribeiro; JESUS, Inês Oliveira Andrade de. A proteção de dados pessoais no espaço de liberdade, de segurança e de justiça da União Europeia. *Revista Brasileira de Segurança Pública*, São Paulo v. 8, n. 2, 18-30, ago./set. 2014.

DONEDA, Danilo. A proteção de dados pessoais como um direito fundamental. *Revista Espaço Jurídico*, Joaçaba, v. 12, n. 2, p. 91-108, jul./dez. 2011.

EDPS. Opinion of the European Data Protection Supervisor on the amended proposal for a Regulation of the European Parliament and of the Council on the establishment of "EURODAC" for the comparison of fingerprints for the effective application of Regulation (EU) No [.../...] [...] (Recast version). Disponível em: https://edps.europa.eu/sites/edp/files/publication/12-09-05_eurodac_en.pdf. Acesso em: 20 abr. 2019.

EU-FRA; EDPS; ECHR; COUNSIL OF EUROPE. *Handbook on European data protection law*, Luxembourg, 2018.

GUZMAN, Andrew T.; MEYER, Timothy L. Meyer. International soft law. *Journal of Legal Analysis Spring*, v. 2, n. 1, 2010. Disponível em: https://academic.oup.com/jla/article-abstract/2/1/171/846831.

LETTIERI, Martin. Procedimentos de determinación del estatuto de refugiado y cuestiones de prueba. *Protección Internacional de Refugiados en nel Sur de Sudamérica*. Buenos Aires: De la UNla – Universidad Nacional de Lanús, 2012.

MACOVEI, Monica. European Parliament Legislative Train Schedule. *Towards a new policy on migration: JD Recast Eurodac Regulation*, maio 2019. Disponível em: http://www.europarl.europa.eu/legislative-train/theme-towards-a-new-policy-on-migration/file-jd-recast-eurodac-regulation. Acesso em: 27 jun. 2019.

MAHAMUT, Rosario García. La ductilidad del derecho a la protección internacional (refugio y protección subsidiaria) ante las crisis humanitarias: un desafio para Europa y para el Sistema Europeo Común de Asilo. *Teoría y Realidad Constitucional*, Madrid, n. 38, p. 211-238, 2016.

MENDES, Laura Schertel; DONEDA, Danilo. Marco jurídico para a cidadania digital: uma análise do Projeto de Lei 5.276/2016. *Revista de Direito Civil Contemporâneo*, São Paulo, ano 3, v. 9, out.-dez. 2016.

MONROY, Mattias. EU merges biometric data pots: now the query tsunami is coming. Disponível em: https://digit.site36.net/2019/02/06/eu-merges-biometric-data-pots-now-the-query-tsunami-is-coming/#more-1172. Acesso em: 28 maio 2019.

OHCHR; GLOBAL MIGRATION GROUP. Principles and Guidelines, supported by practical guidance, on the human rights protection of migrants in vulnerable situations, 2017, p. 60-61. Disponível em: https://www.ohchr.org/Documents/Issues/Migration/PrinciplesAndGuidelines.pdf. Acesso em: 15 maio 2019.

ONU. Global Compact on Refugees – Booklet, Nova Iorque, 2018. Disponível em: https://www.unhcr.org/5c658aed4. Acesso em 20 abr. 2019.

PARLAMENTO EUROPEU. Recast Eurodac Regulation, fev. 2017. Disponível em: http://www.europarl.europa.eu/RegData/etudes/BRIE/2016/589808/EPRS_BRI(2016)589808_EN.pdf. Acesso em: 15 abr. 2019.

PARLAMENTO EUROPEU. The implementation of European Common Asylym System. *Policy Department for Citizen's Rights and Constitutional Affairs*, Bruxelas, p. 52 e p. 101, 2016. Disponível em: http://www.europarl.europa.eu/supporting-analyses. Acesso em: 23 abr. 2019.

REINO UNIDO. Data Protection Act 2018. Disponível em: http://www.legislation.gov.uk/ukpga/2018/12/contents/enacted. Acesso em: 24 jun. 2019.

RODOTÀ, Stefano. *A vida na sociedade da vigilância*: a privacidade hoje. Rio de Janeiro: Renovar, 2008.

SAMPAIO, J. A. L. *Direito à intimidade e à vida privada*: uma visão jurídica da sexualidade, da família, da comunicação e informações pessoais, da vida e da morte. Belo Horizonte: Del Rey, 1998.

UNIÃO EUROPEIA. Diretiva 95/46/EC, 1995. Disponível em: https://eur-lex.europa.eu/legal-content/PT/ALL/?uri=CELEX%3A31995L0046. Acesso em: 25 jun. 2019.

UNIÃO EUROPEIA. Regulamento (UE) 2016/679. Regulamento Geral de Proteção de Dados (GDPR), 2016. Disponível em: https://eugdpr.org/. Acesso em: 25 jun. 2019.

UNIÃO EUROPEIA. Regulamento (UE) 2019/817 do Parlamento Europeu e do Conselho de 20 de maio de 2019. Disponível em: https://eur-lex.europa.eu/legal-content/PT/TXT/PDF/?uri=CELEX:32019R0817&from=EN. Acesso em: 24 jun. 2019.

UNIÃO EUROPEIA. The Dublin Regulation. Regulamento (UE) n.º 604/2013. Disponível em: https://eur-lex.europa.eu/legal-content/EN/ALL/;jsessionid=jHNlTp3HLjqw8mqGbQS-pZh1VWpjCyVQq14Hgcztw4pbfSQZffnrn!557467765?uri=CELEX:32013R0604. Acesso em: 16 abr. 2019.

VAVOULA, N. The Recast Eurodac Regulation: are asylum seekers treated as suspected criminals?. *In*: BAULOZ, C.; INELI-CIGER, M.; SINGER, S.; STOYANOVA, V. (ed.). *Seeking asylum in the European Union*. Leiden, The Netherlands: Brill Nijhoff, 2015.

VAVOULA, Niovi. Consultation of EU Immigration Databases for Law Enforcement Purposes: a Privacy and Data Protection Assessment. In: *European Journal of Migration and Law. Nijmegen*, Volume 22, Issue 2. Jun 2020.

VERONESE, A.; MELO, N. O Projeto de Lei 5.276/2016 em contraste com o novo Regulamento Europeu (2016/679 UE). *Revista de Direito Civil Contemporâneo*, São Paulo, ano 5, v. 14, p. 71-99, jan./mar. 2018.

32

PROTEÇÃO DE DADOS PESSOAIS E DIREITO AO ESQUECIMENTO

RICARDO VILLAS BÔAS CUEVA
Ministro do Superior Tribunal de Justiça, é mestre e doutor em Direito, pela
Universidade Harvard e pela Universidade de Frankfurt, respectivamente. Foi
advogado, Procurador do Estado de São Paulo, Procurador da Fazenda Nacional e
Conselheiro do Conselho Administrativo de Defesa Econômica-CADE.

INTRODUÇÃO

O direito ao esquecimento, ou o direito a ser esquecido[1], origina-se na proteção da intimidade e da vida privada e tem sido invocado, sobretudo no mundo digital, como direito ao apagamento de dados pessoais no contexto da internet, mas também no contexto da mídia em geral, como direito à não veiculação de informação desprovida de atualidade e relevância para o público, mas ofensiva ao interessado.

O presente artigo tem por objeto o direito ao esquecimento na primeira dessas acepções, ou seja, o direito ao apagamento ou à desindexação de dados pessoais, tal como reconhecido pelo Tribunal de Justiça da União Europeia em histórica decisão de 2014 e como positivado no Regulamento Geral de Proteção de Dados Pessoais, editado pela União Europeia em 2016. Parte-se do direito e da jurisprudência europeus para, em seguida, analisar a jurisprudência do Superior Tribunal de Justiça a respeito da remoção de dados pessoais da internet, antes e depois do Marco Civil da Internet, bem como a emergência, em um único caso, da discussão acerca da possibilidade de reconhecer entre nós, a despeito da ausência de norma legal específica, a existência de um direito ao esquecimento, no sentido de um direito à desindexação de conteúdos dos mecanismos de busca na internet. Por fim, procura-se determinar se a Lei n.º 13.709/2018 prevê ou não um direito ao esquecimento.

1. UNIÃO EUROPEIA: O DIREITO AO APAGAMENTO DE DADOS PESSOAIS DA INTERNET

O direito ao apagamento de dados pessoais na Europa é expressamente assegurado no art. 17 do Regulamento Geral de Proteção de Dados (RGPD), de 2016.[2] Antes da edição do

---

[1]   A seguir, a denominação usada nos idiomas inglês e alemão: *right to be forgotten* e *Recht auf Vergessenwerden*, respectivamente, ou, ainda, o nome empregado no art. 17 do novo regulamento geral de proteção dados da União Europeia – Regulamento EU 2016/679.

[2]   Parlamento Europeu, Conselho Europeu. Regulamento (UE) 2016/679 do Parlamento Europeu e do Conselho, de 27 de abril de 2016, relativo à proteção das pessoas singulares no que diz respeito ao tratamento

636 | TRATADO DE PROTEÇÃO DE DADOS PESSOAIS

RGPD, contudo, já era previsto, em termos genéricos, na Convenção do Conselho da Europa para a Proteção das Pessoas Relativamente ao Tratamento Automatizado de Dados de Caráter Pessoal (art. 8.º, *c*) e na Diretiva n.º 95/46/CE (art. 12, *b* e *c*).[3]

Com fundamento nesses dispositivos anteriores ao RGPD, foi julgado, em maio de 2014, pelo Tribunal de Justiça da União Europeia, o caso *Google Spain SL, Google inc. v Agencia Española de Protección de Datos, Mario Costeja González*, que teve origem na publicação, em 1998, pelo jornal espanhol *La Vanguardia*, de dois editais de leilão de propriedade pertencente a Mario Costeja González para o pagamento de dívida com a seguridade social.[4]

Em resumo, em 2009, Mario Costeja requereu ao jornal que publicara os editais a supressão dessa informação, ao argumento de que a dívida já havia sido quitada. Em vista da negativa do periódico, fundada no fato de que se tratava de publicação oficial, o interessado, em 2010, solicitou à subsidiária da Google na Espanha que excluísse tais dados, tendo o requerimento sido encaminhado à matriz norte-americana, que não o atendeu. Em seguida, a agência espanhola de proteção de dados acolheu o pedido relativamente à Google, embora tenha afastado a responsabilidade do jornal. Em vista de recurso da empresa espanhola e da matriz norte-americana, que sustentaram ser o processamento da informação efetuado fora da União Europeia, a Suprema Corte espanhola remeteu o caso ao Tribunal de Justiça da União Europeia, que reconheceu expressamente o direito ao esquecimento.

Com fundamento na Diretiva 95/46/CE, a Corte Europeia asseverou que os provedores de busca na internet praticam atividade que se qualifica como de tratamento de dados e, portanto, são responsáveis por esse tratamento no âmbito de um Estado-Membro, sempre que criem, nesse território, uma filial ou sucursal que promova e venda espaços publicitários, incumbindo-lhes, em consequência, suprimir os *links* que remetam ao interessado, ainda que a divulgação da informação seja em si lícita. O direito ao apagamento da informação deve prevalecer sobre interesses econômicos do provedor ou do interesse do público em ter acesso à informação, salvo em situações especiais, como quando se trate de pessoa pública e o interesse preponderante do público seja o acesso a tal informação.

Em consequência desse julgamento, a Google imediatamente pôs à disposição dos consumidores na União Europeia uma ferramenta para que formulassem seus pedidos de apagamento ou remoção de dados. Segundo Viviane Maldonado, "quase cinco anos depois, a ferramenta continua sendo disponibilizada pelo Google e as estatísticas demonstram que, desde sua implantação, foram submetidas cerca de três milhões de requisições, havendo significativa parcela delas (44,2% – janeiro/2019) sido atendida".[5]

Pouco tempo depois, no entanto, algumas decisões de tribunais franceses obrigaram tanto a Google francesa quanto a matriz norte-americana a desindexar os termos de busca referentes àqueles processos em todos os países de atuação das empresas, mesmo que

---

    de dados pessoais e à livre circulação desses dados e que revoga a Diretiva 95/46/CE (Regulamento Geral sobre a Proteção de Dados). *JOUE*, L, v. 119, p. 1-88, 2016.

[3]   PINHEIRO, Alexandre Sousa (coord.). *Comentário ao Regulamento Geral de Proteção de Dados*. Coimbra: Almedina, 2018. p. 367.

[4]   Tribunal de Justiça da União Europeia (Google Spain, Google inc. Contra agencia española de protección de dados (AEDP), Mario Costeja González, 13 de maio de 2014, Processo C-131/12). Disponível em: http://curia.europa.eu/juris/document/document_print.jsf;jsessionid=9ea7d2dc30d5fe90ba6179b14238af0fae-643c9fa1b9.e34KaxiLc3qMb40Rch0SaxyKaNb0?doclang=PT&text=&pageIndex=1&part=1&mode=-DOC&docid=152065&occ=first&dir=&cid=100417. Acesso em: 21 jul. 2019.

[5]   MALDONADO, Viviane Nóbrega; BLUM, Renato Opice (coord.). *LGPD*: Lei Geral de Proteção de Dados comentada. São Paulo: RT, 2019. p. 228.

não integrantes da União Europeia. Como a Google opôs resistência aos efeitos extraterritoriais das decisões judiciais, a *Commission Nationale de l'Informatique et des Libertés* estabeleceu um prazo de quinze dias para que fossem cumpridas, ao fundamento de que o serviço oferecido pela empresa, por meio do motor de busca *Google search*, é processado de modo unificado e que os diferentes nomes de domínio nacional, que a empresa começou a disponibilizar depois do lançamento do serviço no sítio www.google.com, são apenas meios distintos de acesso ao mesmo processamento que objetivam facilitar o uso local do serviço.[6]

Espera-se agora que o Tribunal de Justiça da União Europeia novamente venha a se manifestar sobre o direito ao esquecimento no caso C-136/17. Trata-se de pedido de decisão prejudicial apresentado pelo *Conseil d'État* (França), em 15 de março de 2017, no caso G. C., A. F., B. H., E. D contra *Commission Nationale de l'Informatique et des Libertés* (CNIL), que se destina a responder questões atinentes ao contéudo e ao alcance da norma europeia. No último andamento, em janeiro de 2019, o procurador-geral emitiu parecer no qual recomenda que se proceda a uma análise caso a caso, tendo em vista que o gestor do mecanismo de busca deve ponderar, de um lado, o direito à vida privada e à proteção de dados pessoais, e, de outro, os direitos ao acesso à informação e à liberdade de expressão da pessoa da qual emane a informação.[7]

Seja qual for o resultado do julgamento em curso no Tribunal de Justiça da União Europeia, convém lembrar que a Corte Europeia de Direitos Humanos, em decisão de 28 de junho de 2018, no caso M.L. e W.W contra a Alemanha, negou aos recorrentes o direito à desindexação dos dados que os vinculavam a uma condenação criminal pelo homicídio de renomado ator.[8] A decisão parece ter levado em conta a gravidade dos fatos, sua repercussão, bem como a circunstância de se tratar de *"lesão criminalmente sancionada de bens jurídicos fundamentais que não pode ser pura e simplesmente subtraída ao conhecimento público nem sua divulgação vedada aos meios de comunicação social".*[9]

A última palavra sobre o sentido e o alcance do direito ao apagamento de dados pessoais e os critérios para sopesar os bens jurídicos tutelados será, de todo modo, do Tribunal de Justiça da União Europeia, que já tem reconhecido a preponderância de outros direitos, por exemplo, na decisão de 9 de março de 2017, na qual se assentou que, *"mesmo após a dissolução de uma sociedade, os direitos e as relações jurídicas relativos a essa sociedade podem subsistir".* É que os dados relativos às pessoas físicas dos sócios, dos administradores e/ou dos liquidantes da sociedade

> "[...] podem revelar-se necessários para, designadamente, apurar da legalidade de um ato praticado em nome dessa sociedade durante o período de sua atividade ou para que terceiros possam intentar uma ação contra os membros dos seus órgãos ou contra os seus liquidatários. Além disso, em função, designadamente,

---

6 MALDONADO, Viviane Nóbrega. *Direito ao esquecimento*. Barueri: Novo Século, 2017. p. 110.

7 Tribunal de Justiça da União Europeia (*G. C., A. F., B. H., E. D. contra Commission nationale de l'informatique et des libertés (CNIL) con intervención de Premier ministre, Google Inc.,* Processo C-136/17). Disponível em: http://curia.europa.eu/juris/document/document.jsf?docid=209686&text=&dir=&doclang=ES&part=1&occ=first&mode=req&pageIndex=1&cid=7134825. Acesso em: 23 jun. 2019.

8 Corte Europeia de Direitos Humanos (AFFAIRE M.L. et W.W. c. ALLEMAGNE). Disponível em: https://hudoc.echr.coe.int/fre#{%22itemid%22:[%22001-184438%22]}. Acesso em: 23 jun. 2019.

9 SARLET, Ingo Wolfgang; FERREIRA NETO, Arthur M. *O direito ao "esquecimento" na sociedade da informação.* Porto Alegre: Livraria do Advogado, 2019. p. 104.

dos prazos de prescrição aplicáveis nos diferentes Estados-membros, podem surgir questões que imponham a necessidade de dispor desses dados mesmo vários anos após uma sociedade ter deixado de existir. [...] Nessas condições, os Estados-membros não podem garantir a pessoas singulares visadas [na legislação de regência] o direito de obter, por princípio, após um determinado prazo a contar da dissolução da sociedade em causa, a supressão dos dados pessoais que lhes dizem respeito, que foram inscritos no registo [...], ou o bloqueio desses dados para o público".

Em conclusão, a Segunda Seção do TJUE afirmou que,

"[...] no estado atual do direito da União, cabe aos Estados-Membros determinar se as pessoas singulares, visadas [na legislação de regência], podem pedir à autoridade encarregada da manutenção, respetivamente, do registro central, do registro do comércio ou do registro das sociedades que verifique, com base numa apreciação casuística, se se justifica excepcionalmente, por razões preponderantes e legítimas relativas à sua situação especial, limitar, findo um prazo suficientemente longo após a dissolução da sociedade em causa, o acesso aos dados pessoais que lhes dizem respeito, inscritos no registro, a terceiros que demonstrem um interesse específico na consulta desses dados".[10]

Não é demais lembrar, a propósito, que as diretrizes para implementação da decisão no caso Mario Costeja, adotadas em 26.11.2014 pelo grupo de trabalho constituído sob a égide do art. 29 da Diretiva 95/46/EC[11] (e hoje substituído pelo *European Data Protection Board*), com base nos princípios definidos pelo TJUE e particularmente no interesse do público em ter acesso à informação, propõem critérios a serem levados em conta na análise de cada situação concreta, tais como, entre outros: a) a pessoa desempenha um papel na vida pública ou é uma figura pública? Políticos, servidores públicos graduados, empresários e profissionais, por exemplo, têm uma vida pública. A informação sobre eles pode proteger o público de uma conduta imprópria?; b) a pessoa é menor de idade e merece ser protegida de acordo com os melhores interesses da criança?; c) a informação é exata?; d) a informação é relevante e não é excessiva?; e) a informação refere-se a dados sensíveis?; f) a informação refere-se a alguma conduta criminosa?

O Regulamento UE 2016/679 (RGPD), diferentemente da revogada Diretiva 95/46/CE, disciplina, em seu art. 17, o direito ao apagamento de dados ou o direito a ser esquecido. Como se lê no preâmbulo do regulamento, esse direito

"[...] assume particular importância quando o titular dos dados tiver dado o seu consentimento quando era criança e não estava totalmente ciente dos riscos inerentes

---

[10] TRIBUNAL DE JUSTIÇA DA UNIÃO EUROPEIA. Acórdão de 9 de março de 2017, proferido no Processo 398/2015, que teve como partes *Camera di Commercio, Industria, Artigianato e Agricoltura di Lecce* contra *Salvatore Manni*. Disponível em: http://curia.europa.eu/juris/document/document.jsf?-text=&docid=188750&pageIndex=0&doclang=pt&mode=lst&dir=&occ=first&part=1&cid=7191420. Acesso em: 23 jun. 2019.

[11] Guidelines on the implementation of the Court of Justice of the European Union Judgment on "Google Spain and Inc v. Agencia Española de Protección de Datos (AEPD) and Mario Costeja González" C-131/12. Disponível em: https://ec.europa.eu/justice/article-29/documentation/opinion-recommendation/files/2014/wp225_en.pdf. Acesso em: 22 jul. 2019.

PARTE III · Cap. 32 · PROTEÇÃO DE DADOS PESSOAIS E DIREITO AO ESQUECIMENTO | **639**

ao tratamento, e mais tarde deseje suprimir esses dados pessoais, especialmente na Internet, [sendo certo que os dados continuarão disponíveis ao público] quando tal se revele necessário para o exercício do direito de liberdade de expressão e informação, para o cumprimento de uma obrigação jurídica, para o exercício de funções de interesse público ou o exercício da autoridade pública de que está investido o responsável pelo tratamento, por razões de interesse público no domínio da saúde pública, para fins de arquivo de interesse público, para fins de investigação científica ou histórica ou para fins estatísticos, ou para efeitos de declaração, exercício ou defesa de um direito num processo judicial."

Em reforço ao direito à desindexação, aquele que houver divulgado os dados pessoais deve adotar medidas razoáveis para informar os responsáveis pelo tratamento

"[...] de que os titulares dos dados solicitaram a supressão de quaisquer ligações para esses dados pessoais ou de cópias ou reproduções dos mesmos. Ao fazê-lo, esse responsável pelo tratamento deverá adotar as medidas que se afigurarem razoáveis, tendo em conta a tecnologia disponível e os meios ao seu dispor, incluindo medidas técnicas, para informar do pedido do titular dos dados pessoais os responsáveis que estejam a tratar os dados."[12]

Desse modo, o novo regulamento europeu ao mesmo tempo delimita e reforça o direito ao apagamento de dados pessoais. As hipóteses de remoção de dados pessoais da internet passam a ser fundamentalmente as seguintes: a) cessação da finalidade que motivou a coleta ou o tratamento dos dados; b) retirada do consentimento, se não houver outro fundamento para o tratamento dos dados pessoais; c) oposição ao tratamento de dados, ressalvada a existência de interesses legítimos prevalecentes; e d) que os dados sejam tratados ilicitamente. Tais hipóteses não são aplicadas se o tratamento dos dados for necessário: (i) ao exercício da liberdade de expressão e informação; (ii) ao cumprimento de obrigação legal; (iii) por motivos de interesse público na área da saúde pública; (iv) a arquivo de interesse público, a investigação científica ou histórica ou para fins estatísticos; e (v) para efeitos de declaração, exercício ou defesa num processo judicial.

Além das dificuldades de aplicação do direito ao apagamento de dados, tal como positivado na Europa, pode-se também antever um choque com novas tecnologias, como o *blockchain*. Sendo esta, como se sabe, uma arquitetura de base de dados descentralizada e imutável, e que tem sua integridade assegurada por protocolos de validação fundados no consenso e em assinaturas criptográficas, pergunta-se se tal imutabilidade é compatível com a possibilidade de remoção de dados por ordem judicial, que teria enorme impacto ao afetar uma vasta gama de dados que servem de suporte a múltiplas aplicações. Mesmo que já se comecem a conceber alternativas técnicas para garantir a conformidade da tecnologia às regras de proteção de dados, como um *blockchain* editável ou que contenha códigos de ocultação que não prejudiquem outras aplicações, os desafios apresentados pelo incessante desenvolvimento tecnológico não podem ser negligenciados.[13]

---

[12] RGPD, *consideranda* 65 e 66.

[13] OLIVEIRA, Ana Perestrelo de. Direito ao apagamento dos dados ou "direito a ser esquecido". *In*: MENEZES CORDEIRO, Antonio; OLIVEIRA, Ana Perestrelo de; DUARTE, Diogo Per cira (coord.). *Fintech II*: novos estudos sobre tecnologia financeira. Coimbra: Almedina, 2019. p. 89-104.

2. BRASIL: REMOÇÃO DE CONTEÚDOS DA INTERNET, ANTES E DEPOIS DO MARCO CIVIL DA INTERNET, E A DISCUSSÃO JUDICIAL ACERCA DA EXISTÊNCIA DE UM DIREITO AO APAGAMENTO DE DADOS PESSOAIS NO PAÍS

No Brasil, não há no ordenamento, mesmo após a edição da LGPD, nenhuma norma que discipline especificamente o direito ao apagamento de dados pessoais. Não se pode esquecer, contudo, que o tema já tem sido debatido no Judiciário, antes mesmo de qualquer previsão legal para a remoção de conteúdos inseridos por terceiros na internet.

O chamado Marco Civil da Internet (Lei n.º 12.965/2014) consagrou a reserva de jurisdição para a remoção da rede mundial de computadores de conteúdo ilícito, ou seja, somente o Poder Judiciário pode determinar a retirada do conteúdo infringente. O controle da ilicitude do conteúdo, bem como a ordem para seu bloqueio ou exclusão, ocorrem no âmbito do processo, por provocação do interessado, e *a posteriori*.

O Marco Civil da Internet estabelece, como regra geral, que o provedor de conexão à internet não pode ser civilmente responsabilizado por conteúdo gerado por terceiros (art. 18). Para garantir a liberdade de expressão e impedir a censura, o provedor de aplicações na internet só pode ser responsabilizado civilmente por danos decorrentes de conteúdo gerado por terceiros se, em descumprimento a ordem judicial específica, deixe de tornar indisponível o conteúdo apontado como ofensivo (art. 19). Tratando-se de cenas de nudez ou de atos sexuais de caráter privado, o provedor pode ser responsabilizado subsidiariamente pela violação da intimidade se deixar de atender a notificação que contenha indicação precisa do conteúdo a ser removido (art. 21).

Quanto à possibilidade de remoção do conteúdo da internet, o Superior Tribunal de Justiça já havia decidido que os provedores de pesquisa não respondem pelo conteúdo inserido por terceiros e não podem ser obrigados a exercer controle prévio das buscas efetuadas por usuários. No REsp n.º 1.407.271, de relatoria da Ministra Nancy Andrighi, ficou assentado que

> "[...] não se pode, sob o pretexto de dificultar a propagação de conteúdo ilícito ou ofensivo na web, reprimir o direito da coletividade à informação. Sopesados os direitos envolvidos e o risco potencial de violação de cada um deles, o fiel da balança deve pender para a garantia da liberdade de informação assegurada pelo art. 220, § 1.º, da CF/88, sobretudo considerando que a Internet representa, hoje, importante veículo de comunicação social de massa."

Mais recentemente, no REsp n.º 1.342.640/SP, também de relatoria da Ministra Nancy Andrighi, julgado em 07.02.2017, a Terceira Turma assentou que

> "[...] (i) não respondem objetivamente pela inserção no site, por terceiros, de informações ilegais; (ii) não podem ser obrigados a exercer um controle prévio do conteúdo das informações postadas no site por seus usuários; (iii) devem, assim que tiverem conhecimento inequívoco da existência de dados ilegais no site, removê-los imediatamente, sob pena de responderem pelos danos respectivos; (iv) devem manter um sistema minimamente eficaz de identificação de seus usuários, cuja efetividade será avaliada caso a caso."

Na sessão do dia 08.05.2018, a Terceira Turma do STJ, ao julgar o REsp n.º 1.660.168/RJ, concluiu, por maioria, vencidos os Ministros Nancy Andrighi e Ricardo Cueva, que o direito ao esquecimento, conquanto não previsto no ordenamento, deve ser o fundamento para a remoção de conteúdo considerado ofensivo. Reconheceu-se no julgado a jurisprudência consolidada no sentido de

> "[...] afastar a responsabilidade de buscadores da internet pelos resultados de busca apresentados, em vista da impossibilidade de se lhes atribuir a função de censor, o que impõe àquele que se sinta prejudicado o direcionar sua pretensão contra os provedores de conteúdo, responsáveis pela disponibilização do conteúdo indevido na internet. Por outro, reconheceu-se também que, em circunstâncias excepcionalíssimas, é necessária a intervenção pontual do Poder Judiciário para fazer cessar o vínculo criado, nos bancos de dados dos provedores de busca, entre dados pessoais e resultados da busca, que não guardam relevância para interesse público à informação, seja pelo conteúdo eminentemente privado, seja pelo decurso do tempo. Nesses casos excepcionais, o direito à intimidade e ao esquecimento, bem como a proteção de dados pessoais deverá preponderar, a fim de permitir que as pessoas envolvidas sigam suas vidas com razoável anonimato, não sendo o fato desabonador corriqueiramente rememorado e perenizado por sistemas automatizados de busca. Entendeu-se que o rompimento do vínculo sem a exclusão da notícia equilibra os interesses individual do titular dos dados pessoais e coletivo de acesso à informação, pois permite a localização das notícias àqueles que fornecem argumentos de pesquisa relacionados ao fato noticiado, mas não àqueles que buscam exclusivamente pelos dados pessoais do indivíduo protegido."[14]

No caso, ao se efetuar busca na internet pelo nome da autora da ação, que atualmente integra o Ministério Público, os primeiros resultados sempre aludiam a antigo concurso público para a magistratura sobre o qual foram levantadas suspeitas, não confirmadas em investigações subsequentes. Embora as informações não fossem ofensivas ou inverídicas, prevaleceu o entendimento de que deveriam ser removidas dos mecanismos de busca. Interpretação, portanto, divergente daquela que se vinha emprestando ao Marco Civil da Internet, no sentido de que os provedores de pesquisa não podem ser obrigados a eliminar do seu sistema os resultados da busca de determinado termo ou expressão, e em afronta ao § 1.º do art. 19 do Marco Civil da Internet, pois referido dispositivo de lei dispõe expressamente que a ordem judicial de remoção de conteúdo dessa espécie (gerado por terceiros) padece de nulidade quando desacompanhada da *"identificação clara e específica do conteúdo apontado como infringente, que permita a localização inequívoca do material"*.

Ingo Sarlet e Arthur Ferreira Neto criticam a referida decisão, observando que

> "[...] o fato de a autora da demanda ser pessoa exercendo cargo público relevante (promotora de Justiça) e a natureza do fato investigado pelo CNJ (possível fraude em concurso público para a Magistratura) indicam – ao contrário do que referido na posição majoritária – que diferentemente da situação de Mario Costeja (Caso Google Europeu) – o interesse público no acesso à informação a respeito dos fatos tem um peso significativo que deveria ter sido considerado."[15]

---

[14] REsp n.º 1.660.168/RJ, 3.ª Turma, Rel. Min. Nancy Andrighi, Rel. p/ Acórdão Min. Marco Aurélio Bellizze, j. 08.05.2018, *DJe* 05.06.2018.

[15] SARLET, Ingo Wolfgang; FERREIRA NETO, Arthur M. *O direito ao "esquecimento" na sociedade da informação*. Porto Alegre: Livraria do Advogado, 2019. p. 181. Os autores destacam, entre as principais críticas ao direito ao esquecimento, tal como reconhecido no caso Mario Costeja: "(i) a falta de adequada

Quanto ao mais, no caso *Google Spain SL, Google inc. v. Agencia Espanõla de Protección de Datos, Mario Costeja Gonzáles* foi que não houve determinação para que o provedor de pesquisa promovesse a criação de filtros ou mecanismos capazes de realizar o controle prévio de conteúdo virtual.

O julgado, apesar de seu caráter excepcional, que não se presta à formação de precedente, acabou por ensejar a proliferação de decisões díspares e incongruentes. Como demonstrado por Carlos Affonso Souza, em um ano há pelo menos dez acórdãos dos Tribunais de Justiça de São Paulo, Rio de Janeiro, Rio Grande do Sul, Paraná e Santa Catarina que *"reconheceram que havia uma situação excepcional a legitimar o direito ao esquecimento", embora em praticamente nenhuma decisão seja explicado "o que há de excepcional no caso apreciado".*[16]

Seja como for, é importante destacar, para o propósito deste artigo, que a Lei n.º 12.965/2014 disciplina o uso da internet no Brasil de modo genérico e não contempla especificamente as redes sociais. A remoção de conteúdos ilícitos é tratada de modo abrangente, sem uma definição expressa do que seja conteúdo infringente e sem a imposição de prazos para sua remoção. O legislador parece ter se fiado em amplíssima discricionariedade judicial para assegurar a observância dos princípios e das garantias associados ao uso da internet, entre eles a garantia das liberdades de expressão, comunicação e manifestação de pensamento, nos termos da Constituição Federal.

Recentemente, a Terceira Turma do STJ reafirmou a jurisprudência assentada sobre o tema, no sentido de que, anteriormente ao Marco Civil da Internet, bastava a ciência inequívoca do conteúdo ofensivo para que o provedor se tornasse responsável por sua remoção em prazo razoável. O novo diploma introduziu a reserva de jurisdição, ou seja, a responsabilidade do provedor pela retirada do conteúdo infringente tem início a partir da notificação judicial, que deve determinar claramente o conteúdo a ser removido, mediante a indicação específica da URL, sob pena de nulidade.[17]

A reforçar o caráter excepcional da decisão da Terceira Turma proferida no REsp n.º 1.660.168/RJ, convém lembrar, ainda, que a Segunda Seção do STJ, antes mesmo do Marco Civil da Internet, já havia fixado que

---

consideração a natureza multipolar dos atores e respectivos interesses e direitos envolvidos quando da ponderação (interesses dos usuários dos mecanismos de busca, da página de origem, dos mecanismos de busca, bem como os interesses da pessoa alegadamente afetada pela informação e sua difusão), que resulta particularmente complexa; (II) em especial se critica o baixo peso que se atribuiu aos interesses dos mecanismos de busca e da sua relevância para o acesso e difusão de informações em escala mundial, o que, além disso, assume relevância para a formação da opinião individual e pública, o que torna as prestações comunicativas de tais mecanismos equiparáveis, em certa medida, às dos convencionais meios de comunicação; (iii) da mesma forma, aponta-se como problemática a priorização, em regra dos interesses e direitos de personalidade da pessoa que se considera prejudicada, bem como a vagueza (e resultante insegurança jurídica) no manejo dos critérios de ponderação, como é o caso da relevância informacional da informação, mas também a existência de lacunas relevantes a colmatar. Tais críticas, como se percebe desde logo, não esgotam o leque de objeções (*v.g.*, a criação de um sistema de censura privada), aplicando-se, em princípio, a outros casos julgados na esfera doméstica dos Estados, sendo também – ao menos em parte – pertinentes para a análise da legitimidade jurídica da previsão de um direito ao apagamento e desindexação na esfera legislativa" (p. 101).

[16] SOUZA, Carlos Affonso. "Dez dilemas do direito ao esquecimento". Palestra proferida em 28.05.2019, no Seminário Internacional "Lei Geral de Proteção de Dados: a caminho da efetividade", realizado no STJ, nos dias 27 e 28.05.2019.

[17] REsp n.º 1.694.405/RJ, 3.ª Turma, Rel. Min. Nancy Andrighi, j. 19.06.2018, *DJe* 29.06.2018.

"[...] a filtragem do conteúdo das pesquisas feitas por cada usuário não constituiu atividade intrínseca ao serviço prestado pelos provedores de pesquisa virtual, de modo que não se pode reputar defeituoso o site que não exerce esse controle sobre o resultado das buscas. Os provedores de pesquisa virtual realizam suas buscas dentro de um universo virtual, cujo acesso é público e irrestrito, ou seja, seu papel se restringe à identificação de páginas na web onde determinado dado ou informação, ainda que ilícito, estão sendo livremente veiculados. Dessa forma, ainda que seus mecanismos de busca facilitem o acesso e a consequente divulgação de páginas cujo conteúdo seja potencialmente ilegal, fato é que essas páginas são públicas e compõem a rede mundial de computadores e, por isso, aparecem no resultado dos sites de pesquisa. Os provedores de pesquisa virtual não podem ser obrigados a eliminar do seu sistema os resultados derivados da busca de determinado termo ou expressão, tampouco os resultados que apontem para uma foto ou texto específico, independentemente da indicação do URL da página onde estiver inserido. Não se pode, sob o pretexto de dificultar a propagação de conteúdo ilícito ou ofensivo na web, reprimir o direito da coletividade à informação assegurado pelo art. 220 § 1.º, da CF/88, sobretudo considerando que internet representa, hoje, importante veículo de comunicação social de massa."[18]

Anteriormente, ao julgar caso emblemático que envolvia conhecida apresentadora de televisão que pretendia retirar da rede mundial de computadores qualquer menção à sua alcunha, idêntica, aliás, à de renomado jogador de tênis, a Terceira Turma já havia decidido que a filtragem prévia das buscas é inadmissível por se confundir com atividade censória.[19]

Vale notar que essas duas últimas decisões precedem o Marco Civil da Internet. Após sua entrada em vigor, passou-se a reconhecer que

"[...] a atividade dos provedores de busca, por si própria, pode causar prejuízos a direitos de personalidade, em razão da capacidade de limitar ou induzir o acesso a determinados conteúdos. Como medida de urgência, é possível determinar que os provedores de busca retirem determinados conteúdos expressamente indicados pelos localizadores únicos (URLs) dos resultados das buscas efetuadas pelos usuários".

Assentou-se, porém, que, "mesmo em tutela de urgência, os provedores de busca não podem ser obrigados a executar monitoramento prévio das informações que constam nos resultados das pesquisas".

A única exceção à reserva de jurisdição prevista no Marco Civil da Internet está contida em seu art. 21, que diz respeito a vídeos ou a outros materiais que trazem cenas de nudez ou de atos sexuais de caráter privado.[20]

3. A LGPD NÃO PREVIU UM DIREITO AO APAGAMENTO DOS DADOS PESSOAIS

A Lei n.º 13.709/2018, também conhecida como Lei Geral de Proteção de Dados Pessoais (LGPD), prevê, no inciso IV do art. 18, o direito do titular dos dados pessoais de obter do

---

[18] Rcl n.º 5.072/AC, 2.ª Seção, Rel. Min. Marco Buzzi, Rel. p/ Acórdão Min. Nancy Andrighi, j. 11.12.2013, *DJe* 04.06.2014.

[19] REsp n.º 1.316.921/RJ, 3.ª Turma, Rel. Min. Nancy Andrighi, j. 26.06.2012, *DJe* 29.06.2012.

[20] REsp n.º 1.679.465/SP, 3.ª Turma, Rel. Min. Nancy Andrighi, j. 13.03/2018, *DJe* 19.03.2018.

controlador, a qualquer tempo e mediante requisição, a "anonimização, bloqueio ou eliminação de dados desnecessários, excessivos ou tratados em desconformidade com o disposto nesta lei". No inciso VI do mesmo dispositivo, prevê-se, ainda, a possibilidade de eliminação dos dados pessoais tratados com o consentimento do titular, ressalvadas as hipóteses descritas no art. 16.[21]

Como o dispositivo trata de hipóteses diversas e alude a bloqueio e eliminação de dados pessoais, indaga-se se compreende o direito ao esquecimento ou ao apagamento de dados pessoais previsto no regulamento europeu.

A anonimização é definida como a *"utilização de meios técnicos razoáveis e disponíveis no momento do tratamento, por meio dos quais um dado perde a possibilidade de associação, direta ou indireta, a um indivíduo"* (art. 5.º, XI, da LGPD). Os dados anonimizados não são considerados dados pessoais, exceto se a anonimização for revertida exclusivamente por meios próprios ou se, com esforços razoáveis, puder ser revertida (art. 12 da LGPD).

Já o bloqueio indica a *"suspensão temporária de qualquer operação de tratamento, mediante guarda do dado pessoal ou do banco de dados"* (art. 5.º, XIII). Curiosamente, além de ser um direito do titular, oponível ao controlador, o bloqueio é também uma das sanções administrativas aplicáveis pela autoridade nacional (art. 52, V, da LGPD), o que provavelmente exigirá regulamentação que explicite o sentido e o alcance do direito ao bloqueio, que não tem paralelo no direito europeu. Talvez a forma mais próxima seja o direito à limitação do tratamento, previsto no art. 18 do RGPD, que pode ser resumido como o direito à restrição temporária do tratamento ou da utilização dos dados em certas hipóteses especificadas na norma, entre elas a situação em que *"o tratamento for ilícito e o titular dos dados se opuser ao pagamento dos dados pessoais e solicitar, em contrapartida, a limitação de sua utilização"* (art. 18, 1, b, do RGPD), o que desde logo permite inferir que tal direito não se confunde com o direito ao apagamento de dados pessoais.

A eliminação, por seu turno, é a *"exclusão de dado ou de conjunto de dados armazenados em banco de dados, independentemente do procedimento empregado"* (art. 5.º, XIV da LGPD). Resta saber, portanto, se o direito à eliminação de dados pessoais previsto na lei brasileira corresponde ao direito ao apagamento de dados pessoais definido no RGPD. Não parece haver semelhança entre os institutos, pois o inciso IV do art. 18 da LGPD alude à *"eliminação de dados desnecessários, excessivos ou tratados em desconformidade com o disposto nesta Lei"*, enquanto o direito ao apagamento dos dados pessoais "diz respeito unicamente à possibilidade de eliminação de dados nessas *circunstâncias, já que os dados pessoais, por evidente, devem sempre ser necessários, adequados e lícitos".*[22]

Para Cíntia Rosa Pereira Lima, o direito ao esquecimento pressupõe que: a) o fato tenha ocorrido em tempo remoto; b) tal fato não tenha mais utilidade pública ou social; c) não se pretenda alterar a verdade factual; e d) não sejam produzidos efeitos com relação às instituições de cunho jornalístico, literário ou científico. Assim, um jornal não pode ser condenado

---

[21] "Art. 16. Os dados pessoais serão eliminados após o término de seu tratamento, no âmbito e nos limites técnicos das atividades, autorizada a conservação para as seguintes finalidades:

I – cumprimento de obrigação legal ou regulatória pelo controlador;

II – estudo por órgão de pesquisa, garantida, sempre que possível, a anonimização dos dados pessoais;

III – transferência a terceiro, desde que respeitados os requisitos de tratamento de dados dispostos nesta Lei; ou

IV – uso exclusivo do controlador, vedado seu acesso por terceiro, e desde que anonimizados os dados."

[22] MALDONADO, Viviane Nóbrega; BLUM, Renato Opice (coord.). *LGPD*: Lei Geral de Proteção de Dados comentada cit., p. 231.

PARTE III · Cap. 32 · PROTEÇÃO DE DADOS PESSOAIS E DIREITO AO ESQUECIMENTO | **645**

a suprimir notícia veiculada no passado, mas um provedor de busca na internet pode ser levado a remover conteúdo ofensivo, desde que presentes os pressupostos supraelencados.[23]

O direito ao esquecimento não pode ser entendido como um direito absoluto. Algumas das limitações à sua aplicação são o interesse público, o direito e a liberdade de informação, o direito à memória e a vedação da censura e a liberdade de expressão. Tais limites foram discutidos na audiência pública realizada pelo Supremo Tribunal Federal no dia 12.07.2017, que teve por objeto o direito ao esquecimento na esfera civil, tema versado no Recurso Extraordinário n.º 1.010.606/RJ, de relatoria do Ministro Dias Toffoli, com repercussão geral reconhecida, que impugna o acórdão do TJRJ no caso Aída Curi e já foi debatido pelo STJ no REsp n.º 1.335.153/RJ[24].

O interesse público deve preponderar sempre que se trate de fato genuinamente histórico, ou seja, que tenha preservado sua atualidade a despeito do decurso do tempo. Como ressaltado no voto condutor do REsp n.º 1.334.097/RJ, a historicidade deve ser analisada em concreto e o interesse público e social deve ter sobrevivido à passagem do tempo. Em outras palavras,

> "[...] se não houver atualidade no interesse pela notícia, fato ou ato pretérito, o inte-ressado poderá exercer o seu direito ao esquecimento, pleiteando que seja impedida veiculação de notícias sobre aqueles, que deverão ser mantidos no passado e não ser retomados sem uma justificativa plausível. Parte-se da premissa que o decurso do tempo dilui, ou pode diluir, o interesse público".[25]

Interesse público, por outro lado, não se confunde com interesse do público. Este pode ser entendido como a soma de preferências subjetivas dos destinatários da informação, ao passo que aquele reflete valores que transcendem interesses individuais. A alegação de existência de interesse do público pode muitas vezes mascarar interesses meramente econômicos na divulgação de fatos desprovidos de atualidade ou relevância. Assim, é importante averiguar em cada caso se o direito à privacidade se contrapõe efetivamente a interesse público.[26]

O direito de informação contém vários elementos incindíveis, abarcando os atos de buscar, receber e difundir informações, que correspondem aos direitos de se informar, de ser informado e de informar. Tais direitos são assegurados na Constituição Federal (arts. 5.º, IV, IX e XIV, e 220) na forma das liberdades públicas de pensamento, de expressão e de informação. Daí por que o ônus argumentativo para sua relativização é muito alto, impondo a verificação, no caso concreto, de várias circunstâncias, tais como *"a ausência de contemporaneidade/atualidade*

---

[23] LIMA, Cíntia Rosa Pereira de. Direito ao esquecimento e internet: o fundamento legal no direito comu-nitário europeu, no direito italiano e no direito brasileiro. *Revista dos Tribunais*, São Paulo, v. 103, n. 946, p. 106, ago. 2014.

[24] O RE foi julgado em 11/02/2021, firmando a tese: "É incompatível com a Constituição a ideia de um direito ao esquecimento, assim entendido como o poder de obstar, em razão da passagem do tempo, a divulgação de fatos ou dados verídicos e licitamente obtidos e publicados em meios de comunicação social analógicos ou digitais. Eventuais excessos ou abusos no exercício da liberdade de expressão e de informação devem ser analisados caso a caso, a partir dos parâmetros constitucionais - especialmente os relativos à proteção da honra, da imagem, da privacidade e da personalidade em geral - e as expressas e específicas previsões legais nos âmbitos penal e cível" (STF, RE 1.010.606, Rel. Dias Toffoli, Tribunal Pleno, julgado em 11/02/2021, *DJe* 20/05/2021).

[25] CONSALTER, Zilda Maria. *Direito ao esquecimento*: proteção da intimidade e ambiente virtual. Curitiba: Juruá, 2017. p. 297.

[26] CONSALTER, Zilda Maria. *Direito ao esquecimento*: proteção da intimidade e ambiente virtual cit., p. 301.

e exatidão da informação, a sua veracidade, a manutenção presente do interesse público na divulgação da mesma, a pertinência na divulgação e a completa ausência de abuso no seu uso".[27]

Vê-se que o direito à memória é difuso e envolve a preservação da identidade cultural de um povo, nação ou Estado. Tal identidade é plasmada pela tradição, que permite a transmissão de um quadro de referências a interligar fatos que de outro modo seriam desconexos e não permitiriam o reconhecimento de traços comuns de união de coletividades expressivas.[28] É preciso muito cuidado ao sopesar o direito à privacidade e o direito à memória, pois nem sempre é fácil distinguir o essencial do acessório.

CONSIDERAÇÕES FINAIS

O direito a ser esquecido ou ao apagamento de dados pessoais da internet tem tido significativa evolução legislativa, doutrinária e jurisprudencial, a despeito de algumas dificuldades, como a pretensão de extraterritorialidade das legislações de proteção de dados pessoais, problema agudamente verificado na União Europeia com relação a países que não reconhecem o direito a ser esquecido. Além disso, a imposição às provedoras de serviço de busca na internet de que mantenham ferramenta própria para a remoção de conteúdo pode ser questionada em casos difíceis, notadamente quando se trate de dados sensíveis. A ponderação de valores ou princípios colidentes é quase sempre mais bem exercida pelo Judiciário, e não pelo ente privado, que justificadamente teme confundir sua atividade com a censura. Nesse sentido, nossa legislação – o art. 19 da Lei 12.965/2014 – é mais adequada à tutela do direito à privacidade, ao assegurar, em prol da liberdade de expressão, a primazia do Judiciário, inclusive dos juizados especiais, para determinar a remoção do conteúdo apontado como ofensivo.

Em nenhuma circunstância pode o direito ao esquecimento ser entendido como direito absoluto, pois ele deve necessariamente ser limitado pela liberdade de expressão e informação, pela proibição à censura e pelo interesse público que, quase sempre, deve preponderar sobre a tutela da privacidade.

A Lei Geral de Proteção de Dados Pessoais, conquanto fortemente inspirada na legislação europeia, não contempla um direito ao apagamento de dados pessoais, em significativo contraste com a expressa previsão do art. 17 do Regulamento Geral de Proteção de Dados Pessoais da União Europeia. Trata-se, sem dúvida, de opção legislativa que privilegia a liberdade de informação e de expressão e, portanto, o interesse público sobre o direito individual à proteção da privacidade. Pode-se argumentar, em sentido contrário, que a positivação do direito ao apagamento de dados pessoais mediante regra objetiva e circunstanciada prestar-se-ia a impedir a proliferação de decisões judiciais díspares e incongruentes com a decisão do STJ no REsp n.º 1.660.168/RJ que se tem verificado. O silêncio eloquente do legislador, contudo, parece apontar para uma prudente moratória quanto ao reconhecimento de um direito ao apagamento de dados pessoais, à espera de maior definição quanto ao alcance desse direito e à sua compatibilidade com o incessante desenvolvimento tecnológico.

---

[27] CONSALTER, Zilda Maria. *Direito ao esquecimento*: proteção da intimidade e ambiente virtual cit., p. 303.

[28] CONSALTER, Zilda Maria. *Direito ao esquecimento*: proteção da intimidade e ambiente virtual cit., p. 310.

REFERÊNCIAS BIBLIOGRÁFICAS

BRASIL. Lei n.º 13.709, de 14 de agosto de 2018. Lei Geral de Proteção de Dados Pessoais (LGPD). (Redação dada pela Lei n.º 13.853, de 2019.).

CONSALTER, Zilda Maria. *Direito ao esquecimento*: proteção da intimidade e ambiente virtual. Curitiba: Juruá, 2017.

CORTE EUROPEIA DE DIREITOS HUMANOS (AFFAIRE M.L. et W.W. c. ALLEMAGNE). Disponível em: https://hudoc.echr.coe.int/fre#{%22itemid%22:[%22001-184438%22]}. Acesso em: 23 jun. 2019.

GUIDELINES on the implementation of the Court of Justice of the European Union Judgment on "Google Spain and Inc v. Agencia Española de Protección de Datos (AEPD) and Mario Costeja González" C-131/12. Disponível em: https://ec.europa.eu/justice/article-29/documentation/opinion-recommendation/files/2014/wp225_en.pdf. Acesso em: 22 jul. 2019.

LIMA, Cíntia Rosa Pereira de. Direito ao esquecimento e internet: o fundamento legal no direito comunitário europeu, no direito italiano e no direito brasileiro. *Revista dos Tribunais*, São Paulo, v. 103, n. 946, p. 77-109, ago. 2014.

MALDONADO, Viviane Nóbrega. *Direito ao esquecimento*. Barueri: Novo Século, 2017.

MALDONADO, Viviane Nóbrega; BLUM, Renato Opice (coord.). *LGPD*: Lei Geral de Proteção de Dados comentada. São Paulo: RT, 2019.

OLIVEIRA, Ana Perestrelo de. Direito ao apagamento dos dados ou "direito a ser esquecido". *In*: MENEZES CORDEIRO, Antonio; OLIVEIRA, Ana Perestrelo de; DUARTE, Diogo Pereira (coord.). *Fintech II*: novos estudos sobre tecnologia financeira. Coimbra: Almedina, 2019.

PARLAMENTO EUROPEU; CONSELHO EUROPEU. Regulamento (UE) 2016/679 do Parlamento Europeu e do Conselho, de 27 de abril de 2016, relativo à proteção das pessoas singulares no que diz respeito ao tratamento de dados pessoais e à livre circulação desses dados e que revoga a Diretiva 95/46/CE (Regulamento Geral sobre a Proteção de Dados). *JOUE*, L, v. 119, p. 1-88, 2016.

PINHEIRO, Alexandre Sousa (coord.). *Comentário ao Regulamento Geral de Proteção de Dados*. Coimbra: Almedina, 2018.

SARLET, Ingo Wolfgang; FERREIRA NETO, Arthur M. *O direito ao "esquecimento" na sociedade da informação*. Porto Alegre: Livraria do Advogado, 2019.

SOUZA, Carlos Affonso. "Dez dilemas do direito ao esquecimento". Palestra proferida em 28.05.2019, no Seminário Internacional "Lei Geral de Proteção de Dados: a caminho da efetividade", realizado no STJ, nos dias 27 e 28.05.2019.

SUPERIOR TRIBUNAL DE JUSTIÇA. REsp n.º 1.316.921/RJ, 3.ª Turma, Rel. Min. Nancy Andrighi, j. 26.06.2012, *DJe* 29.06.2012.

SUPERIOR TRIBUNAL DE JUSTIÇA. Rcl n.º 5.072/AC, 2.ª Seção, Rel. Min. Marco Buzzi, Rel. p/ Acórdão Min. Nancy Andrighi, j. 11.12.2013, *DJe* 04.06.2014.

SUPERIOR TRIBUNAL DE JUSTIÇA. REsp n.º 1.679.465/SP, 3.ª Turma, Rel. Min. Nancy Andrighi, Terceira Turma, j. 13.03/2018, *DJe* 19.03.2018.

SUPERIOR TRIBUNAL DE JUSTIÇA. REsp n.º 1.660.168/RJ, 3.ª Turma, Rel. Min. Nancy Andrighi, Rel. p/ Acórdão Min. Marco Aurélio Bellizze, j. 08.05.2018, *DJe* 05.06.2018.

SUPERIOR TRIBUNAL DE JUSTIÇA. REsp n.º 1.694.405/RJ, 3.ª Turma, Rel. Min. Nancy Andrighi, j. 19.06.2018, *DJe* 29.06.2018.

TRIBUNAL DE JUSTIÇA DA UNIÃO EUROPEIA. Acórdão de 9 de março de 2017, proferido no Processo 398/2015, que teve como partes *Camera di Commercio, Industria, Artigianato e Agricoltura di Lecce* contra *Salvatore Manni*. Disponível em: http://curia.europa.eu/juris/document/document.jsf?text=&docid=188750&pageIndex=0&doclang=pt&mode=lst&dir=&occ=first&part=1&cid=7191420. Acesso em: 23 jun. 2019.

TRIBUNAL DE JUSTIÇA DA UNIÃO EUROPEIA (Google Spain, Google inc. Contra agencia española de protección de dados (AEDP), Mario Costeja González, 13 de maio de 2014, Processo C-131/12). Disponível em: http://curia.europa.eu/juris/document/document_print.jsf;jsessionid=9ea7d2dc30d5fe90ba6179b14238af0fae643c9fa1b9.e34KaxiLc3qMb40Rch-0SaxyKaNb0?doclang=PT&text=&pageIndex=1&part=1&mode=DOC&docid=152065&occ=first&dir=&cid=100417. Acesso em: 21 jul. 2019.

TRIBUNAL DE JUSTIÇA DA UNIÃO EUROPEIA (*G. C., A. F., B. H., E. D. contra Commission nationale de l'informatique et des libertés (CNIL) con intervención de Premier ministre, Google Inc.*, Processo C- 136/17). Disponível em: http://curia.europa.eu/juris/document/document.jsf?docid=209686&text=&dir=&doclang=ES&part=1&occ=first&mode=req&pageIndex=1&cid=7134825. Acesso em: 23 jun. 2019.

33

DIREITOS BÁSICOS DE PROTEÇÃO DE DADOS PESSOAIS, O PRINCÍPIO DA TRANSPARÊNCIA E A PROTEÇÃO DOS DIREITOS INTELECTUAIS[1]

SILMARA JUNY DE ABREU CHINELLATO
Professora Titular e Chefe do Departamento de Direito Civil
da Faculdade de Direito da Universidade de São Paulo (USP).

ANTONIO CARLOS MORATO
Professor Associado do Departamento de Direito Civil
da Faculdade de Direito da Universidade de São Paulo (USP).

INTRODUÇÃO

Este capítulo versa sobre aspectos que constituem a essência do debate a respeito do controle estatal que conflita com a livre circulação de dados que predominou até recentemente na Internet e que foi justificada tanto pelo livre exercício da atividade econômica das "empresas. com" como por uma visão utópica, que dispensaria a exigência de normas jurídicas, fundada na dispensabilidade do controle estatal.

A Internet, sob tal enfoque, seria um espaço de liberdade absoluta voltada exclusivamente para a difusão do conhecimento e pesquisa, para o debate qualificado e para uma atuação empresarial que objetivaria o bem-estar da humanidade e que seria totalmente isenta de interesses que a desviassem de tais objetivos.

O princípio da transparência, aplicável de acordo com o art. 6.º, VI, da Lei Federal 13.709/2018 (Lei Geral de Proteção de Dados),[2] garante a clareza, a precisão e a acessibilidade de informações sobre como os dados pessoais são tratados, assim como sobre aqueles que

---

[1] Nota: Foi opção dos coautores que cada um assinasse e identificasse as partes que elaborou quanto à pesquisa e à forma, mas há concordância de ambos quanto às teses sustentadas no artigo. Silmara Juny de Abreu Chinellato é autora dos tópicos: 1. Direitos básicos de proteção de dados pessoais; 2. O princípio da transparência; e 3. Reflexos da tutela dos dados pessoais, direitos da personalidade e do princípio da transparência; e Antonio Carlos Morato é autor da Introdução e do tópico 4. Os direitos intelectuais e o segredo comercial e industrial. As conclusões são de ambos os autores.

[2] Tal dispositivo garantiu que "as atividades de tratamento de dados pessoais deverão observar a boa-fé e os seguintes princípios: [...] VI – transparência: garantia, aos titulares, de informações claras, precisas e facilmente acessíveis sobre a realização do tratamento e os respectivos agentes de tratamento, observados os segredos comercial e industrial".

tratam tais dados[3] e, caso fosse discutido no período inicial da Internet, seria considerado uma inadmissível interferência do Estado em um espaço de liberdade plena[4] e seria, provavelmente, rechaçado.

Os primeiros anos deste século demonstraram que a "nova Ágora"[5] talvez seja cada vez menos um espaço para debates construtivos (em desalentadora comparação com o curto período em que predominava o intercâmbio de informações entre universidades e pesquisadores) do que uma atividade empresarial predominante, na qual produtos e serviços são oferecidos por meio de mensagens publicitárias.

Ressalte-se que, bem antes do surgimento do debate acerca da utilização indevida de dados na Internet, o uso de base de dados ganhou relevo por meio da proteção do Direito Autoral a tal obra,[6] sendo oportuno ressaltar que – *com exceção da base de dados* – é possível excluir questões relativas às manifestações artísticas por disposição expressa da Lei Geral de Proteção de Dados no art. 4.º, II, "a".[7]

---

[3] A esse respeito, Rony Vainzof ponderou que "a transparência é necessária para garantir confiança nos procedimentos permitindo a compreender dos titulares que, se necessário, poderão desafiar esses procedimentos. A qualidade, acessibilidade e compreensibilidade da informação são tão relevantes quanto ao seu nível de sensibilidade" (Cf. VAINZOF, Rony. Dados pessoais, tratamento e princípios. *In*: MALDONADO, Viviane Nóbrega; BLUM, Renato Opice (coord.). *Comentários ao GDPR*: Regulamento Geral de Proteção de Dados da União Europeia. São Paulo: RT, 2018. p. 56).

[4] Byung-Chul Han, em sua obra *Sociedade da Transparência*, adotou uma concepção mais ampla e afirmou que aquele "que relaciona a transparência apenas com a corrupção e a liberdade de informação desconhece seu real alcance", pois seria "uma coação sistêmica que abarca todos os processos sociais, submetendo-os a uma modificação profunda" e "hoje o sistema social submete todos os seus processos a uma coação por transparência para operacionalizar e acelerar esses processos". No entanto, constatou um movimento autoritário e excludente na Internet quando afirmou que "as mídias sociais e *sites* de busca constroem um espaço de proximidade absoluto onde se elimina o fora", uma vez que "ali encontram-se apenas o si mesmo e os que são iguais, já não há mais negatividade que possibilitaria alguma modificação", e "essa proximidade digital presenteia o participante com aqueles setores do mundo que lhe agradam" e, com isso, elimina "o caráter público, a consciência pública" e, com a ausência de consciência crítica privatiza o mundo e denota o fato de que "a rede se transforma em esfera íntima ou zona de conforto" (HAN, Byung-Chul. *Sociedade da transparência*. Tradução Enio Paulo Giachini. Petrópolis: Vozes, 2017. p. 10-81).

[5] A comparação foi efetuada com relação ao espaço para debate que existia em Atenas e considerava que os limites físicos existentes no passado seriam ampliados pela Internet e tal espaço virtual asseguraria o livre intercâmbio de ideias. Tal perspectiva, que foi excessivamente idealizada, recebeu críticas de Martin Becerra em sua obra *Sociedad de la información*: proyecto, convergencia y divergencia (Buenos Aires: Norma, 2003), pois o tempo demonstrou que a rede poderia ser utilizada em sentido oposto difundindo o ódio e impondo pontos de vista de determinados grupos.

[6] Os bancos de dados, inclusive no Brasil, inicialmente foram regulados no âmbito dos direitos intelectuais e, a esse respeito, Sandro Di Minco observou que, na Itália, "la realizzazione di banche dati via più complete e complesse richiede un enorme lavoro di strutturazione dei dati ed inevitabilmente, in tutto il mondo, gli investitori si sono rivolti verso il diritto della proprietà intellettuale per sollecitare protezione. Dinanzi a tale fenomeno, che ha assunto dimensioni sempre crescenti, dottrina e giurisprudenza hanno ritenuto, in linea generale che, ai fini della individuazione della normativa applicabile, le banche dati elettroniche, andassero assimilate alle raccolte di dati e che queste ultime in presenza di determinati requisiti (di originalità nella selezione e disposizione), potessero essere considerate come delle opere di carattere creativo tutelabili sulla base delle nonne vigenti in materia di diritto d'autore. Ma il percorso che conduce a tali conclusioni, come si vedrà, non è sempre lineare e privo di ostacoli" (Cf. DI MINCO, Sandro. La tutela giuridica delle banche dati. Verso una direttiva comunitaria. *Informatica e Diritto*, XXII Annata, v. V, n. 1, p. 179, 1996).

[7] "Art. 4.º Esta Lei não se aplica ao tratamento de dados pessoais: I – realizado por pessoa natural para fins exclusivamente particulares e não econômicos; II – realizado para fins exclusivamente: a) jornalístico e artísticos".

PARTE III · Cap. 33 · DIREITOS BÁSICOS DE PROTEÇÃO DE DADOS PESSOAIS | **651**

Tal constatação está lastreada no fato de que a base de dados[8] não constitui – em sua essência – manifestação estética[9] (o mesmo ocorre com os programas de computador[10] regulados pela Lei Federal 9.609/1998[11] e indicados também no rol de obras protegidas pela Lei de Direitos Autorais),[12] ainda que a tecnologia esteja indiscutivelmente ligada à evolução do Direito Autoral e apresente significativo impacto, entre outras obras protegidas, nas obras literárias, musicais e audiovisuais.[13]

Em tal contexto, as mensagens publicitárias atingiram um significativo grau de segmentação que sequer poderia ser imaginado nos meios tradicionais de radiodifusão e que só se viabilizou pela constante evolução do uso de algoritmos e da inteligência artificial que resultou em uma captação seletiva de dados.

Embora sujeita a críticas, é frequente a analogia do valor do uso de dados ao do petróleo e, ainda que tal comparação encontre posicionamentos que a relativizem[14] ou que apontem

---

[8] Para José de Oliveira Ascensão, "a base de dados é uma obra, não uma descrição ou processo. É uma obra caracterizada por ser uma coletânea de obras. É essa obra de conjunto que é protegida pelo direito de autor, não uma estruturação" (Cf. ASCENSÃO, José de Oliveira. *Direito da Internet e da sociedade da informação*. São Paulo: Forense, 2002. p. 55).

[9] Segundo Carlos Alberto Bittar, "certas criações satisfazem a exigências do intelecto (as obras estéticas, como as de literatura e de arte); outras servem à consecução de objetivos práticos (as máquinas, aparatos, inventos). Dessa constatação, chegou-se à concepção e à construção de dois sistemas jurídicos – ambos de natureza intelectual – para a sua regência, a saber, o Direito de Autor e o Direito de Propriedade Industrial, aquele para as obras estéticas, este para as de cunho utilitário" (Cf. BITTAR, Carlos Alberto. *O direito de autor nos modernos meios de comunicação*. São Paulo: RT, 1989. p. 75).

[10] De acordo com Carlos Alberto Bittar, "o computador e seus aparatos são realizações objetivas de criações intelectuais (invenções). Representam, pois, resultados de manifestações explosivas ou pesquisadas do gênio humano. Ingressam, portanto, na categoria de bens utilitários, suscetíveis de amparo no seio do Direito Industrial". No entanto, "as máquinas funcionam mediante a ação de operadores humanos e alimentadas por elementos materiais (cartões e outros formulários) que resultam de uma prévia programação", e esta, "por sua vez, é também expressão do gênio criador do homem, sob forma de sistemas, planos, projetos e fórmulas" (Cf. BITTAR, Carlos Alberto. *O direito de autor nos modernos meios de comunicação*. São Paulo: RT, 1989. p. 75).

[11] Lei 9.609/1998, "Art. 2.º O regime de proteção à propriedade intelectual de programa de computador é o conferido às obras literárias pela legislação de direitos autorais e conexos vigentes no País, observado o disposto nesta Lei."

[12] Lei 9.610/1998, "Art. 7.º São obras intelectuais protegidas as criações do espírito, expressas por qualquer meio ou fixadas em qualquer suporte, tangível ou intangível, conhecido ou que se invente no futuro, tais como: [...] XII – os programas de computador; [...] § 1.º Os programas de computador são objeto de legislação específica, observadas as disposições desta Lei que lhes sejam aplicáveis."

[13] Quanto ao impacto da tecnologia no Direito Autoral, assinalou Carlos Alberto Bittar que "o Direito de Autor está ligado, umbilicalmente, desde o seu surgimento, às formas de comunicação, cuja evolução acompanha, influenciando-as e sofrendo a sua ingerência, em um processo contínuo e inelutável de mútua independência, que, a um passo, propicia o extraordinário desenvolvimento desse Direito e, paradoxalmente, cria óbices, às vezes intransponíveis, para a sua preservação e, mesmo, para a sua concretização prática" (Cf. BITTAR, Carlos Alberto. *O direito de autor nos modernos meios de comunicação*. São Paulo: RT, 1989. p. 18).

[14] Dennis D. Hirsch asseverou que sua pesquisa "looks at the analogy in a different way, one not yet developed in the scholarly literature. It examines the underside of the 'Big Data is the new oil' comparison. Oil certainly has many productive uses, but it also leads to oil pollution. Big Data is similar. It produces tremendous benefits, but simultaneously generates significant privacy injuries. As the data sets get larger, the threat grows as well. Big Data is like a massive oil tanker navigating the shoals of hackers, criminals and human error. It can make us smarter and wealthier and our lives better. However, like oil, it can also harm us" (Cf. HIRSCH, Dennis D. The glass house effect: big data, the new oil, and the power of

652 | TRATADO DE PROTEÇÃO DE DADOS PESSOAIS

suas contradições,[15] é muito útil para demonstrar que o suposto uso "gratuito" da Internet apresentou um custo desconhecido (e, nos anos seguintes, subestimado) pelos usuários no início da utilização da Internet.

O custo, não raro, ora é desconhecido, ora é subestimado, quando uma solução inovadora (seja na tecnologia, seja nos negócios) é apresentada e, em uma breve digressão, há alguns anos elaboramos um artigo[16] no qual questionamos a utilização indiscriminada de cadastros positivos de consumidores, em que dados sensíveis (relativos às concepções religiosas, políticas e orientações e preferências sexuais)[17] poderiam circular, e essa circulação seria possível e teria como origem os cadastros de instituições financeiras e comerciais baseadas em hábitos de consumo.

O fato é que, ainda que existam normas jurídicas que impeçam a divulgação dos nomes vinculados a tais cadastros, seria possível identificar indiretamente aqueles que fossem cadastrados por meio do mapeamento de preferências isoladas constituindo o que foi denominado como Teoria do Mosaico, tema relevante tanto às relações de consumo como para os direitos da personalidade, em face da evolução dos meios de comunicação.[18]

---

analogy. *Maine Law Review*, v. 66, Jun. 2014. Disponível em: https://digitalcommons.mainelaw.maine. edu/cgi/viewcontent.cgi?article=1088&context=mlr. Acesso em: 1.º set. 2019).

[15] "Many commentators on the information economy have casually and uncritically compared big data to big oil. Admittedly, data, like oil, is valuable, and both power the modern economy. But to extend the analogy any further as a matter of law and policy is unwise. This Essay has two theses: (1) Data as the oil of the information economy is a bad analogy as a matter of logic, and (2) data as oil is a misleading and dangerous analogy as applied to law and policy, because it obscures key features of the underling resource and its function in the economy. Unlike oil, the source of data can be traced to individual people, a fact which demands moral and legal consideration. The Essay goes on to describe and evaluate analogies between big data and intellectual property, personhood, and salvage. This illustrates the promise and potential of alternate analogical approaches to big data" (Cf. SCHOLZ, Lauren. Big data is not big oil: the role of analogy in the law of new technologies. *Tennessee Law Review*, Sept. 20, 2018. Disponível em: http://dx.doi.org/10.2139/ssrn.3252543. Acesso em: 1.º set. 2019).

[16] Cf. MORATO, Antonio Carlos. O cadastro positivo de consumidores e seu impacto nas relações de consumo. *Revista de Direito Bancário do Mercado de Capitais e da Arbitragem*, São Paulo, v. 53, p. 13-26, 2011.

[17] A Lei Geral de Proteção de Dados, por meio do art. 5.º, II, estabeleceu que é considerado como dado pessoal sensível o que diga respeito à "origem racial ou étnica, convicção religiosa, opinião política, filiação a sindicato ou a organização de caráter religioso, filosófico ou político", assim como o relativo "à saúde ou à vida sexual, dado genético ou biométrico, quando vinculado a uma pessoa natural", prevendo que a utilização de tais dados ocorreria somente como exceção a partir do art. 11.

[18] No Brasil, a tese foi difundida, no âmbito do Direito do Consumidor, por Leonardo Roscoe Bessa (*O consumidor e os limites dos bancos de dados de proteção ao crédito*. São Paulo: RT, 2003. p. 91), na qual utilizou os ensinamentos de Fulgencio Madrid Conesa (*Derecho a la intimidad, informática y Estado de Derecho*. Valencia: Universidad de Valencia, 1984) em que este considerou insuficiente a teoria das esferas (que parte de uma esfera maior de privacidade para uma menor relativa à intimidade e, por fim, a reduzida esfera do segredo) em face da sofisticação tecnológica que atinge a privacidade no mundo contemporâneo em razão do uso de bancos de dados, pois assinalou Fulgencio Madrid Conesa que "al igual que ocurre con las pequeñas piedras que forman los mosaicos, que en sí no dicen nada, pero que unidas pueden formar conjuntos plenos de significado" (p. 45.) e Carlos Ruiz Miguel (En torno a la protección de los datos personales automatizados. *Revista de Estudios Políticos* (Nueva Época), n. 54, p. 242-243, abr.-jun. 1994) complementou tal conceito, baseado no autor em questão, relatando que "en segundo lugar, es preciso advertir que junto a la concepción clásica del derecho a la intimidad a partir de la teoría de las esferas, en la que lo íntimo correspondería al círculo concéntrico más interno y lo privado a un círculo más amplio, se há formulado una nueva concepción a partir de la teoría del mosaico. Considerando la insuficiencia de la teoría de las esferas para hacer frente a ciertas nuevas formas sofisticadas de ataque que pueden afectarla, Madrid Conesa ha postulado la que llama teoría del mosaico.

Atualmente, tal forma de captação e circulação de dados se tornou obsoleta e existem riscos ainda maiores decorrentes de uma crescente sofisticação no uso de dados, na qual o próprio comportamento do indivíduo como usuário de diversas redes sociais possibilita o acesso a um número maior de informações do que as que geraram muita discussão, quando se discutia no início desta década o cadastro positivo de consumidores.

As redes sociais, seja por meio da ligação emocional estabelecida pelo apoio ou discordância sobre determinadas questões, pelas imagens disponibilizadas ou pelo mapeamento dos locais que o usuário costuma frequentar, possibilita a tais redes a já mencionada difusão seletiva de mensagens publicitárias, assim como às empresas que ali anunciam a mudança súbita de preços baseada no interesse do consumidor ou em sua localização.

Até que existisse a percepção da relevância do uso de dados (e ainda sabemos muito pouco sobre a real dimensão de sua utilização), um tempo considerável decorreu até que fosse possível editar normas que significassem um obstáculo à circulação desenfreada de dados[19] que, disponibilizados, apresentavam substancial valor econômico ou politicamente estratégico,[20] e que inevitavelmente vulneravam a privacidade dos usuários, assim como outros direitos da personalidade, uma vez que diversas violações podem ocorrer pelo uso indevido de dados.

Antonio Carlos Morato

Esta teoría estima lo privado y lo público como conceptos relativos. De ahí concluye, en primer lugar, que lo privado y lo público son relativos en función de quién sea el otro sujeto en la relación informativa, y en segundo lugar, que existen datos a priori irrelevantes desde el punto de vista del derecho a la intimidad y que, sin embargo, en conexión con otros, quizá también irrelevantes, pueden servir para hacer totalmente transparente la personalidad de un ciudadano" y ainda que "no podemos compartir, sin embargo, la idea de que lo privado sea relativo. Lo es sólo relativamente, valga la redundancia. Sigue habiendo aspectos que objetivamente, sustancialmente, son íntimos o privados y, en consecuencia, son merecedores de tutela. Quizá lo que es relativo es lo público, con la consecuencia de que hay ciertos datos públicos que pueden tener una trascendencia para la intimidad si se conectan entre sí. Se produciría una suerte de metamorfosis que convierte los datos públicos en privados o íntimos. Lo cierto es que la teoría del mosaico permite dar cabida a los problemas que suscita la intimidad informática". Vide também n. 3 *infra*.

[19] Apresentando considerações aplicáveis à ordem jurídica europeia (na qual a lei brasileira se baseou), Nadezhda Portova concluiu que a proteção de dados protege diretamente a privacidade e que o reconhecimento legal de uma relação tão estreita significou muito mais do que apenas uma questão de convicção sobre o significado filosófico da privacidade e a remoção da proteção de dados do âmbito da privacidade não seria necessária tampouco desejável: "The conclusion has been reached that European legal order treats data protection as a privacy interest. Besides, it has been shown that legal recognition of such a close relationship is much more than just a matter of conviction on the philosophical meaning of privacy. Data protection benefits significantly from enjoying protection of a fundamental right status. Removal of data protection from the scope of privacy rights is not necessary and not desirable. First, development of the ECHR case-law expands privacy protection beyond negative right against state intervention to include affirmative obligations of a state to create a data protection system. Second, treating data protection as anything less than a fundamental right under Art. 8 ECHR will allow its waiver and thereby open the door for a dramatic change in approach to data protection" (Cf. PURTOVA, Nadezhda. Private law solutions in European data protection: relationship to privacy, and waiver of data protection rights. *Netherlands Quarterly of Human Rights*, Cambridge, v. 28. n. 2. p. 179-198, Jun. 2010. Disponível em: https://papers.ssrn.com/sol3/papers.cfm?abstract_id=1555875. Acesso em: 22 maio 2019).

[20] Bruno Ricardo Bioni afirmou que "o fluxo dos dados pessoais não mantém mais traços consistentes e compactos, tal como era de se supor nos anos de 1980. Passadas mais de três décadas, repita-se, há uma economia e modelos de negócios que encontram nas informações pessoais a sua matéria-prima. A sua fluidez é um pressuposto do movimento cíclico dessa nova economia" (Cf. BIONI, Bruno Ricardo. *Proteção de dados pessoais*: a função e os limites do consentimento. Rio de Janeiro: Forense, 2019. p. 144).

1. DIREITOS BÁSICOS DE PROTEÇÃO DE DADOS PESSOAIS

A proteção de dados pessoais é um dos aspectos mais preocupantes do direito à privacidade, direito de personalidade, na era da técnica, na sociedade da informação e da comunicação, também denominada civilização tecnológica.

Merecem estudos renovados a considerar a especialidade dessa era que ainda desperta insegurança quanto a vir a ser uma incivilização.

Com razão Yuval Noah Harari ao ponderar que "a futura revolução tecnológica poderia estabelecer a autoridade dos algoritmos de *Big Data*, ao mesmo tempo que solapa a simples ideia da liberdade individual".[21]

Em boa hora foi promulgada a Lei Geral de Proteção de Dados Pessoais (LGPD) – Lei 13.709, de 14 de agosto de 2018, após longa discussão, e com sintonia com o Regulamento Europeu denominado *General Data Protection Regulation* (GDPR) – Regulamento (UE) 2016/679 do Parlamento europeu e do Conselho, de 25 de abril de 2017, com vigência em 27 de maio de 2018.

Partindo do conceito clássico, direitos da personalidade são "as faculdades jurídicas cujo objeto são os diversos aspectos da própria pessoa do sujeito, bem assim seus prolongamentos e projeções", conforme leciona Rubens Limongi França.[22]

A classificação fundamental segundo o autor é: direito à integridade física (à vida, ao corpo vivo e morto, a partes separadas do corpo); à integridade intelectual (liberdade de pensamento, direito de autor, de inventor, de esportista); à integridade moral (liberdade civil, política e religiosa, honra, honorificência, recato, imagem, segredo, identidade pessoal/nome, familiar e social).

Em outra classificação básica, proposta por Carlos Alberto Bittar, são direitos físicos, psíquicos e morais.

Para Limongi França, a intimidade ou privacidade encarta-se nos direitos à integridade moral e, para Bittar, nos direitos psíquicos, explicando que por intimidade entende-se estar só, privacidade ou reserva.[23]

Acentue-se a relevância do direito à liberdade, para além da liberdade física, mas relacionado à liberdade de pensamento e à própria intimidade, esta com especial importância quando ligada à proteção dos dados pessoais.

Além das características mencionadas no art. 11 do Código Civil – intransmissíveis e irrenunciáveis –, os direitos da personalidade são inalienáveis, imprescritíveis, impenhoráveis, não taxativos. São personalíssimos, no sentido de pertencerem com exclusividade ao titular.[24]

O exercício de alguns direitos, como o direito à imagem (reprodução física da pessoa, no todo ou em parte) e à voz, pode ser cedido por contrato expresso, como o de licença de uso. O próprio direito é incessível, como decorrência da inalienabilidade.

Em regra, o exercício dos direitos não pode sofrer limitação voluntária pelo próprio titular. Essa é a regra que comporta exceções: como a referente ao direito à imagem, à voz, ao

---

[21]   Cf. HARARI, Yuval Noah. *21 lições para o século 21*. Tradução Paulo Geiger. São Paulo: Companhia das Letras, 2018. p. 72.

[22]   Cf. LIMONGI FRANÇA, Rubens. *Manual de direito civil*. 4. ed. São Paulo: RT, 1980. p. 403.

[23]   Cf. BITTAR, Carlos Alberto. *Os direitos da personalidade*. 6. ed. atual. por Eduardo Carlos Bittar. Rio de Janeiro-São Paulo: Forense Universitária, 2003.

[24]   Para o direito sucessório, a inalienabilidade imposta aos bens por ato de liberalidade, implica impenhorabilidade e incomunicabilidade, conforme art. 1.911 do Código Civil.

PARTE III · Cap. 33 · DIREITOS BÁSICOS DE PROTEÇÃO DE DADOS PESSOAIS | 655

nome, ao corpo. Diante da regra, com maior razão o exercício dos direitos da personalidade não poderá sofrer limitação involuntária, por ato de terceiros, considerando-se que uma de suas características é ser "personalíssimo".

Assim, só se admite o exercício por terceiros de alguns e determinados direitos da personalidade, que o comportem, com o consentimento expresso do titular, o qual não se presume.

No mesmo sentido, a permissão para acesso a bens da personalidade, como a vida privada, a intimidade e o segredo, depende do consentimento expresso e inequívoco do titular, devidamente informado.

Por tal razão, os dados pessoais – sejam sensíveis ou gerais, sem tal característica – necessitam de consentimento expresso, escrito (art. 8.º) específico e restritivo do titular dos dados, conforme exigem os arts. 5.º, XII, 9.º, § 2.º, e 11, I, exemplificativamente, da LGPD.

Anota-se que a restritividade e a especificidade do consentimento dado pelo titular dos dados harmonizam-se com essas características das leis que protegem a parte vulnerável, como o são o trabalhador, perante a CLT, o autor, em face da Lei 9.610, de 19 de fevereiro de 1998, o consumidor, perante o Código de Defesa de Consumidor e também à própria LGPD, que se destina expressamente à tutela da pessoa natural, conforme dispõe no art. 1.º.

A LGPD enfatiza a importância do consentimento em inúmeras normas,[25] a indicar-lhe corretamente a importância, conceituando-o no art. 5.º, XII, como: "manifestação livre, informada e inequívoca pela qual o titular concorda com o tratamento de seus dados pessoais para uma finalidade determinada".

A intimidade e outros direitos da personalidade a ela relacionados são objeto de preocupação da LGPD no art. 2.º, I e IV, e em outros. Apresentamos as coordenadas fundamentais desses direitos.

A inviolabilidade da vida privada está consagrada no art. 5.º, X, da Constituição da República, ao lado da intimidade, da honra e da imagem das pessoas.

O art. 21 do Código Civil corretamente não faz as restrições que após no art. 20, quanto a outros direitos da personalidade, entre os quais a imagem, e que mereceram interpretação do Supremo Tribunal Federal quanto à desnecessidade de autorização prévia no caso das biografias não autorizadas.[26]

Vida privada e intimidade não são sinônimos. Aquela tem âmbito maior, que contém a intimidade, ou seja, vida privada e intimidade podem ser consideradas círculos concêntricos. O Código também foi omisso quanto ao segredo, círculo menor contido no relativo à intimidade.[27]

Quem está autorizado a ter acesso à vida privada de alguém não está, automaticamente, autorizado a tê-lo quanto à intimidade do mesmo titular. O mesmo se afirme a respeito da intimidade e do segredo.

---

[25] Como exemplos: art. 7.º, I, entre os requisitos para o tratamento de dados pessoais; §§ 4.º, 5.º e 6.º; art. 8.º, e §§ 1.º ao 5.º; art. 9.º, §§ 1.º e 2.º, ao disciplinar as características das informações a serem prestadas ao titular dos dados; art. 11, I, ao apontar as restrições do consentimento para dados sensíveis.

[26] A ADIN 4.815 que mereceu nossa análise em artigos vários. Consultem-se: Biografias não autorizadas: liberdade de expressão, outros direitos da personalidade e direito de autor. *Cadernos de Pós-Graduação em Direito: estudos e documentos de trabalho*, v. 30, p. 18-37, 2014. Disponível em: http://www.cidp.pt/revistas/rjlb/2015/1/2015_01_0205_0238.pdf. Acesso em: 14. jun. 2019; Liberdade de expressão: direitos da personalidade e as biografias não autorizadas. *Revista Brasileira de Direito Comparado*, v. 44/45, p. 201-237, 2014.

[27] Anote-se que o Código Civil português estatui, no art. 80.º, entre os direitos da personalidade "direito à reserva sobre a intimidade da vida privada".

656 TRATADO DE PROTEÇÃO DE DADOS PESSOAIS

A doutrina das três esferas concêntricas foi bastante divulgada entre nós, pelo livro pioneiro do penalista Paulo José da Costa Jr.[28] Aceita por inúmeros autores, entre os quais nos incluímos, é igualmente bem explanada por Gilberto H. Jabur.[29]

Parece-nos não haver distinção entre privacidade e intimidade, sem reflexos na proteção de cada qual. Anote-se, no entanto, que privacidade é anglicismo, derivado de *privacy*, sendo preferível privatividade, palavra que, no entanto, não foi consagrada nas leis brasileiras.[30]

A LGPD estabelece no art. 2.º, entre seus fundamentos, o respeito à privacidade (inciso I), a inviolabilidade da intimidade, da honra e da imagem (inciso IV), a liberdade de expressão, de informação, de comunicação e de opinião (inciso III). Emprega, assim, ambos os termos, privacidade e intimidade, mas não parece diferenciá-los.

Em visão contemporânea, na sociedade da informação ou da comunicação, Stefano Rodotà assim se manifesta sobre conceito de privacidade: "Assim, a privacidade pode ser definida mais precisamente, em uma primeira aproximação, como o Direito de manter o controle sobre as próprias informações".[31]

Pondera o autor que o conceito de privacidade como "direito de ser deixado só", como o propõem S.D. Warren e L.D. Brandeis,[32] "perdeu há muito tempo seu valor genérico, ainda que continue a abranger um aspecto essencial do problema e possa (deva) ser aplicada a situações específicas".[33]

A noção de privacidade é, segundo o autor, fortemente dinâmica, pela estreita relação entre as mudanças oriundas das tecnologias da informação, bem como da reprodução pela engenharia genética. Alerta que a abrangência da esfera privada expandiu-se quantitativa e qualitativamente. A proteção agora abarca situações e interesses antes excluídos de proteção jurídica específica e, quanto à qualidade, projeta-se muito além da "mera identificação de um sujeito e seus comportamentos 'privados'".

Enfatiza o autor duas tendências. A primeira, além do tradicional poder de exclusão, considera a relevância cada vez maior e clara ao denominado poder de controle. A segunda refere-se à ampliação do direito à privacidade.

---

[28] Cf. COSTA JÚNIOR, Paulo José da. *O direito de estar só*. Tutela penal da intimidade. 2. ed. São Paulo: RT, 1995.

[29] Cf. JABUR, Gilberto H. *Liberdade de pensamento e direito à vida privada*: conflitos entre direitos da personalidade. São Paulo: RT, 2000. p. 256-258.

[30] Assim registrou Paulo José da Costa Júnior na aula magna proferida no Salão Nobre da Faculdade de Direito da Universidade de São Paulo, em agosto de 2001, nas comemorações dos trinta anos de formatura da Turma Castro Alves, de 1971. O Dicionário Houaiss da língua portuguesa reprova o anglicismo privacidade que teria entrado na língua portuguesa a partir da década de 1970. Sugere intimidade e também privatividade. HOUAISS, Antônio. *Dicionário da língua portuguesa*. Rio de Janeiro: Objetiva, 2001. Não encontramos a palavra "privacidade" nos dicionários de: FREIRE, Laudelino. *Grande e novíssimo dicionário da língua portuguesa*. 3. ed. Rio de Janeiro: José Olímpio, 1957. v. IV; e de FIGUEIREDO, Cândido de. *Novo dicionário da língua portuguesa*. 6. ed. Lisboa: Bertrand, [s.d.]. v. II.

[31] RODOTÀ, Stefano. *A vida na sociedade da vigilância*. A privacidade hoje. Organização de Maria Celina Bodin de Moraes. Tradução de Danilo Doneda e Luciana Cabral Doneda. Rio de Janeiro: Renovar, 2008. A citação encontra-se na página 92. Capítulo III – Privacidade e construção da esfera privada. 1. Rumo a uma redefinição do conceito de "privacidade".

[32] O autor alude à obra clássica e referencial dos autores: The right to privacy. *Harvard Law Review*, v. 4, p. 193, 1890.

[33] RODOTÀ, Stefano. *A vida na sociedade da vigilância*. A privacidade hoje. Organização de Maria Celina Bodin de Moraes. Tradução de Danilo Doneda e Luciana Cabral Doneda. Rio de Janeiro: Renovar, 2008. p. 92.

PARTE III · Cap. 33 · DIREITOS BÁSICOS DE PROTEÇÃO DE DADOS PESSOAIS | **657**

Considerando-se essas duas tendências, Stefano Rodotà afirma que tem mais importância quantitativa a "pessoa-informação-circulação-controle, e não mais apenas a "pessoa-informação-sigilo", em torno do qual construiu-se a noção clássica de privacidade. "O titular do Direito à privacidade pode exigir formas de 'circulação controlada', e não somente interromper o fluxo das informações que lhe digam respeito."[34]

O autor, sempre preocupado com a defesa da pessoa, na era tecnológica, dedica-se ao tema igualmente na obra *Il mondo nella rete. Quali I diritti, quali i vincoli*, com expressiva terminologia como "piazza virtuale", "cittadinanza digitale", "dittatura dell' algoritmo", "democrazia electronica" e a proposta de um "Internet Bill of Rights".[35]

A privacidade, bem jurídico da personalidade, é prestigiada pela LGPD de várias formas, entre as quais avulta a proibição de registro de dado pessoal sensível, assim definido pelo art. 5.º, II que trata de conceitos:

> "II – dado pessoal sensível: dado pessoal sobre origem racial ou étnica, convicção religiosa, opinião política, filiação a sindicato ou a organização de caráter religioso, filosófico ou político, dado referente à saúde ou à vida sexual, dado genético ou biométrico, quando vinculado a uma pessoa natural";

Quanto a dados de pacientes, convém invocar a Lei 13.787, de 27 de dezembro de 2018, que dispõe sobre a digitalização e a utilização de sistemas informatizados para a guarda, o armazenamento e o manuseio de prontuário de paciente. No art. 1.º faz remissão expressa à LGPD, registrando que ela também regula a digitalização e a utilização de sistemas informatizados para a guarda, o armazenamento e o manuseio de prontuário de paciente.

Os dados sensíveis foram objeto de reflexão de alguns juristas, dos quais um dos pioneiros é o penalista espanhol Fermín Morales Prats, autor de *La tutela penal de la intimidad. Privacy y informatica*. O tema mereceu a atenção de José Afonso da Silva a respeito de dados não registráveis e, por consequência, passíveis de ensejar exclusão, por meio de *habeas data*, embora a lei seja omissa a esse respeito.[36]

Inserto na Constituição da República de 1988, o *habeas data* foi disciplinado pela Lei 9.507, de 12 de novembro de 1997.

Sempre defendemos a possibilidade de exclusão de dados sensíveis, apesar do silêncio da lei, pois ela se harmoniza com sua finalidade de proteção da privacidade notadamente em aspectos mais vulneráveis da pessoa humana: os dados sensíveis.

A LGPD, em diretriz clara e elogiável, permite a eliminação de dados ou conjunto de dados armazenados em bancos, independentemente do procedimento empregado (inciso XIV do art. 5.º). No art. 18, IV, admite a eliminação de dados desnecessários, excessivos ou tratados em desconformidade com o disposto na lei.

As exceções para cadastramento de dados sensíveis são claramente expostas no art. 11, ressalvada a anonimização para realização de estudos por órgão de pesquisa, no inciso II, *c*.

Fermín Morales Prats alude à "identidade informática", que importa no direito de conhecer, corrigir, subtrair ou anular, bem como agregar dados depositados em fichário eletrônico.

---

[34] Consultem-se p. 92 e 93. A citação encontra-se na p. 93.

[35] RODOTÀ, Stefano. *Il mondo nella rete. Quali I diritti, quali i vincoli*. GLF la Repubblica. Roma-Bari: Laterza, 2014. (Serie iLibra.)

[36] Cf. SILVA, José Afonso da. *Curso de direito constitucional positivo*. 36. ed. São Paulo: Malheiros, 2013.

658 | TRATADO DE PROTEÇÃO DE DADOS PESSOAIS

"Esse elenco de faculdades que derivam do princípio de acesso aos bancos de dados constitui a denominada "liberdade informática" ou Direito ao controle dos dados que respeitam ao próprio indivíduo (biológicos, sanitários, acadêmicos, familiares, sexuais, políticos, sindicais) [...]."[37]

Identidade informática e liberdade informática são aspectos do direito à privacidade estreitamente ligados à proteção de dados pessoais. O art. 3.º da LGPD deixa claro que alcança qualquer operação de tratamento, independente do meio.

O direito ao esquecimento relaciona-se a vários direitos da personalidade: à vida privada, à intimidade, ao respeito, devendo fazer-se a difícil ponderação com o direito à informação – que não se confunde com mera curiosidade –, notadamente se for relacionada a fatos históricos.

Esse direito relaciona-se com a LGPD por meio da necessidade de serem apagados dados relacionados a fatos que o titular objetive que não mais fiquem ao alcance do público. Os contornos, requisitos e limitações foram objeto do RE 1.010.006, com repercussão geral, Relator Ministro Dias Toffoli. Nesse caso, o Supremo Tribunal Federal decidiu sobre a controvérsia que envolve diretrizes fundamentais da Constituição da República: o direito ao esquecimento com base no princípio da dignidade da pessoa humana, da inviolabilidade da honra e do direito à privacidade em face da liberdade de expressão e de imprensa, bem como do direito à informação. O RE 1.010.006 abrange não só aspectos penais da vida da pessoa, como também aspectos cíveis, com reflexos nítidos na responsabilidade civil.

A Lei 13.709, de 14 de agosto de 2018 – LGPD –, que dispõe sobre a proteção de dados pessoais e altera a Lei 12.965, de 23 de abril de 2014 – Marco Civil da Internet, tem como substrato principal a privacidade que se relaciona estreitamente à própria liberdade, o que repercutirá na modalidade de responsabilidade civil a ser aplicada.

Indaga-se se a proteção de dados pessoais seria uma nova espécie de direitos da personalidade ou se estaria contida na grande espécie "Direito à intimidade" ou "Direito à privacidade".

Considerando-se que o elenco dos direitos da personalidade não é taxativo e que o alcance da privacidade hoje é de muito maior abrangência e de qualidade diferenciada, conforme anota Stefano Rodotá, nossa tendência é aceitar que proteção de dados pessoais possa ser um novo direito da personalidade, relacionado à liberdade e à privacidade, notadamente, além de estar ligado à honra da pessoa natural.

Silmara J. A. Chinellato

2. PRINCÍPIO DA TRANSPARÊNCIA

O princípio da transparência é tratado no direito do consumidor, uma vez que o Código a ele alude expressamente no art. 4.º, inserto na Política Nacional de relações de consumo.

É, por isso, bastante citado pela doutrina consumerista que o relaciona à informação clara e correta.

Para Claudia Lima Marques, além de informação clara e correta sobre o produto a ser vendido ou o contrato a ser celebrado, também significa lealdade e respeito entre fornecedor e consumidor inclusive na fase pré-contratual.[38]

---

[37] Cf. PRATS, Fermín Morales. *La tutela penal de la intimidad*: privacy e informática. Barcelona: Ediciones Destino, 1984. p. 47. (Colección Nuevo Derecho.)

[38] Cf. MARQUES, Claudia Lima. *Contratos no Código de Defesa do Consumidor*. O novo regime das relações contratuais. 6. ed. São Paulo: RT, 2011. p. 744-752. A autora menciona a boa-fé objetiva e a proteção da

PARTE III · Cap. 33 · DIREITOS BÁSICOS DE PROTEÇÃO DE DADOS PESSOAIS | **659**

Alcides Tomasetti Júnior apresenta o seguinte conceito que o próprio autor reconhece ser extenso, mas como se verá, bastante oportuno:

"[...] transparência significa uma situação informativa favorável à apreensão racional – pelos agentes econômicos que figuram como sujeitos naquelas declarações e decorrentes nexos normativos – dos sentimentos, impulsos e interesses, fatores, conveniências e injunções, todos os quais surgem ou são suscitados para interferir e condicionar as expectativas e o comportamento daqueles mesmos sujeitos, enquanto consumidores e fornecedores conscientes de seus papéis, poderes, deveres e responsabilidades".[39]

Completa o autor que a transparência é um resultado prático, almejado pela Lei mediante o denominado princípio, com correspondentes deveres legais, de informação a qual deve ser eficiente.

Parece-nos que o binômio transparência-informação deve estar sempre presente na interpretação das leis e resta subjacente ao consentimento informado, um dos pilares da LGPD.[40]

A Lei Geral de Proteção de Dados também a considera como um de seus princípios no tratamento de dados pessoais, conceituando-a no art. 6.º, VI, e sancionando como nulo o consentimento, caso as informações fornecidas ao titular não lhe tenham sido apresentadas com transparência.

O conceito trazido pelo art. 6.º, VI, é elogiável por sua objetividade, facilitando a aplicação da lei: "[...] garantia aos titulares, de informações claras, precisas e facilmente acessíveis sobre a realização do tratamento e os respectivos agentes de tratamento, observados os segredos comercial e industrial".

O art. 39 do Regulamento Europeu, denominado *General Data Protection Regulation* (GDPR) – Regulamento (UE) 2016/679 do Parlamento Europeu e do Conselho, de 25 de abril de 2017, com vigência em 27 de maio de 2018 –, por sua vez, alude à transparência no art. 39 ao estabelecer que deverá ser transparente para as pessoas singulares (pessoas naturais) que os dados que lhes respeitam são recolhidos, utilizados ou sujeitos a qualquer outro tipo de tratamento bem como a medida em que esses dados são ou virão a ser tratados.

Exige, ainda, que informações ou comunicações relacionadas com o tratamento desses dados pessoais sejam de fácil acesso e compreensão e formuladas em linguagem clara e simples. Acrescenta que a transparência alcança, ainda, a identidade do responsável pelo tratamento dos dados e os fins a que se destinam, bem como outras informações ao titular, em norma de larga extensão.[41]

---

confiança, lembrados por outros autores como Herman Benjamin e Adalberto Pasqualotto. Consulte-se também, de Laura Schertel Mendes, a dissertação de mestrado *Transparência e privacidade*: violação e proteção da informação pessoal na sociedade de consumo. 2008. Faculdade de Direito da Universidade de Brasília, Brasília, 2008. Cópia gentilmente cedida pela autora.

[39] Cf. TOMASETTI JÚNIOR, Alcides. Transparência e regime da informação do Código de Proteção e Defesa do Consumidor. *In*: CORREIA, Atalá; CAPUCHO, Fábio Jun (org.). *Direitos da personalidade*. A contribuição de Silmara J. A. Chinellato. Barueri: Manole, 2019. p. 235-255. A citação encontra-se na p. 235.

[40] A Lei de acesso à informação – Lei 12.527, de 18 de novembro de 2011 – é expressamente mencionada nos arts. 23 e 26 da LGPD, no Capítulo IV – Do tratamento de dados pessoais pelo poder público.

[41] "Artigo 39. O tratamento de dados pessoais deverá ser efetuado de forma lícita e equitativa. Deverá ser transparente para as pessoas singulares que os dados pessoais que lhes dizem respeito são recolhidos, utilizados, consultados ou sujeitos a qualquer outro tipo de tratamento e à medida que os dados pessoais

TRATADO DE PROTEÇÃO DE DADOS PESSOAIS

No art. 58 o Regulamento europeu enfatiza os elementos que compõem a transparência, exigindo – verbo expresso na norma – que qualquer informação destinada ao público ou ao titular dos dados seja concisa, de fácil acesso e compreensão e formulada em linguagem clara e simples, prevendo, ainda, a visualização. Preocupa-se ainda, com a informação destinada às crianças, que merecem especial atenção.[42]

---

são ou virão a ser tratados. O princípio da transparência exige que as informações ou comunicações relacionadas com o tratamento desses dados pessoais sejam de fácil acesso e compreensão, e formuladas numa linguagem clara e simples. Esse princípio diz respeito, em particular, às informações fornecidas aos titulares dos dados sobre a identidade do responsável pelo tratamento dos mesmos e os fins a que o tratamento se destina, bem como às informações que se destinam a assegurar que seja efetuado com equidade e transparência para com as pessoas singulares em causa, bem como a salvaguardar o seu direito a obter a confirmação e a comunicação dos dados pessoais que lhes dizem respeito que estão a ser tratados. As pessoas singulares a quem os dados dizem respeito deverão ser alertadas para os riscos, regras, garantias e direitos associados ao tratamento dos dados pessoais e para os meios de que dispõem para exercer os seus direitos relativamente a esse tratamento. Em especial, as finalidades específicas do tratamento dos dados pessoais deverão ser explícitas e legítimas e ser determinadas aquando da recolha dos dados pessoais. Os dados pessoais deverão ser adequados, pertinentes e limitados ao necessário para os efeitos para os quais são tratados. Para isso, é necessário assegurar que o prazo de conservação dos dados seja limitado ao mínimo. Os dados pessoais apenas deverão ser tratados se a finalidade do tratamento não puder ser atingida de forma razoável por outros meios. A fim de assegurar que os dados pessoais sejam conservados apenas durante o período considerado necessário, o responsável pelo trata-mento deverá fixar os prazos para o apagamento ou a revisão periódica. Deverão ser adotadas todas as medidas razoáveis para que os dados pessoais inexatos sejam retificados ou apagados. Os dados pessoais deverão ser tratados de uma forma que garanta a devida segurança e confidencialidade, incluindo para evitar o acesso a dados pessoais e equipamento utilizado para o seu tratamento, ou a utilização dos mesmos, por pessoas não autorizadas. O tratamento de dados pessoais deverá ser efetuado de forma lícita e equitativa. Deverá ser transparente para as pessoas singulares que os dados pessoais que lhes dizem respeito são recolhidos, utilizados, consultados ou sujeitos a qualquer outro tipo de tratamento e à medida que os dados pessoais são ou virão a ser tratados. O princípio da transparência exige que as informações ou comunicações relacionadas com o tratamento desses dados pessoais sejam de fácil acesso e compreensão, e formuladas numa linguagem clara e simples. Esse princípio diz respeito, em particular, às informações fornecidas aos titulares dos dados sobre a identidade do responsável pelo tratamento dos mesmos e os fins a que o tratamento se destina, bem como às informações que se destinam a assegurar que seja efetuado com equidade e transparência para com as pessoas singulares em causa, bem como a salvaguardar o seu direito a obter a confirmação e a comunicação dos dados pessoais que lhes dizem respeito que estão a ser tratados. As pessoas singulares a quem os dados dizem respeito deverão ser alertadas para os riscos, regras, garantias e direitos associados ao tratamento dos dados pessoais e para os meios de que dispõem para exercer os seus direitos relativamente a esse tratamento. Em especial, as finalidades específicas do tratamento dos dados pessoais deverão ser explícitas e legítimas e ser deter-minadas aquando da recolha dos dados pessoais. Os dados pessoais deverão ser adequados, pertinentes e limitados ao necessário para os efeitos para os quais são tratados. Para isso, é necessário assegurar que o prazo de conservação dos dados seja limitado ao mínimo. Os dados pessoais apenas deverão ser tratados se a finalidade do tratamento não puder ser atingida de forma razoável por outros meios. A fim de assegurar que os dados pessoais sejam conservados apenas durante o período considerado neces-sário, o responsável pelo tratamento deverá fixar os prazos para o apagamento ou a revisão periódica. Deverão ser adotadas todas as medidas razoáveis para que os dados pessoais inexatos sejam retificados ou apagados. Os dados pessoais deverão ser tratados de uma forma que garanta a devida segurança e confidencialidade, incluindo para evitar o acesso a dados pessoais e equipamento utilizado para o seu tratamento, ou a utilização dos mesmos, por pessoas não autorizadas."

[42] "Artigo 58. O princípio da transparência exige que qualquer informação destinada ao público ou ao titular dos dados seja concisa, de fácil acesso e compreensão, bem como formulada numa linguagem clara e simples, e que se recorra, adicionalmente, à visualização sempre que for adequado. Essas informações poderão ser fornecidas por via eletrônica, por exemplo, num sítio *web*, quando se destinarem ao público.

Vê-se que os requisitos de clareza, precisão, objetividade e acessibilidade de compreensão e de linguagem estão presentes tanto na lei brasileira como no Regulamento europeu.

A transparência é um princípio ligado ao direito à informação, uma das pedras fundamentais do Código de Defesa do Consumidor e, agora, também oportunamente colocado na Lei de Proteção de Dados Pessoais.

Reflete-se sobre a proibição de identificar a pessoa em determinadas circunstâncias, o que seria possível com dados aparentemente anonimizados.

Relembrem-se diferentes hipóteses de identificação ou possibilidade de identificação da pessoa, relacionada ou não com consentimento, bem como proibição para que tais hipóteses ocorram.

a) Identificação do titular, com consentimento.
b) Tornar a pessoa identificável, com consentimento.
c) Proibição de registro de dados sensíveis.
d) Permissão de registro de dados sensíveis para certos e determinado fins, em elenco taxativo do art. 11, com ou sem consentimento do titular.
e) Anonimização dos dados pessoais sensíveis por órgãos de pesquisa.

A respeito da possível identificação da pessoa, sem seu consentimento ou a partir de anonimização de dados, é relevante considerar a doutrina do mosaico, já mencionada, a qual foi bem tratada por autores espanhóis, entre os quais citamos Fulgencio Madrid Conesa e Carlos Ruiz Miguel.[43]

Ruiz Miguel adota a teoria de Conesa, que parece ser o primeiro autor a propô-la, segundo a qual a teoria das esferas concêntricas é insuficiente para fazer frente a formas sofisticadas de ataque que podem afetá-la. Interessante discussão quanto à relatividade do que seja privado e do que seja público, tese essa adotada por Conesa, mas não aceita por Ruiz Miguel. Há concordância quanto ao ponto principal assim exposto por este:

> "[...] que existen datos *a priori* irrelevantes desde el punto de vista del derecho a la intimidad y que, sin embargo, en conexión con otros, quizá también irrelevantes, pueden servir para hacer totalmente transparente la personalidad de un ciudadano "al igual que ocurre con las pequeñas piedras que forman los mosaicos, que en sí no dicen nada, pero que unidas pueden formar conjuntos plenos de significado"."[44]

Consideramos lapidar a frase de Fulgencio Madrid Conesa sobre o significado diferenciado da união das pedras para formar o mosaico, afirmação que pode ser aplicada à proteção

---

Isto é especialmente relevante em situações em que a proliferação de operadores e a complexidade tecnológica das práticas tornam difícil que o titular dos dados saiba e compreenda se, por quem e para que fins os seus dados pessoais estão a ser recolhidos, como no caso da publicidade por via eletrônica. Uma vez que as crianças merecem proteção específica, sempre que o tratamento lhes seja dirigido, qualquer informação e comunicação deverá estar redigida numa linguagem clara e simples que a criança compreenda facilmente."

[43] MIGUEL, Carlos Ruiz. En torno a la protección de los datos personales automatizados. *Revista de Estudios Políticos* (Nueva Época), n. 54, p. 242-243, abr./jun. 1994.

[44] A frase está na página 30 de Fulgencio Madrid Conesa *apud* MIGUEL, Carlos Ruiz. En torno a la protección de los datos personales automatizados. *Revista de Estudios Políticos* (Nueva Época), n. 54, p. 242-243, abr./jun. 1994.

662 | TRATADO DE PROTEÇÃO DE DADOS PESSOAIS

de dados pessoais. A junção de dados aparentemente irrelevantes pode levar à identificação do titular, em situação em que ela não foi consentida para tal fim.

Na sociedade informatizada, digital e globalizada é mais fácil juntar dados isolados que, no conjunto, formam um todo plenamente identificável. Assim, dados esparsos de uma pessoa, uma vez reunidos, podem perfeitamente identificá-la, sem seu consentimento para que tal ocorra.

Mesmo que o titular tenha autorizado identificação de dados isolados, não significa que o tenha quanto à reunião cumulativa deles. Permitiu-se a identificação das partes, e não do todo. Considere-se, ainda, que, por serem considerados "irrelevantes" por terceiros, pode não ter sido solicitado o consentimento do titular.

Bem oportuna a aplicação da teoria do mosaico para proibir a divulgação de dados recolhidos esparsamente, mas apresentados no conjunto.

A discussão a respeito das várias hipóteses de coleta, tratamento e divulgação de dados parece bem encartada tanto na proteção dos direitos da personalidade como no respeito ao princípio da transparência.

Silmara J. A. Chinellato

3. REFLEXOS DA TUTELA DOS DADOS PESSOAIS, DOS DIREITOS DA PERSONALIDADE E DO PRINCÍPIO DA TRANSPARÊNCIA. RESPONSABILIZAÇÃO

Não obstante a responsabilidade civil possa ser capítulo específico da obra coletiva que nosso artigo integra, parece-nos oportuno aludir brevemente aos reflexos nos temas por nós analisados que respeitam a aspectos da privacidade e da transparência na proteção de dados pessoais.

A LGPD não tomou posição clara a respeito da modalidade de responsabilidade civil a ser aplicada, embora aluda várias vezes à responsabilização de todos os atores intervenientes na proteção de dados definidos pela Lei: o controlador (art. 5.º, VI), o operador (art. 5.º, VII), denominados agentes de tratamento (art. 5.º, IX) e, a depender do caso concreto, o encarregado (art. 5.º, VIII). Os arts. 37 a 41 cuidam especificamente dos agentes de tratamento de dados.

Citem-se os seguintes artigos sobre responsabilização: 6.º, X; 9.º, VI, 31. Por sua vez, a Seção III do Capítulo VI trata da responsabilidade e do ressarcimento de danos nos arts. 42 a 45, parecendo fundar-se no Código de Defesa do Consumidor um bom modelo.

Vejam-se o § 2.º do art. 42 sobre inversão do ônus da prova, a limitação para exclusão de responsabilidade, com rol taxativo, e a consideração da segurança como norte para a responsabilização (art. 44, *caput* e parágrafo único).

O grande devassamento da intimidade da pessoa natural, na era digital, também denominada era tecnológica, sociedade da informação ou da comunicação, deixa claro que a pessoa tornou-se excessivamente vulnerável. Deixou de ter identidade para ser apenas um número. A inserção de dados, seu cruzamento e divulgação, sem permissão do titular, ou sem consentimento para tal finalidade – ressalvadas as exceções em que avulta o interesse público –, parecem-nos caracterizar a hipótese prevista pelo parágrafo único do art. 927 do Código Civil:

> "Art. 927. Aquele que, por ato ilícito (arts. 186 e 187), causar dano a outrem, fica obrigado a repará-lo. Parágrafo único. Haverá obrigação de reparar o dano, independentemente de culpa, nos casos especificados em lei, ou quando a atividade

PARTE III · Cap. 33 · DIREITOS BÁSICOS DE PROTEÇÃO DE DADOS PESSOAIS | **663**

normalmente desenvolvida pelo autor do dano implicar, por sua natureza, risco para os direitos de outrem."[45]

O mesmo se aplica à falta de transparência na coleta e utilização dos dados, notadamente na omissão quanto à finalidade.

Anote-se que as hipóteses aqui suscitadas são meramente exemplificativas, pois muitas condutas no complexo procedimento de tratamento de dados podem ensejar a responsabilização.

Para nós, a norma é plenamente aplicável, firmando-se a responsabilidade objetiva por danos causados em qualquer das fases do processamento, desde a primeira etapa.

No centro está a pessoa humana, que a lei quis prestigiar com exclusividade. Os danos não são reparáveis, mas meramente compensáveis, razão de se aplicar a responsabilidade objetiva, que prestigia a vítima e é tendência das legislações.[46]

No campo das exclusões, vê-se que a Lei inspirou-se no Código de Defesa do Consumidor que adota a responsabilidade civil objetiva, com exceção do art. 14. Consagra, ainda, a solidariedade de todos os intervenientes na relação de consumo, e nesse ponto a LGPD foi clara ao incluir a solidariedade expressamente no art. 42, I, § 1.º, I.

Como já havíamos escrito nos comentários ao art. 21 do Código Civil,[47] há bons argumentos para ser aplicada a responsabilidade civil objetiva. O fato de a LGPD não ter consagrado expressamente essa espécie de responsabilidade não impede que apliquemos o parágrafo único do art. 927, que se ajusta perfeitamente à proteção de dados pessoais, lembrando-se que a intenção da norma é ser genérica para alcançar hipóteses concretas, com oportuna avaliação do juiz.[48]

Esperamos que a interpretação judicial, louvada na doutrina, possa logo configurar jurisprudência por meio da repetição de julgados nesse sentido.

E, conforme ocorre com as leis protetoras da parte vulnerável – como o Código de Defesa do Consumidor e a Lei que regulamenta os direitos autorais, Lei 9.610/1998 –, a solidariedade é prevista de modo expresso no art. 42.

Responsabilidade civil objetiva com solidariedade para todos os partícipes do procedimento, que envolve as várias etapas, desde a coleta à divulgação de dados pessoais, é um imperativo da sociedade tecnológica, da era digital, era da informação e da comunicação, em favor da pessoa humana que expressamente a Lei Geral de Proteção de Dados Pessoais objetiva prestigiar.

Silmara J. A. Chinellato

---

[45] A respeito do tema, consulte-se a obra de Cláudio Luiz Bueno de Godoy (*Responsabilidade civil pelo risco da atividade*. 2. ed. São Paulo: Saraiva, 2010. Coleção Prof. Agostinho Alvim).

[46] Vide, de nossa autoria, Responsabilidade civil no Código de 2002: aspectos fundamentais. Tendências do direito contemporâneo. *In*: TEPEDINO, Gustavo; FACHIN, Luiz Edson (org.). *O direito e o tempo*: embates jurídicos e utopias contemporâneas. Estudos em homenagem ao Professor Ricardo Pereira Lira. Rio de Janeiro: Renovar, 2008.

[47] CHINELLATO, Silmara Juny de Abreu (coord.). *Código Civil interpretado artigo por artigo, parágrafo por parágrafo*. Organização de Antonio Claudio da Costa Machado. 12. ed. Barueri: Manole, 2019.

[48] A respeito da importância do juiz no Código Civil, consulte-se: LOTUFO, Renan. A responsabilidade civil e o papel do juiz no Código Civil de 2002. *In*: NERY, Rosa Maria de Andrade; DONNINI, Rogério (org.). *Responsabilidade civil*. Estudos em homenagem ao Professor Rui Geraldo Camargo Viana. São Paulo: RT, 2009. p. 448-462.

4. OS DIREITOS INTELECTUAIS E O SEGREDO COMERCIAL E INDUSTRIAL

O tema do segredo industrial e comercial foi inserido na Lei Federal 13.709/2018 como um limite ao princípio da transparência,[49] e está presente em diversos de seus dispositivos[50] igualmente como um óbice a requisições de informações, pois a violação de segredo poderia caracterizar concorrência desleal e o segredo – seja industrial ou comercial – perderia seu sentido, caso fosse registrado e tornado público (até porque as patentes são publicadas na *Revista de Propriedade Industrial do Instituto Nacional de Propriedade Industrial*), e é relevante mencionar que há proteção constitucional e infraconstitucional ao segredo por meio da proteção à concorrência.[51]

---

[49] "Art. 6.º As atividades de tratamento de dados pessoais deverão observar a boa-fé e os seguintes princípios: [...] VI – transparência: garantia, aos titulares, de informações claras, precisas e facilmente acessíveis sobre a realização do tratamento e os respectivos agentes de tratamento, observados os segredos comercial e industrial."

[50] "Art. 10. O legítimo interesse do controlador somente poderá fundamentar tratamento de dados pessoais para finalidades legítimas, consideradas a partir de situações concretas, que incluem, mas não se limitam a: I – apoio e promoção de atividades do controlador; e II – proteção, em relação ao titular, do exercício regular de seus direitos ou prestação de serviços que o beneficiem, respeitadas as legítimas expectativas dele e os direitos e liberdades fundamentais, nos termos desta Lei. [...] § 3.º A autoridade nacional poderá solicitar ao controlador relatório de impacto à proteção de dados pessoais, quando o tratamento tiver como fundamento seu interesse legítimo, *observados os segredos comercial e industrial.* [...] Art. 18. O titular dos dados pessoais tem direito a obter do controlador, em relação aos dados do titular por ele tratados, a qualquer momento e mediante requisição: [...] V – portabilidade dos dados a outro fornecedor de serviço ou produto, mediante requisição expressa, de acordo com a regulamentação da autoridade nacional, *observados os segredos comercial e industrial*; [...] Art. 19. A confirmação de existência ou o acesso a dados pessoais serão providenciados, mediante requisição do titular: [...] II – por meio de declaração clara e completa, que indique a origem dos dados, a inexistência de registro, os critérios utilizados e a finalidade do tratamento, *observados os segredos comercial e industrial*, fornecida no prazo de até 15 (quinze) dias, contado da data do requerimento do titular. [...] § 3.º Quando o tratamento tiver origem no consentimento do titular ou em contrato, o titular poderá solicitar cópia eletrônica integral de seus dados pessoais, *observados os segredos comercial e industrial*, nos termos de regulamentação da autoridade nacional, em formato que permita a sua utilização subsequente, inclusive em outras operações de tratamento. [...] Art. 38. A autoridade nacional poderá determinar ao controlador que elabore relatório de impacto à proteção de dados pessoais, inclusive de dados sensíveis, referente a suas operações de tratamento de dados, nos termos de regulamento, *observados os segredos comercial e industrial.* Parágrafo único. Observado o disposto no *caput* deste artigo, o relatório deverá conter, no mínimo, a descrição dos tipos de dados coletados, a metodologia utilizada para a coleta e para a garantia da segurança das informações e a análise do controlador com relação a medidas, salvaguardas e mecanismos de mitigação de risco adotados. [...] Art. 48. O controlador deverá comunicar à autoridade nacional e ao titular a ocorrência de incidente de segurança que possa acarretar risco ou dano relevante aos titulares. [...] III – a indicação das medidas técnicas e de segurança utilizadas para a proteção dos dados, observados os segredos comercial e industrial; [...] Art. 55-J. Compete à ANPD: [...] II – *zelar pela observância dos segredos comercial e industrial*, observada a proteção de dados pessoais e do sigilo das informações quando protegido por lei ou quando a quebra do sigilo violar os fundamentos do art. 2.º desta Lei; [...] X – dispor sobre as formas de publicidade das operações de tratamento de dados pessoais, *respeitados os segredos comercial e industrial.*"

[51] Assegura-se, na Constituição da República, a proteção da livre-iniciativa (art. 1.º, IV) e concorrência (art. 170, IV), além da coibição do abuso econômico que vise dominar o mercado e eliminar a concorrência (art. 173, § 4.º). No plano infraconstitucional a Lei Federal 9.279/1996 (Lei de Propriedade Industrial) trata da concorrência desleal e destaca, no art. 206, que, "na hipótese de serem reveladas, em juízo, para a defesa dos interesses de qualquer das partes, informações que se caracterizem como confidenciais,

PARTE III · Cap. 33 · DIREITOS BÁSICOS DE PROTEÇÃO DE DADOS PESSOAIS | **665**

A esse respeito, Denis Borges Barbosa asseverou que o segredo industrial não pode ser, de forma alguma, confundido com o direito de propriedade conferido às patentes, uma vez que constitui objeto da tutela da concorrência desleal.[52]

Cumpre esclarecer que o termo "segredo de empresa" (também denominado "segredo de negócio")[53] inclui os segredos *industriais* (relacionados aos processos de fabricação, assim como as fórmulas de produtos) e os segredos *comerciais* (como a relação de clientes e fornecedores, estudos de viabilidade de comercialização ou ainda pesquisas de mercado).[54]

Assim, considerado um gênero que abrange duas espécies, analisaremos o segredo de negócio tanto em razão da possibilidade de proteção aos lesados por meio da norma específica (o já mencionado art. 6.º, VI,[55] da Lei Federal 13.709/2018 – Lei Geral de Proteção de Dados) como das normas gerais que versam acerca dos direitos da personalidade.

---

sejam segredo de indústria ou de comércio, deverá o juiz determinar que o processo prossiga em segredo de justiça, vedado o uso de tais informações também à outra parte para outras finalidades".

[52] De acordo com Denis Borges Barbosa, "ao contrário do que acontece com as patentes, tidas por propriedade, dotadas das faculdades elementares do *utere, fruere, e abutere*, e do direito de sequela, o segredo industrial é objeto da tutela da concorrência desleal. Uma tutela de comportamento e não de propriedade. Consequência inevitável deste *status* é a inexistência do direito de sequela. Não há um direito exercitável contra todos (inclusive os réus) sobre a coisa, que permita aos autores reivindicar o objeto segredo de quem o detenha. O que cabe é discernir (e provar) um comportamento que se encerre da definição da lei. Se esse comportamento, tipificado criminalmente ou descrito na vertente cível, não for atribuído aos réus, não há o que suscitar na ação pertinente a esse título. O fato de ser atribuído a terceiros, que não aos réus, um comportamento alegadamente desleal não contaminaria a informação – recebida de boa-fé – de forma a impedir o seu uso, ou fazê-lo ilícito. A possibilidade de que se exerça o *jus persequendi* sobre a informação transforma o segredo em propriedade; o que não existe no nosso sistema jurídico, inclusive por razões constitucionais, sem falar da regra do *numerus clausus*" (Cf. BARBOSA, Denis Borges. *Tratado da propriedade intelectual*. Rio de Janeiro: Lumen Juris, 2015. t. IV, p. 369).

[53] Para Elisabeth Kasznar Fekete, "notando o uso de múltiplos vocábulos pelos legisladores, juristas e julgadores, brasileiros e estrangeiros, para designar os dados confidenciais merecedores de proteção legal", "as expressões 'segredo industrial' e 'segredo comercial' serão consideradas englobadas no gênero 'segredo de negócio', seguindo uma tendência atual no nosso país", e "tal fórmula exemplificativa segue um exemplo clássico: o dos países anglo-saxões, em que a expressão 'trade secret' serve para denominar tanto o segredo de fábrica quanto o de comércio" (Cf. FEKETE, Elisabeth Kasznar. O regime jurídico do segredo de indústria e comércio no direito brasileiro. Rio de Janeiro: Forense, 2003. p. 17).

[54] Ainda de acordo com Elisabeth Kasznar Fekete, fundada nas lições de José A. Gomez Segade, seria possível classificar três grupos de segredos empresariais de acordo com o objeto do sigilo: "a) em primeiro lugar, encontram-se os segredos pertinentes ao setor técnico industrial da empresa (englobando os procedimentos de fabricação, reparação ou montagem, práticas manuais etc.); b) em segundo lugar existem aqueles relativos ao setor puramente comercial da empresa (listas de clientes, fornecedores, cálculos de preços etc.); c) por último estão dispostos os segredos concernentes a outros aspectos da organização interna da empresa e as relações da mesma, cujo conhecimento seria valioso para os concorrentes, mas que não representa um bem em si próprios, como, p. ex., as relações com os empregados, a situação financeira da empresa, o projeto de celebrar determinado contrato etc. Assim, trata-se de notícias ou circunstâncias cujo interesse reside nas relações de uma empresa determinada, as quais poderiam ser aproveitadas pelos concorrentes para prejudicá-la. Isoladamente, porém, não têm qualquer valor e, em consequência, estão à margem do tráfico jurídico, na opinião do autor. Já a nós parece que, no Direito brasileiro, tais dados podem ser considerados segredo de comércio, merecendo tratamento compatível" (Cf. FEKETE, Elisabeth Kasznar. O regime jurídico do segredo de indústria e comércio no direito brasileiro. Rio de Janeiro: Forense, 2003. p. 22-23).

[55] "Art. 6.º As atividades de tratamento de dados pessoais deverão observar a boa-fé e os seguintes princípios: [...] VI – transparência: garantia, aos titulares, de informações claras, precisas e facilmente acessíveis sobre a realização do tratamento e os respectivos agentes de tratamento, observados os segredos comercial e

TRATADO DE PROTEÇÃO DE DADOS PESSOAIS

Os segredos de negócio não são passíveis de patenteamento ou de registro como os inventos, os modelos de utilidade e os desenhos industriais, mesmo que se consubstanciem – como no caso do *know-how*[56-57] – em contratos que os margeiam e sejam posteriormente registrados em uma autarquia federal (Instituto Nacional da Propriedade Industrial – INPI).

A impossibilidade de proteção de um segredo de negócio está relacionada ao fato de que há a necessidade de publicidade, por meio da publicação na *Revista de Propriedade Industrial*, editada pelo já mencionado Instituto Nacional da Propriedade Industrial (INPI), que também é responsável, nos termos da Lei Federal 9.279/1996, pelo patenteamento ou registro.

Na prática, não são poucos os que consultam profissionais que atuam na área para proteger os segredos de negócio e ignoram o fato de que haverá a publicação na revista anteriormente mencionada (ainda que, por curto período de tempo, seja possível o sigilo) e que há uma limitação temporal para proteger a criação, ao contrário do segredo de negócio, que permite a proteção por prazo indeterminado, mas traz como desvantagem o fato de que – uma vez revelado – resta apenas o recurso ao instituto da concorrência desleal e às suas sanções civis e penais.[58]

No âmbito internacional, merece igualmente destaque o Acordo sobre Aspectos dos Direitos de Propriedade Intelectual Relacionados ao Comércio (*Agreement on Trade-Related Aspects of Intellectual Property Rights* – Trips) que, no art. 39, estabeleceu que a informação confidencial relativa a pessoas físicas e jurídicas é protegida da aquisição ou utilização por terceiros, se inexistir o consentimento.[59]

---

industrial" (BRASIL. Lei Federal n.º 13.709, de 14 de agosto de 2018. Dispõe sobre a proteção de dados pessoais e altera a Lei n.º 12.965, de 23 de abril de 2014 (Marco Civil da Internet). Disponível em: http://www.inpi.gov.br/legislacao-1/27-trips-portugues1.pdf. Acesso em: 18 jan. 2019).

56 Elisabeth Kasznar Fekete, em observação fundamentada no trabalho de Jacques Azéma, "distingue-se o *savoir faire* do *know-how*: para que aquele possa constituir este, a habilidade técnica deve ultrapassar a fase concreta, a fim de elevar-se a um domínio mais intelectualizado, que se chamará não mais 'habilidade técnica', mas 'experiência técnica'. Já o segredo de fábrica é, na França, uma noção de tipo essencialmente estático. O segredo guarda-se e protege-se contra os ataques; o *know-how* possui uma conotação muito mais dinâmica, de algo que não somente se guarda e se protege, mas também algo que se transmite, se comunica, mediante remuneração" (Cf. FEKETE, Elisabeth Kasznar. O regime jurídico do segredo de indústria e comércio no direito brasileiro. Rio de Janeiro: Forense, 2003. p. 56).

57 Segundo Davi Monteiro Diniz, foi com o aumento da relevância econômica da circulação de informações de natureza técnica que "a negociação de conhecimentos não patenteados ganhou contornos próprios, sendo feito em contratos autônomos. Tais instrumentos herdaram a nomenclatura aplicável aos contratos que envolvem direitos de propriedade industrial, tornando-se praxe designá-los de cessão ou licença, de *know-how*, nomes que se firmaram mais pela tradição do que por uma correspondência lógica com as principais cláusulas dos pactos por ele identificados" (Cf. DINIZ, Davi Monteiro. Propriedade industrial e segredo em comércio. Belo Horizonte: Del Rey, 2003. p. 106).

58 Na lição de Francisco Pontes de Miranda, "o primeiro requisito para que exista ação contra a concorrência desleal é que o ato seja de concorrência; o segundo, que a concorrência, que se revela no ato, seja desleal. Os casos mais típicos foram tidos como crimes pelo legislador; os demais, como atos ilícitos absolutos, porém não necessariamente criminais" (Cf. PONTES DE MIRANDA, Francisco Cavalcanti. *Tratado de direito privado*. Parte especial. 4. ed. São Paulo: RT, 1983. v. 17, p. 299).

59 "Seção 7: Proteção de Informação Confidencial – Artigo 39 – 1. Ao assegurar proteção efetiva contra competição desleal, como disposto no artigo 10-bis da Convenção de Paris (1967), os Membros protegerão informação confidencial de acordo com o parágrafo 2 abaixo, e informação submetida a Governos ou a Agências Governamentais, de acordo com o parágrafo 3 abaixo. 2. Pessoas físicas e jurídicas terão a possibilidade de evitar que informação legalmente sob seu controle seja divulgada, adquirida ou usada por terceiros, sem seu consentimento, de maneira contrária a práticas comerciais honestas, desde que tal informação: a) seja secreta, no sentido de que não seja conhecida em geral nem facilmente acessível a

São três as características da informação confidencial, tal como relataram Javier Fernandez e Gustavo de Freitas Morais, considerada como passível de proteção em razão de sua relevância econômica como segredo industrial ou comercial: a) que seja secreta; b) que tenham sido tomadas medidas para mantê-las secretas; c) que tenham valor para os seus titulares.[60]

A utilização indevida de segredos industriais e comerciais gera sanções civis e penais de acordo com a Constituição da República e com a Lei Federal 9.279/1996,[61] sendo oportuno ressaltar que há a possibilidade de eventual revelação de segredo em juízo visando a defesa dos interesses das partes e, em tal hipótese, o magistrado determinará que o processo tramitará em segredo de justiça com a vedação do uso de tais informações à outra parte para finalidade diversa.[62]

---

pessoas de círculos que normalmente lidam com o tipo de informação em questão, seja como um todo, seja na configuração e montagem específicas de seus componentes; b) tenha valor comercial por ser secreta; e c) tenha sido objeto de precauções razoáveis, nas circunstâncias, pela pessoa legalmente em controle da informação, para mantê-la secreta. Os Membros que exijam a apresentação de resultados de testes ou outros dados não divulgados, cuja elaboração envolva esforço considerável, como condição para aprovar a comercialização de produtos farmacêuticos ou de produtos agrícolas químicos que utilizem novas entidades químicas, protegerão esses dados contra seu uso comercial desleal. Ademais, os Membros adotarão providências para impedir que esses dados sejam divulgados, exceto quando necessário para proteger o público, ou quando tenham sido adotadas medidas para assegurar que os dados sejam protegidos contra o uso comercial desleal" (BRASIL. Decreto n.º 1.355, de 30 de dezembro de 1994. Promulga a ata final que incorpora os resultados da rodada Uruguai de negociações comerciais multilaterais do GATT. Disponível em: http://www.inpi.gov.br/legislacao-1/27-trips-portugues1.pdf. Acesso em: 25 maio 2019).

[60] Cf. FERNANDEZ, Javier; MORAIS, Gustavo de Freitas. *Segredo industrial* versus *lei de acesso à informação*: uma contradição?. Rio de Janeiro: Lumen Juris, 2014. p. 45.

[61] "Art. 195. Comete crime de concorrência desleal quem: [...] XI – divulga, explora ou utiliza-se, sem autorização, de conhecimentos, informações ou dados confidenciais, utilizáveis na indústria, comércio ou prestação de serviços, excluídos aqueles que sejam de conhecimento público ou que sejam evidentes para um técnico no assunto, a que teve acesso mediante relação contratual ou empregatícia, mesmo após o término do contrato; XII – divulga, explora ou utiliza-se, sem autorização, de conhecimentos ou informações a que se refere o inciso anterior, obtidos por meios ilícitos ou a que teve acesso mediante fraude; [...] Art. 207. Independentemente da ação criminal, o prejudicado poderá intentar as ações cíveis que considerar cabíveis na forma do Código de Processo Civil. Art. 208. A indenização será determinada pelos benefícios que o prejudicado teria auferido se a violação não tivesse ocorrido. Art. 209. Fica ressalvado ao prejudicado o direito de haver perdas e danos em ressarcimento de prejuízos causados por atos de violação de direitos de propriedade industrial e atos de concorrência desleal não previstos nesta Lei, tendentes a prejudicar a reputação ou os negócios alheios, a criar confusão entre estabelecimentos comerciais, industriais ou prestadores de serviço, ou entre os produtos e serviços postos no comércio. § 1.º Poderá o juiz, nos autos da própria ação, para evitar dano irreparável ou de difícil reparação, determinar liminarmente a sustação da violação ou de ato que a enseje, antes da citação do réu, mediante, caso julgue necessário, caução em dinheiro ou garantia fidejussória. § 2.º Nos casos de reprodução ou de imitação flagrante de marca registrada, o juiz poderá determinar a apreensão de todas as mercadorias, produtos, objetos, embalagens, etiquetas e outros que contenham a marca falsificada ou imitada. Art. 210. Os lucros cessantes serão determinados pelo critério mais favorável ao prejudicado, dentre os seguintes: I – os benefícios que o prejudicado teria auferido se a violação não tivesse ocorrido; ou II – os benefícios que foram auferidos pelo autor da violação do direito; ou III – a remuneração que o autor da violação teria pago ao titular do direito violado pela concessão de uma licença que lhe permitisse legalmente explorar o bem" (BRASIL. Lei Federal n.º 9.279, de 14 de maio de 1996. Regula direitos e obrigações relativos à propriedade industrial. Disponível em: http://www.planalto.gov.br/ccivil_03/leis/l9279.htm. Acesso em: 22 maio 2019).

[62] Art. 206 da Lei Federal 9.279/1996 (BRASIL. Lei Federal n.º 9.279, de 14 de maio de 1996. Regula direitos e obrigações relativos à propriedade industrial. Disponível em: http://www.planalto.gov.br/ccivil_03/leis/

Quanto aos aspectos relativos às criações intelectuais protegidas pela Lei Federal 9.279/1996 – *ainda que seja importante ressaltar que os segredos industriais e comerciais são distintos e relacionados à defesa por meio da concorrência desleal* –, cumpre observar que, mesmo em face da escassez de decisões judiciais que analisem a questão à luz da Lei Geral de Proteção de Dados, uma preocupação observada em precedente do Tribunal de Justiça do Estado de São Paulo foi a de não distorcer o sentido de tal lei para inviabilizar a proteção de direitos intelectuais da mesma forma que não inviabilizaria o segredo industrial ou comercial.

A esse respeito, o voto do Desembargador Ruy Coppola no sentido de que não seria razoável pleitear o acesso a funcionalidades de forma gratuita utilizando a Lei Geral de Proteção de Dados como um subterfúgio e acreditamos que o mesmo raciocínio, no futuro, será válido para decisões relativas a questões sobre concorrência desleal ("Acesso físico ao banco de dados pertencente à autora que nunca foi impedido ou bloqueado pela ré, fato incontroverso nos autos. Autora que pretende, na verdade, obter o acesso gratuito à interface do software fornecido pela ré, para visualizar as informações do banco de dados. Inaplicabilidade da Lei nº 13.709/18. Ré que não é e nunca foi 'controladora' dos dados da autora, visto que o banco de dados existe de forma independente ao sistema de programas da ré. Software que confere acesso inteligente e prático aos dados da autora, não sendo razoável obrigar a ré que forneça a título gratuito o acesso a tais funcionalidades, tampouco que fique responsável pela exportação dos dados a outra plataforma, sob pena de prejuízo à sua própria atividade empresarial")[63].

---

l9279.htm. Acesso em: 22 maio 2019).

[63]   É oportuno ainda o registro, quanto ao precedente mencionado, de que: "A matéria tratada nos autos é meramente de direito, mais especificamente para que se verifique se há ou não obrigação da empresa-ré garantir à autora o acesso ou exportação de forma gratuita do banco de dados da Enterprise que funcionava junto ao software da Global Solution, cujo contrato de licença e utilização foi voluntariamente rescindido pela própria autora por não ter mais interesse na continuidade do serviço. *In casu*, contudo, respeitado o entendimento pessoal do magistrado sentenciante, tenho que a solução albergada não foi a mais correta. O que a apelada almeja é continuar usufruindo da interface do software da apelante sem pagar a devida contraprestação, ou que a ré exporte estes dados para uma plataforma que possibilite o acesso a eles. De fato, a Lei nº 13.709/2018, denominada Lei Geral de Proteção de Dados Pessoais (LGPD), estabelece que: Art. 18. O titular dos dados pessoais tem direito a obter do controlador, em relação aos dados do titular por ele tratados, a qualquer momento e mediante requisição: (...) II – acesso aos dados; (...) V – portabilidade dos dados a outro fornecedor de serviço ou produto, mediante requisição expressa, de acordo com a regulamentação da autoridade nacional, observados os segredos comercial e industrial; (Redação dada pela Lei nº 13.853, de 2019). Ocorre que, no caso dos autos, restou incontroverso que o banco de dados não está, e nunca esteve, na posse da ré, que apenas forneceu a licença para uso do software Office Comex 2010, nos termos contratados. O acesso 'físico' ao banco de dados nunca foi impedido pela ré. (...) Dessa forma, com a devida vênia, tem-se que a Lei nº 13.709/2018 não se mostra aplicável ao caso concreto, pois a apelante sequer pode ser caracterizada como 'controladora' dos dados da apelada. Aqui tratamos de um contrato de prestação de serviços, no qual a empresa-ré foi contratada para fornecer um pacote de sistemas que garantisse uma interface prática entre os dados O contrato não trouxe qualquer previsão, em caso de rescisão, de eventual obrigação da contratada em garantir de forma gratuita a conversão ou a portabilidade dos dados criados dentro do software, não se podendo presumir que este serviço decorra do contrato inicialmente entabulado. Mesmo porque, a meu ver, exigir que a apelante o faça, sem qualquer contraprestação, prejudica a sua própria atividade empresarial, pois equivaleria a exigir que a empresa continuasse prestando seus serviços de forma gratuita após ter o contrato com seu cliente rescindido. (...) O usuário, nesse caso, primeiro procuraria softwares gratuitos, eventualmente disponíveis na internet, que cuidassem de converter o documento criado dentro do Word ('.doc') em outra extensão vinculada a outro programa que lograsse visualizar ou editar o conteúdo do arquivo. Na hipótese de não existir, procuraria outros programas, ainda com licenças pagas, que fizessem tal serviço; ou simplesmente voltaria a utilizar a funcionalidade do Word, pagando a respectiva licença. Como exemplo, temos uma infinidade de freewares disponíveis que convertem '.doc' em '.txt'. Mas,

PARTE III · Cap. 33 · DIREITOS BÁSICOS DE PROTEÇÃO DE DADOS PESSOAIS | **669**

Javier Fernandez e Gustavo de Freitas Morais afirmaram que, "diferente da proteção de exclusividade para os dados proprietários, a proteção do segredo industrial é *ad perpetuam*, não espira, nem vence enquanto as três características subsistirem", pois, uma vez que "um segredo é divulgado e entra em domínio público, perde-se essa característica", sendo inócua qualquer medida que tenha como escopo retornar à situação anterior e, por esse motivo, só há a possibilidade de pleitear o ressarcimento dos danos ocasionados ao lesado e, obviamente, a dimensão global dos danos demanda uma sanção proporcional à lesão ocorrida.[64]

Assim sendo, destacamos uma vez mais que sua revelação pode ser sancionada por meio da concorrência desleal em seus aspectos civis e penais, ainda que a autoridade nacional possa realizar – o que constitui uma medida excepcional – auditoria a fim de verificar aspectos discriminatórios em tratamento automatizado de dados pessoais,[65] e uma restrição de tal natureza não apareceu em textos legais anteriores que trataram de questões relevantes (como a proteção ao consumidor),[66] o que denota a relevância que o legislador atribuiu à proteção de dados, pois cabe à Autoridade Nacional de Proteção de Dados garantir a observância dos segredos comercial e industrial.

Antonio Carlos Morato

CONCLUSÃO

Houve, como resultado de um período inicial de liberdade irrestrita para atividades empresariais na Internet, abusos derivados da ausência de conhecimento técnico dos usuários, o que exacerbou a vulnerabilidade destes no meio digital, assim como a falta de percepção desses mesmos usuários de que a disponibilização e posterior circulação de seus dados pessoais acarretaria a possibilidade de violações à sua privacidade e ainda representariam lucros consideráveis dissimulados sob o argumento recorrente de que o uso da Internet seria essencialmente gratuito.

Além disso, o nobre objetivo da livre circulação de conhecimento seria utilizado como um anteparo a fim de evitar a remuneração de criações intelectuais aos titulares de direitos industriais ou autorais, assim como a aplicação de normas protetivas a consumidores.

---

como sabido, o arquivo convertido em '.txt', que consegue ser aberto no famigerado Bloco de Notas, não contará com as ferramentas oferecidas nem guardará as formatações realizadas pelo usuário na interface do Word, o que de certa forma dificulta a visualização e não se mostra prático para a leitura de longos textos. É justamente essa praticidade que o software da ré oferecia à autora, não sendo justo obrigar a apelante a fornecer o acesso inteligente ao arquivo sem a devida contraprestação, se o caso. Daí por que, novamente respeitadas as convicções do juízo, fica a sentença reformada para julgar improcedente a ação principal" (TJSP, Apelação Cível 10097294820198260008/SP 1009729-48.2019.8.26.0008, Rel. Ruy Coppola, 32ª Câmara de Direito Privado, j. 04.02.2020, Data de Publicação: 04.02.2020).

[64] Cf. FERNANDEZ, Javier; MORAIS, Gustavo de Freitas. *Segredo industrial* versus *lei de acesso à informação*: uma contradição?. Rio de Janeiro: Lumen Juris, 2014. p. 46-47.

[65] Art. 20 da LGPD: "O titular dos dados tem direito a solicitar a revisão de decisões tomadas unicamente com base em tratamento automatizado de dados pessoais que afetem seus interesses, incluídas as decisões destinadas a definir o seu perfil pessoal, profissional, de consumo e de crédito ou os aspectos de sua personalidade. [...] § 1.º O controlador deverá fornecer, sempre que solicitadas, informações claras e adequadas a respeito dos critérios e dos procedimentos utilizados para a decisão automatizada, *observados os segredos comercial e industrial*. § 2.º Em caso de não oferecimento de informações de que trata o § 1.º deste artigo *baseado na observância de segredo comercial e industrial*, a autoridade nacional *poderá realizar auditoria para verificação de aspectos discriminatórios* em tratamento automatizado de dados pessoais."

[66] Ao tratar das sanções administrativas na Lei Federal 8.078/1990 (Código de Defesa do Consumidor) o legislador estabeleceu, no art. 55, § 4.º, que "os órgãos oficiais poderão expedir notificações aos fornecedores para que, sob pena de desobediência, prestem informações sobre questões de interesse do consumidor, resguardado o segredo industrial".

A livre circulação de dados, por conseguinte, encontra óbice na difusão de dados sensíveis e assegura plena transparência no tratamento dos dados pessoais mediante clareza, precisão e compreensibilidade sobre tal tratamento e sobre quem o realiza.

A observância do respeito ao segredo industrial e comercial constitui um limite ao princípio da transparência com relação às atividades de tratamento de dados pessoais e assegurado previamente tanto por normas constitucionais como infraconstitucionais e efetivado, no âmbito da Lei Federal 13.709/2018, pela Autoridade Nacional de Proteção de Dados, ainda que admita excepcionalmente a apuração de aspectos discriminatórios no tratamento automatizado de dados pessoais a realização de uma auditoria para tal escopo, quando a justificativa apresentada for a necessidade de proteção ao segredo.

A Lei Geral de Proteção de Dados Pessoais é louvável por prestigiar os direitos da personalidade – notadamente a privacidade, em seu conceito atual, e a liberdade –, o princípio da transparência e o consentimento informado. É de grande relevância a proteção da pessoa natural por sua vulnerabilidade diante da era tecnológica, da praça virtual, evitando-se a "ditadura do algoritmo", bem como do cruzamento e divulgação de dados por outros meios, sem as devidas restrições legais. A responsabilidade objetiva é uma das formas de salvaguardar a tutela da pessoa humana quanto a seus dados pessoais, com amplo respaldo no Código Civil que se aplica subsidiariamente.

Silmara J. A. Chinellato
Antonio Carlos Morato

REFERÊNCIAS BIBLIOGRÁFICAS

Livros

ASCENSÃO, José de Oliveira. *Direito da Internet e da sociedade da informação*. São Paulo: Forense, 2002.

BARBOSA, Denis Borges. *Tratado da propriedade intelectual*. Rio de Janeiro: Lumen Juris, 2015. t. IV.

BECERRA, Martin. *Sociedad de la información*: proyecto, convergencia y divergencia. Buenos Aires: Norma, 2003.

BESSA, Leonardo Roscoe. *O consumidor e os limites dos bancos de dados de proteção ao crédito*. São Paulo: RT, 2003.

BIONI, Bruno Ricardo. *Proteção de dados pessoais*: a função e os limites do consentimento. Rio de Janeiro: Forense, 2019.

BITTAR, Carlos Alberto. *O direito de autor nos modernos meios de comunicação*. São Paulo: RT, 1989.

BITTAR, Carlos Alberto. *Os direitos da personalidade*. 6. ed. atual. por Eduardo Carlos Bittar. Rio de Janeiro-São Paulo: Forense Universitária, 2003.

CONESA, Fulgencio Madrid. *Derecho a la intimidad, informática y Estado de Derecho*. Valencia: Universidad de Valencia, 1984.

COSTA JÚNIOR, Paulo José da. *O direito de estar só*. Tutela penal da intimidade. 2. ed. São Paulo: RT, 1995.

DINIZ, Davi Monteiro. *Propriedade industrial e segredo em comércio*. Belo Horizonte: Del Rey, 2003.

FEKETE, Elisabeth Kasznar. *O regime jurídico do segredo de indústria e comércio no direito brasileiro*. Rio de Janeiro: Forense, 2003.

FERNANDEZ, Javier; MORAIS, Gustavo de Freitas. *Segredo industrial versus lei de acesso à informação*: uma contradição?. Rio de Janeiro: Lumen Juris, 2014.

GODOY, Cláudio Luiz Bueno de. *Responsabilidade civil pelo risco da atividade*. 2. ed. São Paulo: Saraiva, 2010. (Coleção Prof. Agostinho Alvim.)

HAN, Byung-Chul. *Sociedade da transparência*. Tradução Enio Paulo Giachini. Petrópolis: Vozes, 2017.

HARARI, Yuval Noah. *21 lições para o século 21*. Tradução Paulo Geiger. São Paulo: Companhia das Letras, 2018.

JABUR, Gilberto H. *Liberdade de pensamento e direito à vida privada*: conflitos entre direitos da personalidade. São Paulo: RT, 2000.

LIMONGI FRANÇA, Rubens. *Manual de direito civil*. 4. ed. São Paulo: RT, 1980.

MARQUES, Claudia Lima. *Contratos no Código de Defesa do Consumidor*. O novo regime das relações contratuais. 6. ed. São Paulo: RT, 2011.

PONTES DE MIRANDA, Francisco Cavalcanti. *Tratado de direito privado*. Parte especial. 4. ed. São Paulo: RT, 1983. v. 17.

PRATS, Fermín Morales. *La tutela penal de la intimidad*: privacy e informática. Barcelona: Ediciones Destino, 1984. (Colección Nuevo Derecho.)

RODOTÀ, Stefano. *A vida na sociedade da vigilância*. A privacidade hoje. Organização de Maria Celina Bodin de Moraes. Tradução de Danilo Doneda e Luciana Cabral Doneda. Rio de Janeiro: Renovar, 2008.

RODOTÀ, Stefano. *Il mondo nella rete*. Quali I diritti, quali i vincoli. GLF la Repubblica. Roma-Bari: Laterza, 2014. (Serie iLibra.)

SILVA, José Afonso da. *Curso de direito constitucional positivo*. 36. ed. São Paulo: Malheiros, 2013.

Capítulos de Livros

CHINELLATO, Silmara Juny de Abreu (coord.). *Código Civil interpretado artigo por artigo, parágrafo por parágrafo*. Organização de Antonio Claudio da Costa Machado. 12. ed. Barueri: Manole, 2019.

CHINELLATO, Silmara Juny de Abreu. Responsabilidade civil no Código de 2002: aspectos fundamentais. Tendências do direito contemporâneo. *In*: TEPEDINO, Gustavo; FACHIN, Luiz Edson (org.). *O direito e o tempo*: embates jurídicos e utopias contemporâneas. Estudos em homenagem ao Professor Ricardo Pereira Lira. Rio de Janeiro: Renovar, 2008.

LOTUFO, Renan. A responsabilidade civil e o papel do juiz no Código Civil de 2002. *In*: NERY, Rosa Maria de Andrade; DONNINI, Rogério (org.). *Responsabilidade civil*. Estudos em homenagem ao Professor Rui Geraldo Camargo Viana. São Paulo: RT, 2009. p. 448-462.

TOMASETTI JÚNIOR, Alcides. Transparência e regime da informação do Código de Proteção e Defesa do Consumidor. *In*: CORREIA, Atalá; CAPUCHO, Fábio Jun (org.). *Direitos da personalidade*. A contribuição de Silmara J. A. Chinellato. Barueri: Manole, 2019. p. 235-255.

VAINZOF, Rony. Dados pessoais, tratamento e princípios. *In*: MALDONADO, Viviane Nóbrega; BLUM, Renato Opice (coord.). *Comentários ao GDPR*: Regulamento Geral de Proteção de Dados da União Europeia. São Paulo: RT, 2018. p. 37-83.

Artigos

CHINELLATO, Silmara Juny de Abreu. Biografias não autorizadas: liberdade de expressão, outros direitos da personalidade e direito de autor. *Cadernos de Pós-Graduação em Direito: estudos e documentos de trabalho*, v. 30, p. 18-37, 2014. Disponível em: http://www.cidp.pt/revistas/rjlb/2015/1/2015_01_0205_0238.pdf.

CHINELLATO, Silmara Juny de Abreu. Liberdade de expressão: direitos da personalidade e as biografias não autorizadas. *Revista Brasileira de Direito Comparado*, v. 44/45, p. 201-237, 2014.

TRATADO DE PROTEÇÃO DE DADOS PESSOAIS

DI MINCO, Sandro. La tutela giuridica delle banche dati. Verso una direttiva comunitaria. *Informatica e Diritto*, XXII Annata, v. V, n. 1, p. 175-201, 1996.

MIGUEL, Carlos Ruiz. En torno a la protección de los datos personales automatizados. *Revista de Estudios Políticos* (Nueva Época), n. 54, p. 242-243, abr./jun. 1994.

MORATO, Antonio Carlos. O cadastro positivo de consumidores e seu impacto nas relações de consumo. *Revista de Direito Bancário do Mercado de Capitais e da Arbitragem*, São Paulo, v. 53, p. 13-26, 2011.

MORATO, Antonio Carlos. Quadro geral dos direitos da personalidade. *Revista da Faculdade de Direito*, Universidade de São Paulo, v. 106-107, 2012, p.121-158.

Dicionários

FIGUEIREDO, Cândido de. *Novo dicionário da língua portuguesa*. 6. ed. Lisboa: Bertrand, [s.d.]. v. II.

FREIRE, Laudelino. *Grande e novíssimo dicionário da língua portuguesa*. 3. ed. Rio de Janeiro: José Olímpio, 1957. v. IV.

HOUAISS, Antônio. *Dicionário da língua portuguesa*. Rio de Janeiro: Objetiva, 2001.

Dissertação

MENDES, Laura Schertel. *Transparência e privacidade*: violação e proteção da informação pessoal na sociedade de consumo. 2008. Dissertação (Mestrado) – Faculdade de Direito da Universidade de Brasília, Brasília, 2008.

Textos em meio eletrônico

HIRSCH, Dennis D. The glass house effect: big data, the new oil, and the power of analogy. *Maine Law Review*, v. 66, Jun. 2014. Disponível em: https://digitalcommons.mainelaw.maine.edu/cgi/viewcontent.cgi?article=1088&context=mlr. Acesso em: 1.º set. 2019.

PURTOVA, Nadezhda. Private law solutions in European data protection: relationship to privacy, and waiver of data protection rights. *Netherlands Quarterly of Human Rights*, Cambridge, v. 28. n. 2. p. 179-198, Jun. 2010. Disponível em: https://papers.ssrn.com/sol3/papers.cfm?abstract_id=1555875. Acesso em: 22 maio 2019.

SCHOLZ, Lauren. Big data is not big oil: the role of analogy in the law of new technologies. *Tennessee Law Review*, Sept. 20, 2018. Disponível em: http://dx.doi.org/10.2139/ssrn.3252543. Acesso em: 1.º set. 2019.

Documentos Legislativos

BRASIL. Decreto n.º 1.355, de 30 de dezembro de 1994. Promulga a ata final que incorpora os resultados da rodada Uruguai de negociações comerciais multilaterais do GATT. Disponível em: http://www.inpi.gov.br/legislacao-1/27-trips-portugues1.pdf. Acesso em: 25 maio 2019.

BRASIL. Lei Federal n.º 8.078, de 11 de setembro de 1990. Dispõe sobre a proteção do consumidor e dá outras providências. Disponível em: http://www.planalto.gov.br/ccivil_03/leis/l8078.htm. Acesso em: 22 maio 2019

BRASIL. Lei Federal n.º 9.279, de 14 de maio de 1996. Regula direitos e obrigações relativos à propriedade industrial. Disponível em: http://www.planalto.gov.br/ccivil_03/leis/l9279.htm. Acesso em: 22 maio 2019.

BRASIL. Lei Federal n.º 13.709, de 14 de agosto de 2018. Dispõe sobre a proteção de dados pessoais e altera a Lei n.º 12.965, de 23 de abril de 2014 (Marco Civil da Internet). Disponível em: http://www.inpi.gov.br/legislacao-1/27-trips-portugues1.pdf. Acesso em: 18 jan. 2019.

34

INSTRUMENTOS PROCESSUAIS DE TUTELA INDIVIDUAL E COLETIVA: ANÁLISE DO ART. 22 DA LGPD

LEONARDO ROSCOE BESSA

Doutor em Direito Civil pela Universidade Estadual do Rio de Janeiro – UERJ. Mestre em Direito Público pela Universidade de Brasília – UnB. Desembargador do Tribunal de Justiça do Distrito Federal. Foi integrante do MPDFT. Procurador-Geral de Justiça do Ministério Público do Distrito Federal e Territórios – MPDFT (2014-2018). Professor do UNICEUB (graduação, mestrado e doutorado). Presidente do Instituto Brasileiro de Política e Direito do Consumidor – BRASILCON (2006-2008 e 2006-2010). Integrante da Comissão de Juristas, instituída pelo Senado Federal, para atualizar o Código de Defesa do Consumidor.

ANA LUISA TARTER NUNES

Doutoranda em Direito na Universidade de Brasília – UnB. Área: Direito e Inteligência Artificial. Pesquisadora do Grupo certificado pelo CNPq DR.IA – Direito, Racionalidade e Inteligência Artificial na UnB. Mestre em Direito Constitucional pelo Instituto Brasiliense de Direito Público – IDP, com foco na efetivação da tutela coletiva de direitos individuais homogêneos. Diretora Adjunta de Apoio à Universidade, Pesquisa e Projetos do Instituto Brasileiro de Política e Direito do Consumidor – Brasilcon.

INTRODUÇÃO

O direito processual é instrumento essencial para a realização do direito material. Na Lei Geral de Proteção de Dados Pessoais (LGPD), a proteção da liberdade, da privacidade e do livre desenvolvimento da personalidade da pessoa natural (art. 1º da LGPD)[1] caracteriza o direito material protegido. O art. 22, por sua vez, se apresenta como o principal dispositivo que retrata a garantia de realização desse direito, ao dispor que "a defesa dos interesses e dos direitos dos titulares de dados poderá ser exercida em juízo, individual ou coletivamente, na forma do disposto na legislação pertinente, acerca dos instrumentos de tutela individual e coletiva". Fala-se em principal porque, ao lado do referido dispositivo, a norma ainda faz outras referências a aspectos processuais – coletivos e individuais – que objetivam facilitar a tutela judicial dos direitos estabelecidos na LGPD (a exemplo do disposto no art. 42, *caput* e § 3º).[2]

---

[1] "Art. 1º Esta Lei dispõe sobre o tratamento de dados pessoais, inclusive nos meios digitais, por pessoa natural ou por pessoa jurídica de direito público ou privado, com o objetivo de proteger os direitos fundamentais de liberdade e de privacidade e o livre desenvolvimento da personalidade da pessoa natural."

[2] "Art. 42. O controlador ou o operador que, em razão do exercício de atividade de tratamento de dados pessoais, causar a outrem dano patrimonial, moral, individual ou coletivo, em violação à legislação de

Considerando-se a importância dos dados no funcionamento da sociedade e o fato de que a instituição de direitos desacompanhada de instrumentos processuais para sua respectiva proteção impossibilita a eficácia e observância da lei, o presente artigo aborda aspectos processuais da proteção – tanto individual como coletiva – de dados pessoais a partir da análise do art. 22. A complexidade do tema ultrapassa a interpretação dos limites da LGPD, pois o próprio dispositivo estabelece conexão com disposições previstas em diplomas normativos distintos (como com a disciplina da proteção de direitos transindividuais prevista no Código de Defesa do Consumidor – CDC).

Inicialmente, abordam-se institutos processuais – como inversão do ônus da prova (*ope judicis* e *ope legis*) e vedação da denunciação da lide – que se aplicam tanto ao processo individual como ao coletivo. Destaca-se o caráter preventivo da condenação por dano moral coletivo. Pontua-se a necessidade de diálogo com o Código de Defesa do Consumidor, seja pela inspiração direta de vários dispositivos da LGPD neste diploma, seja pela remessa à norma de proteção ao consumidor (art. 45), na hipótese em que o tratamento inadequado de dados ocorrer no "âmbito das relações de consumo".[3]

Na sequência, sempre com foco na proteção de dados pessoais, analisa-se a estrutura normativa do processo coletivo no Brasil. Destaca-se não apenas a possibilidade, mas a necessidade e importância de, numa mesma ação, formular pedidos de natureza difusa, coletiva e indenizatória (tutela de direito individual homogêneo) para proteção eficaz e adequada do titular dos dados.

Apresentam-se casos que ilustram a força e possibilidades da ação coletiva na tutela de direitos metaindividuais, com destaque para primeira ação civil pública proposta pelo Ministério Público na defesa dos titulares de dados (MPDFT X Facebook e Luluvise) e novos casos apresentados já com a vigência da LGPD (MPDFT X Serasa).

Conclui-se que não há um vácuo normativo para a proteção de dados pessoais em processo coletivo. O amparo legal em diferentes dispositivos, com fundamento no diálogo das fontes, é o suficiente para manter a integridade, a organicidade e a coerência do sistema normativo. A atuação coletiva apresenta dupla garantia: a de efetiva reparação e a de prevenção de danos. Mais do que uma possibilidade, há uma necessidade de utilizar o sistema processual coletivo para a tutela de direitos previstos na LGPD.

1. A TUTELA JUDICIAL DOS DADOS PESSOAIS: PREVENÇÃO E REPARAÇÃO

A Lei Geral de Proteção de Dados Pessoais estabelece uma série de direitos em favor do titular de dados que, se violados, podem ser reparados ou restabelecidos por meio de ação individual ou coletiva (art. 22 da LGPD). Essa noção decorre do princípio da inafastabilidade da jurisdição, ou seja, de que nenhuma lesão ou ameaça a direito deve ser excluída da apreciação do Poder Judiciário (art. 5º, XXXV, da Constituição Federal).[4]

---

proteção de dados pessoais, é obrigado a repará-lo. (...) § 3º As ações de reparação por danos coletivos que tenham por objeto a responsabilização nos termos do *caput* deste artigo podem ser exercidas coletivamente em juízo, observado o disposto na legislação pertinente."

[3]   O art. 45 da LGPD possui a seguinte redação: "As hipóteses de violação do direito do titular no âmbito das relações de consumo permanecem sujeitas às regras de responsabilidade previstas na legislação pertinente".

[4]   "A lei não excluirá da apreciação do Poder Judiciário lesão ou ameaça a direito."

Como objeto de tutela da LGPD, cabe observar que a proteção de dados pessoais é direito fundamental e integra os direitos da personalidade.[5] Significa dizer que o direito é extrapatrimonial, ou seja, não é possível estabelecer o preço da privacidade ou do direito à proteção de dados pessoais. A "reparação" pela violação do direito é sempre insatisfatória, pois não há um *status quo* possível de ser alcançado financeiramente. Daí sustentar-se que o dano moral, decorrente de violação de direito da personalidade, aproxima-se da ideia de compensação, pois, tecnicamente, não há indenização ou reparação que reintegre um dano a um direito extrapatrimonial. Há apenas a possibilidade de compensá-lo.[6]

Essa diferença é importante, pois, tanto sob a ótica individual como coletiva, a impossibilidade de restaurar um direito imaterial destaca o foco de sua tutela em uma proteção preventiva e, consequentemente, em medidas judiciais que evitem lesão a direito fundamental. O próprio Código Civil, em Capítulo sobre os direitos da personalidade, dispõe sobre a possibilidade de se exigir que cesse não apenas a lesão, mas também a ameaça de lesão a direito da personalidade (art. 12 do Código Civil). Na mesma linha, é nítido o inerente caráter preventivo à própria concepção do dano moral coletivo (v. item 6.3 – Dano moral coletivo).

Evidencia-se, com essa exposição, que não há necessidade de uma efetiva lesão a direito para que o autor – individual ou coletivo – provoque a atuação jurisdicional do Estado. A ameaça a lesão a direito do titular já enseja medidas protetivas, com ampla utilização de todas as providências cautelares previstas no Código de Processo Civil.[7]

Em síntese, a tutela judicial do titular dos dados pessoais abarca todas as medidas preventivas que objetivam evitar a lesão a direito extrapatrimonial, ao lado das providências processuais que buscam reparar (danos materiais) e compensar (danos morais) os direitos violados.

Ao lado da instrumentalização do processo de forma individual ou coletiva, preventiva ou após efetiva lesão, a LGPD também apresenta outras referências a instrumentos e aspectos processuais para garantir a efetividade de direitos, quais sejam: inversão do ônus da prova (ope judicis e ope legis) e dano moral coletivo. Acrescente-se que o art. 45 da LGPD remete ao Código de Defesa do Consumidor a resposta jurídica em face de violação ou ameaça a direito do consumidor no tratamento inadequado dos seus dados, o que atrai outros aspectos processuais da defesa do consumidor em juízo, como a vedação da denunciação da lide (art. 88 do CDC), e a regra especial de competência pelo domicílio do autor (art. 101, I, do CDC).

2. INVERSÃO OPE JUDICIS DO ÔNUS DA PROVA

Ao lado de instrumentos e ações específicas para a tutela coletiva (v. Item 6 e seguintes), o titular de dados pode se valer de mecanismos de tutela individual previstos na legislação

---

[5] A própria norma, em vários dispositivos, ressalta que se trata de direito fundamental. O art. 1º é elucidativo: "Esta Lei dispõe sobre o tratamento de dados pessoais, inclusive nos meios digitais, por pessoa natural ou por pessoa jurídica de direito público ou privado, **com o objetivo de proteger os direitos fundamentais de liberdade e de privacidade e o livre desenvolvimento da personalidade da pessoa natural.**" – grifou-se.

[6] Ver, por todos, SANTANA, Hector Valverd. *Dano moral no direito do consumidor*. 3. ed. São Paulo: Revista dos Tribunais, 2019, p. 167-169.

[7] O Código de Processo Civil dedica o Livro V da Parte Geral à tutela provisória (arts. 294 a 311). A expressão "tutela provisória" expressa, na atual sistemática, um conjunto de tutelas que podem estar fundadas da urgência ou na evidência. Nesse sentido, prevê o art. 300 que "a tutela de urgência será concedida quando houver elementos que evidenciem a probabilidade do direito e o perigo de dano ou o risco ao resultado útil do processo" ao passo que o art. 311 determina que "a tutela da evidência será concedida, independentemente da demonstração de perigo de dano ou de risco ao resultado útil do processo [...]".

676 | TRATADO DE PROTEÇÃO DE DADOS PESSOAIS

processual, com algumas vantagens indicadas na LGPD. Como instrumento de tutela individual, o instituto da inversão do ônus da prova está previsto no § 2º do art. 42 da LGPD: "o juiz, no processo civil, poderá inverter o ônus da prova a favor do titular dos dados quando, a seu juízo, for verossímil a alegação, houver hipossuficiência para fins de produção de prova ou quando a produção de prova pelo titular resultar-lhe excessivamente onerosa".

Na verdade – é importante destacar –, embora a inversão do ônus da prova tenha sido idealizada para o contexto de um processo individual, é também aplicável ao processo civil coletivo. Em outras palavras, pode haver inversão do ônus da prova também no âmbito de uma ação civil pública.[8]

A influência do Código de Defesa do Consumidor na redação do art. 42, § 2º, (LGPD) é evidente. O dispositivo basicamente replica o enunciado previsto no art. 6º, VIII, do CDC, o qual garante a facilitação da defesa dos direitos do consumidor, em termos processuais, "inclusive com a inversão do ônus da prova, a seu favor, no processo civil, quando, a critério do juiz, for verossímil a alegação ou quando for ele hipossuficiente, segundo as regras ordinárias de experiência".

A inversão do ônus da prova, em ambos casos, ocorre no âmbito do processo civil, sempre em favor do titular de dados[9]/consumidor. Trata-se de inversão na modalidade ope judicis – i.e., realizada pelo juiz a partir da análise do caso concreto. Nesse sentido, a inversão prevista no art. 42, § 2º, da LGPD (assim como a elencada no art. 6º, VIII, do CDC) não é automática. Decorre do exame objetivo do juiz quanto à presença de pressupostos: verossimilhança das alegações ou quando constatada a hipossuficiência do titular do direito violado.[10]

Verossímil é o que tem aparência de verdadeiro. Hipossuficiência, por sua vez, é a dificuldade de o consumidor (ou titular dos dados) realizar prova sobre determinado aspecto da causa de pedir e, consequentemente, sustentar sua pretensão em juízo. É importante notar que o termo não se confunde com falta de condições econômicas para arcar com os custos do processo (tema objeto da Lei 1.060/1950, que ampara o pedido de gratuidade de justiça).

Cabe ressaltar que o art. 42, § 2º, da LGPD, elenca uma terceira possibilidade alternativa de inversão do ônus da prova (não prevista no CDC): "quando a produção de prova pelo titular resultar-lhe excessivamente onerosa". O dispositivo acrescenta situação em que a produção da prova – uma perícia, por exemplo – seja financeiramente onerosa para o titular.

---

[8] Em 2014, o STJ fixou a seguinte tese: "É possível a inversão do ônus da prova da ação civil pública em matéria ambiental a partir da interpretação do art. 6º, VIII, da Lei 8.078/1990 c/c o art. 21 da Lei n. 7.347/1985". Em direito do consumidor, registre-se, ilustrativamente: "1. Não há óbice a que seja invertido o ônus da prova em ação coletiva – providência que, em realidade, beneficia a coletividade consumidora –, ainda que se cuide de ação civil pública ajuizada pelo Ministério Público. 2. Deveras, 'a defesa dos interesses e direitos dos consumidores e das vítimas' – a qual deverá sempre ser facilitada, por exemplo, com a inversão do ônus da prova – 'poderá ser exercida em juízo individualmente, ou a título coletivo' (art. 81 do CDC)" (REsp 951.785/RS, Rel. Min. Luis Felipe Salomão j. 15.02.2011).

[9] De acordo com o art. 5º, V, da LGPD, titular é a pessoa natural a quem se referem os dados pessoais que são objeto de tratamento.

[10] Para Teresa Arruda Alvim, o legislador equivocou-se ao não colocar a partícula "e" no lugar da partícula "ou". Os dois pressupostos seriam exigidos para que haja a inversão. A alternatividade ou cumulatividade dos requisitos para inversão do ônus da prova é objeto de divergência doutrinária que foge do objetivo do presente artigo. Para aprofundar o tema, ver ALVIM, Teresa Arruda. Noções gerais sobre processo no Código de Defesa do consumidor. Revista de Direito do Consumidor, São Paulo, n. 10, p. 256, 1994. e BESSA, Leonardo Roscoe; LEITE, Ricardo Rocha. A inversão do ônus da prova e a Teoria da Distribuição Dinâmica: semelhanças e incompatibilidades. *Rev. Bras. Polít.* Públicas (Online), Brasília, v. 6, n. 3, 2016, p. 140-155.

Trata-se de um reforço à proteção legal do titular de dados. A hipossuficiência, em tese, já seria termo suficiente para abranger a dificuldade fática e financeira de fazer prova. A lei buscou afastar dúvidas sobre a possível (mas financeiramente inviável) hipótese de fazer prova de modo a ampliar a garantia normativa que ampara a efetivação da reparação ou compensação de danos sofridos.

Quanto ao momento da inversão – tema que já gerou longos debates no Direito do Consumidor – defende-se que deve ocorrer na fase de saneamento e organização do processo, ou seja, antes da sentença, afastando-se a ideia da inversão como regra de julgamento. Tal posicionamento, que foi sedimentado pela jurisprudência[11] e pelo novo CPC,[12] evita surpresas e prestigia a ampla defesa e o contraditório.

3. INVERSÃO *OPE LEGIS* DO ÔNUS DA PROVA

A LGPD não se limita a prever a inversão do ônus da prova apenas em sua modalidade *ope judicis*. O art. 8º, § 2º, e o art. 43, *caput* e incisos, tratam de hipóteses de inversão ope legis – ou seja, que se opera por determinação legal. Não se exige que o juiz avalie a hipossuficiência ou verossimilhança para proceder à inversão. Nesses casos, a inversão/distribuição está previamente definida pela lei: sua incidência é automática.

O art. 8º, após descrever que o consentimento para tratamento de dados pessoais deve ser fornecido por escrito ou por outro meio que demonstre a manifestação de vontade do titular, prevê em seu § 2º que "cabe ao controlador o ônus da prova de que o consentimento foi obtido em conformidade com o disposto nesta Lei".

Assim, se o titular dos dados ou o autor coletivo questionar em juízo a regularidade do tratamento dos dados (art. 44 da LGPD[13]) que foi realizado com respaldo no art. 7º, I, da LGPD, ocorrerá o que a doutrina denomina inversão do ônus da prova ope legis em desfavor do controlador, a quem caberá provar no processo que o consentimento foi obtido em conformidade com os pressupostos da LGPD.

Destaque-se que a inversão referida pode se dar em âmbito de ação civil pública. Aliás, tomando como exemplo a necessidade de prova de consentimento informado (art. 8º, § 2º) pelo agente de tratamento, levando-se em conta que o tratamento de dados pessoais realizados por empresas e órgãos públicos envolve, como regra, milhares ou milhões de pessoas, será bastante comum o pedido de inversão em demanda coletiva quando questionada a presença da hipótese legitimadora contida no art. 7º, I, da LGPD.[14]

---

[11] "(...) A inversão do ônus da prova não é regra estática de julgamento, mas regra dinâmica de procedimento/ instrução (EREsp 422.778/SP, Rel. Ministro João Otávio de Noronha, Rel. p/ acórdão Ministra Maria Isabel Gallotti, Segunda Seção, DJe 21.6.2012)" (STJ, REsp 1.667.776/SP, Rel. Min. Herman Benjamin, DJe 01.08.2017). Assim, estando o acórdão recorrido em consonância com a jurisprudência sedimentada nesta Corte, merece ser mantida a decisão ora agravada, em face do disposto no enunciado da Súmula 568 do STJ (AgInt no AREsp 1.292.086/RJ, Rel. Min. Assusete Magalhães, Segunda Turma, j. 06.09.2018, DJe 13.09.2018).

[12] BESSA, Leonardo Roscoe; LEITE, Ricardo Rocha. A inversão do ônus da prova e a Teoria da Distribuição Dinâmica: semelhanças e incompatibilidades. *Revista Brasília Políticas Públicas* (Online), Brasília, v. 6, n. 3, 2016, p. 140-155.

[13] Nos termos do art. 44 da LGPD, o tratamento de dados pessoais será irregular quando deixar de observar a legislação ou quando não fornecer a segurança que o titular dele pode esperar.

[14] O art. 7º da LGPD estabelece dez hipóteses que legitimam o tratamento de dados. O inciso primeiro refere-se justamente sobre o consentimento informado do titular de dados: "Art. 7º O tratamento de

678 | TRATADO DE PROTEÇÃO DE DADOS PESSOAIS

O art. 43 da LGPD trata das hipóteses excludentes de responsabilidade civil do controlador ou do operador por danos decorrentes da atividade de tratamento de dados pessoais. O dispositivo, claramente inspirado no Código de Defesa do Consumidor, prevê três situações que afastam o dever de indenizar. A redação do caput do dispositivo evidencia a distribuição legal do ônus da prova, pois afirma que os agentes de tratamento serão, em princípio, responsabilizados, afastando-se o dever de reparar quando provarem: "I – que não realizaram o tratamento de dados pessoais que lhes é atribuído; II – que, embora tenham realizado o tratamento de dados pessoais que lhes é atribuído, não houve violação à legislação de proteção de dados; ou III – que o dano é decorrente de culpa exclusiva do titular dos dados ou de terceiro".

O dispositivo replicou as hipóteses de excludentes de responsabilidade pelo fato do produto e do serviço previstas no § 3º do art. 12 e no § 3º do art. 14 do CDC, os quais, ao utilizarem a redação "só não será responsabilizado quando provar", atribuem encargo probatório ao fornecedor para comprovar a hipótese de excludente de sua responsabilidade. É consolidado o entendimento de que se trata de inversão ope legis do ônus da prova.[15]

A redação dos mencionados dispositivos do CDC é semelhante ao disposto no art. 43 da LGPD. A obrigação de reparar ou compensar danos decorrentes do exercício de atividade de tratamento de dados pessoais é atribuída ao controlador ou operador (art. 42 da LGPD). Em conclusão sobre o presente tópico, cabe considerar que a LGPD ampara duas hipóteses de inversão *ope legis* do ônus da prova (art. 8º, § 2º, e art. 43) que podem ser utilizadas no trâmite do processo individual como no do coletivo com vistas a tutela o direito à proteção de dados pessoais.

4. APLICAÇÃO DO CÓDIGO DE DEFESA DO CONSUMIDOR

A LGPD, em vários dos seus dipositivos, inspira-se claramente no Código de Defesa do Consumidor. Além disso, seu art. 45 remete expressamente a sujeição da análise da responsabilidade também à legislação de consumo, quando a violação ao direito do titular de dados ocorrer no âmbito de uma relação de consumo.[16]

---

dados pessoais somente poderá ser realizado nas seguintes hipóteses: I – mediante o fornecimento de consentimento pelo titular".

[15] Ilustrativamente, registre-se o REsp 1.262.132/SP, Rel. Min. Luis Felipe Salomão, j. 18.11.2014. No mesmo sentido: "(...) 2. A responsabilidade objetiva do fornecedor surge da violação de seu dever de não inserção de produto defeituoso no mercado de consumo, haja vista que, existindo alguma falha quanto à segurança ou à adequação do produto em relação aos fins a que se destina, haverá responsabilização pelos danos que o produto vier a causar. 3. Na hipótese, o Tribunal a quo, com relação ao ônus da prova, inferiu que caberia à autora provar que o defeito do produto existiu, isto é, que seria dever da consumidora demonstrar a falha no referido sistema de segurança. 4. Ocorre que diferentemente do comando contido no art. 6º, inciso VIII do CDC, que prevê a inversão do ônus da prova 'a critério do juiz', quando for verossímil a alegação ou hipossuficiente a parte, o § 3º do art. 12 do mesmo Código estabelece – de forma objetiva e independentemente da manifestação do magistrado – a distribuição da carga probatória em desfavor do fornecedor, que 'só não será responsabilizado se provar: I – que não colocou o produto no mercado; II – que, embora haja colocado o produto no mercado, o defeito inexiste; III – a culpa exclusiva do consumidor ou de terceiro'. É a diferenciação já clássica na doutrina e na jurisprudência entre a inversão ope judicis (art. 6º, inciso VIII, do CDC) e inversão ope legis (arts.12, § 3º, e art. 14, § 3º, do CDC). Precedentes" (REsp 1.306.167/RS, Rel. Min. Luis Felipe Salomão, j. 03.12.2013, DJe 05.03.2014).

[16] O art. 45 da LGPD possui a seguinte redação: "As hipóteses de violação do direito do titular no âmbito das relações de consumo permanecem sujeitas às regras de responsabilidade previstas na legislação pertinente".

PARTE III · Cap. 34 · DIREITOS BÁSICOS DE PROTEÇÃO DE DADOS PESSOAIS | **679**

A LGPD se aplica tanto ao tratamento de dados realizado pelo poder público como por entidades privadas (art. 1º), entre as quais se incluem aquelas realizadas no mercado de consumo. Sempre que houver tratamento irregular de dados de consumidores, a responsabilidade civil do fornecedor deve se dar nos moldes estipulados pelo Código de Defesa do Consumidor.

Nessas situações, as regras de proteção ao consumidor – materiais e processuais – se estenderão ao consumidor titular dos dados pessoais. Consequentemente, ao lado da inversão do ônus da prova, o titular dos dados pessoais (consumidor) também conta com mais dois instrumentos processuais: a vedação à denunciação à lide (art. 88 do CDC)[17] e a possibilidade de proposição da ação no domicílio do autor (art. 101. I, do CDC).[18]

A vedação da denunciação da lide nas ações judiciais, conforme previsto no art. 88 do CDC, tem por finalidade evitar a acumulação de diversas pretensões num único processo e o consequente retardamento da prestação jurisdicional. Prestigia-se a solução mais célere, considerando-se a vulnerabilidade do consumidor.[19]

Cabe destacar que, apesar da redação restritiva do art. 88 – que indica sua aplicação apenas a fato do produto (arts. 12 e 13) – o Superior Tribunal de Justiça consolidou o entendimento de que a vedação é aplicável também a fato do serviço (art. 14).[20]

Por fim, como terceira garantia de facilitação da defesa individual do consumidor, o CDC assegura que as demandas indenizatórias oriundas das relações de consumo podem ser ajuizadas no foro do domicílio do consumidor. O art. 101, I, do CDC estabelece "na ação de responsabilidade civil" a possibilidade de a ação "ser proposta no domicílio do autor". O tema já foi objeto de ampla discussão nos tribunais, particularmente quando em confronto com o enunciado da Súmula 33 do STJ: "a incompetência relativa não pode ser declarada de ofício".

A possibilidade ou não de declínio da competência, de ofício, em processos envolvendo relações de consumo depende diretamente da posição processual ocupada pelo consumidor no processo. Quando o consumidor propõe a demanda, a competência do seu domicílio é relativa, nos moldes do art. 101, I, do CDC, ou seja, pode o consumidor optar por exercer seu direito de ação em seu próprio domicílio ou pode seguir as regras gerais sobre a matéria insertas no Código de Processo Civil. Por outro lado, quando o consumidor, parte vulnerável da relação jurídica, figura no polo passivo, a competência de seu domicílio é absoluta. Apenas nessa última cabe a declinação de ofício pelo juiz.[21]

---

[17] "Art. 88. Na hipótese do art. 13, parágrafo único deste código, a ação de regresso poderá ser ajuizada em processo autônomo, facultada a possibilidade de prosseguir-se nos mesmos autos, vedada a denunciação da lide."

[18] "Art. 101. Na ação de responsabilidade civil do fornecedor de produtos e serviços, sem prejuízo do disposto nos Capítulos I e II deste título, serão observadas as seguintes normas: I – a ação pode ser proposta no domicílio do autor".

[19] A vedação de denunciação à lide objetiva apenas afastar eventual discussão entre fornecedores no âmbito da ação ajuizada pelo consumidor. Esse debate deve ocorrer em outro processo. O fornecedor que efetivar a indenização exercerá o direito de regresso contra os demais responsáveis em processo autônomo.

[20] Ilustrativamente: AgRg no AREsp 472.875/RJ, Rel. Min. João Otávio de Noronha, j. 03.12.2015, DJe 10.12.2015; REsp 1.165.279/SP, Rel. Min. Paulo de Tarso Sanseverino, j. 22.09.2015, DJe 29.09.2015.

[21] Ilustrativamente, registre-se julgado do TJDFT: "Em se tratando de relação de consumo, onde figura no polo passivo o consumidor, o Superior Tribunal de Justiça entende que a competência territorial passa a ter caráter absoluto, o que permite sua declinação de ofício. Trata-se de verdadeira exceção ao disposto na Súmula n. 33 do STJ, que tem como fundamento o princípio, no sentido próprio do termo, que dá sentido ao microssistema de defesa do consumidor. Reconhecendo o mérito da interpretação do Superior Tribunal de Justiça, a qual protege o consumidor, que o que faz permitir a declaração de incompetência nesses casos não é o critério da territorialidade, mas sim o da vulnerabilidade do consumidor. O sistema

680 | TRATADO DE PROTEÇÃO DE DADOS PESSOAIS

Em conclusão, a competência territorial das ações individuais[22] ajuizadas pelo consumidor, por ser relativa, não pode ser declinada de ofício pelo Juiz, a teor do enunciado da Súmula 33 do STJ. O consumidor possui o direito de escolher o foro de sua conveniência. Entender de forma diversa dificulta o seu acesso à justiça, em desatendimento ao direito básico previsto no art. 6º, VII, do CDC.[23] Nota-se que a redação do art. 45 da LGPD deixa claro que essas garantias processuais não serão afastadas na hipótese em que o consumidor for o titular dos dados objeto de tratamento indevido pelo fornecedor/agente de tratamento.

5. A AÇÃO COLETIVA (AÇÃO CIVIL PÚBLICA) E A TUTELA DOS DIREITOS METAINDIVIDUAIS

O art. 22 da LGPD estabelece que os instrumentos coletivos são cabíveis para proteção dos direitos dos titulares de dados. Independentemente da existência do dispositivo, seria possível, em face da atual configuração normativa do processo civil coletivo – representado principalmente pelas Leis 7.347/1985 e 8.078/1990 – realizar a tutela judicial coletiva dos titulares de dados.

No Brasil, a preocupação normativa com a tutela dos direitos coletivos ocorre principalmente a partir da década de 1980, quando se constata especial atenção do legislador – constituinte e ordinário – na instituição e disciplina de instrumentos processuais para tutela dos direitos metaindividuais (processo civil coletivo).

A par de importantes referências constitucionais (art. 5º, LXX, e art. 129, III e § 1º), a preocupação com a proteção judicial dos direitos coletivos (em sentido amplo)[24] refletiu-se

---

não se vê privado de coerência pela assunção dessa possibilidade, já que deve ser mantida, por óbvio, a regra de que a incompetência relativa não pode ser declarada de ofício. Entretanto, nesses casos, apesar da relatividade da competência, pode-se suscitar a incompetência do juízo em atenção ao princípio da facilitação do acesso à justiça. Não se operam, nesses casos, as consequências decorrentes da assunção da premissa de que a competência seria absoluta. [...] Entender de outra forma seria subverter a premissa de que a competência territorial é sempre relativa, transformando-a em absoluta para os casos em que o consumidor esteja no polo passivo da demanda, atraindo a incidência das consequências do art. 64, § 4º. do CPC. 3. O art. 6º, VIII do CDC, como norma cogente, garante ao consumidor a facilitação do exercício de defesa, cabendo ao Juiz atuar de ofício para obstar o desrespeito a essa norma de ordem pública, que visa igualar o consumidor, parte hipossuficiente, perante o fornecedor, figura mais forte na relação jurídica" (Acórdão 1150527, Rel. Des. Roberto Freitas, 1ª Câmara Cível, j. 11.02.2019, DJe 18.02.2019).

22 Em relação a ações coletivas, há regras específicas no CDC que consideram a extensão do dano (art. 93). Sobre o tema, v. BESSA, Leonardo Roscoe. *In*: BENJAMIN, Antônio Herman; MARQUES, Claudia Lima; BESSA, Leonardo Roscoe. Manual de *direito do consumidor*. 9. ed. São Paulo: Revista dos Tribunais, 2020, p. 586-589.

23 "Art. 6º São direitos básicos do consumidor: (...) VII – o acesso aos órgãos judiciários e administrativos com vistas à prevenção ou reparação de danos patrimoniais e morais, individuais, coletivos ou difusos, assegurada a proteção Jurídica, administrativa e técnica aos necessitados."

24 Há vários fatores que influenciaram e, ao mesmo tempo, justificam o surgimento e o incremento de instrumentos processuais que destacam a importância e a necessidade de tratamento coletivo aos litígios. A partir da percepção de que inúmeros conflitos se repetem, um dos fatores que justificam a disciplina de causas coletivas é justamente a questão da economia processual. A multiplicação de demandas enseja, consequentemente, um serviço público de prestação jurisdicional mais lento e ineficiente. Estudos demonstram que os litigantes habituais sobrecarregam o Poder Judiciário com ações semelhantes, mesmo após definição do tema pelos tribunais superiores. Esse quadro indica a ação coletiva como um dos instrumentos para decidir, de modo concentrado, milhares ou milhões de conflitos de interesses. Outro fator é a percepção de que as ações coletivas são importante instrumento para a efetividade do direito material. A afirmativa vale para qualquer situação subjetiva, mas principalmente para pequenas

PARTE III · Cap. 34 · DIREITOS BÁSICOS DE PROTEÇÃO DE DADOS PESSOAIS | 681

na edição de diversos diplomas legais, entre os quais: Lei 4.717/1965 (Lei da Ação Popular), Lei 7.347/1985 (Lei da Ação Civil Pública)[25] e a Lei 8.078/1990 (Código de Defesa do Consumidor).[26]

Em 1985, foi promulgada a Lei 7.347/1985, que veio a se tornar conhecida como a Lei da Ação Civil Pública. Cuida-se de importante marco legal na evolução do direito processual coletivo, na medida em que disciplinou, ainda que de modo incipiente, importantes aspectos processuais para defesa dos direitos difusos e coletivos, tais como: objeto da ação (art. 1º), competência (art. 2º), pedido (art. 3º), legitimidade (art. 5º), inquérito civil (art. 9º), Fundo de Direitos Difusos (art. 13), efeitos da sentença (art. 16), custas (art. 18).

O art. 1º da Lei da Ação Civil Pública, em sua redação original, limitava os temas que poderiam ser objeto da ação: meio ambiente, consumidor, bens de valor artístico, estético, histórico, turístico. Posteriormente, por meio da adoção de cláusula aberta, ampliou-se essa proteção para alcançar "qualquer outro interesse difuso e coletivo" (inciso IV, acrescentado com a edição da Lei 8.078/1990).[27]

A Lei 8.078/1990 (Código de Defesa do Consumidor), editada cinco anos mais tarde, aprimorou todo processo coletivo brasileiro (arts. 81 a 104),[28] além de apresentar uma novidade inspirada nas class actions for damages do direito norte-americano: possibilitou e disciplinou a tutela judicial, em ação coletiva, dos danos individualmente sofridos decorrentes de origem comum. Denominou tal possibilidade como tutela dos direitos individuais homogêneos (art. 81, parágrafo único, III, c/c arts. 91-100).

Há, assim, amplo campo de incidência que pode ensejar a proposição de ação coletiva. Atualmente, a demanda pode ter por objeto qualquer matéria – desde que possua dimensão coletiva. A Constituição Federal (art. 129, III, IX, e § 1º) e o CDC (arts. 110 e 117) foram expressos nesse sentido. A restrição, havida originariamente, pela qual somente os interesses relativos a meio ambiente, consumidor e patrimônio cultural poderiam ser tutelados por meio da ação civil pública, não mais existe. O Código de Defesa do Consumidor (art. 110)

---

lesões. O direito do consumidor oferece inúmeros exemplos. Nem sempre a pessoa lesada individualmente anima-se a buscar no Poder Judiciário a restauração do seu direito. As ações coletivas mudam tal quadro e afetam eventual tendência de análise de custo/benefício na decisão de realizar práticas que ofendem o ordenamento jurídico.

[25] A Lei da Ação Civil Pública (Lei 7.347/1985) foi, historicamente, o principal marco na evolução do direito processual coletivo brasileiro, ao conferir organização mínima à tutela judicial de tais direitos e por conter amplo espectro de incidência, permitindo a judicialização de questões vinculadas ao meio ambiente, consumidor e bens de valor artístico, estético, histórico e paisagístico – patrimônio cultural.

[26] Citem-se, entre outras, a Lei 7.853/1989 (ação civil pública em defesa das pessoas portadoras de deficiências físicas), a Lei 7.913/1989 (ação civil pública de responsabilidade por danos causados aos investidores no mercado de valores mobiliários) e a Lei 8.069/1990 (Estatuto da Criança e do Adolescente).

[27] Na verdade, o art. 1º sofreu constantes alterações tanto para ampliar o alcance como para conferir redação mais técnica. Também foi alterado para excluir matérias. O parágrafo único foi acrescentado em 2001 para vedar discussão em ação civil pública relativa a "pretensões que envolvam tributos, contribuições previdenciárias, FGTS outros fundos de natureza institucional cujos beneficiários podem ser individualmente determinados".

[28] Antônio Gidi há muito já sustentava a necessidade de elaboração de Código de Processo Civil Coletivo: "Quando a ciência do direito processual civil coletivo estiver amadurecida, poderemos pensar na confecção de um Código de Processo Civil Coletivo. Enquanto isso não é possível, o Título III do CDC combinado com a LACP fará as vezes do Código Coletivo, como ordenamento processual geral" (*Coisa julgada e litispendência em ações coletivas*. São Paulo: Saraiva, 1995, p. 77).

682 | TRATADO DE PROTEÇÃO DE DADOS PESSOAIS

acrescentou o inciso IV ao art. 1º da Lei 7.347/1985, ensejando a defesa de qualquer interesse difuso ou coletivo.[29]

O referido dispositivo, portanto, já seria suficiente, independentemente do disposto no art. 22 da LGPD, para fundamentar a tutela coletiva de temas relacionados à proteção de dados pessoais – exigindo-se, para tanto, verificar que determinada postura do controlador ou operador (empresa, órgão público etc.) configurou ofensa padrão normativo de tratamento adequando de dados.

De qualquer modo, a LGPD optou por ser expressa quanto à possibilidade de empregar instrumentos coletivos para tutela judicial dos titulares de dados. Seu art. 22 afasta qualquer dúvida e dispõe, de forma didática e expressa, a possibilidade de utilizar "instrumentos de tutela coletiva" para conferir eficácia à Lei.

Cabe notar que o dispositivo remete – aqui de forma tácita – às normas de processo coletivo a tutela dos direitos metaindividuais dos titulares de dados. Dada a relevância do tema, o aprofundamento desse instrumento processual pode ser tratado de forma didática, partindo-se da discussão em torno da terminologia utilizada para fazer referência à ação civil pública; seguida da análise da concepção da ação civil pública como expressão sinônima de ação coletiva; da apresentação dos conceitos de direitos difusos, coletivos e individuais; e, por fim, do dano moral coletivo.

5.1 Ação coletiva ou ação civil pública?

As duas principais normas que estruturam o processo civil coletivo são a Lei 7.347/1985 (Lei da Ação Civil Pública) e a Lei 8.078/1990 (Código de Defesa do Consumidor). São diplomas legais que se complementam.[30] Não há que se falar em duas espécies de ações coletivas, dois procedimentos ou qualquer outra diferença substancial. Uma norma complementa, supre lacunas e corrige a outra. As disposições normativas de processo coletivo de ambos os diplomas – as quais devem ser interpretadas harmonicamente – se aplicam a toda e qualquer tutela judicial de direitos metaindividuais.

É infrutífero buscar distinguir ação civil pública de ação coletiva. O Código de Defesa do Consumidor (Lei 8.078/1990) denomina como ação coletiva o instrumento processual para a proteção dos direitos difusos, coletivos e individuais homogêneos (arts. 81 a 104). A Lei 7.347/1985 e a Constituição Federal (art. 129, III) utilizam a expressão ação civil pública. São terminologias que apontam para um mesmo procedimento.

A par da divergência doutrinária, o Superior Tribunal de Justiça, em mais de uma oportunidade, buscou distinguir ação coletiva de ação civil pública com o objetivo de ampliar ou restringir a eficácia territorial da decisão.[31] Todavia, a análise da evolução das normas que

---

[29] Significa dizer que os mais variados assuntos podem ser veiculados em ação coletiva, tais como meio ambiente, consumidor, ordem urbanística, moralidade administrativa, direitos dos aposentados, dos idosos, das crianças e dos adolescentes, dos portadores de deficiência física etc.

[30] A integração normativa se deu a partir do disposto no art. 117 do CDC, o qual acrescentou o art. 21 à Lei 7.347/1985 (Lei da Ação Civil Pública): "Aplicam-se à defesa dos direitos e interesses difusos, coletivos e individuais, no que for cabível, os dispositivos do Título III da lei que instituiu o Código de Defesa do Consumidor".

[31] Ilustrativamente, registre-se o REsp 411.529, no qual o STJ concluiu, por maioria, que a limitação territorial contida no art. 16 da Lei 7.347/1985 não se aplica à categoria dos direitos individuais homogêneos: "A Lei da Ação Civil Pública, originariamente, foi criada para regular a defesa em juízo de direitos difusos e coletivos. A figura dos direitos individuais homogêneos surgiu a partir do Código de Defesa do Consumidor, como uma terceira categoria equiparada aos primeiros, porém ontologicamente

PARTE III · Cap. 34 · DIREITOS BÁSICOS DE PROTEÇÃO DE DADOS PESSOAIS | 683

tratam do processo coletivo indica claramente que as expressões são sinônimas, ou seja, possuem exatamente o mesmo significado.

Em sua origem, conforme previsão na Lei Complementar 40/1981, a expressão ação civil pública destinava-se a se distinguir da ação penal proposta pelo Ministério Público. Qualquer ação ajuizada pelo Ministério Público na área civil era considerada uma ação civil pública. Nesta fase, a denominação – ação civil pública – conferia enfoque subjetivo, considerava o autor da ação (Ministério Público) e não o seu objeto (direito coletivo ou individual) da demanda.

A Lei 7.347/1985, ao ressaltar a defesa dos direitos coletivos como uma das hipóteses de atuação cível do Ministério Público, vinculou a expressão ação civil pública à defesa judicial dos direitos coletivos. Além disso, estabeleceu amplo rol de legitimados à propositura da ação. Posteriormente, o Código de Defesa do Consumidor (Lei 8.078/1990), complementando e melhorando a disciplina da Lei 7.347/1985, denominou como ação coletiva toda ação proposta pelo Ministério Público e pelos outros legitimados na tutela dos direitos metaindividuais, evidenciando que se tratava apenas de um novo nome (ação coletiva) para a defesa judicial dos direitos coletivos na linha do disposto na Lei 7.347/1985.

Desse modo, ação civil pública e ação coletiva passam a significar – independentemente da parte autora (Ministério Público, Defensoria Pública, associação civil, sindicato etc.), demanda com o objetivo de tutelar os direitos difusos, coletivos e individuais homogêneos. A absoluta integração e caráter complementar entre a Lei 7.347/1985 (Lei da Ação Civil Pública) e a Lei 8.078/1990 (Código de Defesa do Consumidor) reforçam a sinonímia entre as expressões.[32]

Ademais, em razão do caráter abstrato e da autonomia do processo, a ideia de diferenciar as ações apenas pela nomenclatura perdeu a força.

Portanto, as expressões *ação civil pública* e *ação coletiva* possuem o mesmo sentido, ou seja, demanda que, independentemente da qualificação do autor, objetiva proteger direito metaindividual.[33] É o meio processual pelo qual se tutelam os direitos difusos, coletivos e

---

diversa. A distinção, defendida inicialmente por Liebman, entre os conceitos de eficácia e de autoridade da sentença, torna inócua a limitação territorial dos efeitos da coisa julgada estabelecida pelo art. 16 da LAP. A coisa julgada é meramente a imutabilidade dos efeitos da sentença. Mesmo limitada aquela, os efeitos da sentença produzem-se erga omnes, para além dos limites da competência territorial do órgão julgador. O procedimento regulado pela Ação Civil Pública pode ser utilizado para a defesa dos direitos do consumidor em juízo, porém somente no que não contrariar as regras do CDC, que contém, em seu art. 103, uma disciplina exaustiva para regular a produção de efeitos pela sentença que decide uma relação de consumo. Assim, não é possível a aplicação do art. 16 da LAP para essas hipóteses" (REsp 411.529/SP, Rel. Min. Nancy Andrighi, j. 24.06.2008, DJe 05.08.2008).

[32] A integração normativa se deu a partir do disposto no art. 117 do CDC, o qual acrescentou o art. 21 à Lei 7.347/1985 (Lei da Ação Civil Pública): "Aplicam-se à defesa dos direitos e interesses difusos, coletivos e individuais, no que for cabível, os dispositivos do Título III da lei que instituiu o Código de Defesa do Consumidor".

[33] Para Mafra Leal, a polêmica em torno do assunto é "inócua em termos práticos e teóricos (...). A ação civil pública era originalmente o nome da ação do Ministério Público como autor, não havendo relação com a dimensão difusa ou coletiva do direito material, dimensão esta assumida somente com a Lei 7.347/1985. Com a LACP, ocorreram duas mudanças teóricas e dogmáticas importantes: a primeira foi a desvinculação da ação civil pública como instrumento processual de titularidade exclusiva do Ministério Público, pois, como dito, associações e outros ramos políticos do Estado também foram legitimados para o seu ajuizamento. A segunda mudança foi a concepção da ação civil pública como ação coletiva" Ações coletivas: história, teoria e prática, p. 188. Na mesma linha, são as considerações de Mazzilli: "A rigor, sob o aspecto doutrinário, ação civil pública é a ação de objeto não penal proposta pelo Ministério Público. Sem melhor técnica, portanto, a Lei 7.347/85 usou a expressão ação civil pública para referir-se à ação para defesa de interesses transindividuais, proposta por diversos colegitimados ativos, entre os

TRATADO DE PROTEÇÃO DE DADOS PESSOAIS

individuais homogêneos.[34] Ação coletiva e ação civil pública, portanto, significam invocar a prestação jurisdicional para tutela das mais diversas espécies de direitos coletivos.

Quando o foco se encontra na proteção da liberdade, privacidade e livre desenvolvimento da personalidade humana (art. 1º da LGPD), cabe destacar que a atividade de tratamento de dados pessoais acaba por invariavelmente envolver milhões de consumidores ou cidadãos. As condutas dos controladores e operadores[35] e a política de proteção de dados pessoais afeta número elevado de pessoas. Com a entrada em vigor da LGPD, adiciona-se um novo e vasto campo para debate – no âmbito do processo coletivo – dos limites jurídicos para o tratamento de dados pessoais, tanto na área pública como privada. É o que se passa a analisar.

5.2 Os direitos difusos, coletivos e individuais

Superada a ausência de distinção entre os termos ação civil pública e ação coletiva, tomando-se ambas como ação que se destina a tutelar os direitos coletivos *lato sensu*, cabe explicitar e aprofundar o seu objetivo, ou seja, tratar dos conceitos normativos de direitos difusos, coletivos *stricto sensu* e individuais homogêneos, com o objetivo de indicar qual é a dimensão coletiva que o direito à proteção de dados pessoais pode assumir.

5.2.1 Direitos difusos

Em termos normativos (art. 81 da Lei 8.078/1990), os direitos difusos são metaindividuais, de natureza indivisível, comuns a toda uma categoria de pessoas não determináveis que se encontram unidas em razão de uma situação de fato. Na conceituação legal de direitos difusos, optou-se pelo critério da indeterminação dos titulares, da desnecessidade de vínculo jurídico anterior entre as partes (fornecedor e consumidor) e pela indivisibilidade do bem jurídico (aspecto objetivo).

Os direitos difusos são materialmente coletivos: não é a lei que lhes impõe – artificialmente – essa dimensão e sim o fato de serem necessariamente usufruídos por um número indeterminado de pessoas. Não se trata, também, de união de diversas pretensões individuais num único processo.[36]

---

quais até mesmo as associações privadas, além do Ministério Público e outros órgãos públicos. Mais acertadamente, quando dispôs sobre a defesa em juízo desses mesmos interesses transindividuais, o CDC preferiu a denominação ação coletiva, da qual as associações civis, o Ministério Público e outros órgãos públicos são colegitimados" (*A defesa dos interesses difusos em juízo*. São Paulo: Saraiva, 2015, p. 73-74).

[34] Aluisio Gonçalves de Castro Mendes assim define ação civil pública: "direito apto a ser legítima e autonomamente exercido por pessoas naturais, jurídicas ou formais, conforme previsão legal, de modo extraordinário, a fim de exigir a prestação jurisdicional, com o objetivo de tutelar interesses coletivos, assim entendidos os difusos, os coletivos em sentido estrito e os individuais homogêneos" (Ações coletivas: meios de resolução coletiva de conflitos no direito comparado e nacional. 4. ed. São Paulo: RT, 2014, p. 32).

[35] O art. 5º da LGPD conceitua controlador como "pessoa natural ou jurídica, de direito público ou privado, a quem competem as decisões referentes ao tratamento de dados pessoais" (inciso VI); operador como "pessoa natural ou jurídica, de direito público ou privado, que realiza o tratamento de dados pessoais em nome do controlador" (inciso VII) e define "agentes de tratamento" como expressão para fazer referência tanto para o controlador como para o operador (inciso IX).

[36] A respeito, Márcio Mafra Leal chama a atenção para aspecto importante na distinção entre os direitos difusos e coletivos. Para o autor, apenas os primeiros são materialmente coletivos. Os coletivos *stricto sensu* são, na verdade, direitos individuais, que, por razões de economia e celeridade processual e, também, para evitar decisões contraditórias, podem ser veiculados numa única ação, ganhando, a partir daí, dimensão

PARTE III · Cap. 34 · DIREITOS BÁSICOS DE PROTEÇÃO DE DADOS PESSOAIS | **685**

São inúmeros os exemplos de tutela judicial de interesses difusos na área de proteção de dados pessoais. As condutas das empresas e de órgãos públicos que se traduzem em tratamento irregular de dados pessoais geram, em regra, efeitos amplos que afetam direitos subjetivos dos titulares de dados de forma ampla e não específica. Assume natureza difusa o pedido para deixar de realizar o tratamento de dados de determinada maneira (obrigação de não fazer) ou para realizar o tratamento da maneira delineada na petição inicial (obrigação de fazer). A tutela de direitos difusos beneficia toda e qualquer pessoa que se sujeita ao tratamento de dados questionado na ação.

Quem são os beneficiários dessa tutela jurisdicional? Todos os titulares de dados, pessoas indeterminadas e que, por circunstâncias fáticas, principalmente de tempo e lugar, estão, independentemente de vínculo contratual prévio, expostas às práticas questionadas.

5.2.2 Direitos coletivos

Os direitos coletivos, por seu turno, são os transindividuais, de natureza indivisível, pertencentes a um grupo determinável de pessoas (categoria de pessoas), ligadas entre si ou com a parte contrária por uma relação jurídica base.

Não estão necessariamente vinculados ou organizados em torno de entidade associativa (um sindicato ou uma associação de consumidores, como exemplo), pois a relação jurídica base pode ocorrer em relação ao fornecedor (exemplo: contrato padrão de plano de saúde), ou seja, à "parte contrária", como deixa claro o parágrafo único, II, do art. 81 do CDC.

A diferença básica em relação aos direitos difusos diz respeito à determinabilidade das pessoas titulares, seja por meio da relação jurídica base que as une (a exemplo do estatuto de uma associação de classe), seja por meio de vínculo jurídico estabelecido com a parte contrária (a exemplo da relação contratual entre vários consumidores e uma mesma empresa telefônica).

Como exemplo de tutela judicial de direitos coletivos na área de proteção de dados, cite-se o requerimento, veiculado em ação coletiva, para impedir que uma empresa compartilhe com terceiros os dados de consumidores com os quais mantém relação contratual.

Os beneficiários da ação coletiva serão todos os consumidores que mantêm vínculo contratual com a empresa. A relação jurídica base, a que se refere o inciso II do parágrafo único do art. 81 do CDC, é justamente esse vínculo contratual estabelecido com o fornecedor.

---

processual coletiva. "A nota de transindividualidade, do ponto de vista material, é típica somente dos direitos difusos. Do ponto de vista processual, a transindividualidade se verifica pela permissão de que determinado direito individual seja veiculado por intermédio de ação coletiva, quando a coisa julgada beneficia ou prejudica indistintamente todos os representados. [...] Os direitos coletivos são [...] interesses ou direitos individuais que ganham o caráter de indivisibilidade e transindividualidade quando veiculados mediante ações coletivas, pelo artifício da extensão subjetiva da coisa julgada, quando, aí então, o resultado tem de ser uniforme para toda a classe invariavelmente" (*Ações coletivas*: história, teórica e prática. Porto Alegre: Fabris, 1998, p. 196-197). De fato, a doutrina majoritária agrupa os direitos difusos e coletivos (em sentido estrito) em uma mesma categoria (como materialmente ou essencialmente coletivos). No entanto, embora não seja objeto do presente artigo, defende-se que o mais adequado é acomodar os direitos coletivos (em sentido estrito) na mesma categoria dos direitos individuais homogêneos, tanto pela perspectiva processual quanto pela divisibilidade do objeto de tutela. Nessa linha de raciocínio, é possível realizar a divisão dos direitos metaindividuais – coletivos em sentido amplo – em duas grandes categorias: direitos materialmente coletivos (DMC) e direitos processualmente coletivos (DPC). Sobre o tema, v. NUNES, Ana Luisa Tarter; BESSA; Leonardo Roscoe. Convivência normativa entre o incidente de resolução de demandas repetitivas e as ações coletivas: primeiras impressões. *Revista de Direito do Consumidor*, v. 108, ano 25, p. 121-160.

Os efeitos da sentença irão atingir todos que estiverem na situação indicada – categoria de pessoas determinadas. Se a demanda coletiva houver sido proposta, por exemplo, por associação civil, os benefícios de eventual julgamento favorável não ficarão restritos aos associados, mas serão usufruídos por todos os consumidores (titulares de dados) – pessoas determinadas – que estão na situação da ilegalidade questionada na ação (art. 103, II, do CDC).

5.2.3 Direitos individuais homogêneos

Os direitos individuais homogêneos estão definidos legalmente como aqueles "decorrentes de origem comum" (art. 81, parágrafo único, III, do CDC). A expressão é insuficiente e pouco auxilia na atividade do intérprete e aplicador do direito.

A compreensão adequada sobre os direitos individuais homogêneos passa por exame sistemático do Código de Defesa do Consumidor, particularmente do disposto nos arts. 91 a 100, que integram o Capítulo II (Das ações coletivas para a defesa de interesses individuais homogêneos).

Destaque-se, primeiramente, que a Lei 7.347/1985 (Lei da Ação Civil Pública), em sua origem, disciplinava unicamente os direitos difusos e coletivos. A proteção dos interesses individuais homogêneos foi instituída no Brasil, conforme já consignado, pela Lei 8.078/1990, sob a inspiração da class action for damages do direito norte-americano. Em síntese, essa ação objetiva o ressarcimento dos danos pessoalmente sofridos como decorrência do mesmo fato.[37]

A leitura do art. 91 e seguintes do CDC conduz ao entendimento de que a tutela de direito individual homogêneo se refere a um único fato (origem comum) gerador de diversas pretensões indenizatórias. Há, em regra, duas fases no processo. A inicial, promovida pelo legitimado coletivo, em que se buscam o reconhecimento e a declaração do dever de indenizar, e a segunda fase, que é o momento da habilitação dos beneficiados na ação, com o fim de promover a execução da dívida reconhecida no âmbito coletivo.[38]

A sentença, proferida em ação coletiva que visa a tutela de direito individual homogêneo, deve, em regra, ser genérica, limitando-se a reconhecer a responsabilidade do réu pelos danos causados (art. 95 do CDC). Futuramente, os lesados (as vítimas) ou seus herdeiros devem, se for o caso, comparecer em juízo, a título individual, para realizar a liquidação da sentença, provando que se encontram na situação amparada pela decisão o dano sofrido e o seu montante, nos termos do art. 97 do CDC.

---

[37] Na verdade, a primeira experiência brasileira na área de proteção de direitos individuais homogêneos encontra-se na Lei 7.913/1989, na qual se instituiu tutela coletiva dos interesses dos investidores no mercado de valores mobiliários, conferindo apenas ao Ministério Público a legitimidade processual.

[38] Cabe destacar que Ana Luisa Tarter defende a possibilidade de execução direta, pelo autor coletivo, da sentença que tutela direito individual homogêneo no âmbito do processo coletivo, considerando, entre outros argumentos, que o art. 95 do CDC é norma permissiva e não imperativa. Portanto, a sentença genérica é uma possibilidade e não imposição do ordenamento jurídico. Nas palavras da autora: "é possível reconhecer, a partir da releitura hermenêutica dos arts. 95 a 98 do CDC, a possibilidade de promover o cumprimento imediato de provimento jurisdicional coletivo que tutela pretensões indenizatórias (individual homogêneo, espécie de DPC), (i) quando possível identificar os titulares dos direitos individuais que são alcançados (beneficiados) pela sentença coletiva; (ii) quando possível apurar, no processo coletivo, o quantum devido a título de indenização" (Execução do direito individual homogêneo pelo autor coletivo: a prescindibilidade da segunda fase do processo. Brasília: Gazeta Jurídica, 2018).

PARTE III · Cap. 34 · DIREITOS BÁSICOS DE PROTEÇÃO DE DADOS PESSOAIS | 687

A sentença condenatória proferida na primeira fase do processo é certa, porém ilíquida. Não sendo possível a liquidação e a execução no próprio processo coletivo,[39] os lesados, ou sucessores, devem comparecer em juízo (segunda fase do processo) para demonstrar: 1) que foram vítimas do fato gerador de dano; 2) o valor do seu dano (material e moral), ou seja, o quantum debeatur.[40]

Na área de proteção de dados pessoais, as condutas das empresas e órgãos públicos que revelam um tratamento irregular de dados podem causar danos individuais de ordem moral e material – de forma cumulativa ou não. O tratamento irregular diz respeito à violação dos direitos relativos à tutela de dados (como liberdade, privacidade e o livre desenvolvimento da personalidade humana) os quais são reconhecidos como direitos da personalidade, ou seja, como desdobramentos do princípio da dignidade humana (art. 1º, III, da CF). É o caráter extrapatrimonial desses direitos que enseja a indenização (rectius: compensação) pelos danos morais.

A reparação dos direitos do titular pode ser buscada pelo ajuizamento de ações indenizatórias individuais. Isso não obsta, no entanto, a concomitante possibilidade de ajuizar ação civil pública, tendo em consideração a dimensão coletiva que os direitos podem assumir bem como a maior eficácia dessa medida para prevenir e reparar danos.

5.2.4 Multiplicidade de pedidos

Apesar de haver alguma objeção doutrinária à compreensão e definição dos direitos difusos, coletivos e individuais homogêneos a partir da perspectiva processual – e não do direito material – fato é que no Brasil, bem ou mal, foi o direito processual que promoveu inicialmente a discussão sobre estas categorias.[41]

Do ponto de vista processual, a espécie de interesse defendido na ação (difuso, coletivo ou individual homogêneo) decorre diretamente dos contornos do pedido e da causa de pedir,

---

[39] A liquidação e a execução podem ser realizadas, em alguns casos, no âmbito do processo coletivo, como já destacado na nota anterior.

[40] A respeito, esclarece Ada Pellegrini Grinover: "Por intermédio dos processos de liquidação, ocorrerá uma verdadeira habilitação das vítimas e sucessores, capaz de transformar a condenação pelos prejuízos globalmente causados do art. 95 em indenizações pelos danos individualmente sofridos [...]. Aqui, cada liquidante, no processo de liquidação, deverá provar, em contraditório pleno e com cognição exauriente, a existência de seu dano pessoal e o nexo etiológico com o dano globalmente causado (ou seja, o an), além de quantificá-lo (ou seja, o quantum)" (GRINOVER, Ada Pellegrini et al. Código Brasileiro de Defesa do Consumidor comentado pelos autores do anteprojeto. 8. ed. Rio de Janeiro: Forense, 2004, p. 906).

[41] Em que pese tal abordagem, não se ignoram as críticas concernentes à classificação brasileira. Antônio Gidi entende que a classificação de forma tripartite em direitos difusos, coletivos e individuais homogêneos consiste em teorização artificial e abstrata que não possui operacionalidade para os processos coletivos e a tutela dos direitos de grupo. A doutrina norte-americana não aponta a existência desses conceitos. Aliás, essa classificação não é comumente utilizada pelos países do *commom law* (*Rumo a um Código de Processo Civil Coletivo*: a codificação das ações coletivas no Brasil. Rio de Janeiro: GZ, 2008, p. 201-203). Marcio Mafra, por seu turno, parece discordar, ao observar que existe uma tendência nesses países, meramente fática, de que as *class actions* voltadas para pedidos mandamentais e declaratórios sejam utilizadas para atender ao que doutrina nacional denomina de interesses difusos (*public law litigation*), ao passo que o pedido indenizatório se correlaciona ao equivalente aos direitos coletivos em sentido estrito e individuais homogêneos. Esclarece o autor que "a *public law litigation* ou *structural reform case*. Como aqui, essa espécie de *class action* não confere vantagens econômicas diretas ao grupo atingido, pois visa, sobretudo, à correção de uma política pública ou privada pouco eficaz" (LEAL, Márcio Flávio Mafra. *Ações coletivas*. São Paulo: RT, 2014, p. 112-113).

os quais apontam a modalidade específica de tutela jurisdicional (fazer, não fazer, indenizar) e os respectivos beneficiários (atuais e potenciais).[42] Uma única ação coletiva pode tutelar as três diferentes espécies de direitos metaindividuais. É possível – muitas vezes recomendável – que haja cumulação de pedidos.[43]

Um mesmo fato pode ensejar diferentes pretensões jurídicas que, por seu turno, podem ser judicializadas por meio de uma única ação coletiva com cumulação de pedidos ou, alternativamente, por intermédio de várias ações coletivas.[44] O desrespeito aos pressupostos para tratamento adequado dos dados pode exigir, para uma eficaz proteção dos

---

[42] Nelson Nery Junior foi quem introduziu a metodologia de caracterizar os interesses coletivos, lato sensu, a partir do pedido formulado na ação. O autor afirma que a visão de que o direito ao meio ambiente seria difuso, o do consumidor seria coletivo e o de indenização por prejuízos particulares seria individual homogêneo é equivocada. Sustenta que a pedra de toque do método classificatório é o tipo da tutela jurisdicional requerido na ação: "Observa-se, com frequência, o erro de metodologia utilizado por doutrina e jurisprudência para classificar determinado tipo de direito ou interesse. Vê-se, por exemplo, a afirmação de que o direito ao meio ambiente é difuso, o do consumidor seria coletivo e que o de indenização por prejuízos particulares sofridos seria individual. A afirmação não está correta nem errada. Apenas há engano na utilização do método para a definição qualificadora do direito ou interesse posto em jogo. A pedra de toque do método classificatório é o tipo de pretensão material e de tutela jurisdicional que se pretende quando se propõe a competente ação judicial. Da ocorrência do mesmo fato, podem originar-se pretensões difusas, coletivas e individuais [...] Em suma, o tipo de pretensão é que classifica um direito ou interesse como difuso, coletivo ou individual" (GRINOVER, Ada Pellegrini et al. Código Brasileiro de Defesa do Consumidor comentado pelos autores do anteprojeto. 8. ed. Rio de Janeiro: Forense, 2004, p. 1024).

[43] Não há limitação quanto à espécie de provimento jurisdicional, em homenagem ao princípio da instrumentalidade do processo e, em reforço, em face do disposto no art. 83 do CDC: "Para a defesa dos direitos e interesses protegidos por este código são admissíveis todas as espécies de ações capazes de propiciar sua adequada e efetiva tutela".

[44] Embora pareça óbvia a possibilidade de cumulação de pedidos (difuso, coletivo e individual homogêneo) em ação civil pública, o tema gerou controvérsia no passado, principalmente pela dificuldade de percepção de que a mesma atividade pode propiciar, ao mesmo tempo, pretensões coletivas diversas. A outra razão que dificultou, no passado, a possibilidade de cumulação de pedidos foi a interpretação isolada, literal – e, portanto, equivocada – do art. 3º da Lei 7.347/1985: "a ação civil poderá ter por objeto a condenação em dinheiro ou o cumprimento de obrigação de fazer ou não fazer". A propósito, ensina Teori Zavascki: "A utilização em texto normativo, do conectivo 'ou', nem sempre expressa a ideia de alternatividade excludente. Não raras vezes a conjunção está associada ao significado de adição", expressando ideia de exemplificação, em substituição a 'ou também' e a 'e'" (Processo coletivo: tutela de direitos coletivos e tutela coletiva de direitos. 6. ed. São Paulo: RT, 2014. p. 72). O leading case foi em junho de 1997, no julgamento do REsp 105.215, Rel. Min. Sálvio de Figueiredo Teixeira. A ementa espelha a posição atual do STJ sobre o tema: "I – O Ministério Público é parte legítima para ajuizar ação coletiva de proteção ao consumidor, em cumulação de demandas, visando: a) a nulidade de cláusula contratual inquinada de nula (juros mensais); b) a indenização pelos consumidores que já firmaram os contratos em que constava tal cláusula; c) a obrigação de não mais inserir nos contratos futuros a referida cláusula. II – Como já assinalado anteriormente (REsp 34.155), na sociedade contemporânea, marcadamente de massa, e sob os influxos de uma nova atmosfera cultural, o processo civil, vinculado estritamente aos princípios constitucionais e dando-lhes efetividade, encontra no Ministério Público uma instituição de extraordinário valor na defesa da cidadania. III – Direitos (ou interesses) difusos e coletivos se caracterizam como direitos transindividuais, de natureza indivisível. Os primeiros dizem respeito a pessoas indeterminadas que se encontram ligadas por circunstâncias de fato; os segundos, a um grupo de pessoas ligadas entre si ou com a parte contrária através de uma única relação jurídica. IV – Direitos individuais homogêneos são aqueles que têm a mesma origem no tocante aos fatos geradores de tais direitos, origem idêntica essa que recomenda a defesa de todos a um só tempo".

PARTE III · Cap. 34 · DIREITOS BÁSICOS DE PROTEÇÃO DE DADOS PESSOAIS | **689**

titulares, a formulação de pedidos de ordem difusa, coletiva e indenizatória (individual homogêneo).[45]

Assim, se determinada empresa ou órgão público realiza tratamento irregular de dados, é possível ajuizar várias ou uma demanda coletiva e formular diversos pedidos. Assim ocorreu na primeira ação coletiva ajuizada pelo Ministério Público brasileiro com base em tratamento irregular de dados. Em dezembro de 2013, a Promotoria de Justiça de Defesa do Consumidor do Ministério Público do Distrito Federal ajuizou ação contra o Facebook e a empresa Luluvise.

No caso, o Facebook compartilhou indevidamente os dados pessoais de milhões de seus usuários masculinos com a empresa Luluvise Incorporation, a qual lançou aplicativo (LULU) que permitia aos seus usuários (apenas mulheres) realizar e divulgar avaliação, com atribuição de notas e adjetivos, do comportamento dos homens (v. mais no item 7.1 MPDFT X Facebook e Luluvise).

Mesmo que ausente uma lei geral de proteção de dados à época, o Ministério Público considerou a necessidade de tutelar a privacidade e honra objetiva das pessoas, o que o motivou a ajuizar ação civil pública, na qual foram formulados os seguintes pedidos: 1) excluir imediatamente (obrigação de fazer) os dados e imagens de toda e qualquer pessoa que não tenha manifestado consentimento prévio, específico e informado para figurar no aplicativo LULU como pessoa a ser avaliada, sob pena de multa diária no valor de R$ 500,00 por pessoa [direito coletivo]; 2) vedar (obrigação de não fazer) a possibilidade de se avaliar pessoas sem identificação posterior, sob pena de multa diária no valor de R$ 500,00 por avaliação [direito difuso]; 3) Conservar os dados dos usuários do aplicativo LULU que realizam avaliações sobre os usuários e disponibilizá-los a eventual legítimo interessado, sob pena de multa diária no valor de R$ 500,00 [direito difuso]; 4) Condenar as rés, a pagar, a título de dano moral coletivo, o valor correspondente a 20% do seu lucro líquido no Brasil no período em que o aplicativo Lulu esteve disponível sem o consentimento prévio, específico e informado do consumidor masculino. Embora cabível, não houve pedido expresso para a condenação genérica das empresas em relação aos danos morais e materiais sofridos pelos consumidores – o que caracterizaria a tutela de direito individual homogêneo.

Quando se tutelam direitos difusos e coletivos, não há necessidade de pedir expressamente a condenação pelos danos sofridos pelos titulares de dados, em face do disposto no § 3º do art. 103. O dispositivo estabelece a possibilidade de indenização individual após o trânsito em julgado de ação coletiva, independentemente de pedido expresso – na demanda coletiva – de tutela de direito individual homogêneo (condenação genérica).

Assim, reconhecida a ofensa a direito difuso ou coletivo, por decisão transitada em julgado em processo coletivo, independentemente de formulação na ação coletiva de pedido no sentido de indenizar os lesados, podem os titulares dos dados, sem necessidade de nova

---

45   Como adverte Hugo Nigro Mazzilli: "constitui erro comum supor que, em ação civil púbica ou coletiva, só se possa discutir, por vez, uma só espécie de interesse transindividual (ou somente interesses difusos, ou somente coletivos ou somente individuais homogêneos). Nessas ações, não raro se discutem interesses de mais de uma espécie" (*A defesa dos interesses difusos em juízo*. 28. ed. São Paulo: Saraiva, 2015. p. 59). A propósito, registre-se, ilustrativamente, o julgamento, em 2015, do REsp 1.209.633, Rel. Min. Luis Felipe Salomão, no qual se destacou corretamente que: "As tutelas pleiteadas em ações civis públicas não são necessariamente puras e estanques. Não é preciso que se peça, de cada vez, uma tutela referente a direito individual homogêneo, em outra ação uma de direitos coletivos em sentido estrito e, em outra, uma de direitos difusos, notadamente em se tratando de ação manejada pelo Ministério Público, que detém legitimidade ampla no processo coletivo. Isso porque embora determinado direito não possa pertencer, a um só tempo, a mais de uma categoria, isso não implica dizer que, no mesmo cenário fático ou jurídico conflituoso, violações simultâneas de direitos de mais de uma espécie não possam ocorrer".

690 | TRATADO DE PROTEÇÃO DE DADOS PESSOAIS

sentença condenatória individual, requerer a liquidação e execução dos danos, na forma prevista no art. 97 do CDC.[46]

Assim, a violação a direito de titular de dados enseja, invariavelmente, a reparação/compensação dos danos (materiais e morais) sofridos por cada pessoa. Tal reparação pode ser requerida em ação individual antes e independentemente de ação coletiva. Se houver trânsito em julgado da ação coletiva, é possível, na demanda individual, promover a liquidação e execução do dano. Reitere-se: não há necessidade de pedido de condenação genérica na ação coletiva (art. 103, § 3º).

Por outro lado, ainda que concretizada uma lesão, é importante buscar evitar novas violações, o que enseja a necessidade de formular pedido cominatório para que a prática seja interrompida. Cuida-se de tutela difusa, já que número de titulares de dados é indeterminado e a tutela independe de qualquer vínculo contratual prévio entre as partes.

Além da cumulação de pedidos para a tutela das diversas espécies de direitos transindividuais, é também possível formular pedido de condenação em dano moral coletivo, o qual possui caráter punitivo e pedagógico, de modo a desestimular a reiteração do tratamento de dados de forma irregular. Dada a importância desse instituto, é preciso aprofundar as hipóteses de seu cabimento e a finalidade para a qual se destina.

5.3   Dano moral coletivo

A LGPD faz referência ao dano moral coletivo no art. 42[47] ao estabelecer que o controlador ou operador é obrigado a reparar dano de ordem patrimonial, moral, individual ou coletiva. Ocorre que a norma, embora faça previsão expressa, não enfrenta a natureza do dano moral coletivo – sequer indica seus pressupostos – o que naturalmente gera muitas controvérsias e utilização indiscriminada do pleito de dano moral coletivo.

As referências normativas anteriores à LGPD também não auxiliam em nada na sua compreensão. O art. 6º do CDC prevê o dano moral coletivo em dois incisos.[48] A atual redação do art. 1º da Lei 7.347/1985 (Lei da Ação Civil Pública) é ainda mais abrangente (e abstrata).[49]

Sustenta-se, em meio a divergências, que o dano moral coletivo – que não se confunde com a tutela de direito individual homogêneo – constitui-se em hipótese de condenação judicial, com função punitiva, em valor pecuniário a ser revertido ao fundo de direitos difusos (art. 13 da Lei 7.347/1985) em face de grave ofensa a direitos difusos e coletivos.

---

[46]   Na hipótese, além da extensão subjetiva do julgado, ocorre "a ampliação do objeto do processo, ope legis, passando o dever de indenizar a integrar o pedido, exatamente como ocorre na reparação do dano ex delicto, em que a decisão sobre o dever de indenizar integra o julgado penal" (GRINOVER, Ada Pellegrini et al. Código Brasileiro de Defesa do Consumidor: comentado pelos autores do anteprojeto. 9 ed. Rio de Janeiro: Forense. p. 955-956).

[47]   "Art. 42. O controlador ou o operador que, em razão do exercício de atividade de tratamento de dados pessoais, causar a outrem dano patrimonial, moral, individual ou coletivo, em violação à legislação de proteção de dados pessoais, é obrigado a repará-lo."

[48]   "Art. 6º São direitos básicos do consumidor: (...) VI – a efetiva proteção e reparação de danos patrimoniais e morais, individuais, coletivos e difusos; (...) VII – o acesso aos órgãos judiciários e administrativos, com vistas à prevenção ou reparação de danos patrimoniais e morais, individuais, coletivos e difusos (...)" – grifou-se.

[49]   "Regem-se, pelas disposições desta lei, sem prejuízo da ação popular, as ações de **responsabilidade por danos morais** e patrimoniais causados: I – ao meio ambiente; II – ao consumidor; III – a bens e direitos de valor artístico, estético, histórico, turístico e paisagístico; IV – a qualquer outro interesse difuso ou coletivo: V – por infração da ordem econômica" (grifou-se).

PARTE III · Cap. 34 · DIREITOS BÁSICOS DE PROTEÇÃO DE DADOS PESSOAIS | **691**

Objetiva-se, em consonância com o princípio da prevenção e precaução, conferir real e efetiva tutela ao meio ambiente, patrimônio cultural, ordem urbanística, relações de consumo e, agora, proteção de dados pessoais.[50]

Defende-se, ainda, que a dor psíquica o a afetação da integridade psicofísica da pessoa ou da coletividade não é pressuposto para caracterização do dano moral coletivo. Embora a afetação negativa do estado anímico (individual ou coletivo) possa ocorrer, em face das mais diversas possibilidades de ofensa a direitos difusos e coletivos, a configuração do denominado dano moral coletivo é absolutamente independente desse pressuposto.[51]

O uso inapropriado da expressão dano moral coletivo pela legislação foi reflexo das divergências doutrinárias em torno da expressão dano moral.[52] O mais correto, na hipótese, é falar em dano extrapatrimonial que é nota própria da ofensa a direitos coletivos (lato sensu), principalmente aos difusos. Por fim, em face de seu caráter punitivo, o dano moral coletivo só é cabível em situações mais graves de ofensa a direitos coletivos (em sentido amplo). Não se deve banalizar o instituto e, em toda e qualquer ação que tenha por objeto ofensa a direito metaindividual, formular automaticamente pedido de condenação por dano moral coletivo. Na área de proteção de dados, o dano moral coletivo é cabível, por exemplo, em situações de evidente descuido com a segurança dos dados, ensejando acesso indevido de terceiros.

6. CASOS

Antes mesmo da LGPD, já existia um vasto campo para debate dos contornos jurídicos do tratamento de dados – particularmente quando inseridos no mercado de consumo. No entanto, com a edição e início de vigência da LGPD, os entes legitimados, em especial o Ministério Público, não podem deixar de se estruturar internamente para as novas questões trazidas pela normativa.

A propósito do pioneirismo dessa reestruturação, em novembro de 2017, o Ministério Público do Distrito Federal e Territórios criou Comissão destinada à defesa dos direitos e interesses dos titulares dos dados pessoais que, posteriormente em abril de 2018, foi transformada Unidade Especial de Proteção de Dados e Inteligência Artificial (Espec). A unidade tem realizado trabalhos de destaque como o que resultou na retirada do ar do site "Consulta Pública" em fevereiro de 2018 (o qual disponibilizava dados pessoais de brasileiros).

A seguir, para demonstrar as possibilidades concretas e a eficácia da ação coletiva como instrumento adequado de proteção aos dados pessoais, apresentam-se cinco casos que foram objeto de ação civil pública, todas ajuizadas pelo Ministério Público do Distrito Federal.

---

[50] Sobre o tema, v., por todos, BESSA, Leonardo Roscoe. Dano moral coletivo. *Revista de Direito do Consumidor*, São Paulo: RT, v. 59, jul.-set. 2006, p. 78-108.

[51] A tendência em se referir a ofensa a "sentimentos coletivos" para caracterizar o dano moral coletivo é, sem dúvida, um reflexo, que precisa ser evitado, das discussões sobre a própria noção de dano moral individual, como já abordado. A jurisprudência parece caminhar nessa direção equivocada. Ilustrativamente: "Se, diante do caso concreto, for possível identificar situação que importe lesão à esfera moral de uma comunidade – isto é, violação de direito transindividual de ordem coletiva, de valores de uma sociedade atingidos sob o ponto de vista jurídico, de forma a envolver não apenas a dor psíquica, mas qualquer abalo negativo à moral da coletividade – exsurge o dano moral coletivo" (REsp 1.402.475/SE, Rel. Min. Herman Benjamin, j. 09.05.2017, DJe 28.06.2017).

[52] Em que pese o reconhecimento normativo do dano moral (individual), ainda existem divergência em torno do seu conceito. De um lado, entendimento mais antigo que o associa à dor psíquica. Corrente mais atual, conceitua o dano moral como ofensa a direito da personalidade independentemente de dor psíquica (BERNARDO, Wesley de Oliveira Louzada. *Dano moral*: critérios de fixação de valor. Rio de Janeiro: Renovar, 2005).

TRATADO DE PROTEÇÃO DE DADOS PESSOAIS

Nesse ponto, mais uma vez cabe destacar que referidas ações, em especial, a promovida pelo MPDFT para cessar as atividades promovidas no aplicativo Lulu (MPDFT x Facebook e Luluvise), constituem umas das primeiras iniciativas de proteção de dados pessoais pela via do processo coletivo. Todas, à exceção da última, foram promovidas antes da entrada em vigor da Lei 13.709/2018.

6.1 MPDFT X Facebook e Luluvise

Em dezembro de 2013, ou seja, cinco anos antes da edição da LGPD, o Ministério Público do Distrito Federal, por sua Promotoria de Justiça de Defesa do Consumidor, ajuizou ação civil pública que culminou na determinação judicial, em sede de agravo de instrumento, de que as empresas Luluvise e Facebook excluíssem imediatamente dados e imagens de toda e qualquer pessoa que não tivesse manifestado consentimento prévio e específico para participar no aplicativo conhecido como "Lulu".[53]

Após obter milhões de dados do Facebook, sem o necessário consentimento expresso e específico, o aplicativo LULU, que era restrito ao público feminino, possibilitava avaliação anônima de qualidades e defeitos dos usuários do Facebook do sexo masculino. As avaliações eram então compartilhadas entre as usuárias ao passo que os avaliados não tinham possibilidade de acesso às informações.

Na petição inicial, argumentou-se que havia a "a necessidade premente de o Estado intervir nesta relação, pondo fim às práticas abusivas de compartilhamento de dados privados, sem o consentimento prévio do consumidor". Ainda que a LGPD não estivesse em vigor, fixada a aplicação do Código de Defesa do Consumidor ao caso,[54] o Ministério Público sustentou "a ilegalidade da conduta do Facebook de transferir para a segunda ré, responsável pelo aplicativo Lulu, milhões de informações de seus consumidores/usuários, sem consentimento prévio, específico e informado".[55]

A decisão judicial não ressaltou a falta do consentimento informado como fator que deslegitimou a atividade do aplicativo Lulu (apesar de o mencionar em seu dispositivo). No julgamento, focou-se na tensão entre direitos da personalidade e direito de liberdade de expressão, ambos manifestação da dignidade da pessoa humana. A decisão destacou que a própria Constituição estabelece a vedação ao anonimato (art. 5º, IV, da CF/1988) e, em consequência, determinou a "exclusão imediata dos dados e imagens de toda e qualquer pessoa

---

[53] TJDFT, 6ª Turma Cível, AI 201330020307112, Rel. Des. Ana Cantarino, 19.12.2013. A decisão pode ser acessada em http://www.mpdft.mp.br/portal/pdf/noticias/dezembro_2013/decis%C3%A3o.pdf. Acesso em 25.07.2019. Posteriormente, em face de ação semelhante ajuizada pela Defensoria Pública do Estado do Espírito Santo, o processo foi remetido para Justiça daquele Estado.

[54] A remuneração da empresa ré Facebook ocorre por duas vias principais: a) pela publicidade e b) pela venda de dados (perfis de seus usuários (consumidores). Enquadra-se no conceito de serviço, previsto no § 2º do art. 3º do CDC, como "atividade fornecida no mercado de consumo, mediante remuneração". O STJ já pacificou o tema nesse sentido. A título de exemplo, cite-se o trecho do REsp 1.398.985/MG: "3. A exploração comercial da Internet sujeita as relações de consumo daí advindas à Lei 8.078/90" (REsp 1.398.985/MG, Rel. Min. Nancy Andrighi, Terceira Turma, j. 19.11.2013, DJe 26.11.2013); bem como do REsp 1.308.830/RS: "2. O fato de o serviço prestado pelo provedor de serviço de internet ser gratuito não desvirtua a relação de consumo, pois o termo mediante remuneração, contido no art. 3º, § 2º, do CDC, deve ser interpretado de forma ampla, de modo a incluir o ganho indireto do fornecedor" (REsp 1.308.830/RS, Rel. Min. Nancy Andrighi, Terceira Turma, j. 08.05.2012, DJe 19.06.2012).

[55] Inicial da referida ACP disponível em http://www.mpdft.mp.br/portal/pdf/comunicacao/dezembro_2013/ACP%20Facebook%20e%20Lulu.pdf. Acesso em 19 set. 2019.

PARTE III · Cap. 34 · DIREITOS BÁSICOS DE PROTEÇÃO DE DADOS PESSOAIS | 693

que não houvesse manifestado consentimento prévio, específico e informado para figurar no aplicativo Lulu".

A par do teor e argumentos da decisão proferida em sede de liminar,[56] a ação coletiva mostrou-se – em época que o debate sobre proteção de dados era incipiente e restrito aos meios acadêmicos – adequada para proteção dos direitos dos titulares de dados.[57] No entanto, a decisão não tratou, diretamente, da tutela de um direito à proteção de dados pessoais.

6.2   MPDFT X Banco Inter S/A

Em julho de 2018, o Ministério Público do Distrito Federal e Territórios, por sua Unidade Especial de Proteção de Dados e Inteligência Artificial (Espec), ajuizou, ação civil pública com pedido de condenação por danos morais coletivos no valor de dez milhões de reais em desfavor do Banco Inter S/A – instituição financeira que oferece serviços digitais aos consumidores – em razão de não ter tomado os cuidados necessários para garantir a segurança dos dados pessoais de seus clientes (consumidores) e não clientes.

No caso, a própria instituição financeira assumiu que, após realizar processo de migração dos sistemas de tecnologia de informação para arquitetura de computação em nuvem, sofreu tentativas de extorsão por um hacker que obteve acesso a dados pessoais como fotos de cheques, documentos, transações, e-mails, informações pessoais e senhas de 100 mil pessoas. A divulgação de dados acabou ocorrendo e a chave privada do banco também foi "vazada", o que comprovou a fragilidade e vulnerabilidade do sistema.

O Banco Central do Brasil confirmou o incidente de segurança que envolveu a exposição (vazamento) de dados como nome completo, CPF, informações e senhas da conta e de cartão de crédito de cerca de 19.000 clientes e não clientes do Banco Inter (dados de quem realizou transações com o Banco, ainda que não correntista, também foram expostos).

A ação buscou proteger, além dos consumidores do Banco Inter (clientes e bystanders), investidores e acionistas de Fintechs e Startups brasileiros de dados que se baseiam na confiabilidade da migração dos serviços de processamento, armazenamento de dados e de computação em nuvem das instituições financeiras.

Apesar de ajuizada antes da promulgação da LGPD, o Ministério Público argumentou que a natureza da atividade do Banco Inter, por oferecer serviços 100% digitais, gerou a expectativa em seus consumidores de que havia um grau de segurança maior do que o oferecido pelos bancos tradicionais, hipótese que se enquadraria, com a edição da norma, no conceito de tratamento irregular, previsto no art. 44.[58]

Inicialmente, o Banco negou o comprometimento dos dados e qualquer tipo de prejuízo a seus clientes. Mas, ao final, firmou termo de ajustamento de conduta homologado pelo TJDFT, no montante de R$ 1,5 milhão a título de dano moral coletivo em face do vazamento de dados pessoais de mais de 19 mil correntistas.[59]

---

[56]   A ação civil pública teve posteriormente sua competência declinada para a Justiça do Espírito Santo.

[57]   A ação coletiva, após decisão liminar em segundo grau, foi remetida para Justiça do Estado do Espírito Santo. A, empresa responsável, após a decisão, desativou o aplicativo.

[58]   Art. 44 da LGPD: "O tratamento de dados pessoais será irregular quando deixar de observar a legislação ou quando não fornecer a segurança que o titular dele pode esperar, consideradas as circunstâncias relevantes, entre as quais I – o modo pelo qual é realizado; II – o resultado e os riscos que razoavelmente dele se esperam; III – as técnicas de tratamento de dados pessoais disponíveis à época em que foi realizado".

[59]   Disponível em: http://www.mpdft.mp.br/portal/pdf/noticias/dezembro_2018/Ata_de_Audi%C3%AAncia_Banco_Inter.pdf. Acesso em: 15 ago. 2019.

6.3 MPDFT X Valve L.L.C (app Bolsomito)

Em outubro de 2018, antes das eleições presidenciais, a empresa Valve Corporation – responsável pela plataforma de jogos Steam – lançou no mercado o jogo "Bolsomito 2k18" no qual um personagem alusivo ao então candidato à Presidência da República Jair Bolsonaro ganhava pontos ao matar militantes gays, feministas e integrantes de movimentos sem-terra, descritos como "inimigos".

O caráter nitidamente ofensivo do jogo motivou o ajuizamento de ação coletiva pelo Ministério Público do Distrito Federal e Territórios (MPDFT) que culminou na imediata determinação de suspensão das vendas do jogo pelo Tribunal de Justiça do Distrito Federal e dos Territórios (TJDFT). Na decisão, o desembargador argumentou que, apesar de inegável o direito à livre manifestação do pensamento, o caso concreto analisado deveria "ceder aos postulados constitucionais de defesa à imagem, à honra, à intimidade, à segurança, à liberdade, à dignidade e à privacidade dos sujeitos substituídos pelo Ministério Público".

A plataforma de jogos Steam se enquadra, conceitualmente, como um Provedor de Aplicação de Internet (PAI)[60] e, como tal, encontra-se submetida aos comandos do Marco Civil da Internet (Lei 12.965/2014), o qual elenca, entre seus fundamentos, os direitos humanos, o desenvolvimento da personalidade bem como a pluralidade e a diversidade. Em violação a esses fundamentos, sustentou-se, na petição inicial, que o jogo, além de fomentar o ódio em relação às minorias, violou direitos da personalidade do então candidato da República Federativa do Brasil e gerou danos morais reflexos ou em ricochete em relação a todos os brasileiros.

Em decisão liminar, o Desembargador Álvaro Ciarlini reconheceu que "o conteúdo manifestado, de forma expressa e impactante pelo jogo eletrônico em questão, promove desvalores como a discriminação racial, bem como a opressão, o preconceito e a violência, inclusive a prática de homicídio e a intolerância. Esses desvalores convergem para a afirmação da desigualdade política e jurídica". Determinou-se, em caráter preventivo, que a ré suspendesse imediatamente a disponibilização e a venda do jogo Bolsomito 2k18.[61]

Apesar da importância do caso para a análise das implicações do uso de dados de uma figura pública, nota-se que o foco da decisão foi o confronto entre a liberdade de manifestação de pensamento e a proteção dos direitos das minorias, o qual prevaleceu como fundamento para determinar a suspensão de venda do jogo em questão.

6.4 MPDFT X Leonardo Leite Martins (Tinder)

O Ministério Público do Distrito Federal e Territórios (MPDFT), provocado pelo teor de um procedimento criminal que tramitava no 1º Juizado Especial Criminal de Brasília/DF, ajuizou ação civil pública com pedido de condenação por danos morais coletivos contra Leonardo Leite Martins, apontado como o administrador do blog "Hipocrisia Feminina" responsável pela difusão de fotografias, ofensas e humilhações de mulheres que mantinham contas no aplicativo Tinder.

Para agravar esse quadro, constatou-se, durante as investigações, que os endereços IP das conexões utilizados pelo réu para gerenciamento do blog eram originários do Poder Público: Serviço Federal de Processamento de Dados – SERPRO e Superior Tribunal de Justiça – STJ.

---

[60] Provedor de Aplicação de Internet (PAI) é um termo que descreve qualquer empresa, organização ou pessoa natural que, de forma profissional ou amadora, forneça um conjunto de funcionalidades que podem ser acessadas por meio de um terminal conectado à internet, não importando se os objetivos são econômicos.

[61] Processo 0735711-26.2018.8.07.0001, decisão em agravo de instrumento, em 19.12.2018.

No caso em tela, Leonardo Leite Martins utilizava seu blog para anunciar seu ódio contra as mulheres, expondo algumas delas ao divulgar suas fotos e atribuir-lhes diversas características pejorativas.[62] A transgressão dos dados pessoais de diversas mulheres, sem o consentimento delas, poderia se perpetuar, ainda mais quando se considera a dificuldade de cada uma identificar o agressor e superar os receios de maior exposição na busca em fazer cessar as postagens de conteúdo sensível. A importância da proteção via processo coletivo foi essencial no caso e demonstra sua importância para a proteção de danos em massa aos titulares de dados pessoais.

6.5   MPDFT X Serasa Experian

Em maio de 2021, o TJDFT acata, em agravo de instrumento, pedido formulado em ação civil pública, para determinar a suspensão da comercialização de dados pessoais pela empresa Serasa Experian oferecidos por meio dos produtos "Lista Online" e "Prospecção de Clientes".

Tais produtos proporcionam base de dados ou serviços para que empresas possam identificar potenciais clientes, elaborar campanhas de marketing e direcionar propagandas.

A demanda coletiva foi movida pelo MPDFT sob a justificativa de que referida comercialização fere vários dispositivos da LGPD. O autor da ação aponta a necessidade de manifestação específica de seus titulares para cada uma das finalidades para as quais o dado foi tratado.

O MPDFT destaca que qualquer empresa que contratasse o serviço da Serasa poderia obter dados de pessoas naturais como o nome, CPF, sexo e até três números de telefone a R$ 0,98 por pessoa. A Serasa tem um cadastro de 150 milhões de pessoas físicas. Uma única operação poderia gerar R$ 147 milhões de reais (cabe notar que os dados pessoais não são bens rivais, ou seja, não se esgota pelo consumo ou utilização).

A empresa não nega a prática, mas afirma que não há qualquer prejuízo aos titulares dos dados comercializados, o que seria comprovado pela inexistência de reclamações de consumidores. Sustenta que a comercialização realizada é inerente às suas atividades e que as informações reunidas são públicas, de natureza cadastral, fornecidas em situações cotidianas. Alega, ademais, que o consentimento específico do titular dos dados é dispensável no caso, pois a regularidade do tratamento estaria pautada pelo legítimo interesse do controlador.

Os argumentos da empresa não foram acolhidos. O Tribunal compreendeu, em antecipação de tutela, que os dados disponibilizados durante a prática de atos cotidianos da vida civil não os tornam manifestamente públicos. Da decisão extrai-se a seguinte passagem: "Sendo assim, em análise preliminar e não exauriente, como é própria das decisões de tutela de urgência, considero pertinente o entendimento de que a comercialização dos dados pessoais sem o consentimento, ainda que não caracterizados como dados sensíveis, fere a legislação específica e tem potencial para ensejar violação à privacidade, intimidade e imagem das pessoas, o que evidencia a probabilidade do direito".[63]

---

[62]   Embora a comunicação, como fruto da liberdade de expressão, seja um direito humano, as divulgações explicitadas ultrapassam limites constitucionais ao ofenderem a honra, a imagem, a dignidade e a privacidade das pessoas expostas no blog. Nesse sentido, já decidiu o STJ: "Enquanto projeção da liberdade de manifestação de pensamento, a liberdade de imprensa não se restringe aos direitos de informar e de buscar informação, mas abarca outros que lhes são correlatos, tais como os direitos à crítica e à opinião Por não possuir caráter absoluto, encontra limitação no interesse público e nos direitos da personalidade, notadamente à imagem e à honra, das pessoas sobre as quais se noticia" (REsp 1652588 2016.00.12863-4, Rel. Min. Ricardo Villas Bôas Cueva, DJe 02.10.2017 DTPB).

[63]   TJDFT, 2ª Turma Cível, Agravo de Instrumento 0749765-29.2020.8.07.0000, Acórdão 1341840, Agravante(s) Ministério Público do Distrito Federal e dos Territórios Agravado(s) Serasa S.A., Rel. Des. Cesar Loyola.

Em síntese, de acordo com entendimento do Tribunal, proferido em cognição sumária, o tratamento e o compartilhamento dos dados pessoais, na forma empreendida, exigiriam a participação ativa do indivíduo, mediante manifestação do seu consentimento.

A proteção em uma dimensão coletiva se mostra especialmente relevante nesse caso. A ausência de insurgência individuais não afasta a existência de danos coletivos ou individuais. Em primeiro lugar, cabe levar em conta que a utilização indevida pode não ser do conhecimento dos titulares (o que, por si só, não caracteriza a ausência de dano). Ademais, a avaliação financeira do dano sofrido por cada pessoa pode não retratar uma perda econômica suficiente para incentivar o ajuizamento de uma demanda de forma individual – o que, para a empresa, representa ganhos em escala.

Esse contexto bem retrata a necessidade de um sistema processual coletivo robusto. O tratamento massificado de dados é a regra do mercado. Nessa área, a postura inadequada do controlador afeta invariavelmente milhares ou milhões de titulares de dados, o que reclama, inclusive, atuação preventiva, medidas processuais para evitar ou mitigar a lesão a direitos da personalidade que, por definição, são extrapatrimoniais.

CONCLUSÕES

Ao longo das últimas décadas, a massificação das relações sociais passou por um crescente processo de digitalização. A ascensão do consumo passou a ser acompanhada pelo tratamento massificado de dados e, paralelamente, ao aumento da importância da sistematização de instrumentos processuais para a tutela coletiva de direitos metaindividuais (difusos, coletivos e individuais homogêneos).

O art. 22 da LGPD, como dispositivo que faz expressa referência à garantia de defesa dos direitos do titular de forma individual ou em demanda coletiva, não deve ser lido de forma isolada, mas em integração e complementariedade com todos os dispositivos que trazem inovações para o processo civil coletivo – em especial, os arts. 81 a 104 do CDC. Nesse ponto, demonstrou-se que não há qualquer necessidade de elaboração de normativa própria para disciplinar o procedimento de tutela coletiva dos direitos garantidos na LGPD. O amparo legal em diferentes dispositivos é suficiente para manter a integridade, organicidade e coerência do sistema normativo. Não há vácuo normativo.

A correta compreensão dos direitos materialmente coletivos (transindividuais por natureza) e dos processualmente coletivos (transindividuais no processo) demonstra que o âmbito de possibilidades de proteção coletiva dos direitos não depende propriamente da intrínseca natureza do direito, mas da identificação de sua dimensão coletiva – o que permite proteger direitos que, em uma análise superficial, não poderiam ser demandados em uma ação civil pública.

Ademais, a indefinição da titularidade dos direitos (em especial, dos difusos) se mostra presente nos novos danos em série decorrentes da massificação das relações sociais – as quais são pautadas pelo grande volume de dados empregados no processamento e tratamento para as mais diversas finalidades. A ausência de titularidade é suprida pelo legitimado coletivo, cuja atuação é essencial para instrumentalizar a tutela coletiva necessária à garantia de efetivação dos direitos dos titulares de dados pessoais.

A atuação coletiva, portanto, se apresenta como uma dupla-garantia: a de efetiva reparação (na ocorrência de violação de direitos) e a de prevenção de danos (de modo a evitar a sua concretização). Mais do que uma possibilidade, o sistema processual coletivo se apresenta como uma necessidade para a efetiva tutela de direitos previstos na LGPD.

REFERÊNCIAS BIBLIOGRÁFICAS

ALVIM, Teresa Arruda. Noções gerais sobre processo no Código de Defesa do Consumidor. *Revista de Direito do Consumidor*, São Paulo, n. 10, p. 256, 1994.

BERNARDO, Wesley de Oliveira Louzada. *Dano moral*: critérios de fixação de valor. Rio de Janeiro: Renovar, 2005.

BENJAMIN, Antônio Herman; MARQUES, Claudia Lima; BESSA, Leonardo Roscoe. *Manual de direito do consumidor*. 9. ed. São Paulo: RT, 2020.

BESSA, Leonardo Roscoe. *Código de Defesa do Consumidor comentado*. Rio de Janeiro: Forense. 2021.

BESSA, Leonardo Roscoe. *Nova Lei do Cadastro Positivo*. Comentários à Lei 12.414, com as alterações da LC 166/19 e de acordo com a LGPD. São Paulo: RT, 2019.

BESSA, Leonardo Roscoe; LEITE, Ricardo Rocha. A inversão do ônus da prova e a teoria da distribuição dinâmica: semelhanças e incompatibilidades. *Revista Brasileira de Políticas Públicas* (on-line), Brasília, v. 6, n. 3, p. 140-155, 2016.

BESSA, Leonardo Roscoe. Dano moral coletivo. *Revista de Direito do Consumidor*, São Paulo, v. 59, p. 78-108, jul./set. 2006.

GIDI, Antônio. *Coisa julgada e litispendência em ações coletivas*. São Paulo: Saraiva, 1995.

GIDI, Antônio. *Rumo a um Código de Processo Civil Coletivo*: a codificação das ações coletivas no Brasil. Rio de Janeiro: GZ, 2008.

GRINOVER, Ada Pellegrini et al. *Código Brasileiro de Defesa do Consumidor*: comentado pelos autores do anteprojeto. 8. ed. Rio de Janeiro: Forense, 2004.

GRINOVER, Ada Pellegrini et al. *Código Brasileiro de Defesa do Consumidor*: comentado pelos autores do anteprojeto. 9. ed. Rio de Janeiro: Forense, 2007.

LEAL, Márcio Flávio Mafra. *Ações coletivas:* história, teoria e prática. Porto Alegre: Fabris, 1998.

LEAL, Márcio Flávio Mafra. *Ações coletivas*. São Paulo: RT, 2014.

MAZZILLI, Hugo Nigro. *A defesa dos interesses difusos em juízo*. 28. ed. São Paulo: Saraiva, 2015.

MENDES, Aluisio Gonçalves de Castro. *Ações coletivas:* meios de resolução coletiva de conflitos no direito comparado e nacional. 4. ed. São Paulo: RT, 2014.

SANTANA, Hector Valverd. *Dano moral no direito do consumidor*. 3. ed. São Paulo: RT, 2019.

TARTER, Ana Luisa. *Execução do direito individual homogêneo pelo autor coletivo:* a prescindibilidade da segunda fase do processo. Brasília: Gazeta Jurídica, 2018.

TARTER, Ana Luisa; BESSA, Leonardo Roscoe. Convivência normativa entre o incidente de resolução de demandas repetitivas e as ações coletivas: primeiras impressões. *Revista de Direito do Consumidor*, ano 25, v. 108, p. 121-160, nov./dez. 2017.

ZAVASCKI, Teori Albino. *Processo coletivo:* tutela de direitos coletivos e tutela coletiva de direitos. 6. ed. São Paulo: RT, 2014.

35

TRANSFERÊNCIAS INTERNACIONAIS DE DADOS PESSOAIS: O DEBATE TRANSATLÂNTICO NORTE E SUA REPERCUSSÃO NA AMÉRICA LATINA E NO BRASIL

ALEXANDRE VERONESE

Professor Associado de Teoria Social e do Direito da Universidade de Brasília (UnB).
Doutor em Sociologia pelo Instituto de Estudos Sociais e Políticos
da Universidade do Estado do Rio de Janeiro (IESP-UERJ). Coordenador do
Grupo de Estudos em Direito das Telecomunicações (GETEL) da UnB. Pesquisador
associado do Centro de Estudos em Direito da União Europeia (CEDU),
da Universidade do Minho (Portugal) e do Centro de Política, Direito,
Economia e Tecnologias das Comunicações (CCOM) da UnB.

INTRODUÇÃO: A IMPORTÂNCIA DA FIXAÇÃO DE PADRÕES TÉCNICOS E JURÍDICOS PARA A TROCA DE DADOS

Um dos primeiros artigos do debate acerca da relação dos ordenamentos jurídicos – nacionais, regionais e internacional – com a expansão social do uso da Internet foi escrito por Joel R. Reidenberg, em 1996. Antes de descrever esse texto, cabe frisar que esse autor ficou notabilizado por definir contornos teóricos ao conceito de *Lex Informatica*, o qual seria, mais tarde, utilizado por Lawrence Lessig para construção do seu conceito de *Code* como força regulatória da vida social.[1] O texto em questão tratava de dois paradigmas regulatórios que estavam sendo debatidos no processo de construção das ordens jurídicas e políticas setoriais e aplicáveis à Internet: o que foi fixado nos Estados Unidos da América; e aquele construído na União Europeia.[2] Nesse texto, o autor descreveu esses dois sistemas institucionais, os quais estavam inseridos no contexto de produzir políticas públicas para a questão da Internet. Ele designou que o sistema europeu seria marcado por uma pretensão de abrangência, ou seja, pela opção de construir políticas públicas amplas para diversos países e com foco na generalidade. Os Estados Unidos da América, ao contrário, estavam produzindo políticas públicas de maneira fragmentada, ou seja, dispersas entre vários polos de regulação, com diversas regras e agências. O diagnóstico do autor relatava problemas nos dois processos em marcha. O modelo europeu de regulação da Internet tenderia a ser ultrapassado pelos regulados, uma vez que ele

---

[1] LESSIG, Lawrence. *Code and other laws of cyberspace, version 2.0*. New York: Basic Books, 1999.

[2] REIDENBERG, Joel R. Governing networks and rule-making in Cyberspace. *Emory Law Journal*, v. 45, p. 911-930, 1996. Disponível em: https://ir.lawnet.fordham.edu/faculty_scholarship/29.

demoraria muito tempo para ser aperfeiçoado e implantado. Já o modelo norte-americano de regulação da Internet não teria eficiência, uma vez que ele produziria políticas regulatórias contraditórias, em razão da dispersão. Em síntese, o autor fazia um alerta específico para as políticas regulatórias da Internet do seu país, os Estados Unidos da América. Ele frisava que a potencial convergência da regulação e da organização europeia poderia deslocar o primado de maior fonte reguladora para o velho continente. Todavia, além do alerta, Joel R. Reidenberg concluía que o problema da interconexão jurídica entre a Europa e os Estados Unidos, no tema dos fluxos de dados, ganharia um novo patamar. Ele estava completamente certo nesse ponto.

O tema das trocas e dos fluxos de dados entre os países do Atlântico Norte também foi retratado em um texto de 2000, escrito por Klaus W. Grewlich.[3] O autor observava o tema não somente pela ótica das políticas públicas para o mundo digital, ele se preocupava, também, com a questão pelo prisma mais amplo da regulação de telecomunicações. Ao examinar a literatura, é possível identificar que o problema das trocas de dados entre os países do Atlântico Norte estava na pauta de discussão desde a década de 90 do século passado. A expressão central do debate naquele período era "International Electronic Data Interchange" (EDI). Sob essa expressão, estava sendo produzida uma ampla literatura jurídica e técnica para lidar com as questões das trocas de dados entre sistemas eletrônicos no âmbito do comércio internacional. Clive D. Wrigley, Rene W. Wagenaar e Roger A. Clarke, por exemplo, demonstravam a necessidade de serem construídos quadros estruturais para organizar os sistemas de trocas eletrônicas de dados, tanto pelo prisma empresarial quanto pelo prisma dos governos.[4] Eles propunham um quadro estrutural com dois conjuntos de elementos. O primeiro conjunto referia-se à infraestrutura de telecomunicações; o segundo conjunto dizia respeito à infraestrutura de documentação. Ambos os conjuntos serviriam de suporte para um quadro estrutural de negócios. O objetivo dos autores era ofertar uma modelagem que servisse à necessidade de avaliação competitiva de "portos" para os fluxos de dados. Ainda, no mesmo sentido de avaliação, há o trabalho de Julio Jimenez-Martinez e Yolanda Polo-Redondo. Eles fizeram uma comparação entre os sistemas de EDI no setor de varejo de países europeus.[5] As conclusões da pesquisa deles, baseada em dados de meados dos anos 90 do século passado, era a de que a difusão da EDI poderia se dar a partir da expansão da infraestrutura de tecnologia da informação e das comunicações. Para chegar a essa conclusão geral, eles observaram uma correlação entre o número de linhas telefônicas digitais e a difusão da EDI, entre outros aspectos. Havia algumas exceções nacionais. Todavia, parecia robusta a conclusão de que a digitalização dos sistemas era central para a expansão dos fluxos de dados eletrônicos entre as empresas nas suas práticas comerciais. Outra conclusão relevante do texto deles era a de que a expansão da Internet poderia auxiliar em muito a difusão da EDI. Sobre o mesmo tema,

---

[3]   GREWLICH, Klaus W. Telecommunications and 'cyberspace': transatlantic regulatory cooperation and the constitutionalization of international law. *In*: BERMANN, George A. (ed.); HERDEGEN, Matthias (ed.); LINDSETH, Peter L. (ed.). *Transatlantic regulatory co-operation*: legal problems and political prospect. Oxford: Oxford University Press, 2000. p. 273-300.

[4]   WRIGLEY, Clive D.; WAGENAAR, Rene W.; CLARKE, Roger A. Electronic data interchange in international trade: frameworks for the strategic analysis of ocean port communities. *The Journal of Strategic Information Systems*, v. 3, n. 3, p. 211-234, set. 1994. Disponível em: https://www.sciencedirect.com/science/article/abs/pii/0963868794900272.

[5]   JIMENEZ-MARTINEZ, Julio; POLO-REDONDO, Yolanda. International diffusion of a new tool: the case of Electronic Data Interchange (EDI) in the retailing sector. *Research Policy*, v. 26, n. 7-8, p. 811-827, abr. 1998. Disponível em: https://www.sciencedirect.com/science/article/abs/pii/S0048733397000450.

ao avaliar o mercado de EDI nos Estados Unidos da América, Chris Holland, Geoff Lockett e Ian Blackman identificaram, em 1992, duas grandes linhas de aplicação pelas empresas.[6] A primeira era o uso estratégico dos sistemas de trocas de dados eletrônicos. A segunda era composta por aplicações genéricas de modelos de trocas de dados. A análise dos autores buscou definir um modelo para avaliação, por parte das empresas, acerca das oportunidades e dos problemas relacionados com a adoção de sistemas de trocas de dados eletrônicos. Por um lado, parecia haver incentivos econômicos para tal utilização; de outro, problemas que mereceriam análises, do ponto de vista – inclusive – da concorrência. Em 1991, Amelia H. Boss publicou um texto no qual ela fez um resumo de cinco iniciativas para auxiliar no estabelecimento de políticas públicas sobre a troca eletrônica de dados.[7] A primeira era o relatório da *United Nations Commission on International Trade Law* – UNCITRAL (Comissão das Nações Unidas para o Direito Comercial Internacional) – sobre os "aspectos jurídicos do tratamento automatizado de dados".[8] A segunda era a tentativa de criação, pela Câmara Internacional de Comércio (*International Chamber of Commerce*), situada em Paris, de regras uniformes de conduta para o intercâmbio de informações comerciais por transmissão eletrônica. A terceira era o relatório final sobre a situação jurídica dos Estados-membros da União Europeia sobre as trocas de dados eletrônicos.[9] A quarta era a ação do *United Nations Working Party on the Facilitation of International Trade Procedures* (Grupo de Trabalho sobre a Facilitação de Procedimentos ao Comércio Internacional, nas Nações Unidas), que acabou por dar origem a um padrão de EDI, o EDIFACT.[10] A quinta, por fim, era a ação de uma comissão da *American Bar Association*, o *Subcommittee on Electronic Commercial Practices* (Subcomitê de Práticas Comerciais Eletrônicas), que era um grupo de trabalho operacionalizado no contexto da formulação do *Uniform Commercial Code Committee* (Comitê para o Código Comercial Uniforme) dos Estados Unidos da América. A autoria concluía que já havia e continuaria a haver um aumento da atuação em vários países e em organismos internacionais para fixar padrões para os fluxos de dados eletrônicos. Todavia, tais padrões normativos seriam executados por atores privados em relações entre particulares. Logo, o maior dilema jurídico desses padrões seria a conformação deles – e das relações privadas – com a regulação dos Estados ou de um organismo peculiar como a União Europeia.

Os textos supramencionados foram resenhados para evidenciar que o debate sobre os fluxos de dados eletrônicos não é novo, do ponto de vista das práticas comerciais. O próprio comércio eletrônico era um evidente impulsionador da adoção de sistemas de trocas de

---

[6]   HOLLAND, Chris; LOCKETT, Geoff; BLACKMAN, Ian. Planning for electronic data interchange. *Strategic Management Journal*, v. 13, n. 7, p. 539-550, out. 1992. Disponível em: https://onlinelibrary. wiley.com/doi/abs/10.1002/smj.4250130706.

[7]   BOSS, Amelia H. The international commercial use of electronic data interchange and electronic communications technologies. *The Business Lawyer*, v. 46, n. 4, p. 1787-1802, ago. 1991. Disponível em: https://www.jstor.org/stable/40687265.

[8]   UNCITRAL. *Legal aspects of automatic data processing (A/CN.91254)*. New York: Nações Unidas, 8 maio 1984. Disponível em: https://documents-dds-ny.un.org/doc/UNDOC/GEN/V84/858/53/PDF/V8485853. pdf.

[9]   UNIÃO EUROPEIA: Comissão das Comunidades Europeias. *The Legal Position of the Member States with Respect to Electronic Data Interchange*: Final Report. Bruxelas: Comissão das Comunidades Europeias, set. 1989. Disponível em: https://core.ac.uk/download/pdf/5090920.pdf.

[10] NAÇÕES UNIDAS. Working party on the facilitation of international trade procedures. *Report to GE.1 from the Message Design Guidelines Group*. Genebra: UN, 22 jul. 1994. 27 p. Disponível em: https:// digitallibrary.un.org/record/164287.

702 | TRATADO DE PROTEÇÃO DE DADOS PESSOAIS

dados entre as empresas.[11] A novidade seria a questão jurídica da proteção de dados pessoais nessas trocas eletrônicas, a qual se apresentaria somente a partir de meados dos anos 90 do século passado, com a impulsão dada pelo advento da Diretiva 95/46/EC[12] e, por conseguinte, com os diálogos havidos entre a União Europeia e os Estados Unidos da América para criar e manter um sistema jurídico e tecnológico de equivalência de proteção aos dados pessoais nas transferências e nos tratamentos. Para continuar, portanto, o presente texto resenhará o histórico dessa colaboração entre os países do Atlântico Norte.

1. A HISTÓRIA DA COLABORAÇÃO TRANSATLÂNTICA NORTE NA TROCA DE DADOS PESSOAIS

Como indicado na seção anterior, a questão da troca de dados pessoais entre os países do Atlântico Norte deu ensejo à tentativa de realizar um sistema técnico e jurídico para dotar as relações sociais e comerciais de confiabilidade. O tema da proteção de dados pessoais já vinha sendo objeto de diversas ações por parte de organismos internacionais. Cabe anotar as Diretrizes da Organização para Cooperação e Desenvolvimento Econômico (OCDE) de 1980[13] e a Convenção 108 do Conselho da Europa. No campo da União Europeia, o tema foi objeto da Diretiva 95/46/CE, a qual possibilitou a fixação de um acordo entre ela e os Estados Unidos da América. Esse acordo ficou conhecido como o *Safe Harbor Agreement*, erguido entre 1998 e 2000. Neste início de seção, serão descritos os dois primeiros documentos internacionais, da OCDE e do Conselho da Europa. Na próxima seção, serão analisados os acordos havidos entre a União Europeia e os Estados Unidos da América.

É importante começar com o primeiro documento internacional que abordou os fluxos de dados eletrônicos, ou seja, as Diretrizes da OCDE para proteção da privacidade e fluxos entre fronteiras de dados pessoais.[14] O interesse da OCDE no tema era diretamente relacionado com a produção de normas jurídicas em prol da proteção de dados pessoais. O diagnóstico do final de meados da década de 70 do século passado referia-se ao aumento da capacidade de processamento de dados e informações pessoais, bem como o seu impacto social e econômico. O ponto central para a OCDE, portanto, era formar diretrizes que pudessem dotar os países de leis nacionais compatíveis entre si e, assim, oferecer a possibilidade de construir um regime internacional de proteção à privacidade e aos dados pessoais. O documento da OCDE, de 1980, interpretava já haver prescrições jurídicas internacionais relacionadas à garantia da liberdade de informação e à proteção da privacidade, tais como a Convenção Europeia de

---

[11] SHIM, Jae K.; QURESHI, Anique A.; SIEGEL, Joel G.; SIEGEL, Roberta M. Electronic data interchange. *In*: SHIM, Jae K.; QURESHI, Anique A.; SIEGEL, Joel G.; SIEGEL, Roberta M. *The international handbook of electronic commerce*. London: Routledge, 2013. p. 141-162.

[12] UNIÃO EUROPEIA. Diretiva 95/46/CE do Parlamento Europeu e do Conselho, 24 out. 1995, relativa à proteção das pessoas singulares no que diz respeito ao tratamento de dados pessoais e à livre circulação desses dados. Disponível em: https://eur-lex.europa.eu/legal-content/PT/TXT/HTML/?uri=CELE-X:31995L0046.

[13] OECD. *Guidelines on the protection of privacy and transborder flows of personal data*. Paris: OECD, 23 set. 1980. Disponível em: https://www.oecd.org/internet/ieconomy/oecdguidelinesontheprotectiono-fprivacyandtransborderflowsofpersonaldata.htm.

[14] KIRBY, Michael D. Transborder data flows and the basic rules of data privacy. *Stanford Journal of International Law*, v. 16, p. 27-66, 1980; HONDIUS, Frits W. Data Law in Europe. *Stanford Journal of International Law*, v. 16, p. 87-112, 1980.

PARTE III · Cap. 35 · TRANSFERÊNCIAS INTERNACIONAIS DE DADOS PESSOAIS | **703**

Direitos do Homem (1950)[15] e o Pacto Internacional sobre os Direitos Civis e Políticos (1966).[16] O documento da OCDE fazia menção, todavia, à inadequação específica dos instrumentos jurídicos internacionais para a finalidade de ofertar uma efetiva proteção à privacidade e aos dados pessoais. Ele também frisava que o tema estava sob discussão no Conselho da Europa (Resoluções de 1973[17] e de 1974[18]) e que uma Convenção daquele organismo estava em vias finais de aprovação, prevista para tornar-se realidade em um horizonte próximo. O documento, ainda, relatava que havia uma discussão sobre o assunto na, então, Comunidade Europeia, a qual tinha resultado na produção de um relatório no Parlamento Europeu, em 1979. Esse debate na Comunidade Europeia evoluiria em alguns anos até a aprovação da Diretiva 95/46/CE. Os oito princípios das Diretrizes da OCDE formam um conjunto útil de elementos para proteção dos dados pessoais e da privacidade.[19] As Diretrizes vigoraram de 1980 até 2013, em sua formulação original. Elas foram revisadas em 2013.[20] O processo de revisão foi iniciado entre 2010 e 2011, com a produção de análises acerca da necessidade de sua atualização.[21] Em 2014, foi publicado um relatório detalhado sobre o processo de revisão, elaborado por pesquisadores do *Oxford Internet Institute*, ligado à Universidade de Oxford, bem como pela Microsoft.[22] O objetivo desse trabalho de pesquisa, escrito em conjunto pela empresa e pelos pesquisadores, era produzir sugestões que pudessem melhorar o futuro quadro de Diretrizes da OCDE sobre o tema. Esse documento foi um elemento útil para a revisão delas, em 2013.

O segundo documento internacional sobre o tema da proteção à privacidade e aos dados pessoais é a Convenção 108 do Conselho da Europa. Preliminarmente, contudo, é necessário explicar o que é o Conselho da Europa e que ele não deve ser confundido com a União Europeia ou com algum dos seus órgãos. Com o final da Segunda Guerra Mundial, houve a construção das Nações Unidas e, no âmbito da Europa, do Conselho da Europa. Ele foi criado em 1949, pelo Tratado de Londres. Contudo, o Conselho da Europa é mais conhecido pelo Tratado de Roma, de 1950, o qual erigiu a Convenção Europeia dos Direitos do Homem,

---

[15] CONSELHO DA EUROPA. Tribunal Europeu dos Direitos do Homem. *Convenção Europeia de Direitos do Homem*. Estrasburgo, 1950. Disponível em: https://www.echr.coe.int/Documents/Convention_POR.pdf.

[16] BRASIL. Presidência da República. *Decreto n.º 592, de 6 jul. 1992* – Pacto Internacional sobre Direitos Civis e Políticos. Brasília, 1992. Disponível em: http://www.planalto.gov.br/ccivil_03/decreto/1990-1994/d0592.htm.

[17] CONSELHO DA EUROPA. Comitê de Ministros. *Resolution (73) 22 on the protection of the privacy of individuals vis-à-vis electronic data banks in the private sector*. Estrasburgo, 1973. Disponível em: https://rm.coe.int/CoERMPublicCommonSearchServices/DisplayDCTMContent?documentId=0900001680502830.

[18] CONSELHO DA EUROPA. Comitê de Ministros. *Resolution (74) 29 on the protection of the privacy of individuals vis-à-vis electronic data banks in the public sector*. Estrasburgo, 1974. Disponível em: https://rm.coe.int/16804d1c51.

[19] OCDE. *Síntese*: Diretrizes da OCDE para a Proteção da Privacidade e dos Fluxos Transfronteiriços de Dados Pessoais. Paris: OCDE. Disponível em: http://www.oecd.org/sti/ieconomy/15590254.pdf.

[20] OCDE. *The OECD privacy framework*. Paris: OCDE, 2013. Disponível em: https://www.oecd.org/sti/ieconomy/oecd_privacy_framework.pdf.

[21] OCDE. *Thirty years after*: the OECD privacy guidelines. Paris: OCDE, 2011. Disponível em: http://www.oecd.org/sti/ieconomy/49710223.pdf.

[22] CATE, Fred H.; CULLEN, Peter; Mayer-Schönberger, Viktor. *Data protection principles for the 21st Century*: revising the 1980 OECD Guidelines. Oxford, 2014. Disponível em: https://www.oii.ox.ac.uk/archive/downloads/publications/Data_Protection_Principles_for_the_21st_Century.pdf.

704 | TRATADO DE PROTEÇÃO DE DADOS PESSOAIS

base do Tribunal Europeu de Direitos do Homem.[23] O objetivo principal do novo organismo internacional era fomentar e zelar pela paz e pelo respeito aos direitos humanos nos vários países daquele continente. Por outro lado, a União Europeia é uma derivação histórica de vários tratados e de providências de integração entre parte dos países europeus. Ela era, no seu início, denominada como Comunidade Econômica Europeia e, em 1957-1958, congregava apenas seis países: a República Federal da Alemanha, a França, a Itália, a Bélgica, os Países Baixos e Luxemburgo. Em poucas décadas, o processo de integração se ampliou e se tornou mais denso com a construção da Comunidade Europeia e, finalmente, com a definição institucional e com a designação atual de União Europeia. Ao longo dos anos, vários países se integraram ao bloco e, atualmente, a União Europeia conta com vinte e sete Estados-membros, desde a saída do Reino Unido da Grã-Bretanha e Irlanda do Norte. Esse processo de integração é complexo e é possível descrever que, atualmente, existe uma dinâmica de governo colaborativo entre os vários órgãos da União Europeia para com os sistemas políticos e jurídicos nacionais dos seus vários Estados-membros. Não obstante, é necessário frisar que os diversos tratados da União Europeia compõem um conjunto normativo fechado aos seus próprios Estados-membros. O caso do Conselho da Europa é diverso. Ele, ao contrário, produz convenções que podem receber a adesão de membros externos, como ocorre com a Convenção 108, de 1981.

Pela exposição anterior – sobre as Diretrizes da OCDE – deve ter ficado claro que o Conselho da Europa estava a discutir uma convenção sobre proteção de dados pessoais para ser aprovada naquele final da década de 80 do século passado. Isso veio a ocorrer em janeiro de 1981. O documento é conhecido como a Convenção 108 do Conselho da Europa.[24] Como é comum com relação aos tratados internacionais, a Convenção foi assinada e ratificada paulatinamente pelos quarenta e sete países que compõem o Conselho da Europa.[25] Cabe notar que nove países externos ao Conselho assinaram e ratificaram o tratado. Entre eles, é possível citar o México, a Argentina e o Uruguai. A diferença mais relevante entre a Convenção 108 e as Diretrizes da OCDE é que a primeira constitui normas jurídicas cogentes para os Estados que a firmaram ou aderiram. Para os fins do presente capítulo, é interessante indicar que o artigo 12 da Convenção 108 tratava dos fluxos por sobre fronteiras de dados pessoais. Transcrevo-os a seguir em tradução livre:

> "Artigo 12. Fluxos de dados pessoais por sobre fronteiras e sistemas jurídicos nacionais.
>
> 1. As prescrições a seguir aplicar-se-ão às transferências de dados pessoais – realizadas por qualquer meio – que estejam sendo tratados automaticamente ou que estejam sendo coletados com vistas a serem automaticamente tratadas.
>
> 2. Um Estado-parte não poderá, com base somente na proteção à privacidade, proibir ou sujeitar a uma autorização especial os fluxos de dados pessoais remetidos ao território de outro Estado-parte.

---

[23] CONSELHO DA EUROPA. Tribunal Europeu dos Direitos do Homem. *Convenção Europeia de Direitos do Homem*. Estrasburgo, 1950. Disponível em: https://www.echr.coe.int/Documents/Convention_POR.pdf.

[24] CONSELHO DA EUROPA. *Treaty 108*: Convention for the Protection of Individuals with regard to Automatic Processing of Personal Data. Estrasburgo, 28 jan. 1981. Disponível em: https://www.coe.int/en/web/conventions/full-list/-/conventions/treaty/108.

[25] CONSELHO DA EUROPA. Chart of signatures and ratifications of Treaty 108: Convention for the Protection of Individuals with regard to Automatic Processing of Personal Data. Disponível em: https://www.coe.int/en/web/conventions/full-list/-/conventions/treaty/108/signatures.

PARTE III · Cap. 35 · TRANSFERÊNCIAS INTERNACIONAIS DE DADOS PESSOAIS | **705**

3. No entanto, cada Estado-parte possui o direito de derrogar as prescrições do parágrafo (2), nos seguintes casos:

a) na medida em que a sua legislação inclua prescrições regulatórias aplicáveis a categorias específicas de dados pessoais ou de arquivos de dados pessoais automatizados, em razão da natureza de tais dados ou arquivos, exceto quando as prescrições regulatórias do outro Estado-parte prover uma proteção equivalente;

b) quando a transferência é realizada do seu território para o de outro Estado não partícipe da presente Convenção por meio da intermediação do território de outro Estado-parte, de modo a evitar que tais transferências resultem no contornar da legislação nacional do Estado-parte, referido no início do presente parágrafo".

Como visto anteriormente, o dispositivo jurídico tinha três parágrafos. O primeiro parágrafo frisava que as normas jurídicas da Convenção se aplicavam às transferências de dados pessoais, havidas por qualquer meio, fossem eles tratados ou coletados. O segundo parágrafo determinava que um Estado partícipe não podia obrigar ou dificultar a transferência de dados, tão somente com base na necessidade de sua proteção. O terceiro parágrafo trazia exceções à liberdade de transferência de dados, com base em dois itens. De acordo com o item "a", seria possível limitar a transferência no caso de a legislação nacional do Estado remetente apresentar um padrão protetivo para um tipo específico de dados pessoais e o país destinatário não ter o mesmo padrão, em equivalência. Pelo item "b", seria possível limitar a transferência para um destinatário quando ela fosse feita para um Estado não partícipe da Convenção por meio de um intermediário que seria signatário. O objetivo do item "b" era vedar a possibilidade de haver fluxos que pudessem burlar a norma jurídica com base na utilização de intermediários.

É possível notar que eram exíguas as disposições jurídicas relativas à transferência internacional de dados pessoais, nos termos da Convenção 108 do Conselho da Europa. Isso foi alterado com a aprovação de uma atualização, em 10 de outubro de 2018: o Protocolo de Alteração 223 do Conselho da Europa.[26] Ele foi assinado, inicialmente, por vinte e um dos membros. A lista de adesões, todavia, foi rapidamente acrescida por mais Estados.[27] De acordo com o próprio documento assinado, a Convenção 108+[28] traria aos partícipes um regime claro para as transferências internacionais de dados pessoais. O tema das transferências internacionais de dados pessoais foi ampliado no renumerado artigo 14 da Convenção 108+, o qual tem, atualmente, seis parágrafos. A seguir, a transcrição, em tradução livre:

"Artigo 14. Fluxos por sobre fronteiras de dados pessoais.

1. Um Estado-parte não poderá, apenas com o único propósito de proteger dados pessoais, proibir ou sujeitar a transferência de tais dados a uma autorização especial em relação a um destinatário que seja submetido à jurisdição de outro Estado-parte

---

[26] CONSELHO DA EUROPA. Treaty 223: Protocol amending the Convention for the Protection of Individuals with regard to Automatic Processing of Personal Data. Estrasburgo, 10 out. 2018. Disponível em: https://www.coe.int/en/web/conventions/full-list/-/conventions/treaty/223.

[27] CONSELHO DA EUROPA. Chart of signatures and ratifications of Treaty 223: Protocol amending the Convention for the Protection of Individuals with regard to Automatic Processing of Personal Data. Disponível em: https://www.coe.int/en/web/conventions/full-list/-/conventions/treaty/223/signatures.

[28] CONSELHO DA EUROPA. *Modernised Convention for the Protection of Individuals with Regard to the Processing of Personal Data*: Consolidated text. Disponível em: https://search.coe.int/cm/Pages/result_details.aspx?ObjectId=09000016807c65bf.

da presente Convenção. Tal Estado-parte poderá, entretanto, proibir ou limitar a transferência se houver riscos reais e relevantes de que tal transferência seja para outro Estado-parte, seja de outro Estado-parte para outro, não partícipe, possa ocasionar o contorno das prescrições da presente Convenção. Um Estado-parte também pode fazer proibir ou limitar tal transferência se estiver submetido a regras harmonizadas de proteção compartilhadas por Estados pertencentes a uma organização internacional de caráter regional.

2. Quando o destinatário for submetido à jurisdição de um Estado ou de uma organização internacional que não seja partícipe da presente Convenção, a transferência de dados pessoais somente poderá ocorrer quando um nível adequado de proteção, baseado nas prescrições dessa Convenção, esteja assegurado.

3. Um nível adequado de proteção pode ser assegurado:

a) pelo direito do Estado de uma organização internacional, incluindo-se os tratados e os acordos internacionais; ou

b) por meio de salvaguardas aprovadas ou aplicáveis "ad hoc" – ou seja, somente para o caso específico – fornecidas por instrumentos jurídicos obrigatórios e aplicáveis por força de lei, adotadas e implantadas pelas pessoas envolvidas na transferência e no futuro tratamento dos dados pessoais.

4. A despeito da aplicação das prescrições dos parágrafos anteriores, cada Estado--parte pode permitir que a transferência de dados pessoais ocorre se:

a) o titular dos dados pessoais houver dado consentimento explícito, específico e livre, depois de ter sido informado dos riscos envolvidos em razão da ausência de salvaguardas adequadas; ou

b) os interesses particulares do titular de dados pessoais requererem isso, no caso específico; ou

c) interesses legítimos e predominantes, em particular interesses públicos relevantes, sejam determinados pelo direito aplicável e essa transferência de dados pessoais se constituir como uma medida necessária e proporcional em uma sociedade democrática; ou

d) isso constituir uma medida necessária e proporcional em uma sociedade democrática para a finalidade da liberdade de expressão.

5. Cada Estado-parte deverá garantir que sua autoridade de supervisão, competente nos termos do artigo 15 dessa Convenção, tenha acesso a todas as informações concernentes às transferências de dados referidas no parágrafo 3(b) e, mediante demanda, referidas nos parágrafos 4(b) e 4(c).

6. Cada Estado-parte deverá, também, garantir que a sua autoridade de supervisão possua o direito subjetivo de requerer, à pessoa que transfere dados pessoais, a demonstração da efetividade das salvaguardas ou, ainda, a existência de interesses legítimos e predominantes, bem como que a autoridade de supervisão possa, com o fito de proteger os direitos e liberdades fundamentais dos titulares de dados pessoais, proibir, suspender ou submeter a condições determinadas transferências".

O parágrafo primeiro do atual artigo 14 mesclou os termos dos parágrafos primeiro e terceiro do antigo artigo 12. Ele fixa, inicialmente, a liberdade de transferência de dados pessoais por sobre fronteiras. Todavia, o artigo 14(1) impõe duas exceções. A primeira exceção é aplicável quando houver risco de contorno da Convenção 108+, pelo uso de um Estado-parte como intermediário. A segunda exceção, ou seja, a possibilidade de vedação ou de limitação da transferência, ocorre quando ela estiver fundada em uma determinação de uma organização internacional. Essa segunda exceção é uma novidade. Outra novidade é a inclusão de um sistema de aferição de adequação de proteção. Os parágrafos segundo e terceiro do artigo 14 delineiam normas jurídicas de referência para a montagem de sistemas de aferição da adequação. O quarto parágrafo determina casos excepcionais. É muito relevante identificar o conceito de "comity" nos termos de "uma medida necessária e proporcional em uma sociedade democrática". Esse conceito de "comity" aparecerá em algumas outras normas jurídicas – de caráter nacional como o *CLOUD Act*[29-30] (dos Estados Unidos da América) e a Lei 18.338/2008 (legislação do Uruguai sobre proteção de dados).[31] Por fim, a última novidade da Convenção 108+, sobre as transferências, refere-se à fixação de parâmetros para as autoridades de supervisão, dispostos nos parágrafos quinto e sexto do tratado internacional em questão.

O que fica evidenciado a partir da exposição dos dois documentos internacionais é uma evolução no sentido de uniformizar padrões jurídicos de proteção de dados pessoais. As atualizadas Diretrizes da OCDE ainda subsistem como indicações não obrigatórias que determinam princípios, ao passo que a Convenção 108+ tem caráter obrigatório entre as partes que aderem a ela. Nesse sentido, o quadro jurídico internacional evoluiu, apesar de suas linhas gerais terem se mantido inalteradas.[32] O estabelecimento de normas jurídicas, como a Convenção 108+, que impõem padronizações de sistemas de proteção, tal como a fixação obrigatória da existência de uma autoridade nacional de supervisão, parece demonstrar um caminho claro de internacionalização da modelagem europeia de proteção de dados pessoais. Não obstante, um problema subsiste. A tradição de proteção à privacidade, na modelagem dos Estados Unidos da América, é bem diferente do modelo europeu. Em razão dessas diferenças, foi necessária a criação do "acordo de porto seguro" (*Safe Harbor Agreement*), que será o próximo tema deste capítulo.

1.1 O *Safe Harbor Agreement* entre os Estados Unidos da América e a União Europeia

O ponto de partida para a formulação da estrutura do "acordo de porto seguro" (*Safe Harbor Agreement*) reside na Diretiva 95/46/CE, cujos artigos 25.º e 26.º fixavam que a transferência de dados pessoais para países terceiros, ou seja, para países externos à União Europeia, somente seria lícita se observasse os padrões fixados naquela norma jurídica. Seguindo a lógica de uma Diretiva, os diversos Estados-membros tiveram vinte e quatro meses para transpor

---

[29] Desde já deve ser advertido que os aspectos de proteção de dados pessoais para investigações policiais e criminais não serão tratados neste texto por ausência de espaço. Para uma análise curta: VERONESE, Alexandre. The US CLOUD Act and EU Law. *UNIO EU Law Journal: the official blog*, 15 nov. 2018. Disponível em: https://officialblogofunio.com/2018/11/15/the-us-cloud-act-and-eu-law.

[30] O *CLOUD Act* modificou trechos do Título 18 (*Crimes and Criminal Procedure; and Appendix*) e do Título 47 (Telecommunications Law) do US Code. Cf. ESTADOS UNIDOS DA AMÉRICA. House of Representatives. *US Code*. Disponível em: https://uscode.house.gov/.

[31] URUGUAI. Centro de Información Oficial. *Ley n.º 18.331*: Ley de protección de datos personales, 18 ago. 2008. Disponível em: https://www.impo.com.uy/bases/leyes/18331-2008.

[32] HOWARD PATRICK, P. Privacy restrictions on transnational data flows: a comparison of the Council of Europe Draft Convention and OECD Guidelines. *Jurimetrics Journal*, v. 21, n. 4, p. 405-420, 1981.

aquelas normas aos seus ordenamentos jurídicos nacionais. Assim, por exemplo, Portugal editou a Lei 67/1998, publicada em 26 de outubro de 1998. Essa Lei substituiu as duas leis anteriores que regulavam a matéria: Lei 10/1991 (Lei de proteção de dados pessoais face à informática) e a Lei 28/1994 (Lei de medidas de reforço da proteção de dados pessoais). O mesmo ocorreu com os vários outros Estados-membros da União Europeia. Assim, tão logo a Diretiva começou a ter eficácia nos ordenamentos jurídicos dos Estados-membros, houve uma conclusão técnica da União Europeia, que desqualificava os Estados Unidos da América como um destino seguro aos dados pessoais oriundos da União Europeia.[33]

Uma parte da literatura indicará que existem duas culturas jurídicas nos dois lados do Atlântico Norte.[34] Nos Estados Unidos da América, a construção jurídica submete o tema sob o conceito de privacidade. O conceito norte-americano de privacidade teria sido uma continuada evolução em prol do fortalecimento da proteção dos cidadãos contra a interveniência estatal. Por outro lado, é claro que também há regulação e proteção da privacidade em face de relações jurídicas entre particulares. Todavia, elas encontram fontes jurídicas diversas. Essas fontes terão amparo, principalmente, no direito civil, fortemente influenciado pela interpretação da *Common Law*, tendo a forma de indenizações por violação às cláusulas de responsabilidade contratual ou em razão de violações em situações extracontratuais. Em síntese, o direito constitucional e o direito público dos Estados Unidos da América seriam pouco intervenientes no contexto geral nesse tema, ao contrário do que ocorria na União Europeia.[35] Apenas algumas áreas teriam intervenção específica, como as telecomunicações, nas quais são vigentes várias disposições legais sobre privacidade nas comunicações. Outras áreas comerciais teriam regulação específica (setorial), todavia, de caráter autorregulatório. Por fim, há ainda iniciativas esparsas dos Estados, como o California Consumer Privacy Act, de 2018, inserido no Código Civil daquele Estado, além de outras leis estaduais.[36]

Nos países europeus a situação era bem diversa e a intervenção estatal na proteção dos dados pessoais era efetivada pela atuação estatal em relação aos particulares. Tal proteção foi alçada ao patamar de obrigação dos Estados perante os cidadãos, no decorrer de décadas de evolução na cultura jurídica daqueles países. Assim, ao longo dos anos 70 e 80 do século passado, foram criadas várias leis nacionais, como a Lei de Informática e Liberdades, da França (1978).[37] Essas leis nacionais obrigavam que os particulares deviam apresentar determinada

---

[33] UNIÃO EUROPEIA. *Working Party*. Opinion 1/99 concerning the level of data protection in the United States and the ongoing discussions between the European Commission and the United States Government (5092/98/EN/final/WP15), 26 jan. 1999. Disponível em: https://ec.europa.eu/justice/article-29/documentation/opinion-recommendation/files/1999/wp15_en.pdf.

[34] SWIRE, Peter P.; LITAN, Robert E. *None of your business*: world data flows, electronic commerce, and the European privacy directive. Washington: Brookings Institution Press, 1998; GELLMAN, Robert M. Can privacy be regulated effectively on a national level? Thoughts on the possible need for international privacy rules. *Villanova Law Review*, v. 41, p. 129-172, 1996. Disponível em: https://digitalcommons.law.villanova.edu/vlr/vol41/iss1/2/.

[35] FROMHOLZ, Julia M. The European Union data privacy directive. *Berkeley Technology Law Journal*, v. 15, n. 1, p. 461-484, 2000. Disponível em: https://scholarship.law.berkeley.edu/btlj/vol15/iss1/23/.

[36] ESTADOS UNIDOS DA AMÉRICA. National Conference of State Legislatures. *State laws relating to Internet privacy*, 27 jan. 2020. Disponível em: https://www.ncsl.org/research/telecommunications-and--information-technology/state-laws-related-to-internet-privacy.aspx.

[37] FRANÇA. Loi n.º 78-17 du 6 janvier 1978 relative à l'informatique, aux fichiers et aux libertés. *Journal Officiel de la République Française*, 7 jan. 1978. Disponível em: https://www.legifrance.gouv.fr/affichTexte.do?cidTexte=JORFTEXT000000886460.

PARTE III · Cap. 35 · TRANSFERÊNCIAS INTERNACIONAIS DE DADOS PESSOAIS | 709

conformidade de comportamento em relação aos outros, assim como que os Estados deveriam proteger seus cidadãos. O ponto cultural central de diferença refere-se à própria construção do conceito de proteção dos dados pessoais, que é consolidado como um direito subjetivo diverso do direito de proteção à privacidade, tal como se pode ler nos artigos 8.º e 9.º da Carta de Direitos Fundamentais da União Europeia, datada de 2000.[38]

Tão logo a situação se tornou um impedimento para o desenvolvimento do comércio e das demais relações entre os Estados Unidos da América e a União Europeia,[39-40] começaram a ser realizadas tratativas entre os dois lados do Atlântico Norte com o objetivo de estabelecer um "porto seguro" aos dados pessoais dos cidadãos europeus.[41] Um papel destacado no debate foi atribuído ao Grupo de Trabalho do artigo 29.º, previsto pela Diretiva 95/46/CE como um órgão consultivo e técnico da Comissão Europeia.[42] A referida negociação terminou por ser concluída em 2000, com a publicação da Decisão 2000/520/EC, por meio da qual a Comissão Europeia aprovou os parâmetros para o "porto seguro".[43] Assim, a Decisão em questão determinou que os Estados-membros da União Europeia deveriam considerar lícitas as remessas de dados e de informações pessoais dos seus cidadãos nacionais, em razão da aplicabilidade pelo governo nacional dos Estados Unidos da América dos sete princípios do "porto seguro". O primeiro princípio referia-se ao aviso (informação). Ele dispunha que uma organização

---

[38] UNIÃO EUROPEIA. Carta dos Direitos Fundamentais da União Europeia (2000/C 364/01). *Jornal Oficial das Comunidades Europeias*, Bruxelas, 18 dez. 2000. Disponível em: http://www.europarl.europa. eu/charter/pdf/text_pt.pdf.

[39] UNIÃO EUROPEIA. Comissão das Comunidades Europeias. *Globalisation and the information society*: the need for strengthened international coordination COM(1998) 50 final. Bruxelas, 4 fev. 1998. Disponível em: https://eur-lex.europa.eu/legal-content/EN/TXT/PDF/?uri=CELEX:51998DC0050&-qid=1564075517707.

[40] UNIÃO EUROPEIA. Comissão das Comunidades Europeias. *The new transatlantic marketplace COM(1998) 125 final*. Bruxelas, 11 mar. 1998. Disponível em: https://eur-lex.europa.eu/legal-content/EN/TXT/PDF/?uri=CELEX:51998DC0125&qid=1564075517707.

[41] HEISENBERG, Dorothee. *Negotiating privacy*: the European Union, the United States, and personal data protection. Boulder, CO: Lynne Rienner Publishers, 2005.

[42] "Artigo 29.º Grupo de proteção das pessoas no que diz respeito ao tratamento de dados pessoais [...]. 1. É criado um Grupo de proteção das pessoas no que diz respeito ao tratamento de dados pessoais, a seguir designado 'grupo'. O grupo tem carácter consultivo e é independente. 2. O grupo é composto por um representante da autoridade ou autoridades de controlo designadas por cada Estado-membro, por um representante da autoridade ou autoridades criadas para as instituições e organismos comunitários, bem como por um representante da Comissão. Cada membro do grupo será designado pela instituição, autoridade ou autoridades que representa. Sempre que um Estado-membro tiver designado várias autoridades de controlo, estas nomearão um representante comum. O mesmo acontece em relação às autoridades criadas para as instituições e organismos comunitários. [...]. 7. O grupo analisará as questões inscritas na ordem de trabalhos pelo seu presidente, que por iniciativa deste, quer a pedido de um representante das autoridades de controlo, quer ainda a pedido da Comissão." Cf. UNIÃO EUROPEIA. Diretiva 95/46/CE do Parlamento Europeu e do Conselho, 24 out. 1995, relativa à proteção das pessoas singulares no que diz respeito ao tratamento de dados pessoais e à livre circulação desses dados. Disponível em: https://eur-lex.europa.eu/legal-content/PT/TXT/HTML/?uri=CELEX:31995L0046.

[43] UNIÃO EUROPEIA. Comissão das Comunidades Europeias. 2000/520/CE: Decisão da Comissão, de 26 de Julho de 2000, nos termos da Directiva 95/46/CE do Parlamento Europeu e do Conselho e relativa ao nível de protecção assegurado pelos princípios de "porto seguro" e pelas respectivas questões mais frequentes (FAQ) emitidos pelo Department of Commerce dos Estados Unidos da América. *Jornal Oficial*, Bruxelas, 25 ago. 2000, p. 7-47. Disponível em: https://eur-lex.europa.eu/legal-content/PT/TXT/HTML/?uri=CELEX:32000D0520.

– pública ou privada – deveria informar os cidadãos sobre as finalidades da coleta e da utilização dos dados pessoais, bem como sobre os meios de contato na relação e sobre a eventual remessa para terceiros. O segundo princípio dizia respeito à escolha (opção), ou seja, dar a opção clara ao cidadão de que os seus dados pessoais seriam usados, bem como fornecer a opção negativa, caso houvesse uma mudança nas finalidades da coleta inicial. O terceiro princípio fazia menção à retransmissão dos dados pessoais, a qual deveria ser precedida de aviso e escolha, bem como o compromisso da organização de não retransmitir os dados e informações pessoais para terceiros inadequados aos princípios do "porto seguro" e da Diretiva 95/46/EC. O quarto princípio concernia à segurança e à obrigação das organizações dos Estados Unidos da América de manterem sistemas razoáveis contra a perda, a utilização indevida ou, ainda, o acesso, a revelação, a alteração e a destruição, quando não autorizados. O quinto princípio tratava da integridade dos dados e das informações pessoais, a qual se reforçava pela vedação ao tratamento desviado da finalidade original, bem como pela mantença deles de forma exata, completa e atualizada. O sexto princípio reportava-se ao direito de acesso dos cidadãos aos seus dados pessoais coletados, que se tripartia na possibilidade de retificação, alteração ou de eliminação de informações inexatas. Havia duas salvaguardas que se referiam aos custos da operação em cotejo aos danos potenciais do cidadão, bem como a ponderação de riscos a interesses legítimos de terceiros. Por fim, o sétimo princípio relacionava-se à aplicação. Ele obrigava a existência de procedimento de proteção efetivo nas organizações, relativo à vida privada. Todavia, o "porto seguro" continha ainda uma enorme gama de questões técnicas, jurídicas e econômicas.[44]

A aplicação dos princípios nunca foi pacífica e tranquila. Ao acessar os estudos jurídicos da época, é possível localizar opiniões como a de Christopher Kuner, que indicava que a aplicação do "porto seguro" por parte das empresas de comércio eletrônico era uma atividade tão referida à gestão de riscos quanto relativa à aplicação de padrões legais e de conformidade.[45] Por outro lado, havia autores que evidenciaram o papel dos Estados – ao contrário da literatura que considerava o setor privado como motor de uma nova regulação transnacional – em construir uma regulação harmonizada e efetiva para o comércio eletrônico, vinda de tradições institucionais e jurídicas distintas.[46-47] Uma importante conclusão – ainda bastante atual – é saber, a partir de informações empíricas, se a construção de um padrão internacional significará, em matéria de proteção ou outro valor aferível, uma corrida para o fundo (proteção menor) ou para o topo (proteção maior). A pesquisa de William J. Long e Marc P. Quek testa essa hipótese e conclui que, no caso do "porto seguro", houve uma convergência cooperativa entre as duas tradições, a qual teria maximizado a possibilidade de proteção.[48] A questão central é que esses processos de cooperação regulatória envolvem marchas e contramarchas,

---

[44] ASSEY JR., James M.; ELEFTHERIOU, Demetrios A. The EU-US privacy safe harbor: smooth sailing or troubled waters. *CommLaw Conspectus*, v. 9, p. 145-158, 2001. Disponível em: https://scholarship.law.edu/commlaw/vol9/iss2/3/.

[45] KUNER, Christopher. Beyond Safe Harbor: European data protection law and electronic commerce. *The International Lawyer*, v. 35, n. 1, p. 79-88. Disponível em: https://scholar.smu.edu/til/vol35/iss1/8/.

[46] FARRELL, Henry. Constructing the international foundations of e-commerce: the EU-US Safe Harbor Arrangement. *International Organization*, v. 57, n. 2, p. 277-306, 2003.

[47] REGAN, Priscilla M. Safe harbors or free frontiers? Privacy and transborder data flows. *Journal of Social Issues*, v. 59, n. 2, p. 263-282, 2003.

[48] LONG, William J.; QUEK, Marc P. Personal data privacy protection in an age of globalization: the US-EU safe harbor compromise. *Journal of European Public Policy*, v. 9, n. 3, p. 325-344, 2002.

PARTE III · Cap. 35 · TRANSFERÊNCIAS INTERNACIONAIS DE DADOS PESSOAIS | 711

como ficará claro no próximo tópico, que descreverá a queda do acordo havido entre a União Europeia e os Estados Unidos da América.

1.2 A queda do *Safe Harbor Agreement* e o início de um novo momento no debate mundial da proteção de dados pessoais

O "acordo de porto seguro", contudo, não conseguiu ser mantido. Já havia um movimento de cidadãos na Europa incomodado com a prevalência das empresas gigantes da Internet e com o aparecimento de um enorme mercado de coleta de metadados. Não obstante, o ponto final no processo de derrocada do *Safe Harbor Agreement* ocorreu com as revelações jornalísticas do caso PRISM – nome do programa de computador e do sistema eletrônico de coleta – ou de Edward Snowden, em 2013. Todavia, há uma questão jurídica que estava no centro do debate: o estatuto jurídico aplicável aos metadados dos usuários, seja nos Estados Unidos da América, seja na União Europeia. O direito federal dos Estados Unidos da América determina a retenção dos conteúdos e dos metadados pelas empresas, em razão da possibilidade de que eles sejam demandados por órgãos de segurança. A obrigação deriva da subseção (a) da Seção 2.703 do Título 18 do *United States Code* ("Crimes and Criminal Procedure; and Appendix"). Essa Seção é uma parte do *Stored Communications Act*, de 1986, que, por conseguinte, era uma parte do *Electronic Communications Privacy Act*. O objetivo dessa lei federal era atualizar, ao mundo eletrônico, as regras de intercepção de comunicações no direito federal estatutário dos Estados Unidos. A subseção (a) da Seção 2.703 determina que uma entidade governamental – seguindo diversos ritos legais específicos – pode demandar os conteúdos armazenados por até cento e oitenta dias. Cabe frisar que, salvo em casos excepcionais e previstos na própria Seção 2.703 do Título 18, a obtenção desses dados pessoais, sem a ciência do interessado, exige a concessão de um *Warrant*, que é uma ordem judicial qualificada em consonância com os termos da Quarta Emenda da Constituição dos Estados Unidos da América. No tocante aos registros de serviços de conexão e de sessões de telefonia ou computação – metadados –, eles são regulados pela subseção (c) da Seção 2.703 e podem ser obtidos pelos órgãos governamentais por uma pluralidade de meios.[49]

No caso da União Europeia, depois de muita polêmica, o Parlamento e o Conselho acabaram por aprovar a Diretiva 2006/24/CE que, em sintonia com o direito dos Estados Unidos, também determinava a retenção de dados e de registros por cento e oitenta dias, de acordo com o seu artigo 6.º. A lista dos dados (registros) estava no artigo 5.º do Diretiva e era muito similar àquela da subseção (c) da Seção 2.703 do Título 18. Essa Diretiva da União Europeia vigorou por alguns anos apenas. Em 2014, o Tribunal de Justiça da União Europeia considerou a Diretiva 2006/24/CE contrária aos artigos 7.º, 8.º e 52.º (n. 1) da Carta dos Direitos Fundamentais.[50] Isso ocorreu no Acórdão dos processos C-293/12 e C-594/12, também conhecido como *Digital Rights Ireland*. O interessante é que o Acórdão do Tribunal de Justiça, de abril de 2014, modificou o entendimento anterior, pois o mesmo órgão judiciário havia negado – no

---

[49]   ESTADOS UNIDOS DA AMÉRICA. House of Representatives. *US Code*: Title 18, Section 2703. Disponível em: https://uscode.house.gov/.

[50]   UNIÃO EUROPEIA. Tribunal de Justiça. *Acórdão (Grande Seção) de 8 abr. 2014*: Digital Rights Ireland Ltd contra Minister for Communications, Marine and Natural Resources e outro e Kärntner Landesregierung e outro (processos apensos C-293/12 e C-594/12). Disponível em: https://eur-lex.europa.eu/legal-content/pt/TXT/?uri=CELEX%3A62012CJ0293.

Processo C-301/06 – o Recurso de Anulação ajuizado pela Irlanda contra a mesma Diretiva.[51] Parece evidente que as revelações do caso PRISM exerceram um grande impacto na opinião pública e no sistema político e jurídico da União Europeia. Afinal, a coleta, em larga escala, de informações se utilizava exatamente de sistemas de análise de metadados.[52] O Tribunal de Justiça declarou que a

> "[...] Diretiva 2006/24/CE do Parlamento Europeu e do Conselho, de 15 de março de 2006, relativa à conservação de dados gerados ou tratados no contexto da oferta de serviços de comunicações eletrônicas publicamente disponíveis ou de redes públicas de comunicações, e que altera a Diretiva 2002/58/CE, é inválida [...]."[53]

O *Safe Harbor Agreement* foi finalizado, em definitivo, com o julgamento, em 2015, do processo C-362/14, conhecido como "Caso Schrems", em razão de ter sido iniciado pela ação do ativista Maximillian Schrems.[54-55] O Tribunal de Justiça apreciou a Decisão 2000/520/CE,[56] que fixou o acordo entre os Estados Unidos da América e a União Europeia, em uma controvérsia sobre a proteção de dados pessoais – por meio das autoridades nacionais de controle –, pelo prisma da Diretiva 95/46/CE e da Carta dos Direitos Fundamentais da União Europeia. A conclusão do Tribunal foi a de que a Decisão 2000/520/CE erodia o poder das referidas autoridades administrativas, ao delegar tal função de proteção aos Estados Unidos da América, sem, contudo, firmar um sistema de conformidade e salvaguardas acessível aos cidadãos europeus.[57]

Todavia, os citados julgamentos de 2014 e de 2015 do Tribunal de Justiça da União Europeia não terminaram com esse debate político e jurídico. Vários países da União mantiveram ou introduziram leis com previsão para acesso aos metadados nos seus sistemas jurídicos

---

[51] UNIÃO EUROPEIA. Tribunal de Justiça. *Acórdão (Grande Seção) de 10 fev. 2009*: Irlanda contra Parlamento Europeu e Conselho da União Europeia (Recurso de anulação) (processo C-301/06). Disponível em: https://eur-lex.europa.eu/legal-content/PT/TXT/?uri=CELEX%3A62006CJ0301.

[52] GUILD, Elspeth; CARRERA, Sergio. The political and judicial life of metadata: Digital Rights Ireland and the trail of the data retention directive. *CEPS Liberty and Security in Europe Papers*, n. 65, maio 2014. 17 p.

[53] UNIÃO EUROPEIA. Tribunal de Justiça. *Acórdão (Grande Seção) de 8 abr. 2014*: Digital Rights Ireland Ltd contra Minister for Communications, Marine and Natural Resources e outro e Kärntner Landesregierung e outro (processos apensos C-293/12 e C-594/12). Disponível em: https://eur-lex.europa.eu/legal-content/pt/TXT/?uri=CELEX%3A62012CJ0293.

[54] OJANEN, Tuomas. Making the essence of fundamental rights real: the Court of Justice of the European Union clarifies the structure of fundamental rights under the Charter ECJ 6 October 2015, Case C-362/14. *European Constitutional Law Review*, v. 12, n. 2, p. 318-329, 2016.

[55] SILVA, Heraclides Sequeira dos Santos. A proteção de dados na era global: o caso Schrems. Dissertação (mestrado em direito, ciências jurídicas forenses), Orientador: Francisco Pereira Coutinho, Universidade Nova de Lisboa, 2017. Disponível em: https://run.unl.pt/bitstream/10362/20567/1/Silva_2017.pdf

[56] UNIÃO EUROPEIA: Comissão das Comunidades Europeias. 2000/520/CE: Decisão da Comissão, de 26 de julho de 2000, nos termos da Diretiva 95/46/CE do Parlamento Europeu e do Conselho e relativa ao nível de protecção assegurado pelos princípios de "porto seguro" e pelas respectivas questões mais frequentes (FAQ) emitidos pelo Department of Commerce dos Estados Unidos da América. *Jornal Oficial*, Bruxelas, *25 ago. 2000, p. 7-47. Disponível em*: https://eur-lex.europa.eu/legal-content/PT/TXT/HTML/?uri=CELEX:32000D0520.

[57] UNIÃO EUROPEIA. Tribunal de Justiça. *Acórdão (Grande Seção) de 6 out. 2015*: Maximillian Schrems contra Data Protection Commissioner (processo C-362/14). Disponível em: https://eur-lex.europa.eu/legal-content/PT/TXT/?uri=CELEX%3A62014CJ0362.

PARTE III · Cap. 35 · TRANSFERÊNCIAS INTERNACIONAIS DE DADOS PESSOAIS | 713

nacionais. A França promulgou, por exemplo, em 24 de julho de 2015, a Lei 2015-912, relativa a medidas de inteligência e segurança.[58] Essa Lei foi objeto de debate no Conselho Constitucional francês e, mesmo após esse teste judiciário, está vigente. Entre as várias medidas da Lei de 2015 está a possibilidade de coleta, após autorização administrativa, de metadados de conexão de sessões. O debate continua porque há um difícil e dinâmico equilíbrio na tensão entre a proteção de dados pessoais e da privacidade, por um lado, e o combate ao terrorismo e às redes internacionais de crime organizado, de outro. Com o fim do *Safe Harbor Agreement*, o mundo chegou a esse momento atual, no qual se estabelecem novos padrões para o debate sobre a proteção de dados pessoais. O debate é marcado pela aprovação do Regulamento Geral sobre a Proteção de Dados (RGPD) e pela criação do *Privacy Shield*, bem como pela ausência de uma solução clara acerca da proteção de dados pessoais no campo policial e criminal, representada pela Diretiva UE 2016/680[59] e pelo *CLOUD Act*.

2. O PANORAMA CONTEMPORÂNEO DA TROCA DE DADOS PESSOAIS POR SOBRE FRONTEIRAS

Esta seção do presente capítulo acerca do problema mundial das transferências de dados pessoais por sobre fronteiras se dividirá em três subseções. A primeira subseção é uma descrição do modelo extraído do RGPD da União Europeia. A segunda subseção relaciona-se com a construção do *Privacy Shield*, acordo entre os Estados Unidos da América e a União Europeia para substituir o *Safe Harbor Agreement*. Por fim, a terceira subseção tratará de analisar a legislação dos dois modelos da América Latina considerados, pela União Europeia, adequados com a Diretiva 95/46/CE: o caso da Argentina e do Uruguai. Na seção subsequente, será tratada a legislação brasileira.

2.1 O modelo das trocas por sobre fronteiras do Regulamento Geral a respeito da Proteção de Dados (RGPD, Regulamento UE 2016/679)

A decisão do Tribunal de Justiça da União Europeia no primeiro julgamento do "Caso Schrems" impôs uma agenda acelerada de políticas públicas com relação à proteção dos dados pessoais. Ela determinou, de imediato, um pronunciamento técnico e jurídico da Comissão Europeia no sentido de apontar alternativas práticas para não interromper o fluxo de dados pessoais entre os Estados-membros da União Europeia e os Estados Unidos da América.[60] Em paralelo à construção das bases de um novo acordo, denominado de *Privacy Shield* e que

---

58 FRANÇA. Loi n.º 2015-912 du 24 juillet 2015 relative au renseignement. Disponível em: https://www.legifrance.gouv.fr/affichTexte.do?cidTexte=JORFTEXT000030931899.

59 UNIÃO EUROPEIA. Diretiva (UE) 2016/680 do Parlamento Europeu e do Conselho, 27 abr. 2016, relativa à proteção das pessoas singulares no que diz respeito ao tratamento de dados pessoais pelas autoridades competentes para efeitos de prevenção, investigação, detecção ou repressão de infrações penais ou execução de sanções penais, e à livre circulação desses dados, e que revoga a Decisão-Quadro 2008/977/JAI do Conselho. *Jornal Oficial da União Europeia*, Bruxelas, 4 maio 2016, p. 89-131. Disponível em: https://eur-lex.europa.eu/legal-content/PT/TXT/?uri=CELEX%3A32016L0680.

60 UNIÃO EUROPEIA. Comissão Europeia. Comunicação da Comissão ao Parlamento Europeu e ao Conselho sobre a transferência de dados pessoais da UE para os Estados Unidos da América ao abrigo da Diretiva 95/46/CE na sequência do acórdão proferido pelo Tribunal de Justiça no processo C-362/14 (Schrems) COM (2015) 566 final. Bruxelas, 6 nov. 2015. Disponível em: https://eur-lex.europa.eu/legal-content/PT/TXT/?uri=CELEX%3A52015DC0566.

será detalhado na próxima subseção, houve a aprovação em maio de 2016 do RGPD e de uma sistemática mais detalhada para aprovação de decisões de adequação. Elas constam do Capítulo V do RGPD e se dividem por sete artigos (44.º ao 50.º). O primeiro artigo do Capítulo – 44.º – determina que somente poderá haver transferências de dados pessoais para um país terceiro e subsequente – algo comum nos fluxos –, se houver conformidade com os ditames do RGPD. Um erro comum – uma vez que é de difícil elucidação – é considerar que o RGPD protege somente os europeus ou aqueles que lá residem. A redação original do artigo 3.º, n. 2, do RGPD dispunha: "o presente regulamento aplica-se ao tratamento de dados pessoais de titulares residentes no território da União". Todavia, o RGPD foi retificado em 23 de maio de 2018 para constar que: "o presente regulamento aplica-se ao tratamento de dados pessoais de titulares que se encontrem no território da União".[61] Assim, mesmo não residentes que tenham os seus dados pessoais coletados para tratamento estarão, nos termos do RGPD, sob a jurisdição da União Europeia. Para além disso, o artigo 3.º, n. 1, determina que o RGPD tem alcance extraterritorial, pois fixa a sua aplicação: "independentemente de o tratamento ocorrer dentro ou fora da União". Por fim, se o tratamento ocorrer nalgum local no qual o direito nacional de um Estado-membro da União Europeia se aplicar, por força de algum tratado internacional, também incidirá o RGPD em atenção ao disposto do artigo 3.º, n. 3.

Para além desses casos de alcance direto do Direito da União Europeia, o Capítulo V postula um acesso jurídico indireto, o qual resolveria o problema experimentado pelo *Safe Harbor Agreement* no entender do Tribunal de Justiça da União Europeia. O RGPD fixa dois meios gerais para autorizar a transferência de dados pessoais para fora da União Europeia. O primeiro meio geral de autorização é a existência de uma decisão geral de adequação, prevista no artigo 45.º, n. 1 e n. 3. O segundo meio geral é a existência de garantias adequadas, tais como previstas no artigo 46.º, n. 2, alíneas "a", "b", "c", "d", "e" e "f". Essa localização de garantias adequadas não exige uma decisão posterior. As garantias adequadas também podem ser aferidas e identificadas por meio de uma decisão específica de uma autoridade nacional de proteção de dados, tal como fixado no artigo 46.º, n. 3, alíneas "a" e "b". Não havendo decisão de adequação da Comissão Europeia, nem identificação de garantias adequadas (de modo geral ou de modo específico), ainda existe a possibilidade de transferência com base em situações excepcionais, listadas no artigo 49.º, n. 1, alíneas "a", "b", "c", "d", "e", "f" e "g". As exceções são configuradas como derrogações à aplicação das regras gerais de aferição da licitude de transferência. O fluxograma da página posterior torna essa exposição bem mais clara e lógica.

Antes de detalharmos todos os casos específicos, vale considerar a importância das autoridades nacionais de controle de dados pessoais, bem como a sua necessária coordenação. O objetivo principal da coordenação entre as diversas autoridades nacionais dos Estados--membros da União Europeia é construir – com base na interação e nos casos concretos – um conjunto de regras jurídicas e técnicas uniformes. Para tanto, o RGPD impõe um dever – e um procedimento para atingi-lo – de coerência, consubstanciado artigo 63.º. Ainda, o RGPD prevê a criação de um Comitê Europeu para a Proteção de Dados, o qual já está em funcionamento.[62]

---

[61] UNIÃO EUROPEIA. Retificação do Regulamento (UE) 2016/679 do Parlamento Europeu e do Conselho, de 27 de abril de 2016, relativo à proteção das pessoas singulares no que diz respeito ao tratamento de dados pessoais e à livre circulação desses dados e que revoga a Diretiva 95/46/CE (Regulamento Geral sobre a Proteção de Dados). Bruxelas, 23 maio 2018. Disponível em: https://eur-lex.europa.eu/legal-content/PT/TXT/?uri=CELEX%3A32016R0679R%2802%29.

[62] UNIÃO EUROPEIA. Sobre o CEPD. Disponível em: https://edpb.europa.eu/about-edpb/about-edpb_pt.

PARTE III • Cap. 35 • TRANSFERÊNCIAS INTERNACIONAIS DE DADOS PESSOAIS | 715

Fluxograma de opções para aferir a licitude das transferências para outros países

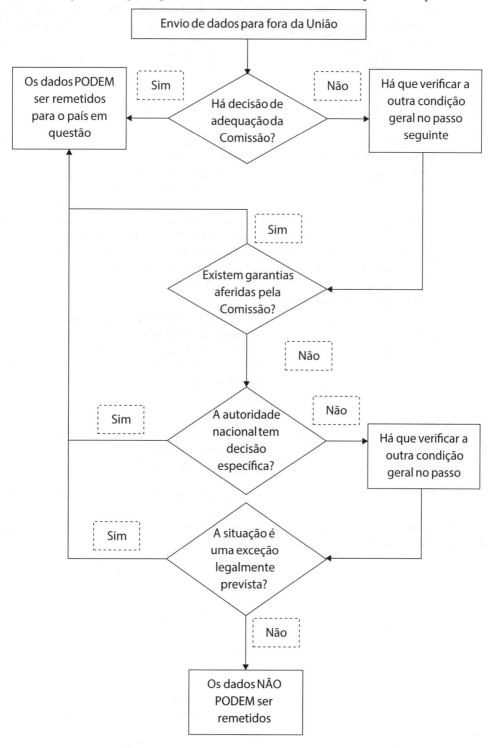

Fonte: Formulação do próprio autor.

716 | TRATADO DE PROTEÇÃO DE DADOS PESSOAIS

O primeiro sistema geral de autorização às transferências de dados pessoais é referido às decisões de adequação.[63-64] Para haver essa decisão geral, por parte da Comissão Europeia, o Estado estrangeiro precisa suprir algumas condições, que estão listadas nas três alíneas do artigo 46.º, n. 2:

"Artigo 46.º [...]

[...]

2. Ao avaliar a adequação do nível de proteção, a Comissão tem nomeadamente em conta os seguintes elementos:

a) O primado do Estado de direito, o respeito pelos direitos humanos e liberdades fundamentais, a legislação pertinente em vigor, tanto a geral como a setorial, nomeadamente em matéria de segurança pública, defesa, segurança nacional e direito penal, e respeitante ao acesso das autoridades públicas a dados pessoais, bem como a aplicação dessa legislação e das regras de proteção de dados, das regras profissionais e das medidas de segurança, incluindo as regras para a transferência ulterior de dados pessoais para outro país terceiro ou organização internacional, que são cumpridas nesse país ou por essa organização internacional, e a jurisprudência, bem como os direitos dos titulares dos dados efetivos e oponíveis, e vias de recurso administrativo e judicial para os titulares de dados cujos dados pessoais sejam objeto de transferência;

b) A existência e o efetivo funcionamento de uma ou mais autoridades de controlo independentes no país terceiro ou às quais esteja sujeita uma organização internacional, responsáveis por assegurar e impor o cumprimento das regras de proteção de dados, e dotadas de poderes coercitivos adequados para assistir e aconselhar os titulares dos dados no exercício dos seus direitos, e cooperar com as autoridades de controlo dos Estados-Membros; e

c) Os compromissos internacionais assumidos pelo país terceiro ou pela organização internacional em causa, ou outras obrigações decorrentes de convenções ou instrumentos juridicamente vinculativos, bem como da sua participação em sistemas multilaterais ou regionais, em especial em relação à proteção de dados pessoais".

A alínea "a" do artigo 46.º, n. 2, descreve a necessidade de que o país, sob avaliação, tenha atenção ao Estado de Direito em um sentido bem amplo. Há menção expressa com algumas preocupações específicas, tanto do ponto vista jurídico formal quanto material. É absolutamente relevante a existência de um sistema de proteção de dados pessoais, bem como meios de sua efetividade. A alínea "b" fixa a necessidade de existência de uma autoridade nacional ou sua sujeição a um tratado e a uma organização internacional – como o Conselho da Europa – que possa fazer valer os direitos à proteção de dados pessoais. As alíneas "a" e "b", portanto, estão mais focalizadas em elementos do direito interno do país sob análise, seja pelo prisma material, seja pelo formal. A alínea "c", por sua vez, determina a análise não somente do direito interno; ela focaliza a relação do país sob análise para com o sistema jurídico internacional. Assim, serão avaliados os tratados multilaterais e bilaterais, em especial aqueles sobre proteção de

---

[63] Essa sistemática guarda semelhança com aquela existente no marco jurídico da Diretiva de Proteção de Dados Pessoais: BU-PASHA, Shakila. Cross-border issues under EU data protection law with regards to personal data protection. *Information & Communications Technology Law*, v. 26, n. 3, p. 222, 2017.

[64] ROTH, Paul. Adequate level of data protection in third countries post-Schrems and under the General Data Protection Regulation. *Journal of Law, Information and Science*, v. 25, p. 49-67, 2017.

PARTE III · Cap. 35 · TRANSFERÊNCIAS INTERNACIONAIS DE DADOS PESSOAIS | **717**

dados pessoais que o país sob avaliação tenha ratificado. Essas avaliações serão periódicas – conforme os n. 3 e 4 do artigo 46.º – e poderão ser revogadas, alteradas ou suspendidas, nos termos do item 4.º do mesmo artigo.

Além do primeiro sistema geral, baseado na adequação do país de destino, existe a possibilidade de considerar lícitas as remessas de dados pessoais com base no rol de garantias adequadas.[65] As seis primeiras formam as garantias adequadas de caráter geral (previstas no n. 2 do artigo 47.º do RGPD). As duas, posteriores, referem-se a garantias adequadas de caráter específico (previstas no n. 3 do artigo 47.º do RGPD). Todas elas estão sistematizadas na tabela a seguir:

Tabela 1. Rol descritivo das modalidades de garantias adequadas

Tipo de garantias adequadas (gerais ou específicas)	
Instrumento jurídico com força vinculativa entre autoridades ou órgãos públicos (artigo 46.º, n. 2, "a").	Um contrato de troca de dados – inclusive pessoais – firmado entre dois órgãos setoriais de um país da União Europeia e um país não membro, que detalhe níveis adequados de proteção nas duas pontas.
Regras vinculativas aplicáveis às empresas (artigo 46.º, n. 2, "b").	Adesão da empresa – situada fora da União Europeia, ou com filiais externas – às regras previstas em detalhes no artigo 47.º do RGPD.
Cláusulas-tipo, aprovadas pela Comissão Europeia (artigo 46.º, n. 2, "c").	Essas cláusulas-tipo são fixadas pela Comissão Europeia em decisões.[66] A transferência deverá aderir aos termos das decisões, vinculando o controlador e o encarregado.
Cláusulas-tipo, aprovadas por autoridade nacional e homologada pela Comissão Europeia (artigo 46.º, n. 2, "d").	As cláusulas-tipo podem ter origem em uma autoridade nacional, com posterior homologação pela Comissão Europeia. A *Loi Informatique et libertés* (França) prevê tais cláusulas-tipo no artigo 124, por exemplo.[67]
Código de Conduta, acompanhado de compromisso válido (artigo 46.º, n. 2, "e").	A proposta de induzir uma autorregulação regulada encontra-se nos artigos 40.º e 41.º do RGPD. O objetivo é que diversos setores se agreguem por entidades representativas e criem normas obrigatórias de proteção aos dados pessoais que estejam em conformidade com o RGPD.[68]

---

[65] SCHWARTZ, Paul M. The EU-U.S. Privacy collision: a turn to institutions and procedures. *Harvard Law Review*, v. 126, p. 1966-2009, 2013. Disponível em: http://cdn.harvardlawreview.org/wp-content/uploads/pdfs/vol126_schwartz.pdf.

[66] UNIÃO EUROPEIA. Standard contractual clauses (SCC): standard contractual clauses for data transfers between EU and non-UE countries. Disponível em: https://ec.europa.eu/info/law/law-topic/data-protection/international-dimension-data-protection/standard-contractual-clauses-scc_en.

[67] Os artigos 123 e 124 preveem as disposições jurídicas nacionais da França para a transferência internacional de dados pessoais. Eles estão adaptados ao RGPD, por força da *Ordonnance* 2018-1125, de 12 dez. 2018. Cf. FRANÇA. Loi n.º 78-17 du 6 janvier 1978 relative à l'informatique, aux fichiers et aux libertés. *Journal Officiel de la République Française*, 7 jan. 1978. Disponível em: https://www.legifrance.gouv.fr/affichTexte.do?cidTexte=JORFTEXT000000886460.

[68] Ainda no marco jurídico da Diretiva, foi iniciada a produção de um Código de Conduta para provedores de serviços em nuvem (*cloud computing service providers*). Cf. UNIÃO EUROPEIA. Comissão Europeia. *Data Protection Code of Conduct for Cloud Service Providers*, 12 out. 2015. Disponível em: https://ec.europa.eu/digital-single-market/en/news/data-protection-code-conduct-cloud-service-providers. Esse Código de conduta está estabelecido e é aplicável, por adesão, para serviços que queiram se submeter a

Tipo de garantias adequadas (gerais ou específicas)	
Procedimento de certificação, acompanhado de compromisso válido (artigo 46.º, n. 2, "f").	Outra solução é produzir padrões técnicos e jurídicos que possam desembocar em sistemas de certificação, nos termos do artigo 42.º do RGPD.
Cláusulas contratuais não típicas, vinculantes aos participantes e intervenientes na transferência e que sejam aprovadas por uma autoridade nacional de controle (artigo 46.º, n. 3, "a").	Um bom exemplo seria um contrato que previsse essa transferência e vinculasse a proteção entre as diversas partes (titular, subcontratante, responsável etc.) e fossem aprovadas pela *Commission nationale de informatique et libertés* (França).
Disposições jurídicas vinculantes aos participantes e intervenientes na transferência, constantes de um acordo entre órgãos ou entidades estatais e que sejam aprovadas por uma autoridade nacional de controle (artigo 46.º, n. 3, "b").	Trata-se da mesma dinâmica do caso anterior, todavia construída para o uso de acordos entre órgãos estatais de um determinado setor específico. Deverá ser aprovada pela autoridade nacional e registrada nos assentamentos dos envolvidos.

Fonte: Formulação do próprio autor.

Por fim, além dos dois sistemas gerais de atribuição de licitude às transferências internacionais, existem as exceções.[69] Elas são derrogações às prescrições gerais do RGPD, já que fixam situações específicas e que precisarão ser apreciadas caso a caso. O primeiro conjunto de exceções está fixado nas alíneas do parágrafo 1.º do n. 1 do artigo 49.º do RGPD:

> "Artigo 49.º Derrogações para situações específicas
> [...]
> a) O titular dos dados tiver explicitamente dado o seu consentimento à transferência prevista, após ter sido informado dos possíveis riscos de tais transferências para si próprio devido à falta de uma decisão de adequação e das garantias adequadas;
> b) A transferência for necessária para a execução de um contrato entre o titular dos dados e o responsável pelo tratamento ou de diligências prévias à formação do contrato decididas a pedido do titular dos dados;
> c) A transferência for necessária para a celebração ou execução de um contrato, celebrado no interesse do titular dos dados, entre o responsável pelo seu tratamento e outra pessoa singular ou coletiva;
> d) A transferência for necessária por importantes razões de interesse público;
> e) A transferência for necessária à declaração, ao exercício ou à defesa de um direito num processo judicial;

---

essa regulação. Cf. EUROPEAN UNION CLOUD COC. About EU Cloud CoC. Disponível em: https://eucoc.cloud/en/about/about-eu-cloud-coc.html.

[69] Elas também são próximas daquelas que haviam sido fixadas pela Diretiva de Proteção de Dados Pessoais: BU-PASHA, Shakila. Cross-border issues under EU data protection law with regards to personal data protection. *Information & Communications Technology Law*, v. 26, n. 3, p. 223, 2017.

PARTE III · Cap. 35 · TRANSFERÊNCIAS INTERNACIONAIS DE DADOS PESSOAIS | **719**

f) A transferência for necessária para proteger interesses vitais do titular dos dados ou de outras pessoas, se esse titular estiver física ou legalmente incapaz de dar o seu consentimento;

g) A transferência for realizada a partir de um registo que, nos termos do direito da União ou do Estado-Membro, se destine a informar o público e se encontre aberto à consulta do público em geral ou de qualquer pessoa que possa provar nela ter um interesse legítimo, mas apenas na medida em que as condições de consulta estabelecidas no direito da União ou de um Estado-Membro se encontrem preenchidas nesse caso concreto".

Além das exceções, o RGPD define a possibilidade de ocorrer alguma exceção não prevista no parágrafo 1.º do n. 1. Assim, o parágrafo 2.º do n. 1 do artigo 49.º permite que haja a licitude da transferência se ela, concomitantemente: 1. não for repetitiva; 2. atingir apenas um grupo limitado de titulares; 3. for necessária aos interesses legítimos do responsável pelo tratamento, apenas se estes não forem superiores às garantias e liberdades dos indivíduos; e 4. tiver sua situação específica analisada e, em seguida, houverem sido dadas garantias adequadas.

O quadro jurídico construído pelo RGPD é robusto do ponto de vista lógico. Não obstante, ele somente poderá se manter assim, se obtiver resultados práticos que garantam o prometido nível de proteção aos dados pessoais com o qual se originou. A base do atual RGPD deriva do "Caso Schrems", do "Caso PRISM" e do "Caso Google Spain".[70] Todavia, a robustez do RGPD já entrou em teste em razão dos problemas experimentados pelas grandes empresas norte-americanas de serviços de Internet, como o Google e o Facebook. Na próxima seção, será analisado o *Privacy Shield*, acordo que substituiu o "acordo de porto seguro" após sua derrubada pelo Tribunal de Justiça da União Europeia.

2.2 Os fluxos comerciais e civis: o *Privacy Shield*

A queda do *Safe Harbor Agreement* gerou um problema grave nos dois lados do Atlântico Norte. A construção do *Privacy Shield* envolveu uma negociação,que precisou ser finalizada com um prazo bem mais curto do que se poderia imaginar.[71] A administração federal dos Estados Unidos da América estava sob o governo do Presidente Barack Obama no início das negociações, o que, de fato, ajudou bastante naquele momento. No entanto, o acordo final foi assinado já sob a administração de Donald Trump, em 2 de fevereiro de 2017. Após as revelações do "Caso PRISM", foi criado um grupo de trabalho para produzir relatórios sobre o tema, de forma que pudessem ser ofertadas soluções.[72] Segundo Paul M. Schwartz e

---

[70] A opção foi não tratar desse caso, uma vez que ele deve estar em análise por outro capítulo do presente livro. Cf. UNIÃO EUROPEIA. Tribunal de Justiça. *Acórdão (Grande Secção), 13 maio 2014*: Google Spain SL e Google Inc. contra Agencia Española de Protección de Datos (AEPD) e Mario Costeja González (processo C-131/12). Disponível em: https://eur-lex.europa.eu/legal-content/PT/TXT/?uri=CELEX%3A62012CJ0131.

[71] KUNER, Christopher. Reality and illusion in EU data transfer regulation post Schrems. *German Law Journal*, v. 18, n. 4, p. 881-918, 2017, p. 903. Disponível em: https://www.cambridge.org/core/journals/german-law-journal/article/reality-and-illusion-in-eu-data-transfer-regulation-post-schrems/0341A-0D14DC345730F9B48A496A968D3.

[72] ESTADOS UNIDOS DA AMÉRICA. The President's Review Group on Intelligence and Communications Technologies (Richard A. Clarke, Michael J. Morell, Geoffrey R. Stone, Cass R. Sunstein, Peter Swire). *The NSA Report*: liberty and security in a changing world. Princeton, NJ: Princeton University Press, 2014.

720 | TRATADO DE PROTEÇÃO DE DADOS PESSOAIS

Karl-Nikolaus Peifer, o governo Obama produziu um conjunto de políticas públicas, entre as quais se destaca a *Presidential Policy Directive*, de 17 jan. 2014.[73-74] Além de fixar uma aproximação maior com o marco jurídico e político da União Europeia, houve a tentativa de institucionalizar figuras para proteção da privacidade que não existiam nos Estados Unidos da América. A primeira delas é a criação de um *Privacy Shield Ombudsperson* (traduzido em português como Mediador para o Escudo de Proteção da Privacidade).[75] A segunda já existia; é o *Privacy and Civil Liberties Oversight Board* (Comitê para supervisão da privacidade e das liberdades civis), que funciona como uma entidade ligada ao governo federal, todavia com autonomia funcional.[76] Esse novo conjunto de medidas incluiu, ainda, a aprovação de uma grande revisão do *Patriot Act* e de outras leis que reforçaram o sistema de inteligência dos Estados Unidos da América após os atentados de 11 de setembro de 2001. A partir dessa construção mais ampla é que se pode compreender o *Privacy Shield*, sem recair no erro de acreditar que ele seria apenas uma mera renovação do acordo anterior. De fato, houve uma clara intenção de fortalecer a institucionalização de um sistema de proteção estatal, apesar dos limites que a tradição jurídica dos Estados Unidos da América impõe. Elas podem ser sumariadas de um relatório produzido pelo Congresso dos Estados Unidos. O relatório expõe quatro medidas. A primeira medida consubstanciar-se-ia em obrigações majoradas para as empresas norte-americanas que queiram transferir dados pessoais da Europa para os Estados Unidos. Isso envolveria reconhecer os direitos subjetivos desses titulares de dados pessoais. A segunda medida seria aumentar a supervisão das empresas pela *Federal Trade Commission* (FTC). A terceira medida seria adotar compromissos sólidos e monitorar os problemas com a Comissão Europeia, por meio de órgãos do governo federal, como o Departamento de Justiça, o Diretor de Inteligência Nacional e o Departamento de Comércio. A quarta medida seria feita por meio de cooperação. Seria garantido aos cidadãos europeus que as reclamações seriam processadas pelas empresas norte-americanas em, no máximo, quarenta e cinco dias. Ainda, as autoridades nacionais de proteção de dados, da Europa, poderiam exigir a interveniência da FTC para fazer cumprir os prazos. Além disso, o relatório mencionava outras providências como *Ombudsperson* do *Privacy Shield*, ligado ao Departamento de Estado, que serviria para supervisionar as agências federais de inteligência.[77] Vale transcrever parte da conclusão do texto de Paul M. Schwartz e Karl-Nikolaus Peifer. Eles oferecem um diagnóstico que evidencia a dificuldade de fazer convergir as duas tradições jurídicas, somando a isso os problemas políticos e econômicos que sempre surgem no horizonte do debate internacional:

---

[73] SCHWARTZ, Paul M.; PEIFER, Karl-Nikolaus. Transatlantic Data Privacy Law. *The Georgetown Law Journal*, v. 106, p. 115-179, 2017. Disponível em: https://georgetownlawjournal.org/articles/249/transa-tlantic-data-privacy-law.

[74] ESTADOS UNIDOS DA AMÉRICA. Casa Branca. *Presidential Policy Directive*: signals intelligence activities. Washington, DC: Obama White House Archives, 17 jan. 2014. Disponível em: https://obama-whitehouse.archives.gov/the-press-office/2014/01/17/presidential-policy-directive-signals-intelligence--activities.

[75] ESTADOS UNIDOS DA AMÉRICA. Departamento de Estado. *Privacy Shield Ombudsperson*: under Secretary for Economic Growth, Energy, and the Environment. Disponível em: https://www.state.gov/privacy-shield-ombudsperson.

[76] ESTADOS UNIDOS DA AMÉRICA. Privacy and Civil Liberties Oversight Board. History and mission. Washington, DC. Disponível em: https://www.pclob.gov.

[77] WEISS, Martin A.; ARCHICK, Kristin. *US-EU Data Privacy*: from Safe Harbor to Privacy Shield. Washington, DC: Congressional Research Service, 19 maio 2016. Disponível em: https://fas.org/sgp/crs/misc/R44257.pdf.

PARTE III · Cap. 35 · TRANSFERÊNCIAS INTERNACIONAIS DE DADOS PESSOAIS | 721

"Assim como o *Safe Harbor*, o *Privacy Shield* é mais bem compreendido como uma mistura de padrões da União Europeia com aqueles dos Estados Unidos. Após o "Caso Snowden" e o "Caso Schrems", a União Europeia pode empurrar o acordo final para ficar mais próximo aos seus princípios fundamentais. Ao mesmo tempo, os Estados Unidos puderam assinar o acordo porque ele continha versões diluídas de alguns dos princípios centrais da União Europeia sobre privacidade de dados. Ainda mais, muitos dos elementos do acordo geral ainda dependem de negociações futuras após o lançamento inicial dos mecanismos de supervisão. Consequentemente, os negociadores dos Estados Unidos assim puderam, com a consciência limpa, concordar com ele e acreditar no futuro processo colaborativo de produção de decisões com a União Europeia."[78]

Como é possível sintetizar, o atual acordo do *Privacy Shield* possui algumas mudanças relevantes em comparação com o antigo "acordo de porto seguro". Ele acabou por ser consolidado em uma decisão da Comissão Europeia, que considerou os Estados Unidos da América como um destino seguro para os dados pessoais oriundos dos países da União[79]. Não obstante, novamente, o "Caso Schrems" se impôs. O debate jurídico inicial, mais uma vez ocorreu na Irlanda. O Tribunal irlandês, após o advento do RGPD e do *Privacy Shield* houve por acatar um novo pedido de manifestação do Tribunal de Justiça da União Europeia, agora, sobre os termos do *Privacy Shield*. O Tribunal de Justiça da União Europeia houve por declarar inválida a referida decisão de adequação dos Estados Unidos da América, em acórdão de 16 de julho de 2020[80]. O principal motivo, no entender do Tribunal de Justiça se baseou na falta de condições dos Estados Unidos da América garantirem a vigência dos artigos 7º, 8º e 47º da Carta dos Direitos Fundamentais da União Europeia em face de eventuais ingerências das autoridades daquele país em dados pessoais recebidos no seu território e oriundos da Europa. Por tal prisma, o acórdão do Tribunal de Justiça menciona de forma expressa que os programas de monitoramento da área de segurança nacional dos Estados Unidos da América não ofereceriam salvaguardas ao tratamento dos dados pessoais, como a proporcionalidade e a limitação. Também, considerou que o mecanismo do *Privacy Shield Ombudsperson* não seria suficiente para proteger os titulares dos dados pessoais. O crucial seria a impossibilidade de que houvesse uma proteção judicial por parte desse órgão, uma vez que o mesmo não poderia se insurgir contra ações do próprio governo federal dos Estados Unidos da América. Em resumo, os tópicos 198 até 201 do acórdão são claros:

"198. (...) Ao declarar, no artigo 1º, nº 1, da Decisão BPD, que os Estados Unidos asseguram um nível de proteção adequado dos dados pessoais transferidos da União para organizações estabelecidas nesse país terceiro ao abrigo do Escudo de

---

[78] SCHWARTZ, Paul M.; PEIFER, Karl-Nikolaus. Transatlantic Data Privacy Law. *The Georgetown Law Journal*, v. 106, p. 115-179, 2017, p. 161. Disponível em: https://georgetownlawjournal.org/articles/249/transatlantic-data-privacy-law.

[79] UNIÃO EUROPEIA. Comissão Europeia. Decisão de Execução (UE) 2016/1250, 12 jul. 2016, relativa ao nível de proteção assegurado pelo Escudo de Proteção da Privacidade UE-EUA, com fundamento na Diretiva 95/46/CE. Disponível em: https://eur-lex.europa.eu/legal-content/PT/TXT/?uri=CELEX%3A32016D1250.

[80] UNIÃO EUROPEIA. Tribunal de Justiça. *Acórdão do Tribunal de Justiça (Grande Seção), 16 jul. 2020*: pedido de decisão prejudicial apresentado pela High Court (Irlanda) em 9 de maio de 2018 – Data Protection Commissioner / Facebook Ireland Limited, Maximillian Schrems (processo C-311/18). Disponível em: https://eur-lex.europa.eu/legal-content/PT/TXT/?uri=CELEX%3A62018CN0311.

Proteção da Privacidade União Europeia-Estados Unidos, a Comissão ignorou os requisitos resultantes do artigo 45º, nº 1, do RGPD, lido à luz dos artigos 7º, 8º e 47º da Carta. 199. Conclui-se que o artigo 1º da Decisão BPD é incompatível com o artigo 45º, nº 1, do RGPD, lido à luz dos artigos 7º, 8º e 47º da Carta, e que, por esta razão, é inválido. 200. Uma vez que o artigo 1º da Decisão BPD é indissociável dos artigos 2º a 6º e dos seus anexos, a sua invalidade tem por efeito afetar a validade desta decisão no seu todo. 201. Atendendo às considerações anteriores, há que concluir que a Decisão BPD é inválida[81]".

No entanto, o próprio Tribunal de Justiça forneceu uma solução para não inviabilizar o fluxo de dados pessoais. A negativa de validade da decisão de adequação, segundo o acórdão, será suprida pela aplicação das cláusulas-tipo, as quais, apesar de só vincularem as empresas, as tornam responsabilizáveis em Europa por eventuais infrações; em especial, a empresa exportadora dos dados pessoais. O futuro da forma de colaboração no Atlântico Norte, na temática da proteção à privacidade e aos dados pessoais, vai depender da efetividade dos mecanismos institucionais dos Estados Unidos da América, em especial de uma renovada atuação da FTC. Ou, de novos mecanismos institucionais que garantiam o direito de acesso à justiça contra eventuais ingerências do próprio governo dos Estados Unidos da América. Como foi frisado no acórdão do Tribunal de Justiça, os cidadãos americanos possuem a Quarta Emenda da Constituição daquele país como meio de proteção. Contudo, cidadãos estrangeiros, situados em outros países, ficariam sem proteção judicial. Por fim, o próprio imbróglio permite anotar que, além da pauta comercial e das relações privadas, existe outra agenda de proteção aos dados pessoais que precisa atenção. Ela se refere ao uso dos dados pessoais em investigações policiais e em processos criminais. Cabe mencionar que existe um debate jurídico – na parte policial e criminal – similar à cooperação entre os Estados Unidos da América e a União Europeia no *Privacy Shield*. Esse debate jurídico refere-se à compatibilidade entre dois padrões de cooperação. O primeiro foi fixado pela União Europeia na Diretiva UE 2016/680.[82] O segundo padrão é o fixado pelo *CLOUD Act* (*Clarifying Lawful Overseas Usage of Data Act*), inserido no direito federal estatutário norte-americano em março de 2018, após sua aprovação pelo Congresso e assinatura presidencial. Para a apreciação desse debate seria necessário, ainda, destrinchar o acordo vigente entre a União Europeia e os Estados Unidos da América em matéria de proteção de dados pessoais em questões policiais e criminais, de 2016,[83] bem como a Convenção de Budapeste sobre o cibercrime, do Conselho da Europa.[84]

---

[81] UNIÃO EUROPEIA. Tribunal de Justiça. *Acórdão do Tribunal de Justiça (Grande Seção), 16 jul. 2020*: pedido de decisão prejudicial apresentado pela High Court (Irlanda) em 9 de maio de 2018 – Data Protection Commissioner / Facebook Ireland Limited, Maximillian Schrems (processo C-311/18). Disponível em: https://eur-lex.europa.eu/legal-content/PT/TXT/?uri=CELEX%3A62018CN0311.

[82] UNIÃO EUROPEIA. Diretiva (UE) 2016/680 do Parlamento Europeu e do Conselho, 27 abr. 2016, relativa à proteção das pessoas singulares no que diz respeito ao tratamento de dados pessoais pelas autoridades competentes para efeitos de prevenção, investigação, detecção ou repressão de infrações penais ou execução de sanções penais, e à livre circulação desses dados, e que revoga a Decisão-Quadro 2008/977/JAI do Conselho. *Jornal Oficial da União Europeia*, Bruxelas, 4 maio 2016, p. 89-131. Disponível em: https://eur-lex.europa.eu/legal-content/PT/TXT/?uri=CELEX%3A32016L0680.

[83] UNIÃO EUROPEIA. Acordo entre os Estados Unidos da América e a União Europeia sobre a proteção dos dados pessoais no âmbito da prevenção, investigação, detecção e repressão de infrações penais, Documento 22016A1210(01). *Jornal Oficial da União Europeia*, Bruxelas, 10 dez. 2016, p. 3-13. Disponível em: https://eur-lex.europa.eu/legal-content/PT/TXT/?qid=1564075517707&uri=CELEX:22016A1210(01).

[84] CONSELHO DA EUROPA. *Treaty 185*: Convention on cybercrime. Budapeste, 23 nov. 2001. Disponível em: https://www.coe.int/en/web/conventions/full-list/-/conventions/treaty/185.

PARTE III · Cap. 35 · TRANSFERÊNCIAS INTERNACIONAIS DE DADOS PESSOAIS | **723**

Essa discussão, infelizmente, não poderá ser detalhada no presente texto em razão da falta de espaço.

A próxima subseção tratará do tema das transferências internacionais de dados pessoais nas leis nacionais da Argentina e do Uruguai.

2.3 Análise do tema em duas leis de proteção de dados pessoais da América Latina

Conforme mencionado anteriormente, a Comissão Europeia detém a competência de aprovar, ou não, a adequação de países que não sejam Estados-membros da União Europeia no que tange a sua adequação aos níveis de proteção requeridos pelo RGPD para transferências internacionais,[85] nos termos do artigo 46.º e dos *consideranda* 103 até 108. Esse tema era regulado pelos artigos 25.º e 26.º da Diretiva 95/46/CE. Assim, as decisões tomadas com base no diploma normativo anterior, segundo o *considerandum* 106, passam a ter um acompanhamento especial, estando – em princípio – mantidas. Apenas a Argentina e o Uruguai tinham – até o momento de revisão do presente texto, maio de 2020 – decisões favoráveis de adequação. Portanto, é importante relatar o caso desses dois países, apesar de outros Estados latino-americanos disporem de leis de proteção de dados pessoais. É importante frisar que as decisões de adequação desses dois países foram proferidas com base na Diretiva 95/46/CE e, portanto, serão revistas nos termos do RGPD.

A Lei Nacional 25.326, aprovada em 4 de outubro de 2000, bem como publicada no Boletim Oficial de 2 de novembro de 2000, é o diploma normativo da Argentina acerca da proteção de dados pessoais.[86] O artigo 12 da Lei 25.326/2000 trata das transferências internacionais. Ele dispõe de dois parágrafos. O primeiro parágrafo define ser vedada a transferência de dados pessoais de todo tipo – civis e penais, portanto – para países ou organismos nacionais e supranacionais que não apresentem níveis adequados de proteção. A proibição do primeiro parágrafo pode ser superada em cinco exceções. A primeira exceção é a colaboração judicial. A segunda exceção refere-se ao uso médico, seja para tratamento de um indivíduo ou para fins epidemiológicos, desde que – no último caso – sejam os dados pessoais tornados anônimos. A terceira exceção concerne aos dados pessoais em transferências bancárias ou de ações, somente no que tocante a elas, aplicando a legislação específica. A quarta exceção aplica-se à obrigatoriedade por força de tratados internacionais e, por fim, a quinta exceção diz respeito à obrigação decorrente da cooperação internacional em ações de combate ao crime organizado, ao terrorismo e ao narcotráfico.

Algumas ações recentes da Argentina merecem destaque. A primeira ação é a tentativa de atualização e melhoramento da Lei Nacional 25.326/2000.[87] A Lei Argentina foi regulamentada pelo Decreto 1.558/2001,[88] que, entre diversas disposições, criou a *Dirección*

---

[85] UNIÃO EUROPEIA. Comissão Europeia. Adequacy decisions: how the EU determines if a non-EU country has an adequate level of data protection. Disponível em: https://ec.europa.eu/info/law/law-topic/data-protection/international-dimension-data-protection/adequacy-decisions_en.

[86] ARGENTINA. Presidencia. Ley 25.326: Ley de protección de los datos personales. *Boletín Oficial*, Buenos Aires, 2 nov. 2000. Disponível em: http://www.saij.gob.ar/resultados.jsp?r=(numero-norma:25326).

[87] ARGENTINA. Presidencia. *Proyecto de Ley de Protección de Datos Personales*. Buenos Aires. Disponível em: https://www.argentina.gob.ar/aaip/datospersonales/proyecto-ley-datos-personales.

[88] ARGENTINA. Infoleg. *Decreto 1558/2001*: apruébase la reglamentación de la Ley n.º 25.326. Buenos Aires, 29 nov. 2001. Disponível em: http://servicios.infoleg.gob.ar/infolegInternet/anexos/70000-74999/70368/norma.htm.

Nacional de Protección de Datos Personales. Todavia, recentemente, apesar de não ter havido a desmobilização completa desse órgão, o Decreto 746/2017 modificou o artigo 19 da Lei Nacional argentina 27.275/2016 e criou a *Agencia de Acceso a la Información Pública.*[89] Com essa modificação, o Decreto em questão atribuiu a essa outra Agência as competências de aplicação da Lei 25.326/2000, ou seja, das ações para proteção de dados pessoais. Entre várias medidas, essa Agência expediu a Resolução 159/2018, que aprovou códigos de conduta para permitir a transferência internacional de dados pessoais em operações empresariais.[90] Essa é uma ação – entre um conjunto delas – que visa adaptar o marco regulatório daquele país ao RGPD.[91] Como explicitado no início desta seção, a Comissão Europeia já deliberou pelo reconhecimento da Argentina como um dos países que tem um regime de adequada proteção para transferências internacionais de dados pessoais,[92] apesar de ser relevante mencionar que haverá futura revisão.

No Uruguai, a Lei 18.338 foi promulgada em 11 de agosto de 2008 e publicada em 18 de agosto do mesmo ano.[93] A referida Lei foi regulamentada pelo Decreto 414/2009.[94] Essa Lei passou por diversas atualizações, tendo a mais recente ocorrido em janeiro de 2019.[95] A última atualização insere na lei uruguaia vários elementos típicos do RGPD: ampliação do alcance da lei uruguaia para tutelar situações extraterritoriais; criação e obrigação da função de encarregados (*delegados*) de proteção de dados (*data protection officer*), em entes públicos e privados; necessidade dos controladores (*responsables*) e dos encarregados de zelar pela proteção dos dados pessoais; obrigação destes de comunicar qualquer incidente de segurança. A autoridade de controle independente – *Unidad Reguladora y de Control de Datos Personales* (URCDP) – foi criada no Uruguai pelo artigo 31 da Lei 18.338/2008, tendo suas competências e linhas gerais sido fixadas pelos artigos 32 até 35 da mesma Lei, na sua versão atual. A sua estrutura foi definida pelo Decreto de regulamentação. O artigo 23 é o dispositivo legal que trata das transferências internacionais; ele se manteve intacto desde a versão original até o presente momento e é dividido em dois parágrafos (*incisos*). O primeiro parágrafo veda que haja a transferência de dados pessoais para países que não apresentem níveis de proteção

---

[89] ARGENTINA. Infoleg. *Decreto 746/2017*: modificación. Buenos Aires, 25 set. 2017. Disponível em: http://servicios.infoleg.gob.ar/infolegInternet/anexos/275000-279999/279940/norma.htm.

[90] ARGENTINA. Agencia de Acceso a la Información Pública. Resolución 159/2018, 05/12/2018. *Boletín Oficial de la República Argentina*, Buenos Aires, 22 jul. 2019. Disponível em: https://www.boletinoficial.gob.ar/detalleAviso/primera/197428/20181207.

[91] ARGENTINA. Presidencia. *Protección de datos en transferencias internacionales*, Buenos Aires, 7 dez. 2018. Disponível em: https://www.argentina.gob.ar/noticias/proteccion-de-datos-en-transferencias-internacionales.

[92] UNIÃO EUROPEIA. Comissão das Comunidades Europeias. 2003/490/CE: Decisão da Comissão, de 30 de junho de 2003, nos termos da Directiva 95/46/CE do Parlamento Europeu e do Conselho relativa à adequação do nível de protecção de dados pessoais na Argentina. *Jornal Oficial*, Bruxelas, 5 jul. 2003, p. 19-22. Disponível em: https://eur-lex.europa.eu/legal-content/PT/TXT/HTML/?uri=CELEX:32003D0490.

[93] URUGUAI. Centro de Información Oficial. *Ley n.º 18.331*: Ley de protección de datos personales, 18 ago. 2008. Disponível em: https://www.impo.com.uy/bases/leyes/18331-2008.

[94] URUGUAI. Centro de Información Oficial. *Decreto n.º 414/2009*: Reglamentacion de la Ley 18.331, relativo a la protección de datos personales. 15 set. 2009. Disponível em: https://www.impo.com.uy/bases/decretos/414-2009.

[95] URUGUAI. Unidad Reguladora y de Control de Datos Personales. Cambios recientes a legislación sobre protección de datos personales en Uruguay, 25 jan. 2019. Disponível em: https://www.gub.uy/unidad-reguladora-control-datos-personales/comunicacion/publicaciones/cambios-recientes-legislacion-sobre-proteccion-de-datos-personales-en.

adequados; tal vedação, contudo, é excepcionada nos mesmos cinco termos da legislação argentina, mencionada anteriormente (cooperação judicial internacional, intercâmbio de dados pessoais de caráter médico para atender a uma necessidade individual ou de saúde pública, transferências bancárias ou de ações, por força de tratados internacionais, para o combate ao crime organizado, terrorismo e/ou narcotráfico).

O segundo parágrafo (*inciso*) do artigo 23, todavia, difere da legislação argentina, uma vez que prevê a possibilidade de transferência internacional de dados pessoais em alguns casos, nos quais não haja uma decisão de adequação. O primeiro caso – alínea "A" – é permitido se houver um consentimento inequívoco. O segundo caso – alínea "B" – é a necessidade da transferência para providências pré-contratuais ou para a execução de um contrato entre o titular dos dados pessoais (*interessado*) e o controlador (*responsible*). O terceiro caso – alínea "C" – refere-se à necessidade de firmar ou de executar de um contrato, favorável ao titular dos dados pessoais, entre o controlador e um terceiro. O quarto caso – alínea "D" – diz respeito ao imperativo de que os dados pessoais sejam necessários para salvaguardar um interesse público relevante ou para o reconhecimento, exercício ou defesa de um direito em um procedimento administrativo ou judicial. O quinto caso – alínea "E" – relaciona-se ao imperativo da transferência dos dados pessoais para assegurar um interesse vital do titular. E, finalmente, o sexto caso – alínea "F" – ocorre quando os dados pessoais são oriundos de um registro público, por força de lei ou regulamento, o qual tenha sido criado em prol do acesso público, sendo aberto ou passível de abertura por qualquer interessado que cumpra as condições legais para sua consulta.

O terceiro parágrafo (*inciso*) do artigo 23 da Lei 18.338/2008 estabelece que a autoridade de controle independente – URCDP – pode autorizar a transferência internacional de dados pessoais para um país terceiro que não tenha níveis adequados de proteção, no caso do controlador (*responsible*) oferecer garantias de que "haverá respeito à vida privada, aos direitos e liberdades fundamentais das pessoas, assim como respeito ao exercício dos direitos respectivos". O quarto parágrafo (*inciso*) permite a possibilidade de transferência internacional para um país terceiro com nível inadequado de proteção, com base na autorização prévia da autoridade, desde que fundamentada em cláusulas contratuais adequadas.

A legislação uruguaia traz um elemento muito interessante para análise que é a aplicação do conceito de "international comity" para o estabelecimento de autorizações para as transferências internacionais de dados pessoais. O debate doutrinário sobre o que significa "comity", nos termos do direito doméstico, para permitir a realização de práticas de relações internacionais, é bastante amplo. No caso do direito dos Estados Unidos da América, explica William S. Dodge que o conceito de *comity* tem tido uma controversa compreensão pelos tribunais e pelos acadêmicos naquele país.[96] Por vezes, ele é considerado um conceito impreciso ou vago; às vezes, há a tendência de compreendê-lo como regras de direito internacional, quando ele só tem sentido prático se entendido pelo prisma do direito interno. No caso do trabalho desse autor, ele faz uma recensão de um amplo número de decisões judiciais e evidencia a utilidade do conceito de *comity* para viabilizar a fixação de regras nacionais – no caso dos Estados Unidos da América – para avaliar a possibilidade de interação internacional. O dado interessante da legislação uruguaia, por outro lado, refere-se ao fato de que ele utiliza uma definição próxima ao conceito de *comity* para propiciar transferências internacionais de dados pessoais para países inadequados, desde que a segurança seja ofertada pelo controlador, o qual não necessariamente será um ente estatal.

---

[96] DODGE, William S. International Comity in American Law. *Columbia Law Review*, v. 115, p. 2071-2141, 2015. Disponível em: https://columbialawreview.org/content/international-comity-in-american-law.

3. A LEGISLAÇÃO BRASILEIRA E A TROCA DE DADOS PESSOAIS EM PERSPECTIVA COMPARADA

A Lei 13.709/2018 (Lei Geral de Proteção de Dados Pessoais – LGPD) teve a oportunidade de usufruir da evolução dos padrões normativos da União Europeia e da evolução havida desde as primeiras leis nacionais de proteção de dados pessoais. Assim, ela pode incorporar elementos que se tornaram conhecidos desde a Diretiva 95/46/CE e que estão presentes no RGPD. Ela dedicou, portanto, quatro dispositivos ao tema das transferências internacionais de dados pessoais, com um grande nível de detalhamento, em sintonia com o RGPD. Assim como no RGPD, ela prevê um primeiro sistema de autorização de transferências internacionais de dados pessoais, baseado no "grau de proteção adequado". Essa é a primeira modalidade de autorização legal para as transferências internacionais de dados pessoais, prevista no artigo 33, I. A segunda modalidade geral está nas "garantias de cumprimento" (que são uma versão das "garantias adequadas" do RGPD, previstas no artigo 33, II). A LGPD prevê seis modos de assegurar "garantias de cumprimento" ou "garantias suficientes": a primeira é a existência de cláusulas contratuais específicas e adequadas ao regime jurídico brasileiro de proteção de dados pessoais; a segunda é a existência de cláusulas-padrão contratuais; a terceira é a adesão a normas corporativas globais, adequadas; a quarta é um selo de garantia ou uma certificação correspondente de adequação; a quinta é a adesão a um código de conduta regularmente emitido e reconhecido. Em similaridade com o RGPD, a LGPD traz, ainda, situações excepcionais, listadas nos incisos III ao IX do artigo 33.

A avaliação de adequação – ou de existência de um grau de proteção adequado – de um país estrangeiro ou de um organismo internacional poderá ser requerida por qualquer ente listado no artigo 1.º da Lei de Acesso à Informação (Lei 12.527/2011), segundo o parágrafo único do artigo 33 da LGPD. A avaliação de adequação observará critérios indicados no artigo 34 da LGPD assemelhados aos listados no artigo 45.º do RGPD:

> "Art. 34. O nível de proteção de dados do país estrangeiro ou do organismo internacional mencionado no inciso I do *caput* do art. 33 desta Lei será avaliado pela autoridade nacional, que levará em consideração:
>
> I – as normas gerais e setoriais da legislação em vigor no país de destino ou no organismo internacional;
>
> II – a natureza dos dados;
>
> III – a observância dos princípios gerais de proteção de dados pessoais e direitos dos titulares previstos nesta Lei;
>
> IV – a adoção de medidas de segurança previstas em regulamento;
>
> V – a existência de garantias judiciais e institucionais para o respeito aos direitos de proteção de dados pessoais; e
>
> VI – outras circunstâncias específicas relativas à transferência".

Os artigos 35 e 36 da LGPD tratam das "garantias suficientes". O legislador brasileiro não optou por incluir detalhes sobre essa modalidade geral de autorização. Ainda, diferentemente do RGPD, não estão detalhados os processos e os requisitos dos os códigos de conduta, das certificações e selos, nem das regras corporativas globais. Na LGPD também se não optou por restringir legalmente os detalhes sobre a apreciação dos contratos (as cláusulas-padrão e as cláusulas específicas). Assim, a opção foi firmar as "garantias suficientes" como uma competência exclusiva da Autoridade Nacional de Proteção de Dados, criada pela Lei 13.853/2019. Os seus detalhes serão objeto de regulamentação posterior, como está explícito no § 3.º do

PARTE III · Cap. 35 · TRANSFERÊNCIAS INTERNACIONAIS DE DADOS PESSOAIS | **727**

artigo 35 da LGPD. O último modo de autorização legal de transferências internacionais de dados pessoais está distribuído nos setes últimos incisos do artigo 33 da LGPD. Eles totalizam nove exceções:

> "III – quando a transferência for necessária para a cooperação jurídica internacional entre órgãos públicos de inteligência, de investigação e de persecução, de acordo com os instrumentos de direito internacional;
>
> IV – quando a transferência for necessária para a proteção da vida ou da incolumidade física do titular ou de terceiro;
>
> V – quando a autoridade nacional autorizar a transferência;
>
> VI – quando a transferência resultar em compromisso assumido em acordo de cooperação internacional;
>
> VII – quando a transferência for necessária para a execução de política pública ou atribuição legal do serviço público, sendo dada publicidade nos termos do inciso I do *caput* do art. 23 desta Lei;
>
> VIII – quando o titular tiver fornecido o seu consentimento específico e em destaque para a transferência, com informação prévia sobre o caráter internacional da operação, distinguindo claramente esta de outras finalidades; ou
>
> IX – quando necessário para atender as hipóteses previstas nos incisos II, V e VI do art. 7.º desta Lei".

O último inciso do artigo 33, ou seja, o inciso IX, lista três hipóteses nas quais haverá autorização legal para transferência dos dados pessoais. Elas derivam de três hipóteses previstas no artigo 7.º, como transcrito a seguir:

> "Art. 7.º [...]
>
> [...]
>
> II – para o cumprimento de obrigação legal ou regulatória pelo controlador;
>
> [...]
>
> V – quando necessário para a execução de contrato ou de procedimentos preliminares relacionados a contrato do qual seja parte o titular, a pedido do titular dos dados;
>
> VI – para o exercício regular de direitos em processo judicial, administrativo ou arbitral, esse último nos termos da Lei n.º 9.307, de 23 de setembro de 1996 (Lei de Arbitragem)";

Assim, ressalvada a opção prevista no inciso V do art. 33 da LGPD, todas as demais hipóteses são similares com exceções previstas no RGPD: os incisos III e VI fazem parelha com o artigo 48.º do RGPD; o inciso IV corresponde à alínea "f" do parágrafo 1.º do n. 1 do artigo 49.º do RGPD; o inciso VII tem similitude com as alíneas "d" e "g" do mesmo dispositivo do RGPD; o inciso VIII está alinhado com a alínea "a" dele; o inciso IX, combinado com os incisos II e VI do art. 7.º da LGPD, são similares à alínea "e" do parágrafo 1.º do n. 1 do artigo 49.º do RGPD, apesar de terem uma maior abrangência, pois incluem processos administrativos e arbitrais, além de indicarem o suprimento de obrigações legais e regulatórias; e, por fim, o inciso IX, combinado com o inciso V do artigo 7.º da LGPD, amoldam-se às alíneas "b" e "c" do parágrafo 1.º do n. 1 do artigo 49.º do RGPD, apesar de não indicarem a execução de um contrato, diferentemente do que está no RGPD. Do simples cotejo entre a LGPD e o RGPD é possível identificar, de forma geral, que a legislação brasileira tem a norma jurídica europeia como modelo.

CONCLUSÃO: A INCERTEZA EM RELAÇÃO AOS PADRÕES TÉCNICOS E JURÍDICOS PARA A TROCA DE DADOS PESSOAIS NO PLANO INTERNACIONAL

O presente capítulo desenhou um panorama detalhado de um problema complexo, que é a tentativa de compatibilização de sistemas nacionais para proteção de dados pessoais. No fundo, todas as propostas em marcha postulam a fixação normativa de padrões baseados em equivalência que "garantam níveis adequados de proteção". A complexidade do problema reside exatamente na fixação técnica – por um lado – e jurídica – de outro – do significado desses níveis. Em um texto antigo – 1999 –, posterior ao advento da Diretiva 95/46/CE, Joel R. Reidenberg considerava que o *Safe Harbor Agreement* era uma boa medida. Contudo, ele também propunha que os Estados Unidos da América deveriam criar alguma agência federal com o objetivo de garantir a proteção da privacidade, para se aproximar do modelo europeu. Ele indicava que o Departamento de Comércio daquele país não deteria a força e a competência técnica específica para desempenhar tal missão de proteção, assim como não seriam eficazes o Departamento de Estado – dirigido às relações internacionais – tampouco a *Federal Communications Commission*, em razão da sua especialização setorial, relacionada com a comunicação social e com as telecomunicações.[97]

No caso brasileiro, foi preciso vivenciar algumas crises internacionais até que o sistema político conseguisse produzir uma legislação específica sobre o assunto. A comunidade acadêmica, contudo, já defendia essa construção legal há muito. Danilo Doneda, em sua tese doutoral, defendeu explicitamente a construção de um sistema legal e institucional para proteção dos dados pessoais.[98] Em sua tese de doutorado, também Laura Schertel Mendes produziu um esforço analítico para estender o conceito de proteção à privacidade para a proteção dos dados pessoais.[99] Mesmo o problema da aplicação tecnológica da proteção de dados pessoais já era objeto da doutrina brasileira antes do advento da LGPD. Em texto de 2011, Mario Viola, Danilo Doneda e Norberto Nuno Gomes de Andrade indicavam o grande problema jurídico da mudança de finalidade no tratamento de dados pessoais coletados. Uma das soluções apontadas pelos autores era tentar impor a proteção por meio de sistemas técnicos focalizados em tornar não identificáveis os dados pessoais. Contudo, existem limitações técnicas para essa solução que tornam as prescrições jurídicas – ainda que de textura aberta – incertas em matéria de efetividade.[100] Está no passado o momento no qual a doutrina brasileira debatia o tema da proteção de dados pessoais somente com foco na interpretação sistemática da dogmática vigente ou com atenção ao direito comparado. A existência de uma legislação específica permitirá a evolução institucional desse debate técnico e jurídico no Brasil.

A LGPD ofertará, ainda, a possibilidade de debater uma questão central para o mundo contemporâneo: a exportação de institutos jurídicos; e a sua aclimatação local. Há autores, por exemplo, que são críticos acerca da pretensão do direito da União Europeia de fixar regimes

---

[97]   REIDENBERG, Joel R. Restoring Americans' Privacy in Electronic Commerce. *Berkeley Technology Law Journal*, v. 14, n. 2, p. 790-791, 1999.

[98]   DONEDA, Danilo. *Da privacidade à proteção de dados pessoais*. Rio de Janeiro: Renovar, 2006. p. 403-410.

[99]   MENDES, Laura Schertel. *Privacidade, proteção de dados e defesa do consumidor*: linhas gerais de um novo direito fundamental. São Paulo: Saraiva, 2014. p. 165-189.

[100]   VIOLA, Mario; DONEDA, Danilo; GOMES DE ANDRADE, Norberto Nuno. Dados anônimos e tratamento de dados para finalidades distintas: a proteção de dados pessoais sob uma ótica civil-constitucional. *In*: TEPEDINO, Gustavo (org.); FACHIN, Luiz Edson (org.). *Pensamento crítico do direito civil brasileiro*. Curitiba: Juruá, 2011. p. 197-214.

PARTE III · Cap. 35 · TRANSFERÊNCIAS INTERNACIONAIS DE DADOS PESSOAIS | **729**

transnacionais de proteção de dados pessoais, baseados na extraterritorialidade de aplicação do RGPD. Nesse sentido, Lianne Colona considera que essa pretensão colocaria em risco os incentivos que as empresas norte-americanas teriam de se filiar aos acordos entre os Estados Unidos e a União Europeia, seja do "acordo de porto seguro", seja do *Privacy Shield*. Ainda, segund autoria, caso isso ocorresse, haveria um estímulo à construção de rotas alternativas de regulação, tal como sistemas autônomos de resolução de conflitos.[101] Em sentido diverso, outros autores consideram positivo que a União Europeia aja como um motor de difusão de padrões disponíveis para adesão de outros países, tal como Michael D. Birnhack.[102] Assim, para Colin Bennett a convergência entre princípios e regras é possível e vai continuar a ocorrer; todavia, há que verificar que esse processo envolve dificuldades, uma vez que os conceitos técnicos e jurídicos de "nível adequado de proteção" não serão nunca uniformes.[103] No mesmo sentido, Beata A. Safari considera que o advento do RGPD repercutirá positivamente nos Estados Unidos em razão da relevância do debate transatlântico norte.[104] Ainda, em perspectiva similar, Tiffany Curtiss considera que o modelo do RGPD permitirá que os países em desenvolvimento possam fruir da oportunidade de fixar padrões de proteção de dados pessoais, se cooperarem com o setor privado para debelar outras questões de políticas públicas, tais como a eficiência judiciária e a existência de um bom ambiente institucional para o desenvolvimento social e econômico.[105] É possível, em síntese, traçar duas conclusões. A primeira é que a difusão da modelagem da União Europeia para proteção de dados pessoais permitiu o maior engajamento de diversos países do mundo nesse debate; e isso é uma evolução global do tema. A segunda conclusão é que a aprovação da LGPD e a futura Autoridade Nacional de Proteção de Dados estabelecem a possibilidade de o Brasil se integrar nesse debate global – em nível político, científico, tecnológico e doutrinário –, o que é relevante para o nosso país, bem como para a América Latina.

REFERÊNCIAS BIBLIOGRÁFICAS E JURÍDICAS

ARGENTINA. Agencia de Acceso a la Información Pública. Resolución 159/2018, 05/12/2018. *Boletín Oficial de la República Argentina*, Buenos Aires, 22 jul. 2019. Disponível em: https://www.boletinoficial.gob.ar/detalleAviso/primera/197428/20181207.

ARGENTINA. Infoleg. *Decreto 1558/2001*: apruébase la reglamentación de la Ley n.º 25.326. Buenos Aires, 29 nov. 2001. Disponível em: http://servicios.infoleg.gob.ar/infolegInternet/anexos/70000-74999/70368/norma.htm.

ARGENTINA. Infoleg. *Decreto 746/2017*: modificación. Buenos Aires, 25 set. 2017. Disponível em: http://servicios.infoleg.gob.ar/infolegInternet/anexos/275000-279999/279940/norma.htm.

---

[101] COLLONA, Liane. Article 4 of the EU Data Protection Directive and the irrelevance of the EU–US Safe Harbor program? *International Data Privacy Law*, v. 4, n. 3, p. 203-221, 2014.

[102] BIRNHACK, Michael D. The EU Data Protection Directive: an engine of a global regime. *Computer Law & Security Report*, v. 24, n. 6, p. 508-520, 2008. Disponível em: https://papers.ssrn.com/sol3/papers.cfm?abstract_id=1268744.

[103] BENNETTT, Colin J. The European GDPR: an instrument for the globalization of privacy standards? *Information Polity*, v. 23, p. 239-246, 2018. Disponível em: https://pdfs.semanticscholar.org/3813/041f-c44467933d64c54c3e39a467c2be63c3.pdf.

[104] SAFARI, Beata A. Intangible privacy rights: how Europe's GDPR will set a new global standard for personal data protection. *Seton Hall Law Review*, v. 47, n. 3, p. 809-848, 2017.

[105] CURTISS, Tiffany. Privacy Harmonization and the Developing World: The Impact of the EU's General Data Protection Regulation on developing economies. *Washington Journal of Law, Technology and Arts*, v. 12, n. 1, p. 95-121, 2016.

ARGENTINA. Presidencia. Ley 25.326: Ley de protección de los datos personales. *Boletín Oficial*, Buenos Aires, 2 nov. 2000. Disponível em: http://www.saij.gob.ar/resultados.jsp?r=(numero-norma:25326).

ARGENTINA, Presidencia. *Protección de datos en transferencias internacionales*, Buenos Aires, 7 dez. 2018. Disponível em: https://www.argentina.gob.ar/noticias/proteccion-de-datos-en-transferencias-internacionales.

ARGENTINA. Presidencia. *Proyecto de Ley de Protección de Datos Personales*. Buenos Aires. Disponível em: https://www.argentina.gob.ar/aaip/datospersonales/proyecto-ley-datos-personales.

ASSEY JR., James M.; ELEFTHERIOU, Demetrios A. The EU-US privacy safe harbor: smooth sailing or troubled waters. *CommLaw Conspectus*, v. 9, p. 145-158, 2001. Disponível em: https://scholarship.law.edu/commlaw/vol9/iss2/3/.

BENNETTT, Colin J. The European GDPR: an instrument for the globalization of privacy standards? *Information Polity*, v. 23, p. 239-246, 2018. Disponível em: https://pdfs.semanticscholar.org/3813/041fc44467933d64c54c3e39a467c2be63c3.pdf.

BIRNHACK, Michael D. The EU Data Protection Directive: an engine of a global regime. *Computer Law & Security Report*, v. 24, n. 6, p. 508-520, 2008. Disponível em: https://papers.ssrn.com/sol3/papers.cfm?abstract_id=1268744.

BOSS, Amelia H. The international commercial use of electronic data interchange and electronic communications technologies. *The Business Lawyer*, v. 46, n. 4, p. 1787-1802, ago. 1991. Disponível em: https://www.jstor.org/stable/40687265.

BRASIL. Presidência da República. *Decreto n.º 592, de 6 jul. 1992* – Pacto Internacional sobre Direitos Civis e Políticos. Brasília, 1992. Disponível em: http://www.planalto.gov.br/ccivil_03/decreto/1990-1994/d0592.htm.

BU-PASHA, Shakila. Cross-border issues under EU data protection law with regards to personal data protection. *Information & Communications Technology Law*, v. 26, n. 3, p. 213-228, 2017.

CATE, Fred H.; CULLEN, Peter; MAYER-SCHÖNBERGER, Viktor. *Data protection principles for the 21st Century*: revising the 1980 OECD Guidelines. Oxford, 2014. Disponível em: https://www.oii.ox.ac.uk/archive/downloads/publications/Data_Protection_Principles_for_the_21st_Century.pdf.

COLLONA, Liane. Article 4 of the EU Data Protection Directive and the irrelevance of the EU–US Safe Harbor program? *International Data Privacy Law*, v. 4, n. 3, p. 203-221, 2014.

CONSELHO DA EUROPA. *Chart of signatures and ratifications of Treaty 108*: Convention for the Protection of Individuals with regard to Automatic Processing of Personal Data. Disponível em: https://www.coe.int/en/web/conventions/full-list/-/conventions/treaty/108/signatures.

CONSELHO DA EUROPA. *Chart of signatures and ratifications of Treaty 223*: Protocol amending the Convention for the Protection of Individuals with regard to Automatic Processing of Personal Data. Disponível em: https://www.coe.int/en/web/conventions/full-list/-/conventions/treaty/223/signatures.

CONSELHO DA EUROPA. Comitê de Ministros. *Resolution (73) 22 on the protection of the privacy of individuals vis-à-vis electronic data banks in the private sector*. Estrasburgo, 1973. Disponível em: https://rm.coe.int/CoERMPublicCommonSearchServices/DisplayDCTMContent?documentId=0900001680502830.

CONSELHO DA EUROPA. Comitê de Ministros. *Resolution (74) 29 on the protection of the privacy of individuals vis-à-vis electronic data banks in the public sector*. Estrasburgo, 1974. Disponível em: https://rm.coe.int/16804d1c51.

CONSELHO DA EUROPA. *Modernised Convention for the Protection of Individuals with Regard to the Processing of Personal Data*: Consolidated text. Disponível em: https://search.coe.int/cm/Pages/result_details.aspx?ObjectId=09000016807c65bf.

CONSELHO DA EUROPA. *Treaty 108*: Convention for the Protection of Individuals with regard to Automatic Processing of Personal Data. Estrasburgo, 28 jan. 1981. Disponível em: https://www.coe.int/en/web/conventions/full-list/-/conventions/treaty/108.

CONSELHO DA EUROPA. *Treaty 185*: Convention on cybercrime. Budapeste, 23 nov. 2001. Disponível em: https://www.coe.int/en/web/conventions/full-list/-/conventions/treaty/185.

CONSELHO DA EUROPA. *Treaty 223*: Protocol amending the Convention for the Protection of Individuals with regard to Automatic Processing of Personal Data. Estrasburgo, 10 out. 2018. Disponível em: https://www.coe.int/en/web/conventions/full-list/-/conventions/treaty/223.

CONSELHO DA EUROPA. Tribunal Europeu dos Direitos do Homem. *Convenção Europeia de Direitos do Homem*. Estrasburgo, 1950. Disponível em: https://www.echr.coe.int/Documents/Convention_POR.pdf.

CURTISS, Tiffany. Privacy Harmonization and the Developing World: The Impact of the EU's General Data Protection Regulation on developing economies. *Washington Journal of Law, Technology and Arts*, v. 12, n. 1, p. 95-121, 2016.

DODGE, William S. International Comity in American Law. *Columbia Law Review*, v. 115, p. 2071-2141, 2015. Disponível em: https://columbialawreview.org/content/international-comity-in-american-law.

DONEDA, Danilo. *Da privacidade à proteção de dados pessoais*. Rio de Janeiro: Renovar, 2006.

ESTADOS UNIDOS DA AMÉRICA. Casa Branca. *Presidential Policy Directive*: signals intelligence activities. Washington, DC: Obama White House Archives, 17 jan. 2014. Disponível em: https://obamawhitehouse.archives.gov/the-press-office/2014/01/17/presidential-policy-directive-signals-intelligence-activities.

ESTADOS UNIDOS DA AMÉRICA. Departamento de Estado. *Privacy Shield Ombudsperson*: under Secretary for Economic Growth, Energy, and the Environment. Disponível em: https://www.state.gov/privacy-shield-ombudsperson.

ESTADOS UNIDOS DA AMÉRICA. House of Representatives. *US Code*: Title 18, Section 2703. Disponível em: https://uscode.house.gov/.

ESTADOS UNIDOS DA AMÉRICA. National Conference of State Legislatures. *State laws relating to Internet privacy*, 27 jan. 2020. Disponível em: https://www.ncsl.org/research/telecommunications-and-information-technology/state-laws-related-to-internet-privacy.aspx.

ESTADOS UNIDOS DA AMÉRICA. Privacy and Civil Liberties Oversight Board. *History and mission*. Washington, DC. Disponível em: https://www.pclob.gov.

ESTADOS UNIDOS DA AMÉRICA. The President's Review Group on Intelligence and Communications Technologies (Richard A. Clarke, Michael J. Morell, Geoffrey R. Stone, Cass R. Sunstein, Peter Swire). *The NSA Report*: liberty and security in a changing world. Princeton, NJ: Princeton University Press, 2014.

EUROPEAN UNION CLOUD COC. About EU Cloud CoC. Disponível em: https://eucoc.cloud/en/about/about-eu-cloud-coc.html.

FARRELL, Henry. Constructing the international foundations of e-commerce: the EU-US Safe Harbor Arrangement. *International Organization*, v. 57, n. 2, p. 277-306, 2003.

FRANÇA. Loi n.º 78-17 du 6 janvier 1978 relative à l'informatique, aux fichiers et aux libertés. *Journal Officiel de la République Française*, 7 jan. 1978. Disponível em: https://www.legifrance. gouv.fr/affichTexte.do?cidTexte=JORFTEXT000000886460.

FRANÇA. Loi n.º 2015-912 du 24 juillet 2015 relative au renseignement. Disponível em: https:// www.legifrance.gouv.fr/affichTexte.do?cidTexte=JORFTEXT000030931899

FROMHOLZ, Julia M. The European Union data privacy directive. *Berkeley Technology Law Journal*, v. 15, n. 1, p. 461-484, 2000. Disponível em: https://scholarship.law.berkeley.edu/ btlj/vol15/iss1/23.

GELLMAN, Robert M. Can privacy be regulated effectively on a national level? Thoughts on the possible need for international privacy rules. *Villanova Law Review*, v. 41, p. 129-172, 1996. Disponível em: https://digitalcommons.law.villanova.edu/vlr/vol41/iss1/2/.

GREWLICH, Klaus W. Telecommunications and 'cyberspace': transatlantic regulatory cooperation and the constitucionalization of International Law. *In*: BERMANN, George A. (ed.); HERDEGEN, Matthias (ed.); LINDSETH, Peter L. (ed.). *Transatlantic regulatory co-operation*: legal problems and political prospect. Oxford: Oxford University Press, 2000. p. 273-300.

GUILD, Elspeth; CARRERA, Sergio. The political and judicial life of metadata: Digital Rights Ireland and the trail of the data retention directive. *CEPS Liberty and Security in Europe Papers*, n. 65, maio 2014. 17 p.

HEISENBERG, Dorothee. *Negotiating privacy*: the European Union, the United States, and personal data protection. Boulder, CO: Lynne Rienner Publishers, 2005.

HOLLAND, Chris; LOCKETT, Geoff; BLACKMAN, Ian. Planning for electronic data interchange. *Strategic Management Journal*, v. 13, n. 7, p. 539-550, out. 1992. Disponível em: https:// onlinelibrary.wiley.com/doi/abs/10.1002/smj.4250130706.

HONDIUS, Frits W. Data Law in Europe. *Stanford Journal of International Law*, v. 16, p. 87-112, 1980.

HOWARD PATRICK, P. Privacy restrictions on transnational data flows: a comparison of the Council of Europe Draft Convention and OECD Guidelines. *Jurimetrics Journal*, v. 21, n. 4, p. 405-420, 1981.

JIMENEZ-MARTINEZ, Julio; POLO-REDONDO, Yolanda. International diffusion of a new tool: the case of Electronic Data Interchange (EDI) in the retailing sector. *Research Policy*, v. 26, n. 7-8, p. 811-827, abr. 1998. Disponível em: https://www.sciencedirect.com/science/article/ abs/pii/S0048733397000450.

KIRBY, Michael D. Transborder data flows and the basic rules of data privacy. *Stanford Journal of International Law*, v. 16, p. 27-66, 1980.

KUNER, Christopher. Beyond Safe Harbor: European data protection law and electronic commerce. *The International Lawyer*, v. 35, n. 1, p. 79-88. Disponível em: https://scholar.smu.edu/til/ vol35/iss1/8/.

KUNER, Christopher. Reality and illusion in EU data transfer regulation post Schrems. *German Law Journal*, v. 18, n. 4, p. 903, 2017. Disponível em: https://www.cambridge.org/core/journals/ german-law-journal/article/reality-and-illusion-in-eu-data-transfer-regulation-post-schrem s/0341A0D14DC345730F9B48A496A968D3.

LESSIG, Lawrence. *Code and other laws of cyberspace, version 2.0*. New York: Basic Books, 1999.

LONG, William J.; QUEK, Marc P. Personal data privacy protection in an age of globalization: the US-EU safe harbor compromise. *Journal of European Public Policy*, v. 9, n. 3, p. 325-344, 2002.

MENDES, Laura Schertel. *Privacidade, proteção de dados e defesa do consumidor*: linhas gerais de um novo direito fundamental. São Paulo: Saraiva, 2014.

NAÇÕES UNIDAS. Working party on the facilitation of international trade procedures. *Report to GE.1 from the Message Design Guidelines Group*. Genebra: UN, 22 jul. 1994. 27 p. Disponível em: https://digitallibrary.un.org/record/164287.

OCDE. *Síntese*: Diretrizes da OCDE para a Proteção da Privacidade e dos Fluxos Transfronteiriços de Dados Pessoais. Paris: OCDE. Disponível em: http://www.oecd.org/sti/ieconomy/15590254. pdf.

OCDE. *The OECD privacy framework*. Paris: OCDE, 2013. Disponível em: https://www.oecd.org/ sti/ieconomy/oecd_privacy_framework.pdf.

OCDE. *Thirty years after*: the OECD privacy guidelines. Paris: OCDE, 2011. Disponível em: http:// www.oecd.org/sti/ieconomy/49710223.pdf.

OECD. *Guidelines on the protection of privacy and transborder flows of personal data*. Paris: OECD, 23 set. 1980. Disponível em: https://www.oecd.org/internet/ieconomy/ oecdguidelinesontheprotectionofprivacyandtransborderflowsofpersonaldata.htm.

OJANEN, Tuomas. Making the essence of fundamental rights real: the Court of Justice of the European Union clarifies the structure of fundamental rights under the Charter ECJ 6 October 2015, Case C-362/14. *European Constitutional Law Review*, v. 12, n. 2, p. 318-329, 2016.

REGAN, Priscilla M. Safe harbors or free frontiers? Privacy and transborder data flows. *Journal of Social Issues*, v. 59, n. 2, p. 263-282, 2003.

REIDENBERG, Joel R. Governing networks and rule-making in Cyberspace. *Emory Law Journal*, v. 45, p. 911-930, 1996. Disponível em: https://ir.lawnet.fordham.edu/faculty_scholarship/29.

REIDENBERG, Joel R. Restoring Americans' Privacy in Electronic Commerce. *Berkeley Technology Law Journal*, v. 14, n. 2, p. 771-792, 1999.

ROTH, Paul. Adequate level of data protection in third countries post-Schrems and under the General Data Protection Regulation. *Journal of Law, Information and Science*, v. 25, p. 49-67, 2017.

SAFARI, Beata A. Intangible privacy rights: how Europe's GDPR will set a new global standard for personal data protection. *Seton Hall Law Review*, v. 47, n. 3, p. 809-848, 2017.

SCHWARTZ, Paul M. The EU-U.S. Privacy collision: a turn to institutions and procedures. *Harvard Law Review*, v. 126, p. 1966-2009, 2013. Disponível em: http://cdn.harvardlawreview.org/ wp-content/uploads/pdfs/vol126_schwartz.pdf.

SCHWARTZ, Paul M.; PEIFER, Karl-Nikolaus. Transatlantic Data Privacy Law. *The Georgetown Law Journal*, v. 106, p. 115-179, 2017, p. 161. Disponível em: https://georgetownlawjournal. org/articles/249/transatlantic-data-privacy-law.

SHIM SHIM, Jae K.; QURESHI, Anique A.; SIEGEL, Joel G.; SIEGEL, Roberta M. Electronic data interchange. *In*: SHIM, Jae K.; QURESHI, Anique A.; SIEGEL, Joel G.; SIEGEL, Roberta M. *The international handbook of electronic commerce*. London: Routledge, 2013. p. 141-162.

SILVA, Heraclides Sequeira dos Santos. *A proteção de dados na era global*: o caso Schrems. Orientador: Francisco Pereira Coutinho. 2017. Dissertação (Mestrado em Direito, Ciências Jurídicas Forenses) – Universidade Nova de Lisboa, 2017. Disponível em: https://run.unl. pt/bitstream/10362/20567/1/Silva_2017.pdf.

SWIRE, Peter P.; LITAN, Robert E. *None of your business*: world data flows, electronic commerce, and the European privacy directive. Washington: Brookings Institution Press, 1998.

UNCITRAL. *Legal aspects of automatic data processing (A/CN.91254)*. New York: Nações Unidas, 8 maio 1984. Disponível em: https://documents-dds-ny.un.org/doc/UNDOC/GEN/ V84/858/53/PDF/V8485853.pdf.

UNIÃO EUROPEIA. Acordo entre os Estados Unidos da América e a União Europeia sobre a proteção dos dados pessoais no âmbito da prevenção, investigação, detecção e repressão de infrações penais, Documento 22016A1210(01). *Jornal Oficial da União Europeia*, Bruxelas, 10 dez. 2016, p. 3-13. Disponível em: https://eur-lex.europa.eu/legal-content/PT/TXT/?qid=1564075517707&uri=CELEX:22016A1210(01).

UNIÃO EUROPEIA. Carta dos Direitos Fundamentais da União Europeia (2000/C 364/01). *Jornal Oficial das Comunidades Europeias*, Bruxelas, 18 dez. 2000. Disponível em: http://www.europarl.europa.eu/charter/pdf/text_pt.pdf.

UNIÃO EUROPEIA. Comissão das Comunidades Europeias. 2000/520/CE: Decisão da Comissão, de 26 de Julho de 2000, nos termos da Directiva 95/46/CE do Parlamento Europeu e do Conselho e relativa ao nível de protecção assegurado pelos princípios de "porto seguro" e pelas respectivas questões mais frequentes (FAQ) emitidos pelo Department of Commerce dos Estados Unidos da América. *Jornal Oficial*, Bruxelas, 25 ago. 2000, p. 7-47. Disponível em: https://eur-lex.europa.eu/legal-content/PT/TXT/HTML/?uri=CELEX:32000D0520.

UNIÃO EUROPEIA. Comissão das Comunidades Europeias. 2003/490/CE: Decisão da Comissão, de 30 de junho de 2003, nos termos da Directiva 95/46/CE do Parlamento Europeu e do Conselho relativa à adequação do nível de protecção de dados pessoais na Argentina. *Jornal Oficial*, Bruxelas, 5 jul. 2003, p. 19-22. Disponível em: https://eur-lex.europa.eu/legal-content/PT/TXT/HTML/?uri=CELEX:32003D0490.

UNIÃO EUROPEIA. Comissão das Comunidades Europeias. *Globalisation and the information society*: the need for strengthened international coordination COM(1998) 50 final. Bruxelas, 4 fev. 1998. Disponível em: https://eur-lex.europa.eu/legal-content/EN/TXT/PDF/?uri=CELEX:51998DC0050&qid=1564075517707.

UNIÃO EUROPEIA: Comissão das Comunidades Europeias. *The Legal Position of the Member States with Respect to Electronic Data Interchange*: Final Report. Bruxelas: Comissão das Comunidades Europeias, set. 1989. Disponível em: https://core.ac.uk/download/pdf/5090920.pdf.

UNIÃO EUROPEIA. Comissão das Comunidades Europeias. *The new transatlantic marketplace COM(1998) 125 final*. Bruxelas, 11 mar. 1998. Disponível em: https://eur-lex.europa.eu/legal-content/EN/TXT/PDF/?uri=CELEX:51998DC0125&qid=1564075517707.

UNIÃO EUROPEIA. Comissão Europeia. Decisão de Execução (UE) 2016/1250, 12 jul. 2016, relativa ao nível de proteção assegurado pelo Escudo de Proteção da Privacidade UE-EUA, com fundamento na Diretiva 95/46/CE. Disponível em: https://eur-lex.europa.eu/legal-content/PT/TXT/?uri=CELEX%3A32016D1250.

UNIÃO EUROPEIA. Comissão Europeia. Adequacy decisions: how the EU determines if a non-EU country has an adequate level of data protection. Disponível em: https://ec.europa.eu/info/law/law-topic/data-protection/international-dimension-data-protection/adequacy-decisions_en.

UNIÃO EUROPEIA. Comissão Europeia. Comunicação da Comissão ao Parlamento Europeu e ao Conselho sobre a transferência de dados pessoais da UE para os Estados Unidos da América ao abrigo da Diretiva 95/46/CE na sequência do acórdão proferido pelo Tribunal de Justiça no processo C-362/14 (Schrems) COM (2015) 566 final. Bruxelas, 6 nov. 2015. Disponível em: https://eur-lex.europa.eu/legal-content/PT/TXT/?uri=CELEX%3A52015DC0566.

UNIÃO EUROPEIA. Comissão Europeia. *Data Protection Code of Conduct for Cloud Service Providers*, 12 out. 2015. Disponível em: https://ec.europa.eu/digital-single-market/en/news/data-protection-code-conduct-cloud-service-providers.

UNIÃO EUROPEIA. Diretiva (UE) 2016/680 do Parlamento Europeu e do Conselho, 27 abr. 2016, relativa à proteção das pessoas singulares no que diz respeito ao tratamento de dados pessoais pelas autoridades competentes para efeitos de prevenção, investigação, detecção ou repressão de infrações penais ou execução de sanções penais, e à livre circulação desses dados, e que revoga a Decisão-Quadro 2008/977/JAI do Conselho. *Jornal Oficial da União Europeia*, Bruxelas, 4 maio 2016, p. 89-131. Disponível em: https://eur-lex.europa.eu/legal-content/PT/TXT/?uri=CELEX%3A32016L0680.

UNIÃO EUROPEIA. Diretiva 95/46/CE do Parlamento Europeu e do Conselho, 24 out. 1995, relativa à proteção das pessoas singulares no que diz respeito ao tratamento de dados pessoais e à livre circulação desses dados. Disponível em: https://eur-lex.europa.eu/legal-content/PT/TXT/HTML/?uri=CELEX:31995L0046.

UNIÃO EUROPEIA. Retificação do Regulamento (UE) 2016/679 do Parlamento Europeu e do Conselho, de 27 de abril de 2016, relativo à proteção das pessoas singulares no que diz respeito ao tratamento de dados pessoais e à livre circulação desses dados e que revoga a Diretiva 95/46/CE (Regulamento Geral sobre a Proteção de Dados). Bruxelas, 23 maio 2018. Disponível em: https://eur-lex.europa.eu/legal-content/PT/TXT/?uri=CELEX%3A32016R0679R%2802%29.

UNIÃO EUROPEIA. Sobre o CEPD. Disponível em: https://edpb.europa.eu/about-edpb/about-edpb_pt.

UNIÃO EUROPEIA. Standard contractual clauses (SCC): standard contractual clauses for data transfers between EU and non-UE countries. Disponível em: https://ec.europa.eu/info/law/law-topic/data-protection/international-dimension-data-protection/standard-contractual-clauses-scc_en.

UNIÃO EUROPEIA. Tribunal de Justiça. *Acórdão (Grande Seção) de 10 fev. 2009*: Irlanda contra Parlamento Europeu e Conselho da União Europeia (Recurso de anulação) (processo C-301/06). Disponível em: https://eur-lex.europa.eu/legal-content/PT/TXT/?uri=CELEX%3A62006CJ0301.

UNIÃO EUROPEIA. Tribunal de Justiça. *Acórdão (Grande Seção) de 6 out. 2015*: Maximillian Schrems contra Data Protection Commissioner (processo C-362/14). Disponível em: https://eur-lex.europa.eu/legal-content/PT/TXT/?uri=CELEX%3A62014CJ0362.

UNIÃO EUROPEIA. Tribunal de Justiça. *Acórdão (Grande Seção) de 8 abr. 2014*: Digital Rights Ireland Ltd contra Minister for Communications, Marine and Natural Resources e outro e Kärntner Landesregierung e outro (processos apensos C-293/12 e C-594/12). Disponível em: https://eur-lex.europa.eu/legal-content/pt/TXT/?uri=CELEX%3A62012CJ0293.

UNIÃO EUROPEIA. Tribunal de Justiça. *Acórdão (Grande Secção), 13 maio 2014*: Google Spain SL e Google Inc. contra Agencia Española de Protección de Datos (AEPD) e Mario Costeja González (processo C-131/12). Disponível em: https://eur-lex.europa.eu/legal-content/PT/TXT/?uri=CELEX%3A62012CJ0131.

UNIÃO EUROPEIA. Tribunal de Justiça. *Acórdão do Tribunal de Justiça (Grande Seção), 16 jul. 2020*: pedido de decisão prejudicial apresentado pela High Court (Irlanda) em 9 de maio de 2018 – Data Protection Commissioner / Facebook Ireland Limited, Maximillian Schrems (processo C-311/18). Disponível em: https://eur-lex.europa.eu/legal-content/PT/TXT/?uri=CELEX%3A62018CN0311.

UNIÃO EUROPEIA. *Working Party*. Opinion 1/99 concerning the level of data protection in the United States and the ongoing discussions between the European Commission and the United States Government (5092/98/EN/final/WP15), 26 jan. 1999. Disponível em: https://ec.europa.eu/justice/article-29/documentation/opinion-recommendation/files/1999/wp15_en.pdf.

URUGUAI. Centro de Información Oficial. *Decreto n.º 414/2009*: Reglamentacion de la Ley 18.331, relativo a la protección de datos personales. 15 set. 2009. Disponível em: https://www.impo.com.uy/bases/decretos/414-2009.

URUGUAI. Centro de Información Oficial. *Ley n.º 18.331*: Ley de protección de datos personales, 18 ago. 2008. Disponível em: https://www.impo.com.uy/bases/leyes/18331-2008.

URUGUAI. Unidad Reguladora y de Control de Datos Personales. *Cambios recientes a legislación sobre protección de datos personales en Uruguay*, 25 jan. 2019. Disponível em: https://www.gub.uy/unidad-reguladora-control-datos-personales/comunicacion/publicaciones/cambios-recientes-legislacion-sobre-proteccion-de-datos-personales-en.

VERONESE, Alexandre. The US CLOUD Act and EU Law. *UNIO EU Law Journal: the official blog*, 15 nov. 2018. Disponível em: https://officialblogofunio.com/2018/11/15/the-us-cloud-act-and-eu-law.

VIOLA, Mario; DONEDA, Danilo; GOMES DE ANDRADE, Norberto Nuno. Dados anônimos e tratamento de dados para finalidades distintas: a proteção de dados pessoais sob uma ótica civil-constitucional. *In*: TEPEDINO, Gustavo (org.); FACHIN, Luiz Edson (org.). *Pensamento crítico do direito civil brasileiro*. Curitiba: Juruá, 2011. p. 197-214.

WEISS, Martin A.; ARCHICK, Kristin. *US-EU Data Privacy*: from Safe Harbor to Privacy Shield. Washington, DC: Congressional Research Service, 19 maio 2016. Disponível em: https://fas.org/sgp/crs/misc/R44257.pdf.

WRIGLEY, Clive D.; WAGENAAR, Rene W.; CLARKE, Roger A. Electronic data interchange in international trade: frameworks for the strategic analysis of ocean port communities. *The Journal of Strategic Information Systems*, v. 3, n. 3, p. 211-234, set. 1994. Disponível em: https://www.sciencedirect.com/science/article/abs/pii/0963868794900272.

36

COMPLIANCE DE DADOS

GIOVANI AGOSTINI SAAVEDRA

Professor de Direito Empresarial, *Compliance* e Proteção de Dados da Universidade Presbiteriana Mackenzie – SP (graduação, especialização, mestrado e doutorado), na qual ministra a disciplina *Governança Corporativa,* Compliance *e Proteção de Dados*, no âmbito do Programa de Pós-Graduação (mestrado e doutorado). Líder do grupo de pesquisas *Governança Corporativa,* Compliance *e Proteção de Dados* registrado no CNPq e homologado pela Universidade Presbiteriana Mackenzie – SP. Doutor em Direito e em Filosofia pela *Johann Wolfgang Goethe – Universität Frankfurt am Main*. Mestrado e graduação em Direito na *Pontifícia Universidade Católica do Rio Grande do Sul*. Coordenador das Especializações em *Compliance* da *Universidade Presbiteriana Mackenzie* e da *Pontifícia Universidade Católica do Rio Grande do Sul*. Membro da Comissão de *Compliance* do Conselho Federal da OAB. *Presidente do* Instituto Auditoria, Riscos e *Compliance* (ARC) e da Associação Brasileira de Auditoria, Riscos e *Compliance* (ABRARC). No ano de 2018, recebeu a distinção de Advogado Mais Admirado do Brasil – Segmento *Compliance* pela *Revista 500* e, no ano de 2019, recebeu duas homenagens pela sua contribuição para a área de *Compliance* no Brasil, respectivamente pelo Instituto Transdisciplinar de Estudos Criminais (iTEC) e pela organização do *II International Law Symposium Compliance and Technology* realizado na Berkeley Law School (USA).

INTRODUÇÃO

A área de privacidade, proteção de dados e *compliance* digital vem passando, nos últimos anos, por um desenvolvimento similar ao que observamos na área de *compliance*,[1] nos anos de 2012 a 2017, e o tema está virando moda. De fato, não é exagero. Proliferam-se cursos, eventos, certificações, palestras e publicações de todos os tipos. O foco principal de todas essas iniciativas é, porém, orientado por razões práticas, não acadêmicas: em sua grande maioria, todas essas iniciativas têm por foco principal mostrar o que é necessário para empresas e organizações "se adequarem à lei". A tendência que se nota nessas mais variadas iniciativas é tratar a área de "adequação à lei geral de proteção de dados" como se fosse algo completamente diferente da implantação de um sistema de gestão de *compliance*. No entanto, quando se observa mais de perto o que a legião de "novos especialistas" entende por "adequação à lei geral de proteção

---

[1] No âmbito do *compliance*, em alguns trabalhos anteriores, procurei descrever as razões e traçar um panorama geral desse desenvolvimento. A esse respeito, ver: SAAVEDRA, Giovani Agostini. Panorama do *compliance* no Brasil: avanços e novidades. *In*: NOHARA, Irene Patrícia; PEREIRA, Flávio de Leão Bastos. *Governança,* compliance *e cidadania*. 2. ed. São Paulo: Thompson Reuters Brasil, 2019. p. 35-48.

de dados", os conceitos utilizados são os mesmos da área de *compliance*: tone from the top, Código de Ética e de Conduta, Políticas, Procedimentos e Controles internos, Investigações Internas, Treinamentos, Canais de Denúncia, auditoria, *Due diligence, risk assessment* etc. Não é à toa que a literatura *acadêmica* especializada (informalmente denominada de "melhor doutrina"),[2] quando descreve os elementos de um *Compliance Digital* ou *Compliance de Dados,* refere sempre esses mesmos pontos.[3]

Em função disso, é necessário já de partida deixar claras algumas delimitações, realizadas no recorte do tema feito pelo presente artigo: 1) entende-se, no mesmo sentido, da doutrina acadêmica especializada, que o sistema de "adequação à LGPD" nada mais é do que um elemento de um sistema de gestão de *compliance*; 2) num livro sobre Proteção de Dados, deve-se delimitar o que há de específico na implantação de medidas de um risco do sistema geral de gestão de *compliance*: o risco de violação de privacidade e de dados; 3) o presente texto está pressupondo os elementos gerais de um sistema de gestão de *compliance*, ainda que esses temas mais abrangentes não sejam tematizados especificamente neste texto, tendo em vista as limitações editoriais da presente coletânea[4].

---

[2]   A proliferação de livros, artigos e textos de qualidade duvidosa escrita pelos "novos especialistas" sobre *Compliance* e Proteção de Dados é tão intensa que, na vida acadêmica, por vezes, de maneira jocosa, alude-se à "melhor doutrina" para referir-se a textos que observam os padrões e melhores práticas acadêmicas e de pesquisa e diferenciá-los desses outros textos, que focam precipuamente a venda de serviços de consultoria e que são desenvolvidos sem maiores preocupações acadêmicas ou mesmo de propriedade intelectual. O aspecto lúdico dessa expressão esconde, porém, uma preocupação séria: a vulgarização do conhecimento. Na opinião do autor do presente artigo, faz parte dos deveres éticos de cátedra e mesmo de *compliance* denunciar essa prática e reforçar a necessidade de manter os padrões de excelência acadêmica. Não se pode "fazer *compliance*" violando normas de *compliance*. Em função disso, no presente artigo, serão citados como textos de doutrina apenas trabalhos monográficos e artigos que preencham esses requisitos. Estudos panfletários ou direcionados à venda de serviços de consultoria não serão levados em consideração, a menos em casos em que se mostre necessário comprovar como essas publicações têm tratado de maneira superficial determinados temas. Essa decisão restringe bastante o universo bibliográfico de citação e consulta.

[3]   Apenas a título exemplificativo, ver, na doutrina da brasileira: CRESPO, Marcelo. *Compliance* digital. *In*: NOHARA, Irene Patrícia; PEREIRA, Flávio de Leão Bastos. *Governança,* compliance *e cidadania.* 2. ed. São Paulo: Thompson Reuters Brasil, 2019. p. 187-202; FRAZÃO, Ana; OLIVA, Milena Donato; ABILIO, Vivianne da Silveira. *Compliance* de dados pessoais. *In*: TEPEDINO, Gustavo; FRAZÃO, Ana; OLIVA, Milena Donato. *Lei Geral de Proteção de Dados Pessoais e suas repercussões no direito brasileiro.* São Paulo: Thompson Reuters, 2019. p. 677-716. Sobre as melhores práticas internacionais de *Compliance* de Dados, ver: DENSMORE, Russell. *Privacy Program Management.* Tools for managing privacy within your organization. Portsmouth: Hyde Park Publishing Services/IAPP, 2019. No âmbito de incidência da *General Data Protection Regulation – GDPR (Europa)*, ver: KOGLIN, Olaf. II. Datenschutz-Compliance. *In*: LACHENMANN, Matthias; KORENG, Ansgar. *Formularhandbuch Datenschutzrecht.* München: C.H. Beck, 2018. p. 11-19; KOGLIN, Olaf. III. Datenschutzorganisation im Unternehmen. *In*: LACHEN-MANN, Matthias; KORENG, Ansgar. *Formularhandbuch Datenschutzrecht.* München: C.H. Beck, 2018. p. 20-50; KOGLIN, Olaf. IV. Code of Conduct und Selbstverpflichtung zum Datenschutz. 1. Datenschutz im Code of Conduct. *In*: LACHENMANN, Matthias; KORENG, Ansgar. *Formularhandbuch Datens-chutzrecht.* München: C.H. Beck, 2018. p. 51-68; BORCHERS, Christian. Compliance-Maßnahmen. *In*: SCHLÄGER, Uwe; THODE, Jan-Christoph. *Handbuch Datenschutz und IT-Sicherheit.* Berlin: Erich Schmidt, 2018. p. 221-242.

[4]   Os temas mais gerais de *compliance* já foram debatidos pelo autor em vários artigos e obras. Ver, a título exemplificativo: SAAVEDRA, Giovani Agostini. *Prevenção à corrupção e* compliance. São Paulo: Lykoscastle, 2018; SAAVEDRA, Giovani Agostini. Compliance *na área da saúde.* São Paulo: Lykoscastle, 2016.

1. NOÇÕES GERAIS DE *COMPLIANCE*

A palavra *compliance* significa, em tradução literal, estar em conformidade. Essa simples tradução, porém, esconde uma das maiores dificuldades da conceituação do termo: trata-se de um conceito relacional,[5] cujo significado só acaba por ser descoberto, assim, por meio de uma análise do objeto com o qual se relaciona, dado que, por óbvio, quem está "em conformidade" está "em conformidade" com "algo". *Compliance* estabelece uma relação, portanto, entre um "estado de conformidade" e uma determinada "orientação de comportamento". Se essa "orientação de comportamento" é uma norma jurídica, está-se diante de *compliance* jurídico, cuja designação varia conforme a área do direito, na qual a norma a ser seguida se insere. Essa reflexão, à primeira vista simples, procura explicitar alguns dos problemas de sua delimitação conceitual: é necessário definir o significado de (1) "estado de conformidade" e qual é a natureza normativa da (2) "orientação de comportamento", para que se possa, de forma minimamente plausível, iniciar uma reflexão sobre *Compliance* de Dados.

(*ad 1*) No nosso entendimento, "estado de conformidade" adquire, na área de *compliance*, um completo e novo sentido: trata-se aqui de um estado "dinâmico" de conformidade, ou seja, o "estado de conformidade" significa mais do que uma forma de estar no mundo, mas implica o "dever" de criar um sistema complexo de políticas, procedimentos e de controles internos, que demonstrem que a empresa ou a organização está buscando "garantir" manter-se em um estado de *compliance*. Portanto, *compliance* é a área do conhecimento que procura definir qual é esse conjunto complexo de medidas que permite, em face de um cenário futuro "x" de risco, assegurar "hoje", com a máxima eficácia, um estado de conformidade de todos os colaboradores de uma determinada organização com uma determinada "orientação de comportamento".

(*ad 2*) Delimitar a "orientação de comportamento" é a segunda das dificuldades típicas do *compliance*. Essa dificuldade está diretamente ligada àquela de definição de natureza jurídica das normas a serem seguidas, afinal, o *compliance* refere-se somente a "normas jurídicas"? Se se responde afirmativamente a essa pergunta, a primeira objeção que se poderia apresentar seria: "qual é, então, a natureza jurídica de um Código de Ética ou de um Código de Conduta?". "Trata-se aqui de normas jurídicas?" A princípio, não, e, mesmo assim, nenhum estudioso ou especialista da área diria que *compliance* não implica seguir essas normas de comportamento. Nesse sentido, um dos problemas do *compliance* é que ele lida com fenômenos diversos de autorregulação, desde a autorregulação tradicional à chamada "autorregulação regulada". Trata-se de normas de orientação de comportamento, que não têm natureza jurídica estrita, mas que passam a ter "relevância jurídica" ou por força de contrato (por meio das conhecidas "cláusulas contratuais de *compliance*") ou por força de lei (por exemplo, a Lei Anticorrupção que atribui explicitamente consequências jurídicas para aquelas empresas que tiverem Códigos de Ética e Códigos de Conduta, ou seja, deixa claro que a existência dessas normas internas passa a ter impacto na forma como será aplicada a pena no caso concreto).

Portanto, *compliance* consiste em um estado dinâmico de conformidade a uma orientação normativa de comportamento com relevância jurídica por força de contrato ou lei, caracterizado pelo compromisso com a criação de um sistema complexo de políticas, de controles internos e de procedimentos, que demonstrem que a empresa está buscando "garantir", que se mantenha em um estado de *compliance*. Delimitado o conceito-base, passa-se agora à definição do conceito de *Compliance* de Dados.

---

[5] ROTSCH, Thomas. Grundlagen. *In*: ROTSCH, Thomas (org.). *Criminal compliance handbuch*. Baden-Baden: Nomos, 2015. p. 37.

740 | TRATADO DE PROTEÇÃO DE DADOS PESSOAIS

2. *COMPLIANCE* DE DADOS COMO ELEMENTO DE UM SISTEMA GERAL DE GESTÃO DE *COMPLIANCE*

A expressão *Sistema de Gestão de Compliance (Compliance Managment System)* foi cunhada pela International Organization for Standardization (ISSO), por meio da norma ISO 19600.[6] Conforme referido anteriormente, não há dúvida de que a proteção de dados e a tão difundida necessidade de "adequação à LGPD" nada mais são do que um elemento desse sistema mais amplo de gestão de *compliance*. Esse ponto já está sedimentado na doutrina.[7] na legislação pátria[8], nos manuais internacionais de certificação,[9] mas também na própria ISO.[10] Em função disso, é uma premissa do presente artigo de que tudo o que será tratado no

---

[6] A norma ISO foi traduzida para o português e publicada no Brasil pela Associação Brasileira de Normas Técnicas (ABNT): ISO/ABNT. *ISO 19600*: Sistemas de Gestão de *Compliance*. Rio de Janeiro: ABNT, 2014. O autor não desconhece a utilização de termos correlatos como "programas de *compliance*", "programas de integridade" etc., mas, no presente texto, utilizará apenas o termo "sistema de gestão de *compliance*", tendo em vista que, em âmbito internacional, já está pacificado o uso dessa expressão em detrimento das demais. Como o debate acerca desses termos excede o escopo do presente texto, o autor se limita a reforçar que entende que Sistema de Gestão de *Compliance* é mais adequado para definir o conjunto complexo de Códigos, Políticas, Procedimentos e Controles internos utilizados decorrentes de uma apropriada avaliação de riscos e que servem para mitigar riscos de *compliance*, tendo em vista que esse conjunto de medidas se concretiza no âmbito da gestão da empresa.

[7] Ver, a esse respeito, referências bibliográficas sobre esse tema citadas na nota de rodapé 4 do presente artigo.

[8] Ver, a esse respeito o Art. 50 da Lei nº 13.709, de 14 de agosto de 2018 (Lei Geral de Proteção de Dados Pessoais): "Art. 50. Os controladores e operadores, no âmbito de suas competências, pelo tratamento de dados pessoais, individualmente ou por meio de associações, poderão formular regras de boas práticas e de governança que estabeleçam as condições de organização, o regime de funcionamento, os procedimentos, incluindo reclamações e petições de titulares, as normas de segurança, os padrões técnicos, as obrigações específicas para os diversos envolvidos no tratamento, as ações educativas, os mecanismos internos de supervisão e de mitigação de riscos e outros aspectos relacionados ao tratamento de dados pessoais.

(...)

I – implementar programa de governança em privacidade que, no mínimo:

(...)

f) esteja integrado a sua estrutura geral de governança e estabeleça e aplique mecanismos de supervisão internos e externos;"

[9] Ver, a esse respeito, por exemplo, o manual da certificação da *International Association of Privacy Professionals – IAPP*, que é considerada a certificação válida internacionalmente pelos organismos de certificação e autoridades públicas dos países vinculados à GPDR. DENSMORE, Russell. *Privacy Program Management*. Tools for managing privacy within your organization. Portsmouth: Hyde Park Publishing Services/ IAPP, 2019. p. 149-172.

[10] As normas ISO, que tratam do tema e indicam essa correlação, são várias: ISO/IEC 27000. *Information Security Management systems – Overview and vocabulary*; ISO/IEC 27.001. *Information Security Management Systems – Requirements*; ISO/IEC 27.002. *Code of Practice for Information Security Management*; ISO/IEC 27.003. *Information Security Management System Implementation Guidance*; ISO/IEC 27.004. *Information Security Management – Measurement*; ISO/IEC 27.005. *Information Security Risk Management*; ISO/IEC 27.006. *Requirements for bodies providing audit and certification information security management systems*; ISO/IEC 27.010. *Information Technology, Security Techniques, Information Security Management for Inter-sector and Inter-organizational Communications*; ISO/IEC 27.011. *Information Security Management Guidelines for Telecommunications Organizations based on ISO/IEC 27.002*; ISO/ IEC 27.031. *Guidelines for Information and Communications Technology Readiness for Business Continuity*;

PARTE III · Cap. 36 · *COMPLIANCE* DE DADOS | **741**

presente texto sobre os elementos específicos de um *Compliance* de Dados deve ser entendido como parte de um sistema maior de gestão de *compliance*.

3. *COMPLIANCE* DE DADOS NA LEGISLAÇÃO PÁTRIA E COMPARADA

Uma das grandes novidades que as legislações recentes sobre proteção de dados trouxeram foi a adoção da sistemática de *compliance* como critério interno de conexão entre os vários institutos da legislação. O sistema de gestão de *compliance* de dados aparece nessa legislação como expressão do princípio da *accountability* e como meio de proteção dos direitos subjetivos/fundamentais de dados. No caso do Brasil, naturalmente, estamos falando da Lei Geral de Proteção de Dados (LGPD), a Lei 13.709, de 14 de agosto de 2018. No âmbito da legislação comparada, temos a *General Data Protection Regulation* (GDPR) da União Europeia, que tem impacto significativo na atuação das empresas no Brasil e que, em grande medida, foi fonte inspiradora da nossa legislação pátria, ainda que, em alguns, muitos talvez tivessem desejado, nossa lei tivesse se mantido mais fiel a ela. As principais disposições que tratam de *compliance* nas duas legislações são as seguintes:

a) Compliance *de dados na GDPR*

> "Artigo 25.º Proteção de dados desde a concessão (*by design*) e por defeito (*by default*)[11]
>
> 1. Tendo em conta as técnicas mais avançadas, os custos da sua aplicação, e a natureza, o âmbito, o contexto e as finalidades do tratamento dos dados, bem como os riscos decorrentes do tratamento para os direitos e liberdades das pessoas singulares, cuja probabilidade e gravidade podem ser variáveis, o responsável pelo tratamento aplica, tanto no momento de definição dos meios de tratamento como no momento do próprio tratamento, as medidas técnicas e organizativas adequadas, como a pseudonimização, destinadas a aplicar com eficácia os princípios da proteção de dados, tais como a minimização, e a incluir as garantias necessárias no tratamento, de uma forma que este cumpra os requisitos do presente regulamento e proteja os direitos dos titulares dos dados.
>
> 2. O responsável pelo tratamento aplica medidas técnicas e organizativas para assegurar que, por defeito, só sejam tratados os dados pessoais que forem necessários para cada finalidade específica do tratamento. Essa obrigação aplica-se à quantidade de dados pessoais recolhidos, à extensão do seu tratamento, ao seu prazo de conservação e à sua acessibilidade. Em especial, essas medidas asseguram que, por defeito, os dados pessoais não sejam disponibilizados sem intervenção humana a um número indeterminado de pessoas singulares.
>
> 3. Pode ser utilizado como elemento para demonstrar o cumprimento das obrigações estabelecidas nos n.ºs 1 e 2 do presente artigo, um procedimento de certificação aprovado nos termos do artigo 42.º".

ISO/IEC 27.033-1. Network security overview and concepts; ISO/IEC 27.035. Information Security Incident Management; ISO 27.799. Information Security Management in Health using ISO/IEC 27.002.

[11] As inserções entre parênteses são do autor, que entendeu relevante colocar os temas conforme o texto normativo em inglês para evidenciar o que parece ser uma discrepância na tradução dos termos em ambas as línguas. À primeira vista, parece que os termos em inglês guardam uma correlação mais adequada com os temas a que se referem.

"Razão (Recital) 78

UE Regulamento Geral sobre a Proteção de Dados

(78) A defesa dos direitos e liberdades das pessoas singulares relativamente ao tratamento dos seus dados pessoais exige a adoção de medidas técnicas e organizativas adequadas, a fim de assegurar o cumprimento dos requisitos do presente regulamento. Para poder comprovar a conformidade com o presente regulamento, o responsável pelo tratamento deverá adotar orientações internas e aplicar medidas que respeitem, em especial, os princípios da proteção de dados desde a concessão e da proteção de dados por defeito. Tais medidas podem incluir a minimização do tratamento de dados pessoais, a pseudonimização de dados pessoais o mais cedo possível, a transparência no que toca às funções e ao tratamento de dados pessoais, a possibilidade de o titular dos dados controlar o tratamento de dados e a possibilidade de o responsável pelo tratamento criar e melhorar medidas de segurança. No contexto do desenvolvimento, concessão, seleção e utilização de aplicações, serviços e produtos que se baseiam no tratamento de dados pessoais ou recorrem a este tratamento para executarem as suas funções, haverá que incentivar os fabricantes dos produtos, serviços e aplicações a ter em conta o direito à proteção de dados quando do seu desenvolvimento e concessão e, no devido respeito pelas técnicas mais avançadas, a garantir que os responsáveis pelo tratamento e os subcontratantes estejam em condições de cumprir as suas obrigações em matéria de proteção de dados. Os princípios de proteção de dados desde a concessão e, por defeito, deverão também ser tomados em consideração no contexto dos contratos públicos."

b) Compliance *de Dados na LGPD*

"CAPÍTULO VII
DA SEGURANÇA E DAS BOAS PRÁTICAS
Seção I
Da Segurança e do Sigilo de Dados

Art. 46. Os agentes de tratamento devem adotar medidas de segurança, técnicas e administrativas aptas a proteger os dados pessoais de acessos não autorizados e de situações acidentais ou ilícitas de destruição, perda, alteração, comunicação ou qualquer forma de tratamento inadequado ou ilícito.

§ 1.º A autoridade nacional poderá dispor sobre padrões técnicos mínimos para tornar aplicável o disposto no *caput* deste artigo, considerados a natureza das informações tratadas, as características específicas do tratamento e o estado atual da tecnologia, especialmente no caso de dados pessoais sensíveis, assim como os princípios previstos no *caput* do art. 6.º desta Lei.

§ 2.º As medidas de que trata o *caput* deste artigo deverão ser observadas desde a fase de concepção do produto ou do serviço até a sua execução.

Art. 47. Os agentes de tratamento ou qualquer outra pessoa que intervenha em uma das fases do tratamento obriga-se a garantir a segurança da informação prevista nesta Lei em relação aos dados pessoais, mesmo após o seu término.

Art. 48. O controlador deverá comunicar à autoridade nacional e ao titular a ocorrência de incidente de segurança que possa acarretar risco ou dano relevante aos titulares."

PARTE III · Cap. 36 · *COMPLIANCE* DE DADOS | **743**

"Seção II

Das Boas Práticas e da Governança

Art. 50. Os controladores e operadores, no âmbito de suas competências, pelo tratamento de dados pessoais, individualmente ou por meio de associações, poderão formular regras de boas práticas e de governança que estabeleçam as condições de organização, o regime de funcionamento, os procedimentos, incluindo reclamações e petições de titulares, as normas de segurança, os padrões técnicos, as obrigações específicas para os diversos envolvidos no tratamento, as ações educativas, os mecanismos internos de supervisão e de mitigação de riscos e outros aspectos relacionados ao tratamento de dados pessoais.

§ 1.º Ao estabelecer regras de boas práticas, o controlador e o operador levarão em consideração, em relação ao tratamento e aos dados, a natureza, o escopo, a finalidade e a probabilidade e a gravidade dos riscos e dos benefícios decorrentes de tratamento de dados do titular.

§ 2.º Na aplicação dos princípios indicados nos incisos VII e VIII do *caput* do art. 6.º desta Lei, o controlador, observados a estrutura, a escala e o volume de suas operações, bem como a sensibilidade dos dados tratados e a probabilidade e a gravidade dos danos para os titulares dos dados, poderá:

I – implementar programa de governança em privacidade que, no mínimo:

a) demonstre o comprometimento do controlador em adotar processos e políticas internas que assegurem o cumprimento, de forma abrangente, de normas e boas práticas relativas à proteção de dados pessoais;

b) seja aplicável a todo o conjunto de dados pessoais que estejam sob seu controle, independentemente do modo como se realizou sua coleta;

c) seja adaptado à estrutura, à escala e ao volume de suas operações, bem como à sensibilidade dos dados tratados;

d) estabeleça políticas e salvaguardas adequadas com base em processo de avaliação sistemática de impactos e riscos à privacidade;

e) tenha o objetivo de estabelecer relação de confiança com o titular, por meio de atuação transparente e que assegure mecanismos de participação do titular;

f) esteja integrado a sua estrutura geral de governança e estabeleça e aplique mecanismos de supervisão internos e externos;

g) conte com planos de resposta a incidentes e remediação; e

h) seja atualizado constantemente com base em informações obtidas a partir de monitoramento contínuo e avaliações periódicas;

II – demonstrar a efetividade de seu programa de governança em privacidade quando apropriado e, em especial, a pedido da autoridade nacional ou de outra entidade responsável por promover o cumprimento de boas práticas ou códigos de conduta, os quais, de forma independente, promovam o cumprimento desta Lei.

§ 3.º As regras de boas práticas e de governança deverão ser publicadas e atualizadas periodicamente e poderão ser reconhecidas e divulgadas pela autoridade nacional.

Art. 51. A autoridade nacional estimulará a adoção de padrões técnicos que facilitem o controle pelos titulares dos seus dados pessoais."

A seguir, vamos tentar tratar de maneira sistemática, indistintamente, os elementos de um *Sistema de Gestão de Compliance de Dados (SGCD)* e ambas as legislações (LGPD E GDPR). De uma leitura dos artigos referidos das duas legislações concernentes ao tema do presente

744 | TRATADO DE PROTEÇÃO DE DADOS PESSOAIS

capítulo nota-se, rapidamente, que suas redações, apesar de diferentes em estilos, no que diz respeito aos elementos de um SGCD, convergem nos pontos fundamentais, atuando em alguns aspectos de maneira complementar inclusive. Nesse sentido, busca-se apresentar as melhores práticas de *Compliance* de Dados, que acabam, em sua essência, assim como aconteceu no âmbito mais geral do *compliance*, convergindo em um sistema abrangente harmonizado com as várias legislações.

4. *DATA ASSESSMENTS*

As legislações referidas tratam de diferentes tipos de *data assessments*. Em especial, a doutrina vem chamando a atenção para alguns principais: a) *Risk Assessment* (Análise de riscos); b) *Data mapping*: Inventário e registro de dados; c) *Privacy Impact Assessment* (PIA); e d) *Data Protection Impact Assessments* (DPIA). Esses *assessments* têm papel fundamental na implantação de um Sistema de Gestão de *Compliance* de Dados. Portanto, analisaremos cada um deles de maneira mais detalhada.

a) Risk Assessment *(Análise de riscos)*

A análise de riscos de dados é um aspecto de um estudo mais amplo de riscos de *compliance*. Na verdade, a avaliação de riscos é elemento essencial de qualquer sistema de gestão de *compliance*.[12] *Compliance* tem, na verdade, o risco como seu objeto de análise. Analisar e gerenciar riscos é a razão de existência de sistemas de gestão de *compliance*. Neste capítulo, porém, não vamos abordar esse tema de perspectiva geral de um sistema de gestão de

---

[12]　É consenso na doutrina nacional, comparada e internacional, de que não existe *compliance* sem avaliação de riscos. Ver, a esse respeito: Tribunal de Contas da União. *Referencial Básico de Gestão de Riscos*. Brasília: TCU, Secretaria-Geral de Controle Externo (Segecex), 2018; SPECCHIO, Silvia Regina Astorino. Subcomissão de Auditoria Interna da FEBRABAN. *Matriz de riscos*. São Paulo: IBCB, 1999; Instituto Brasileiro de Governança Corporativa (IBGC). *Gerenciamentos de riscos corporativos*: evolução em governança e estratégia. São Paulo: IBGC, 2017. (Série Cadernos de Governança Corporativa.); STEINBERG, Richard M. *Governance, risk management, and compliance*. It can't happen to us – Avoiding corporate disaster while driving success. New Jersey: John Wiley & Sons, 2011; Pacto Global Rede Brasileira. Avaliação de riscos. *Pacto Social Rede Brasileira, Caderno do Pacto, Anticorrupção*, dez. 2015, p. 36-40; SILVA, Nelson Ricardo Fernandes da et al. *Análise de risco parametrizada 2.0*: manual prático da governança voltada para a gestão de risco. São Paulo: PoloBooks, 2017; MOELLER, Robert R. *Executive's Guide to COSO Internal Controls*. Understanding and Implementing the New Framework. New Jersey: Wiley, 2014; BESTE, Christoph B. Praktische Umsetzung des Compliance-Programms aus Beratungssicht. *In*: BANNENBERG, Cornelia; GÖRLING, Helmut; INDERST, Cornelia. *Compliance*. Aufbau – Management – Risikobereiche. Heidelberg: C.F. Müller, 2010. p. 127-152; HAUSCHKA, Christoph E. Die Organisation des Risikos: essentielle Grundelemente einer Compliance-Organisation. *In*: HAUSCHKA, Christoph E. *Corporate Compliance*. Handbuch der Haftungsvermeidung im Unternehmen. 2. ed. München: C.H. Beck, 2010. p. 19-21; PAMPEL, Jochen R.; KROLAK, Thomas. § 16. Risikomanagement durch Controlling. *In*: HAUSCHKA, Christoph E. *Corporate Compliance*. Handbuch der Haftungsvermeidung im Unternehmen. 2. ed. München: C.H. Beck, 2010. p. 406-424; LEMOS, Ricardo. Gerenciamento de riscos corporativos. *In*: DE LAMBOY, Christina Karl. *Manual de* compliance. São Paulo: Instituto ARC, 2017. p. 449-470; NEVES, Edmo Colnaghi; FIGUEIROA, Caio Cesar. Gestão de riscos. *In*: CARVALHO, André Castro; BERTOCCELLI, Rodrigo de Pinho; ALVIM, Tiago Cripa; VENTURINI, Otavio. *Manual de* compliance. São Paulo: Forense, 2019. p. 21-36; International Organization for Standardization (ISO). ISO 31000. *Risk management*. A practical guide for SMEs. Genebra: ISO, 2015; Pacto Global – Organização das Nações Unidas (ONU). *Guia de Avaliação de Risco de Corrupção*. New York: ONU, 2013; Agência Nacional de Saúde Suplementar (ANS). *Manual de Gestão de Riscos da Agência Nacional de Saúde Suplementar*. Rio de Janeiro: ANS, 2018.

compliance, mas sim do ponto de vista do recorte específico da análise de riscos de dados, pedra angular de um sistema de gestão de *Compliance* de Dados.

De maneira geral, existem, basicamente, duas metodologias aceitas mundialmente como referência de melhores práticas de gestão de riscos: 1) *COSO Enterprise Risk Management (COSO-ERM)*, criada pelo *Committee of Sponsoring Organizations of the Treadway Commission* (COSO), em 1992, com duas atualizações muito importantes em 2013 e 2017;[13] e 2) a ISO 31.000.[14] No Brasil, o Instituto ARC desenvolveu metodologia que integra os dois modelos em um mais abrangente: a *Análise de Riscos Parametrizada*, utilizada em seus cursos de certificação.[15]

As referidas metodologias são constituídas de algumas etapas fundamentais: 1) conhecer a empresa; 2) conhecer seu ambiente legal e suas obrigações de *compliance*; 3) realizar entrevistas e análise de documentos; 4) fazer testes e checagem dos dados levantados; 5) identificar riscos e fatores de risco; 6) realizar avaliação de probabilidade; 7) desenvolver matriz de riscos; 8) realizar monitoramento. A avaliação de riscos conecta-se com o sistema de gestão de *compliance* de maneira essencial, dado que tanto o escopo quanto o projeto de implantação do sistema de gestão de *compliance* são construídos a partir da avaliação de riscos.

b) Data mapping: *inventário e registro de dados*

O inventário de dados, também conhecido como "mapa de dados" ou "data map", é um dos elementos fundamentais de um *sistema de gestão de* compliance *de dados* e tem por função principal identificar os dados que transpassam vários sistemas e, em função disso, serve para indicar como os dados estão compartilhados, organizados e onde eles estão localizados.[16] Os referidos dados são categorizados por áreas, que identificam versões de dados inconsistentes, permitindo reconhecer e mitigar disparidade de dados, que, por sua vez, serve para distinguir os dados de maior e menor valor e revelar como são acessados e armazenados.[17]

c) Privacy Impact Assessment (PIA)

Um PIA é uma análise dos riscos de privacidade e proteção de dados associada ao "processamento de informação pessoal em relação a um projeto, produto ou serviço".[18] Essa análise também serve para reconhecer ou prover medidas mitigatórias necessárias para evitar ou reduzir os riscos identificados. Essa metodologia atua como um facilitador da implementação da "privacy by design", exigido pela GDPR.

---

[13]   *COSO Enterprise Risk Management – Integrating with Strategy and Performance. COSO 2017 e 2013 Internal Control – Integrated Framework.* Ver, a esse respeito: MOELLER, Robert R. *Executive's Guide to COSO Internal Controls.* Understanding and Implementing the New Framework. New Jersey: Wiley, 2014.

[14]   Ver, a esse respeito: International Organization for Standardization (ISO). ISO 31000. *Risk management.* A practical guide for SMEs. Genebra: ISO, 2015.

[15]   LEMOS, Ricardo. Gerenciamento de riscos corporativos. *In*: DE LAMBOY, Christina Karl. *Manual de* compliance. São Paulo: Instituto ARC, 2017. p. 449-470; SILVA, Nelson Ricardo Fernandes da. Gestão de riscos na prática. *In*: DE LAMBOY, Christina Karl. *Manual de* compliance. São Paulo: Instituto ARC, 2017. p. 449-470; SILVA, Nelson Ricardo Fernandes da *et al. Análise de risco parametrizada 2.0*: manual prático da governança voltada para a gestão de risco. São Paulo: PoloBooks, 2017.

[16]   DENSMORE, Russell. *Privacy Program Management.* Tools for managing privacy within your organization. Portsmouth: Hyde Park Publishing Services/IAPP, 2019. p. 65.

[17]   Ibidem, p. 65.

[18]   Ibidem, p. 69.

d) Data Protection Impact Assessments (DPIA)

Quando uma organização ou empresa coleta ou faz uso de dados pessoais, quem os utiliza está exposto a riscos. A DPIA descreve "o processo designado para identificar riscos, que surgem do processamento de dados pessoais e para minimizar esses riscos o máximo e o mais rápido possível".[19] No caso da GDPR, não estar em conformidade com as exigências da DPIA pode levar à aplicação de multas, que serão impostas à autoridade de dados da empresa ou organização. As etapas do DPIA seguem passos semelhantes à implementação de sistemas de gestão de *compliance* e estão estruturados da seguinte forma:

Etapas do DPIA[20]

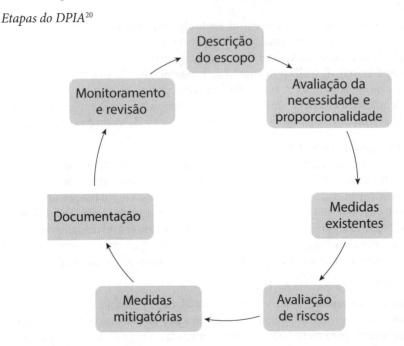

O DPIA é uma das metodologias utilizadas para a implantação de um sistema de gestão de *compliance* de dados.

5. ELEMENTOS DE UM *SISTEMA DE GESTÃO DE* COMPLIANCE *DE DADOS*

O *Sistema de Gestão de* Compliance *de Dados* é construído a partir das metodologias referidas no capítulo anterior: após a realização de uma avaliação de risco de dados, do *data mapping*, do PIA e do DPIA, passamos a ter informações suficientes para elaborar um

---

[19] Ibidem, p. 73.
[20] As etapas do DPIA são mais uma prova da sua conexão com as melhores práticas de *compliance*. Se se comparam as etapas aqui descritas com as etapas de implantação de um sistema de gestão de *Compliance*, conforme está previsto na norma ISO 19600, percebemos logo que têm relação de gênero e espécie, dado que o DPIA parece uma aplicação específica dessa metodologia mais abrangente. O presente gráfico foi desenvolvido com base em outro gráfico similar publicado no manual da certificação do IAPP: DENSMORE, Russell. *Privacy Program Management.* Tools for managing privacy within your organization. Portsmouth: Hyde Park Publishing Services/IAPP, 2019. p. 76.

projeto de implementação de *Compliance* de Dados. As legislações exigem, porém, que uma determinada metodologia seja aplicada para o momento da implementação do *Compliance* de Dados: o *Privacy by Design* (*PbD*).

a) Privacy by Design (PbD)

O *Privacy by Design framework* reza que privacidade e proteção de dados estão intrinsecamente ligadas com todo o ciclo de vida das tecnologias, do desenho inicial até o seu lançamento no mercado. O seu conceito fundamental implica que as organizações devem sempre criar produtos e serviços, que, desde o início, estejam de acordo com as diretrizes de um sistema de gestão de *compliance* digital ou de dados, bem como das melhores práticas de Compliance de dados e que essas medidas sejam aplicadas diretamente nas tecnologias, nos sistemas e nas práticas vinculadas a todo o ciclo de vida dos produtos e serviços das organizações e empresas.

b) Código de Ética e de Conduta

Tanto a GDPR quanto a LGPD exigem que as empresas e corporações tenham seus respectivos Códigos de Ética e de Conduta com capítulo reservado para os valores e princípios da área de proteção de dados e privacidade. O Código de Ética e de Conduta deve refletir os valores da empresa, a criação de um comitê interno de dados e informações sobre o canal de denúncias da empresa.

c) Data Protection Officer (DPO)

Da mesma forma que o *Compliance Officer*, é uma exigência legal e de melhores da área de *compliance* que se designe um DPO para gerenciar o sistema de gestão de dados. O encarregado será indicado pelo controlador e terá como atividades principais aceitar reclamações e comunicações dos titulares dos dados, receber comunicações da autoridade nacional de dados de adotar as providências necessárias, bem como realizar treinamentos e orientar funcionários a respeito das melhores práticas de privacidade e proteção de dados e executar demais funções que porventura a autoridade nacional de dados solicitar.

1. Requisitos e funções do DPO na *LGPD*

"Seção II

Do Encarregado pelo Tratamento de Dados Pessoais

Art. 41. O controlador deverá indicar encarregado pelo tratamento de dados pessoais.

§ 1.º A identidade e as informações de contato do encarregado deverão ser divulgadas publicamente, de forma clara e objetiva, preferencialmente no sítio eletrônico do controlador.

§ 2.º As atividades do encarregado consistem em:

I – aceitar reclamações e comunicações dos titulares, prestar esclarecimentos e adotar providências;

II – receber comunicações da autoridade nacional e adotar providências;

III – orientar os funcionários e os contratados da entidade a respeito das práticas a serem tomadas em relação à proteção de dados pessoais; e

IV – executar as demais atribuições determinadas pelo controlador ou estabelecidas em normas complementares.

§ 3.º A autoridade nacional poderá estabelecer normas complementares sobre a definição e as atribuições do encarregado, inclusive hipóteses de dispensa da necessidade de sua indicação, conforme a natureza e o porte da entidade ou o volume de operações de tratamento de dados".

2. Requisitos e funções do DPO na *GDPR*

"*Artigo 39.º*

Funções do encarregado da proteção de dados

1. O encarregado da proteção de dados tem, pelo menos, as seguintes funções:

a) Informa e aconselha o responsável pelo tratamento ou o subcontratante, bem como os trabalhadores que tratem os dados, a respeito das suas obrigações nos termos do presente regulamento e de outras disposições de proteção de dados da União ou dos Estados-Membros;

b) Controla a conformidade com o presente regulamento, com outras disposições de proteção de dados da União ou dos Estados-Membros e com as políticas do responsável pelo tratamento ou do subcontratante relativas à proteção de dados pessoais, incluindo a repartição de responsabilidades, a sensibilização e formação do pessoal implicado nas operações de tratamento de dados, e as auditorias correspondentes;

c) Presta aconselhamento, quando tal lhe for solicitado, no que respeita à avaliação de impacto sobre a proteção de dados e controla a sua realização nos termos do artigo 35.º;

d) Coopera com a autoridade de controlo;

e) Ponto de contacto para a autoridade de controlo sobre questões relacionadas com o tratamento, incluindo a consulta prévia a que se refere o artigo 36.º, e consulta, sendo caso disso, esta autoridade sobre qualquer outro assunto.

2. No desempenho das suas funções, o encarregado da proteção de dados tem em devida consideração os riscos associados às operações de tratamento, tendo em conta a natureza, o âmbito, o contexto e as finalidades do tratamento".

d) *Política de Privacidade e Proteção de Dados e Privacidade*

A Política de Privacidade[21] e Proteção de Dados consistirá numa compilação de descrição de todas as medidas mitigatórias, procedimentos, controles internos, que deverão ser adotados na empresa. Não existem modelos que possam ser replicados, dado que cada política deverá ser construída a partir de uma adequada avaliação de riscos. Apenas uma apropriada avaliação de riscos pode nos ajudar a compreender quais são as informações, riscos e medidas mitigatórias que devem ser adotados para evitar ou atenuar riscos de dados.

e) *Política de Terceiros e* Due Diligence

Além da política,será muito importante revisar os contratos com fornecedores para inserir cláusulas específicas relacionadas ao tratamento de dados. São cláusulas que vão reforçar que o fornecedor ou o terceiro controlador dos dados deve manter os mesmos níveis de segurança e proteção dos dados adotados pelo contratante, bem como vão exigir um comprometimento dos fornecedores em agir em conformidade com as exigências da LGPD e GDPR.[22]

---

[21] Para exemplos práticos de Política de Privacidade e Proteção de Dados adequados à LGPD, ver: PINHEIRO, Patricia Peck; ROCHA, Henrique. *Advocacia digital*. São Paulo: RT/Thompson Reuters, 2019. p. 164-170. Sobre modelos políticas adequadas à GDPR, ver: LACHENMANN, Matthias; KORENG, Ansgar. *Formularhandbuch Datenschutzrecht*. München: C.H. Beck, 2018.

[22] Para exemplos de cláusulas contratuais relacionadas a tratamento de dados adequados à LGPD, ver: PINHEIRO, Patricia Peck; WEBER, Sandra Tomazi; OLIVEIRA NETO, Antonio Alves de. *Fundamento dos negócios e contratos digitais*. São Paulo: Thompson Reuters/RT, 2019. p. 147 e ss. Para modelos de cláusulas contratuais de privacidade e proteção de dados adequados à GDPR, ver: MOOS, Flemming.

f) Canal de denúncias

Parte fundamental de um *Sistema de Gestão de* Compliance *de Dados* é o canal de denúncias, que consiste em um *software* ou linha telefônica ou ambos integrados num mesmo sistema para receber denúncias e críticas à empresa. O canal de denúncias deve constar do Código de Ética e de Conduta da empresa, com os dados acerca da composição do Comitê de Ética.

g) Política de Consequências

É necessário que no Código de Ética e de Conduta também esteja prevista a função do Comitê de Ética de apurar denúncias. Além disso, deve haver uma previsão nesse documento de penalidades, que podem ser impostas, caso as normas do sistema de gestão de *compliance* de dados não estejam sendo cumpridas. Após a redação e a revisão do Código, deverá ser elaborada Política de Consequências com detalhamento do procedimento de averiguação, que será aplicado na hipótese de suspeita da prática de irregularidades e das sanções, que poderão ser impostas no caso de não conformidade.

h) Auditoria

Por fim, deverá ser realizada auditoria[23] para que se possa averiguar se as políticas e demais medidas do sistema de gestão de *compliance* de dados estão sendo aplicadas corretamente e se os envolvidos na gestão do sistema estão registrando adequadamente as evidências do sistema.

CONSIDERAÇÕES FINAIS

Como se pode observar no artigo, com a promulgação da GDPR e da LGPD, uma nova era do *compliance* iniciou no Brasil: a era dos sistemas de gestão de dados. Com isso, o Brasil passou a ter instrumentos para viabilizar e dar efetividade aos direitos fundamentais à proteção de dados e privacidade dos cidadãos brasileiros.

REFERÊNCIAS BIBLIOGRÁFICAS

AGÊNCIA NACIONAL DE SAÚDE SUPLEMENTAR (ANS). *Manual de Gestão de Riscos da Agência Nacional de Saúde Suplementar*. Rio de Janeiro: ANS, 2018.

BESTE, Christoph B. Praktische Umsetzung des Compliance-Programms aus Beratungssicht. *In*: BANNENBERG, Cornelia; GÖRLING, Helmut; INDERST, Cornelia. *Compliance*. Aufbau – Management – Risikobereiche. Heidelberg: C.F. Müller, 2010.

BORCHERS, Christian. Compliance-Maßnahmen. *In*: SCHLÄGER, Uwe; THODE, Jan-Christoph. *Handbuch Datenschutz und IT-Sicherheit*. Berlin: Erich Schmidt, 2018.

CRESPO, Marcelo. *Compliance* digital. *In*: NOHARA, Irene Patrícia; PEREIRA, Flávio de Leão Bastos. *Governança,* compliance *e cidadania*. 2. ed. São Paulo: Thompson Reuters Brasil, 2019.

DENSMORE, Russell. *Privacy Program Management*. Tools for managing privacy within your organization. Portsmouth: Hyde Park Publishing Services/IAPP, 2019.

FRAZÃO, Ana; OLIVA, Milena Donato; ABILIO, Vivianne da Silveira. *Compliance* de dados pessoais. *In*: TEPEDINO, Gustavo; FRAZÃO, Ana; OLIVA, Milena Donato. *Lei Geral de*

Datenschutz -und Datennutzungs-verträge. Vertragsmuster – Klauseln – Erläuterungen. 2. ed. aum. Köln: Ottoschimidt, 2018.

[23] IMONIANA, Joshua Onome. *Auditoria de sistemas de informação*. 3. ed. São Paulo: Atlas, 2017.

Proteção de Dados Pessoais e suas repercussões no direito brasileiro. São Paulo: Thompson Reuters, 2019.

HAUSCHKA, Christoph E. Die Organisation des Risikos: essentielle Grundelemente einer Compliance-Organisation. *In*: HAUSCHKA, Christoph E. *Corporate Compliance.* Handbuch der Haftungsvermeidung im Unternehmen. 2. ed. München: C.H. Beck, 2010.

IMONIANA, Joshua Onome. *Auditoria de sistemas de informação.* 3. ed. São Paulo: Atlas, 2017.

INSTITUTO BRASILEIRO DE GOVERNANÇA CORPORATIVA (IBGC). *Gerenciamentos de riscos corporativos*: evolução em governança e estratégia. São Paulo: IBGC, 2017. (Série Cadernos de Governança Corporativa.)

INTERNATIONAL ORGANIZATION FOR STANDARDIZATION (ISO). ISO 31000. *Risk management.* A practical guide for SMEs. Genebra: ISO, 2015.

ISO/ABNT. *ISO 19600*: Sistemas de Gestão de *Compliance.* Rio de Janeiro: ABNT, 2014.

KOGLIN, Olaf. II. Datenschutz-Compliance. *In*: LACHENMANN, Matthias; KORENG, Ansgar. *Formularhandbuch Datenschutzrecht.* München: C.H. Beck, 2018.

KOGLIN, Olaf. III. Datenschutzorganisation im Unternehmen. *In*: LACHENMANN, Matthias; KORENG, Ansgar. *Formularhandbuch Datenschutzrecht.* München: C.H. Beck, 2018.

KOGLIN, Olaf. IV. Code of Conduct und Selbstverpflichtung zum Datenschutz. 1. Datenschutz im Code of Conduct. *In*: LACHENMANN, Matthias; KORENG, Ansgar. *Formularhandbuch Datenschutzrecht.* München: C.H. Beck, 2018.

LACHENMANN, Matthias; KORENG, Ansgar. *Formularhandbuch Datenschutzrecht.* München: C.H. Beck, 2018.

LEMOS, Ricardo. Gerenciamento de riscos corporativos. *In*: DE LAMBOY, Christina Karl. *Manual de* compliance. São Paulo: Instituto ARC, 2017.

MOELLER, Robert R. *Executive's Guide to COSO Internal Controls.* Understanding and Implementing the New Framework. New Jersey: Wiley, 2014.

MOOS, Flemming. *Datenschutz -und Datennutzungs-verträge.* Vertragsmuster – Klauseln – Erläuterungen. 2. ed. aum. Köln: Ottoschimidt, 2018.

NEVES, Edmo Colnaghi; FIGUEIROA, Caio Cesar. Gestão de riscos. *In*: CARVALHO, André Castro; BERTOCCELLI, Rodrigo de Pinho; ALVIM, Tiago Cripa; VENTURINI, Otavio. *Manual de* compliance. São Paulo: Forense, 2019.

PACTO GLOBAL – ORGANIZAÇÃO DAS NAÇÕES UNIDAS (ONU). *Guia de Avaliação de Risco de Corrupção.* New York: ONU, 2013.

PACTO GLOBAL REDE BRASILEIRA. Avaliação de riscos. *Pacto Social Rede Brasileira, Caderno do Pacto, Anticorrupção,* dez. 2015.

PAMPEL, Jochen R.; KROLAK, Thomas. § 16. Risikomanagement durch Controlling. *In*: HAUSCHKA, Christoph E. *Corporate Compliance.* Handbuch der Haftungsvermeidung im Unternehmen. 2. ed. München: C.H. Beck, 2010.

PINHEIRO, Patricia Peck; ROCHA, Henrique. *Advocacia digital.* São Paulo: RT/Thompson Reuters, 2019.

PINHEIRO, Patricia Peck; WEBER, Sandra Tomazi; OLIVEIRA NETO, Antonio Alves de. *Fundamento dos negócios e contratos digitais.* São Paulo: Thompson Reuters/RT, 2019.

ROTSCH, Thomas. Grundlagen. *In*: ROTSCH, Thomas (org.). *Criminal compliance handbuch.* Baden-Baden: Nomos, 2015.

SAAVEDRA, Giovani Agostini. Compliance *na área da saúde.* São Paulo: Lykoscastle, 2016.

SAAVEDRA, Giovani Agostini. Panorama do *compliance* no Brasil: avanços e novidades. *In*: NOHARA, Irene Patrícia; PEREIRA, Flávio de Leão Bastos. *Governança, compliance e cidadania*. 2. ed. São Paulo: Thompson Reuters Brasil, 2019.

SAAVEDRA, Giovani Agostini. *Prevenção à corrupção e* compliance. São Paulo: Lykoscastle, 2018.

SILVA, Nelson Ricardo Fernandes da. Gestão de riscos na prática. *In*: DE LAMBOY, Christina Karl. *Manual de* compliance. São Paulo: Instituto ARC, 2017.

SILVA, Nelson Ricardo Fernandes da *et al. Análise de risco parametrizada 2.0*: manual prático da governança voltada para a gestão de risco. São Paulo: PoloBooks, 2017.

SPECCHIO, Silvia Regina Astorino. Subcomissão de Auditoria Interna da FEBRABAN. *Matriz de riscos*. São Paulo: IBCB, 1999.

STEINBERG, Richard M. *Governance, risk management, and compliance*. It can't happen to us – Avoiding corporate disaster while driving success. New Jersey: John Wiley & Sons, 2011.

TRIBUNAL DE CONTAS DA UNIÃO. *Referencial Básico de Gestão de Riscos*. Brasília: TCU, Secretaria-Geral de Controle Externo (Segecex), 2018.

37

Inteligência Artificial, *credit scoring* e proteção de dados

Juliano Maranhão
Professor Associado da Faculdade de Direito da USP.

Ricardo Campos
Assistente Docente da Universidade de Frankfurt.

INTRODUÇÃO

Inteligências Artificiais baseadas em aprendizado de máquina e análise de dados (data systems) trazem, atualmente, um crítico desafio às categorias clássicas presentes nas legislações sobre cadastro de crédito (positivo ou negativo) ou de proteção de dados. Tal tecnologia problematiza a expectativa de se definir *ex ante* quais dados são ou não relevantes para avaliação de risco de crédito, quais dados são tipicamente referentes a saúde, quais dados podem revelar aspectos sensíveis de determinado indivíduo, quais dados podem individualizar uma personalidade[1].

Por exemplo, um sistema de inteligência artificial pode encontrar uma correlação relevante entre dados de voz e distúrbios psíquicos, muito embora inicialmente não estaríamos dispostos a dizer que gravações de voz por um *call center* de serviços bancários para fins de segurança seriam dados de saúde ou dados sensíveis. A variedade de dados disponíveis na web e possibilidade de correlações pode estabelecer inferências a partir de usos de determinados aplicativos (*e.g.*, aplicativos de apostas, de taxis), relações de amizade em redes sociais, dados extraídos de *quizz* psicológico, com aplicações para as mais diversas finalidades[2]. Desse modo, hábitos de navegação na internet, poderiam ser correlacionados a hábitos de consumo e, por sua vez, a comportamento psíquico que poderia indicar maior ou menor propensão a assumir riscos, revelando-se, portanto, dados relevantes para *scoring* de crédito.

Atualmente, o *scoring* é elaborado por técnicas de análise de dados que empregam inteligência artificial, em particular o aprendizado de máquina[3]. Esses sistemas podem lançar

---

[1] Ver AUGSBERG, Steffen e ULMENSTEIN, Ulrich. Requisitos de consentimento modificados: o direito de proteção de dados pode aprender com o direito da saúde? *In*: CAMPOS, Ricardo, ABBOUD, Georges; NERY JR., Nelson. *Proteção de Dados e Regulação*. São Paulo: Ed. RT/Thompson Reuters. (no prelo)

[2] Disponível em: https://www.economist.com/international/2019/07/06/a-brief-history-and-future-of--credit-scores.

[3] Sobre metodologias de aprendizado de máquina ver NORVIG, Peter; RUSSELL, Stuart. *Inteligência Artificial*. Tradução da 3ª edição. Elsevier Brasil, 2014. E sobre os riscos relativos a explicabilidade e

mão do processamento de um enorme leque de dados (*Big Data*) que podem vir a revelar aspectos da personalidade ou tendências individuais de consumo e gestão de patrimônio relevantes para avaliar risco de crédito, dos quais não podemos dizer de antemão se são ou não relevantes. Alcançou-se, assim, uma condição tecnológica que provê significativa acurácia nas previsões sobre capacidade e propensão à adimplência, mas cujos pesos relativos dos critérios de valoração podem ser opacos, o que dificulta a sua regulação.

De um lado, essa maior precisão da análise pode elevar a segurança e reduzir o risco dos serviços de crédito, aumentando sua oferta e reduzindo os juros, com efeitos benéficos sobre a economia e para a sociedade. De outro, a tecnologia traz maior potencial de impacto sobre a privacidade e outros direitos fundamentais e também o risco de incorporação de vieses discriminatórios na base de dados empregada para treinamento do sistema, ou no desenho do algoritmo, ou ainda pelo risco de falhas que possam ter impactos na esfera individual, com a limitação de acesso a bens ou oportunidades[4].

Essa preocupação com a privacidade, a finalidade de uso dos dados e possibilidade de restrição a acesso a bens em função de vieses discriminatórios ou falhas remete imediatamente à legislação sobre proteção de dados.

A Lei Geral de Proteção de Dados-LGPD (Lei 13.709/2018), que entrou em vigor em 18 de setembro de 2020, tem forte inspiração na legislação europeia, atualmente consolidada na General Data Protection Regulation-GDPR (Regulamento (EU) 2016/679 do Parlamento Europeu), tendo importado, em grande medida, seu conteúdo de direito material, seus fundamentos e principiologia (como no caso exemplar da autodeterminação informacional), suas definições sobre conceitos centrais, como os agentes relevantes (sujeito do dado, o controlador, o operador), tipos de dado (sensíveis, não sensíveis, anonimizados) tipos de processamento, a diretriz de controle da informação e do processamento (princípio de finalidade), as formas de processamento legítimo (consentimento, obrigação legal, execução de contrato, legítimo interesse etc.), os direitos básicos dos sujeitos dos dados e os deveres principais dos controladores e operadores.

Todavia, há divergências importantes, que decorrem não só de diferenças na formulação do texto legal, como também da *recepção* do conteúdo de deveres e direitos pelo ordenamento brasileiro, que, em nome da coerência do sistema normativo, pode levar a atribuições de significado distintos para termos legais ou gerar conflitos com outros documentos legislativos a serem solucionados pela atividade hermenêutica, doutrinária ou judicante (administrativa ou judicial).

Dentre essas diferenças, chama atenção o tratamento de dados para construção de perfis individuais (*profiling*), em particular para pontuações de risco com *a finalidade de proteção ao crédito* (*credit scoring*). A diferença começa pelo fato da LGPD, em seu art. 7º, inc. X, incluir esse tratamento explicitamente no rol das formas legítimas de processamento, no mesmo pé do consentimento pelo titular do dado, algo que não se encontra nem na GDPR, nem das legislações dos países membro da Comunidade Europeia. Aprofunda-se pela abordagem diversa entre a GDPR e a LGPD acerca da atividade de construção de perfis e consolida-se pelas diferenças profundas entre esses documentos no que se refere a decisões automatizadas.

O objetivo deste artigo é examinar as diferenças entre a GDPR e a LGPD para procurando problematizar, as seguintes questões: como o *scoring* na LGPD se harmoniza com a legislação

---

discriminação associados a técnicas de inteligência artificial aplicados a *scoring*, ver CITRON, Danielle Keats; PASQUALE, Frank. The scored society: due process for automated predictions, *Wash. L. Rev.*, v. 89, p. 1, 2014.

[4] CITRON; PASQUALE, The scored society: Due process for automated predictions.

PARTE III · Cap. 37 · INTELIGÊNCIA ARTIFICIAL, *CREDIT SCORING* E PROTEÇÃO DE DADOS | **755**

nacional sobre proteção ao crédito? Haveria um direito dos controladores e operadores de dados em realizar *scoring*? Há na LGPD direitos ou deveres específicos aplicáveis a *scoring* em relação a outras formas de tratamento? Quais tipos de dados podem ser processados para essa finalidade? O emprego de decisões automatizadas com base em scoring traria salvaguardas adicionais?

O presente artigo organiza-se em 4 Seções. Na Seção 2 abordamos o regime jurídico europeu sobre *scoring*, elucidando o plano jurisprudencial, normativo e doutrinário sobre o tema. Na Seção 3 estabelecemos parâmetros legais para o enquadramento do *scoring* e suas consequências dentro da tradição do ordenamento jurídico brasileiro. Por fim, na Seção 4, discutimos alguns critérios para possíveis respostas às difíceis questões acima colocadas.

1. *PROFILING, SCORING* E DECISÕES AUTOMATIZADAS NO DIREITO EUROPEU

A promulgação da GDPR foi uma resposta, após anos de gestação, à notável e crescente migração das relações econômicas e sociais do mundo *offline* para o mundo *online*[5]. Essa migração acompanhada do surgimento de aparelhos conectados (*Internet of Things*) gerou abundância de dados disponíveis na web, o que aliado ao processamento dessas informações por inteligência artificial, trouxe novos desafios à capacidade individual de influenciar a construção de sua identidade virtual, com impactos sobre a formação de sua personalidade interna[6].

Com apenas algumas características, é hoje possível individualizar condutas e comportamentos individuais[7], permitindo assim tirar conclusões significativas sobre práticas, costumes e características de uma pessoa[8]. Os riscos e perigos que essa forma de tratamento de dados pode ocasionar para o livre desenvolvimento da personalidade e suas potencias consequências em práticas discriminatórias estão no centro das preocupações que motivaram o aprofundamento da proteção jurídica em relação a prática de profiling e podem ser assim sintetizados: (a) o elevado *volume de dados disponíveis* na web; (b) a *facilidade de acesso* a esses dados; (c) a *interoperabilidade* e agregação de dados para estabelecer inferências sobre indivíduos; (d) o *valor econômico* dessas informações extraídas com atuação dos *data brokers* (e) emprego de *modelos de inteligência artificial* para formulação e circulação/comercialização de perfis individuais e para tomada de decisões automatizadas (f) riscos de *discriminação* em representações informacionais de indivíduos[9].

---

[5]   GUGERLI, David. *Wie die Welt in den Computer kam. Zur Entstehung digitaler Wirklichkeit*, Frankfurt am Main: Fischer, 2018.

[6]   ABRUSIO, Juliana. *Proteção de dados na cultura do algoritmo*. Tese de Doutorado. Orientador: Willis Santiago Guerra Filho. Pontifícia Universidade Católica de São Paulo, São Paulo, 2019.

[7]   Ver, por exemplo, o uso de modelos generativos para identificar indivíduos apenas com 15 itens de dados demográficos, ROCHER, Luc; HENDRICKX, Julien M.; DE MONTJOYE, Yves-Alexandre, Estimating the success of re-identifications in incomplete datasets using generative models. *Nature Communications*, v. 10, n. 1, p. 1-9, 2019.

[8]   ROSSNAGEL, Alexander. Big Data-Small Privacy? Konzeptionelle Herausforderungen für das Datenschutzrecht, *Zeitschrift für Datenschutz*, v. 3, n. 11, p. 562-567, 2013; BOEHME-NESSLER, Volker. Das Ende der Anonymität, *Datenschutz und Datensicherheit-DuD*, v. 40, n. 7, p. 419-423, 2016; RICHTER, Philipp. Big Data, Statistik und die Datenschutz-Grundverordnung. *Datenschutz und Datensicherheit--DuD*, v. 40, n. 9, p. 581-586, 2016.

[9]   SOLOVE, Daniel J. *Understanding privacy*. Cambridge, MA: Harvard University Press, 2008.

756 | TRATADO DE PROTEÇÃO DE DADOS PESSOAIS

Desse modo, a proteção em relação à prática de *profiling* na GDPR ganhou contornos mais concretos do que na antiga Diretiva 95/46/CE. Assim, a resposta do legislador europeu encontra fundamento decorrente do direito fundamental à privacidade (artigos 7.º) da protecção de dados (artigo 8.º), o direito à não discriminação (artigo 21.º) presentes na da Carta de direitos fundamentais da U.E.

A GDPR define *profiling*, de modo abrangente, como "qualquer forma de tratamento automatizado de dados pessoais que consista em utilizar esses dados pessoais para avaliar certos aspetos pessoais de uma pessoa singular, nomeadamente para analisar ou prever aspetos relacionados com o seu desempenho profissional, a sua situação económica, saúde, preferências pessoais, interesses, fiabilidade, comportamento, localização ou deslocações". Sua caracterização, portanto, centra-se em três fatores. Primeiro, requer um tratamento automatizado de dados pessoais. Perfilagem não abrange a mera análise manual de dados para efeitos de avaliação da personalidade, conforme o inc. 1 do artigo 2º, nº 2 do artigo 4º da GDPR. Em segundo lugar, os dados tratados devem ser pessoais, ainda que combinados com dados não pessoais. Terceiro, deve ter por objetivo avaliar o indivíduo com o fim de o categorizar e predizer seu comportamento futuro. A partir dessa definição, o normativo protege o sujeito de dado, em diferentes menções no documento, bem como em Recitals e diretivas, além da adoção de um documento de diretrizes específico elaborado pelo "Data Protection Working Party"[10].

A proteção se dá em três níveis. Primeiro, por meio das regras gerais aplicáveis a qualquer tratamento de dados pessoais, como a licitude do processamento (hipóteses de autorização do tratamento), informação ao sujeito sobre o tratamento, direito de acesso, retificação, objeção e exclusão, observado o legítimo interesse dos controladores e operadores.

Segundo, por regras específicas voltadas a propiciar transparência acerca da forma der elaboração do perfil, que consiste em indicar os tipos de dados processados e para qual finalidade é empregado, além de salvaguarda contra a perfilagem que possa resultar em discriminação abusiva. Essas proteções permitem ao sujeito de dado compreender a finalidade do emprego e participar ou contestar a construção de seu perfil. O regramento europeu em torno do *profiling* e no caso especial do *scoring* visa especialmente a impedir que técnicas automatizadas gerem efeitos discriminatórios restringindo, assim, direitos fundamentais. Não se trata de uma vedação destas técnicas de automatização, mas sim da mitigação de possíveis efeitos discriminatórios na forma de tratamento de dados[11]. O grau de intervenção do sujeito de dado na informação ou inferências construídas pelo controlador ou operador depende da análise de legítimo interesse, que autoriza o processamento. Reconhece-se, porém, ao sujeito do dado o direito à objeção *per se* contra o *profiling* com o propósito de marketing (art. 22(2)).

O terceiro nível de proteção consiste na decisão automatizada que empregue perfis (art. 22). A legislação europeia faz distinção clara entre o *profiling*, cujo processamento é necessariamente automatizado, e as decisões automatizadas, que podem ou não serem baseadas

---

[10] Guidelines on Automated individual decision-making and profiling for the purposes of Regulation 2016/679 (fev. 2018). O Data Protection Working Party, previsto no art. 29 da Diretiva 95/46/EC, é um conselho europeu independente sobre proteção de dados e privacidade. Os documentos elaborados não tem força legal vinculante, mas são importantes guias de interpretação e orientação na aplicação da GDPR.

[11] Para discriminação dentro do contexto do tratamento de dados por empresas de envio de mercadorias on-line, ver: MOOS, Flemming; ROTHKEGEL, Tobias. *Nutzung von Scoring-Diensten im Online-Versandhandel*, ZD, 2016, p. 561 e ss.

PARTE III · Cap. 37 · INTELIGÊNCIA ARTIFICIAL, *CREDIT SCORING* E PROTEÇÃO DE DADOS | **757**

em perfis[12]. O art. 22 da GDPR não trata de simples direito à objeção, mas proíbe o emprego de decisões integralmente automatizadas[13], a não ser nas hipóteses de exceção, como o consentimento expresso do sujeito do dado, a necessidade do processamento para a execução de contrato ou a autorização por País membro da CE. A disposição não proíbe a utilização de procedimentos automatizados, incluindo a definição de perfis, na tomada de decisões, mas proíbe a aplicação direta do resultado gerado automaticamente a uma situação sem a "intervenção" humana[14]. Ou seja, o art. 22 não se aplica a decisões humanas baseadas em perfil automatizado, apenas a decisões integralmente automatizadas que incluam perfis.

Para o caso de decisões automatizadas que incluam perfis, o sujeito de dados tem direito à intervenção humana para sua revisão e a receber "informações úteis relativas à lógica subjacente, bem como a importância e as consequências previstas de tal tratamento para o titular dos dados" (arts. 13 e 14). Há intensa polêmica doutrinária sobre o significado e abrangência das informações a que teria direito ao sujeito de dados, em torno do conceito de "direito à explicação". Para alguns, o direito seria apenas a receber informações sobre como funciona o sistema de decisão automatizada, o que já seria atendido por uma apresentação genérica e *ex ante* do sistema[15]. Para outros, fundados no Recital 71 da GDPR, o direito consistiria em obter explicação *ex post* específicos sobre a decisão tomada e os critérios nos quais se baseia[16]. Ou ainda, aqueles que defendem a existência de um direito à boa decisão algorítmica, com acento nas salvaguardas contra decisões automatizadas com vieses[17]. O direito à explicação pode ser limitado pela oposição de sigilo de negócio pelo operador, o que vem previsto no Recital 63 da GDPR. Por não ser fazer parte do texto legal, torna-se ônus do controlador ou operador demonstrar que a veiculação da informação sobre o funcionamento do sistema automatizado afeta segredo industrial.

A partir desse panorama geral sobre a proteção relativa à formação de perfis, podemos entender o tratamento de *Credit Scoring*, que é um caso particular de *profiling*.

Credit Scoring pode ser definido como um sistema automatizado que emprega modelos matemáticos para avaliar certas características assinaladas a determinada pessoa singular (variáveis como histórico de adimplemento contratual, comportamento do consumidor, dados financeiros, patrimoniais, local de residência, idade etc.) de modo a lhe atribuir determinada

---

[12]   Guidelines on automated individual decision-making and Profiling for the purposes of Regulation 2016/679.

[13]   Guidelines on automated individual decision-making...; ver também KAMINSKI, Margot E., The right to explanation, explained. *Berkeley Tech. LJ*, v. 34, p. 189, 2019.

[14]   SCHOLZ, Philip, DSGVO Art. 22 Automatisierte Entscheidungen im Einzelfall einschließlich Profiling. *In*: SIMITIS, Spiros; HORNUNG, Gerrit; DÖHMANN, Indra Spiecker (orgs.). *Datenschutzrecht: DSGVO mit BDSG*. Baden-Baden: Nomos, 2019. Ver também MENDOZA, Isak; BYGRAVE, Lee A. The right not to be subject to automated decisions based on profiling. *In*: SYNODINOU, Tatiana-Eleni et al. (orgs.). *EU Internet Law*. Cham: Springer, 2017, p. 77-98.

[15]   WACHTER, Sandra; MITTELSTADT, Brent; FLORIDI, Luciano. Why a right to explanation of automated decision-making does not exist in the general data protection regulation, *International Data Privacy Law*, v. 7, n. 2, p. 76-99, 2017.

[16]   MENDOZA; BYGRAVE, The right not to be subject to automated decisions based on profiling; SELBST, Andrew; POWLES, Julia, Meaningful information and the right to explanation. *International Data Privacy Law*, v. 7, n. 4, p. 233-242, 2017, p. 235; MALGIERI, Gianclaudio; COMANDÉ, Giovanni. Why a Right to Legibility of Automated Decision-Making Exists in the General Data Protection Regulation. *International Data Privacy Law*, v. 7, n. 4, p. 243-265, 2017, p. 243.

[17]   EDWARDS, Lilian; VEALE, Michael. Enslaving the Algorithm: From a "Right to an Explanation" to a "Right to Better Decisions"? *SSRN Electronic Journal*, 2017.

758 | TRATADO DE PROTEÇÃO DE DADOS PESSOAIS

pontuação, que o situa em categorias preditivas probabilísticas de comportamento futuro especificamente quanto a riso de inadimplência.

A pontuação é baseada na suposição de que um comportamento semelhante pode ser previsto através da classificação de uma pessoa a um determinado grupo com certas características comparáveis que se comportaram de determinada forma[18]. Esse procedimento de pontuação expandiu-se para outras esferas, além da proteção ao crédito, e passou a ser usado pelo sector privado, por exemplo, para a concessão de empréstimos bancários (em que a pontuação prediz risco de inadimplência), para determinar prêmios e valores em contratos de seguro (probabilidade de sinistro), para contratação de empregados (onde a pontuação indica probabilidade de desempenho do candidato em sua função ou outros comportamentos de interesse do empregador), ou para definir estratégias de marketing direcionado (probabilidade de consumo)[19].

Tais métodos começaram a chamar a atenção de reguladores, a partir da década de 70 e 80, preocupados, principalmente com a correção dos dados utilizados, a possibilidade de acesso aos dados pelos solicitantes de empréstimos, com a possibilidade de discriminação e tipos de dados empregados. Por outro lado, reconhece-se a importância da análise de solvabilidade para a segurança das relações de crédito e para o desenvolvimento do mercado bancário e da economia, com impactos positivos para políticas públicas. Dentre os benefícios apontados incluem-se maior oferta de crédito, a menores taxas de juros e com melhor qualidade, prevenção de excesso de endividamento dos consumidores, ao inibir os empréstimos irresponsáveis ou predatórios, maior estabilidade do sistema financeiro pela redução do risco de crédito bancário[20].

Na Europa, o processamento de dados de crédito dos consumidores e seu compartilhamento tem sido largamente utilizado por instituições financeiras ou empresas que prestam serviços a crédito ou com pagamento diferido, sendo a principal base de decisão sobre o empréstimo, conclusão de contrato ou definições de valores de taxas de juros[21]. A regulação em torno dos dados sobre crédito de consumidores é construída sobre um tripé (i) de regras relativas à concorrência, (ii) de regras relativas a critérios para empréstimos e proteção ao consumidor e (iii) de regras relativas à proteção de dados.

As regras concorrenciais tratam da troca de informações concorrencialmente sensíveis entre instituições de crédito, ao passo que as regras financeiras sobre empréstimos e proteção ao consumidor direcionam-se à transparência e trocas de informações entre mutantes e mutuários , com o intuito de evitar endividamento excessivo de consumidores (Diretiva 2008748/ EC sobre Crédito ao Consumidor[22] e a Diretiva 2014/17/EU sobre Crédito Hipotecário[23]).

---

[18] SIMITIS, Spiros; HORNUNG, Gerrit; SPIECKER, Indra (orgs.). *Datenschutzrecht: DSGVO mit BDSG.* Baden-Baden: Nomos, 2019, notas marginais nr. 24.

[19] WEICHERT, Thilo. Scoring in Zeiten von Big Data. *Zeitschrift für Rechtspolitik*, v. 47, n. 6, p. 168-171, 2014.

[20] OECD. Facilitating access to finance – Discussion Paper on Credit Information Sharing, at https://www1.oecd.org/globalrelations/45370071.pdf.

[21] FERRETTI, Federico. *The never-ending credit data mess.* Bruxelas: BEUC (Associação Européia de Consumidores), 2017.

[22] Directive 2008/48/EC of the European Parliament and of the Council of 23 April 2008 on credit agreements for consumers.

[23] Directive 2014/17/EU of the European Parliament and of the Council of 4 February 2014 on credit agreements for consumers relating to residential immovable property and amending Directives 2008/48/EC.

No âmbito da União Europeia, o Tribunal de Justiça da Comunidade Europeia apreciou o caso sobre a possível natureza anticoncorrencial de um sistema de intercâmbio de informações de crédito entre instituições financeiras, neste caso sobre os registos de crédito na Espanha[24]. Nesse importante caso jugado em 2006, o sistema de intercâmbio de informações entre instituições financeiras sobre a solvabilidade dos clientes para avaliação da capacidade de crédito baseado em uma pontuação foi tido como conforme aos parâmetros legais europeus, com base no reconhecimento de um benefício global positivo para os consumidores, em termos de segurança das relações comerciais e creditícias, que pode trazer efeito agregado positivo para a economia[25].

Além de não ser considerada anticompetitiva a prática de compartilhamento de informações de crédito de consumidores, a criação de dificuldades para acesso a essas bases de dados passou a ter conotação anticompetitiva. Assim, a Diretiva sobre Crédito Hipotecário inclui Recital indicando que "para prevenir qualquer distorção competitiva entre credores, deve ser assegurado que todos os credores, sejam instituições de crédito ou não, que promovam acordos de empréstimo relativos a bens imóveis, tenham acesso a toda as base de dados pública e privada sobre consumidores, em base não discriminatórias"[26].

Com isso, as regras concorrenciais e de proteção de dados travam uma tensão entre o estímulo ao compartilhamento para isonomia competitiva e contenção ao compartilhamento para resguardar a privacidade, que é resolvida a partir da análise de "legítimo interesse" no processamento dos dados. Note-se que tanto a Diretiva de Crédito ao Consumidor (art. 9(4)), quanto a Diretiva de Crédito Hipotecário (Recitals 59, 61 e 62) ressalvam que os dispositivos relativos a dados pessoais não prejudicam a aplicação da legislação de proteção de dados, em particular no que se refere as garantias de necessidade e proporcionalidade do processamento. O legítimo interesse sobre dados de crédito dos consumidores identificado não só em relação ao interesse das instituições de crédito ou dos benefícios à economia, como também em nome do interesse do próprio consumidor, considerando-se a preocupação com o endividamento excessivo, com a obrigatoriedade das instituições coletarem dados pertinentes sobre a capacidade de crédito e assessorarem o consumidor sobre a razoabilidade do empréstimo hipotecário. O processamento dos dados pauta-se pelo consentimento, mas a análise de legítimo interesse pode dispensá-lo[27].

Como o "legítimo interesse" exige uma ponderação entre a finalidade legítima e os meios empregados[28], método dependente de fatores culturais locais, há bastante discrepância

---

[24] EuGH, Decisao de 23. November 2006 (Rs. C-238/05).

[25] Decisão do Tribunal de Justice da Comunidade Europeia de 23.11.2006 – Rs. C-238/05.

[26] Recital 60 da Diretiva 2014/17/EU.

[27] Em um caso decidido pelo tribunal de segunda instância de Berlim, em 2013, sobre a necessidade ou não de consentimento como base legal para o tratamento e compartilhamento de dados referentes a capacidade de credito e avaliação de crédito por pontuação, o tribunal, baseando-se no § 29 BDSG (deutsche Bundesdatenschutzgesetz – Lei Federal Alemã de Proteção de Dados) excluiu a necessidade de consentimento. Segundo a argumentação do tribunal, a coleta, armazenamento ou tratamento de dados pessoais para fins de transmissão é permitida se houver interesse legítimo. O caso concreto referia-se a uma agência de crédito, que pelo julgado, estaria autorizada a recolher informações sobre a concessão da quitação residual da dívida junto do registo de devedores e a armazená-las durante três anos para efeitos de prestação de informações a potenciais mutuantes. KG, Urteil vom 7.2.2013 - 10 U 118/12 (LG Berlin). Sobre o assunto ver: KG: KG: Auskunftei darf Restschuldbefreiung drei Jahre speichern (ZD 2013, 189). Há também outros casos nesse sentido. Para tanto ver BGH, Urt. v. 22. 2. 2011 – VI ZR 120/10 (OLG Jena).

[28] Na regulação europeia, o conceito de interesse legítimo ("berechtigte Interesse") está presente no Art. 6 inc. 1 da GDPR. Também o recital 47 da GDPR, trata do legitimo interesse. Nesse há exemplos claros

entre os tipos de dados processados e as finalidades de emprego, possibilidade de cadastro positivo ou negativo, o que traz uma série de dificuldades ao compartilhamento de dados entre países membros, para que haja conformidade tanto com a legislação concorrencial, quanto com a legislação de proteção de dados. Em geral, ainda que sejam processados não só dados financeiros como também não financeiros, normalmente os dados tratados dizem sempre respeito a oferta de bens ou valores com pagamento diferido, dizendo sempre respeito a adimplemento contratual, seja de hipoteca, empréstimos ao consumidor, cartões de crédito, encomendas online, consumo de energia (gás, eletricidade), água, empréstimos para financiar educação, serviço de conexão à internet, linhas telefônicas, leasings, aluguel de imóveis, seguro saúde etc.[29]. Mas há também, em alguns casos, o emprego de outros dados como cumprimento de obrigações fiscais, idade, gênero, endereço, identificação do empregador, dados judiciais sobre insolvência.

Considerando que o legítimo interesse aparece como exceção ao regime de consentimento, a leitura daquilo que pode ser processado para finalidade de proteção ao crédito é mais estrita, normalmente se concentrando em aspectos relativos ao histórico de adimplemento. Porém, a relevância social do legítimo interesse leva ao reconhecimento de verdadeiro direito dos operadores, instituições financeiras e *bureaus* de crédito em realizar o *scoring*, como fica patente em decisão do Tribunal de Justiça da Espanha, em 2011, que entendeu ser inválida legislação nacional que limitava o uso de dados para scoring de crédito àqueles disponíveis em documentos de acesso público, considerando que a mesma violaria o conteúdo da Diretiva 95/CE. Ou seja, entendeu-se que a legislação de país membro não poderia impor condicionamentos ou exigências adicionais àqueles previstos na Diretiva, de modo que a limitação às fontes públicas limitaria o exercício do legítimo interesse, que é hipótese autorizadora do processamento, independentemente de consentimento.

Em relação a decisões automatizadas, a disposição legal do art. 22 é aplicável ao *scoring* não só se o valor extraído especificar uma decisão de crédito (ou outra aplicação), mas também, e em especial, se o valor da pontuação desempenhar um papel decisivo na decisão, tornando-se assim a sua base essencial[30]. Nesse contexto, o parâmetro europeu inclui a possibilidade de equiparação a uma decisão automatizada se a participação humana for considerada irrelevante. Para que o scoring de crédito seja considerado uma simples hipótese de *profiling* e não uma decisão automatizada, o funcionário responsável deve deter, ao mesmo tempo, competência para decisão e poder discricionário para decidir em desconformidade com o valor (score) gerado automaticamente[31].

---

no qual o legitimo interesse configura hipótese legal para o tratamento de dados como por exemplo, se existir uma relação relevante e adequada entre o titular dos dados e o responsável pelo tratamento de dados. Ou seja, se o titular dos dados for um cliente do responsável pelo tratamento de dados ou estiver ao seu serviço. Sobre o conceito de legitimo interesse ver HERFURTH, Constantin, Interessenabwägung nach Art. 6 Abs. 1 lit. f DS-GVO, *Zeitschrift für Datenschutz*, p. 514–520, 2018. GOLA, Peter, *Datenschutz-Grundverordnung: DS-GVO*. 2. ed. Munique: Editora C.H. Beck, 2018. Art. 6 notas marginais 101-104.

[29] FERRETTI, *The never-ending credit data mess*, p. 33.

[30] KORCZAK, Dieter; WILKEN, Michael; FORSCHUNGSGRUPPE, G. P. Scoring im Praxistest: Aussagekraft und Anwendung von Scoringverfahren in der Kreditvergabe und Schlussfolgerungen, *GP Forschungsgruppe*, 2008, p. 19; ABEL, Horst, Grundsätze für die Prüfung von DV-Verfahren, *Datenschutz und Datensicherheit*, p. 80-86, 1992.

[31] BECKHUSEN, G. Michael. *Der Datenumgang innerhalb des Kreditinformationssystems der SCHUFA: unter besonderer Berücksichtigung des Scoring-Verfahrens ASS und der Betroffenenrechte*, Baden-Baden: Nomos, 2004, p. 267.

PARTE III · Cap. 37 · INTELIGÊNCIA ARTIFICIAL, *CREDIT SCORING* E PROTEÇÃO DE DADOS | 761

Outra questão recorrente dentro da utilização da técnica de *scoring* encontra-se na possibilidade ou não da pessoa avaliada negativamente por um procedimento de pontuação em ter direito a informações completas sobre o procedimento de pontuação aplicado e o processamento de dados subjacente. Nesse assunto, o tribunal federal alemão (*Bundesgerichtshof*) se debruçou sobre o tema firmando entendimento de que a pessoa com classificação negativa não teria direito abrangente à informação, pois frequentemente essas informações tocariam outros direitos da empresa como a proteção do segredo industrial no que tange a estrutura do algoritmo que possibilita a decisão automatizada[32]. Apesar de ter direito ao mecanismo por detrás do algoritmo, isso não altera o status singular dado pelo direito europeu ao tema *scoring*. Não é necessário que o afetado conheça os detalhes do programa ou do seu algoritmo para que tenha revisada a decisão automatizada[33].

Em suma, a legislação europeia trata o scoring de crédito a partir de um balanço de seus efeitos sociais e econômicos benéficos frente ao seu impacto sobre a privacidade. O emprego dessa técnica independe de consentimento, por força da análise de legítimo interesse, o que traz ao operador o ônus de mostrar que os dados processados atendem ao interesse legítimo específico de proteção ao crédito, ou seja, a demonstração de sua adequação necessidade e proporcionalidade. Tratando-se de forma de *profiling*, reconhece-se ao sujeito do dado o direito a transparência sobre critérios e finalidade do processamento, além de salvaguarda contra resultados discriminatórios abusivos. Porém, a transparência não implica necessidade de exposição de detalhes do algoritmo empregado, que possam afetar segredo de negócio. A legislação diferencia claramente a automatização envolvida na geração do *profiling* da decisão integralmente automatizada baseada em perfis, porém, destaca que, para que a decisão baseada em perfil seja considerada não automatizada, o papel do humano no processo de decisão deve envolver discricionariedade e poder de divergir da indicação provida pela pontuação.

2. *PROFILING* E *CREDIT SCORING* NO DIREITO BRASILEIRO

2.1 A legislação vigente

No Brasil, o tratamento legal da prática de *scoring* com a finalidade proteção ao crédito, seguiu sistemática inversa àquela observada na Europa. Se entre os europeus a regulamentação é construída dentro da preocupação com proteção de dados e embasada principalmente no legítimo interesse como hipótese de exceção, entre nós, a proteção ao crédito aparece primeiro em ambiente de autorregulação para depois obter reconhecimento estatal como prática legítima. E a LGPD reforça esse reconhecimento ao incluí-la expressamente no rol das hipóteses legítimas de tratamento.

Inicialmente, o tema foi regulado por associações privadas setoriais, representativas dos comerciantes (Sociedade de Proteção ao Crédito – SPC) e das instituições financeiras (Serasa). Essa prática, permitida no sentido de "não proibida", ganhou relevo institucional, servindo de referência na relação entre varejistas, bancos e consumidores. Ganhou reconhecimento legal explícito com a promulgação do Código de Defesa do Consumidor, cuja disciplina garante

---

[32] BGH, Decisão de 28.1.2014 – VI ZR 156/13. Para pontos consonantes com os termos da decisão ver PLATH, Kai-Uwe et al. *BDSG/DSGVO: Kommentar zum BDSG und zur DSGVO sowie den Datenschutzbestimmungen von TMG und TKG*, Colonia: Otto Schmidt, 2016, § 28 b nota marginal 7. Para críticas à decisão, ver DÄUBLER, Wolfgang et al. *Bundesdatenschutzgesetz. Kompaktkommentar*. 4. ed. Frankfurt/Main: Frankfurt am Main: Bund Verlag, 2014, § 28 b nota marginal 4.

[33] GOLA, *Datenschutz-Grundverordnung: DS-GVO*, Art. 22 Nota marginal 16.

ao consumidor o direito de obter e retificar informações sobre si nos cadastros de crédito (CDC, art. 43). O direito de obter e retificar informações perante estabelecimentos comerciais e associações setoriais de proteção ao crédito, obviamente, pressupõe a licitude de sua coleta, processamento e compartilhamento por aquelas instituições. Ficam, porém, garantidos ao consumidor o direito à transparência e a veracidade.

Outro reconhecimento legal relevante da prática de *scoring* com abrangência mais ampla do que a relação de consumo sobreveio com a Lei 12.414/2011 (Lei do Cadastro Positivo – LCP), que prevê o compartilhamento de informações sobre adimplência contratual (art. 9º)[34] e que, mais recentemente, foi modificada pela Lei Complementar 166/2019 (originária do Projeto de Lei Complementar 441/2017 – PLP 441/2017), que alterou o art. 4º da LCP para tornar automática a inclusão dos consumidores nesse cadastro, com a possibilidade do cadastrado requerer o cancelamento do cadastro (art. 5º). Ou seja, houve a passagem para o modelo *opt out*, na qual há a inclusão automática, com a possiblidade do consumidor em solicitar sua exclusão do cadastro positivo. O argumento que fundamenta a alteração de modelo no projeto de Lei é a adesão aquém ao esperado pelas instituições financeiras ao cadastro positivo, o que traria grau de informações limitado e insuficiente para a efetiva redução do *spread* bancário[35].

Assim, com a promulgação da LCP, ancora-se a legalidade da prática de *scoring*, tanto no que se refere aos dados negativos quanto aos positivos de adimplemento contratual, independentemente de se tratar de relação de consumo, podendo abranger não só pessoas físicas quanto jurídicas. É importante notar que a LCP disciplina a formação do banco de dados, ao passo que a prática de *scoring* se refere à extração de informações dos dados, pelo emprego de inteligência ou modelos de análise.

Ou seja, e isso é fundamental, a lei *não estabelece limites à inteligência ou metodologia a ser empregada*, mas regula a formação da base de dados, isto é, aquilo que pode ser *anotado* na base e fixa a finalidade de seu emprego.

Assim, seu art. 3º, *caput*, restringe o conteúdo do banco de dados a "informações de adimplemento do cadastrado, para a formação do histórico de crédito". E no § 1º, a exemplo do CDC exige objetividade (não se pode anotar juízos de valor), clareza, veracidade e inteligibilidade das informações cadastradas e, no art. 3º, § 3º, proíbe expressamente a anotação de *informações excessivas*, i.e., "aquelas que não estiverem vinculadas à análise de risco de crédito ao consumidor" (inc. I) e as *informações sensíveis*, quais sejam, informações pertinentes à origem social e étnica, à saúde, à informação genética, à orientação sexual e às convicções políticas (inc. II).

E essa base, conforme definido no art. 7º, somente pode ser empregada para a realização da análise de risco de crédito dos cadastrados (inc. I) e para subsidiar a concessão ou extensão de crédito e a realização de venda a prazo ou transações comerciais que impliquem risco financeiro ao consulente (inc. II).

Portanto, segundo a legislação vigente, muito embora os bancos de dados sobre histórico de crédito somente possam ser utilizados para a finalidade de análise de risco de crédito, *não há restrição sobre os métodos e correlações que podem ser empregados para esse fim*, ressalvadas a manipulação de informações sensíveis ou "excessivas".

---

[34] "Art. 9º O compartilhamento de informação de adimplemento entre gestores é permitido na forma do inciso III do *caput* do art. 4º desta Lei". Sobre o tema, ver: MENDES, Laura Schertel. *Privacidade, proteção de dados e defesa do consumidor*. São Paulo: Saraiva, 2014, p. 145-146.

[35] Para uma visão geral da Lei de Cadastro Positivo, ver: BESSA, Leonardo Roscoe. *Cadastro positivo*: comentários à Lei 12,414, de 09 de junho de 2011. São Paulo: Ed. RT, 2011.

PARTE III · Cap. 37 · INTELIGÊNCIA ARTIFICIAL, *CREDIT SCORING* E PROTEÇÃO DE DADOS | **763**

Esse aspecto é chave quando pensamos na relação entre a legislação sobre cadastros de crédito e a proteção de dados pessoais. Trata-se da distinção entre dados e informações. A proteção de dados não trata, em primeira linha, da salvaguarda de dados, mas da forma como determinadas informações pessoais são "construídas" e utilizadas em face de pessoas naturais[36]. Dados são caracteres armazenados em uma mídia e podem servir de base para informações. Podem ser definidos como quebras de uniformidade perceptíveis pelo humano ou pela máquina, cuja combinação é capaz de gerar significado[37]. Já *informação* é o conteúdo linguístico, o significado semântico/pragmático extraído do processamento dos dados. Portanto, informações são elementos gerados em um contexto social específico a partir de observações, ou criadas pela forma de associação de dados para um determinado fim[38]. Nesse contexto, como assinala Gabrielle Britz[39], a proteção de dados não pode ser pensada como um direito de domínio sobre dados, o que seria inútil, pois a ameaça vem da aplicação de informações, nem como "domínio da informação", o que seria impossível, pois estas últimas consistem em construção alheia do significado dos dados[40].

A proteção do indivíduo perante técnicas computacionais de *scoring*, portanto, não significa domínio sobre a inferência realizada por terceiros. O problema aparece quando o sujeito referido pelo *scoring* é excluído desse processo de construção do seu perfil de risco, mostrando uma preocupação com a dignidade humana, no sentido de garantir que cada indivíduo, "e não sua 'sombra' terá o papel primordial na constituição de sua identidade"[41]. Trata-se, fundamentalmente, de garantir a *participação do sujeito nessa construção ou pontuação* com determinadas prerrogativas, de tal modo que cada um seja capaz de entender, contestar e participar da modulação de sua identidade na *infosfera*, em cada contexto e para cada finalidade de aplicação.

---

[36] SIMITIS, Spiros et al. *Kommentar zum Bundesdatenschutzgesetz*. 6. ed. Baden-Baden: Nomos, 2006, nota 32, Einleitung nota marginal 2 e 3.

[37] FLORIDI, Luciano. Semantic conceptions of information. *Stanford Encyclopedia of Phylosophy*, 2019. Disponível em: https://plato.stanford.edu/archives/sum2019/entries/information-semantic/.

[38] ALBERS, Marion. Information als neue Dimension im Recht, *Rechtstheorie*, v. 33, p. 61, 2002, p. 77 e ss. Ver também TRUTE, Hans-Heinrich. Verfassungsrechtliche Grundlagen. *In*: ROSSNAGEL, Alexander (org.). *Handbuch Datenschutz*. Munique: Beck, 2003, cap. 5, nota marginal 18; SCHOCH, Friedrich. Öffentlich-rechtliche Rahmenbedingungen einer Informationsordnung. *In*: *Veröffentlichungen der Vereinigung der Deutschen Staatsrechtslehrer(VVDStRL)*. Berlim: Editora Walter De Gruyter, 1998, p. 158 e ss.; LENK, Klaus. *Der Staat am Draht: electronic government und die Zukunft der öffentlichen Verwaltung: eine Einführung*, Berlim: Edition Sigma, 2004, p. 33 e ss. Em especial ALBERS, Marion. *Informationelle Selbstbestimmung*. Baden-Baden: Nomos Verlagsgesellschaft mbH & Co. KG, 2005, p. 86 e ss.

[39] BRITZ, Gabriele, Autodeterminação informativa entre a crítica principiológica dogmática e a permanência do Tribunal Constitucional Alemão. *In*: CAMPOS, Ricardo; NERY JR., Nelson; ABBOUD, Georges (orgs.). *Proteção de Dados e regulação*. São Paulo: Ed. RT, 2020; BRITZ, Gabriele. Informationelle Selbstbestimmung zwischen rechtswissenschaftlicher Grundsatzkritik und Beharren des Bundesverfassungsgerichts. *In*: HOFFMANN-RIEM, Wolfgang (org.). *Offene Rechtswissenschaft*. Tübingen: Mohr Siebeck, 2010, p. 561-596.

[40] Na literatura alemã, esse ponto fica claro com a crítica central de que proteção de dados não seria um regime da salvaguarda de dados, mas da proteção das pessoas contra os efeitos da forma como a informação é construída a partir de dados. Para tanto, ver: BULL, Hans Peter. *Sinn und Unsinn des Datenschutzes: Persönlichkeitsrecht und Kommunikationsfreiheit in der digitalen Gesellschaft*. Tübingen: Mohr Siebeck, 2015, p. 27 e ss.

[41] MENDOZA; BYGRAVE, The right not to be subject to automated decisions based on profiling, p. 84.

764 | TRATADO DE PROTEÇÃO DE DADOS PESSOAIS

2.2 A jurisprudência

Se a atuação e anotações cadastrais pelas instituições de proteção ao crédito já eram reconhecidas e inclusive sumuladas pelo Superior Tribunal de Justiça (Súmulas 323, 359 e 385), em 2014, a licitude em geral da prática de *credit scoring* foi sedimentada por aquele tribunal, à luz da LCP. O STJ, com fundamento nos arts. 5º, IV, e 7º, I, daquela Lei, no julgamento do REsp 1.419.697-RS, reconheceu a possibilidade de utilização do *credit scoring* sem o prévio consentimento do interessado, para avaliar e pontuar o consumidor que deseja obter empréstimos, levando-se em conta suas características pessoais e profissionais[42].

O Tribunal assinala com pertinência a distinção entre o banco de dados e os métodos matemáticos de extração da informação por meio de correlação estatística:

> "A avaliação da licitude do sistema de 'credit scoring' deve partir da premissa de que não se trata de um cadastro ou banco de dados de consumidores, mas de uma metodologia de cálculo de risco de crédito, utilizando-se de modelos estatísticos e dos dados existentes no mercado acessíveis via internet[43]".

Daqui se depreende a impertinência da exigência de consentimento prévio e expresso do consumidor avaliado para o *credit scoring*, pois esse "não constitui um cadastro ou banco de dados, mas um modelo estatístico". Aplicando o CDC e à LCP, o Tribunal reconheceu limites à formação e uso do banco de dados sem consentimento, vinculados ao *dever de transparência* quanto a dados registrados e mesmo quanto a suas fontes, à *privacidade*, consistente na proteção dos *dados sensíveis*, e a *boa-fé objetiva*, prevista no Código Civil, identificada, pelo Tribunal, com a *proibição ao excesso* quanto aos dados utilizados[44].

A justificação explícita presente no julgado não adentra na análise, delimitação e justificativa detalhada dos dados que poderiam ser empregados, mas os traços do caso concreto trazem indicações, mostrando uma ampliação do escopo de dados que podem ser empregados para essa finalidade. Como se sabe, a análise da *ratio decidendi* não se limita à "regra" formulada pelo magistrado ou tribunal em sua justificação, ou seja, aos fatores explicitamente indicados como fundamento, mas é construída a partir da correlação entre a decisão, favorável ou desfavorável ao pleito, e os fatores presentes no caso[45]. E o caso em questão envolvia o processamento, não só do histórico de crédito, como também de dados pessoais sobre *idade, sexo, estado civil, profissão, renda, número de dependentes e endereço*. Em determinada passagem, o Relator indica a naturalidade no exame recíproco da *capacidade financeira* em honrar contratos, dando a entender que dados ligados a avaliação dessa capacidade seriam

---

[42] STJ, REsp 1.419.697/RS, Rel. Min. Paulo de Tarso Sanseverino, j. 12.11.2014 – Informativo de Jurisprudência 551. No mesmo sentido: "3. Sobre a utilização do Sistema credit scoring, trata-se de prática comercial lícita, autorizada pelo art. 5º, IV, e pelo art. 7º, I, da Lei 12.414/2011, cujo uso prescinde do consentimento prévio e expresso do consumidor avaliado, pois não constitui um cadastro ou banco de dados, mas um modelo estatístico, conforme decidido pela Segunda Seção desta Corte, à unanimidade de votos, no julgamento do Recurso Especial 1.419.697/RS, submetido ao procedimento dos recursos representativos de controvérsia repetitiva (CPC, art. 543 -C e Resolução 8/2008-STJ)".

[43] STJ, REsp 1.419.697/RS, Rel. Min. Paulo de Tarso Sanseverino, j. 12.11.2014.

[44] No mesmo sentido, o STJ julgou também o REsp 1.457.199, Rel. Min. Paulo de Tarso Sanseverino, j. 12.11.2014. Ver ainda: TJRS, AC 0171555-85.2017.8.21.7000, Rel. Des. Jerson Moacir Gubert, 6ª Câmara Cível, j. 21.06.2017; TJSP, AC 1038168-48.2018.8.26.0576, Rel. Des. J. B. Franco de Godoi, 23ª Câmara de Direito Privado, j. 27.05.2019.

[45] DUXBURY, Neil. *The nature and authority of precedent*. Cambridge: Cambridge University Press, 2008.

PARTE III · Cap. 37 · INTELIGÊNCIA ARTIFICIAL, *CREDIT SCORING* E PROTEÇÃO DE DADOS | **765**

admissíveis na prática de *credit scoring*. Outra menção interessante aparece, ao final, com relação à proibição ao excesso, na qual o magistrado aponta que seriam excessivos dados relativos a "gostos pessoais".

Portanto, observa-se que, em sede da legislação vigente, há o reconhecimento judicial do uso de dados pessoais, além do histórico de crédito, independentemente de consentimento do referido pela análise de *credit scoring*.

2.3 A Lei Geral de Proteção de Dados

O trâmite do projeto de Lei Projeto de Lei 4.060/2012, que viria a resultar na Lei 13.709/2018 – Lei Geral de Proteção de Dados (LGPD), ganhou força justamente em meio à discussão do projeto de Lei (PLP 441/2017) que introduzia o modelo *opt out* para a Lei de Cadastro positivo e tramitava desde 2017 no Congresso Nacional. É sabido que, dentre os diversos grupos de interesse em jogo para a aprovação desse documento legislativo, uma das dificuldades centrais estava em compatibilizar a reconhecida importância da proteção ao crédito e do aumento de adesão aos cadastros positivos, com a exigência de consentimento do titular do dado como condição para qualquer processamento, prevista no projeto de lei de proteção de dados.

Tal exigência de consentimento da futura LGPD, acreditava-se, poderia frustrar tanto o PLP 441/2017, ora convertido na LC 166/2019, quanto à autorização pressuposta no CDC para a coleta e processamento de cadastros negativos de adimplência. A solução encontrada foi a previsão, na LGPD, de uma nova hipótese autorizadora da coleta e processamento de dados, ao lado, e *com o mesmo status*, do consentimento pelo sujeito do dado.

Assim, diferentemente do regramento europeu, nas quais o processamento de registros positivos e negativos de adimplência contratual se dão pela exceção ao consentimento consistente no *legítimo interesse*, no Brasil, a LGPD estabelece, no seu art. 7º, inc. X a *finalidade de proteção ao crédito* como hipótese explícita de coleta e tratamento de dados pessoais.

Há ainda mais um aspecto importante a se notar nessa distinção entre o direito brasileiro e o europeu. Lá, como exceção à exigência de consentimento, as hipóteses acerca de quais dados devem ser processados são mais restritas. Ou seja, abre-se a exceção para aquela *ação específica* de coleta e processamento daquele tipo de dado, o que se interpreta restritivamente. Com isso, fica restrito o objeto do processamento aos dados que façam referência ou estejam ligados ao adimplemento ou inadimplemento de relações contratuais. Já no direito brasileiro, o histórico aponta para uma solução diversa. A Lei de Cadastro Positivo, como visto, por regular especificamente a formação da base de dados, restringe-as à as anotações sobre histórico de crédito. Porém, como o *credit scoring* refere-se ao modelo de processamento dos dados, houve reconhecimento jurisprudencial de que os dados a serem processados podem ir além do mero histórico de crédito.

Nesse contexto e em linha com o entendimento jurisprudencial, a lei brasileira de proteção de dados, contempla a questão de forma mais abrangente ao regular e permitir explicitamente a finalidade, sem restringir os meios aptos para alcançá-la. A *proteção ao crédito* aparece como a *finalidade do processamento*, sendo assim inclusiva em relação à legislação pertinente e deixando em aberto quais seriam os dados passíveis de processamento para aquele fim.

Outra diferença importante reside no fato de que a LGPD não traz regras específicas sobre *profiling* e sequer inclui uma definição clara dessa prática. Com isso, não há um conjunto de prerrogativas previstas para oferecer transparência ao sujeito do dado ou proteção contra discriminação. A única garantia, nesse sentido, é aquela geral, prevista no art. 6º, inc. IX, que impede o tratamento de dados pessoais para fins discriminatórios abusivos ou ilícitos. Mas

766 | TRATADO DE PROTEÇÃO DE DADOS PESSOAIS

note que a garantia é contra o processamento voltado para ou que objetive a discriminação abusiva, não restando claro se a proteção abrangeria processamento para fins lícitos e não discriminatórios que acabem inadvertidamente por resultar em aspectos que possam ser considerados discriminatórios ou abusivos.

Há apenas duas referências na LGPD à formação automatizada de perfis comportamentais, uma no art. 12 e outra no art. 20. A primeira referência, no art. 12, apenas equipara a dados pessoais aqueles dados não pessoais que sejam cruzados com outros dados de natureza pessoal para formação de perfil natural de pessoa natural, quando essa for identificada no âmbito de determinado perfil. Trata-se de uma espécie de "contaminação" de dados não pessoais com dados pessoais, quando empregados para *profiling*, que não encontra paralelo na legislação europeia. Isso faz com que salvaguardas e direitos dos sujeitos de dados sejam aplicáveis também em relação a dados não pessoais, o que exigirá interpretação ou mesmo regulamentação posterior para que se estabeleçam limites, por exemplo, ao direito de bloqueio ou exclusão do dado, ou ainda, de portabilidade. A segunda referência aparece no art. 20, que trata das decisões integralmente automatizadas, com a seguinte redação:

> "Art. 20. O titular dos dados tem direito a solicitar a revisão de decisões tomadas unicamente com base em tratamento automatizado de dados pessoais que afetem seus interesses, incluídas as decisões destinadas a definir o seu perfil pessoal, profissional, de consumo e de crédito ou os aspectos de sua personalidade."

Chama a atenção a aparente confusão entre decisões automatizadas e construção automática de perfis. O dispositivo prevê o direito a solicitar revisão de decisões automatizadas "incluídas as decisões destinadas a definir seu perfil pessoal", o que dá a entender que, para a LGPD, automatização de perfis seriam decisões automatizadas. Obviamente, como já visto, decisões baseadas em perfis podem ser decisões humanas, notadamente quando o supervisor envolvido em decisão de concessão de crédito pode discordar e tomar orientações diversas daquelas indicadas pelo score alcançado pelo sujeito do dado. Tratar todas essas formas de decisão humanas como automatizadas pode trazer dificuldades.

O impacto apenas não chega a ser tão grave para o desenvolvimento de sistemas de *scoring* pois a proteção dada pela LGPD contra decisões automatizadas é muito mais tímida do que aquela estipulada na GDPR. Em primeiro lugar, porque a LGPD não proíbe a decisão automatizada. Pelo contrário, pressupõe sua legitimidade, independentemente de consentimento, quando assegura ao titular dos dados apenas o direito de solicitar sua revisão. Em segundo, porque a LGPD não atribui ao titular do dado o direito a solicitar revisão humana, reconhecendo ao controlador o direito de revisar decisões automatizadas por meio de outro processo automatizado (o que isso implicaria e como poderia ser feito, sem onerar o controlador e ao mesmo tempo oferecer nova oportunidade de decisão e contestação ao sujeito de dado, também é objeto de dúvida). Em terceiro, porque a LGPD já ressalva a proteção do segredo de negócio quando trata do direito do titular a receber "informações claras e adequadas a respeito dos critérios e procedimentos" empregados, indicando ainda, que quando as informações forem recusadas, caberia à Autoridade de Nacional de Proteção de Dados-ANPD realizar auditoria para verificação de aspectos discriminatórios (outro ponto, aliás, que merecerá regulação ou interpretação posterior pela autoridade).

Ou seja, se na GDPR vemos um direito do titular do dado a não ser submetido a decisões inteiramente automatizadas, a obter intervenção humana e informações inteligíveis sobre critérios e a lógica envolvida, na LGPD vemos um direito do controlador e operador a empregar decisões inteiramente automatizadas, a revisá-las de modo automatizados e a não fornecer

PARTE III · Cap. 37 · INTELIGÊNCIA ARTIFICIAL, *CREDIT SCORING* E PROTEÇÃO DE DADOS | **767**

informações para proteger segredo de negócios, com o ônus de uma possível auditoria pela ANPD para detectar aspectos discriminatórios no procedimento.

Com isso, mesmo uma equiparação da geração automática de perfis com a decisão integralmente automatizada teria apenas o efeito de atribuir ao sujeito de dados algumas prerrogativas encontradas na GDPR para *profiling*, consistentes na transparência e não discriminação. Todavia, confunde conceitos distintos, que podem gerar confusões interpretativas e outras implicações na regulamentação posterior sobre decisões automatizadas, que inclua regras cuja aplicação a *profiling* seja inadequada.

3. CRITÉRIOS PARA ABORDAR QUAIS DADOS PODEM SER OBJETO DE *SCORING*

A previsão na LGPD da proteção ao crédito como hipótese autônoma e legitimadora do processamento de dados, independente de consentimento, confere alcance bem mais abrangente do que a leitura restritiva e excepcional baseada apenas em legítimo interesse. Como vimos, se, na legislação europeia a identificação do legítimo interesse implica o reconhecimento de direito ao controlador ou à agência de crédito em processar o *scoring*, aqui haveria, na primeira leitura, um direito a empregar quaisquer dados, independentemente de consentimento, para realizar *scoring*, desde que para a finalidade de proteção ao crédito.

Ocorre essa leitura abrangente merece ponderações, uma vez que a LGPD reconhece uma série de direitos fundamentais, em relação aos quais a proteção de dados é instrumental: a privacidade (art. 2º, inc. I), a autodeterminação informativa (art. 2º, inc. II), a inviolabilidade da honra e da imagem, a defesa do consumidor (art. 2º, inc. VI) e o livre desenvolvimento da personalidade (art. 2º, inc. VII), mas também em nome da livre iniciativa e do desenvolvimento econômico, tecnológico e da inovação (art. 2º, inc. V). Em atenção a essas balizas principiológicas e levando em consideração a legislação e jurisprudência predecessoras, é que deve ser construído o entendimento sobre os limites quanto aos dados que podem ser processados para a proteção ao crédito.

Obviamente, o dado imediato e direto para a análise de crédito é o histórico de adimplemento de relações contratuais. Mas há outros dados indicadores da capacidade financeira de determinado indivíduo que permitem avaliar o risco de inadimplência. Dados como situação patrimonial, capacidade financeira, idade, estado civil, renda, sempre foram usados, ao menos intuitivamente, para a avaliação de concessão de crédito ou empréstimos. Porém, aquela avaliação intuitiva e muitas vezes subjetiva, pautada na discricionariedade do comerciante, adquire, no ambiente digital, maior precisão e passa a ser empregada como parâmetro objetivo de pontuação. Tecnologias avançadas para correlacionar e estabelecer inferências a partir de dados, ou a inteligência da análise de dados, hoje em grande parte executada por sistemas de Inteligência Artificial, trazem pelo menos três consequências importantes para a análise da questão:

Primeiro, ampliam sobremaneira a escala e a variedade de dados empregados a partir dos quais é possível inferir informações relevantes sobre a probabilidade de inadimplência. Esses sistemas exigem não só uma escala considerável de dados, individuais e gerais, para obtenção de resultados confiáveis, como também uma grande variedade de fontes digitalizadas de informação. Os pesos relativos dos fatores hipoteticamente correlacionados com o risco de crédito são alcançados não pela programação prévia, mas pela modulação de parâmetros abertos efetuada *durante o processamento*, a partir dos inputs ao sistema. Assim, a identificação daqueles dados que seriam mais relevantes para a finalidade pretendida – avaliação do risco de inadimplência – não é predeterminada e muitas vezes sequer pode ser antecipada pelo programador, sendo um *output* do próprio sistema computacional empregado. Vale dizer, o dado ou tipo de dado apenas se mostra efetivamente relevante no curso do processamento, de modo que a relevância não lhe é intrínseca, mas determinada pela inteligência de análise ou pela arquitetura do programa empregado.

Segundo, permitem uma personalização da análise mais poderosa, o que torna a prática mais invasiva no que se refere à esfera privada individual. Esse efeito é obtido tanto pelo meio, com a possibilidade, por exemplo, de serem encontradas relações entre os hábitos de navegação na web com o perfil de consumo e risco de crédito o que pode trazer incentivo aos controladores a buscar e obter tais informações sem que o sujeito dado seja adequadamente advertido, como também pelo resultado, uma vez que a individualização é mais precisa, o que leva ao terceiro fator, consistente na confiança do controlador no índice alcançado.

Terceiro, geram confiança para o tomador de decisões. Na medida em que atingem grau elevado de acurácia nas predições, as pontuações geradas passam a ganhar confiança, a ponto de se tornarem ou serem encaradas como parâmetros objetivos e necessários à análise e à tomada de decisão. A pontuação não se contesta, havendo flexibilidade apenas para a decisão a partir da premissa que estabelecem. Com isso, diferentemente das avaliações intuitivas e subjetivas, o *scoring* passa a ser efetivo critério de acesso dos usuários a determinados bens e serviços, reduzindo a margem de contestabilidade.

Portanto, de um lado, o primeiro fator, qual seja, a variabilidade intrínseca dos dados empregados dentro da *tecnologia de scoring* e sua eficácia preditiva, aponta para uma permissividade abrangente. O objetivo de alcançar tal eficácia para promover o valor de segurança das relações comerciais e seus efeitos benéficos para a economia (redução do *spread* bancário) reforçam uma interpretação permissiva.

De acordo com essa interpretação, que privilegia a aplicação da LGPD em nome do desenvolvimento econômico, tecnológico e da inovação, infere-se da permissão finalística expressa, isto é, da permissão para se atingir o fim de proteção de crédito, a permissão para processar todo aquele dado que se preste a tal fim, ou seja, todo dado adequado e útil para propiciar a pontuação mais precisa do sujeito referido. Como a relevância do dado, no estado tecnológico atual, não pode ser determinada *ex ante*, mas depende justamente de seu *processamento*, a princípio, torna-se sem sentido a avaliação independente ou *ex ante* de "excessividade", prevista no art. 3º, par. 3º, inc. I, da LCP, como a identificação daqueles dados "que não estiverem vinculados à análise de risco de crédito". É o *resultado do processamento* que indica o vínculo e o grau de correlação.

A consequência seria que todos os dados indicados pelo processamento computacional como correlacionados à proteção ao crédito podem ser empregados. Como o foco está no processamento, o exame deve observar os limites ao processamento impostos pelos demais princípios que norteiam a LGPD, momento no qual essa leitura aberta e permissiva enfrenta o contraponto trazido pelos outros dois fatores, *i.e.* a personalização radical da análise (com invasão à esfera privada e possível restrição à autodeterminação informacional) e a confiança no *scoring* restritiva do acesso a bens (com impactos sobre os direitos do consumidor).

Com efeito, a interpretação abrangente, resultando na permissão ao uso de todo e qualquer dado que se mostre *adequado*, poderia levar a consequências lesivas à privacidade e à autonomia informacional, por exemplo com a hipótese de correlação encontrada entre preferência sexual, crença religiosa, ou estado de saúde, à propensão ao endividamento ou inadimplência.

Desse modo, deve-se agregar, além da análise de adequação e relevância (vínculo com a análise de risco), a análise de sua *necessidade*, considerando a possibilidade de impacto à

PARTE III · Cap. 37 · INTELIGÊNCIA ARTIFICIAL, *CREDIT SCORING* E PROTEÇÃO DE DADOS | **769**

autonomia informacional, que tem, em sua base, a liberdade individual. Ou seja, em que medida aquele dado seria *necessário* para propiciar a análise acurada de proteção de crédito, sem criar constrangimento à liberdade individual e aos direitos da personalidade.

Nessa leitura, é importante distinguir entre categorias de dados envolvidos: (a) dados sensíveis (nos termos do art. 5º, II, da LGPD); (ii) dados relativos a hábitos de consumo; (iii) dados relativos à capacidade financeira e histórico patrimonial; e (iv) dados relativos ao histórico de crédito e adimplemento contratual.

Trata-se de introduzir técnica semelhante à análise de "legítimo interesse", porém com inversão do *onus probandi*. Em vez de se exigir do controlador a demonstração de que o dado é adequado necessário e proporcional ao fim de proteção ao crédito, impõe--se ao sujeito do dado demonstrar que o mesmo seria inadequado, desnecessário ou desproporcional.

Dentre as categorias citadas, parece imediato excluir o processamento de dados sensíveis como forma legítima de alcançar a avaliação adequada de proteção ao crédito. Há uma série de fatores que justificam essa exclusão. Primeiro, a LCP impede que tais dados constem de bancos de dados de histórico de crédito. Em segundo lugar, a jurisprudência do STJ específica em relação à prática de *scoring*, apesar de estender os dados passíveis de processamento, exclui o emprego de dados sensíveis. Por fim, a própria LGPD, em seu art. 1º, que trata dos dados sensíveis, não admite qualquer análise de legítimo interesse como condição permissiva de uso e tampouco inclui em seu rol a finalidade de proteção ao crédito como hipótese autorizadora do tratamento, sem consentimento do titular.

A segunda categoria, sobre hábitos de consumo, adentra em zona cinzenta. De um lado, os hábitos de consumo constituem informação relevante complementar à capacidade financeira, para análise de risco de inadimplência, porém seu uso pode significar constrangimento à liberdade individual, considerando a confiança daquele que decide no *score* e a potencial restrição do acesso a bens. A consciência pelo indivíduo, de que seus hábitos de consumo podem significar restrição futura de acesso a crédito, podem criar constrangimento ao próprio livre exercício desses hábitos e desejos de consumo, o que afeta a autonomia individual. Como são dados dinâmicos que dependem da ação individual, seu uso para processamento computacional constrange e limita a própria dinâmica.

Esse aspecto exige cautela, considerando a menção, pelo *leading case* do STJ sobre *scoring*[46], aos "gostos pessoais" como indicadores de excessividade e abuso quanto à boa-fé objetiva que deve pautar as relações comerciais.

Deve-se considerar, porém que os tribunais nacionais reconhecem a legitimidade, ou mesmo o dever das instituições financeiras em traçar perfis de consumo de seus clientes com a finalidade de prevenção à fraude. Diversos tribunais, incluindo o STJ, entendem que o banco que não aplica tais mecanismos para prevenir danos decorrentes de fraudes para seus clientes podem ser responsabilizados, tratando-se de fato fortuito interno, decorrente da própria atividade exercida pelo banco e do risco por ele assumido[47]. Conquanto determinada fraude seja incerta, a ocorrência de fraudes em geral não o é, e os bancos possuem mecanismos para, pelo menos, minorar seus danos, de modo que é responsabilidade do banco prevenir-se contra

---

46   STJ, REsp 1.419.697/RS, Rel. Min. Paulo de Tarso Sanseverino, j. 12.11.2014.

47   Nesse sentido, ver: STJ, Rcl 8.946/DF, Rel. Min. Luis Felipe Salomão, 2ª Seção, j. 10.10.2012. Ver ainda: TJSP, AC 0005254-08.2014.8.26.0084, Rel. Des. Hélio Nogueira, 22ª Câmara de Direito Privado, j. 02.02.2017; TJSP, 1040422-30.2019.8.26.0100, Rel. Des. Fernando Sastre Redondo, 38ª Câmara de Direito Privado, j. 18.09.2019; AC 1004831-60.2017.8.26.0299, Rel. Des. Jacob Valente, 12ª Câmara de Direito Privado, j. 13.02.2019.

tal. O STJ inclusive editou a Súmula 479[48], fixando este entendimento. A despeito disso, há decisões divergentes[49].

De todo modo, a conclusão sobre sua licitude perante a LGPD depende de ponderação sobre a necessidade e proporcionalidade do dado específico a ser empregado, com análise caso a caso, de legítimo interesse, ainda que o ônus recais sobre o titular do dado.

A terceira categoria, ligada à capacidade financeira e histórico patrimonial, como informações sobre renda e patrimônio, também estão em zona cinzenta, que merece análise caso a caso e demonstração de ausência de legítimo interesse pelo titular. Isso porque tal análise é meio muitas vezes previsto como condição de garantia de relações contratuais, como destacou o Ministro Paulo Sanseverino no *leading case* do STJ sobre *credit scoring*.

> "Relembre-se que, até hoje, antes da celebração dos contratos tradicionais (*v.g.*, Contrato de compra e venda de um imóvel), em um período pré-contratual, é realizada pelos interessados uma avaliação recíproca da idoneidade da outra parte e de sua capacidade financeira de honrar o negócio jurídico a ser celebrado".[50]

Dentro da análise de capacidade financeira, um dos indicadores centrais é o patrimônio. E como já assinalado, o precedente avaliou modelo de *scoring* em que eram empregados dados como idade, renda, número de dependentes, localização, etc. São todos dados estáticos, ou ao menos com maior grau de permanência, cujo processamento, a primeira vista, não constrange as ações do sujeito referido pela análise.

Por fim, a quarta categoria, o histórico de crédito, com os registros de adimplemento ou inadimplemento contratual, encontra permissão legal expressa, seja pelo art. 43 do CDC, seja pela LCP, seja pelo inc. X do art. 7º da LGPD, uma vez que se trata de meio direto para aferição da probabilidade de adimplência. Esses dados não se limitam a adimplemento de mútuos ou relações de crédito bancário, mas podem abranger o histórico de adimplemento de uma série de serviços com adimplemento diferido, como, por exemplo consumo de energia (gás, eletricidade), água, serviço de conexão à internet, linhas telefônicas, leasings, aluguel de imóveis, seguro saúde etc.

CONCLUSÃO

Neste artigo, identificamos e discutimos as significativas diferenças entre a legislação europeia e a brasileira para a regulação do *scoring*.

Dadas as técnicas atuais de pontuação por meio do emprego de inteligências artificiais e análise de Big Data, essas diferenças dizem respeito à regulação da prática de construção de perfis pessoais e de decisões automatizadas. Apesar do fenômeno ter os mesmos revestimentos técnicos e prático na Europa e no Brasil, o caminho da formação da regulação jurídica em torno do tema deu-se de forma bem diferente.

---

[48] Súmula 479/STJ: "As instituições financeiras respondem objetivamente pelos danos gerados por fortuito interno relativo a fraudes e delitos praticados por terceiros no âmbito de operações bancárias".

[49] Nesse sentido, ver: TJSP, AC 1079556-35.2017.8.26.0100, Rel. Flavio Cunha da Silva, 38ª Câmara de Direito Privado, j. 31.07.2019; AC 1002141-98.2016.8.26.0006, Rel. Des. Carlos Goldman, 16ª Câmara de Direito Privado, j. 31.07.2018.

[50] "Relembre-se que, até hoje, antes da celebração dos contratos tradicionais (*v.g.*, Contrato de compra e venda de um imóvel), em um período pré-contratual, é realizada pelos interessados uma avaliação recíproca da idoneidade da outra parte e de sua capacidade financeira de honrar o negócio jurídico a ser celebrado" (STJ, REsp 1.419.697/RS, Rel. Min. Paulo de Tarso Sanseverino, j. 12.11.2014).

Enquanto na Europa o *credit scoring* tem sua autorização vinculada ao consentimento ou à análise de legítimo interesse, o que confere um escopo e espectro de dados bem mais restrito para seu emprego, limitando, em essência, a dados sobre adimplemento contratual, no Brasil, além do amplo reconhecimento da prática pela legislação vigente, a LGPD considera o tratamento para fim de proteção ao crédito como hipótese independente autorizadora do processamento de dados.

Com isso, o alcance do escopo do processamento e dos dados que podem ser empregados para tanto são mais amplos. Não foi objetivo deste artigo responder quais dados podem ou não ser utilizados, mas problematizar a questão e indicar critérios para ponderar, caso a caso, se o emprego do dado, independentemente de consentimento do seu titular, seria ou não lícito. Assim, separamos a discussão entre os dados sensíveis, os dados de hábitos de consumo, os dados de patrimônio e os dados de adimplência. Nos pareceu claro que, dados de adimplência podem, naturalmente, ser empregados, ao passo que dados sensíveis não poderiam ser empregados para fins de *scoring*, muito embora reconheçamos que, hoje a categorização daquilo que é ou não sensível enfrente dificuldades diante da inteligência artificial.

Com relação a dados relativos a hábitos de consumo e dados patrimoniais, há uma zona cinzenta de difícil resolução, que pende, na legislação europeia, para uma resposta negativa uma vez que deve passar pelos critérios de análise de legítimo interesse. Porém, como na legislação brasileira há uma autorização explícita de processamento legítimo de dados para fins de proteção, sugerimos aqui uma espécie de análise de legítimo interesse às avessas, ou de "interesse ilegítimo" com a inversão do *onus probandi*, na qual cabe ao titular do dado demonstrar que o processamento é inadequado, desnecessário ou desproporcional para a finalidade de proteção ao crédito.

REFERÊNCIAS BIBLIOGRÁFICAS

ABEL, Horst. Grundsätze für die Prüfung von DV-Verfahren. *Datenschutz und Datensicherheit*, p. 80-86, 1992.

ABRUSIO, Juliana. *Proteção de dados na cultura do algoritmo*. Tese de Doutorado. Orientador: Willis Santiago Guerra Filho. Pontifícia Universidade Católica de São Paulo, São Paulo, 2019.

ALBERS, Marion. Information als neue Dimension im Recht. *Rechtstheorie*, v. 33, p. 61, 2002.

ALBERS, Marion. *Informationelle Selbstbestimmung*. Baden-Baden: Nomos Verlagsgesellschaft mbH & Co. KG, 2005.

AUGSBERG, Steffen; ULMENSTEIN, Ulrich. Requisitos de Consentimento Modificados: o direito de proteção de dados pode aprender com o direito da saúde? *In*: CAMPOS, Ricardo; ABBOUD, Georges; NERY JR., Nelson. *Proteção de dados e regulação*. São Paulo: Ed. RT/ Thompson Reuters. (no prelo)

BECKHUSEN, G. Michael. *Der Datenumgang innerhalb des Kreditinformationssystems der SCHUFA*: unter besonderer Berücksichtigung des Scoring-Verfahrens ASS und der Betroffenenrechte. Baden-Baden: Nomos, 2004.

BESSA, Leonardo Roscoe. *Cadastro positivo*: comentários à Lei 12,414, de 09 de junho de 2011. São Paulo: Ed. RT, 2011.

BOEHME-NESSLER, Volker. Das Ende der Anonymität. *Datenschutz und Datensicherheit-DuD*, v. 40, n. 7, p. 419-423, 2016.

BRITZ, Gabriele. Autodeterminação informativa entre a crítica principiológica dogmática e a permanência do Tribunal Constitucional Alemão. *In*: CAMPOS, Ricardo; NERY JR., Nelson; ABBOUD, Georges (orgs.). *Proteção de dados e regulação*. São Paulo: Ed. RT, 2020.

BRITZ, Gabriele. Informationelle Selbstbestimmung zwischen rechtswissenschaftlicher Grundsatzkritik und Beharren des Bundesverfassungsgerichts. *In*: HOFFMANN-RIEM, Wolfgang (org.). *Offene Rechtswissenschaft*. Tübingen: Mohr Siebeck, 2010.

BULL, Hans Peter. *Sinn und Unsinn des Datenschutzes*: Persönlichkeitsrecht und Kommunikationsfreiheit in der digitalen Gesellschaft. Tübingen: Mohr Siebeck, 2015.

CITRON, Danielle Keats; PASQUALE, Frank. The scored society: due process for automated predictions. *Wash. L. Rev.*, v. 89, p. 1, 2014.

DÄUBLER, Wolfgang; KLEBE, Thomas; WEDDE, Peter et al. *Bundesdatenschutzgesetz. Kompaktkommentar*. 4. ed. Frankfurt/Main: Frankfurt am Main: Bund Verlag, 2014.

DUXBURY, Neil. *The nature and authority of precedent*. Cambridge: Cambridge University Press, 2008.

EDWARDS, Lilian; VEALE, Michael. Enslaving the Algorithm: From a "Right to an Explanation" to a "Right to Better Decisions"? *SSRN Electronic Journal*, 2017.

FERRETTI, Federico. *The never-ending credit data mess*. Bruxelas: BEUC (Associação Européia de Consumidores), 2017. Disponível em: https://www.conpolicy.de/en/news-detail/the-never-ending-credit-data-mess/. Acesso em: 18 jan. 2020.

FLORIDI, Luciano. Semantic conceptions of information. *Stanford Encyclopedia of Phylosophy*, 2019.

GOLA, Peter. *Datenschutz-Grundverordnung: DS-GVO*. 2. ed. Munique: Editora C.H. Beck, 2018.

GUGERLI, David. *Wie die Welt in den Computer kam. Zur Entstehung digitaler Wirklichkeit*. Frankfurt am Main: Fischer, 2018.

HERFURTH, Constantin. Interessenabwägung nach Art. 6 Abs. 1 lit. f DS-GVO. *Zeitschrift für Datenschutz*, p. 514-520, 2018.

KAMINSKI, Margot E. The right to explanation, explained. *Berkeley Tech. LJ*, v. 34, p. 189, 2019.

KORCZAK, Dieter; WILKEN, Michael; FORSCHUNGSGRUPPE, G. P. Scoring im Praxistest: Aussagekraft und Anwendung von Scoringverfahren in der Kreditvergabe und Schlussfolgerungen. *GP Forschungsgruppe*, 2008.

LENK, Klaus. *Der Staat am Draht*: electronic government und die Zukunft der öffentlichen Verwaltung: eine Einführung. Berlin: Edition Sigma, 2004.

MALGIERI, Gianclaudio; COMANDÉ, Giovanni. Why a Right to Legibility of Automated Decision-Making Exists in the General Data Protection Regulation. *International Data Privacy Law*, v. 7, n. 4, p. 243-265, 2017.

MENDES, Laura Schertel. *Privacidade, proteção de dados e defesa do consumidor*. São Paulo: Saraiva, 2014.

MENDOZA, Isak; BYGRAVE, Lee A. The right not to be subject to automated decisions based on profiling. *In*: SYNODINOU, Tatiana-Eleni; JOUGLEUX, Philippe; MARKOU, Christiana et al. (orgs.). *EU Internet Law*. Cham: Springer, 2017.

MOOS, Flemming; ROTHKEGEL, Tobias. *Nutzung von Scoring-Diensten im Online-Versandhandel*, ZD, 2016.

NORVIG, Peter; RUSSELL, Stuart. *Inteligência Artificial*. Tradução da 3ª edição. São Paulo: Elsevier Brasil, 2014.

PLATH, Kai-Uwe; BECKER, Thomas; VON BRAUNMÜHL, Patrick et al. *BDSG/DSGVO: Kommentar zum BDSG und zur DSGVO sowie den Datenschutzbestimmungen von TMG und TKG*. Colonia: Otto Schmidt, 2016.

RICHTER, Philipp. Big Data, Statistik und die Datenschutz-Grundverordnung. *Datenschutz und Datensicherheit-DuD*, v. 40, n. 9, p. 581-586, 2016.

ROCHER, Luc; HENDRICKX, Julien M.; DE MONTJOYE, Yves-Alexandre. Estimating the success of re-identifications in incomplete datasets using generative models. *Nature communications*, v. 10, n. 1, p. 1-9, 2019.

ROSSNAGEL, Alexander. Big Data-Small Privacy? Konzeptionelle Herausforderungen für das Datenschutzrecht. *Zeitschrift für Datenschutz*, v. 3, n. 11, p. 562-567, 2013.

SCHOCH, Friedrich. Öffentlich-rechtliche Rahmenbedingungen einer Informationsordnung. *In: Veröffentlichungen der Vereinigung der Deutschen Staatsrechtslehrer (VVDStRL)*. Berlim: Editora Walter De Gruyter, 1998.

SCHOLZ, Philip. DSGVO Art. 22 Automatisierte Entscheidungen im Einzelfall einschließlich Profiling. *In*: SIMITIS, Spiros; HORNUNG, Gerrit; DÖHMANN, Indra Spiecker (orgs.). *Datenschutzrecht: DSGVO mit BDSG*. Baden-Baden: Nomos, 2019.

SELBST, Andrew; POWLES, Julia. Meaningful information and the right to explanation. *International Data Privacy Law*, v. 7, n. 4, p. 233-242, 2017.

SIMITIS, Spiros; DAMMANN, Ulrich; MALLMANN, Otto et al. *Kommentar zum Bundesdatenschutzgesetz*. 6. ed. Baden-Baden: Nomos, 2006.

SIMITIS, Spiros; HORNUNG, Gerrit; SPIECKER, Indra (orgs.). *Datenschutzrecht: DSGVO mit BDSG*. Baden-Baden: Nomos, 2019.

SOLOVE, Daniel J. *Understanding privacy*. Cambridge, MA: Harvard University Press, 2008.

TAEGER, Jürgen. Scoring in Deutschland nach der EU-Datenschutzgrundverordnung. *Zeitschrift für Rechtspolitik*, v. 49, n. 3, p. 72-75, 2016.

TRUTE, Hans-Heinrich. Verfassungsrechtliche Grundlagen. *In*: ROSSNAGEL, Alexander (org.). *Handbuch Datenschutz*. Munique: Beck, 2003.

WACHTER, Sandra; MITTELSTADT, Brent; FLORIDI, Luciano. Why a right to explanation of automated decision-making does not exist in the general data protection regulation. *International Data Privacy Law*, v. 7, n. 2, p. 76-99, 2017.

WEICHERT, Thilo. Scoring in Zeiten von Big Data. *Zeitschrift für Rechtspolitik*, v. 47, n. 6, p. 168-171, 2014.

38

RESTRIÇÕES À PRIVACIDADE: UM PROBLEMA ANTITRUSTE?

VICTOR OLIVEIRA FERNANDES
Professor de Direito Econômico e de Direito Digital do Instituto Brasileiro de Ensino,
Desenvolvimento e Pesquisa (IDP). Doutorando em Direito Comercial
pela Universidade de São Paulo (USP). Chefe de Gabinete de Ministro do Supremo
Tribunal Federal (STF) e Especialista em Regulação da Agência
Nacional de Telecomunicações (Anatel).

INTRODUÇÃO

A construção de pontes de diálogo entre o direito de proteção de dados e o direito antitruste tornou-se importante fronteira acadêmica nos últimos anos, ao passo que diversas autoridades de defesa da concorrência estrangeiras têm demonstrado preocupações com a redução dos níveis de privacidade[1] nos mercados digitais[2]. A abordagem dominante na literatura sustenta que, se no passado os dois ramos do direito eram compreendidos de forma totalmente isolada, contemporaneamente eles estariam convergindo em suas preocupações[3].

---

[1] Sem embargos das controvérsias conceituais existentes no âmbito acadêmico, o termo "privacidade" é utilizado neste artigo para se referir ao nível de controle que os consumidores detêm sobre suas informações pessoais. Assim, no sentido utilizado, a expressão designa a capacidade de os usuários controlarem ou restringirem quais dados são coletados pelas plataformas e, principalmente, sob quais condições e salvaguardas de autorização e para quais finalidades essa coleta poderá ser realizada.

[2] Por todos, cf. AUTORITÉ DE LA CONCURRENCE; BUNDESKARTELLAMT. *Competition Law and Data.*, 2016, p. 22-25 e COMPETITION AND MARKETS AUTHORITY – CMA. *Online Platforms and Digital Advertising: Market Study Final Report.* Londres: Competition and Markets Authority, 2020, p. 171-181que é o anuncio que tem relação com o conteúdo que o usuário está visualizando naquele momento, e o anuncio "personalizado", que é o anuncio feito a partir de informações pessoais do usuário, seja a partir de informações que ele fornece voluntáriamente à plataforma, seja através do rastreamento da sua atividade pela web ao longo do tempo. \n\n(... e AUSTRALIAN COMPETITION & CONSUMER COMMISION. *Digital Platforms Inquiry.* Camberra: ACCC Publisher, 2019. p. 7.

[3] COSTA-CABRAL, F.; LYNSKEY, O. Family ties: The Intersection Between Data Protection and Competition in EU law. *Common Market Law Review*, v. 54, n. 1, p. 11-50, 2017, p. 21-22 (*"data protection and competition law are therefore distinct but intertwined fields of law that share several normative concerns"*) e WASASTJERNA, M. *Competition, Data and Privacy in the Digital Economy: Towards a Privacy Dimension in Competition Policy?* Alphen aan den Rijn: Kluwer Law International, 2020, p. 139 (*"both systems seek to protect the welfare of the individual and overcome power asymmetries"*). No direito brasileiro, essa perspectiva é defendida em ZANATTA, R. A. F. Proteção de Dados Pessoais e Direito Concorrencial:

Este breve artigo consolida o estado da arte das discussões sobre o tema, tendo como pano de fundo os regimes jurídicos estruturados a partir da Lei de Defesa da Concorrência (Lei 12.529/2011) e da Lei Geral de Proteção de Dados (Lei 13.709/2018). Partimos do pressuposto teórico de que, embora possam conviver harmonicamente, esses dois sistemas têm lógicas próprias e se chocam nas suas margens, de maneira muito parecida com o que tradicionalmente acontece, por exemplo, entre as leis antitruste e os regimes de propriedade intelectual e defesa do consumidor[4]. Isso explica porque, eventualmente, o cumprimento de leis de proteção de dados pode gerar efeitos anticompetitivos[5].

Com base nessas premissas, este artigo explora duas possibilidades metodológicas de internalização das preocupações relacionadas à privacidade na análise de condutas e de estruturas pelo Conselho Administrativo de Defesa Econômica (CADE). A primeira delas, considerada no item 2, sugere que a privacidade pode ser tratada como um custo econômico atrelado às ofertas de serviços digitais de preço zero. Nessa chave-interpretativa, os consumidores podem sofrer danos pela cobrança excessiva de dados, cuja transferência não seria adequadamente compensada pelas plataformas que exploram poder de mercado. A segunda, discutida no item 3, por sua vez, enxerga a privacidade como uma dimensão de qualidade da concorrência. Nessa lógica, infere-se que uma diminuição da pressão competitiva ocasionada pelo aumento de concentração de mercado pode gerar uma deterioração dos níveis de privacidade praticados pelos agentes dominantes.

Conforme será discutido a partir da análise de decisões do CADE e de autoridades antitruste estrangeiras, essas duas possibilidades metodológicas enfrentam notáveis obstáculos teóricos e práticos na sua recepção pelo direito da concorrência. As possibilidades de superação desses obstáculos, por sua vez, dependem de escolhas normativas que, ao fim e ao cabo, redefinem as próprias fronteiras da política antitruste.

1. DIMINUIÇÃO DA PRIVACIDADE COMO CUSTO ECONÔMICO E COBRANÇA EXCESSIVA DE DADOS

Uma primeira abordagem de tratamento das preocupações relacionadas à privacidade na análise antitruste consiste em internalizá-la como uma forma de custo econômico, ainda que não monetário.

Nos mercados digitais, a oferta de produtos e serviços por plataformas que exploram publicidade *online* em geral não envolve cobranças baseadas em dinheiro. Os usuários, por outro lado, fornecem às plataformas dados que são monetizados na venda de espaços de espaços de anúncios direcionados[6]. Nesses modelos de negócios, os principais dados coletados pelas pla-

---

Razões da Aproximação e Potencialidades para Pesquisa. *Revista Fórum de Direito na Economia Digital*, n. July, p. 141-170, 2019.

[4] DOUGLAS, E. M. The New Antitrust/Data Privacy Law Interface. *The Yale Law Journal Forum*, v. 2280, n. 1, p. 647-684, 2021, p. 658 ("*data privacy law is also a distinct area of doctrine that, at times, pursues interest at odds with the antitrust goal of promoting competition. In that sense, data privacy law is much like intellectual property or consumer protection law*").

[5] GAL, M. S.; AVIV, O. The Competitive Effects of the GDPR. *Journal of Competition Law & Economics*, v. 352, n. 12, p. 349-391, 2021.

[6] O tratamento de dados pelas plataformas visa principalmente a duas finalidades: a monetização de anúncios e a melhoria da qualidade dos conteúdos e serviços ofertados na plataforma. Sobretudo os dados que contêm informações relativas às preferências e necessidades dos usuários servem de input para alimentação de algoritmos que permitem a personalização das ofertas e dos preços, bem como o aprimoramento de estratégias de marketing da plataforma. Para uma análise detalhada da forma de monetização dos dados

taformas consistem em especificações sobre a conexão do usuário (endereços IP, informações sobre os sistemas operacionais em uso), informações pessoais (nome de usuários, localização geográfica, gênero e ocupação profissional) e históricos do comportamento dos consumidores *online* (preferências de compra, interesses de buscas, e conteúdos produzidos compartilhados)[7].

De forma concreta, os conteúdos e serviços oferecidos pelas plataformas digitais aos usuários são ofertados em contrapartida à entrega dos seus dados e também de sua atenção. Plataformas de buscas *online* como o Google, por exemplo, realizam extensivas coletas de dados a partir das consultas dos usuários, que servem de *input* para alimentação de algoritmo de buscas que melhora a experiência do usuário[8]. O mesmo ocorre em plataformas de *marketplaces,* nas quais os dados são utilizados pelo agente intermediário para o direcionamento de ofertas, aumentando a probabilidade de trocas[9]. Nos mercados digitais, assim, mesmo que não haja pagamentos em moeda, as transferências de dados entre usuário e plataformas constituem trocas econômicas que sinalizam um verdadeiro mercado antitruste[10].

A partir desse *insight,* uma forma relativamente intuitiva de se abordar preocupações relacionadas à privacidade na análise antitruste poderia consistir em simplesmente substituir a unidade "preço", utilizada nos modelos econômicos neoclássicos, por outras métricas quantitativas que simbolizam os respectivos custos relacionados à troca de dados entre usuários e plataformas digitais.

Esse é o mote de propostas apresentadas por autores como Newman[11], Eben[12] e Lianos e Economides[13], que recomendam adaptações no juízo de poder de mercado com foco nos custos

---

nesses modelos de negócios, cf. COMPETITION AND MARKETS AUTHORITY – CMA. Online platforms and digital advertising: Market study final report, n. July, 2020, p. 156que é o anuncio que tem relação com o conteúdo que o usuário está visualizando naquele momento, e o anuncio "personalizado", que é o anuncio feito a partir de informações pessoais do usuário, seja a partir de informações que ele fornece voluntáriamente à plataforma, seja através do rastreamento da sua atividade pela web ao longo do tempo. \n\n(... e STIGLER COMMITTEE ON DIGITAL PLATFORMS. *Stigler Committee on Digital Platforms Final Report.* Chicago: Stigler Center for the Study of the Economy and the State, 2019. p. 54-55.

[7] LERNER, Andres V. The role of "Big Data" in Online Platform Competition. *SSRN Electronic Journal,* 2014, p. 7 e GRAEF, I. Market Definition and Market Power in Data: The Case of Online Platforms. *World Competition: Law and Economics Review,* v. 38, n. 4, p. 473-506, 2015, p. 475.

[8] COMPETITION AND MARKETS AUTHORITY – CMA. *Online Platforms and Digital Advertising: Market Study Final Report.* Londres: Competition and Markets Authority, 2020. p. 74-75.

[9] GRAEF, I. *Data as essential facility: competition and innovation on online platforms.* 410 f. 2016. – KU Leuven – Faculty of Law, 2016, p. 29.

[10] NEWMAN, J. M. Antitrust in Zero-Price Markets: Foundations. *University of Pennsylvania Law Review,* v. 1, n. 1, p. 149-206, 2015. p. 165-169.

[11] NEWMAN, J. M. Antitrust in Zero-Price Markets: Applications. *Washington University Law Review,* v. 94, n. 1, 2016 (argumentando que "*the classic 'control prices or exclude competition' framework for evaluating market power should likewise evolve to reflect the centrality of information and attention costs in zero-price markets*") e NEWMAN, J. M. Antitrust in Attention Markets: objections and responses. *Santa Clara Law Review,* v. 59, n. 3, p. 743-769, 2020 (adaptando a análise de poder de mercado focada em custos para a lógica de custos de atenção).

[12] EBEN, M. A. K. *Addressing the Main Hurdles of Product Market Definition for Online Services: Products, Price, and Dynamic Competition.* 1-389 f. 2019. The University of Leeds, 2019, p. 223-252 e EBEN, M. Market Definition and Free Online Services: The Prospect of Personal Data as Price. *I/S: A Journal of Law and Policy for the Information Society,* v. 14, n. 2, p. 221-275, 2018 (em ambos os estudos, a autora defende a possibilidade de se identificarem dados pessoais transacionáveis, como preço, de modo a utilizar as respostas a aumentos de coleta de dados pessoais na análise da substitutibilidade da demanda).

[13] ECONOMIDES, N.; LIANOS, I. Restrictions on Privacy and Exploitation in the Digital Economy: A Market Failure Perspective. *Journal of Competition Law & Economic,* v. 1, n. 1, p. 1-74, 2020.

TRATADO DE PROTEÇÃO DE DADOS PESSOAIS

envolvidos em transações baseadas em dados. Esses estudos herdam premissas importantes da chamada teoria econômica de privacidade, ao pressuporem que os usuários enfrentam um *trade-off* entre renunciar à sua privacidade – aqui entendida enquanto controle das informações pessoais[14] – e obter os benefícios do acesso ao produto ou serviço[15].

Nessa lógica, uma transação econômica com base em dados idealmente só ocorre quando o usuário da plataforma é remunerado de forma satisfatória pelos potenciais custos envolvidos na mitigação da sua privacidade, custos esses que estão diretamente associados aos riscos de exposição desses dados a terceiros mal-intencionados[16].

A decisão do usuário de dar acesso às suas informações pode ser entendida como o resultado de uma avaliação interna dos custos e riscos envolvidos na exposição das suas informações pessoais[17]. Presume-se, assim, que os usuários são capazes de racionalmente atribuir um valor econômico aos seus dados, de modo que ao "gastar" mais dados ou atenção em uma plataforma do que em outra, o consumidor estaria sinalizando suas preferências a partir de uma verdadeira análise de custo-benefício[18].

Em um cenário ideal, os usuários das plataformas tenderiam a optar pelas ofertas que lhes trouxessem maior remuneração por seus dados. Ocorre que há possibilidade de o comportamento das grandes plataformas desviar-se daquele que seria esperado em um contexto de concorrência perfeita. É nessas situações que a intervenção antitruste far-se-ia necessária.

Na ausência de pressões competitivas, as plataformas digitais poderiam exercer poder de mercado de modo muito particular. Em vez de fixarem preços de monopólio, que constituem os alvos tradicionais da intervenção antitruste, elas poderiam exigir quantitativamente mais dados ou ainda não compensar adequadamente os consumidores pelos dados repassados[19]. De forma clara, seria essa situação que marcaria o exercício do poder de mercado: a capacidade de impor unilateralmente e, de maneira lucrativa, aumentos significativos e não transitórios de custos relacionados a dados[20].

---

[14] Para os fins deste artigo, privacidade pode ser entendida no sentido de controle e salvaguarda das informações pessoais cf. SOLOVE, D. J. Conceptualizing Privacy. *California Law Review*, v. 90, n. 1, p. 1087-1156, 2005.

[15] Tal premissa é largamente aceita na literatura econômica sobre privacidade: cf. FARRELL, Joseph. Can Privacy be Just Another Good? *Journal on Telecommunications & High Technology Law*, v. 10, p. 251-265, 2012; FULLER, Caleb S. Privacy law as price control. *European Journal of Law and Economics*, 2017 e ainda SPIEKERMANN, Sarah; KORUNOVSKA, Jana. Towards a value theory for personal data. *Journal of Information Technology*, p. 1-23, 2016, p. 2 ("*scholars suggest that people run through a privacy calculus in which they consciously weigh the benefits of disclosing Personal Data against privacy costs*").

[16] ACQUISTI, Alessandro; TAYLOR, Curtis; WAGMAN, Liad. The Economics of Privacy. *Journal of Economic Literature*, v. 54, p. 442-492, 2016, p. 445 e FULLER, C. S. Privacy law as price control. *European Journal of Law and Economics*, 2017, p. 5-6.

[17] HOOFNAGLE, Chris Jay; WHITTINGTON, Jan. Free: Accounting for the Costs of the Internet's Most Popular Price. *UCLA Law Review*, v. 606, p. 606-670, 2014, p. 637.

[18] EBEN, Magali Anna Katarina. Addressing the Main Hurdles of Product Market Definition for Online Services: Products, Price, and Dynamic Competition. The University of Leeds, 2019, p. 225.

[19] ECONOMIDES, N.; LIANOS, I. Restrictions on Privacy and Exploitation in the Digital Economy: A Market Failure Perspective. *NET Institute Working Paper no. 20-05*, v. 1, n. 1, p. 1-74, 2020, p. 7-8 ("*to the extent that a user is not compensated adequately for their personal data by the provision of Facebook's services for free, they will suffer damage*").

[20] NEWMAN, J. M. Antitrust in Zero-Price Markets: Applications. *Washington University Law Review*, v. 94, n. 1, 2016, p. 71-72. De certa maneira, essa abordagem alternativa de poder de mercado também é referenciada em COMPETITION AND MARKETS AUTHORITY – CMA. *Online Platforms and Digital Advertising: Market Study Final Report*. Londres, 2020, p. 8 e FURMAN, J. et al. *Unlocking digital*

Tal capacidade de impor aumentos dos referidos custos torna-se ainda mais crítica quando grandes plataformas se beneficiam de efeitos de rede e economias de escala baseados em dados[21]. É que, quanto mais dados a plataforma detiver previamente, menor tende a ser a utilidade marginal das informações concedidas por um usuário adicional à plataforma, de modo que ela estaria cada vez menos disposta a compensar adequadamente os usuários.

Tais compreensões sobre o poder de mercado iluminam novos gêneros de teorias do dano. Em especial, destacam-se os riscos de as plataformas digitais dominantes imprimirem reduções da oferta de conteúdos digitais a um patamar subcompetitivo, diminuindo quantitativamente o acesso a conteúdos digitais por dado obtido[22], ou, ainda, impondo aos consumidores termos de uso e condições desproporcionais[23].

Ao se remeter o foco da intervenção antitruste para o controle de custos, a natureza do possível dano antitruste nas relações de preço zero torna-se assim facilmente compreensível. Pode-se cogitar que a ação dos agentes dominantes é capaz de resultar em um cenário em que dados não são satisfatoriamente compensados sob uma lógica racional econômica. Visto de outro modo, o consumidor estaria sendo lesado por meio de condições comerciais injustas que se traduziriam em cobranças "excessivas" de dados, de forma semelhante ao que ocorre quando está submetido a preços excessivos[24].

Essa perspectiva inspirou fortemente a teoria do dano aplicada no famoso caso *Facebook* vs. *Bundeskartellamt*, decidido inicialmente em 2019[25]. A autoridade antitruste concluiu que a empresa infringiu a Seção 19 da Lei de Concorrência Alemã ao exigir que os usuários do seu serviço de rede social autorizassem a plataforma a coletar e a processar dados pessoais de forma muito ampla, a partir de seus próprios sites e por meio do rastreamento dos comportamentos dos usuários em páginas de terceiros[26].

---

competition: *Report of the Digital Competition Expert Panel*. Londres: Disponível em: www.gov.uk/government/publications, 2019, p. 42.

[21] Devido à reciprocidade entre a necessidade de obtenção dos dados para oferta de melhores produtos e a importância da utilização dos dados para a formação de pacotes de conteúdos que atraem os usuários, diversos autores tem sustentado que grandes plataformas digitais poderiam se beneficiar de um processo circular de obtenção e tratamento de dados, que ensejaria aumentos significativos de barreiras à entrada – fenômeno esse chamado de "user feedback loop" ou "data-driven network effects". Nesse sentido, cf. NEWMAN, N. Search, Antitrust, and the Economics of the Control of User Data. *Yale Journal on Regulation Yale Journal on Regulation Article*, v. 31, n. 5, p. 55, 2014 e STUCKE, M. E.; GRUNES, A, p. *Big Data and Competition Policy*. New York: Oxford University Press, 2016, p. 170.

[22] NEWMAN, J. M. Antitrust in Zero-Price Markets: Applications. *Washington University Law Review*, v. 94, n. 1, 2016, p. 58 e PEITZ, M. Economic Policy for Digital Attention Intermediaries. *ZEW Discussion Papper*, v. 20-035, n. 20, p. 1-58, 2020, p. 34-35.

[23] BOURREAU, M.; DE STREEL, A.; GRAEF, I. Big Data and Competition Policy: Market Power, Personalised Pricing and Advertising. *SSRN Electronic Journal*, v. 32, n. February, 2018, p. 41-45.

[24] ROBERTSON, V. H. S. E. Excessive Data Collection: Privacy Considerations and Abuse of Dominance in the Era of Big Data. *Common Market Law Review*, v. 57, n. 1, p. 161-190, 2020, p. 178 ("*the abuse of excessive data collection may be based on an analogy with excessive prices, where personal data that a user divulges in return for digital services is understood to represent that user's counter-performance*") e BUITEN, M. C. Exploitative Abuses in Digital Markets: Between Competition Law and Data Protection Law. *Journal of Antitrust Enforcement*, p. 1-19, 2020, p. 6-7.

[25] REPÚBLICA FEDERATIVA DA ALEMANHA. BUNDESKARTELLAMT. Administrative Proceedings. Decision under Section 32(1) German Competition Act (GWB). B6-22/16.

[26] Os dados podem ser coletados pelas plataformas digitais voluntariamente fornecidos por seus detentores, extraídos mediante ferramentas de observação das ações e comportamentos dos usuários ou ainda inferidos a partir de informações pré-coletadas. Nessa segunda hipótese, a coleta por observação

780 | TRATADO DE PROTEÇÃO DE DADOS PESSOAIS

Entendeu-se que a responsabilidade antitruste estaria configurada nesse caso porque a empresa, que detinha posição dominante, teria imposto unilateralmente aos seus clientes cláusulas contratuais que estariam em desacordo com as disposições previstas no Regulamento Geral sobre a Proteção de Dados Europeu (GDPR)[27]. Nesse sentido, o *Bundeskartellamt* sustentou que "os termos e condições do Facebook, que violam os princípios da lei de proteção de dados, e as condições contratuais da empresa, que são consideradas abusivas sob os princípios do direito contratual, constituem um abuso da Lei de Concorrência, quando há poder de mercado" (tradução livre)[28].

A decisão da autoridade alemã foi duramente criticada por autores que a acusaram de usurpar a competência da Autoridade Europeia para Proteção de Dados[29]. Em um ambiente de forte rejeição ao posicionamento da agência antitruste, em agosto de 2019, o Tribunal Superior de Dusseldorf revogou a decisão do *Bundeskartellamt*, entendendo que a autoridade não teria provado que as práticas do Facebook são ilegítimas do ponto de vista concorrencial, o que só poderia ser feito se a autoridade tivesse avaliado qual seria o parâmetro competitivo real do mercado de redes sociais quanto ao tratamento dos dados pessoais[30].

Cerca de um ano depois, porém, em uma nova reviravolta no caso, o Tribunal Superior da Alemanha (*Bundesgerichtshof*) reestabeleceu a validade da decisão do *Bundeskartellamt*[31], ainda que por fundamentos diversos. Enquanto a autoridade antitruste considerou que os consumidores estariam sendo cobrados "em excesso" em matéria de dados, a Corte Superior concluiu que, na realidade, o grande problema dos termos e condições de uso do Facebook é que a empresa não dava a seus usuários a opção de acessar um serviço menos personalizado de rede social, oferecendo em troca apenas os dados e informações que são passíveis de serem coletados no próprio *site* ou aplicativo do Facebook[32].

---

acontece principalmente por meio de tecnologias de rastreamento (*tracking*), como cookies, que, sem o conhecimento explícito do usuário, são capazes de observar seu comportamento em websites dentro de uma mesma página ou em várias delas. Sobre esse ponto, cf. BOURREAU, Marc; DE STREEL, Alexandre; GRAEF, I. Big Data and Competition Policy: Market Power, Personalised Pricing and Advertising. *SSRN Electronic Journal*, v. 32, n. February, 2018, p. 11-12.

[27] REPÚBLICA FEDERATIVA DA ALEMANHA. BUNDESKARTELLAMT. Administrative Proceedings. Decision under Section 32(1) German Competition Act (GWB). B6-22/16., p. 157. (versão em inglês disponível em: https://www.bundeskartellamt.de/SharedDocs/Entscheidung/EN/Entscheidungen/Missbrauchsaufsicht/2019/B6-22-16.pdf?__blob=publicationFile&v=5).

[28] REPÚBLICA FEDERATIVA DA ALEMANHA. BUNDESKARTELLAMT. Administrative Proceedings. Decision under Section 32(1) German Competition Act (GWB). B6-22/16, p. 251. (versão em inglês disponível em: https://www.bundeskartellamt.de/SharedDocs/Entscheidung/EN/Entscheidungen/Missbrauchsaufsicht/2019/B6-22-16.pdf?__blob=publicationFile&v=5).

[29] COLANGELO, G.; MAGGIOLINO, M. Antitrust Über Alles: Whither Competition Law After Facebook? *World Competition*, v. 42, n. 3, p. 355-376, 2019, p. 364 ("*the GCA took the following steps into the realms of privacy – steps that lead one to believe that the GCA acted as if it were a data protection authority*") e LYPALO, D. Can Competition Protect Privacy? An Analysis Based on the German Facebook Case. *World Competition Law and Economics Review*, v. 44, n. 2, p. 169-198, 2021, p. 180 ("*the FCO went beyond its competence when, on its own initiative, it undertook to interpret and enforce the GDPR*").

[30] REPÚBLICA FEDERATIVA DA ALEMANHA. OBERLANDESGERICHT DÜSSELDORF. The Decision of the Higher Regional Court of Düsseldorf in interim proceedings, 26 August 2019, Case VI-Kart 1/19, p. 22. (versão em inglês disponível em: https://www.concurrences.com/IMG/pdf/olg-dusseldorf--facebook-2019-english-1.pdf?52636/47567ce46a6bd19a3f44feeeca950ae44472621e).

[31] REPÚBLICA FEDERATIVA DA ALEMANHA. BUNDESGERICHTSHOF. *Beschluss KRV 69/19 von 23 Juni 2020 in der Kartellverwaltungssache Facebook*, 2020.

[32] REPÚBLICA FEDERATIVA DA ALEMANHA. BUNDESGERICHTSHOF. *Beschluss KRV 69/19 von 23 Juni 2020 in der Kartellverwaltungssache Facebook*, 2020, parag. 58.

PARTE III · Cap. 38 · RESTRIÇÕES À PRIVACIDADE: UM PROBLEMA ANTITRUSTE? | **781**

De acordo com esse raciocínio, o Facebook teria abusado da sua posição dominante ao impor aos usuários uma versão mais intrusiva da rede social ('*aufgedrängte Leistungserweiterung*'), na qual os consumidores seriam forçados entregar seus dados para além daquilo que eles reputariam adequado[33]. Dessa forma, a decisão do *Bundesgerichtshof* parece ter incluído um outro critério normativo (escolha do consumidor) que, ainda que não inédito, é pouco utilizado como parâmetro central de aferição de violações antitruste[34].

No direito concorrencial brasileiro, ainda não houve, até o momento, nenhum caso no controle de condutas em que a discussão sobre cobrança excessiva de dados tenha sido suscitada. Entendemos, porém, que haveria grandes dificuldades teóricas e práticas de se tratar a privacidade sob esse enfoque em uma aplicação do art. 36, *caput*, da Lei 12.529/2011.

Do ponto de vista normativo, parece extremamente difícil estabelecer o parâmetro que definiria uma coleta de dados como excessiva. Quando se realiza um juízo de poder de mercado ou de dano anticompetitivo, sempre está se fazendo uma comparação de distanciamento da situação real em relação a um parâmetro contrafactual eleito[35]. Se é a variância (o delta) entre o real e o ideal que configura o dano proveniente do abuso de poder de mercado, torna-se relevante saber qual seria o contrafactual que colocaria determinada empresa na posição de impor unilateralmente cobranças de dados.

Na ortodoxia do pensamento antitruste, referido parâmetro geralmente coincide com a situação de equilíbrio do modelo de concorrência perfeita em que os preços são fixados nos respectivos custos marginais. Nas transações econômicas baseadas em dados, porém, é difícil cogitar como funcionariam as trocas em um cenário de concorrência perfeita[36].

Diferente do que ocorre com o dinheiro, os dados pessoais enquanto ativos representam bens altamente heterogêneos. O valor da informação atrelada a cada dado pode variar em função das potenciais finalidades do tratamento do dado buscado pela plataforma (que em geral são desconhecidas pelo usuário), da possibilidade de esse dado ser combinado com informações obtidas por outros meios não voluntários de coleta e ainda do tempo em que a coleta é realizada[37]. Assim, torna-se pouco viável pressupor que os consumidores em mercados digitais comumente são tão cientes da escassez e do valor dos seus dados[38].

---

[33] REPÚBLICA FEDERATIVA DA ALEMANHA. BUNDESGERICHTSHOF. *Beschluss KRV 69/19 von 23 Juni 2020 in der Kartellverwaltungssache Facebook*, 2020, parag. 59.

[34] SCHEELE, R. Facebook: From Data Privacy to a Concept of Abuse by Restriction of Choice. *Journal of European Competition Law and Practice*, v. 12, n. 1, p. 34-37, 2021, p. 37.

[35] CRANE, D. A. Market Power Without Market Definition. *Notre Dame Law Review*, v. 90, n. 1, p. 31-80, 2014, p. 37 ("*market power thus entails an implicit reference to an undefined alternative state in which the market functions more competitively*").

[36] Uma importante crítica nesse sentido é desenvolvida em LIANOS, I.; CARBALLA, B. Economic Power and New Business Models in Competition Law and Economics: Ontology and New Metrics. *Centre for Law, Economics and Society Research Paper Series: 3/2021*, v. 1, n. 1, p. 1-46, 2021, p. 9-11.

[37] HIRSCH, D. D. The Law and Policy of Online Privacy: Regulation, Self-Regulation, or Co-Regulation? *Seattle University Law Review*, v. 669, n. 1999, p. 439-480, 2011, p. 455 e ACQUISTI, A.; TAYLOR, C.; WAGMAN, L. The Economics of Privacy. *Journal of Economic Literature*, v. 54, p. 442-492, 2016, p. 447.

[38] ACQUISTI, A.; TAYLOR, C.; WAGMAN, L. The Economics of Privacy. *Journal of Economic Literature*, v. 54, p. 442-492, 2016, p. 447. Além disso, estudos recentes têm sugerido que o valor que os indivíduos atribuem aos dados depende de fatores difusos, como o senso psicológico da detenção das suas informações, a percepção do usuário sobre a organização do mercado em termos de portabilidade e controle dos dados e a própria percepção de moralidade dos atores do mercado (PIEKERMANN, Sarah; KORUNOVSKA, Jana. Towards a Value Theory for Personal Data. *Journal of Information Technology*, p. 1-23, 2016).

A literatura econômica sugere que, diferente do que seria esperado em um mercado sem assimetrias de informações, no mundo real, os usuários acabam promovendo um consumo excessivo e ineficiente de serviços ofertados pelas plataformas digitais, fenômeno conhecido na teoria econômica comportamental como o *free-effect*[39].

Tornou-se também comum a identificação do chamado "paradoxo da privacidade", segundo o qual a grande maioria dos consumidores, mesmo aqueles que identificam preocupações com a exposição dos seus dados, tendem a permitir o acesso a suas informações em troca de serviços pouco valorosos, se essa recompensa for dada de forma imediata[40].

Por todas essas razões, mesmo a conceptualização de um modelo econômico aplicado baseado em trocas de dados tornar-se-ia questionável.

Para superar esse problema da ausência de um contrafactual, alguns autores como Costa-Cabral e Lysnkey[41] sugerem que as disposições das leis de proteção de dados podem ser utilizadas como um parâmetro normativo para se fazer a avaliação competitiva da diminuição da qualidade. Essa solução, todavia, tensiona os próprios limites da competência legal da autoridade antitruste.

Ademais, ainda que as preocupações teóricas mencionadas acima fossem superadas, do ponto de vista eminentemente jurídico, a internalização da privacidade sob uma perspectiva de aumento de custos demandaria que se avaliasse se a Lei 12.529/2011 afinal abre margem à punição de abusos de exploração como infrações à ordem econômica. São, no entanto, bastante escassos os precedentes em que o Tribunal do CADE enfrentou esse debate.

No julgamento da Averiguação Preliminar 08012.000295/1998-92, por exemplo, a autarquia arquivou denúncia oferecida pelo Sindicato da Indústria Mecânica, Metalúrgica e Material Elétrico de Ipatinga/MG ("SINDIMIVA") em que acusava a empresa White Martins Gases Industriais S.A. e Aga S.A. ("WA") de estabelecer uma precificação abusiva do metro cúbico no mercado de venda de oxigênio líquido. O voto-relator do Conselheiro Carlos Raggazzo ponderou que a "incapacidade de se produzir uma avaliação precisa incontestável geraria sérios problemas na capacidade da autoridade antitruste de punir os agentes acusados de prática de preços excessivos", uma vez que "as perguntas 'o que é um preço excessivo?' e 'o que é uma margem excessiva?' estariam sempre assombrando qualquer análise"[42].

Mais recentemente, a discussão sobre esse tema foi retomada pelo Tribunal, ainda que de forma bastante lateral, na análise do Processo Administrativo 08700.000625/2014-08. No caso, discutia-se a possível ocorrência de ilícito antitruste na atuação coordenada de concorrentes junto ao poder legislativo na cidade de Natal/RN para influenciar a criação de barreiras à entrada no mercado de revenda de combustíveis de automóveis. Embora a tese central do

---

[39] RUBINFELD, D. L.; GAL, M. The Hidden Costs of Free Goods: Implications for Antitrust Enforcement. *Antitrust Law Journal*, v. 1, n. 2, p. 521-562, 2016, p. 528-531.

[40] NORBERG, P. A.; HORNE, D. R.; HORNE, D. A. The Privacy Paradox: Personal Information Disclosure Intentions versus Behaviors. *The Journal of Consumer Affairs*, v. 41, n. 1, p. 100-126, 2007, p. 101. (argumentando que *"actual marketplace behavior anecdotally suggest that people are less than selective and often cavalier in the protection of their own data profile"*).

[41] COSTA-CABRAL, F.; LYNSKEY, O. Family Ties: The Intersection Between Data Protection and Competition in EU Law. *Common Market Law Review*, v. 54, n. 1, p. 11-50, 2017. p. 23 (*"data protection law provides guidance to competition law on how to make these competitive assessments, and in this way data protection standards are internalized by, or incorporated within, competition law rules"*).

[42] BRASIL. Conselho Administrativo de Defesa Econômica. Averiguação Preliminar nº 08012.000295/1998-92. Voto-relator do Conselheiro Carlos Emmanuel Joppert Ragazzo, p. 28.

dano fosse a de cartel, havia também uma imputação secundária de preço abusivo que estaria sendo cobrado pelos agentes de mercado naquela cidade. O voto-relator fez uma análise relativamente profunda sobre a impossibilidade de se aplicar o art. 36 da Lei 12.529/2011 a práticas exploratórias. Nesse aspecto, asseverou que: "é destacada a grande dificuldade que uma agência reguladora teria em determinar o que seria um preço abusivo, ou margem abusiva, e como combatê-lo, dadas as variações naturais do mercado, como custo e demanda"[43].

Essas decisões do CADE, ainda que não sejam tão significativas em termos de jurisprudência, parecem sugerir que a autoridade não estaria aberta a uma interpretação de que cobranças abusivas de dados poderiam ser consideradas ilícitas.

2. PRIVACIDADE COMO FATOR CONCORRENCIAL DE QUALIDADE

Outra abordagem que permite internalizar preocupações relacionadas à privacidade na análise antitruste envolve enxergar os níveis de privacidade derivados dos termos e condições de uso dos serviços ofertados em um mercado digital como uma dimensão de qualidade da oferta[44]. Essa leitura pressupõe que, embora as plataformas digitais não concorram na dimensão preço, a oferta de um serviço com condições mais protetivas em matéria de privacidade pode ser vista como um importante diferencial competitivo[45].

A lente de "qualidade" rejeita a ideia de que a privacidade poderia ser vista como mero "produto" ou "insumo" da relação econômica com as plataformas digitais[46]. Mesmo não sendo redutível a um valor monetário, compreende-se que uma degradação da privacidade, em termos de qualidade, igualmente configuraria uma perda de bem-estar do consumidor apta a desencadear a intervenção antitruste[47].

A rigor, não é propriamente novo o entendimento de que os consumidores podem ser prejudicados por condutas de agentes dominantes ou mesmo concentrações de mercado que gerem uma deterioração de fatores não relacionados a preços[48]. A Comissão Europeia, por exemplo, há muito reconhece que um exercício de poder de mercado pode se referir à capacidade de uma ou mais empresas de "reduzir a produção, a escolha ou a qualidade de bens e

---

[43] BRASIL. Conselho Administrativo de Defesa Econômica. Processo Administrativo n° 08700.000625/2014-08. Voto-relator da Conselheira Polyanna Ferreira Silva Vilanova (SEI 0420947), parag. 71.

[44] Nesse sentido, cf. STUCKE, M. E. Should We Be Concerned About Data-Opolies? *Georgetown Law Technology Review*, v. 275, p. 275-234, 2018, p. 285-290; RUBINFELD, D. L.; GAL, M. The Hidden Costs of Free Goods: Implications for Antitrust Enforcement. *Antitrust Law Journal*, v. 1, n. 2, p. 521-562, 2016 e MÄIHÄNIEMI, B. *Competition Law and Big Data: Imposing Acess to Information in Digital Markets.* Cheltenham, UK: Edward Elgar Publishing, 2020, p. 31-33.

[45] MANCINI, J.; VOLPIN, C. Quality Considerations in Digital Zero-Price Markets. *OECD Background Paper DAF/COMP(2018)14*, p. 46, 2018, p. 7 ("*consumers could exhibit varying preferences in terms of the amount of personal information they are willing to divulge to firms, and the value they assign to protections that prevent unauthorised access of this data relative to other dimensions of zero-price product quality*").

[46] PASQUALE, F. Privacy, Antitrust and Power. *George Mason Law Review*, v. 20, n. 4, p. 1009-1024, 2013, p. 1016 (rejeitando as teorias econômicas da privacidade ao defender que "*when a service collects information about a user, the situation is so far from the usual arm's-length market transaction that transactional approaches can only be misleading*").

[47] ROBERTSON, V. H. S. E. Excessive Data Collection: Privacy Considerations and Abuse of Dominance In The Era of Big Data. *Common Market Law Review*, v. 57, n. 1, p. 161-190, 2020, p. 166 ("*reduction in privacy may affect the quality of a product and thus, ultimately, consumer welfare*").

[48] GERADIN, D. *et al.* The Concept of Dominance in EC Competition Law. *Global Competition Law Centre Research Paper on the Modernization of Article 82 EC*, p. 31, 2005, p. 5 ("*a definition of substantial market power should also encompass the ability to lower quality or reduce the pace of innovation*").

serviços, diminuir a inovação ou, de outra forma, influenciar negativamente os parâmetros da competição" (tradução livre)[49].

É seguro afirmar que as autoridades de defesa da concorrência concordam que o bem-estar do consumidor pode ser negativamente afetado por reduções da qualidade dos produtos, da mesma maneira como ocorre quando há aumentos de preços[50].

No direito concorrencial brasileiro, a Lei 12.529/2011 expressamente acolhe a qualidade como um fator relevante de concorrência, porquanto, nos termos do art. 88, § 6º, I, "b", do diploma legal, o CADE pode autorizar fusões que, mesmo gerando uma eliminação de parte substancial da competição em determinado mercado, melhoram a qualidade de bens e serviços[51]. Além disso, o fator qualidade é abordado expressamente como elemento compositivo da análise antitruste de estruturas no Guia de Análise de Atos de Concentração Horizontal[52].

Destaca-se que, em julgado recente envolvendo entidades privadas de ensino superior, o CADE invocou, como argumentos complementares para reprovar a operação, as alegações de que a fusão poderia gerar a homogeneização da educação superior no país e a diminuição da performance dos alunos em exames oficiais[53].

É sob essa ótica de concorrência não relacionada a preço que se desenvolveram as principais teorias do dano de privacidade no controle de fusões no direito comparado. Elas sugerem que um aumento da concentração dos mercados digitais derivado de um ato de concentração pode eventualmente resultar em prejuízos ao bem-estar dos consumidores, se, por decorrência da fusão, os indivíduos passarem a ser submetidos a níveis de privacidade menos protetivos[54]. Sob essa lógica, os prejuízos aos consumidores poderiam se verificar se, em um cenário pós-fusão, a plataforma digital passasse a coletar uma quantidade significativamente maior de dados dos consumidores ou passasse a combinar os dados coletados

---

[49] ORGANIZAÇÃO PARA A COOPERAÇÃO E DESENVOLVIMENTO ECONÔMICO (OCDE). The Role and Measurement of Quality in Competition Analysis. *OCDE Policy Roundtables*, v. 115, n. 2, p. 230, 2013, p. 78.

[50] ORGANIZAÇÃO PARA A COOPERAÇÃO E DESENVOLVIMENTO ECONÔMICO (OCDE). The Role and Measurement of Quality in Competition Analysis. *OCDE Policy Roundtables*, v. 115, n. 2, p. 230, 2013, p. 5 e MANCINI, J. *Considering non-price effects in merger control*. Paris: OCDE, 2018, p. 28.

[51] BRASIL. Lei 12.529, de 30 de novembro de 2011. Disponível em: http://www.planalto.gov.br/ccivil_03/_ato2011-2014/2011/lei/l12529.htm.

[52] BRASIL. MINISTÉRIO DA JUSTIÇA. CONSELHO ADMINISTRATIVO DE DEFESA ECONÔMICA. *Guia de Análise de Atos de Concentração Horizontal.*, 2016, p. 8 ("entre os efeitos negativos de uma concentração, por um lado, é possível mencionar os seguintes: [...] diminuição da quantidade, de qualidade e/ou de variedade de produtos ou serviços a um dado preço").

[53] BRASIL. MINISTÉRIO DA JUSTIÇA. CONSELHO ADMINISTRATIVO DE DEFESA ECONÔMICA. Ato de Concentração nº 08700.001020/2014-26 (Kroton Educacional S.A. e Estácio Participações S.A.). Voto-vogal do Conselheiro Paulo Burnier da Silveira (SEI 0356426), 2017, parágrafos 12 e 13.

[54] ESTADOS UNIDOS DA AMÉRICA. U.S. HOUSE OF REPRESENTATIVES. SUBCOMMITTEE ON ANTITRUST. *Investigation of Competition in Digital Markets. Majority Staff Report and Recommendations*, 2020, p. 18 ("*in the absence of genuine competitive threats, dominant firms offer fewer privacy protections than they otherwise would, and the quality of these services has deteriorated over time*"); ESAYAS, S. Y. Competition in (data) privacy: 'zero'-price markets, market power, and the role of competition law. *International Data Privacy Law*, v. 8, n. 3, p. 181–199, 2018, p. 181 ("*market power may be exerted by reducing the level of data privacy*"). Ressaltando o poder de mercado sobre privacidade como a capacidade de impor condições contratuais dissociadas das preferências dos consumidores, cf. COSTA-CABRAL, F.; LYNSKEY, O. Family ties: The intersection between data protection and competition in EU law. *Common Market Law Review*, v. 54, n. 1, p. 11-50, 2017, p. 22.

PARTE III · Cap. 38 · RESTRIÇÕES À PRIVACIDADE: UM PROBLEMA ANTITRUSTE? | 785

pelas empresas fusionadas para empregá-los em atividades de tratamento de dados diversas daquelas consentidas pelos usuários[55].

Os riscos de diminuição dos níveis de privacidade em mercados digitais foram discutidos principalmente no contexto da fusão *Google/DoubleClick,* examinada pela Federal Trade Commission (FTC) no final da década passada. No caso, levantou-se a hipótese de que, em um cenário pós-fusão, o Google provavelmente iria oferecer aos consumidores o mesmo serviço de ferramenta de busca *online,* mas com níveis de instrução mais elevados, uma vez que a capacidade de rastreamento das atividades dos usuários nas páginas seria maior e a base de dados acumulada pelo Google seria também mais robusta[56]. Essa situação denotaria um arrefecimento da qualidade do serviço ofertado, sobretudo para os usuários com preferências de privacidade mais acentuadas. A decisão do FTC, no entanto, acabou não aprofundando essa linha argumentativa.

Os riscos de exploração da privacidade dos usuários foram ainda mais intensamente discutidos no caso *Facebook/WhatsApp*, julgado pela Comissão Europeia em 2014. Nesse caso, duas preocupações relacionadas à privacidade foram debatidas antes e depois da decisão. Em primeiro lugar, cogitou-se que, em um cenário pós-operação, o Facebook/WhatsApp poderia exigir "mais dados" dos usuários do que seria capaz de fazer em um mercado competitivo[57]. Em segundo lugar, levantou-se a suposição de que a empresa fusionada poderia passar a utilizar as informações dos usuários do WhatsApp no mercado de serviços de comunicação pessoal para direcionar os anúncios publicitários do Facebook no mercado de redes sociais, o que também configuraria uma redução dos níveis de privacidade[58].

A Comissão Europeia concluiu, no entanto, que, mesmo que a transação aumentasse a concentração de dados controlados pelo Facebook, as duas preocupações destacadas acima fugiriam ao escopo do direito da concorrência e se situariam no âmbito do regime legal de proteção de dados[59]. Tal entendimento ancorou-se principalmente na constatação de que os consumidores que valoravam positivamente a privacidade poderiam optar por outros aplicativos no mercado de serviços de comunicação, tais como o Telegram ou o Threema, cujo crescimento da base de clientes poderia ocorrer com relativa facilidade em um mercado dinâmico[60].

---

[55] MACCARTHY, M. Privacy as a Parameter of Competition in Merger Reviews. *Federal Communications Law Journal*, v. 72, n. 1, p. 1-44, 2020, p. 22-25 (*"consumer harm can take the form of a post-merger failure to satisfy consumer privacy preferences that were satisfied before the merger"*).

[56] SWIRE, P. Protecting Consumers: Privacy Matters in Antitrust Analysis. *Center for Amercian Progress*, 2007. (*"after the merger, doing a search or doing other survey may carry with it a significantly higher level of tracking, in a larger database"*).

[57] STUCKE, M. E.; GRUNES, A, P. *Big Data and Competition Policy.* New York: Oxford University Press, 2016, p. 170.

[58] OCELLO, E.; SJÖDIN, C.; SUBOČS, A. What's Up with Merger Control in the Digital Sector? Lessons from the Facebook/ WhatsApp EU merger case. *Competition Merger Brief,* v. 1, n. 1, p. 1-7, 2015, p. 6 e UNIÃO EUROPEIA. COMISSÃO EUROPEIA. Case M.7217 – Facebook/WhatsApp. *Commission decision pursuant to Article 6(1)(b) of Council Regulation No 139/2004*, p. 36, 2014. parag. 168-189.

[59] UNIÃO EUROPEIA. COMISSÃO EUROPEIA. Case M.7217 – Facebook/WhatsApp. *Commission decision pursuant to Article 6(1)(b) of Council Regulation No 139/2004*, p. 36, 2014. parag. 164. (*"any privacy-related concerns flowing from the increased concentration of data within the control of Facebook as a result of the Transaction do not fall within the scope of the EU competition law rules but within the scope of the EU data protection rules"*).

[60] UNIÃO EUROPEIA. COMISSÃO EUROPEIA. Case M.7217 – Facebook/WhatsApp. *Commission decision pursuant to Article 6(1)(b) of Council Regulation No 139/2004*, p. 36, 2014. parag. 125.

Preocupações semelhantes foram tangenciadas na análise da fusão Apple/Shazam[61]. Nesse último caso, a Comissão Europeia investigou se o fato de Shazam coletar dados de usuários por meio de aplicativos de terceiros, particularmente aplicativos de *streaming* de música instalados em *smartphones*, poderia ser utilizado pela Apple para obter acesso a informações sensíveis sobre seus concorrentes, em especial o Facebook e o Spotify, rival da Apple Music[62].

Nessa decisão, a autoridade europeia observou que, apesar de as informações em questão serem de fato concorrencialmente sensíveis, as normas disposições do GDPR europeu impediriam a Apple de utilizar esses dados dos consumidores coletados pelo Shazam em aplicativos de terceiros[63]. Além disso, mesmo que se efetivasse, esse acesso a dados de terceiros concorrentes não impediria de forma efetiva a competição como resultado de efeitos unilaterais da fusão nos mercados de *streaming* de música afetados pela operação[64].

Mais recentemente, a Comissão Europeia parece ter adotado a mesma postura no caso Google/FitBit. Apesar de considerar que o uso dos dados coletados pelo FitBit não poderia ser utilizado de acordo com as regras de proteção de dados vigentes na Europa[65], do ponto de vista concorrencial especificamente, a combinação dos dados dessa empresa com os dados colhidos e processados pelo Google não seria capaz de gerar efeitos anticompetitivos não coordenados nos mercados de anúncios e de buscas *online*[66].

O tratamento da privacidade como elemento de qualidade na análise de fusões parece ter sido tangenciado em decisões do CADE no controle de estruturas em pelo menos três casos recentes.

Em abril de 2021, em sede de recurso de terceiro no Ato de Concentração 08700.000059/2021-55, o Tribunal examinou a aquisição, pela Magalu Pagamentos – que oferecia serviços de meios de pagamento para lojistas parceiros na plataforma de *maketplace* do Magazine Luiza –, de 100% do capital social total da Hub, que era uma instituição de pagamento que atendia clientes de diversos segmentos como varejo, mobilidade, instituições financeiras e *fintechs*[67].

A empresa recorrente Mercado Pago argumentava perante o Tribunal do CADE que, em 2016, mantinha uma relação comercial com o Grupo Hub, por meio da qual teria transferido a esse grupo dados importantes sobre usuários e lojistas do *marketplace* do Mercado Livre. Assim, a empresa alegava que, com a fusão, o Grupo Magalu teria incentivos para se utilizar

---

[61] UNIÃO EUROPEIA. COMISSÃO EUROPEIA. Case M.8788 – Apple/Shazam. *Commission decision pursuant to Article 6(1)(b) of Council Regulation No 139/2004*, p. 1-74, 2018.

[62] UNIÃO EUROPEIA. COMISSÃO EUROPEIA. Case M.8788 – Apple/Shazam. *Commission decision pursuant to Article 6(1)(b) of Council Regulation No 139/2004*, p. 1-74, 2018, parag 196-200.

[63] UNIÃO EUROPEIA. COMISSÃO EUROPEIA. Case M.8788 – Apple/Shazam. *Commission decision pursuant to Article 6(1)(b) of Council Regulation No 139/2004*, p. 1-74, 2018, parag 238.

[64] UROPEIA. COMISSÃO EUROPEIA. Case M.9660 – Google/Fitbit. *Commission decision pursuant to Article 6(1)(b) of Council Regulation No 139/2004*, p. 1-74, 2020, parag. 474 ("*the Commission considers that the Transaction will not likely lead to a significant impediment of effective competition as a consequence of the possible horizontal effects arising from the combination of Google's and Fitbit's user databases and data collection capabilities for use in the field of general search services*").

[65] UNIÃO EUROPEIA. COMISSÃO EUROPEIA. Case M.9660 – Google/Fitbit. *Commission decision pursuant to Article 6(1)(b) of Council Regulation No 139/2004*, p. 1-74, 2020.

[66] UNIÃO EUROPEIA. COMISSÃO EUROPEIA. Case M.9660 – Google/Fitbit. *Commission decision pursuant to Article 6(1)(b) of Council Regulation No 139/2004*, p. 1-74, 2020, parag. 404-410.

[67] BRASIL. Conselho Administrativo de Defesa Econômica. Ato de Concentração nº 08700.000059/ 2021-55.

dos dados anteriormente transferidos pelo Mercado Pago para o Grupo Hub, a fim de adquirir vantagens na competição contra o *site* Mercado Livre no mercado de *marketplaces*.

O voto-relator da decisão que rejeitou este recurso considerou, porém, que essas preocupações não seriam procedentes porque a operação não autorizaria que a Hub descumprisse as obrigações contratuais, legais e regulatórias às quais se submete e, por isso, a empresa estaria impedida de fornecer os dados para terceiros que venham a explorá-los para fins indevidos e ilícitos[68].

O voto ressaltou ainda que a Lei Geral de Proteção de Dados Pessoais reforçaria "a impossibilidade de que os dados pessoais aqui discutidos, relativos aos clientes do Mercado Pago, sejam repassados e tratados por terceiros sem o consentimento de seus titulares e/ou sem a observância de diversos procedimentos e princípios"[69].

Em maio de 2021, a Superintendência-Geral (SG) do CADE aprovou a celebração de contrato associativo entre a empresa de telecomunicações Claro S.A. e a Serasa S.A., empresa que atua com serviços de informação, oferecendo soluções para todas as etapas do ciclo de negócios de seus clientes, além de relatórios que auxiliam na análise de crédito, gestão de riscos, *marketing*, certificação digital, entre outros[70].

O objeto da operação consistia justamente no fornecimento de dados dos usuários da Claro para que a Serasa pudesse utilizá-los como insumo de suas soluções que tenham por finalidade proteção ao ciclo de crédito e prevenção a fraudes. Em contrapartida, a Serasa faria investimentos em tecnologias e soluções que pudessem agregar valor aos dados da Claro[71].

A SG do CADE concluiu que o contrato associativo não suscitava preocupações concorrenciais, dentre outras razões, porque "os dados objeto da parceria não podem ser vistos como essenciais à atuação de concorrentes". Além disso, a área técnica considerou que "não compete ao Cade analisar se o contrato associativo ora em análise e as respectivas cláusulas de exclusividade estão de acordo ou não com a Lei Geral de Proteção de Dados Pessoais (Lei nº 13.709/2018), a Lei do Cadastro Positivo (Lei nº 12.414) ou o Decreto nº 9.936/2019"[72].

Ainda de acordo com a SG, a aprovação da operação pelo Cade "trata tão somente da questão concorrencial, e não enseja análise de mérito quanto à aderência ou não das Requerentes aos normativos mencionados acima, cuja fiscalização do cumprimento é de responsabilidade das respectivas autoridades governamentais"[73].

Por fim, destaca-se ainda a aprovação, em junho de 2021, do Ato de Concentração 08700.003969/2020-17, por meio da qual a STNE Participações, que atua na prestação de serviços de pagamentos, adquiria a totalidade das atividades da Linx, empresa de tecnologia baseada em nuvem, com foco na provisão de *software* de gestão empresarial, por meio do modelo de negócio de *software* como serviço.

---

[68] BRASIL. Conselho Administrativo de Defesa Econômica. Ato de Concentração nº 08700.000059/2021-55. Voto-relator da Conselheira Paula Farani de Azevedo Silveira (SEI 0893999), parag. 86.

[69] BRASIL. Conselho Administrativo de Defesa Econômica. Ato de Concentração nº 08700.000059/2021-55. Voto-relator da Conselheira Paula Farani de Azevedo Silveira (SEI 0893999), parag. 84.

[70] BRASIL. Conselho Administrativo de Defesa Econômica. Ato de Concentração nº 08700.006373/2020-61, Parecer 10/2021/CGAA2/SGA1/SG (SEI 0899461), parag. 1.

[71] BRASIL. Conselho Administrativo de Defesa Econômica. Ato de Concentração nº 08700.006373/2020-61, Parecer 10/2021/CGAA2/SGA1/SG (SEI 0899461), parag. 8.

[72] BRASIL. Conselho Administrativo de Defesa Econômica. Ato de Concentração nº 08700.006373/2020-61, Parecer 10/2021/CGAA2/SGA1/SG (SEI 0899461), parag. 75.

[73] BRASIL. Conselho Administrativo de Defesa Econômica. Ato de Concentração nº 08700.006373/2020-61, Parecer 10/2021/CGAA2/SGA1/SG (SEI 0899461), parag. 75.

Nesse caso, diversos terceiros interessados impugnaram a operação perante o Tribunal do CADE argumentando que, com a consumação do ato de concentração, a STNE Participações passaria a ter acesso a informações gerenciais e comerciais sensíveis atinentes ao relacionamento comercial entre os varejistas e seus clientes e fornecedores, bem como entre os varejistas e demais adquirentes que integrem seus produtos aos *softwares* de gestão comercial da LINX[74].

O acesso a essas informações era considerado pelos terceiros interessados como uma importante "vantagem competitiva, baseada na assimetria informacional gerada em favor da Stone, uma vez que os adquirentes, inclusive aqueles vinculados a instituições bancárias, não possuem acesso a mesma granularidade, detalhamento e facilidade obtida pelas requerentes"[75].

Na mesma linha de entendimento perfilhada pela SG, o Tribunal do CADE considerou que o acesso a dados proporcionado pela operação não configuraria a obtenção de uma vantagem competitiva indevida por parte da Stone principalmente porque tais informações, de propriedade dos estabelecimentos, já podem ser ordinariamente acessadas por outros *players* pela conciliação de recebíveis ou pelo *Open Banking*[76]. Além disso, o voto-relator observou que havia um cenário de assimetria de informações que atuava em desfavor de adquirentes não verticalizados com bancos, como era o caso da própria Stone[77].

Essas decisões da Comissão Europeia e do próprio CADE sugerem que os padrões de teoria do dano desenhados na literatura não têm sido efetivamente implementados pelas autoridades antitruste. Isso se deve a várias razões.

Em primeiro lugar, há dificuldades consideráveis em se fazer uma avaliação objetiva da dimensão qualidade. A percepção desse fator pelo consumidor muitas vezes perpassa a apreciação conjunta de diversos aspectos do produto (como associações entre marca, desempenho ou uma combinação de outras características)[78]. Além disso, existe um profundo elemento subjetivo quando se investiga se determinado produto pode ou não ser considerado melhor que outro disponível no mercado relevante a um mesmo preço[79]. Tudo isso faz com que haja um notável problema de mensurabilidade desse parâmetro de concorrência[80].

Em segundo lugar, e esse parece ser o obstáculo mais importante, deve-se ter em vista que, mesmo quando a privacidade é tratada como uma dimensão de concorrência na chave de "qualidade", ainda assim os limiares de intervenção antitruste são distintos daqueles que informam a atuação das autoridades de proteção de dados.

---

[74] BRASIL. Conselho Administrativo de Defesa Econômica. Ato de Concentração nº 08700.003969/2020-17, voto-relator do Conselheiro Sérgio Costa Ravagnani (SEI 0921910), parag. 176.

[75] BRASIL. Conselho Administrativo de Defesa Econômica. Ato de Concentração nº 08700.003969/2020-17, voto-relator do Conselheiro Sérgio Costa Ravagnani (SEI 0921910), parag. 177.

[76] BRASIL. Conselho Administrativo de Defesa Econômica. Ato de Concentração nº 08700.003969/2020-17, voto-relator do Conselheiro Sérgio Costa Ravagnani (SEI 0921910), parag. 219.

[77] BRASIL. Conselho Administrativo de Defesa Econômica. Ato de Concentração nº 08700.003969/2020-17, voto-relator do Conselheiro Sérgio Costa Ravagnani (SEI 0921910), parag. 219.

[78] OFFICE OF FAIR TRADING (OFT). *Competing on Quality: Literature Review*. Londres, 2014, p. 31 ("*the quality of a product often develops along multiple characteristics*").

[79] EZRACHI, A.; STUCKE, M. E. The Curious Case of Competition and Quality. *Journal of Antitrust Enforcement*, v. 3, p. 227-257, 2015, p. 229 e BLAIR, R. D.; DURRANCE, C, p. Restraints on Quality Competition. *Journal of Competition Law & Economic*, v. 10, n. 1, p. 27-46, 2013, p. 29.

[80] EZRACHI, A.; STUCKE, M. E. The Curious Case of Competition and Quality. *Journal of Antitrust Enforcement*, v. 3, p. 227-257, 2015, p. 247.

É que, sob o aspecto antitruste, a privacidade, assim como qualquer outro fator de concorrencial não relacionado a preço, pode ou não ser relevante para a concorrência em um mercado específico. Em outras palavras, se a privacidade é ou não um fator relevante de qualidade para os consumidores, isso é uma questão eminentemente factual, que não necessariamente coincide com os *standards* subjacentes ao regime legal de proteção de dados. Enquanto esse regime preocupa-se com os riscos à intimidade sob uma de direito individual, o antitruste, ao menos sob as lentes das teorias econômicas mais ortodoxas, preocupa-se com as implicações das trocas econômicas em uma perspectiva de excedente total ou de eficiência econômica[81].

A análise panorâmica das decisões acima discutidas sugere que a Comissão Europeia e o próprio CADE não estão dispostos a eventualmente reprovar uma fusão tão somente porque a concentração de dados entre as empresas fusionadas ou o seu eventual uso secundário fora das hipóteses de consentimento violariam as disposições das leis de proteção de dados. Ao contrário, parece que as duas autoridades têm simplesmente presumido que eventual ilegalidade em termos de cumprimento das regras de privacidade, se existente, deverá ser corrigida pelas próprias autoridades de proteção de dados, e não pelos órgãos de defesa da concorrência.

Ao fazer essas ressalvas, as agências antitruste simplesmente avaliam em que medida o acesso aos dados proporcionado pela operação é capaz de gerar efeitos anticompetitivos unilaterais nos mercados afetados pela fusão. Esse tipo de abordagem, a rigor, não se distingue dos padrões de teorias do dano tradicionalmente implementados no controle de estruturas, com a única diferença que o ativo econômico em questão são os dados em si, cuja relevância concorrencial pode ou não se verificar em contextos específicos.

CONCLUSÕES

As duas principais abordagens de internalização de questões relacionados à privacidade disponíveis na literatura podem ser enfrentadas no direito concorrencial brasileiro de maneira consistente com os pressupostos da Lei 12.529/2011. Há, no entanto, obstáculos de ordem normativa e metodológica que serão colocados ao CADE na apreciação de casos concretos.

Em relação à abordagem de diminuição da privacidade como custo econômico, verificamos que, se por um lado parece facilmente compreensível equiparar os danos aos consumidores à cobrança excessiva de dados, por outro a implementação dessa perspectiva requer que seja definido com exatidão qual parâmetro contrafactual será considerado pela autoridade tanto na formulação do juízo de poder de mercado quanto na eventual verificação dos efeitos exploratórios. A opção por parâmetros que coincidem totalmente com os critérios utilizados no regime de proteção de dados (por exemplo, os critérios relacionados à validade do consentimento) suscitaria dúvidas sobre os limites de competências legais do CADE.

No que se refere à abordagem de tratamento da privacidade como fator de qualidade, compreendemos que a intervenção antitruste depende da constatação factual de que o acúmulo

---

[81] Essa argumentação é em geral trazida pelos que advogam que o direito da concorrência e o direito de proteção de dados perseguiriam finalidades segregadas. Nesse sentido, cf. DOUGLAS, E. M. The New Antitrust/Data Privacy Law Interface. The Yale Law Journal Forum, v. 2280, n. 1, p. 647-684, 2021. p. 653 ("*separatist theory views each of these areas of law as protecting against dis- tinct legal harms. Antitrust law is seen as best suited to address conduct harmful to overall consumer welfare or economic efficiency in the marketplace*") e OHLHAUSEN, M. K.; OKULIAR, A. P. Competition, Consumer Protection, and the Right [approach] to Privacy. *Antitrust Law Journal*, v. 80, n. 1, p. 121-156, 2015. p. 154-155.

de dados de fato poderá afetar as condições de concorrência no mercado investigado. As decisões recentes da Comissão Europeia e do CADE no controle de estruturas parecem sugerir que, mesmo quando os dados assumem relevância econômica, a disponibilidade de acesso a dados por outras fontes pode afastar preocupações relacionadas ao aumento do poder de mercado, o que denotaria um afastamento entre as preocupações endereçadas pela Lei Geral de Proteção de Dados e pela Lei de Defesa da Concorrência.

REFERÊNCIAS BIBLIOGRÁFICAS

ACQUISTI, A.; TAYLOR, C.; WAGMAN, L. The Economics of Privacy. *Journal of Economic Literature*, v. 54, p. 442-492, 2016.

AUSTRALIAN COMPETITION & CONSUMER COMMISION. *Digital Platforms Inquiry*. Camberra: ACCC Publisher, 2019.

AUTORITÉ DE LA CONCURRENCE; BUNDESKARTELLAMT. *Competition Law and Data*. [S. l.: s. n.], 2016.

BLAIR, R. D.; DURRANCE, C. P. Restraints on Quality Competition. *Journal of Competition Law & Economic*, v. 10, n. 1, p. 27-46, 2013. Disponível em: https://doi.org/10.1093/joclec/nht025.

BOURREAU, M.; DE STREEL, A.; GRAEF, I. Big Data and Competition Policy: Market Power, Personalised Pricing and Advertising. *SSRN Electronic Journal*, v. 32, n. February, 2018.

BUITEN, M. C. Exploitative abuses in digital markets: between competition law and data protection law. *Journal of Antitrust Enforcement*, p. 1-19, 2020. Disponível em: https://doi.org/10.1093/jaenfo/jnaa041.

COLANGELO, G.; MAGGIOLINO, M. Antitrust Über Alles: Whither Competition Law After Facebook? *World Competition*, v. 42, n. 3, p. 355-376, 2019. Disponível em: https://doi.org/10.2139/ssrn.3362428.

COMPETITION AND MARKETS AUTHORITY – CMA. *Online Platforms and Digital Advertising: Market Study Final Report*. Londres: Competition and Markets Authority, 2020.

COSTA-CABRAL, F.; LYNSKEY, O. Family ties: The intersection between data protection and competition in EU law. *Common Market Law Review*, v. 54, n. 1, p. 11-50, 2017.

CRANE, D. A. Market Power Without Market Definition. *Notre Dame Law Review*, v. 90, n. 1, p. 31-80, 2014.

DOUGLAS, E. M. The New Antitrust/Data Privacy Law Interface. *The Yale Law Journal Forum*, v. 2280, n. 1, p. 647-684, 2021.

EBEN, M. Market Definition and Free Online Services: The Prospect of Personal Data as Price. *I/S: A Journal of Law and Policy for the Information Society*, v. 14, n. 2, p. 221-275, 2018. Disponível em: https://doi.org/10.2139/ssrn.2990665.

EBEN, M. A. K. *Addressing the Main Hurdles of Product Market Definition for Online Services: Products, Price, and Dynamic Competition*. 1-389 f. 2019. The University of Leeds, 2019.

ECONOMIDES, N.; LIANOS, I. Restrictions on Privacy and Exploitation in the Digital Economy: A Market Failure Perspective. *Journal of Competition Law & Economic*, v. 1, n. 1, p. 1-74, 2020.

ESAYAS, S. Privacy as a Non-Price Competition Parameter: Theories of Harm in Mergers. *University of Oslo Faculty of Law Legal Studies Research Paper Series No. 2018-26*, 2018. Disponível em: https://doi.org/10.2139/ssrn.3232701.

ESAYAS, S. Y. Competition in (data) privacy: 'zero'-price markets, market power, and the role of competition law. *International Data Privacy Law*, v. 8, n. 3, p. 181-199, 2018.

ESTADOS UNIDOS DA AMÉRICA. U.S. HOUSE OF REPRESENTATIVES. SUBCOMMITTEE ON ANTITRUST. *Investigation of Competition in Digital Markets. Majority Staff Report and Recommendations*, 2020.

EZRACHI, A.; STUCKE, M. E. The Curious Case of Competition and Quality. *Journal of Antitrust Enforcement*, v. 3, p. 227-257, 2015.

FARRELL, J. Can Privacy be Just Another Good? *Journal on Telecommunications & High Technology Law*, v. 10, p. 251-265, 2012.

FULLER, C. S. Privacy law as price control. *European Journal of Law and Economics*, 2017.

FURMAN, J. *et al. Unlocking Digital Competition: Report of the Digital Competition Expert Panel.* Londres, 2019.

GAL, M. S.; AVIV, O. The Competitive Effects of the GDPR. *Journal of Competition Law & Economics*, v. 352, n. 12, p. 349-391, 2021.

GERADIN, D. *et al.* The Concept of Dominance in EC Competition Law. *Global Competition Law Centre Research Paper on the Modernization of Article 82 EC*, p. 31, 2005.

GRAEF, I. *Data as essential facility: competition and innovation on online platforms.* 410 f. 2016. KU Leuven – Faculty of Law, 2016.

GRAEF, I. Market Definition and Market Power in Data: The Case of Online Platforms. *World Competition: Law and Economics Review*, v. 38, n. 4, p. 473-506, 2015.

HIRSCH, D. D. The Law and Policy of Online Privacy: Regulation, Self-Regulation, or Co-Regulation? *Seattle University Law Review*, v. 669, n. 1999, p. 439-480, 2011.

HOOFNAGLE, C. J.; WHITTINGTON, J. Free: Accounting for the Costs of the Internet's Most Popular Price. *UCLA Law Review*, v. 606, p. 606-670, 2014.

LERNER, A. V. The role of "Big Data" in Online Platform Competition. *SSRN Electronic Journal*, 2014.

LIANOS, I.; CARBALLA, B. Economic Power and New Business Models in Competition Law and Economics: Ontology and New Metrics. *Centre for Law, Economics and Society Research Paper Series: 3/2021*, v. 1, n. 1, p. 1-46, 2021.

LYPALO, D. Can Competition Protect Privacy ? *An Analysis Based on the German Facebook Case Key words reference*, v. 44, n. 2, p. 1-16, 2021.

MACCARTHY, M. Privacy as a Parameter of Competition in Merger Reviews. *Federal Communications Law Journal*, v. 72, n. 1, p. 1-44, 2020.

MÄIHÄNIEMI, B. *Competition Law and Big Data: Imposing Acess to Information in Digital Markets.* Cheltenham, UK: Edward Elgar Publishing, 2020.

MANCINI, J. *Considering Non-price Effects in Merger Control.* Paris: OCDE, 2018.

MANCINI, J.; VOLPIN, C. Quality Considerations in Digital Zero-Price Markets. *OECD Background Paper DAF/COMP(2018)14*, p. 46, 2018.

NEWMAN, J. M. Antitrust in Attention Markets: objections and responses. *Santa Clara Law Review*, v. 59, n. 3, p. 743-769, 2020.

NEWMAN, J. M. Antitrust in Zero-Price Markets: Applications. *Washington University Law Review*, v. 94, n. 1, 2016.

NEWMAN, J. M. Antitrust in Zero-Price Markets: Foundations. *University of Pennsylvania Law Review*, v. 1, n. 1, p. 149-206, 2015.

NEWMAN, N. Search, Antitrust, and the Economics of the Control of User Data. *Yale Journal on Regulation Yale Journal on Regulation Article*, v. 31, n. 5, p. 55, 2014.

NORBERG, P. A.; HORNE, D. R.; HORNE, D. A. The Privacy Paradox: Personal Information Disclosure Intentions versus Behaviors. *The Journal of Consumer Affairs*, v. 41, n. 1, p. 100-126, 2007.

OCELLO, E.; SJÖDIN, C.; SUBOČS, A. What's Up with Merger Control in the Digital Sector? Lessons from the Facebook/WhatsApp EU merger case. *Competition Merger Brief*, v. 1, n. 1, p. 1-7, 2015.

OFFICE OF FAIR TRADING (OFT). *Competing on Quality: Literature Review*. Londres, 2014.

OHLHAUSEN, M. K.; OKULIAR, A. P. Competition, Consumer Protection, and the Right [approach] to Privacy. *Antitrust Law Journal*, v. 80, n. 1, p. 121-156, 2015.

ORGANIZAÇÃO PARA A COOPERAÇÃO E DESENVOLVIMENTO ECONÔMICO (OCDE). The Role and Measurement of Quality in Competition Analysis. *OCDE Policy Roundtables*, v. 115, n. 2, p. 230, 2013.

PASQUALE, F. Privacy, Antitrust and Power. *George Mason Law Review*, v. 20, n. 4, p. 1009-1024, 2013.

PEITZ, M. Economic Policy for Digital Attention Intermediaries. *ZEW Discussion Papper*, v. 20-035, n. 20, p. 1-58, 2020.

REPÚBLICA FEDERATIVA DA ALEMANHA. BUNDESGERICHTSHOF. *Beschluss KRV 69/19 von 23 Juni 2020 in der Kartellverwaltungssache Facebook*. [*S. l.: s. n.*], 2020.

ROBERTSON, V. H. S. E. Excessive Data Collection: Privacy Considerations and Abuse of Dominance In The Era of Big Data. *Common Market Law Review*, v. 57, n. 1, p. 161-190, 2020. Disponível em: https://doi.org/10.2139/ssrn.3408971

RUBINFELD, D. L.; GAL, M. The Hidden Costs of Free Goods: Implications for Antitrust Enforcement. *Antitrust Law Journal*, v. 1, n. 2, p. 521-562, 2016.

SCHEELE, R. Facebook: From Data Privacy to a Concept of Abuse by Restriction of Choice. *Journal of European Competition Law and Practice*, v. 12, n. 1, p. 34-37, 2021.

SOLOVE, D. J. Conceptualizing Privacy. *California Law Review*, v. 90, n. 1, p. 1087-1156, 2005.

SPIEKERMANN, S.; KORUNOVSKA, J. Towards a value theory for personal data. *Journal of Information Technology*, p. 1-23, 2016.

STIGLER COMMITTEE ON DIGITAL PLATFORMS. *Stigler Committee on Digital Platforms Final Report*. Chicago: Stigler Center for the Study of the Economy and the State, 2019.

STUCKE, M. E. Should We Be Concerned About Data-Opolies? *Georgetown Law Technology Review*, v. 275, p. 275-234, 2018.

STUCKE, M. E.; GRUNES, A. P. *Big Data and Competition Policy*. Oxford: Oxford University Press, 2016.

SWIRE, P. Protecting Consumers: Privacy Matters in Antitrust Analysis. *Center for Amercian Progress*, 2007.

UNIÃO EUROPÉIA. COMISSÃO EUROPEIA. Case M.7217 – Facebook/ WhatsApp. *Commission decision pursuant to Article 6(1)(b) of Council Regulation No 139/2004*, p. 36, 2014.

WASASTJERNA, M. *Competition, Data and Privacy in the Digital Economy: Towards a Privacy Dimension in Competition Policy?* Alphen aan den Rijn: Kluwer Law International, 2020.

ZANATTA, R. A. F. Proteção de dados pessoais e direito concorrencial: razões da aproximação e potencialidades para pesquisa. *Revista Fórum de Direito na Economia Digital*, n. July, p. 141-170, 2019.

39

O NECESSÁRIO DIÁLOGO ENTRE A LGPD E O CÓDIGO DE DEFESA DO CONSUMIDOR E OS NOVOS DIREITOS DO CONSUMIDOR-TITULAR DOS DADOS

CLAUDIA LIMA MARQUES

Diretora e Professora Titular da Faculdade de Direito da Universidade Federal do Rio Grande do Sul e Professora Permanente do PPGD da UFRGS e UNINOVE. Pós-Doutorado e Doutorado em Direito pela Universidade de Heidelberg. Mestrado em Direito pela Universidade de Tübingen. Relatora-geral da Comissão de Juristas do Senado Federal para a atualização do Código de Defesa do Consumidor. Presidente do Comitê de Proteção Internacional do Consumidor da International Law Association.

BRUNO MIRAGEM

Professor Adjunto da Faculdade de Direito da Universidade Federal do Rio Grande do Sul e Professor Permanente do PPGD da UFRGS. Doutor e Mestre pela Universidade Federal do Rio Grande do Sul. Especialista em Direito Civil e Direito Internacional pela UFRGS. Coordenador do Mestrado Profissional em Direito do CERS-CE. Ex-Presidente do BRASILCON.

INTRODUÇÃO

A Lei nº 13.709, de 14 de agosto de 2018 – denominada Lei Geral de Proteção de Dados (LGPD) –, está plenamente em vigor,[1] incluindo as suas sanções e com uma ANPD atuante, cujo primeiro termo de cooperação envolveu a SENACON-MJ.[2] O Código de Defesa do Consumidor (Lei 8.078/1990, a seguir denominado CDC), uma das leis mais importantes do direito privado, desde março de 1991 em vigor, regula vários aspectos dos bancos de dados negativos e direitos correlatos dos consumidores.[3] A Lei 14.181, de 1º de julho de

---

[1] Veja MENDES, Laura Schertel. Reflexões iniciais sobre a nova lei geral de proteção de dados. *Revista do Direito do Consumidor*, São Paulo, v. 120, p. 469-483, nov./dez. 2018, p. 469 e ss.

[2] Veja a notícia de 22.03.2021, in ANPD e Senacon assinam acordo de cooperação técnica – Português (Brasil) (www.gov.br). E a íntegra do Acordo ANPD-SENACON em: https://www.gov.br/mj/pt-br/assuntos/seus-direitos/consumidor/defesadoconsumidor/Biblioteca/acordos-de-cooperacao-upload/acordo_anpd_senacon_assinado.pdf. Acesso em 19/09/2022.

[3] MARTINS, Fernando R.; MARQUES, Claudia Lima. Nota à PEC/2019. *Revista de Direito do Consumidor*, v. 29, n. 128, p. 451-469, mar.-abr. 2020, p. 460: "trata-se de 'lei transversal' em amplo

796 | TRATADO DE PROTEÇÃO DE DADOS PESSOAIS

2021, atualizou o CDC acrescentando dois novos capítulos sobre o crédito responsável e a prevenção e o tratamento do superendividamento, expressamente prevendo o dever do fornecedor de consulta aos bancos de dados, observadas as normas do CDC e ao mesmo tempo da legislação de proteção de dados (art. 54-D, II), a bem demonstrar como a defesa do consumidor e a proteção de dados hoje constituem uma simbiose protetiva.[4] Simbiose protetiva essa que é de clara origem constitucional (art. 1º, III; art. 3º, IV; art. 5º, X, XII e XXXII da CF/1988).

Se no mundo do direito há o fenômeno denominado por Erik Jayme[5] como o diálogo das fontes (art. 7º do CDC e art. 64 da LGPD), no mundo dos fatos, como afirmamos: "tudo está se misturando a olhos vistos"[6]... Sim, há uma nova simbiose dos "fazeres" e dos dares, isso é dos "serviços" e dos "produtos", dos "dados" e do "consumo", a gratuidade do consumo e a remuneração por dados dos consumidores, as próprias figuras do consumidor e do titular de dados;[7] os controladores de dados e as plataformas de procura e de consumo, as mídias sociais e o consumo, os fornecedores e os intermediários, o consumo *offline* e o consumo *online*. Isso sem falar na nova vulnerabilidade dos consumidores no mundo digital, a vulnerabilidade informacional e a vulnerabilidade técnica dos consumidores.[8] Não há mais diferenças no mundo digital,[9] tudo é consumo[10] e, em tempos de *big data*, *profiling*, *trageting* e publicidade dirigida ou "sur mesure", para o mercado o mais importante 'titular dos dados' da Lei Geral

---

    diálogo com direitos humanos, direitos fundamentais, direitos da personalidade e, minudentemente, com o microssistema de promoção ao consumidor. Observe-se que entre os arrimos de tutela à proteção dos dados pessoais são designados *interesses constitucionalmente protegidos e tutelados*: *i*) privacidade; *ii*) autodeterminação informativa; *iii*) liberdades fundamentais (expressão, informação, comunicação e opinião); *iv*) inviolabilidade da intimidade, imagem e honra; *v*) defesa do consumidor, livre iniciativa e livre concorrência; *vi*) desenvolvimento econômico, tecnológico e inovação; *vii*) direitos humanos, livre desenvolvimento da personalidade, dignidade e exercício da cidadania pelas pessoas naturais".

[4]   Veja sobre a nova lei que atualiza o CDC. DI STASI, Mônica; MOURA RIBEIRO, Paulo Dias. O Superendividamento dos consumidores no Brasil: a importância da aprovação da Lei 14.181/2021 em meio a crise econômica gerada pela pandemia da COVID-19. *Revista de Direito do Consumidor*, São Paulo: RT, v. 136, ano 30, p. 49-65, jul.-ago. 2021, p. 50 e ss.; MARQUES, Claudia Lima; LIMA, Clarissa Costa de; VIAL, Sophia. Nota à atualização do Código de Defesa do Consumidor para aperfeiçoar a disciplina do crédito, para a prevenção e o tratamento do superendividamento e proteção da pessoa natural. *Revista de Direito do Consumidor*, v. 136, p. 517-538, jul.-ago. 2021, p. 517 e ss.

[5]   JAYME, Erik. Identité culturelle et intégration: le droit international privé postmoderne. In: JAYME, Erik. *Recueil des Cours de l'Académie de Droit International de La Haye*. Doordrecht: Kluwer, 1995, p. 259.

[6]   MARQUES, Claudia Lima. A nova noção de fornecedor no consumo compartilhado: um estudo sobre as correlações do pluralismo contratual e o acesso ao consumo. *Revista de Direito do Consumidor*, São Paulo, v. 111, p. 247-268, maio-jun. 2017, p. 249-250.

[7]   Veja MARQUES, Claudia Lima; MUCELIN, Guilherme. Novo mercado de consumo 'simbiótico' e a necessidade de proteção de dados dos consumidores. *In*: SARLET, Gabrielle Bezerra Sales; TRINDADE, Manoel Gustavo Neubarth; MELGARÉ, Plínio. *Proteção de dados*: temas controvertidos. Indaiatuba: Foco, 2021, p. 75 e ss.

[8]   Veja MENDES, Laura Schertel. A vulnerabilidade do consumidor quanto ao tratamento de dados pessoais. *Revista de Direito do Consumidor*, v. 102, p. 19-43, nov.-dez. 2015.

[9]   Veja nosso novo livro: MARQUES, Claudia Lima; LORENZETTI, Ricardo Luis; CARVALHO, Diógenes Faria de; MIRAGEM, Bruno. *Contratos de serviços em tempos digitais*. São Paulo: Ed. RT, 2021, p. 12 e ss.

[10]   MIRAGEM, Bruno. Novo paradigma tecnológico, mercado de consumo digital e o direito do consumidor. *Revista de Direito do Consumidor*, São Paulo, v. 125, set.-out. 2019, p. 17-62.

PARTE III · Cap. 39 · O NECESSÁRIO DIÁLOGO ENTRE A LGPD E O CÓDIGO DE DEFESA DO CONSUMIDOR | **797**

de Proteção de Dados (LGPD) e o que agrega para o mercado mais 'valor' (monetarização) é o consumidor!

De outro lado, o titular de dados que mais aberto está a dividir seus dados no mundo digital é o consumidor. Como afirma Teubner,[11] os consumidores do século XXI são "sujeitos digitais" usando plataformas e "apps", que coletam nossos dados e perfis que serão monitorados pelo "big data"[12] e transformados em marketing dirigido e em novos consumos. Assim, esta "simbiose protetiva" – atualmente só se consegue proteger o consumidor, protegendo também seus dados –, é realizada através do diálogo das fontes entre a LGPD e o Código de Defesa do Consumidor, que como demonstraremos neste artigo é um resultado natural do que dispõe o ordenamento jurídico brasileiro (seja o art. 7º do CDC, como o art. 64 da LAGPD), ainda mais agora com a entrada plena em vigor da LGPD e suas sanções.

O objetivo desta breve reflexão, que reúne textos que já escrevemos e novas reflexões, será confirmar este diálogo entre estas fontes e os novos direitos daí oriundos, assim como analisar o que muda na qualidade esperada de segurança e correção dos dados nas relações de consumo, em especial em contratos de serviços no mundo digital.

Neste texto, gostaríamos de destacar dois aspectos deste diálogo destas fontes, LGPD e CDC: o mandamento legal para este diálogo ou aplicação simultânea e coerente entre as regras destas leis, formando um microssistema coerente[13] de proteção de dados do consumidor como titular de dados no mercado de consumo (Parte I) e os direitos do consumidor resultantes deste diálogo das fontes (Parte II).

I. DIÁLOGOS ENTRE O CDC E A LGPD

"Diálogo das fontes" é uma expressão visionária, que destaca a força da Constituição (e dos Direitos Fundamentais), assim as fontes plurais não mais se excluem – ao contrário, mantêm as suas diferenças e narram simultaneamente suas várias lógicas (*dia-logos*), cabendo ao aplicador da lei coordená-las ("escutando-as"), impondo soluções harmonizadas e funcionais no sistema, assegurando efeitos úteis a estas fontes, ordenadas segundo a compreensão imposta pelo valor constitucional.

Em livro recente, levantamos as decisões do e. STJ sobre diálogo das fontes.[14] O mestre de Heidelberg, Prof. Dr. Dr. h. c. multi Erik Jayme ensina que, diante do atual "pluralismo pós-moderno"[15] de um direito com fontes legislativas plúrimas, ressurge a necessidade de

---

[11] TEUBNER, Gunther. Digitale Rechtssubjekte. *Archiv des Civilistische Praxis -AcP* 218, 2018, p. 155 e ss.

[12] Sobre a mudança digital como uma mudança de valor dos "dados", de uma economia de escassez de dados para uma economia de plataformas, com hiper abundância de dados e bigdata, veja SCHWEITZER, Heike. Digitale Platformen als private Gesetzgeber: ein Perspektivwechsel für die europäische " Plattform-Regulierung". *ZEUP* 1, p. 1-12, 2019, p. 1-2.

[13] Assim MENDES, Laura Schertel Mendes; DONEDA, Danilo. Reflexões iniciais sobre a nova Lei Geral de Proteção de Dados. *Revista de Direito do Consumidor*, v. 120, p. 469-483, nov.-dez. 2018, p. 469.

[14] Veja em especial o artigo de MARQUES, Claudia Lima. A teoria do 'Diálogo das fontes' hoje no Brasil e os novos desafios: uma homenagem à magistratura brasileira. *In*: MARQUES, Claudia Lima; MIRAGEM, Bruno. *Diálogo das Fontes* – novos estudos sobre a coordenação e aplicação das normas no Direito brasileiro. São Paulo: Ed. RT, 2020, p. 43 e ss.

[15] Segundo Erik Jayme, as características, os elementos da cultura pós-moderna no direito seriam o pluralismo, a comunicação, a narração, o que Jayme denomina de *le retour des sentiments*, sendo o Leitmotiv da pós-modernidade a valorização dos direitos humanos. Para Jayme, o direito como parte da cultura dos povos muda com a crise da pós-modernidade. O pluralismo manifesta-se na multiplicidade de fontes legislativas a regular o mesmo fato, com a descodificação ou a implosão dos sistemas genéricos

798 | TRATADO DE PROTEÇÃO DE DADOS PESSOAIS

coordenação entre as leis no mesmo ordenamento, como exigência para um sistema jurídico eficiente, coerente e justo.[16] Nasce, assim, a belíssima expressão semiótica de Erik Jayme, do necessário "diálogo das fontes" (*dialogue des sources*),[17] "di-a-logos" (mais de uma lógica) a permitir a aplicação simultânea e coordenada (ou coerente)[18] das plúrimas fontes legislativas convergentes, pois guiadas pelos valores da Constituição (nacionalmente) e dos Direitos Humanos (internacionalmente).[19]

A) Diálogo e aplicação coerente da LGPD e do CDC: por um microssistema de proteção de dados dos consumidores

Danilo Doneda e Laura Schertel Mendes, autores do Anteprojeto da LGPD, já afirmavam que este diálogo entre a LGPD e o CDC tem origem legal e como finalidade a formação de um conjunto normativo de proteção, que vamos chamar aqui de microssistema de proteção de dados dos consumidores. Ensinam:

> "A Lei 13.709/2018 – Lei Geral de Proteção de Dados Pessoais (LGPD)... inaugura no Brasil um regime geral de proteção de dados pessoais. A referida Lei vem complementar o marco regulatório brasileiro da Sociedade da Informação ao compor, juntamente com a Lei de Acesso à Informação, o Marco Civil da Internet e o Código de Defesa do Consumidor, o conjunto normativo que moderniza o tratamento da informação no Brasil. Seu objetivo é proporcionar garantias aos direitos do cidadão,

---

normativos (*Zersplieterung*), manifesta-se no pluralismo de sujeitos a proteger, por vezes difusos, como o grupo de consumidores ou os que se beneficiam da proteção do meio ambiente, na pluralidade de agentes ativos de uma mesma relação, como os fornecedores que se organizam em cadeia e em relações extremamente despersonalizadas. Pluralismo também na filosofia aceita atualmente, onde o diálogo é que legitima o consenso, onde os valores e princípios têm sempre uma dupla função, o *double coding*, e onde os valores são muitas vezes antinômicos. Pluralismo nos direitos assegurados, no direito à diferença e ao tratamento diferenciado dos diferentes ao privilégio dos "espaços de excelência" (JAYME, Erik. Identité culturelle et intégration: Le droit internationale privé postmoderne. *Recueil des Cours de l'Académie de Droit International de la Haye*, 1995, II, p. 36 e ss.). Veja sobre a pós-modernidade : LYOTARD, Jean-François. *Das postmoderne Wissen - Ein Bericht*. Peter Engelmann (Hrsg.). Wien: Passagen Verlag, 1994, p. 13 e ss.

[16] JAYME, Erik. Identité culturelle et intégration: le droit internationale privé postmoderne. In: JAYME, Erik. *Recueil des Cours de l'Académie de Droit International de La Haye*. Doordrecht: Kluwer, 1995, p. 60-61.

[17] JAYME, op. cit., idem, p. 259. Veja a tradução livre para o português, em meu artigo, MARQUES, Claudia Lima. O 'diálogo das fontes' como método da nova teoria geral do direito: um tributo a Erik Jayme. *In*: MARQUES, Claudia Lima (org.). *Diálogo das fontes*: do conflito à coordenação das normas do direito brasileiro. São Paulo: Ed. RT, 2012, p. 18-19: "(...) a solução dos conflitos de leis emerge como resultado de um diálogo entre as fontes as mais heterogêneas. Os Direitos Humanos, as Constituições, as Convenções internacionais, as sistemas nacionais: todas estas fontes não se excluem mais mutualmente; elas 'dialogam' umas com as outras. Os juízes ficam obrigados a coordenar estas fontes 'escutando' o que elas dizem".

[18] Como ensina SAUPHANOR, Nathalie. *L'Influence du Droit de la Consommation sur le système juridique*. Paris: LGDJ, 2000, p. 31, em direito, a ausência de coerência consiste na constatação de uma antinomia, definida como a existência de uma incompatibilidade entre as diretivas relativas ao mesmo objeto. No original: "En droit, l'absence de cohérence consiste dans la constatation d'une antinomie, définie comme l'existence d'une incompatibilité entre les directives relatives à un même objet".

[19] Veja detalhes em MARQUES, Claudia Lima; MAZZUOLI, Valério. O consumidor – "depositário infiel", os tratados de direitos humanos e o necessário diálogo das fontes nacionais e internacionais: a primazia da norma mais favorável ao consumidor. *Revista de Direito do Consumidor*, v. 71, p. 1-32, jul.-set. 2009, p. 1 e ss.

PARTE III · Cap. 39 · O NECESSÁRIO DIÁLOGO ENTRE A LGPD E O CÓDIGO DE DEFESA DO CONSUMIDOR | 799

ao mesmo tempo em que fornece as bases para o desenvolvimento da economia da informação, baseada nos vetores da confiança, segurança e valor."[20]

Realmente, o diálogo destas fontes nestas relações de consumo, envolvendo dados, será sempre múltiplo, entre LGPD e CDC, guiado pelo art. 7º do CDC e pelo art. 64 da LGPD, mas também destes com a Lei de Cadastro Positivo (Lei 12.414/2011),[21] o Marco Civil da Internet (Lei 12.965/2014),[22] o Código Civil (Lei 10.406/2002) e, a depender do consumidor envolvido, com o Estatuto do Idoso (Lei 10.741/2003), da Pessoa com Deficiência (Lei 13.146/2015), e o Estatuto da Criança e Adolescente (Lei 8.069/1990).

Repita-se que dentre os fundamentos da LGPD está relacionada a defesa do consumidor (art. 2º, VI), que também prevê, expressamente, a competência dos órgãos de defesa do consumidor para atuar, mediante requerimento do titular dos dados, no caso de infração aos seus direitos pelo controlador (art. 18, § 8º) e o dever de articulação entre a Autoridade Nacional de Proteção de Dados e outros órgãos titulares de competência afetas a proteção e dados, como é o caso dos órgãos de defesa do consumidor (art. 55-K, parágrafo único).[23] Da mesma forma, a exemplo do que dispõe o art. 7º do CDC em matéria de não exclusão (e cumulação) dos direitos e princípios que consagra em relação àqueles estabelecidos em outras leis, o art. 64 da LGPD, expressamente, consigna: "Art. 64. *Os direitos e princípios expressos nesta Lei não excluem outros previstos no ordenamento jurídico pátrio relacionados à matéria ou nos tratados internacionais em que a República Federativa do Brasil seja parte*". Trata-se da adoção expressa da interpretação sistemática segundo a técnica do diálogo das fontes, ademais desenvolvida no próprio direito do consumidor.[24]

Mencione-se também uma convergência de objetivos, fundamentos, conceitos, princípios estabelecidos pela LGPD e o CDC.[25] O art. 6º da LGPD bem esclarece esta convergência

---

[20]   MENDES, Laura Schertel Mendes; DONEDA, Danilo. Reflexões iniciais sobre a nova Lei Geral de Proteção de Dados. *Revista de Direito do Consumidor*, v. 120, p. 469-483, nov.-dez. 2018, p. 469-470.

[21]   Veja a remissão na Lei 12.414/2011: "Art. 17. Nas situações em que o cadastrado for consumidor, caracterizado conforme a Lei 8.078, de 11 de setembro de 1990 – Código de Proteção e Defesa do Consumidor, aplicam-se as sanções e penas nela previstas e o disposto no § 2º. § 1º Nos casos previstos no *caput*, a fiscalização e a aplicação das sanções serão exercidas concorrentemente pelos órgãos de proteção e defesa do consumidor da União, dos Estados, do Distrito Federal e dos Municípios, nas respectivas áreas de atuação administrativa. § 2º Sem prejuízo do disposto no caput e no § 1º deste artigo, os órgãos de proteção e defesa do consumidor poderão aplicar medidas corretivas e estabelecer aos bancos de dados que descumprirem o previsto nesta Lei a obrigação de excluir do cadastro informações incorretas, no prazo de 10 (dez) dias, bem como de cancelar os cadastros de pessoas que solicitaram o cancelamento, conforme disposto no inciso I do *caput* do art. 5º desta Lei. Art. 17-A. A quebra do sigilo previsto na Lei Complementar nº 105, de 10 de janeiro de 2001, sujeita os responsáveis às penalidades previstas no art. 10 da referida Lei, sem prejuízo do disposto na Lei nº 8.078, de 11 de setembro de 1990 (Código de Proteção e Defesa do Consumidor)".

[22]   Veja, por todos, MENDES, Laura Schertel. O diálogo entre o Marco Civil da Internet e o Código de Defesa do Consumidor. *Revista de Direito do Consumidor*, vol. 106, p. 37-69, jul.-ago. 2016. E no *Marco Civil da Internet*, o art. 3º: "(...) Parágrafo único. Os princípios expressos nesta Lei não excluem outros previstos no ordenamento jurídico pátrio relacionados à matéria ou nos tratados internacionais em que a República Federativa do Brasil seja parte".

[23]   Veja MIRAGEM, Bruno. *Curso de direito do consumidor*. São Paulo: RT, 2019, p. 153-192.

[24]   Sobre o tema: MIRAGEM, Bruno. Eppur si muove: diálogo das fontes como método de interpretação sistemática no direito brasileiro. *In*: MARQUES, Claudia Lima (org.). *Diálogo das fontes*: do conflito à coordenação de normas do direito brasileiro. São Paulo: Ed. RT, 2012, p. 67 e ss.

[25]   Assim a LGPD: "Art. 2º A disciplina da proteção de dados pessoais tem como **fundamentos**: I – o respeito à privacidade; II – a autodeterminação informativa; III – a liberdade de expressão, de informação, de

de princípios, pois dispõe: "As atividades de tratamento de dados pessoais deverão observar a boa-fé e os seguintes princípios: I – finalidade: realização do tratamento para propósitos legítimos, específicos, explícitos e informados ao titular, sem possibilidade de tratamento posterior de forma incompatível com essas finalidades; II – adequação: compatibilidade do tratamento com as finalidades informadas ao titular, de acordo com o contexto do tratamento; III – necessidade: limitação do tratamento ao mínimo necessário para a realização de suas finalidades, com abrangência dos dados pertinentes, proporcionais e não excessivos em relação às finalidades do tratamento de dados; IV – livre acesso: garantia, aos titulares, de consulta facilitada e gratuita sobre a forma e a duração do tratamento, bem como sobre a integralidade de seus dados pessoais; V – qualidade dos dados: garantia, aos titulares, de exatidão, clareza, relevância e atualização dos dados, de acordo com a necessidade e para o cumprimento da finalidade de seu tratamento; VI – transparência: garantia, aos titulares, de informações claras, precisas e facilmente acessíveis sobre a realização do tratamento e os respectivos agentes de tratamento, observados os segredos comercial e industrial; VII – segurança: utilização de medidas técnicas e administrativas aptas a proteger os dados pessoais de acessos não autorizados e de situações acidentais ou ilícitas de destruição, perda, alteração, comunicação ou difusão; VIII – prevenção: adoção de medidas para prevenir a ocorrência de danos em virtude do tratamento de dados pessoais; IX – não discriminação: impossibilidade de realização do tratamento para fins discriminatórios ilícitos ou abusivos; X – responsabilização e prestação de contas: demonstração, pelo agente, da adoção de medidas eficazes e capazes de comprovar a observância e o cumprimento das normas de proteção de dados pessoais e, inclusive, da eficácia dessas medidas".

Como ensinam Tamm e Tonner,[26] o objetivo das normas de proteção de dados – proteger as pessoas contra o risco de uso de seus dados pessoais, proteger seus direitos de personalidade, a integridade e autenticidade de seus dados, a possibilidade de revisão e de anonimização e a transparência no seu compartilhamento e uso – e das normas de direito do consumidor – que visam assegurar a transparência, a autodeterminação, a liberdade de escolha, a proteção contra o assédio e a discriminação, contra o abuso de direito e de preços – convergem, daí que este diálogo de fontes leva à aplicação simultânea e coordenada destas duas 'lógicas' ou fontes, com um objetivo único de proteção, da liberdade dos mais fracos e da segurança destes e da sociedade.

Assim, a própria LGPD remete às leis especiais, o CDC, no art. 45: "As hipóteses de violação do direito do titular no âmbito das **relações de consumo** permanecem sujeitas às regras de **responsabilidade** previstas na **legislação pertinente**" (grifo nosso). Como já mencionamos,[27] que hoje há que se priorizar a harmonia e a coordenação entre as normas do ordenamento jurídico (concebido como sistema unitário)[28] e a "coerência derivada ou restaurada" (*cohérence dérivée ou restaurée*),[29] que se fará pelo 'di-a-logos' (uso das várias

---

comunicação e de opinião; IV – a inviolabilidade da intimidade, da honra e da imagem; V – o desenvolvimento econômico e tecnológico e a inovação; VI – a livre-iniciativa, a livre concorrência **e a defesa do consumidor**; e VII – os direitos humanos, o livre desenvolvimento da personalidade, a dignidade e o exercício da cidadania pelas pessoas naturais" (grifos nossos).

[26] TAMM, Marina; TONNER, Klaus. *Verbraucherschutz*. Baden-Baden: Nomos, 2012, p. 96-97.

[27] MARQUES, Claudia Lima. O 'diálogo das fontes' como método da nova teoria geral do direito: um tributo a Erik Jayme. *In*: MARQUES, Claudia Lima (org.). *Diálogo das fontes*: do conflito à coordenação das normas do direito brasileiro. São Paulo: Ed. RT, 2012, p. 17 e ss.

[28] Veja SAUPHANOR, Nathalie. *L'influence du droit de la consommation sur le système juridique*. Paris: LGDJ, 2000, p. 23-32.

[29] Expressão de SAUPHANOR, Nathalie. *L'influence du droit de la consommation sur le système juridique*. Paris: LGDJ, 2000, p. 32.

PARTE III · Cap. 39 · O NECESSÁRIO DIÁLOGO ENTRE A LGPD E O CÓDIGO DE DEFESA DO CONSUMIDOR | 801

lógicas) e não pela exclusão de uma lei superada pela "lógica" de outra (mono-logos), como nos critérios clássicos de "solução" (superação de uma norma por outra e uso único de uma das leis, com retirada de uma norma do sistema).

Deste diálogo das fontes, retiramos que os dados do consumidor, para os fornecedores de produtos e serviços e os controladores, ganham novo significado: são "pagamento" ou "valor de troca" pela gratuidade de muitos serviços na Internet; são "identificação" do consumidor mesmo, sua conta, seus dados fiscais, seu endereço, fazendo nascer o dever de anonimização; são 'criação' do consumidor, como imagens, fotos, desenhos, traduções e demais criações autoriais, protegidas também por direitos fundamentais e de personalidade; e são dados que possibilitam o marketing dirigido ou *"sur mesure"*.

Outro resultado deste diálogo é identificar os diferentes fornecedores que participam da relações de consumo, da coleta e do controle dos dados, assim, por exemplo, Lei Geral de Proteção de Dados regula a figura do "operador" e do "controlador".[30] Assim como a valorização dos princípios, por exemplo, o princípio da transparência está presente (veja os princípios da OEA)[31] na legislação de proteção de dados e no direito do consumidor (art. 4º, *caput*, do CDC).[32] Neste ponto, a atualização do CDC pretende valorizar os princípios de proteção dos dados dos consumidores. Vejamos.

B) O PL 3.514/2015 de atualização do CDC e sua contribuição ao direito à Autodeterminação informativa e combate à discriminação

Laura Schertel Mendes alerta que há um direito fundamental de proteção de dados no direito brasileiro.[33] E ao comentar, com Gabriel Fonseca, a decisão proferida pelo Plenário do Supremo Tribunal Federal na Medida Cautelar das Ações Diretas de Inconstitucionalidade 6.387, 6.388, 6.389, 6.393 e 6.390, afirma que o guardião da Constituição formulou nestes *leading cases*:

> "... uma tutela constitucional mais ampla e abstrata do que o direito à inviolabilidade da esfera íntima e da vida privada. Essa tutela poderá ser aplicada em inúmeros casos futuros envolvendo a coleta, o processamento e o compartilhamento de dados pessoais no Brasil. O conteúdo desse direito fundamental exorbita aquele protegido pelo direito à privacidade, pois não se limita apenas aos dados íntimos ou privados, ao revés, refere-se a qualquer dado que identifique ou possa identificar um indivíduo. Segundo o Ministro Gilmar Mendes, trata-se de direito autônomo e com contornos próprios, extraído de uma: '[C]ompreensão integrada do texto constitucional lastreada (i) no direito fundamental à dignidade da pessoa humana, (ii) na concretização do compromisso permanente de renovação da força norma-tiva da proteção constitucional à intimidade (art. 5º, inciso X, da CF/88) diante do espraiamento de novos riscos derivados do avanço tecnológico e ainda (iii) no

---

[30] Schertel Mendes/Doneda, in *RDC* 120, p. 470 e ss.

[31] Preliminary Principles and Recommendations on Data Protection (The Protection of Personal Data), OEA/Ser.G CP/CAJP-2921/10 rev. 1 corr. 1, 17 October 2011. Disponível em: http://www.oas.org/dil/CP-CAJP-2921-10_rev1_corr1_eng.pdf. (06.07.2020).

[32] Veja MARQUES, Claudia Lima; MIRAGEM, Bruno. Serviços simbióticos do consumo digital e o PL 3514/2015. *In*: MARQUES, Claudia Lima; LORENZETTI, Ricardo Luis; CARVALHO, Diógenes Faria de; MIRAGEM, Bruno. *Contratos de serviços em tempos digitais*. São Paulo: Ed. RT, 2021, p. 411 e ss.

[33] Veja, a obra principal: MENDES, Laura Schertel. *Privacidade, proteção de dados e defesa do consumidor*: linhas gerais de um novo direito fundamental. São Paulo: Saraiva, 2014.

reconhecimento da centralidade do Habeas Data enquanto instrumento de tutela material do direito à autodeterminação informativa."[34]

Realmente, há muito a jurisprudência brasileira já identificava a necessidade de proteção dos dados dos consumidores, como projeção de direitos fundamentais e direito próprio de autodeterminação informativa no mercado de consumo, como o agora previsto no PL 3.514/2015 de atualização do CDC, ensinando: "Os direitos à intimidade e à proteção da vida privada, diretamente relacionados à utilização de dados pessoais por bancos de dados de proteção ao crédito, consagram o direito à autodeterminação informativa e encontram guarida constitucional no art. 5º, X, da Carta Magna, que deve ser aplicado nas relações entre particulares por força de sua eficácia horizontal e privilegiado por imposição do princípio da máxima efetividade dos direitos fundamentais" (STJ, EDcl no REsp 1.630.659/DF, Rel. Min. Nancy Andrighi, 3ª Turma, j. 27.11.2018, *DJe* 06.12.2018).

Em outras palavras, há uma autonomia da proteção de dados pessoais,[35] como direito da personalidade,[36] ou a especialização da proteção constitucional à vida privada e à intimidade dando origem a um direito fundamental à proteção de dados pessoais.[37]

A atualização do CDC (PL 3.514/2015) vai nesta direção. A inspiração foi encontrada nas Diretrizes da ONU sobre direitos do consumidor (UNGCP), que são claras ao afirmar o princípio da equivalência/igualdade entre o consumo *on-line e off-line*. A Diretriz 5 da UNGCP afirma que são expectativas legítimas do consumidor a equivalência de tratamento e a proteção de sua privacidade: "j) Un grado de protección para los consumidores que recurran al comercio electrónico que no sea inferior al otorgado en otras formas de comercio; k) La protección de la privacidad del consumidor y la libre circulación de información a nivel mundial".

Também o Mercosul, nos princípios de proteção do consumidor, Resolução 36/19, reconhece "a vulnerabilidade estrutural dos consumidores no mercado" e estabelece que o "sistema de proteção ao consumidor integra-se com as normas internacionais e nacionais e tem o objetivo de proteger o consumidor"[38] incluindo cinco princípios de referência direta ao tema da proteção de dados no mundo digital, a saber:

"RES. 36/2019 DE 15 DE JULHO DE 2019, DO GRUPO MERCADO COMUM DO MERCOSUL – DEFESA DO CONSUMIDOR – PRINCÍPIOS FUNDAMENTAIS

---

[34] MENDES, Laura Schertel; FONSECA, Gabriel C. S. da. STF reconhece direito fundamental à proteção de dados – Comentários sobre o referendo da Medida Cautelar nas ADIs 6387, 6388, 6389, 6390 e 6393. *Revista de Direito do Consumidor*, vol. 130, p. 471-478, jul.-ago. 2020, p. 474-475.

[35] MIRAGEM, Bruno. A Lei Geral de Proteção de Dados (LEI 13.709/2018) e o direito do consumidor. *Revista dos Tribunais*, vol. 1009, nov. 2019.

[36] BIONI, Bruno Ricardo. *Proteção de dados pessoais*: a função e os limites do consentimento. Rio de Janeiro: Forense, 2019, p. 51 e ss.

[37] MENDES, Laura Schertel. *Privacidade, proteção de dados e defesa do consumidor*: linhas gerais de um novo direito fundamental. São Paulo: Saraiva, 2014, p. 161 e ss. DONEDA, Danilo. O direito fundamental à proteção de dados pessoais. *In*: MARTINS, Guilherme Magalhães; LONGHI, João Victor Rozatti (coord.). *Direito digital*. Direito privado e internet. 2. ed. Indaiatuba: Foco, 2019, p. 35 e ss. Em sua tese doutoral, Danilo Doneda registra interessante assertiva, apontando a trajetória pela qual o direito à privacidade sofre metamorfose da qual resulta a proteção de dados pessoais. DONEDA, Danilo. Da privacidade à proteção dos dados pessoais. Rio de Janeiro: Renovar, 2006, p. 3.

[38] Veja sobre as origens desta declaração no Projeto argentino, em KLEIN VIEIRA, Luciane. Análisis del anteproyecto de ley de defensa del consumidor de argentina, del 2018, desde las normas del Mercosur. *Revista de Direito do Consumidor*, vol. 124, p. 111-137, jul.-ago. 2019.

PARTE III · Cap. 39 · O NECESSÁRIO DIÁLOGO ENTRE A LGPD E O CÓDIGO DE DEFESA DO CONSUMIDOR | 803

Princípio de transparência dos mercados. O sistema de proteção ao consumidor contribui para o alcance da transparência dos mercados. Cada Estado Parte controlará as distorções que a afetem, por meio de seus órgãos competentes;

Princípio de proteção especial para consumidores em situação vulnerável e de desvantagem. O sistema de proteção ao consumidor protege especialmente os grupos sociais afetados por uma vulnerabilidade agravada, derivada de circunstâncias especiais, particularmente crianças e adolescentes, pessoas idosas, pessoas com problemas de saúde ou com deficiência, entre outras;

Princípio antidiscriminatório. O sistema de proteção ao consumidor implementa as ações conducentes a alcançar o objetivo de que no mercado não existam atos ou omissões discriminatórios, conforme o estabelecido nos ordenamentos jurídicos nacionais;

Princípio de Informação. Os fornecedores devem prestar aos consumidores informação clara, verídica e suficiente que lhes permita fazer escolhas adequadas aos seus desejos e necessidades;

Princípio de reparação integral, O sistema de proteção ao consumidor deve assegurar a este reparação integral em caso de danos derivados das relações de consumo, devendo prever-se a disponibilidade de meios efetivos de solução de controvérsias e de compensação;

Princípio de equiparação de direitos. Os Estados Partes devem esforçar-se para fomentar a confiança no comércio eletrônico, mediante a formulação de políticas transparentes e eficazes. No âmbito da contratação eletrônica, reconhece-se e garante-se um grau de proteção não inferior ao outorgado em outras modalidades de comercialização."

Também na Resolução do Mercosul sobre comércio eletrônico (Res. 37/2019) se especifica que: "Art. 5º O fornecedor deve outorgar ao consumidor os meios técnicos para conhecimento e correção de erros na introdução de dados, antes de realizar a transação. Igualmente, deve proporcionar um mecanismo de confirmação expressa da decisão de efetuar a transação, de forma que o silêncio do consumidor não seja considerado como consentimento". Estas regras do Mercosul foram inspiradas no processo de atualização do CDC.

Mencione-se, assim, que o Projeto de Lei 3.514/2015 de atualização do CDC reforça pelo menos cinco dimensões da proteção de dados: a autodeterminação, a privacidade, a transparência, a segurança das informações e o combate à discriminação. O referido Projeto de Lei 3.514/2015 de atualização do CDC e aprovado por unanimidade no Senado Federal, inclui no Código um novo capítulo, que desde sua abertura menciona a privacidade, a autodeterminação e o diálogo com a proteção de dados, cumprindo a ideia de proteção da UNGCP. O PL 3.514/2015 dispõe:

"Seção VII – Do Comércio Eletrônico
Art. 45-A. Esta seção dispõe sobre normas gerais de proteção do consumidor no comércio eletrônico e a distância, visando a fortalecer sua confiança e assegurar sua tutela efetiva, mediante a diminuição da assimetria de informações, a preservação da segurança nas transações e a proteção da autodeterminação e da privacidade dos dados pessoais."

Também o PLS 281/20212 estabelecia um novo direito do consumidor de autodeterminação afirmativa, mas na versão aprovada como PL 3.514/2015 inclui apenas na lista dos direitos do consumidor os seguintes direitos básicos diretamente ligados à proteção no mundo digital e de compartilhamento de dados:

804 | TRATADO DE PROTEÇÃO DE DADOS PESSOAIS

"Art. 6º (...)

XI – a privacidade e a segurança das informações e dados pessoais prestados ou coletados, por qualquer meio, inclusive o eletrônico, assim como o acesso gratuito do consumidor a estes e a suas fontes;

XII – a liberdade de escolha, em especial frente a novas tecnologias e redes de dados, vedada qualquer forma de discriminação e assédio de consumo;"

Dessa forma, sugerimos que o texto da atualização passe a mencionar, assim como a regra de abertura do capítulo, também a autodeterminação informativa – agora expressa e garantida na LGPD e pelo STF. O texto poderia ser:

"Art. 6º (...)

XI – *a autodeterminação informativa*, a privacidade e a segurança das informações e dados pessoais prestados ou coletados, por qualquer meio, inclusive o eletrônico, assim como o acesso gratuito do consumidor a estes e a suas fontes;"

Concluindo, o PL 3.514/2015, quando aprovado como atualização do CDC, pode colaborar e muito com este diálogo de fontes entre o CDC e a LGPD. OS Princípios da OEA e do Mercosul (Res. 36/19) já podem ser utilizados através do art. 7º do CDC. Porém, mesmo antes desta aprovação, o diálogo já existente entre o CDC e a LGPD acaba por reforçar a existência de novos direitos do consumidor, oriundos deste diálogo de fontes. Vejamos.

II – OS DIREITOS DO CONSUMIDOR E O TRATAMENTO DE DADOS PESSOAIS

Como frisamos anteriormente, desse diálogo das fontes emergem direitos novos do consumidor no tratamento de seus dados pessoais, o que ocorrerá em virtude de relações de consumo. Vejamos agora, com base em texto já publicado,[39] quais são esses direitos.

1. Exigência de prévio e expresso consentimento

A formação de bancos de dados de consumidores, pela incidência em comum da LGPD e do CDC – excluídos os bancos de dados de crédito cuja disciplina especial do art. 43 do CDC e da Lei 12.414/2011 tem precedência – submete-se, necessariamente, à exigência de consentimento expresso do consumidor titular dos dados pessoais. Ordinariamente, relacionam-se como condições para o consentimento que ele tenha sido emitido por vontade livre do titular dos dados, voltado a uma finalidade específica e que tenha sido informado sobre esta finalidade, o processamento e utilização dos dados, bem como da possibilidade de não consentir.[40] O art. 5º, XII, da LGPD, em clara influência do Regulamento Geral europeu sobre proteção de dados, define o consentimento como "manifestação livre, informada e inequívoca pela qual o titular concorda com o tratamento de seus dados pessoais para uma finalidade determinada".

A rigor, seu significado se identifica com os requisitos que se exigem para a manifestação de vontade do consumidor capaz de vincular-lhe juridicamente. Sabe-se que nos negócios jurídicos de consumo, o silêncio não caracteriza anuência, tampouco convalida o abuso ou a

---

[39] O texto a seguir é retirado do artigo de MIRAGEM, Bruno. A Lei Geral de Proteção de Dados (Lei 13.709/2018) e o direito do consumidor. *Revista dos Tribunais*, vol. 1009, nov. 2019.

[40] SIMITIS, Spiros (Hrsg). Bundesdatenschutzgesetz, 8. Auf. Baden-Baden: Nomos, 2014, cit.

PARTE III · Cap. 39 · O NECESSÁRIO DIÁLOGO ENTRE A LGPD E O CÓDIGO DE DEFESA DO CONSUMIDOR | 805

ilicitude. A aceitação do consumidor sempre deve ser expressa, ainda que se possa interpretar, naquilo que não se lhe seja oneroso ou determine prejuízo, o consentimento tácito, segundo os usos. No caso do consentimento, para o tratamento de dados (art. 7º, I, da LGPD) observam-se requisitos substanciais e formais.

1.1 Requisitos substanciais e formais do consentimento

São requisitos substanciais os que digam respeito à qualidade do consentimento. Conhecimento e compreensão por aquele de quem se requer o consentimento são elementos essenciais para sua configuração.[41] Daí o sentido de que se trate de uma manifestação de vontade livre – significa dizer, isenta de pressões ou ameaças diretas ou indiretas que contaminem a decisão do consumidor. Neste particular, o art. 8º, §3º, inclusive faz referência expressa aos vícios do consentimento, o que remete, no direito atual, aos defeitos do negócio jurídico previstos no Código Civil (em especial, o erro, o dolo, a coação, a lesão e o estado de perigo, art. 138 e ss.). Da mesma forma, deve-se recordar da violação da qualidade de consentimento que informa a abusividade das cláusulas contratuais, quando a aceitação do consumidor é colhida sem conhecimento efetivo do conteúdo da sua deliberação e/ou de suas repercussões concretas – como ocorre na hipótese do art. 46 do CDC.

Exige-se também que seja uma manifestação de vontade informada. O consentimento informado é tema cujo significado, no direito brasileiro, já possui boa densidade, em especial no tocante aos deveres pré-negociais de profissionais liberais que assuma obrigações de meio (tais como médicos ou advogados), assim como, em geral no âmbito dos serviços de saúde, como expressão da autodeterminação do paciente. Nas relações de consumo, e informado pela boa-fé, a noção de consentimento informado firma-se em termos amplos não apenas com o reconhecimento de um dever de repassar informações àquele que deve manifestar seu consentimento, mas um autêntico dever de esclarecimento (esclarecer = tornar claro), de modo a reconhecer o dever daquele a quem compete informar, de tornar estas informações compreensíveis para o destinatário. Neste caso, só é reconhecido como eficaz o consentimento quando aquele que manifesta vontade teve as condições plenas de compreender o conteúdo da sua decisão e de que modo ela repercute em relação aos seus interesses pressupostos. Consentimento daquele que decide a partir de informações incorretas ou incompletas não é reconhecido como tal, de modo a tornar ilícita, no âmbito do tratamento dos dados pessoais, quaisquer operações que venham a se basear nele.

Da mesma forma há exigência legal expressa de que a manifestação de consentimento deve se dar em vista de finalidades determinadas para a utilização dos dados, sendo nulas as manifestações que se caracterizem como autorizações genéricas para o tratamento de dados (art. 8º, § 4º, da LGPD). Deste modo é correto entender que a declaração de vontade do titular dos dados vincula-se expressamente a certas e determinadas finalidades. Há evidente controle sobre o conteúdo da manifestação da vontade, inclusive quanto a seus termos específicos, de modo que não poderão ser redigidos de modo exemplificativo, senão que a manifestação de vontade exaure as hipóteses de uso admitidas.

Por fim, a lei define que a manifestação deve ser inequívoca. Assume o sentido de que o consentimento, quando expresso pelo consumidor, deve ser compreendido por ele como tal. Visa-se impedir a manipulação da vontade daquele do titular dos dados.[42] Ou seja, a rea-

---

[41] BEYLEVELD, Deryck; BROWSWORD, Roger. *Consent in the law*. Oxford: Hart Publishing, 2007, p. 145 e ss.

[42] BIONI, Bruno Ricardo. Proteção de dados pessoais cit., p. 198.

806 TRATADO DE PROTEÇÃO DE DADOS PESSOAIS

lização do consentimento deve ser perceptível pelo consumidor, após ser informado sobre sua repercussão, circunstância que terá especial relevância quando venha a ser manifestado por meio eletrônico, exigindo-se nesta circunstância que a forma ou o momento de realização do consentimento (p.ex., mediante um clique, a digitação de uma senha, ou a indicação do desenho, imagem ou letras que constem na tela) seja devidamente identificada como tal. Neste sentido percebe-se a regra do art. 9º, § 1º, que comina de nulidade o consentimento obtido mediante fornecimento de informações de conteúdo enganoso ou abusivo, que devem ser compreendidas como aquelas que faltam ao dever de veracidade ou clareza, assim como possam induzir em erro o titular dos dados.

A exigência de que o consentimento seja inequívoco associa-se a requisitos formais definidos pela lei. O art. 8º, *caput*, da LGPD, estabelece que o consentimento "deverá ser fornecido por escrito ou por outro meio que demonstre a manifestação de vontade do titular". A exigência de consentimento escrito ou por outro meio que demonstre a manifestação da vontade do titular revela o propósito de assegurar a certeza sobre a existência do consentimento e seu objeto. E no caso de o consentimento ser fornecido por escrito, o § 1º do art. 8º da LGPD define, ainda, que deverá constar em cláusula destacada "das demais cláusulas contratuais". Lendo de outro modo: integrando um determinado instrumento contratual, a cláusula que preveja o consentimento do titular deve constar em destaque em relação às demais, justamente para permitir ser identificado como tal por aquele que venha a consentir.

No caso em que o consentimento refira-se ao tratamento de dados sensíveis, assim entendidos aqueles "sobre origem racial ou étnica, convicção religiosa, opinião política, filiação a sindicato ou a organização de caráter religioso, filosófico ou político, dado referente à saúde ou à vida sexual, dado genético ou biométrico, quando vinculado a uma pessoa natural" (art. 5º, II, da LGPD), incide regra que delimita de forma mais estrita a manifestação de vontade do titular dos dados (art. 11, I, da LGPD). Dispõe que será admitido o tratamento de dados sensíveis "quando o titular ou seu responsável legal consentir, de forma específica e destacada, para finalidades específicas". Ao contrário do consentimento em relação aos demais dados pessoais, quanto aos dados sensíveis – por sua óbvia repercussão em vista dos riscos de agravamento e extensão dos dados ao titular dos dados – exige, a lei, que a manifestação de vontade seja dada "de forma específica e destacada, para finalidades específicas". A exigência de forma específica e destacada implica no exame do contexto da manifestação de vontade. Se em texto escrito, o destaque se faz de modo que a manifestação de vontade se possa distinguir facilmente do restante das cláusulas e condições presentes. Pode ser apartada ou não do texto ou do instrumento principal, recordando-se que o ônus da prova de atendimento deste requisito será daquele que colher o consentimento, e em última análise, do controlador dos dados. É consentimento específico, para finalidades específicas, o que indica que a manifestação de vontade em consentir com o tratamento dos dados pelo titular deve se dar direta e objetivamente vinculado a certas finalidades expressas, sendo a interpretação neste caso, restritiva.

1.2 Ônus da prova da regularidade do consentimento

O ônus de demonstrar a correta obtenção e manifestação do consentimento nos termos da lei é atribuído expressamente ao controlador dos dados (art. 8º, § 2º, da LGPD). Controlador é aquele a quem compete a decisão relativa ao tratamento de dados pessoais. No caso da relação de consumo, pode ser que o próprio fornecedor tenha este poder, porque coletou os dados para ele próprio incrementar suas decisões negociais, ou pode ser gestor do banco de dados ao decidir formatar determinadas informações que diretamente coletou ou recebeu por intermédio de compartilhamento. O elemento nuclear da definição de controlador, nestes termos será aquele que

PARTE III · Cap. 39 · O NECESSÁRIO DIÁLOGO ENTRE A LGPD E O CÓDIGO DE DEFESA DO CONSUMIDOR | 807

tenha poder de decisão sobre os dados, e cuja atuação, desta forma, repercuta sobre o interesse dos respectivos titulares, em especial nos casos em que se verifique a violação de seus direitos.

A atribuição do ônus da prova da regularidade aos controladores de dados, neste sentido, termina por lhes impor a necessidade de organizar meios de obtenção e arquivamento dos respectivos consentimentos dos titulares, sejam eles dados por escrito ou por outros meios previstos na lei. Atribuído o ônus da prova nos termos da lei, se o controlador não demonstrar que obteve o consentimento do titular dos dados, presume-se a utilização indevida dos dados, submetendo-se às sanções previstas na LGPD.

2. DIREITOS SUBJETIVOS DO TITULAR DOS DADOS

A eficácia da proteção dos interesses do titular dos dados, segundo a técnica legislativa adotada pela LGPD implica reconhecer e assegurar os direitos fundamentais de liberdade, de intimidade e de privacidade, de acordo com a estrutura normativa definida pela lei (art. 17). Nos mesmos termos, define uma série de direitos subjetivos específicos do titular de dados, em relação aos quais corresponde ao controlador uma situação jurídica passiva, do dever de realizar seu conteúdo.

2.1 Confirmação da existência de tratamento

O titular dos dados tem o direito à confirmação da existência de tratamento de seus dados pessoais. Observe-se que o tratamento de dados pode se dar mediante consentimento do titular dos dados, hipótese na qual, como regra, não há razão para que o confirme aquilo em relação ao que anuiu. Porém, se admite o tratamento de dados em outras diferentes situações previstas na lei (art. 7º, II a X, da LGPD), na qual poderá não existir o consentimento prévio do titular. Da mesma forma, em relação aos dados "tornados manifestamente públicos" pelo titular, é dispensado o consentimento, o que não afasta seu direito de ter ciência sobre a existência do tratamento. Ou ainda, é o que ocorre em relação aos dados pessoais sensíveis nos quais se dispensa o consentimento nos casos em que o tratamento se dirige ao cumprimento de obrigação legal ou regulatória pelo controlador, ou de modo compartilhado, quando necessários à execução, pela administração pública, de políticas públicas previstas em leis ou regulamentos (art. 11, § 2º, da LGPD).

O direito de confirmação do tratamento é exercido perante o controlador mediante requerimento do titular dos dados (art. 19 da LGPD), que poderá requerê-lo em formato simplificado ou mediante declaração clara e completa na qual indique a origem dos dados, a inexistência de registro, os critérios utilizados e a finalidade do tratamento, observados os segredos comercial e industrial". No caso de ser requerido em formato simplificado, o que é próprio daquele que pretenda apenas confirmar a existência ou não do tratamento, a resposta do controlador deve ser imediata, o que permite inclusive, a utilização de meios de comunicação instantânea. Requerendo, o titular dos dados, declaração mais completa, a lei define que deverá indicar a origem dos dados, a inexistência de registro, os critérios utilizados e a finalidade do tratamento, observados os segredos comercial e industrial, hipótese em que deverá ser fornecida pelo controlador no prazo de até 15 dias. A lei prevê a possibilidade deste prazo ser alterado, por regulamento, para setores específicos (art. 19, § 4º). O atendimento do requerimento do titular dos dados poderá se dar por meio eletrônico ou sob a forma impressa (art. 19, § 2º, da LGPD).

2.2 Acesso aos dados

O direito subjetivo do titular de acesso a dados relaciona-se ao princípio do livre acesso, e compreende a possibilidade reconhecida de consulta facilitada e gratuita sobre os dados a

808 | TRATADO DE PROTEÇÃO DE DADOS PESSOAIS

seu respeito de que dispõe o controlador, assim como a forma do tratamento dos dados. No âmbito das relações de consumo, o acesso aos dados relaciona-se ao direito à informação do consumidor, que deve ser assegurado não apenas com atenção aos produtos e serviços específicos objeto de contrato de consumo, senão no tocante a todos aspectos de seu relacionamento com o fornecedor direto e demais integrantes da cadeia de fornecimento. Este sentido já transparecia desde a edição do CDC em relação aos bancos de dados de que trata seu art. 43 e o dever de notificação e acesso aos dados arquivados.

Segundo a disciplina estabelecida pela LGPD, o dever do controlador de assegurar o direito do titular de acesso aos dados é amplo. Compreende as diferentes fases, desde a coleta dos dados e do consentimento, durante o período em que se der o tratamento, e inclusive após seu encerramento. O art. 9º da LGPD define em caráter exemplificativo – que poderão ser estendidas por intermédio de regulamento à lei – das informações sobre o tratamento que devem ser prestadas ao titular dos dados, tais como: a finalidade específica do tratamento; sua forma e duração; a identidade do controlador e suas informações de contato; as informações sobre o uso compartilhado dos dados e sua finalidade; a responsabilidade dos agentes que vão realiza-lo; e os direitos assegurados aos titulares dos dados. Embora a norma não seja explícita a respeito, deve-se entender que tais informações, quando se trate de tratamento que se submeta a consentimento prévio, deverão ser prestadas antes da manifestação de vontade do titular dos dados. É conclusão a que se chega tanto em termos lógicos – uma vez que são informações necessária à própria viabilidade do exercício do direito de acesso em muitos casos, quanto pela interpretação do § 1º do mesmo art. 9º da LGPD, o qual refere que "na hipótese em que o consentimento é requerido, esse será considerado nulo caso as informações fornecidas ao titular tenham conteúdo enganoso ou abusivo ou não tenham sido apresentadas previamente com transparência, de forma clara e inequívoca". As informações em questão, a toda evidência, são aquelas do caput do mesmo artigo.

Porém, nada impede que nas demais hipóteses em que se admite o tratamento de dados independentemente do consentimento do seu titular, ou porque a lei autoriza com fundamento em outras situações, ou porque expressamente dispensa, a garantia do direito de acesso se mantém. Neste caso, tanto em relação às informações a que se refere o art. 9º, quanto, propriamente, do conteúdo dos dados pessoais que estão sendo objeto de tratamento.

Há hipóteses em que o acesso a dados será objeto de regulamentação, caso daqueles que sirvam a estudos de saúde pública (art. 13, § 3º, da LGPD).

As mesmas regras sobre o requerimento do titular dos dados no exercício do direito de confirmação do tratamento se aplicam para o caso de pretender o acesso aos dados (nos termos do art. 19 da LGPD). Assim, pode o titular dos dados requerer o acesso de modo simplificado, a ser prestada imediatamente, ou declaração completa por parte do controlador (contendo a origem dos dados, os critérios utilizados e a finalidade do tratamento, dentre outras informações), hipótese em que fica submetida ao prazo de até 15 dias para atendimento do requerimento, que a lei prevê poder ser alterado, em regulamento, para setores específicos.

Também coincide a forma de atendimento do requerimento do titular dos dados, que poderá ser por meio eletrônico, seguro e idôneo para esse fim, ou de modo impresso. Tendo o tratamento sido objeto de consentimento específico ou tendo sido previsto em contrato, poderá o titular dos dados solicitar que a resposta do controlador compreenda cópia eletrônica integral de seus dados pessoais, observados os segredos comercial e industrial, "em formato que permita a sua utilização subsequente, inclusive em outras operações de tratamento." (art. 19, § 3º, da LGPD). O modo de atendimento a esta solicitação do titular dos dados poderá ser detalhado em regulamento da lei.

PARTE III · Cap. 39 · O NECESSÁRIO DIÁLOGO ENTRE A LGPD E O CÓDIGO DE DEFESA DO CONSUMIDOR | 809

2.3 Correção dos dados

A proteção de dados pessoais como direito da personalidade e direito fundamental pressupõe a autodeterminação do titular dos dados sobre sua utilização, ou o tratamento destes dados de acordo com finalidades legítimas previstas em lei. Esta dimensão pressupõe a legitimidade do acesso aos dados do titular mediante seu consentimento ou, como já foi mencionado, para finalidades previstas em lei. Outra dimensão, contudo, diz respeito ao risco que o próprio tratamento de dados implica, de que informações incorretas sejam associadas a uma determinada pessoa, causando-lhe prejuízo.

Daí o direito do titular dos dados à correção dos dados objeto de tratamento. Trata-se de direito que já era consagrado no art. 43 do CDC e também na Lei 12.414/2011, sobre o "cadastro positivo". Revela-se pela posição ativa do titular de exigir a retificação dos dados incorretamente arquivados perante o controlador. O art. 18, III, da LGPD estabelece o direito do titular à correção de dados incompletos, inexatos ou desatualizados. O direito subjetivo à correção dos dados abrange, portanto, a pretensão do titular de exigir que sejam completos, exatos e atualizados. Isso é especialmente relevante quando em razão destes dados possam ser definidas certas condições para contratação, acesso ao crédito ou a determinadas ofertas e vantagens ao consumidor. A incorreção dos dados pode dar causa a inconvenientes (recorde-se a possibilidade de ser importunado por ligações telefônicas ou mensagens dirigidas a outras pessoas por um equívoco de registro do número de telefone), ou consequências mais graves (e.g. dados incorretos sobre a saúde do titular arquivados por um hospital ou outro prestador de serviços de saúde).

O direito à correção dos dados é exercido mediante requerimento ao controlador ou ao operador dos dados. No caso de compartilhamento dos dados, aquele que recebe o requerimento do titular deve comunicar imediatamente a todos com quem tenha compartilhado os dados, para que adotem o mesmo procedimento de correção (art. 18, § 6º, da LGPD). No âmbito das relações de consumo, todos se equiparam a fornecedor para efeito de exigência do dever ou a responsabilidade por sua violação.

2.4 Anonimização

O direito à anonimização dos dados é um dos principais recursos destinados a preservar a privacidade do titular dos dados (art. 18, IV). Anonimização implica tornar anônimo, impedindo a associação entre o titular dos dados e as informações objeto de tratamento. Segundo a definição legal, compreende a "utilização de meios técnicos razoáveis e disponíveis no momento do tratamento, por meio dos quais um dado perde a possibilidade de associação, direta ou indireta, a um indivíduo". A anonimização compreende uma alteração da disposição inicial dos dados, de modo a não permitir a identificação do titular, de modo que compreende mais o resultado do que o caminho para alcançá-lo, ainda que a rigor, o anonimato absoluto no mundo digital, hoje, seja uma ilusão.[43] Afinal, há sempre elementos passíveis de identificação, como o endereço de IP do computador, dados em um telefone celular, de cartões de crédito, chips RFID,[44] ou outros que permitam uma associação a determinada pessoa e fornecer um

---

[43] HÄRTING, Niko. Anonymität und Pseudonymität im Datenschutzrecht, Neue Juristische Wochenschrift, 29. Munich: C.H. Beck, 2013, p. 2065-2071.

[44] HACKENBERG, Wolfgang. Big data. *In*: HOEREN, Thomas; SIEBER, Ulrich; HOLZNAGEL, Bernd (Hrsg.). *Multimedia-Recht*: Rechtsfragen des elektronischen Geschäftsverkehrs.37 Auf, Teil, 16.7, Rn 13, EL juli/2017.

810 | TRATADO DE PROTEÇÃO DE DADOS PESSOAIS

perfil detalhado do seu comportamento a partir do uso de determinado meio de comunicação ou em relação a determinados dados.

A preservação da privacidade, por intermédio da anonimização é providência exigida, sobretudo, no tratamento de dados para fins de pesquisa (arts. 7º, IV, e 13 da LGPD). Da mesma forma, pode o controlador manter os dados após o término do tratamento dos dados, desde que anonimizados, e apenas para consulta própria (art. 16, IV, da LGPD). Com a anonimização dos dados estes deixam de ser considerados dados pessoais, salvo quando o processo puder ser revertido (art. 12 da LGPD). No âmbito das relações de consumo, pesquisas de mercado ou indicadores de sinistralidade nos seguros são exemplos de dados que, anonimizados, podem ser conservados pelos controladores para sua utilização, independentemente o término do tratamento.

2.5 Portabilidade

É assegurado ao titular dos dados sua portabilidade "a outro fornecedor de serviço ou produto, mediante requisição expressa, de acordo com a regulamentação da autoridade nacional, observados os segredos comercial e industrial" (art. 18, V, do LGPD). Este direito não abrange os dados já foram anonimizados pelo controlador (art. 18, § 7º, da LGPD). A portabilidade dos dados se dá, sobretudo, no âmbito das relações de consumo, visando assegurar concretamente a liberdade de escolha do consumidor no mercado, especialmente em relação à contratos de duração, nos quais, para promover a concorrência, admite-se ou regulamenta-se a possibilidade de "portabilidade" do contrato. Conforme já considerava a boa doutrina nacional, mesmo antes da edição da LGPD, a imbricação da proteção de dados com o direito do consumidor e, sobretudo, da concorrência na regulação do mercado, a recusa da portabilidade dos dados, além de violar o direito do titular, pode se caracterizar como infração à ordem econômica.[45]

Neste caso "portabilidade" do contrato que a rigor é direito a celebrar com um segundo fornecedor contrato de prestação de serviços que suceda contrato original. É o que ocorre atualmente, por exemplo, na denominada "portabilidade" de dívidas, ou no âmbito dos serviços de telecomunicações ("portabilidade" do número de telefone pelo consumidor). Também pode abranger dados relativos à saúde do titular dos dados, desde haja seu consentimento (art. 11, § 4º, I, da LGPD), hipótese que pode abranger tanto seguros quanto contratos de assistência à saúde, por exemplo. O direito à portabilidade permite que o consumidor tenha a liberdade de celebrar novo contrato levando consigo as informações relevantes do contrato anterior, de modo a evitar solução de continuidade, ou viabilizar a prestação de serviços de acordo com a sua necessidade.

Por outro lado, com o objetivo de assegurar a efetividade deste direito, o art. 40 da LGPD confere à Autoridade Nacional de Proteção de Dados competência para dispor sobre padrões de interoperabilidade para, dentre outros fins, promover a portabilidade. Neste particular, a portabilidade dos dados pessoais não abrange, a priori, a dos dados que resultem do tratamento em decorrência da técnica ou dos critérios adotados pelo controlador, que poderá ser requerido para os elimine nos casos previstos na lei.

De modo a viabilizar a portabilidade dos dados é conferida à Autoridade Nacional de Proteção de Dados competência regulamentar para definir padrões de interoperabilidade entre sistemas (art. 40 da LGPD).

---

[45] CRAVO, Daniela Copetti. *Direito à portabilidade de dados*: interface entre a defesa da concorrência, do consumidor e proteção de dados. Rio de Janeiro: Lumen Juris, 2018, p. 105.

PARTE III · Cap. 39 · O NECESSÁRIO DIÁLOGO ENTRE A LGPD E O CÓDIGO DE DEFESA DO CONSUMIDOR | 811

2.6 Eliminação dos dados

A autodeterminação que informa a disciplina da proteção dos dados pessoais também abrange a possibilidade de eliminação dos dados objeto de tratamento. A eliminação dos dados é consequência lógica da possibilidade de revogação do consentimento para tratamento.

Neste particular, refira-se que o término do tratamento dos dados implica a exigência de sua eliminação, nos termos do art. 16 da LGPD. Esta mesma norma, todavia, refere ser autorizada a conservação dos dados para as finalidades de "I – cumprimento de obrigação legal ou regulatória pelo controlador; II – estudo por órgão de pesquisa, garantida, sempre que possível, a anonimização dos dados pessoais; III – transferência a terceiro, desde que respeitados os requisitos de tratamento de dados dispostos nesta Lei; ou IV – uso exclusivo do controlador, vedado seu acesso por terceiro, e desde que anonimizados os dados".

Este direito à eliminação dos dados contrapõe-se à possibilidade de manutenção dos dados em arquivo, porém interditando sua utilização. Admitir-se a manutenção dos dados sem a possibilidade de utilização é solução que aumenta os riscos de uso indevido ou vazamento. Daí porque se justifica a manutenção apenas segundo as finalidades previstas na lei (art. 16, I a IV), ou com os cuidados que preceitua (em especial, a anonimização). Registre-se, ainda, o dever do controlador de comunicar imediatamente àqueles com quem tenha compartilhado os dados, para que adotem o mesmo procedimento de eliminação (art. 18, § 6º, da LGPD).

2.7 Informação sobre compartilhamento

O titular dos dados tem direito de requerer do controlador informação de quais entidades públicas ou privadas realizou o uso compartilhado dos dados (art. 18, VII, da LGPD). As informações sobre o compartilhamento dos dados justificam-se para que o titular tenha conhecimento sobre qual o uso e que pessoas tiveram acesso aos dados.

Recorde-se, contudo, que o compartilhamento de dados pessoais pelo controlador (independentemente de ser pessoa jurídica de direito público ou de direito privado) supõe o consentimento do titular, exceto nas hipóteses em que a lei o dispensa. São os casos do uso para execução de políticas públicas (art. 7º, III, e 11, II, "b", da LGPD), por exemplo. Da mesma forma, observam-se as restrições de compartilhamento de dados pelo Poder Público (art. 26 da LGPD).

2.8 Revogação do consentimento

O direito à revogação do consentimento é inerente à autodeterminação do titular dos dados. Pode consentir com o tratamento e alterar sua decisão, revogando o consentimento. A possibilidade do exercício do direito à revogação deve ser dado de modo por procedimento gratuito e facilitado (art. 8º, § 5º, da LGPD). A rigor, no mínimo se deve exigir que seja oferecido o mesmo meio para revogação daquele que se serviu o controlador para obter o consentimento, sendo sua eficácia a partir de quando é manifestado (*ex nunc*).[46] O direito de revogar relaciona-se também com o direito de informação do titular dos dados sobre a possibilidade e as consequências da revogação, inclusive sobre a eventualidade dela não impedir a continuidade do tratamento nas hipóteses que a lei estabelece.

---

[46] Assim como é da tradição da legislação de proteção de dados, conforme assinala RESTA, Giorgio. *Revoca del consenso ed interesse al tratamento nella legge sulla protezione dei dati personali*. *Rivista Critica del Diritto Privato*, Bologna, ano XVIII, n. 2, giugno 2000, p. 299 e ss.

812 | TRATADO DE PROTEÇÃO DE DADOS PESSOAIS

3. RESPONSABILIDADE PELOS DANOS AOS CONSUMIDORES TRATAMENTO INDEVIDO DE DADOS PESSOAIS

Em relação aos danos causados em relação ao tratamento indevido de dados pessoais, é necessário que se compreenda a existência de um dever de segurança imputável aos agentes de tratamento (controladores e operadores de dados), que é segurança legitimamente esperada daqueles que exercem a atividade em caráter profissional, e por esta razão presume-se que tenham a expertise suficiente para assegurar a integridade dos dados e a preservação da privacidade de seus titulares. Daí porque a responsabilidade dos agentes de tratamento decorre do tratamento indevido ou irregular dos dados pessoais do qual resulte o dano. Exige-se a falha do controlador ou do operador, que caracteriza o nexo causal do dano. Contudo, não se deve perquirir se a falha se dá por dolo ou culpa, senão que apenas sua constatação é suficiente para atribuição da responsabilidade, inclusive com a possibilidade de inversão do ônus da prova em favor do titular dos dados, nas mesmas hipóteses de hipossuficiência e verossimilhança que a autorizam no âmbito das relações de consumo (art. 42, § 2º, da LGPD).

O art. 44 da LGPD define que "o tratamento de dados pessoais será irregular quando deixar de observar a legislação ou quando não fornecer a segurança que o titular dele pode esperar, consideradas as circunstâncias relevantes, entre as quais: I – o modo pelo qual é realizado; II – o resultado e os riscos que razoavelmente dele se esperam; III – as técnicas de tratamento de dados pessoais disponíveis à época em que foi realizado". A técnica legislativa empregada na LGPD aproxima-se notoriamente daquela adotada pelo CDC ao disciplinar o regime do fato do produto e do serviço, em especial na definição dos critérios a serem considerados para determinação do atendimento ao dever de segurança.

Note-se que a regra coloca em destaque, assim como ocorre em relação à responsabilidade do fornecedor no CDC, a questão relativa aos riscos do desenvolvimento, uma vez que delimita a extensão do dever de segurança àquela esperada em razão das "técnicas de tratamento de dados disponíveis à época em que foi realizado". Isso é especialmente relevante considerando a grande velocidade do desenvolvimento da tecnologia no tratamento de dados, e os riscos inerentes, em especial as situações de vazamento e acesso não autorizado de terceiros aos dados armazenados pelo controlador ou pelo operador. Nestas hipóteses trata-se de definir em relação ao controlador e operador dos dados, se seria possível identificar um dever de atualização técnica imputável, e nestes termos, eventual adoção de novas técnicas que permitam o uso indevido do dado, especialmente por terceiros, venha a caracterizar espécie de risco inerente (fortuito interno), que não exclui sua responsabilidade pelos danos que venham a suportar os titulares dos dados; ou se delimitação quanto às técnicas disponíveis à época em que foi realizado o tratamento exclui eventual responsabilização do controlador e do operador pelo desenvolvimento tecnológico que permita obtenção de dados ou tratamento indevido por terceiros, desviado da finalidade originalmente prevista. Em outros termos, trata-se de situar, em relação à responsabilidade pelos danos causados em relação ao tratamento indevido de dados, qual o lugar dos riscos do desenvolvimento, considerando, neste caso, a própria previsibilidade de uma atualização e avanço técnico em atividades vinculadas à tecnologia da informação, mais veloz do que em outras atividades econômicas.

Os danos causados pelo tratamento indevido de dados pessoais dão causa à pretensão de reparação dos respectivos titulares dos dados pelos danos patrimonial e moral, individual ou coletivo. Responde pela reparação o controlador e o operador dos dados. No caso do operador, segundo o regime estabelecido pela LGPD, responderá solidariamente pelos danos causados quando descumprir as obrigações definidas na lei ou quando não tiver seguido as instruções lícitas do controlador, "hipótese em que o operador equipara-se ao controlador"

PARTE III · Cap. 39 · O NECESSÁRIO DIÁLOGO ENTRE A LGPD E O CÓDIGO DE DEFESA DO CONSUMIDOR | 813

(art. 42, § 1º, I). Já os controladores que estiverem "diretamente envolvidos" no tratamento do qual decorram danos ao titular dos dados, também responderão solidariamente pela reparação (art. 42, § 1º, II). Deve-se bem compreender do que se tratam as situações em que o controlador dos dados esteja "diretamente envolvido", afinal, a ele cabe o tratamento de dados, diretamente, ou por intermédio dos operadores. Afinal, ao controlador competem "as decisões referentes ao tratamento de dados pessoais" (art. 5º, VI, da LGPD). O operador, de sua vez, "realiza o tratamento de dados pessoais em nome do controlador" (art. 5º, VII, da LGPD). Nestes termos, as condições de imputação de responsabilidade do controlador e do operador pelos danos decorrentes do tratamento indevido dos dados serão: a) a identificação de uma violação às normas que disciplinam o tratamento de dados pessoais; e b) a existência de um dano patrimonial ou extrapatrimonial (moral) ao titular dos dados. Para a imputação de responsabilidade de ambos não se exigirá a demonstração de dolo ou culpa (é responsabilidade objetiva). Da mesma forma, é correto compreender da exegese da lei, e em razão da própria essência das atividades desenvolvidas, que responderão solidariamente, de modo que o titular dos dados que sofrer o dano poderá demandar a qualquer um deles, operador ou controlador, individualmente ou em conjunto.

Tratando-se de danos a consumidores decorrentes do tratamento indevido de dados, contudo, o art. 45 da LGPD, ao dispor que "as hipóteses de violação do direito do titular no âmbito das relações de consumo permanecem sujeitas às regras de responsabilidade previstas na legislação pertinente", conduzem tais situações ao regime do fato do serviço (art. 14 do CDC). Neste caso, controlador e operador de dados respondem solidariamente assim como outros fornecedores que venham intervir ou ter proveito do tratamento de dados do qual resulte o dano. Neste caso, incidem tanto as condições de imputação da responsabilidade pelo fato do serviço (em especial o defeito que se caracteriza pelo tratamento indevido de dados, ou seja, desconforme à disciplina legal incidente para a atividade), quanto as causas que porventura possam excluir eventual responsabilidade do fornecedor (art. 14, § 3º), que estão, porém, em simetria com o disposto no próprio art. 43 da LGPD. Outro efeito prático da remissão do art. 45 da LGPD ao regime de reparação próprio da legislação de proteção do consumidor será a submissão de eventuais pretensões de reparação dos consumidores ao prazo prescricional previsto no seu art. 27 do CDC, de cinco anos contados do conhecimento do dano ou de sua autoria.

3.1 Disciplina especial da proteção de dados pessoais sensíveis

A proteção de dados pessoais como expressão de uma dimensão de proteção da pessoa humana encontra maior fundamento e extensão no tocante aos denominados *dados pessoais sensíveis*. A LGPD define os dados pessoais sensíveis como aqueles "sobre origem racial ou étnica, convicção religiosa, opinião política, filiação a sindicato ou a organização de caráter religioso, filosófico ou político, dado referente à saúde ou à vida sexual, dado genético ou biométrico, quando vinculado a uma pessoa natural" (art. 5º, II). Evidencia-se da definição que a natureza sensível do dado em questão refere-se à potencialidade de sua utilização de modo a dar causa à discriminação proibida do titular dos dados, em ofensa aos direitos fundamentais de liberdade e igualdade assegurados pela Constituição. Sobretudo se for considerada a utilização, no tratamento de dados, a partir de modelos automatizados, e para fins diversos, inclusive – nas relações de consumo – sobre a decisão do fornecedor de contratar ou não com determinado consumidor, ou as condições em que deva fazê-lo. Situações que, baseando-se na distinção a partir dos dados considerados sensíveis, caracterizarão conduta abusiva, proibida por lei, a ensejar sua rejeição pelo Direito nos diferentes planos, da responsabilização

814 | TRATADO DE PROTEÇÃO DE DADOS PESSOAIS

civil, penal e administrativa, assim como fundamentando providências processuais de modo a inibir ou fazer cessar a lesão.

A disciplina especial da proteção de dados sensíveis fixada pela LGPD tem a finalidade de prevenir e reduzir os riscos de discriminação em razão dos critérios proibidos pela Constituição, a partir da delimitação mais estrita das condições do seu tratamento. Conforme já foi mencionado, quanto aos dados pessoais sensíveis, o próprio consentimento do titular dos dados para tratamento é exigido que seja feito "de forma específica e destacada" vinculado a "finalidades específicas" (art. 11, I, da LGPD). Não se admite, portanto, um consentimento genérico, tampouco que se insira sem destaque em condições gerais contratuais, sem o devido destaque. Igualmente, não se autoriza qualquer espécie de presunção sobre o conhecimento prévio do consumidor da finalidade específica ao prestar o consentimento, para o que se atribui o ônus de demonstrar o regular atendimento das condições previstas na lei.

As hipóteses em que é autorizado o tratamento dos dados independentemente do consentimento do titular dos dados, da mesma forma, devem ser interpretadas restritivamente. São definidas no art. 11, II, da LGPD. Tratam-se de situações em que o controlador esteja cumprindo obrigação legal ou regulatória; ou que os dados sirvam à execução, pela administração pública, de políticas públicas previstas em lei ou regulamento; da mesma forma, para realização de estudos por órgão de pesquisa em relação a dados anonimizados; para o exercício regular de direitos me processo judicial, administrativo ou arbitral; para proteção da vida ou incolumidade do titular ou de terceiro; para tutela da saúde; ou em garantia da prevenção à fraude e à segurança do titular.

A LGPD prevê, igualmente, a possibilidade de ser estabelecida restrição ao tratamento de dados sensíveis, ao definir que sua comunicação ou uso compartilhado com objetivo de obter vantagem econômica poderá ser objeto de vedação ou regulamentação por parte da Autoridade Nacional de Proteção de Dados, ouvidos os órgãos setoriais do Poder Público, no âmbito de suas competências (art. 11, § 3º). Da mesma forma, é vedada a comunicação ou o uso compartilhado entre controladores de dados pessoais sensíveis referentes à saúde com objetivo de obter vantagem econômica, exceto nas hipóteses relativas a prestação de serviços de saúde, de assistência farmacêutica e de assistência à saúde, desde que observado o § 5º do art. 11, incluídos os serviços auxiliares de diagnose e terapia, em benefício dos interesses dos titulares de dados, e para permitir a portabilidade de dados quando solicitada pelo titular ou as transações financeiras e administrativas resultantes do uso e da prestação dos serviços de saúde (art. 11, § 4º, I e II, da LGPD).

3.2   Disciplina especial da proteção de dados de crianças e adolescentes

Quando o titular dos dados seja crianças e adolescentes, informa a disciplina sua proteção a doutrina do melhor interesse, fundada no art. 227 da Constituição da República. Não podem elas próprias manifestar consentimento válido. Daí porque a lei exige que o consentimento específico seja realizado por pelo menos um dos pais ou pelo representante legal (art. 14, § 1º, da LGPD).

Será definida um procedimento que assegure a publicidade sobre os termos do tratamento de dados, definindo que os controladores deverão manter pública a informação sobre os tipos de dados coletados, sua utilização e os procedimentos para exercício dos direitos pelo titular dos dados (art. 14, § 2º, da LGPD). Admite, contudo a possibilidade de coleta de dados pessoais de crianças sem consentimento, se forem utilizados para contatar pais ou responsáveis uma única vez, sem armazenamento, ou para sua proteção, sem possam ser repassados a terceiros.

PARTE III · Cap. 39 · O NECESSÁRIO DIÁLOGO ENTRE A LGPD E O CÓDIGO DE DEFESA DO CONSUMIDOR

A coleta dos dados deve se dar de forma leal, considerando a vulnerabilidade agravada das crianças e adolescentes. Para tanto, compete ao controlador realizar "todos os esforços razoáveis" para determinar que o consentimento tenha sido realmente dado pelos pais ou responsáveis pelo titular dos dados. Da mesma forma, não pode o controlador condicionar a participação das crianças e adolescentes em jogos, aplicações de internet ou outras atividades, ao fornecimento de informações pessoais "além das estritamente necessárias à atividade" (art. 14, § 4º, da LGPD). No âmbito das relações de consumo, o art. 39, IV, do CDC, define como prática abusiva "prevalecer-se da fraqueza ou ignorância do consumidor, tendo em vista sua idade, saúde, conhecimento ou condição social, para impingir-lhe seus produtos ou serviços". A utilização de jogos, aplicações de internet ou outros meios para coletar dados de consumidores crianças e adolescentes revela um prevalecimento de sua vulnerabilidade agravada, contaminando o posterior tratamento destes dados e a finalidade para as quais forem utilizados (especialmente para direcionamento ou segmentação de ofertas de produtos ou serviços).

Há, da mesma forma, um dever de informar qualificado em relação ao tratamento de dados de crianças e adolescentes, considerando tanto a capacidade de compreensão do titular dos dados, quanto de seus pais ou responsáveis. Para tanto, o art. 14, § 6º, da LGPD, define que tais informações deverão ser fornecidas "de maneira simples, clara e acessível, consideradas as características físico-motoras, perceptivas, sensoriais, intelectuais e mentais do usuário, com uso de recursos audiovisuais quando adequado", no que se conforma ao dever de esclarecimento previsto também no CDC.

Por fim, sem queres fazer uma conclusão, podemos resumir que o diálogo entre a LGPD e o CDC, não só forma um microssistema protetivo de proteção de dados do consumidor, mas consolida vários direitos novos dos consumidores como o direito de acesso aos dados, de confirmação de existência de tratamento, o direito de retificação/Correção, o de Anonimização, de bloqueio e mesmo de esquecimento, o direito de oposição, a portabilidade, o direito de eliminação de dados, o direito de explicação, de informação do compartilhamento, de auditoria, o direito à qualidade dos dados, à autodeterminação e à revogação do consentimento, além daqueles já assegurados pelo art. 43 do CDC.

Espera-se que com o desenvolvimento da cultura de proteção de dados em nosso país, o número de vazamentos de dados de consumo e de violações dos direitos do consumidor diminuam. Neste tema, a aprovação do PL 3.514/2015 de atualização do CDC para o mundo digital ajudaria e em muito.

REFERÊNCIAS BIBLIOGRÁFICAS

BARBOSA, Fernanda Nunes. Informação e consumo: a proteção da privacidade do consumidor no mercado contemporâneo da oferta. *Revista de Direito do Consumidor*, v. 88, p. 145-174, jul.-ago. 2013.

BEYLEVELD, Deryck; BROWSWORD, Roger. *Consent in the law*. Oxford: Hart Publishing, 2007.

BIONI, Bruno Ricardo. *Proteção de dados pessoais*: a função e os limites do consentimento. Rio de Janeiro: Forense, 2019.

CRAVO, Daniela Copetti. *Direito à portabilidade de dados*: interface entre a defesa da concorrência, do consumidor e proteção de dados. Rio de Janeiro: Lumen Juris, 2018.

DI STASI, Mônica; MOURA RIBEIRO, Paulo Dias. O superendividamento dos consumidores no Brasil: a importância da aprovação da Lei 14.181/2021 em meio a crise econômica gerada pela pandemia da COVID-19. *Revista de Direito do Consumidor*, São Paulo: Ed. RT, v. 136, ano 30, p. 49-65, jul.-ago. 2021.

DONEDA, Danilo. *Da privacidade à proteção dos dados pessoais*. Rio de Janeiro: Renovar, 2006.

DONEDA, Danilo. *Da privacidade à proteção de dados pessoais*: elementos da formação da Lei Geral de Proteção de Dados. 2. ed. rev. e atual. São Paulo: Thomson Reuters Brasil, 2019.

DONEDA, Danilo. O direito fundamental à proteção de dados pessoais. In: MARTINS, Guilherme Magalhães; LONGHI, João Victor Rozatti (coord.). *Direito digital*. Direito privado e internet. 2. ed. Indaiatuba: Foco, 2019.

DUQUE, Marcelo Schenk. *Direito privado e Constituição*: Drittwirkung dos direitos fundamentais: construção de um modelo de convergência à luz dos contratos de consumo. São Paulo: Revista dos Tribunais, 2013.

DUQUE, Marcelo Schenck. *Eficácia horizontal dos direitos fundamentais e jurisdição constitucional*. 2. ed. rev. e ampl. São Paulo: Editora dos Editores, 2019.

DUQUE, Marcelo Schenck; HARFF, Graziela. Publicidade digital sur mesure e proteção de dados. *Revista de Direito do Consumidor*, São Paulo, v. 132, p. 237-267, nov.-dez. 2020.

HACKENBERG, Wolfgang. Big data. *In*: HOEREN, Thomas; SIEBER, Ulrich; HOLZNAGEL, Bernd (Hrsg.). *Multimedia-Recht*: Rechtsfragen des elektronischen Geschäftsverkehrs.37 Auf, Teil, 16.7, Rn 13, EL juli/2017.

HÄRTING, Niko. Anonymität und Pseudonymität im Datenschutzrecht, Neue Juristische Wochenschrift, 29. Munich: C.H. Beck, 2013, p. 2065-2071.

JAYME, Erik. Identité culturelle et intégration: le droit internationale privé postmoderne. *In*: JAYME, Erik. *Recueil des Cours de l'Académie de Droit International de La Haye*. Doordrecht: Kluwer, 1995.

KLEIN VIEIRA, Luciane. Análisis del anteproyecto de ley de defensa del consumidor de argentina, del 2018, desde las normas del Mercosur. *Revista de Direito do Consumidor*, vol. 124, p. 111-137, jul.-ago. 2019.

LYOTARD, Jean-François, *Das postmoderne Wissen - Ein Bericht*, Peter Engelmann (Hrsg.). Wien: Passagen Verlag, 1994.

MARQUES, Claudia Lima. A nova noção de fornecedor no consumo compartilhado: um estudo sobre as correlações do pluralismo contratual e o acesso ao consumo. *Revista de Direito do Consumidor*, São Paulo, v. 111, p. 247-268, maio-jun. 2017, p. 249-250.

MARQUES, Claudia Lima. A teoria do 'Diálogo das fontes' hoje no Brasil e os novos desafios: uma homenagem à magistratura brasileira. *In*: MARQUES, Claudia Lima; MIRAGEM, Bruno. *Diálogo das Fontes* – novos estudos sobre a coordenação e aplicação das normas no direito brasileiro. São Paulo: Ed. RT, 2020.

MARQUES, Claudia Lima. O 'diálogo das fontes' como método da nova teoria geral do direito: um tributo a Erik Jayme. *In*: MARQUES, Claudia Lima (org.). *Diálogo das fontes*: do conflito à coordenação das normas do direito brasileiro. São Paulo: Ed. RT, 2012.

MARQUES, Claudia Lima; LIMA, Clarissa Costa de; VIAL, Sophia. Nota à atualização do Código de Defesa do Consumidor para aperfeiçoar a disciplina do crédito, para a prevenção e o tratamento do superendividamento e proteção da pessoa natural. *Revista de Direito do Consumidor*, vol. 136, p. 517-538, jul.-ago. 2021.

MARQUES, Claudia Lima; LORENZETTI, Ricardo Luis; CARVALHO, Diógenes Faria de; MIRAGEM, Bruno. *Contratos de serviços em tempos digitais*. São Paulo: Ed. RT, 2021.

MARQUES, Claudia Lima; MAZZUOLI, Valério. O consumidor – "depositário infiel", os tratados de direitos humanos e o necessário diálogo das fontes nacionais e internacionais: a primazia da norma mais favorável ao consumidor. *Revista de Direito do Consumidor*, v. 71, p. 1-32, jul.-set. 2009.

MARQUES, Claudia Lima; MIRAGEM, Bruno. Serviços simbióticos do consumo digital e o PL 3514/2015. *In*: MARQUES, Claudia Lima; LORENZETTI, Ricardo Luis; CARVALHO, Diógenes Faria de; MIRAGEM, Bruno. *Contratos de serviços em tempos digitais*. São Paulo: Ed. RT, 2021.

MARQUES, Claudia Lima; MUCELIN, Guilherme. Novo mercado de consumo 'simbiótico' e a necessidade de proteção de dados dos consumidores. *In*: SARLET, Gabrielle Bezerra Sales; TRINDADE, Manoel Gustavo Neubarth; MELGARÉ, Plínio. *Proteção de dados*: temas controvertidos. Indaiatuba: Foco, 2021.

MARTINS, Fernando R.; MARQUES, Claudia Lima. Nota à PEC/2019. *Revista de Direito do Consumidor*, v. 29, n. 128, p. 451-469, mar.-abr. 2020.

MENDES, Laura Schertel. O diálogo entre o Marco Civil da Internet e o Código de Defesa do Consumidor. *Revista de Direito do Consumidor*, vol. 106, p. 37-69, jul.-ago. 2016.

MENDES, Laura Schertel. O direito fundamental à proteção de dados pessoais. *Revista de Direito do Consumidor*, vol. 79, p. 45-81, jul.-set. 2011.

MENDES, Laura Schertel. *Privacidade, proteção de dados e defesa do consumidor*: linhas gerais de um novo direito fundamental. São Paulo: Saraiva, 2014.

MENDES, Laura Schertel; DONEDA, Danilo. Reflexões iniciais sobre a nova Lei Geral de Proteção de Dados. *Revista de Direito do Consumidor*, vol. 120, p. 469-483, nov.-dez. 2018.

MENDES, Laura Schertel; DONEDA, Danilo; SARLET, Ingo Wolfganf; RODRIGUES JR., Otavio Luiz (coord.). *Tratado de Proteção de Dados Pessoais*. Rio de Janeiro: Forense, 2021.

MENDES, Laura Schertel; FONSECA, Gabriel C. S. da. STF reconhece direito fundamental à proteção de dados – Comentários sobre o referendo da Medida Cautelar nas ADIs 6387, 6388, 6389, 6390 e 6393. *Revista de Direito do Consumidor*, vol. 130, p. 471-478, jul.-ago. 2020.

MIRAGEM, Bruno. A Lei Geral de Proteção de Dados (Lei 13.709/2018) e o direito do consumidor. *Revista dos Tribunais*, vol. 1009, nov. 2019.

MIRAGEM, Bruno. *Curso de direito do consumidor*. São Paulo: RT, 2019.

MIRAGEM, Bruno. Eppur si muove: diálogo das fontes como método de interpretação sistemática no direito brasileiro. *In*: MARQUES, Claudia Lima (org.). *Diálogo das fontes*: do conflito à coordenação de normas do direito brasileiro. São Paulo: Ed. RT, 2012.

MIRAGEM, Bruno. Novo paradigma tecnológico, mercado de consumo digital e o direito do consumidor. *Revista de Direito do Consumidor*, São Paulo, v. 125, p. 17-62, set.-out. 2019.

RESTA, Giorgio. Revoca del consenso ed interesse al tratamento nella legge sulla protezione dei dati personali. *Rivista Critica del Diritto Privato*, Bologna, ano XVIII, n. 2, giugno 2000, p. 299 e ss.

SAUPHANOR, Nathalie, *L'Influence du Droit de la Consommation sur le système juridique*. Paris: LGDJ, 2000,

SCHWEITZER, Heike. Digitale Platformen als private Gesetzgeber: ein Perspektivwechsel für die europäische "Plattform-Regulierung". *ZEUP* 1, p. 1-12, 2019.

SIMITIS, Spiros (Hrsg). Bundesdatenschutzgesetz, 8. Auf. Baden-Baden: Nomos, 2014.

TAMM, Marina; TONNER, Klaus. *Verbraucherschutz*. Baden-Baden: Nomos, 2012.

TEUBNER, Gunther. Digitale Rechtssubjekte. *Archiv des Civilistische Praxis -AcP* 218 (2018), p. 155 e ss.